本书得到下列项目资助：
国家重点基础研究发展计划项目(2010CB951704)
国家科技支撑计划项目(2007BAC06B03)

青藏高原土地利用与覆被变化及区域适应研究

LAND USE & LAND COVER CHANGE AND THE CLIMATE CHANGE ADAPTATION IN TIBETAN PLATEAU

张镱锂　编
ZHANG YiLi (Ed.)

气象出版社
China Meteorological Press

内容简介

中国科学院地理科学与资源研究所青藏高原土地变化与适应研究课题组围绕青藏高原近几十年来的土地覆被变化趋势，典型区域土地利用和土地覆被变化的格局、过程及其驱动因素，交通干线修建与运营对环境和生态的影响，区域土地退化及其恢复重建技术与管理措施等展开研究。通过大量的野外考察和实地调研、多年定位和半定位观测与样品采集、室内试验分析、及遥感影像解译等，累积了丰富的第一手观测和实验数据并发展了相关的研究方法。本书即为其发表的部分成果，系统展示了在区域土地利用和土地覆被变化及其效应和适应研究等领域取得的原创性成果，有助于研究或爱好青藏高原的学者和读者了解相关研究进展，借此推动该领域的更深入研究，同时可供有关高等院校和科研机构的师生及研究人员参考。

图书在版编目(CIP)数据

青藏高原土地利用与覆被变化及区域适应研究/张镱锂编.
北京：气象出版社，2012.9
ISBN 978-7-5029-5565-6

Ⅰ.①青…　Ⅱ.①张…　Ⅲ.①青藏高原-土地利用-研究
Ⅳ.①F321.1

中国版本图书馆 CIP 数据核字(2012)第 210520 号

Qingzanggaoyuan Tudi Liyong Yu Fubei Bianhua Ji Quyu Shiying Yanjiu

青藏高原土地利用与覆被变化及区域适应研究

出版发行：	气象出版社		
地　　址：	北京市海淀区中关村南大街 46 号	**邮政编码**：	100081
总 编 室：	010-68407112	**发 行 部**：	010-68409198
网　　址：	http://www.cmp.cma.gov.cn	**E-mail**：	qxcbs@cma.gov.cn
责任编辑：	蔺学东	**终　　审**：	汪勤模
封面设计：	燕　彤	**责任技编**：	吴庭芳
印　　刷：	北京中新伟业印刷有限公司		
开　　本：	787 mm×1092 mm　1/16	**印　　张**：	48
字　　数：	1232 千字		
版　　次：	2012 年 9 月第 1 版	**印　　次**：	2012 年 9 月第 1 次印刷
定　　价：	120.00 元		

序

全球环境变化与可持续发展是当今世界瞩目和关切的重大问题。全球环境变化主要研究在自然和人文因素作用下发生的环境变化及其区域响应，而土地利用与土地覆被变化则是其中的研究热点和前沿领域。自1990年代以来，土地利用与土地覆被变化研究围绕国际地圈生物圈计划（IGBP）和国际人文发展计划（IHDP），开展了土地利用与土地覆被变化的分类系统、动态监测、动力机制、环境影响评价、区域和全球模型等方面的工作，取得了显著进展。

青藏高原作为全球独特的自然地域单元，对外界因素的扰动具有高度敏感性和脆弱性。半个多世纪以来，在人文和自然因素的共同作用下，高原的土地覆被发生了较大变化，对高原区域内部的社会经济活动和环境有重要作用，对其周边区域也有一定影响。人类活动在青藏高原土地利用与土地覆被变化中起着主导性作用已经成为共识。

中国科学院地理科学与资源研究所青藏高原土地变化与适应研究课题组以"土地利用与土地覆被格局—变化过程—驱动机制—效应和区域适应"为研究主线，选择青藏高原典型地区（流域），重点对青藏高原近几十年来的气候变化趋势，典型区域土地利用与土地覆被变化的格局、过程及其驱动因素，交通干线修建与运营对环境和生态的影响，区域土地退化及其恢复重建技术与管理措施等开展了研究，旨在通过典型区域的研究，探索青藏高原人地关系的相互作用机制。该课题组成员在多个项目的支持下，通过野外考察和调研，开展了系统观测和样品采集、遥感影像解译及室内分析和鉴定等，以丰富的第一手观测和实验数据，在青藏高原区域土地利用和土地覆被变化及其效应和适应研究领域取得了一系列原创性成果。

土地利用与土地覆被变化研究是土地系统分析与评价、土地质量指标体系建立、生态与环境效应预估的重要科学基础，符合学科发展的前沿领域。从密切联系国家目标和区域可持续发展角度，其研究成果则要落实到土地利用的可持续性，重视土地管理在保护自然资源和生态/环境中的作用。由于所涉及的研究现象非常复杂，不同时空尺度的数据资料来源不一，有关驱动力的分析也有很大差别。因而，土地利用与土地覆被变化领域的跨学科综合研究是十分必要的。我们应当认识到跨学科研究是理势所至，要朝这一方向努力，逐步拓展综合研究的内涵，探索在不同时空尺度下综合集成的理论与方法，将土地利用与土地覆被变化的研究水平提高一步，以加深对陆地表层系统格局与过程相互耦合的认识，将其与全球环境变化和区域可持续发展密切结合起来。

我相信本文选的编辑出版，对从事青藏高原领域研究的学者和相关工作者，进一步了解青藏高原土地利用与土地覆被变化及其区域适应研究的进展有所裨益和帮助。我期望青藏高原土地利用与土地覆被变化领域加强跨学科的综合研究，并与全球环境变化和区域可持续发展密切结合，取得开拓性的新进展。

郑度

2012 年 8 月 21 日

FOREWORD

Global environmental change and sustainable development are major issues that command worldwide attention today. The study of global environmental change mainly focuses on impacts of natural and human factors on the environment and its regional response. Land use and land cover change (LUCC) is one of the research frontiers in this field. Since the 1990s, LUCC research programs, centered on the International Geosphere-Biosphere Programme and the International Human Development Programme, have been carried out through an LUCC classification system, dynamic monitoring, dynamic mechanisms, environmental impact assessment, regional and global models, and others. These programs have achieved remarkable progress.

The Tibetan Plateau, as a unique natural geographical unit, is greatly sensitive and vulnerable to disturbances from external factors. For more than half a century, under joint effects of human and natural factors, land cover on the plateau has changed. This has had great influence on socioeconomic activity and the environment on and around the plateau. It has become the consensus that human activity plays a dominant role in LUCC of the plateau.

Taking LUCC patterns, change processes, driving mechanisms, effects and regional adaptation as the study focus, the "Land change and adaptation of the Tibetan Plateau" research group at the Institute of Geographical Sciences and Natural Resources Research has concentrated on a series of studies. These include the following: climate change trends of the Tibetan Plateau in recent decades; LUCC pattern, LUCC evolution and its driving factors in typical regions; impacts of construction and operation of traffic arteries on environment and ecology; regional land degradation; and restoration and reconstruction technology and management measures. All these studies aim to explore interaction within the human-land relationship of the Tibetan Plateau. With the support of several projects, research group members have executed many investigative tasks, including systematic observation, sample collection, remote sensing image interpretation, laboratory analysis and identification through fieldwork and investigation. Based on abundant first-hand observations and experimental data, this research group has attained a number of original research findings in the field of regional LUCC, its effects and adaptation on the Tibetan Plateau.

LUCC research provides an important scientific basis for analysis and evaluation of land systems, establishment of land quality index systems, and estimation of ecological and environmental effects. This research is at the forefront of the global environmental change field. For relating research results to national objectives and regional sustainable development, these should closely align with sustainability of land use, and focus on the role of land management in natural resource and eco-environmental conservation. Because of extremely complex phenomena, different spatial and temporal scales of data from diverse sources, as well as varying methods of analyzing driving forces, an integrated multi-disciplinary approach is badly needed in the LUCC research field. We should realize that multi-disciplinary research is an inevitable trend. In future study, this approach should be followed to extend the significance of comprehensive research, explore the theory and method of systematically integrated research under different temporal and spatial scales, and improve LUCC research to a new level. This will promote understanding of the mutual coupling between land surface system patterns and processes, and closely combine these with global environment change and regional sustainable development.

I believe that publication of the present work will greatly benefit scholars engaged in Tibetan Plateau and related research, to better understand LUCC and regional adaption on the plateau. The study of LUCC on the plateau would strengthen comprehensive multi-disciplinary research, and help integrate this with investigation of global environmental change and regional sustainable development, to pioneer future progress.

ZHENG DU

August 21st, 2012

前　言

全球平均海拔最高、资源环境组合最为独特的青藏高原，孕育了脆弱而又敏感的生态系统和特殊的人地关系，成为研究人地关系作用机制的天然实验室。近百年来，随着青藏高原人口的增加、人类活动的日益强化，环境和生态系统的反馈效应日渐显著，尤其是近年来正在实施的西部大开发战略，使青藏高原资源环境和经济协调发展，面临着诸多科学问题。青藏高原环境与生态系统对东亚自然环境的空间格局产生着重要影响，高原资源和环境状况对高原本身的社会经济发展至关重要，高原资源和环境变化将直接影响到区域社会的福祉。在全球变化背景下，高原敏感区域的气候变化与趋势怎样？支撑区域内社会与经济系统发展的环境与生态系统的自然资本存量有多少？典型区域内凸显人地关系特点的土地利用和土地覆被变化特征与变化过程如何？土地利用变化驱动力中自然与人类分量如何界定？退化区域的生态恢复与重建措施设计等等是青藏高原人地关系研究中存在的突出问题。针对上述问题，中国科学院地理科学与资源研究所青藏高原土地变化与适应研究课题组以“土地利用和土地覆被格局—变化过程—驱动机制—效应和区域适应”为研究主线，选择青藏高原典型地区（流域），领衔承担了国家重点基础研究发展计划课题——青藏高原典型地区土地利用/土地覆被变化及退化环境的恢复途径研究（G1998040814）、青藏高原环境变化影响的适应对策研究（2005CB422006）和青藏高原生态与社会经济系统对气候变化的响应与适应研究（2010CB951704），国家科技支撑计划课题——拉萨河流域高原湿地保护与修复技术研究与示范（2007BAC06B03）及“中国西部环境和生态科学”重大研究计划项目——青藏铁路的生态与环境效应（90202012）等科研任务，重点对青藏高原近几十年来的气候变化趋势、典型区域土地利用和土地覆被变化的格局与过程及其驱动因素、交通干线修建与运营对环境和生态的影响、区域土地退化及其恢复重建技术与管理措施等方面进行了研究，旨在通过典型区域的研究，探讨青藏高原人地关系的相互作用机制。

该项目群在主管部门和依托部门的大力支持下，进行了大量野外考察和调研，系统地完成了野外剖面和样区设置、多年定位和半定位观测与样品采集、室内实验分析及遥感影像解译等、遥感影像解译以及室内分析和鉴定等，积累了第一手观测和实验数据，在区域土地利用和土地覆被变化及其效应、适应研究等领域取得了原创性成果，完成了预期的研究任务，并为今后进一步深入研究奠定了基础。为了更加系统地介绍这方面的研究进展，特编集本文选，项目学术顾问郑度院士为本书作序，特致衷心的感谢！希望本书对热爱青藏高原研究的学者了解青藏高原土地利用/覆被变化及区域适应研究有所帮助。

编　者

2012 年 8 月

PREFACE

The Tibetan Plateau, the third pole, with the highest altitude and unique resources and environment, has bred the frail and sensitive ecosystem and the special man-land relationship, which makes it an ideal natural laboratory for man-land relationship studies.

Over the past century, the coordinated development of resources, environment and economy in Tibetan Plateau has confronted with a lot of scientific issues along with the increase of population, human activities and the feedback of environment and ecosystem, especially the Western Development Strategy that have been carried out in recent years. The environment and ecosystem of Tibetan Plateau have great influence on the spatial pattern of the natural environment in Eastern Asia. The resources and environment are extremely important to the social and economic development of the plateau itself. Their variations could directly affect local social welfare. Under the background of global change, how does the climate change in the plateau and what is the tendency? How much is the natural capital storage of environment and ecosystem that supports the development of regional social and economical system? What is the characteristic of the land cover change which highlights the feature of man-land relationship in typical areas and how does it change? How to define the nature and human component in the driving factors of land use change? What are the measures of ecological restoration and reconstruction? etc., such are the prominent questions that exist in the research of man-land relationship in Tibetan Plateau.

In view of the above question, the research group of "Land change and Adaptation in Tibetan Plateau" from the Institute of Geographic Sciences and Natural Resources Research, Chinese Academy of Sciences takes "land use/cover pattern-change process-driving mechanism-effects and regional adaptation" as the research main line; chooses typical area (basin) in the Tibetan Plateau as the study areas, headlines the National Key Basic Research Program: Land Use/Cover Change in Typical Area of Tibetan Plateau and Restoration Approach of Degraded Environment (G1998040814), Adaptation Strategies for the Influence of Environment Change in Tibetan Plateau (2005CB422006) and Respond Processes of Ecosystem and Social System in Tibetan Plateau to the Climate Change and the Regional Adaptation (2010CB951704); National Science and Technology Support Program: Conservation and Restoration Technique and Demonstration of Alpine Wetland in Lhasa River Basin (2007BAC06B03); Major Research Plan Program "Environmental and Ecological Science in Western China": The Eco-Environmental Effect of Qinghai-Tibet railway (90202012), etc. The focal points of such researches include the changing trend of the plateau climate during recent decades, the patterns and processes of land use/cover change in typical areas and their driving factors, impacts of the construction and operation of traffic artery to environment and ecology, regional land degradation and the corresponding reconstruction technology and management measure. All of the researches were undertaken to explore the interaction mechanism of man-land relationship in the Tibetan Plateau through typical region analysis.

Under the strong support of competent authorities and relying departments, such series of projects have conducted many field surveys, and accomplished a setting of field profiles and sample plots setting, continuous position and semi-position observation and sample collection, interpretation of remote sensing images and the indoor identification of collected samples and specimens, which help to the accumulation of first-hand observation and experiment data. The researches have made originality achievements in the fields of land use/cover change and its effect, adaptation etc., which fulfilled the prospective tasks and laid the foundation for the further research in the future. This analecta of the research group's publications is edited in order to introduce the research progress systematically in this field. We would like to thank academician Zheng Du, the project academic adviser, wrote a fine preface to the analecta. We hope it will help the researchers who cherish a deep love for Tibetan Plateau to understand the study of land-use/land-cover change and regional adaptation on Tibetan Plateau.

Editor
August 2012

目　录

序

前言

概　论

土地利用和土地覆被变化

土地利用和土地覆被变化的过程与影响

土地利用和土地覆被变化的区域适应

相关基础研究

CONTENTS

CONSPECTUS

LAND USE AND LAND COVER CHANGE

PROCESS AND IMPACTS OF LAND USE AND LAND COVER CHANGE

ADAPTATION TO CLIMATE CHANGE

PART RELATED BASIC RESEARCH

概　论

CONSPECTUS

青藏高原的土地变化与区域可持续发展*

Land Change and Regional Sustainable Development on Tibetan Plateau

Abstract: Land use is the most closely link between human and nature system. Land use and land cover change(LUCC) have a significant impact on process and functions in regional climate, hydrology, biogeochemical cycle as well as biological diversity while changing the surface of landscape pattern. And it even become the main motive of global change by the cumulative effect. Under the guidance of the research plans of Land Use and Land Cover Change Project and Global Land Project (GLP), the LUCC researches on Tibetan Plateau is gradually changing from pattern and process, mechanism and effect research to comprehensive understanding of the feedback effects between human activities and environmental systems, and to realize the sustainability between human and environmental systems, namely to understand the drivers, influence and adaptation of land resources utilization changing in a system framework. Recent researches carried out in the entire and key area (typical fragile areas) of Tibetan Plateau. The research on the entire Tibetan Plateau focused on analyzing the trends, motivation of land cover change and comprehensive influence of human activities, the research on the key area of Tibetan Plateau focused on the change patterns, processes, mechanisms, impact and livelihoods adaptation. The progress are as follows: 1. On the entire Tibetan Plateau, the progress achieved in: (a) In climate change, the temperature in recent decades showed an increasing trend; the precipitation changes are highly variable from region to region, and the rainfall had obvious spatial and temporal variation; the annual total amount of cloud is reducing; the maximum possible evapotranspiration and sunshine hours have a decreasing trend. (b) In land cover change and mechanisms research, the alpine grassland on Tibetan Plateau has a improved trend in most area, but there is still 15% of the grassland with significantly decreased. Irrational land use patterns, for example overgrazing, is the main reason leading to grassland degradation. As the extensive study area, the patterns and processes of LUCC are very difference; the spatial variation of driving mechanism is significant. High positive correlations existed between NDVI and ten-day mean temperature, as well as ten-day mean rainfall. The NDVI in different vegetation types has different response extent of water and heat condition. (c) In plateau ecosystem services, there are some differences in functional distribution, such as water regulation and supply, climate regulation, producing primary product, maintaining biological diversity as well

---

* 由张镱锂(Zhang Yili)、丁明军(Ding Mingjun)、王丽(Wang Li)、谢高地(Xie Gaodi)、徐柏青(Xu Baiqing)、吴莹莹(Wu Yingying)、鲁春霞(Lu Chunxia)、肖玉(Xiao Yu)和甄霖(Zhen Lin)完成,原载于中国科学技术协会主编《青藏高原研究学科发展报告》,北京:中国科学技术出版社,2010:161-191。收录本书时进行了修订。

as religious and cultural. (d) Human activities impacted on the plateau environment particularly presented in the enrichment characteristics of black carbon, heavy metal in the plateau atmosphere, snow and ice, as well as distribution with altitude effect of the persistent organic pollutants in snow and life. 2. On the key area of Tibetan Plateau, the progress achieved in: (a) the characteristics and change drivers of LUCC are different in alpine region, agricultural areas, woodlands, towns and traffic trunk lines. And regional difference of LUCC is obvious. (b) LUCC has important impacts on the atmosphere, climate, soil (soil carbon emissions) and water environment. 3. The sustainable development has made important progress in livelihoods adaptation of agricultural and pastoral areas, urban construction, tourism development as well as the ecological restoration strategy of degraded land in fragile areas. The studies shows: though the pattern, the change process and the effects of Tibetan Plateau LUCC have made some progress, the law of LUCC patterns and impact need to further research, especially in the lack of the relationship between LUCC and the ecological security shelter function of Tibetan Plateau. To comprehensively analyze the influence of LUCC process on the ecological security shelter function will be one of the important themes, which are focused on the modern environmental change process and ecological security shelter function of Tibetan Plateau.

引　言

土地利用和土地覆被变化(Land Use and Land Cover Change,简称 LUCC)研究在其研究的技术手段(动态监测、驱动力分析、生态与环境效应甄别和建模与模拟等)和理论取得一定的突破后,IGBP II(2003 年)提出“将人类对土地资源的利用置于整个地球系统框架内来考虑其变化的原因和影响,从综合与集成的视角展开研究,重点致力于减小人类与环境系统面对全球变化的脆弱性并实现它们的可持续性”的土地变化科学(Land Change Sciences)及其三个研究核心,并与其他科学组织联合推出了新的国际计划(Global Land Project,简称 GLP)(Moran, 2003)。土地利用作为人与自然交叉最密切的环节,土地利用及由此导致的土地覆被变化在不断改变地表景观格局的同时,对区域气候、水文、生物地球化学循环及生物多样性等过程与功能产生重大影响,并通过累积性作用成为全球变化的主要动因之一。在 LUCC 研究计划和 GLP 计划的引导下,青藏高原 LUCC 研究正由格局与过程、LUCC 机制与效应的研究,逐渐向通过对人类活动与环境系统之间各种反馈作用的综合理解,实现人类与环境系统的可持续性研究上转化,即向在整个系统框架内来理解人类对土地资源利用的变化动因、影响及适应研究转变。近期研究主要在整个青藏高原与高原关键区(和典型脆弱区)展开。前者集中分析土地覆被变化趋势与动因及人类活动综合影响,后者重点研究变化格局、过程、机制与影响及生计适应。本文结合近十年来国内学者的研究成果,对青藏高原气候变化特点、土地覆被变化与动因、生态系统服务功能现状、人类活动对高原地区环境的影响等,对高寒牧区、农区和林地及城镇和交通干线沿途等高原关键区域和典型脆弱区的 LUCC、变化过程与动因、生态影响与区域适应以及退化土地生态恢复策略等方面的研究进展进行了系统的阐述。分析显示:虽然青藏高原 LUCC 格局、变化过程及效应研究取得了一定的进展,对高原整体 LUCC 格局与影响的规律性研究需进一步深入,尤其对 LUCC 与高原生态安全屏障功能的相互关系还缺乏了解;开展 LUCC 过程对高原生态安全屏障功能影响的综合分析,将成为未来高原现代环境变化过程及生态安全屏障功能研究的重要主题之一。

1 近50年来青藏高原气候变化

1.1 青藏高原气候变化基本特征

近5年来，我国学者对青藏高原现代气候研究主要集中在对全球变化背景下高原内部气候诸要素的时间变化特征和区域分异规律的研究(姚檀栋等，2005；吴绍洪等，2005；Liang *et al.*，2006)。通过对青藏高原温度(杨萍等，2009)、降水(任雨等，2008；谢健等，2009；张文纲等，2009)、云量、蒸散发(Zhang *et al.*，2009)、日照(杜军等，2007)和辐射等气候要素的研究，初步揭示了青藏高原气候变化和全球变化的响应关系，反映了近50年来全球变化背景下青藏高原气候变化的主要特征。

1.1.1 温度变化

对青藏高原温度变化进行综合研究认为，青藏高原温度总体近几十年来呈升高趋势(王振宇等，2005；吴绍洪等，2005；周宁芳等，2005；刘禹等，2009)。与全球温度变化趋势相比，青藏高原升温幅度较大(郑度等，2002；陶波，2005；Liu *et al.*，2009)，大部分地区年平均气温、年最高和最低气温均呈上升态势，1971—2004年增温幅度分别为0.28 ℃/10 a、0.24 ℃/10 a和0.33 ℃/10 a(李生辰等，2007)。其中，最低气温的上升最为明显，对高原气温变化的贡献最大(杨保等，2006；Liu *et al.*，2009；张耀宗等，2009)。青藏高原温度变化在区域内部存在明显的差异性。高原东北部边坡地带从20世纪60年代到90年代持续变暖，90年代以来温度上升速度加快，升温率达0.22 ℃/10 a，比60年代高出0.7℃，高原平均气温在1987年前后发生暖突变，比1961—1986年的平均气温上升了0.6 ℃(王建兵等，2007)；1955—2004年藏北羌塘高原平均增温幅度为1.4 ℃(王景升等，2008)，高原西北部地区的柴达木盆地增温幅度高达0.8 ℃/10 a(李生辰等，2007；丁明军，2008)。青藏高原及其邻近地区的温度变化还与海拔高度有关，1978—2000年海拔高度>2 500 m的地区温度上升幅度平均为0.36 ℃/10 a，海拔高度<2 500 m的地区平均为0.34 ℃/10 a，海拔高度>2 500 m的地区，随海拔高度的上升增温率呈降低趋势(丁明军，2008)。高原内部35°N南北及主体与周边地区的温度反位相变化明显(张平等，2006；杨瑜峰等，2007)。

青藏高原春、冬两季的温度变化明显，夏、秋季温度变化不大(周宁芳等，2005；盛文萍等，2008)，但区域内部存在明显的差异。高原东北部边坡地带冬季平均气温升高趋势明显大于其他季节，春、夏季增温直到20世纪90年代末才开始显现出来(王建兵等，2007)。藏北羌塘高原1955—2004年主要表现在秋、冬季节增温明显，增幅分别为1.6 ℃和1.8 ℃，而春、夏温度增幅较小，分别为1.25 ℃和0.8 ℃(王景升等，2008)；1978—2000年春季气温随海拔高度上升变暖幅度加大，冬季随海拔高度上升变暖幅度减小，同一高度范围内的气温变化冬季的增温幅度普遍大于夏季(海拔大于4 000 m高度范围例外)(樊红芳，2008)。

与全球气温变化趋势相一致(蔡英等，2003；李生辰等，2007)，青藏高原气温变化与印度洋海温(张平等，2006)、太平洋海温(刘青春等，2008)等存在清晰的遥相关关系(刘新伟等，2006)。同时，通过多模式集合预估结果表明，未来青藏高原地区的增温趋势仍将持续，其增温幅度因为不同的温室气体排放情景而产生不同的响应态势(徐影等，2005；Yu *et al.*，2008；

周天军等，2008；刘晓东等，2009）。

1.1.2　降水变化

青藏高原地区的降水区域差异大，局地性强（李生辰等，2007）。1961—2000 年青藏高原降水变化可分为少雨和多雨 2 个时期，20 世纪 80 年代以前为少雨期，以后为多雨期；90 年代中期以前青藏高原降水变化幅度不大，90 年代中后期降水增加明显，增幅为 10 mm/10 a（李生辰等，2007）。其中，1971—2000 年间青藏高原降水量整体呈增加趋势，增幅为 11.96 mm/10 a（吴绍洪等，2005）。

青藏高原降水分布具有明显的时空差异（邹燕等，2008）。高原北部、西部与高原南部、东部的反相变化关系明显，1971—2004 年 33°～35°N 及祁连山区（5.2 mm/10 a）降水呈减少趋势，尤其是 20 世纪 80 年代以后减幅明显，藏北地区（24.2 mm/10 a）和柴达木盆地（17.9 mm/10 a）呈增加趋势，且增幅较大（李生辰等，2007）。降水的相对变率与年降水量完全相反，同时高海拔地区降水在减少，而低海拔地区在增加，高原内部整体降水由东南向西北递减（丁明军，2008）。

青藏高原春、夏、秋、冬四季降水都有不同程度的增加，但各区域表现并不一致。对 1961—2000 年高原降水资料分析认为，春、秋季降水呈线性增加，40 年分别增加 15.2 mm 和 8 mm，而对 1965—2000 年降水资料分析认为，春、夏季降水增加趋势明显，36 年分别增加 8.20 mm 和 11.23 mm（樊红芳等，2008）。藏北羌塘高原 1955—2004 年春、夏、秋、冬四季均有降水增加，分别增加 22 mm、20 mm、20 mm、6.5 mm（王景升等，2008）。青海湖地区的降水则表现为年、夏季降水量微弱上升，秋季微弱下降（杜军等，2009）。总之，研究表明，青藏高原降水总体呈上升趋势，通过对未来降水变化趋势预估，高原大部分地区今后降水还将持续增加（徐影等，2005），但可能受温室气体排放量差别的影响，高原降水将呈现出不同的变化趋势（周天军等，2008）。

1.1.3　其他要素变化

青藏高原云量的变化研究是高原气候变化研究的一个重要方面。1971—2004 年高原年总云量在减少，特别是 1977—1978 年急剧减少，80 年代以后总云量变化微弱，但总体呈下降趋势，1990 年以后，下降速率增大，2002 年达到最低值（Zhang *et al.*，2008）。高原总云量与日照、日较差的变化有明显的相关关系（Zhang *et al.*，2008）。高原总云量东部高于西部，由东南向西北递减，夏季云量稳定性高于冬季（陈少勇等，2006）。近 30 年来高原中东部地区，特别是西藏大部分地区春季总云量下降显著，而在高原东北部地区，特别是青海东部以及青甘交界处夏季总云量显著下降，高原主体、特别是高原东部秋、冬季总云量呈下降趋势，特别是青海东部地区下降尤为显著（Zhang *et al.*，2008）。

近几十年来，青藏高原最大可能蒸散以减少趋势为主（19.14 mm/10 a），高原干燥度降低（0.01/10 a）（吴绍洪等，2005）。1980—2000 年高原东部、北部和西部可能蒸散率呈上升趋势，其中，柴达木盆地和阿里地区增幅要高于其他区域，上升幅度在 0.1/10 a 以上，藏南山地灌丛草原带东部、东喜马拉雅南翼常绿阔叶林带、川西藏东针叶林带中部可能蒸散率降低（丁明军，2008）。1971—2004 年大致以 33°N 为界，高原参照蒸散变化南北差异显著，界线以南的西藏和川西的绝大多数地区呈显著的下降趋势，而界线以北变化趋势不一，高原北部参照蒸散的减弱主要归因于风速的变化，而在东南部，尤其在夏季，参照作物蒸散发主要受日照变化的影响

(Zhang *et al*.,2007)。但藏北地区1955—2004年的可能蒸散及辐射干燥度随纬度(或海拔)增加呈现减少趋势,而在经度梯度上,由东向西两气候因子均增加(王景升等,2008)。

青藏高原日照时数的变化也呈减少趋势,1971—2008年怒江流域平均年日照时数以31.7 h/10 a的速率在减少,其变化主要集中在夏季,春、秋季次之(杜军等,2009),其变化趋势与黄河流域、青藏高原东侧(陈少勇等,2006)基本一致,但减幅比这些地区大。藏北高原地区近40年的热量指数呈明显增高趋势,湿润指数呈增加趋势,但变化不明显,总体来看,藏北地区气候有趋于暖湿,但温暖化趋势更加明显(盛文萍等,2008)。

1.2 青藏高原气候变化与土地利用/覆被变化关系

青藏高原作为地球表层上独特的地域单元之一,其大部分地区一直处于较为自然的状态,对外界因素的扰动具有高度的脆弱性和敏感性。长期以来,极具特色的藏民族在这里休养生息,形成了别具一格的区域人文特点。近年来,在人文和自然因素共同影响下,高原(主要是东部)土地覆被发生了较大变化,对高原内部环境和人类社会经济活动产生了一定影响,对高原周围地区也有着深远影响。已有研究表明,人类活动在青藏高原土地利用/覆被变化中起着主导性作用。从某种意义上可以说,青藏高原的土地利用变化是在外来文化和技术进步的冲击下传统文化发生变迁的结果(摆万奇等,2002)。政府的宏观政策在土地利用变化中起着调控作用,例如,对生态和环境退化开展的工程建设(退耕还林、还草及围栏封育等)(除多等,2005;伍星等,2007);人类活动的集聚效应,如城市化、趋向交通便利性的特点,也会造成土地利用的快速变化(张镱锂等,2007);而人类自身不合理的土地利用(如过度放牧),在草地退化中扮演着极为重要角色(崔庆虎等,2007)。20世纪80年代以来,玛多县水热条件的变化是向着有利于草地恢复的方向发展的,而草地却呈现退化趋势,这主要与人类的过度放牧密切相关(摆万奇等,2002)。黄河源地区的研究结果也显示人类活动(尤其是过度放牧等)对草地退化的影响可能性更大(张镱锂等,2005)。尽管高原不同区域退化的主要因素不尽相同,但导致草地退化最主要的因子是过度放牧和植食性小哺乳动物种群的爆发(崔庆虎等,2007),放牧要控制在一定的强度范围,否则群落会向毒杂草居多的方向演替使草场质量下降。

青藏高原地理环境复杂,土地利用/土地覆被变化的驱动因素区域差异显著,加之研究区域及研究视角的不同,不同学者得出了不尽相同的研究结论。除了以上学者认为人类活动是土地利用/覆被变化的主导因素外,也有学者认为青藏高原土地利用/覆被变化的主导因素是气候变化(Ding *et al*., 2007;丁一汇等,2007;黄玫等,2008)。研究认为,自20世纪80年代初至2000年间,降水量是决定高原地区植被整体覆盖年际变化和波动的主要气候驱动因素(周睿等, 2007;徐兴奎等,2008);提出共和盆地气候暖干化是目前导致土地沙化日趋严重、草地退化、灾害频繁等环境问题的关键性因子,已经对当地的社会经济发展与环境产生了重大影响(陈英玉等,2009)。另外,也有部分学者认为青藏高原土地利用/覆被变化是人类活动与气候变化共同驱动的结果(摆万奇等,2002;崔庆虎等,2007)。总之,全球变化中人类活动导致青藏高原土地利用/覆被发生变化已经成为共识。

2 青藏高原生态系统服务功能变化

生态服务是指自然生态系统通过其自身的结构、过程和功能为人类提供的生命支持服务,包括产品和服务。2000 年以来，国内外对青藏高原生态系统服务及其价值进行了大量的研究，本文系统综述这些研究成果，以厘清青藏高原生态系统服务研究的成绩与不足。

2.1 青藏高原生态系统服务功能

青藏高原作为亚洲大江大河的发源地，高原生物多样性的维持基地，世界级旅游休闲的目标地，世界文化整体性的一个重要组成部分，以占地球陆地表面积 1%的规模，为当地 1 000 余万人口（张镱锂等，2005）提供直接的生命支持，并为全球提供商品和生态服务。

2.1.1 水调节和供给

青藏高原独特的地形和地貌使得该地区水文循环过程对当地、周边地区及全球的水文过程产生深刻影响。青藏高原形成了一个包括冰川、河流、湖泊、地下水和大气水分在内的水文循环过程，通过降水、蒸腾与蒸发、冰川消融等来调节当地的地表水、地下水和大气水分平衡。通过河流和地下水输出、大气水汽输入与输出调节青藏高原与外部系统的水分平衡。

水供给是青藏高原生态系统提供的最重要的服务之一。青藏高原有丰富的冰川、数量众多的高原湖泊和沼泽，以及东南部丰富的降水（张镱锂等，2002），为当地提供了重要的水资源。青藏高原是亚洲重要的江河源头，是恒河、印度河、雅鲁藏布江、怒江、澜沧江、长江、黄河等的起源地，除了为中国，还为南亚的印度、巴基斯坦和孟加拉等国，东南亚的缅甸、老挝、泰国、柬埔寨、越南等国提供水资源。高原的输出水量，即出境河川径流量为 $6\ 870 \times 10^8\ m^3$（鲁春霞等，2004）。

研究显示，青藏高原的水源功能正在受到威胁。由于亚洲气候主要受季风影响，降雨集中在少数几个月内，河流的年径流量主要依靠青藏高原的冰川融水。随着人口的增长，现有农业结构已经不能满足当地民众增加收入和城市化发展的需求，为了满足大量且多样化的农产品需求，未来增加灌溉土地面积将不可避免（Immerzeel，2005；Immerzeel *et al.*，2008）。与此同时，气候变化也威胁着青藏高原的水资源。据预测，到 2050 年，中国西部冰川面积将减少 27%，而分布于青藏高原的冰川则占到其中的 70%左右（秦大河，2002）。尽管在短期内冰川融水可以增加河流径流量，但最终来自冰川的融水将会干涸（Barnett *et al.*，2005），从而对亚洲带来灾难性的后果。因此，青藏高原提供淡水的生态功能正日益受到愈来愈多的关注。

2.1.2 气候调节

由于独一无二的地形条件，青藏高原对周边区域及全球气候都产生了深刻影响。青藏高原与东亚季风、南亚季风和高原季风形成和发展都有着密切关系，促成了高原气候区的形成，使得冬季高原东部寒冷干燥，而西部温和潮湿，夏季东南部潮湿，而西北部干旱。

青藏高原通过地形影响过山气流的动力性绕流及夏季高原上升气流，在高原外围产生补偿性下沉，导致了中亚地区和中国西北部地区的干旱气候。亚洲内陆的戈壁、沙漠的不断发展与青藏高原隆升有着密切关系（董光荣等，1995）。

青藏高原在隆升过程中，不仅对大气和海洋环流造成了大规模的影响，而且导致了全球变冷。这主要是由于一方面高原抬升使部分地面被冰雪覆盖，通过反射率—温度反馈导致北半球乃至全球气候变冷；另一方面，高原抬升后，硅酸盐矿物风化作用增强，大量吸收大气中的 CO_2 以生成碳酸钙，造成大气 CO_2 含量降低，全球气候变冷（刘晓东，1999）。

2.1.3 大气成分调节

青藏高原分布着类型多样、面积广阔的草地，高山和亚高山森林分布也较多。青藏高原通过植被光合作用和呼吸作用、土壤呼吸作用及地表物理化学过程调节大气 CO_2、O_2，对维持大气氧平衡、碳平衡产生重要影响。青藏高原空气稀薄，氧含量只有平原地区的 50%～70%。因此，高原生态系统释放氧气的功能较之低海拔地区对人类的生存和健康更具有重要意义。研究显示，青藏高原的平均净生态系统生产力为 80.62 g/m^2 · a，表明生态系统通过光合作用向大气释放了大量 O_2。虽然高寒沼泽湿地可能是碳源，但是大部分草地和森林生态系统是碳汇（赵亮等，2005）。估算结果显示，青藏高原生态系统净碳累积总量为 193.64×10^{12} g/a，主要来自高原森林和高寒草甸（郑度等，2004）。

青藏高原土壤也是重要的碳库。方精云等（1996）估算出青藏高原平均深度为 72 cm 的土层中积累了 38.4×10^9 t 有机碳，约占中国土壤总碳库的 21%，草地生态系统土壤有机碳储量达到 33.5×10^9 t，其中，以高原草甸土和高原草原土有机碳积累量为主（王根绪等，2002）。

2.1.4 土壤保持

青藏高原地域辽阔，海拔高差大，土壤类型多样，土壤侵蚀类型包括冻融侵蚀、风力侵蚀和水力侵蚀（罗利芳等，2004）。由于青藏高原约 2/3 的面积区年平均气温在 0 ℃以下，大部分土壤处于冻土状态，在冻土融解季节，土壤冻融侵蚀发生风险非常高。青藏高原降水量整体较少，但是在降雨集中的 6—9 月份，土壤发生水力侵蚀的风险较高，特别是青藏高原东南部地区，土质疏松、地势陡峭，极易在雨季发生水力侵蚀。青藏高原西部海拔 4 000 m 以上的区域年均大风日数超过 100 天，加上当地降水较少，土壤松散，风蚀危害极易发生。青藏高原分布着大面积的高山草原、草甸，东南部区域还分布着森林。草地和森林植被发育能固持土壤，有效避免各种侵蚀的发生，从而也避免了下游河道发生淤塞的危险。

高原生态系统土壤保持功能研究结果显示，青藏高原单位面积现实土壤侵蚀量变化范围为 0.36～625.21 t/hm^2 · a，均值为 76.25 t/hm^2 · a，整个青藏高原各类生态系统现实土壤侵蚀总量为 3.05×10^9 t/a。青藏高原单位面积现实土壤侵蚀量较大的生态系统包括旱地、水浇地、热性灌草丛类、暖性灌草丛类和暖性草丛类，均在 100 t/hm^2 · a 以上，主要分布在青藏高原东南部地区和西北部地区（肖玉等，2003）。而稻田、低地草甸类、温性荒漠草原类、高寒草甸草原类、热带雨林性常绿阔叶林、温带和亚热带落叶阔叶林等生态系统单位面积现实土壤侵蚀量较小，在 10 t/hm^2 · a 以下，主要分布在青藏高原北部和西南部的羌塘高原地区。青藏高原各类生态系统土壤保持量即为生态系统保持土壤的实物量，由潜在土壤侵蚀量和现实土壤侵蚀量之差求得。青藏高原单位面积土壤保持量较大的生态系统包括：热带常绿阔叶雨林及次生植被、热带雨林性常绿阔叶林、亚热带石灰岩落叶阔叶树—常绿阔叶树混交林、亚热带硬叶常绿阔叶林、亚热带常绿阔叶林、温性山地草甸类、温性草甸草原类、热性灌草丛类、暖性灌草丛类、暖性草丛类等生态系统，主要分布在东部地区，在此区域内高山峡谷纵横，地形切割破碎，岩石风化强烈，以上的森林生态系统和灌草丛生态系统对土壤保持有着非常重要的作用。其中，热带常绿阔叶雨林及次生植被单位面积保持土壤量达到 889.32 t/hm^2 · a。青藏高原林地和灌草丛青藏高原各类生态系统保持土壤总量为 2.78×10^{10} t。

2.1.5 初级产品生产

青藏高原自然地理和气候条件独特，高原农业和畜牧业较发达，为当地社会和其他地区提供了较为丰富的农产品、畜牧产品、木材和药材。青藏高原日照充足、气温低、作物生长周期长，山间河谷地带和地形起伏和缓的区域均是重要的农作物种植区域，其中高原东部河谷地带是重要的农业产区，生产的粮食包括：青稞、小麦、油菜、豌豆、马铃薯及多种蔬菜、瓜果。青藏高原东南部区域和喜马拉雅山南麓地区广泛分布的森林还可提供多种木材和林产品，包括云杉、冷杉、铁杉等。青藏高原大面积分布的高山草原和草甸为当地畜牧业养殖提供了广袤的牧场，牲畜种类包括牦牛、绵羊、黄牛、山羊等。西藏独特的自然地理条件还出产众多名贵的药材，如冬虫夏草、川贝母、大黄、麝香、胡黄连、藏红花等。

青藏高原植被以草地为主，对草地所提供的初级产品服务研究得出，高原草地每年生产鲜草约 2×10^8 t，养育 $1\,300\times10^4$ 头牦牛、$4\,000\times10^4$ 只绵羊及其他食草牲畜，每年可提供 20×10^4 t 肉食、40×10^4 t 鲜奶及其制品以及两万多吨羊毛（谢高地等，2003）。

2.1.6 生物多样性维持

青藏高原物种非常丰富。根据“中国生物多样性现状”报告，青藏高原有维管植物 1 500 属、12 000 种以上，种数占中国维管植物总数的 40%。西藏自治区有水生原生动物 458 种，轮虫 208 种，甲壳动物的鳃足类 59 种；另有昆虫 20 目、173 科、1 160 属、2 340 种。整个青藏高原有鱼类 3 目、5 科、45 属、152 种；陆栖脊椎动物共有 343 属、1 047 种，占全国该类动物总数的 43.7%（中国履行《生物多样性公约》办公室，2004）。青藏高原拥有许多特有物种，植物中有画笔菊（*Ajaniopsis penicilliformis*）、丝苞菊（*Bolocephalus saussureoides*）、翅果蓼（*Parapteropyrum tibeticum*）、辐花（*Lomatogoniopsis lpine*）、栓果芹（*Cortilla hookeri*）、君范菊（*Sinoleontopodium lingianum*）和马松蒿（*Xizangia serrata*）等；动物中有西藏山溪鲵（*Batrachuperus tibetanus*）、高原鼠兔（*Ochotona curzoniae*）、高原兔（*Lepus oiostolus*）、藏原羚（*Procapra piticaudata*）、藏羚羊（*Pantholops hodgsoni*）和野牦牛等。由于长期生活在特殊的高寒条件下，青藏高原还形成了组成、结构和外貌都非常独特的森林、高寒草甸、高寒草原及高寒荒漠生态系统，它们是青藏高原众多生物物种的庇护场所。这些多样的特有物种和生态系统在构成全球生物多样性中发挥着重要作用（鲁春霞等，2004）。

2.1.7 旅游

青藏高原旅游资源丰富，分布着大量的雪峰、冰川、高山、湖泊、温泉、森林、草原、化石、野生动植物等自然景观资源，同时还有众多的寺庙、民居、民俗风情、古桥梁、文化遗址等人文景观。雅鲁藏布江大峡谷、青海湖、可可西里、布达拉宫、大昭寺等都是世界闻名的旅游景点，每年吸引着大量的中国及世界各地的游客到此旅游。据统计，2007 年青海和西藏两省（区）接待国内外旅游者超过 1 400 万人次，旅游收入近 100 亿元。

2.1.8 宗教和文化

青藏高原集中分布了我国主要的藏族。西藏传统文化具有较强的地域性和民族性。藏传佛教是藏族传统文化的重要组成部分，对青藏高原地区的政治、经济、哲学、文学、医学等都产生了巨大的影响。藏传佛教推动了藏族文化的全面发展，藏文文献就是随着公元 7 世纪中叶吞米·桑布扎制定藏语文字、翻译佛经而开始出现的，藏传佛教中的哲学思想最为丰富、精深，在推动藏族建筑、绘画、雕塑等艺术事业的发展中发挥了重要作用。青藏高原分布了大量的藏传佛教寺庙和其他的宗教祭祀场所。

藏药是在广泛吸收、融合了中医药学、印度医药学和大食医药学等理论的基础上，通过长期实践所形成的独特的医药体系，迄今已有上千年的历史，是我国较为完整、较有影响的民族药之一。藏药历史上有许多经典著述，成为今天研究藏药的主要文献和藏药种类发展的历史记录。目前我国有藏药 3 000 种左右，西藏是藏医药的发源地，藏药应用历史悠久。

2.2 青藏高原生态系统服务受益者和生态服务价值

2.2.1 受益者分布

青藏高原生态系统提供的生态服务包括水调节和供给、气候调节、气体调节、土壤保持、初级产品生产、维持生物多样性、休闲旅游及宗教和文化。这些生态系统服务的受益者可分为三类：第一类受益者是青藏高原当地居民，他们是大部分生态系统服务的受益者；第二类受益者是青藏高原周边居民，包括青藏高原东部和北部的中国其他省份、蒙古、哈萨克斯斯坦、吉尔吉斯斯坦，青藏高原西部的巴基斯坦、塔吉克斯坦，青藏高原南部的印度、尼泊尔、不丹、孟加拉，青藏高原东南部的缅甸、泰国、老挝、柬埔寨等国居民；第三类受益者是世界其他国家居民，他们也获得了来自青藏高原生态系统服务提供的福利。

2.2.2 受益者所获得的不同生态系统服务

青藏高原生态系统所提供的各项服务发挥效用的过程和特点不同，受益者分布存在一定差别。对青藏高原当地居民而言，青藏高原是他们生存和发展的基础，其所提供的生态系统服务对他们的生产和生活极为重要。青藏高原通过水调节和供给为当地居民提供必不可少的生产和生活用水；青藏高原独特的地貌条件形成了独特的气候，影响了当地居民的生产和生活方式；青藏高原植被通过光合作用释放大量 O_2，是当地居民生存的前提；青藏高原的农田、森林和草地是当地居民进行农业生产的基础，为当地居民提供了食物、药物和工业原材料；植被覆盖可减少土壤侵蚀，保持了土壤的生产力；藏传佛教是当地居民主要的宗教信仰，宗教和文化对当地居民具有非同一般的意义；青藏高原生物多样性维持能保证当地生态系统稳定；青藏高原的休闲旅游能为当地居民增加经济收入。

对青藏高原周边区域居民而言，青藏高原对他们产生重要影响。青藏高原的水调节和供给功能给发源于此地河流下游的居民提供生产和生活所必需的水资源，如发源于青藏高原的湄公河流经缅甸、老挝、柬埔寨、泰国等多国，为这些国家提供了重要的水资源。青藏高原独特的地貌条件影响了周边区域的水汽流动，使周边区域的气候发生了显著变化；青藏高原植被和土壤固定了大气中的 CO_2，同时释放 O_2，调节了大气组分平衡；青藏高原生产的农产品、畜牧产品、药材和工业原材料也可满足周边区域居民生活和生产需要；植被覆盖可减少土壤侵蚀，从而避免河流下游河道淤塞；藏传佛教和藏族文化对周边居民产生重要影响；青藏高原生物多样性维持能保证周边区域生态系统稳定；青藏高原是周边居民的休闲旅游目的地，为周边居民提供精神享受。

对全球其他地区而言，青藏高原生态系统服务也发挥着重要作用。青藏高原独特的地貌条件影响了大气水分循环，对全球水分分布产生了一定的影响；青藏高原对大气和海洋环流造成了大规模的影响，对全球气候变冷产生重要影响；青藏高原植被和土壤固定了大气中 CO_2，在缓解温室效应中发挥了一定作用；青藏高原生产的农产品、畜牧产品、药材和工业原材料也可满足全球其他地区居民对这些物品的需求；藏传佛教和藏族文化是世界文化的一个重要组成部分；青藏高原分布着大量特有物种，在全球物种生物多样性维持中也起着重要作用；青藏高原是全球其他地区居民的休闲旅游目的地，为全球居民提供独特的精神享受。

2.2.3 生态系统服务价值化

对青藏高原的生态资产及其经济价值进行的综合评价研究表明：青藏高原生态系统每年的生态服务价值为 9 363.9 亿元/年，占全国生态系统每年服务价值的 17.68％，全球生态系统每年服务价值的 0.61％(谢高地等，2003)。在青藏高原生态系统每年提供的生态服务价值中，土壤形成与保护价值最高，占 19.3％，其次是废物处理价值，占 16.8％，水源涵养价值占 16.5％，生物多样性维持的价值占 16％。高原不同生态系统类型中，森林生态系统和草地生态系统对青藏高原生态系统总服务价值的贡献最大，贡献率分别为 31.3％和 48.3％。尽管这一评估结果的准确性有待商榷，但无疑在帮助人们定量认识青藏高原生态服务的宝贵而巨大的价值方面具有重要意义。

湿地是青藏高原重要的水源涵养区。该区分布有 1 313×10^4 km^2 的天然湿地，仅西藏自治区就有 6×10^4 km^2 的各种类型湿地。这些湿地对于维护青藏高原地区的生态功能，保证下游地区江河水生态安全具有重要的战略地位。例如，西藏拉萨拉鲁高寒草甸沼泽湿地的生态服务功能研究得出，该湿地生态系统每年提供的服务功能总价值达 5 481 万元(张天华等，2005)，其中物质生产功能价值仅有 315 万元，占总生态服务功能价值的 5.75％。如果将该湿地开发为城市建设用地，平均每年的增值也只有 1 391 万元，仅为生态系统功能总价值的 25.38％。因此，在西藏地区经济发展和城市扩张的过程中，必须从整个生态系统的角度出发，科学合理地保护和利用湿地资源。

青藏高原林地均属于高海拔亚高山森林，主要分布在横断山区、喜马拉雅山南坡、雅鲁藏布江大拐弯等地，森林蓄积量占全国的 1/3。由于林地主要分布在河流的上游地区，其水源涵养功能成为许多研究的焦点。长江上游森林的水源涵养功能受到广泛的重视(陈国阶等，2005)。对长江上游地区林地水源涵养功能的研究中，根据上游地区自然地理环境条件的差别，划分为暗针叶林、其他针叶林、阔叶林、经济林、竹林、灌木林等 6 个森林生态系统类型区域，并利用年降雨量、林冠截留量数据及“影子价格”等方法，计量和评述了该地区森林生态系统的水源涵养效益(邓坤枚等，2002)。其中，青藏高原部分主要划分为江源草甸区和高山峡谷区，其林地类型以暗针叶林、云南松林及灌木林为主。结果表明，长江上游地区森林生态系统的年水资源涵养量为 1 288.5 亿 m^3，主要集中在高山峡谷森林区，即青藏高原的森林生态区涵养水源的经济价值约为 431.6 亿元/年，占总经济价值的 35％左右。

青藏高原天然草地面积达 12 834.9 万 hm^2，是中国天然草地分布面积最大的地区，占中国草地面积的 1/3，其中，可利用面积 11 187.5 万 hm^2，高寒草甸和高寒草原分别占全区草地面积的 45.4％和 29.1％。作为青藏高原最大的生态系统，草地对维护高原的生态功能具有无法替代的作用。尽管对高寒草地生态系统的研究较多，但真正进行生态系统服务功能评价的研究相对较少。在青藏高原天然草地生态系统生物量订正的基础上，逐项估算了各种草地类型的各项生态服务价值，结果显示，高寒草甸、山地草甸、高寒草原对草地生态系统总服务价值的贡献率分别为 62.52 ％、14.14 ％、12.92 ％(谢高地等，2003)。根据高寒草地的地域分异特征分亚区进行的生态价值估算结果表明，亚区生态服务价值具有沿东南向西北迅速减小的趋势，这与青藏高原气候条件自东南向西北由温暖湿润转向寒冷干旱是一致的。以土壤侵蚀率为指标，利用风洞模拟青藏高原高寒草甸和高寒草原的土壤保持功能，并根据设计的情景估算不同草地类型单位面积的土壤保持量及其经济价值(鲁春霞等,2006)。从总体来看,单位面积的土壤保持功能的强弱依次为高寒草甸＞草原化草甸＞高寒草原。由于草地退化严重,直接影响了生态服务功能。对草地恢复成本的研究也有助于对生态系统服务功能的评价。运用条件价值评估法(CVM),对位于黄河上游的玛曲地区居民进行草地恢复意愿调查,并以他们的最大支付意愿(WFI)和最小受偿意愿(WTA)为依据,粗略推算玛曲地区生态系统的年度恢复成本和总恢复成本(曹建军等,2008)。这些恢复成本对于生态补偿、促进草地生态系统服务功能养护具有较好的参考价值。

2.3 需要进一步研究的科学问题

青藏高原对于亚洲具有极其重要的生态功能,由于高寒的自然特征,其生态系统具有脆弱和敏感的特征。尽管这一地区已经成为科学研究的重要区域,但综观青藏高原生态系统服务功能研究,仍然存在严重不足。

客观地说,由于自然条件的限制和影响,研究中存在以下问题:(1)研究范围巨大,涉及的内容多,但数据严重不足,且获取难度大,使得当前研究评估没有充分数据支持;(2)青藏高原地形复杂多变,自然生态系统的变化情况缺少实地调查资料,现有的评价难以反映空间异质性及其实际变化;(3)评价方法的单一和过于简单,导致研究中以均质空间处理或者采用外推方法进行经济价值评估,结果可靠性差;(4)对一些服务功能的研究重视不足。青藏高原是亚洲大江大河的发源地,但对江河源的功能研究较少,同时对具有重要水源涵养功能的湖泊湿地及其生态功能的研究非常有限。青藏高原生态服务功能在下列科学问题上应作进一步深入研究。

2.3.1 生态系统结构—过程—服务功能的相互作用机理

生态系统服务功能取决于生态系统的结构和过程,生态系统结构—过程—服务功能的相互作用机理是生态系统服务功能评估的科学基础和研究前沿。需要基于长期生态野外观测和试验,研究生态系统的组成结构、重要生态过程和生态系统服务功能的相互关系,阐明生态系统结构、过程的变化如何影响生态系统服务功能的产生、传输和实现,揭示生态系统结构、过程与服务功能之间的耦合机制。

2.3.2 生态系统服务功能的尺度特征与多尺度关联

生态系统服务功能的尺度特征与跨尺度关联是国际上生态系统服务功能研究的难点。需要从生态系统—景观—区域—国家—国际不同尺度研究生态系统服务功能的特征及其相互关系,阐明不同生态系统服务功能的尺度表征方式与特征、较小尺度上的生态系统服务功能在较大尺度上的表达方式、生态系统服务功能的多尺度关联。解析景观和区域尺度生态系统服务功能的复杂性特征,建立生态系统服务功能的尺度转换方法。

2.3.3 生态系统服务功能评估的原理与方法

生态系统服务功能的评估,是将生态系统监测与研究成果应用于生态系统管理决策的纽带,其原理和方法是生态系统服务功能研究的核心科学问题。迫切需要建立适合青藏高原实际的、能应用于不同尺度、不同生态系统类型的评价指标体系,发展基于生态系统结构、过程与服务功能的机理模型,耦合景观格局与生态系统服务功能的区域集成模型,遥感反演与定位观测相结合的跨区域生态系统服务功能综合评估模型,以及生态系统服务价值化方法。

3 青藏高原土地利用/覆被变化

3.1 土地利用/覆被变化特征

近期青藏高原的土地利用/覆被变化(LUCC)研究主要集中在以下两类区域。一类是土地利用“关键”地区,即人类活动和自然驱动极为活跃的地区。这类区域有多种表现:首先是当前或过去一段时间内土地利用/覆被变化剧烈的地区,如城市化地区;其次是在未来一段时间内将要发生较大变化的区域,如青藏铁路建设必将对沿线区域未来土地利用/覆被造成较大冲击;第三是土地利用/覆被变化对环境影响大的区域,如三江源地区。另一类是土地利用“脆弱”地区,如青藏高原过度放牧造成的草地退化。对这类地区土地利用/覆被变化研究,有利于人们对脆弱性的认识,揭示各种自然和人文因素对土地利用可持续性的影响。

青藏高原土地利用/覆被变化主要聚焦于典型区域,且多从土地覆被变化进行探讨,而对整个高原的土地利用/覆被变化研究相对较少。由于数据源的差异及分析方法的不同,导致结论上具有一定的差异。已有研究指出:1982—2002年间青藏高原土地覆被类型总体相对稳定(占高原总面积的62%);约27%的区域植被退化且主要发生在大江大河的源头地区和西藏南部与东南部的边境地区,其中在无植被和稀疏植被的寒漠地区的变化主要由气温升高和降水减少所致;植被变好区域主要分布在雅鲁藏布江中游等地(Zhang *et al.*, 2005)。其他研究在高原植被整体变化趋势上也认同这一观点(梁四海等,2006;杨元合等,2006)。

3.1.1 高寒草地和林地地区土地利用/覆被变化

三江源地区是我国长江、黄河和国际河流澜沧江(湄公河)的发源地(简称“三江源地区”),被誉为“中华水塔”的源头。在人类活动频繁区域,多年持续的过度放牧使草场资源受到严重破坏,草场退化严重。黄河源地区(达日县)草地退化研究得出:退化草地占源区总面积的8.24%,冬、春季牧场退化率显著高于夏季牧场;草地退化是黄河源区研究时段内土地利用/覆被变化最主要的特征(张镱锂等,2006)。三江源地区草地退化是一个在空间上影响范围大、在时间过程上持续时间长的连续变化过程(刘纪远等,2008),1981年以来植被指数变化以下降趋势为主,下降区域占源区总面积的18.92 %,增加区域占13.99 %,草地退化在区域上存在差异,且与植被类型,距居民点、河流、道路的距离及海拔高度密切相关(张镱锂等,2007)。也有研究认为:20世纪70年代中后期以来三江源地区生态系统格局稳定少动,生态系统类型变化相对缓慢,农田、森林、草地、水体与湿地和荒漠生态系统的年变化速率均小于0.5%,是长江、黄河流域乃至全国各区域生态系统转类变幅最小的稳定少动区(徐新良等,2008)。对珠穆朗玛峰国家自然保护区植被变化分析发现:退化和严重退化区域主要分布在保护区南部和国境沿线;植被变好地区集中分布在保护区北部与雅鲁藏布江南岸;针叶林、针阔混交林和灌丛构成了区域植被退化的主体(张玮等,2006)。

青藏高原东部地区的亚高山针叶林是该区最具代表性的植被类型之一,是长江上游和青藏高原东部生态安全与环境保护的屏障。20世纪大规模的森林采伐,导致生态环境急剧恶化,产生一系列环境问题。研究结果显示,大渡河上游地区1995—2000年间,整个景观以草地为基质,以林地变动为主要特征,主要表现为林地减少、草地面积增加、景观破碎度有所下降、多样性增加、斑块不规则性增强(摆万奇等,2005),而阎建忠等(2005)则认为景观破碎化程度加剧,但二者都认为大渡河上游的森林采伐迹地正在逐步恢复。

青藏高原湿地生态系统研究表明,在1969—2004年间,青藏高原典型高寒湿地退化具有普遍性,湿地面积萎缩在10%以上。长江源区的沼泽湿地退化最为严重,退缩幅度达到29%,长江源区大约有17.5%的内流小湖泊干涸消失;黄河源区和若尔盖地区湿地系统空间分布格局的破碎化和岛屿化程度显著加剧(王根绪等,2007)。典型湿地研究得出:西藏色林错地区的湿地景观总体破碎化程度呈加剧趋势,湖泊沼泽湿地和冰雪融水湿地的面积消失或转化较多,而河漫滩湿地面积增加(赵培松,2008);1976—2006年间,拉萨河流域湿地总面积在逐渐减少(王春连,2010)。1976—1988年湿地总面积下降了3.7%,1988—2006年湿地总面积下降了5.2%。其中,河流湿地、沼泽湿地、沼泽草甸湿地面积都明显减少,湖泊、河滩沙棘林、灌丛沼泽无明显变化,河滩人工林、河滩砾石地和水库的面积有所增加。自然湿地面积减少3.8%,人工湿地面积略有增加2.5%。

3.1.2 城市地区土地利用/覆被变化

随着社会经济的发展,高原的城市化所带来的土地利用/覆被变化也引起了人们的重视。拉萨市用地变化分析得出:1950年以来,拉萨城区拓展迅速,人均耕地面积急剧减少,土地利用带来的生态与环境问题日益突出,城市环境亟待治理(张镱锂等,2000)。但人类活动在城市化过程中具有正负效应,积极的人类活动将会改变地表植被覆盖,1990—2000年间,拉萨地区土地利用变化比较剧烈的地区主要分布在城镇及河谷等人类活动比较集中的地区,变化最为明显的是牧草地和林地,其中牧草地趋于减少,而林地趋于增加。基于马尔科夫模型情景分析显示,未来20年土地利用类型发展趋势是耕地、牧草地、水域和未利用土地面积将进一步减少,林地、园地和居民点面积将进一步增加(除多等,2005)。1995—2005年西宁市土地利用/覆被变化空间转化规律呈现出:河流、湖泊、湿地、草地和林地面积变化显著,且有增加趋势,生态环境得到极大改善;预测显示,未来10年西宁市耕地面积继续减少,建筑和交通等建设用地持续增加,林地和草地及河流和湖泊等湿地面积比例增加,将产生良好的生态环境效应(伏洋等,2009)。

3.1.3 交通沿线区域土地利用/覆被变化

交通设施的建设是实施西部大开发战略的重要环节之一,交通干线缓冲区的土地利用变化受到极大关注,交通干线作为廊道内部动因主体,对生态系统有不同程度影响。交通干线对土地利用/覆被变化的影响主要体现在导致景观破碎化,并引起土地利用类型转变。青藏公路/铁路沿线区域土地利用和景观格局研究方面,1995—2000年间,在公路格尔木至唐古拉山段,沿线建设用地增加迅速,耕地大量减少,草地退化严重,景观破碎化程度加剧(张镱锂等,2002);基于1981—2006年NOAA/AVHRR-NDVI数据对青藏铁路公路沿线土地覆被变化分析得出:研究区植被覆盖程度变化总体趋于稳定,覆盖程度呈减少趋势的区域明显高于增加的区域,植被覆盖程度增减因区域而异;植被覆盖程度增加和显著减少地区主要分布在农作区和高寒草甸区,轻微减少地区主要分布在高寒草原和荒漠草原区(张镱锂等,2009)。

3.2 土地利用/覆被变化对资源环境的影响

3.2.1 土地利用对高原草地退化的影响

在高原草地退化方面,很多学者认为人类活动尤其过牧等不合理的土地利用是导致草地退化的主要因素。部分典型区案例研究表明:1970 年以来,高原部分地区气候条件(水热)有利于植被生长,草地却发生了持续退化。例如,20 世纪 80 年代以来,玛多县水热条件的变化是向着有利于草地恢复的方向发展的,过度放牧是导致玛多县草地退化的主要原因(摆万奇等,2002);藏北地区草地退化动因相关研究也得出了相同结论(王景升,2009)。在黄河源地区,自然条件的差异对草地退化有直接的影响,阳坡草地退化率明显高于阴坡就很好地说明了这一点,表明自然因子在草地退化过程中扮演了重要的角色;但人类不合理的土地利用(尤其是过度放牧等)对草地退化的影响可能更大(张镱锂等,2006)。尽管高原不同区域退化的主要因素不尽相同,但导致草地退化最主要的因子是过度放牧和植食性小哺乳动物种群的爆发(崔庆虎等,2007)。放牧这种土地利用方式对高寒草地的影响,表现为放牧改变高寒草甸的生态功能、降低其载畜量、草地植被有所退化,但在合理的放牧强度下并不会造成草地的进一步退化。放牧要控制在一定的强度范围,否则群落会向毒杂草居多的方向演替,使草场质量下降(仁青吉等,2008)。

3.2.2　土地利用/覆被变化对大气和气候的影响

土地利用/覆被变化对大气的影响主要体现在,LUCC 改变了大气的化学性质和过程,如温室气体排放、酸雨的产生等。高原土地利用/覆被变化对大气的影响主要体现在土壤碳库的影响上。土地利用变化是导致大气 CO_2 浓度逐年增加的主要人为因素之一。土壤碳库是陆地生态系统中最大的碳库,其大小的任何变化都将显著影响大气 CO_2 浓度和全球碳平衡。土地利用变化对土壤碳库的改变主要是通过影响土壤微生物活动、加速或减缓生物量转化为土壤有机质及其分解等过程来实现的。

研究表明,近 30 年间,青藏高原草地土壤由于土地利用变化和草地退化所释放的 CO_2 估计约有 30 123×10^8 t C(王根绪等,2002)。人工草地的长期种植虽然没有改变高寒草甸作为碳汇的基本功能,但却大大降低了其碳汇效应(李月梅等,2005)。植物—土壤系统年固定碳量由未开垦前的 7.38 t C/(hm^2 · a)下降到 6.89 t C/(hm^2 · a);随着高寒草甸土地利用方式的改变,植物群落碳素固定量也随之减小,其序列由高到低依次为:高寒草甸>人工草地>农田($P<0.05$),其值分别为 7 163、6 181 和 4 151 t/hm^2(李月梅等,2006)。自然与人为因素导致的青藏高原高寒草甸生态系统的退化,不仅影响了高原区域可持续发展,而且将由碳汇转变为碳源并对全球气候的变化产生重大的影响(曾永年等,2008)。

土地利用/覆被变化除了影响大气的成分外,还通过改变大气的下垫面来影响气候。有研究指出,如果不考虑高原上的植被,大气湿度和地面潜热输送均减小,削弱了扰动发展和高原上东西方向波的传播,可能会影响高原低涡和西南涡的东移,进而影响夏季江淮地区的降水(周锁栓等,1998)。原植被大面积破坏后,我国大部分地区降水明显减少(王兰宁等,2002),青藏高原地区地表气温将略有增加。地表蒸发耗热增加明显,可能会导致土壤湿度下降,荒漠化加剧(范广洲等,2002)。

青藏高原地区植被的演变,以及高原植被演变对我国区域气候的可能影响及其机理有着重要的现实意义,高原植被前期变化对后期气候的影响,将有可能应用于我国短期气候预测中,且有较好的应用前景。

3.2.3　土地利用/覆被变化的土壤环境效应

土地利用/覆被变化(LUCC)可引起土壤环境不同程度的变化,导致土地功能与生产力的变化，进而影响区域社会的安全。土壤质量变化主要表现为不同形式的土壤退化，主要包括土壤侵蚀（水蚀、风蚀）、土壤化学退化（土壤污染、盐碱化、水浸、酸化等）、土壤物理退化（土壤紧实）等。近年来，青藏高原土地利用/覆被变化的环境效应主要侧重在土壤侵蚀、土壤污染及土壤肥力变化等方面。

对澜沧江流域云南段土地利用及其变化对土壤侵蚀的影响研究认为，公路沿线一定范围内的土壤侵蚀风险要高于远离公路的区域，说明公路修建所引起的土地利用及植被状况的变化对于其沿线区域的土壤侵蚀具有影响（姚华荣等，2006）。利用^{137}Cs示踪法研究青藏高原不同退化程度高原草甸土的土壤侵蚀表明：高寒草甸退化程度越高，土壤侵蚀越强。退化较强的草甸区的平均侵蚀模数是退化较弱区的 2.23 倍（李元寿等，2007）。青海大通县土地利用/覆被变化与土壤侵蚀的关系研究发现：不同土地利用类型对土壤侵蚀的贡献差异较大。微度和轻度侵蚀主要发生在灌木林地与水浇地，有林地和高覆盖度草地同属于轻度侵蚀，剧烈侵蚀面积最大值出现在旱地中，同属于剧烈侵蚀的土地利用类型还有高寒荒漠、低覆盖度草地和建设用地（贾俊妹，2009）。

青藏高原在 LUCC 导致的土壤污染方面的研究还相对比较薄弱，且研究大多集中在交通干线沿线区域。青藏铁路沿线样带调查结果表明，青藏铁路建设与运营没有对沿线土壤环境造成明显的影响（王兆锋等，2009）。在西宁—格尔木段初步调查结果表明，已运营铁路沿线重金属铅和汞具有显著的规律性变化，并推断出铁路运输已经造成了铁路两侧土壤一定程度的重金属污染（鲁春霞等，2004）。纵向岭谷公路沿线重金属与公路距离之间存在显著相关关系，影响带宽度约为 50 m（朱建军等，2006）。

土地利用变化可能导致土壤肥力发生变化。在农村耕地土壤养分研究结果显示，1979—2006 年，大渡河上游农牧区耕地有机质、速效 N、速效 P、速效 K 含量总体升高，并具有区域和农户类型差异：河坝区的养分变异程度大于中山区；多数纯农型、农为主型地块的养分相对较高，非农型地块通常最低；退耕地的有机质和速效 N 低于 1979 年的水平（张丽萍，2007）。在高寒草甸地区，随退化程度加大，有机质含量在表层土壤中流失严重。在各个退化阶段，有效锌和交换性锰的含量均能满足植物生长的需求，而有效铜含量偏低，对牧草生长不利。随着植被的退化演替，土壤退化越来越严重，土壤越来越贫瘠化（周华坤等，2005）。土地利用变化对高寒草甸土壤有机质更新的影响显著，尤其是更新时间较短的浅层土壤有机质对土地利用变化的响应更为敏感（陶贞等，2007）。

3.2.4 土地利用/覆被变化的水环境问题

LUCC 对水质、水量、水循环的影响及可持续发展对策已成为该领域的重要研究课题。土地利用方式及其程度的改变（如化学肥料、农药及杀虫剂的大量使用）和土地覆被的变化（尤其是城镇用地的扩展），会增加营养元素及悬浮物的入河通量，造成水体富营养化和水污染。由于不同的土地利用与土地覆被类型对降水的截留、阻挡、蒸腾及下渗作用不同，因而 LUCC 不但导致地表或地下水量的变化，而且会改变区域水循环的方式。青藏高原 LUCC 水环境研究在区域上主要集中在川西地区（张远东等，2009），内容主要以 LUCC 对土壤水的影响研究为主（王根绪等，2003）。在梭磨河流域发现地表覆被变化对流域水文有一定的影响（邓慧平等，2001）。但 LUCC 导致的水环境污染问题，在青藏高原还未见报道。

青藏高原 LUCC 对土壤水影响的主要结论为：随着人类干扰，覆盖度下降，植被的水土保持功能随之降低，土壤含水率也在迅速下降，下降幅度以高寒草甸最大，草原化草甸最低(鲁春霞等，2007)。高寒湿地系统退化使其水文功能发生变化，高寒湿地退化是导致其流域径流持续递减的主要因素之一(王根绪等，2003)。在川西北针叶林带，不同土地利用与覆盖类型间地被物和土壤持水性能差异显著，土壤 0～40 cm 最大持水量排序是：天然次生林＞老龄针叶林＞人工云杉林＞灌丛＞农田＞草地＞退耕还林地，其中天然次生林显著高于人工云杉林，草地与退耕还林地之间没有显著差异。对于森林恢复途径和树种的选择，需要考虑未来林分的多种生态系统服务功能(张远东等，2009)。

3.3 深入研究的科学问题

青藏高原土地利用/覆被变化研究虽然取得了一些进展，但同国际及我国其他区域相比，仍处于起步阶段，许多方面研究亟待进一步深化，例如，土地利用/覆被变化分类指标的统一；高寒草地退化评价指标体系的建设；土地利用/覆被变化的环境效应，尤其是湿地退化的环境效应；土地利用/覆被变化与区域可持续发展的关系等方面。

3.3.1 土地利用/覆被分类指标的统一

由于青藏高原地域复杂，使得其他区域获得的土地利用/覆被分类系统难以适应当地研究。近些年来，许多学者根据青藏高原土地利用/覆被的特点，开发和改进了一些分类系统，使得这些分类系统更加适合青藏高原的局部研究。如以大渡河上游地区为例，在连续 4 年野外调查研究的基础上，依据植被演替过程对土地覆被进行详细分类，建立了新的土地覆被分类系统(阎建忠等，2005)。针对青藏高原高寒草地退化问题，选择达日县为研究对象，利用地学知识并结合高寒草地退化的特征建立了一套适合高寒草地退化研究的土地利用/覆被分类系统(刘林山，2006)。参照“天然草地退化、沙化、盐渍化分级指标”国家标准，制定了三江源草地退化遥感分类体系(刘纪远等，2008)。为了便于珠峰南、北坡研究区及国际土地覆被/利用研究进行对比分析，在 FAO 土地覆被分类系统(LCCS)基础上，构建了珠峰地区的土地覆被分类系统(Zhang *et al.*，2009)。各种分类系统虽然能够较好地服务各自的研究区域，但一定程度上阻碍了青藏高原各个区域的空间对比研究，因此，建立一套统一的分类指标对青藏高原土地利用/覆被变化的研究尤为重要。

3.3.2 土地覆被变化评价指标的统一及数据的规范化与标准化

在土地利用/覆被变化分析方面，由于不同研究者的研究目的不同，以及使用的数据不同，即使对同一地区进行研究所得的变化结果也不尽相同。例如，在研究高寒草地退化问题上，由于不同学者使用的方法、标准及数据源的不同，导致研究结果存在一定的差异。因此需要对退化的评价标准进行规范，制定一套完整而统一的退化指标评价体系。另外，更需要对数据进行规范化与标准化，使得用于研究的数据具有一致性与可靠性，正确地进行人文驱动因子的赋值，科学地评价某些间接因子的作用。

3.3.3 加强土地利用/覆被变化的环境效应研究

LUCC 的环境效应不仅影响到全球变化，而且还与区域环境变化密切相关。研究 LUCC 对全球环境变化的影响，主要是为了解决土地利用如何通过土地覆被的变化影响环境变化这一问题，其研究重点是 LUCC 对气候及碳循环的影响。LUCC 对区域环境的影响则更直接，主要包括对生态环境安全、水文变化、土地退化、污染物的循环等方面的影响。而这些在青藏高原研究方面还处于起步阶段，鉴于青藏高原在全球及区域上的特殊地位，尤其是土地利用/覆被变化对区域气候及水文的影响研究，是 LUCC 环境效应今后应该重点加强的方面。

4 周边地区人类活动对青藏高原环境的影响

青藏高原大气、水体、土壤、动植物、雪冰等各类环境介质中污染物含量的富集程度在过去25年中出现了快速的增长，这与周边地区大气污染物排放的增长趋势相一致。尽管如此，所有的分析数据均显示当前青藏高原仍为全球最洁净的地区之一，可以视为全球环境本底区。但是，在可预见的未来，周边地区人类活动污染物的排放仍将持续增长，这些污染物或多或少会进入到青藏高原地球系统的各圈层，势必会对青藏高原的环境产生深远的影响。鉴于青藏高原自身环境的脆弱性和对周边地区乃至北半球气候环境的重要意义，分析青藏高原各类环境介质中化学污染成分，特别是与人类活动直接相关的污染物含量的时空分布，评估人类活动对青藏高原的表生环境造成的影响，为青藏高原的环境保持与地方可持续发展提供可信的科学基础资料显得尤为重要。

4.1 青藏高原地区环境中重金属研究

4.1.1 青藏高原土壤中重金属

西藏土壤的环境背景值研究显示，西藏土壤中 Cu、Co、V、Hg 等元素含量低于全国平均水平，而 Ni、Cr、Mn、As、Zn、Pb 等元素的含量略高于全国平均水平(张小平，1994)，基本上均继承了成土母质的特点，同时也受到成土过程和人类活动的影响(Zhang *et al.*，2002)。西藏土壤中 Cu 含量的空间分布受成土母质不同的影响较大；Hg 的含量分布与西藏的地势倾向、水热变化走向及土壤水平地带性密切相关，而与母质、母岩的关系不明显。纳木错地区土壤中重金属元素的含量和特点与整个西藏土壤相一致，很大程度上由成土母质的性质决定，也受到土壤基本理化性质的影响(Li *et al.*，2008)，除 As 以外的其他所测重金属元素主要富集在土壤表层。土壤和岩石中重金属元素含量的区域差异，对水体中重金属的含量空间分布存在一定的影响作用(田立德等，2002)。总的来说，青藏高原土壤中的重金属元素含量保存着初始的自然状态，未受到人类活动的明显干扰。

4.1.2 青藏高原大气中重金属

人类活动向大气排放的重金属可以借助大气环流进行广泛快速的迁移，并通过干湿沉降过程进入水体和土壤造成其他介质污染。在中国科学院贡嘎山高山生态系统观测实验站进行的大气中总气态 Hg 的实时监测显示，2005 年 5 月—2006 年 6 月大气平均总气态 Hg 含量为 4 ± 1.38 ng/m^3(Zhu *et al.*，2008)高于全球平均背景值 1.5～2.0 ng/m^3。拉萨的大气总气态 Hg 含量要高于纳木错站，且两地的总气态 Hg 含量也均高于全球背景值(Wang *et al.*，2006)，这主要受局地源的农业活动和生物质燃烧的影响。

五道梁和瓦里关大气气溶胶的现代观测表明，青藏高原北部地区的大气中重金属元素含量受到人类活动的影响很小(温玉璞等，2001)。但由于重金属的累积效应，青海湖的两支湖芯揭示了 1960 年代以来来自大气沉降的 Pb 含量呈显著增长趋势(Jin *et al.*，2009)，这主要与区域性的大气污染及局地的耕作和土壤侵蚀有关。青藏高原中部的纳木错流域(Cong *et al.*，

2007)和念青唐古拉峰冰川区(李潮流等，2007)在夏季风期间的大气气溶胶采样分析表明，该地区的某些重金属元素如Cr、Ni、Cu、Zn和As等已受到南亚人类活动排放的影响。但由于青藏高原土壤中As含量较高，所以大气中高含量的As也可能部分来自于高原本身自然源粉尘的贡献。珠穆朗玛峰地区大气中Pb元素含量在2002年比2000年高，根据Pb元素富集因子的大小判别为该地区大气已受到轻微污染(Zhang *et al.*，2009)，但考虑到采样期只有为数几天，因此不足以评价珠穆朗玛峰地区的大气环境。青藏高原西部的慕士塔格地区大气中重金属元素(Cr、Ni、Cu、Zn、Cd、Pb和As)的平均含量远低于人口聚集区和工业化地区，堪与北极地区大气中元素背景值相比，但来自西亚、中亚和南亚的污染排放在一定气象条件下也能影响到本地区的大气环境(Wu *et al.*，2009)。最新研究指出，青藏高原地区牧民在帐篷中燃烧牛粪等生物质燃料导致帐篷内空气中有毒重金属元素如Cd、As和Pb浓度是户外的104～106倍，这对牧民的身体健康造成严重危害(Kang *et al.*，2006)。

青藏高原的大气环境监测结果表明，高原大气中的重金属元素受人类活动影响较小，基本上处于全球大气元素浓度背景值附近，但元素含量存在很大的空间和时间上的差异性，受制于不同区域的气象条件与局地过程，因此，大气气溶胶分析所揭示的大气重金属元素的含量及空间分布具有很强的时效性。

4.1.3 青藏高原雪冰中重金属

从青藏高原不同地区冰川，如煤矿冰川、冬克玛底冰川和抗物热冰川(Xiao *et al.*，2001)、东绒布冰川(Lee *et al.*，2008)采集的雪坑样品，重金属含量测试结果表明，青藏高原不同空间范围存在着不同程度的重金属污染，而Kang *et al.*(2007)根据珠穆朗玛峰北坡不同海拔采集的表层雪样品分析认为，珠峰地区的大气环境受重金属污染影响甚微，而这与Lee *et al.*(2008)的研究结论并不一致，这可能是因为前者的结论是基于珠峰与南、北极地区雪冰中元素浓度的对比而未考虑雪积累率的差异，故而忽视了重金属元素的积累通量，也可能是由于用以对比的参照样品本身存在人为污染从而得出不正确的结论。

冰芯记录恢复的重金属浓度序列给我们展现了时间尺度上的大气重金属含量的变化过程。珠峰北坡东绒布冰芯恢复的过去350年来高分辨率重金属历史记录表明，人类活动正改变着该地区的大气组成，冰芯中Bi、U和Cs元素浓度及其富集因子自1950年代以来呈现明显的增长趋势(Kaspari *et al.*，2009)。研究发现，希夏邦马峰达索普冰芯上部40 m样品中Pb的含量从1970年代后增长趋势非常显著，而Pb的同位素组成则表明人类活动排放在这增长趋势中占主导地位，南亚及东南亚国家的工业排放可能是其主要来源贡献(霍文冕等，1999)。青藏高原古里雅冰芯记录的Cd浓度在20世纪逐渐增大，尤其1980年代以后增加趋势更明显，反映了西亚及南亚有关国家污染排放的影响(李月芳等，2000)。地处青藏高原西部的慕士塔格冰川位于亚洲中部地区，常年受控于西风环流影响。以钻取于海拔7 010 m、长41.6 m的一支慕士塔格冰芯重建了1955—2003年重金属元素浓度的时间序列，部分元素的含量特征证明了人类活动污染的存在，其中Pb的浓度变化与中亚五国的经济发展相对应，而冰芯中Sb的浓度记录与吉尔吉斯斯坦境内的Sb排放密切相关(Li *et al.*，2006)。

由于源区、传输过程及在大气中滞留时间的差异，大气组成成分及其含量在区域间的变化很大，因而青藏高原地区的重金属污染情况在不同时空尺度上存在着很大的差别，甚至于在同一地区有着截然不同的观点。数据的匮乏导致我们对青藏高原整个地区重金属含量分布及其对环境的污染历史认识严重不足，因此当前亟待解决的问题就是多区域地了解青藏高原不同介质中重金属元素的浓度水平，同时须认识重金属元素的迁移转化过程，重金属污染物排放、输送及沉降的季节性特征，以及从更长时间尺度上恢复青藏高原重金属元素含量的变化过程，从而多角度地揭示人类活动的重金属排放对青藏高原环境的影响程度。

4.2 黑碳对青藏高原地区环境的影响

4.2.1 大气中的黑碳对青藏高原产生的气候影响

黑碳（BC），有时也被称为元素碳（EC），与有机碳（OC）共同组成大气中的含碳颗粒，又被称为含碳气溶胶。含碳颗粒主要产生于生物、化石燃料的不完全燃烧过程和森林火灾。BC通过吸收太阳直接辐射及来自地表、大气和云层的反射光，改变大气和地表的辐射通量，直接对气候产生影响。

青藏高原平均海拔 4 000 m 以上，地处我国偏远的西部。高海拔的地理环境和稀疏的人口使其受人为影响较小。在青藏高原南缘喜马拉雅山脉南麓的加德满都（尼泊尔首都，海拔 1 300 m），2004 年 9 月（季风期）和 11 月中旬（季风结束）大气中黑碳含量分别为～1.0 $\mu g/m^3$ 和～3.5 $\mu g/m^3$（Adhikary *et al.*，2007）。同样在尼泊尔境内，位于库姆布山谷的金字塔气象观测站（海拔 5 079 m）对大气进行的观测结果显示，2006 年季风期到来之前大气中黑碳平均含量约为～0.47 $\mu g/m^3$，季风期平均含量仅为～0.069 $\mu g/m^3$（Bonasoni *et al.*，2008）。这两个观测点大气中的黑碳含量分别比 2006 年 8 月（季风期）印度中南部地区检测到的城市（～12 $\mu g/m^3$）和农村（～0.85 $\mu g/m^3$）大气中黑碳含量低得多（Badarinath *et al.*，2009）。同样，在青藏高原西北部慕士塔格地区，大气中的黑碳含量也非常低，年平均含量约为 0.05 $\mu g/m^3$（Cao *et al.*，2009）。然而在青藏高原受人为影响较大的城市，大气中的黑碳含量较高。2004—2005 年拉萨市区大气中平均黑碳含量为 3.7 $\mu g/m^3$，与中国其他中型城市大气中黑碳含量相当（Zhang *et al.*，2008）。

青藏高原的南侧是黑碳排放日趋严重的印度次大陆地区（Ohara *et al.*，2007）。在该地区每年的 11 月至次年 5 月，干旱的气候使排放在空气中的污染物悬浮在大气中形成厚度达 3 km 的大气棕色云（Nakajima *et al.*，2007）。大气棕色云通过吸收太阳辐射能，可使喜马拉雅—兴都库什地区海拔 3 000 m 的大气升温 0.4 ℃以上。特别是聚集在印度北部上空、青藏高原南侧大气中高含量的黑碳，在大气环流作用下，可导致喜马拉雅山脉南麓、印度恒河平原高空 2～5 km 大气升温 0.6 ℃（Ramantha *et al.*，2005）。黑碳对高层大气的这种加热作用很可能会加速喜马拉雅地区冰川甚至青藏高原内部冰川消融，减少雪冰厚度和覆盖面积，而雪冰下垫面面积减少又会使地表产生正辐射强迫进而升温（Meehl *et al.*，2008）。另外，在印度季风到来之前，喜马拉雅山脉南侧大气中的黑碳对大气所产生的加热上升作用，会在近地表形成低气压，促进来自海洋上空的湿润气团进入印度次大陆，增加降水，使季风期提前（Lau *et al.*，2006）。在季风期（6—9 月），印度陆地上空相对于海洋上空含量更高的气溶胶，通过吸收/反射太阳辐射，在陆地表面产生更大的负强迫，减小陆地—海洋之间的温度差异，从而削弱印度季风活动（Ramanathan *et al.*，2008）。模拟和观测结果均显示，自 1950 年之后，印度北部地区季风期降水量呈下降趋势（Ramanathan *et al.*，2008）。

4.2.2 青藏高原雪冰中的黑碳对冰川融化的影响

大气中的黑碳颗粒有 98%通过降水沉降至地表。沉降在积雪和冰川表面的黑碳（BC），作为近红外光和可见光的强吸收体，显著改变雪冰表面的反照率(Warren, 1982)。特别是对于粒径较大的雪粒，微量的黑碳就可使粒雪表面反照率降低 10%以上(Zender *et al.*, 2007)。青藏高原雪冰中含碳颗粒的研究工作开始于 2002 年，虽然起步比南极、北极和阿尔卑斯地区晚，但已取得许多重要成果(Liu *et al.*, 2008; Ming *et al.*, 2009; Xu *et al.*, 2009a)。分布于青藏高原西北部、东北部、中部和南部的 8 条冰川表层雪冰样品中，黑碳颗粒含量显示出明显的自东向西、自北向南逐渐降低的特征(Liu X *et al.*, 2008)。除煤矿冰川之外的 7 条冰川表层雪中 BC 平均含量为 45.2 ng/g。这个含量显著高于南极(0.2 ng/g)和格陵兰(3.0 ng/g)，与北极地区相当(30 ng/g)，而显著低于阿尔卑斯山(100～300 ng/g)。另外，钻取自青藏高原南部(作求普、宁金岗桑、东绒布)、中部(唐古拉)和西北部(慕士塔格)冰川的 5 支冰芯记录了高原大气中黑碳含量的变化趋势(Liu *et al.*, 2008; Xu *et al.*, 2009b)。除作求普冰芯之外，其余 4 支冰芯记录均在 20 世纪 50、60 年代显示出 BC 含量较高的趋势，而作求普冰芯则在 20 世纪 80 年代之后表现出快速增长的特征。青藏高原冰川中 BC 历史记录主要同大气环流、排放源和人类活动等因素有密切关系。在青藏高原地区，黑碳年平均排放很低(Chung S *et al.*, 2002)，因此来自其内部的黑碳颗粒较少。然而，受西风急流影响，上风向的欧洲和中东地区排放的污染物可以进入青藏高原北部地区(Xu *et al.*, 2009b)。因此，高原北部地区冰芯中 BC 和 OC 含量在 20 世纪 50、60 年代较高的趋势，很可能反映了欧洲地区的工业排放。此外，青藏高原南侧是印度次大陆黑碳排放区，在西风急流南支和印度季风的交替作用下，南亚地区排放的含碳颗粒可以输送至喜马拉雅山脉和青藏高原东南部地区沉降。所以，高原南部冰川中 BC、OC 含量在 20 世纪 80 年代之后的快速增长趋势反映了南亚地区的排放。也正是由于这个原因，干旱季节发生的南亚棕色云现象使藏东南地区冰川中黑碳含量具有冬春季较高、夏季较低的季节变化特征(Xu *et al.*, 2009b)。

青藏高原位于北半球中低纬度区，太阳辐射强度、积雪消融时间和雪覆盖面积具有明显的季节性。因此，高原南部某些冰川中黑碳含量显著的冬春季高、夏季低的季节变化特征对区域地表辐射强迫和冰川消融的潜在影响是强烈的(Flanner *et al.*, 2009)。Flanner *et al.* (2007)在模拟黑碳作用于北半球雪冰下垫面的辐射强迫时发现，青藏高原雪冰中黑碳所造成的雪冰表面辐射强迫平均为 1.5 W/m^2，而在春季某些地区这个值甚至可超过 20 W/m^2。这会促进青藏高原变暖和冰川消融季节提前。在夏季冰川消融区，随融水的流失，黑碳在残留的积雪表面富集。经 Xu *et al.* (2009)估算，冰川消融区雪冰中的黑碳含量可能比积累区高几十倍甚至几百倍。由此而产生的区域辐射强迫和雪冰消融不容忽视。

青藏高原拥有除南北极之外最多的冰川储备，其冰雪融水是东亚和南亚地区长江、雅鲁藏布江、恒河、印度河等主要河流的重要补给。然而，在温室气体和黑碳颗粒的综合作用下，青藏高原快速变暖的趋势和冰川消融速度在短期内会造成河流春汛的提前和延长，长此以往将是冰川储备的降低，这将对河流下游人们的生产、生活构成严重威胁。因此，控制和降低黑碳排放不但对于改善环境具有重要意义，同时为稳定青藏高原冰川储备提供了有力保障。

4.3 青藏高原环境中持久性有机污染物

近年来开展的青藏高原持久性有机污染物(POPs)研究证实，随着海拔的增高，挥发性污染物质在多种介质中的富集程度在增加，这种现象的重要意义不仅在于证实了挥发性有机污染物的“传输—富集”理论，更为重要的是青藏高原寒冷的极高海拔地区成为了这些污染物质全球重要的"汇"之一,并且在人类停止使用这些有害的挥发性物质之后,青藏高原极高海拔地区的"汇"的作用仍将持续相当长的时期,这对青藏高原及其周边地区生态及水资源安全构成潜在的长效威胁。

4.3.1 青藏高原持久性有机污染物分布的海拔效应

通过对珠穆朗玛峰不同海拔区内植被和土壤中持久性有机污染物(POPs)的研究表明(Wang *et al.*, 2007a,2007b),珠穆朗玛峰地区土壤中的多环芳烃属于地球边远地区的水平,高海拔地区更易于积累挥发性较强的多环芳烃,易于受到大气远距离传输污染物的影响。根据该地区多环芳烃的组成特点,推断家庭燃烧和汽车尾气的排放是该地区多环芳烃的主要来源,季风是将印度等人类活动频繁地区排放的多环芳烃带到珠穆朗玛峰地区的主要贡献者。在藏东南高山—峡谷区域采集的松针样品分析结果表明(Yang *et al.*, 2007),六氯苯和六六六的污染水平与欧洲高山区域的污染水平相当,而滴滴涕的污染水平明显较高。在该区域控制污染物分布的主要因素有海拔梯度,山谷风和污染物与源区距离的远近。其分布特征表明此类污染物通过南亚季风输送,来源于印度次大陆。

4.3.2 青藏高原冰雪中持久性有机污染物的变化

最近的研究工作在珠穆朗玛峰的冰芯和表层雪样中检出了已经被禁用20年之久的DDT和HCH等污染物(Wang *et al.*, 2008);利用冰芯恢复了青藏高原珠峰地区过去约40年的大气环境状况(POPs的角度),分析了珠峰地区DDT和HCH的冰芯历史记录与大尺度气候系统中突发事件的关系,发现冰芯中此类污染物的含量与厄尔尼诺(ENSO)指数呈显著的负相关关系,而与南方涛动(SOI指数)呈显著的正相关关系。ENSO减弱而SOI增强时常伴随着南亚印度季风活动的增强;强盛的南亚季风不但将印度洋面丰沛的暖湿气团携带到青藏高原,而且还加速了污染物向青藏高原的输送,使得冰芯中污染物的含量有所升高。

喜马拉雅山脉中段珠穆朗玛峰东绒布冰川冰芯中DDT的浓度在20世纪70年代初期出现峰值,这与印度在此时期出现重大疟疾事件相对应(在印度,DDT主要用于控制疟疾疫情)。1989年印度禁止使用DDT,与此同时,在冰芯记录中DDT的浓度显著降低。珠峰东绒布冰川冰芯中HCH的浓度峰值也出现在20世纪70年代初期,并于90年代后期显著降低并低于检出限,这与印度在1997年禁止使用HCH相对应。就工业燃烧活动所产生的污染物PAHs而言,其浓度的峰值出现在90年代后期,这与印度进入快速工业化和城市化的时间相对应。此外,雪坑中PAHs的浓度和微粒及非海盐硫酸根的浓度有很好的正相关关系,这说明此类污染物具有类似的污染源(均为燃烧排放)并且是通过颗粒物的吸附而进行大气长距离传输,并沉降到青藏高原积雪之中。

同时,在希夏邦马达索普冰川的粒雪芯中检出了PCB28,HCB,DDT,PAHs类有机污染物以及汞。其中,有机污染物的浓度低于欧洲阿尔卑斯及北美落基山地区积雪中同类污染物的含量,然而个别样品中汞的含量稍高于北极地区(Wang *et al.*, 2008)。PCB28没有明显的季节变化趋势,然而PAHs和汞却表现出显著的季节差异。夏季PAHs的浓度出现高值,而冬季汞的含量要明显高于夏季。从年沉积通量来看,2000年前后是污染物沉积通量出现最大值的时期。2000年之后污染物的沉积通量出现下降的趋势,这可能是由于邻近国家开始使用清洁能源,污染物排放减少的原因。

4.3.3 青藏高原生物中持久性有机污染物的变化

以青藏高原鱼为指示物研究了青藏高原持久性有机氯农药污染物的污染状况(Yang Ruiqiang *et al.*,2007)。发现样品中普遍存在有机氯农药如 HCH, HCB 和 DDT 的污染,尤其是 DDT 的浓度最高。成分分析表明仍有 HCH 和 DDT 的近期使用。鱼体不同组织器官对污染物的富集具有显著性差异。研究结果初步表明了通过大气远距离输送与沉降,青藏高原成为一些持久性污染物的汇聚地。

用高分辨色谱和高分辨质谱联用技术测定了西藏典型环境介质中 19 种 PCB 单体的浓度。与其他高山区域比较而言,该区域 PCB 的污染水平较低,主要污染物是指示性的 PCB 为主,不同的环境介质各异构体的百分含量明显不同,六氯代的 PCB 在动物脂肪组织中易于积累,而在大气或沉积物样品中存在低氯代 PCB。在污染物远距离输送与沉降过程中,山形冷捕集对 PCB 化合物具有一定的选择性。

在藏东南高山峡谷区域采集松针样品用来指示有机氯农药的大气传输,其海拔高度的跨度为 1520～4340 m(Yang *et al.*, 2007)。HCH 和 HCB 的浓度水平与欧洲高山区域浓度水平相当,而 DDT 的污染水平与世界其他高山区域同类样品相比较时在较高的浓度范围。成分分析表明存在 HCH 和 DDT 的近期使用。o,p′-DDT/p,p′-DDT 较高的比值,可能原因是青藏高原周边区域三氯杀螨醇的使用所导致。

5 青藏高原区域可持续发展

5.1 农牧区可持续发展研究

青藏高原是我国重要的牧区之一,其草地资源是藏族人民赖以生存的基础。近年来,随着经济的发展和人口的增加,草地载畜量急剧上升,利用强度不断加剧,超载过牧日益突出。为了当地居民及全人类的健康生存,必须保障这一区域生态环境的健康及区域经济的可持续发展。在保护自然生态环境、遏制草地退化的基础上,促进区域经济的持续健康发展。

5.1.1 政府宏观策略

针对区域生态与环境问题和农牧业发展问题,学者们进行了大量研究,在政府层面的适应对策主要包括(刘振恒等,2007;董全民等,2007):(1)加强天然草地资源的科学管理和合理利用。以草定畜,因地制宜确定最优的放牧强度和放牧制度;(2)发展季节畜牧业,加快畜群周转,以家畜最优化生产模式调整畜群结构;(3)建植和利用已建的人工草地,加强冷季补饲育肥;(4)优化家庭牧场生态结构及生产模式,以提高草地畜牧业经济效益和维护草地生态平衡;(5)建立健全草地资源监测(包括野生动物监测)、预报和综合评价指标体系,利用综合评价结果进行分类管理;(6)建立不同生态区草地畜牧业优化生产模式及技术体系的示范区;(7)加强牧区教育和基础设施建设,为草地生态环境建设创造良好的社会环境;(8)建立生态建设补偿机制。

5.1.2 农牧民自适应方式

在青藏高原,由于地貌格局和气候系统控制下的自然环境差异、人文环境地域差异及在自然—人文双重作用下的土地利用差异，形成了多样的人地系统类型，人们具有不同的生存策略（宋波等，2009）。青藏高原的牧民依赖他们的本土知识，在一个严酷的自然环境中发展了一套复杂的草地和牲畜管理方式，牧民通过牲畜多样性、迁移和灵活性抗衡自然环境的威胁。从不同地带的对比研究中总结出可行的经验，可以帮助那些最脆弱的地带积极响应环境退化，并改善居民生计。例如，应对草场退化表现出的适应方式主要有：调整畜群数量和母畜比例（王爱民等，2000）；调整季节牧场的放牧时间以减轻冬季草场压力和保证冬季牲畜草料供应；尝试进行草场使用权的流转（租借用）；自发修建围栏和牛羊圈等，来增强牲畜的抗灾能力（Du *et al.*，2009）；主动开展劳动力向二三产业转移，实现生计多样化（阎建忠等，2006）。

5.1.3 政府主导的农牧民适应行为与调整方向

除了农牧民应对自然环境变化的自发适应外，他们对政府的一系列政策也具有不同的响应。如农牧民在对生态移民政策的响应中，根据移民区牧户养畜数量、年龄，以及草场使用权等三个方面的差异，导致他们对移民政策响应的明显不同：主动移出的牧户以老年牧户和无畜/少畜户为主，中青年牧户和多畜户较少；一证（草地使用证）多户中的移民比例较高，其他的较少。另外，移民后的就业与医疗保障等问题也是阻碍移民积极性的关键。农牧民在对以草定畜和围栏封育政策也具有不同的响应。围栏封育的目的是保护退化的草地，但部分牧民认为退化的草地已无保护价值，因此把围栏建在没有发生退化的草地范围内，没有达到防止过度放牧的目的。

针对农牧民对政策的不同响应，政府推行的生态恢复政策正面临一系列的问题，需要进行大量的牧户调研，充分听取牧民的意见，进行相应调整。如建立牧户牲畜出栏、基本生活保障机制，鼓励和引导生计多样化等。

5.2 城镇区可持续发展研究

青藏高原地区发展水平落后，加快推进城市化是促进该区域经济社会快速发展的重要方面。在城市化的发展和推进过程中，要坚持可持续发展的指导原则，使城市化与城市经济发展水平、社会发展水平、资源环境的承载能力等方面保持动态平衡，实现城市经济、社会、资源、环境的协调发展，走可持续发展的城市化道路（马玉英，2005）。如对青藏高原柴达木盆地的格尔木市的发展分析，提出格尔木今后发展思路：将生态环境建设和经济发展和谐统一起来，建立一个资源—生态经济、资源—绿色经济的资源经济型城市；并借鉴发达地区经验，提高产业结构层次，实现经济结构的多元化（刘峰贵等，2005）。

5.3 旅游业可持续发展研究

青藏高原旅游资源丰富，发展旅游业的区位优势得天独厚。然而青藏高原生态环境脆弱，独特的高原植被一旦被破坏将很难恢复，而且一些地方植被破坏后容易形成沟壑和沙化，旅游活动必须遵循保护性原则。现存的旅游开发模式大部分都过分追求经济效益，景区管理存在严重的体制问题，特别是行政权、经营权、所有权三权混淆；国家所有权受到条块的多元分割，国家作为国有资源所有者代表的地位模糊（徐柯键，2008）。

生态旅游应该是保护自然与生物资源的多样性，并维持资源利用的可持续性；开展生态旅游必须保证和促进生态系统协调发展；通过生态旅游实践，能够增强旅游者与当地人的环境意识，从而自觉维护生态环境平衡，实现旅游业的可持续发展；开展生态旅游还必须获得经济效益，特别是要使当地居民在经济方面获得益处（张爱儒，2009；张泽梅等，2009）。按照建设现代生态文明和可持续发展理念，借鉴国内外山地旅游开发成功经验，可持续旅游发展战略和山地生态旅游时空三维立体开发模式提出一整套旅游可持续发展管理体系。

青海省和西藏自治区（以下简称青藏地区）地域相邻，自然条件相似，文化习俗相仿，很容易被人们感知为同质同类型的文化地理单元，可以组合成为具有统一形象的旅游目的地，从地理学空间视野提出区域旅游联动开发的两种结构模式：点—轴发展模式和核心边缘模式，塑造区域旅游整体形象，构建“大青藏旅游圈”，实现青藏地区旅游业可持续发展（王有宁等，2009）。在旅游环境影响的研究中，应用生态足迹理论与方法测度旅游业的生态承载力，保证青藏高原地区旅游业可持续发展，引导旅游开发。

5.4 区域生态恢复研究

青藏高原东部林区长期采伐导致森林生态系统结构和功能严重恶化，森林采伐后的恢复重建一直是森林经营管理的主要实践活动之一，强化对迹地退化过程的深入研究和监测，充分认识迹地环境的制约作用，强化抚育管理，改进和完善现有的森林重建技术体系，增加造林树种，特别是乡土阔叶树种的多样性是生态恢复重建的关键对策（包维楷等，2002）。

青藏高原高寒草甸退化草地生态系统的恢复与改建，可根据退化草地的等级采取相应的恢复措施：中度和轻度退化草地改良通过休牧、灭鼠、毒杂草防除等措施即可达到其植被的自然恢复；重度和极度退化草地由于原生植被及生草层遭到了严重破坏，出现了大面积的次生裸地，植被的自然恢复能力已基本丧失，只有通过利用适宜草种改建人工和半人工草地，才能快速恢复其退化草地植被（马玉寿等，2007）。选择适宜的草种是“黑土滩”植被改建成功的关键，建立多年生人工草地，能够改善土壤微环境，为地带性植被的入侵创造适宜条件，实行人工草地植被演替与地带性植被自然入侵的连接，可以大大缩短“黑土滩”型高寒退化草地地带性植被的恢复进程。施肥、灭杂、灭鼠及适度放牧利用等人工调控措施是人工和半人工草地持续利用的关键，人工调控可有效维持人工草地的生产力，防止其快速衰退（曹广民等，2009）。建立合理的草地放牧制度体系，在退化草地上建立集约化的高效社区模式草地畜牧业体系，改变退化草地生态功能，围栏封育退化草地、冲沟治理和加强科学研究等措施，是实现退化高寒草地生态恢复、生物多样性保护和经济可持续发展的最佳措施（李春秀等，2009；武高林等，2009）。

青藏铁路和公路的生态影响与工程区生态保护*

Ecological Influences of the Qinghai-Tibet Railway and Highway and Protection on the Engineering Area

Abstract: The environment of Tibetan Plateau is very fragile and sensitive, so the construction and operation of Qinghai-Tibet Railway and Highway may cause various impacts on the environment, animals and plants along the roads. The influences and their scopes or management have become the focus of related researches. Based on continuous observed surveys, sample test analysis, multi-source data analysis and simulation model, this paper analyzed the environmental background along the roads, and then discussed the ecological influences of operation and protection policy of project area. The results showed: (1) the environment has degraded seriously along the track, and the desertification, grassland degradation, water and soil erosion, biological diversity change, and natural disasters become more and more serious. (2) The construction and operation increased the landscape fragmentation and changed the vegetation composition along the track. However, it doesn't change the vegetation life form. Species invasion haven't been found there. (3) Big wild animals can gradually adapt to the Qinghai-Tibet Railway (highway) and complete migration. But the project increased competition in the trophic niche; the project have not obvious impact on small wild animals, but it will make separation effect on the intraspecific gene flow; Exotic animals haven't been found in the typical transect, and the animals gradually adapt to the project. (4) The environmental protection suggestions: a. Vegetation protection and recovery: to strengthen the artificial breeding and to promote vegetation recovery with local conditions; b. Animal protection: to enhance protection and management, to prevent arbitrary arrest and indiscriminate killing, to develop appropriately, to strengthen monitoring and ongoing research; c. Integrated management: to strengthen protection planning, disease monitoring and environmental management, to promote agriculture and husbandry combined, to exploit mineral and develop tourism in appropriate scale.

青藏高原是我国重要的生态脆弱区。由于海拔高,空气稀薄,气候寒冷、干旱,动植物种类少、生长期短、生物量低、生物链简单,生态系统中物质循环和能量的转换过程缓慢,致使本区生态与环境十分脆弱。青藏高原被世界自然基金会(WWF)列为全球生物多样性保护最优先的地区,也被列为中国生物多样性保护行动计划优先保护的区域。

青藏高原独特的地理环境和与周边的界面条件,加之复杂的气候为物种的起源和分化创

* 由张镱锂(Zhang Yili)、王兆锋(Wang Zhaofeng)、王春连(Wang Chunlian)、张继平(Zhang Jiping)和杜长江(Du Changjiang)完成,原载于李秀彬等编著《中国西部人类活动与环境相互作用研究》,北京:气象出版社,2010:235-272。

造了条件，使之成为山地物种形成和分化的中心。青藏高原是世界高山植物区系极丰富的区域，也是第四纪冰期中动植物的天然避难所，保存了许多第三纪以前的孑遗种类，成为不少现代种类的分布中心。同时，高海拔条件下，青藏高原成为世界上中低纬度地区最大的冰川作用中心（郑度等，1985；刘宗香等，2000），也是中低纬度地区的最大冻土岛（程国栋等，2000）。

受自然条件的限制，青藏高原社会人口的生存空间狭窄（傅小锋等，2000）。高原区人口稀少，人为因素的作用和影响较为微弱，有些地方还保留着天然的原始状况，自然地域分异规律可以从天然植被类型特征中得到清楚地反映（郑度等，1985）。但是近年来，随着人口的快速增长及不合理的生态资源开发，青藏高原部分地区生态与环境严重退化，表现为草地退化、土地沙漠化、土壤侵蚀等一系列生态问题，有些地区甚至出现难于逆转的生态危机（刘成明，2003；Wang *et al.*，2004；阎建忠等，2006）。

青藏铁路自西宁至拉萨共长 1 956 km，贯通青海、西藏两省（区），平均海拔高度在 3 800 m 以上，相对高差近 3 000 m。是目前世界上海拔最高、线路最长的高原铁路，是青藏高原区重大建设工程。青藏公路与青藏铁路并行，横穿青藏高原，沿线自然环境复杂多样，生态系统敏感脆弱，分布着特殊的生态系统类型和丰富的珍稀野生动植物。青藏铁路（公路）的建设与运营必将对沿线动植物产生不同程度的影响，明确青藏铁路（公路）的生态影响，并加以应对，不仅关系到青藏铁路（公路）交通的顺利运营，而且关系到青藏高原生态安全屏障功能的保护与建设。

1 青藏铁路（公路）沿线生态现状与环境问题

1.1 青藏铁路（公路）沿线生态环境现状

1.1.1 区域概况

青藏高原位于我国西南部，其主体部分在我国青海省和西藏自治区，青藏高原由此得名（赵济，1980）。青藏高原在中国境内西起帕米尔高原，东至横断山脉，横跨 31 个经度，东西长约 2 945 km（张镱锂等，2002）；南起喜马拉雅山脉南缘，北到昆仑山—祁连山北侧，纵贯约 13 个纬度，南北宽达 1 532 km；经纬度范围为 26°00′12″N ～ 39°46′50″N，73°18′52″E ～104°46′59″E，面积约为$2.572\ 4\times10^6\ km^2$，占我国陆地总面积的 26.8%。在行政区划上它包括西藏自治区和青海省全部，以及云南省、四川省、新疆维吾尔自治区、甘肃省的部分地区（图 1）。

青藏高原素有“世界屋脊”和“地球第三极”之称，是我国乃至亚洲地区重要的生态安全屏障。青藏高原发育了大面积的冰川、冻土，是我国冻融、侵蚀作用面积最大和最强烈的地区，众多的冰川、冻土及湖泊、湿地孕育了亚洲多条著名国际河流，有“亚洲水塔”之称。

青藏铁路自青海省省会西宁市出发，向西经过青海湖、柴达木盆地到格尔木，继而转向西南穿越昆仑山、唐古拉山、念青唐古拉山等著名山脉，最终到达西藏自治区首府——拉萨市（图 1）。青藏铁路是沟通我国内地与西南边疆的一条重要铁路干线。

青藏铁路一期工程西宁至格尔木段（简称西格段）始于西宁市，经湟中、湟源，过日月山，从青海湖北岸经海晏、刚察、天峻，穿过柴达木盆地的乌兰、德令哈，到达终点格尔木市，全长 814 km。全段平均海拔 3 000 m 左右，最高处为关角山隧道，海拔 3 690 m（郑度等，2009）。

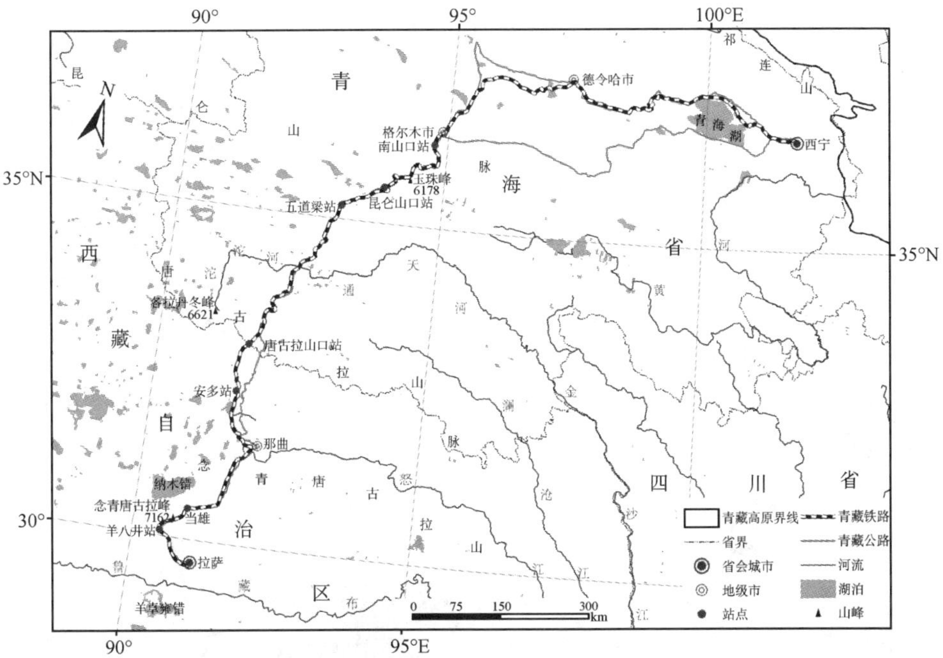

图 1 青藏高原位置示意(引自郑度等,2009)

Figure 1 Location of the Tibetan Plateau (Zheng D *et al.*, 2009)

青藏铁路二期工程格尔木至拉萨段(简称格拉段)北起格尔木市,自南山口引出后,基本与青藏公路并行,经纳赤台攀升至昆仑山垭口,经五道梁、风火山、沱沱河、雁石坪,翻越唐古拉山口,经安多、那曲、当雄、羊八井等到达终点拉萨市。该段铁路全长 1 142 km,设计车站(所)45 个,各类桥梁 676 座(总长约 159.7 km),野生动物通道 33 处(总长约 58.45 km,2006 年底封闭了平交缓坡通道后仅剩 26 处桥梁式通道)。青藏铁路格拉段海拔高于 4 000 m 的地段有 965 km,沿线海拔最低处 2 832 m(格尔木市),最高处 5 072 m(唐古拉山口站),相对高差 2 200多米。铁路经过的连续多年冻土地带约 547 km(郑度等,2009)。

1.1.2 自然条件

青藏高原是世界上独特的生态环境地域单元。拥有许多特殊的生态系统类型和野生动植物种类,是我国乃至世界生物多样性和基因多样性“宝库”,在全球生物多样性保护中具有重要的战略意义。青藏高原生态环境质量的好坏不仅直接决定本区社会经济的发展方向,还将影响到我国和毗邻国家的生态安全。

(1)地质地貌

青藏高原是地球上形成历史最新的高原。它是一系列巨大的山系和高原面的组合体,其中,高原面主要有小起伏高山、高海拔丘陵和宽谷盆地等地貌类型,整个高原地势由西北向东南倾斜。高原面及四周边缘有一系列巨大的高山山脉,大致可分为东西走向山脉和南北走向山脉,东西走向的山脉主要有:阿尔金山—祁连山、昆仑山、巴颜喀拉山、喀喇昆仑山、唐古拉山、冈底斯山、念青唐古拉山和喜马拉雅山(张继承,2008)。

青藏铁路(公路)沿线分布着多年冻土,类型主要有岛状多年冻土和片状多年冻土,其中片状多年冻土间分布着各类冻融区。常年冻土地区部分断裂破碎带发育移动冰丘,其对青藏铁路(公路)的建设和运行都带来了极大的挑战(张继承,2008)。

(2)气候与水文

青藏高原气候与周围及同纬度地区迥然不同,其气候具有太阳辐射强、气温低、气温日较差和年较差大等特点。高原面上最冷月平均气温低达－10～－15 ℃,与我国温带地区大体相当。暖季,我国东部夏季风盛行,最热月平均气温大多在 20～30 ℃,且南北差异不大,唯独青藏高原成为全国最凉地区,7 月平均气温与南岭以南的 1 月平均气温相当,比同纬度低地降低 15～20℃(图 2)(丁明军,2008)。青藏铁路西格段干旱少雨,寒冷多风,日温差较大,历史最高气温 34.9 ℃,最低气温－37.2 ℃,年平均气温 2.7 ℃,最低月平均气温－21.2 ℃,属严寒地区(卢向荣,2003)。格拉段线路经过地区海拔高、空气稀薄、气压低,气候寒冷、多风,历史最高气温 33 ℃,最低气温－45 ℃,年平均气温－3 ℃,属严寒地区,年平均 8 级以上大风超过 100 d(卢向荣,2003)。

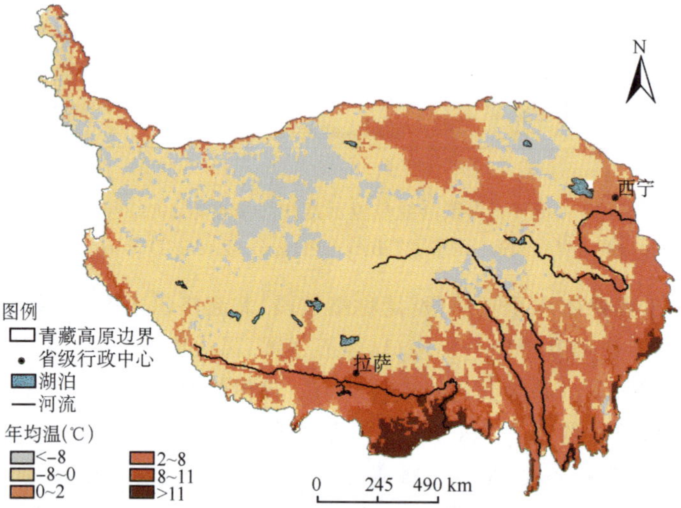

图 2　青藏高原 1980—2000 年均温分布状况(引自丁明军,2008)

Figure 2　The distribution of annual mean temperature on the Tibetan Plateau from 1980 to 2000(Ding M J, 2008)

青藏高原是我国长江、黄河,以及怒江、澜沧江、雅鲁藏布江、恒河、印度河等主要河流的发源地,不仅被称为"中华水塔",也是东亚、南亚地区主要河流的源区,主要分为太平洋、印度洋和大大小小的内流水系,其中广义的青藏高原水系也包括北冰洋水系(新疆西北的额尔齐斯河流域)。青藏高原水资源分布呈现东南丰富、西北缺乏的基本格局。降水分布由东南向西北逐渐减少(图 3)(丁明军,2008)。同时青藏高原也是我国湖泊和冰川分布最为密集的地区。青藏铁路(公路)沿线年均降水量总体上随着海拔增高而增加,而由于昆仑山和唐古拉山的阻隔作用,使得沿线年均降雨量呈现明显的 3 个等级;地表水分为格尔木河内陆水系、长江水系、扎加藏布内陆水系、怒江水系和雅鲁藏布江水系 5 个水系;地下水由于多年冻土的存在而分为 3 大地段:昆仑山以北地下水流域区、西大滩至安多之间多年冻土区及安多至拉萨段第四系孔隙潜水、基岩裂隙水和承压水区。

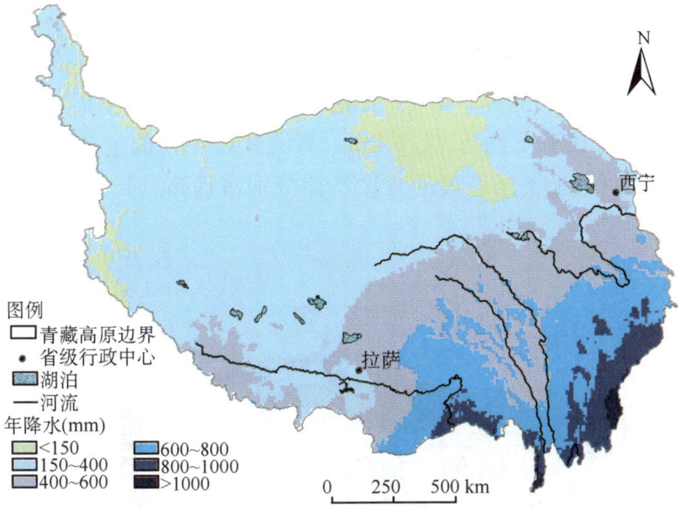

图 3 青藏高原 1980—2000 年降水分布状况(引自丁明军,2008)

Figure 3 The distribution of annual mean precipitation on the Tibetan Plateau from 1980 to 2000(Ding M J, 2008)

(3)植被与土壤

青藏高原幅员辽阔,地势高差悬殊,自然景观演替由热带雨林季雨林到永久冰雪带。青藏高原植被复杂多样,高原水平带谱依次出现森林、草甸、草原、荒漠等植被,垂直自然带也由东南部的海洋性湿润型递变为高原腹地的大陆性干旱型。喜马拉雅山南侧,从热带雨林或常绿阔叶林开始,往上相继为针叶混交林、暗针叶林、灌丛、草甸直至雪线以上的高山永久冰雪带,是中国最完整的山地自然景观垂直带谱(中国科学院青藏高原综合科学考察队,1985)。青藏铁路沿线主要植被类型为高寒草原(28.67%)和高寒草甸(22.25%)(图 4),一半的铁路里程在这两个植被类型区中通过,且主要分布在格拉段。西格段沿线植被类型比较复杂,以温带草甸及灌木和半灌木荒漠为主,其次为温带山地矮禾草、矮半灌木草原。

由于巨大的高程落差和广阔面积,青藏高原土壤表现为垂直一水平复合分布特点。在高原周围山地,高山深谷地貌发育,土壤由一系列的垂直地带谱组成,最为典型的是横断山地区,

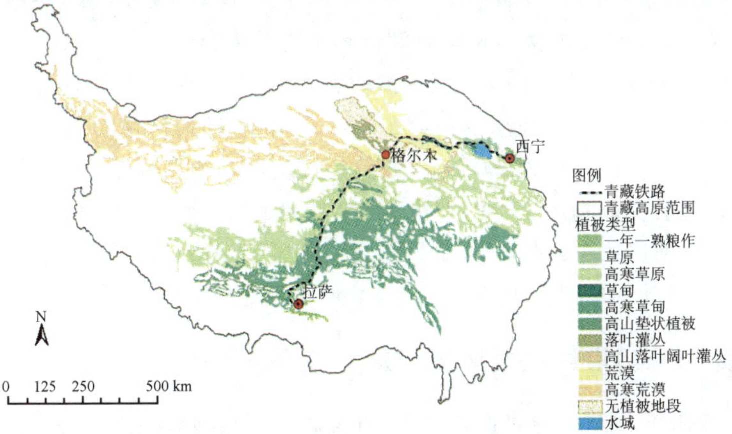

图 4 青藏铁路沿途穿越植被类型区分布(引自王兆锋,2006)

Figure 4 Distribution of vegetation types zone along Qinghai-Tibet Railway (Wang Z F, 2006)

基带主要土壤为褐土或棕壤，从褐土基带往上，依次发育着棕壤、暗棕壤、漂灰土、黑毡土和寒漠土。而在高原面上，土壤水平地带分布明显，由南向北依次出现高山草甸土、高山草原土和高山荒漠土 3 个水平地带（王兆锋，2006）。青藏铁路被 22 个土壤亚类区（包括水域和冰雪区）分成 74 段（图 5），平均每段长度约为 24.6 km。青藏铁路穿越的主要土壤类型区为高山草原土和高山草甸土，在这两个土壤区通过的青藏铁路分别占铁路总长度的 20.57%和 13.17%。

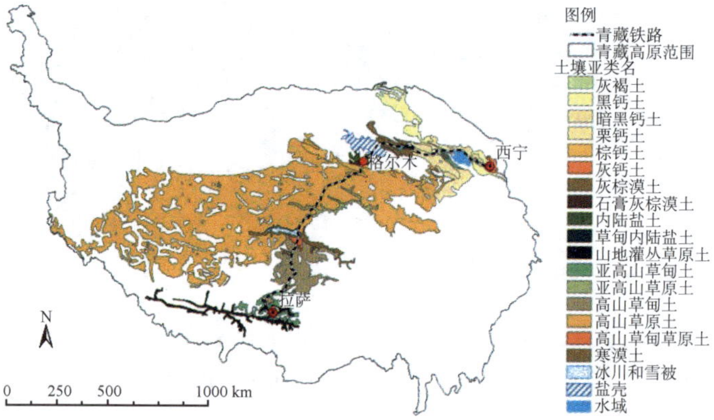

图 5　青藏铁路穿越土壤类型区分布（引自王兆锋，2006）

Figure 5　Distribution of soil types zone along Qinghai-Tibet Railway (Wang Z F, 2006)

（4）生物多样性

巨大的山体使气候垂直分异十分明显，致使在水平方向和垂直带上广泛分布着从赤道向极地的各种生态系统类型，呈现出复杂多样的地理分布。青藏高原由东南向西北分布着森林、灌丛、草甸、草原和荒漠等生态系统（郑度等，1985；中国科学院青藏高原综合科学考察队，1988；李文华等，1998）。

青藏高原植物区系主要由温带成分、热带成分、世界广布的各种特有成分组成（吴征镒等，1983）。高原上有包括苔藓在内的高等植物 13 000 种，维管束植物 12 000 种以上（杨博辉等，2005）。维管束植物特有种不少于 2 000 种（李渤生等，1994），种子植物特有种 955 种（吴征镒，1987）。在动物多样性方面，青藏高原包括陆栖脊椎动物近 1 100 种，占全国总种数的 45%左右，此外，尚有鱼类 152 种及目前尚难以计数的昆虫、无脊椎动物和低等植物及菌类（王金亭，2003）。陆栖脊椎动物特有种 281 种（冯祚建，1996）。其中，国家一级保护动物 38 种，二级保护动物 85 种（马林生，2004）。

青藏铁路沿线以高寒草原、高寒草甸分布最广。调查表明：铁路沿线 2 km 范围内有植物 348 种，隶属 140 属，41 科（张镱锂，2006）。铁路经过地区动物物种较少，但珍稀特有种物种较多，种群数量大。哺乳类动物约 16 种，其中 11 种为青藏高原特有种；鸟类约 30 种，其中 7 种为青藏高原特有种，属国家一级保护的动物主要有藏羚、西藏野驴（*Equus kiang*）、野牦牛等。铁路沿线两侧经常活动的珍稀野生动物约有 14 种，以哺乳类和鸟类为主（孙士云，2003）。

1.2　青藏铁路（公路）沿线主要环境问题

全球变化及资源开发利用的双重影响下，青藏高原部分地区生态与环境严重退化，表现为草地退化、土地沙漠化、土壤侵蚀等一系列生态问题，有些地区甚至出现难以逆转的生态危机（刘成明，2003；Wang *et al.*，2004；钟祥浩，2005；阎建忠等，2006）。

1.2.1 沙化面积不断扩大

近40年来，区域气候持续变暖，人类活动频率与强度加剧，鼠类活动猖獗，青藏高原沙化面积不断扩大。根据第三次全国沙漠化监测数据，青藏高原沙漠化土地总面积363 563.35 km^2，占青藏高原总土地面积的16.5%，主要分布在西藏自治区和青海省。沙化土地主要分布于山间盆地、河流谷地、湖滨平原、山麓冲洪积平原及冰水平原等地貌单元（董玉祥，1999；李森等，2005）。青藏铁路（公路）沿线沙漠化较为严重的区域主要是柴达木盆地，藏北高原尼玛、班戈和改则，青海湖区海晏、刚察和共和等区域（徐叔鹰等，1983；邵立业等，1988；董光荣等，1989；张胜邦等，1997；段庆光等，1998）。

1.2.2 草地退化日益严重

青藏高原高寒草地是世界重要的放牧生态系统之一。但三分之一的高原草地已经退化。随着草地退化程度的加大，土壤有机质含量减小，土壤容重增加，土壤越来越贫瘠化。高寒草地退化的原因包括人为和自然因素的影响。人为因素包括季节性过度放牧、盲目开垦草地、采矿、道路建设、开矿采金等。自然因素包括气候暖干化、鼠虫害影响、风和水的侵蚀、草皮层冻融等（兰玉蓉，2004；周华坤等，2005；崔庆虎等，2007；尚占环等，2007；贺有龙等，2008；晁永芳等，2009）。

青藏铁路（公路）沿线草场退化严重地区主要为长江源地区，面积约为1.21万 km^2，环青海湖地区面积为6.03万 km^2，柴达木地区为4.86万 km^2。目前，沙漠化面积仍以每年1 000多 hm^2 的速度扩大（张耀生等，2001；崔庆虎等，2007）。青藏铁路沿线的安多、那曲、当雄和羊八井等区域有40%以上的高寒草地资源和生产力正在逐年下降，冷季草地已超载1.6倍，草地退化严重，草地生态环境遭到严重破坏（杨富裕等，2006）。

1.2.3 水土流失加剧

青藏高原水土流失具有侵蚀类型多样、区域分异明显、人为作用较弱但潜在危害性大等特点。西藏全区水土流失面积103.42万 km^2，占全区土地面积的84.19%。西藏的沙土流失主要以中度和轻度侵蚀为主，无重度侵蚀区。青海省的水土流失主要分布在青海东部湟水、黄河谷地地区。全区输沙模数的区域差异较大，全区有两个高值中心，一个在西宁—循化区，另一个在昆仑山西北部和田附近，输沙模数都达到2 000 t/(km^2 · a)（图6）。

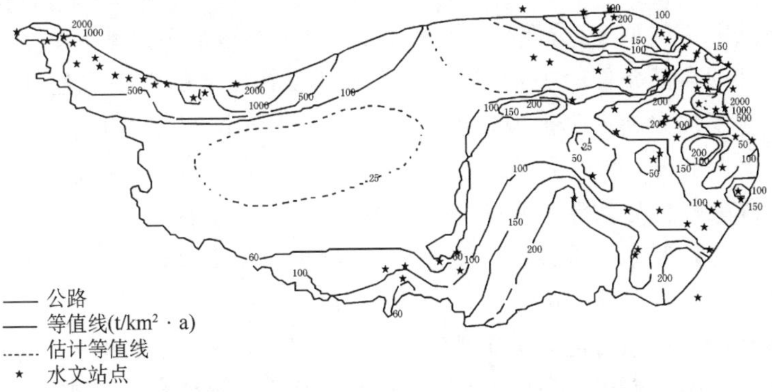

图6 青藏高原输沙模数等值线图（引自罗利芳等，2004）

Figure 6 The contour maps of sediment transport modulus on the Tibetan Plateau (Luo L F *et al.*, 2004)

青藏铁路沿线地区在自然因素(气候、地形地貌、植被等)和人为因素(工程施工和维护)的共同作用下,均有不同程度的水土流失。青藏铁路格尔木至唐古拉段位于青海省境内,青海省水土流失量大面广,危害严重,兼有水力侵蚀、风力侵蚀和冻融侵蚀三种水土流失类型。全省水土流失遥感普查显示,水土流失总面积 354 300.68 km^2。根据《西藏自治区水土保持规划》(2000 年),西藏自治区水土流失面积 103.42 万 km^2,占自治区总面积的 84.19%,其中,水力侵蚀面积达 62 056 km^2,占总土地面积的 5.05%;风力侵蚀面积 50 592 km^2,占总土地面积的 4.12%;冻融侵蚀面积 921 580 km^2,占总土地面积的 75.02%(吴青柏等,2002;杜蓓,2003;程昊等,2003)。

1.2.4 生物多样性受到威胁

自 20 世纪 70 年代以来,草原植物群落生物多样性面临严重威胁。由于草地退化,青藏高原草地植物群落组成变化较大,原生植被群落的优势种逐渐减少,出现大量毒草类植物。由于环境退化及其人类不合理开发,某些物种出现枯竭现象。如虫草、红景天、胡黄连等珍贵野生药用植物在某些地区已经消失。受经济利益驱动,可可西里和羌塘地区的珍稀物种仍面临人类猎捕的较大威胁,野牦牛、黑颈鹤、雪鸡、雪豹、马麝、普氏原羚等仍处于濒危状态。随着湖泊、沼泽等湿地面积的不断萎缩,水生生物的生存也受到威胁(王纯德,2001;彭智萍等,2002;苏多杰,2003)。

青藏铁路(公路)建设与运营对高原生态系统及其生物多样性的影响主要包括对动植物栖息地、觅食、迁徙、基因遗传等方面的影响(江腊沙,2001)。青藏高原特殊高寒环境下,植物生长期短,生长缓慢,一旦破坏,恢复难度大(王海山等,2008)。

道路建设不可避免地会分割动物的栖息环境,减少动物的栖息地面积,对动物的觅食、生殖等活动都构成不同程度的影响(Reijnen *et al.*, 1996; Trombulak *et al.*, 2000; Clevenger *et al.*, 2001; 马生林,2004;杨博辉等,2005;马瑞俊等,2006;马才让加,2008)。同时,道路交通产生很多生态干扰因子,如视觉干扰、噪声干扰、污染物等,导致道路附近的栖息地质量下降,从而使动物选择生境时主动回避道路,使一些大型哺乳动物发生巢区转移(MeLellan *et al.*, 1988; Foppen *et al.*, 1994)。

1.2.5 自然灾害频发

青藏高原自然灾害类型多、分布广,是我国自然灾害类型最多的地区之一。这些灾害发生多与青藏高原特殊的自然条件有关,但是人类活动对自然环境的破坏和经济建设布局不合理而带来灾害发生频率加大和灾害损失加重等问题也日趋突出,特别表现在以崩塌、滑坡和泥石流为主的地质灾害。此外,冻融侵蚀对高原的工农业生产影响显著,对高原生态环境也产生一定的破坏作用。冻融侵蚀导致草地退化,影响农牧业生产的正常进行。同时,冻融侵蚀也对建筑物地基及铁路(公路)基本设施造成严重破坏,影响工业和交通运输业的发展(董瑞琨,2000;国土资源部西部开发办调研室,2002;景国臣,2003)。

冻土融化、山体滑坡、泥石流等灾害严重影响了铁路(公路)正常运行。川藏公路(南线)有沟谷型泥石流沟 341 条。崩塌、滑坡灾害是仅次于泥石流的主要地质灾害类型。滑坡、泥石流是青藏线活动构造的主要次生灾害。青藏铁路沿线移动冰丘能够穿刺公路路基、拱曲破坏涵洞结构、导致桥梁墩台破裂,产生显著的灾害效应(吴青柏等,2002;王治华,2006;吴珍汉等,2006;张旭芝等,2006;廖怀军等,2007)。

2 青藏铁路(公路)工程对沿途植被的影响

2.1 青藏铁路(公路)沿线植被分布及变化特征

2.1.1 青藏铁路(公路)沿线植被特征

(1)青藏铁路(公路)沿线植被以高寒草原和高寒草甸为主

青藏铁路沿线主要植被类型为高寒草原(28.67%)和高寒草甸(22.25%)(图 4),一半的铁路里程在这两个类型区中通过,且主要分布在格拉段(王兆锋,2006)。格拉段有荒漠、草原、草甸、沼泽、高寒灌丛等 5 种植被类型,其中又细分为温性荒漠、高寒荒漠、高寒草原、高寒草甸草原、温性草原、高寒草甸、沼泽化草甸、沼泽、半湿性高寒灌丛、干旱高寒灌丛等 10 种植被亚型(易作明,2007)。西格段沿线植被类型比较复杂,以温带草甸及灌木和半灌木荒漠为主,其次为温带山地矮禾草、矮半灌木草原,各植被类型所占比例如表 1 所示。

表 1 青藏铁路沿线植被类型分布特征(引自王兆锋,2006)

Table 1 Distribution characteristics of vegetation types along Qinghai-Tibet Railway (Wang Z F, 2006)

类型编码	类型名称	西格段长度(m)	格拉段长度(m)	铁路长度(m)	占总长百分比(%)	斑块数(个)
1319	落叶灌丛	20 886	—	20 886	1.15	1
1327	高山垫状植被	—	71 376	71 376	3.94	7
1431	荒漠	152 323	45 550	197 873	10.91	10
1432	高寒荒漠	—	33 474	33 474	1.85	1
1536	草原	70 155	—	70 155	3.87	4
1537	高山落叶阔叶灌丛	84 742	60 575	145 316	8.02	6
1538	高寒草原	63 186	458 755	521 941	28.79	15
1640	草甸	172 704	—	172 704	9.53	8
1641	高寒草甸	—	389 437	389 437	21.48	10
2100	一年一熟粮作	60 164	3 865	64029	3.53	5
3000	无植被地段	68 123	—	68 123	3.76	1
4000	水域	57 682	—	57 682	3.18	5

(2)青藏铁路(公路)沿线植物多样性丰富

调查发现:在青藏铁路格拉段沿线 2 km 范围内记录了 348 种植物,隶属 140 属,41 科(张镱锂,2006)。具体样地位置和群落特征如表 2 所示。

表 2 青藏铁路格拉段沿线调查区植被群落基本特征(引自张镱锂,2006)

Table 2 Basic characteristics of vegetation communities in the survey areas along Golmud-Lhasa Railway (Zhang Y L, 2006)

样区位置	潜在植被	
	群系简写	盖度(%)
拉萨站	西藏狼牙刺群系	30
羊八井南	长芒草群系	10～30
羊八井	藏南蒿、箭叶锦鸡儿群系	20～70

续表

样区位置	潜在植被	
	群系简写	盖度(%)
当雄	小嵩草、紫花针茅群系	50～80
当雄北	小嵩草、紫花针茅群系	50～80
那曲南	小嵩草群系	60～90
那曲北	小嵩草群系	60～90
安多	小嵩草群系	60～90
唐古拉	小嵩草群系	60～90
雁石坪南	小嵩草、紫花针茅群系	75～95
雁石坪北	西藏嵩草、苔草	70～85
沱沱河	紫花针茅群系	20～40
沱沱河北	紫花针茅群系	20～40
二道沟	小嵩草群系	60～90
五道梁	紫花针茅群系	20～40
不冻泉	青藏苔草群系	15～40
西大滩南	紫花针茅群系	20～40
西大滩北	紫花针茅群系	20～40

从青藏铁路全线来看，由于海拔高度和水热条件的不同，沿线生物多样性分布表现出明显的区域差异性。生物多样性最小值出现在柴达木盆地的荒漠植被区，最大值出现在当雄附近的高寒草甸区，居于中间的是山地草原区和高寒草原区（图 7，图 8）。

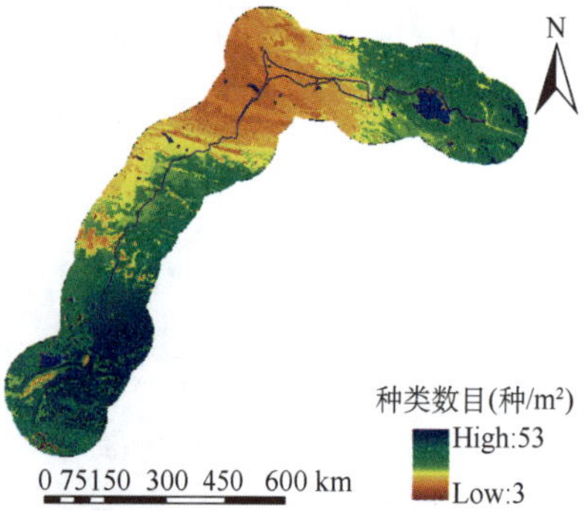

图 7　青藏铁路沿线 100 km 植物丰富度分布

Figure 7　Distribution of vegetation richness within distance of 100 km along Qinghai-Tibet Railway

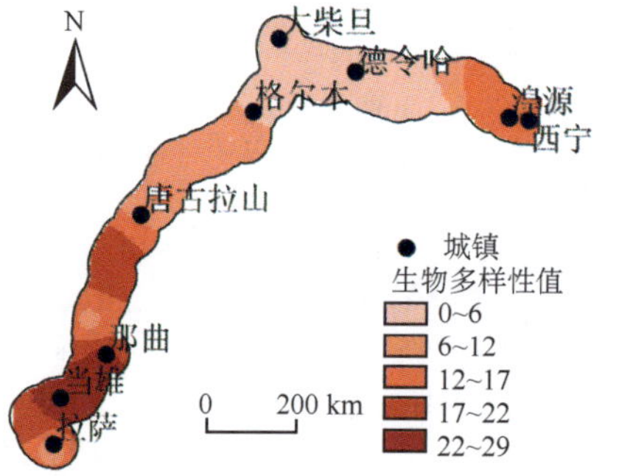

图 8　青藏铁路沿线 50 km 植物多样性分布

Figure 8　The plant diversity within distance of 50 km along Qinghai-Tibet Railway

2.1.2　青藏铁路(公路)沿线植被变化特征

(1)青藏铁路(公路)沿线植被变化总体稳定

在青藏铁路公路两侧 100 km 范围内，利用 1981—2001 年的 8 km 分辨率 Pathfinder NOAAPNDVI 数据，基于每个像元变化的年植被峰值计算进行了像元水平的线性趋势分析，并运用地理信息系统(GIS) 软件研究了区域植被覆盖的空间分布和动态变化特征(Ding *et al.*, 2006)。1981—2001 年间，NDVI 值在空间上呈现出两端高、中间低的态势，NDVI 值由大到小依次是农作区和森林区、高寒草甸区、高寒草原区、荒漠草原区；20 年间，NDVI 反映的植被覆盖度总体趋于稳定，68%的区域无明显变化，15%的区域植被覆盖度增加；减少的区域占

17%。植被覆盖增减存在区域差异,增加和显著减少地区主要分布在农作区和高寒草甸区,轻微减少地区主要分布在高寒草原和荒漠草原区。植被覆盖变化程度在拉萨河谷地、湟水谷地和黄河流域等人类活动比较频繁的区域增减趋势比较明显,而在可可西里地区等人类活动比较少的区域变化轻微(图 9)。

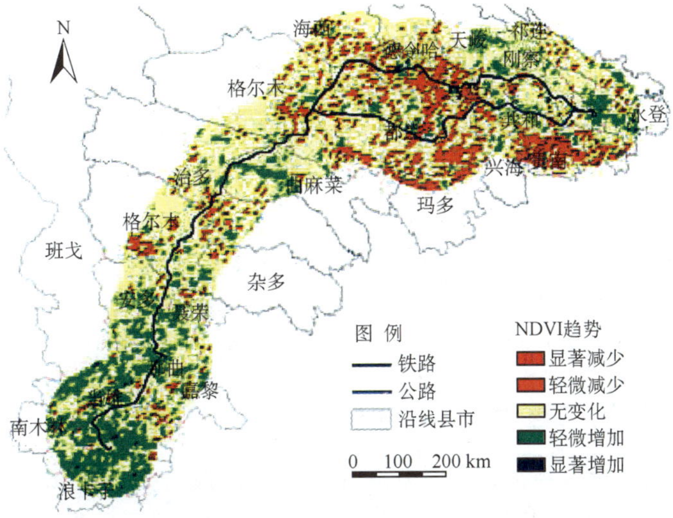

图 9 青藏铁路沿线植被覆盖变化(引自丁明军等,2005)

Figure 9 The changes in vegetation cover along Qinghai-Tibet Railway (Ding M J *et al.*, 2005)

(2)铁路(公路)沿线局部地区植被向干旱化渐变

根据沱沱河地区遥感影像分析发现,1969—2001 年间,植被构成向趋旱的结构转变,人类活动影响集中在居民点周围。在公路(铁路)两侧各 50 km 范围内,草甸和草原面积分别减少 13.3%和 7.7%,草原化草甸和城镇面积分别增加 7.3%和 248.2%(张镱锂,2003)。

2.1.3 植被变化原因分析

沿线不同地区植被覆盖变化的驱动因素略有不同,主要受制于自然因素,个别地区人类活动也起着重要的作用。铁路沿线 100 km 范围内,NDVI 与降水的相关性普遍达到了 0.5 以上,而与温度主要呈负相关且相关性较低(图 10)。柴达木盆地周边的山麓地带、青海湖周边地区、黄河谷地沿岸,以及西藏的那曲、拉萨和可可西里的部分地区,NDVI 变化与降水相关性较高;沿线海拔较高地区 NDVI 与温度呈显著正相关,与温度呈显著负相关的区域主要分布在柴达木盆地地区,这可能是因为山地一般存在冰雪、冻土,温度升高导致冰雪、冻土融化,有利于植被生长,而在柴达木盆地地区由于蒸发量大,降水量小,温度升高增大了蒸发量,不利于植被生长(丁明军等,2005)。

人类活动对植被覆盖的影响主要体现在人类活动频繁的地区,在农业发达区,林业的发展在一定程度上增加了当地植被覆盖,在农牧混合区,耕地撂荒和过牧导致植被覆盖度下降,在牧业区,有计划地人为调控可能是植被覆盖总体不变的主要原因(丁明军等,2005)。另外,青藏铁路(公路)工程的建设也对整个沿线植被覆盖产生了直接和间接的影响(陈桂琛,2006;Zhang *et al.*,2008)。

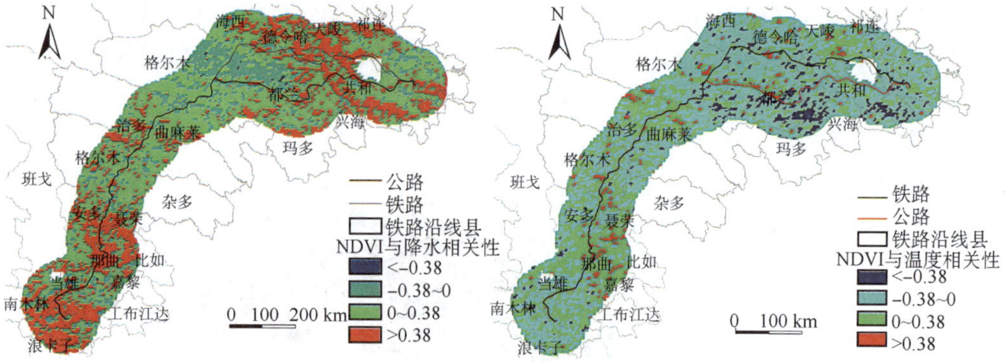

(a)降水与NDVI相关性　　(b)温度与NDVI相关性

图 10　青藏铁路公路沿线地区 1981—1999 年降水、温度与 NDVI 的相关性

Figure 10　The correlation of NDVI in response to precipitation and temperature along Qinghai-Tibet Railway and Highway

2.2　青藏铁路(公路)工程建设对植被的影响

青藏高原多年冻土地区植被以草本为主,具有植物组成简单、生长低矮、根系发达、以营养繁殖为主、易于退化等特点。植被生存环境极为脆弱,一旦破坏,很难恢复。在青藏铁路(公路)修筑过程中,取土等人为活动使一定范围的原生植被受到影响,部分区域可能会出现一定面积的次生裸地和明显的退化现象(图 11)。青藏公路沿线植被调查表明,公路界外大约 10 m 以内几乎没有原生植被,并且地表凹凸不平(孔亚平等,2008)。高原铁路建设对植被的影响主要包括路基工程、砂石料场设置、取弃土场工程、临时施工便道、施工临时场地(含生活营地、桥涵隧道工程、工程永久站场)和工程施工人员活动的影响。工程对植被的影响途径主要通过对地表植被和土壤结构的破坏,导致植被覆盖率降低,生物量和植物种类减少及土层结构破坏,使生态系统的结构和功能下降。

图 11　青藏公路两侧次生裸地和取土坑(引自 Zhang *et al.*,2008)

Figure 11　The secondary bare and borrow pits on both sides of Qinghai-Tibet Highway (Zhang *et al.*, 2008)

2.2.1　青藏铁路(公路)建设和运行加大了沿线景观破碎度

青藏铁路(公路)对沿线景观格局的直接影响表现为切割生境、加大了景观破碎度。铁路的建设使沿线不同缓冲区内景观斑块数量成倍增加、边缘密度加大、平均斑块面积下降、多样

性指数降低。对比 1 km、10 km 和 30 km 缓冲区及其被公路、铁路切割后的景观指数(表 3):斑块数量随生态系统被切割有增加的趋势,平均斑块面积减小,边缘密度增加,说明公路、铁路的切割使景观更加破碎;斑块面积变异系数在 1 km 缓冲区和 30 km 缓冲区内被切割后减小,说明斑块面积的离散程度减小,在 20 km 缓冲区内先增后减,斑块面积离散程度也先增后减;1 km缓冲区内切割后斑块形状更加规则,很重要的原因是缓冲区边界切割生态系统,加重了斑块的不规则性;10 km 缓冲区内,切割后更加不规则,30 km 缓冲区内斑块形状先不规则后变规则;香农(Shannon)多样性指数有降低的趋势,表明景观多样性降低。

表 3 青藏铁路公路切割缓冲区生态系统结构特征值(引自陈辉等, 2003)

Table 3 Diagnostic value of ecosystem structure within the dividing buffers along Qinghai-Tibet Railway and Highway (Chen H *et al.*, 2003)

	斑块数	平均斑块面积 (km^2)	边缘密度 (km/km^2)	斑块面积变异系数	平均斑块分维度	香农多样性指数
1 km 缓冲区	251	14.28	1.55	155.65	0.24	1.65
公路切割 1 km 缓冲区	344	10.25	1.75	176.14	0.21	1.63
公路、铁路切割 1 km 缓冲区	647	5.06	2.98	175.09	0.15	1.62
10 km 缓冲区	435	80.02	0.63	357.73	0.17	1.84
公路切割 10 km 缓冲区	511	68.12	0.67	371.32	0.18	1.82
公路、铁路切割 10 km 缓冲区	830	41.77	0.81	233.07	0.54	1.78
30 km 缓冲区	787	129.80	0.56	528.40	0.14	1.84
公路切割 30 km 缓冲区	880	116.07	0.58	520.06	0.15	1.84
公路、铁路切割 30 km 缓冲区	1 205	84.60	0.63	337.27	0.10	1.84

不同景观结构的破碎程度有所不同,草甸、草原和荒漠景观破碎程度最大(表 4);斑块面积的离散程度除针叶林、阔叶林和湿地不变外,其余皆减小。斑块数量变化最多的是草甸、草原和荒漠,其次为灌丛、无植被地段、农田、高山植被和湿地,其他类型没有变化;斑块边缘密度增加最多的是草甸、草原和荒漠,其次农田、无植被地段、灌丛和高山植被,其他植被类型没有变化;平均面积变化量最大的为草原、草甸和荒漠,其次为农田、灌丛、无植被地段和高山植被,说明其结构更加破碎,破碎程度最大的三种植被类型为草原、草甸和荒漠。斑块面积变异系数随公路、铁路的修建而减小,说明斑块面积的离散程度减小。斑块面积分维度减小的有灌丛、高山植被、农田无植被地段,说明斑块形状更加规则;分维度增加的有荒漠、草原、草甸和湿地,说明斑块形状更加不规则;其他类型没有变化。

表 4 青藏铁路公路切割 20 km 缓冲区景观指数变化(引自陈辉等,2003)

Table 4 Landscape index within the dividing 20 km-wide buffer regions along Qinghai-Tibet Railway and Highway (Chen H *et al.*, 2003)

景观类型	斑块增加数目	平均斑块面积增加值(km^2)	斑块面积变异系统变化量	边缘密度变化量(km/km^2)	斑块面积标准差变化量	斑块面积分维度变化量
针叶林	0	0	0	0	0	0
阔叶林	0	0	0	0	0	0
灌丛	32	−0.002	52.448	0.527	−0.001	−0.026
荒漠	64	−0.005	14.689	2.364	−0.007	0.040
草原	114	−0.012	5.506	5.292	−0.018	0.116

续表

景观类型	斑块增加数目	平均斑块面积增加值(km²)	斑块面积变异系统变化量	边缘密度变化量(km/km²)	斑块面积标准差变化量	斑块面积分维度变化量
草甸	133	−0.008	−156.897	6.720	−0.043	0.105
湿地	0	0	0	0	0	0
高山	14	−0.001	9.870	0.223	−0.001	−0.001
农田	17	−0.002	23.675	0.788	−0.002	−0.002
无植被	18	−0.002	−41.925	0.776	−0.006	−0.006

1995—2000 年，青藏铁路兰州至西宁段铁路沿线景观特征值没有显著变化，湟中至格尔木沿线景观特征值变化明显，斑块数量增加 521 个，景观破碎度由 0.150 增加到 0.153，景观多样性指数由 1.45 上升到 1.46，表明自然和人为干扰增加，景观异质性提高。青藏公路格尔木、曲麻莱、治多沿线景观变化显著，深刻地改变了该地区的生态过程，影响畜牧业的发展和野生动植物的生存。同时还将影响“三江”上游的水源供给(阎建忠等，2003)。

2.2.2　青藏铁路(公路)建设改变道路近区植被构成

在铁路建设过程中，工程对不同的植被类型影响程度不同。从植被分布特征来看，线路影响面积最大的植被类型是高寒草原和高寒草甸，工程建设影响类别主要包括路基主体工程、取弃土场、施工便道及其他临时场地。其次是荒漠、河谷灌丛、高寒沼泽湿地和高原河谷灌丛，影响最小的植被类型是流石坡稀疏植被和垫状植被。河谷灌丛则处在河流或河谷阶地上，沿河谷呈条带状分布，与此相关的工程主要是取土场、桥涵工程。沼泽湿地在线路所穿行的路段多数为山地下部洼地或局部潜水出露形成的小溪，并且呈条带状分布，多数以桥涵方式(表 5)。工程运营后因交通条件改善，人类活动的规模、范围和强度将有所加强，特别是随着铁路沿线站点布设及人口增加，对沿线生物多样性及生态环境的干扰也将明显增强(陈桂琛等，2006；祝广华等，2006)。

表 5　青藏铁路格尔木至唐古拉山段工程建设对植被的影响关系(引自陈桂琛等，2006)

Table 5　Influence of engineering construction on vegetation along Golmud-Tanggulashan Railway (Chen G C *et al.*, 2006)

工程类型	植被类型						
	典型荒漠	高寒草原	高寒草甸	河谷灌丛	沼泽湿地	垫状植被	冰缘植被
路基工程	+	+++	+++	=	+	=	=
取弃土场	+++	++++	++++	+++	++	+	=
砂石料场	+++	+++	+++	+++	=	=	=
施工便道	++	+++	+++	+	=	+	=
桥涵工程	++	++	++	+++	+++	=	=
隧道工程	++	=	+++	=	=	+	=
站场工程	+	++	++	=	=	=	=

注：++++重要影响，+++较大影响，++一般影响，+轻微影响，=没有影响。

青藏铁路西格段铁路建设和运营对温性草原植被有一定影响，但在自然恢复过程中朝好的方向发展。通过对青藏铁路经过的温性草原区对未受筑路直接影响的区域、取土区、铁路路基、周围其他类型的公路路域植被进行取样，并对群落组成和有关群落特征进行了比较，结果显示，青藏铁路修筑过程对铁路两侧一定区域的温性草原有较大影响，出现大面积的次生裸地。但随着受影响区域植被的自然恢复，群落盖度、生态优势度和物种多样性等反映群落特征的指标都有一定程度的改善，一些在原生植被中很少出现或伴生种在恢复后的群落中有可能成为群落的优势种或建群种，如露蕊乌头和鹅绒委陵菜等(淮虎银等，2005)。

冻土区公路建设对高寒草原植被和高寒草甸植被影响不同。采用常规草地调查方法对比近20年来冻土区公路建设对植被类型的影响，结果表明，随着生态因子发生变化和人类活动的加剧，该区公路沿线高寒草甸类草地群落结构表现出了较强的稳定性，中旱生耐旱的根茎型禾草比重有所增加；高寒草原植物群落稳定性相对较差，草地群落为适应新的生境而发生了自然演替；沼泽化草甸亚类草地植物群落中群落伴生种的种类增加，优势种嵩草属植物在群落中的比重有所下降。青藏公路建设中，无规则的取土使公路沿线极其脆弱的草地生态遭到了严重破坏，由于缺乏相关的保护政策及生态治理措施，没有采取任何覆坑治理措施，使大面积的取土坑自然裸露，在大风扬沙的作用下，地表水分蒸发量加大，水土流失日益加剧。在以上制约因素的共同作用下，导致当地草地群落结构和种类成分发生了改变(尚永成等，2005)。

青藏公路、铁路建设对不同生态系统类型的生产量和生物量有一定影响(表6)，研究表明，青藏公路、铁路永久性占地总计288.83 km^2，涉及8种生态系统类型，其中占用最多的是草甸生态系统，面积达102.71 km^2，其次为草原生态系统(76.62 km^2)和荒漠生态系统(62.4 km^2)。在50 m缓冲区内损失总净初级生产量为30 504.62 t/a，损失最多的是草甸生态系统18 076.22 t/a，其次为草原生态系统6 129.95 t/a和农田生态系统3 055.83 t/a。损失总生物量432 919.25～1 436 104.3 t/a，损失最多的是草甸生态系统205 411.6～616 234.8 t/a，其次为草原生态系统153 248.8～459 746.4 t/a和农田生态系统45 400.94～52 385.7 t/a。损失总净初级生产量占1 km缓冲区年净初级生产量的5.69%～5.70%，各占10 km缓冲区年净初级生产量的0.80%～0.89%(陈辉等，2003)。

表6 青藏公路、铁路沿线两侧50 m缓冲区净初级生产量和生物量(引自陈辉，2003)

Table 6 The primary productivity and biomass within 50 m-wide buffer region along Qinghai-Tibet Railway and Highway (Chen H, 2003)

生态系统类型	总面积(km^2)	平均净第一性生产力($g/(m^2 \cdot a)$)	生物量范围(kg/m^2)	总净初级生产量(t/a)	总生物量(t/a)
Ⅲ灌丛生态系统	11.13	102.00	2～4	1 135.56	22 265.8～44 531.6
Ⅳ荒漠生态系统	62.48	24.00	0.1～4	1 499.50	6 247.93～249 917.2
Ⅴ草原神态系统	76.62	80.00	2～6	6 129.95	153 248.8～459 746.4
Ⅶ草甸生态系统	102.71	176.00	2～6	18 076.22	205 411.6～616 234.8
Ⅷ湿地生态系统	0.33	250.00	0～0.1	81.75	0～32.7
Ⅸ高山植被生态系统	3.44	140.00	0.1～3	481.85	344.18～10 325.4
Ⅹ农田生态系统	17.46	175.00	2.6～3	3 055.83	45 400.94～52 385.7
Ⅺ无植被地段生态系统	14.65	3.00	0～0.2	43.96	0～2 930.5
合计	288.83				432 919.25～1 436 104.3

2.2.3 青藏铁路(公路)建设未改变沿线植被生活型

针对青藏铁路建设对温性草原植物群落(芨芨草和针茅)结构组成和斑块数量的变化，通过在海晏县铁路沿线设置样带(距铁路垂直距离 5 m/500 m/1 000 m)调查分析,表明在距离铁路越近的地方,单位面积内芨芨草斑块数量最大,且斑块间大小差异很大,而在距铁路越远的地方,芨芨草斑块数量有所下降,芨芨草斑块大小差异也呈现下降趋势。针茅斑块数量虽然沿铁路距离梯度上呈下降趋势,但斑块间大小差异幅度却随之增加。在距离青藏铁路路基 500 m 以上区域,针茅斑块成为群落的主要部分,而芨芨草斑块零星散布在其间。目前,除自然因素外,人为活动会加剧自然因素对芨芨草群落斑块化的进程,这一区域已限制放牧活动,对芨芨草的恢复和保护起了积极作用,另外,限制采挖药材及采取灭鼠措施,降低啮齿类动物对群落的破坏作用(淮虎银等,2007)。

在青藏铁路建设的不同干扰梯度下,对高寒草甸植物群落结构影响不同。以风火山高山嵩草草甸为例,随着干扰强度的增加,植物群落向着群落组成更为单一、简单的方向发展,干扰强度越大物种组成越简单,主要为一些十字花科和禾本科先锋植物。随着干扰强度的增加,群落中起显著作用的物种分别是:高山嵩草→高山嵩草和矮嵩草→早熟禾和扇穗茅→早熟禾→羊茅和早熟禾。物种丰富度指数和物种多样性随着干扰增加而降低(周国英等,2006)。

青藏铁路的建设对植被的物种组成和物种多样性也有一定程度的影响,但经过多年自然恢复后,植被群落的生活型组成与原生植被不存在显著差异,各类生活型所占比例依然呈现出多年生草本植物占绝对优势,其中多年生非禾草类植物最多(表 7)。

表 7　不同样地植被群落基本特征(引自淮虎银等,2005)

Table 7　The basic characteristics of vegetation communities in different plots (Huai H Y *et al.*, 2005)

	沙石路路基	铁路两侧取土区	铁路两侧未取土区	铁路路基护坡	沙石路两侧未取土区
物种数	6.875±1.727	8.600±2.191	8.111±1.537	7.667±5.132	5.333±0.5777
生态优势度	0.124 5	0.182 8	0.273 9	0.158 9	0.172 3
多年生禾本科植物盖度	16.67%	28.57%	15.00%	26.32%	22.73%
一年生禾本科植物盖度	0.00%	0.00%	0.00%	0.00%	0.00%
多年生非禾草类植物盖度	72.22%	71.43%	75.00%	73.68%	73.73%
一年生非禾草类植物盖度	11.11%	0.00%	10.00%	0.00%	4.55%

青藏铁路格拉段沿线高寒草甸区和高寒草原区植被的 α 多样性 Shannon 指数随到铁路中心线距离的增加发生变化。20 m 处的 α 多样性略微上升,而 500 m 处的 α 多样性明显下降。植被的 β 多样性 Morisita-Horn 指数 20 m 处与 40 m、60 m 处样点的群落相似性较高,而与 500 m 处样点的群落相似性明显降低,500 m 处样点相对更能代表沿线植被的原初状态特征(图 12)(张镱锂,2006)。

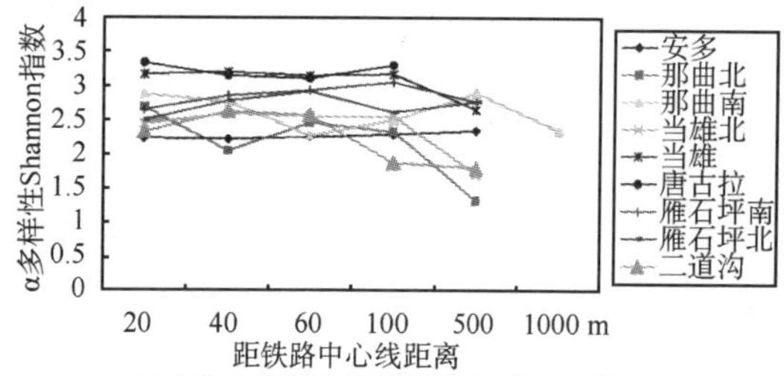

(a)青藏铁路沿线高寒草甸区植被α多样性

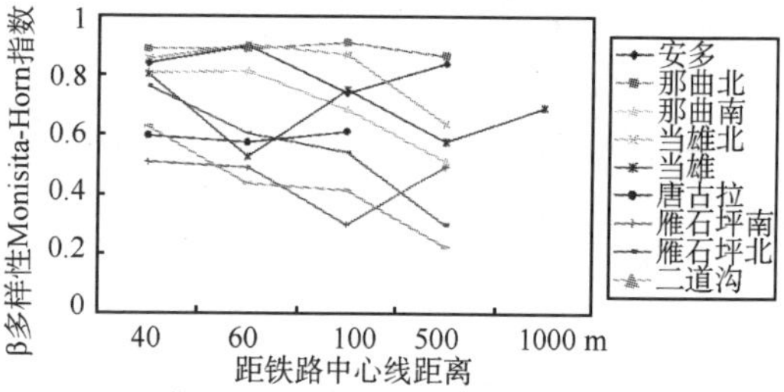

(b)青藏铁路沿线高寒草甸区植被β多样性

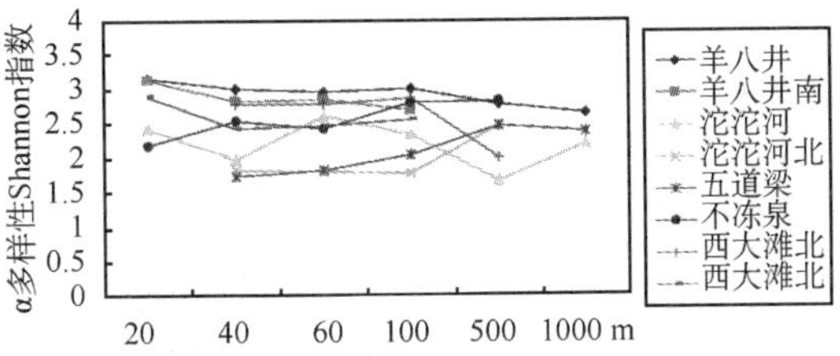

(c)青藏铁路沿线高寒草原区植被α多样性

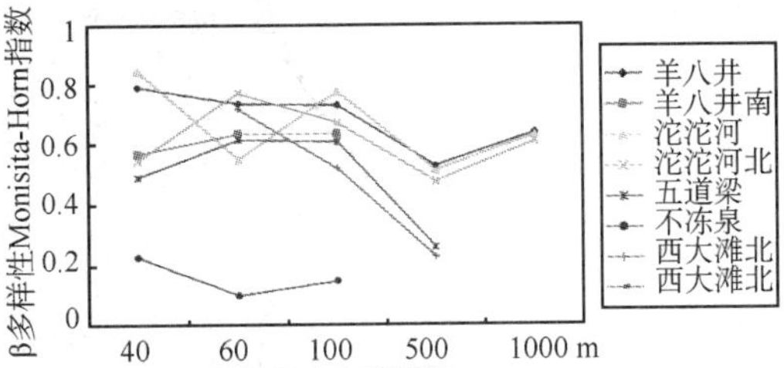

(d)青藏铁路沿线高寒草原区植被β多样性

图 12 青藏铁路格拉段植物群落 α 多样性和 β 多样性(引自张镱锂,2006)

Figure 12 α-diversity and β-diversity of plant community along Golmud-Lhasa Railway (Zhang Y L, 2006)

2.2.4 青藏铁路(公路)建设未见外来植物入侵

温性草原区(海晏地区)植被恢复过程中,尚未出现外来物种入侵的现象。虽然恢复后植被中出现了一些原生植被中不存在的植物,但这些种类也都是相邻地区的植物。另外,在2002—2005 年整个铁路(公路)沿线的样地调查中,未发现有外来种的入侵(张镱锂,2006)。

Zhou *et al*. (2008)评价了青藏铁路建设防治措施的有效性。在 2005 年格尔木到拉萨铁路附近进行的样地调查中,发现了 7 个禾本科外来物种,分别是祁连山黄耆(*Astragalus chilienshanensis*),异穗苔草(*Carex heterostachya*),甘肃羊茅(*Festuca kansuensis*),鳞叶龙胆(*Gentiana squarrosa*),短茎岩黄耆(*Hedysarum setigerum*),紫大麦草(*Hordeum violaceum*)和川表毛茛(*Ranunculus chuanchingensist*)。但也不能判断是否由修建铁路带来的。而铁路附近植物群落的组成并没有受很大影响(Zhou *et al*., 2008)。关于上述对铁路沿线外来种调查结果差异可能源于调查时间不同、调查样地不同,以及鉴定标本的误差等造成的。

2.3 青藏铁路(公路)工程未造成植被根本变化

通过上述分析可见,青藏铁路(公路)施工和运营过程中对植被产生了不同程度的影响,这些影响分为永久性和暂时性的,永久性占地的影响是不可逆的,临时性占地的影响可以通过工程措施和生态措施进行恢复。在景观尺度上表现为对铁路沿线植被景观的切割作用,加大了景观破碎度,其中草甸、草原和荒漠景观破碎程度最大。

在生态系统尺度上,已有研究表明,工程建设对沿线植被影响程度为:高寒草甸生态系统>温性草原生态系统>高寒草甸草原生态系统>高寒草原生态系统>农田生态系统>沼泽及沼泽化草甸生态系统(表 8)。高寒草甸生态系统是格拉段铁路沿线分布最广的一类生态系统,也是铁路工程建设影响范围最大的生态系统类型。格拉段铁路工程占用和破坏的高寒草甸生态系统总面积为 1 729.5 hm^2,占铁路沿线 2 km 范围内此类生态系统的 1.526%,50 km 范围内的 0.061%。因此,尽管高寒草甸生态系统是格拉段铁路工程占用和破坏面积最大的生态系统类型,但相对铁路沿线较大范围内高寒草甸生态系统来说,其影响程度相对较小。温性草原生态系统、高寒草甸草原生态系统和高寒草原生态系统受影响面积也较大,但是对人类活动的抗干扰的能力相对较强,工程活动结束后其恢复速度也相对较快。高寒沼泽和沼泽化草甸生态系统比较脆弱,路基工程对其影响最大,除了直接占用造成高寒沼泽及沼泽化草甸生态系统植被、土壤的破坏外,对其产生的切割分化将导致此生态系统类型的萎缩和退化(沈渭寿等,2004)。另外,铁路(公路)建设对生态系统生产量和生物量的影响主要体现在工程占地所造成的损失，但是这种损失相对于整个生态系统来说是比较微弱的。

表 8 工程建设对沿线生态系统及其生物多样性影响的评价指数

Table 8 Evaluation index on the influence of engineering construction on ecosystems and their biodiversity along Qinghai-Tibet Railway and Highway

生态系统类型	工程占用面积(hm^2)	占 2 km 范围内该类型生态系统比例(%)	占 50 km 范围内该类型生态系统比例(%)	影响指数	以最大指数为 100 的标准化值	影响程度排序
高山冰雪生态系统	0.0	0.000	0.000	0.000 0	0.000 0	8
温性草原生态系统	313.7	1.922	0.096	0.485 7	87.388 4	2
高寒草原生态系统	127.7	1.064	0.081	0.400 0	71.961 9	4
高寒草甸草原生态系统	251.0	1.041	0.044	0.416 5	74.937 2	3
高寒草甸生态系统	1 729.5	1.526	0.061	0.555 8	100.000 0	1
高寒沼泽化草甸及沼泽生态系统	115.4	0.378	0.032	0.219 1	39.418 3	6
河流生态系统	39.9	0.004	0.000	0.123 0	22.132 1	7
湖泊生态系统	0.0	0.000	0.000	0.000 0	0.000 0	8
农田生态系统	106.8	0.011	0.194	0.002 0	45.097 1	5
高寒灌丛生态系统	0.0	0.000	0.000	0.000 0	0.000 0	8

在群落尺度上，铁路(公路)的建设对植物群落的物种组成和生物多样性都有一定程度的影响，但一定时间内是可以恢复的。铁路沿线高寒草原区(沱沱河地区)和高寒草甸区(那曲南部)，随着到铁路中心线距离的增加，各样方中重要值大于 10 的植物种类未发生根本改变，只是优势种在少数点位上发生了变化。工程未对沿线植被造成明显影响，目前的植被状况具有相应地区植被的典型特征(张镱锂，2003)。另外，除了永久性占地外，其他影响是暂时的，一定时间内可以通过自然恢复和辅以人工措施进行恢复，高寒草原比草甸有较强的恢复能力，在植被和土壤遭遇严重破坏的区域，高寒草原要用 20～30 年时间恢复到与原来植被相似的生态结构和生物多样性；高寒草甸比高寒草原更具有稳定性，不容易被破坏，一旦破坏将很难恢复，至少要 45～60 年时间恢复(Jin *et al.*，2008)。关于外来种问题，已有调查和研究表明，在修建铁路过程中，并没有引发外来种入侵问题。

总之，青藏铁路工程建设和运营对沿线植被并没有本质的影响，而青藏公路的建设和维修过程中，无规则的取土直接造成大量原生植被的破坏，但是大部分地段也都采取了植被恢复措施。

3 青藏铁路(公路)工程对动物的影响

青藏铁路(公路)经过青藏高原多个野生动物分布区，如可可西里自然保护区、三江源自然保护区等。上述地区野生哺乳类和鸟类动物资源丰富，多数为青藏高原特有物种或国家重点保护物种。铁路(公路)工程不同程度改变沿线地表原有景观，不可避免地对沿线野生动物产生影响。

3.1 青藏铁路(公路)沿线野生动物分布

3.1.1 青藏铁路(公路)沿线主要野生动物分布

青藏铁路(公路)沿线地区野生动物资源丰富，沿线主要野生动物分布如表 9 所示(靳铁治等，2008)。

表 9 青藏铁路沿线主要野生动物分布(引自靳铁治等,2008)

Table 9 Distribution of main wild animal along Qinghai-Tibet Railway (Jin T Z *et al.*, 2008)

动物名称	拉丁名称	目科	别称	分布	级别
棕熊	*Ursus arctos*	食肉目,熊科	马熊、藏马熊	野牛沟、可可西里、安多	Ⅱ
狼	*Canis lupus*	食肉目,犬科		西大滩、野牛沟、昆仑山、五道梁、安多、那曲等	
沙狐	*Vulpes corsac*	食肉目,犬科	狐狸	西大滩、不冻泉、安多、野牛沟、五道梁、那曲	
猞猁	*Lynx lynx*	食肉目,猫科	猞猁狲、马猞猁	西大滩、不冻泉、安多	Ⅱ
藏野驴	*Equus kiang*	奇蹄目,马科	亚洲野驴、野马	野牛沟、昆仑山南麓、不冻泉、五道梁、通天河南	Ⅰ
野牦牛	*Bos mutus*	偶蹄目,牛科	野牛	野牛沟、昆仑山口、唐古拉山等	Ⅰ
藏原羚	*Prcapra picticaudata*	偶蹄目,牛科	西藏黄羊、白屁股羊	东大滩、西大滩、昆仑山南麓、不冻泉、可可西里等	Ⅱ
藏羚羊	*Pantholops hodgsoni*	偶蹄目,牛科	独角兽、长角羊	可可西里、荀鲁谷地	Ⅰ
岩羊	*Pseudois nayaur*	偶蹄目,牛科	石羊、崖羊、蓝羊	昆仑河两岸、野牛沟、昆仑山等	Ⅱ
盘羊	*Ovis ammon*	偶蹄目,牛科	大头羊、大角羊	昆仑山、野牛沟、雀巧北等	Ⅱ
白唇鹿	*Cervus albirostris*	偶蹄目,鹿科	白鼻鹿、扁角鹿	西大滩、沱沱河	Ⅰ
高原兔	*Lepus oiostolus*	兔形目,兔科	灰尾兔	通天河、西大滩、昆仑山、风火山、沱沱河、安多、当雄	
高原鼠兔	*Ochotona curzoniae*	兔形目,鼠兔科	黑唇鼠兔、鸣声鼠	广泛分布于青海、西藏各地	
旱獭	*Marmota himalayanaus*	啮齿目,松鼠科	哈拉、雪猪	沿线均有分布	
斑头雁	*Anser indicus*	雁形目,鸭科	白头雁、黑纹头雁	可可西里、当雄、拉萨	
赤麻鸭	*Tadorna ferruginea*	雁形目,鸭科	黄鸭	可可西里、那木错、拉萨	
黑颈鹤	*Grus nigricollis*	鹤形目,鹤科	藏鹤、仙鹤	安多、那木错湿地	Ⅰ
高山兀鹫	*Gyps himalayensis*	隼形目,鹰科		安多、那曲、当雄	Ⅱ
大鵟	*Buteo hemilasius*	隼形目,鹰科	豪豹、花豹		
棕头鸥	*Larus brunnicephalus*	鸥形目,鸥科	小海鸥	那木错湿地、拉萨河	
角百灵	*Eremophila alpestris*	雀形目,百灵科	花脸百灵	广泛分布于青海、西藏各地	

3.1.2 青藏铁路(公路)沿线珍稀野生动物分布

青藏铁路(公路)沿线分布有许多珍稀野生动物,且种群数量普遍较高,其中包括国家Ⅰ级保护动物藏羚羊、藏野驴、野牦牛、白唇鹿、雪豹、黑颈鹤等;国家Ⅱ级保护动物盘羊、岩羊、猞猁、棕熊等。按栖息地类型进行划分,青藏铁路沿线地区的珍稀野生动物大体可分为山间湖盆与宽谷河滩动物群、高山山地动物群和湿地动物群(夏先芳,2004)。

(1)山间湖盆与宽谷河滩动物群

此类动物喜欢栖息于地势平缓、开阔的山间盆地和湖泊四周,也时常出没在宽阔的河漫滩。它们主要以集群方式和迅跑的本领逃避天敌袭击。主要有 4 个种类:

①藏羚羊(*Pantholops hodgsoni*)又名藏羚、长角羊,国家Ⅰ级保护动物。一般栖息在海拔4 100～5 200 m 的荒漠草原、高寒草甸、高寒草原等环境中,多以禾本科和莎草科等植物为食,昆仑山口至那曲之间均有分布,平时多结小群活动,秋后至冬、春季常有数十只以至上百只

成群出现，有比较固定的产羔繁殖地。

②藏野驴（*Equus kiang*）别名亚洲野驴、野马，国家Ⅰ级保护动物。常以 2～10 只组成的小群活动于高寒草原、荒漠草原和山地荒漠区，以高山荒漠植物为食。在风火山南麓至布曲常有藏野驴呈东西方向迁徙。

③野牦牛（*Bos smutus*）别名野牛，国家Ⅰ级保护动物。是一种典型的高寒动物，终年以游荡的方式栖息于高原寒漠地带。喜结群，无固定栖息地，食物以高山寒漠或荒漠植物为主。在野牛沟和唐古拉山两侧常见。

④藏原羚（*Procapra picticaudata*）别名西藏黄羊、黄羊、小羚羊，国家Ⅱ级保护动物。无固定栖息地，在青藏铁路沿线平缓的山坡、平地及起伏的丘陵地带均可见到。

（2）高山山地动物群

此类型动物大多数喜欢在海拔 3 000 m 以上的山地栖息，其中偶蹄动物善以集群并以攀爬悬崖陡壁的方式躲避天敌的侵袭。主要有：

①岩羊（*Pseudois nayaur*）别名石羊，国家Ⅱ级保护动物。常栖息于高原地区的裸露岩石和山谷草地，喜群居，以食青草和各种高山灌木枝叶为主，昆仑河两岸及野牛沟常有大量分布。

②盘羊（*Ovis ammon*）别名大头羊、大角羊，国家Ⅱ级保护动物。喜欢在地形开阔、山势起伏的高原生活，常集小群活动，以草本植物为食，有季节性垂直迁移的习性。青藏铁路沿线数量较少。

③白唇鹿（*Cervus albirostris*）别名白鼻鹿、扁角鹿，国家Ⅰ级保护动物。耐旱怕热，喜结群生活，终年漫游于一定范围的高山草原、开阔的沟谷和山岭间。食物以篙草、针茅等草本植物和灌丛嫩枝叶为主。分布在沱沱河至通天河等区域。

另有国家Ⅰ级保护动雪豹（*Uncia uncia*），国家Ⅱ级保护动物猞猁（*Lynx lynx*）、棕熊（*Ursus arctos*）等野生动物，近年在青藏铁路沿线地区已不常见。

（3）湿地动物群

主要包括生活在湖泊、沼泽及溪流的鸟类。

黑颈鹤（*Grus nigricollis*）别名藏鹤、仙鹤，国家Ⅰ级保护动物。生活在高海拔的高原湖泊、沼泽地带或湖边灌丛间。食物以昆虫、小型两栖类和爬行类、水生植物和农作物为主。在黑颈鹤的栖息地还常见数量较多的赤麻鸭（*Tadorna ferruginea*）、棕头鸥（*Larus brunnicephalus*）及国家Ⅱ级保护动物斑头雁（*Anser indicus*）等。

3.2　青藏铁路（公路）工程对大型野生动物的影响

铁路（公路）工程对大型野生动物的影响通常主要体现在两个方面，一是干扰了野生动物的觅食活动，破坏了野生动物觅食和栖息的场所，进而影响其营养生态位；二是阻断了野生动物的迁徙路线。

铁路（公路）建设中路基和附属设施需要占用土地：在路堤填方中需大量土石要设取土场，在路堑开挖和隧道开凿中会产生大量弃渣须设弃碴场，取土场和弃碴场都要占用土地；施工时需要一定的施工场地、施工便道，施工人员还要建立施工营地，这也需要占用土地。所有这些土地的占用均直接破坏了原生植被、改变了原有地貌，使原先在此区域内活动的野生动物的觅食、栖息场所减少。铁路（公路）建设施工期，工地和营地中机声轰鸣、彩旗飘飘、车来车往的施工活动，必然惊扰其四周一定范围内的野生动物，使这些野生动物无法正常觅食、栖息，被迫逃离。线路运营期，列车运行轮轨噪声、鸣笛噪声等在相当长的一段时间内会对铁路两侧的野生动物正常活动产生不利影响。

青藏高原上的大部分珍稀野生动物，特别是草食性动物，要么具有为交配繁殖而迁徙的习性（如藏羚羊）；要么具有因季节冷暖变化而在高海拔和低海拔之间往复迁移的习惯（如野牦牛等），而肉食性动物又有跟随他们的食物——草食性动物活动的习性。青藏铁路（公路）的修筑，特别是高路堤和深路堑地段及来往的列车、车辆，分割生境，阻断野生动物的迁徙活动路线，从而影响野生动物各种群之间的基因交换，导致珍稀野生动物种群质量下降，个体数量减少。

3.2.1 大型野生动物能够逐步适应青藏铁路（公路）工程，完成迁徙

青藏铁路（公路）工程的修建，将不可避免地会对沿线野生动物的栖息环境产生切割，并对其迁移线路造成阻断。采取有效的防治或补救措施，尽可能保证野生动物原有生境的连续和迁徙路线的畅通极其重要。设置野生动物通道是现阶段降低或缓解这一难题的主要方式。有效的野生动物通道可以在保证铁路运营的前提下，尽量减缓铁路对野生动物迁徙途径形成的阻断效应，减轻对野生动物栖息环境的切割，从而达到保护高原野生动物的目的。

（1）大型野生动物逐步利用青藏铁路野生动物通道

1）青藏铁路野生动物通道的设置

青藏铁路格拉段穿越青海省可可西里自然保护区、三江源自然保护区和色林错自然保护区，这些区域是全国乃至全球生态及生物多样性最敏感的地区。为了解决铁路建设对高原生态环境的分割和野生动物迁徙路线的阻隔，保护其连续性，保证动物迁徙不受铁路阻隔，确保野生动物的觅食、繁殖和基因交流的正常进行，青藏铁路格拉段设置了 33 处野生动物通道（以下简称“通道”）（Peng *et al.*，2007）。

在青藏铁路格拉段，根据不同动物的生活习性和区域特点，设计了桥梁下方通道、隧道上方通道和缓坡通道 3 种基本类型的通道（图 13），其中桥梁下方通道 23 处、隧道上方通道 3 处、缓坡通道 7 处，通道总长度为 58 446.46 m。

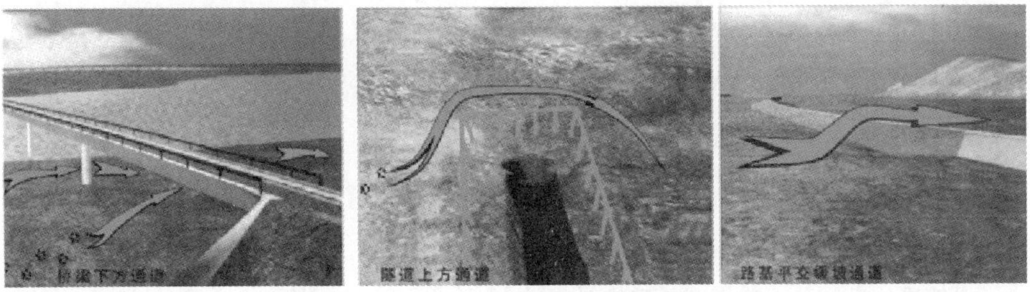

图 13 青藏铁路格拉段三种野生动物通道类型（引自 Peng *et al.*，2007）

Figure 13 Three types of the wild animal passageways along Golmud-Lhasa Railway (Peng *et al.*, 2007)

此外，青藏铁路格拉段沿线累计 100 多 km 的大、中、小桥梁，很多也能满足一些野生动物通过的基本要求；在西藏境内，铁路经过的牧场附近还设立 200 多个家畜通道，既适应牦牛、驴、羊等的通过，也均可作为野生动物通过的辅助通道。

2）青藏铁路野生动物通道利用情况

青藏铁路的建设和运营不可避免地会对野生动物的迁徙产生影响，为使其负面影响降到

最低，在铁路建设过程中专门设置了野生动物通道，动物们对通道的利用效果和适应程度需要大量野外实地观测和分析。学者们经过实地调查研究，对通道附近动物的分布数量、穿越铁路的方式及时间的变化、不同物种对通道的适应情况、动物迁徙主要使用的通道及通道使用率等内容进行了多角度的分析研究。

①动物利用通道进行迁徙的数量逐步提高

野生动物们已经适应了为它们设置的通道，目前它们对通道的使用主要集中于少数的几个通道(图 14)(Yang *et al.*，2008)。2006 年 8 月，共观测到 2 952 只藏羚羊向东迁徙，其中 98.17%的藏羚羊通过通道进行迁徙。种种迹象表明，藏羚羊在很大程度上已经适应了青藏铁路的存在。随着铁路运行的进一步发展，要进一步加强对藏羚羊迁徙的保护工作，以保证它们能够延续其传统的迁徙模式。

图 14　藏羚羊穿过青藏铁路野生动物通道(引自 Yang *et al.*，2008)

Figure 14　Migrating Tibetan antelopes are crossing the wild animal passageways of Qinghai-Tibet Railway (Yang *et al.*，2008)

采用自动录像观测、定点观测和动态观测 3 种方法，以藏羚羊为主要观测对象，兼顾其他物种，以可可西里通道为主要观测地点对藏羚羊迁徙活动进行了观测，对 2004—2007 年的观测数据(表 10～表 12)分析发现：藏羚羊利用通道进行迁徙的数量逐年增多，上迁数量从 2004 年的 1 660 只上升到了 2007 年的 1 884 只，回迁数量从 2004 年的 1 291 只增长到了 2007 年的 2 390 只(图 15)(李耀增等，2008)。这说明藏羚羊已逐步适应了利用通道迁徙，铁路建设和运营未对沿线野生动物种群交流和繁殖产生影响。

表 10　2004 年藏羚羊穿越铁路情况统计

Table 10　Statistics of Tibetan antelope crossing Qinghai-Tibet Railway in 2004

上迁		回迁			
日期(月．日)	穿过通道(只)	日期(月．日)	穿过通道(只)	翻越路基(只)	合计(只)
6.21	400	8.8—8.11	0	24	24
6.22	0	8.12	190	0	190

续表

上迁		回迁			
日期(月．日)	穿过通道(只)	日期(月．日)	穿过通道(只)	翻越路基(只)	合计(只)
6.23	697	8.13	444	0	444
6.24	0	8.14	0	243	243
6.25	121	8.15	178	86	264
6.26	175	8.16	298	0	298
6.27—30	0	8.17	181	21	202
7.1	80	8.18	0	143	143
7.2	187	8.19	0	415	415
		其他	0	80	80
合计	1 660	总计	1 291	1 012	2 303
		比例(%)	56.1	43.9	100.0

表 11　2005 年藏羚羊穿越铁路情况统计

Table 11　Statistics of Tibetan antelope crossing Qinghai-Tibet Railway in 2005

上迁		回迁			
日期(月．日)	穿过通道(只)	日期(月．日)	穿过通道(只)	翻越路基(只)	合计(只)
5.31	134	8.3	100	0	100
6.13	183	8.9	499	0	499
6.20	310	8.11	250	0	250
6.21	151	8.12	50	0	50
6.22	18	8.15	31	0	31
6.23	339	8.16	83	0	83
6.24	77	8.17	173	0	173
6.26	38	8.20	6	0	6
6.27	72	8.21	208	0	208
6.29	54	8.22	81	46	127
6.3	133	8.23	290	0	290
		8.25	10	0	10
		8.27	150	0	150
总计	1 509	总计	1 931	46	1 977
		比例(%)	97.7	2.3	100.0

表 12　2006 年藏羚羊穿越铁路情况统计

Table 12　Statistics of Tibetan antelope crossing Qinghai-Tibet Railway in 2006

上迁		回迁			
日期(月．日)	穿过通道(只)	日期(月．日)	穿过通道(只)	翻越路基(只)	合计(只)
5.17	80	7.23—8.2	139	0	139
5.18	34	8.4	367	0	367
5.24	21	8.5—8.6	25	0	25

续表

上迁		回迁			
日期(月．日)	穿过通道(只)	日期(月．日)	穿过通道(只)	翻越路基(只)	合计(只)
5.25	70	8.7	232	0	232
5.30	83	8.8	105	0	105
6.5	40	8.9	374	0	374
6.6	477	8.10	809	39	848
6.7	264	8.11	150	0	150
6.8	298	8.12—8.14	86	0	86
6.9	116	8.15	255	0	255
6.10	336	8.16	45	0	45
6.13	100	8.17	206	0	206
6.14	98	8.18	65	0	65
6.26	105	8.20—8.23	112	0	112
总计	2 122	总计	2 970	39	3 009
		比例(%)	98.7	1.3	100.0

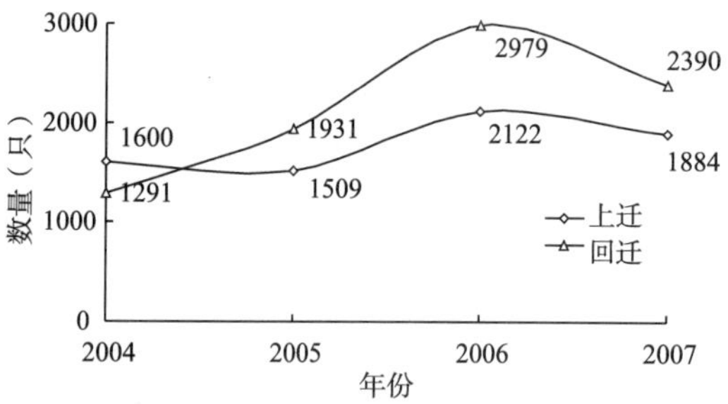

图 15　藏羚羊利用通道迁徙数量

Figure 15　Numbers of Tibetan antelopes migrating by passageways

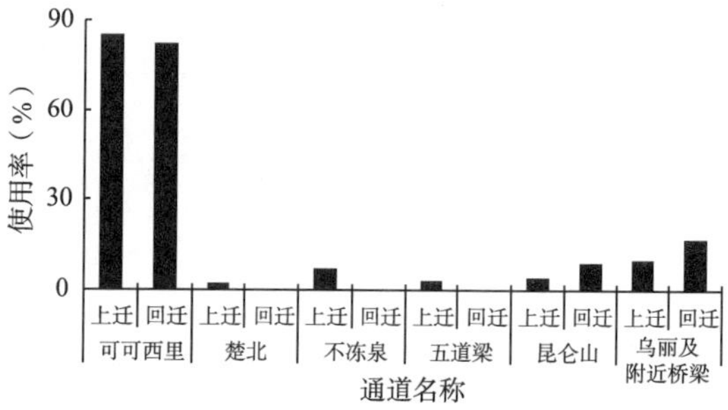

图 16　野生动物通道使用率

Figure 16　Utilization rate of wild animal passageways

②动物迁徙主要利用的通道

通过对通道周边藏羚羊、藏原羚和藏野驴行为活动的调查发现，动物主要利用五北大桥、楚玛尔河大桥及桥梁通道穿过铁路，对水泥方形通道和清水河大桥完全没有利用(表 13)(殷宝法等，2006)。水泥通道不能被利用的原因可能是通道的高度和长度不够，以及与公路的距离过近。研究表明，野生动物通道可能会被某些动物用作捕食陷阱，有蹄类动物具有大的视野，小型通道可能会被其作为捕食风险源而产生回避，清水河大桥虽然长度很大，但高度不够，只有达到一定高度和长度的通道才能被它们利用。

调查发现：可可西里通道使用率最高，为所有通道之首(上迁 84.64%，回迁 82.10%)。其他使用率比较高的通道还有乌丽通道(上迁 4.95%，回迁 12.26%)、不冻泉通道(上迁 4.71%，回迁 0.25%)、昆仑山通道(上迁 2.21%，回迁 4.03%)和楚北通道(上迁 1.60%)等(图 16)(李耀增等，2008)。

表 13 藏羚羊、藏原羚、藏野驴对不同动物通道的利用情况(引自殷宝法等,2006)(单位:只/头)

Table 13 Frequency of passage utilized by Tibetan antelope, Tibetan gazelle and Kiang (Yin B F *et al.*, 2006)

通道	清水河大桥	桥梁通道 1～4	水泥通道 1～20	楚玛尔河大桥 1	楚玛尔河大桥 2	桥梁通道 5～8	水泥通道 21～25	五北大桥
藏羚羊	0	0	0	0	50	0	0	125
藏原羚	0	0	0	0	8	2	0	1
藏野驴	0	1	0	2	6	1	0	0

3)青藏铁路野生动物对通道的适应性

①不同野生动物对通道适应情况比较

沿青藏公路或铁路保通便道动态巡查,借助望远镜直接观察和统计,调查了重点动物通道周边野生动物分布状况(图 17,图 18)。通过实地调查发现,2006 年 6 月楚北通道周边藏野驴数量最多,藏羚羊数量少,8 月回迁藏羚羊数量最多,而藏野驴数量最少(靳铁治等,2008)。研究结果表明:藏羚羊在昆仑山通道至可可西里通道之间分布密集,在可可西里通道附近活动最频繁,对可可西里通道和楚玛尔河通道利用程度较高;6 月和 8 月藏原羚数量在各通道周边变化不明显,弥散分布于各通道周边;藏野驴不同季节分布数量变化明显,主要活动于楚北通道和清水河通道周边。

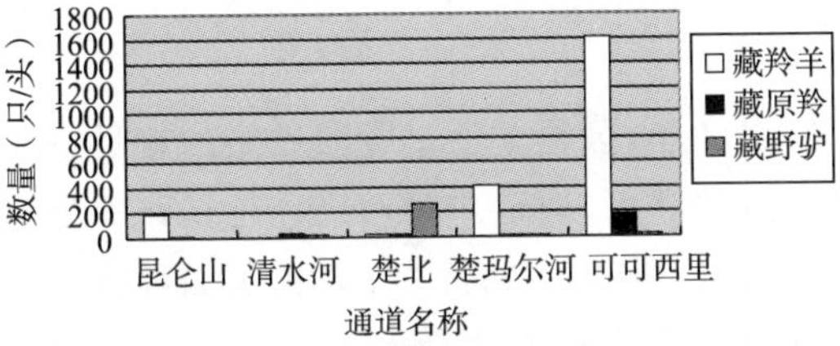

图 17 2006 年 6 月青藏铁路重点动物通道周边野生动物检测统计

(引自靳铁治等,2008)

Figure 17 Statistics in wild animals around important animal passageways of Qinghai-Tibet Railway on June 2006 (Jin T Z *et al.*, 2008)

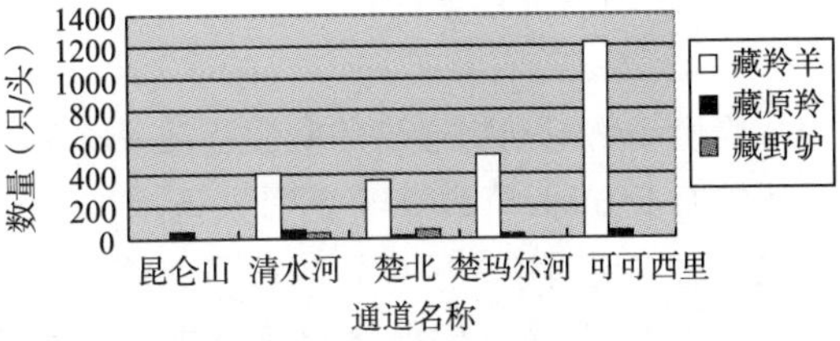

图 18 2006 年 8 月青藏铁路重点动物通道周边野生动物检测统计

(引自靳铁治等,2008)

Figure 18 Observing and calculating of the wild animals around important animal passageways of Qinghai-Tibet Railway on August 2006 (Jin T Z *et al.*, 2008)

对藏羚羊、藏原羚和藏野驴对通道利用的程度进行了比较研究,发现三者的制约因素并不相同:藏羚羊对通道的利用频次与通道到公路的距离呈显著正相关,和通道的高度、长度、宽度无显著的相关性;藏原羚和藏野驴对通道的利用与这 4 者均无显著的相关性(表 14)。三种动物的行为观察表明,它们的行为类型基本相同,而行为的表现形式和强度有所差异,主要与种群的大小及外界的干扰因素有关(殷宝法等,2006)。

②动物对通道的适应能力

a. 动物迁徙路线的调整

研究表明,在青藏铁路建设期间,藏羚羊的迁徙活动受到了较大的影响。但是它们很快就调整了迁徙的路线,春季向西迁徙,8 月向东迁徙,以避开人类活动的影响(Yang *et al.*,2008)。

表 14　动物对通道利用情况统计简表(引自殷宝法等,2006)

Table 14　Statistical summary tables of animal utilizing passages (Yin B F *et al.*, 2006)

通道	野生动物通道特征				通过动物数量(只/头)		
	长度(m)	宽度(m)	高度(m)	到公路的距离(m)	藏羚羊	藏原羚	藏野驴
清水河大桥	11 700	3	1～2.5	600	0	0	0
桥梁通道 1～4	14.6	3.4	3.9	110	0	0	0
水泥通道 1～20	23.5	2	2	100	0	0	0
楚玛尔河大桥 1	3 500	3	6～7	1 210	0	0	1
楚玛尔河大桥 2	500	3	6～8	1 150	3	4	3
桥梁通道 5～8	14.6	3.4	3.9	100	0	1	1
水泥通道 14～21	2	23.5	2	100	0	0	0
五北大桥	198	3	7～8	1 744	10	1	0

b. 动物穿越青藏铁路时间的改变

实地观测发现,藏羚羊在穿越铁路前徘徊和停留的时间在逐渐缩短:2004 年大多藏羚羊在跨越铁路前在路基下徘徊 1～2 周才通过;2005 年多数藏羚羊在停留半天甚至数十分钟之内就穿越;2006—2007 年,大部分藏羚羊群在几分钟之内就能通过,几乎没有太长时间停留。这说明藏羚羊对铁路线已从初期的恐惧、踌躇,到逐步适应新环境,到目前的能够习惯利用通道迁徙(李耀增等,2008)。

c. 动物穿越青藏铁路方式的改变

野生动物对动物通道的利用需要一个适应过程,2003 年,藏羚羊通过青藏铁路的途径主要是从铁路上方翻越,2004 年就明显地增加了对所设通道的利用,通道成为动物穿越铁路的主要方式。这也说明该地区设置的动物通道能够降低青藏铁路对野生动物行为活动的负面影响。

综上所述,青藏铁路格拉段野生动物通道设置的位置、宽度、高度等基本满足了野生动物的生活习性和活动迁徙(移)规律的需求,通道利用率逐年提高,解决了因修建铁路而对野生动物产生的阻隔问题。铁路建设未对青藏高原野生动物的种群交流和繁殖产生影响,野生动物通道达到了保护高原野生动物的目的。

(2)大型野生动物停留时间不一,均能穿越青藏公路

青藏公路经过中国生态环境极为脆弱的青藏高原地区,自 20 世纪 50 年代建成通车至今已运营了 50 余年,与青藏铁路基本呈平行分布,二者相距由 200 m～35 km 不等。青藏公路通过可可西里国家级自然保护区(33°02′～36°30′N,89°30′～95°05′E)的边缘,该区位于青藏高原西北部,北邻昆仑山,南依唐古拉山,是西藏自治区、新疆维吾尔自治区和青海省 3 省区的交汇处。位于该区的昆仑山至沱沱河一带(35°42′～34°13′N,94°03′～92°26′E)是藏羚羊三江源种群迁徙的主要路径,也是其他野生动物活动较多的地段。青藏公路运营过程中,公路上行驶的车辆会影响动物对公路的穿越,有时还造成动物的直接死亡,并影响到野生动物的繁殖活动。领域较大的动物为了获得足够的食物和配偶,要经常穿越公路,更容易受道路阻隔所带来的影响。藏野驴、藏羚羊和藏原羚都是领域比较大的动物,青藏公路上的车辆行驶不可避免地会对它们的活动带来一定的影响。

学者们对青藏公路沿线的大型野生动物的分布及行为进行了实地观测,获得了大量第一手资料。对青藏公路沿线的藏羚羊迁徙进行了实地观测,研究区内青藏公路与铁路的间距为 500～1 500 m(Yang *et al.*,2008)。调查发现,在白天交通比较繁忙的时期,藏羚羊的行为多表现为等待,而不是急于穿过公路。一些动物甚至沿着公路进行觅食活动,似乎没有受到来往

车辆的影响。

2003年8月和2004年8月，在可可西里国家自然保护区对青藏公路两侧的大型野生动物的分布及行为特征进行了调查(殷宝法等，2006，2007)。调查期间，在青藏公路两侧共观测到3种大型动物：藏羚羊、藏原羚和藏野驴。其中，2003年共观察到藏羚羊120群(4 772只)、藏原羚79群(475只)和藏野驴9群(38头)；2004年共观察到藏羚羊118群(6 679只)、藏原羚66群(396只)和藏野驴11群(39头)，它们主要分布在3个区域(图1)：不冻泉保护站(35°17′N；93°16′E)至五道梁(35°13′N；93°04′E)之间、烽火山以西(34°19′N；92°34′E)和通天河(33°49′N；92°19′E)，其中以不冻泉至五道梁之间的分布数量最多。藏羚羊的分布相对集中，主要分布在青藏公路2 950～3 000 km里程的范围内，而藏野驴、藏原羚的分布相对不太集中(图19)。

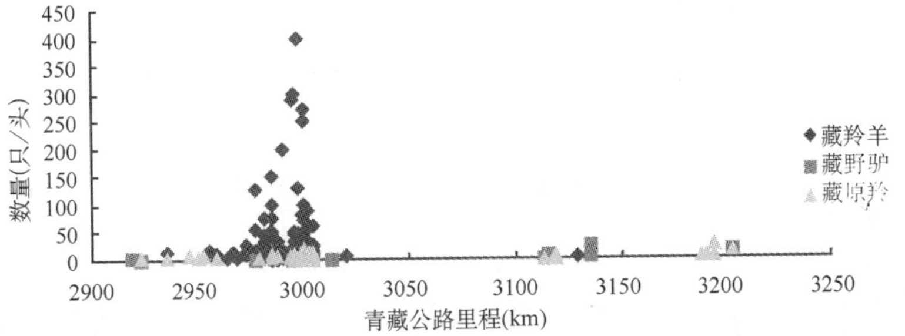

图19 青藏公路沿线藏羚羊、藏野驴和藏原羚的数量分布(引自郑度等，2009)

Figure 19 Quantitative distribution of Tibetan antelope, Kiang and Tibetan gazelle along Qinghai-Tibet Highway (Zheng D *et al.*, 2009)

对藏羚羊、藏原羚和藏野驴行为特征的调查表明：藏野驴对青藏公路形成了回避，其在距路基1 001～2 000 m和2 001～3 000 m区域内的种群密度显著高于0～500 m的区域($P<0.05$)；青藏公路对藏羚羊、藏原羚的行为活动产生了一定程度的干扰，尤其是对藏羚羊，其在距路基0～500 m区域内的行为活动与距路基2 000 m之外的区域具有极显著差异($P<0.01$)(表15)。同时，因其群体数量大，个体通过公路所花费的时间长，需要很长的车辆行驶间隔才能通过公路，故受车辆运输的干扰最大，无法顺利通过公路。

调查还发现，动物对环境的适应需要一个过程，其适应程度与该物种在该地区生活的时间长短有关。藏野驴和藏原羚是生活在该区域的，而藏羚羊是在迁移过程中通过该区域。调查发现，藏羚羊在登上路基时有明显的警戒行为，并且通过公路所花费的时间远高于藏野驴和藏原羚(表16)。因此藏野驴和藏原羚比藏羚羊更熟悉该地区的环境，更能适应该区域的环境变化。

表15 藏羚羊、藏原羚、藏野驴在距公路不同距离范围内的种群密度(引自殷宝法等，2007)

Table 15 Density of Tibetan antelope, Tibetan gazelle and Kiang in the areas within different distances to Qinghai-Tibet Highway (Yin B F *et al.*, 2007)

距公路距离(m)	藏羚羊	藏原羚	藏野驴
0～500	426.06±15.26a	42.26±6.73a	2.18±0.94a
501～1 000	162.34±13.68ab	9.01±1.94b	6.70±0.64ab
1 001～2 000	22.83±5.68b	4.71±2.13b	12.00±7.54b
2 001～3 000	36.17±2.25b	2.14±0.33b	10.00±6.87b

注：同列相同字母为差异不显著($P>0.05$)，不同字母为差异显著($P<0.05$)，下同。

表 16　藏羚羊、藏原羚、藏野驴个体通过青藏铁路所花费的时间(单位:s)(引自殷宝法等,2007)

Table 16　The spending time of Tibetan antelope, Tibetan gazelle and Kiang on crossing Qinghai-Tibet Railway (Yin B F *et al.*, 2007)

动物	抬头观察	靠近并登上路基	警戒	通过路面	总时间
藏羚羊	131.3±5.3	10.5±1.7	21.4±6.7	4.3±0.7	167.6±5.3
藏原羚	13.6±2.7	11.2±1.3	2.0±0.41	4.1±0.64	30.9±1.3
藏野驴	9.2±2.1	5.8±0.6	0	2.3±0.3	17.3±0.8

研究还发现,在白天的不同时间段,藏羚羊、藏原羚在公路附近的数量分布与各时间段内的车流量呈极显著负相关(图 20),这有利于其穿越公路,说明野生动物通过自身的适应和行为调节可以减少环境改变所造成的影响。

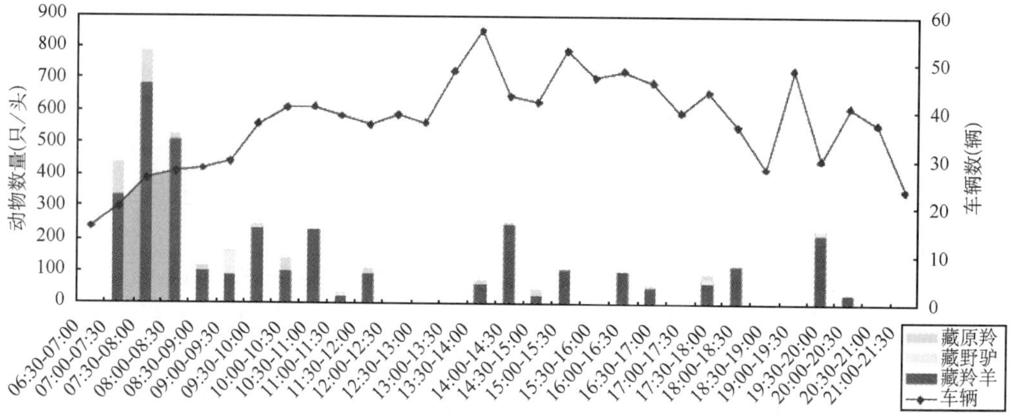

图 20　动物活动及车辆通过的主要时间对比(引自殷宝法等,2006)

Figure 20　Comparison on main time of animal moving and vehicle crossing (Yin B F *et al.*, 2006)

野生动物在种群水平上穿越公路时的行为是连续的,动物通过公路所需要的时间和种群数量有关,数量越大,所需要的时间就越长。公路两侧藏羚羊的种群数量显著高于藏野驴和藏原羚,并且藏羚羊个体通过公路所花费的时间高于藏野驴和藏原羚个体,因此藏羚羊种群通过公路时所需要的时间要远大于后两者,更易受到行驶车辆的影响,更不容易通过公路。

3.2.2　青藏铁路(公路)工程使大型野生动物营养生态位竞争加大

动物对食物资源的利用,一方面表现其自身的营养需求特征,另一方面也反映其在生态系统中所处的营养层和功能,即营养生态位。可可西里自然保护区的楚玛尔河至五道梁一带是藏羚羊迁徙的重要地段,受青藏铁路和公路的影响,藏羚羊会在此处进行短暂的停留,形成藏羚羊、藏野驴和藏原羚同域生活的局面,导致三种野生动物的营养生态位发生变化。

殷宝法等于 2004 年 8 月在该区域对藏羚羊、藏原羚和藏野驴的行为活动进行观察,并收集其粪便,运用粪便显微分析法对 3 种食草动物的食性进行分析,确定了它们的营养生态位,从食物资源利用的重叠和分化程度来探讨其竞争和共存的关系。研究发现,藏羚羊、藏原羚和藏野驴所采食的植物种类基本相似,但在食谱中所占的比例不同,禾本科植物在藏羚羊、藏原羚和藏野驴的食谱中所占的比例分别为 58.7%、44.57%和 92.28%(表 17)。藏羚羊、藏原羚和藏野驴的营养生态位宽度分别为 0.878、0.735 和 0.695。藏羚羊和藏野驴、藏羚羊和藏原羚、藏野驴和藏原羚的营养生态位重叠程度均较高,其重叠值分别为 0.869、0.985 和 0.785

(表 18)。生态位重叠指数反映了物种间对资源利用的相似程度,在一定程度上也反映了它们之间潜在的竞争程度。由于高寒荒漠草原的植物生产力十分低下,藏羚羊和藏野驴、藏原羚之间存在着激烈的食物竞争。藏羚羊只是在迁徙时经过该地区,受青藏公路、铁路的阻隔才会在该地区停留,因此,藏羚羊在该地区活动时间的长短将决定它们之间竞争的激烈程度。青藏公路上的车流量是决定藏羚羊能否顺利通过该地区的重要因素(殷宝法等,2007)。

表 17 藏羚羊、藏原羚和藏野驴的食物资源利用谱(引自殷宝法等,2007)

Table 17 Forage spectrum of food resource for Tibetan antelope, Tibetan gazelle and Kiang(Yin B F *et al.*, 2007)

	植物种	藏羚羊	藏原羚	藏野驴
A		58.07±1.49	44.57±1.78	92.28±0.98
B	草甸雪兔子	1.75±0.46	1.21±0.35	0.26±0.18
	委陵菜	7.61±0.21	8.82±0.39	2.04±0.50
	弱小火绒草	6.26±0.80	12.10±0.42	0.30±0.21
	异叶米口袋	8.15±0.46	11.56±0.27	0.52±0.24
	高山唐蒿草	3.12±0.27	2.26±0.41	1.26±0.36
	马先蒿	1.82±0.49	2.15±0.27	—
	棱子芹	2.67±0.37	0.87±0.37	1.17±0.34
	美丽风毛菊	4.16±0.56	7.38±0.63	0.48±0.28
	尖叶龙胆	3.75±0.27	3.58±0.57	—
	石生黄芪	1.85±0.55	2.96±0.54	0.13±0.13
	雪灵芝	1.84±0.31	1.82±0.49	—

注:A 为禾本科植物,包括紫花针茅、扁穗茅、早熟禾、治草、昆仑嵩草;B 为非禾本科植物。

表 18 藏羚羊、藏原羚和藏野驴营养生态位的宽度和重叠度(引自殷宝法等,2007)

Table 18 Trophic niche width and overlap values of Tibetan antelope, Tibetan gazelle and Kiang (Yin B F *et al.*, 2007)

物种	营养生态位宽度	营养生态位重叠度		
		藏羚羊	藏原羚	藏野驴
藏羚羊	0.878	1	0.985	0.869
藏原羚	0.735		1	0.785
藏野驴	0.695			1

随着青藏铁路、公路上车流量的增加,藏羚羊在该区域停留的时间延长,势必会增加藏羚羊与藏野驴、藏原羚之间对食物资源的竞争程度,并且藏羚羊的种群数量远远大于藏野驴和藏原羚,因此,藏羚羊与藏野驴、藏原羚对食物资源的激烈竞争可能会对该地区的植物资源造成过度利用,对该地区生态环境的稳定性带来巨大冲击。青藏高原海拔高,空气稀薄,气候寒冷、干旱,动植物种类少、生长期短、生物量低、生物链简单,生态系统中物质循环和能量的转换过程缓慢,生态环境十分脆弱,植被一旦被破坏,恢复十分困难。因此,需要采取措施降低交通设施、公路运输对藏羚羊迁徙活动的影响,减少藏羚羊在该区域停留的时间,降低藏羚羊与藏野驴、藏羚羊之间的竞争。

3.3 青藏铁路(公路)工程对小型野生动物的影响

青藏铁路(公路)工程对小型野生动物的影响通常主要体现在:阻隔了小型野生动物的基

因交流，破坏了其遗传多样性，进而影响到其生理和繁殖；改变了小型野生动物的栖息地环境，导致其栖息地破碎化，进而影响其种群密度和群落结构；较大型野生动物而言，小型野生动物更容易通过铁路、公路运输到达青藏高原腹地，从而导致外来物种入侵现象的发生。

3.3.1　青藏铁路(公路)工程对小型野生动物群落结构影响不明显

道路对小哺乳动物的生态效应是一个比较复杂的过程，道路的类型、地理位置和自然环境条件的差异都会对小哺乳动物的种群数量和群落结构产生不同的作用。

以青藏铁路海晏段的温性草原区为研究地点，通过铗日法确定距离铁路不同距离的区域中啮齿动物的种群密度和群落结构，分析啮齿动物群落结构与植物群落结构之间的关系，探讨温性草原区铁路运营对啮齿动物群落结构的影响(杨生妹等，2006)。研究区域内所捕获的啮齿动物有甘肃鼠兔、五趾跳鼠、长尾仓鼠和灰仓鼠；啮齿动物的种群密度和群落结构在距离铁路不同距离的样带之间有明显的不同(表 19)。在铁路路基附近的种群密度、物种数、多样性指数均明显高于距离铁路 0.5 km 和 1 km 的区域，而均匀性指数在路基附近最小(表 20)。在距离铁路不同距离的调查样区中，对植物群落内植物的种类数、群落内优势种的平均高度、群落总盖度、植物地上部分总生物量、多样性指数和均匀性指数等参数进行单因素方差分析，发现在距离铁路不同距离的调查样区之间没有明显的不同，说明研究地区内植物群落特征在整个取样区域是一致的。将啮齿动物群落的特征参数物种数、多样性指数、均匀性指数分别与植物群落的特征参数物种数、群落内优势种的平均高度、群落总盖度、植物地上部分总生物量、多样性指数和均匀性指数逐一进行相关性分析，结果表明，在啮齿动物的群落特征参数与植物群落的特征参数之间均无明显的相关性($P>0.05$)，说明在研究区域内植物群落特征对啮齿动物种群密度和群落结构无显著影响。

国际相关研究表明，橙腹田鼠(*Microtus ochrogaster*)在道路附近的数量明显减少，说明道路建设和运营影响了小哺乳类动物的生境选择及其利用方式。同时，道路的修建及运营过程也改变了土壤的理化性质，导致植物群落发生变化，而小哺乳动物的分布主要取决于栖息地的结构特征，趋向和植物群落模式相一致(Swihart *et al.*，1984)。而本项研究结果显示，啮齿动物群落特征的各参数与植物群落特征的各参数之间均无明显的相关性。引起这种差异的原因可能有两个方面：一是铁路建设及运营改变了路域附近的微环境，在路基附近的地貌特征明显复杂于其他区域，人工堆放的砧木和石料也集中在路基附近，这为啮齿动物的栖息提供了生存环境；二是铁路在运营过程中人为产生的一些生活垃圾聚集在路基附近，可能为啮齿动物提供了更多的食物资源，而该方面的直接证据需做进一步研究。

表 19　啮齿动物的种群密度(铗捕率)及群落结构(引自杨生妹等，2006)

Table 19　Population density (capture ratio) and community structure of the rodents (Yang S M *et al.*, 2006)

物种	样带 1			样带 2			样带 3		
	0 km	0.5 km	1 km	0 km	0.5 km	1 km	0 km	0.5 km	1 km
甘肃鼠兔	0.8(15.3)	0.4(25.0)	0.0(0.0)	0.4(8.3)	0.4(20.0)	0.4(14.3)	0.8(14.3)	0.4(16.7)	0.0(0.0)
五趾跳鼠	0.4(7.7)	0.4(25.0)	0.4(25.0)	0.4(8.3)	0.4(0.0)	0.0(28.6)	0.4(7.1)	0.0(0.0)	0.0(0.0)
长尾仓鼠	2.0(38.5)	0.0(0.0)	0.8(50.0)	2.8(58.3)	1.2(60.0)	1.2(42.9)	3.6(64.3)	0.8(33.3)	0.8(66.7)
灰仓鼠	2.0(38.5)	1.8(50.0)	0.4(25.0)	1.2(25.0)	0.4(20.0)	0.4(14.3)	0.8(14.3)	1.2(50.0)	0.4(33.3)
合计	5.2(100.0)	1.6(100.0)	1.6(100.0)	4.8(100.0)	2.0(100.0)	2.8(100.0)	5.6(100.0)	2.4(100.0)	1.2(100.0)

表 20 啮齿动物群落特征比较(引自杨生妹等,2006)

Table 20 The comparison of the community characters of the rodents(Yang S M *et al.*, 2006)

物种	样带 1			样带 2			样带 3		
	0 km	0.5 km	1 km	0 km	0.5 km	1 km	0 km	0.5 km	1 km
物种数	4	3	3	4	3	4	4	3	2
多样性指数	0.530	0.452	0.452	0.467	0.413	0.555	0.446	0.439	0.276
均匀性指数	0.880	0.946	0.946	0.775	0.865	0.921	0.742	0.921	0.918

3.3.2 青藏铁路(公路)工程对小型野生动物种内基因交流存在阻隔效应

栖息地是生物个体或种群为了自身生存和繁衍后代所必需的空间区域,自然条件的变化和人为活动的干扰都会引起一些物种的栖息地分裂或破碎,从而影响动植物的分布、群落结构及生物多样性,也可能增加近亲繁殖和遗传漂变,加剧濒危物种的灭绝速率和物种多样性的丧失率。道路是人类文明不可缺少的部分,在人类的各种活动中发挥着巨大的作用,同时也会对人类赖以生存的环境中的许多生态过程产生直接或间接的负面效应。道路会造成不同栖息地之间连续性的缺失,限制许多物种的活动及不同种群之间的基因交流,产生遗传分化。

采用 7 个微卫星标记分析在青海省西大滩区域,位于青藏公路两侧的 4 个高原鼠兔(*Ochotona curzoniae*)种群的遗传变异情况(周乐等,2006)。分别采用软件 TFPGA 和 GENE POP 3.4 软件计算各种群间的 Nei's 标准遗传距离、基因分化系数(Fst)等参数(表 21、表 22)。发现公路同侧种群间平均遗传距离低于异侧种群间的平均遗传距离。公路同侧种群间平均遗传相似度高于异侧种群间的平均遗传相似度。公路同侧种群间的基因分化系数小于公路异侧,而同侧种群间的基因流则高于异侧。对各种群间遗传距离进行 UPGMA 聚类分析,发现公路东侧和西侧的两个种群分别聚为一类。研究结果说明,青藏公路对分布于公路两侧的高原鼠兔种群间的基因交流产生了一定的阻隔效应,导致种群间出现了一定程度的遗传分化。

表 21 4 个高原鼠兔群体的遗传相似度和遗传距离(引自周乐等,2006)

Table 21 Genetic identity and genetic distance of four plateau pika populations (Zhou L *et al.*, 2006)

种群	east-1	west-1	east-2	west-2
east-1	—	0.892 2*	0.907 8*	0.891 9*
west-1	0.114 0**	—	0.903 3*	0.937 2*
east-2	0.096 8**	0.101 7**	—	0.910 9*
west-2	0.114 4**	0.064 8**	0.093 3**	—

注:* 为遗传相似度,** 为遗传距离。

表 22 各群体之间的基因分化系数(F_{st})和基因流(N_m)(引自周乐等,2006)

Table 22 Genetic differentiation index (F_{st}) and gene flow (N_m) among populations (Zhou L *et al.*, 2006)

群体	east-1	west-1	east-2	west-2
east-1	—	2.984 2*	3.383 7*	3.096 7*
west-1	0.077 3**	—	3.198 3*	6.095 2*
east-2	0.068 8**	0.072 5**	—	3.680 8*
west-2	0.074 7**	0.039 4**	0.063 6**	—

注:* 为 N_m 值,** 为 F_{st} 值。

3.3.3 青藏铁路(公路)工程未见外来动物入侵

道路的建设和运营会对某些物种的种群产生分裂和隔离,减少局部的种群数量甚至导致局部种群的灭绝。同时,道路在运营过程中也可直接将一些物种带入新区域,形成生态入侵,如在新疆分布的褐家鼠(*Rattus norvegicus*)则主要是通过铁路进入,随着铁路的不断延伸,其分布区逐渐扩大(黎唯,1994)。

针对青藏铁路一期工程对海晏县温性草原区进行了实地调查和取样,共设计完成 3 条样带、9 个调查样区、45 个样方、4 500 个铗日,调查范围基本能够反映该区域啮齿动物的基本结构(杨生妹等,2006)。调查结果显示,所捕获的 4 种啮齿动物都是青藏高原常见的哺乳动物种类,在取样过程中没有发现外来啮齿动物的分布。但由于其采样地区没有适合褐家鼠生存的环境,所以还不能说明褐家鼠没有通过铁路输入青海腹地。

针对杨生妹等调查采样地区的盲点,对乌兰县居民区和城镇周边农田进行了啮齿类动物调查(鲁亮等,2007)。这些生境在内地是褐家鼠活动较多的地方。调查结果表明,在这些生境中也未发现褐家鼠,说明该鼠还不能完全适应当地的生境。

由以上研究可知,虽然在铁路的修筑和运营过程中,取土等人为活动往往会为外来物种的入侵创造条件,使外来物种的入侵机会增加,但青藏高原独特的地理和气候条件有可能使许多其他生境中的动物种类很难在短期内适应并成功地定居下来,且以很快的速度蔓延。

3.4 野生动物日渐适应青藏铁路(公路)工程

青藏铁路(公路)工程对藏羚羊等大型野生动物的影响主要体现为对其迁徙活动及其营养生态位的影响。相关研究和观测表明,青藏铁路建成以来,藏羚羊等大型野生动物已经逐渐适应了铁路的存在,对野生动物保护通道的利用率和利用效果均逐步提高,动物们穿越铁路的时间普遍减少。当前,青藏铁路的运营会给该地区野生动物的活动带来一定的影响,但野生动物通道的设置降低了青藏铁路对动物活动的负面影响,因此,野生动物通过适应并调整自己的行为,将来可以适应青藏铁路修建所带来的环境变化。青藏公路对藏羚羊等的行为活动产生了一定程度的干扰,导致其在路基周边的种群密度较低。同时,野生动物趋向于在车流量较少时进行迁徙活动,说明野生动物通过自身的适应和行为调节可以减少公路运营所造成的影响。另一方面,青藏铁路(公路)工程使得大型野生动物物种间的营养生态位重叠程度提高,加剧了物种间的竞争。

青藏铁路(公路)工程对高原鼠兔等小型野生动物的影响主要体现在对其遗传和分化的影响。相关研究和观测表明,青藏铁路(公路)工程对分布于道路两侧的小型野生动物种群间的基因交流产生了一定的阻隔效应,并导致种群间出现了一定程度的遗传分化,对小型野生动物的群落结构也产生了一定程度的影响。目前在青藏铁路(公路)沿线地区尚未发现外来物种。

4 青藏铁路(公路)工程区生态保护对策

青藏铁路格拉段施工建设采取目前国际上先进的建造技术,克服了“高寒缺氧、多年冻土、生态脆弱”等铁路建设中的世界性难题,采用独特的冻土带铁路施工技术、高寒地区路基草皮移植或建植技术、对取土、石点进行了严格的环保施工规定,设置了各种动物通道,对站点的布置也考虑很周到,对生活垃圾也采取了集中处理,尽量减少对生态与环境的污染。铁路线尽量靠近青藏公路和河流,减少了对景观的再次切割,尽量减少影响范围的扩大。防止生境的多线状切割,避免了生态系统破碎化、岛屿化。

但青藏铁路建设对沿线生态与环境还是会产生一定的影响,如对地表植被、动物的迁徙和繁殖、冻土和湿地等的影响。青藏铁路建成后,内地与西藏的人员、物资、信息等的交流频繁、力度加大,可能会给铁路沿线带来一些负面影响,如盗猎珍稀动物、滥挖珍稀药材、野蛮开采矿产资源、外来物种入侵、疾病和疫病的传播,以及由于资源和旅游开发、城镇化发展等带来的环境污染、土地退化和沙化等一系列问题。因此,必须加强青藏铁路工程区植物、动物等野生资源的保护,并注重铁路沿途区域的综合管理。

4.1 青藏铁路(公路)工程区植被保护与恢复

4.1.1 因地制宜恢复植被

铁路工程对高寒生态系统的影响程度主要取决于地表原始土壤受破坏和扰动的程度及生态系统本身的脆弱性。应根据不同生态功能区的特点,研究制定各自的植被恢复与重建技术进行治理,包括:荒漠化治理、退化草地治理、冻土扰动治理、鼠虫害治理、降低草地放牧压力等措施和技术。重点关注对西藏境内那曲—拉萨段的草地生态植被的恢复和治理,因为这个区域人类活动比较频繁,草地植被退化也比较严重,又是西藏重要的草地畜牧业基地之一,同时又是青藏高原非常重要的生态与环境功能区,受青藏铁路影响较大,必须加大对该地区退化植被的治理力度,避免给环境造成不可逆的毁坏,甚至影响青藏铁路的安全运营(郑度等,2006)。

依据自然气候条件和草地类型,青藏铁路格拉段沿线天然植被可划分为4个不同的区段:①格尔木—昆仑山戈壁山地荒漠区,该区段在植被恢复与重建中,应首先严格保护现有植被,确保能提供灌水条件的地段,可种植一些耐旱植物,而多数地段应采用水泥网格、石块网格等非生物措施为主保护路基;②唐古拉山北高寒草原区,该区段多数地方植物可以生长,应在保护现有植被的基础上,对新建路基和开挖取土地段大部或全部予以恢复和重建;③唐古拉山南高寒草甸区,这一区段应是青藏铁路沿线植被恢复的重点地区,都应恢复;④羊八井—拉萨山地灌丛区,这里的植被恢复不仅有重要的生态保护作用,更有景观意义,除石质地段外,被破坏的植被大部分应当恢复与重建(张自和,2003)。

4.1.2 加强人工繁育,促进植被恢复

植被的自然恢复需要20年(马世震等,2004),甚至更长的时间(沈渭寿等,2004)。从群落内植物的生活型组成情况来看,经过数十年自然恢复后的植被内植物的生活型组成与原生植被之间不存在显著差异。但由于青藏高原恶劣的气候条件,植被受损初期其他植物的定居十分困难,因此对受损初期的温性草原辅以必要的人工措施,如可以采取一定防护措施,让终止干扰后的植被进行自然恢复演替;亦可以采用人工方法在受损植被上引入繁殖能力和抗逆能力都比较强的植物作为先锋植物,以改善受损初期的植被,从而加速其恢复过程(淮虎银等,2005)。

根据安多、当雄两试验场的对比观察,建议当雄段高寒植被再造工程选择垂穗披碱草、老芒麦、达乌里披碱草为主要再造草种,无芒雀麦、扁穗冰草、短柄老芒麦为辅助再造草种;那曲段选择垂穗披碱草、老芒麦、达乌里披碱草为主要再造草种,赖草为辅助再造草种;在唐古拉山

段选择垂穗披碱草、老芒麦为主要再造草种。另外，在沱沱河段选择垂穗披碱草、早熟禾为主要再造草种（魏建方，2005）。采用垂穗披碱草及地表适度平整—表层翻耕—磨耙开沟—种子播种—磨耙覆土镇压等植被恢复工艺措施，对快速恢复青藏铁路取土场次生裸地的植被是有效可行的；此外，梭罗草也有很好的适应性（陈桂琛等，2008）。

4.2 青藏铁路（公路）工程区动物保护

4.2.1 加强管理，防止乱捕滥杀

青藏铁路的开通，一方面为更多的人亲近自然提供了机会，另一方面也给盗猎分子更多的可乘之机。打击盗猎行为主要应通过强制手段，加大执法力度，严惩犯罪分子。尤其是在野生动物迁移等特殊时期及动物种类和数量分布较高的特殊区域，增强打击盗猎活动的力度，以促使野生动物种群恢复和发展。针对广大的商务和观光旅游大众，合理的旅游规划管理是防止外来人员破坏生态的关键。另外，针对青藏高原特色的环保宣传也是非常重要的。

4.2.2 加强保护，适度开发

青藏铁路沿线生存着很多有经济价值的野生动物，对当地经济发展具有很好的促进作用，并在捕获、加工、收购、出口等各个环节中创造就业机会。盗猎行为受经济利益驱动，不仅造成经济损失，而且带来生态破坏，甚至是珍稀濒危物种的灭绝。因此，必须加强对野生动物资源的科学利用，在保障珍稀物种繁衍生息的基础上，利用其珍贵价值的部分。

4.2.3 加强监测，持续研究

应建立野生动物资源的监测机制，开展濒危野生动物的定期调查，建立档案。在野生动物集中区外围架设科研设施，开展多学科综合研究。为野生动物资源的合理开发和有序利用提供理论支持。

为了确保铁路的安全运营及保护沿线的野生动物，必须开展长期的监测与研究。这有利于确定动物对通道的利用情况，了解野生动物种群数量、年龄结构和迁移规律等动态特征，掌握野生动物对铁路的适应性对策，从而为野生动物保护提供措施；也有利于确定动物对铁路安全运营产生的影响，为铁路运营提供资料（郑度等，2009）。

4.3 青藏铁路（公路）工程区综合管理

青藏铁路沿线是青藏高原重要的经济活动带。铁路的贯通运营必将强化人类对周围资源的利用强度，加大环境压力。因此，必须提高沿线民众的环境保护意识，加强沿线农牧、工矿及旅游等产业的调控，增强自然保护区管控能力，控制人口数量，加大疾病监控力度，关注人类健康。只有从多方面入手，提高铁路工程区综合管理能力，才能保障铁路沿途社会经济与生态环境的协调发展。

4.3.1 加强环保宣传，提高环保意识

虽然青藏铁路列车采用全封闭的环保措施，但是仍要防止火车停靠站造成环境污染。例如，各种废弃物（如塑料袋）进入青藏高原后，很容易被野生动物摄食，影响其正常的生理功能，甚至威胁其生存。一些废弃物可能成为有害生物的食物和隐蔽物，最终会影响铁路的安全运营。因此，必须加强环保教育力度，引导旅客树立环保意识，维护青藏高原的纯洁和美丽，确保

铁路长期运营的安全性。

4.3.2 加强环境监测，控制污染水平

铁路沿线机车和汽车的燃油务必达到绿色环保要求，从源头上杜绝尾气和重金属的污染。在铁路沿线站点、城镇、旅游点建立环境监测点，监测生态与环境的变化，并建立必要的预警机制。严格控制青藏铁路沿线各种污染物的排放，建立污染物处理加工厂，减少对环境的污染。对沿途工程的建设要严格论证、规划和实施，使人类活动对环境的不利影响降到最低。

4.3.3 提高出栏率，促进农牧结合

青藏铁路沿线主要是牧区，长期以来不合理的放牧制度和恶劣的气候条件使沿线畜牧业发展缓慢，草地载畜量过大已造成沿线草地产生不同程度的退化现象。目前，西藏全区牦牛存栏数 400 多万头，多为乳肉役兼用型，但出栏率很低，牧区一般为 6.6%～8.2%，农区在 10%～20%。主要原因是：交通不便捷，市场流通不畅，农牧民观念落后。青藏铁路的贯通将会对沿线的牧业经济发展起到很大的促进作用，外来人口的增加及市场对青藏高原畜产品的认可，使西藏的畜产品供不应求，市场潜力巨大。青藏铁路的建成使牲畜和各种生产资料运输成本大幅度降低，为大力发展季节性畜牧业提供了契机。

进一步调整农区种植业结构，压缩小麦面积，在拉萨等农区增加饲草饲料的种植面积，积极发展饲料加工业，充分利用铁路运输的优势，将铁路沿线牧区大量的未出栏家畜转移到饲草料丰富的农区进行规模养殖或者育肥，相应地提高了牧区家畜的出栏率，减少了草地的载畜量，减轻了草地的放牧压力，有利于退化草地的恢复，同时也增加了广大农牧民的经济收入。实现“牧繁农育”战略。

4.3.4 严格环评制度，适度开采矿产

青藏高原具有良好的成矿地质条件，矿产资源矿种齐全、分布广泛，资源丰富，开发潜力大。青藏铁路的开通无疑会加速这些矿产资源的开发，但矿区的开发和建设不可避免地要破坏植被与环境，解决好资源开发与环境保护问题非常重要。

坚持矿产资源开发要以生态与环境保护为先的原则，确定以环境保护优先的资源开发战略，严格执行环境影响评价制度，制定规范可行矿产开发规划，建立矿山生态与环境监测及预警系统。确保青藏高原自然环境得到有效的保护。鼓励在“一江两河”和青藏铁路沿线及其他有条件的地区建立矿山环境保护与土地复垦履约保证金制度。

4.3.5 适度发展旅游，防治环境污染

青藏铁路横穿称为世界“第三极”的世界屋脊，沿线的雪山、湖泊、草地、野生动植物及民族风情、宗教文化等均是丰富的旅游资源，同时，青藏铁路的开通将会带动整个青藏高原的旅游产业，前景广阔，潜力巨大。青藏铁路建成运营是西藏旅游的历史性机遇，青藏铁路建成后，不仅大幅度地提高进出西藏客运能力，降低交通成本，还为游客提供了逐步适应高原缺氧环境的条件。可以预计，青藏铁路建成后，青藏铁路沿线旅游乃至全区的旅游将会有更大发展；同时，西藏的旅游客源结构将发生重要变化，大众旅游将成为西藏旅游的主体。但是应该注意高原特有的旅游业高速发展的同时，必然会带来许多环境问题。

制定西藏高原旅游的生态与环境保护细则，开展环境保护的宣传和教育工作，制定生态旅游、各种探险、狩猎、民俗活动等环境保护对策。建立旅游发展与环境改善并重的运行机制。

充分考虑当地环境和旅游设施的容纳能力，制定旅游定额。同时，加大招商引资力度，强化拉萨、林芝、日喀则、山南等地区的旅游接待能力建设，包括相关的交通运输基础设施的建设、管理与服务人员的培养。

4.3.6　加强保护规划，注重科学管理

青藏铁路沿途有许多自然保护区，在西藏境内有羌塘自然保护区、申扎黑颈鹤自然保护区、纳木错自然保护区、澎波黑颈鹤自然保护区和拉鲁湿地自然保护区。加强自然保护区政策法规建设，积极制定地方自然保护区管理条例和管理办法。协调自然保护区现行管理中在管理权限上的矛盾，例如，在荒漠草原地区的自然保护区，植被由农业部门管理，陆生野生动物由林业部门管理，这种体制也限制了其他部门的积极性。随着国家对环境保护的重视，环保部门作为自然保护区的综合管理和监督部门，应充分发挥其管理和监督职能。例如，羌塘高原自然保护区相对集中，对一些要保护的珍稀野生动物来讲，生境上具有连通性，为避免生境的人为割裂，在生态保护方面可以作为一个大的生态区加以考虑。农业部门的土地规划、草地退化恢复措施的制定和实施要与野生动物保护协调一致。

4.3.7　加强疾病监测，关注人类健康

铁路的贯通对于生物病因的地方病来说，可能增大了其传播流行的风险，这需要通过大力宣传教育和完善疫情监测报告制度、健全防疫网络来减少和避免疫情的发生。对于鼠疫、布病等自然疫源性传染病而言，青藏铁路的全线开通使进入病区的人口增加，病情将可能逐步由人口稀少地区向城镇、宗教场所、旅游景点等人口密集地区逼近，人畜接触的机会和频率会增大；而外来人口对于这些疾病毫无防范意识，也缺少相应的知识，会大大增加这两种病在人间传播的风险。近年来，青藏铁路沿线疫源地动物鼠疫疫情非常活跃，为尽量避免人群受到危害，应加大相应鼠疫疫点的监测力度，密切监控动物鼠疫的流行。监测重点应放在经常发生病死旱獭及狗血清阳性的人口密集、靠近交通要道的城镇附近。流动监测应依靠群众报告疫情，设立检验检疫关口，减少传染源沿铁路线的传播。更为重要的是要加强宣传教育，努力提高广大群众自我保护和参与防治意识。青藏铁路沿线是喜马拉雅旱獭鼠疫疫源地，旱獭的皮毛具有经济价值，同时它又是该地区鼠疫的主要宿主，西藏自治区和青海省近年来发生的人间鼠疫病例多是由于捕猎、剥食旱獭造成的，因此，在这些地区不应私自捕猎旱獭，不应剥食旱獭及其他野生动物，不应私自贩运、倒卖旱獭皮张。加强对青藏高原动物和动物产品的检疫监督，严防病畜肉及乳品流入市场，对于患布病的家畜，要及时处理和捕杀，净化畜群，对布病疫区、疫点严格进行消毒，防止病畜或患者的排泄物污染环境和水源，防止疫源扩散和布病传播。

4.3.8　控制人口增长，强化城镇规划

随着医疗和生活水平的提高，该地区人民的健康水平有了极大的提高，寿命逐渐延长，婴儿死亡率逐渐降低，人口不断持续增长，加之政府对藏族计划生育政策比较宽松，因此，人口增长有明显的加快趋势。此外，青藏铁路的建设使沿线的交通得到质的飞跃，无疑会促进人口向铁路沿线的流动和聚集。因此，加强计划生育政策的宣传和教育，鼓励农牧民向第三产业发展，并适当将部分多余的劳动力经过培训向城镇和农区转移，降低牧业人口比例，间接地降低人们对草地的放牧压力。必须重视对沿线居民点、城镇及排污与治理系统、道路系统的合理规划和建设。

土地利用和土地覆被变化

LAND USE AND LAND COVER CHANGE

1982—2009年青藏高原草地覆盖度时空变化特征*

Temporal and Spatial Distribution of Grassland Coverage Change in Tibetan Plateau from 1982—2009

Abstract: Based on the remote sensing data such as NDVI data from GIMMS and SPOT VGT, the paper analyzed temporal and spatial distribution of grassland cover change from 1982—2009. The results showed that: ① There was significant spatial difference of grassland coverage change. The area with grassland coverage increasing mainly distributed in the northern Tibet and southern Xinjiang Uygur Autonomous Region; the area with grassland decreasing mainly distributed in the headwaters of rivers (the Yangtze River, Yellow River, the Lancang River, Nu River), the Qaidam Basin and the Republican Basin, Qilian mountains, western Sichuan province; ②Statistics of grassland coverage inter-annual change showed, at Significance test level of 90%, The rate of the area with coverage decreasing and increasing was 0.31, The grassland coverage on Tibetan plateau tends to be increased; ③Analysis with ten years showed that: The grassland coverage with continuous increase were mainly distributed in northern Tibet; the grassland coverage in Ngari of Tibet decreased firstly and then increase; nevertheless, the Brahmaputra valley increase firstly and then decrease; the area with continuous decreasing tendency mainly distributed in Qinghai Province and west of Sichuan Province; the statistic showed that most of the grassland coverage on Tibetan Plateau displayed a increasing tendency.

青藏高原是全球海拔最高的一个巨型构造地貌单元，其面积约为2.572×10^5 km^2，占我国国土总面积的26.8%(张镱锂等，2002)。行政区划上包括青海、西藏，以及甘肃、新疆、四川、云南的一部分。在独特的高寒气候条件下，从东南至西北，依次分布着高寒草甸、高寒草原、高寒半荒漠和高寒荒漠等植被类型。草地资源异常丰富，占全国草地总面积的1/3。自古以来就是我国重要的牧区之一。其中，东部高寒草甸既是草地畜牧业的精华所在，又是黄河、长江等河流的发源地。青藏高原作为我国的生态屏障，直接关系到国家的生态安全。

然而由于长期对草地的过度放牧和不合理利用及气候的影响，青藏高原一些地区草地资源退化比较严重。其主要表现是：草地植物高度降低、草地生产力大幅下降、鼠害严重、单位面积种类减少、毒杂草比例增加及植被覆盖度降低等(杨汝荣，2002；崔庆虎等，2007)。针对青藏高原草地变化状况，我国学者已经展开了大量相关研究。邵伟等(2008)基于统计资料分析得出，西藏自治区全区退化草地面积占草地总面积的35.68%，其中藏北草地退化最为严重。刘纪远等(2008)通过3期遥感影像的解译对比得出，三江源地区草地退化是一个在空间上影响

* 由丁明军(Ding Mingjun)、**张镱锂(Zhang Yili)**(通讯作者，下同)、刘林山(Liu Linshan)和王兆锋(Wang Zhaofeng)完成，原载于《自然资源学报》，2010，25(12)：2114-2122。

范围大、在时间过程上持续时间长的连续变化过程。高清竹等(2005)利用遥感数据分析得出，1982—2004 年间藏北重度和极重度退化草地面积分别占草地总面积的 8.0%和 1.7%，其中，藏北冰川与雪山及其周围等气候变化较为敏感区及交通要道沿线等人类活动较为频繁区的草地退化相对严重。梁四海等(2006)利用遥感数据分析认为，1982—2002 年青藏高原植被盖度总体呈增加的变化趋势，仅局部出现退化现象，人类对高原植被未造成破坏性影响。向波(2001)、杨元合等(2006)在研究整个青藏高原植被变化时发现青藏高原大部分地区的植被指数均有不同程度的增加，且在植被相对较好的地区增加不太明显，而植被较差的中、北部地区，增加较显著。

前人在高原草地变化的研究方面做了大量工作，但研究范围大多局限于高原的部分区域，把青藏高原作为一个整体，系统地研究其草地变化的报道较少。已有的高原草地研究，由于数据及方法的不同，导致结论差异较大。为了从整体上更加清晰地认识青藏高原草地变化态势，本研究从高原草地特征分布数据以及遥感数据特点与技术原理应用等视角，采用遥感和地理信息系统等技术，评价和分析 1982—2009 年间青藏高原地区草地盖度变化态势、程度及其空间分布。

1 数据与方法

1.1 数据处理

本研究中使用了 GIMMS 和 SPOT VEGETATION(SPOT VGT)两种数据集的 NDVI 数据(Pinzon *et al.*, 2002; Tucker *et al.*, 2005)。GIMMS 数据来自美国 NASA 全球监测与模型研究组发布的半月最大值合成(Maximum Value Composite, MVC)数据，空间分辨率为 8 km，时间是 1981—2000 年(由于 1994 年资料不全，在本研究 NDVI 序列中不包括该年的数据)；VGT 数据来自比利时佛莱芒技术研究所发布的 10 日最大合成数据，空间分辨率 1 km，时间是 1998—2009 年。虽然两种数据集的 NDVI 数据都经过了几何纠正、辐射校正、大气校正等预处理，且都已经采用了最大合成法以减少云、大气、太阳高度角等的影响。但由于卫星的几何视场角和大气中霾、云及数据合成过程对 NDVI 数据的影响，这种合成的 NDVI 数据仍然会有系统偏差。为了进一步降低这种影响，本研究中采用了三点平滑的方法(Chen *et al.*, 2000)修正 NDVI 数值。

由于 GIMMS 和 SPOT VGT 两种数据采用了不同的传感器，其波段范围有些差异。针对研究中两种数据源可能带来的误差问题，分别对 GIMMS 和 SPOT 两种数据的 1998 年、1999 年和 2000 年的最大 NDVI 进行相关分析，求得其相关系数分别为 0.91(1998 年)、0.91(1999 年)和 0.89(2000 年)，均通过了 0.001 置信度检验。基于此，采用线性回归对 1999 年的两种数据源进行拟合，即以 SPOT 1999 年最大 NDVI($NDVI_s$)为自变量，GIMMS 1999 年最大 $NDVI_n$值为因变量，获取二者回归方程，方程为：$NDVI_n = 0.344NDVI_s + 0.322$(样本数为 24 025，RMS＝0.033，Chi-Square＝26.480)；利用二者的线性回归方程对 2001—2009 年的 GIMMS 数据进行插补。

草地矢量数据来自中国科学院地理科学与资源研究所青藏高原土地变化研究组(比例尺 1∶100 000)，具体类型包括灌丛、草甸、草原和高山稀疏植被(张玮，2007)。将 NDVI 数据与草地类型数据转成相同投影(Albers Projection)，提取出青藏高原草地 NDVI 数据，以此作为本研究的分析基础。

1.2 植被覆盖度的计算

植被盖度与归一化植被指数 NDVI 之间存在着极显著直线相关关系(Eastwood *et al.*, 1997; Purevdorj *et al.*, 1998; Leprieur *et al.*, 2000)。通常使用 NDVI 来估算区域植被盖度(Wittich *et al.*, 1995; Toby *et al.*, 1997; 陈云浩等,2001),本研究中选取 NDVI 年内最大($NDVI_{max}$)所对应的草地盖度最大值(C_{max}),用于分析草地覆盖变化,其计算公式如下:

$$C_{max} = \frac{NDVI_{max} - NDVI_s}{NDVI_v - NDVI_s} \tag{1}$$

式中:$NDVI_v$ 为纯草地 NDVI 值,$NDVI_s$ 为裸土 NDVI 值,根据以往对草地植被研究的结果,本文取 $NDVI_v = 0.8$(刘玉洁等,2001),$NDVI_s = 0.05$(毛飞等,2008)。

1.3 草地覆盖度年际变化趋势计算

年际线性变化趋势采用 Micael C. Runnstrom (2000)的方法,在每个像元的基础上,对 27 年的 C_{max} 进行线性拟合,趋势斜率用最小二乘法来计算,公式(Micael *et al.*, 2000)如下:

$$b = \frac{\sum_{i=1}^{n}(x_i - \bar{x})(y_i - \bar{y})}{\sum_{i=1}^{n}(x_i - \bar{x})^2} \tag{2}$$

式中:b 为趋势斜率,x,y 分别为年份及该年的 C_{max} 值。负的斜率表示植被覆盖度下降,反之则表示植被盖度上升(杨建平等,2005),并利用 NDVI 序列和时间(年份)的相关系数进行显著性判定。

1.4 青藏高原草地变化过程的分析方法

研究中先在像元的基础上计算 20 世纪 80 年代初期(1982—1985 年)青藏高原草地植被年最大覆盖度的平均值 $C_{max(1982-1985)}$。以 10 年为时间步长,求取 1990s 和 2000s 最大覆盖度的平均值,减去 $C_{max(1982-1985)}$,分别获取其变化量 ΔC_{max}(1990s)和 ΔC_{max}(2000s)。各像元盖度值变化(差值)按 10%分级,可以分为:增加 1 级(0～10%)、2 级(10%～20%)、3 级(20%～30%)、4 级(>30%);减少 1 级(0～10%)、2 级(10%～20%)、3 级(20%～30%)、4 级(>30%)。

以 10 年时间为步长,求取 1980s、1990s 和 2000s 最大覆盖度的平均值,以像元为基础,把草地盖度的变化类型分为四种:持续减少(——)、持续增加(+—)、先减后增(—+)、先增后减(+—),从而获取青藏高原草地覆盖变化过程的时空分布特征。

2 结果与分析

2.1 青藏高原草地植被覆盖度变化趋势

草地覆盖的年际变化趋势在一定程度上可以表征草地改善或退化的趋势。数据分析表明,青藏高原草地植被覆盖的年际变化存在着显著的空间差异(图 1)。趋于改善的区域主要分布在西藏的北部和新疆的南部;具有恶化趋势的地区主要分布在西藏南部及东南部、青海的柴达木盆地、祁连山、共和盆地、江河源地区及川西地区。变化趋势大部分均通过了 99%的显著性检验，只是在变化幅度上存在不同。其中，降低幅度较大的地区主要分布在青海的共和盆地，川西地区及雅鲁藏布江中下游地区，长江、黄河、澜沧江及怒江的源头地区。这与前人研究成果在大部分地区保持了较好的一致性(高清竹等，2005；杨建平等，2005；张镱锂等，2006，2007；Ding *et al.*，2007；刘纪远等，2008；毛飞等，2008；Zhong *et al.*，2010)，但也有少部分区域研究结果差别较大，甚至结果相反(梁四海等，2006)，具体原因有待进一步深入分析。

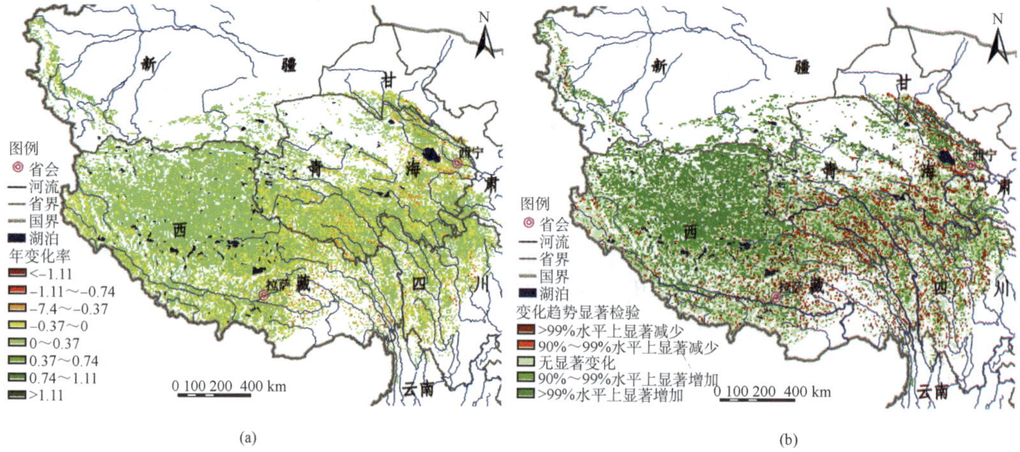

图 1　青藏高原草地 1982—2009 年覆盖度年际变化特征

(a)变化趋势系数；(b)显著性检验

Figure 1　Grass coverage change on Tibetan Plateau During 1982—2009

(a) The trend of yearly maximum NDVI change；(b)Significance Test

1982—2009 年青藏高原草地覆盖变化趋势的显著性分析表明(图 2)：显著降低(通过 90%显著检验)区域占整个高原草地的 14.29%，无显著变化(低于 90%显著检验)占整个草地 38.86%，显著增加(通过 90%显著检验)区域占整个草地的 46.85%，显著降低和显著增加面积的比率为 0.31，可见青藏高原草地在 90%检验水平上整体趋于改善趋势，但具有恶化趋势的区域主要分布在一些江、河源头地区，其不仅对当地生态环境和牧业生产造成影响，而且对中下游地区的生态环境也会造成间接影响。

从分区来看，青藏高原的各省区中，云南、四川、西藏、青海、甘肃和新疆草地盖度显著降低(通过 90%显著检验)区域分别占各省区草地面积的 15.50%、20.92%、10.08%、20.94%、19.24% 和 4.88%，各省(区)显著降低和显著增加的面积比分别为 0.48(云南)，0.70(四川)，0.18(西藏)，0.59(青海)，0.52(甘肃)和 0.07(新疆)。可见，各省(区)草地覆盖整体上趋于升高趋势。

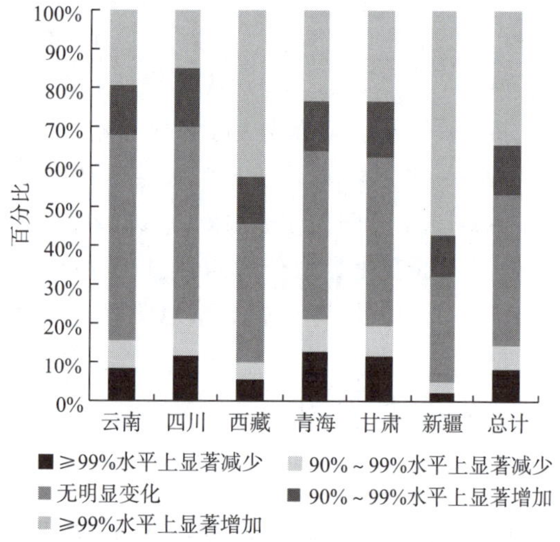

图 2　高原各区草地覆盖度年际变化在各显著水平上的面积百分比

Figure 2　The gradation rate of significance test in different region on Tibetan Plateau

2.2 近 24 年青藏高原草地覆盖变化过程分析

图 3 显示的是 1990s 和 2000s 最大覆盖度的平均值与 $C_{max(1982-1985)}$ 差值 ΔC_{max}(1990s)和 ΔC_{max}(2000s)的空间分布。其中，盖度增加的区域主要分布在西藏，尤其在藏北地区；盖度减少区域主要分布在阿里地区，祁连山地区，共和盆地，大河源头地区及川西地区。从草地盖度变化过程来看(图 4)，不同区域草地盖度变化过程不同。草地盖度呈现持续增加的区域主要分布在西藏北部；阿里地区草地盖度呈现先减少后增加的态势；雅鲁藏布江流域草地盖度呈现先增加而后减少的态势；而呈现持续减少的区域主要分布在青海省及川西地区，其中青海省分布最广。

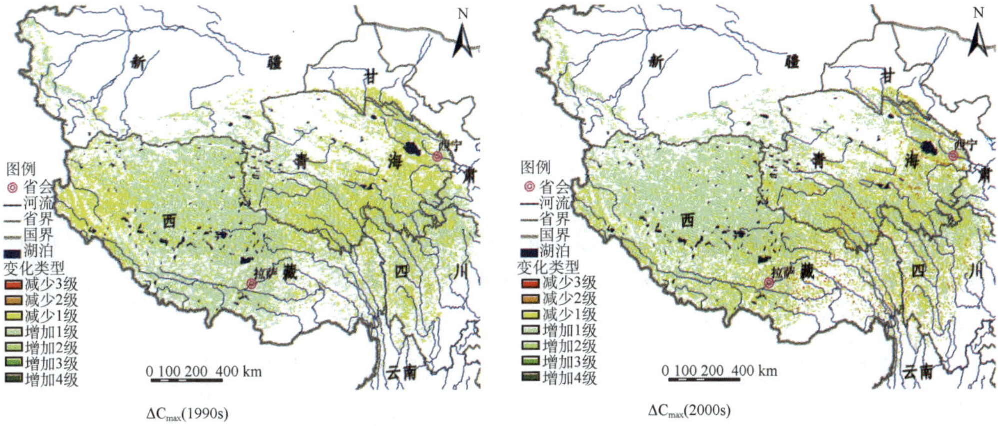

图 3 青藏高原草地盖度在不同时段变化程度的空间分布

Figure 3 The spatial distribution of grassland coverage change in different phase on Tibetan Plateau

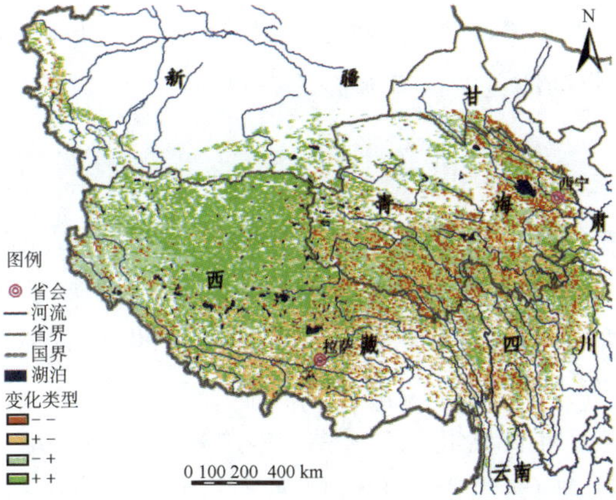

图 4 青藏高原草地盖度变化过程空间分布特征

Figure 4 The spatial distribution of the process of grassland coverage change on Tibetan Plateau

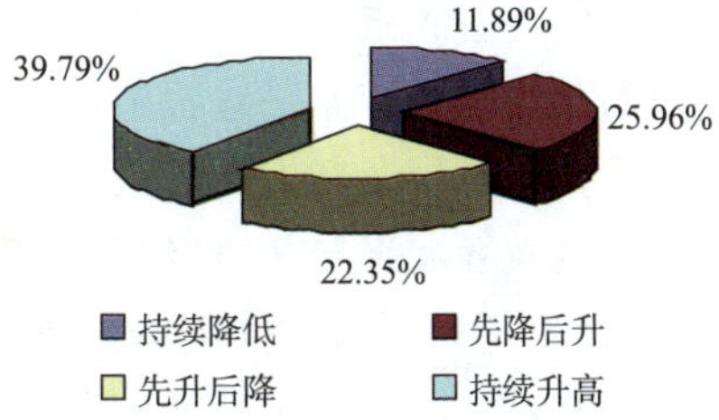

图 5 青藏高原草地盖度不同变化过程的比重

Figure 5 The area percentage of different process types of grass coverage change on Tibetan Plateau

从统计数据来看(表 1)，20 世纪 90 年代，草地盖度增加的面积百分比为 62.26%，盖度减少的面积百分比为 37.74%，其中盖度增、减的幅度主要分布在 10%以内；2000 年以后，草地盖度增加的面积百分比为 66.82%，盖度减少的面积百分比为 33.18%，盖度增、减的幅度也主要分布在10%以内，草地盖度降低区域面积呈现减少。从草地变化的过程来看(图5)，占高原草地总面积39.79%的区域盖度呈现持续上升，11.89%的区域呈持续降低，22.35%的区域呈先升后降，25.96%的区域呈先降后升，总的来说，高原大部分草地盖度具有升高的态势。

表1　青藏高原不同时段不同盖度变化类型的面积百分比

Table 1　The area percentage of different types of grass coverage change in different phase on Tibetan Plateau

	减少三级	减少二级	减少一级	增加一级	增加二级	增加三级	增加四级
1990s	0.000	0.008	37.728	62.263	0.000	0.000	0.000
2000s	0.038	1.995	31.144	66.688	0.106	0.004	0.025

3　结论与讨论

3.1　结论

(1)青藏高原草地植被覆盖度的年际变化趋势存在着显著的空间差异。趋于升高的区域主要分布在西藏的北部和新疆的南部；具有降低趋势的区域主要分布在青海的柴达木盆地、祁连山、共和盆地、江河源地区及川西地区。

(2)青藏高原草地覆盖度年际变化趋势分析表明，在90%的显著性检验水平上，降低和增加面积的比率为0.31，草地植被覆盖总体趋于升高态势。

(3)以10年为步长的分析表明：草地盖度呈现持续增加的区域主要分布在西藏北部；阿里地区草地盖度表现为先减后增；雅鲁藏布江流域草地盖度呈现先增后减；而持续减少的区域主要分布在青海省及川西地区，其中青海省分布最广；统计结果显示，占高原草地总面积39.79%的区域盖度呈现持续上升，11.89%的区域呈持续降低，22.35%的区域呈先升后降，25.96%的区域呈先降后升，总的来说，高原大部分草地盖度具有升高的态势。

3.2　讨论

如上所述，在过去近27年青藏高原草地覆盖在大多数地区都呈增加趋势，表明高原的植被活动在加强，这与近年来一些报道所说的青藏高原草地状况严重恶化有所不同。确实，在高原一些地区，由于城镇化和人为过度利用土地(如过度放牧)导致草地状况恶化，但从总体上看，高原植被的覆盖状况与20世纪80年代相比有所改善。

本研究讨论了利用NDVI数据反演的草地盖度年际变化的时空差异，这种差异主要取决于不同区域间自然、人文因子特征的差异，对于探讨草地资源退化及其驱动机制来说，是一项十分基础且又重要的工作。草地资源退化通常表现为植被盖度下降、物种组成改变、生物量下降等(杨汝荣等，2002；崔庆虎等，2007)。在高原地区，草地植被退化后，次年表现为植被盖度下降、植被盖度不变或升高(在先锋物种侵入，退化后植被演替的先锋阶段)，其中生物量和物种组成也可能有同样变化，草地利用水平总体下降。

对退化草地而言，植被盖度下降是反映草地退化的主要方面，国家标准(GB 19377—2003)规定了天然草地退化的定义：以未退化草地或监测区域附近相同水热条件的自然保护区中的植被特征、土壤状况为基准；或者用 20 世纪 80 年代初的监测区域相同草地类型的未退化草地植被特征、土壤状况为基准。但由于现实中的基准很难获取，本研究主要以 20 世纪 80 年初期的最大盖度为基准，在像元水平上探讨草地盖度变化，这与草地退化的国家标准有一定差别，但仍然能够在一定程度上反映出高原草地资源退化的状况，但基于草地盖度下降分析草地退化所反映的应为草地退化面积的最低值。也就是说，青藏高原草地总体覆盖程度趋好，草地生态系统功能提高，但草地畜牧业功能未必提升，这是草地仍然不足的主要因素。

Land Use Dynamics in Lhasa Area, Tibetan Plateau*

拉萨地区土地利用动态

摘　要:土地利用变化是社会经济、制度和环境要素相互作用的结果,而且对社会经济和环境系统的功能及对可持续发展、粮食安全、生物多样性、人类和生态系统的脆弱性,以及全球变化具有重要的影响。根据20世纪80年代末开展的西藏自治区第一次土地资源调查结果,结合拉萨地区重点河谷耕作区1991年4月、5月和10月航摄的彩色红外航空影像及河谷之外山地等地段80年代末和1991年的陆地卫星TM数据遥感信息,编制完成1990年的研究区土地利用图。在此基础上,利用这些遥感信息源,通过野外调查更新每年的耕地、人工林地、人工和改良草地及居民点等土地利用类型后分别绘制了拉萨地区1991年、1992年、1993年、1995年、1999年及2000年的土地利用现状图。2007年的土地利用现状图是利用2007年10月24日和12月26日获取的ALOS AVNIR-2多波段合成图像更新主要的土地利用类型后完成的。本文根据其中的1990年、1995年、2000年和2007年研究区土地利用现状图,利用GIS空间分析方法,系统地分析了1990—2007年间拉萨地区的土地利用时空变化特征。

1　Introduction

Recent warming trends on the Tibetan Plateau (TP) directly influence the permafrost and snow melting and will impact on the local ecosystem greatly (Cui *et al.*, 2009). Human activities increased rapidly on the plateau during the last half century and have significant impacts on land use. Significant land cover changes on the Tibetan Plateau include permafrost and grassland degradation, urbanization, deforestation and desertification. These changes not only impact on local climate and environment, but also have important hydrological implications for the rivers which originate from the plateau. Land surface changes (vegetation, ice/snow, permafrost) in the source areas of the rivers could influence the river systems originating from here, leading to disruptions of the existing socioeconomic structures of populations living on the TP and those living downstream (Beniston *et al.*, 1996). Meteorological station records show statistically significant decreasing of the number of frost days and ice days and a longer growing season (You *et al.*, 2008). Evidence of grassland degradation is very widespread on the Tibetan Plateau (Zhang *et al.*, 2005). There is currently about half million km^2 of degraded grassland, among which severely degraded grassland

* Published by Chu Duo(除多), **Zhang Yili(张镱锂)**(corresponding author, sic passim),Bianba Ciren(边巴次仁), Liu Linshan(刘林山)in the *Journal of Geographical Sciences*, 2010, 20(6):1-14.

accounts for approximately 16% and often called as 'Black Soil Type' by local people (Wang *et al.*, 2006). Deforestation on the TP begins in the 1950s and accelerated in the 1960s (Studley, 1999; Houghton *et al.*, 2003), due to unsustainable logging practices (Studley, 1999; Houghton *et al.* 2003; Zhang *et al.*, 2005), agricultural use and urbanization (Liu J *et al.*, 2005). Sandy desertification land of the TP covers a total area of about 3×10^5 km^2 accounting for 14% of the plateau's total area, of which moderate sandy desertification land occupies 55.4%, slight and serious sandy desertification land constitute 30.8% and 13.7% respectively (Liu Y *et al.*, 2005). The running of Qinghai-Tibet Highway and Railway drives the growth of local economy, which attracted mass people to gather along the traffic lines. All these strengthened the intensity of land use along the lines, which include grassland, shrub, meadow, desert, and forest (Ding *et al.*, 2006). The highway and railway traverse 560 km of permafrost-impacted ground, which has been degrading and retreating during the last quarter century (Jin *et al.*, 2006). Based on the data from the Advanced Very High Resolution Radiometer (AVHRR) NDVI from 1981 to 2006, the spatial distribution and dynamic change of land cover along the Qinghai-Tibet Highway and Railway, extending to 100 km at both sides, reveal that local human activity is the key factor affecting land cover followed by the climate changes that is due to global anthropogenic effects (Ding *et al.*, 2007; Zhang *et al.*, 2009). Afforestation is considered as one of the most effective practices to improve environmental quality in north-western China. In 1998, the Chinese central government recognized the disastrous consequences of forest degradation resulting in the loss of biodiversity, unacceptable levels of soil erosion and catastrophic flooding. A new forest policy called the Natural Forest Conservation Program (NFCP) was implemented in 1998 (Zhang *et al.*, 2000).

In Tibet Autonomous Region (TAR), the first systematic land resources surveys were carried out in 1980s (Tibet Bureau of Land Planning, 1992) and land use status survey was one of important themes of these land resources surveys (Chu *et al.*, 1992), including land use surveys in Lhasa area. After this land use survey, to build irrigation facility, improve low yield farmland and grassland, and reforest, China State Council launched the programme "the integrated agriculture development and construction in the central TAR" in 1991 (Zhang *et al.*, 1998). Reforestation and grassland improvement were important tasks of this programme. Reforestation of the eroded semi-desert landscape of the southeast TP might be extremely difficult, but still appears to have a huge potential (Miehe *et al.*, 2003). Experimental reforestation trials on the southern slopes above Lhasa shows that treeless areas between the current relicts were forested in the past and could become forested again if human interference were excluded (Miehe *et al.*, 2008). The TP is a unique natural landscape, with broad areas of intricate physiognomic types. Thus, remote sensing data sets are very powerful tools to evaluate land cover changes for this region (Chu *et al.*, 2007; Xu *et al.*, 2008). Along with this programme above, the project "the integrated environmental assessment and monitoring using remote sensing and GIS" was carried out in the central Tibetan Plateau from 1991 to

2000 and GIS technology and multi-sources of remote sensing data for the first times were used for environmental assessment and monitoring in TAR (Zhang *et al.*, 1998; Chu *et al.*, 2002). The studies related land use and land cover changes in the Lhasa area were done by scientists from different perspectives. Liu Yanhua studied alpine agricultural dynamics of Lhasa area (Liu, 1992a, 1992b). Zhang *et al.* (2000) revealed land use dynamic process of Lhasa City over 50 years using GIS and GPS, which focused on analysis of the effect and consequence of ecology and environment caused by land use change of Lhasa City, and wetland construction and distribution in the Lhasa basin(Zhang *et al.*, 2010). The future land use scenario for Lhasa area (Chu *et al.*, 2005) and the characteristics of the annual and monthly mean runoff in the Lhasa basin during 1956—2003(Lin *et al.*, 2008) were analyzed. This paper describes land use change and dynamics from 1990 to 2007 and their main driving forces.

2　Study area

Lhasa area, a prefecture level administrative unit in TAR, is located in the southwestern part of the TP, China, extending from 29°14′26″N to 31°03′47″N, and from 89°45′11″E to 92°37′22″E (Figure 1). It covers 202 km north to south and 277 km east to west, including an area of 29 518 square kilometers. The average elevation is approximately 4 000 m above sea level. In addition to the City, there are seven counties in our study area, namely, Tolung Dechen, Chushur, Nyemo, Taktse, Lhundup, Damshung and Medro Gongkar, as shown in Figure 3.

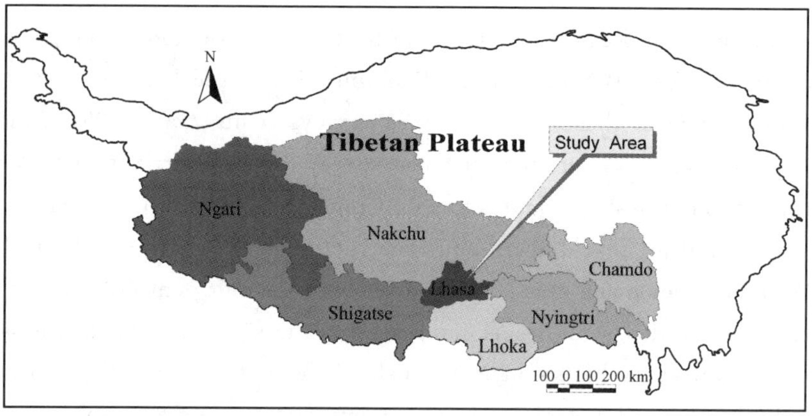

Figure 1　Location of the Lhasa area, Tibetan Plateau

The northern and northwestern parts of Lhasa area are higher than the southern. As a part of Tibetan Plateau, Lhasa area is characterized by Plateau monsoon climate (Scientific Expedition Team to the Tibetan Plateau, 1984). Because of its high elevation, Lhasa area possesses unique climatological conditions that are characterized by strong solar isolation, long sunlight hours, generally low annual mean surface temperatures, large diurnal surface temperature variations, distinct dry and wet seasons with strong wind in dry seasons, high rate of nocturnal rainfalls, low annual precipitation, and high annual evaporation (Lhasa City Agricultural and Pastoral Bureau, 1993). Occasional drought, frost, and gale are the major forms of climatic hazards in this region.

3 Data and methods

3.1 Data sources and methods

Land use status data in Lhasa area used here for 1990 and 1995 was acquired from the phase one of the project "the integrated environmental assessment and monitoring in the central Tibetan Plateau using GIS and remote sensing" jointly conducted by Tibet Remote Sensing Center and the Institute of Remote Sensing Applications of CAS in 1990s, and data for 2000 was based on the output of the phase two of this project completed by Tibet Remote Sensing Center from 1995 to 2002. During the implementation of the phase one of the project, scientists from both parties undertook the field investigation in the central Tibetan Plateau in 1991, 1992, 1993 and 1995, respectively; during the phase two of the project, scientists from Tibet Remote Sensing Center carried out field investigation in 1999 and 2000 using the same methods and produced land use status data in 1999 and 2000 for the study area.

Land use map for Lhasa area in 2007 was compiled using Advanced Land Observing Satellite (ALOS) AVNIR-2 band4-2-1 composite images with a resolutions of 10 m, including two scenes acquired on October 24, 2007 and two scenes acquired on December 26, 2007 through updating changes of main land use types such as forests, towns and cities, water body, etc. These four scenes cover the main region of the study area. The following is the main procedures of data processing. Firstly, four scenes of ALOS AVNIR-2 data were geo-referenced and mosaicked using ENVI 4.5 image processing software; secondly, the mosaicked ALOS image was geo-referenced in ENVI 4.5 image processing software using land use map of Lhasa area in 2000 as reference data to keep that land use map in 2000 and ALOS image have same projection and coordinates; finally, using mosaicked ALOS image and land use map in 2000 as baseline data, the land use map for Lhasa area in 2007 was completed through screen digitizing method in ArcGIS 9.0 software.

3.2 The background of the project "the integrated environmental assessment and monitoring in the central Tibetan Plateau using GIS and remote sensing"

The central Tibetan Plateau includes Yarlung Zangbo River Valley and its tributaries Lhasa River Valley and Nyachu River Valley, which are the center of economy and culture of Tibet. In comparison with other places on the Tibetan Plateau, this region is not only the most populous area having remarkable human activities but also a main crop production area. In 1991, China State Council declared "the integrated agriculture development and construction in the central TAR" and listed it in the national Eighth Five-year Plan and key development and construction programme in China. This programme was started in 1991 and aiming at building irrigation facility, improving low yield farmland and grassland, and planting trees for the period of 10 years in order that agriculture production in the central Tibetan Plateau has a solid basis with sound environment, which is significantly important for socioeconomic development in TAR. To track the effectiveness of this programme especially impacts on regional environment, the project titled "the integrated environmental assessment and monitoring in the central Tibetan Plateau using GIS and remote sensing" was implemented jointly by Tibet Remote Sensing Center and Institute of Remote Sensing Applications of CAS (Zhang Z *et al.*, 1998). The objectives of the project was to monitor the effectiveness and impacts of the programme and to evaluate and predict regional ecological process and consequences caused by the programme activities using remote sensing and GIS in order to support decision making for sustainable agriculture development and sound environment in the central Tibetan Plateau.

4 Analysis

One of the key objectives of the programme "the integrated agriculture development and construction in the central TAR" was to improve environment for agriculture development in this region. Thus, with implementation of the programme, many bioengineering measures such as artificial forest and grassland restoration aiming at ameliorating regional environment were took in the relatively flat valley. The integrated environment assessment and monitoring based on the remote sensing indicated that the remarkable land use change appeared at the valley and plain, and most bioengineering measures were concentrated at valley below 4100 m above sea level, where previous natural vegetation was replaced with artificial vegetation, resulting in obvious increase in vegetation cover density and biomass.

4.1 Land use change from 1990 to 1995

Land use status of the study area in 1990 illustrates land use changes from 1990 to 1995 (Figure 2 and 3), presenting that during 5 years land use changes primarily happened near the major towns and the low valleys. Except for Damshung County, there were land use changes in 7 counties. With the implementation of the integrated agriculture development and construction, many newly planted young forests appeared at valley. In Figure 3, the green color is the enlarged patch of young forest land that the previous mountain rangeland was converted into the artificial forests over 5 years. During 5 years from 1990 to 1995, the rapidest land use change by percentage was urban or built-up type with increase of 2.319%, followed by forestland with increase of 1.362%. Based on changes in area, the highest increase in area was forest land with 1446.18 hm^2 as net increase caused by the integrated agriculture development and construction aiming at improving agricultural environment in the central Tibetan Plateau through artificial forestation from 1991 to 1995. During the 5 years, cultivated land decreased by 257.56 hm^2 as the largest decline in land use types. In addition, other land use types such as rangeland, unused land and water body decreased in area but were limited. In terms of area, the decline in rangeland was the most dramatic, reaching over 1300 hm^2 (Table 1).

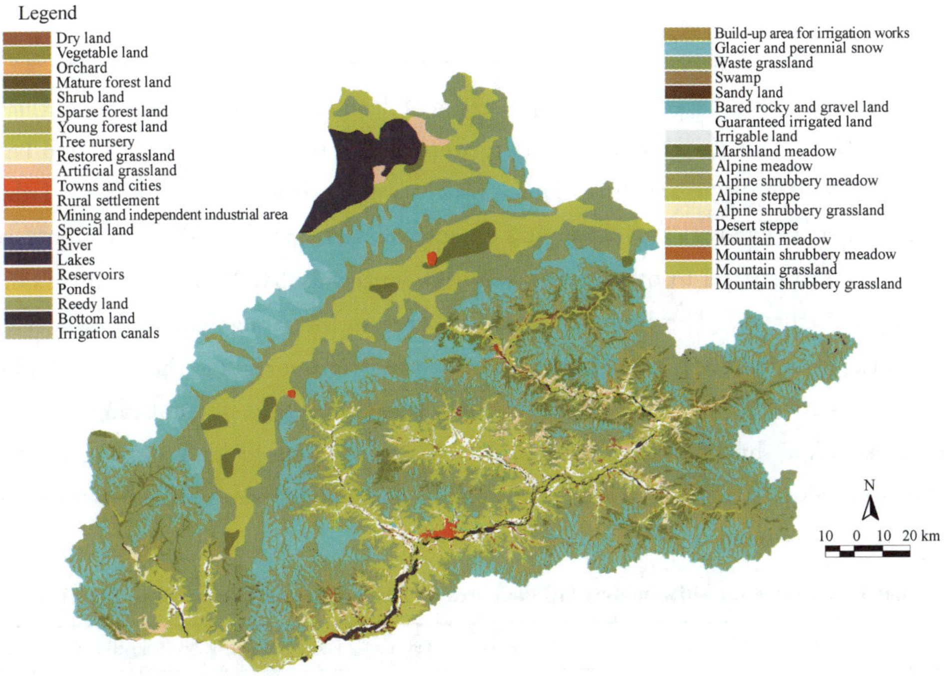

Figure 2 Land use status in Lhasa area of Tibetan Plateau in 1990

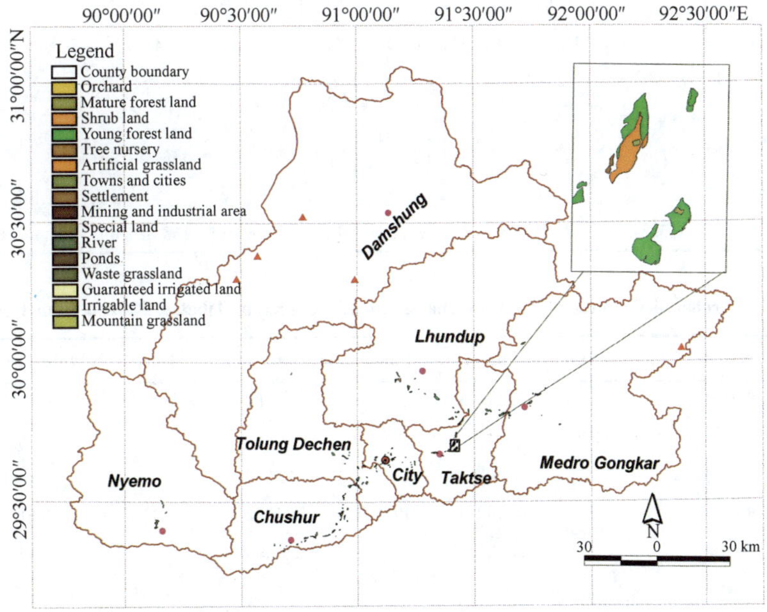

Figure 3 Land use changes in Lhasa area of Tibetan Plateau from 1990 to 1995

Table 1 Land use changes in Lhasa area of Tibetan Plateau from 1990 to 1995 (unit: hm^2)

Types	Cultivated	Horticultural	Forest	Rangeland	Built-up	Road	Water body	Unused land	Total
1990	70 274.75	165.74	106 143.03	2 113 302.54	8 677.95	580.34	155 332.38	498 413.78	2 952 890.52
1995	70 017.19	165.74	107 589.22	2 111 927.25	8 879.18	580.34	155 325.99	498 405.61	2 952 890.52
Changes	−257.56		1 446.18	−1 375.29	201.23		−6.39	−8.17	
(%)	−0.367		1.362	−0.065	2.319		−0.004	−0.002	

Tables 2 and 3 indicate specific change process of all land use types that occurred in Lhasa area from 1990 to 1995. During the 5 years, there were a big proportion that cultivated land was converted into built-up type and forestland, which was 47.467% and 46.542% of the total cultivated land changed area; corresponding extent was 126.58 hm^2 and 124.11 hm^2, respectively. Chang in forestland to other types was less with only 34.21 hm^2 of conversion from forest land into built-up. The largest changes in area is that rangeland was converted into forestland at approximately 1 332.01 hm^2, in which most proportion is that valley and mountain rangeland were converted into young forests, being 95.997% of total rangeland conversion. Besides, 15.03 hm^2 of water body and 7.42 hm^2 of unused land were converted into young forests, respectively, in which water body conversion was converted into artificial forests on the bottomland of river valleys.

Table 2 Land use change transition matrix in Lhasa area of Tibetan Plateau from 1990 to 1995 (unit: hm^2)

	Cultivated	Horticultural	Forest	Rangeland	Built-up	Road	Water body	Unused land	Total
Cultivated	70 008.09		124.11	12.25	126.58		3.73		70 274.75
Horticultural		165.74							165.74
Forest			106 108.83		34.21				106 143.03
Rangeland	9.11		1 332.01	2 111 915.01	41.53		4.91		2 113 302.54
Built-up			1.83		8 676.12				8 677.95
Road						580.34			580.34
Water body			15.03				155 317.36		155 332.38
Unused land			7.42		0.75			498 405.61	498 413.78
Total	70 017.20	165.74	107 589.23	2 111 927.26	8 879.19	580.34	155 326.00	498 405.61	2 952 890.51

Table 3 Transition probability matrix of land use changes in Lhasa area of Tibetan Plateau from 1990 to 1995(%)

	Cultivated	Horticultural	Forest	Rangeland	Built-up	Road	Water body	Unused land
Cultivated	99.620 5		0.176 6	0.017 4	0.180 1		0.005 3	
Horticultural		100.000 0						
Forest			99.967 8		0.032 2			
Rangeland	0.000 4		0.063 0	99.934 3	0.002 0		0.000 2	
Built-up			0.021 1		99.978 9			
Road						100.000 0		
Water body			0.009 7				99.990 3	
Unused land			0.001 5		0.000 2			99.998 4

4.2 Land use change from 1995 to 2000

The 5 years from 1995 to 2000 was the second phase of the project "the integrated environmental assessment and monitoring in the central Tibetan Plateau using GIS and remote sensing". The field survey of land use status was carried out in the study area in 1999 and 2000. Figure 4 shows spatial distribution patterns of land use dynamic change over 5 years. Like previous 5-year phase, major land use changes occurred at the major town and low valley. The enlarged portion in Figure 4 is the previous bottomland near Chushur County in Lhasa River was replaced with artificial forests.

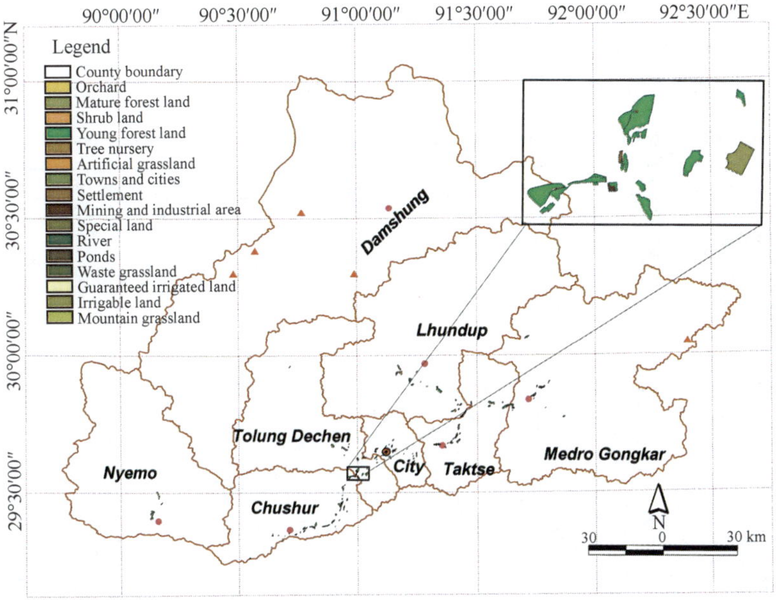

Figure 4 Land use changes in Lhasa area of Tibetan Plateau from 1995 to 2000

Table 4 indicates that a little cultivated land had increased from 1995 to 2000. Similarly, the largest change in area also occurred at forestland with 1267.29 hm^2 in increase while rangeland, water body and unused land decreased. Among these, the declined extent in rangeland was largest at 1083.97 hm^2 in total.

Table 4 Land use changes in Lhasa area of Tibetan Plateau from 1995 to 2000 (unit: hm^2)

Types	Cultivated	Horticultural	Forest	Rangeland	Built-up	Road	Water body	Unused land	Total
1995	70 017.19	165.74	107 589.22	2 111 927.25	8 879.18	580.34	155 325.99	498 405.61	2 952 890.52
2000	70 022.10	176.05	108 856.51	2 110 843.28	8 935.40	580.34	155 079.95	498 396.90	2 952 890.52
Changes	4.91	10.31	1 267.29	−1 083.97	56.21	0.00	−246.05	−8.71	
(%)	0.007	6.222	1.178	−0.051	0.633	0.000	−0.158	−0.002	

Obviously, land use transition trend is that land use types that are favorable for regional environment such as forest and horticultural land were increasing while in contrast land use types that are unfavorable for regional environment such as unused land, rangeland, and water body were decreasing, which was attributed to human activities in this area aiming at improving regional environment through implementing integrated development and construction.

Land use transition matrixes, as shown in Tables 5 and 6, indicate that during the period from 1995 to 2000 the largest change in cultivated land is that cultivated land was converted into forestland, which was 85.09% of total changed area of cultivated land. A few area of cultivated land was converted into rangeland and built-up land; there were some forestland converted into other land use types. During 5 years, the largest land use conversion was from rangeland into forest land at 1 006.25 hm^2 and 74.89 hm^2 of rangeland was converted into cultivated land and a few into built-up. The second place of land use type change is water body, in which 228.10 hm^2 was converted into forest land with 92.707% of total changed water body area, plus a few changed into built-up and rangeland. In sum, general trend of these land use changes are consistent with land use changes from 1990 to 1995.

Table 5 Land use change transition matrix in Lhasa area of Tibetan Plateau from 1995 to 2000 (unit: hm^2)

	Cultivated	Horticultural	Forest	Rangeland	Built-up	Road	Water body	Unused land	Total
Cultivated	69 943.83		62.42	7.47	3.47				70 017.19
Horticultural		165.74							165.74
Forest			107 548.17	3.59	37.45				107 589.21
Rangeland	74.89	10.31	1 006.25	2 110 829.74	6.06				2 111 927.25
Built-up			2.85	0.34	8 876.00				8 879.19
Road						580.34			580.34
Water body	3.37		228.10	2.15	12.42		155 079.95		155 326.00
Unused land			8.71					498 396.90	498 405.61
Total	70 022.09	176.05	108 856.50	2 110 843.29	8 935.40	580.34	155 079.95	498 396.90	2 952 890.53

Table 6 Transition probability matrix of land use changes in Lhasa area of Tibetan Plateau from 1995 to 2000(%)

	Cultivated	Horticultural	Forest	Rangeland	Built-up	Road	Water body	Unused land
Cultivated	99.895 2		0.089 2	0.010 7	0.005 0			
Horticultural		100.000 0						
Forest			99.961 9	0.003 3	0.034 8			
Rangeland	0.003 5	0.000 5	0.047 6	99.948 0	0.000 3			
Built-up			0.032 2	0.003 8	99.964 0			
Road						100.000 0		
Water body	0.002 2		0.146 9	0.001 4	0.008 0		99.841 6	
Unused land			0.002					99.998

4.3 Land use change from 1990 to 2000

In the central Tibet, where the study area lies within, through 10-year bioengineering measures such as artificial forest, grassland restoration for improving regional ecosystem and agricultural environment as part of activities of the programme "the integrated agriculture development and construction in the central Tibet", land use changes in the valley was remarkable. The spatial distribution of land use change in Lhasa area over 10 years from 1990 to 2000 shows that land use changes primarily occurred in valley areas and near the major towns where the human activities are relatively concentrated and have low elevation. During 10 years, in Lhasa area the cultivated land decreased by 0.36% with 252.66 hm^2 in extent; horticultural land increased by 6.222%; the largest increase in area was forestland at 2713.48 hm^2 (2.556%); built-up land increased by 2.967%; the largest decrease in area occurred at rangeland with 2 459.26 hm^2. However, since rangeland is the largest land use type in Lhasa area, percentage of decline is only 0.116%. Other land use types such as water body and unused land decreased to some extent over 10 years (Table 7).

Table 7 Land use changes in Lhasa area of Tibetan Plateau from 1990 to 2000 (unit: hm^2)

	Cultivated	Horticultural	Forest	Rangeland	Built-up	Road	Water body	Unused land	Total
1990	70 274.75	165.74	106 143.03	2 113 302.54	8 677.95	580.34	155 332.38	498 413.78	2 952 890.52
2000	70 022.10	176.05	108 856.51	2 110 843.28	8 935.40	580.34	155 079.95	498 396.90	2 952 890.52
change	−252.66	10.31	2 713.48	−2 459.26	257.45		−252.44	−16.88	
(%)	−0.360	6.222	2.556	−0.116	2.967		−0.163	−0.003	

Land use change transition matrix from 1990 to 2000 in Lhasa area (Table 8) shows that as for cultivated land the conversion from cultivated land into forest land covered the largest area at 186.53 hm^2, which was 54.857% of total shifted cultivated land, converted into 130.05 hm^2 (38.247%) as built-up land and a few of them shifted into rangeland and water body; some forestland was converted into built-up and rangeland, in which the conversion from forest land into built-up was 95.237% of total changed forestland; the most comprehensive land use change occurred at rangeland with conversion into cultivated land, horticultural land, forest land, built-up and water body, in which conversion from rangeland into forest land covered largest area at 2 338.25 hm^2 (94.093%) of total rangeland changed area and into cultivated land was 3.380% and into other land use types was very few; there were a large conversion in water body, presenting conversion from water body into cultivated land, forest land, rangeland and built-up, in which conversion from water body into forestland was 243.13 hm^2 with 93.126% of total water body changed area and into rangeland was 4.757% and into other land use types was very few; in addition, during the 10 years, 16.13 hm^2 of unused land use type was changed into forest land. Land use change trends from 1990 to 2000 are shown in Figure 5.

Table 8　Land use change transition matrix in Lhasa area of Tibetan Plateau from 1990 to 2000 (unit: hm^2)

	Cultivated	Horticultural	Forest	Rangeland	Built-up	Road	Water body	Unused land	Total
Cultivated	69 934.72		186.53	19.71	130.05		3.73		70 274.76
Horticultural		165.74							165.74
Forest			106 067.79	3.59	71.66				106 143.04
Rangeland	84.00	10.31	2 338.25	2 110 817.49	47.59		4.91		2 113 302.54
Built-up			4.69	0.34	8 672.93				8 677.95
Road						580.34			580.34
Water body	3.37		243.13	2.15	12.42		155 071.31		155 332.38
Unused land			16.13		0.75			498 396.90	498 413.78
Total	70 022.09	176.05	108 856.52	2 110 843.28	8 935.40	580.34	155 079.95	498 396.90	2 952 890.53

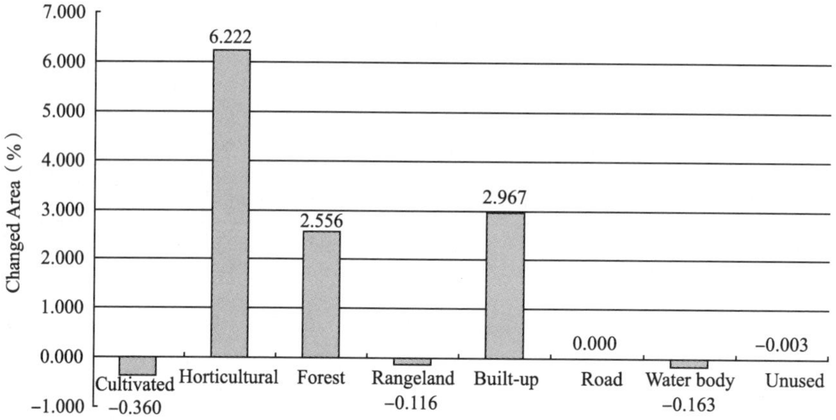

Figure 5　Land use changing trends in Lhasa area of Tibetan Plateau from 1990 to 2000

4.4　Land use change from 2000 to 2007

Figure 6 shows spatial distribution patterns of land use dynamic change from 2000 to 2007. The enlarged portion in the left top of Figure 6 presents land use changes in Lhasa city and surrounding areas and the enlarged portion in the right top of Figure 6 is new reservoir built from 2003 to 2007 for Zhikong hydro-power plant. Among the land use types as the largest changes in area from 2000 to 2007 the forest land increased by 1 731.38 hm^2, including 1 299.43 hm^2 of young forest land and 431.96 hm^2 of mature forest land. These artificial forests are situated in low and relatively flat region in Lhasa river valley. The changes in forest land from 2000 to 2007 are consistent with previous land use change trend from 1990 to 2000. Followed by land use type of towns and cities, the areas of Lhasa city expanded 1 632.34 hm^2 during 7 years of period, which occurred in the east and west of Lhasa City. The area of Lhasa City in 2000 was 3 186.74 hm^2, but it reached to 4 819.09 hm^2 in 2007, which means that the Lhasa City expanded over 50% in 7 years of period. In addition, water body changes were characterized by increase in area of reservoirs used for Zhikong hydro-power plant with covering 1447.90 hm^2 in 2007. As the largest hydroelectric power station and one of the hallmark project in history of the hydro-power plant in Tibet Autonomous Region, the project of Zhikong hydro-power plant with more than 1.3 billion Chinese Yuan in total investment was started in 2003 and completed in 2007, located within Medro Gongkar County in the middle reaches of Lhasa river and 96 km away from Lhasa City. Change trends in cultivated land are consistent with previous changes, presenting that the cultivated land decreased by 955.78 hm^2 in area from 2000 to 2007(Figure7).

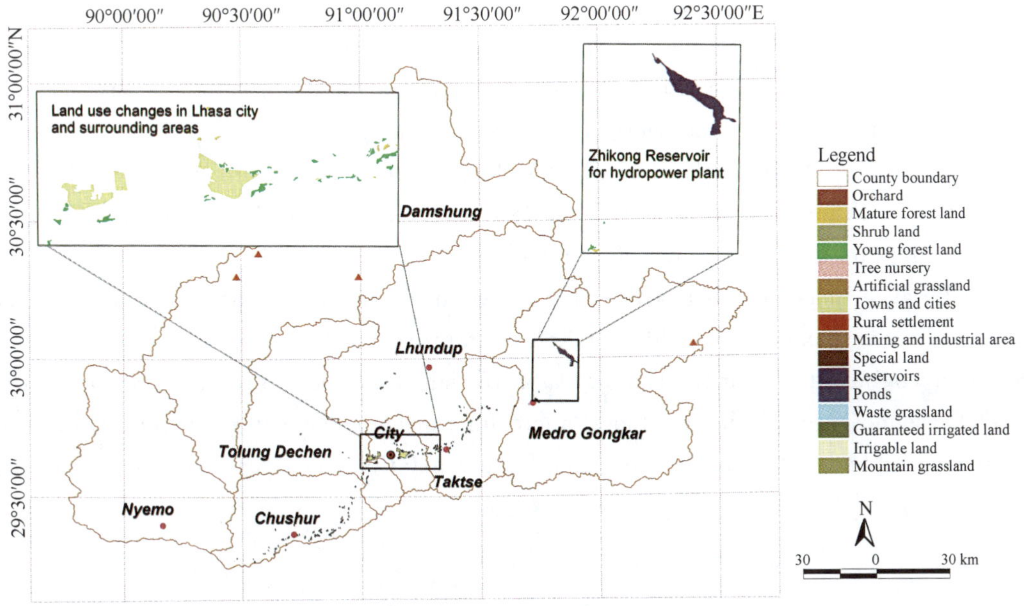

Figure 6 Land use changes in Lhasa area of Tibetan Plateau from 2000 to 2007

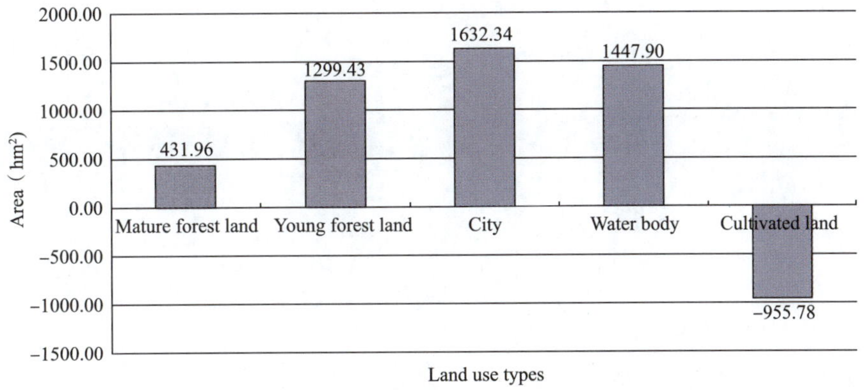

Figure 7 Land use changing trends in Lhasa area of Tibetan Plateau from 2000 to 2007

5 Conclusions and discussion

(1) Land use changes in Lhasa area during the period 1990—2007 occurred mainly near the major towns and the Lhasa valley. Much natural vegetation was replaced by artificial

forests; vegetation coverage and biomass have obviously increased. These changes are directly related to human activities aiming to improve regional environment, such as tree planting, grassland restoration during the implementation of the integrated agricultural development project from 1990 to 2000, and particularly building settlements in city and infrastructural facilities from 2000 to 2007.

(2) The most remarkable increase in area from 1990 to 2007 is forest as the forestland increased by 2 713.48 hm^2 from 1990 to 2000 and by 1 731.38 hm^2 from 2000 to 2007. The most comprehensive changes of land use in Lhasa area from 1990 to 2007 is rangeland conversion. Rangeland was converted to cultivated land, horticultural land, forestland, settlement and water body. The cultivated land decreased by 252.66 hm^2 in extent from 1990 to 2000 and by 955.78 hm^2 from 2000 to 2007. The rapidest land use change by percentage was urban or built-up type with increase of 2.319% from 1990 to 2000 and over 50% of expanse in Lhasa city during 7 years of period from 2000 to 2007.

(3) Because Lhasa area is a semi-arid and environmentally vulnerable region on the Tibetan Plateau, effective measures should be taken to improve local environment in a short term through bioengineering technologies such as artificial forestation, grassland restoration and so on. These measures can improve local microclimate, conserve water, prevent land desertification and soil and water loss through modifying vegetation cover types and increasing vegetation coverage.

拉萨城市用地变化分析*

Urban Land Use Change in Lhasa

Abstract: The urban development of Lhasa were studied mainly by analyzing the literatures, interpreting the aerial photograph (1970, 1985, 1986 and 1991), using contour maps (1965 and 1987), and overlaying them with GIS, investigating the spatial variation with GPS, conducting ecological and vegetation surveys. According to a complete field survey and visitation from the August to the October of 1999, the land use change in Lhasa in the past 50 years was listed as follows:

(1) From 1951 to 1999, the Lhasa urban area expanded by 10.31 times and construction area by approximately 19 times. The spatial variation include: (a) In 1951, the city region of Lhasa was the region compassed by the Lhasa Circular Road, with an area of 3.3 km^2, including the Potala Palace and true"Lhasa", except for Norbu Ling. The shopping centers, palaces and temples had an area of 111.66 hm^2. The housing area was only 22 hm^2, and gardens and grasslands totaled 17.00 hm^2, and the fallow lands making up more than 45% of the total urban area. (b) The city had expanded by average 25.11 hm^2 per year from 1952 to 1965. After 1959, the construction of roads in the center of the city and the urban expansion made this ancient city new. The urban area reached 6.82 km^2. (c) From 1966 to 1989, the area of the urban region expanded by 96.88 hm^2. From 1966 to 1970, the new urban area was concentrated in the western and eastern of Lhasa with a new area of 5.05 hm^2 and 11.87 hm^2 added to the original area, 3.59 times of that in 1951 and with an average rate of 101.109 hm^2. The hydroelectric station, asphalt roads and some public facilities were built up in succession. From 1971 to 1986, Lhasa got a fast development, especially after 1980, an area of 62 000 m^2 for housing was constructed around the Bakuo Street in which 43 000 m^2 were increased. In the northern and western of Lhasa, new constructions were emerged. The urban area reached 26.89 km^2, 8.14 times of that in 1951, with an average rate of 93.88 hm^2 per year. From 1987 to 1989, the urban construction occupied 46.74 hm^2 of farm lands, 39.61 hm^2 of high-quality grasslands and 180.83 hm^2 unused land with vegetation, with an average rate of 10^6 hm^2. (d) From 1990 to 1999, the constructions of Lhasa were concentrated in the center area and vicinity suburb with an area of 399 hm^2 and an average rate of 39.9 hm^2. From 1951 to the end of 1999, the construction of Lhasa occupied almost 32.94 km^2, with an average rate of 68.63 hm^2 per year.

(2) Restricted by the geographical situation, the Lhasa City urban area was developed to the western along the Qinghai-Tibetan Road at the beginning, then expanded toward both sides of it, and then toward the north later.

(3) The cultivated land per capita in Chengguan District of Lhasa City decrease sharply with

---

* 由张镱锂(Zhang Yili)、李秀彬(Li Xiubin)、傅小锋(Fu Xiaofeng)、谢高地(Xie Gaodi)和郑度(Zheng Du)完成,原载于《地理学报》,2000,55(4):395-406。

0.049 hm^2 in the early 1999, accounting for 77.7% of that in 1964.

For a long period, there has no centralized management of land use for Tibetan residents, plants and mining area. In 1985—1998, only urban fundamental construction occupied 284.68 hm^2 of cultivated lands. The area of cultivated lands in Chengguan District has decreased by 645.73 hm^2 in 27 years, making up 23.66% of the total lands and with an average rate of 23.92 hm^2 per year, from 2 729.47 hm^2 at the end of 1971 to 2083.74 hm^2 at the beginning of 1999. The cultivated land use change per capita in Chengguan District of Lhasa City shows that it has decreased year after year, from the maximum of 0.08698 hm^2 in 1972, decreasing rapidly in 1988, to 0.049 2 hm^2 at the beginning of 1999, accounting for 77.7% of that in 1964 and 61.4% of that in the whole county (0.076 8 hm^2).

"城市发展与环境、城市与安全、城市质量和生活质量"等已成为当今世界市长会议的主题(卢苏燕,2000)。城市用地变化深刻影响着城市的生态与环境(江源等,1999)、城市质量和生活质量等。国内外关于城市空间发展与功能研究较多,已形成较为成熟的理论和方法(杨吾扬,1987;黎夏等,1999;史培军等,2000)。关于城市空间拓展与可持续发展研究,已有许多成功的案例(张新生等,1997)。以西藏自治区和拉萨市土地利用为核心的研究,始于20世纪80年代初期,先后发表了'Dynamics of Highland Agriculture in Lhasa District, Tibet(刘燕华)'、《西藏雅鲁藏布江中游地区土地系统》、《西藏土地利用》、《西藏拉萨土地资源》等著作。随后,相继开展了"'一江两河'地区环境综合评价与动态监测"等项目,为西藏土地利用合理规划与综合开发提供了翔实的科学信息。在拉萨市的形成与发展方面较为全面的研究,首推傅崇兰等的"拉萨史"研究。宋兆麟和马戎等对拉萨市区的居住格局与汉藏居民的社会条件进行了报道。在拉萨城市用地变迁方面缺乏系统性研究,拉萨市范围和面积仅有零散的简单描述(Landon,1905;Waddell,1929;麦唐纳,1935;Chapman,1940;朱少逸,1947;黄奋生,1953;Karan,1976;宋兆麟,1984;Goldstain,1989;西藏自治区土地管理局,1992;西藏自治区拉萨市农牧局,1993;傅崇兰等,1994;多杰才旦等,1995;马戎,1996),并且差别很大,引用也较混乱。本文重点研究过去50年来拉萨城区时空分异特征及其城市生态与环境问题。

1 自然地理概况

拉萨市位于青藏高原南部、雅鲁藏布江支流拉萨河下游谷地北岸的冲积平原上,经纬度范围29°38′51″N～29°42′38″N,91°1′33″E～91°10′23″E;海拔3 650 m;是西藏自治区政治、经济、文化、交通的中心,为我国海拔最高的省(区)首府和世界著名的高原城市。

拉萨河流域下游地区海拔3 600～5 500 m,山顶至河谷谷底高差多为1 000～1 500 m。南部山地为冈底斯山脉,北部山地属念青唐古拉山脉。山地海拔多在4 500 m以下,自上而下可分为冰川剥蚀带(海拔4 500～4 700 m)、剥蚀侵蚀带(海拔4 500～4 700 m以下)和山麓堆积带。其中,山麓堆积带以堆积地貌为主,洪积、坡堆积、崩积物广泛分布,滑坡、泥石流较发育。

拉萨河河谷宽7～8 km,属宽浅型河道,沿河阶地低洼处有湿地、沼泽。拉萨市位于拉萨河谷平原西端,地势平坦,由东向西倾斜,地形开阔,工程地质和水文条件好,水源充足,气候条件好，植被覆盖率大，交通方便，城市自身建设条件较好。拉萨市附近地震活跃，据 1979 年国家地震局测定，拉萨市的地震烈度为 7 级。

气候属高原温带半干旱季风气候区，具干寒、多风、太阳辐射强等特点，年均温 8 ℃，最冷月均温 −2.2 ℃，最暖月均温 15.5 ℃，年无霜期 100～120 天。年降水量为 229.6～795 mm（平均为 442.96 mm/a（1951—1999 年））*，集中在 6—9 月份，多夜雨（夜雨率在 80%以上）。冬春干燥、多大风，年均大风日 34.5 天。年平均日照时间为 3 021.6 h，日照百分率为 69%，太阳年辐射总量为 7 712 MJ/m^2，有"太阳城"和"日光城"之称。

拉萨河是雅鲁藏布江最大的两大支流之一。拉萨水文站监测资料表明，拉萨站多年平均径流量为 282 m^3/s。拉萨河径流由雨水、融水和地下水补给，并以雨水补给为主。受降水影响，河川径流年内变化大，7—9 月径流量占全年径流的 60%以上，而 1—3 月径流量仅占 10%；径流的年际变化小，年变差系数约为 0.26。

在拉萨河谷地，土壤为普通潮土，天然植被以低地草甸为主。由于人类长期活动的影响，绝大多数地区已演化为农田生态系统，种植青稞、小麦等喜凉作物及人工林。在拉萨市南部和北部山麓地带，高程 3 600～4 200 m，地形坡度＜5°，积温与河谷相近，发育着山麓灌丛草原生态系统。土壤为普通褐钙土和淋溶褐钙土，植被覆盖率 20%～30%。该地带是人类活动影响比较强烈的地区，植被退化、水土流失严重。从山麓到高山，海拔高程 4 200～4 700 m，发育着高山草原生态系统。土壤为普通寒钙土，植被以长芒草（*Stipabungeana*）草原为主，覆盖率 20%～50%。

在拉萨市城关区，自 20 世纪 50 年代初期到 20 世纪末，人口由 3 万人**增加到 13.8106 万人***，净增长了 3.60 倍；自然资源开发利用使天然林地不复存在，易开垦的河滩草甸、湿地、阶地灌丛草场等多为农田和新建城区，河滩沙地人工林逐年增加。

2　拉萨市区历史沿革

西藏在距今 4 000 年前就有筑城历史，城镇雏形早在 12 列国和 40 个小邦时即已出现。拉萨市已有 1 360 多年的历史，藏词称她为佛教"圣地"和人间"乐园"。AD 633 松赞干布统一高原，建都拉萨后，在拉萨河畔修大昭寺，建布达拉宫，带来了以拉萨为中心的城镇发展兴盛时期，高原名城从此逐渐形成。

由于长期分裂割据及恶劣自然条件的限制，城镇发展受限。拉萨市规模在历史时期变化不明显（表 1），市区范围在"以大昭寺—布达拉宫为中心"（AD 650—842）——"以大昭寺为中心（AD 842—1644）"——"以大昭寺—布达拉宫为中心"（AD 1644—1951）"间变更；空间布局上呈"东西两个核心区"与或东（大昭寺周围）或西（布达拉宫周围）的"单一核心区"间变更；城区规模无显著变化，面积变化在 1～3 km^2。到 1951 年，拉萨市建筑物仅有几座寺庙、少量古

* 气候资料参考"国家气象局 160 个标准站资料"，日照和辐射数据引自文献（西藏自治区土地管理局，1992；西藏自治区拉萨市农牧局，1993），植被和土壤根据实地调查和参考《西藏植被》（中国科学院青藏高原综合考察队，第一、二、三、四、五卷，1983—1988）和《青藏高原地图集》（中国科学院地理所，1990）等文献。

** 数据引自《城关区国民经济统计资料（1964—1984）》（拉萨市城关区经济计划委员会，1985）和《拉萨史》（傅崇兰，1994）。

*** 为 1997 年拉萨市城关区人口数，引自《拉萨市国民经济统计年鉴（1996—1997）》（拉萨市统计局，1998）。

老藏式碉房和一片街巷狭窄、陈旧的八廓街。冬季，沙尘蔽日，夏天遍地泥泞（麦唐纳，1935；朱少逸，1947；黄奋生，1953；西藏自治区土地管理局，1992；西藏自治区拉萨市农牧局，1993；马戎，1996）。1951 年以来，国家投入大量财力、物力，拉萨城市建设得到了突飞猛进的发展。

表 1　拉萨市历史沿革

Table 1　The history change of Lhasa city, China

时期	城区范围	主要建设项目	朝代
AD 633—869		建都，兴建、修缮和扩建宫、寺，兴建长堤和民宅	吐蕃王朝
AD 633	建都，帕蚌卡周围建都	建都	
AD 641—650	帕蚌卡、布达拉宫和大昭寺周围	建布达拉宫（约 20 000 m²）、大昭寺（25 100 m²）	
AD 643—	帕蚌卡、布达拉宫和大昭寺周围	建小昭寺（AD 643—648），建 10 余座寺庙，修建长堤和部分民宅	
AD 650—842	以布达拉宫和大、小昭寺为中心		
AD 754-797—838-842	以布达拉宫为中心	布达拉宫遭雷击起火一至毁于兵焚	
AD 842—869	以大昭寺为中心		
AD 869—1246	以大昭寺为中心	建立地方寺院和修缮	西藏分裂时期
AD 1246—1368	以大昭寺、八廓街为中心	修缮和扩建大昭寺等、加固长堤，1246 年始建八廓街	元朝
AD 1368—1644	以大昭寺、八廓街为中心	扩建大昭寺，建甘丹寺、哲蚌寺、色拉寺，加固长堤，建桥和渡口	明朝
AD 1644—1911	以大昭寺、八廓街、布达拉宫为中心	建红宫修缮和扩建大昭寺等，建罗布林卡等园林、衙署、府邸和民宅	清朝
AD 1911—1949	以大昭寺、八廓街、布达拉宫为中心	建成红宫	中华民国
AD 1951—	以大昭寺、八廓街、布达拉宫为中心	新建一批学校、图书馆、医院、银行、宾馆等，如拉萨饭店、拉萨剧院、西藏体育馆、西藏宾馆、拉萨少年宫	中华人民共和国

注：资料来源，主要参考傅崇兰等（1994）、多杰才旦等（1995）等有关文献。

3　方法

（1）根据 1999 年 8—9 月的野外实地考察，利用历史资料、地形图（1964 年的 1∶10 万）和示意图编绘 1903 年和 1951 年城区图，然后数字化。

（2）1951 年以后城市用地变化，根据实地调查，利用多期地形图、黑白航片（1970 年）、彩红外航片（1985 年、1986 年和 1991 年），参考相关文献和图件进行新建城区的判别。将航片和编绘图扫描后，进行影像校正，然后直接进行屏幕解译和数字化（表 2）。

对 1951 年以前、1952—1965 年、1966—1970 年、1971—1986 年、1987—1989 年、1990—1999 年，各时间段的新建城区进行面积量算和统计分析。采用软件为 MapInfo 4.5，野外实测定位采用全球定位系统（GPS，型号 12XL）。部分统计数据引用拉萨市城关区统计资料进行分析。

表 2 拉萨城区空间分析的信息源和相应技术方法

Table 2 The data and its analyzed methods in different periods, Lhasa

年代	采用信息类型	技术处理	结果
—1903 年	历史文献(Landon,1905;Waddell,1929;Chapman,1940)和实地调查资料	结合文献、地形图、校正、编绘、数字化	1903 年城区用地范围及数据
1903—1951 年	文献(Landon,1905;Waddell,1929;麦唐纳,1935;Chapman,1940;朱少逸,1947;黄奋生,1953;多杰才旦等,1995)和实地调查资料	结合文献、地形图、校正、编绘、数字化	1951 年城区用地图及数据
1951—1965 年	1∶10 万地形图(1965 年)、文献和实地调查资料	结合文献、地形图、影像校正、编绘、数字化	1965 年城区用地图及数据
1965—1970 年	黑白航片(1∶6.5 万,1970 年)、文献和实地调查资料	影像校正,结合地形图和文献解译、数字化	1970 年城区用地图及数据
1970—1986 年	彩红外航片(1985 年)、1∶2.5 万地形图(1985 年)、图件(西藏自治区测绘局,1987)、文献和实地调查资料	影像校正,结合地形图和文献解译、编绘、数字化	1986 年城区用地图及数据
1986—1989 年	彩红外航片(1986 年)、图件、文献和实地调查资料	影像校正,结合地形图和文献进行解译、编绘和数字化	1989 年城区用地图及数据
1989—1999 年	彩红外航片(1∶3 万,1991 年)文献、图件(西藏自治区测绘局,1999)* 和实地调查资料	影像校正,结合地形图和文献进行解译、编绘和数字化	1999 年城区用地图及数据

注:* 中国科学院自然资源综合考察委员会拉萨站,拉萨市城关区土地利用图,1999(蓝晒图)。

4 城市用地变化

根据上述多种信息综合比较分析、实地访问核查研究,完成了拉萨城市用地时、空变化图解(图 1、2)和面积测量(表 3)。简略分析如下。

(1)1951 年,拉萨市的建筑以大昭寺、布达拉宫为主体,环路内面积仅 3.30 km^2,药王山—西城门—红山山脊以东,城区面积约为 3.16 km^2,(城市核心区域面积约 1.81 km^2,表 4),房屋简陋,街道狭窄,住宅以藏式碉房为主,面积仅为 22 hm^2。

(2)1952—1965 年是拉萨城市扩建初期,年均扩展 25.11 hm^2。1952—1959 年,在拉萨市内兴建了一些必要的供电、医疗、文化卫生等公共设施。1959 年后,加快了城区建设步伐,在市中心区,修建和扩建道路。在昔日的荒滩沼泽地上,建起了一批机关、学校、商店、医院、招待所等。城区面积达到 6.82 km^2,年均扩展 25.11 hm^2。

(3)1966—1989 年是拉萨城市建设高速发展时期,年均增加城区面积 96.88 hm^2。1966—1970 年,高速扩建新拉萨。这个时期,城区建设主要集中在西部、东部;先后建起了火电站、水电站、柏油马路等市政基础设施及一批较现代化的基础工业。新建城区面积达 5 km^2,加上原有城区面积,已达到 11.87 km^2,是 1951 年的 3.59 倍,年均增加 101.09 hm^2。

表 3　拉萨城区面积变化表

Table 3　Lhasa urban change from 1951 to 1999

年份	市区				城建面积为1951年倍数
	面积(hm^2)	较前一个时期增加面积(hm^2)	年均增加面积(hm^2)	为1951年倍数	
1951	330.3/180.63*/111.66**	—	—	1.00	1.00
1965	681.90	351.60	25.11	2.07	3.78
1970	1 187.37	505.47	101.09	3.59	6.57
1986	2 689.00	1 502.00	93.88	8.14	14.89
1989	3 007.00	318.00	106.00	9.10	16.65
1999	3 406.00	399.00	39.90	10.31	18.86

注：* 城市核心区域面积；** 实际建筑面积。

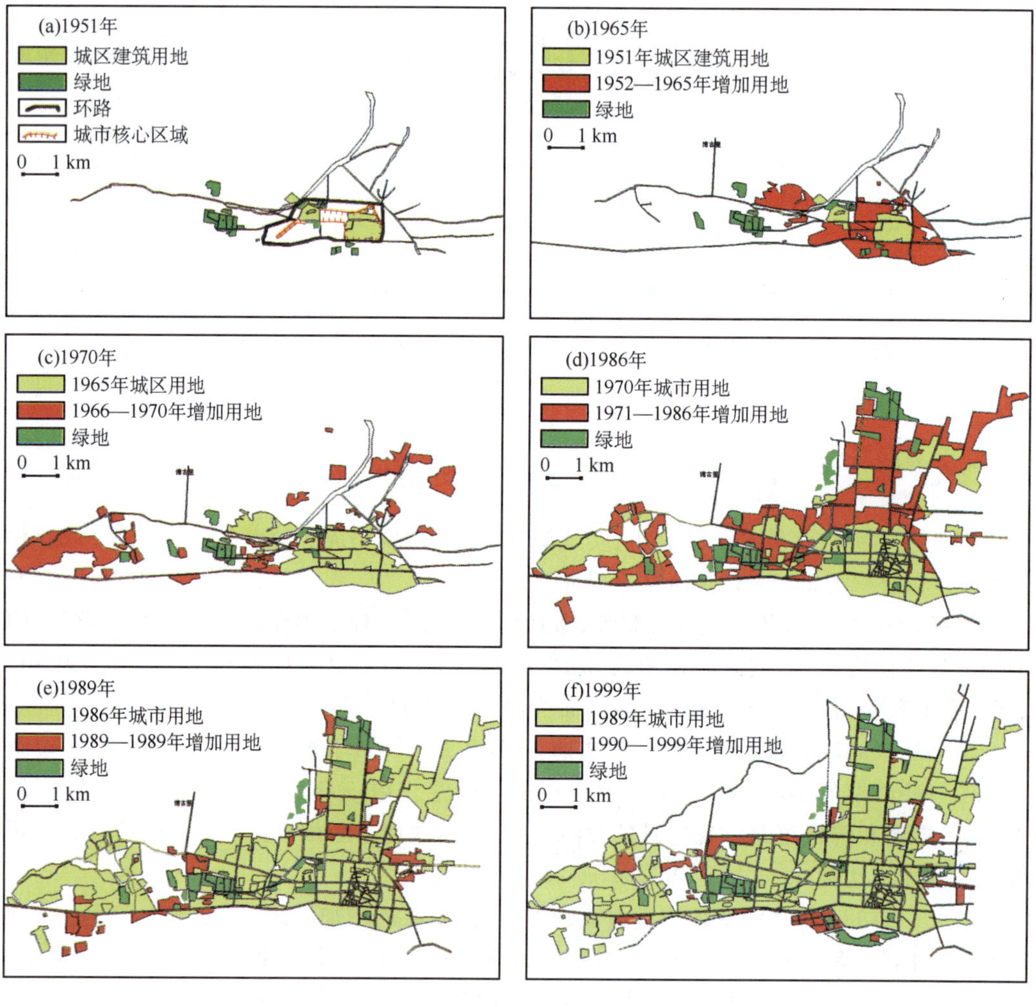

图 1　不同时期拉萨城市用地分布

Figure 1　Land use in different periods in Lhasa

1971—1986 年，拉萨城市建设快速发展。尤其是 1980 年以来，在八廓街周围新建住宅区 6.2 万 m^2，改建面积 4.3 万 m^2，先后有 700 多户居民迁入新居。1984 年中央决定援助西藏建设 43 项重点工程，其中，有 18 项在拉萨市区，集中分布于拉萨的北区和西区。根据 1987 年地形图(1：2.5 万)、1985 年和 1986 年彩色红外航空相片与 1970 年黑白航空相片的对比分析，这个时期，拉萨市的城区面积达到 26.89 km^2，为 1951 年的 8.14 倍，年均扩展 93.88 hm^2。新建筑群在拉萨河谷平原上拔地而起，其中以拉萨饭店、拉萨剧院、西藏体育馆、西藏宾馆、人民医院、拉萨少年宫最为壮观。

1987—1989 年，拉萨城市建设持续高速发展，年均占用土地 106 hm^2。城区建设集中在市区和近郊；同时，大规模维修、改造老城区，新建改造和拓宽城市道路。据 1989 年城关区土地利用现状调查，在这几年间，各类建设面积占用耕地 46.73 hm^2、优质草地 39.61 hm^2、荒草地 180.83 hm^2。

(4)1990—1999 年是拉萨城市建设稳定发展和完善时期，年均增加城区面积 39.9 hm^2。建设集中在市区和近郊。据 1999 年调查，在近 10 年的时间内，各类建设面积达 399 hm^2。平均每年占用土地 39.9 hm^2。到 1999 年底，拉萨城建占用土地面积已达 34.06 km^2，同 1951 年相比，城区扩大 10.31 倍，城建面积扩大了近 19 倍；平均每年城市建设占用土地 68.63 hm^2。

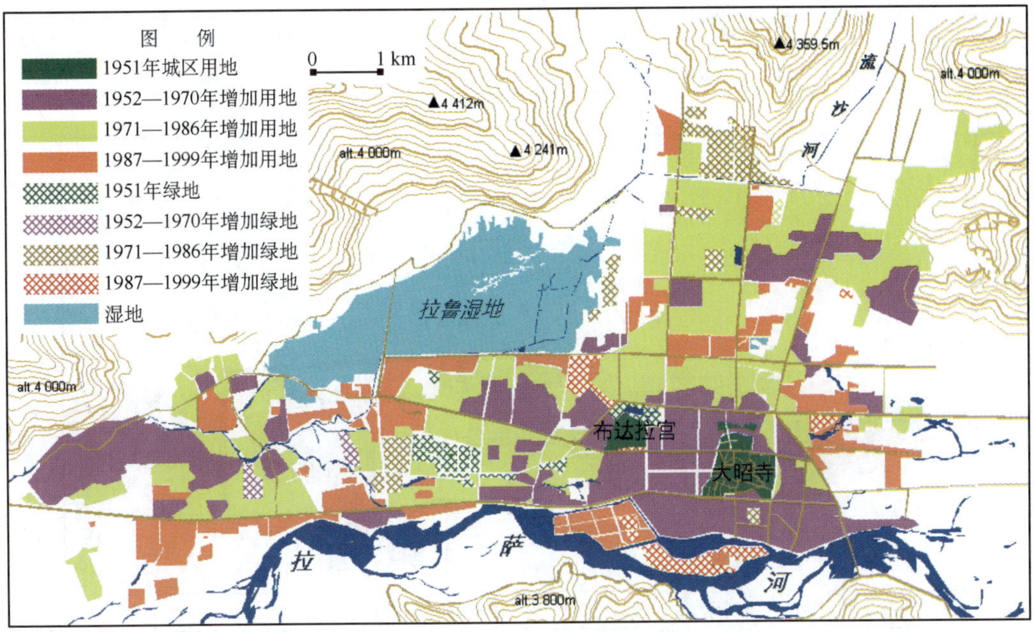

图 2 拉萨城市用地变化过程(1951—1999 年)
Figure 2 Land use change in Lhasa(1951—1999)

5 问题与讨论

5.1 1951 年城区范围的界定

长期以来，各类文献和报告中常常引用 1951 年拉萨城区面积进行对比分析，采用范围和面积数据各异(黄奋生,1953;西藏自治区土地管理局,1992;西藏自治区拉萨市农牧局,1993;傅崇兰等,1994)。拉萨市民通常把以大昭寺为中心的八廓街称为“拉萨”,即指老城区,面积<1.0 km^2;近几年来,有人把拉萨解释为八廓街至布达拉宫一带(麦唐纳,1935;黄奋生,1953),面积为 1.81～2.56 km^2;拉萨市城关区经济委员会* ** ***称拉萨城区约为 2 km^2;近期报道(Liu,1992;西藏自治区土地管理局,1992)“1951 年以前,拉萨市建筑是以大昭寺、布达拉宫、罗布林卡为主体,古城面积仅有 1.56 km^2”;通过对《拉萨画卷》(清代)和 Perceval Landon (1905)、L. Austine Waddell (1929)、傅崇兰等(1994)文献的描述和近期地形图和航片的对比研究,作者认为:1951 年,拉萨城区范围应为拉萨环路以内区域(表 4 和图 3),以大昭寺、布达拉宫为主体,并且不包括罗布林卡,面积约 3.3 km^2。其中,繁华街区和宫廷寺庙建筑约 111.66 hm^2,占城区的 33.3%;园林和绿地共 17.00 hm^2,占城区面积的 5.15%(表 6);闲置空地占 45%以上。

表 4　1951 年拉萨城区范围(单位:hm^2)

Table 4　The area of Lhasa City in 1951

拉萨城区范围	环路以内(hm^2)/占总面积比例(%)	拉萨西门—药王山山脊以东(hm^2)/占总面积比例(%)	八廓街—布达拉宫(hm^2)/占总面积比例(%)	八廓街(hm^2)
总面积	330.30/100.00	316.74/100.00	180.63/100.00	77.00
繁华街区和宫廷、寺庙建筑面积	111.00/33.30	111.00/35.04	111.00/61.45	77.00

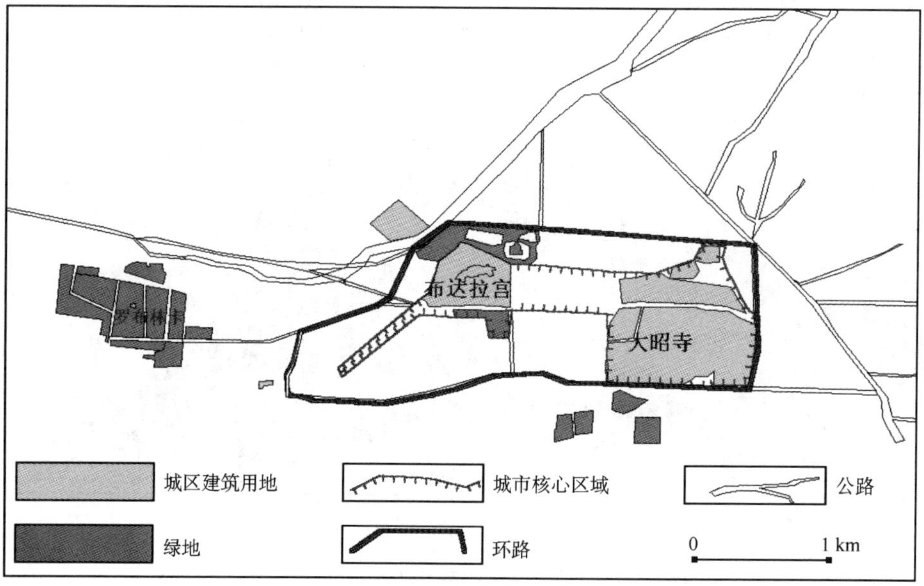

图 3　1951 年拉萨城区示意图(据文献、航片和地形图编绘)

Figure 3　Lhasa sketch map in 1951 (refer to literatures, aerialphoto and contour map)

* 拉萨市城关区经济计划委员会. 城关区国民经济统计资料(1964—1984),1985。

** 拉萨市城关区经济计划委员会. 城关区国民经济统计资料(1989—1993),1994。

*** 拉萨市城关区经济计划委员会. 城关区国民经济统计资料(1994—1998),1999。

5.2 城区空间拓展特点

城区发展集中在拉萨河河谷区域。城区发展受到其自然地理条件和环境条件的限制，形成了空间特点为“倒‘L’型”的拉萨市。拉萨市南临拉萨河，北依拉鲁湿地；拉萨河以南为山地，拉鲁湿地北部与山地接壤，东北部为宽阔的流沙河河谷，西部和东部分别为狭窄和宽阔的拉萨河河谷。自然地使拉萨市早期发展沿青藏公路向西发展，再沿公路向两侧扩张；后期则向北部发展。具体拓展过程和走向分为：中心基础建设（1951—1959 年）、南部—西北建设（1960—1965 年）、西部—东北部建设（1966—1970 年）、西部—北部建设（1971—1986 年）、内部设施与功能建设（1987—1999 年）等 5 个阶段（图 1、图 2）。

从空间布局上看，拉萨市发展呈现为以青藏公路为纽带的“东、西两个核心区”由“分”至“合”，再发展为“分”，最后发展到“合”的过程。即“东、西两个核心区（分）（—1951 年）”—“一个核心区（合）（—1965 年）”—“东、西两个核心区（分）（—1989 年）”—“一个核心区（合）（—1999 年）”的变动特点。

5.3 城市建设乱占耕地现象严重，人均耕地占有量逐年减少

长期以来，西藏居民点及工矿用地处于无统一规划状态。随市区面积的扩大，市区周围的耕地被逐年占用。据拉萨市城关区计划经济委员会《拉萨市城关区国民经济统计资料》(1994年，1999 年）表明，1985—1998 年期间，仅城市基建就占用耕地 284.68 hm^2（图 4）。城关区耕地面积从 1971 年底的 2 729.47 hm^2，到 1999 年初为 2 083.74 hm^2，27 年间减少了 645.73 hm^2，即减少了总耕地面积的 23.66％，平均每年减少 23.92 hm^2（图 5）。拉萨市城关区人均耕地逐年下降，1999 年初人均耕地较 1964 年少 22.3％，即人均耕地从 1964 年的 0.0633 hm^2，经 1972 年达到最高值 0.086 98 hm^2 后，逐年下降，1988 年后迅速减少，到 1999 年初，人均占有耕地仅有 0.049 2 hm^2，为 1964 年的 77.7％（图 6）。低于拉萨市人均 0.15 hm^2 的 1/3（为 32.8％)，仅为全国人均数（0.076 8 hm^2）的 64.1％。

在拉萨市整个城市的发展中，由于制订统一规划较晚和执行不严格，导致城市规模无限制地扩大。城区基础建设仍不够配套。拉萨市 1997—2010 年规划如表 5 所示。

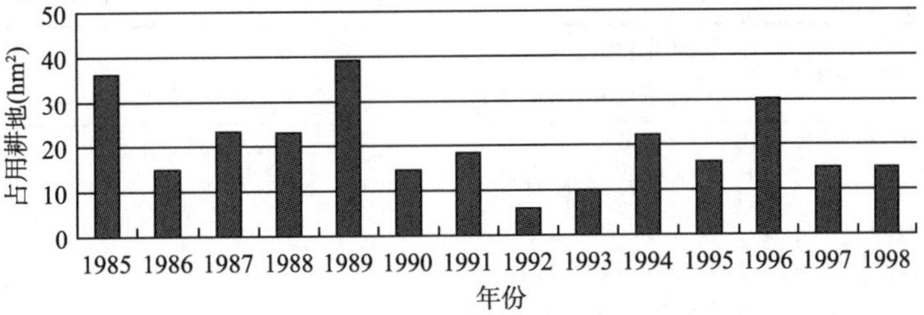

图 4　1985—1998 年拉萨城市基建占用耕地面积

Figure 4　Decrease in cultivated area for capital construction in Lhasa from 1985 to 1998

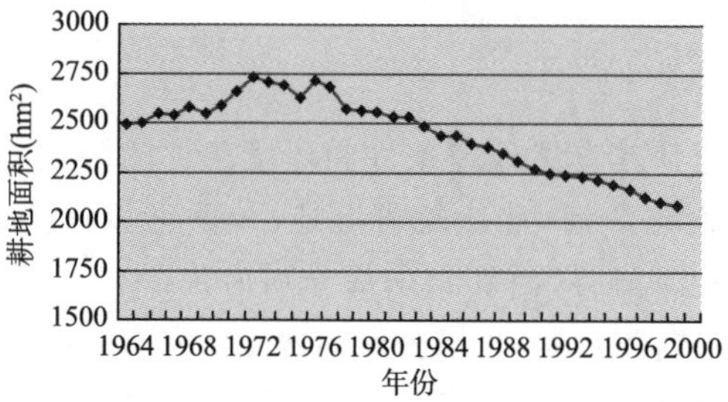

图 5　拉萨市城关区耕地变化(1964—1999 年)

Figure 5　Cultivated land change from 1964 to 1999, Lhasa

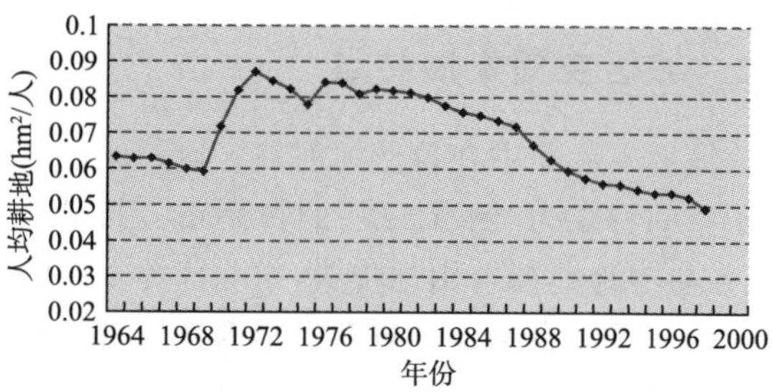

图 6　拉萨市人均耕地变化(1964—1999 年)*

Figure 6　Changes of cultivated land for percapita from 1964 to 1999, Lhasa

表 5　1996—2010 年拉萨市发展规划

Table 5　Development layout from 1996 to 2010, Lhasa

项目	1996 年	2000 年	2010 年
城市用地面积(km^2)	32.408	32.608	33.108
人口(万人)	13.60	17.50	30.00

注:引自西藏自治区人民政府．西藏自治区土地利用总体规划部门规划(1997—2010 年)送审稿(二),1998:74-79.

虽然上述规划是在“强化土地管理,加强国土观念,严格按照《中华人民共和国土地管理法》、西藏自治区人民政府《关于加强土地管理的紧急通知》等一系列法规”基础上制订的,但是由于多方原因(如审定周期过长等)未能及时执行,目前城区实际面积已经达到 34 km^2,远超过了 2010 年规划的范围。

5.4　城市环境变化

因为其特殊的高原气候,拉萨城市迅速拓展形成的局地小气候变化亦很明显。近 30 年来,拉萨市年均气温上升 0.8 ℃,较日喀则(上升 0.5 ℃)、则当(上升 0.6 ℃)等地都高。同时,拉萨市低温霜冻天数趋于减少,由 20 世纪 50 年代的年均 200 天,减至 90 年代的年均 160 天左右。

表 6　拉萨市园林和绿地及湿地变化

Table 6　The garden s and wetland change from 1903 to 1999, Lhasa

年	城区总面积(hm^2)	园林和绿地(hm^2)/占总面积比例(%)	城内湿地(hm^2)/占总面积比例(%)	拉鲁湿地(北京路以北)(hm^2)
1903	330.30	19.89/6.02	27.56/8.34	
1951	330.30	17.00/5.15	15.84/4.79	
1965	681.90	83.79/12.29		864.00
1970	1 187.37	85.82/7.23		824.90
1986	2 689.00	237.14/8.82	2.906/0.11	
1989	3 007.00	237.14/7.89	2.906/0.10	
1999	3 406.00	261.07/7.67	2.534/0.07	548.70

* 据西藏拉萨市农牧局(1993)实地调查结果,拉萨市城关区 1988 年耕地面积为 3 229.79 hm^2,高于当年的统计面积(2 348 hm^2)881.8 hm^2,即实际面积比统计面积高出 37.55%。据此,粗略推测拉萨市人均耕地面积应高出上面的统计值。

由于迅速的都市化，已经产生一些生态与环境问题。例如，城市扩建占了大片的湿地，以号称“拉萨之肺”的拉鲁湿地变化为例，1965 年面积为 864 hm^2，到了 1999 年夏，仅存 548.7 hm^2，减少了约 36.5%。1991—1992 年，在拉鲁湿地修通了贯穿东西的中干渠，虽有效地缓解了洪涝对拉萨市的威胁，但湿地中水的迅速排出，直接导致湿地旱化和沙化。在近 40 年来的人为干扰下，以芦苇群落为主的植被演替为小花灯心草—槽杆荸荠群落，植被高度由 1～1.2 m 变为 0.1～0.2 m，导致其生态功能大大减弱，环境效应大大降低。

为保护拉萨市生态与环境，西藏自治区拟建立拉鲁湿地自然保护区，设计面积为 800 hm^2。该项目如能实施，将有效地改善拉萨市的自然生态与环境条件。

Alpine Wetlands in the Lhasa River Basin, China*

拉萨河流域高寒湿地

摘　要:拉萨河流域是青藏高原高寒湿地重要分布区之一,其湿地本底及基本特点对高原高寒湿地监测与保护和利用具有重要价值和意义。依据实地调查数据、中巴资源卫星遥感数据和其他专题数据等多源资料,采用3S技术手段,分析了拉萨河流域湿地的组成与分布特征。结果表明:(1)拉萨河流域湿地总面积为209 322.26 hm^2,占流域面积的6.37%。以自然湿地为主,人工湿地仅占流域湿地总面积的1.09%;沼泽湿地是自然湿地主体,且以藏北嵩草沼泽化草甸为主,主要分布在嘉黎、当雄和墨竹工卡等县的上游与源头地区;流域内各县市域内湿地率和湿地类型有明显差异,嘉黎县和当雄县湿地最丰富(占流域湿地总面积的62%);(2)湿地垂直分布集中在海拔3 600～5 100 m。从源区到入雅鲁藏布江河口广泛分布,中南部(中下游)宽阔河谷地区以河流和河流洪泛湿地为主,在流域分水岭以内的上游与河源地区以沼泽湿地为主;在源头区与上游河谷狭窄区域,为"湖泊—藏北嵩草、苔草沼泽草甸—河滩灌丛"与"河流"镶嵌的分布格局;在河流中下游宽谷区,为"河流"与"嵩草+苔草沼泽草甸—芦苇和杂类草沼泽湿地—河滩地"镶嵌的湿地格局。

1　Introduction

Wetland, known as the "kidneys of the earth", is an ecosystem that serves as an intermediate between land ecosystem and aquatic ecosystem, with unique water, soil and vegetation characteristics (Mitsch *et al.*, 1993; Chen, 1995; Brinson *et al.*, 2002). The Tibetan Plateau wetland ecosystem, with the richest natural biodiversity and the most important ecological barrier function in high altitude area, is sensitive to global change and is considered as a symbol of global change. The construction, distribution of environmental interactions of the wetland system are keys to understanding their function and rational utilization and protection of wetlands. In China, papers related to Tibetan wetlands have been published since the 1960s (Chai *et al.*, 1965). Great progress was made in the studies on status and protection, restoration and reconstruction, environmental and hydrological effect, dynamic changes of wetland ecosystem in the late 1990s (Zhu *et al.*, 2003; Bai *et al.*, 2004; Cao *et al.*, 2005; Wang *et al.*, 2007). Some results indicate that with the effect of global

* Published by Zhang Yili(张镱锂), Wang Chunlian(王春连), Bai Wanqi(摆万奇), Wang Zhaofeng(王兆锋), Tu Yanli(土艳丽) and Yangjaen Dor Gka(央珍) in the *Journal of Geographical Sciences*, 2010, 20(3):375-388.

change and human activities, Tibetan wetlands have noticeably shrunk and degraded, leading to a series of eco-environmental problems (Tian *et al.*, 2004; Liu *et al.*, 2006; Pan *et al.*, 2007; Bai *et al.*, 2008).

The Yarlung Zangbo River Valley in southern Tibet is one of the primary distribution regions of alpine wetland in the Tibetan Plateau. The Lhasa River Basin is a major tributary of the Yarlung Zangbo River, and serves as a core region of politics, economy, culture, traffic and religion in Tibet Autonomous Region (Chu *et al.*, 2000; Qiong *et al.*, 2000). Alpine wetlands are abundant, including river wetland, lake wetland, marsh wetland and so on; among which, Lhalu wetland in the city of Lhasa is a typical plateau city wetland (Zhang *et al.*, 2000). Most wetlands in the basin are used as pasture; thus, both the quantity and distribution of wetland resources affect economic progress and people's living standard. At present, a distribution maps of wetland with high resolution and wetland database is absent, which restricts management and protection of wetland resources. In this paper, the construction characteristics and spatial distribution law of wetlands in the Lhasa River Basin are analyzed systematically by 3S technology based on field investigation and remote sensing interpretation data (Mc Dougall, 2003; Wu *et al.*, 2007; Niu *et al.*, 2009). The results provide important reference to protection and restoration of wetland ecosystem, regulation and utility of wetland resources, and a scientific basis for monitoring wetland change in the region.

2 The study area

The Lhasa River is 551 km long with a total drainage area of 32 471 km^2, lying in a range from 90°05′～93°20′E to 29°20′～31°15′N (Figure 1). High mountains and deep gorges are distributed as a mosaic with a slight incline from north to southwest. The topography is divided into high mountain landform, Damshung-Yambajan basin landform, and high and middle mountain valley landform. The altitude in the basin ranges from 3 500 m to 7 162 m with an average altitude of about 5 400 m. It belongs to plateau temperate semi-arid monsoon climate region, with abundant sunlight and low temperature. The average temperature is about −1.7～9.7 ℃ and the average annual precipitation is about 460 mm. Alpine cold desert soil appears above 5200 m and alpine meadow soil is found on slopes at about 5000 m. It is well vegetated with alpine meadow, alpine steppe, marsh, shrub, forest, etc. (Gong *et al.*, 2006); meadow and marsh are mainly distributed in the Damshung Valley, river source and Lhasa river valley with dominant species including *Kobresia littledale* and *Kobresia humilis* as well as mush plants of *Phragmites australis*, *Polygonum lapathifolium*, and *Hippuris vulgaris* and *Scirpus validus Vahl*. Wild animals in the wetlands are also plentiful, including birds such as *Grus nigricollis*, *Tadorna ferruginea* and *Anser indicus* as well as high mountains frog and *Schizothorax*. The basin covers ten counties: the area just outside the Lhasa city gate, Chushur, Tolung Dechen, Damshung, Nakchu, Chali, Lhundup, Medro

Gongkar, Taktse and a part of Sangri. The population was over 500 000 in 2007; the river's source area belongs to pastoral area, while the middle and downstreams are farming-pastoral areas.

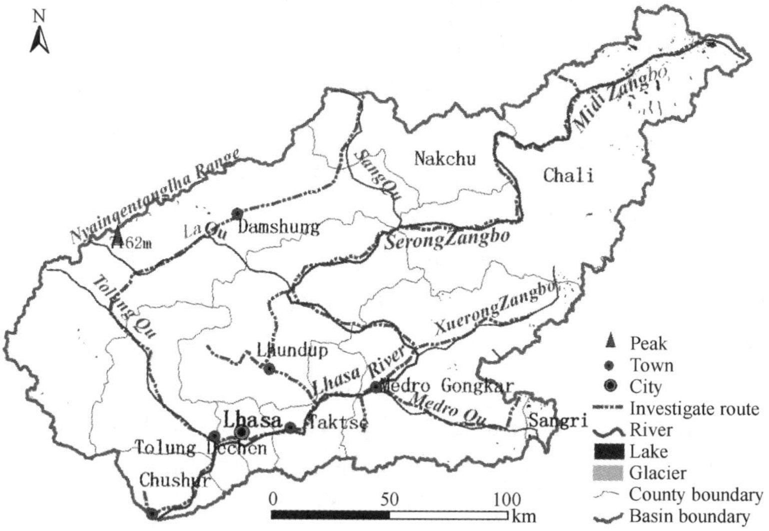

Figure 1　Location of the Lhasa River Basin and investigated route, China

3　Data and methods

In this paper, data source includes remote sensing data, other auxiliary special topic data and field investigation data. Study methods are mainly based on remote sensing interpretation and ArcGIS analysis.

3.1　Data source

3.1.1　Remote sensing data

RS images are CBERS digital images in 2006 with a spatial resolution of 20 m; they are provided free of charge by China Resources Satellite Application Center. The study area consists 12 scenes covering the path range of P22-P25 and R65-R67. Because of the special geographical location with high altitude and many cloudy days in the summer, it is difficult to get clear images during the growing season. Therefore, images of January 1st (2 scenes), January 21st (4 scenes), January 27th (1 scene), and January 30th (3 scenes) in 2006 were chosen according to the factual situation. A small part of image is covered by snow, but it is not very important. Other auxiliary high resolution images were downloaded from Google Earth.

3.1.2　Auxiliary special topic data

The auxiliary data include topographic map (scale 1 : 100 000; 1970), China vegetation map (scale 1 : 1 000 000; 2004), land use map (1 : 100 000; 2000), etc. ; "Tibetan Vegetation" (1988), "China Vegetation" (1980) and field investigation material are taken as references for vegetation type and features. DEM data, with a spatial resolution of 90 m, were obtained from the official website of SRTM.

3.1.3 Field investigation data

The wetland types, position and vegetation data were collected from three field investigations and samplings in the Lhasa River Basin in October 2007, February 2008 and September 2008. The field investigation followed five routes along "Lhasa city-Tolung Dechen-Yambajan-Damshung-Nakchu-Chali" (Figure 1), covering a range of ten counties and 21 natural reserves. Investigation contents include GPS waypoint and track, vegetation type and community constitution, and typical samplings of plant community. One hundred and sixty plant samples and 600 symbol points of land use and land cover type were accomplished.

3.2 Methods

3.2.1 Processing, interpretation, evaluation and revision of remote sensing image

RS images were processed and interpreted under ERDAS9.1 platform. Bands 4, 3 and 2 were compounded to false color image. Control points that were chosen from the topographic map were taken to achieve geometrical correction while utilizing a quadratic polynomial fitting method. Pixel resembling was processed by the nearest neighbor method. Errors of the revised image were less than one pixel (20 m×20 m) according to the RMS test (Cai *et al.*, 2007; Wang *et al.*, 2007; Zhu *et al.*, 2003). The entire image of the study area was achieved by the image mosaic. Wetland and relevant land cover type were established by visual interpretation. Based on field investigation, topographic map, vegetation map, land use map and high resolution image of Google Earth, a database of wetland interpretation symbols, including 13 types and 288 symbol points, were built. The data time of the RS images used is winter. Therefore, a large part of the study area is covered by snow and ice, and wetland information is incomplete. Thus, it is difficult to discriminate seasonal wetland formed by permafrost melting, which increases the difficulty of interpretation. So many other RS data and investigation data were consulted to make comparative analysis so as to improve interpretation precision.

3.2.2 Construction of classification system and characteristic of interpretation

Based on wetland classification systems used home and abroad (Scott *et al.*, 1995; Pressey *et al.*, 1995; The Ramsar Convention Bureau, 2000; Tang *et al.*, 2003; Liu *et al.*, 2006), an alpine wetland classification system was constructed based on remote sensing. The classification system includes two types in Class 1, seven types in Class 2, nine types in Class 3, and 13 types in Class 4 (Table 1).

3.2.3 Precision test

The precision of interpretation of remote sensing image refers to the ratio of an accurate interpretation patch to a sampled patch. There are a total of 2033 patches of wetlands in the study area and 286 sampled patches were chosen. The test results indicate that the precision of interpretation of each type of land cover is above 90% (Table 2), that of lake wetland reaches 100%, and that of aquatic weed marsh is the lowest with 90%.

3.2.4 Spatial analysis and mapping

Spatial analysis and mapping of wetlands were accomplished using the ArcGIS9.2 platform. In order to finish the analysis along the altitude gradients, the DEM data were divided into 23 zones with an elevation interval of 100 m from 3 500 m to 5 800 m. Then wetland area and wetland types at a certain altitude zone were calculated through the grid extension model in ArcInfo 9.2 by command Zonalstats. Other statistical analysis was achieved in EXCEL.

Table 1　Wetland classification system and interpretation signal of the Lhasa River Basin, China

Classification				Interpretation characteristic of wetland type	Image
Class 1	Class 2	Class 3	Class 4		
Natural wetland	River wetland	River wetland	River wetland (river)	Watercourse of plain river in the basin appears black or blue-black colour with wider river valley, both sides of the watercourse are pink, with more settlements and farmland on beach and terrace of river	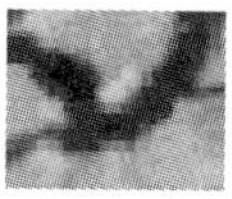
				Mountain river appears light blue or white. The shallow water is mixed with ice and snow on winter image. Developed in mountain, watercourse is narrow, both sides are meadows	
	Flooded wetland	Flooded wetland (flood plain/island)	Weedy wet meadow	Distributed in flood plain and island, light pink, composed of *Kobresia*, *Carex* and *Gramineae*. Communities are different in height and coverage because of regional differentiation	
			Hippophae rhamnoides	Dominant species is *Hippophae rhamnoides*, with community height of 3 m, and coverage of 90%, which is distributed mainly in Medro Gongkar County, copper brown	
			Beach gravel	Distributed in flood plain or island, vegetation coverage is less than 5%, with light blue or off-white colour and even texture	
	Lake wetland	Lake wetland	Lake wetland(lake)	Distributed in river source and river valley, blue or black, irregular, the boundary between water and land is clear	
	Marsh wetland	Grass marshes	*Phragmites australis marsh*	Dominant species is *Phragmites australis*, with community height of 1.5 m and coverage 95%. Distributed by the river with black color and abnormal shape	
			Subordinate grass marsh	Dominant species are Hippuris vulgaris, *Eleocharis vulgaris* and *Polygonum lapathifolium* with community height being about 30～45 cm and coverage 70%～85%. Light red, with black water mark	

Continued

Classification				Interpretation characteristic of wetland type	Image
Class 1	Class 2	Class 3	Class 4		
		Swampy meadow	*Kobresia littledalei* Swampy meadow	Dominant species is *Kobresia littledalei* with grass hill and lowland in mosaic distribution. Community height is 35～45 cm and coverage is 90%. It is located on the alluvial basin in the piedmont with high altitude. Dark brown and uneven because of ice and snow	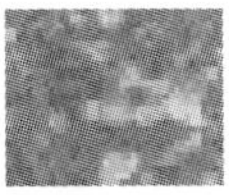
			Kobresia humilis+ *Carex moorcroftii* swampy meadow	Dominant species are *Kobresia humilis*, *K. littledalei* and *Carex moorcroftii*. Community height is 25～35 cm and coverage is 85%～90%. Distributed in wide valley with middle-down altitude. Dark red, obvious texture	
		Shrubby swamp	*Potentilla fruticosa* shrub	Constructive species is *Potentilla fruticosa* shrub. Distributed in upstream valley. Community height is 80～90 cm, coverage is about 80%, black brown, and even texture	
Artificial wetland	Wetland of irrigation purpose	Reservoir	Reservoir	Distributed in valley of middle-down stream, blue or black, obvious geometric characteristic, line and sheeted shape with traces of artificial shaping. Even texture, clear boundary	
	Wetland of aquaculture purposes	Pond	Pond	Similar characteristics of a reservoir with small surface area and regular shape	
	Wetland of ecological purpose	Seasonal flooded wetland	Man-made beach forest	Dominant species are man-made poplar and willow, distributed in wide seasonal flooded plain, red color. Smaller area, more patches	

Illustrations: Some permanent glacier and snow cover are distributed in this basin. Few researchers believe they belong to wetland, but this attitude has not been unified internationally. The wetlands referred in this paper do not include the permanent ice and snow cover.

Table 2 The precision test of interpretation of each wetland type in the Lhasa River Basin, China

Class 4	Total patches	Sampled patches	Precision of interpretation (%)	Class 4	Total patches	Sampled patches	Precision of interpretation (%)
River	47	7	98	*Kobresia littledalei* Swampy meadow	461	64	95
Weedy wet meadow	186	26	90	*Kobresia humilis*+ *Carex moorcroftii* swampy meadow	147	21	91

Continued

Class 4	Total patches	Sampled patches	Precision of interpretation (%)	Class 4	Total patches	Sampled patches	Precision of interpretation (%)
Hippophae rhamnoides	65	9	98	*Potentilla fruticosa* shrub	6	1	93
Beach gravel	156	22	95	Reservoir	3	1	92
Lake	259	36	100	Pond	11	2	90
Phragmites australis marsh	4	1	92	Man-made beach forest	82	12	95
Subordinate grass marsh	22	3	90				

4　Distribution characteristics of wetlands in the Lhasa River Basin

4.1　Spatial pattern of wetland system

In the Lhasa River Basin, wetland characteristics are evident, the proportion of different wetland types covering total wetland area differs greatly. In every county, wetland construction is different. In another, there are specific distribution patterns in horizontal and vertical scale.

4.1.1　Structure of wetland types

The total wetland area in the Lhasa River Basin is 209 322.26 hm^2, accounting for 6.37% of the total land area. Figure 2 shows the location and distribution of wetland type in the basin, with the main wetland type being natural wetland; the artificial wetland covers only 1.09% of the total wetland area (Table 3). Among the natural wetlands, marsh wetland is predominant, accounting for 68.77% of the total wetland area. It can be concluded that the *Kobresia littledalei* swampy meadow wetland is absolutely the dominant wetland type, with large distribution area in many patches. Its largest patches area is located in Damshung Basin, being about 15 743.15 hm^2. The number of patches of artificial wetland, *Phragmites australis* marsh and shrubby swamp wetland is smaller.

In the Lhasa River Basin, the wetland ratio and wetland types of different counties are evidently different. Chali and Damshung counties, located in the river source area, are abundant, occupying 38% and 26% of the total wetland area respectively in wetland (Table 4). The wetland area of the city of Lhasa is the fewest with only 2%. The highest wetland ratio appears in Chali and Taktse counties, being 11.05% and 8.76% respectively. The wetland diversity is high in Taktse, Medro Gongkar, Lhundup, Chushur counties and the city of Lhasa with more than eight wetland types. However, wetland diversity in Damshung and Chali counties with larger wetland area is low, containing less than five wetland types.

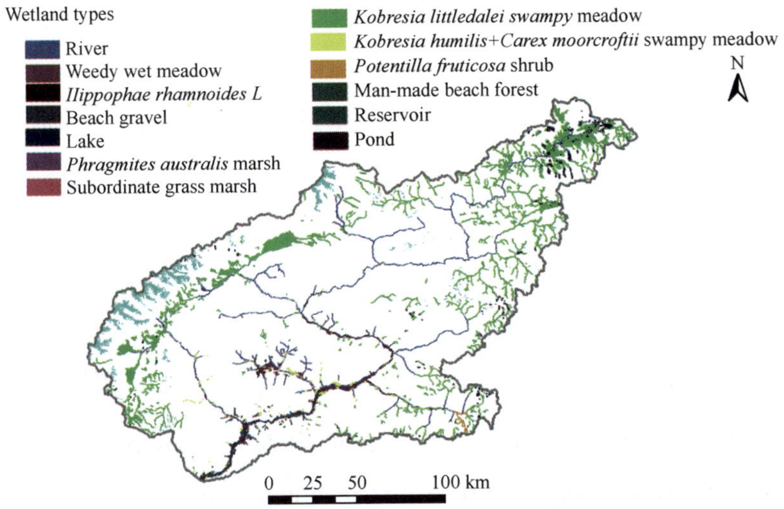

Figure 2 Wetland distribution of the Lhasa River Basin, China

Table 3 Structure of wetland system in the Lhasa River Basin, China

Wetland type				Area statistics		
Class 1	Class 2	Class 3	Class 4	Area(hm^2)	Proportion(%)	Proportion of Class 2(%)
Natural wetland	River wetland	River	River	25 281.98	12.08	12.08
	Flooded wetland	Flooded wetland	Weedy wet meadow	20 649.37	9.86	14.70
			Hippophae rhamnoides	917.71	0.44	
			Beach gravel	9 220.49	4.40	
	Lake wetland	Lake	Lake	7 003.34	3.35	3.35
	Marsh wetland	Grass marsh	*Phragmites australis* marsh	555.10	0.27	68.77
			Subordinate grass marsh	411.22	0.20	
		Swampy meadow	*Kobresia littledalei* swampy meadow	136 970.24	65.43	
			Kobresia humilis+*Carex moorcroftii* swampy meadow	5 064.31	2.41	
		Shrubby swamp	*Potentilla fruticosa* shrub	964.33	0.46	

Continued

Wetland type				Area statistics		
Class 1	Class 2	Class 3	Class 4	Area(hm²)	Proportion(%)	Proportion of Class 2(%)
Artificial wetland	Wetland of irrigation purpose	Reservoir	Reservoir	253.07	0.12	0.12
	Wetland of aquaculture purposes	Pond	Pond	76.54	0.04	0.04
	Wetland of ecological purpose	Seasonal flooded wetland	Man-made beach forest	1 954.57	0.94	0.94
Sum				209 322.26	100.00	100.00

4.1.2 Horizontal distribution characteristics of wetland system

The marsh wetland is dominant in the source and upstream of the river, while river wetland and flooded wetland are primary types in the river valley of middle and down streams

Table 4　Wetland construction of different counties in the Lhasa River Basin, China (unit: hm²)

Wetland (Class 4) type	Damshung	Nakchu	Chali	Lhundup	Tolung Dechen	Chushur	Lhasa city	Taktse	Medro Gongkar	Sangri
River	3 772	1 474	3 980	5 350	1 995	1 330	784	2 468	4 067	62
Weedy wet meadow	44			6 355	2 305	1 613	376	5 310	4 630	
Hippophae rhamnoides				357					554	
Beach gravel				1 038	2 067	3 227	1 233	829	840	
Lake	512		5 200					11	762	518
Phragmites australis marsh						63	438	53		
Subordinate grass marsh				247	27	70	30	24	21	
Kobresia littledalei swampy meadow	48 857	5 489	67 888	1 532	1 384	20	11	470	10 872	449
Kobresia humilis+*Carex moorcroftii* swampy meadow	30	2	34	1 481	864	117	443	1 461	646	
Potentilla ruticosa shrub								58	910	
Reservoir				240					11	
Pond				60		8	1	4	3	
Man-made beach forest				293	459	472	231	478	8	
Area (hm²) statistics	53 215	6 965	77 102	16 953	9 101	6 920	3 547	11 166	23 324	1 024
Proportion to the total wetland area (%)	26	3	38	8	4	3	2	5	11	0.5
Account of Class 4 type	5	3	4	10	7	9	9	11	12	3
Wetland ratio* (%)	7.79	3.09	11.05	4.00	3.63	8.00	7.28	8.76	4.56	4.87

Note: Wetland ratio is the proportion of wetland area within a county and the total area of the county.

(Figures 2 and 3). Influenced by hydrological conditions, variations of relative height, terrain and composition of the earth surface, there are regional differentiations in spatial distribution and wetland types. From river source to river mouth of the Yarlung Zangbo River, distribution structure of wetlands is lake-*Kobresia littledalei* and *Carex moorcroftii* swampy meadow-*Phragmites australis* marsh and subordinate grass marsh-flooded wetland, river wetland is seen throughout the area. The altitude of the river valley is the lowest, and the river network is densely and evenly distributed. Different land cover types, such as weedy wet meadow, *Hippophae rhamnoides* and beach gravel, are distributed in the floodplain adjacent to the river, due to the difference in topographic characteristics and hydrological conditions. *H. rhamnoides* is mainly distributed in the valley of Mozhumaqu. Subordinate grass marsh and *Phragmites australis* marsh are in the bottomland with perennial water, but plant community types vary according to different levels of the water table. Swampy meadow wetland, the core of wetland system in a basin, is located in Damshung and Yangbajian Basin, river source, lakeside with impeded drainage, bottomland, floodplain with water spreading out, shallow water overflow belt of piedmont and front edge of glacier. Marsh wetland is not only important winter grazing ground, but also habitat and special area for many precious species of plants and animals. Lake wetland lies in the Lhasa River source, including Maidika area in Chali county, Mozhumaqu source in Medro Gongkar county, under the snow-line in Damshung and Yambajan, playing an important rule in regulating runoff of river and alpine climate. Artificial wetland is distributed mainly in the farming area of the river valleys.

There are several wetland distribution patterns in the Lhasa River Basin. In river source and upstream valley, wetland construction is the mosaic pattern of "lake-*Kobresia littledalei* and *Carex moorcroftii* swampy meadow-swamp" and river; in wide valley of middle-down stream, distribution mode is another mosaic pattern of river and "*Kobresia humilis and Carex moorcroftii* swampy meadow-*Phragmites australis* and subordinate grass marsh-flooded wetland" and artificial wetlands for different purposes.

4. 1. 3 Vertical distribution characteristics of wetland

In the basin, the wetland's vertical elevation variance is more than 3 600 m. Influenced by the topographic characteristics and combination conditions of temperature and moisture, wetlands are distributed in three ranges of 3 600～3 900 m, 4 200～4 400 m and 4 700～5 100 m respectively, accounting for 18. 93%, 15. 04% and 43. 46% of the total wetland area each, or a total of 77. 44%. The wetland's area ranging from 4 900 m to 5 000 m is the largest, covering 16. 49% of the total area, in each 100 m altitude zone; and wetland becomes less and less at above 5000 m. At an altitude ranging from 3600 m to 4 200 m and 4 300 m to 4 700 m, wetland area gradually increases. Wetland types of Class 4 are abundant at the altitude ranging from 3 700 m to 3 900 m (11 types). In addition, along with altitude rising and dropping, the number of wetland type gradually reduces, and is the least in the area with the highest altitude (Figure 4a), presenting an obvious decreasing tendency. At altitudes from 3 500 m to 4 200 m, 4 300 m to 4 800 m and 5 200 m to 5 800 m, the changing tendency of wetland area is consistent to that of wetland types. Then, vertical distribution of each wetland type is summarized in Table 5.

Table 5　Distributed scope of different wetland types in the Lhasa River Basin, China

Wetland types	Elevation (m)
River	>3 500
Lake	>4 200, in particular 4 800~5 100
Weedy wet meadow	3 600~4 000
Hippophae rhamnoides	3 800~4 100
Beach gravel	3 500~3 700
Kobresia littledalei swampy meadow	3 700~5 600, in particular 4 200~4 300 and 4 700~5 100
Kobresia humilis+ *Carex moorcroftii* swampy meadow	3 600~4 200
Phragmites australis marsh	3 600~3 800
Subordinate grass marsh	3 600~3 800
Potentilla ruticosa shrub	4 500~4 700
Reservoir and pond	3 700~3 900
Man-made forest	3 500~3 800

The vertical distribution characteristics of a single type of wetland are obvious, which is mainly distributed in areas with an altitude of 3 500~5 800 m (Figures 3 and 4a). From high to low altitude, wetland distribution mode is *Kobresia littledalei* swampy meadow-lake-*Potentilla fruticosa* swamp-*Hippophae rhamnoides*-*Kobresia humilis* + *Carex moorcroftii* swampy meadow-man-made forest and weedy wet meadow-*Phragmites australis* and subordinate grass marsh, and river wetland is distributed throughout the basin(Figure 4b).

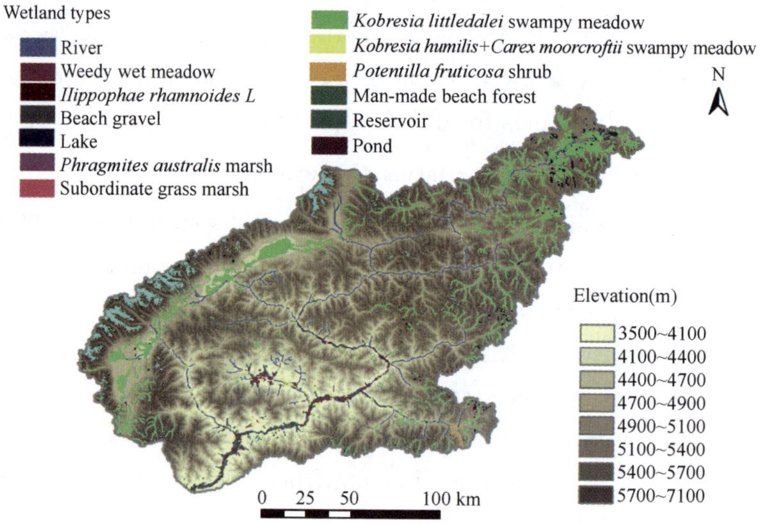

Figure 3　Relationship between the wetland distribution and altitude in the Lhasa River Basin, China

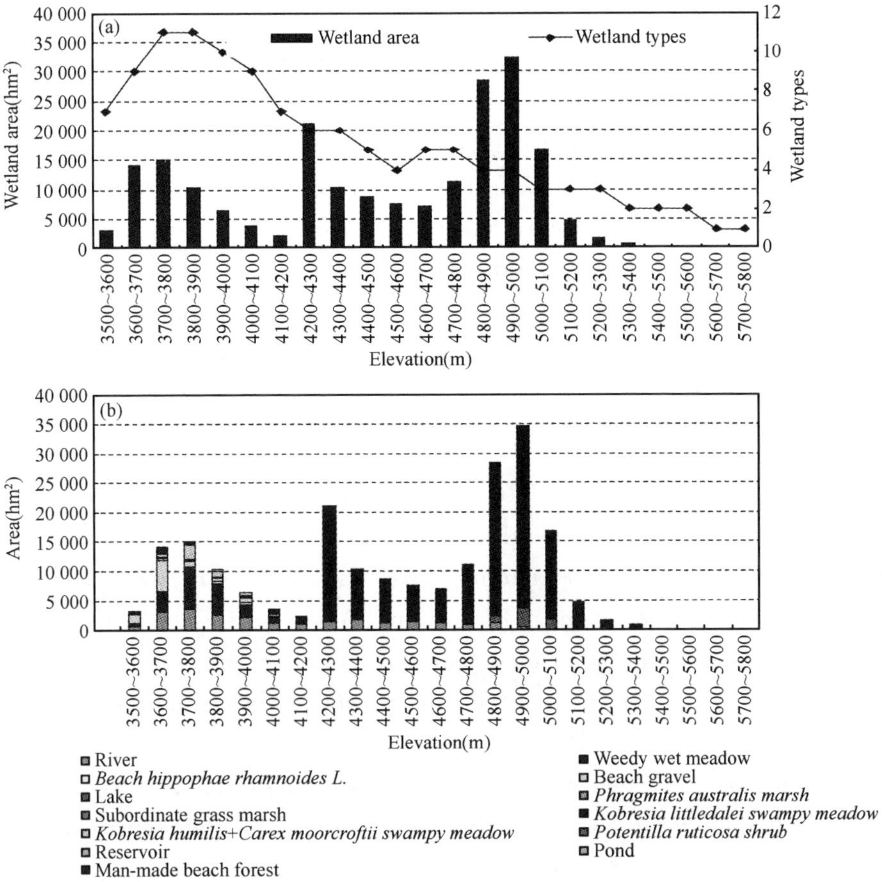

Figure 4 Wetland area and types of each altitude belt in the Lhasa River Basin, China

(a) area and type number of wetland; (b) area of each wetland type

4.2 Community characteristic of marsh wetland

Marsh wetland including swampy meadow, grass marsh and shrub marsh, is the predominant part of wetland in the basin; *Kobresia littledalei* and *K. humilis* + *Carex moorcroftii* swampy meadow are primary types of swampy meadow wetland; *Phragmites australis* marsh and subordinate grass marsh are primary types of grass marsh wetland. Because of a smaller proportion of shrub marsh wetland, its characteristic is not described. Each wetland type has many different plant community types under different micro-topographic environment, such as *K. littledalei*, *C. moorcroftii*, *K. humilis*, *P. australis*, *Potentilla anserina* var. *cericea*, *Fimbristylis complanata*, *Hippuris vulgaris*, *Potamogeto natans*, *Utricularia aurea*, *Nymphaea alba*, *Polygonum lapathifolium*, *Halerpestes cymbalaria*, and *Eleocharis vulgaris*. The characteristics of primary herb marsh wetland are briefed as follows.

4.2.1 *Kobresia littledalei* swampy meadow

K. littledalei is widely distributed at upstream and in the river source of Chali, Damshung and Medro Gongkar counties, with a large area in an altitude of about 3 700～5 600 m. Community coverage is above 90%, and community height is about 35～45 cm. Dominant species is *K. littledalei*, with associate species including *K. humilis*, *Blysmus sinocompressus*, *Gentiana leucomelaena* and *Pedicularis longiflora*. Species diversity is abundant: there are 30 species of higher plants that belong to 12 families and 24 genera in the sample plots. Dominant families include Cyperaceae (4 genera, 6 species), Composistae (5 genera, 5 species), Ranunculaceae (3 genera, 4 species), Primulaceae (2 genera, 2 species), Polygonaceae (2 genera, 2 species), Gentianaceae (1 genus, 3 species), and Leguminosae (1 genus, 2 species). Rush, Scrophulariaceae, Rosaceae and Caryophyllaceae include one genus and one species respectively.

4.2.2 *Kobresia humilis* +*Carex moorcroftii* swampy meadow

This kind of marsh wetland is mainly located in middle and down streams of Lhundup, Taktse and Tolung Dechen counties with an altitude of about 3 600～4 200 m. Dominant species include *K. humilis*, *Blysmus sinocompressus* and *C. moorcroftii*. Community coverage is about 85%～90%, and height is 25～35 cm. Associate species include *Kobresia littledalei*, *Fimbristylis complanata*, *Poa annua* and so on. There are 36 species of higher plants that belong to 16 families and 31 genera in the sample plots. Dominant families include Gramineae (6 genera, 6 species), Cyperaceae (5 genera, 8 species), Composistae (3 genera, 3 species), Ranunculaceae (2 genera, 3 species), Leguminosae (2 genera, 3 species), and Scrophulariaceae (2 genera, 2 species). Rush, Polygonaceae, Plantaginaceae, Cruciferae, Primulaceae and Rosaceae include one genus and one species respectively.

4.2.3 *Phragmites australis* and subordinate grass marsh

Phragmites australis marsh is located at the wide valley in Chushur County, Lhasa city, and Taktse County with an altitude of 3 600～3 700 m; subordinate grass marsh lies in Lhundup County with an altitude of about 3 600～3 800 m. Community coverage is 70%～80%. Dominant aquatic plant communities include *Phragmites australis*, *Scirpus tabernaemontani*, *Typha latifolia*, *Hippuris vulgaris*, water chestnut and so on; associated species include *Halerpestes tricuspis*, *Triglochin maritimum*, *Epilobium palustre* and *Bidens cernua* etc. Sample investigations indicate that there are 25 species of higher plants belonging to 18 families and 22 genera. Dominant families include Cyperaceae (3 genera, 3 species); Gramineae (3 genera, 3 species), Ranunculaceae (1 genus, 3 species), and Triglochin palustre (one genus, two species). Rush, Bulrush, Polygonaceae, Onagraceae and Plantaginaceae include one genus and one species respectively.

5 Conclusions

(1) The total wetland area is about 209 322.26 hm^2, accounting for 6.37% of the basin area. The wetland in the Lhasa River Basin are mainly dominated by natural wetland with

marsh wetland covering 68.77% of the total wetland area, hence being the principal part of natural wetland. Marsh wetlands can be further divided into grass marsh wetland, swampy meadow wetland and shrubby swamp. *Kobresia littledalei* swampy meadow covering 65.44% of marsh wetland is distributed in the river source and upstream of Chali, Damshung and Medro Gongkar counties with a vertical distribution scope of 2000 m. Community coverage is above 90%, and the height is 35~45 cm. Dominant species is *Kobresia littledalei*, with associated species being *K. humilis* and *Blysmus sinocompressus*. There are 30 species of higher plants in the sample plots. River wetland is widely distributed in the drainage basin, from source to the mouth of the Yarlung Zangbo River. Lake wetland is distributed mainly in river source where it is above alt. 4 200 m in Chali, Damshung and Medro Gongkar counties; flooded wetland is distributed in the wide valley of Lhundup, Medro Gongkar, Taktse and Chushur counties, with an altitude of about 3 600~4 200 m. Primary type in flooded wetland is weedy wet meadow, and *Hippophae rhamnoides*. lies mainly in Medro Gongkar County. The percentage of artificial wetland to total wetland area is low, exclusively located in valley farming area of low altitude in Lhundup and Medro Gongkar. Wetland ratio and wetland type differ evidently in various counties of the basin.

(2) Influenced by topography, temperature and moisture factors, regional differentiation of wetland composition and distribution are obvious. Wetland is distributed in an altitude of 3 500~5 800 m, especially 3 600~5 100 m. Marsh wetland is the primary type of wetland in the river source and upstream with a mosaic pattern of "lake-*Kobresia littledalei* and *Carex moorcroftii* swampy meadow-shrubby swamp" and river; as for wide valley of middle-down streams, river wetland and flooded wetland are the primary types of wetland, with mosaic pattern of river and "*Kobresia humilis* + *Carex moorcroftii* swampy meadow-*Phragmites australis* and subordinate grass marsh-flooded wetland" and artificial wetland. From high to low altitude, wetland structure is *Kobresia littledalei* swampy meadow-lake-*Potentilla fruticosa* swamp-*Hippophae rhamnoides*.-*Kobresia humilis* + *Carex moorcroftii* swampy meadow-man-made forest and weedy wet meadow-*Phragmites australis* and subordinate grass marsh; river wetland is distributed throughout the basin.

(3) Because of the different purposes of study and application, classification of wetland system is still being explored. In this paper, a revised 4-class classification system of alpine wetlands based on remote sensing provides an important reference for constructing and improving wetland classification system in the high altitude area.

拉萨地区土地利用变化情景分析*

Land Use Change Scenario in Lhasa Area Using Markov Chain Model

Abstract: Markov model was used to represent the land-use change data for several reasons. Firstly, land use change is not unidirectional in nature. A given parcel of land theoretically may change from one category of land-use to any other at any time. Markovian analysis uses matrices that represent all the multi-directional land-use changes between all the mutually exclusive land-use categories. Land use changes and scenario in Lhasa district were analyzed in this paper using Markov model. The main conclusions are as follows: (1) Land use changes in Lhasa district during the last ten years were related to this period's integrated agricultural development project. In 10 years from 1990 to 2000, 186.53 hm^2 of cultivated land were converted into forest land, accounting for 54.857 % of the total cultivated land converting area into the other land use categories; 130.05 hm^2 were converted into residential area, being 38.247%. The remaining limited area was converted into the other land use categories such as rangeland and water body. (2) The most extensive changes of land use from 1990 to 2000 in Lhasa district was rangeland conversion. Rangeland was converted into cultivated land, horticultural land, forestland, residential area and water body. Among them, 2333.33 hm^2 of forestland were converted from rangeland, or 94.093%, the largest of all in area. These land use changes were related directly to the integrated development and construction project carried out in the central Tibetan Plateau in the mid-1990's. Because of the implementation of biological and engineering measures consisting of large-scale afforestation and construction of field safe guarding forest, since the 1990s, remarkable effects in soil erosion control improving surface vegetation and land cover condition. (3) Markov chain model prediction indicated that the general trends of land use changes in Lhasa district in future were cultivated land, rangeland, water body and unused land will decrease and forest, horticultural land and residential area will increase. (4) It should be pointed out that since there are many factors impacting land use changes, in particular in a short period of time, policies, regulations, important regional projects and human activities and other uncertain factors will affect regional land use changes, hence causing certain errors in prediction accuracy of land use changes in Lhasa district. (5) The simulated areas of land use changes in the future in Lhasa district by Markov mode are very close to the planning areas of land use changes of Tibet, China, therefore, land use change scenario based on the Markov model has an important value for making land use plan.

土地是人类活动的基础,各种土地资源满足了人类的基本需求,土地利用是土地资源的社

* 由除多(Chu Duo)、**张镱锂(Zhang Yili)**和郑度(Zheng Du)完成,原载于《地理研究》,2005,24(6):869-877.

会属性与自然属性的全面体现，最能反映人类活动及其与自然环境要素之间的相互关系。预测未来土地利用的变化趋势对制订合理的土地利用规划具有重要的意义。马尔科夫过程模型是预测土地利用变换和情景分析的有效方法之一。如 Hulst 和 Lippe 等早在 1979 年和 1985 年就曾用马尔科夫过程模型来解决植被生态预测的问题（Hulst，1997）；随后用马尔科夫模型研究了区域土地利用变化（Michael *et al.*，1994；赵庚星等，1999；Erna *et al.*，2001；Weng，2002）、地表植被与土地利用的动态变化过程（Kiira，1995）、城郊结合地带的土地利用变化趋势和城市化速度（Hathout，2002）与景观湿地的变化（王学雷等，2002）。

马尔科夫模型包括单一马尔科夫链模型和时空的马尔科夫链（spatio-temporal Markov chains，STMC）模型。前者表现为静止或时间均一的，这种模型仅当系统具有时间不变的转移概率和不变的状态或类别才是可用的，所以对于土地利用变化是不适宜的。后者则尝试将空间维引入模型，将每一点单独通过马尔科夫链，解释它的位置，形成了每一时间步骤的状态空间图。转移概率用复合因子赋予权重，业已证实，空间零阶 STMC 模型在一定条件下具有遍历态分布。模拟显示，较高空间阶的 STMC 模型也具有遍历态分布（李双成，2001；王纪军等，2004）。

本文根据西藏拉萨地区 1990 年、1995 年和 2000 年 3 期的土地利用现状数据，利用马尔科夫过程模型进行了未来 20 年内拉萨地区土地利用变化的情景分析，研究结果可为拉萨地区土地利用规划与生态环境保护提供重要的科学依据。

1 研究区域概况

拉萨地区位于西藏高原中部稍偏东南，雅鲁藏布江中游北部及其支流拉萨河流域，地理位置为北纬 29°14′26″～31°03′45″，东经 89°45′9″～92°37′16″，南北纬差为 1°49′19″，距离为 202.53 km，东西经差 2°52′07″，距离为 276.43 km，总土地面积 29 426.96 km^2，包括达孜县、曲水县、堆龙德庆县、尼木县、当雄县、林周县、墨竹工卡县、城关区八个县（区）。拉萨地区地形地貌的基本特征是山峦重叠、山高坡陡、沟谷纵横、沟深谷狭。具体表现为西部高、东部低，北部高、南部低；境内水系多，水源丰富，流域范围大；雅鲁藏布江在本地区内及拉萨河下游河段海拔均低于 4 000 m。拉萨地区是由高山深谷相间组合并呈西北—东南向微微倾斜的巨大立体块体。拉萨地区属于高原温带半干旱季风气候区，主要特点是：太阳辐射强，日照时间长；常年气温偏低，四季不分明；日温差大，年温差小，干湿季分明，干季多大风；夜雨率高，年降水量小；年蒸发量大（拉萨市农牧局，1990；西藏自治区拉萨市农牧局，1991；张镱锂等，2000；林日暖等，2001；郑度，2001；李利锋等，2004）。

2 数据来源

文中 1990 年、1995 年和 2000 年三期的土地利用现状数据来自 1990—2000 年开展的西藏“一江两河”中部流域地区环境遥感动态监测第一期（张增祥等，1998）和二期项目的成果（张增祥等，1998）*。

* 除多等．西藏自治区“一江两河”中部流域综合开发区遥感动态监测项目第二期技术报告．拉萨，2002 年．

3 情景分析方法

马尔科夫过程是一种具有“无后效性”的特殊随机运动过程。一个运动系统在 $t+1$ 时刻的状态和 t 时刻的状态有关，而与以前的状态无关。这一点用于土地利用变化的预测是适合的。成功地应用马尔科夫模型的关键在于转移概率的确定(叶庆华，2001)。

马尔科夫转移矩阵模型对分析土地利用类型之间的转化具有重要意义。通过马尔科夫转移矩阵，不仅可以定量说明土地利用类型之间的相互转化状况，而且可以揭示不同土地利用类型之间的转移速率，从而可以更好地了解土地利用格局的时空演变过程。

p_{ij} 为土地利用类型 i 转化为土地利用类型 j 的转移概率。转移矩阵的每一项元素须满足以下条件(Hulst，1997；赵庚星等，1999；叶庆华，2001；Weng，2002)：

①$0 \leqslant P_{ij} \leqslant 1$，即各元素为非负值；②$\sum_{j=1}^{n} P_{ij} = 1$，即每行元素之和为 1。

$$p = \begin{bmatrix} p_{11} & p_{12} & p_{13} & \cdots & p_{1n} \\ p_{21} & p_{22} & p_{23} & \cdots & p_{2n} \\ p_{31} & p_{32} & p_{33} & \cdots & p_{3n} \\ \vdots & \vdots & \vdots & \vdots & \vdots \\ p_{n1} & p_{n2} & p_{n3} & \cdots & p_{nn} \end{bmatrix} \tag{1}$$

计算转移概率矩阵的过程是根据某一时段内土地利用类型的面积变化矩阵，求出以年为单位，计算出年平均土地利用类型面积变化矩阵，再由该矩阵求出年平均土地利用类型转移概率。例如，1990 年的土地利用图上某块耕地到 1995 年部分变成牧草地、林地和居民点及工矿用地，后者除以年数($n=5$)，即为其年平均面积转移概率，再由该矩阵计算总研究区面积中耕地、牧草地、林地的转移概率矩阵。本研究使用的土地利用时点是 1990 年、1995 年和 2000 年，由于时间间隔都为 5 年，所以直接利用 5 年时段的土地利用面积矩阵来计算概率矩阵即可。

4 结果分析

4.1 拉萨地区 2000 年土地利用现状特点

根据西藏“一江两河”中部流域地区环境遥感动态监测项目土地利用现状调查表明，拉萨地区的耕地面积较小，在八大土地利用类型中列为第五位，面积是 70 022.10 hm^2，占土地总面积的 2.371%(表 1)。在农、林、牧三个土地利用类型中，耕地也远小于牧业和林业的用地面积。但是，耕地中投入的人力、物力却远远大于牧草地和林地，耕地的单位面积经济效益也远远大于牧草和林地，历来是拉萨地区土地利用的主要方面之一。除北部海拔较高的纯牧区当雄县之外，其他七个县(区)均有耕地分布。拉萨地区的园地面积仅为 176.05 hm^2，在土地利用类型中是面积最小的一种类型，主要分布在人口集中、交通方便的河谷地区，其分布特点是从中部向两翼逐渐减少，在拉萨市郊最为集中。拉萨地区由于受到自然条件的限制，林地面积不大，为 108 856.50 hm^2，其面积位居第四位，包括有林地、灌木林地、疏林地、未成林造林地、苗圃等五个二级类型。牧草地是拉萨地区土地利用类型中分布最广、面积最大的一类，面积是 2 110 843.00 hm^2，占土地总面积的 71.484%，包括所有天然草地、改良草地和人工草地。居民点及工矿用地 8 935.40 hm^2，占整个土地总面积的 0.303%，其中农村居民点的面积最大，为 41.48%。交通用地的面积较小，总面积为 580.34 hm^2，为总土地面积的 0.020%，其面积仅次于园地，位居第七位。水域面积为 155 079.90 hm^2，占总土地面积的 5.252%。未利用土地面积 498 396.90 hm^2，是土地利用类型中面积较大的一类，仅次于牧草地面积而位居第二位，并分布范围十分广泛，不管是农区还是牧区都有这类土地利用类型分布。

表 1 拉萨地区 2000 年土地利用现状

Table 1 Landuse status in 2000 in Lhasa district, Tibet

类型	耕地	园地	林地	牧草地	居民点	交通用地	水域	未利用土地	总面积
面积(hm^2)	70 022.10	176.05	108 856.50	2 110 843.00	8 935.40	580.34	155 079.90	498 396.90	2 952 890.20
比重(%)	2.371	0.006	3.686	71.484	0.303	0.020	5.252	16.878	100.000

4.2 拉萨地区 1990—2000 年土地利用变化

由表 2 可知，1990—2000 年的 10 年中耕地变成林地的面积最大，为 186.53 hm^2，占耕地变成其他类型的 54.857%，变成居民点的占 38.247%，面积为 130.05 hm^2，其他有少量的变成了牧草地和水域。类型变化比较广泛的是牧草地，牧草地变成耕地、园地、林地、居民点及水域，其中，牧草地变成林地的面积最大，为 2 338.25 hm^2，占变化面积的 94.093%，这与这一期间实施的旨在改变区域生态环境的西藏“一江两河”中部流域综合开发建设等人类活动直接相关。

表 2 拉萨地区 1990—2000 年土地利用类型变化转移矩阵(单位：hm^2)

Table 2 Transition matrix of Landuse changes from 1999 to 2000 in Lhasa district, Tibet

类型	耕地	园地	林地	牧草地	居民点	交通用地	水域	未利用土地	总面积
耕地	69 934.72		186.53	19.71	130.05		3.73		70 274.76
园地		165.74							165.74
林地			106 067.79	3.59	71.66				106 143.04
牧草地	84.00	10.31	2 338.25	2 110 817.49	47.59		4.91		2 113 302.54
居民点			4.69	0.34	8 672.93				8 677.95
交通用地						580.34			580.34
水域	3.37		243.13	2.15	12.42		155 071.31		155 332.38
未利用土地			16.13		0.75			498 396.90	498 413.78
总面积	70 022.10	176.05	108 856.51	2 110 843.28	8 935.40	580.34	155 079.95	498 396.90	2 952 890.52

4.3 2000 年土地利用面积预测及检验

拉萨地区有 1990 年、1995 年和 2000 年共三期的土地利用数据。为了检验马尔科夫过程在土地利用预测方面的有效性，以 1995 年的土地利用现状为初始状态矩阵，根据 1990—1995

年的土地利用转移概率矩阵(表 4)模拟了 2000 年的土地利用类型面积(表 3)。结果表明,2000 年模拟值与实际值中,园地误差百分比最大(绝对值为 5.86%),其次就是居民点及工矿用地(为 1.62%),其他类型都小于 1%。

表 3 拉萨地区 2000 年土地利用预测值误差分析(单位:hm²)

Table 3 Difference analysis of predicted area of landuse change for 2000 in Lhasa district

类型		耕地	园地	林地	牧草地	居民点	交通用地	水域	未利用土地
初始值	1995 年	70 017.19	165.74	107 589.20	2 111 927	8 879.19	580.34	155 326.00	498 405.60
	2000 年	70 022.10	176.05	108 856.50	2 110 843	8 935.40	580.34	155 079.90	498 396.90
预测值	2000 年	69 760.60	165.74	109 033.60	2 110 553	9 080.36	580.34	155 319.60	498 397.40
误差	差值	−261.50	−10.31	177.10	−290.00	144.96	0.00	239.70	0.50
	%	−0.37	−5.86	0.16	−0.01	1.62	0.00	0.15	0.00

对预测的结果可以利用卡方检验方法进行检验,结果如下:

$$x^2 = \frac{\sum (Y - Y')^2}{\overline{y'}} = 10.68 \tag{2}$$

在显著水平 $\alpha=0.05$,自由度为 7 的情况下,查 x^2 分布的临界值分别是:$x^2_{1-\frac{\alpha}{2}}=1.237$ 和 $x^2_{\frac{\alpha}{2}}=16.013$,因为 $x^2_{1-\frac{\alpha}{2}}=1.237<x^2<x^2_{\frac{\alpha}{2}}=16.013$,所以用马尔科夫过程来预测土地利用变化是可行的。

4.4 2000 年以后的土地利用面积预测

为了预测 2000 年以后拉萨地区土地利用类型面积变化,根据 1990—1995 年、1995—2000 年两个时段的转移概率矩阵(表 4,表 5),求出这两期土地利用类型的多年加权转移概率矩阵,该矩阵即为初始状态的转移概率矩阵 $\boldsymbol{M}^{(0)}$,其计算公式如下:

$$\boldsymbol{M}^{(0)} = (n_1 \times \boldsymbol{M}_1 + n_2 \times \boldsymbol{M}_2)/(n_1 + n_2) \tag{3}$$

式中:$\boldsymbol{M}^{(0)}$ 为初始矩阵,$\boldsymbol{M}_1$ 和 $\boldsymbol{M}_2$ 分别是 1990—1995 年和 1995—2000 年土地利用类型转移概率矩阵,n_1 和 n_2 为土地利用数据的间隔时间,各为 5 年,求出初始转移概率矩阵如表 6 所示。

表 4 1990—1995 年拉萨地区土地利用转移概率矩阵(单位:%)

Table 4 Transition probability matrix of land use change from 1990 to 1995 in Lhasa district

类型	耕地	园地	林地	牧草地	居民点	交通用地	水域	未利用土地
耕地	99.620 5		0.176 6	0.017 4	0.180 1		0.005 3	
园地		100.000 0						
林地			99.967 8		0.032 2			
牧草地	0.000 4		0.063 0	99.934 3	0.002 0		0.000 2	
居民点			0.021 1		99.978 9			
交通用地						100.000 0		
水域			0.009 7				99.990 3	
未利用土地			0.001 5		0.000 2			99.998 4

表 5 1995—2000 年拉萨地区土地利用转移概率矩阵(单位:%)

Table 5 Transition probability matrix of land use change from 1995 to 2000 in Lhasa district

类型	耕地	园地	林地	牧草地	居民点	交通用地	水域	未利用土地
耕地	99.895 2		0.089 2	0.010 7	0.005 0			
园地		100.000 0						
林地			99.961 9	0.003 3	0.034 8			
牧草地	0.003 5	0.000 5	0.047 6	99.948 0	0.000 3			
居民点			0.032 2	0.003 8	99.964 0			
交通用地						100.000 0		
水域	0.002 2		0.146 9	0.001 4	0.008 0		99.841 6	
未利用土地			0.002 0					99.998 0

表 6 初始转移概率矩阵(单位:%)

Table 6 Primary transition probability matrix of land use change in Lhasa district

类型	耕地	园地	林地	牧草地	居民点	交通用地	水域	未利用土地
耕地	99.757 9		0.132 9	0.014 0	0.092 5		0.002 7	
园地		100.000 0						
林地			99.964 8	0.001 7	0.033 5			
牧草地	0.002 0	0.000 2	0.055 3	99.941 2	0.001 1		0.000 1	
居民点			0.026 6	0.001 9	99.971 5			
交通用地						100.000 0		
水域	0.001 1		0.078 3	0.000 7	0.004 0		99.916 0	
未利用土地			0.001 6		0.000 1			99.998 3

将表 6 作为初始转移概率矩阵，2000 年的土地利用类型面积作为初始状态矩阵，以每 5 年为单位，利用马尔科夫过程模型预测了 2005—2020 年(以 5 年为时间间隔)的土地利用类型面积变化趋势如表 7 所示。

表 7 2005—2020 年拉萨地区土地利用类型面积预测值(单位:hm^2)

Table 7 Predicted area of land use changes from 2005 to 2020 using Markov model

类型	耕地	园地	林地	牧草地	居民点	交通用地	水域	未利用土地
2005 年	69 896.23	181.21	110 211.10	2 109 615	9 064.48	580.34	154 953.90	498 388.50
2010 年	69 770.63	186.36	111 564.40	2 108 387	9 193.84	580.34	154 828.00	498 380.00
2015 年	69 645.31	191.50	112 916.30	2 107 160	9 323.48	580.34	154 702.20	498 371.60
2020 年	69 395.50	201.79	115 615.90	2 104 708	9 583.61	580.34	154 450.90	498 354.70

预测表明：拉萨地区未来的土地利用类型发展趋势是耕地、牧草地、水域和未利用土地将进一步减少；林地、园地和居民点面积将进一步增加。2000—2020 年的 20 年期间，在不同类型的土地利用类型中牧草地减少幅度最大，达 0.613 5 万 hm^2，其次就是水域和耕地面积，各将减少近 0.063 0 万 hm^2，另外，未利用土地将减少 42.20 hm^2；在面积增加方面，林地的增幅最大，将达 0.675 9 万 hm^2，其次就是居民点及工矿用地，增加的面积近 0.065 0 万 hm^2；最后就是园地将有一定面积的增加，增加面积为 25.74 hm^2。耕地、林地、牧草和水域面积变化趋势如图 1～图 4 所示。

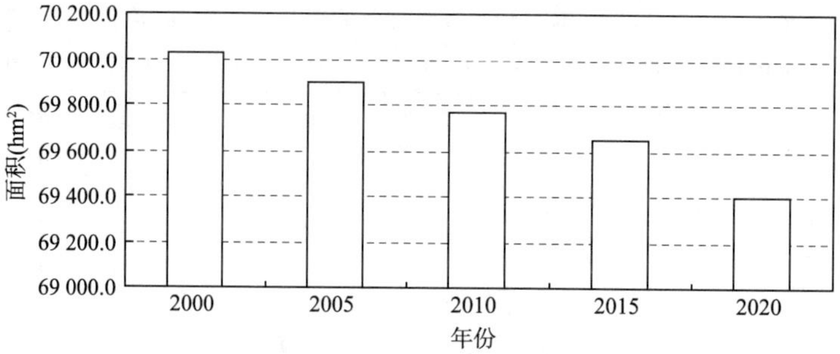

图 1　拉萨地区 2000—2020 年耕地面积发展趋势

Figure 1　Changing trend of cultivated land area from 2000 to 2020 in Lhasa district

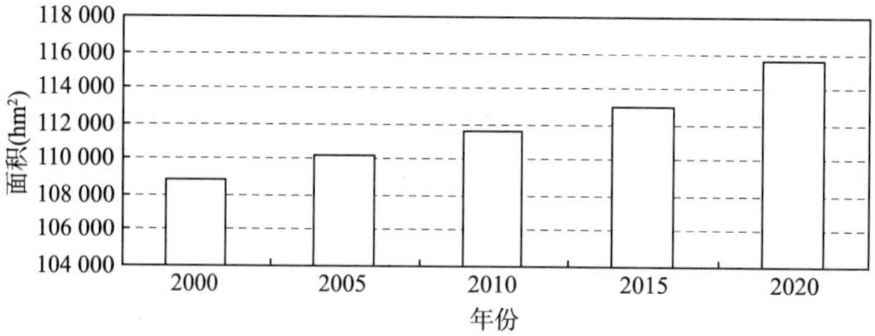

图 2　拉萨地区 2000—2020 年林地面积发展趋势

Figure 2　Changing trend of forest land area from 2000 to 2020 in Lhasa district

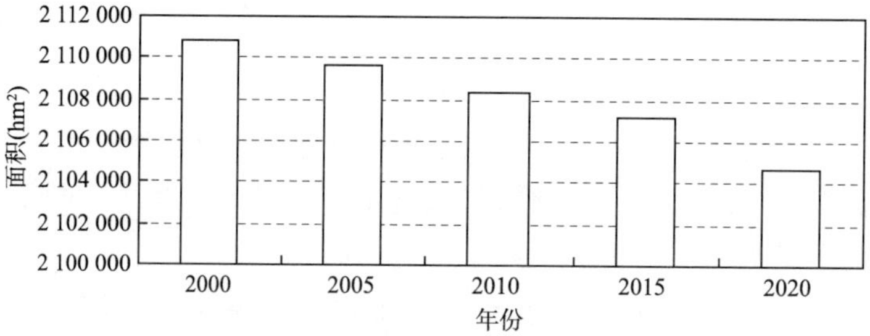

图 3　拉萨地区 2000—2020 年牧草地的面积发展趋势

Figure 3　Changing trend of grassland area from 2000 to 2020 in Lhasa district

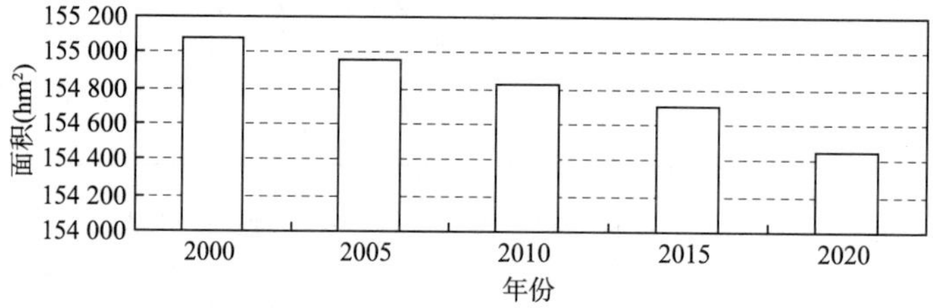

图 4　拉萨地区 2000—2020 年水域的面积发展趋势

Figure 4　Changing trend of water body area from 2000 to 2020 in Lhasa district

4.5 土地利用规划面积与基于马尔科夫过程模型的情景分析结果对比

为了全面合理地保护和利用每一寸基本农田，根据：①短期利益与长期利益，局部利益和整体利益兼顾；②经济效益、生态效益、社会效益相统一；③因地制宜，分级指导和宏观控制相结合；④保护和利用并重，开发与整治并举；⑤统筹兼顾、全面安排、积极保护的原则，1998 年 7 月西藏自治区政府制定了《西藏自治区土地利用总体规划部门规划(1997—2010 年)》(西藏自治区政府，1998)，规划面积如表 8 所示。

2000 年土地利用现状与 1998 年制定的规划比较得出：2000 年的耕地面积比 2000 年规划面积多出了 14 022.10 hm^2，这主要是土地利用现状面积中未按非耕地系数扣除相应面积，该面积实际为土地毛面积；2000 年林地面积比规划面积多出了 3 456.5 hm^2，这与 1991—2000 年实施的西藏"一江两河"地区综合开发建设直接有关，该项目的目的之一是通过兴修水利、改造中低产田、改造草场和植树造林等生物技术工程措施，使作为自治区腹心和粮食重要产区的"一江两河"地区的农业生产有一个稳固、坚实的基础和良好的生态屏障；2000 年的牧草地现状比规划面积少了 54 156.72 hm^2。

规划面积与马尔科夫情景分析的结果对比分析得出：基于马尔科夫过程模型的 2010 年的耕地变化的情景比规划面积大 14 270.63 hm^2，即大 25.71%；林地的情景变化比林地规划面积大 164.4 hm^2，即大 0.15%；牧草地的规划面积比马尔科夫预测值小 8.53%。可见，以马尔科夫过程模型来预测土地利用的面积及趋势是可行的，特别是基于马尔科夫模型的林地面积变化的情景分析结果与规划面积吻合，误差仅为 0.15%。所以，基于马尔科夫过程模型的区域，土地利用情景分析对制定合理的土地利用规划将具有重要的意义。

表 8 拉萨土地利用规划面积(单位：10^4 hm^2)

Table 8 Land use programming area by Tibet Autonomous Region (TAR) government in 1998

	耕地	林地	牧草地
2000 年	5.60	10.54	216.50
2010 年	5.55	11.14	230.50

5 结论

(1)1990—2000 年的 10 年间，拉萨地区耕地变成林地的面积为 186.53 hm^2(占耕地类变化面积的 54.857%)，变成居民点面积为 130.05 hm^2(占 38.247%)，其他有少量耕地变成了牧草地和水域。

(2)1990—2000 年的 10 年间土地利用类型变化最广泛的是牧草地。土地利用类型转化主要表现为由牧草地向耕地、园地、林地、居民点及水域转化，其中牧草地变成林地的面积最大，为 2 338.25 hm^2(占变化面积的 94.093%)，这与旨在改变区域生态环境的西藏"一江两河"中部流域综合开发建设等人类活动直接相关。10 年来，大面积植树造林和农田防护林等生物工程措施的实施，已经通过改变区域地表植被状况、土地覆被状况、控制水土流失作用等方面显出效果。

(3)马尔科夫随机过程预测表明：拉萨地区未来 20 年中土地利用类型发展趋势是耕地、牧草地、水域和未利用土地面积将进一步减少，林地、园地和居民点面积将进一步增加。

(4)由于马尔科夫过程模型是利用过去土地利用类型之间转移的概率来模拟分析未来的变化趋势，然而土地利用变化是一个复杂的过程，它不仅受到如全球气候变化、自然灾害等许多自然因素的影响，而且受到未来土地利用政策、社会经济发展、各种政策、法规及区域内大型工程项目及其他人类活动等不确定因素的影响，从而不同土地利用类型之间的转移概率会发生变化，使得基于马尔科夫过程模型预测的精度有一定的局限性。

(5)土地利用规划面积与基于马尔科夫模型的土地利用变化情景分析结果比较吻合，基于马尔科夫过程模型的未来土地利用变化情景分析对制定合理的区域土地利用规划具有重要的参考价值。

拉萨河流域湿地系统景观格局多尺度分析*

Analysis of Landscape Characteristics of the Wetland System in the Lhasa River Basin

Abstract: Alpine wetlands are unique natural ecosystems, showing a variety of functions like conserving water and regulating climate. In terms of domestic and foreign studies regarding wetland classification and wetland characteristics of the Lhasa River, the wetland system there is divided into six landscape types and 13 ecosystem types. On the basis of geography, ecology and spatial analysis in conjunction with data collected from field observations and China-Brazil Earth Resources Satellite (CBERS) images acquired in 2006, the wetland database for the study site was constructed. Then wetland landscape indices, like patch size/density, patch shape, aggregation/dispersion and diversity were calculated. Wetland landscape characteristics at three scales, landscape, ecosystem and geomorphologic region, were analyzed by means of ArcGIS. Results indicate that landscape characteristics differ greatly at the three scales. The total wetland area was estimated to be 209 000 hm^2, accounting for 6.37% of the total land area. At the landscape scale, alpine meadow landscape is landscape matrices of alpine wetland, accounting for roughly 77.74% of the total wetland area. The contribution rate of open water wetland landscape was found to be 15.56%. Grass marsh and shrub wetland areas are relatively smaller, showing a discrete distribution. The contribution rates of beach and forest wetlands are generally lower. At the ecosystem scale, *Kobresia littledalei* meadow community is the core plant community type of alpine wetland, accounting for around 65.45%. Its landscape indices such as patches area, patches number, patches density, patches shape indices and patches contact indices show the biggest values. At the region scale, it was found that there are different landscape characteristics in the three regions. Over the river source areas, wetland types are simple, showing that *Kobresia littledalei* swamped meadow is a major wetland landscape, and patch fragmentation is high. In the river valley, wetland type is the richest, showing the largest landscape diversity index of 1.841. Wet meadow and river wetlands are dominant wetland landscapes with a mosaic distribution. The region is affected by human activities and agricultural/pasture production, thereby resulting in a weak stability of ecosystems. In the Damshung Basin, there are 5 wetland types with the biggest dominance index and evenness index. *Kobresia littledalei* swamped meadow is still a major wetland type with a stronger stability of ecosystems.

1 引言

湿地是由水陆相互作用而形成的自然综合体，具有调蓄洪水、净化水质、调节气候等生态

* 由王春连(Wang Chunlian)、**张镱锂(Zhang Yili)**、王兆锋(Wang Zhaofeng)和摆万奇(Bai Wanqi)完成，原载于《资源科学》，2010，32(9)：1634-1642。

功能，对地区及全球气候变化、经济发展及人类生存环境有着重要影响（陈宜瑜，1999）。青藏高原是我国重要的湿地分布区之一，高原湿地作为高海拔地区生物多样性最丰富和对全球变化最敏感的生态系统，具有重要的生态屏障功能和全球变化标志性作用（Zhang *et al.*，2010）。但有关高原湿地的研究起步较晚（白军红等，2004），主要集中在若尔盖高原湿地。

湿地景观格局是各种生态过程综合作用的结果，具有高度的景观异质性，对景观的功能和过程有显著影响（白军红等，2005），决定着资源地理环境的分布形成和组分，制约着各种生态过程，与干扰能力、恢复能力系统稳定性和生物多样性有着密切的关系。因此，对典型高原湿地系统原生景观结构及其特征进行定量分析，是认识不同类型湿地功能与机理变化的基本前提，对开展湿地研究、保护和恢复具有重要意义（Bedfoed *et al.*，1988；周德民等，2007）。目前，有关湿地景观格局特征的研究多采用 3S 技术和地统计学方法（Jaeger，2000；韩敏等，2005），通过遥感影像解译等收集和处理景观数据，建立湿地景观类型图库，选取景观格局指数对湿地特征进行空间分析，比较不同景观之间的结构特征，如白军红等（2005）和 Qiu 等（2009）对若尔盖高原湿地景观退化过程及自然和人类活动影响的研究等。而从多个尺度分析湿地景观特征的研究较少，尤其对高原湿地的相关分析鲜见报道，从多个尺度分析景观格局特征有利于从不同侧面更深层次揭示湿地系统的生态特征。

拉萨河流域是雅鲁藏布江的重要支流，也是高原湿地的主要分布区之一。流域范围在 90°05′～93°20′E，29°20′～31°15′N，行政上包括拉萨市、林周县和当雄县等 10 个县市，面积约 32 471 km^2（图 1）。本文通过野外调查、遥感影像解译和地理信息系统空间分析方法，提取研究区湿地景观类型的空间分布数据，生成不同景观尺度的湿地分布图，以景观生态学的定量方法分析不同尺度的湿地景观格局特征。

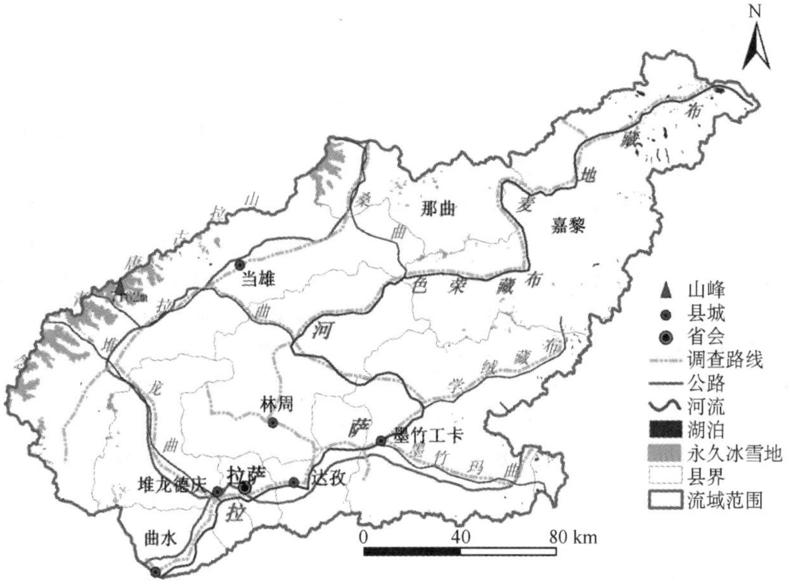

图 1　研究区位置与调查路线

Figure 1　Study area and investigated rout of Lhasa River Basin

2 数据来源与研究方法

2.1 湿地景观分类系统的制定

参考国内外湿地分类系统研究成果(Wu *et al.*,1994; Pickett *et al.*, 1995; Nina *et al.*, 2001;周德民等,2007;Zhang *et al.*, 2010),以及拉萨河流域湿地特征,将湿地系统根据不同尺度划分为6个一级类型和13个二级类型,一级类型是按照大的景观尺度进行划分,二级类型是按照生态系统尺度来划分(表1)。

表1 拉萨河流域湿地分类系统

Table 1 Wetland landscape classification system in Lhasa River Basin

一级类型	二级类型	内涵与特征
开阔水域	河流	主要指流域内一、二级河流水域
	湖泊	湖泊水域
	水库	人工水域
	坑塘	人工水域
高寒草甸湿地	藏北嵩草(*Kobresia littledalei*)沼泽草甸	主要分布在河源和上游沟谷及当雄盆地,以藏北嵩草为建群种的沼泽草甸
	矮嵩草+苔草(*Kobresia humilis*+ *Carex moorcroftii*)沼泽草甸	主要分布在河谷地带,以矮嵩草、华扁穗草、苔草为建群种的沼泽草甸
	杂类草湿草甸	河滩上水分过湿的湿草甸
草丛沼泽湿地	芦苇(*Phragmites australis*)沼泽湿地	河流阶地上以芦苇群落为建群种的沼泽
	水生杂草沼泽	河流阶地上以荸荠(*Hippuris vulgaris*)、杉叶藻(*Eleocharis vulgaris*)、酸模叶蓼(*Polygonum lapathifolium*)等水生植物为建群种的沼泽
灌丛湿地	金露梅(*Potentilla fruticosa*)灌丛湿地	分布在河流上游沟谷,主要建群种是金露梅
森林湿地	河滩人工林湿地	分布在河滩和江心洲的人工杨树和柳树林,有季节性水淹
	河滩沙棘林(*Hippophae rhamnoides*)湿地	分布在河滩以沙棘林为建群种,有季节性水淹
滩地	滩地	植被覆盖度低于5%的河滩沙地、砾石地等

2.2 遥感数据处理与湿地信息提取

数据选取2006年中巴资源卫星影像,空间分辨率20 m。利用ERDAS9.1软件平台,选取4、3、2波段组合做假彩色合成,滤波增强;通过地形图选取控制点、二次多项式拟合及最邻近点法像元重采样等方法对遥感影像进行几何精校正,校正后图像经RMS检验误差控制在一个像元内(Bedford *et al.*,1988; Wu *et al.*,1995; 韩敏等,2005;Zhang *et al.*, 2010)。根据大量的野外调查记录,并参照研究区地形图、植被图、土地利用图等专题图件及Google earth高清影像建立遥感解译标志,采用目视解译判读湿地及相关土地覆被类型。结合野外核查对解译结果进行系统修正和检验,各类型的解译精度达90%以上。

2.3 地貌类型分区与景观数据提取

根据研究区的地貌和水热条件的组合特点，结合高精度 DEM 和行政区划界线，将拉萨河流域分为 3 个地貌区：嘉黎河源区（简称河源区），主要指拉萨河源头和上游的高海拔地区，包括那曲县和嘉黎县；西北部羊八井—当雄盆地地貌区（简称当雄盆地区），包括当雄县；拉萨河谷区（简称河谷区），包括拉萨河下游的拉萨城关区、堆龙德庆、达孜、那曲、墨竹工卡、林周。将地貌分区数据截取湿地类型解译数据，通过对 3 种尺度（景观尺度、生态系统尺度、地貌分区尺度）湿地分类图的编辑、转换，得到 30 m×30 m 的栅格数据，应用 FRAGSTATS3.3 进行各个层级的景观指数提取。

2.4 景观指数的选择

景观特征指数是反映景观构成和空间配置形态等特征的定量指标（张世瑕等，2007）。本文采用斑块面积、密度，形状，聚集/分散和多样性四大类型共 14 个景观指数（表 2），包括斑块类型面积指数（*CA*）、斑块所占景观面积比例（*%LAND*）、最大斑块占景观面积比例（*LPI*）；斑块类型数目（*NP*）、斑块密度指数（*PD*）、平均斑块面积指数（*MPS*）、分维数（*FRACT*）、景观形状指数（*LSI*）；香浓多样性指数（*SHDI*）、香农均匀度指数（*SHEI*）、丰富度指数（*PR*）、优势度指数（*D*）、景观蔓延度指数（*CONT*）、景观凝聚度指数（*COHESION*）。各指数的计算方法和生态学意义参见 FRAGSTATS 3.3 和相关参考文献（Amy *et al.*，2001；陈利顶等，2006；Gu *et al.*，2007；王成等，2007；周德民等 2007）。

表 2 景观格局指数及生态学意义

Table 2 indices and their ecological meaning of landscape spatial pattern

类型	指标概念	计算公式	生态含义
面积	斑块类型面积	$CA=\sum_{j=1}^{n}a_{ij}\left(\frac{1}{10000}\right)$	度量景观组分，也是计算其他指标的基础
	斑块所占景观面积比例	$\%LAND=\frac{\sum_{j=1}^{n}a_{ij}}{A}(100)$	决定景观中生物多样性等生态系统指标的重要因素
	最大斑块占景观面积比例	$LPI=\frac{\max_{j=1}^{n} a_{ij}}{A}(100)$	有助于确定景观的优势类型，决定景观优势种，内部种的丰富度等特征
斑块形状与密度	斑块数目	$NP=j$	表示某一类型斑块数目
	斑块密度	$PD=(10000)(100)n/A$	某一类型斑块数量占整个景观面积比例，反映景观破碎度的一个重要指标
	斑块平均大小	$MPS=\frac{A}{N}\left(\frac{1}{1000}\right)^{q}$	可表示景观的破碎程度，其值变化能反馈更丰富的景观生态信息
	分维数	$FRACT=2\ln(P_i/4)\ln(a_i)$	反映景观斑块形状的复杂程度
	景观形状指数	$LSI=\frac{e_i}{\min e_i}$	反映基于类型或景观斑块形状特征的聚集程度

续表

类型	指标概念	计算公式	生态含义
多样性	香浓多样性指数	$SHDI = \sum_{i=1}^{m}(p_i \ln p_i)$	反映景观异质性，对斑块类型非均衡分布状况较敏感
	香浓均匀度指数	$SHEI = \dfrac{-\sum_{i=1}^{m}(p_i \ln p_i)}{\ln m}$	比较不同景观格局多样性均衡水平的重要指标
	丰富度指数	$PR = m$	反映景观组分多少，衡量景观多样性重要指标
	优势度指数	$D = \ln(m) + \sum_{i=1}^{m} p_i \ln p_i$	表征组成景观的各景观类型所占比例差异大小
聚散性	斑块凝聚度指数	$COHESION = \left[1 - \dfrac{\sum p/s}{\sum p\sqrt{A}/S}\right]\left[1 - \dfrac{1}{\sqrt{N}}\right]^{-1}(100)$	描述景观中生境的破碎程度，是衡量相关斑块类型物理连接性的指标
	聚集度指数	$CONTAG = \left[1 + \dfrac{\sum_{i=1}^{m}\sum_{k=1}^{m}\left[(p_i \dfrac{g_{ik}}{\sum_{k=1}^{m} g_{ik}})\ln(p_j \dfrac{g_{ik}}{\sum_{k=1}^{m} g_{ik}})\right]}{2\ln m}\right](100)$	表征景观不同斑块类型的团聚程度或延展趋势，包括空间信息，是描述景观格局的重要指数之一

注：表中，$i=1,\cdots,n$ 是斑块类型；$j=1,\cdots,n$ 是斑块数目；$k=1,\cdots,n$ 是斑块类型；$s=1,\cdots,n$ 是给定距离内的斑块数目；A 是总的景观面积(m^2)；a_{ij} 是斑块 ij 的面积(m^2)；p_{ij} 是斑块 ij 的周长(m)；e_{ik} 是与类型为 k 的斑块相邻的斑块 ij 的边长(m)；N 是景观中的斑块总数；S 是景观中斑块边长；m 是景观或斑块中所有斑块类型的总数；g_{ik} 是类型 i 和类型 k 之间相邻的格网单元数目；p_i 是斑块类型 i 所占景观面积的比例。

3 结果及分析

3.1 基于景观类型的空间格局分析

流域内湿地系统总面积为 20.9×10^4 hm^2，占整个流域面积的 6.37%(图 2)。从基于景观类型的湿地构成上看(表 3)，高寒草甸湿地景观面积最大，占流域内湿地景观总面积的 77.74%，斑块数量最多，是流域湿地的基质景观类型，与该地区所具有的高亢地势、严寒气候、冰雪融水、冻土发育等独特自然条件密切相关。但其聚集度指数和平均斑块面积指数不是最大，表明高寒草甸湿地破碎度较高，主要是由高寒草甸湿地形成的地貌特征和人类活动影响所致。开阔水域景观对整个湿地系统的贡献率为 15.56%，斑块数量较多，最大斑块面积指数最大，平均斑块面积指数较小，原因在于开阔水域包括河流、湖泊、水库、坑塘，其中河流的连接度较高，平均斑块面积较大，而湖泊都是以小的湖群形式出现，比较分散，平均斑块面积较小；开阔水域景观的形状指数和分维数最高，说明该湿地类型整体形态复杂。草丛沼泽和灌丛湿地二者所占面积最小，但是草丛沼泽平均斑块面积最大，形状指数和聚集度指数最低，说明该湿地类型斑块分布不连续，斑块面积较大，相对集中，形状规则；而灌丛湿地景观呈相反趋势，平均斑块面积较小，聚集度指数最大，说明其斑块大小不均，大面积斑块分布集中。森林湿地景观贡献率 1.38%，其斑块密度较大，聚集度指数最小，表明其空间分布破碎的特征；滩地景观与森林湿地斑块密度相当，但滩地景观面积贡献率较高 4.41%，形状指数和聚集度指数较高，分布相对集中。

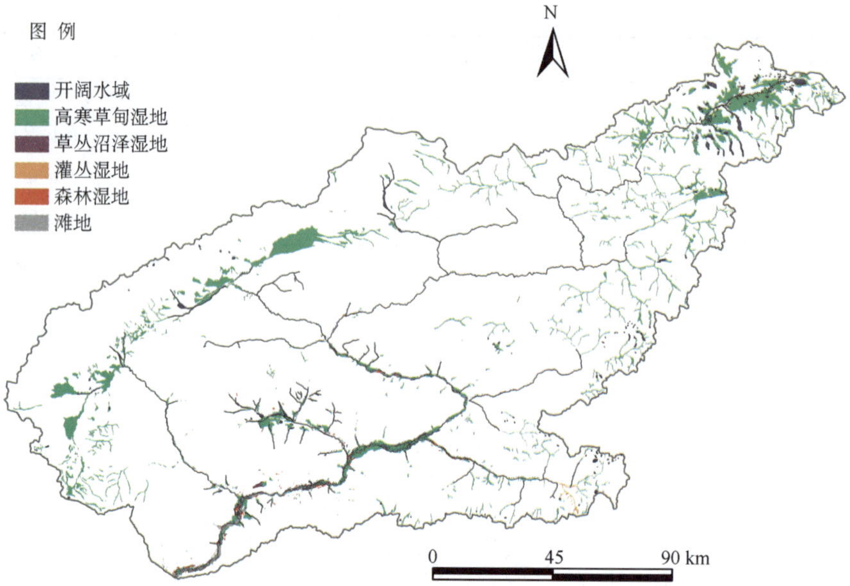

图 2　拉萨河流域湿地景观类型分布

Figure 2　Wetland landscape distribution in Lhasa River Basin

表 3　基于湿地景观类型的景观格局指数

Table 3　Landscape pattern index based on wetland landscape type

	CA	*%LAND*	*NP*	*PD*	*LPI*	*MPS*	*LSI*	*FRACT*	*COHESION*
开阔水域	32 561.50	15.56	308	0.009 4	0.516 4	28.36	74.749 3	1.720 8	99.436 5
高寒草甸	162 713.25	77.74	721	0.021 9	0.479 9	215.57	62.858 7	1.522	98.359 1
草丛沼泽	963.75	0.46	25	0.000 8	0.014 3	428.37	7.232 0	1.458 9	94.083 9
灌丛湿地	963.50	0.46	7	0.000 2	0.027 7	126.67	8.840 0	1.723 1	98.198 5
森林湿地	2 878.00	1.38	137	0.004 2	0.006 4	6.58	18.288 4	1.394 9	91.400 2
滩地	9 220.25	4.41	153	0.004 7	0.017 5	83.67	21.989 6	1.329 7	95.417 8

3.2　各湿地生态系统类型的特征

从景观要素对景观类型的贡献程度(所占比例)上看(表 4),从高到低依次是:藏北嵩草沼泽草甸(65.45%)、河流湿地(12.06%)、杂类草湿草甸(9.87%)、滩地(4.41%)、湖泊湿地(3.34%)、矮嵩草+苔草沼泽草甸(2.42%)、河滩人工林湿地(0.93%)、灌丛沼泽湿地(0.46%)、河滩沙棘林湿地(0.44%)、芦苇沼泽湿地(0.27%)、水生杂草沼泽湿地(0.19%)、水库(0.12%)、坑塘(0.04%)。可见,流域内各湿地生态系统类型贡献率差异性明显,藏北嵩草沼泽草甸湿地的贡献率远远超过其他类型。

在所有湿地类型中,从斑块面积、斑块数目、斑块密度、斑块形状指数、斑块的聚散程度指数来看(表 4),藏北嵩草沼泽草甸湿地生态系统都具有最大值,是研究区核心植物群落,但斑块破碎度较高,形状复杂,表明该湿地类型在数量分布上占绝对优势,但其分布并不是高度集中的,斑块数量较多。河流是流域湿地的廊道景观,其斑块密度和聚集度指数较小,形状指数和分维数较大,说明其形状不规则,但具有很好的连通性,湖泊湿地景观指数特征相反。杂类草湿草甸和矮嵩草＋苔草沼泽草甸是面积次于藏北嵩草沼泽草甸的湿地类型，其斑块数量较多，密度较大，形状指数较低，同类斑块相邻程度较高，表明这两种湿地类型分布破碎，形状较简单，且同一湿地类型分布的区域较集中。芦苇沼泽与水生杂草沼泽面积相当，但芦苇沼泽拥有最大斑块面积指数、聚集度指数和最小形状指数，斑块形状简单，大面积斑块集中均匀分布。河滩沙棘林和河滩人工林有较高的密度指数和较低的聚集度指数，可见其分布的破碎化程度较高。灌丛沼泽和滩地的最大斑块面积指数较大，形状指数和分维数不高，可见其形状较简单，分布较集中。水库和坑塘的斑块数和斑块形状指数都较小，形状规则，符合人工湿地的一般特点。

表 4　基于生态系统类型的湿地景观指数

Table 4　Wetland landscape index based on ecosystem type

类型	*CA*	%*LAND*	*NP*	*PD*	*LPI*	*LSI*	*FRACT*	*COHESION*
RI	25 240.75	12.06	53	0.001 6	0.310 7	74.592 8	1.735 5	99.302 6
LA	699 2.00	3.34	250	0.007 6	0.022 6	18.641 8	1.244 8	93.649 2
RE	253.50	0.12	3	0.000 1	0.004 7	2.171 9	1.432 4	95.058 7
PO	78.00	0.04	11	0.000 3	0.000 6	4.666 7	1.482 0	83.582 6
KL	136 991.75	65.45	452	0.013 8	0.479 9	57.396 4	1.611 8	98.508 3
KC	5 062.75	2.42	144	0.004 4	0.015 7	17.087 7	1.273 1	93.621 9
WM	20 659.75	9.87	177	0.005 4	0.065 3	22.299 1	1.276 5	96.683 2
PA	555.75	0.27	4	0.000 1	0.013 4	3.452 6	1.397 6	96.536 9
SG	408.00	0.19	22	0.000 7	0.001 1	7.296 3	1.834 7	88.876 6
PF	963.50	0.46	7	0.000 2	0.027 7	8.840 0	1.723 1	98.198 5
HR	922.25	0.44	56	0.001 7	0.002 7	12.131 1	1.394 7	90.651 5
BF	1 955.75	0.93	81	0.002 5	0.006 4	13.853 1	1.408 6	91.797
BL	9 220.25	4.41	153	0.004 7	0.017 5	21.989 6	1.329 7	95.417 8

注：RI：河流；LA：湖泊；RE：水库；PO：坑塘；KL：藏北嵩草沼泽草甸；KC：矮嵩草＋苔草沼泽草甸；WM：杂类草湿草甸；PA：芦苇沼泽；SG：水生杂草沼泽；PF：灌丛沼泽；HR：河滩沙棘林湿地；BF：河滩人工林湿地；BL：滩地。

3.3　不同地貌分区的湿地空间格局分析

3.3.1　同一地貌区不同景观要素的综合分析

河源区湿地景观面积 8.4×10^4 hm²，有藏北嵩草沼泽草甸、矮嵩草＋苔草沼泽草甸、河流、湖泊四种湿地类型（图 3，表 5）。其中，藏北嵩草沼泽湿地面积所占比例最大（87％），其斑块数、斑块密度、形状指数都有最大值，是该区域主要湿地景观类型，斑块数量多、密度大，形状复杂，大部分湿地分布在上游的沟谷两侧，；其次，河源区的主要类型是湖泊湿地，其斑块数、斑块密度较大，形状指数和聚集度指数都较小，其破碎化程度较高，分布分散，形状简单。

河谷区湿地景观面积 7.2×10^4 hm²，该区域湿地景观丰富度指数最大达 13 种（图 3，表 5）。其中，杂类草湿草甸、河流湿地及藏北嵩草沼泽草甸湿地所占比例最大，三者之和约占该区湿地总面积的 70％，是拉萨河谷区主要湿地生态系统类型，但这些湿地类型呈镶嵌分布格局，相互间影响较大，自身生态系统的稳定性和抗胁迫能力较差，其次是矮嵩草＋苔草沼泽草甸和河滩砾石地。杂类草湿草甸面积密度和聚集度指数较高、分维数较小，可见河谷区是杂类草湿草甸主要分布区，但斑块破碎，彼此邻接度较高，形状简单。

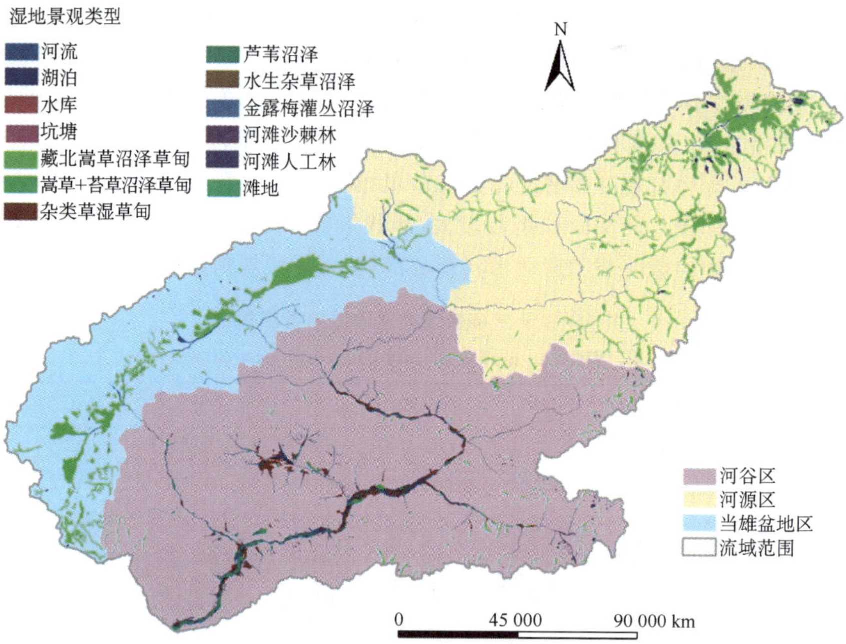

图 3　拉萨河流域不同地貌区湿地类型分布

Figure 3　Wetland landscape distribution of different geomorphological region in Lhasa River Basin

当雄盆地区湿地总面积 5.3×10^4 hm^2，包括藏北嵩草沼泽草甸、矮嵩草＋苔草沼泽草甸、杂类草湿草甸、河流、湖泊 5 种类型(图 3，表 5)，其中，藏北嵩草沼泽草甸湿地所占的面积比例最大，是该区湿地景观的本底，矮嵩草＋苔草沼泽草甸与杂类草湿草甸的面积都比较小，以嵌体形势镶嵌于藏北嵩草沼泽草甸景观要素中，生态系统较稳定，抗干扰能力较强。藏北嵩草沼泽草甸的斑块数量、斑块密度及景观聚集程度指数都有极大值，其形状指数也较高，表明其具有一定的复杂程度。该区的湖泊湿地景观的斑块数量仅次于藏北嵩草沼泽草甸，斑块密度较大，形状单一。

3.3.2　不同地貌区景观格局的综合分析

三大地貌区共有的湿地类型是藏北嵩草沼泽草甸、矮嵩草＋苔草沼泽草甸、湖泊和河流，也是拉萨河流域的主要湿地类型，是以水域(河流＋湖泊)和沼泽草甸为核心的湿地景观。其中，藏北嵩草的总面积分大小和聚集度指数是河源区＞当雄盆地＞河谷区，表明其主要分布在河源区和当雄盆地；但从斑块数目和斑块密度指数来看，三个地区的指数相当，可见藏北嵩草沼泽草甸在河源和当雄区分布较集中，最大斑块面积指数也表明斑块面积大小差异分化明显，在河谷区呈小斑块分布，比较破碎；形状指数和分维数显示河源区＞河谷区＞当雄盆地区，表明当雄盆地区藏北嵩草湿地形状简单，河源、河谷区较复杂，这与其自身的分布特点及农牧业活动影响有关。矮嵩草＋苔草沼泽草甸在斑块面积、数目及景观聚集度指数等在河谷区相对于当雄区和河源区都具有极大值，可见其主要分布在河谷区。部分原因在于河谷区的大量农牧业活动致使小面积的藏北嵩草沼泽草甸发生退化成矮嵩草＋苔草沼泽草甸，因此有必要采取适当保护措施加强高原湿地保护。河流湿地景观面积、形状和分维度指数显示河谷区＞河源区＞当雄区，表明河谷地区是河流湿地景观的主要分布区，且形状复杂。湖泊湿地景观面积、斑块数目依次是河源区＞河谷区＞当雄盆地区，且河源地区的湖泊形状指数和聚集度指数最高，表明河源区是湖泊湿地主要分布区。

表 5 不同地貌区湿地生态系统的景观指数

Table 5 Wetland type landscape index in three region

地貌区	湿地类型	*CA*	*%LAND*	*NP*	*ND*	*LPI*	*LSI*	*FRACT*	*COHESION*	*MPS*
当雄盆地区	藏北嵩草沼泽草甸	48 854.790 0	91.826 7	126	0.236 8	29.596 5	23.698 1	1.480 9	99.283 0	0.030 9
	河流	3 764.070 0	7.074 9	8	0.015 0	2.418 9	25.782 9	1.489 5	98.951 4	0.122 1
	矮嵩草＋苔草沼泽草甸	33.390 0	0.062 8	2	0.003 8	0.045 0	2.333 3	1.009 1	93.034 3	0.073 6
	湖泊	508.230 0	0.955 3	29	0.054 5	0.171 7	6.152 3	1.101 3	93.811 0	0.069 8
	杂类草湿草甸	42.750 0	0.080 4	1	0.000 1	0.005 9	2.636 4	1.201 4	95.535 9	0.079 3
河源区	湖泊	5 198.490 0	6.186 1	159	0.189 2	0.888 0	14.640 3	1.238 2	96.802 3	0.057 0
	藏北嵩草沼泽草甸	73 353.870 0	87.290 2	168	0.199 9	11.970 1	41.873 8	1.651 0	99.331 5	0.045 4
	河流	5 445.000 0	6.479 5	5	0.005 9	2.807 4	33.811 0	1.532 4	99.411 8	0.133 8
	矮嵩草＋苔草沼泽草甸	37.080 0	0.044 1	4	0.004 8	0.014 5	2.512 2	1.102 3	90.287 4	0.079 2
河谷区	河流	16 065.090 0	22.300 4	39	0.054 1	13.686 9	61.886 4	1.971 6	99.659 2	0.144 5
	藏北嵩草沼泽草甸	14 755.770 0	20.482 9	161	0.223 5	1.619 1	39.346 9	1.816 6	98.181 1	0.095 0
	矮嵩草＋苔草沼泽草甸	4 994.460 0	6.933 0	136	0.188 8	0.720 0	17.025 4	1.273 1	96.315 0	0.068 4
	杂类草湿草甸	20 610.360 0	28.609 9	175	0.242 9	2.980 1	22.345 5	1.265 2	98.113 6	0.044 8
	河滩沙棘林湿地	917.730 0	1.273 9	63	0.087 5	0.099 6	12.351 5	1.380 6	93.750 3	0.113 9
	湖泊	1 260.900 0	1.750 3	60	0.083 3	0.230 6	10.409 3	1.288 3	94.577 9	0.080 1
	滩地	9 219.600 0	12.798 0	160	0.222 1	0.795 2	22.352 6	1.294 5	97.253 2	0.067 0
	坑塘	76.860 0	0.106 7	11	0.015 3	0.029 7	4.745 8	1.479 6	90.084 7	0.133 9
	水生杂草沼泽	411.120 0	0.570 7	22	0.030 5	0.052 8	7.301 5	1.804 2	93.445 5	0.094 7
	河滩人工林	1 952.460 0	2.710 3	81	0.112 4	0.292 3	13.976 3	1.360 2	95.239 1	0.088 9
	水库	253.620 0	0.352 1	3	0.004 2	0.214 0	2.168 2	1.420 6	97.141 2	0.022 7
	芦苇沼泽	555.030 0	0.770 5	4	0.005 6	0.610 5	3.575 9	1.392 5	98.005 5	0.033 1
	灌丛	966.330 0	1.341 4	7	0.009 7	1.265 8	8.951 9	1.704 6	99.010 9	0.078 0

3.3.3 景观水平上不同地貌区湿地特征分析

流域三大地貌区的景观尺度指数表明河源地区湿地总面积最大、最大斑块面积指数最小(表 6),说明河源区湿地分布广、破碎度高;其次是河谷地区,当雄盆地湿地面积相对较小。从斑块数目和斑块密度指数上看,河谷地区斑块密度最大。当雄盆地具有最大斑块面积指数的极大值、形状指数的极小值、聚集度指数和平均斑块面积的极大值,该区域湿地类型简单,分布集中。而河谷地区具有形状指数最大值,聚集度指数、平均斑块面积极小值,该区湿地类型复杂,相对分散分布,湿地类型最丰富。从景观多样性指数、优势度指数和均匀度指数看,当雄盆地区和河源区湿地景观多样性指数、均匀度和丰富度指数都较小,湿地景观组成要素所占比例差异较大;河谷区多样性和丰富度指数最大,优势度和均匀度指数最小。可见,在河源区和当雄盆地区,湿地景观类型单一,沼泽草甸的优势明显,河谷区湿地类型多样,分布均匀,优势不突出。景观连接性有明显差异,河谷地区的景观连接性指数最低,当雄区最高,说明河谷区各湿地类型是镶嵌分布的,其中有大面积农田等非湿地景观阻隔,当雄区草甸湿地呈集中分布。

表 6 流域内三大地貌区的湿地景观指数

Table 6 wetland landscape index of three regions in basin

地貌区	*CA*	*NP*	*PD*	*LPI*	*LSI*	*FRACT*	*CONTAG*	*MPS*	*PR*	*SHDI*	*D*	*SHEI*
当雄区	53 203.23	166	0.312 0	29.59	29.49	1.574 7	89.56	320.50	5	0.320 5	1.288 9	0.199 1
河源区	84 034.44	336	0.399 8	11.97	48.87	1.525 8	81.75	250.10	4	0.471 5	0.911 3	0.340 1
河谷区	72 039.33	922	1.279 9	13.68	63.29	1.516 0	60.52	78.13	13	1.841 8	0.723 1	0.718 0

4 结论

通过对不同尺度流域湿地的景观指数分析,表明流域湿地具有多个层次的景观格局特征。这些特征的形成大部分是流域湿地自身的分布特点及气候变化和人类活动干扰所致。

在景观尺度上,高寒草甸湿地面积最大,斑块数量最多,是流域湿地的基质景观类型,但由于流域地形地貌特点及人类活动的影响,整体上分布较分散,其破碎度较高。开阔水域景观对整个湿地景观的贡献为 15.56%,斑块数量较多,形态复杂。草丛沼泽和灌丛湿地二者所占面积最小,分布不连续,平均斑块面积较大;而滩地景观与森林湿地贡献率较低。

在生态系统尺度上,藏北嵩草沼泽草甸湿地的贡献率(65.45%)远远超过其他湿地类型。从斑块面积、斑块数目、斑块密度、斑块形状指数、斑块的聚散程度指数显示藏北嵩草沼泽草甸湿地都具有极大值,表明其是研究区核心湿地生态系统类型。其他景观要素镶嵌分布在该类湿地中。

在不同地貌区的比较分析表明:河源区湿地类型简单,藏北嵩草沼泽草甸是主要湿地景观,破碎度较高。该区也是湖泊湿地的主要分布区,以湖群形式分布,形状简单。河谷区湿地景观类型丰富,景观多样性指数最大,以杂类草湿草甸和河流湿地为主,各景观类型镶嵌分布,该区受人类农牧业生产活动影响较大,生态系统稳定性较弱。当雄盆地区有 5 种景观类型,其优势度指数和均匀度指数最大,仍然以藏北嵩草沼泽草甸为主,分布较集中,生态系统稳定、抗干扰能力较强。

Land Cover Mapping in the Qomolangma (Everest) National Nature Preserve*

珠穆朗玛峰保护区土地覆被制图研究报告

摘　要:珠穆朗玛峰国家自然保护区(QNNP)作为世界上平均海拔最高的自然保护区,其土地覆被状况是反映该保护区生态与环境质量的重要标志。基于多年的野外调查、遥感数据,采用LCCS分类系统和面向对象遥感影像处理方法和GIS技术,完成了珠穆朗玛峰国家自然保护区和典型区域的土地覆被制图和格局分析。主要结果:(1)基于2007年的AWIFS遥感数据,珠峰保护区土地覆被类型分为农田、森林、灌丛、草地、稀疏植被、水体、居民点与建设用地、裸地等8个一级类和22个二级类型;在珠峰保护区内各主要覆被类型的覆盖比例依次为:(农田)0.1%、(森林)1.2%、(灌丛)2.63%(其中常绿针叶灌木为1.5%)、(各类高寒草地)40.42%、(高山稀疏植被)16.66%、(水体)3.01%(其中冰川面积比1.79%,湖泊面积和河流面积比1.22%)、(居民点与建设用地)0.01%和(裸地)10.27%;有24.69%的区域被雪被覆盖,这在一定程度上影响了其他土地覆被类型的精度;(2)各土地覆被类型垂直分布特点为:在海拔6 000 m以上主要分布有冰川、雪被和裸岩裸砾石等,在海拔5 000～6 000 m主要分布着稀疏植被和高寒草地,在海拔4 000～5 000 m主要分布着湖泊、各类高寒草地,灌丛广布于海拔3 000～5 000 m,森林多分布在海拔4 000 m以下;(3)结合野外调查对基于AWIFS和Aster的土地覆被二级类型评价精度结果分别为87.4%和89.75%,这表明:在高海拔的珠峰地区,采用本文研究方法结合野外修正,可以获得有效且合理的土地覆被制图结果。

1 Introduction

This document presents the various activities carried out by IGSNRR related to land cover mapping under the HKKH Partnership project framework. The document describes the activities on development of a legend, study area, LCCS, field missions, the methodologies and draft results followed for land cover mapping.

Main objectives includes as follows:

▶ Land cover mapping in Qomolangma National Nature Preserve (QNNP) as one basic topic of HKKH Partnership for ecosystem management (including SNP, QNNP and CKNP);

▶ The latest land cover data in QNNP for understanding the unique ecosystem of vertical zone;

▶ Environmental monitoring dynamically for the further works.

* Prepared by Zhang Yili(张镱锂), Liu Linshan(刘林山), Nie Yong(聂勇), Zhang Jiping(张继平), Zhang Xueru(张学儒), *et al*. In Zhang Yili *et al*. Research Report of the HKKH Partnership Project in China (version 2.0), Institute of Geographic Sciences and Natural Resources Research of CAS, June 2010, Beijing.

2 Study area and its geographical environment

The study area is the Qomolangma Nature Preserve (QNNP), which is located close to the border with Nepal, including Tingri, Gyirong, Nyalam and Dinggye Counties in Tibet Autonomous Region in China (Figure 1). The reserve is from national boundaries to the south, the Yarlung Zangbo River and south Tibet watershed to the north, the watershed between the Mingjiu River and Yala River to the east and watershed of Baruo Zangbo, Amuga River and Sangzhuo River to the west. The area of the reserve is about 3.4×10^{4} km^2, lying in a range from 27°48′N to 29°19′N and from 84°28′E to 88°23′E (Zhang *et al.*, 2007).

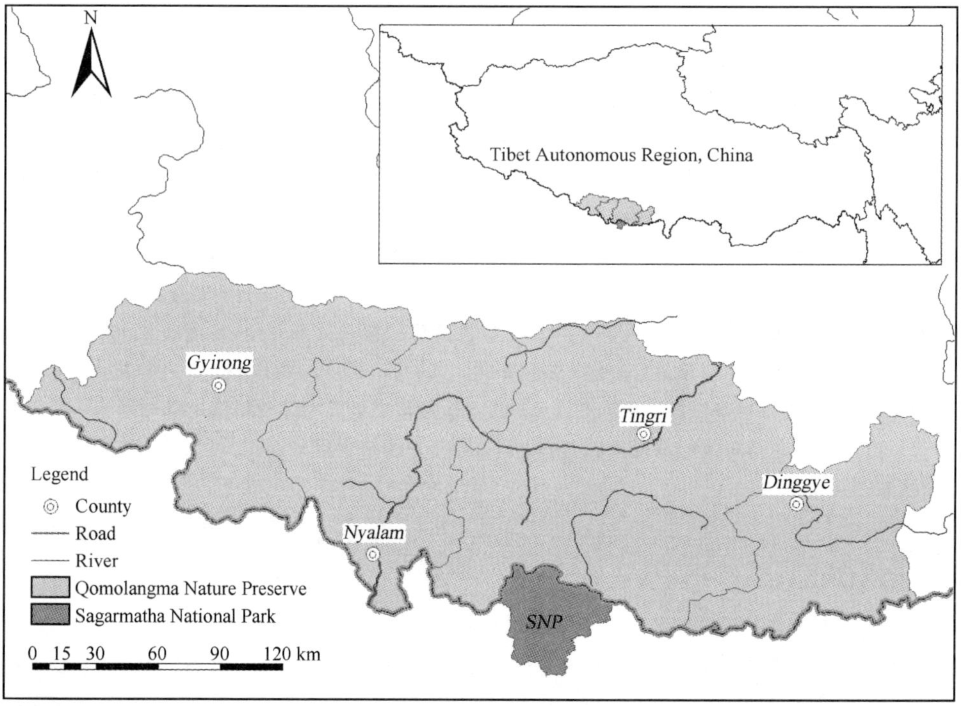

Figure 1　Location of study area

2.1 Geomorphology

The QNNP is composed by two big wide plateau geomorphic units, which are high Himalayan mountain, dale and lake basin on the plateau. The former has towering snowy peaks and deep river valleys, and those elevations have thousands of meters difference. Between towering snowy peaks and deep river valleys contain abundant morphostructure, fluvial landforms, glacial landform and peri-glacial landform. The latter topography fluctuation is slower, including broad valleys and intensive lakes, which show the main characters of plateau geomorphology that is not serous water penetration to make the plateau razed to the ground (Li, 1993).

2.2 Climate

Located in southern Himalayan Mountain of southern QNNP, the mountainous region has a wet rainy maritime monsoon climate. At the bottom, there is mountain subtropical climate. With the rising of mountainous altitude, there are mountain warm temperate climates, subalpine cold temperate climates, alpine sub-frigid climates and alpine frigid climates. In northern QNNP, the south Tibetan Plateau climate is cold and drought, which is the typical characteristic of plateau continental climate (Li, 1993; CiDan, 1997).

According to the analysis of meteorological data of Tingri and Nyalam, the 30-year-average annual air temperature is 2.87℃ in Tingri and 3.61℃ in Nyalam from 1971 to 2000 (Yang *et al.*, 2006). The 30-year-averaged annual precipitation is 259.81 mm in Tingri and 665.57 mm in Nyalam.

2.3 Ecology

QNNP is very abundant in ecosystem types and its vertical zones are remarkable. The vertical range of vegetation distribution is from 1600 m a. s. l. (on the southeastern slope and the southwestern slope) to 6000 m/6200 m a. s. l. (Jiang, 1974; Team of Scientific Expedition to Tibet of CAS, 1975; Fei, 1981; The Comprehensive Scientific Expedition to the Qinghai-Xizang Plateau, 1988). From the foot to the peak, the vertical vegetation zones on the south scope of the Himalayas are composed of the mountain subtropical evergreen broad-leaved include forests, mountain warm-temperate needle-leaved and broad-leaved mixed forests, mountain cold-temperate needle-leaved forests, subalpine cold-temperate needle-leaved forests, subalpine frigid shrubs and meadows, alpine frigid meadows and cushion vegetation and alpine frigid moraine lichens. Above 5500 m a. s. l. is a snow and ice belt. From the foot to the peak, the vertical vegetation zones on the north scope of the Himalayas consist of plateau frigid semi-arid steppes, alpine frigid meadows and cushion vegetation and alpine frigid moraine lichens. Above 6000 m a. s. l. is a snow and ice belt.

2.4 Soil

The QNNP has unique hydrothermal condition, which produces complex soil vertical distribution. By dividing Himalayas, from bottom to top, the northern side mainly contains subalpine steppe soil, alpine meadow soil and alpine meadow-steppe soil, original alpine meadow soil and alpine frigid desert soil. The southern side mainly contains alpine yellow brown earth, alpine acidic brown earth, alpine brown soil, subalpine meadow soil, alpine meadow soil (including original alpine meadow soil) and alpine frigid desert soil (Team of Scientific Expedition to Tibet of CAS, 1975).

2.5 Economy

The four counties in the QNNP are all agricultural counties with a population of about

97375 in 2008(Tibet Statistical Bureau, 2009). According to economic statistics in 2007, the total gross output value of farming, forestry and animal husbandry was approx. 284.43 million Yuan, which included 149.9 million Yuan of output value of farming, 11.14 million Yuan of forestry, and 123.39 million Yuan of animal husbandry. At the end of 2007, the amount of livestock on hand was 937.7 thousand (Tibet Statistical Bureau, 2008).

3 Previous Land Cover initiatives

Scientific research in QNNP has been mainly been carried out through four previous comprehensive scientific expeditions of systematic and multidisciplinary fields referring to ice core, glacier, atmospheric physics and chemistry, ecology, hydrology, as well as responding to the global environmental change *et al*. These research expeditions were carried out in 1959—1960, 1966—1968, 1975, and 2005 respectively and organized by first-class academic institutions in China, with the Chinese Academy of Sciences (CAS) playing a leading role in the expeditions.

Many thematic materials and maps on land cover in QNNP were completed based on the comprehensive scientific expeditions, such as land-use map of Xigaze, grassland type map of Xigaze, vegetation map of Tibet Autonomous Region, topographic maps etc that can be used as well as the ancillary data for the latest land cover mapping in QNNP. With the development of remote sensing (RS) and geographical information system (GIS), the national land-use and land cover mapping based on RS and GIS have been finished by IGSNRR whose times covered from late 1980s to around 2000. The data in our study area was also referenced for the newest land cover mapping involved in the HKKH program.

4 Classification Scheme

4.1 Classification method of remote sensing

Land cover mapping of remote sensing applications has been a hot area of research. In recent years, with computer image processing technology, GIS, RS, development, the vegetation classification techniques based on remote sensing images has developed rapidly.

The earliest studies of the remote sensing of vegetation classification is based mainly on the artificial visual interpretation, that is, through direct observation or professionals assisted with interpretation of images in remote sensing instruments to obtain information on specific target features. The accuracy of interpretation depends on the solution of the translator's experience, generally speaking that way to interpret the higher accuracy of the interpretation, but time-consuming and labor cannot meet the needs of time-sensitive information, and it is not widely applied.

With the development of computer technology, remote sensing of vegetation began to move toward automated classification. Classification process based on the artificial level of participation is divided into supervised classification, unsupervised classification and the classification of a combination of both, such as mixed. The classification of commonly used methods includes the parallelepiped method, maximum likelihood, minimum distance method, such as spectral angle classification. In practice, only the use of non-supervised classification or unsupervised classification often classified by type as a result of the actual type of sample selection difficult to match or misconduct resulting in lower classification accuracy, while a combination of both classification methods can be mixed to some extent to improve the classification accuracy.

Traditional classification methods in general are based on the spectral classification of remote sensing images, only to meet certain statistical assumptions in order to obtain better classification results (such as maximum likelihood), and do not consider the remote sensing image phase information, difficult to resolve the issue of mixed-pixel. Against the limitations of the traditional classification method, many research programs to improve vegetation classification methods, the main vegetation index method, multi-temporal and multi-source information fusion, artificial neural networks, expert systems, fuzzy math, mixed-pixel decomposition for methods such as object classification.

The object-oriented classification is developing rapidly in current, and there are some case study (James *et al.*, 2005) using high spatial resolution, hyperspectral imaging, respectively, with spectral angle and non-parametric object-oriented method of Iowa to classify areas of wetland mapping, object-oriented method results show that the classification accuracy (overall accuracy 92.3%) was significantly higher than the spectral angle (63.53%). The use of fuzzy object-oriented classification of polarimetric radar data analysis of the details of plant, and an analysis of the properties involved in the classification of objects have entropy values to the heterogeneity of the different spectral bands, such as the margin (Benz *et al.*, 2001). Method of object-oriented high-resolution aerial photo was used for the extraction of vegetation in the city information of Phoenix with the overall classification accuracy of 94%. Object-oriented image classification uses spectral, texture, shape and background information to identify informal residents to get higher classification accuracy from IKONOS images (Honfmann, 2001). Object-oriented technology is also introduced in China to extract urban land use (Zhou *et al.*, 2008). The application of object-oriented method in Poyang Lake wetlands were carried out, and the results of supervised classification were compared and the result showed that the classification of object-oriented supervised classification is superior (Jiang *et al.*, 2008).

Comparing with Pixel-based image processing methods, object-oriented image analysis methodology is with a basic processing unit composed of a number of pixels of the pixel group, rather than a single pixel. So this overcomes the traditional pixel-based classification with the existence of serious "salt and pepper effect". Additionally, this method can be used not only the traditional spectral feature but also texture information, neighborhood information, context information, GIS information and other related ancillary data, to gain higher accuracy of land cover mapping (Blaschke *et al.*, 2000; Mauro *et al.*, 2001; Benz *et al.*, 2004).

4.2 LCCS

A number of organizations and institutions have generalized many classification systems and the legends for different objects. However, there were very little efforts made to compare and bring consistency in the global legend use/cover (Olson *et al.*, 2002; Giri *et al.*, 2005) and the need of a consistent land use/cover legend for the HKKH region was always in demand (Gautam *et al.*, 2004). The initiatives taken by FAO to bring the consistency in global land cover legends opened an opportunity, and since then the countries of the HKH region are devising this at the regional scale (Roy *et al.*, 2004). The Land Cover Classification System (LCCS) with the characteristics of comprehensive and standardized classification system is considered for use in the project for its land cover mapping activities for consistency in three protected areas.

4.3 Legend definition and Characteristics

The participants of application methodology of FAO/UNEP Land Cover Classification System (LCCS) held in Kathmandu for the study of Land Cover mapping in SNPBZ attended in Kathmandu from May to June, 2008. After that, land cover classification system at QNNP has been built based on the FAO/UNEP Land Cover Classification System (LCCS) and land cover types distributions at QNNP with many useful references data (mentioned below). The FAO/UNEP Land Cover Classification System (LCCS) standard is a comprehensive and standardized a priori classification system, designed to meet specific user requirements and created for mapping exercises independent of scales or means in the world. The LCCS was developed for the harmonization of geographic data as a result of the intensified use of GIS. To combine the real land cover type and spectral attributes of each land cover type at QNNP, the FAO/UNEP LCCS has been modified, and the preliminary land cover classification system can be used as signatures for image interpretation. The following classes were preliminarily identified for the land cover mapping (Table 1). Field examples of land cover classes of LCCS can be seen in the following table (Table 2).

5 Reference Data Collection

5.1 Non-field reference data

Referenced data is necessary to gain the land cover map as efficiently and exactly as possible. Land-use map of Xigaze, grassland type map of Xigaze, vegetation map of Tibet Autonomous Region, books and materials of scientific expeditions (e.g. Tibetan forest, Tibetan vegetation) topographic maps at scale of 1 : 100 000, etc. all have been collected for training sample. Main distributions of vegetation types were collected as follow:

a) Mountainous Subtropical evergreen woodland, broadleaved deciduous and needle-leaved evergreen forest (< 2600 m): *Castanopis hystrix*, *Machilus yunanenis*, *Lithocarpus arcaula*, *Cyclobalanopis xizangensis*, *Cyclobalanopsis oxyodon*, *Pinus griffithii*.

Table 1 Land cover classification system at QNNP

LCC Code	LCC Level	LCC Own Label	LCC Label	LCC
6005	A5	Bare Soil	Bare Soil and/or Other Unconsolidated Material(s)	Bare land
6002-1	A3-A7	Bare Rock	Bare Rock(s)	
6002-2	A3-A8	Gravels, Stones and Boulders	Gravels, Stones and/or Boulders	
5001	A1	Built Up Area	Built Up Area(s)	Built Up Are
10025-S1	A3-S1	Cultivated Area	Herbaceous Crop (s) Crop Type: Food Crops	Cultivated Area
8001-1	A1-A4	River	Natural Water bodies (Flowing)	Water body
8001-5	A1-A5	Lake	Natural Water bodies (Standing)	
8005	A2	Snow	Snow	
8008-9	A3-A6	Glacier	Ice (Moving)	
20062-12293	A5A14B4-B13	Alpine Sparse Vegetation	Sparse Short Forbs	Sparse Vegetation
20205	A5A11B4XXE5	Forbs	Open Forbs	Grassland
21462	A6A20B4	Closed to Open Grassland	Closed to Open Grassland	
20034	A6A10B4	Closed Grassland	Closed Grassland	
42347-4741	A2A20B4C1-B13	Closed to Open Flooded Herbaceous or wooden vegetation	Closed to Open Short Herbaceous or wooden Vegetation On Permanently Flooded Land	Permanent Wetland
20152	A4A10B3XXD1E1	Broadleaved Evergreen Closed Shrub land	Broadleaved Evergreen Thicket	Shrub
20174	A4A11B3XXD1E2	Broadleaved Deciduous Open Shrub land	Broadleaved Deciduous Shrub land	
20176	A4A11B3XXD2E1	Needle-leaved Evergreen Open Shrub land	Needle-leaved Evergreen Shrub land	
20089	A3A10B2XXD1E1	Broadleaved Evergreen Closed Forest	Broadleaved Evergreen Trees	Forest
20090	A3A10B2XXD1E2	Broadleaved Deciduous Closed Forest	Broadleaved Deciduous Trees	
20611-13175	A3A10B2XXD2E1 F2F5F7G2-B5E3G5	Mixed Forest	Multi-Layered Mixed High Trees (With Second Layer of High Trees)	
20132	A3A11B2XXD1E2	Broadleaved Deciduous Closed to Open Forest	Broadleaved Deciduous Woodland	
20134	A3A11B2XXD2E1	Needle-leaved Evergreen Closed to Open Forest	Needle-leaved Evergreen Woodland	

Table 2　Examples of land cover classes from the field

 Built Up Area	 Cultivated Area
 Bare Rock	 Gravels, Stones and Boulders
 Bare Soil	 River
 Snow	 Glacier

Table 2 Examples of land cover classes from the field (continue 1)

 Lake	 Alpine Sparse Vegetation
 Closed to Open Grassland	 Forbs
 Closed Grassland	 Closed to Open Flooded Herbaceous or wooden vegetation
 Needle-leaved Evergreen Open Shrub land	 Broadleaved Deciduous Open Shrub land

Table 2　Examples of land cover classes from the field(continue 2)

 Broadleaved Evergreen Closed Shrub land	 Broadleaved Deciduous Closed to Open Forest
 Needle-leaved Evergreen Closed to Open Forest	 Broadleaved Evergreen Closed Forest
 Broadleaved Deciduous Closed Forest	 Mixed Forest

b) Mountainous warm and wet needle-leaved evergreen and hard, broad leaved forest (2 400～3 300 m)：*Tsuga dumosa*，*Abies spectabilis*，*Pinus roxburghii*，*Pinus griffithii*，*Quercus semecarpifolia*.

c) Subalpine cool temperature needleleaved evergreen and deciduous broadleaved forest (3 100～3 900 m) ：*Abies spectabilis*，*Betula utilis*.

d) Subfrigid zone thrubland (3 700～4 700 m)：*Rhododendron campanulatum*，*Rhododendron nivale*，*Potentilla parvifolia*，*Caragana tibetica*，*Caragana versicolor*，*Sabina pingii* var. *Wilsonii*，*Sabina squamata*，*Hippophae rhamnoides*，*Hippophae thibetana*.

e) Subfrigid zone grassland (3 700～5 000 m)：*Stipa purpurea*，*Artemisia wellbyi*，

Artemisia younghusbandii, *Orinus thoroldii*.

f) Subfrigid zone meadow (4 000~5 600 m): *Kobresia pygmaea*, *Kobresia prainii*, *Kobresia cercostachys*, *Carex montis-everestii*, *Carex moorcroftii*.

g) Frigid zone alpine sparse vegetation (5 000~5 700 m): *Androsace tapete*, *Arenaria edgeworthiana*, *Oxytropis tatarica*.

To match in the unique coordination system, all the referenced data was scanned with high quality of 300 dpi. There are about 50 topographic maps at the scale of 100 000 used in QNNP for geo-rectification of remote sensing images, which have been geo-referenced precisely for two weeks, and the RMSE is less than 1 m.

5.2 Field reference data

A field mission to QNNP was carried out between 3 Oct. and 2 Nov. 2008 to collect samples (about 50 sample plots and 488 observation points) for image interpretation and the validation of the land cover classification as well as to refine the legend.

Before implementing the field survey, we planned the survey routes, made the investigation sheets and prepared important equipments such as GPS, cameras, etc. The field job was done by one work team at QNNP directed by one senior biology researcher who has been working in QNNP since 1970s. The data collection focused mainly on vegetation cover types. Photos were taken with GPS position recorded. Sample plots were done in different landcover types to get detailed information (Figure 2). The field work was done with the help of the staff of administrative bureau of Mt. Qomolangma Nature Preserve in each county.

The actual survey route taken differs considerably with the planned route. We covered more places than originally planned; however some places were missed due to snow or lack of a road (Figure 3). The actual route of samples almost covering the whole study area can be seen in Figure 4.

Figure 2 Field survey of sample plot

Figure 3 No road ahead due to snow

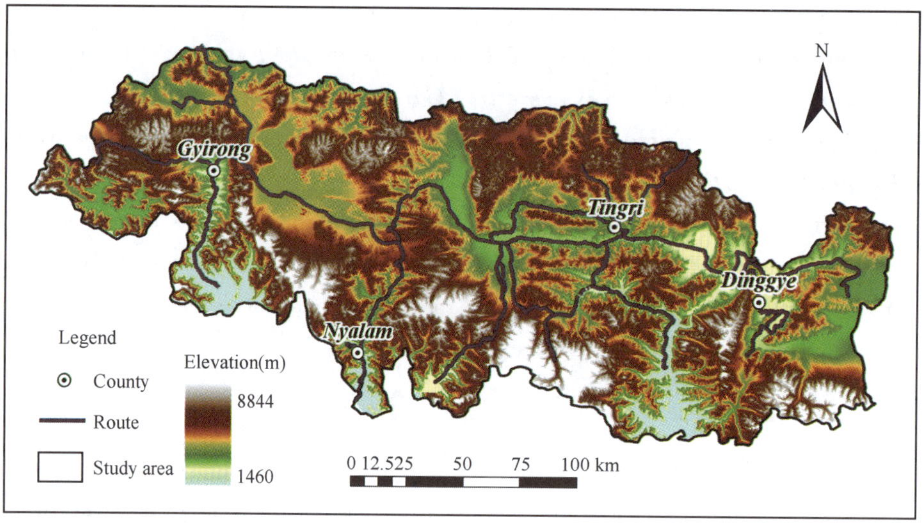

Figure 4 Survey route at QNNP

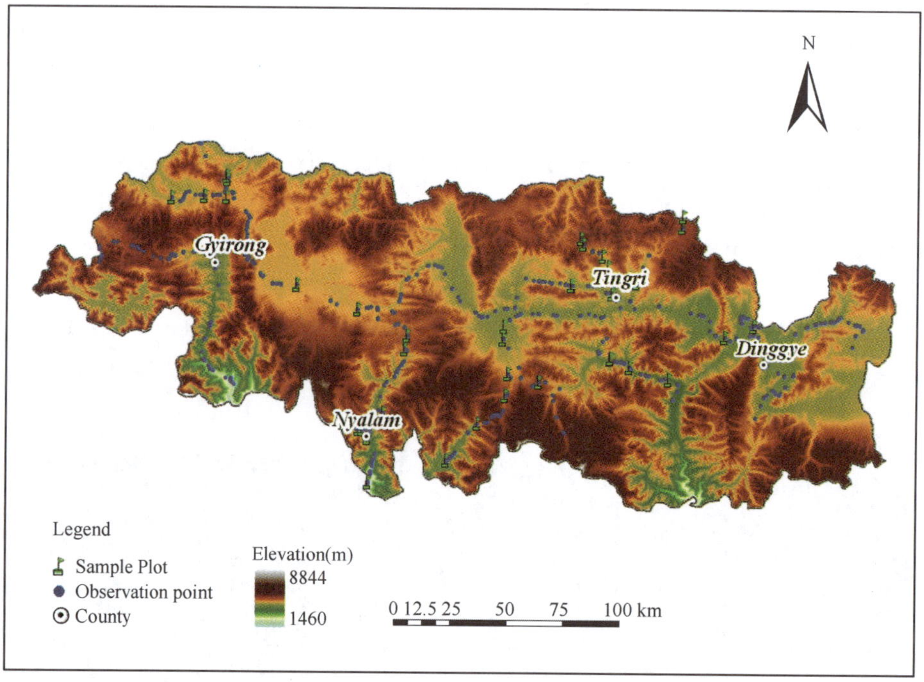

Figure 5 Location of sample plots and observation point

Field sample data covers elevations from 1 800～6 000 m for LCCS classification; therefore almost all the land cover types were included (Figure 5). And, there are about fifty sample plots and hundreds of GPS-linked descriptive data points collected for the purpose of ground related satellite images and more than 10 000 photographs along the route with GPS location points taken. Data sheets were used for recording the location's environmental attributes such as major landforms, slope classes, soils, location, disturbance, both natural and human induced, vegetation type etc. as required by LCCS classification. Latitude, longitude, altitude, aspect, slope, soils and location were recorded for each site as required by LCCS classification. Vegetation information included percent crown cover, frequency, height, dominant shrub, grasses and ground layer species. Photographs were taken in each plot. Quadrate sites were subjectively selected on the basis of their ability to portray typical and representative land cover phenomena for the particular setting.

6 Material and Methods

6.1 Satellite images preparation

Satellite remote sensing was widely used for land cover mapping. For the land cover mapping activities in QNNP, AWIFS and ASTER satellite images were used.

AWIFS is a sensor equipped on RESOURCESAT-1(IRS-P6) with the resolution of 56 m, and its acquired date is March 29, 2007. The main wavebands are as follows:

Band 2 0.52~0.59 μm(green);

Band 3 0.62~0.68 μm(red);

Band 4 0.77~0.86 μm(NIR);

Band 5 1.5~1.7 μm(MIR).

The ASTER images were received on January 23, 2006. There are three bands with a resolution of 15 m in the wavelength of VNIR which main wavebands are listed as follows:

Band 1 0.52~0.60 μm (Green);

Band 2 0.63~0.69 μm (Red);

Band 3 0.76~0.86 μm (Near IR);

Band 4 1.60~1.70 μm (SWIR);

Band 5 2.145~2.185 μm (SWIR);

Band 6 2.185~2.225 μm (SWIR);

Band 7 2.235~2.285 μm (SWIR);

Band 8 2.295~2.365 μm (SWIR);

Band 9 2.36~2.43 μm (SWIR).

And there are six bands with a resolution of 30 m in the wavelength of SWIR with main wavebands being 1.60~2.43 μm. Original images have not been processed, so the imageries should be geo-referenced in the same projection and coordinated system parameters by rectified topographic maps before being used for gaining land cover data.

The AWIFS image has the advantage of covering a wide area (740 km × 740 km) in one frame, the whole study area can be interpreted by using only one image at the same time to avoid the bias caused by the imageries acquired in different time. And the quality of ASIFS is very good for land cover mapping without any cloud in the whole QNNP. Furthermore, one ASTER image with a higher resolution was selected and used to interpret in the extent of around Mt. Qomolangma due to the low availability for the total protected area and cost of the program, but this can be set up as a good example for better understanding the environment and ecosystem close to the highest land and the application of land cover mapping methodology in the HKKH region. To further the study in QNNP, high resolution of images such as IKONOS or QUICKBIRD may be considered to be used for land cover investigation in some important site.

6.2 Methodology

The remote sensing softwares such as Definiens, ERDAS IMAGINE and ENVI have been compared. Several methods were tried using different software to do the classification work base on the legend generated. The approach of object based image analysis (OBIA) was adopted for the land cover classification using the ENVI ZOOM 4.6 software finally. This approach has shown better classification results compared to pixel based methods as it uses both spectral and spatial information. The following steps were used:

—Minimum mapping unit;

—Calculation of key parameters;

—Segmentation and merging segments;

—Making classification rules and land cover mapping;

—Post classification processing;

—Working flow of land cover.

Minimum mapping unit

A minimum mapping unit of 0.6 hectares and 8 hectares was chosen for ASTER images and RESOURCESAT-1 AWIFS images (5 × 5 pixels) respectively because this size was easily identifiable in these images.

Calculation of key parameters

By creating a contrast between two bands with very different reflectance characteristics, and using standardized indices based on broadband reflective characteristics, different types of vegetation, soils, river, lake, as well as snow and ice, can be discriminated. Some key parameters such as NDVI, NDSII, and NDWI can help us with land cover classification for differentiating the vegetation/non-vegetation snow/no snow, and water bodies.

Calculation of Normalized Difference Snow/Ice Index (NDSII)

A key component of this snow mapping algorithm is the Normalized Difference Snow/Ice Index (NDSII) which was derived first to delineate snow covered areas. Snow and ice have very high reflectance values in visible spectral bands (blue, green and red), but very low reflectance in shortwave infrared band. The NDSII employs visible and shortwave infrared band data to identify snow cover and discriminate snow from other types. It uses spectral reflectance values of band3 (red) and band5 (mid-infrared) for AWIFS data, and band2 (Red) and band4 (SWIR) of ASTER were used to calculate the NDSII respectively. The value is then normalized to the range $-1 \leqslant \text{NDSII} \leqslant 1$ to partially account for differences in illumination and surface slope. All the snow will carry positive value (Hall *et al.*, 1998, Hulka, 2008). The following equation is used:

$$NDSII_{AWIFS} = (Red - MIR) / (Red + MIR) \tag{1}$$

$$NDSII_{ASTER} = (Red - SWIR) / (Red + SWIR) \tag{2}$$

Calculation of Normalized Difference Vegetation Index (NDVI)

The Normalized Difference Vegetation Index (NDVI) is a simple numerical indicator which is used most widely to simply and quickly identify vegetated areas in multispectral remote sensing data. And it is based on the ratio between the maximum absorption of radiation in the red (R) spectral band versus the maximum reflection of radiation in the near infrared (NIR) spectral band. Lacking the plants' absorption/ reflectance mechanisms, soil spectra typically do not show such a dramatic spectral difference (Volcani *et al.*, 2005). This index was chosen because of its frequent use in vegetation studies and straightforward interpretation. This is the most commonly used vegetation index as it retains the ability to minimize topographic effects while producing a linear measurement scale. The measurement scale has a property of ranging from −1 to 1. Thus, negative values represent non-vegetated areas (e. g. snow, river and lake) due to the higher reflectance in visible band and lower reflectance value in near-infrared band while positive values typically reflect vegetated areas with the characteristic of bigger value, better vegetation state (e. g. biomass and vegetation cover percentage). And, the NDVI value of bare rock and bare soil is around 0 due to the similar spectral reflectance in the related band.

The normalized difference vegetation index, a measure for the vegetation greenness, was calculated from the corrected AWIFS and ASTER images respectively. The following equation is used to calculate NDVI:

$$NDVI = (NIR - Red) / (NIR + Red) \tag{3}$$

Calculation of water index

Normalized Difference Water Index (NDWI), is used widely and simply to identify the water body and moisture condition.

The NDWI makes use of reflected near-infrared radiation and visible green light to enhance the presence of such features while eliminating the presence of soil and terrestrial vegetation features. It is suggested that the NDWI may also provide researchers with turbidity estimations of water bodies using remotely-sensed digital data. Reflectance ratio of water body in NIR band is much lower than that in visible band. So Normalized Difference Water Index (NDWI) is used to extract water body (McFeeters, 1996). The following equation is used to calculate NDWI:

$$NDWI = (Green - NIR)/(Green + NIR) \tag{4}$$

Segmentation and merging segments

In ENVI ZOOM 4.6, segmentation is the process of partitioning an image into segments by grouping neighboring pixels with similar feature values (brightness, texture, color, etc.) These segments ideally correspond to real-world objects.

ENVI ZOOM employs an edge-based segmentation algorithm that is very fast and only requires one input parameter (Scale Level). By suppressing weak edges to different levels, the algorithm can yield multi-scale segmentation results from finer to coarser segmentation.

A scale parameter of 0～100 is used to determine the maximum heterogeneity for image objects. Modifying the value in the scale parameter varies the size of image objects.

Merging is an optional step used to aggregate small segments within larger, textured areas such as trees, clouds, or fields, where over-segmentation may be a problem. The Merge Level parameter in the ENVI Feature Extraction dialog represents the threshold lambda value, which ranges from 0.0 to 100.0. We should ideally choose the highest Merge Level that delineates the boundaries of features as well as possible.

After many trials, the scale parameter of segmentation and merging segments were taken as 40 and 30 for AWIFS, 50 and 60 for ASTER respectively. And the parameters are more controllable and suitable for preview (Figure 6, Figure 7).

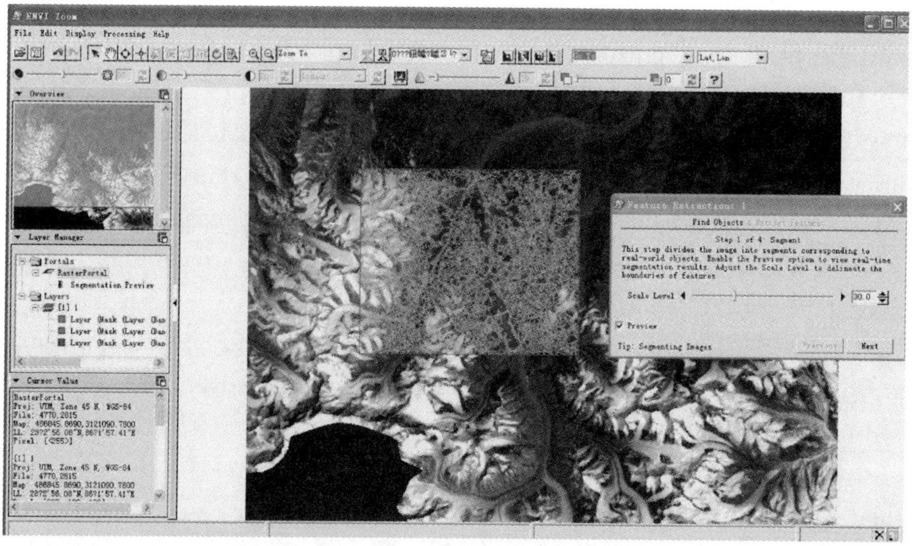

Figure 6　Segmentation in the ENVI feature extraction

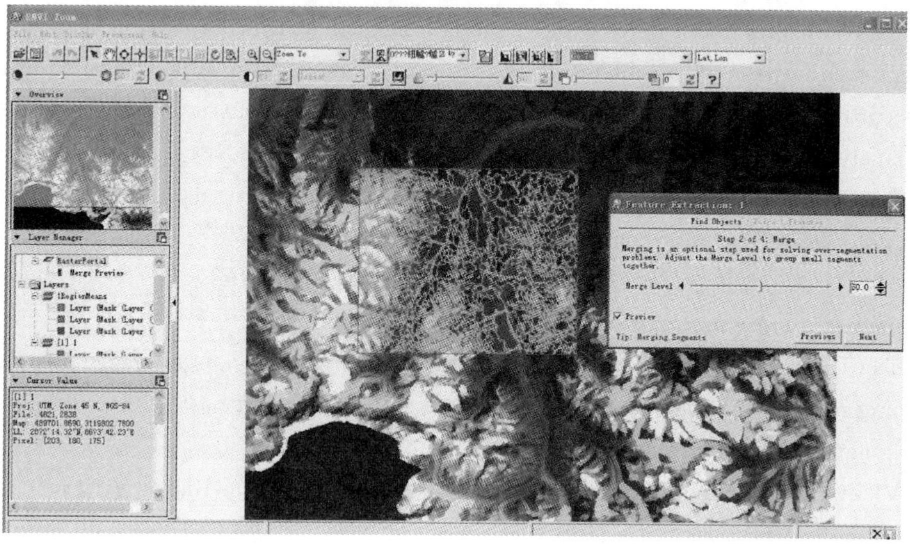

Figure 7　Merging segments in the ENVI feature extraction

Making classification rules and land cover mapping.

Classification is the procedure to associate image objects with an appropriate class. A class describes the semantic meaning of image objects in ENVI ZOOM 4.6. The classes defined in LCCS were defined in ENVI ZOOM based on the referenced data and some field samples by the method of rule-based classification (Figure 8). Rule-based classification is an advanced method that lets us define features by building rules based on object attributes spatial, spectral, or texture properties of a vector object that can be used to classify the object into a known feature type. Rule-based classification is a powerful tool for feature extraction, often performing better than supervised classification for many feature types (Jin *et al*, 2007). Rule-building is primarily based on human knowledge and reasoning about specific feature types: For example, vegetation has a high NDVI value.

Class descriptions are created via a fuzzy logic based system. The standard nearest neighbor classifier was used in the present classification process. Firstly, a lot of statistical analysis of reflectance values of each band for land cover types to identify the typical features was carried out based on the reference data and field survey materials. Secondly, glacier and snow were classified by NDSII effectively, after that, NDWI and visible bands were introduced to further differentiate glacial lake, river and lake. Thirdly, the classification was done separately for vegetated area and non-vegetated area using the NDVI mask. Finally, the sub-classifications of grasslands, scrublands and forests were identified based on the sample points and ecological environmental features (Table 1), and image objects are linked to class objects defined in LCCS in QNNP by classification link objects. Each classification should be labeled a unique code, and land cover mapping can be finished.

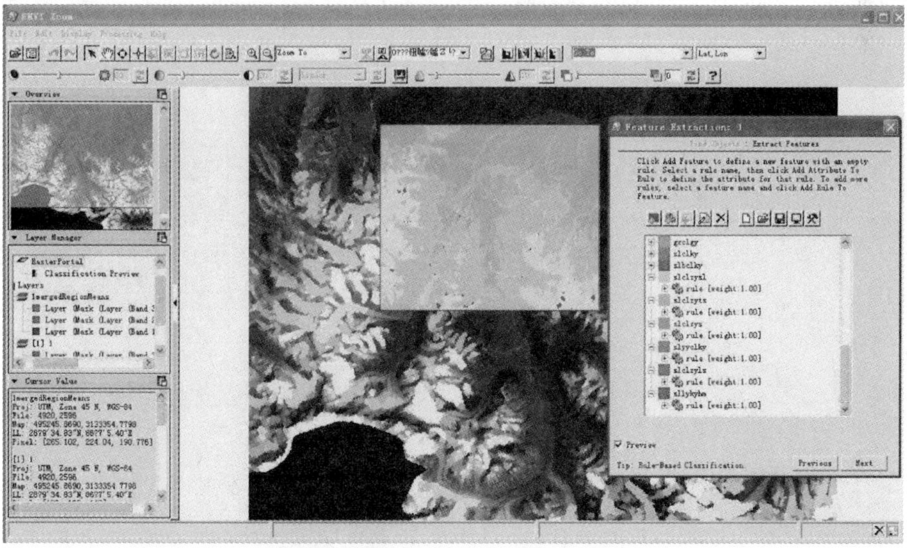

Figure 8 Rule based classification

Post classification processing

After the classification, the draft data was exported in the format of shapefile, and clipping was used to remove the area beyond the extent of study area, then, the polygons with an area smaller than the defined minimum mapping units were eliminated. The standard codes and labels of LCCS were imported to the classified data, and the topology of data was updated to produce the final land cover map.

Working flow of land cover

After the starting of land cover mapping, the work team has been set up, and the whole working flow of land cover mapping has been formatted to guide the whole work. Main activities are listed as following (Figure 9): collect reference data; geo-rectify the remote sensing images; build the land cover classification system; study the object oriented classification method by ENVI ZOOM; and take field survey; make classification rules based on expert knowledge and statistics analysis of. samples; gain the final results after modification and accuracy assessment.

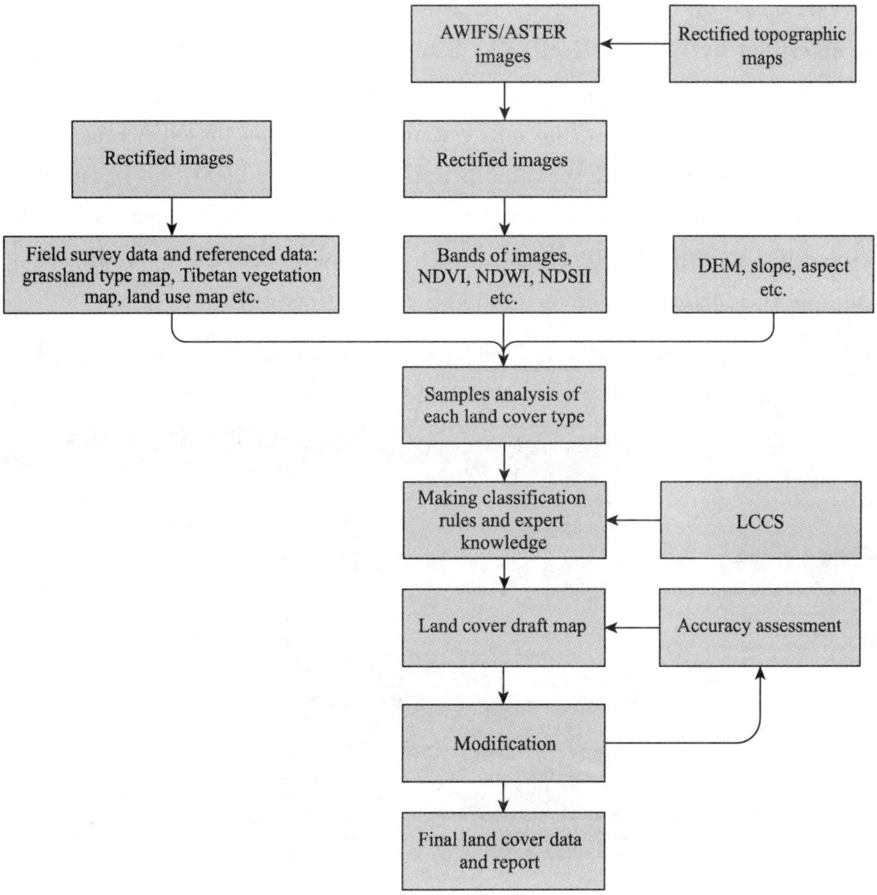

Figure 9　Land cover mapping working flow

7 Results

According to the methodology of land cover mapping mentioned above, the land cover maps from AWIFS and ASTER images in QNNP were finished (Figure 10, Figure 11).

7.1 Land cover from AWIFS

The total area of the land cover data derived from AWIFS within the four counties of QNNP is 3.6×10^4 km^2 which covers larger than the area of QNNP (3.3×10^4 km^2) in order to keeping the consistence for the ecological economic statistics analysis in the next step. The statistical results of each land cover classification show (Table 3): Area of 24.69% in the study area is covered by snow about 9 035.28 km^2 referred to the acquired time of AWIFS image. Percentages of closed to open grassland, alpine sparse vegetation, forbs and closed grassland are more than 10%, and their areas cover 6 561.07 km^2, 6 096.50 km^2, 4 379.06 km^2 and 3 848.45 km^2 in order (percentage: 17.93%, 16.66%, 11.97% and 10.52% respectively). And the total area of shrub land makes about 963.74 km^2 (2.63%), the biggest one of all the shrub lands is needle-leaved evergreen open shrub land. The total area of forest is very limited in QNNP, about 406.79 km^2 with the percentage of no more than 1.2%. Bare area covers about 10.27% with area of 3 757.22 km^2 consisting of bare rock, bare soil and gravels, stones and

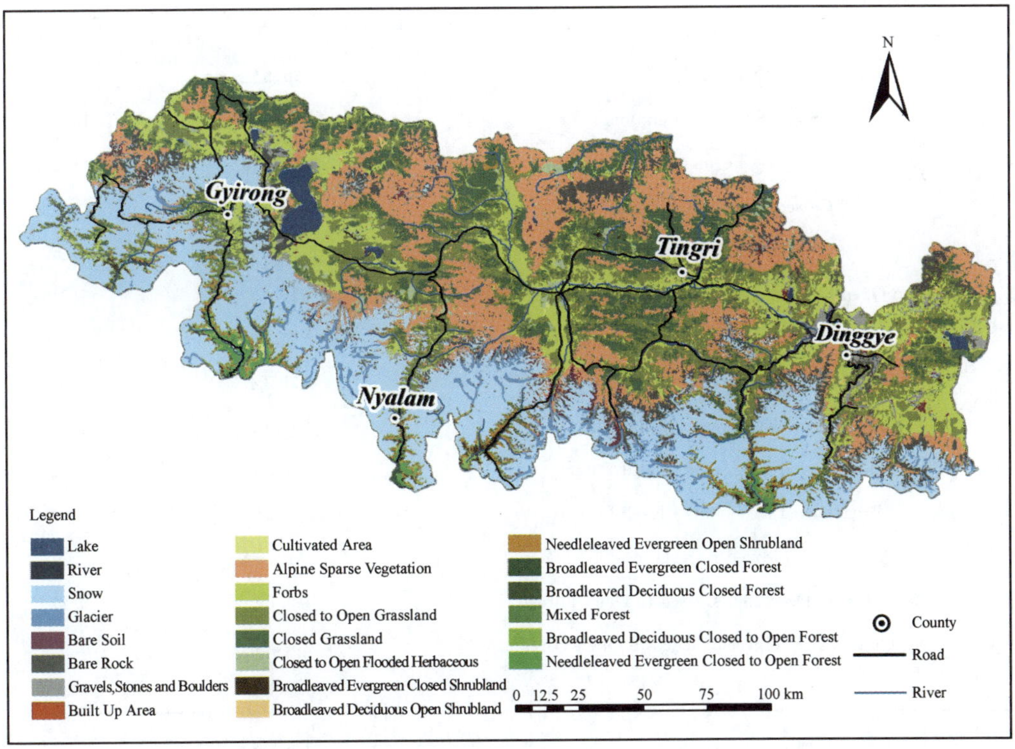

Figure 10 Land cover map derived from AWIFS image

boulders. There is 383.10 km^2 which is covered by lake. One of the bigger lakes is well-known Peiku Lake.

The tabulated table statistics of land cover type in each elevation zone at interval of 1 000 m were completed (Table 4). The results show that the areas above 6 000 m mainly consist of snow, glacier, gravels, stones and boulders, bare rock and bare soil; vegetation type between 5 000 and 6 000 m are mainly alpine sparse vegetation and closed grassland; lakes are mainly located between 4 000 and 5 000 m; grasslands of closed grassland, closed to open grassland and forbs mainly are distributed between 4 000 and 5 000 m; Shrub lands mainly are distributed between 3 000 and 5 000 m; the distribution of forest is almost below 4 000 m; cultivated area is distributed widely from lower 2 000 up to 5 000 m.

Table 3　Statistics of land cover map derived from AWIFS image

Land Cover Types	Area (km^2)	Percentage (%)
Lake	383.10	1.05
River	60.75	0.17
Snow	9 035.28	24.69
Glacier	653.21	1.79
Bare Soil	197.07	0.54
Bare Rock	2 730.97	7.46
Gravels, Stones and Boulders	829.19	2.27
Built Up Area	2.00	0.01
Cultivated Area	36.51	0.10
Alpine Sparse Vegetation	6 096.50	16.66
Forbs	4379.06	11.97
Closed to Open Grassland	6 561.07	17.93
Closed Grassland	3 848.45	10.52
Closed to Open Flooded Herbaceous or wooden vegetation	410.57	1.12
Broadleaved Evergreen Closed Shrub land	214.90	0.59
Broadleaved Deciduous Open Shrub land	199.24	0.54
Needle-leaved Evergreen Open Shrub land	549.60	1.50
Broadleaved Evergreen Closed Forest	18.33	0.05
Broadleaved Deciduous Closed Forest	14.54	0.04
Mixed Forest	41.75	0.11
Broadleaved Deciduous Closed to Open Forest	79.89	0.22
Needle-leaved Evergreen Closed to Open Forest	252.28	0.69
Total	36 594.26	100.00

Table 4 Summary of Land Cover types by elevation (AWIFS)

Classes	Elevation Zone(m)							Total(km²)
	≤2 000	2 000～3 000	3 000～4 000	4 000～5 000	5 000～6 000	6 000～7 000	≥7 000	
Alpine Sparse Vegetation	0.00	0.00	0.00	215.51	5 877.78	0.07	0.00	6 093.36
Bare Rock	0.00	0.00	6.71	635.63	2 020.52	65.50	0.27	2 728.62
Bare Soil	0.00	0.00	2.01	57.18	123.06	14.72	0.00	196.96
Broadleaved Deciduous Closed Forest	0.58	12.37	1.56	0.00	0.00	0.00	0.00	14.51
Broadleaved Deciduous Closed to Open Forest	0.00	0.00	62.15	17.74	0.00	0.00	0.00	79.89
Broadleaved Deciduous Open Shrubland	0.00	0.00	2.25	180.20	16.71	0.00	0.00	199.16
Broadleaved Evergreen Closed Forest	3.87	11.31	2.87	0.03	0.00	0.00	0.00	18.07
Broadleaved Evergreen Closed Shrubland	0.00	5.28	136.87	71.47	1.25	0.00	0.00	214.87
Built Up Area	0.00	0.50	0.35	1.15	0.00	0.00	0.00	2.00
Closed Grassland	0.00	0.47	59.25	2 937.10	850.93	0.00	0.00	3 847.74
Closed to Open Flooded Herbaceous or wooden vegetation	0.00	0.00	20.55	301.31	88.65	0.00	0.00	410.52
Closed to Open Grassland	0.00	0.05	104.02	6 044.69	409.67	0.00	0.00	6 558.43
Cultivated Area	0.11	10.17	18.22	8.00	0.00	0.00	0.00	36.50
Forbs	0.00	0.00	59.94	4 185.91	129.31	0.00	0.00	4 375.16
Glacier	0.00	0.00	4.44	69.12	431.71	145.01	2.88	653.16
Gravels, Stones and Boulders	0.00	0.00	5.10	503.10	317.15	3.32	0.00	828.67
Lake	0.00	0.00	0.00	367.26	15.71	0.13	0.00	383.10
Mixed Forest	0.00	6.99	34.75	0.00	0.00	0.00	0.00	41.74
Needleleaved Evergreen Closed to Open Forest	0.05	92.32	159.73	0.14	0.00	0.00	0.00	252.24
Needleleaved Evergreen Open Shrubland	0.00	11.78	189.65	340.70	7.25	0.00	0.00	549.38
River	0.00	0.00	0.13	51.55	7.39	0.85	0.03	59.94
Snow	0.00	0.04	114.14	2 465.24	5 562.22	851.87	37.44	9 030.95
Total (km²)	4.61	151.28	984.69	18 453.00	15 859.31	1 081.47	40.62	36 574.97

7.2 Land cover from ASTER

The total area of the land cover data derived from ASTER around Mt. Qomolangma is 2.6×10^3 km^2. The statistical results of each land cover classification show (Table 5): the biggest area is covered by bare rock about 501.93 km^2 (18.71%) in the extent of ASTER image selected for interpretation. Percentages of closed grassland, alpine sparse vegetation, closed to open grassland, glacier and snow are all more than 10%, and their areas cover 442.42 km^2, 387.79 km^2, 355.02 km^2, 287.72 km^2 and 281.53 km^2 in order (percentage: 16.49%, 14.46%, 13.24%, 10.73% and 10.50% respectively). And the total area of shrub land makes about 57.68 km^2 (2.15%), the bigger one of shrub lands is needle-leaved evergreen open shrub land. The total area of grassland including forbs, closed grassland, alpine sparse vegetation, closed to open grassland and closed to open flooded herbaceous is the largest in the area, about 1 334.46 km^2 with the percentage of 49.75%. Bare area covers about 26.61% with area of 713.85 km^2 consisting of bare rock, bare soil and gravels, stones and boulders. There is no river in the land cover map due to the spatial resolution and acquired time of ASTER image in winter.

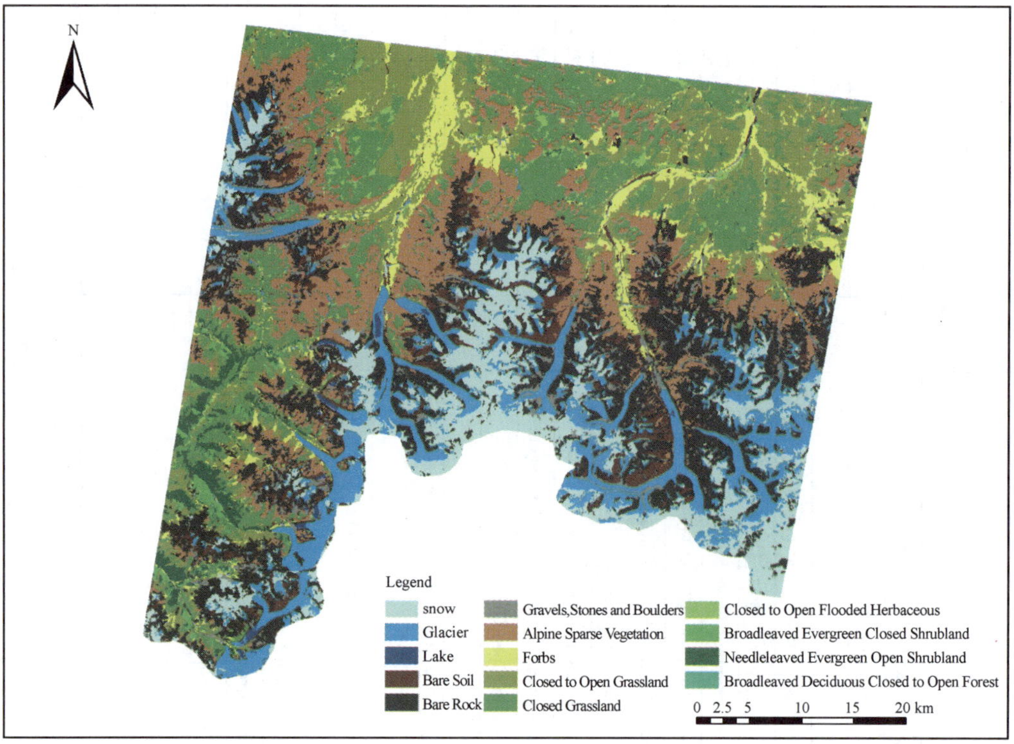

Figure 11 Land cover map derived from ASTER image

The tabulated table statistics of land cover type from ASTER image in each elevation zone at interval of 1 000 m were achieved (Table 6). The results show that the areas above 6 000 m mainly consist of snow, bare rock, glacier, gravels, stones and boulders as well as bare soil; vegetation type between 5 000 and 6 000 m are mainly alpine sparse vegetation and closed grassland which cover the bigger area; lakes are mainly located between 4 000 and 5 000 m; grasslands of closed to open grassland, closed grassland and forbs make mainly the most area between 4 000 and 5 000 m; Shrub lands mainly are distributed between 4 000 and 5 000 m; the distribution of forest in the extent of ASTER image selected is very little.

Table 5 Statistics of land cover map derived from ASTER image

Land Cover Types	Area(km^2)	Percentage(%)
Lake	7.07	0.26
Snow	281.53	10.50
Glacier	287.72	10.73
Bare Soil	106.01	3.95
Bare Rock	501.93	18.71
Gravels, Stones and Boulders	105.92	3.95
Alpine Sparse Vegetation	387.79	14.46
Forbs	120.97	4.51
Closed to Open Grassland	355.02	13.24
Closed Grassland	442.42	16.49
Closed to Open Flooded Herbaceous or wooden vegetaion	28.27	1.05
Broadleaved Evergreen Closed Shrub land	11.75	0.44
Needle-leaved Evergreen Open Shrub land	45.93	1.71
Broadleaved Deciduous Closed to Open Forest	0.02	0.00
Total	2682.33	100.00

Table 6 Summary of land cover types by elevation (ASTER)

Classes	Elevation Zone(m)					Total(km^2)
	3 000～4 000	4 000～5 000	5 000～6 000	6 000～7 000	≥7 000	
Alpine Sparse Vegetation	0.00	2.24	385.38	0.17	0.00	387.79
Bare Rock	0.02	23.63	357.69	116.76	3.83	501.93
Bare Soil	0.00	5.40	84.07	16.48	0.05	106.01
Broadleaved Deciduous Closed to Open Forest	0.01	0.01	0.00	0.00	0.00	0.02
Broadleaved Evergreen Closed Shrub land	0.44	10.94	0.38	0.00	0.00	11.75
Closed Grassland	3.12	206.20	233.09	0.01	0.00	442.42
Closed to Open Flooded Herbaceous or wooden vegetation	0.86	16.88	10.53	0.00	0.00	28.27
Closed to Open Grassland	2.06	294.79	58.17	0.00	0.00	355.02
Forbs	0.18	105.11	15.68	0.00	0.00	120.97
Glacier	0.00	8.21	179.29	99.54	0.68	287.72
Gravels, Stones and Boulders	0.04	19.79	75.37	10.59	0.12	105.92
Lake	0.00	2.20	4.85	0.02	0.00	7.07
Needle-leaved Evergreen Open Shrub land	2.06	42.65	1.22	0.00	0.00	45.93
Snow	0.00	1.56	65.88	187.85	26.25	281.53
Total(km^2)	8.79	739.61	1471.60	431.41	30.93	2 682.33

8　Accuracy Assessment

All sample points were selected using a simple random sampling design, with 500 and 400 points selected for the assessment of land cover maps from AWIFS and ASTER images respectively in the entire study area (Figure 12, Figure 13).

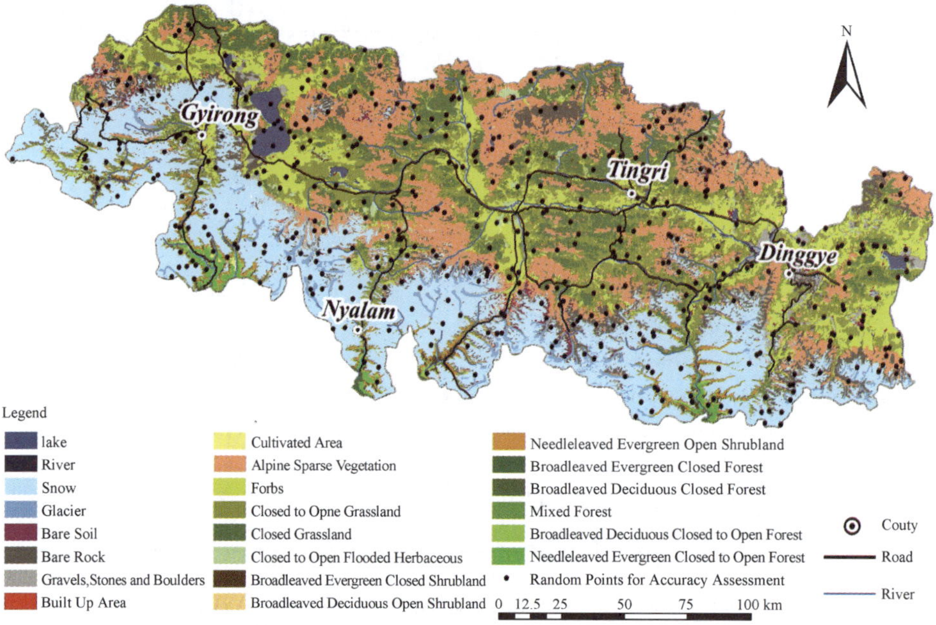

Figure 12　Random points for accuracy assessment from AWIFS

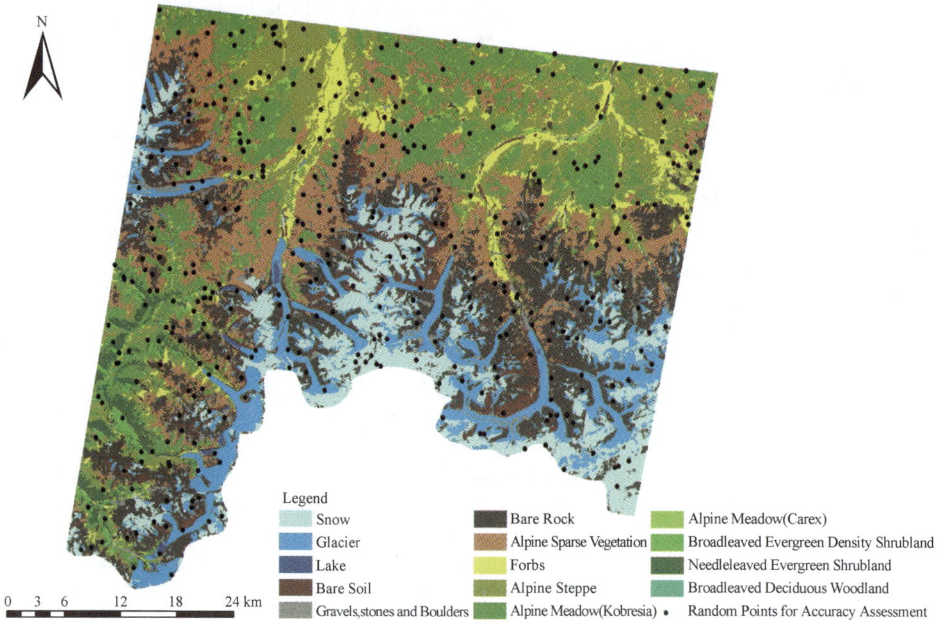

Figure 13　Random points for accuracy assessment from ASTER

The methods of accuracy assessment can be divided into three major components. First, sampling and evaluation protocols for the reference data were developed. Second, individual interpreters independently evaluated the reference data, and differences between interpreters were analyzed. Third, interpreters worked as a group to develop a final reference dataset, and this was used to evaluate the sources of disagreement between the reference data and the thematic map.

The each random points for accuracy assessment was interpreted with the help of available field photographs, useful non-field reference data (e. g. grassland and forest map in Xigaze) and high resolution images from Google Earth with the application of expert knowledge reasoning method. After the final reference data set finished, the attributes of land cover map were imported to the attribute of reference data set, then the error matrix (Table 7, Table 8) was calculated by the method of tabulated table. The accuracy assessment is provided in following tables (Table 9, Table 10).

Finally, the overall classification accuracy of land cover map from AWIFS imagery is 87.4%, by comparison, land cover map from ASTER imagery has a higher overall classification accuracy because of better spatial resolution (from 56 m to 15 m), which reaches 89.75%.

9 Conclusion

Land cover mapping by remote sensing provides advantageous information for ecosystem study in a short time over a wide area. Activity of land cover mapping in QNNP has widened the consistent legend in HKKH region and broadened the advanced methodology of LCCS and object based image analysis. Furthermore, this has greatly promoted the academic communication between IGSNRR and ICIMOD for further study and collaboration. Finally, the accuracy of the assessment of land cover mapping in QNNP shows to be high, leading to the results and methodology of land cover mapping in QNNP to be reliable and reasonable.

Table 7　Error matrix of land cover map from AWIFS image

		Land cover points classified																	
	Classes	1	3	4	5	6	7	11	12	13	14	15	16	17	18	23	26	27	Total
Reference points	1	8																	8
	3		11																11
	4			116															116
	5			2	2		2												6
	6					7	2		1										10
	7				1	1	27	1											30
	11						5	77	1	3									86
	12						2		46	5									53
	13			1			2	5	2	85	6								101
	14							2	1	5	40	1		2					51
	15						1			1		3							5
	16												2						2
	17										2		1	6		1			10
	18									1	1				2				4
	23									1						2			3
	26												1				2		3
	27																	1	1
	Total	8	11	119	3	8	41	85	51	101	49	4	4	8	2	3	2	1	500

Note: 1. Lake; 3. Glacier; 4. Snow; 5. Bare Soil; 6. Gravels, Stones and Boulders; 7. Bare Rock; 11. Alpine Sparse Vegetation; 12. Forbs; 13. Closed to Open Grassland; 14. Closed Grassland; 15. Closed to Open Flooded Herbaceous; 16. Broadleaved Evergreen Closed Shrub land; 17. Needle-leaved Evergreen Open Shrub land; 18. Broadleaved Deciduous Shrub land; 23. Needle-leaved Evergreen Closed to Open Forest; 26. Broadleaved Deciduous Closed to Open Forest; 27. Mixed Forest.

Table 8 Error matrix of land cover map from ASTER image

		Land cover points classified													
	Classes	1	3	4	5	6	7	11	12	13	14	15	16	17	Total
Reference points	1	1													1
	3		37	1											38
	4			36											36
	5				17	1	1								19
	6		1			12	1								14
	7					1	55			1					57
	11				1		1	57	2	2					63
	12							3	16	4					23
	13							3	4	51	2				60
	14					1		2		3	69				75
	15									1		5			6
	16									4			1		5
	17										1			2	3
	Total	1	38	37	18	15	58	65	22	66	72	5	1	2	400

Note: 1. Lake; 3. Glacier; 4. Snow; 5. Bare Soil; 6. Gravels, Stones and Boulders; 7. Bare Rock; 11. Alpine Sparse Vegetation; 12. Forbs; 13. Closed to Open Grassland; 14. Closed Grassland; 15. Closed to Open Flooded Herbaceous; 16. Broadleaved Evergreen Closed Shrub land; 17. Needle-leaved Evergreen Open Shrub land.

Table 9　Accuracy of totals (AWIFS)

Classes	Reference Totals	Totals Classified	Correct Number	Producer Accuracy(%)	User Accuracy(%)
Lake	8	8	8	100.00	100.00
Glacier	11	11	11	100.00	100.00
Snow	116	119	116	100.00	97.48
Bare Soil	6	3	2	33.33	66.67
Gravels, Stones and Boulders	10	8	7	70.00	87.50
Bare Rock	30	41	27	90.00	65.85
Alpine Sparse Vegetation	86	85	77	89.53	90.59
Forbs	53	51	46	86.79	90.20
Closed to Open Grassland	101	101	85	84.16	84.16
Closed Grassland	51	49	40	78.43	81.63
Closed to Open Flooded Herbaceous	5	4	3	60.00	75.00
Broadleaved Evergreen Closed Shrubland	2	4	2	100.00	50.00
Needleleaved Evergreen Open Shrubland	10	8	6	60.00	75.00
Broadleaved Deciduous Open Shrubland	4	2	2	50.00	100.00
Needleleaved Evergreen Closed to Open Forest	3	3	2	66.67	66.67
Broadleaved Deciduous Closed to Open Forest	3	2	2	66.67	100.00
Mixed Forest	1	1	1	100.00	100.00
Total	500	500	437	—	—

Note: Overall Classification Accuracy = 87.4%.

Table 10　Accuracy of totals (ASTER)

Classes	Reference Totals	Totals Classified	Correct Number	Producer Accuracy(%)	User Accuracy(%)
Lake	1	1	1	100.00	100.00
Glacier	38	38	37	97.37	97.37
Snow	36	37	36	100.00	97.30
Bare Soil	19	18	17	89.47	94.44
Gravels, Stones and Boulders	14	15	12	85.71	80.00
Bare Rock	57	58	55	96.49	94.83
Alpine Sparse Vegetation	63	65	57	90.48	87.69
Forbs	23	22	16	69.57	72.73
Closed to Open Grassland	60	66	51	85.00	77.27
Closed Grassland	75	72	69	92.00	95.83
Closed to Open Flooded Herbaceous	6	5	5	83.33	100.00
Broadleaved Evergreen Closed Shrub land	5	1	1	20.00	100.00
Needle-leaved Evergreen Open Shrub land	3	2	2	66.67	100.00
Total	400	400	359	—	—

Note: Overall Classification Accuracy=89.75%.

Annex

2008 年珠峰地区植被调查记录表

样点编号			记录人		
采样地点	西藏 日喀则地区 县 乡 村				
时间	年 月 日 时 分		可达性	很好 好 中 差	
样方面积(m^2)		坡位	坡度	坡向	
经纬度	东经： ° ′ ″	北纬： ° ′ ″		海拔	m
环境特征	土壤水分状况 湿润 一般 干燥				
	植被 % 裸土 % 碎石 % 砾石 % 裸岩 % 沙 %				
野外照片	照片号	拍摄位置 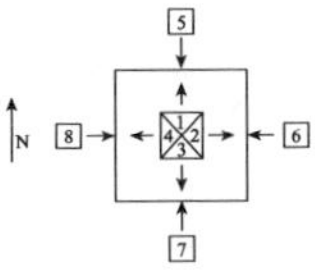	方位角(以正北为 0 度，顺时针递加，垂直向下记作 N)	拍摄点到观测点的距离(m)	
植被类型			群落总盖度(%)		

序号	植物名称	生殖苗高度(cm)	叶层高度(cm)	覆盖度(%)	密度株丛	物候
1.						
2.						
3.						
4.						
5.						
6.						
7.						
8.						
9.						
10.						
11.						
12.						

LIST OF ACRONYMS

CAS	Chinese Academy of Sciences
CKNP	Central Karakoram National Park in Pakistan
DEM	Digital Elevation Model
FAO	United Nations Food and Agriculture Organization
GIS/RS	Geographic Information System/ Remote Sensing
HKKH	Hindu Kush-Karakoram-Himalaya
ICIMOD	International Centre for Integrated Mountain Development
IGSNRR	Institute of Geographic Sciences and Natural Resources Research，CAS
LCCS	Land cover classification system
QNNP	Qomolangma National Nature Preserve
SNP	Sagamartha National Park
TAR-China	Tibet Autonomous Region of PR China
UNEP	United Nations Environment Programme

Vegetation Change in the Mt. Qomolangma (Everest) Natural Reserve from 1981 to 2001*

1981—2001年珠穆朗玛峰自然保护区植被变化分析

摘　要:利用1981—2001年美国NASA Pathfinder NOAA/NDVI数据,以1∶100万植被图为基础,结合气温降水资料、DEM数据和2000年人口空间化数据,研究了珠穆朗玛峰自然保护区植被变化空间格局和海拔梯度特征及其影响因素。结果表明:①研究时段内,珠峰自然保护区植被变化以稳定为主,仅有5.09%的区域发生严重退化,13.34%的区域发生退化,54.31%的区域保持稳定,26.31%的区域变好以及0.95%的区域植被显著变好。退化和严重退化区域主要分布在保护区南部,国境沿线;植被变好地区集中分布在保护区北部,雅鲁藏布江南岸。稳定区域位于退化区域和变好区域之间。植被退化区域主要分布在海拔2 400～4 000 m带上。②针叶林、针阔混交林和灌丛构成了区域植被退化的主体。③从空间上看,主要是气温变化对植被变化有影响。在海拔梯度上,气温变化和坡度共同影响植被变化。④在珠峰自然保护区内,人类不合理的资源利用方式造成了部分地区尤其是村镇周围和道路附近的植被退化。

1 Introduction

On 18 May 1989, the Mt. Qomolangma (Everest) Natural Reserve (abbr. MQNR) in Tibet Autonomous Region formally came into existence and it was listed as World Network of Biosphere Reserves (WNBR) in May 2005 (Li, 2001; Lin, 2005). The MQNR is a comprehensive reserve, which mainly protects alpine ecosystems, plateau natural landscapes, geological remains and Tibetan historical and cultural heritages (Cidanlunzhu, 1997).

Along with the increase of human activities in the Mt. Qomolangma region, human requirements for biologic resources have threatened local sustainable development (Gupta, 1978). However, there have been few studies on the spatial and temporal changes of surface vegetation. International studies on resource use and sustainable development in Himalayas region had already evolved (Shrestha, 1981; Chalise, 1983; Sharma *et al.*, 1994). The results indicated that large-scale land use changes caused great increase of agricultural land and decrease of forests were the result of the rapid increase of population and economic development (Brown *et al.*, 2000; Tiwari, 2000). Moreover, energy requirements (Negi, 1993), improper and frequent variety of government management (Negi *et al.*, 1999; Ali *et al.*,

* Published by Zhang Wei(张玮), **Zhang Yili(张镱锂)**, Wang Zhaofeng(王兆锋), Ding Mingjun(丁明军), Yang Xuchao(杨续超), Lin Xuedong(蔺学东) and Liu Linshan(刘林山) in the *Journal of Geographical Sciences*, 2007, 17(2):152-164.

2005) and the development of the tourism industry (Awashi *et al.*, 2003) were also important reasons for forest resources' decrease in this region.

At present, there is a lack of systemic research about vegetation changes in the Mt. Qomolangma region. By means of AVHRR-NDVI data and linear regression method, the basic patterns of natural vegetation changes in the MQNR were preliminarily analyzed and the influencing factors were discussed in this paper. We hope the results of this study would give references to environment change researches, ecological constructions and sustainable development in this region.

2 Study Area

The study area is the Mt. Qomolangma Natural Reserve, which is located close to the frontier with Nepal, including Tingri, Gyirong, Nyalam and Dinggye Counties in Tibet Autonomous Region in China (Figure 1). The reserve is from national boundaries to the south, the Yarlung Zangbo River and south Tibet watershed to the north, the watershed between the Mingjiu River and Yala River to the east and watershed of Baruo Zangbo, Amuga River and Sangzhuo River to the west. The area of the reserve is about 3.4×10^4 km^2, lying in a range from 27°48′N to 29°19′N and from 84°28′E to 88°23′E.

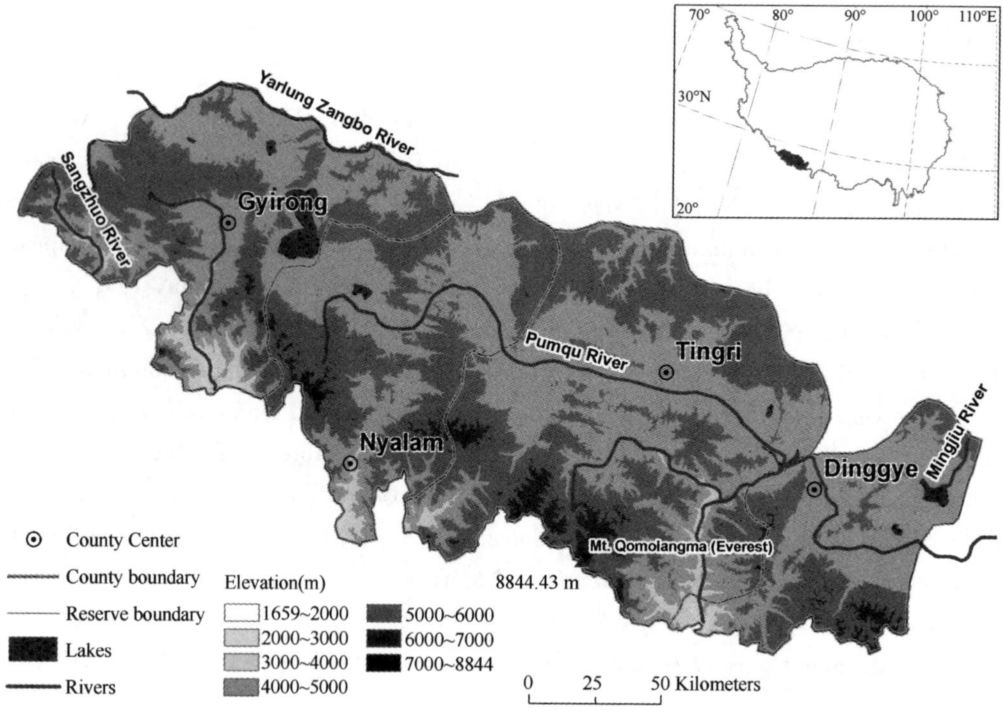

Figure 1 Location of the Mt. Qomolangma (Everest) Natural Reserve

According to the analysis of meteorological data of Tingri and Nyalam, the 30-year-averaged annual air temperature is 2.87 ℃ in Tingri and 3.61 ℃ in Nyalam from 1971 to 2000 (Yang *et al.*, 2006). The 30-year-averaged annual precipitation is 259.81 mm in Tingri and 665.57 mm in Nyalam.

MQNR is very abundant in the ecosystems and its vertical zones are remarkable. The vertical range of vegetation distribution is from 1600 m a. s. l. (in the southeast slope and the southwest slope) to 6000 m/6200 m a. s. l. (Jiang, 1974; Team of scientific expedition to Tibet of CAS, 1975; Fei, 1981; The comprehensive scientific expedition to the Qinghai-Xizang Plateau, 1988). From the foot to the peak, the vertical vegetation zones on the south scope of Himalaya are composed of the mountain subtropical evergreen broad-leaf forests, mountain warm-temperate needle-leaf and broad-leaf mixed forests, mountain cold-temperate needle-leaf forests, subalpine cold-temperate needle-leaf forests, subalpine cold shrubs and meadows, alpine cold-freezing meadows and cushion vegetation and alpine cold-freezing moraine lichens. Above 5500 m a. s. l. is a snow and ice belt. From the foot to the peak, the vertical vegetation zones on the north scope of Himalaya consist of plateau cold semi-dry steppes, alpine cold-freezing meadows and cushion vegetation and alpine cold-freezing moraine lichens. Above 6000 m a. s. l. is snow and ice belt.

The four counties in the MQNR are all agricultural counties. The amount of population was about 8.86×10^4 in 2000. According to the economic statistic and calculating at the price in 2000, the agricultural gross products was 2.00×10^8 yuan, which included 1.20×10^8 yuan of agricultural products, 3.06×10^6 yuan of forestry products, and 7.65×10^7 yuan of stock raising. At the end of 2000, the amount of livestock was 9.04×10^4, which included 1.32×10^4 of big livestock and 7.72×10^4 of sheep (Tibet statistical bureau, 2001).

3 Data and Methods

3.1 Data

The data used is the NOAA/AVHRR-NDVI data of every ten days from 1981 to 2001 from NASA of America. The spatial resolution is 1 km after being resampled. The interpolated temperature and precipitation data from 1981 to 1999 come from the postdoctoral report of Dr. Tao Bo (Tao, 2005). The DEM data is delivered from 'Global Land Cover Network' (GLCN), which is resampled to 100 m. The vegetation type data is obtained through digitalized the China Vegetation Map (scale 1 : 1 000 000; The editorial board of vegetation map of China, CAS, 2001). Other data such as range of research area, boundaries, administration centers and rivers are from data volume of 'Data Center for Resources and Environmental Sciences, CAS'.

Although different vegetation types are elevation limited, they can not fully fall into elevation ranges because of the precision limitation of China Vegetation Map (scale 1 : 1 000 000), authors corrected the attributes of some wrong polygons and made most vegetation in their elevation range (Table 1). Four changes have been made: (1) broad-leaf forests to mixed forests. (2) mixed forests, needle-leaf forests and shrubs out of upper elevation limit to needle-leaf forests, shrubs and meadows respectively. (3) steppes and meadows out of upper elevation limit to alpine sparse vegetation. (4) alpine sparse vegetation out of lower limit elevation range to steppes.

Table 1　Percents of different vegetation types in its elevation ranges

	Mixed fŏrests	Needle-leaf forests	Shrubs	Steppes	Meadows	Alpine sparse vegetation
Elevation ranges (m)	2 500～3 100	3 100～3 900	3 900～4 700	4 000～5 000	3 900～5 600	4 700～6 000
In the range(%)	72.97	76.69	79.16	88.74	97.89	93.89
Out of the range(%)	27.03	23.31	20.84	11.26	2.11	6.11

3.2　Methods

3.2.1　Computing and classifying NDVI linear regression coefficients

In order to eliminate the effect of clouds, the Maximum Value Composite (MVC) was used in the data processing and average values of July, August and September were selected as the peak value of a year to calculate the linear regression coefficients by means of Least Square Method (Micael, 2000).

$$b = \frac{\sum_{i=1}^{n}(x_i - \bar{x})(y_i - \bar{y})}{\sum_{i=1}^{n}(x_i - \bar{x})^2} \tag{1}$$

In the equation, where b is the trend coefficient, and x_i and y_i are the year and the NDVI of the year respectively and $\bar{x}$ and $\bar{y}$ are the average of all the years and the average of all the annual NDVI. To find the natural fluctuation range of NDVI, this study chose thirteen area-acreage of each is 200 km^2-including lakes, frozen grounds, deserts, and salinas in Tibetan Plateau (Ding *et al.*, 2006). There was no vegetation in these areas (Hou *et al.*, 1979). Through analysis and statistics, 97% of coefficients in these areas were distributed between −0.2 and 0.2, so it was regarded as a range of no vegetation change. Meanwhile it was found the standard deviation was 0.21 about all coefficients of the Tibetan Plateau, and extended double standard deviation at the both ends of the range of no change, and then it got −0.62 and 0.62, regarding the 0.62 as the boundary of slight and obvious change. Based on the above analysis, it divided all the coefficients into 5 grades: less than −0.62, −0.62 to −0.2, −0.2 to 0.2, 0.2 to 0.62 and more than 0.62.

3.2.2　Spatial analysis

Spatial correlation analysis was done in the Grid extension model in ArcInfo 9.0 by command Correlation. In order to finish analysis along the altitude gradients, DEM data was divided into 23 zones with an elevation interval of 200 m from 2000 m to 6600 m. Then average values of NDVI trend coefficients, precipitation and temperature change trend coefficients (Least Square Method), slopes and aspects at a certain altitude zone were calculated in the Grid extension model in ArcInfo 9.0 by command Zonalstats. The following statistical analysis was achieved in SPSS, and the partial correlation with two-tail examination was finished.

3.3 Explanation of some phrases

3.3.1 Vegetation change

The linear regression coefficients of NDVI value on a pixel were classified. There were five classes: less than −0.62, −0.62 to −0.2, −0.2 to 0.2, 0.2 to 0.62 and more than 0.62, which respectively corresponded to serious degradation, slight degradation, stability, slight improvement and significant improvement to indicate vegetation change status. The areas and ratios of natural vegetation changes were statistically computed excluding cultivated vegetation, water, glacier and other non-vegetation types as well as cultivated areas.

3.3.2 NDVI, precipitation and temperature change

We used the average values of linear regression coefficients of NDVI, precipitation and temperature change on a pixel at a certain altitude zone.

4 Results

4.1 The spatial characteristics of natural vegetation changes

The main characteristic of natural vegetation changes in the Mt. Qomolangma Natural Reserve was stability and the areas of vegetation improved were more than that degraded. There were 5.04% of the natural vegetation changes becoming seriously degraded, 13.19% slightly degraded, 26.39% slightly improved, 0.97% significantly improved and 54.41% stable. A belt-shaped spatial distribution was distinguished (Figure 2). The seriously degraded places were mainly found near Gyirong town in Gyirong County, round Nyalam town in Nyalam County, and near Qudang village and around the Rongxia village in Tingri County. The areas of improved vegetation lied in the north of the reserve and the south side of the Yarlung Zangbo River, especially in the north of the Tingri and Gyirong Counties. The stable areas lied between the improved and degraded areas.

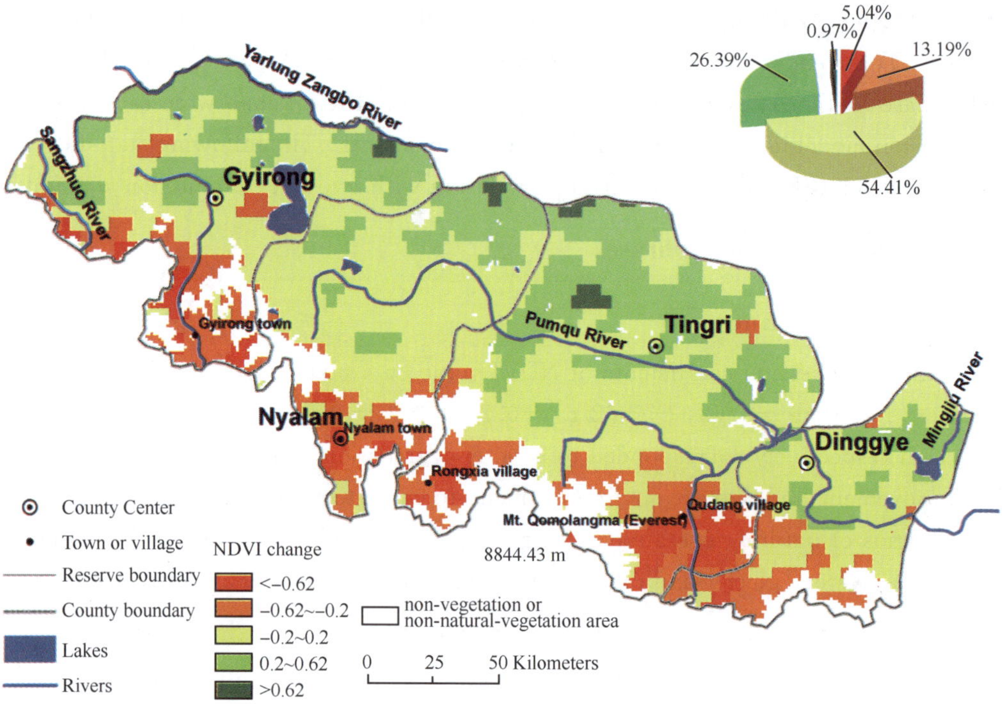

Figure 2　Natural vegetation changes in the Mt. Qomolangma Natural Reserve from 1981 to 2001

4.2 The vertical characteristics of natural vegetation changes

The upper limit of vegetation distribution in the MQNR is about 6 000 m a. s. l. (lichens can be found in few regions at about 7 400 m) and the forests line is about 3 900 m a. s. l. (Team of scientific expedition to Tibet of CAS, 1975; Miehe, 1988). The natural vegetation changes at different altitude zones were obvious (Figure 3). Because of just 1 km^2 of natural vegetation change, we exclude elevation in the range from 2 000 m to 2 200 m and from 6 400 to 6 000 m a. s. l. in analysis. The slight degradation and stability of natural vegetation changes could be found in every zone. The serious degradation of natural vegetation changes took place in a range from 2 600 m to 6 200 m. The natural vegetation changes of slight and significant improvement were respectively in a range from 3 800 m to 6 000 m and from 4 400 m to 5 600 m. The vertical characteristics of natural vegetation changes could be divided into two parts: (1) Degraded zone. At the altitude from 2 400 m to 4 000 m natural vegetations were in degraded change status. (2) Stable zone. At the altitude from 4 000 m to 6 000 m natural vegetations are stable. Along with the increase of elevation, natural vegetation changes transited from degraded to stable. The limit was just corresponded with the forest line.

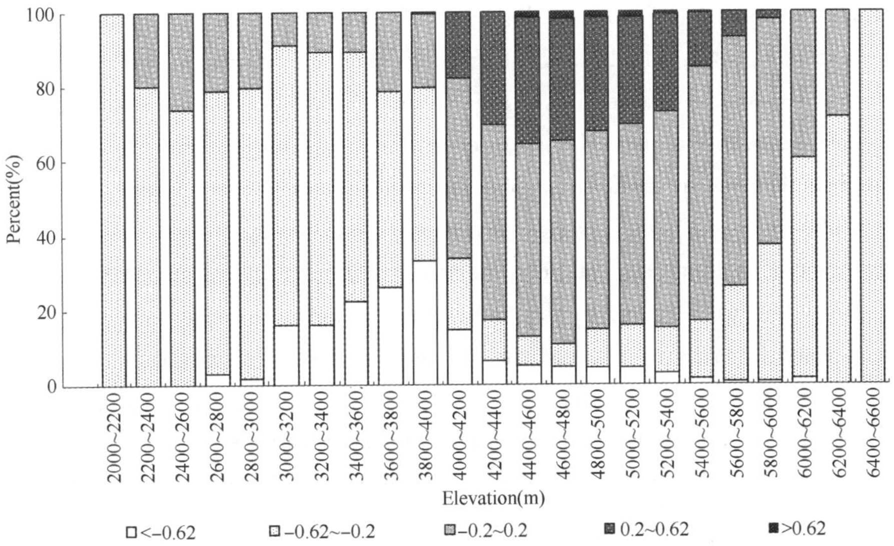

Figure 3 Percents of natural vegetation change at different altitudes in the Mt. Qomolangma Natural Reserve

4.3 The changes of vegetation types

Degradation showed an absolute predominance over the mixed forests (Table 2). Slight degradation was the main changing characteristics for needle-leaf forests, which occupied over 60% of the whole area. Any improvement could not be found in needle-leaf and mixed forests. Slight degradation was main changing characteristics for shrubs. Most of the area of shrubs was in degraded state and 24.72% seriously degraded, which was one of the highest in all of the plant types. Stability and slight improvement were the main characteristics for steppe and meadow changes, of which the stable area was the biggest among all kinds of changing states. Stability and slight degradation were the main changing characteristics for alpine sparse vegetation. Plants' changes could be divided into three types: (1) Stability to improvement. They were steppes and meadows. (2) Stability to degradation. It was alpine sparse vegetation. (3) Degradation. They were shrubs, needle-leaf forests and mixed forests.

Table 2 Change percents of different vegetation types in the Mt. Qomolangma Natural Reserve (unit: %)

	Serious degradation	Slight degradation	Stability	Slight improvement	Significant improvement	Main change condition
Mixed forests	4.73	78.38	16.89	0.00	0.00	Degradation
Needle-leaf forests	24.72	60.11	15.17	0.00	0.00	Degradation
Shrubs	24.72	39.22	29.48	6.58	0.00	Degradation
Steppes	0.04	2.16	64.09	32.61	1.10	Stability-improvement
Meadows	3.49	9.06	53.13	33.11	1.22	Stability-improvement
Alpine sparse vegetation	8.26	25.10	52.46	13.46	0.70	Stability-degradation

The mixed forests distributed in the area from 2000 m to 4000 m a. s. l. , mainly from 2500 to 3100 m a. s. l. (Table 1&3). Slight degradation occurred in every elevation zone. The needle-leaf forests distributed in the area from 2400 m to 4600 m, mainly from 3100 m to 3900 m. Slight degradation also affected in each elevation zone and much more serious degradation took place than the mixed forests. Shrubs distributed in the area from 2600 m to 5600 m, mainly from 3900 m to 4700 m. Over 4000 m, slight improvement appeared and the percents of stability started to increase. Steppes distributed in the area from 3400 m to 5800 m, mainly from 4000 m to 5000 m. Stability occurred almost in every zone and its ratio was higher than mixed forests, needle-leaf forests and shrubs. The meadows distributed in the area from 3600 m to 6000 m, mainly from 3900 m to 5600 m, most keeping stable too. The alpine sparse vegetation distributed in the area from 3400 m to 6600 m, mainly from 4700 m to 6000 m. The ratio of slight and serious degradation increased in most of the elevation zones compared to steppes and meadows.

In the degraded zone, mixed forests, needle-leaf forests and shrubs mainly distributed and were affected. In the stable zone, shrubs, steppes, meadows and alpine sparse vegetation distributed in most areas and most of them kept stable. Shrubs could be found in two different zones and the stability appeared more in the stable zone than in the degraded zone. In conclusion, the degenerated objects in the MQNR most affected shrubs, needle-leaf forests and mixed forests.

4.4 The relationship between physical conditions and natural vegetation changes

Related researches confirmed that South Tibet was one of the most significant warm areas in China (Feng *et al.*, 1998). Along with the increase of the elevation, temperature changes showed similar curves with NDVI change (Figure 4a). The spatial correlation analysis showed the correlation coefficients of temperature change and NDVI change was 0. 53 and the

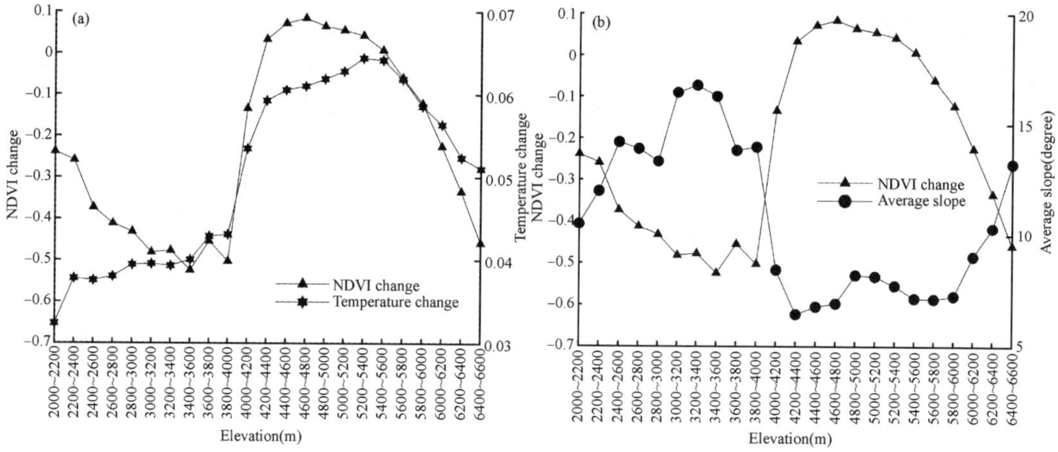

Figure 4　Temperature change (a) and average slopes (b) along the altitude gradients in the Mt. Qomolangma Natural Reserve

result of the partial correlation analysis was 0.93 along the altitude gradients (Table 4). Hence the temperature change affected the regional vegetation change not only spatially but also vertically. Global warming has made notable temperature increase in the high altitude region, which has good impacts on growth of natural vegetation (Watson *et al.*, 2001). Natural vegetation improvements in the north of the reserve may be related with the warming.

Table 3 Change percents of different vegetation types vertically in the Mt. Qomolangma Natural Reserve*

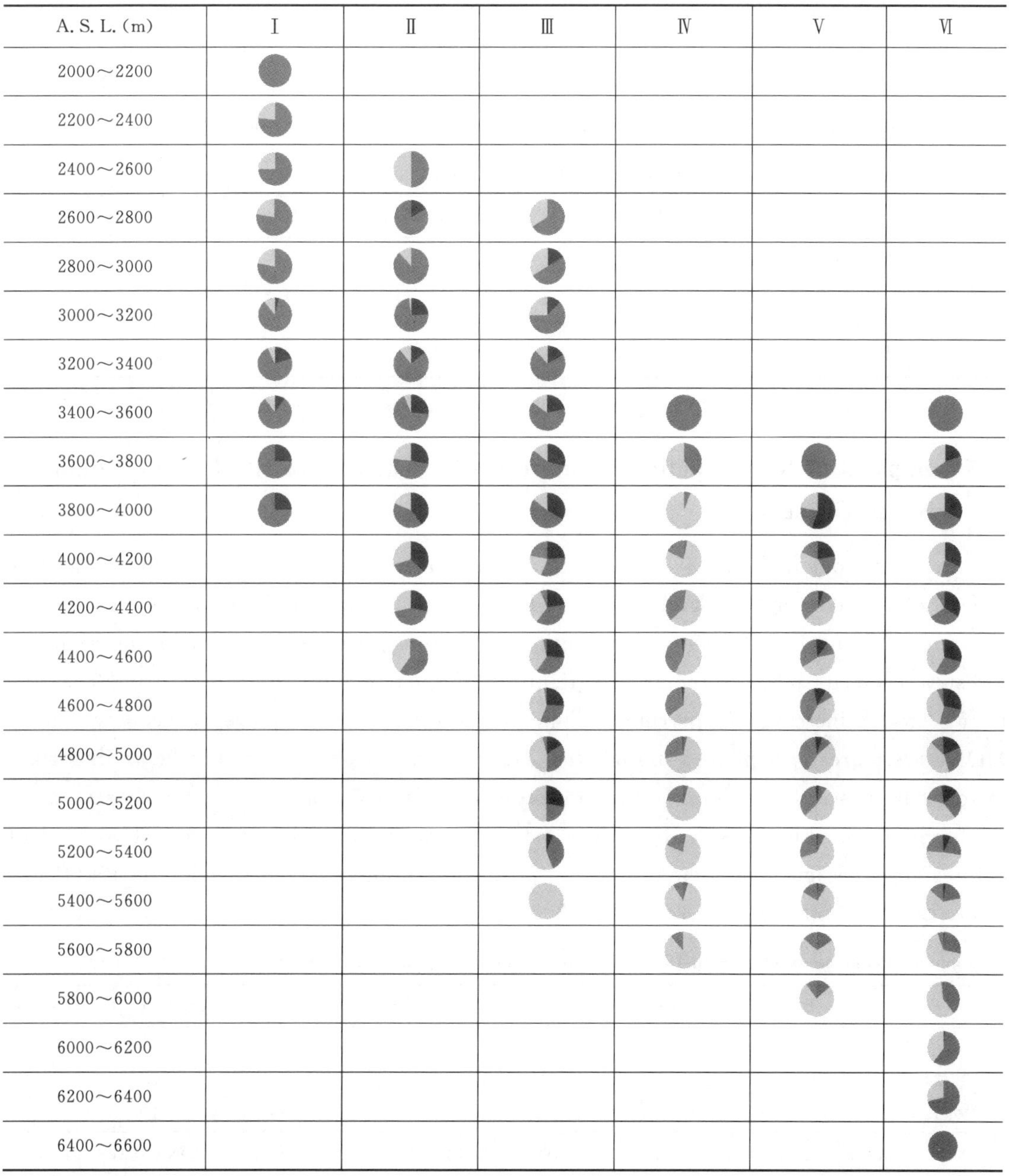

Note: * Ⅰ, Ⅱ, Ⅲ, Ⅳ, Ⅴ and Ⅵ represent mixed forests, needle-leaf forests, shrubs, steppes, meadows and alpine sparse vegetation respectively. Legend is equal to that in Figure 2.

Average slopes showed a negative relationship with NDVI change (Figure 4b). The coefficients of the partial correlation analysis between average slopes and NDVI change was −0.93 along the altitude gradients. The slope mainly affected the regional vegetation change vertically. Natural vegetation trended to degenerate on steep slope areas. The degraded zone, which had an average slope of over 10 degrees, was disadvantageous for vegetation growth.

The average aspects in the MQNR are in a range of 149.33 to 201.39 degrees (0 degree started from north and rotated clockwise). The coefficients of the partial correlation analysis between average aspects and NDVI change was 0.62 along the altitude gradients, which indicated that the natural vegetation in the eastern and southern slopes could get more heat to grow better and might be over utilized or gazed (Liu *et al.*, 2006). Thus they were fragile and easy to be degraded.

Table 4 Correlation analysis of NDVI change and its influencing factors

	Vertical partial correlation coefficients*	Spatial correlation coefficients
Temperature change-NDVI change	0.93	0.53
Average slope-NDVI change	−0.93	−0.34
Precipitation change-NDVI change	(Significance less than 95% level) 0.41	0.07
Average aspect-NDVI change	0.62	0.00

Note: * Partial correlation coefficients, 99% level of significance, two-tail examination and 23 samples.

4.5 Impacts of human activities on vegetation changes in the Mt. Qomolangma Natural Reserve

In the regions of humans' distribution, human activities and climatic factors influence vegetation together and the land use and land cover change produced by human activities are prominent (Gao *et al.*, 2004). According to the current price, in 1995, the output value of forestry occupied 0.88% of the gross agriculture production and rose to 1.54% in 2000 (Table 5), which increased 75 percents. This change meant that the forests resources in the MQNR were greatly exploited and utilized after the mid 1990s. This might be an important factor that caused severe forest degeneration in the Mt. Qomolangma region. Farmers and herdsmen obtained income, built houses and gained warmth by deforestation. How to halt deforestation became a chief environmental protection problem for local governments (Peng, 1999; Li, 2001; Zhu *et al.*, 2002; He, 2005).

Table 5 Economic conditions in 1995 and 2000 in the Mt. Qomolangma Natural Reserve*# (unit: %)

Year	Ratio of GOVFa to GOVA	Ratio of GOVFo to GOVA	Ratio of GOVAH to GOVA
1995	58.28	0.88	40.84
2000	60.04	1.54	38.42
1995—2000	3.01	74.51	−5.90

Note: * Data came from (Tibet statistical bureau, 1996 and 2001). The output values in the MQNR were the summation of its four counties.

GOVA, GOVFa, GOVFo and GOVAH represent Gross Output Value of Agriculture, Gross Output Value of Farming, Gross Output Value of Forestry and Gross Output Value of Animal Husbandry, respectively.

Field survey found that in some areas about 4700 m a. s. l. , herdsmen reclaimed meadows into farmlands (Zhang *et al.* , 2005) and dig meadows to build vallums and houses, which destroyed the surface vegetations and ultimately induced desertification (Dong, 2005; You, 2005). People made their living by exploiting biologic resources (such as medicinal herbs), which were difficult to regenerate in such harsh natural condition. It was the overuse of resources that led to degeneration in parts of the region.

5 Conclusions and Discussions

5.1 Conclusions of vegetation changes in the Mt. Qomolangma Natural Reserve

Through the analysis of natural vegetation changes in the MQNR and their influencing factors, the results show that:

(1) A belt-shaped spatial distribution of natural vegetation changes is distinguished and stability is the most common status. Along with the increase of elevation, the state of natural vegetation changes transits from degradation to stability.

(2) The worst affected natural vegetation zones in the MQNR are most composed of shrubs, needle-leaf forests and mixed forests.

(3) The temperature change affects natural vegetation changes spatially while the integration of temperature changes, slopes and aspects affects natural vegetation changes along the altitude gradients.

(4) Overuse of resources by human beings has led to natural vegetation degeneration in some parts of MQNR.

5.2 Recommendations for ecological protection and regional development

The ecological protection methods for the MQNR should not be emphasized on forcing management but to be related with local sustainable development (Peng, 1999). The sustainable development must be tied with local economic development to eliminate poverty and solve the living problems for local inhabitants. It was a successful example that the China International Center for Economic and Technical Exchanges and the United Nations Development Programme (UNDP) authorized a community-based, economic and social development project in the MQNR. On one hand it modeled community-based development. On the other hand it helped the local government make a development project that provided more working and incoming opportunities. What's more, a series of illustrations about the project was taken in the four counties (China International Center for Economic and Technical Exchanges, 2000).

5.3 Discussions

NOAA remote sensing images are the only continuous satellite data that can be got since the 1980s. They are fit for large-scale vegetation change research, but there are some limitations such as coarse resolution. A further study on seriously degraded areas by means of high resolution remote sensing images is good complementarities for the research. The physical and social conditions in the MQNR are restrictive and lots of basic data can be difficult to obtain. This study offers primary research and further researches can combine with the field working materials from the Fourth Mt. Qomolangma Comprehensive Scientific Expedition.

1982—2009 年珠穆朗玛峰自然保护区植被指数变化*

NDVI Change Analysis in the Mount Qomolangma (Everest) National Nature Preserve during 1982—2009

Abstract: NDVI is a good indicator for monitoring the vegetation change. NDVI time series data during 1982—2009, land cover data and field survey have been used to monitor the temporal-spatial change for vegetation and to analyze the effectiveness of protected area quantitatively in the vicinity of Mount Qomolangma by using the time series change trend detection and spatial analysis methods. This study reveals that the overall distribution of NDVI is with a higher value at the southern and northern and a lower value at the middle area in the vicinity of Mount Qomolangma. Inter-annual change trend and spatial heterogeneity of NDVI during 1982—2009 are completely obvious in the study area, with a distinct overall increase of NDVI during 1982—1997, and especially bigger increase in the northern area, and with an overall decrease during 1998—2009 (descending of 56.96%), including the distinct decrease in the central and northern parts of the study area and a partial increase of the NDVI of forests and scrublands in the core area of southern protected area. The long-term time series NDVI change trend and spatial difference concludes the ecological conservation engineering such as natural forest protection has made the effectiveness of protected area more outstanding since 1998.

1 引 言

植被指数(Vegetation Index)是全球环境变化分析中重要的生物物理指标，其中，归一化植被指数(Normalize Difference Vegetative Index，NDVI)是应用最为广泛的植被指数，被认为是植物生长状态和植被覆盖度的最佳指示因子(赵英时等，2003)。相对于高空间分辨率卫星数据，如 Landsat 系列影像，NOAA/AVHRR 和 SPOT 遥感数据(The National Oceanic and Atmospheric Administration/Advanced Very High Resolution Radiometer，简写 NOAA/AVHRR 或 systeme probatoire d'observation de laterre-VEGETATION，简写 SPOT-VGT)具有对地观测范围广、观测重复性好的优点，可以很好地、实时地、大范围地监测地表植被。NOAA/AVHRR NDVI 数据和 SPOT-VGT 数据可以指示植被活动的强弱或植被覆盖的变化(Tucker *et al.*，2005；Brown *et al.*，2006；Lasaponara *et al.*，2006；Fontana *et al.*，2008)，并被成功地用于中国多空间尺度和多区域的植被活动变化研究，例如，全国范围(方精云等，2003)、蒙古高原(Zhang *et al.*，2009)、青藏高原(Ding *et al.*，2007；丁明军等，2010)、三江源地区(张镱锂等，2007)、珠穆朗玛峰(简称珠峰)地区(张玮等，2006)、青藏公路与铁路沿线(丁明

---

* 由聂勇(Nie Yong)、刘林山(Liu Linshan)、**张镱锂(Zhang Yili)**和丁明军(Ding Mingjun)完成，原载于《地理科学进展》，2012，31(7)：895-903。

军等，2005)、西北地区(宋怡等，2007)等。

珠穆朗玛峰国家级自然保护区(以下简称为珠峰地区)为世界上海拔最高的自然保护区(次旦伦珠，1997)，位于27°48′～29°19′N，84°28′～88°23′E(张玮等，2006)，保护区总面积3.3×10^4 km^2，行政区划包括定日、聂拉木、吉隆县全境和定结县的部分。本研究范围包括完整的四县，总面积达3.6×10^4 km^2(聂勇等，2010)。珠峰地区山体巨大、地势高亢，敏感而脆弱的自然环境使其成为在全球环境变化背景下研究生态系统格局与过程变化的理想场所(郑度，2005)。珠峰南坡和北坡的植被垂直带谱截然不同，从谷底到山顶，南坡依次为山地亚热带常绿阔叶林、山地暖温带针阔叶混交林、山地寒温带针叶林、亚高山寒带灌丛草甸、高山寒冻草甸垫状植被和高山寒冻冰碛地衣带；北坡主要由高原寒冷半干旱草原、高山寒冻草甸垫状植被和高山寒冻冰碛地衣带等组成(中国科学院青藏高原综合科学考察队，1988)。

前期研究表明：1981—2001年人类不合理的资源利用方式造成了珠峰局部地区植被退化(张玮等，2006)，2000—2007年珠峰地区植被退化更为明显(阚瑷珂等，2010)，南坡与北坡植被的变化存在显著的差异(马飞等，2010)。但从20世纪80年代到近期，珠峰地区长期的植被变化及1988年成立珠峰保护区以来植被保护的效果仍是未知的。本研究基于1982—2009年的NDVI数据，分析珠峰地区植被变化过程，监测保护效果，为当地的可持续发展和保护区生态环境建设提供理论支持。

2　数据与方法

2.1　数据源

研究中使用了NOAA/AVHRR NDVI和SPOT-VEG NDVI两种数据。第一种为GIMMS (Global Inventory Monitoring and Modeling Studies)工作组经过大气校正并消除了火山爆发等因素获得的从1982年1月至2000年12月每15天合成的第三代AVHRR NDVI卫星遥感时间序列数据集(1994年因数据缺失不参与时间序列去噪声处理或计算)，空间分辨率为8 km，数据由GLCF(Global Land Cover Facility)提供(下载地址www.landcover.org)。该数据经过检验，被认为是适用于中国植被活动状况分析的数据(方精云等，2003)。本研究采用的第二种NDVI数据为1 km空间分辨率SPOT-VGT数据，采用时段为1998—2009年，来源于欧洲联盟委员会赞助的SPOT-VEGETATION传感器，该数据由比利时佛莱芒技术研究所(Flemish Institute for Technological Research, Vito)，VEGETATION影像处理中心(VEGETATION Processing Centre，CTIV)负责预处理及全球VEGETATION数据存档与发布(下载地址：http://www.spot-vegetation.com/)，该数据为经过大气校正、辐射校正、几何校正等预处理后生成的10天最大化合成NDVI旬数据(S10)。

NOAA/AVHRR NDVI和SPOT-VGT采用不同的传感器，但波谱范围基本相同，两种数据在全球尺度(Brown *et al.*，2006)、全国尺度(Song *et al.*，2010)和局地尺度(如黄土高原(信忠保等，2007)，相关系数大于0.95*)的研究表明：虽然两者的绝对数值存在一定的差异但

* 表示通过0.001置信度检验。

时间序列变化具有很好的一致性(可比性高),因此可以将长时序的AVHRR历史数据和新传感器NDVI数据同化获得1982年以来的数据集,连续分析全球或中国陆表的植被变化。利用相对高空间分辨率SPOT-VGT数据插补NOAA/AVHRR NDVI数据的时间序列分析只适用于大空间尺度(信忠保等,2007)。对于本研究区,应尽量保留相对高空间分辨率数据的细节信息并避免数据同化中产生的误差。考虑到两者的绝对数值和空间分辨率差异,分别选择1982—1997年NOAA/AVHRR NDVI数据和1998—2009年SPOT-VGT数据,从两个时段分析1982—2009年珠峰地区植被变化。

其他数据包括:中国气象局国家气象信息中心气象资料室提供的5个气象站(定日、聂拉木、日喀则、拉孜和江孜)1982—2009年气温和降水数据;2005年以来,本研究组在珠峰地区多次开展野外考察积累的数据;2006年土地覆被数据(聂勇,2010);1959—1960年、1966—1968年、1975年和2005年4次珠峰综合考察资料;由西藏自治区林业厅提供的保护区功能区分布图*,将功能区分布图扫描并数字化,获得核心区、缓冲区和实验区矢量数据。

2.2 方法

采用的NDVI数据均采用国际通用的MVC(最大值合成)法处理,从而有效减少大气传输过程中来自云、气溶胶、云阴影、视角以及太阳高度角的影响(方精云等,2003;丁明军等,2005;Brown *et al.*,2006;Ding *et al.*,2007;Fontana *et al.*,2008;Hird *et al.*,2008;Zhang *et al.*,2009)。MVC处理后仍存在部分噪声,选择三点平滑处理(Chen *et al.*,2000),进一步剔除噪声对植被变化的影响。然后,在15天或旬NDVI的基础上采用最大值合成法获取年最大NDVI($NDVI_{max}$),以其表征当年植被生长的最佳状况及其动态变化(丁明军等,2005;Ding *et al.*,2007;Hird *et al.*,2008;Zhang *et al.*,2009)。基于像元对1982—1997年和1998—2009年NDVI峰值数据进行线性趋势分析(Runnström,2000;Ding *et al.*,2007),线性趋势系数采用最小二乘法获得,系数大于0代表植被变化趋势是增加的,反之代表减少,并按相关系数大小进行趋势显著性判定。利用2006年土地覆被数据,剔除非植被区(冰川、冰湖、湖泊、裸岩等类型),然后对NDVI进行统计分析。采用基于值的自然分组法(Jenks,1967),并结合研究区植被特征和统计值来划分NDVI变化幅度等级。

3 结果与讨论

3.1 植被空间分布特征

珠峰地区$NDVI_{max}$多年均值分布的总体特征是南部和北部高,中部低(图1)。南部地区贡当乡、吉隆镇、樟木镇、绒辖乡、陈塘镇和曲当乡是高NDVI值的分布区,对应的土地覆被类型主要为半常绿阔叶林、常绿阔叶林、常绿针叶林、硬叶常绿阔叶混交林、落叶阔叶桦木林、高寒杜鹃灌丛和高寒常绿针叶灌丛;北部折巴乡、差那乡、琐作乡、盆吉乡和加措等乡的NDVI

---

* 刘务林,赵建新,李炳章,等. 西藏珠穆朗玛峰国家级自然保护区范围与功能区调整方案. 西藏自治区林业调查规划研究院,2006.(内部资料)

值也较高，对应的覆被类型主要为嵩草草甸；中部地区海拔高，覆被类型主要为蒿类、固沙草草原和针茅草原，植被的盖度较低，为 NDVI 低值分布区。同时，1982—1997 年和 1998—2009 年珠峰地区的植被覆盖空间分布特征高度一致，后者由于更高的空间分辨率能更好地展示植被的空间分布细节。

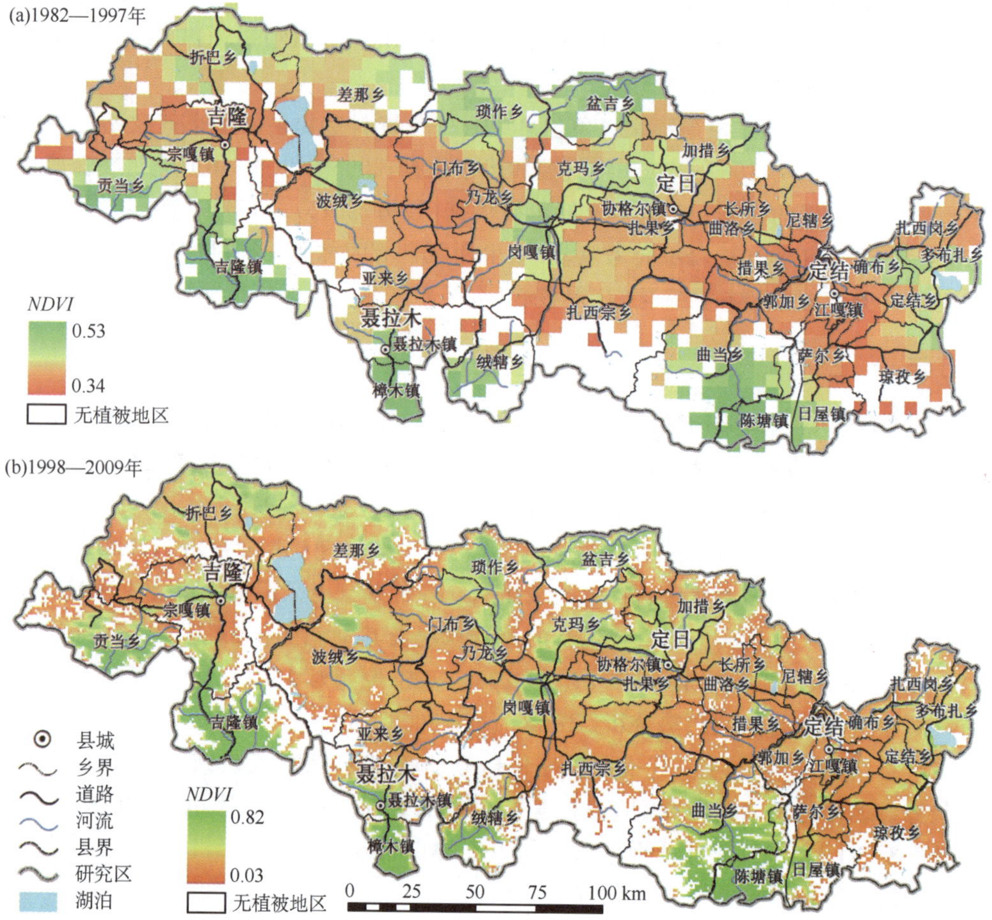

图 1　1982—2009 年珠峰地区 $NDVI_{max}$ 多年均值空间分布特征

Figure 1　Distribution of annual mean $NDVI_{max}$ in the vicinity of Mount Qomolangma during 1982—2009

3.2　植被时空变化特征

（1）NDVI 年际变化特征

用珠峰地区年 $NDVI_{max}$ 数据的平均值代表整个地区植被覆盖情况，1982—2009 年，珠峰地区植被覆盖呈现出 20 世纪 80 年代增加、90 年代减少、2000 年以来略微减少的态势。由图 2 可以看出：珠峰地区 1982—2000 年 NOAA/AVHRR NDVI 和 1998—2009 年 SPOT-VGT NDVI 数据均反映出植被的波动变化，在 NOAA/AVHRR 数据中非植被区 NDVI 对整个研究区植被变化趋势的影响不明显，而在 SPOT-VGT 数据中非植被区 NDVI 的影响十分明显，研究中利用土地覆被数据剔除了非植被区的影响。1982—2009 年珠峰地区植被变化大致经历 5 个阶段：①1982—1991 年，植被盖度持续增加时期；②1991—1995 年植被盖度迅速下降时期；③1995—2000 年，以小幅波动为特征的相对稳定时期；④2000—2002 年植被盖度明显下降时期；⑤2002—2008 年，以小幅波动明显增加时期，其中植被盖度在 2008 年出现一个相对高值，而在 2009 年有所下降。20 世纪 80 年代上升，90 年代下降的变化过程，与青藏高原、西北地区、黄土高原的研究结果相似(马明国等，2003；信忠保等，2007；梁四海等，2007)。

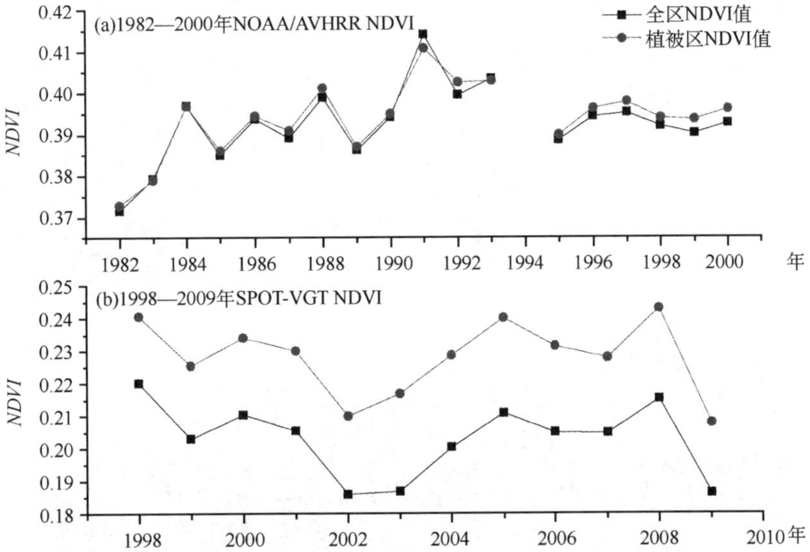

图 2 珠峰地区 NDVI 年际变化特征

Figure 2 Inter-annual variation of NDVI in the vicinity of Mount Qomolangma

(2)NDVI 年际变化的空间分异特征

1982—2009 年，珠峰地区 NDVI 年际变化趋势和空间异质性十分明显。1982—1997 年，珠峰地区 NDVI 普遍出现明显的上升趋势，平均变化率为 0.0015/a，其中，34.11%的区域上升幅度大于 0.002/a，降低幅度超过 0.002/a 的区域仅占 3.57%。1982—1997 年，NDVI 变化趋势的显著性水平检验显示：珠峰地区 NDVI 显著增加。将 0.05 显著水平上且变化幅度大于 0.002/a 的区域归为显著变化区，珠峰地区 NDVI 显著下降率为 0.18%，显著增加率为 27.59%，植被覆盖明显变好。从变化的空间分布而言，NDVI 增幅较大的区域主要分布在折巴乡、差那乡、锁作乡、盆吉乡、克玛乡、长所乡等北部的乡镇，且通过显著性检验；NDVI 降幅较大的区域主要分布在贡当乡东部、宗嘎镇、吉隆镇、樟木镇和曲当乡，除了贡当乡的东部和曲当乡的南部部分地区显著减少，其他大部分减少不显著(图 3)。

1998—2009 年，珠峰地区 NDVI 出现了下降的趋势。43.04%的 NDVI 呈上升趋势(即斜率大于 0)，对应 56.96%呈下降趋势，大部分变化幅度在 -0.006～0.006，变化幅度大于 0.006 的区域仅占植被面积的 7.56%。变化趋势的显著性水平检验显示：下降趋势面积大于上升趋势面积，NDVI 总体呈现降低的趋势，与 1982—1997 年的变化趋势相反，1998—2009 年 NDVI 显著降低的区域主要分布在珠峰地区中部和北部，南部地区显著增加，在南部核心保护区，即贡当乡、吉隆镇、樟木镇、绒辖乡和陈塘镇等地的 NDVI 显著增加，增加幅度较大且通过 0.05 水平显著性检验(图 4)，说明在珠峰保护区的核心地带保护措施得力，林地、灌丛等植被覆盖有明显好转，同时，1998 年以来，国家大力推动的生态建设工程，如天然林保护工程，对核心区的植被保护起到了积极作用。

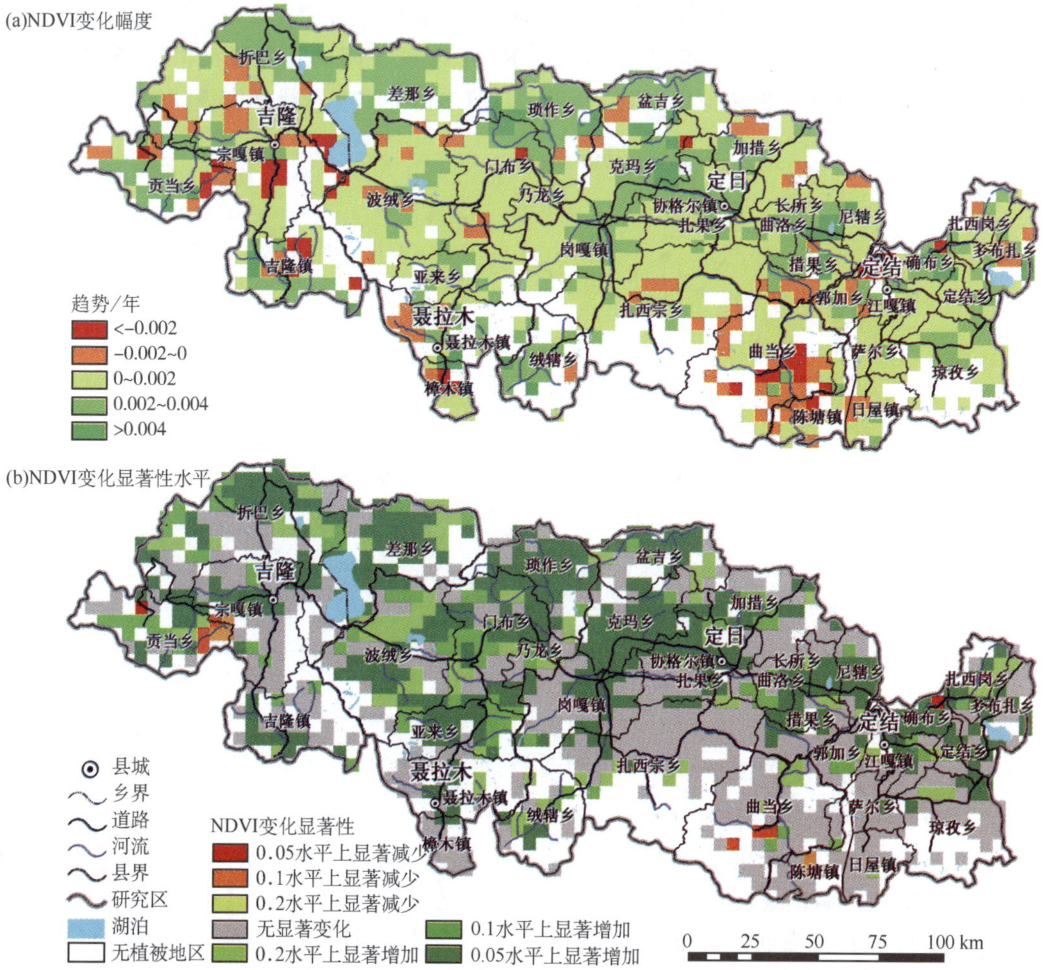

图 3　1982—1997 年珠峰地区 NDVI 变化幅度(a)和变化显著性水平(b)

Figure 3　Intensity (a) and significance level

(b) of NDVI variation in the vicinity of Mount Qomolangma during 1982—1997

3.3　不同植被类型的 NDVI 变化

1982—1997 年研究时段内，主要植被类型的 NDVI 均显著增加，植被覆盖提高，部分灌丛和森林的 NDVI 显著减少。在 0.05 显著水平上，蒿类与固沙草草原、耕地和湿地、嵩草草甸的 NDVI 显著增加，增加的面积比例均大于 42%；其次是紫花针茅草原、高寒稀疏植被、森林和灌丛，增加的面积比例均大于 16%。同时，在 0.2 显著水平以上，12.50%灌丛、3.85%森林、1.82%耕地和湿地及 0.82%高寒稀疏植被的 NDVI 显著降低。此外，森林的 NDVI 无显著变化率最高，蒿类与固沙草草原的 NDVI 显著变化率最高(表 1)。

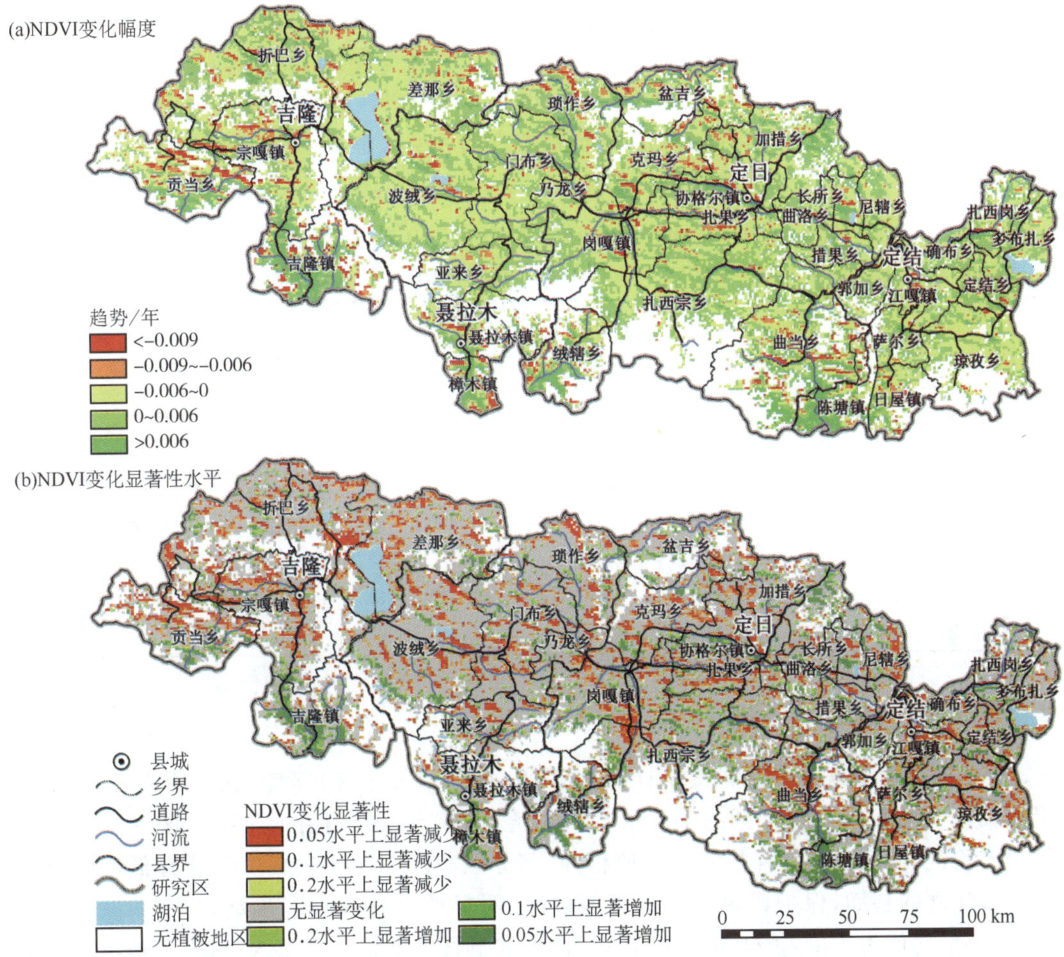

图 4 1998—2009 年珠峰地区 NDVI 变化幅度(a)和变化显著性水平(b)

Figure 4 Intensity (a) and significance level (b) of NDVI variation in the vicinity of Mount Qomolangma during 1998—2009

表 1 1982—1997 年主要植被类型的 NDVI 变化显著性(%)

Table 1 Significance level of NDVI variation for major vegetation types during 1982—1997 (%)

类型	0.05 水平上显著减少	0.1 水平上显著减少	0.2 水平上显著减少	无显著变化	0.2 水平上显著增加	0.1 水平上显著增加	0.05 水平上显著增加	总计
灌丛	0.00	8.93	3.57	58.93	5.36	7.14	16.07	100.00
森林	0.00	0.00	3.85	69.23	3.85	0.00	23.07	100.00
高寒稀疏植被	0.00	0.00	0.82	47.76	10.20	7.76	33.46	100.00
嵩草草甸	0.00	0.00	0.00	36.84	6.84	14.21	42.11	100.00
蒿类、固沙草草原	0.00	0.00	0.00	27.00	16.00	7.00	50.00	100.00
紫花针茅草原	0.00	0.00	0.00	45.27	8.78	7.77	38.18	100.00
耕地和湿地	1.82	0.00	0.00	36.36	10.91	3.64	47.27	100.00

1998—2009 年，在相应的显著性水平上，各个植被类型（除了紫花针茅草原）的显著变化趋势高度一致。灌丛和森林的 NDVI 在 0.2 水平以上的各个等级中增加的面积比例均大于降低的面积比例，NDVI 显著增加，植被覆盖状况改善。其他的主要植被类型在对应的各个显著性变化水平的降低率大于增加率，均出现显著减少的趋势。此外，森林的 NDVI 显著变化率最高，其他植被类型的无显著性变化面积比例大于 54%（表 2）。

表 2　1998—2009 年主要植被类型的 NDVI 变化显著性（%）

Table 2　Significance level of NDVI variation for major vegetation types during 1998—2009（%）

类型	0.05 水平上显著减少	0.1 水平上显著减少	0.2 水平上显著减少	无显著变化	0.2 水平上显著增加	0.1 水平上显著增加	0.05 水平上显著增加	总计
灌丛	7.57	3.66	5.67	54.97	7.08	5.61	15.44	100.00
森林	1.33	0.29	1.62	33.58	6.33	9.87	46.98	100.00
高寒稀疏植被	10.95	4.53	6.72	61.05	5.59	3.90	7.26	100.00
嵩草草甸	11.44	5.46	7.94	61.79	4.55	2.80	6.02	100.00
蒿类、固沙草草原	14.62	6.47	8.75	62.60	2.77	1.83	2.96	100.00
紫花针茅草原	12.36	5.21	7.72	62.06	4.83	2.90	4.92	100.00
耕地和湿地	11.58	5.72	6.71	56.25	5.56	4.50	9.68	100.00

3.4　植被变化的成因分析

3 个功能区内 NDVI 变化幅度统计显示（图 5，表 3）：1982—1997 年，整个研究区的植被覆盖提高，3 个功能区及非保护区的平均值均为正值，但核心区的均值低于缓冲区，缓冲区的均值低于实验区，实验区和非保护区的均值相同，部分核心区 NDVI 大幅度显著降低，该阶段处于保护区建立的初期，保护成效并不显著，且存在明显的破坏森林和灌丛现象。1998—2009 年，核心区平均值为正值，植被覆盖好转，缓冲区、实验区及非保护区都为负值，植被覆盖下降，实验区比缓冲区下降的幅度更大。核心区既是保护重点区，又是“天然林保护”和“退耕还林还

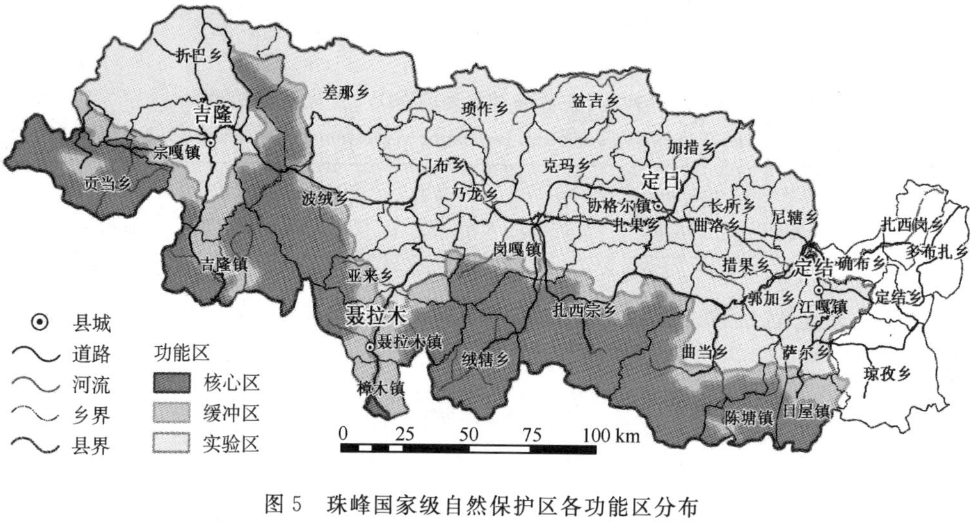

图 5　珠峰国家级自然保护区各功能区分布

Figure 5　Functional zones distribution of the Mount Qomolangma National Nature Preserve (QNNP)

草”* 等生态建设工程主要实施区。在NDVI总体下降的趋势下，核心区NDVI却呈显著增长的趋势，一定程度上说明：1998年以来，随着天然林保护和退耕还林等生态工程的相继实施，珠峰保护区核心区的保护成效较为显著。

表3 珠峰保护区各功能区NDVI变化幅度统计

Table 3 Intensity of NDVI variation in different functional zones of the Mount Qomolangma protected area

时间	功能区	最小值	最大值	范围	平均值	标准差
1982—1997年	核心区	−0.004 2	0.005 7	0.009 8	0.001 0	0.001 8
	缓冲区	−0.004 2	0.004 5	0.008 7	0.001 2	0.001 6
	实验区	−0.004 6	0.006 1	0.010 7	0.001 6	0.001 5
	非保护区	−0.003 9	0.005 6	0.009 5	0.001 6	0.001 7
1998—2009年	核心区	−0.060 1	0.034 8	0.094 8	0.000 3	0.006 9
	缓冲区	−0.032 7	0.021 7	0.054 3	−0.000 1	0.006 0
	实验区	−0.030 8	0.022 7	0.053 6	−0.000 8	0.004 0
	非保护区	−0.021 7	0.018 3	0.040 0	−0.000 4	0.003 5

将0.05显著水平且年变化幅度大于0.006的区域归为NDVI显著变化区，统计显示：1998—2009年，珠峰地区NDVI显著下降率为6.02%(1 667.01 km^2)，显著增加率为4.70%(1 299.81 km^2)。其中，核心区显著增加面积和比例均为最大，分别达548.65 km^2和42.21%；除了面积较小的非保护区外，从单位面积显著增加率而言，核心区(0.056)、缓冲区(0.069)高于实验区(0.021)和非保护区，从单位面积显著下降率而言，核心区低于缓冲区、缓冲区低于实验区；核心区和缓冲区显著增加的面积要大于显著下降的面积，试验区显著下降的面积远大于显著增加的面积，说明保护区保护强度的不同导致了保护区内植被变化有不同的趋势(表4)。

表4 1998—2009年珠峰国家自然保护区各功能区NDVI显著变化统计

Table 4 Statistics of NDVI significant variation in different functional zones of QNNP during 1998—2009

功能区	显著下降		显著增加		占研究区比例(%)	面积(km^2)	单位面积显著下降率	单位面积显著增加率
	百分比(%)	面积(km^2)	百分比(%)	面积(km^2)				
核心区	22.13	368.91	42.21	548.65	26.89	9 840.28	0.037	0.056
缓冲区	11.78	196.37	20.90	271.66	10.82	3 959.53	0.050	0.069
实验区	61.52	1 025.55	31.79	413.21	53.24	19 482.94	0.053	0.021
非保护区	4.57	76.18	5.10	66.29	9.05	3 311.81	0.023	0.020
总计	100.00	1 667.01	100.00	1 299.81	100.00	36 594.56	—	—

1982—2009年，珠峰地区气温加速上升，降水量减少，加剧的暖干化是植被变化的关键因素。1982—1997年，珠峰地区(5个气象站)平均线性增温率为0.107 ℃/10 a，而1998—2009年上升到0.454 ℃/10 a，后期增温速率为前期的4.2倍。1982—1997年，珠峰地区降水量平均线性递减率为−14.082 mm/10 a，而1998—2009年，平均线性递减率达−122.14 mm/10 a。加剧的暖干化是该地区NDVI由上升转变为下降的关键因素，但具体的驱动机制还需要进一步研究(图6)。

* “天然林保护”和“退耕还林还草”工程分别于1998年和2002年在该保护区实施。

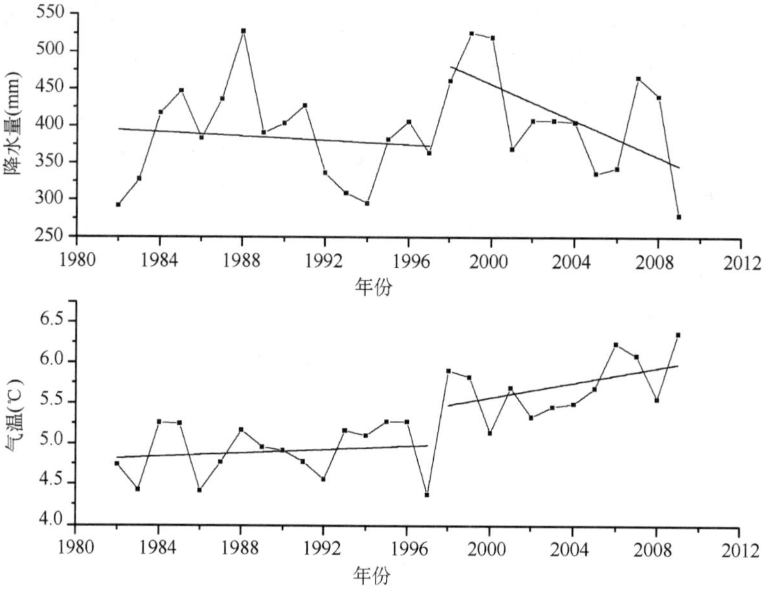

图 6　珠峰地区 1982—2009 年气温和降水变化

Figure 6　Air temperature and precipitation trend in the vicinity of Mt. Qomolangma during 1982—2009

假设气候变化对植被的影响是一致的，各功能区 NDVI 应该呈现一致的变化(1982—1997 年)，1998—2009 年在整个研究区 NDVI 普遍下降的背景下而核心区呈现增加趋势。这种不一致性推断珠峰地区保护活动对当地植被的影响越来越明显，尤其是在核心区。核心区 NDVI 单位面积显著下降率低于缓冲区和实验区，单位面积显著增加率高于实验区，这与核心区实施更为严格的准入制度有关，一方面，严格控制了核心区常住人口总数，降低了当地人类活动对植被的干扰。另一方面，有效减少了外来人口的数量，减少其对核心区植被的破坏。同时，“天然林保护”、“退耕还林还草”等生态建设工程重点在核心区展开，对该地区生态环境保护起到很好的促进作用。因此，近年来，珠峰国家级自然保护区的保护成效显著。

4　结论与展望

(1)珠峰地区植被 NDVI 分布的总体特征是南部和北部高、中部低。

(2)珠峰地区 NDVI 年际变化趋势和空间异质性十分明显：1982—1997 年间，珠峰地区 NDVI 普遍明显上升，34.11%的区域上升幅度大于 0.002/a，降低幅度超过 0.002/a 的区域仅占 3.57%，北部地区较大幅度显著增加；1998—2009 年，NDVI 总体下降(56.96%的 NDVI 呈下降趋势)，珠峰地区中部和北部的 NDVI 明显下降，南部核心保护区森林和灌丛的 NDVI 出现较大幅度显著增加。

(3)长时间序列植被指数变化过程推断：1982—1997 年，保护区成立的前期，核心区、缓冲区和实验区保护成效差异不显著，1998 年以来，核心区、缓冲区和实验区保护效果有明显的差异，核心区和缓冲区的保护效果要好于实验区。同时，1998 年后实施的“天然林保护”等生态建设工程有效地促进了保护区生态环境建设。

珠峰地区NDVI的年际变化和空间异质性十分显著，短期的变化分析会存在极大的不确定性。为了延长数据的分析时段，8 km的NOAA/AVHRR NDVI和1km的SPOT-VGT NDVI数据的同化研究需要进一步开展。时间序列NDVI数据质量的不确定性对极高海拔区植被变化分析的影响也需要增强。由于珠峰地区研究的基础数据相对匮乏，尽管前期针对珠峰地区植被的研究已有报道（阚瑷珂等，2010；马飞等，2010），但珠峰保护区及各个功能区和南、北坡范围的准确划分及植被变化驱动因素的定量表达，仍需要进一步的研究分析。

Glacial Change in the Vicinity of Mt. Qomolangma (Everest), Central High Himalayas since 1976*

近30年珠穆朗玛峰国家自然保护区冰川变化遥感监测

摘　要：利用1976年、1988年和2006年的3期陆地卫星遥感数据，采用面向对象的解译方法并结合专家知识分类规则自动提取珠穆朗玛峰国家自然保护区（以下简称珠峰保护区）三个时期的冰川信息，并利用遥感、地理信息系统和图谱的方法对冰川时空分布特征和变化及其原因与不确定性进行了分析。结果如下：(1)2006年珠峰保护区内冰川面积为2 710.17±0.011 km^2，为研究区总面积的7.41%，主要分布在研究区南部海拔4 700～6 800 m的高山区；(2)1976—2006年，珠峰保护区冰川持续退缩明显，总面积减少501.91±0.035 km^2，冰湖扩张迅速（净增加36.88±0.035 km^2）；研究区南坡子流域冰川退缩率（16.79%）高于北坡子流域（14.40%）；珠峰保护区冰川以退缩为主，退缩冰川主要分布于海拔4 700～6 400 m的区域，退缩区上限海拔为6 600～6 700 m；(3)1976年以来，气温显著上升和降水减少是冰川退缩的关键因素。

1　Introduction

One of the greatest challenges facing mankind is predicting and mitigating the impacts of rapid climate change (Gore, 2006; Owen *et al.*, 2009). Glaciers are one of the most important types of land cover in high alpine regions and form an important indicator of global climate change in remote mountain areas where weather observation stations are rare or non-existent (Lu *et al.*, 2002; Haeberli *et al.*, 2007; IPCC, 2007; Bolch *et al.*, 2008). Glacial change has important impacts on climatology, glacial lake outburst floods and water resources. For example, glacial lakes are formed by glaciations and glacial lake outburst floods which are one of the more common disasters affecting alpine areas because of their suddenness and wide-sweeping and serious consequences (Huggel *et al.*, 2002; Liu *et al.*, 2003; Chen *et al.*, 2007a, 2007b; Andreassen *et al.*, 2008). Impacts of glacial changes on water resources (river runoff) have also been reported (Krishna, 2005; Liu *et al.*, 2006; Yao *et al.*, 2007a), and mountain glacier management is now a core principle in the sustainable management of water resources.

The Tibetan Plateau is known as the world's third pole (Qiu, 2008) and is an ideal place for research into water and energy changes in the Earth-atmosphere system and changes in e-

* Published by Nie Yong(聂勇), **Zhang Yili(张镱锂)**, Liu Linshan(刘林山) and Zhang Jiping(张继平) in *Journal of Geographical Sciences*, 2010, 20(5):667-686.

cosystem structure and function under global environmental change. Because of this, much research has been conducted into the monitoring of glacial change (Ren *et al.*, 1998, 2004; Kang *et al.*, 2007; Yao *et al.*, 2007b; Yang *et al.*, 2008) and ice core records (Thompson *et al.*, 1997; Hou *et al.*, 2000; Duan *et al.*, 2007; Geng *et al.*, 2007; Yao *et al.*, 2008) across the Plateau. From these studies it is clear that glaciers in this region are retreating and that this is the result of warming and drying associated with climate change. For example, ambient temperatures in the vicinity of Mt. Qomolangma (Everest) rose earlier than temperatures in China and the global average from 1971 to 2004 (Yang *et al.*, 2006). Ice core records from Dasuopu of Mt. Xixabangma and the Far East Rongbu and East Rongbu glaciers of Mt. Qomolangma indicate that precipitation has reduced significantly in past decades (Duan *et al.*, 2002a; Ren *et al.*, 2004; Duan *et al.*, 2007).

Glacial retreat is widespread across the Plateau and the Himalayas. Reports from Mt. Qomolangma (Everest) National Nature Preserve, China reveal the terminal position of seracs on the Middle Rongbu Glacier, East Rongbu Glacier and Far East Rongbu Glacier on the northern slopes of Mt. Qomolangma have retreated at rates of 8.7 m/a, 5.5 m/a and 7.4 m/a from 1966 to 1997 (Ren *et al.*, 1998), where the area covered by glaciers fell by 15.01 km^2 from 1974 to 2008 (Ye *et al.*, 2009). The average retreat rate in Mt. Xixabangma is 6.4 m/a after 1980, with an accelerative trend (Ren *et al.*, 2004). The area of Jicongpu glacier and Reqiang glacier (eastern slope of Mt. Xixabangma) reduced 7.29% and 22.90% respectively from 1977 to 2001 (Che *et al.*, 2005). Glacial retreat across the Mt. Qomolangma region is well documented and is now a type of research hot spot; however, large scale glacier change and automatic extraction assessment methods have not been reported.

Given that changes in glaciers are mainly driven by changes in climate, the retreat and advance of glaciers are strong evidence of climate change. In view of the impact of glaciers on the global climate and their sensitivity to climate change, studies into the continuous monitoring of glacial change based on ground-level and long-term observation and remote sensing are essential. Developments in remote sensing technology and advances in temporal and spatial resolution have allowed the use of this technology in glacier monitoring since the 1960s. Low-cost remote sensing over a large area and in real time has been able to meet the needs of glacier monitoring since the 1960s. Landsat multi-spectral-scanner (MSS) and thematic mapping (TM) remote sensing images have been proven to be suitable for glacier extent extraction and mountain glacier change monitoring (Li *et al.*, 1999; Lu *et al.*, 2002; Paul *et al.*, 2004; Liu *et al.*, 2005, 2006; Bolch, 2007; Paul *et al.*, 2007; Ye *et al.*, 2007, 2009; Andreassen *et al.*, 2008).

To generate a longer-term and large-scale impression of glacial change in QNNP we used three sets of Landsat remote sensing data spanning the period 1976 to 2006. Through the use of advanced object-oriented methods and comprehensive examination and modification we aim to develop a scientific basis for understanding glacial change in this important global region. To our knowledge, this is the first assessment of glacial change conducted at this scale in the vicinity of Mt. Qomolangma and we hope to facilitate discussion on the regional impacts of global warming, local sustainable development, resource management and decision-making.

2　Study area

Mt. Qomolangma (Everest) National Nature Preserve is the highest protected area in the world (Cidanlunzhu, 1997) and located on the border between China (Tibet Autonomous Region) and Nepal (27°48′ ～ 29°19′N and 84°28′ ～ 88°23′ E). The reserve covers 33 000 km^2, four counties (Tingri, Gyirong, Nyalam and Dinggye) and spans from the Chinese border in the south to the northern Yarlung Zangbo River and from the watershed between the Mingjiu River and Yala River to the east and watershed of Baruo Zangbo, Amuga River and Sangzhuo River to the west (Zhang *et al.*, 2007). The study area used here includes the whole of the QNNP plus some additional areas so as to fully include four of the counties. Our study site is approximately 36 000 km^2 and includes four major river basins (Pengqu River, Gyirong zangbo River, Poiqu River and Yarlung Zangbo River) (Figure 1). Data collected from meteorological stations in Tingri and Nyalam counties show that annual mean air temperature and annual mean precipitation are 3.0 ℃ and 286.3 mm in Tingri, and 3.8 ℃ and 658.8 mm in Nyalam. Distribution of the soil across the Mt. Qomolangma region presents clear horizontal and vertical zonation: mountain yellow brown soil, mountain acid brown soil, mountain bleached podzolic soil, subalpine meadow soil, alpine meadow soil, subalpine

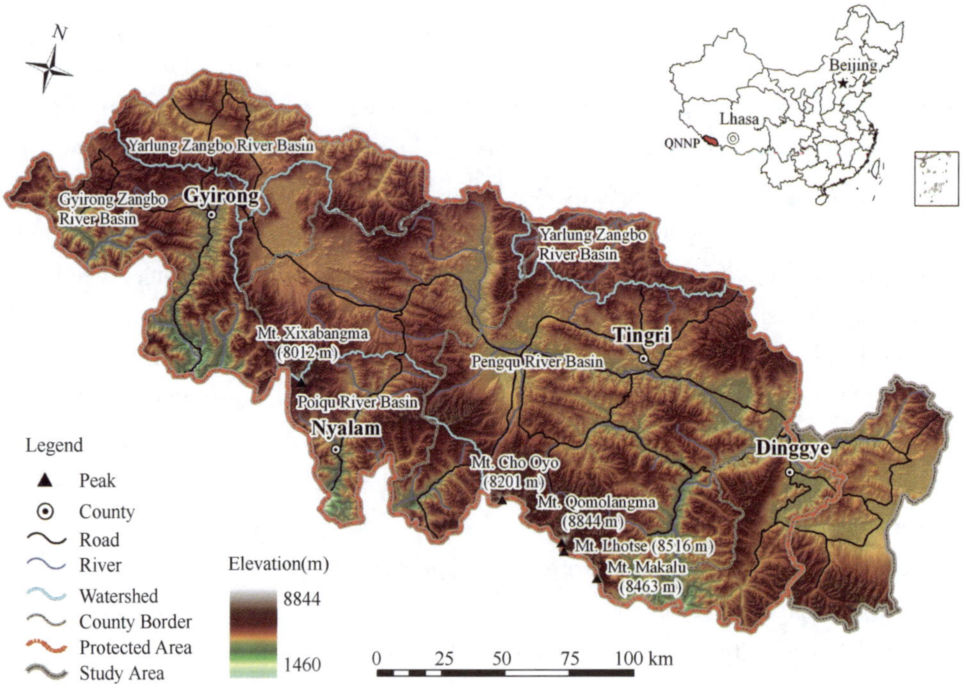

Figure 1　Location of the study area and Qomolangma National Nature Preserve

steppe soil and alpine meadow-steppe soil distribute from bottom to top (Tibetan Scientific Expedition Team of CAS, 1975). Vertical vegetation zonation is different in the southern and northern slopes. From the base to the peak, vertical vegetation zones found on the southern slopes of the Himalayas are mountain subtropical evergreen broad-leaved forests, mountain warm-temperate needle-leaved and broad-leaved mixed forests, mountain cold-temperate needle-leaved forests, subalpine frigid shrubs and meadows, alpine frigid meadows and cushion vegetation and alpine frigid moraine lichens. Northern slopes are characterized plateau frigid semi-arid steppes, alpine frigid meadows and cushion vegetation and alpine frigid moraine lichens and so on (Comprehensive Scientific Expedition Team of CAS in Qinghai-Tibet Plateau, 1988). The administrative counties included in the QNNP primarily consist of agricultural communities. According to the Statistics of 2008, the population is approximately 97,375 (Tibet Bureau of Statistics, 2009).

3 Data and methods

3.1 Data

Remote sensing data in this study was sourced from the Global Land Cover Facility (GLCF) and the US Geological Survey (USGS). In order to reduce errors resulting from different periods, data were acquired at a similar time from 1976 to 2006, including the main period from October to January (Table 1). The high amounts of cloud cover over the Tibetan Plateau meant that suitable Landsat remote sensing data with low cloud coverage was limited (Li *et al.*, 1999) and it was therefore impossible to monitor glacial seasonal change by Landsat remote sensing images alone. The GLCF database and Land Processes Distributed Active Archive Center (LPDAAC) database were checked and no high-quality TM or MSS images in summer covering the whole QNNP could be found and therefore not included in our analyses. All other images were cloud free except three [Path141/Row40 (2006-10-14), Path141/Row41 (2006-10-14) and Path140/Row41 (2004-11-2)], which contained some cloud. Additionally, cloud data obtained from Tingri meteorological station, the nearest to Mt. Qomolangma, also proved that only one frame of an MSS image (1977-1-7) had 3% of total cloud amount, and all others were cloudless. The image inspection and weather observation data verified that the data employed here were comprised of the highest quality Landsat images available.

Other data included accumulated field investigation of glaciers by our research group carried out in QNNP after 2005; topographic maps at a scale of 1 : 100 000; China glacier inventory data provided by the Cold and Arid Regions Environmental and Engineering Institute, Chinese Academy of Sciences; a digital elevation model (DEM) with a spatial resolution of 90 m provided by Global Land Cover Network Project (GLCN) of Food and Agriculture Organization (FAO); the latest ASTER Global Digital Elevation Model (ASTER GDEM) with spatial resolution of 30 m released jointly by the Ministry of Economy, Trade and Industry of Japan (METI) and the National Aeronautics and Space Administration (NASA) on 2 July 2009; annual mean air temperature and precipitation data from five meteorological stations (Tingri, Nyalam, Xigaze, Lazi, and Gyantse); and cloud cover data in Tingri station from 1976 to 2006 provided by National Meteorological Information Center, China Meteorological Administration.

Table 1 Data of the Landsat satellite remote sensing

Order	Path/Row		Date	Sensor	Resolution(m)	Order	Path/Row		Date	Sensor	Resolution(m)
1	150	40	1976-12-19	MSS	57	13	141	41	2006-10-14	TM	30
2	150	41	1976-12-19	MSS	57	14	142	40	2006-11-22	TM	30
3	151	40	1977-01-07	MSS	57	15	139	40	2005-11-14	TM	30
4	151	41	1977-01-07	MSS	57	16	139	41	2005-11-14	TM	30
5	152	40	1976-12-03	MSS	57	17	140	40	2004-11-02	TM	30
6	139	40	1989-11-10	TM	28.5	18	140	41	2004-11-02	TM	30
7	139	41	1989-11-10	TM	28.5	19	142	40	2006-02-07*	TM	30
8	140	40	1992-11-17	TM	28.5	20	140	40	2005-11-05*	TM	30
9	140	41	1992-11-17	TM	28.5	21	140	41	2005-11-05*	TM	30
10	141	40	1988-10-12	TM	28.5	22	151	40	1976-12-02*	MSS	57
11	142	40	1990-11-10	TM	28.5	23	151	41	1975-10-15*	MSS	57
12	141	40	2006-10-14	TM	30						

Note: * selected as reference data.

3.2 Methods

3.2.1 Pre-process of RS data

(1) Ortho-rectification of RS image. The drop height is large and ranges from less than 1700 m to the peak of 8844 m a. s. l. in the QNNP. All images were ortho-rectified using DEMs with a root mean square error (RMSE) of less than one pixel to ensure the accuracy of extracted glacier extent and to lower the impact on glacial mapping of terrain, and differences in sun azimuth and sun elevation angle. Accuracy testing of ortho-rectified data provided by the GLCF indicates that RMSE of MSS is within 100 m or less, and less than 50 m for TM and ETM+ geo-registered (Tucker *et al.*, 2004; GLCF, 2007). Registration errors directly affect measurements of glacial change and the RMSE of reference points have been used in accuracy assessment of glacier change by many researchers (Hall *et al.*, 2003; Silverio *et al.*, 2005; Ye *et al.*, 2006). Here, we adopted the formulae of Ye *et al.* (2006) when calculating the uncertainty of glacial change caused by matching error.

(2) Mosaic of RS images. Several images are needed to cover the whole area because of the size of the study areas. A simple mosaic of RS images results in a large volume of data, thus operations of subset and mask were applied to reduce the volume of data and to improve the processing speed of RS images.

3.2.2 Interpretation methods

(1) Object-oriented classification. Compared with traditional observations, remote sensing methods have significant advantages in regions where it is difficult to reach or that lack field data. Common methods include artificial visual interpretation, supervised classification and unsupervised classification. Artificial visual interpretation requires sufficient professional experience and adequate field survey data and while favored by many glacier researchers (Lu *et al.*, 2002; Krishna, 2005; Kulkarni *et al.*, 2007). Its application can be limited due to low efficiencies and high costs in a large study area, frequent border misplacement (Racoviteanu *et al.*, 2008a) and weak location accuracy (Figure 2a)(Huang *et al.*, 2004). Supervised classification or unsupervised classification, which consider pixels as the basic units for classification, make use of the spectral information of pixels only (Zhang *et al.*, 2006) and can result in strong 'salt and pepper' effects (Blaschke *et al.*, 2001).

Object-oriented classification methods are gaining ground as robust techniques across an array of fields such as multi-scale, processing, and fuzzy algorithm theory and its applications (Baatz *et al.*, 2000; Blaschke *et al.*, 2001; Benz *et al.*, 2004; Su *et al.*, 2007). Compared with pixel-oriented supervised classification methods, this method can effectively restrain the 'salt and pepper' effect and improve classification accuracy (Wang *et al.*, 2008). Given the size of our study area and gaps in field survey data across the QNNP, we adopted the object-oriented classification method. The effect of glacier extraction (part) is shown in Figure 2b.

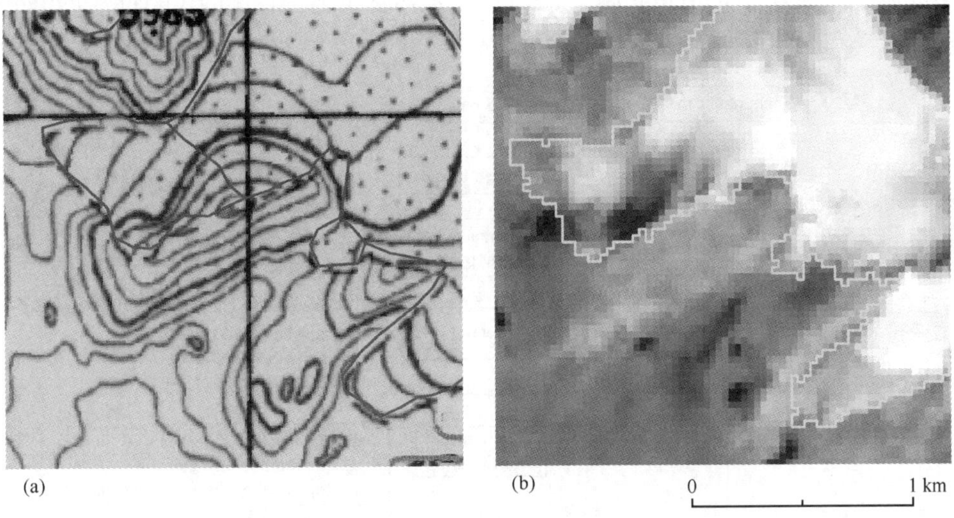

Figure 2 An example of glacier extent derived by different interpretation methods
(a) is topographic map overlaying glacier derived by artificial visual interpretation method;
(b) is glacier extent derived by object-oriented image interpretation method with the background of TM image

(2) Calculation of parameters. The Normalized Difference Snow/Ice Index (NDSII) was used to derive glacial extent. Snow and ice have very high reflectance values in visible spec-

tral bands (TM2 [0.52 ～0.60), TM3 [0.63 ～0.69], TM4 [0.76 ～0.90], but very low reflectance in shortwave infrared bands (TM5 [1.55 ～ 1.75 μm]) (Racoviteanu *et al.*, 2008b). The NDSII is obtained by combining two spectral bands (TM2, TM3 or TM4 with TM5) (Hall *et al.*, 1998; Kääb *et al.*, 2002; Paul *et al.*, 2004; Andreassen *et al.*, 2008; Hulka, 2008) and can be used to eliminate cloud in images. The NDSII formula used, following Hulka (2008), was as follows:

$$NDSII_{TM} = (Red - SWIR) / (Red + SWIR) \text{ or } NDSII_{TM} = (TM3 - TM5) / (TM3 + TM5) \quad (1)$$

We used the Normalized Difference Water Index (NDWI) to distinguish glacial lakes, lakes and glaciers (glacial lakes have a higher NDWI) following (McFeeters, 1996):

$$NDWI_{TM} = (Green - NIR) / (Green + NIR) \text{ or } NDWI_{TM} = (TM2 - TM4) / (TM2 + TM4) \quad (2)$$

NDWI was also used to distinguish ice and snow from lakes and rivers and improve classification efficiency. Application of the ratio of the two indices can partly eliminate the impacts of sun elevation, sun azimuth elevation, topography, clouds, shadows and irradiance changes related to atmospheric conditions and extract the glacial extent when slightly covered by shadow.

(3) Data analysis workflow. The schema utilized in our study is represented diagrammatically in Figure 3. First, we combined all bands of MSS and TM, NDSII, NDWI, DVI and TM1－TM2, etc. as one dataset on the basis of the ortho-rectification of all images and key parameters. Second, preliminary glacier data were derived using object-oriented image analysis based on defined classification rules with the support of reference data. The process

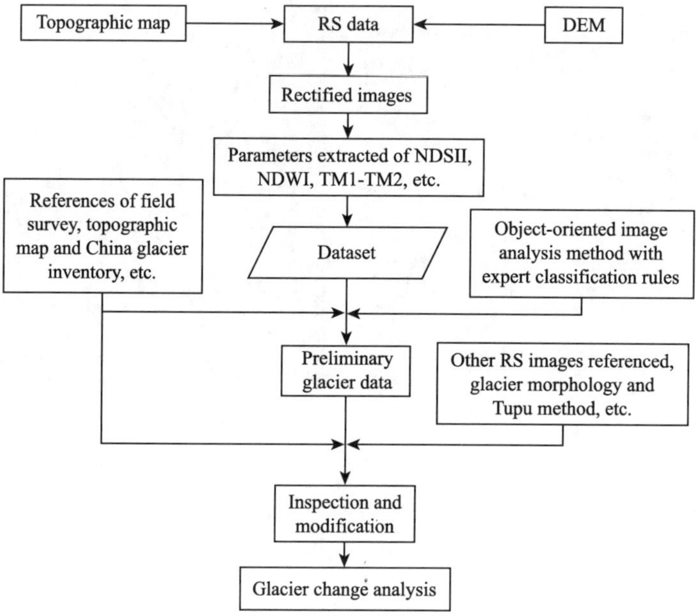

Figure 3　Workflow of derived glaciers

of glacier extraction was run on the platform of ENVI ZOOM provided by ITT Visual Information Solutions and included segmentation, merging segments, designing classification rules and exporting the output.

Segmentation is the key step of extraction as it partitions an image into segments with similar pixel values using edge-based segmentation algorithms (Jin *et al.*, 2007).

Another key step was to build optimal rule-based classification based on expert knowledge and samples analysis to determine indicators and their reasonable thresholds to classify the objects. For TM, NDSII was used to distinguish glacier area from the non-glacier areas: the larger the NDSII value, the less area of snow/ice identified (Hao *et al.*, 2008). Furthermore, NDWI and visible spectral bands were used to further identify glacial lakes, glaciers partly covered by shadow and eliminate shadow. It is difficult to completely eliminate the effect of topographic shadows on information extraction in high alpine regions (Liu *et al.*, 2006); however, impacts can be minimized. One way is to subtract TM1 from TM2 to distinguish rivers from shadows (Zhang, 2008). As for MSS, the rules of glacier extraction are different from that of TM images due to their limited bands, but the overall extraction process and methods are the same. NDSII becomes invalid to four bands of MSS images for lack of shortwave infrared band with low reflectance to distinguish the glacier. However, the lake/glacial lake and snow/ice in the visible spectral band have a higher reflectance than that in near-infrared bands, so a difference vegetation index, whose value is negative, combined with MSS2 can be applied to effectively extract snow/ice (Liang *et al.*, 2007). We found that the difference vegetation index (DVI [MSS4-MSS2]) is better than the normalized difference vegetation index (NDVI) when deriving glacier extent. DVI, NDWI and MSS2 were selected as key parameters to build rules to extract glacier information from MSS.

High-quality information relating to glacial change was obtained after inspecting and correcting the preliminary glacier data across the three periods. Further corrections were made by manual examination and modification: (1) surface frozen lakes and lakes located at the edge of glaciers were wrongly classified as glaciers, which can be corrected through modifying their attributes and dissolving operation based on the vector polygons extracted previously. (2) Several commissions between glaciers and glacial lakes or shadows or non-glacier covered by seasonal snow (Liu *et al.*, 2006) were modified and judged comprehensively using China glacier inventory data, topographic maps, field survey data, and ancillary remote sensing data at the similar date, texture features and morphological characteristics of glacier. (3) There was a small region covered by clouds (less than 1%) in the study area, near Gyirong town (year 2006 image) and the alpine region of Kama Valley (year 2004 image). Cloud elimination was carried out according to distribution of glaciers in images from 1988 (for Gyirong) and cloud-free images in 2005 (for Kama Valley). (4) We removed noise that resulted from utilization of multi-source, -temporal or -resolution images and different processing methods for glacier extraction using the Tupu method (Ye *et al.*, 2007; Li *et al.*, 2009). Conversions between glaciers and lakes, or between glacial lakes and lakes were unreasonable, and some conversions between glaciers and glacial lake, or among glacier→non-glacier→glacier, or non-glacier→glacier→non-glacier belonged to noise. We amended all of these to improve reliability.

The method presented here is novel and able to derive glaciers (Figure 4) and glacial lakes efficiently and reduce the impact of mountain shadows. Automatic extraction can be difficult for debris-covered glaciers using satellite imagery due to similarities between moraine and debris surfaces (Racoviteanu *et al.*, 2008a) and its change has to be measured by determining their terminus position in the field. So, debris-covered glacier change was not included in this paper.

Figure 4 Glacier interpreted from remote sensing in a typical area (near Mt. Cho Oyo) (GDEM and TM image are used in the 3D map as the background; polylines in red, blue and green are glacier extents in 1976, 1988 and 2006 respectively; (a) is glacier covered by shadow derived correctly, (b) is the clear glacier derived, and (c) is the glacier retreated)

4 Results and discussion

The results show that: total areas of glaciers and glacial lakes which mainly locate in the Southern high alpine region of the Mt. Qomolangma region in 2006 are 2 710. 17±0. 011 km^2 and 93. 84 ±0. 011 km^2 respectively (Figure 5 and Table 2). Contents of change rate, regional distinction, climate background and uncertainty of glacier change in the past 30 years and so on will be presented as follows.

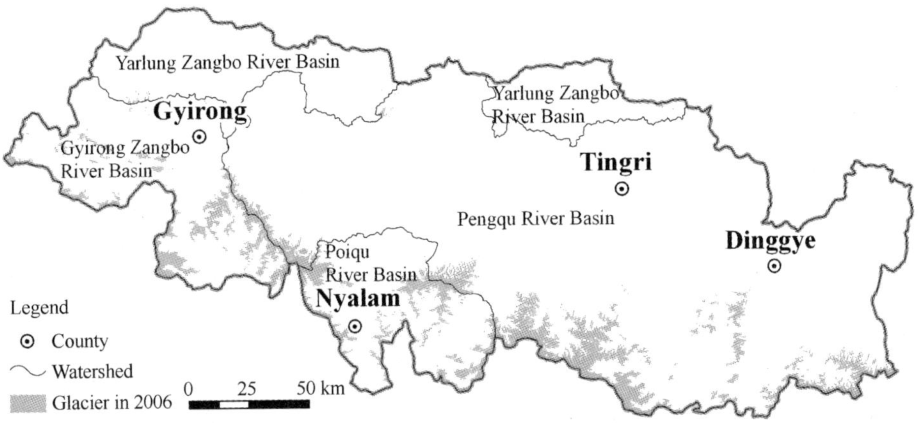

Figure 5 Distribution of glaciers in the vicinity of Mt. Qomolangma in 2006

4.1 Changes in glaciers

4.1.1 Change in glacial area

Glaciers across the Mt. Qomolangma region continue to retreat while glacial lakes expand rapidly. From 1976 to 2006, the area covered by glaciers fell by 16.73 km^2 per year from 3 212.08 ± 0.019 km^2 in 1976 to 2 710.17±0.011 km^2 in 2006(Figure 6 and Table 2). Concomitantly, the proportion of area covered by glacial lakes increased from 0.16% of the study area to 0.26%, representing an increase in actual area of 36.88±0.035 km^2. As of 2006 the glacial lakes occupied approximately 100 km^2. From 1976 to 1988 glacial retreat exceeded 8% and lake expansion was 34.75%; from 1988 to 2006 glacial retreat also exceeded 8%, but the rate of lake expansion was lower at 22% (Table 3).

Table 2 Area of glacier and glacial lake in the study area from 1976 to 2006

Type	year 1976		year 1988		year 2006	
	Area(km^2)	Rate(%)	Area(km^2)	Rate(%)	Area(km^2)	Rate(%)
glacier	3 212.08±0.019	8.78	2 946.14±0.005	8.05	2 710.17±0.011	7.41
glacial lake	56.97±0.019	0.16	76.76±0.005	0.21	93.84 ±0.011	0.26

Note: we should select the acquired date of remote sensing data covering the maximum area of the whole study area as the statistical year on behalf of the state of glaciers at each period (those are year 1976, 1988 and 2006).

Table 3 Glacier and glacial lake change in the vicinity of Mt. Qomolangma from 1976 to 2006

Type	1976—1988			1988—2006			1976—2006		
	Change area(km^2)	Change rate(%)	Annual change (km^2/a)	Change area(km^2)	Change rate(%)	Annual change (km^2/a)	Change area(km^2)	Change rate(%)	Annual change (km^2/a)
glacier	−265.94±0.031	−8.28	−22.16	−235.98±0.010	−8.01	−13.13	−501.91±0.035	−15.63	−16.73
glacial lake	19.80±0.031	34.75	2.90	17.08±0.010	22.25	0.95	36.88±0.035	64.73	1.23

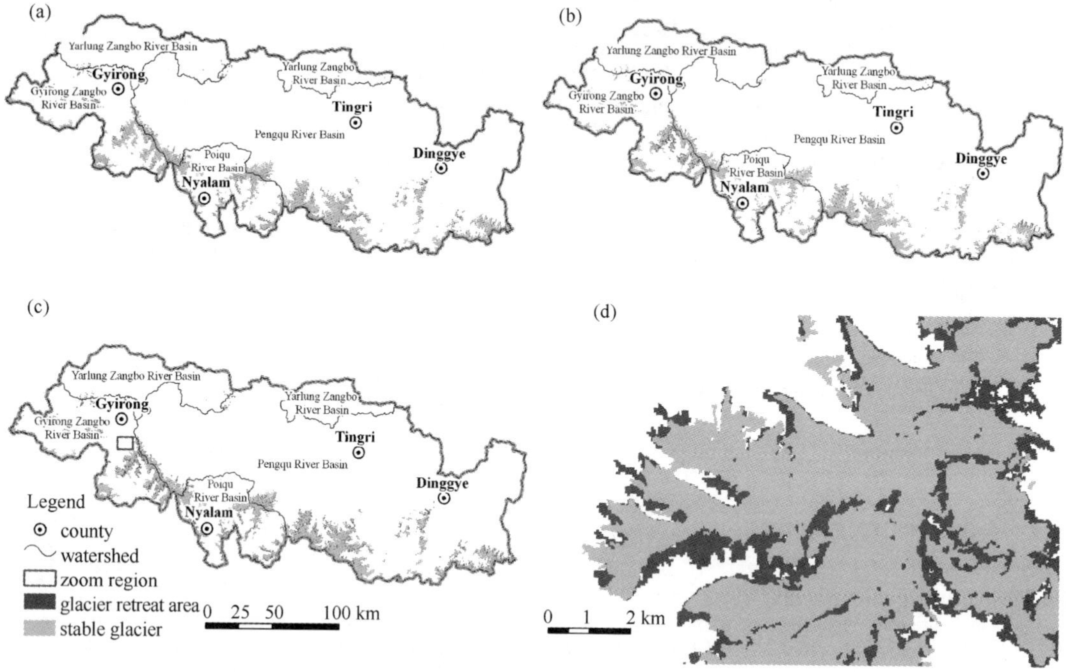

Figure 6 Retreated glacier map in the vicinity of Mt. Qomolangma from 1976 to 2006

(a, b and c stand for glacier retreated of 1976 to 1988, 1988 to 2006 and 1976 to 2006 respectively; d is a local enlargement of c)

4.1.2 Spatial characteristics of glacial change

We divided the study area into four sub-watersheds (Pengqu River basin, Gyirong Zangbo River basin, Poiqu River basin and Yarlung Zangbo River basin), as for the difference in the distribution of glaciers and their change (see Figure 6). Glaciers have retreated more on the southern slopes of Mt. Qomolangma than on the northern slopes (Table 4). Pengqu River basin is the largest, but less than 8% of its area is glacial. Gyirong Zangbo River basin and Poiqu River were found to contain more than 13% glacier. Glaciers in Yarlung Zangbo River basin are retreating the fastest (up to 34.34% in 1976 to 2006) and the glacier area ratio is less than 0.5% for this basin. Of the three basins with high glacier ratios (Pengqu, Gyirong Zangbo and Poiqu) the highest retreat rate was found in Poiqu River basin for the period of 1976 to 1988 and Gyirong Zangbo River basin for the period of 1988 to 2006. Poiqu and Gyirong Zangbo river basins are both located on the southern slopes of the Himalayas and this suggests that glaciers to the south are more affected than glaciers to the north. This is the result of differences in the properties of glaciers in these two regions. For example, oceanic glaciers are more sensitive to climate change than continental glaciers whereby even a slight climate warming can induce glacier retreat (Su *et al.*, 1999, 2000).

Table 4 Glacier change in each sub-watershed of the study area

Basin	Rate of total area(%)	Rate of glacier in watershed(%)			Change rate of glacier(%)		
		1976	1988	2006	1976—1988	1988—2006	1976—2006
Pengqu	63.83	7.55	6.93	6.46	−8.26	−6.69	−14.40
Gyirong Zangbo	12.98	15.91	14.94	13.14	−6.09	−12.08	−17.44
Poiqu	9.45	19.33	17.27	16.21	−10.65	−6.15	−16.15
Yarlung Zangbo	13.74	0.48	0.42	0.31	−12.36	−25.08	−34.34
Total	100.00	8.78	8.05	7.41	−8.28	−8.01	−15.63

4.1.3 Retreated rate of typical mountain glaciers

Compared with the retreat of mountain glaciers around the world, glaciers in the vicinity of Mt. Qomolangma are sensitive to climate change and have experienced extremely strong glacial retreat (Table 5). The glacier retreat area of the study area from 1976 to 2006 was 15.63%, with an annual rate of decline of 0.52%; this figure is lower than that in Cordillera Blanca, Peru, Switzerland and the Alps in Europe and Tien Shan. The annual rate of retreat found here is close to that observed around Chenab, Parbati and Baspa basins in the Himalayas, India. Rate retreated in Poiqu River basin from 1986 to 2001 is larger. Himalayan glaciers, especially on the southern slopes, are particularly sensitive to global climate change.

Table 5 Statistics of typical retreated mountain glacier

Study area or glacier	Retreat rate(%)	Annual retreat rate (%/a)	Period	Data source	Method	Reference
Pengqu River Basin	8.9	0.30	1970s—2000, 2001	Topographic Map, ASTER	Visual Interpretation	Wei *et al.*, 2004
Naimona'nyi	8.4	0.31	1976—1990 1999—2003	MSS,TM,ASTER	NDSII, Unsupervised Classification, Visual interpretation	Ye *et al.*, 2007
Geladandong	1.7	0.05	1969—2000	Aerial Photo, TM	Visual Interpretation	Lu *et al.*, 2002
Jicongpu Glacier	7.29	0.28	1977—2003	MSS, TM, ETM+,ASTER	Visual Interpretation	Che *et al.*, 2004
Reqiang Glacier	22.9	0.88	1977—2003	MSS, TM, ETM+,ASTER	Visual Interpretation	Che *et al.*, 2004
Kaidu River Basin	11.6	0.31	1963—2000	Topographic Map, TM, ETM+	Visual Interpretation	Liu *et al.*,2006
Gaizi River Basin	10	0.26	1960—1999	Topographic Map, TM, ETM+	Visual Interpretation	Liu *et al.*,2006

Continued

Study area or glacier	Retreat rate(%)	Annual retreat rate (%/a)	Period	Data source	Method	Reference
Kangri Karpo	13.80	0.23	1920s—1980	Topographic Map, CBERS, TM	Visual Interpretation	Liu *et al.*, 2005
Khumbu Himal, Nepal	10.32	0.24	1962—2005	Corona, TM, ASTER	Visual Interpretation	Bolch *et al.*, 2008
Mt. Qomolangma region	10.41	0.30	1974—2008	Topographic Map, Landsat, ASTER, AVNIR-2	Visual Interpretation	Ye *et al.*, 2009
Jotunheimen, Norway	12.00	0.32	1965—2003	Aerial Photo, Glacier Inventory, TM	NDSII	Andreassen *et al.*, 2008
Cordillera Blanca, Peru	22.40	0.68	1970—2003	Aerial Photo, SPOT5	NDSII	Racoviteanu *et al.*, 2008b
Switzerland	18.00	0.69	1973—1999	Glacier Inventory, TM	NDSII	Paul *et al.*, 2004
Zailiyskiy and Kungey Alatau	32.00	0.80	1955—1999	Glacier Inventory, TM	NDSII	Bolch, 2007
Ak-Shirak, Tien Shan	20.00	0.83	1977—2001	Aerial Photo, ASTER	Visual Interpretation	Khromova *et al.*, 2003
Alps	22.00	0.85	1973—1999	Glacier Inventory, TM	NDSII	Paul *et al.*, 2004
Poiqu River Basin	20.00	1.33	1986—2001	TM	Visual Interpretation	Chen *et al.*, 2007
Chenab, Parbati, Baspa Basins	21.00	0.50	1962—2001(04)	Topographic Map, LISS-Ⅲ-Ⅳ	Visual Interpretation	Kulkarni *et al.*, 2007
Mt. Qomolangma Region	**15.63**	**0.52**	**1976—2006**	**MSS, TM**	**Object-oriented Method**	**This paper**

4.1.4 Typical glacier changes in length

Glacier terminal change is often measured by remote sensing and investigation in the field. For example, the maximum retreat velocity of glacier length change based on field survey was 24.70 m/a in Lanong glacier in Mt. Nyainqentanglha (from 1999 to 2007), followed by 14.6 m/a to 19 m/a in Mt. Kangri Karpo, southeastern Tibet (from 2006 to 2007) and reports of length change velocity of more than 30 m/a in typical glaciers based on remote sensing are common (Table 6). Glacier length change is generally measured using the maximum axis (main axis) change in remote sensing images that does not reflect the complex of glacier terminus and may result in certain errors. Here, considering the polygon feature of glaciers in remote sensing images, a modified method* (named parallel multi-axes method) has been applied in glacier length change surveys based on GIS and geo-statistics principles.

Our result is very close to that of Reqiang Glacier based on remote sensing methods, which indirectly confirmed the reliability of the parallel multi-axes method. Compared with the reported decreasing velocity of Middle Rongbu, East Ronbu and Far East Rongbu glaciers on the northern slopes of Mt. Qomolangma based on field surveys, our results are higher with a distinction of (3.54 to 6.55) ± 5.87 m/a (Figure 7).

Table 6 Statistics of typical glacier length change in Tibetan Plateau

Study area	Glacier	Velocity(m/a)	Period	Method	Reference
Naimona'nyi	Naimona'nyi	−7.80	2004—2006	2004, 2006 Field Survey	Yao *et al.*, 2007
Mt. Nyainqentanglha	Lanong	−11.00	1999—2007	1999, 2007 Field Survey	Kang *et al.*, 2007
Kangri Karpo	No. 4,10,12,94	−14.60～19.00	2006—2007	2006, 2007 Field Survey	Yang *et al.*, 2008
Mt. Nyainqentanglha	Panu	−24.70	1999—2007	1999, 2007 Field Survey	Kang *et al.*, 2007
Mt. Qomolangma	Middle Rongbu	−9.10	1997—2001	Annual Summer Field Survey	Ren *et al.*, 2004
Mt. Qomolangma	**Middle Rongbu**	**−14.64±5.87 ***	**1976—2006**	**Remote Sensing**	**This paper**
Mt. Qomolangma	East Rongbu	−5.56	1997—2001	Annual Summer Field Survey	Ren *et al.*, 2004
Mt. Qomolangma	**East Rongbu**	**−9.10±5.87 ***	**1976—2006**	**Remote Sensing**	**This paper**
Mt. Qomolangma	Far East Rongbu	−7.40	1966—1997	1966,1997 Field Survey	Ren *et al.*, 1998
Mt. Qomolangma	**Far East Rongbu**	**−13.95±5.87 ***	**1976—2006**	**Remote Sensing**	**This paper**
Mt. Xixabangma	Jicongpu	−47.12	1976—2003	Remote Sensing	Che *et al.*, 2005
Mt. Xixabangma	Reqiang	−71.13	1976—2003	Remote Sensing	Che *et al.*, 2005
Mt. Qomolangma	**Reqiang**	**−65.95±5.87 ***	**1976—2006**	**Remote Sensing**	**This paper**
Geladandong	Near Jianggudiru	−41.50	1969—2000	Remote Sensing	Lu *et al.*, 2002
Kangri Karpo	Yanong	−73.00	1980—2001	Remote Sensing	Liu *et al.*, 2005
Kangri Karpo	Azha	−77.48	1980—2001	Remote Sensing	Liu *et al.*, 2005
Bukatage Peak	South Slope	−50.00～83.00	1973—1994	Remote Sensing	Li *et al.*, 1999
Bukatage Peak	North Slope	+58.00～105.00	1973—1994	Remote Sensing	Li *et al.*, 1999

Note: For glaciers connecting to debris coverage at their terminus such as East Rongbu, Far East Rongbu and Reqiang, etc., their average retreated rates fully considered the polygonal feature of glacier extent in this study were calculated by selecting the terminus position of glacier towers connecting to the main glacier and including a minimum area of 3×3 pixels at least.

* Method of glacier length change in this study is named parallel multi-axes. That is, firstly, multi-route paralleled to maximum axis should be intersected with the glacier terminus extent[0]. Later, the average of each segment changes was selected as the retreated rate of glaciers, which can be expressed in the formula: $Grs = \frac{\sum_{i=1}^{n}(L_{i-t_2} - L_{i-t_1})}{n(t_2 - t_1)}$, where Grs is the average rate of glacier retreated, L_{i-t_2} is the length of the first i route at time t_2 based on GIS platform, t_1 and t_2 are starting and ending time of the image (unit: a), and n is the total number of segments($n = 31$).

Differences between these two methods refer to differences in the periods studied and spatial scales. Remote sensing methods based on grid cells (polygonal attributes) have a resolution of 28.5×28.5 m^2 or 57×57 m^2 (re-sampled the original MSS spatial resolution of 79 m to 57 m). However, field survey methods are based on the observation of each particular point position. Minimum mapping units used in sensing methods are generally larger than 3×3 pixels and any area less than this can not be extracted. Field measurements do not have this restriction. At the same time, we took the lower limit of seracs (distributed continuously and jointly with the main body of the glacier) as the terminus position of the glacier whereas field measurements may choose the lower limit of discontinuous distributed seracs. Scale differences result in different measuring positions of glacier length change and each method applied to the same glacier will lead to varying estimates. Future comprehensive studies into the scaling between remote sensing and field investigation methods are required.

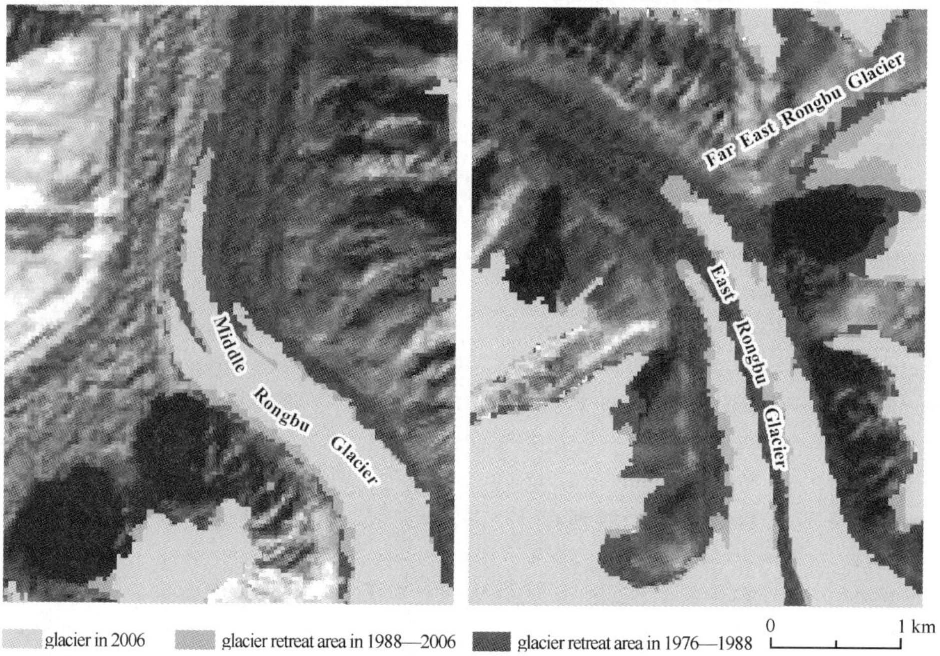

Figure 7　Terminus changes of typical glaciers on the northern slope of Mt. Qomolangma

4.1.5　Glacial change analysis based on the Tupu method

Reconstructed Tupu of glaciers across the study area show that the majority of glaciers have retreated and very few have advanced. Based on GIS and Tupu theory, vector data of glaciers from 1976 to 2006 were analyzed to determine the extent of change and other spatial patterns in the vicinity of Mt. Qomolangma(Table 7). We found that 2 549.25 km^2 of glacier, or 80% of 1976 levels, remains unchanged (code 333). Glacial retreat was extensive across the study period (code 335 and 355): 287.63 km^2 for 1988 to 2006 and 322.60 km^2 for 1976 to 2006. However, approximately 110 km^2 of glacier advanced (code 533 and 553). We also found some areas that underwent both glaciation and retreat (code 353 or 535: non-glacier→glacier→non-glacier, or glacier→non-glacier→glacier). Such changes occurred mainly in debris-covered areas where the advance and retreat of the glacier terminus joined moraines. This finding also supports the view that the advance and retreat of modern glacier termini across the Tibetan Plateau have been in flux since the 1970s (Su *et al.*, 1999). The auto-extraction of debris-covered glacier data from satellite imagery remains a challenge and a combination of remote sensing and field survey methods will be needed to solve this problem.

Table 7 Glacier change using Tupu method

Code	Area(km²)	Description
333	2 549. 25	1976—2006 unchanged glacier area
335	287. 63	1988—2006 retreated glacier area
355	322. 60	1976—2006 retreated glacier area
553	44. 68	1988—2006 advanced glacier area
533	63. 63	1976—2006 advanced glacier area
353	52. 60	1976—2006 fluctuated glacier area
535	45. 64	1976—2006 fluctuated glacier area

Note: 3 and 5 stand for glacier and non-glacier respectively.

4. 1. 6 Glacial distribution and change at different altitudes

The majority of glaciers were distributed from 4 700 m to 4 800 m where glaciers account for more than 93% of total glacier area. We found that most glacial changes (more than 5 km^2) occurred between 4 700 m and 6 400 m above sea level. The extent of this change varied with altitude and decade. For example, a reduction in glacial cover was observed for areas 4 700 m to 6 100 m a. s. l. for the period of 1976 to 2006, 5 200 m to 6 100 m a. s. l. from 1976 to 1988 and 4 400 m to 5 400 m a. s. l. from 1988 to 2006. Glaciers above 6 100 m a. s. l. tended to maintain a slight increase in area and no change was found for glaciers above 6 700 m a. s. l. From 1988 to 2006, glacial retreat between 6 700 m to 6 800 m, 7 100 m to 7 200 m and 7 400 m to 7 500 m was less than 0. 01 km^2, within error range, and these glaciers were identified as stable(Table 8). Based on our findings we estimate the upper limit of glacial retreat to be 6 600 m to 6 700 m above sea level.

Table 8 Distribution and change of glaciers in each elevation zone from 1976 to 2006

Elevation(m)	1976 rate(%)	1988 rate(%)	2006 rate(%)	1976—1988 change rate(%)	1988—2006 change rate(%)	1976—2006 change rate(%)	1976—1988 change area(km²)	1988—2006 change area(km²)	1976—2006 change area(km²)
≤4 400	0. 76	0. 82	0. 83	0. 06	0. 00	0. 07	−0. 22	−1. 80	−2. 02
4 400~4 500	0. 44	0. 51	0. 50	0. 07	−0. 01	0. 06	0. 84	−1. 40	−0. 55
4 500~4 600	0. 59	0. 71	0. 67	0. 12	−0. 03	0. 08	1. 89	−2. 57	−0. 67
4 600~4 700	0. 85	0. 97	0. 88	0. 12	−0. 09	0. 02	1. 27	−4. 89	−3. 62
4 700~4 800	1. 15	1. 29	1. 11	0. 14	−0. 18	−0. 04	1. 06	−7. 90	−6. 85
4 800~4 900	1. 61	1. 78	1. 54	0. 17	−0. 24	−0. 07	1. 08	−10. 60	−9. 52
4 900~5 000	2. 03	2. 18	1. 95	0. 15	−0. 23	−0. 07	−0. 87	−11. 30	−12. 17
5 000~5 100	2. 72	2. 80	2. 60	0. 08	−0. 20	−0. 12	−4. 90	−12. 11	−17. 01
5 100~5 200	3. 58	3. 58	3. 39	0. 00	−0. 20	−0. 20	−9. 53	−13. 77	−23. 30
5 200~5 300	4. 64	4. 50	4. 38	−0. 14	−0. 12	−0. 25	−16. 31	−13. 85	−30. 16
5 300~5 400	5. 62	5. 42	5. 34	−0. 20	−0. 08	−0. 28	−20. 91	−14. 92	−35. 83
5 400~5 500	6. 51	6. 31	6. 34	−0. 20	0. 03	−0. 17	−23. 17	−14. 17	−37. 35
5 500~5 600	7. 04	6. 84	6. 99	−0. 20	0. 15	−0. 06	−24. 72	−12. 13	−36. 85

Continued

Elevation(m)	1976 rate(%)	1988 rate(%)	2006 rate(%)	1976—1988 change rate(%)	1988—2006 change rate(%)	1976—2006 change rate(%)	1976—1988 change area(km^2)	1988—2006 change area(km^2)	1976—2006 change area(km^2)
5 600～5 700	7.44	7.06	7.16	−0.38	0.10	−0.27	−30.87	−13.90	−44.77
5 700～5 800	7.69	7.31	7.37	−0.38	0.06	−0.32	−31.57	−15.62	−47.20
5 800～5 900	7.85	7.50	7.51	−0.36	0.01	−0.35	−31.40	−17.42	−48.81
5 900～6 000	7.58	7.40	7.42	−0.19	0.02	−0.17	−25.65	−16.97	−42.62
6 000～6 100	6.98	6.86	6.89	−0.12	0.03	−0.09	−21.96	−15.46	−37.42
6 100～6 200	6.02	6.08	6.13	0.06	0.05	0.10	−14.33	−13.09	−27.42
6 200～6 300	4.91	5.00	5.05	0. 09	0.05	0.14	−9.94	−10.46	−20.39
6 300～6 400	3.69	3.89	3.97	0.20	0.09	0.28	−4.07	−6.87	−10.94
6 400～6 500	2.72	2.91	3.04	0.19	0.14	0.32	−1.71	−3.20	−4.91
6 500～6 600	1.97	2.12	2.26	0.15	0.14	0.29	−0.79	−1.30	−2.08
6 600～6 700	1.38	1.50	1.62	0.12	0.12	0.23	−0.27	−0.32	−0.59
6 700～6 800	0.94	1.03	1.12	0.09	0.09	0.18	0.06	−0.01	0.05
6 800～6 900	0.69	0.76	0.82	0.07	0.07	0.13	0.15	0.03	0.17
6 900～7 000	0.50	0.55	0.60	0.05	0.05	0.10	0.04	0.02	0.06
7 000～7 100	0.41	0.45	0.49	0.04	0.04	0.08	0.05	0.01	0.05
7 100～7 200	0.38	0.42	0.45	0.04	0.04	0.07	0.04	−0.01	0.03
7 200～7 300	0.32	0.35	0.38	0.03	0.03	0.06	0.08	0.01	0.08
7 300～7 400	0.23	0.26	0.28	0.02	0.02	0.05	0.08	0.00	0.08
7 400～7 500	0.18	0.20	0.22	0.02	0.02	0.04	0.12	−0.01	0.11
7 500～7 600	0.14	0.15	0.17	0.02	0.01	0.03	0.09	0.00	0.08
7 600～7 700	0.11	0.12	0.13	0.01	0.01	0.02	0.06	0.00	0.06
7 700～7 800	0.09	0.10	0.11	0.01	0.01	0.02	0.07	0.00	0.07
7 800～7 900	0.07	0.08	0.09	0.01	0.01	0.02	0.07	0.00	0.08
7 900～8 000	0.07	0.08	0.08	0.01	0.01	0.02	0.13	0.00	0.13
>8 000	0.10	0.11	0.12	0.01	0.01	0.02	0.09	0.00	0.08
Total	100.00	100.00	100.00	0.00	0.00	0.00	−265.94	−235.97	−501.91

4.2 Uncertainty

The greatest difficulty in mapping glaciers using remote sensing is the presence of debris cover on glaciers (Andreassen *et al.*, 2008; Bolch *et al.*, 2008). Effective automatic extraction of debris-covered glaciers based on remote sensing data is still being developed (Racoviteanu *et al.*, 2008a). Field investigation and measurement of termini changes are needed to study debris-covered glacier change. This paper takes no account of debris-covered glacier change, but we considered the lower limit of seracs distributed continuously along the main body as the terminus position of the glacier when calculating glacier length change. There are many debris-covered glaciers here and the area of debris-cover is dynamic. Furthermore, the retreat and advance of glaciers occurs in debris-covered areas according to our Tupu analysis above. Consequently, the rate of glacial change analyzed in this study will be relatively inflated.

Other sources of error include the influence of seasonal snow and shadows in high alpine regions. Integrated identification and artificial visual modifications were carried out in this study to eliminate these effects but some impact is inevitable. Differences exist between the glacier extents derived from remote sensing images and reference data used for modification. Such differences may result in the confusion of glacial seasonal snows and shadows and the impact of spatial and temporal resolution difference of remote sensing data on glacial change should be considered (Zhu, 2004). Finally, the minimum mapping units in this study were 5×5 pixels about 22 500 m^2 for TM with a spatial resolution of 30 m and 3×3 pixels about 29 241 m^2 for MSS with a spatial resolution of 57 m. It was found that bare rock among glaciers was classified as glacier in MSS due to its small area, while that in the TM images can be extracted correctly. Such difference may exaggerate our estimates of glacial retreat.

The quality of optical remote sensing images is strongly affected by weather conditions. As the world's highest region, the impact of terrain shadows, alpine seasonal snow and cloud cover on images is apparent. Microwave remote sensing is not affected by clouds and can be applied to glacier research to improve regular monitoring (Li *et al.*, 1999). Poor continuity of remote sensing data restrains the dynamic monitoring of glaciers and complete removal of interferential factors.

4.3 Glacial and climate change

From 1976 to 2006, the annual mean temperature increased by 0.378 ℃/10a according to data collected from five meteorological stations within or near the QNNP (Figure 8a). The linear warming rate in Tingri county was 0.427 ℃/10a and in Nyalam county was 0.328 ℃/10a. Over this 30-year period glaciers in have continued to retreat and temperatures rise (Ren *et al.*, 2004; Yang *et al.*, 2006).

Annual precipitation of this region has declined in recent years (Figure 8b). While precipitation trends as inferred from local meteorological stations provide limited and localized information on alpine glaciers and snow, ice core studies in this region show that annual pre-

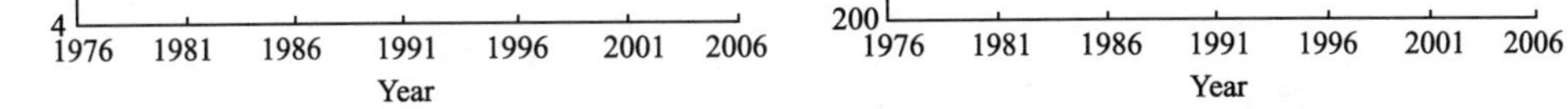

Figure 8 Change of annual average temperature (a) and precipitation (b) from 1976 to 2006

cipitation in the central Himalayas has reduced over the last 100 years (Duan *et al.*, 2002a, 2002b, 2007; Hou *et al.*, 2003; Ren *et al.*, 2004).

Himalayan glaciers are supplied by monsoon rainfall that is likely to decrease in the future due to climate change, so climate warming and drying (Ren *et al.*, 2004; Yao *et al.*, 2007b) will result in continuous glacial retreat.

5 Conclusions

From 1976 to 2006 glaciers in the vicinity of Mt. Qomolangma, central high Himalayas underwent rapid retreat and glacial lakes expanded. The total area of glaciers decreased from 3 212.08±0.019 km^2 in 1976 to 2946.14±0.005 km^2 in 1988 and 2 710.17±0.011 km^2 in 2006. This represents an annual mean reduction rate of 16.73 km^2. Over the same period glacial lakes increased by 36.88±0.035 km^2, or 64.73% of 1976 levels. Glaciers are mainly distributed at elevations between 4 700 m to 6 800 m and the majority of glaciers in this band experienced retreat. The upper limit of glaciers under retreat was found to be 6 600 m to 6 700 m a. s. l. Glacial retreat occurred faster in the sub-watershed of the southern slopes of the Himalayas than that on northern slopes. It is clear that glaciers in this region are sensitive to climate change and retreating fast.

Uncertainty analysis revealed that scale differences between remote sensing methods and field investigation methods result in different estimates of the retreat rate of glacier termini. The new method of parallel multi-axes can reflect the change rate of the glacier terminus more precisely. The capacity of glacier monitoring is restrained by alpine seasonal snow, shadows, differences in spatial and temporal resolution and low availability of remote sensing data. Difficulties in automatic extraction of debris-covered glaciers using remote sensing still require urgent solutions.

三江源地区植被指数下降趋势的空间特征及其地理背景*

Spatial Characteristic of Vegetation Change in the Source Regions of the Yangtze River, Yellow River and Lancang River in China

Abstract: The source regions of the Yangtze River, Yellow River and Lancang River are located in the middle east of the Tibetan Plateau with a total area of about 198 496 km^2. In recent years, the risk of vegetation degradation in the regions has been keeping increasing, which led to many negative effects. This study assessed the trend and temporal-spatial distribution of vegetation index change, which is related with vegetation degradation, in the source regions of the three rivers using multi-temporal NOAA AVHRR NDVI data (8 km spatial resolution) from 1981 to 2001 provided by NASA, DEM data (1 km resolution), roads, residents, rivers data (1 : 250 000) and collected field data. Data types converting and reclassifying and zonal statistic analysis are completed in ArcGIS 9.0 software. Results show that: ①The decrease, improved and the invariant vegetation index occupied 18.92%, 13.99% and 67.09% of the whole study area respectively. ② The decrease rates of brush, needle-leaf forest, alpine meadow, alpine sparse vegetation and alpine steppes are 22.15%, 20.75%, 18.83%, 18.73% and 18.6% respectively; on the different frozen soil types, the decrease rates differ insignificantly. The vegetation index decrease rates on permafrost and seasonal-frozen ground are 19.78% and 19.41% respectively; the decrease rates are relative to the population density and livelihoods. ③The decrease rates are different in space, which in the source regions of Yangtze River, Yellow River and Lancang River are 13.56%, 32.51%, 18.1% respectively. ④The nearer to the roads and water sources is, the higher decrease rates are; but to the distance buffers of the residents, the decrease rates rise with distance expending, and reach the top when arriving at the 24 km. ⑤The trend of decrease rates is according to the settlements density in different elevation zones with the correlation coefficient of 0.78. ⑥The vegetation index decrease is highly related with the activities of human beings in the source regions of the Yangtze River, Yellow River and Lancang River.

1 引言

“三江源”系指长江、黄河、澜沧江三条江河的源头地区。该区域不仅是我国重要的水源涵

* 由张镱锂(Zhang Yili)、丁明军(Ding Mingjun)、张玮(Zhang Wei)、刘林山(Liu Linshan)、王兆锋(Wang Zhaofeng)、阎建忠(Yan Jianzhong)、摆万奇(Bai Wanqi)和郑度(Zheng Du)完成,原载于《地理研究》,2007,26(3):500-507,图版 3。

养区，也是高海拔区生物多样性最丰富和最集中的地区（王堃等，2005）。该地区植被类型复杂多样，以高寒草甸为主（侯学煜，2001），这些植被在维护区域生态安全方面具有不可替代的作用和巨大的生态功能，在生态安全体系中又被称为“生命的摇篮”（青海省草原总站，1988；青海省水利志编委会，1995）。近年来，该区域环境不断恶化，严重影响了当地牧业生产的发展，并对中下游地区造成间接的负面影响（程国栋，1998；孙成权，1998；董光荣等，1998）。目前，对这一区域环境退化的研究较多（何萍等，2001；沙占江等，2001；王根绪等，2001；摆万奇等，2002；张镱锂等，2006），但由于地域辽阔、自然条件恶劣，给数据的获取与实验研究带来了很大困难，造成对草地退化面积、空间特征、退化动因等方面认识的差异。利用遥感覆盖面积大、实时性和动态性强等优点，从区域尺度监测植被变化是当前了解区域环境问题的重要技术手段。其中，NOAA—AVHRR 数据以其观测范围广、时间序列长、重复性较好等优点，成为区域植被动态监测的最佳数据源之一。

植被指数是反映植被状况的一个重要遥感参数。其中，归一化植被指数 *NDVI*（*NDVI*＝(*NIR*－*Red*)/(*NIR*＋*Red*)，式中 *NIR* 表示近红外波段的反射率，*Red* 表示可见光红波段的反射率）是广泛应用的植被指数，是植物生长状态和植被空间分布密度的指示因子，与植被分布密度呈线性相关（Purevdorj *et al.*，1998；孙红雨等，1998；刘淑珍等，1999）。本文将其作为反映植被变化的指标，利用 NOAA—AVHRR/NDVI 时间序列数据，并结合海拔高程、道路、水源和居民点等因子，对三江源地区植被指数变化的空间分布及其与人类活动的关系进行探讨，重点阐述植被指数下降的趋势与特点、区域生态现状，以期为环境建设提供科学依据。

2　研究区域概况

三江源精准范围目前尚无统一标准。参阅相关研究成果及文献（石铭鼎，1983；靳长兴等1995；冯永忠等，2004；龙晶，2005）的同时，利用 ArcGIS 软件中的水文分析模块，通过数字高程模型提取得到三江源的范围（图 1）。

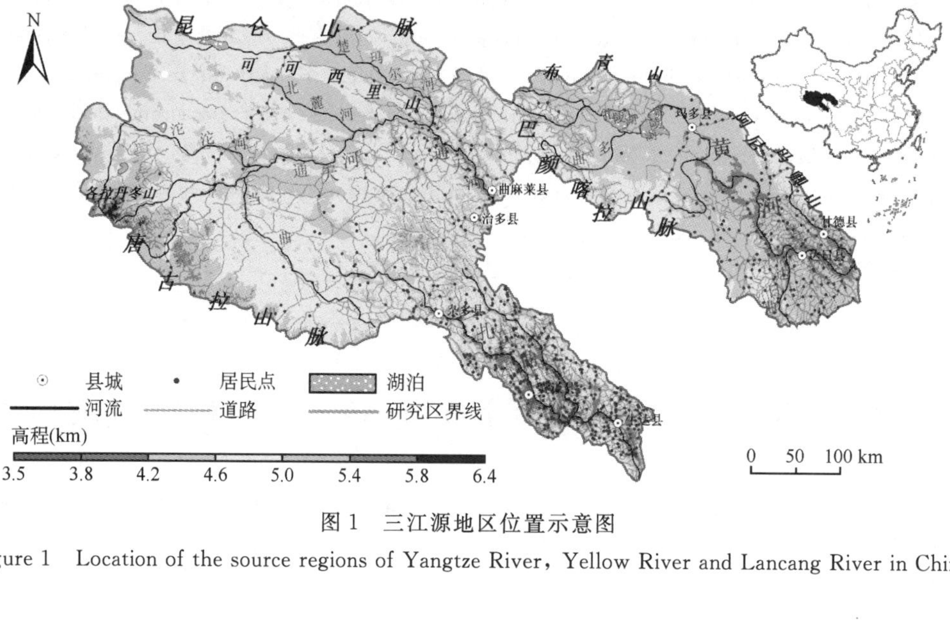

图 1　三江源地区位置示意图

Figure 1　Location of the source regions of Yangtze River, Yellow River and Lancang River in China

三江源地区北起昆仑山，南至唐古拉山，西侧为可可西里山，大致界于北纬 31°24′～35°54′，东经 90°30′～100°30′之间，总面积约为 198 496 km²；平均海拔高度 4 650 m(据美国地质调查局分辨率为 1 km 的高程数据(DEM)统计获得)；年降水 200～800 mm，1 月均温 −8～−16 ℃，7 月均温 7～12 ℃。复杂的生境为各种植被的生长提供了多样的环境。由东南向西北依次分布着针叶林、灌丛、高寒草甸、高寒草原与高山稀疏植被等植被类型(中国科学院中国植被图编辑委员会，2001)。

3 数据与方法

3.1 数据及数据预处理

本文遥感资料采用美国 NASA Pathfinder AVHRR 陆地数据集的 8 km 旬 NDVI 数据亚洲部分(Agbu P A *et al.*，1994)，时间为 1981—2001 年(由于 1994 年数据不完整，本研究序列不含 1994 年)。在这个数据集中，为尽量消除云的影响，处理中采用了最大值合成法，并且对气溶胶的影响进行了大气纠正。初始影像投影为 Goode Interrupted Homolsine Projection，将其投影转换为等积圆锥投影(Albers Projection)，并截取三江源地区部分。由于年最大 NDVI 可以较好地反映该年植被的最佳状况，在旬 NDVI 的基础上，采用最大合成法计算得到 1981—2001 年的年最大值。数字版中国植被图(1∶100 万，2001)、青藏高原冻土分布图(1∶300万，李树德等编，1996)及数字地形图(1∶25 万)均由中国西部环境与生态科学数据中心提供；空间分辨率为 1 km DEM 数据来自美国地质调查局(USGS)。

3.2 方法

(1)植被指数变化分级

以 NDVI 为指标，在像元基础上采用最小二乘法计算出 NDVI 的年际趋势系数(Micael，2000)。植被指数变化等级依据丁明军等(2005)介绍的方法和标准，即在整个青藏高原内的湖泊、冰雪、沙漠、盐壳等无植被类型区，选取 13 个面积大小为 200 km² 的训练区进行分析，发现训练区的各像元 20 年 NDVI 线性拟合趋势斜率值全部落在 −0.2～0.2 范围内，故把此斜率值范围设定为青藏高原地表 NDVI 变化的自然波动范围；如果趋势系数值小于 −0.2，就认为该像元的植被指数处于下降状态，反之大于 0.2 就认为该像元的植被指数处于好转状态(因为这些无植被区域可能作为背景值影响该像元的 NDVI 值，以它们的变化范围作为植被指数的变化阈值，可以最大限度地消除这些区域影响)，即趋势系数值＜−2 为下降、−0.2～0.2 为稳定不变、＞0.2 为增加。本文主要对 NDVI 下降部分进行统计分析，因为这一部分与植被退化关系密切；文中植被指数下降率是指在一定区域内，植被指数下降面积与该区植被面积的比值。本文在空间统计与分析时，不包括冰川、湖泊等无植被区域的面积。

(2)各植被类型区和各冻土类型区植被指数下降特征分析

各植被类型和冻土类型的空间范围分别从中国植被图(数字版，1∶100 万)和中国冻土分布图(数字版，1∶300 万)中提取；在 ArcGIS 分析模块中，利用 clip 命令提取各植被类型和冻土类型上的 NDVI 趋势系数值，在此基础上，计算各种类型的退化面积及退化率。

(3)植被指数下降趋势与主要相关要素关系分析

研究方法主要参考文献(张镱锂等,2006),具体为在 ArcGIS Workstation 的 GRID 模块支持下,进行植被指数下降趋势与距离居民点、道路、河流远近及海拔高程之间的空间统计分析。

简要步骤如下:①基于 DEM 数据,在 GRID 模块下,使用 reclass 命令,将海拔高程按照 200 m 的间隔分成 13 个带;②在数字地形图(1∶25 万)上,提取居民点、道路和河流数据,分别以居民点、道路和河流为中心,用 distance 命令生成距离栅格,以 8 km 为单位,在 0～48 km 内生成 6 个缓冲带,统计不同高程带、各距离缓冲带上植被指数下降的面积并计算其下降率,并统计各缓冲带上的居民点数目。结合 2000—2006 年课题组在研究区的野外考察数据进行分析与讨论。

4 结果与分析

4.1 植被指数变化趋势

1981—2001 年,三江源地区植被指数以下降态势为主,下降面积占源区总面积的 18.92%,源区植被指数有 13.99%的区域增加,下降∶增加=1.35∶1;67.09%区域处于稳定状态。源区植被指数下降区域呈零星和片状分布,以轻微下降为主,片状下降区域有黄河源区、长江源的各拉丹冬山区、当曲下游至沱沱河北部;显著下降主要发生在黄河源扎陵湖北部、鄂陵湖东部、多曲河谷一带,长江源的各拉丹冬、楚玛尔河源头地区及其下游曲玛河乡北部、澜沧江支流的源头地区(图 2)。源区地表植被指数增加区域呈零星分布,以轻微增加为主。显著增加的区域主要发生在北麓河上游南侧、当曲中游的西南侧、北麓河入通天河口的西南侧、楚玛尔河南部楚玛日涌附近和达日曲中游西部的错隆贡玛附近。

4.2 植被指数下降特征及其影响因子分析

4.2.1 不同植被、不同冻土类型区的植被指数下降特征

研究时段内,三江源地区植被指数下降面积达 37 556 km^2。从中国植被图上可知,研究区植被类型主要由针叶林、灌丛、高寒草原、高山稀疏植被、高寒草甸构成;其中,高寒草甸面积(约为 132 148 km^2)最大,森林面积(约为 1 600 km^2)最小。各类植被下降程度明显不同,植被指数下降率排序为:灌丛>森林>高寒草甸>高山稀疏植被>高寒草原(表 1)。从居民点分布密度看,林区最高,高山稀疏植被带最低,由高到低排序为:森林>灌丛>高寒草甸>高寒草原>高山稀疏植被。居民点分布特征与植被指数下降具有较好的一致性,灌丛和森林分布区居民点密度高,植被指数下降率也较大。将植被指数下降率与青藏高原冻土分布进行叠加分析表明:三江源地区冻土由多年冻土和季节冻土组成,分布于其上的植被指数下降率分别为 19.78%和 19.46%,无明显差别。

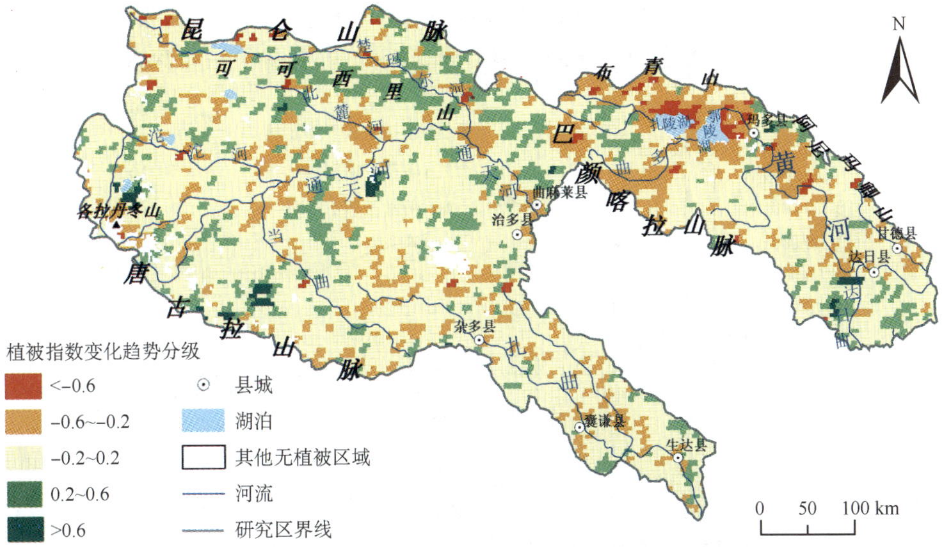

图 2 三江源地区植被变化趋势图

Figure 2 Spatial distribution of vegetation change trend in the source regions of Yangtze River, Yellow River and Lancang River from 1981 to 2001

表 1 三江源地区不同植被类型的植被指数下降比例(1981—2001)与居民点分布

Table 1 Distribution of resident and vegetation index decrease rate on the different vegetation types in the source regions of Yangtze River, Yellow River and Lancang River from 1981 to 2001

	灌丛	高寒草原	高寒草甸	高山稀疏植被	森林	研究区域
植被指数下降面积(km^2)	1 656	6 972	24 888	3 708	332	37 556
总面积(km^2)	7 476	37 476	132 148	19 796	1 600	198 496
下降率(%)	22.15	18.6	18.83	18.73	20.75	18.92
居民点密度(个/万 km^2)	503	17	51	5	1 275	

4.2.2 植被指数下降的空间特征

三江源地区植被指数下降的区域差异比较明显:在长江源区,植被指数下降面积约为 15 780 km^2(占该源区面积的 13.56%,下同),黄河源区植被指数下降面积约为 16 300 km^2(32.51%),澜沧江源区植被指数下降面积为 5 656 km^2(18.1%);各源区植被指数下降率大小依次是:黄河源区>澜沧江源区>长江源区。其中,黄河源区植被指数下降区域主要分布在玛多县境内,以鄂陵湖和扎陵湖周边地区最为集中(图 2),其他两源区植被指数下降区域的空间分布比较分散。该结果与已有研究(摆万奇等,2002;张镱锂等,2006)有较好的一致性。

4.2.3 植被指数下降与居民点的关系

在以 8 km 为间距的 6 个缓冲带上,各缓冲区植被面积、植被指数下降面积随着与居民点距离增加而减少,而植被指数下降率随着与距居民点的距离渐远而出现先升后降的态势,在 16~24 km 缓冲带上呈现峰值(图 3)。各带植被指数下降的面积分别是 11 580 km^2、9 844 km^2、7 656 km^2、3 488 km^2、1 388 km^2 和 952 km^2;下降率分别为 16.59%、19.87%、25.68%、20.06%、15%和 15.53%。该结果与以往的一些研究结论有一定差异,如黄河源地区达日县的结果为随着距居民点距离的增加草地退化率逐渐减少(杨建平等,2004;张镱锂等,2006),而本文并不呈现这种规律,造成这种差异的原因目前尚不清楚,有待下一步深入研究。

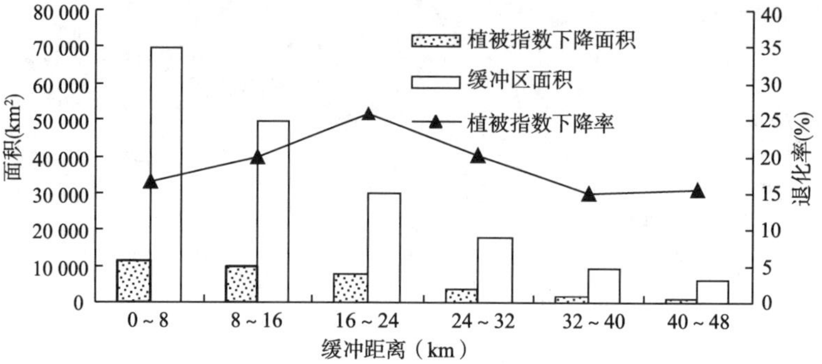

图 3　三江源地区植被指数下降与距居民点距离的关系

Figure 3　Relationship of vegetation index decrease and distance to residents in the source regions of Yangtze River, Yellow River and Lancang River

4.2.4　植被指数下降与道路的关系

植被指数下降与距道路的距离密切相关。在以 8 km 为间距的 6 个缓冲带上,植被指数下降面积和下降率与距道路距离关系明显(图 4)。各带上植被指数下降的面积分别是 29 528 km^2、4 600 km^2、1 368 km^2、812 km^2、228 km^2 和 160 km^2,其下降率分别为 18.98%、22.49%、15.07%、16.41%、8.25%和 10.23%。从各缓冲带来看,下降率整体上随距道路距离增大而呈下降趋势。对居民点分布密度分析发现,在距离道路 0~8 km 范围内,几乎集中了研究区内 98.2%的居民点。这在一定程度上证实了研究区的放牧行为对植被的影响。随着牧区交通的发展,牧民越来越倾向于利用现代交通工具代替马匹,道路的使用效率得到提高,同时沿道路活动的强度也在增加,道路交通对于牧区植被的影响可能会更加显著。

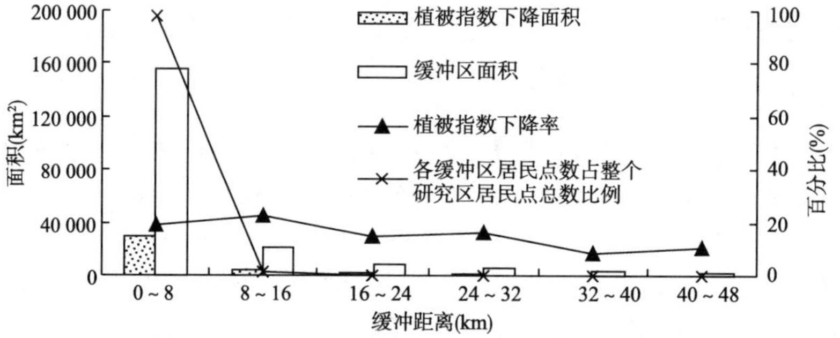

图 4　三江源地区植被指数下降与距离道路距离的关系

Figure 4　Relationship of vegetation index decrease and distance to roads in the source regions of Yangtze River, Yellow River and Lancang River

4.2.5　植被指数下降率的高程变化

植被指数下降率随着海拔高程的升高而出现“低—高—低—高”态势(图 5)。从海拔 3 800 m 开始,植被指数下降率随着海拔的升高而升高,在海拔 4 200~4 400 m 间达到最高,而后开始下降,在海拔 4 800~5 000 m 达到一个低谷而后逐渐升高;在海拔 5 200 m 以下的地区,居民点也具有类似的趋势,开始随着海拔的增加,带内的居民点逐渐增加,到海拔 4 200～4 400 m 达到最高,而后逐渐减少。植被指数下降率与居民点分布呈现显著正相关,相关系数达到 0.78(通过 99%显著性水平检验),说明植被指数下降率的这种空间分布特征与人类活动有关。在三江源地区放牧主要集中在海拔 5 000 m 以下地区,尤其海拔 4 000～4 600 m 范围内,放牧活动最为强烈;而在海拔 5 000 m 以上的区域,草地总面积小、植被稀疏、自然条件恶劣、植被抗干扰能力很差,一旦破坏很难恢复。近年来,随着畜草矛盾的加剧,为了缓解草场不够的压力,越来越多的放牧活动向这一极高海拔区域延伸;年复一年地持续过度放牧,更加剧了该区域植被状况的恶化。2006 年夏秋季的野外调查显示:近期放牧活动有向高海拔迁移的趋势。

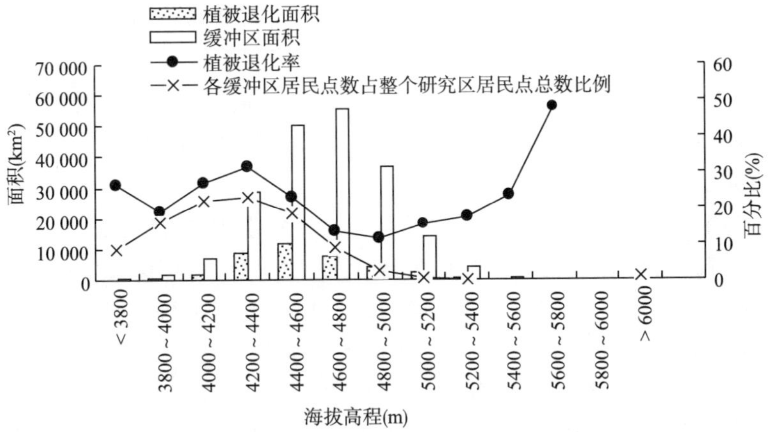

图 5 三江源地区不同高程植被指数下降状况

Figure 5 Relationship between vegetation index decrease and elevation in the source regions of Yangtze River, Yellow River and Lancang River

4.2.6 植被指数下降与水源的关系

植被指数下降面积和下降率与距水源地距离成反比(图 6)。在以 8 km 为间距的 6 个缓冲

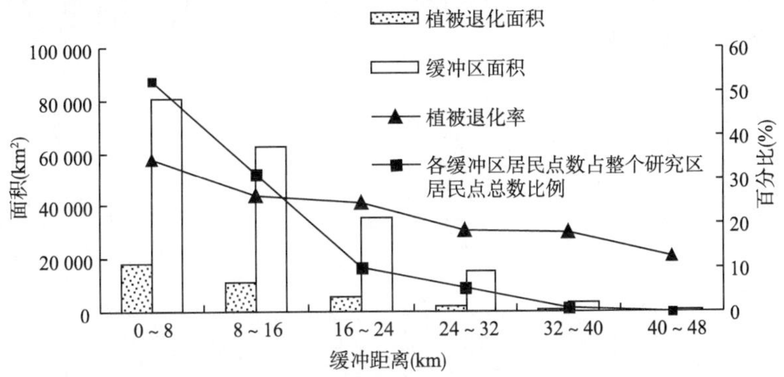

图 6 三江源地区植被指数下降与距水源距离的关系

Figure 6 Relationship of vegetation index decrease and distance to the water sources in the source regions of Yangtze River, Yellow River and Lancang River

带上，各带植被指数下降的面积分别是 18 200 km^2、11 192 km^2、5 756 km^2、1 904 km^2、396 km^2 和 100 km^2，其下降率分别为 34.51％、26.06％、24.49％、18.51％、17.71％和 12.50％。从下降率来看，随着与水源距离的增大，植被指数下降率总体趋势是逐渐减小的。植被指数下降率与水源分布具有显著负相关，相关系数达 0.93(通过 99％显著性水平检验)。在牧区，牧业活动通常围绕水源的分布展开，是直接导致水源区附近植被放牧压力增强而造成植被指数下降的重要原因之一。

5　结论

1981—2001 年间，三江源地区植被指数变化趋势、植被指数下降及其与影响要素的关系如下：

(1)植被指数变化：植被指数变化以下降趋势为主，植被指数下降区域占源区总面积的 18.92％(约 37 555 km^2)，植被指数增加面积占 13.99％，而占总面积 67.09％区域的植被指数处于相对稳定状态。

(2)植被类型和冻土类型与植被指数下降的关系：各植被类型的下降率分别是灌丛 22.15％、森林 20.75％、草甸 18.83％、高山稀疏植被 18.73％和草原 18.60％，下降程度与各类型区内居民生计方式有关，而植被指数下降程度与冻土类型关系不明显。

(3)植被指数下降的区域差异比较明显，源区各流域的植被指数下降率分别为：长江源区 13.56％，黄河源区 32.51％，澜沧江源区 18.1％。

(4)植被指数下降与其影响要素的关系：①在道路、水源的缓冲带上，植被指数下降率随着缓冲距离增加而逐渐减少；但在与居民点的距离上，下降率在 16～24 km 的缓冲带上达到最高而后下降；②在海拔高度上，下降率随着海拔高程的升高呈“低—高—低—高”态势，植被指数下降率与居民点的分布高度相关，相关系数达到 0.78。

三江源地区植被指数变化状况及其与主要环境和人类活动因素的空间分析表明，人类活动对植被有着重要的影响，尤其是在人类活动影响区。事实上，对三江源地区植被退化的动因，学术界上一直存在争论，焦点问题是人类因素与气候因素孰轻孰重(摆万奇等，2002；吴玉虎，2003；杨建平等，2004；刘林山，2006；张镱锂等，2006)。三江源地区植被变化的驱动机制将是进一步深入研究的重要课题。

长江源区当曲流域高寒湿地类型划分及分布研究*

Classification and Distribution of Alpine Wetland of Damqu River Basin in the Source Region of the Yangtze River

Abstract: The alpine wetland information of Damqu River Basin in the source region of the Yangtze River was extracted from TM images by the method of object-oriented classification on the basis of several field surveys during 2008—2010. The structure characteristics and spatial distribution pattern of the wetland in the study area were analyzed. The wetland classification system that can be applied in the river source region distributed in high altitudes was built up. The results showed that the wetlands in the Damqu River Basin can be subdivided into 8 types, with the area of 8 548.03 km^2, occupying 51.07% of the total drainage area. The area of palustrine was the largest followed by the riverine and lacustrine. Among all the wetland types, the areas of Carex-Kobresia swamp and Kobresia swampy meadow were larger than those of other wetland types, occupying 43.20% and 38.25% of the total area of the wetlands respectively. The wetlands are mainly distributed in the area with superior catchment condition (slope is less than 12°), including the eastern flat intermountain basin, southern melt water joint zone located in the northern fringe of Tanglha Mountain and the saddle of the mountains. There are few wetlands in the northern part of both the river basin and the trunk stream of Damqu River. The wetlands mainly distribute in the altitude range of 4 700～5 000 m.

三江源地区是青藏高原腹地重要的水源涵养地，是我国著名的长江、黄河、澜沧江三大河流的发源地，也是我国重要的高寒湿地分布区，不仅具有生态蓄水、水源补给、气候调节等重要的生态功能，而且还是当地经济社会发展的物质基础(白军红等，2004；罗磊，2005)。三江源地区长江南源当曲流域是高寒沼泽湿地的集中分布区，该地区沼泽湿地海拔平均在 4 600 m 以上，是目前三江源地区湿地连续发育较大的一块，多年冻土的广泛发育和分布是当曲流域高寒沼泽湿地形成的重要环境条件之一。由于自然条件恶劣，该地区的湿地研究工作很薄弱。

国内外针对高寒湿地的研究较少，在已有的相关研究中，多以全国或整个青藏高原湿地为对象进行研究(王根绪等，2007；牛振国等，2009)，其湿地分类系统以一级分类系统为主，影像解译的精度普遍较低。国内对高寒湿地区域尺度的研究主要集中于对若尔盖高原湿地(刘红玉等，2006；张晓云等，2008)、拉萨拉鲁湿地及拉萨河流域湿地(琼次仁等，2000；Zhang *et al.*，2010)、黄河源区湿地分布与动态变化的研究(蔡迪花等，2007；李林等，2009)，而对金沙江、澜沧江和嫩江源头区的沼泽湿地的高空间分辨率研究尚未进行。另外，在已有研究中，对湿地定

---

* 由张继平(Zhang Jiping)、**张镱锂(Zhang Yili)**、刘峰贵(Liu Fenggui)、刘林山(Liu Linshan)、丁明军(Ding Mingjun)和张学儒(Zhang Xueru)完成，原载于《湿地科学》，2011，9(3)：218-226。

义的理解不尽相同，对湿地类型的划分也因研究尺度及研究区域的不同而出现差异，导致在湿地的分布及面积统计方面出现诸多分歧(曹生奎等，2005；潘竟虎等，2007；武慧智等，2007；Bai *et al.*，2008)。在基于遥感的湿地信息获取方面，在已有研究中，一方面缺少高分辨率的数据源，且解译方法较为传统(多为监督分类及人工目视解译等方法)，无法保证湿地信息提取的准确度(张柏，1996)；另一方面缺少野外实地调查数据，使得对湿地分布及湿地类型划分的研究具有较大的主观性及不确定性。缺乏对高寒湿地类型及分布的正确认识将制约高寒湿地资源的保护和合理利用。

本文在多次实地调查的基础上，基于TM遥感影像，运用面向对象的信息提取方法，系统地分析了当曲流域高寒湿地的结构特征和空间分布规律，并构建了适宜于高海拔河源地区湿地的分类系统。本研究对该流域湿地生态系统的保护与修复，以及湿地资源的管理与合理利用具有重要的参考价值，也为流域湿地变化监测提供了基础。

1 研究区概况

1.1 研究区范围的确定

广义的当曲流域是指沱沱河入通天河的交汇处以南的区域，流域内主要河流包括当曲、布曲、尕尔曲等，本研究所指的当曲流域为当曲的流域范围，出水口选择在当曲与布曲交汇处。本研究中当曲流域范围共涉及1∶10万地形图21幅。对地形图进行扫描后，通过GIS相关软件分别进行几何校正及投影设置，再对各影像进行拼接处理，然后按照流域范围的提取规则，数字化勾绘出当曲流域的空间范围，并请有关地貌专家进行了指导和验证。

长江南源当曲发源于唐古拉山中段北麓地区的霞舍日啊巴峰(海拔5 395 m)附近。当曲是通天河的一级支流，其主要支流有天曲、纽曲、扠吾曲、萨艾曲、查曲、果曲、吾钦曲等。本研究当曲流域范围为32.40°～33.96°N、92.14°～94.62°E，位于青海省玉树藏族自治州杂多县西南部查旦乡境内(图1)，流域总面积1.67×10^4 km^2。

1.2 研究区概况

当曲流域位于青藏高原腹地青海南部高原境内，当曲流域海拔多在4 500 m以上，为高海拔冰雪冻土带，冰碛和河流分布广。流域南部为唐古拉山山脉，东部和北部是与澜沧江的分水岭，西部为与布曲的分水岭，各大山脉与分水岭中间为大面积的山间盆地。当曲流域中东部山间盆地、滩地区，地形平缓，排水不良，加之土壤下部有冻土层，使融雪和降水不能渗透，因而地面长期处于过湿和积水状态，形成高20～50 cm，直径30～60 cm的草丘和星罗棋布的水坑，水坑中常年积水或季节性积水，形成大片相连的高寒沼泽湿地。当曲流域内不仅广泛分布有沼泽、湖泊等湿地，而且冰川与冻土也十分发育(玉树藏族自治州区划办公室，1991)。

当曲流域深居内陆高原，具有高原大陆性气候特征，气温低，年较差小，光照充足，太阳辐射强烈，干湿季分明，雨热同季。当曲流域主要生态系统包括高寒草甸、高寒沼泽、高寒草原、高寒荒漠。其中，尤以高寒沼泽及高寒草甸分布最广。流域内高寒沼泽湿地植物种类组成较为简单，主要由湿生和冷湿生的多年生草本植物组成，优势种主要有藏嵩草(*Kobresiatibetca*)、矮嵩草(*K. humilis*)、青藏苔草(*Carexmoorcroftii*)、黑褐苔草(*C. atrofusca*)、小嵩草

(*K. parva*)等,伴生种主要有黄芪(*Astragalusconfertus*)、风毛菊(*Saussurea japonica*)、钉柱委陵菜(*Potentillasaundersiana*)、金露梅(*P. fruticosa*)等。植物种群结构比较简单,层次分化不明显,草层高度为 5~15 cm,植被生长密集,植株高大,平均盖度为 80%左右。当曲流域地势高而平缓,主要发育隐域性沼泽土,这是受水、热条件再分配的影响形成的,呈现明显的区域性分布规律。此外,该地区还分布有高山草甸土、高山寒漠土、高山草原土等土类。除排水良好的山顶高亢部位外,沼泽土分布于整个滩地及平缓山地(孙鸿烈,2008)。

2 数据和方法

2.1 数据源

2.1.1 野外调查数据

分别于 2008 年 9 月、2009 年 9 月及 2010 年 8 月对当曲流域进行了实地考查。考查过程中,在了解当曲流域的自然环境综合状况的基础上,着重对当曲流域高寒湿地的分布、湿地类型、湿地植被、湿地水分状况和湿地土壤等进行了考查。考察全程进行了 GPS 定位记录,并对沿途土地覆被类型的分布情况进行了记录及照片采集,共拍摄照片 2500 多张,作为影像解译的参考及验证资料。对流域内的典型植被类型进行了样方调查,共调查样方 96 个。

当曲流域野外考察路线如图 1 所示。由于当曲流域湿地集中分布在当曲上游地区,而中、下游地区湿地分布较少,且这些地区多为无人区,无道路通行,野外考察很难到达,故而野外考查工作主要在当曲流域的上游地区(研究区中东部)进行。

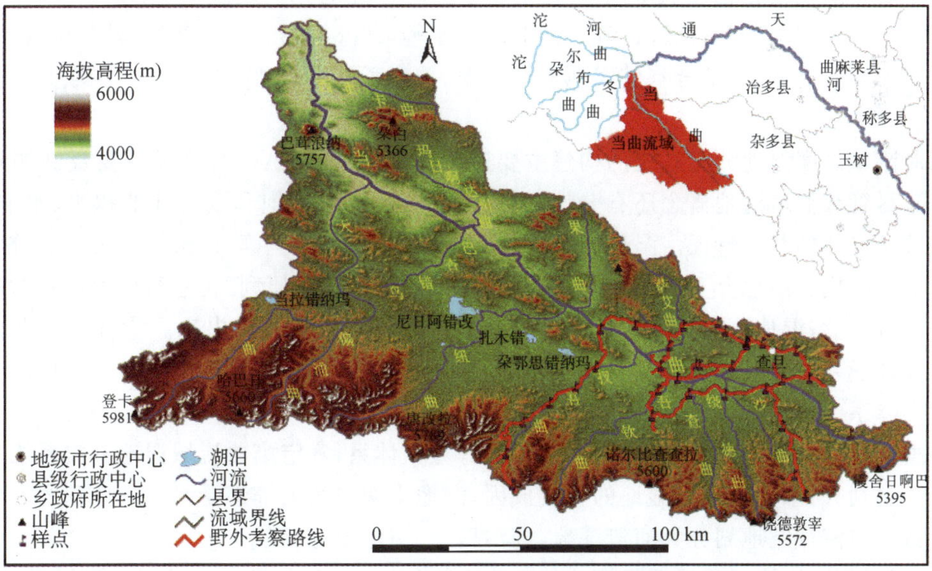

图 1 当曲流域地理位置及野外考查路线

Figure 1 Location of Damqu River Basin and field survey routine

2.1.2　遥感数据

研究区土地覆被信息的提取主要基于两景 Landsat TM 遥感影像数据，分辨率为 30 m。成像时间分别为 2007 年 8 月 2 日(P137R37)、2007 年 7 月 26 日(P136R37)。此外，由于 2007 年 7 月 26 日的影像部分地区有云覆盖(研究区内云覆盖量 10%左右)，研究中结合 2006 年 8 月 8 日的影像进行信息提取。

2.1.3　其他辅助资料与数据

辅助专题数据包括当曲流域地形图(1∶10 万，1967)、中国植被图(1∶100 万，2004 年)、青海省植被图(1∶100 万，1990 年)、青海省草地类型图(1∶100 万，1988 年)、青海省土地利用图(1∶100 万，1989 年)、杂多县畜牧业区划(1987 年)等图件和资料。

矢量数据资料包括由日本经济产业省(METI)和美国航空航天管理局(NASA)共同发布的最新的全球 DEM(ASTER GDEM)(空间分辨率为 30 m)，中国 1∶100 万湿地数据(中国西部环境与生态科学数据中心，2000 年)，中国 1∶10 万沼泽数据库(中国科学院东北地理与农业生态研究所，2000 年)，4 期(1985 年、1995 年、2000 年和 2005 年)1∶10 万土地利用图和 1∶25 万青海省乡界图(国家基础地理信息中心，2000 年)。

2.2　研究方法

2.2.1　湿地分类系统构建

湿地分类是湿地研究的基础，国际湿地学界还没有一个公认的流域湿地分类标准、体系与方案。类型的界定不仅影响湿地边界的确定，也影响各类湿地面积的大小，遥感湿地信息提取工作的开展和湿地变化信息获取等。本文参考国内外湿地分类系统研究成果(Scott *et al.*，1995；Pressey *et al.*，1995；倪晋仁等，1998；刘子刚等，2006；温兆飞等，2010)，同时根据当曲流域湿地特征和研究需要，结合野外实地考察数据，构建了基于遥感数据的当曲流域高寒湿地分类系统。

当曲流域高寒湿地分类系统的构建主要遵循以下 3 个原则：①分类系统要反映湿地的本质特征。尽管人们对湿地概念还有分歧，但一般认为地表水分饱和或有浅的积水、水成土壤、水生植被是湿地的基本特征。湿地分类应综合考虑湿地水文、土壤、植被等因素。②分类系统要便于实际应用。湿地介于水陆之间，陆上和水上交通都不甚便利，在进行湿地调查时需借助遥感手段。因此，湿地分类要保证其分类单元能从遥感图像上分辨出来。③分类时考虑知识的继承性，能够与国际湿地组织建议的湿地分类系统接轨，湿地的名称和意义要与以前国内外湿地分类体系中的一致(Rebelo *et al.*，2009)。

根据上述原则及研究区实际情况，结合已有分类体系，确定当曲流域湿地分类系统如下：

一级类划分：水文因素是湿地的直接成因，湿地土壤与植被等都受水文条件制约。根据水文条件将当曲流域湿地划分为河流湿地、湖泊湿地、沼泽湿地(表 1)。

二级类划分：河流湿地根据河流地貌及集水特征，将其划分为河流及河流洪泛湿地两类；湖泊湿地根据面积大小及成因，将其划分为湖泊、湖沼和冰湖；沼泽湿地根据湿地地表植被的分布状况，综合考虑湿地植被群落特征及土壤水分情况将其划分为苔草(*Carex*)—嵩草(*Kobresia*)沼泽、嵩草沼泽化草甸及小嵩草湿草甸。

表1 当曲流域高寒湿地分类系统

Table 1 Classification system of alpine wetlands in Damqu River Basin

分类系统		类型特征	解译标志	影像图
河流湿地	河流	河流是陆地上经常或间歇有水流动的水体表面，包括永久性河流、季节性河流的河床及低河漫滩	河道呈黑色或蓝褐色，呈狭长弯曲状	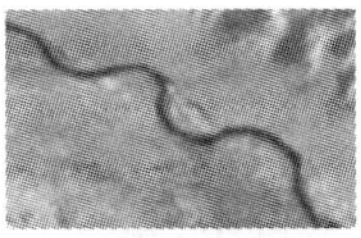
	河流洪泛湿地	河流泛滥淹没的河流两岸地势平坦地区，包括河滩、泛滥河谷及泛滥草地	多呈灰蓝色，沿河道分布	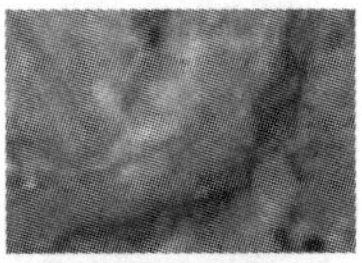
湖泊湿地	湖泊	永久性湖泊：面积大于1 km^2，常年积水的湖泊	呈深蓝色或黑色，水陆界线清楚，色调均匀	
	湖沼	季节性湖沼：面积小于1 km^2，季节性积水的湖沼	多呈蓝色，斑块面积较小	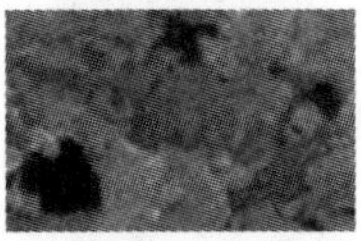
	冰湖	位于冰川末端，主要受冰川作用影响的湖泊	亮蓝色，末端多与冰川相连	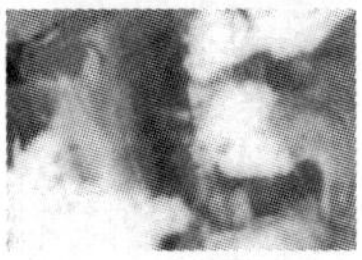
沼泽湿地	苔草—嵩草沼泽	优势种有黑褐苔草、青藏苔草、藏嵩草和矮嵩草，草群结构比较简单。植被生长密集，平均盖度在90%左右；草丘和水坑相间分布，地表长期处于积水状态。多分布于流域内中东部山间盆地、滩地、湖滨等积水条件好、水分条件最为优越的地区	呈亮红色或深红色，多可见密密麻麻的小面积水面	
	嵩草沼泽化草甸	以藏嵩草、矮嵩草为优势种，群落盖度70%～80%，部分地区达90%。土壤水分含量较高，地表季节性积水。多分布于宽谷、河岸阶地	多呈暗红色，纹理较粗糙	
	小嵩草湿草甸	非沼泽性的湿草甸，平均盖度90%以上，以小嵩草为建群种，伴生种由嵩草、苔草、禾草等构成；地表湿润，土壤水分含量高于草原化草甸，多分布于坡底或水域及其他沼泽湿地周边	呈浅红色，色调均匀	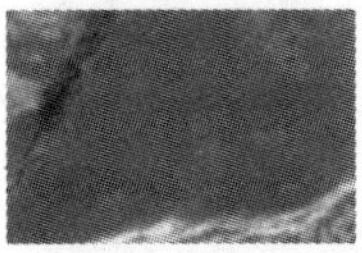

注：当曲流域内分布有永久冰川雪被，少数学者将其称为冰川湿地，但国际上通常不将其纳入湿地范畴来研究，故本研究湿地中不包括永久冰川雪被。

2.2.2 湿地信息提取

本研究基于面向对象的遥感影像分类方法(Volker,2004;苏伟等,2007),以 ENVI ZOOM 4.5 软件中的面向对象信息提取模块(Feature Extraction)为平台进行当曲流域湿地信息提取。主要引用 K-T(缨帽变换)变换得到的湿度图层(Wetness)、归一化植被指数(NDVI)、水体指数(NDWI)、DEM 及其衍生数据(坡度、坡向)作为关键参数,将这些关键参数图层叠加到原始图像中,使之成为对目标地物光谱特征的有益补充,用以区分各类湿地类型。在完成图像分割的基础上,综合考虑目标地物的光谱特征、纹理特征、空间结构特征,根据各特征指数的直方图信息,设定合适的阈值,建立各湿地类型的信息提取知识规则,进而得到解译结果(张继平等,2010)。为进一步提高准确度,结合实地野外考查照片及其他相关资料,对提取结果进行全面的人工目视解译修正,保证了解译精度。

2.2.3 地形数据处理

基于 30 m 分辨率的 DEM 数据,提取坡度、坡向信息。使用 reclass 命令,对 DEM、坡度、坡向数据进行级别划分:将坡向分为北、东北、东、东南、南、西南、西、西北、平地等 9 类;将坡度分为 11 类;将 DEM 数据按 100 m 间隔进行分类。然后,将 DEM、坡度、坡向数据与湿地分布数据进行叠加分析,获得当曲流域湿地分布的地形特征。

3 结果与分析

3.1 湿地组成特征

当曲流域湿地总面积为 8 548.03 km^2,占流域总面积的 51.07%。其中,以苔草—嵩草沼泽的面积最大,达 3 693.13 km^2(表 2),占湿地总面积的 43.20%;其次是嵩草沼泽化草甸,面积为 3 269.33 km^2,占湿地总面积的 38.25%。二者构成了流域内湿地的主体。小嵩草湿草甸的分布次之,面积为 1 003.88 km^2,占湿地总面积的 11.74%。流域内水域湿地(包括各种河流、湖泊湿地)分布较少,总面积为 581.70 km^2,占湿地总面积的 6.81%。在各种水域湿地中,以河流洪泛湿地的分布面积最大,其次是河流,湖泊在本区的分布面积较小。从湿地面积上看,当曲流域湿地以沼泽湿地为主,河流、湖泊湿地为辅。

表 2 当曲流域各类型高寒湿地面积

Table 2 The areas of various types of alpine wetlands in Damqu River Basin

湿地类型	面积(km^2)	占湿地总面积比例(%)
苔草—嵩草沼泽	3 693.13	43.20
嵩草沼泽化草甸	3 269.33	38.25
小嵩草湿草甸	1 003.88	11.74
河流	181.25	2.12
河流洪泛湿地	253.73	2.97
湖泊	65.44	0.77
湖沼	79.21	0.93
冰湖	2.06	0.02

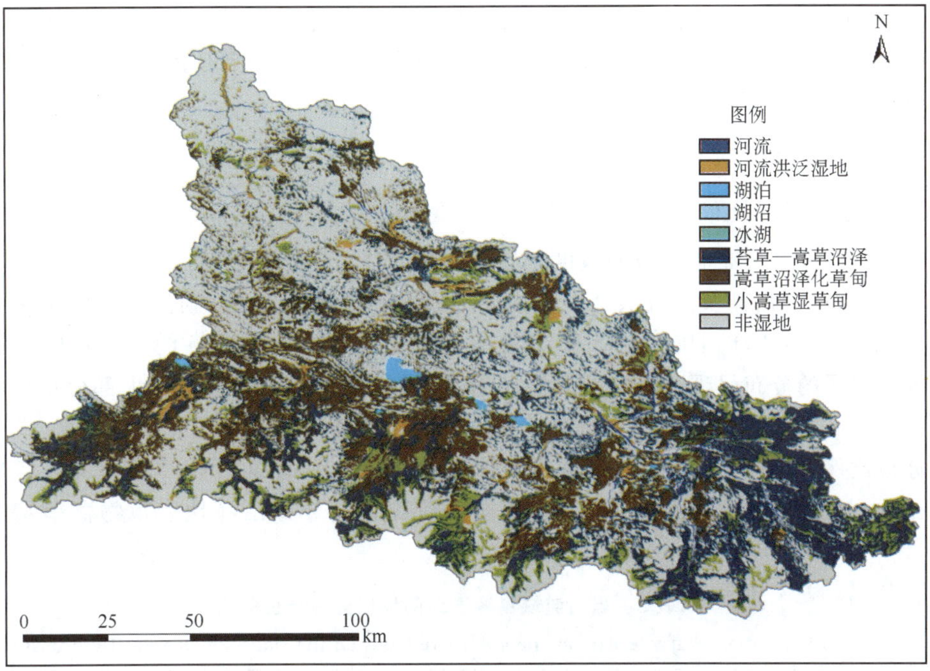

图 2 2007 年当曲流域高寒湿地分布图

Figure 2 Distribution of alpine wetlands in Damqu River Basin in 2007

3.2 高寒湿地分布特征

3.2.1 总体特征

当曲流域的湿地以沼泽湿地为主,河流和湖泊湿地分布较少(图 2)。河流洪泛湿地多分布于河流两侧,大面积的河流洪泛湿地多出现在河流末端,小面积的河流洪泛湿地斑块多分布在河道两侧,有些以江心洲的形式镶嵌在河流湿地中。湖泊湿地主要分布在流域中部,山间盆地的腹地。流域内共有 1 669 个面积小于 1 km^2 的湖沼,这些湖沼散布于流域内的低洼集水处,多为季节性集水,常与苔草—嵩草沼泽相间分布。流域内还有少量的冰湖,位于冰川尾部,受冰川作用影响强烈。就沼泽湿地而言,苔草—嵩草沼泽分布较为集中,多呈大片连续分布,几乎占据了整个东部地势低平的山间盆地及南部唐古拉山脉北麓的山前冰雪融水的汇集地带。面积较小的苔草—嵩草沼泽斑块则广布于集水条件优越的山体鞍部、地势低洼处等地带。嵩草沼泽化草甸多分布于苔草—嵩草沼泽周边土壤水分条件稍差的地势低平处。小嵩草湿草甸多分布于苔草—嵩草沼泽或嵩草沼泽化草甸与草原化草甸、高寒草原等非湿地类型的过渡地带,在排水不畅的湖滨、地势低洼地、河水漫流的河流洪泛湿地周边、山体的阴坡、半阴坡也有分布。在位于冰川融水汇集地带的相对高差较小的浑圆山体坡面上,多分布着小嵩草湿草甸,四周多为位于平缓低地的沼泽或沼泽化草甸所环绕。

受水文条件和相对高度变化及地表组成物质的影响,研究区湿地类型及其分布格局区域差异明显并具不均衡特点。对于当曲干流,从源头到萨艾曲汇入口,地势低平,河网密集,主要分布着苔草—嵩草沼泽,占该区湿地面积的 80%以上;从萨艾曲汇入口到巴查错乌汇入口,是湖泊的主要分布区，大湖南侧的广大地区是沼泽化草甸的集中分布区；从巴查错乌汇入口到当曲出水口，湿地分布较少，非湿地景观占主导地位。就当曲各支流而言，发源于唐古拉山，由当曲干流南岸汇入的河流周边分布着全区七成以上的湿地。当曲干流以北，湿地分布较少，集中分布在果曲、萨艾曲等几条支流周边。

3.2.2 湿地地形分布特征

3.2.2.1 湿地的坡度分布特征

当曲流域湿地的分布有较强的坡度分异规律(表 3)。总体上看，近 80%的湿地分布在坡度小于 12°的地区。河流及河流洪泛湿地主要分布在小于 8°的地区；湖泊及湖沼也多分布于小于 8°的地区，而位于冰川尾部的冰湖，其分布的坡度范围稍大，约 1/5 的冰湖分布在 8°～12°的范围内。沼泽的分布呈现一定的层次性：3 种沼泽的坡度分布规律相似，大部分沼泽湿地分布于坡度小于 8°的地区，在 8°～12°的地区内也有分布。苔草—嵩草沼泽在坡度为 8°～12°的地区内分布比例最小，为 14.26%，嵩草沼泽化草甸分布比例稍高，小嵩草湿草甸在该区的分布比例最大，这反映出地表集水条件、土壤湿度状况不同导致沼泽地表植物群落特征发生变化。

表 3 当曲流域高寒湿地的坡度分布特征

Table 3 Distribution characteristic of the alpine wetlands on the slopes in Damqu River Basin

坡度(°)	各类型湿地在不同坡度上分布的比例(%)							
	河流	河流洪泛湿地	湖泊	湖沼	冰湖	苔草—嵩草沼泽	嵩草沼泽化草甸	小嵩草湿草甸
0～3	32.76	30.91	24.75	33.29	17.25	26.60	23.18	20.34
3～5	27.30	27.64	25.01	30.26	19.56	26.11	25.29	22.88
5～8	21.82	23.37	24.28	24.04	27.25	25.64	26.38	25.93
8～12	11.25	11.77	14.12	9.45	18.99	14.26	15.60	17.80
12～15	3.27	3.36	4.45	2.01	9.13	3.92	4.75	6.34
15～18	1.66	1.49	2.38	0.67	4.30	1.77	2.30	3.23
18～21	0.80	0.68	1.48	0.23	1.96	0.84	1.16	1.66
21～25	0.57	0.41	1.18	0.06	1.00	0.49	0.74	1.06
25～30	0.36	0.20	0.87	0.00	0.56	0.23	0.36	0.49
30～35	0.13	0.09	0.53	0.00	0.00	0.07	0.14	0.17
>35	0.09	0.09	0.96	0.00	0.00	0.05	0.10	0.10

3.2.2.2 湿地的坡向分布特征

将坡度≤3°的区域视为平地，以平地区域为掩膜，对除平地以外的 8 种坡向与湿地分布数据进行叠加分析。结果显示，坡向对湿地分布的影响不明显(表 4)。

表 4 当曲流域湿地的坡向分布特征

Table 4 Distribution characteristic of the alpine wetlands on the slope aspects in Damqu River Basin

坡向	各类型湿地在不同坡向上分布的比例(%)							
	河流	河流洪泛湿地	湖泊	湖沼	冰湖	苔草—嵩草沼泽	嵩草沼泽化草甸	小嵩草湿草甸
北	12.48	13.57	13.35	12.55	14.39	16.62	16.41	15.57
东北	11.05	11.77	12.42	9.22	10.99	15.09	14.98	14.47
东	9.79	9.91	11.45	8.60	13.71	9.92	10.40	10.36
东南	12.82	11.71	12.62	13.01	15.28	9.32	10.58	10.34
南	16.99	14.24	14.45	17.79	15.59	12.01	12.65	11.98
西南	13.87	13.09	12.34	13.38	9.26	12.77	11.98	13.00
西	11.39	11.94	10.96	11.40	8.69	11.28	10.45	11.94
西北	11.62	13.77	12.41	14.05	12.09	12.99	12.55	12.33

3.2.2.3 湿地的海拔分布特征

当曲流域海拔较高，最低海拔 4 400 m，最高海拔近 6 000 m，垂直高程落差达 1 600 m。受地貌和水热组合条件等要素的影响，湿地集中分布在海拔 4 700～4 800 m、4 800～4 900 m 和 4 900～5 000 m 三个高程带内(三个高程带内的湿地面积分别占流域湿地总面积的 34.98%、24.80%和 14.63%，合计 74.41%)。总体来看，当曲流域湿地主要分布在海拔为 4 700～5 000 m 的范围内，在海拔 5 400～5 500 m 区域内仅分布面积为 0.69 km^2 的湿地，在海拔 5 500 m 以上的区域，除分布有少数冰湖外，几乎无其他类型湿地分布(图 3)。

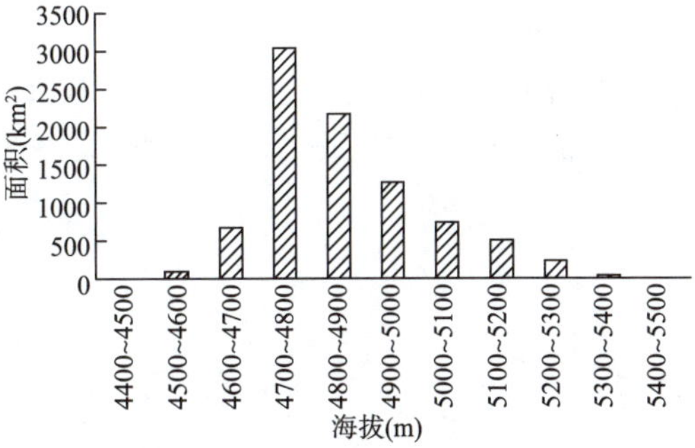

图 3 当曲流域不同海拔的高寒湿地面积

Figure 3 The areas of alpine wetlands at different altitudes in Damqu River Basin

河流湿地主要分布在海拔 4 700～4 800 m 的区域；湖泊主要分布在海拔 4 800 m 的区域；沼泽主要分布在海拔 4 800～4 900 m 的区域。冰湖位于冰川末端，多分布在海拔 5 000～5 400 m的区域(图 4)。

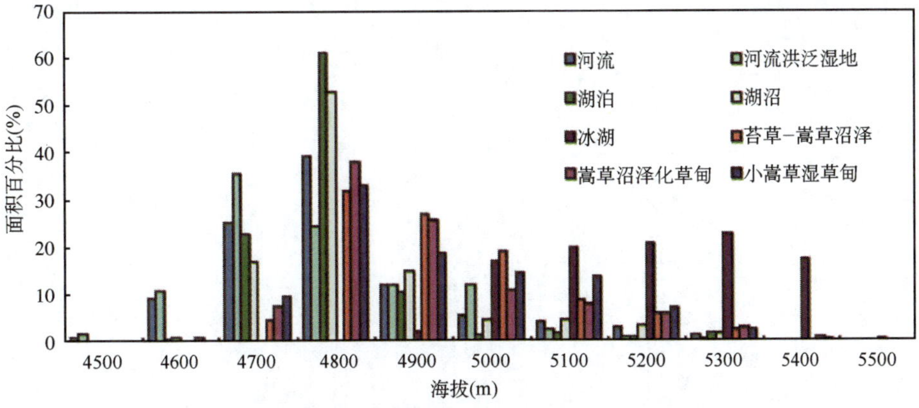

图 4 当曲流域各类型高寒湿地的海拔分布特征

Figure 4 Distribution characteristic of the alpine wetlands at various altitudes in Damqu River Basin

当曲流域高寒湿地的垂直分布具有一定的规律性，从低海拔区域到高海拔区域，分布的主要湿地类型依次为：河流洪泛湿地、河流、湖泊、湖沼、嵩草沼泽化草甸、苔草—嵩草沼泽、小嵩草湿草甸和冰湖。

4 结论与讨论

当曲流域高寒湿地可以分为河流、河流洪泛湿地、湖泊、湖沼、苔草—嵩草沼泽、嵩草沼泽化草甸、小嵩草湿草甸和冰湖 8 个类型。

当曲流域高寒湿地总面积为 8 548.03 km^2，占流域总面积的 51.07%。沼泽湿地分布的面积较大，其中，苔草—嵩草沼泽和嵩草沼泽化草甸的面积分别占湿地总面积的 43.20% 和 38.25%。流域内的高寒湿地主要分布于坡度小于 12°的东部地势低平的山间盆地、南部唐古拉山脉北麓的山前冰雪融水的汇集地带及山体鞍部等集水条件优越的地区，集中在海拔 4 700～5 000 m 区域内。

本研究所采用的湿地信息提取方法及分类系统，对高海拔河源地区及小尺度流域湿地研究具有借鉴意义。本研究对湿地的界定及湿地类型划分在大尺度研究中的普适性仍须进一步探讨。

黄河源地区草地退化空间特征*

Grassland Degradation in the Source Region of the Yellow River

Abstract: The source region of the Yellow River located in the middle east of Tibetan Plateau in northwest China. The total area is about 52 000 km^2, mainly covered by grassland (79%), unused land (16%) and water (4%). The increasing utilization of the land in this area have been keeping increasing the risk of environmental degradation. The land use/cover data (1985 and 2000) provided by the Data Center of Resources and Environment in CAS, have been used to analyze the land cover change of the Yellow River. DEM (1 : 250 000) data, roads and residents data (1 : 100 000) were used to analyze grassland degradation distribution character. The ArcGIS 9 software was use to convert data types and do the overlay, reclass, zonal statistic analysis. Results show that grassland degradation is the most important land cover change, in the research region which occupied 8.24% of the whole region. And human activities are the main reason of the grassland degradation in the source region of Yellow River: a) the degradation rate is higher in the sunny slope and lower in the northern slope; b) The grassland degradation rate goes down while the elevation rise up with the correlation coefficient of −0.93; c) The nearer to the residents the higher degradation rate, especially in the range of 11 km, of which the correlation coefficient of the distance and degradation rate is −0.99; d) In the range of 4 km, the degradation rate goes down with the distance to the roads with the correlation coefficient of −0.98. Though there are some physical reasons, human activities are the most important driven forces of the grassland degradation in the source region of the Yellow River since 1985. The ultimate way to resolve the degradation problems is to decrease the population who depends on the livestock production and to lessen the society demand of the GDP incoming from the grassland. To keep the sustainable development, the management and dynamic process of the grassland ecosystem are in dire need of enhanced.

我国拥有各种天然草地近 4×10^8 hm^2，占世界草地面积的13%，占全国国土面积的41%左右，草地是我国面积最大的陆地生态系统(刘黎明等，2003)。近年来，由于社会经济的发展与全球变化的影响，草地退化日益严重。除导致草地产量降低，使当地居民失去赖以生存的物质来源(陈佐忠，2003)以外，还会引发土地沙漠化(Su *et al.*, 2005)、生物多样性丧失(Foggin *et al.*, 1996)、土壤退化(Wu *et al.*, 2002; Oztas *et al.*, 2003; Snyman *et al.*, 2005)、水土流失(许志信等，2003)、碳汇丧失(Wang *et al.*, 2002)等一系列环境问题。

---

* 由张镱锂(Zhang Yili)、刘林山(Liu Linshan)、摆万奇(Bai Wanqi)、沈振西(Shen Zhenxi)、阎建忠(Yan Jianzhong)、丁明军(Ding Mingjun)、李双成(Li Shuangcheng)和郑度(Zheng Du)完成，原载于《地理学报》，2006，61(1)：3-14。

草地是黄河源地区最重要的覆被类型，约占源区面积的 80%左右，是当地牧民生活的物质基础。自 20 世纪 70 年代起，青海省草原工作队就开展了黄河源部分地区草地退化的调查，并进行了初步的恢复试验；80 年代，开始了大规模的草地资源调查工作，并在此基础上编撰了农牧业区划（马玉寿等，1999）；进入 90 年代后，黄河源的草地退化问题受到了广泛的关注，在此区域开展了大量的研究工作，包括草地退化的现状、成因（摆万奇等，2002；严作良等，2003）、生态过程和生态系统修复（马玉寿等，2002）等诸多方面（张镱锂等，2004）；同时在退化草地治理的研究与示范方面也开展了大量扎实有效的工作（马玉寿等，1999，2002；张镱锂等，2004）。然而薄弱的研究基础和有限的治理并未阻止源区总体环境日益恶化的趋势。关于草地退化的原因意见各异，吴玉虎（2003）等认为草地退化的主导因素是自然作用，而更多的学者认为草地退化的主导因素是过度放牧等人类活动（摆万奇等，2003；严作良等，2003；张镱锂 2004）。可见，草地退化机制与恢复途径仍是黄河源地区生态修复和可持续发展重要的研究课题。

为进一步了解黄河源地区草地退化的空间分布规律，本文利用土地覆被数据，采用空间分析方法，结合数字高程模型、道路、居民点等因子，对该地区草地退化的空间分布与可能动因进行分析，从新的视角阐释研究区草地退化的程度与原因，为江河源地区草地退化的综合治理与区域可持续发展提供科学依据。

1　研究区域简介与数据和方法

1.1　研究区域

黄河源地区位于青藏高原中部偏东（图 1），以黄河支流西科曲河口岗龙乡为界的黄河上

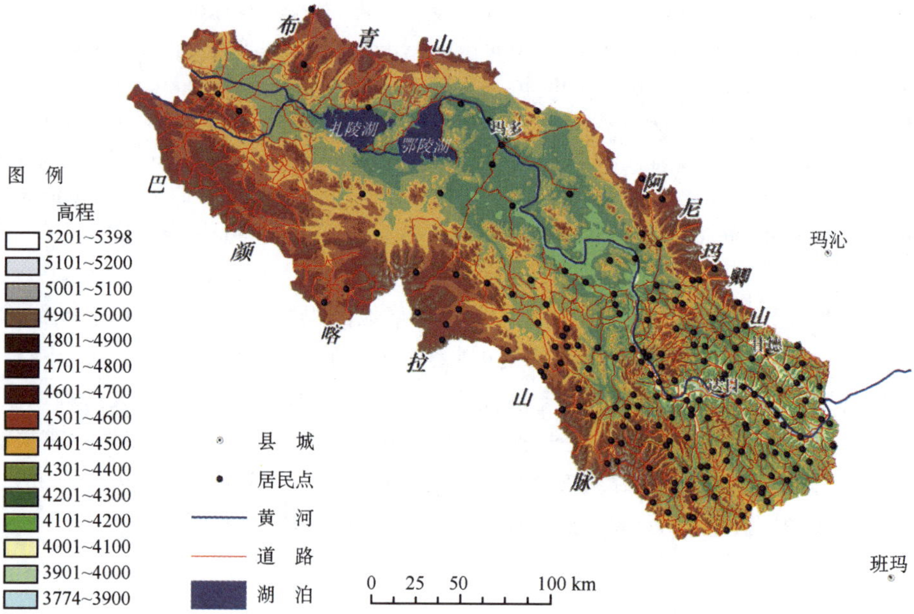

图 1　黄河源地区示意图

Figure 1　Location map of the source region of the Yellow River

游部分，流域面积 5.17×10^4 km^2，地处北纬 33°02′～35°40′，东经 95°46′～100°24′ 之间，位于布青山与巴颜喀拉山之间的新生代构造洼地，西起雅拉达泽山，东至阿尼玛卿山，南临巴颜喀拉山，北至布尔汉不达山，平均海拔 4 400～4 500 m，地势平坦宽广，整体呈西北东南向延伸，西北高东南低。高原面保持完整，山体相对高度不大，湖泊众多，为低山宽谷和湖盆组合地貌。

气候为典型的高原大陆性高寒气候，寒冷干燥，日照时间长，辐射作用强烈，昼夜温差大，降水量少，蒸发量大，雨热同季，干湿季分明，季风强劲，持续时间长。据玛多县(1953—2003年)、达日县(1956—2003 年)气象站资料，该区域多年年平均气温 −2.4(−3.8～−1.0)℃，最冷的 1 月均温 −14.7(−16.6～−12.7)℃，最热的 7 月均温 8.5(7.6～9.3)℃；多年平均降水量 426(312～539)mm，降水大多集中在 6—9 月。

植被类型较为简单，以高寒草甸、高寒沼泽草甸和高寒草原为主，并有高寒灌丛、高山垫状植被、高山冰缘和流石坡稀疏植被。土壤类型包括高山草甸土、沼泽化草甸土、高山草原土、高山荒漠土、山地草甸土、栗钙土、沼泽土、风沙土等；受发育年代和地势的影响，该区土壤的成熟度差，结构粗糙，土层薄，一般为 30～50 cm，含砾石较多；加之海拔高，气候恶劣，环境脆弱，这类土壤一旦遭到破坏极难恢复。

研究区的行政范围包括青海省果洛藏族自治州的玛多县和达日县大部分地区，玛沁县和甘德县及班玛县的部分地区，玉树藏族自治州的曲麻莱县和称多县的部分地区。据 2002 年各乡镇人口统计，研究区总人口约 5.16 万，人口密度 0.5～2 人/km^2，以藏族为主。经济以畜牧业为主，占地区生产总值的 45%～50%，农村居民人均年纯收入不足 2 000 元(如玛多县和达日县)。

1.2 数据

土地利用/覆被数据由中国科学院资源环境数据中心提供，分别为 1985 年和 2000 年的数据。数据按中国科学院土地资源分类系统分类，包括灌木林、疏林地、其他林地、高覆盖度草地等 20 类(表 1)。其中草地分为高覆盖度草地(盖度>50%的天然草地、改良草地和割草地，一般水分条件较好，草被生长茂密)、中覆盖度草地(盖度在 20%～50%(含 50%)的天然草地、改良草地，一般水分不足，草被较稀疏)和低覆盖度草地(盖度在 5%～20%(含 20%)的天然草地，水分缺乏，草被稀疏，牧业利用条件差)3 类。

DEM、居民点和道路矢量数据来自国家基础地理信息中心的全国 1∶250 000 地形数据库。部分资料与信息由 2000—2004 年围绕草地退化、恢复与放牧行为学连续野外调查获得。

1.3 方法

(1)草地退化界定。按国标[GB 19377-2003]系指天然草地在不利的自然因素或者不合理的利用导致草地生态系统恶化及草地牧草生物产量降低的过程。其中，植被盖度、物种、产草量、土壤养分为重要的退化程度分级指标(中华人民共和国国家质量监督检验检疫总局，2003)。本文根据实际研究数据，主要引用盖度这一重要指标来表示，草地退化具体表述为：草地向裸土地、裸岩石砾地和其他用地等类型的转换，以及高覆盖度草地向中、低覆盖度草地的转换，中覆盖度草地向低覆盖度草地的转换。在一定面积的区域中，退化草地的面积与该区域草地面积的比值，称之为草地退化率。在此基础上进行草地退化的分析。

(2)土地利用和土地覆被变化分析。采用叠置分析，获得研究区研究时段(15 年)土地覆被的变化情况，将所得数据导入 Access 数据库，使用数据透视表建立土地覆被转换矩阵，并在此基础上，提取草地退化的面积，并计算各类用地的面积、百分比、变化率和动态度，即：

$$K=[(U_a-U_c)+(U_b-U_c)]U_a^{-1}T^{-1}\times 100\% \tag{1}$$

式中：K 为 T 时段内某种土地利用类型动态度，U_a 和 U_b 分别为研究区域初期和末期某种土地利用类型的数量，U_c 为该土地利用类型没有发生变化的数量，T 为研究时段长度（张镱锂等，2002）。

（3）草地退化动因分析。在 ArcGIS Workstation 的 GRID 模块的支持下，采用分区统计分析法（zonalstats），在缓冲区与分带的统计分析基础上完成。具体如下：①利用 DEM 数据，生成坡向图，在 GRID 模块下，使用 reclass 命令，将坡向分为北、东北、东、东南、南、西南、西、西北和平地等 9 类；以海拔 100 m 为间距，将高程数据划分为 15 个带；考虑到海拔高度和坡向等自然因子之间的联系，叠加海拔高程分带数据和 DEM 坡向数据；②在数字地形图（比例尺 1∶250 000）上，提取居民点和道路数据，分别以居民点和道路为中心，用 distance 命令生成距离缓冲栅格图，以 1 km 为单位，分别生成 47 和 31 个缓冲带。在上述基础上，统计不同坡向、高程带和距离缓冲区上草地面积、退化草地面积并计算退化率。草地退化率与其他因子的相关分析在 SPSS 下完成。③对不同高程的居民点数目进行统计，根据居民点在不同海拔高程的分布数目除以相应海拔高程带的面积得到不同高程带的居民点密度。

2 结果与分析

2.1 黄河源区草地盖度下降趋势明显

研究区域土地利用/覆被（2000 年）主要由草地、灌木林、水域和未利用地等组成。面积构成中以低覆盖度草地、中覆盖度草地为主，分别占黄河源地区（下文简称源区）面积的 38.9% 和 37.11%，其次是裸岩石砾地、沙地、湖泊、裸土地、高覆盖度草地、灌木林地、其他用地、沼泽地等（表 1）。

表 1　黄河源地区土地利用/覆被类型组成结构及变化

Table 1　Land use and land cover structure and change in the source region of Yellow River

类型	1985 年面积（hm^2）	2000 年面积（hm^2）	变化率（%）	动态度	初期面积百分比（%）	末期面积百分比（%）	百分比增减（%）
灌木林	64 895.19	64 636.89	−0.398	0.060	1.256	1.251	−0.005
疏林地	1 357.78	794.64	−41.475	4.725	0.026	0.015	−0.011
其他林地	2.86	2.86	0.000	0.000	0.000	0.000	0.000
高覆盖度草地	316 575.30	131 528.21	−58.453	9.489	6.127	2.546	−3.582
中覆盖度草地	1 875 327.71	1 917 183.04	2.232	1.287	36.296	37.107	0.810
低覆盖度草地	1 905 372.24	2 009 626.03	5.472	1.052	36.878	38.896	2.018
河渠	7 610.02	4 417.00	−41.958	4.871	0.147	0.085	−0.062
湖泊	161 861.64	161 530.24	−0.205	0.045	3.133	3.126	−0.006
水库坑塘	5.21	5.21	0.000	0.000	0.000	0.000	0.000
滩地	17 248.90	17 958.27	4.113	2.530	0.334	0.348	0.014

续表

类型	1985 年面积(hm^2)	2000 年面积(hm^2)	变化率(%)	动态度	初期面积百分比(%)	末期面积百分比(%)	百分比增减(%)
城镇用地	197.02	228.30	15.877	0.913	0.004	0.004	0.001
农村居民点	175.71	176.83	0.638	0.042	0.003	0.003	0.000
其他建设用地	114.95	114.95	0.000	0.000	0.002	0.002	0.000
沙地	171 361.86	173 812.82	1.430	0.107	3.317	3.364	0.047
戈壁	64 400.52	38 026.14	−40.954	4.634	1.246	0.736	−0.510
盐碱地	256.66	278.05	8.337	2.924	0.005	0.005	0.000
沼泽地	57 861.34	57 326.86	−0.924	0.274	1.120	1.110	−0.010
裸土地	117 255.52	158 537.57	35.207	1.760	2.269	3.068	0.799
裸岩石砾地	339 634.45	365 687.02	7.671	0.846	6.574	7.078	0.504
其他	65 182.27	64 826.23	−0.546	2.005	1.262	1.255	−0.007
合计	5 166 697.17	5 166 697.17	—	—	99.999	99.999	0.000

从土地利用面积变化率来看：疏林地、高覆盖度草地、河渠和戈壁的面积减少，裸土地面积的增加最显著，其次是城镇用地、盐碱地的增加。城镇用地扩张的速度远高于农村居民用地。

土地利用变化动态度变化为：高覆盖度草地、疏林地、河渠和戈壁的动态变化最显著；其次是盐碱地、滩地、其他用地、裸土地、中覆盖度草地和低覆盖度草地。

变化显著类型与草地变化：高覆盖度草地的减少与低覆盖度草地的增加最显著(分别占源区面积的 3.58%、2.02%)，中覆盖度草地和裸土地的增加及戈壁面积的减少较显著；草地变化主要表现在草地质量上的变化，发生变化的草地面积占源区面积的 6.41%，但草地面积减少仅占源区面积的 0.75%，草地向其他类型的转变远少于高覆盖度向低覆盖度类型的转变。

2.2 草地退化特征分析

退化草地总面积约 425 767 hm^2，占源区面积的 8.24%，退化区域主要分布在玛多、玛沁和甘德县，其他区域也有零星分布。具体变化类型为：①草地退化为裸岩石砾地和裸土地，面积 75 753 hm^2，占退化草地的 17.79%，其中，中覆盖度草地退化为裸岩石砾地的区域在玛多县和玛沁县交界的区域(图 2)，低覆盖度草地退化为裸岩石砾地的区域在花石峡至昌马河乡公路沿线地区，低覆盖度草地退化为裸土地的区域在玛多县黑河乡、黄河乡及冬草阿龙一带；②草地退化为其他用地，面积 9 568 hm^2，占退化草地的 2.25%，主要分布在玛多县北部边界附近；③草地盖度下降，面积 340 446 hm^2，占退化草地的 79.96%，此退化类型面积大，沿沟谷连续分布，主要位于黄河北岸的玛沁县西南、甘德县西部及沁马雪山附近地区。草地退化主要发生在草地的盖度显著下降方面，草地退化垂直与水平空间变化特征与形成原因分析如下。

2.2.1 草地退化的坡向变化

坡向是重要的地貌因子，坡向的不同导致环境中水、光、热等自然条件产生差异，生长在各坡向上的植被类型也有所不同(章皖秋等，2003；周爱霞等，2004)，对外来干扰影响的承受能力也不同。据本区域坡向与环境因子的关系，可将坡地分为阳坡(南坡、西南坡和东南坡)、阴坡(北坡、东北坡和西北坡)和半阴半阳坡(西坡和东坡)。以平地草地面积最大(图 3)，其他坡向按面积由大到小依次为东北、西南、东、东南、南、北、西、西北，其中，退化草地面积从大到小依次为西南、南、东南、平地、西、东、东北、西北、北。

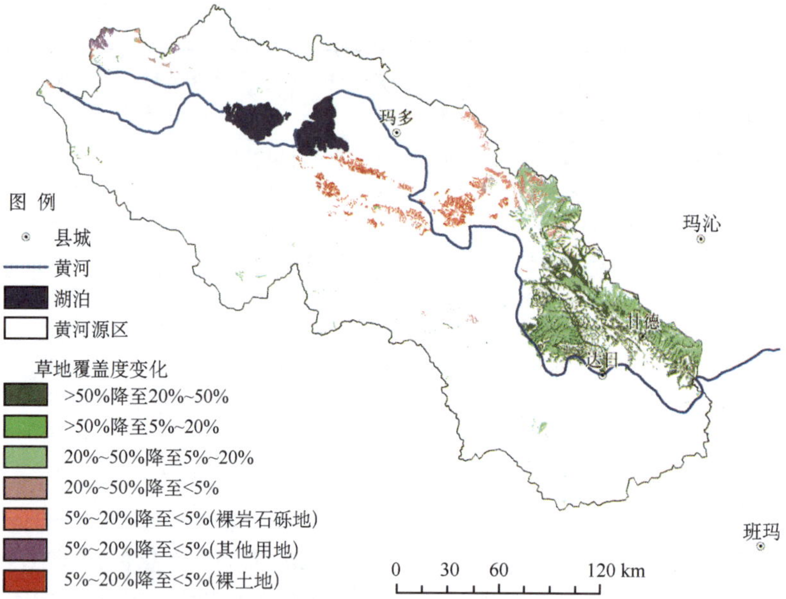

图 2　黄河源地区主要草地退化程度与空间分布

Figure 2　Grassland degradation in the source region of the Yellow River

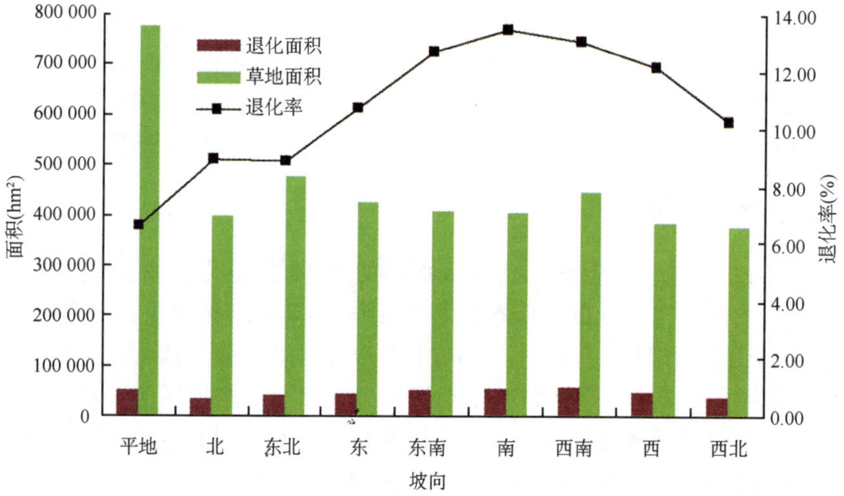

图 3　黄河源地区草地退化与坡向的关系

Figure 3　Grassland degradation in different slope aspects in the source region of the Yellow River

阳坡草地退化率高于阴坡，说明日照和水分条件对草地退化有一定的影响。草地退化率以正南坡向最高(13.44%)，其次是西南(13.04%)和东南向(12.07%)，正西向的退化率也较高，为12.14%，西北(10.27%)和正东(10.70%)向的退化率略低，再次是北(8.93%)和东北(8.86%)向的坡地，平地的退化率最低，为6.61%。阳坡环境中，太阳照射较强、温度高、湿度小，水分条件较差，土层相对较薄，故草地较易退化。阴坡环境中，太阳照射较弱、蒸散量小、湿度大，良好的水分条件，使得阴坡的草地生长条件好而且抗干扰能力较强。另一方面，由于阴坡阳光照射时间较短，露水消退较晚，适宜放牧时间短于阳坡，尤其是在冬季，干旱且草质较差的山地阳坡草场往往放牧过度，而植被相对较好的阴坡草场常被积雪覆盖而得到保护，反而利用不充分，使冬春季草场的阳坡地段常因过度放牧而引起退化(吴玉虎，2003)。阴坡草地的放牧强度通常小于阳坡。

平地的人类活动虽然最强，但其退化率最低。这主要因为源区平地草地面积大，加之水分条件最好和土层较厚，草地总承载力较高，抗干扰能力比较强；此外，平地如果退化，也由于其地表坡度小和土壤流失程度低，植被相对比较容易恢复。而坡地由于土层较薄、水分条件较差及承载力相对较低，易退化；发生退化后，由于水土流失作用加剧，植被恢复非常困难。

2.2.2 草地退化的高程变化

草地面积和退化面积沿海拔高度呈正态分布，草地退化主要发生在草地面积最大的 4 200～4 700 m 海拔范围内。草地退化率与海拔高度成反比，即：海拔越低草地退化率越大，海拔越高退化率越低(图 4)。海拔高度与草地退化率的相关系数达到 0.925 (通过 0.01 显著性水平检验)。在海拔 4 300 m 以下，退化率随海拔变化更为显著。

牧民一般居住在靠水源比较近的山谷向阳避风的台地，海拔越低，居住人口越密集(廖顺宝等，2003)。研究发现，坡麓的放牧强度往往强于坡顶(Oztas *et al.*，2003)，可见海拔越低人类活动的影响也就越显著。在海拔 4 700 m 以上，几乎没有居民点，是夏季放牧的主要牧场。在海拔 5 100 m 以上地区，以稀疏植被为主且草地面积极小，其草地退化率的数值波动可能是多种因素造成的，不具备代表性。

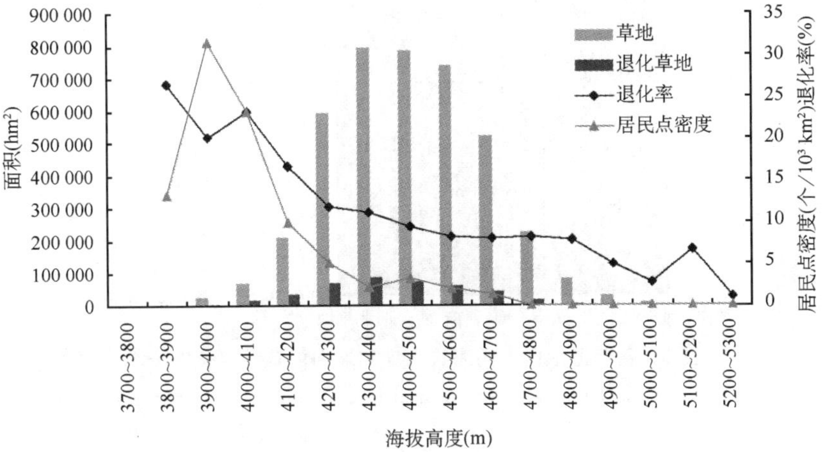

图 4 黄河源地区不同高程带草地退化的情况

Figure 4 Relationship between grassland degradation and elevation in the source region of the Yellow River

虽然实际居民点数目远比地形图 (比例尺 1∶250 000) 上的要多，但该地形图上居民点等级比较高，其空间分布和人口数目也具有一定的代表性，可以代表黄河源地区人口分布的状况，能够解释居民点与高程的关系。就该地区而言，居民点密度和海拔高度成反比，和草地退化率成正比，低海拔地区居民点密度偏高，高海拔地区居民点密度较低。居民点密度与草地退化率之间的相关关系为 0.810 (通过 0.01 显著性水平检验)。在地形图中提取的居民点数据分为 3 个级别：县、乡、村(或定居点)。根据在黄河源地区的实地调查，不同等级居民点人口数目的差别非常显著。以达日县为例(1∶100 000 地形图)，县级居民点 1 个，乡级居民点 10 个，村级居民点103个。根据达日县统计资料，1986年，县城人口为1 972人，各乡平均人口为1 802人。2000年，县城人口为4 270人，各乡平均人口为1 967人。县城人口无论是从整体数目的比例上和增长的速度上，都远大于乡村级居民点人口。而黄河源地区的县城基本都在全县海拔相对较低的河谷地区。因此，除了低海拔地区人口密度高之外，人口增长速度快也是低海拔地区草场退化更为严重的一个原因。

2.2.3　草地退化与海拔和坡向的关系

综合分析源区退化草地与不同海拔高度和不同坡向的关系发现(图5)：海拔越低草地退化率越高，并且各个坡向上的退化都比较严重；海拔越高草地退化率越低，阳坡退化较重，阴坡退化程度较低。

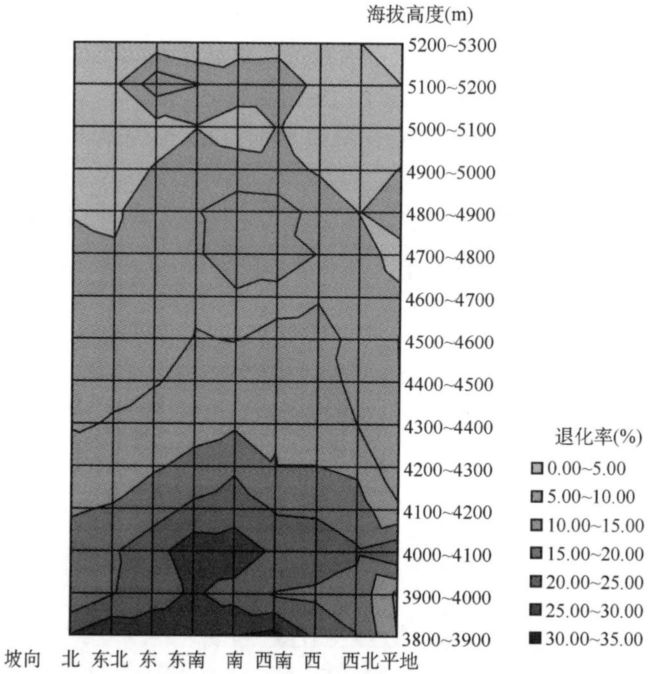

图5　黄河源地区不同海拔高度和坡向的草地退化率分布

Figure 5　Grassland degradation in different slope aspects and elevation in the source region of the Yellow River

在海拔3 800～4 100 m范围内，多为冬春草场，面积较小却利用时间长(约240天左右)(吴玉虎，2003)。在该高程带内人口密度大，通常冬季存栏牲畜数量过多，使草场长期处于过度放牧状况之下，不同坡向的草地都发生了严重的退化，尤其在海拔3 800～3 900 m的范围内表现更为突出。另一方面，考虑到这段海拔高程草地面积较小(图4)，统计基数小，所以退化率沿海拔变化的规律不是很明显。

在海拔4 100～5 000 m范围内，源区草地与退化草地集中分布(图4)，草地退化率随海拔变化规律显著：退化率与海拔高度成反比，海拔越高退化率越低；阳坡退化率高于其他坡向。这主要是随海拔递增，人类放牧活动频度递减和草场压力也随之递减所致。本海拔高程地带，是主要牧业区，与海拔4 000 m以下区域比较，放牧以外的其他人类活动的影响程度低，土地利用的紧张程度略低，草地退化率的空间分布与放牧强度的分布基本吻合，人类活动强度控制了草地退化率的空间分布形态。在同等放牧条件下,阳坡草地较阴坡更易退化,再加上阴坡的草地放牧利用的频率相对较低,草地能够得以生息与恢复的时间相对长些。因而严重的草地退化主要发生在相对干旱脆弱的阳坡。其中在海拔 4 700～4 900 m 的高山植被带,生态系统更加脆弱,承受干扰能力差,阳坡退化尤其显著(南坡和西南坡退化率>10%)。

在海拔 5 000 m 以上区域,草地面积比较小,多为稀疏植被,基本没有居民点分布。草地退化率随海拔和坡向变化规律不显著。虽然在一定程度上受到放牧活动的影响,但是由于海拔较高,可到达程度低,放牧的时间相对短,放牧对草地影响相对较弱。这部分高海拔草地的退化可能受自然作用以及本身的脆弱性影响更强。

2.2.4 草地退化与居民点的关系

居民点是放牧活动的中心,牧民白天到坡地上去放牧,夜晚收回到居民点周围。离居民点越近,牲畜践踏、采食的作用越强,对草场的压力越大。草地退化与其到居民点的距离之间有一定的线性关系(刘先华等,2000)。研究显示:源区草地和退化草地的面积均呈正态分布,以距离居民点 4～5 km 为峰值,多数牧场均在居民点 12 km 以内,为日常放牧活动所能达到的范围(图 6)。

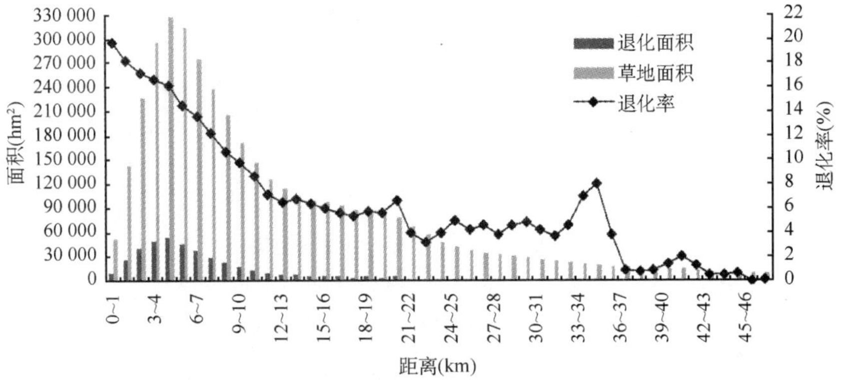

图 6 黄河源地区草地退化与距居民点距离的关系

Figure 6 Relationship of grassland degradation and distance to residents in the source region of the Yellow River

距居民点距离越近的草地,其退化程度越高。根据草地退化率的变化特征,把草地与居民点远近划分为 3 个部分(带):0～12 km,13～36 km,36～47 km。在 0～12 km 范围内,草地及退化草地集中分布,包含了源区 62.8%的草地和 82.4%的退化草地,草地退化率随距居民点距离的增加而呈线性递减,变化速率显著,退化率与距离的相关系数高达－0.996 (通过 0.01 显著性水平检验)。在 12～36 km 范围内,包含了源区 33.7%的草地和 17.3%的退化草地,草地退化率随距离增加而有所减少,但是减少幅度很小。受其他因素影响,退化率发生波动变化,整体上退化率在 5%～8%之间波动,退化率与距离的相关系数仅为－0.299 (未通过显著性水平检验),可以认为无明显相关关系,显示出人类活动影响相对削弱。在 36～47 km 范围内,包含了源区 3.5%的草地和 0.3%的退化草地,草地退化率非常低,基本不超过 1%,并且随距离增加递减,退化率与距离的相关系数仅为－0.589 (未通过显著性水平检验)。作者于 2000—2003 年对黄河源地区放牧行为学野外调查发现:除转场外,日常的放牧活动范围很小,不会超过 12 km,因此可以认为该区域放牧影响不超过 12 km,在这个范围内,人类活动对草地退化起决定性的作用。

2.2.5　草地退化与距道路距离的关系

研究区草地和退化草地的面积均呈指数分布(图 7),在距道路 4 km 以内,草地退化率与距离呈明显负相关。根据草地退化率的变化特征,把草地与道路的远近划分为 3 个部分:0～4 km,5～14 km,15～27 km。在 0～4 km 范围内,包含了源区 70.6%的草地和 77.2%的退化草地。草地退化率随距道路距离的增加而呈线性递减,变化速率显著,相关系数高达－0.978 (通过 0.05 显著性水平检验)。在 5～14 km 范围内,包含了源区 23.3%的草地和 18.7%的退化草地,草地退化率随距离增加而增加,相关系数为 0.825 (通过 0.01 显著性水平检验)。15～27 km范围内,包含了源区 6.1%的草地和 4.1%的退化草地,草地退化率随距离增加迅速下降,变化速率显著,相关系数达到－0.964 (通过 0.01 显著性水平检验)。

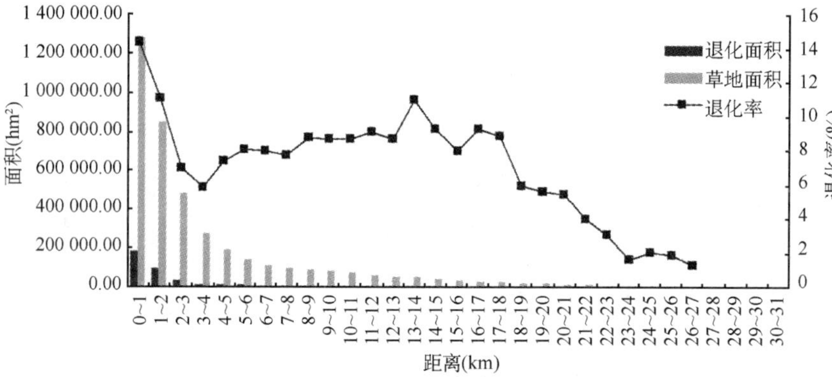

图 7　黄河源地区草地退化与距道路距离的关系

Figure 7　Relationship of grassland degradation and distance to the roads in the source region of the Yellow River

相对于居民点,沿道路缓冲范围内草地退化率的变动并不是太规则,在 4 km 范围内,草地退化率线性衰减,可是 5 km 以外,变化开始不规则。由于 90%以上的居民点都在距道路范围 4 km 以内,可以认为在 4 km 内影响草地变化的主要是放牧及畜群迁移等活动。此外,在 1 km 范围内,居民点的修缮和道路的修建等活动,对草地的破坏也相当严重。在 5～14 km 范围内,草地退化率随距离增加而变大,可能是因为源区地貌起伏不平,道路主要是沿沟谷河流而建,地貌等因素可能导致了人类活动并不与距道路的直线距离呈线性关系。另一方面,也有可能是受到居民点交叉作用的影响。距道路距离只能在一定程度上来解释退化的驱动,在 4 km 范围内,这个规律还是非常显著的,不论是从退化的面积还是从退化率上,都可以解释多数的退化情况。

草地退化率与距居民点距离相关关系好于与距道路距离的相关关系,很可能是由当地牧民的放牧方式决定的。根据野外调查,当地居民基本上是以居民点为中心,沿一定半径放牧,日常放牧活动受道路影响较小。而道路多用于牲畜的迁移等,在迁移过程中会有部分采食和踩踏的作用,但其强度小于日常放牧的强度。因此,道路影响的半径要小于居民点。

3　结论与讨论

不同于其他学科,地理学更加重视区位,从多角度来看待过程和现象,着重于“现实世界”

中现象和过程之间的关系和相互依赖性(Rediscovering Geography Committee *et al.*, 1997),而任何位置或地点的特征是由这些现象和过程所决定的。对空间位置及其相互关系的研究有利于对现象和过程的理解。在地理信息系统技术支持下,综合采用缓冲区与分区统计等地统计学的方法,从空间位置关系的角度,分析河源地区草地与驱动因子(环境与社会因子)的关系,从新的视角系统地解释草地退化现象与过程;这种基于 GIS 的综合研究方法将是分析草地退化或某种土地利用或土地覆被类型时空变化过程与驱动机制的一种科学有效的研究方法。

黄河源地区研究表明:①土地利用/覆被构成类型较为简单,主要为草地、灌木林、水域和未利用地;其中低覆盖度草地和中覆盖度草地面积最大;②退化草地占源区面积的 8.24%,草地退化主要发生在人口相对密集的低海拔地区,尤其是水分、植被条件较差的阳坡,并以高覆盖度草地向中、低覆盖度草地,中覆盖度草地向低覆盖度草地转换为主要变化类型;草地退化是该研究时段内土地利用/覆被变化最主要的特征,对源区人民生活和生存环境质量产生严重的负面影响;③草地退化率与海拔高度、距居民点的距离(≤12 km)、距道路距离(≤4 km)成反比。海拔越低,居住人口越密集,人类活动也相对频繁且强度增大,对草地的需求增多且扰动加大;随着与居民点距离的增加,草地退化率直线下降,冬春季牧场退化率显著高于夏季牧场;草地退化率同海拔高度关系的变化与不同海拔居民点密度变化的趋势基本一致;④研究结果显示,自然条件的差异对草地退化有直接的影响,阳坡草地退化率明显高于阴坡就很好地说明了这一点,表明自然因子在草地退化过程中扮演了重要的角色。但人类活动(尤其是过度放牧等)对草地退化的影响可能更大(Archer, 2004)。相关研究得出,黄河源地区近期气候变化应有利于草地的恢复(摆万奇等,2002),但该区域退化草地面积仍在扩大,草地退化的空间变化特征进一步确定了人类活动是该地区草地退化的主要原因(张镱锂等,2004)。

如果单从工程技术(如人工种草、灭鼠等)角度来考虑,只能在局部地区短时间内解决问题,并不能从根本上解决黄河源地区草地退化的问题。源区环境脆弱,对气候变化和人类活动非常敏感,如仅采用大面积人工种草的办法,对当地居民而言,技术难度过高,后期管理问题也难以解决,也不适合当地居民的生活习惯,需要很长的时间和高昂的费用来推广。长期持续的过度利用是草地退化的根本驱动力,而人口的增加、人类生活对畜产品的需求是导致源区草地退化的更深层的原因。采用何种措施进行退化草地的治理和解决草畜矛盾问题及如何有效地把富余牧业劳动力转移到其他行业以间接地减轻源区草场压力等仍是科学技术与管理领域面临的难题。正在三江源地区开展的退牧还草和生态移民等工程,其按计划的实施将在短期内促进源区生态系统的自然恢复并有效地减轻人口压力。

黄河源区拥有独特的草地生态系统,需要加强该地区的草地生态系统的管理(Wang *et al.*, 2004),改变现行的草场管理模式(如草场承包和定居为核心的配套工程等),合理设计减畜—封育/种草—草场恢复—科学轮牧等措施,并在区域空间内实施有效、可行、科学的管理。这就需要定量化地分析草地的实际生产力和放牧压力,明确退化状态下和正常状态下的实际载畜量与退化草地的恢复过程与时空规律。目前关于草地生产力和退化草地的恢复技术的研究颇多,而对草场压力与退化草地恢复过程的空间变化规律研究较少,深化与系统地研究人类活动对草场压力和退化草地恢复的格局、过程及其效应,界定黄河源地区生态系统阈值与变幅,将为更好地管理草地资源,为达到区域自然与社会和谐发展作出贡献。

黄河源区玛多县草地退化成因分析*

Analysis of Formation Causes of Grassland Degradation in Maduo County in the Source Region of Yellow River

Abstract: Natural and artifical factors of grassland degradation in Maduo County in source region of Yellow River were analyzd in this paper. The results showed that overgrazing was the major reason for grassland degradation. Compared with historical average, annual temperature and rainfall in Maduo had an obvious rise since the end of 1980s. Temperature rise concentrated in winter, and precipitation rise concentrated in spring and summer. Therefore, the change in water and heat condition was advantageous to grass growth there. Maduo was a county totally dependent on stock raising, and enlarging livestock population was the only choice for economic development. Together with the pressure of population growth and local Tibetan's traditional value, the number of livestock had been increased continuously, and finally reached summit in the end of 1970s. Since then, the grassland had been kept in the state of overgrazing and degradation, which also created favorable condition for the invasion of pikas, and thus sped up the process of degradation.

1 引言

过去几十年来,黄河源区的生态环境明显恶化。主要表现为草场退化、土地沙化、湖泊干枯、河道断流及生物多样性下降等方面。这种情况已经给当地的经济和人民生活造成严重危害,并影响到中下游地区的社会经济发展。有关黄河源区生态环境恶化的原因,普遍认为是气候变化与人类活动共同作用的结果,其中认为自然因素起主导作用的观点更具代表性**(程国栋等,1998)。本文通过对玛多县草地退化过程及其自然与人为因素分析,对该问题作进一步的探讨。

2 研究地区与研究方法

2.1 玛多县概况及草地退化过程

玛多县位于33° 50′～35°40′ N,96°55′～99°20′E,面积26 267.29 km^2,大部分地区海拔在

---

* 由摆万奇(Bai Wanqi)、张镱锂(Zhang Yili)、谢高地(Xie Gaodi)和沈振西(Shen Zhenxi)完成,原载于《应用生态学报》,2002, 13 (7):823-826。

** 北京大学城市与环境系、教育部环境演变与自然灾害开放实验室、北京师范大学资源研究所等, 1998. 青海省黄河、长江源头地区生态环境建设骨干工程项目可行性研究报告(内部资料).

4 200 m 以上。气候寒冷、干燥。多年平均温度－3.98 ℃,多年平均降水量 309.63 mm。牧草生长期 70～90 d。主要分布着以小嵩草(*Kobresia pygmaea*)、禾叶嵩草(*K. capillifolia*)、发草属(*Deschampsis*)、早熟禾属(*Poa*)等为主的高寒草甸,退化后形成的次生植被以嵩属(*Artemisia*)、风毛菊(*Saussurea*)等为主。以紫花针茅(*Stipa purpurea*)为主的高寒草原类型,退化后形成以披针叶黄花(*Thermopsis salsula*)、沙生蒿(*Artemisa arenaria*)、马先蒿(*Pedicularis*)、委陵菜(*Potentilla*)等为主的次生植被。

玛多县是黄河源区草地退化最为严重的区域之一。目前,在全县 2 299 093 hm^2 天然草场中,退化面积 1 609 553 hm^2,占 70%。其中,重度退化面积 920 680 hm^2,中度退化面积 556 667 hm^2,轻度退化面积 132 667 hm^2,分别占草地面积的 40.1%、24.2%和 5.7%。退化草地以冬、春季草场最为严重。与 20 世纪 60 年代末相比,不同区域单位面积产草量下降 30%～80%。综合判断,玛多县的草地处于由高寒草甸向高寒草原化草甸的退化演替过程中。

2.2 数据来源

本研究的气候数据来自国家气象局,时间范围为 1960—1998 年。有关草地面积和畜牧业的数据来自玛多县农业和统计部门。其他数据以作者的实地调查和牧户访问结果为主。

2.3 分析方法

通过对主要气候因子变化的长期趋势及季节变化分析,判断水热条件的变化是否有利于植被生长,再结合对人类活动和鼠害的分析,确定导致草地退化的主要因素。

3 结果与分析

3.1 气候因素分析

3.1.1 温度

玛多县多年平均温度(1960—1998 年)为－3.98 ℃。自 1960—1998 年,年平均温度的变化是一种升高的趋势(图 1)。尤其是近十几年来,大多数年份的平均温度高于多年平均值。1987—1998 年的 12 年间,除个别年份(1990 年,1992 年,1997 年)温度与多年平均值持平或略低外,其他年份均高于多年平均值。这 12 年的年平均温度累计高出多年平均值 5.7 ℃,平均每年高出 0.475 ℃。其中 1988 年和 1998 年分别以－2.7 ℃和－2.6 ℃两次创历史最高纪录。而此前 27 年的年平均温度累计低于多年平均值 5.7 ℃。可见,自 1987 以来,玛多县的年平均温度具有明显的升高趋势。解析到具体月份,以 11、12 和 1、2 月份升幅最高,12 年间分别累计增加18.3 ℃,15.8 ℃,6.3 ℃和 9.5 ℃。其他月份

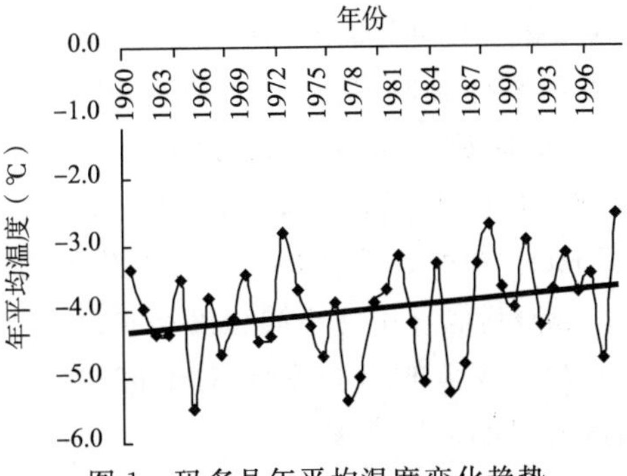

图 1 玛多县年平均温度变化趋势

Figure 1 Change of annual mean temperature in Maduo county

除4月份略有降低外，均有不同程度的增加(表1)。由此可以看出，自20世纪80年代后期以来，玛多县四季温度均在上升，尤其以暖冬现象最为明显。

表1　玛多县1987—1998年温度与多年平均温度的比较

Table 1　Comparison between temperature during 1987—1998 and the average for 1960—1998

月份	多年平均温度(℃)	12年累计增高(℃)	平均每年增高(℃)
1	−16.91	6.26	0.52
2	−13.59	9.48	0.79
3	−8.47	3.26	0.27
4	−3.01	−1.55	−0.13
5	1.67	2.37	0.20
6	5.02	5.92	0.49
7	7.47	2.30	0.19
8	7.12	0.15	0.01
9	3.32	2.82	0.23
10	−3.05	3.45	0.29
11	−11.24	18.26	1.52
12	−16.04	15.79	1.32
全年	−3.98	5.71	0.48

3.1.2　降水

自1960—1998年的39年中，玛多县的多年平均降水量为309.63 mm。降水量的长期变化规律是一种升高趋势(图2)。将逐年的降水量与多年平均值进行比较发现，自1960—1988年的29年间，降水量累计减少346 mm，而1989—1998年的10年间，则累计增加346 mm，平均每年增加34.6 mm。此期间，除1990年和1995年降水量较多年平均值略有下降外，其他年份均高于多年平均值。可见，近10年来，玛多县的降水量具有明显的增加趋势。解析到季节，除秋季降水有所减少外，冬、春、夏三季均有较大幅度增加。从绝对值看，以春、夏两季增加最多，从相对值看，则以冬、春增加最多。具体到月份，以7、8月和3、4、5月增加最多，平均每年增加9.88、9.05、5.45、4.06和6.27 mm。在所有月份中，只有9月份平均每年减少8.41 mm，其他月份均不同程度增加(表2)。显然，春、夏生长季节的降水增加，对于植被生长和草地恢复具有十分重要的作用。冬季降水的增加，则有可能造成雪灾。

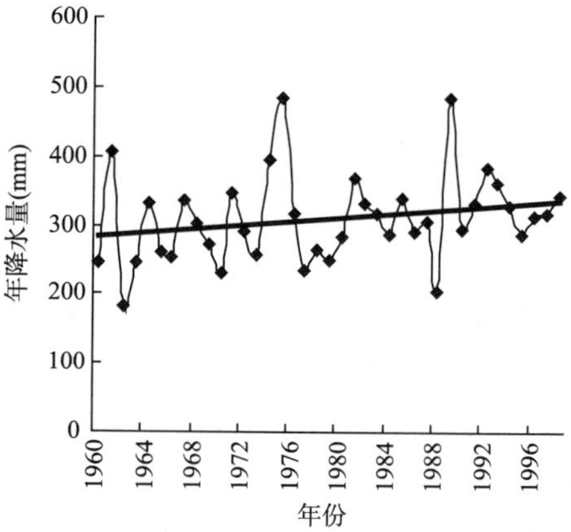

图2　玛多县年降水量变化趋势

Figure 2　Change of annual rainfall in Maduo county

表 2 玛多县 1989—1998 年降水与多年平均降水的比较

Table 2 Comparison of annual rainfall during 1989—1998 and the average in 1960—1998

月份	多年平均降水(mm)	10 年累计增加(mm)	平均每年增加(mm)	平均每年比多年平均降水增加(%)
1	3.17	22.18	2.22	69.94
2	4.27	27.98	2.80	65.50
3	7.80	54.50	5.45	69.87
4	10.42	40.60	4.06	38.96
5	30.06	62.71	6.27	20.86
6	55.87	4.73	0.47	0.85
7	70.19	98.78	9.88	14.07
8	60.99	90.53	9.05	14.84
9	44.19	−84.07	−8.41	−19.03
10	17.72	15.17	1.52	8.56
11	2.89	1.75	0.18	6.05
12	2.06	11.24	1.12	54.64
全年	309.63	346.09	34.61	11.18

3.1.3 蒸发量

玛多县蒸发量的多年平均值(1961—1998 年)为 1 318.86 mm。长期变化规律是在基本稳定的情况下略有下降(图 3)。相对于年平均温度高于多年平均值的 1987—1998 年,这期间蒸发量累计较多年平均值高出 124.7 mm。但在这 12 年中,仅 1987、1988、1991 和 1994 四个年份蒸发量高出多年平均,其他 8 年则均较多年平均值为低。而温度升幅最高的 1998 年,蒸发量非但没有增加,反而较多年平均值下降了 9.6 mm。蒸发量总体表现为个别年份明显增大,大多数年份则略有降低。可见,蒸发量并未随平均温度的稳定升高而表现出较强的增高趋势。这种现象可以解释为,玛多县的温度增高主要表现为冬季增温,而此时的平均温度仍在零下 16 ℃,因此,温度升高对于蒸发量的增加作用并不大。

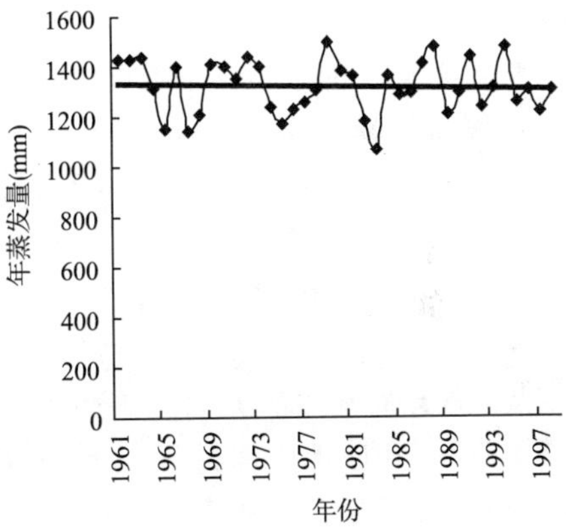

图 3 玛多县年蒸发量变化趋势

Figure 3 Change of annual evaporation in Maduo county

3.2 人类活动分析

玛多县是一个纯牧业县,绝大部分经济收入依赖畜牧业,扩大牲畜数量是经济增长的主要方式。另一方面,在当地藏族居民的传统价值观念中,一直把拥有众多牲畜作为财富的主要象征,片面追求数量而并不看重真正体现经济效益的出栏率。此外再加上人口增长的压力,构成了玛多县牲畜数量不断扩大的主要动力。藏族居民世代以游牧为生,逐水草而居,从不考虑草地承载力的问题,因此,牲畜数量一直处于自然增长过程中。这种增长遵循一种近似抛物线的变化规律。当牲畜数量持续增加达到草地所能承载的极限值而出现超载过牧，草地开始退化，牲畜数量随之下降，但此后的牲畜数量仍然维持在退化草地的承载极限之上，因此退化过程一直持续，除非人们采取措施大幅度减少牲畜数量，草地才有可能得以恢复。在此变化过程中，自然因素所发挥的作用只是加速或者延缓该进程，但不会改变其基本形式。

玛多县牲畜数量的变化正是遵循这样的规律。统计数据表明，在 20 世纪 80 年代以前，牲畜数量一直处于增长过程中。全县大牲畜(牛、马、羊)数量从 1960 年的 147 408 头增加到 1979 年的 677 647头，增长了 4.6 倍，达到最高值。随后，由于数量一直维持在草地承载能力之上，草地不断退化，牲畜数量也随之不断下降(图 4)，这种情况延续至今仍没有根本的改变。对图 4 的分析可以得出这样的结论，自 70 年代末以来，玛多县的草地一直处于超载过牧状态，并导致草地处于持续退化过程中。目前，个别地方实施了封育措施，封育后的退化植被能够迅速恢复。这种情况进一步说明，超载过牧是造成玛多县草地退化的主要原因。

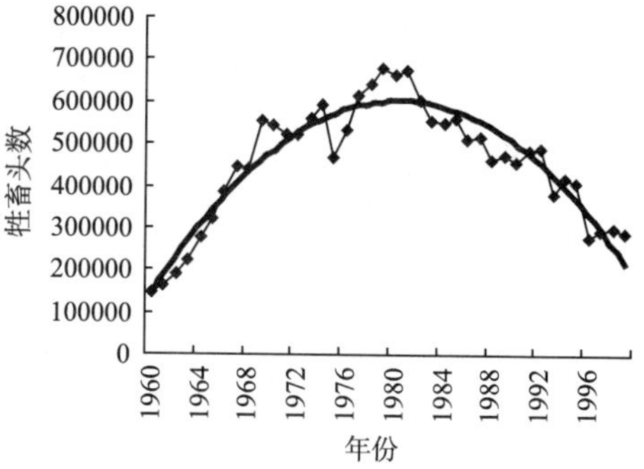

图 4　玛多县牲畜数量变化

Figure 4　Change of livestock numbers in Maduo county

3.3　鼠害

啮齿类动物的破坏作用是黄河源区草地退化的重要原因之一。该地区的啮齿类动物主要有高原鼠兔(*Ochotona curzoniae*)、高原鼢鼠(*Myospalax baileyi*)和青海田鼠(*Microtus fuscus*)等。其中高原鼠兔数量最多，也是最先侵入草地的鼠类，因此对草地的破坏作用最大。玛多县有鼠害的草地面积达 1 499 533 hm^2，占全部草地面积的 65.2%。根据我们的调查，在鼠类危害的草地上，平均鼠洞密度达 3 750～7 050 个/ hm^2，最高可达 19 860 个/hm^2。

鼠害的加剧既有自然原因，也有人为的原因。气候变暖后地温升高，有可能使鼠类的冬眠期缩短，繁殖加快，从而危害更加频繁。但鼠害与人类活动的关系更为密切。超载过牧所导致的草地退化，相应地引起鼠害猖獗(刘伟等，1999b)。对不同退化草地上鼠类危害的研究表明，中度退化草地上鼠害最为严重，其次是轻度退化草地和重度退化草地，原生植被上鼠害最轻(刘伟等，1999a)。此外，藏族居民"不杀生"的宗教信条，对灭鼠所持的消极抵制态度，以及人类活动造成的鼠类天敌减少等，都是鼠害猖獗的重要原因。

4　结论

(1)自 20 世纪 80 年代末期以来，玛多县的气候条件发生了明显变化，温度和降水量较历史平均水平均都有较大幅度的提高，而蒸发量并未随温度稳定升高而表现出稳定增加的规律。其中，温度增加主要表现为暖冬现象，降水增加主要集中在春、夏两季。因此，从气候变化的角度看，玛多县的水热条件是向着有利于草木生长的方向发展的，特别是生长期降水的大幅度增加对草地的恢复十分有利。因此，气候条件的变化不是玛多县草地退化的主要原因，而是有利于草地恢复的。

(2)玛多县草地退化的主要原因在于畜牧业的超载过牧,属人为因素。牧业生产是玛多县的主要经济支柱,扩大畜群数量是经济增长的必然选择。加上人口增长压力和藏族居民的传统价值观,驱使牲畜数量不断扩大,并在20世纪70年代末达到最大值。此后长期维持过牧状态,造成草地持续退化。过牧在导致草地退化的同时,也为鼠类的侵入创造了条件,从而加剧了退化过程。

(3)草地退化后植被盖度下降,生物量减少,涵养水源和保持水土的能力下降,再加上其他自然因素的作用,从而出现土地沙化和湖泊干枯等现象。因此,对于玛多县生态环境的恶化,超载过牧发挥着主要作用。

(4)有研究者认为,气候变化、冻土及冰川积雪的冻融过程改变及区域所具有的高寒与干旱多风等自然环境特征是生态环境变化的主要原因。而本文对玛多县的分析结果表明,黄河源区生态环境恶化的主导因素不能简单地概括为自然因素,而是存在着明显的区域差异。重视这种差异对于全面认识该地区生态环境演变和采取相应的治理措施十分必要。

Land Cover Changes Based on Plant Successions: Deforestation, Rehabilitation and Degeneration of Forest in the Upper Dadu River Watershed*

基于植被演替的土地覆被变化研究：大渡河上游的森林砍伐、更新和退化

摘　要：目前常用的土地覆被分类系统没有反映植被演替过程，不能与生态调查数据有效整合来分析区域土地覆被变化的环境效应。本文以大渡河上游地区为例，在4年野外考察的基础上，依据植被演替过程对土地覆被进行详细分类，建立了新的土地覆被分类系统，并采用多时相数据源，分别生成3期(1967年，1986年，2000年)土地覆被数据库，为土地利用/覆被变化、环境效应研究和生态建设提供了平台。结果表明：(1)土地覆被变化反映了云冷杉林采伐、自然演替和人工更新，高山栎林和圆柏林在砍伐和放牧干扰下的大面积退化，草甸退化、干旱河谷草地扩张、耕地撂荒和转变为果园等人为驱动的生态过程；1967—2000年，大渡河上游森林面积减少9.43%，以草甸和草地、原始林和高寒灌丛为主的景观演变为草甸和草地、次生天然林、高寒灌丛、残次原始林、人工林和次生灌丛组成的景观，景观破碎化程度加剧；(2)大渡河上游的森林采伐迹地逐步恢复，31年的森林采伐对象以云冷杉林为主，其迹地仅6.86%自然演替为灌丛、草甸和草地或被开发为耕地，其余均更新为人工林或自然演替为次生天然林，采伐区的生态功能逐步恢复；(3)在薪材砍伐、木炭烧制和牲畜过度放牧的驱动下，自然恢复能力弱的高山栎林、圆柏林、亚高山草甸大面积退化，干旱河谷草地扩张，严重削弱了区域生态屏障功能，亟须解决人为干扰问题并寻找有效的退化植被恢复途径与方法。由于现有的天然林保护和生态重建措施忽视农牧民基本的生计问题，要逆转干旱河谷与高山林线的植被覆盖与生态退化趋势，关键在于帮助农牧民改变生计方式，减轻或消除干扰压力。

The land use/cover classification system is the foundation for land use/cover change study. Remote sensing data were firstly used for land use and land cover classification in the United States in 1971 and the Anderson Classification System was proposed in 1976 (Anderson *et al.*, 1976), which was put into use in mapping 1∶250000 land use and land cover of the United States. A series of new land cover classification systems have been established in recent years through research projects such as FAO LCCS and Biome 300 (Grigirio *et al.*, 2000; Leemans *et al.*, 2000). New categorizing methods and new classification software emerged. The land use classification system in "Technical Regulations in Present Land

* Published by Yan Jianzhong(阎建忠), **Zhang Yili(张镱锂)**, Bai Wanqi(摆万奇), Liu Yanhua(刘燕华), Bao Weikai(包维楷), Liu Linshan(刘林山) and Zheng Du(郑度) in the *Journal of the Science in China Ser. D*, 2005, 48(12):2214-2230.

Use Investigation" in China proposed in 1984 was similar to that of the Anderson System. The "Grand Investigation and Dynamic Research of National Resource and Environment based on Remote Sensing ", an "Eighth-Five" key project of the Chinese Academy of Sciences in 1991 was firstly in the means of the combination of RS and GIS, and got the first National Resource and Environment Database(Liu, 1996). Adopting this land cover classification system, a lot of land use investigations and land use/land cover changes on macro-scales were studied (Geist *et al.*, 2001).

The environmental effects of land cover changes have become increasingly important areas of study in recent years (Islam *et al.*, 2000; Fang *et al.*, 2001; Solomon *et al.*, 2002). In the old classification systems, land use/cover was classified by land use forms, landscape attributes and canopy, in which woodland was categorized as forest, shrub, sparse forest and other forests, while grassland was categorized as densely covered grassland, medium-covered grassland and sparsely covered grassland. Land use/cover changes cannot reflect the changes of ecological processes because of the coarseness of the old classification systems. In fact, these changes existed and were considered in the context of global environmental change. Ecological processes were always studied in the dimension of community, such as soil degradation, biodiversity change and C release, so the stands were always selected on vegetation successions (Guo *et al.*, 1999; Fujisaka *et al.*, 2000; Chen *et al.*, 2003). In order to link land cover changes to ecological processes, it is essential to establish a new land cover classification system on the basis of regional vegetation distribution and successions, which has been tried in recent years(Fu *et al.*, 1999; Xu *et al.*, 2001; Wang *et al.*, 2002).

The forest area on the upper Dadu River watershed is located in the interleaving region of the southeastern Tibet Plateau and the northwestern Sichuan Basin. This region aggregated many natural vegetation types and had important ecological shelter functions (Fei *et al.*, 2002; Pan *et al.*, 2004). It is also one of the representative regions of deforestation and artificial rehabilitation in China (Editorial Board of Forests in Sichuan, 1992; Zhou, 1999). The deforestation on a large scale damaged its ecological shelter functions, resulting in C release, reduced water storage ability, weakened runoff adjustment and distribution functions, increased water and soil loss, degraded soil, expanded arid area, and decreased biodiversity(Wang, 2000). The study of land use/cover changes and environmental effects was significant to understand the ecological restoration and management in the natural forest conservation regions of China. Although the ecological processes on a community scale of deforestation, natural rehabilitation and artificial restoration had been studied for long time, the laws (Bai *et al.*, 2003), driving forces (Bai *et al.*, 2004) and hydrological effects (Deng *et al.*, 2003) of its land use/cover changes have just been studied by means of RS and GIS in recent years. The land classification system adopted in these studies always categorized woodland as forest, scrub, open forest and other forest, so land cover changes cannot reflect the process of deforestation, natural rehabilitation and artificial restoration of forest.

In this paper, Zamtang County, Jinchuan County and Barkam County in the upper Dadu

River watershed were selected as the study area. A new land cover classification system was established based on the regional plant distribution laws and succession processes. Relief maps, aerial photos and Landsat TM/ETM imageries and other thematic maps were interpreted, using a combination of unsupervised classification and visual interpretation methods. The spatial and temporal land cover databases of 1967, 1986 and 2000 were established. The aims of this study are to: (1) reveal land cover change processes during 1967—2000 in the upper Dadu River watershed and (2) identify the characteristics of deforestation, rehabilitation and degradation and build a database for research of environmental effects of land cover changes and ecological construction. The data of soils, plants and biodiversity attributes gained from the long-term stand investigations can be linked to each land cover type for quantitatively studying the environmental effects of land cover changes.

1 Study area, data and methods

1.1 Study area

The study area is located in the upper Dadu River watershed in the east of the Tibet Plateau, consisting of Zamtang County, Jinchuan County and Barkam County (Figure 1). The total area is 18 665.93 km^2, comprising two major landforms of canyon and plateau. The climate is chiefly characterized by complexity, diversity and vertical variety. The annual average temperature is above 11 ℃ in Jinchuan County, 5～9 ℃ in Barkam County and 0～5 ℃ in Zamtang County. The annual precipitation in Barkam County and Zamtang County are above 750 mm and only 610 mm in Jinchuan County. In winter the study area is controlled by the Northwest Wind from Siberia passing over the Tibetan Plateau, with very little rain and low temperature. In summer it is controlled by the southwest and southeast monsoon, with more precipitation and warm weather. Its annual average radiation is 120～125 kJ/cm^2 and its annual sunlight hour is 1 666～2 318 h. The complex habitats are affected by latitude, altitude, physiognomy and the redistribution of water, heat and sunlight, with complex local climates and microclimates. Soils show great vertical changes with altitude, and the major types include brown soil, dark brown soil, meadow soil, cinnamon soil and alpine cold desert soil.

The natural vegetation of the study area consists of West Sichuan Alpine Gorge Conifer Forests Zone and Northwest Plateau Scrubs and Meadows Zone (Cooperation Group for Vegetation of Sichuan, 1980). The vertical variation of natural vegetation is much more distinct than its horizontal variation. In the typical gorge, there is high temperature, ample heat and little precipitation. As altitude increases, the temperature decreases, precipitation and moisture increase and vegetation composition changes evidently. The valley is dominated by arid valley scrubs and grasslands. Evergreen or deciduous broadleaf mixed forests are distributed at an altitude ranging from 1 700 m to 2 100 m, sub-alpine conifer forests from

2 400 m to 3 600 m, sub-alpine scrubs and meadows over 3 600 m, alpine meadows from 3 600 m to 4 000 m and alpine deserts lower than 4 400 m of the permanent snow line. Croplands and orchards are distributed along the valleys, on the gently middle mountains and around the villages.

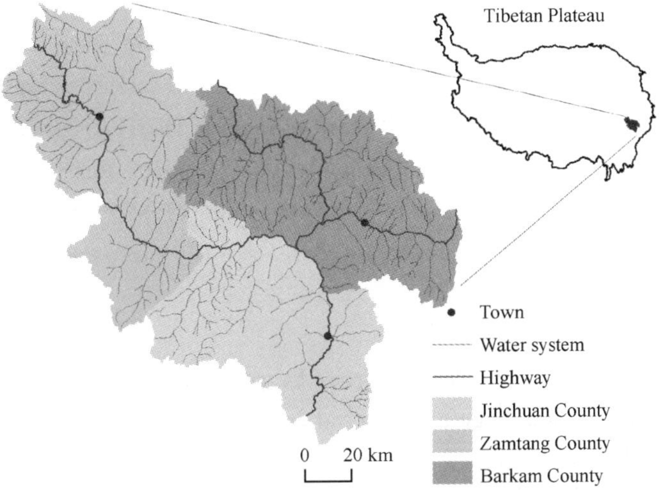

Figure 1 Location of the study area

The study area is sparsely populated. The total population was 119 126 in 1949 and 157 690 in 2000. In the total population in 2000, the Tibetans covered 79. 86% in Zamtang County, 90. 73% in Barkam County and 76. 87% in Jinchuan County, respectively.

Five Forest Industry Bureaus were set up in the study area (Zhou, 1999): Barkam Forest Industry Bureau in 1956, Dajin Forest Industry Bureau in 1957, Guanyinqiao Forest Industry Bureau in 1958, Zamtang Forest Industry Bureau in 1958, Longerjia Forest Industry Bureau in 1960. There are 33 forestry centres. 1.74×10^7 m^3 of timber had been produced during 1956—1998. After 1975, artificial restoration was common throughout all the Forest Industry Bureaus. The artificial restoration of forests can be divided into 4 phases: collecting seeds, raising, planting and thinning (Zhou, 1999; Bao *et al.*, 2002). Some logging companies were also set up in three counties to cut forests owned by the local government. *Alpine oak*, *Sabina tibetica*, *Populus davidiana*, *Betula platyphylla* were cut for firewood and timber by the farmers and herders. Every family needed about 5～10 t on firewood per year.

1.2 Data

(1) 1 : 100000 relief maps and 1 : 60000 aerial photos (1965—1967) from the library of the Institute of Geographic Sciences and Natural Resources Research, CAS, China. (2) Landsat TM/ETM digital imageries of Path 132, row 37 (1986-11-12, 1995-5-10, 2000-3-28); path 132, row 38 (1987-11-12, 1995-05-10, 2000-3-28); path 131, row 38 (1986-11-02, 1999-4-12). Landsat TM imageries of 1995 was used as assistant data to interpret other imageries having pixels covered by snow and clouds. (3) 1 : 150000 land use maps (1995) of

Zamtang, Jingchuan and Barkam Counties, obtained from Land Resources Management Bureau of the 3 counties. It is generated from aerial photos and Landsat TM imageries and its field survey and data processing took 2 years. (4) 1 : 1000000 "Vegetation Map of China" (Edition committee of CAS of "Vegetation Map of China", 2000). There are 32 types of vegetations in the upper Dadu River watershed. (5) Grassland Resource Map (1 : 500000) and Grassland Resource Report in Aba Tibet Autonomous District, obtained from the Agro-Herd Management Bureau of the Aba Tibet Autonomous District. It was generated in 1986 from field surveys on the 1 : 100000 relief maps. (6) 1 : 50000 Forests Maps, Second Level Forests Resource Investigation maps and statistic tables (1997), obtained from the Forest Industry Bureau and the Forest Management Bureau in the three counties.

1.3 Methods

(i) Field surveys and interpretation signs. From 1999 to 2001, field surveys were made for collecting field data. 300 vegetation stand investigations were completed within the 3 years. From September to October 2002, signs for remote sensing image interpretation were set up with GPS in a 40-day investigation. The distribution of vegetation in plateau-mountain region and mountain-gorge region were investigated in 2002. The artificial restoration series from 1972 to 1978 of the logged areas in two forestry centres and the degradation due to overgrazing and rehabilitation successions of *Sabina tibetica* forests were also investigated. From July to October 2003, patterns of vegetation distribution in the arid valleys were investigated. Artificial restoration series from 1962 to 1998 of the logged areas in 5 forestry centres and degradation and rehabilitation of *Alpine oak* forests driven by long-term cutting and overgrazing were also surveyed. Altogether, more than 700 vegetation stands have been investigated and more than 2000 photos have been taken in the past 4 years. Through these efforts, distribution pattern and succession processes of the vegetation in the study area become clear to us. Four typical villages were investigated from 2002 to 2003 to understand firewood cutting, colonizing and abandonment of croplands, fluctuation of the quantity of livestock, changing of agriculture structure and farmers' cognition of and response to environmental degradation.

(ii) Land cover classification system. A new land cover classification system in the upper Dadu River watershed was formulated on the basis of the laws of distribution and succession processes of vegetation, resolution of Landsat TM/ETM imageries and the former land use/cover classification systems (Liu *et al.*, 1996; Bai *et al.*, 2003, 2004; Deng *et al.*, 2003). It is classified as 9 classes and 26 sub-classes (see Table 1). The fifth, fourth and third Landsat TM/ETM bands were amalgamated to establish particular interpretation signs.

(iii) Data processing. Unsupervised classification and visual interpretation methods were used to interpret the remote sensing imageries (Figure 2). The boundary of each patch can be exactly curved by unsupervised classification method, and attributes of each patch can be precisely defined by visual interpretation classification method, according to the laws of vegetation successions.

Relief maps and other thematic maps were scanned, geo-referenced and mosaicked in the GCPWorks module of PCI (PCI Geomatics, Canada), all the maps' projection being changed to Albers. Relief maps were digitalized in ArcMAP (ArcGIS veision8. 3, ESRI, Redlands, USA). Attributes of polygons were defined by the land cover classification system. Land cover database of 1967 was built up in the form of Geo-database.

Table 1 Land classification system on the upper Dadu River watershed

Land Cover Classification		Meaning	Interpretation Signs (TM5, TM4, TM3)
Primary forests	Spruces and firs forests	Including *Picea purpurea*, *Picea likiangensis* var. *balfouniana*, *Abies faxoniana* and *Abies squanata*, on negative or half-negative slopes, altitude from 3 000 to 4 000 m, with scattered shrubs	Bottle greenness, smooth texture, remained in big patches, on peaks and headwaters
	Pinus densata forest	Altitude from 2 400 to 3 800 m, alpine brown soils, pure forest, coverage of shrubs 20%～50%, coverage of herbs below 20%	Bottle greenness, lighter than that of spruces, smooth texture, on positive and half-positive slopes
	Sabina tibetica forest	On positive and half-positive slopes, altitude from 3 700 to 4 200 m, pure forests, scattered shrubs, high coverage of herbs	Pea greenness, coarse texture, on positive slopes, down below the meadows
	Alpine oak forest	Composed of *Quercus aquifolioides*, *Quercus pannosa*, on positive, half-positive and half-negative slopes, altitude from 3 000 to 4 000 m, various soil types, with medium shrubs and herbs	Light greenness, smooth texture, big patches, on positive slopes, down below the meadows
Secondary forests	Open spruce and fir forests	Spruces and Firs coverage between 10%～30%, partly in the transition regions between spruces, firs and *Rhododendrom* spp. shrubs, partly in the remnants forest after logging	Greenness with some yellowness, coarse texture, small patches, on negative slopes
	Secondary alpine oak forest	Secondary sprouted forests after cutting of *Sabina Tibetica* forest, with sparse shrubs under the forest cover	Light greenness, fragmentized patches, coarse texture, on positive slopes, different from *Sabina Tibetica* forest
	Conifer and broadleaf mixed forests	Composed of *Populus davidiana*, *Betula* spp. *Acer* spp., firs, spruces, *et al.*, succeeded from logged areas and glades, succeeding into spruces, firs or firs spruces mixed forests	Bottle greenness, pea greenness and yellowness mixed, fragmentized patches, coarse texture, down below the primary spruces and firs forest, mainly along valleys
	Deciduous broadleaf forests	Composed of *Populus davidiana*, secondary Betula, easily succeeds into conifer and broadleaf mixed forests	Dust yellowness, smooth texture, big patches, on negative and half-negative slopes of middle or lower mountains

Continued

Land Cover Classification		Meaning	Interpretation Signs (TM5, TM4, TM3)
Artificial forests	Younger spruce forest	Artificial spruces, recovered within 20 years	Yellowness, seemly like meadows, smooth texture, regular logging patches
	Middle-aged spruce Forest	Artificial spruces, recovered between 20 and 40 years	Aqua, velvety texture, regular logging patches
	Nearly mature spruce forest	Artificial spruces, recovered over 40 years	Light greenness, velvety texture, indistinctly regular logging patches
Secondary scrubs	Deciduous broad-leaf scrubs	Successions just after logging, multi-species, not-full layers, high cover of shrubs	Dust yellowness with aqua, coarse texture, distributed at mountain declivities, around plantations and settlements
	Sabina tibetica Scrubs	Shrubs and herbs succeeded from *Sabina* spp. forest under the disturbances of cutting and overgrazing, with scattered shrubs and high cover of herbs	Brown yellowness with aqua, coarse texture, fragmentized patches, on positive slopes, close to alpine meadows
	Quercus aquifolioides Scrubs	Severely degenerate shrubs, succeeded from *Quercus aquifolioides* forest after cutting and overgrazing, predominant with *Quercus aquifolioides*	Aqua and yellowness mixed, fragmentized patches, coarse texture, on positive slopes, around plantations and settlements, different from *Quercus aquifolioides* forest
	Arid valley scrubs	Composed of *Berberis* spp., *Rosa* spp. *Cotoneaster* spp., *Caragana* spp. shrubs on sub-alpines and prickly shrubs long valleys, multi-species, coverage more than 50%	Brown, coarse texture, distributed mainly along the valleys, around the plantations and settlements
Alpine scrubs	Alpine scrubs	Composed of *Rhododendron* spp., *Salix sclerophylla*, *Sibiraea angustata*, *Rubus amabilis*, high altitude, coverage more than 80%	Brown, big patches, smooth texture, upper to the spruces and firs, on negative or semi-negative slopes
Grassalnds	Meadows	Including shrub meadows, alpine meadows, sub-alpine meadows and forest meadows; shrub meadows at altitude from 3 200 to 4 800 m, negative slopes of sub-alpines and coastwise; sub-alpine meadows at altitude from 3 000 to 4 000 m and at plains, plateaus, hills, valleys and stair-lands of sub-alpine conifer forests; alpine meadows above upper treeline, under the rocky desert and sparse vegetations, at altitude from 3 800 to 4 800m	Light brownness on the negative slopes with unclearness, yellowness or reddish brownness on the positive slopes with clearness, big patches, smooth texture, regularly on peaks, mounds, mountain-plateau, valleys and gently river-ways
	Degraded meadows	Including sub-alpine meadows, shrubs and degraded steppes, the height of herbs lower than 20 cm, coverage less than 50%, barren soils, developed gullies	Grayness or brownness, patches, insert in meadows and steppes
	Arid valley grasslands	Along the valleys of the Dadu River and Zumuzu River, dry climate, distinct dry and wet seasons, coverage less than 40%, burozem soil and entisoil soil	Yellowness and brownness mixed, coarse texture, along the river basins

Continued

Land Cover Classification		Meaning	Interpretation Signs (TM5, TM4, TM3)
Water area	River	Naturally formed water or man-made rivers below the usual water lines	Darkness or navy blueness, strip-like, along the river basins
	Lakes	Naturally formed water below the usual water lines	Darkness or navy blueness, always at the top of mountain or plateau, distinctly different from meadows
	Swamps	Usually seeper, the moist plants developed	Whiteness, smooth texture, at mild plains
Rocky Deserts	Rocky deserts	Coved with rocks or gravels, including rocky deserts, tundra and snow-covered lands	at the peaks, always coved with snows, ridges shown
Residential area	Towns	Designated towns and market towns	Silver grayness, coarse texture, regularly distributed as rectangles
	Plantations and residential areas	Including mass or single residential areas, croplands, vegetable plots, scattered woods and Bunge prickly ashes around the villages	Silver grayness or whiteness, patches, in the valleys and on the middle mountains, smooth texture, distinctly different from forests
	Orchards	Including pears and apples orchards	Light greenness, patches, interleaving with croplands

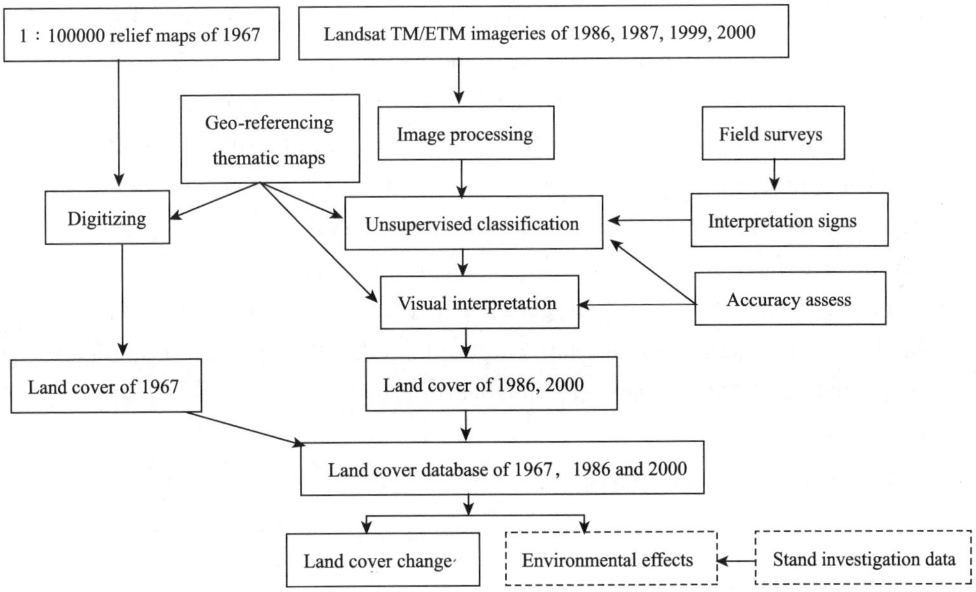

Figure 2 Generation of land cover dynamic maps

Imageries were processed with the module of FOCUS in PCI, such as stretching, filtering, shadow repairing and brightness and contrast adjusting, calculating the NDVI. The areas on the alpine meadows and scrub meadows on the high-altitude regions having snow covering and having clouds and clouds shadows (<1%) were clipped. Unsupervised classification method of K-means was used, with 5, 4, 3 bands and NDVI as input bands, and 200 classes were obtained. Landsat TM/ETM imageries were geo-referenced based on the mosaic relief map in the GCPWorks module of PCI and assessed the result by the GPS points gained in the field surveys, and the error was less than half pixel.

Post classification procedures were finished. The classes were combined, using 60% of the GPS points and thematic maps. Mixed pixels were reclassified to identify different land cover classes. In the module of Xpace PCI, the patches with area less than 20 pixels were sieved, but rivers were reserved. As residential areas are mostly scattered in the farmland areas, residential areas and croplands were combined into one class. The other 40% GPS points were used for accuracy assessment. It showed that unsupervised classification had a low accuracy of about 50%.

Interpretation accuracy of spruce and fir forests, alpine oak forests, meadows, alpine cold scrubs and rivers was over 80%, while other land cover types were mixed, such as the mixture between young spruce forests and meadows. Middle-aged spruce forests, near-mature spruce forests and secondary scrubs were mixed, too. However, the boundaries of different land cover types were defined clearly by the unsupervised classification, which would facilitate visual interpretation classification process. Classification results were exported as Geo-database format and were redefined in ArcMAP, according to bands 5, 4, 3 of Landsat TM/ETM imageries and other thematic maps.

In accordance with the successions of land cover, a series of land cover change laws were constituted. The attributes of polygons were redefined by these rules. For example, alpine oak forests cannot be converted into *Sabina tibetica* forests, neither can *S. tibetica* forests into alpine oak forests. Secondary forests and meadows can not be converted into wildwoods, either. However, the spruce and fir forests can be converted into meadows after being cut and burned. Age classes shown in the forest stand maps were the main gist for the classification of artificial forests. The visual interpretation process lasted for five months. After redefinition of attributes of polygons, the total accuracy reached 97.5%. Three temporal land use/cover data were overlaid and the final database was built up. The attribute table was exported and data analysis was finished in Excel.

2 Results and discussions

2.1 Land cover changes

During 1967—2000, the landscape composed mainly of grasslands, wildwoods and alpine scrubs was changed to that of grasslands, secondary forests, alpine scrubs, fragmentary wildwoods, artificial forests, secondary scrubs (Tables 2 and 3, Figure 3-a, b, c). As a result, the landscape pattern became more and more fragmentized. The number of polygons in the study area was 14555 in 1967, 20857 in 1986, and then reached 23755 in 2000. The wildwoods with big patches were transformed into secondary forests, artificial forests, scrubs and meadows with little patches. The remaining original coniferous forests were fragmentally distributed in the headwaters, the ends of deep ravines, steep slopes and ridges.

The main factors leading to land cover changes are deforestation and artificial restoration of the logged areas (Bao *et al.*, 2002; Bai *et al.*, 2004). From 1956, lumber logging on a large scale led to the rapid decrease of wildwoods. Since 1998, forest logging has been banned and special emphasis has been laid upon forest protection and fostering. Other driving forces of deforestation are firewood collection, overgrazing and fire. Until recently these driving forces have still existed and they are quite severe in some places. The most severely degraded regions are in the arid valleys and on south slopes of middle mountain and mountain-plateau, which is fragile and difficult to restore if destroyed.

Table 2 Land cover change matrix during 1967—2000

Land cover classification	Area in 1967(hm^2)	Primary forests (%)	Secondary forests (%)	Artificial forests (%)	Secondary scrubs (%)	Alpine scrubs (%)	Grasslands (%)	Water area (%)	Rocky deserts (%)	Residential area (%)
Primary forests	524 618. 18	35. 31	27. 62	24. 80	7. 60	2. 48	2. 07	0. 00	0. 00	0. 13
Secondary forests	146 869. 81	0. 00	80. 39	1. 98	11. 45	3. 00	2. 82	0. 00	0. 00	0. 36
Artificial forests	7 595. 88	0. 00	0. 00	96. 77	0. 48	1. 05	1. 29	0. 00	0. 00	0. 41
Secondary scrubs	88 043. 16	0. 04	15. 52	0. 43	60. 16	2. 17	20. 71	0. 00	0. 00	0. 98
Alpine scrubs	222 475. 50	0. 01	1. 70	0. 49	0. 76	95. 09	1. 95	0. 00	0. 01	0. 00
Grasslands	724 022. 27	0. 01	0. 46	0. 44	0. 71	0. 54	97. 71	0. 00	0. 00	0. 13
Water area	7 096. 72	0. 00	0. 00	0. 00	0. 00	0. 00	0. 00	99. 97	0. 00	0. 03
Rocky deserts	103 137. 42	0. 00	0. 01	0. 00	0. 00	0. 00	0. 00	0. 00	100. 00	0. 00
Residential area	42 733. 60	0. 01	0. 84	1. 46	7. 34	0. 67	10. 81	0. 00	0. 02	78. 84
Total(hm^2)	1 866 592. 54	185 326. 23	284 086. 26	145 657. 59	119 672. 67	235 145. 49	749 699. 87	7 102. 52	103 149. 54	36 752. 37

2. 2 Deforestation, artificial restoration and degradation

From 1967 to 2000, the total area of the forests decreased by 9. 43% with the primary forests reduced sharply and the secondary forests and artificial forests increased notablely.

(i) Deforestation, artificial restoration and natural rehabilitation of spruce and fir forests. Driven by planned timber logging, the proportion of spruce and fir forests sharply decreased from 17. 99% to 6. 56% during 1967—2000. Before 1986, forestry centres were mainly located in the mainstream valleys with abundant forests and good accessibility. After 1986, Longerjia Forest Industry Bureau and Dajin Forest Industry Bureau withdraw successively, as there were few forests left to cut. Afterwards, the forestry centres moved to regions with high altitude and difficult to access, such as alpine-hill zones, mountain-plateau zones and headwaters in deep valleys. Many forest centres even extended the forest line, resulting in an increase of the cost of production, and decrease in productivity and timber quality.

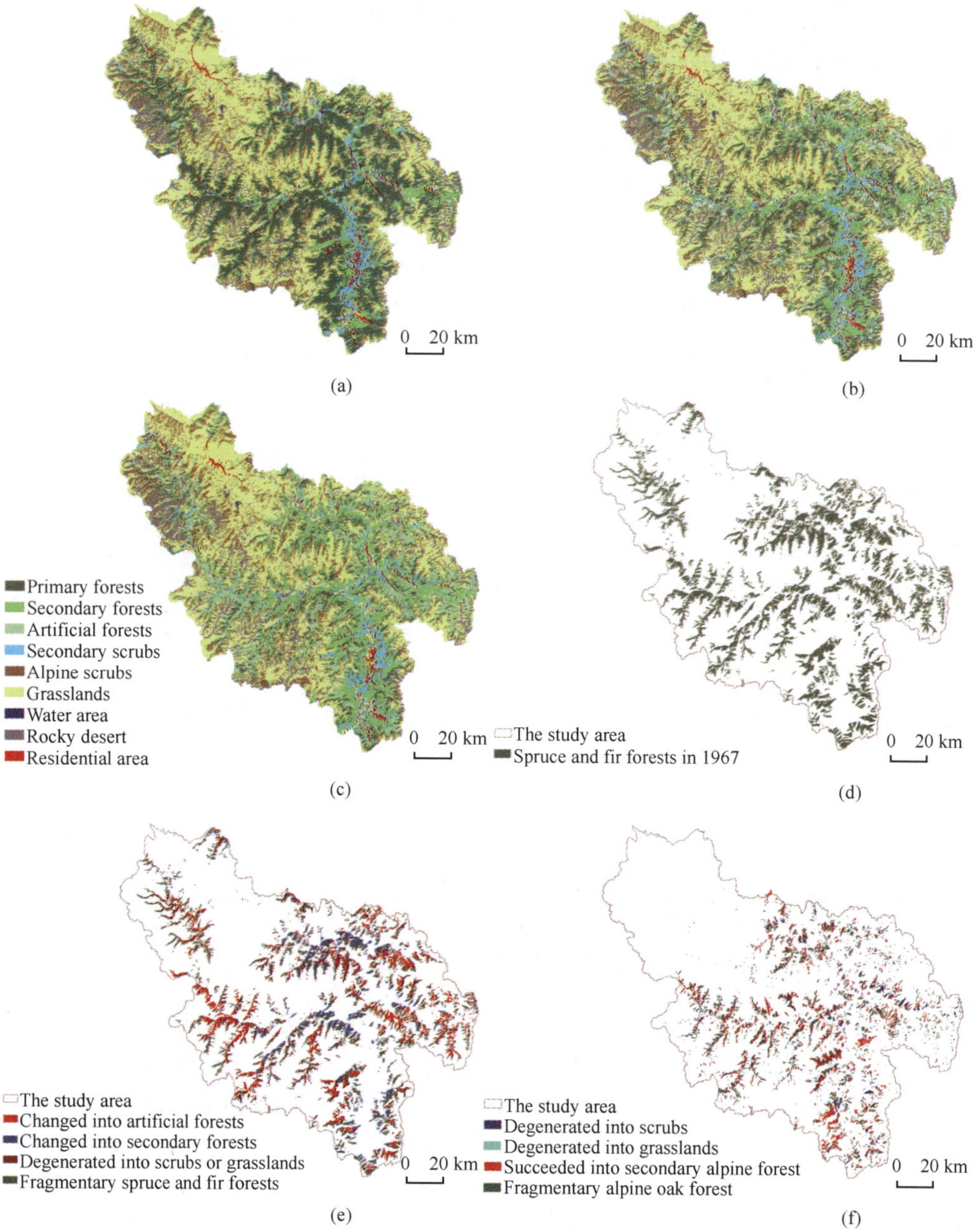

Figure 3　Land cover changes in the upper Dadu River watershed

(a)Land cover in 1967;(b)land cover in 1986; (c)land cover in 2000; (d)spruce and fir forests in 1967; (e)artificial restoration, natural rehabilitation and degeneration of logged areas of spruce and fir forests during 1967—2000; (f)logging and degeneration of alpine oak forest during 1967—2000

Figure 4 Land use in the upper Dadu River watershed (photos taken in 2003 by Gao Hui)

(a) Remnants primary spruce and *Larix potaninii* forests, 202 Forest Centre, Barkam County; (b) artificial restoration of logged area, cut in 1995, restored in 1997, 202 Forest Centre, Barkam County; (c) artificial restoration of logged area, cut in 1988, restored in 1990, 202 Forest Centre, Barkam County; (d) artificial restoration of the logged area, cut in 1976, restored in 1978, 202 Forest Centre, Barkam County; (e) firewood stack of a family, mainly alpine oak, about 10 t, Maomengchu watershed, Barkam County; (f) secondary alpine forest cut in 2001, Longerjia Forest Centre, Barkam County; (g) alpine oak forest degenerated into scrubs, Longerjia Forest Centre, Barkam County; (h) grazing pigs and cattle on sub-alpine meadow, Xishuigou watershed, Barkam County

Table 3 Land Cover of 1967, 1986, 2000 on the Upper Dadu River Watershed (Unit: hm²)

Land cover classifications		1967		1986		2000	
		Area	%	Area	%	Area	%
Primary forests	Spruces and firs forests	335 722.30	17.99	186 052.55	9.97	122 421.53	6.56
	Pinus densata forest	2 938.88	0.16	2 631.69	0.14	2 393.16	0.13
	Sabina Tibetica forest	18 860.21	1.01	9 906.12	0.53	5 900.27	0.32
	Quercus Aquifolioides forest	167 096.79	8.95	113 032.76	6.06	54 611.27	2.93
		524 618.18	28.11	311 623.11	16.69	185 326.23	9.93
Secondary forests	Open fpruces and firs forests	44 065.23	2.36	46 714.02	2.50	48 195.58	2.58
	Secondary *Quercus Aquifolioides* forest	49 972.79	2.68	72 227.20	3.87	111 737.76	5.99
	Conifer and broadleaf mixed forests	19 787.91	1.06	43 634.60	2.34	48 346.70	2.59
	Deciduous broadleaf forests	33 043.89	1.77	74 674.30	4.00	75 806.23	4.06
		146 869.81	7.87	237 250.12	12.71	284 086.26	15.22
Artificial forests	Younger spruces forest	7 595.88	0.41	80 612.55	4.32	44 537.54	2.39
	Middle-aged spruces forest		0.00	11 594.55	0.62	88 426.74	4.74
	Nearly mature spruces forest		0.00	2 313.53	0.12	12 693.31	0.68
		7 595.88	0.41	94 520.63	5.06	145 657.59	7.80
Secondary scrubs	Deciduous broadleaf scrubs	8 515.67	0.46	11 642.45	0.62	6 789.09	0.36
	Sabina Tibetica scrubs	6 620.77	0.35	13 911.80	0.75	16 304.04	0.87
	Quercus Aquifolioides scrubs	31 246.30	1.67	49 195.81	2.64	59 627.37	3.19
	Arid valley scrubs	41 660.42	2.23	44 677.58	2.39	36 952.18	1.98
		88 043.16	4.72	119 427.64	6.40	119 672.67	6.41
Alpine scrubs	Alpine scrubs	222 475.50	11.92	222 498.01	11.92	235 145.49	12.60
Grasslands	Meadows	720 479.81	38.60	714 972.17	38.30	699 190.49	37.46
	Degraded meadows		0.00	1 577.37	0.08	31 410.20	1.68
	Arid valley grasslands	3 542.46	0.19	14 243.97	0.76	19 099.17	1.02
		724 022.27	38.79	730 793.51	39.15	749 699.87	40.16
Water area	River	3 361.15	0.18	3 369.19	0.18	3 366.96	0.18
	Lakes	2 013.16	0.11	2 013.16	0.11	2 013.16	0.11
	Swamps	1 722.41	0.09	1 722.41	0.09	1 722.41	0.09
		7 096.72	0.38	7 104.75	0.38	7 102.52	0.38
Rocky Deserts	Rocky deserts	103 137.42	5.53	103 137.42	5.53	103 149.54	5.53
Residential area	Towns	132.11	0.01	183.80	0.01	370.96	0.02
	Plantations and residential Areas	42 601.49	2.28	40 053.55	2.15	33 312.52	1.78
	Orchards	0.00	0.00	0.00	0.00	3 068.90	0.16
		42 733.60	2.29	40 237.35	2.16	36 752.37	1.97
Total		1 866 592.54	100.00	1 866 592.54	100.00	1 866 592.54	100.00

The logged areas had diverse successions at different elevation under various artificial restoration measures and disturbances. After being logged, spruce and fir forests on mountain-plateau zones were always degenerated into meadows, then into defoliated broadleaf scrubs, defoliated broadleaf forests, mixed broadleaf or conifer forests, finally into spruce and fir forests through the natural succession series. Owing to overgrazing, the logged areas on mountain-plateau regions always stayed at the succession stage of scrubs and meadows. Logged areas on alp-canyon regions would rapidly succeed in being changed into defoliated broadleaf scrubs and forests through natural rehabilitation. However, defoliated broadleaf forests near rural residential areas always degenerated into defoliated broadleaf scrubs because of frequent cutting. By means of artificial restoration, logged areas would witness several succession stages, including younger spruce forests, middle-aged spruce forests and mature spruce forests. The structure of vegetation communities changed at every stage (Figure 4-a, b, c). In the younger spruce forest stage, it is made up of shrubberies and herbs; and then undergoing natural thinning stage, the structure of forest stands becomes differentiated. Then the shrubberies would give place to *Betula utilis*, *Betula platyphylla*, *Populus davidiana*, *Sobus*, *Sorbus* spp., *Acer* spp. and other broadleaves. Broadleaves would be eliminated through self-selection or self-competition among the pure spruce forests, with the increase of spruce's height (Editorial Board of Forests in Sichuan, 1992). Along with the successions of secondary forests and artificial forests, the biomass will increase (Su *et al.*, 1999; He *et al.*, 2004) and forests will become 'carbon pools'. Ecological shelter functions such as containing water fountain, holding water and soils, adjusting flows and protecting biodiversity will recover gradually (Bao *et al.*, 2000; Hu *et al.*, 2001; Liu *et al.*, 2001; Wu *et al.*, 2001).

In the 1960s and the early 1970s, only few logged spruce and fir forests in alp-gorge zones had been artificially restored. Logged areas tended to succeed to broadleaf and conifer forests and defoliated broadleaf forests, while few were degenerated into scrubs and meadows. In the middle 1970s, with the popularization of forest restoration techniques, all the logged areas were artificially restored and part of them were fostered. From 1976 to 1986, 48.91% of the logged spruce and fir forests were artificially restored, 44.05% into secondary forests, and only 7.04% degenerated into scrubs, meadows and croplands (see Table 4, Figure 3-e, f). From 1986 to 2000, 74.39% of the logged areas of spruce and fir forests were artificially restored, 19.28% into secondary forests, and only 6.33% degenerated into scrubs, meadows and croplands. After the policy of banning wildwood cutting was introduced in 1998, logging of spruce and fir forests was finally stopped. The Forest Industry Bureaus and Forest Management Bureaus therefore shifted their jobs from cutting to planting, management and protection. The scrubs and meadows degenerated from logged spruce and fir forests would be artificially restored gradually. Because of insufficient funds and guidance of forest policies, all the forest centres gave their top priority to breeding and planting, management of premature forests, while thinning of younger forests was ignored (Bao *et al.*, 2002).

Table 4 Deforestation, artificial restoration and natural rehabilitation of spruce and fir forests from 1967 to 2000 (Unit: km^2)

Logged area		Artificial forests	Defoliated broadleaf forests	Mixed broadleaf and conifer forests	Open spruce forests	Secondary scrubs	Alpine scrubs	Grasslands	Residential areas
1967—1986	1 433.91	701.34	179.38	378.84	73.37	39.44	20.47	34.87	6.20
%	100.00	48.91	12.51	26.42	5.12	2.75	1.43	2.43	0.43
1986—2000	504.40	375.25	10.76	25.71	60.77	2.59	7.64	20.70	1.01
%	100.00	74.39	2.13	5.10	12.05	0.51	1.52	4.10	0.20

Field surveys of 7 forest centres showed the conflicts between forest protection and livestock husbandry and over-density of artificial forests that kept ecological shelter functions of the logged areas from recovering. In the logged areas located near alpine meadows zone and at high altitude, as herbs were predominated in the early stage, logged areas were used as pasture in winter by herders. Few younger spruce forests can survive in such zones and will easily be substituted by alpine scrubs and meadows, which are difficult to restore artificially. It is necessary to take management and technique measures such as piling and inarching to protect the seedling and enhance survival rate. Over-density of plantations and tardily thinning management resulted in excessive forest cover, unreasonable forest structure, soil degradation and severe forest diseases and insects. In the future, artificial forests need timely thinning, and measures such as planting and introduction of local broadleaf are also needed (Bao *et al.*, 2002).

(ii) Deforestation and degradation of alpine oak forests. During 1967—2000, the alpine oak forests decreased quickly. In 1967, the percentage of alpine oak forests, secondary alpine oak forests and alpine oak scrubs was 8.95%, 2.68% and 1.67%, respectively. In 2000, the respective percentage of alpine oak forests, secondary alpine oak forests and alpine oak scrubs was 2.93%, 5.99% and 3.19%. The area of alpine oak forests cut per year is 3408.65 hm^2. At such a deforestation rate, all the primary alpine oak forests would be cut out before 2016.

About 54122.39 hm^2 of alpine oak forests were cut during 1967—2000 (Table 5), 20.60% of which were degenerated into secondary alpine oak forests, 5.29% into alpine oak scrubs, and 2.08% into arid valley scrubs. From 1986 to 2000, 51.79% of the remaining alpine oak forests were cut, while 37.93% gave place to secondary alpine oak forests and 9.17% to alpine oak scrubs. Overgrazing and long-term cutting led to degradation of secondary alpine oak forests and alpine oak scrubs (Table 5).

Table 5 Deforestation and natural successions of alpine oak forests, secondary alpine oak forests and alpine oak scrubs from 1967 to 2000 (Unit: km^2)

		Total	Alpine oak forests	Secondary alpine oak forests	Alpine oak scrubs	Alpine scrubs	Arid valley scrubs	Grasslands	Residential area	Other
1967—1986	Alpine oak forests	1 670.96	1 129.72	344.14	88.39	13.61	34.74	9.55	4.15	46.66
	%	100.00	67.61	20.60	5.29	0.81	2.08	0.57	0.25	2.79
	Secondary alpine oak forests	499.73	0.00	345.21	68.42	5.70	39.36	11.21	2.32	27.52
	%	100.00	0.00	69.08	13.69	1.14	7.88	2.24	0.46	5.51
	Alpine oak scrubs	312.47	0.00	4.24	295.52	0.00	8.09	1.68	0.22	2.72
	%	100.00	0.00	1.36	94.57	0.00	2.59	0.54	0.07	0.87
1986—2000	Alpine oak forests	1 130.33	544.91	428.79	103.69	13.28	6.43	19.77	0.10	13.37
	%	100.00	48.21	37.93	9.17	1.17	0.57	1.75	0.01	1.18
	Secondary alpine oak forests	722.27	0.00	593.09	79.35	9.17	11.68	18.76	1.48	8.74
	%	100.00	0.00	82.11	10.99	1.27	1.62	2.60	0.20	1.21
	Alpine oak scrubs	491.95	0.00	76.53	363.86	12.31	18.17	13.12	2.45	5.52
	%	100.00	0.00	15.56	73.96	2.50	3.69	2.67	0.50	1.12

The prime factors of deforestation of alpine oak forests are firewood cutting and overgrazing. The alpine oak forests were mainly used as firewood for farmers and herders in the upper Dadu River watershed. Furthermore, alpine oak forests were cut and burned as charcoal for earnings. Alpine oak forests always succeeds to secondary alpine oak forests where there was abundant water and few disturbances, or degenerated into alpine oak scrubs, arid valley scrubs or arid valley grasslands under severe artificial disturbances (Figure 3f, Figure 4e, 4f, 4g), with degenerated vegetation structure and fragmented landscape. Nowadays, primary and secondary alpine oak forests were almost cut out in arid valleys in Jinchuan County. They would never undergo positive successions, but were degenerated into prickly scrubs on account of long overgrazing. It was discovered in the field surveys during 2001—2003 that alpine oak forests and alpine oak scrubs in arid valleys died out on a large scale because of extended drought in winter.

Severe ecological problems arose with the degradation of alpine oak forests and secondary alpine oak forests, such as reduced water retention capacity, water and soil loss, worse habitat, biodiversity reduction and more natural disasters. Local farmers have difficulty finding enough firewood nowadays. Farmers in 5 towns of Jinchuan County have to buy firewood from other towns since 2000. Farmers have to cut birch and poplar forests and scrubs in arid valleys and in middle-mountain regions.

After 1998, a lot of ecological recover measures were taken, such as protecting primary alpine oak forests and closing off secondary forests and secondary scrubs for wood collection. The charcoal industry was banned, limitless firewood extraction was forbidden too. The

Forest Management Bureau designed the cutting areas in autumn and the farmers had to cut their shares at the selected site within 20 days, but the share only amounted to 20%～40% of what they cut before 1998. The decrease in supplement and increase in price of firewood had direct impacts on farmers' lives. For example, people living in mountainside villages used to nurse a fire in winter, now they had to give it up in recent years because of firewood shortage, as a result, the farmers' complaint run high. So the wildwoods protection policies must be linked with livelihood of the local residents.

(iii) Deforestation and degradation of *Sabina tibetica* forests. In 1967, the percentage of *S. tibetica* forests and *S. tibetica* scrubs was 1.01% and 0.35%, respectively. From 1967 to 2000, the percentage of *S. tibetica* forests was reduced to 0.32% and the percentage of *S. tibetica* scrubs to 0.87%. In the mountain-plateau regions, *S. tibetica* forests were mainly used as timber and firewood. It is also the site for grazing in winter (form October to April). Grazing, cutting and fire were the main factors of deforestation of *S. tibetica* forests; in addition, the collecting of branches for Buddhist worships also made it worse (Chen *et al.*, 2003). *Sabina tibetica* forests were always distributed on the positive and semi-positive slopes of the forest-meadow interleaving regions near the forest line. The habitat of *S. tibetica* forests was fragile and hard to recover if destroyed. There is always no shrubbery layer under *S. tibetica* forests because of long overgrazing, while the herbaceous layer is flourishing (Chen *et al.*, 2003). So the structure of forest degenerated gradually, which resulted in compacted topsoil, reduced soil permeability and increased runoff (Wu *et al.*, 1998). Under the long-term influences of fire, cutting and grazing, *Sabina tibetica* forests gradually degenerated into shrubberies and meadows. As a result, the sub-alpine meadows invaded from the bottom while the alpine meadows invaded from the top, which resulted in the fragmentation of forest patches.

On average, 392.73 hm^2 of *Sabina tibetica* forests were logged per year from 1967 to 2000. From 1967 to 1986, the area that degenerated from *S. tibetica* forests into *S. tibetica* scrubs was 7965.38 hm^2 and that degenerated into meadows was 896.03 hm^2. From 1986 to 2000, the area that degenerated from *S. tibetica* forests into *S. tibetica* scrubs was 3659.10 hm^2, while that degenerated into meadows and scrubs was 346.74 hm^2. After the banning of deforestation, the trigger for grazing and firewood cutting still existed. The *S. tibetica* forests and *S. tibetica* scrubs will continue to degenerate as the population and the number of livestock in agriculture-pastoral and mountain nomadic zones increase. The key to the restoration of the degenerated *S. tibetica* forests and *S. tibetica* scrubs is to harmonize the contradiction between forest protection and livestock husbandry and to solve the problem of firewood shortage.

2.3 Outspreading of arid valley grasslands

In 1967, the area of arid valley grasslands was only 3 542.46 hm^2, while it increased to 14 243.97 hm^2 in 1986 and 19 099.17 hm^2 in 2000. The arid valley grasslands expanded towards the upstream of Zumujiao River and ascended along the valley sections. Distributed in the most fragile and atrocious regions where there was arid climate, high evaporation and barren soil (Bao *et al.*, 1999), the fierce disturbances in the arid valley grasslands, such as colonizing on steeply sloping fields, overgrazing, intense cutting and frequent fires, caused the degradation of primary vegetation, decrease of humid components of the vegetation structure and expansion of arid vegetation (Zhang, 1992). As environmental degradation become more severe, the vegetation cannot recover any more. Contrary to 20 years ago, overgrazing accelerated the outspreading of arid valley grasslands during 1981—2000.

The past artificial restoration efforts in the arid valleys showed that shallow soil and the shortage of water were the key obstacles to ecological reconstruction (He *et al.*, 2004). Since 1984, the Forest Industry Bureau and Forest Management Bureau have made great efforts to plant trees along the arid valleys. However, by our field survey in 2003, the survival rate of the tree plantations in 1999 is only about 8% in the Shaer town of Jinchuan County. Because of high-cost tree plantations and a high death rate, many experts suggest that some efficient measures should be taken immediately, e.g. to close off the mountains with artificial assistances, to restore scrubs and grasslands by natural successions. Meanwhile, goats must be fed indoors with the government's aid (Guo, 2001).

2.4 Degradation of meadows

During 1949—2000, alpine meadows and sub-alpine meadows of this region degenerated as the number of livestock went on increasing (Figure 5). The height of the herbage layer was reduced to nearly 20 cm, the edible biomass of meadows declined, too. Furthermore, meadow system productivity declined and herbage layer structure also degenerated. For instance, there were more weeds and less *Gramineaes* in this layer and its coverage was badly reduced (Bao *et al.*, 2003). The remote sensing imageries and the classification system adopted in this study cannot reflect the shortening of the herbage layer and degeneration of its structure. Field surveys during 2002 and 2003 indicated that pig grazing in sub-alpine meadows and scrubs led to the sharp degradation of meadows. There were 39437 pigs in 1984 in Jinchuan County and 61438 pigs at the end of 2000. It is only in the valleys that the pigs are fed indoors, while in other zones pigs are grazed in summer and autumn, which hastens degradation of meadows and sub-alpine meadows topsoil. More than half of the total area was uncovered where pigs were abundant, which always brought a quick desertification. Local people and government have now realized that this degradation caused by grazing pigs is much more serious than that caused by grazing cattle, sheep and horses. Sanded meadows, referred to degenerated meadows in this paper, can be found by Landsat TM/ETM imageries. There was 1577.37 hm^2 degenerated meadows in 1986 and 31410.20 hm^2 in 2000. If this trend goes on, large numbers of pigs will be certain to ascend and the meadows will continue to degenerate. So grazing pigs must be banned in the future. To harmonize the conflict between surplus livestock and limited meadows and achieve a sustainable and reasonable utilization of meadows, it is urgent to close off degenerated meadows and to construct enclosure meadows and artificial meadows.

2.5 Decrease of croplands

Driven by economic policies and population pressure, the area of croplands increased during 1967—1980 and then decreased during 1981—2000. Before the 1980s, as surplus labor forces in countryside were never permitted to seek employment in cities, a lot of steep dry lands were cultivated to meet food demand (Editorial committee of chorography of Jinchuan County, 1994; Editorial committee of chorography of Barkam County, 1997; Editorial committee of chorography of Zamtang County, 1997). The altitude of agricultural labor forces and increase of labor wage, there was no profit in marginal dry lands, so they were these steep dry lands was always over 3 000 m and the gradient being over 25°, lacking irrigation facilities and convenient road networks. The total yield is below 1 500 kg/hm^2, e.g. 20% lower than the average level of the region, while the input of labor forces always exceeded the average level. After the introduction of economic reforms in the early 1980s, surplus labor forces were shifted to secondary and tertiary industries. With decrease of unavoidably abandoned. At the same time, the unit yield increased 3 times thanks to the construction of new irrigation facilities, adoption of new anti-disease seeds with high yield, utilization of fertilizers and plastic membranes. Taking Jinchuan County as an illustration (Figure 6), 1858 hm^2 dry lands were newly cultivated during 1954—1960, whereas 998 hm^2 was abandoned during 1981—1985. The total grain yield increased as the unit yield increased from 1 075 kg/hm^2 in 1949 to 3 435 kg/hm^2 in 2000 (Figure 6). From 1967 to 1986, croplands and rural settlements decreased 2 547.94 hm^2, according to the land cover change database. From 1986 to 2000, croplands and rural inhabitants decreased 6 741.03 hm^2. In 1986,

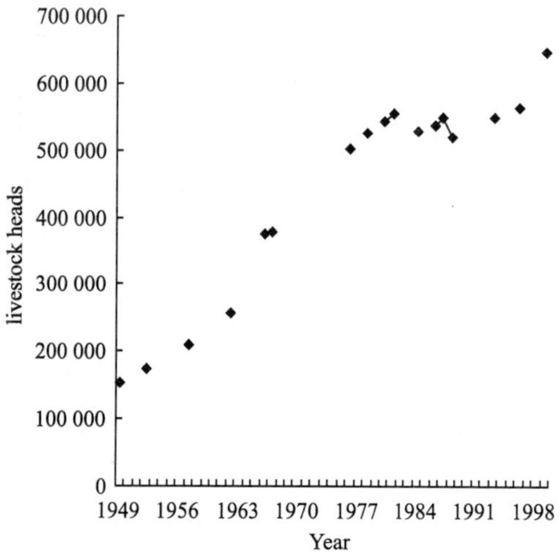

Figure 5 Fluctuation of livestock heads of the study area from 1949 to 1999

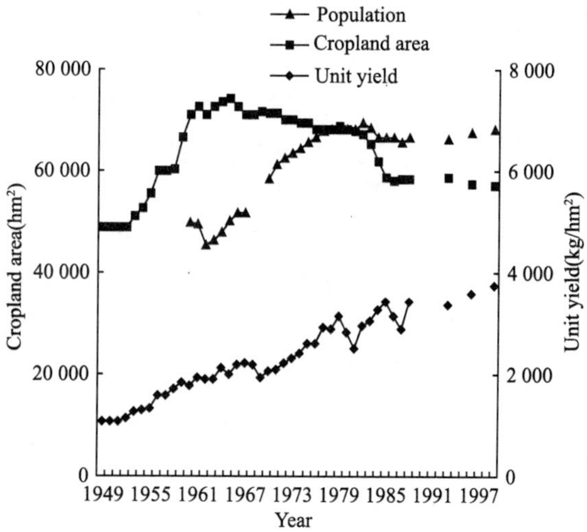

Figure 6 Fluctuation of population, cropland area and unit yield from 1949 to 1999 in Jinchuan County

large numbers of apple and pear orchards were planted with the financial support of local government. There were 3 068.90 hm^2 orchards by 2000, and 2 413.10 hm^2 of them were transformed from croplands. The transformation of cropland into orchards added a new source of firewood. Meanwhile, the abandoned croplands gradually succeeded to scrubs and grasslands, which was positive to ecological restoration of the valleys and the middle mountain zones.

3 Conclusions

(1) Land cover classification system reflected vegetation successions in the upper Dadu River watershed. A new land cover classification system in the upper Dadu River watershed was developed, with aspects of vegetation successions taken into account. Land cover changes reflect the ecological processes, such as logging of spruce and fir forests, natural rehabilitation and artificial restoration of logged areas of spruce and fir forests, degradation of alpine oak forestland *Sabina Tibetica* forests under disturbances of cutting and overgrazing, degradation of meadows, expansion of arid valley grasslands and the conversion of croplands into orchards. Land cover databases of 1967, 1986 and 2000 were collected, which will facilitate the study of environmental effects of land cover changes and ecological construction of the region. The landscape mainly composed of meadows, wildwoods and alpine scrubs in 1967 was transformed to that composed of meadows, secondary forests, alpine scrubs, fragmentary wildwoods, artificial forests and secondary scrubs in 2000, meanwhile, the landscape got more fragmentized, the total area of the forests decreased by 9.43%.

(2) Logged areas of spruce and fir forests were mainly recovered. The spruce and fir forests in the upper Dadu River watershed were legally and commercially logged for finance earning and mainly artificially restored by the State and local government with financial aid. After 31-years of permitted logging, the spruce and fir forests were reduced by 63.54%. From 1967 to 2000, 55.54% of the logged areas were artificially restored, 37.60% of which were naturally rehabilitated, only 6.86% of which were converted into scrubs, meadows, grasslands and croplands. As logging of wildwoods was forbidden in 1998, logging gave place to tree plantation and forest protecting. Nowadays the local government made efforts to reduce the disturbances of nomadic livestock husbandry on logged areas and to foster and thin the artificial forests to facilitate the recovering process. Along with the successions of secondary forests and artificial forests, the biomass will increase (Guo *et al.*, 2001; He *et al.*, 2004) and these forests will become 'carbon pools'. The ecological shelter functions such as holding water and soils, adjusting flows and protecting biodiversity will recover gradually. Thus it is necessary to reevaluate timber logging and its impacts on the environment since 1949 in the upper Dadu River watershed and in the Southwest Forest Region.

(3) The severely degraded vegetation on south slopes is the important and difficult part in ecological reconstruction. Contrary to vegetation recover in forest centres, from 1967 to

2000, vegetations on south slopes, e. g. alpine oak forests, secondary alpine oak forests, *Sabina tibetica* forests, sub-alpine meadows, were largely degraded, resulting in an expansion of arid valley grasslands. As a result, ecological shelter functions of vegetation on south slopes were severely impaired. The most severely degraded zones were in the arid valleys and on the south slopes in the middle mountain and mountain-plateau zones where vegetation was fragile and difficult to restore if destroyed. To restore these ecological shelter functions, the local government has taken a series of measures, such as banning of logging wildwoods, closing off secondary forests, artificially reconstructing secondary scrubs, afforesting barren mountains and forbidding grazing goats and pigs. By means of ecological protection and restoration, the wildwoods and secondary forests were well protected and the deforestation came to a stop. However, these means directly affected local farmers' benefits, e. g. firewood cutting and grazing, as they lived on forests and grasslands, so they resisted the local government using these areas and continued traditional land use patterns, which impaired the ecological reconstruction efforts. Therefore, livelihood of local residents cannot be overlooked in wildwoods that protection and ecological reconstruction. The key is to help the farmers to change their livelihoods, which means that they will live better rather than rely on colonizing croplands, logging forests and grazing livestock. Therefore, more researches on this topic are needed.

大渡河上游地区土地利用/土地覆被变化与驱动力分析*

Land Use/Land Cover Change and Driving Forces in the Region of Upper Reaches of the Dadu River

Abstract: Based on remote sensing imageries of 1967, 1987 and 2000, and a digital elevation model with a scale of 1 : 250 000, the land use/ land cover change and driving forces in an area of 18 665 km^2 in the region of upper reaches of the Dadu river are examined. The results show that the dominant land type in research area changed from forest land to grassland between 1967 and 2000. This was mainly decrease of 319774 hm^2 and its proportion to total area dropped from 30.92% to 13.78%. Landscape pattern analysis finds out that forest patches had an increasing regularity with fragmentation process, which indicates that the decreased forest was an outcome of a planed cutting by state-owned forestry enterprises, rather than of blind cutting by local people. This point has been approved by historical documents. Therefore, it is concluded that governmental policies played a dominant role in land use/land cover change of this region. For analyzing various bio-physical and socio-economic driving forces, the method of Logistic stepwise regression is applied in our study. Through spatial analysis, the most significant drivers and their relative importance for cultivated land, forest land, grassland, water area, built-up land and unused land are founded out from such factors as terrain, elevation, roads, water system, urban and rural residential areas.

土地利用/土地覆被变化(LUCC)是全球变化研究的重要内容(于兴修等,2002)。有关LUCC驱动力的研究是探索LUCC驱动机制的核心问题。驱动力通常分为生物物理(bio-physical)和社会经济(socio-economic)两大类。生物物理驱动力包括自然环境的特征和过程,如气候变动、地形、火山爆发、植物演替、土壤类型和过程、自然资源的有效性等;社会经济驱动力则包括人口变化、贫富状况、技术进步、经济增长、政治经济结构,以及价值观念等方面(Stem *et al.*, 1992; Turner *et al.*, 1994; 摆万奇等,2001)。生物物理驱动力通常并不直接导致土地利用变化,而是通过导致土地覆被的变化,进而影响土地利用决策。土地利用变化则会导致土地覆被变化,再影响到土地利用决策,从而产生新一轮的土地利用变化(Turner *et al.*, 1994; 于兴修等,2002)。由于驱动力的种类繁多,作用途径、方式和作用大小十分复杂,因此有关驱动力的研究多数局限于定性或者数量研究的层面,而从空间分析角度的研究则较为少见。本文以大渡河上游地区为案例,试图通过空间分析和历史资料分析,确定主要驱动力,同时确定驱动力之间的定量关系和作用的相对大小,从而从新的角度探索LUCC驱动力。

* 由摆万奇(Bai Wanqi)、阎建忠(Yan Jianzhong)和张镱锂(Zhang Yili)完成,原载于《地理科学进展》,2004,23(1):71-78。

1 研究地区概况

研究区域包括了大渡河上游地区的金川、壤塘和马尔康三县，面积 18 665 km^2。该地区人口稀少，2000 年的平均人口密度为 8.45 人/km^2，以藏族居民为主。该区域位于大雪山以东，邛崃山脉以西，属横段山区北端。地貌类型为高山峡谷。山岭海拔高度一般在 4 000 m 左右，部分可达 5 000 m。年平均气温 8～13 ℃左右，年降雨量 660～770 mm。属温带季风气候。该地区是我国西南的重要林区，代表性植被为亚高山针叶林。经过 40 多年的开发，累计森林采伐面积已达该区森林面积的 70%以上。大量的森林采伐曾经导致水土流失十分严重。但近年来天然林保护工程和退耕还林政策的有效实施，使地表植被迅速恢复，生态环境已有明显改善。

2 研究方法

2.1 数据来源与处理

本研究所使用的主要数据包括 1967 年、1987 年和 2000 年三期土地利用/土地覆被数据和 1∶25 万数字高程模型(中国科学院地理资源所青藏高原土地变化及其生态效应研究组提供)。其中，1967 年的数据是从航空照片和当年的 1 ∶ 10 万地形图中提取的；1987 年和 2000 年两期数据来自同期 TM 卫星遥感资料(131-38，1986 年 11 月 2 日，1999 年 4 月 12 日；132-38，1987 年 11 月 12 日，2000 年 3 月 28 日；132-37，1986 年 11 月 9 日，2000 年 3 月 28 日)。TM 影像通过目视解译，2002 年 7 月到研究区建立解译标志，并于 2003 年 7 月到实地核查。比例尺为1 ∶ 100000，最小图斑 4 mm^2。

在 ArcGIS 平台下数字化地形图、交通图等图件，得到地形、海拔、水系、道路交通体系、城镇和居民点等数据。土地利用/土地覆被类型的划分采用了中国科学院资源环境数据中心的分类标准，共分为 28 个地类。在景观格局分析和 Logistic 逐步回归分析中又进行了必要的地类合并。

2.2 景观特征指数和计算方法

应用景观生态学的方法进行景观格局与动态分析(Forman *et al.*，1986，1995；Turner，1990；吴波等，2001；摆万奇等，2002)。其计算采用了目前国际上流行的景观空间格局分析软件包 FRAGSTATS。所采用的景观特征指数有：斑块数(NP)、斑块密度(PD)、平均斑块大小(MPS)、最大斑块指数(LPI)、斑块面积变异系数(PSCV)、边缘密度(ED)、面积加权分维数(AWMPFD)、香农多样性指数(SHDI)等。

2.3 驱动因素分析

驱动因素分析采用了 Logistic 逐步回归：

$$\log\left(\frac{P_i}{1-P_i}\right)=\beta_0+\beta_1 X_{1,i}+\beta_2 X_{2,i}+\cdots\cdots+\beta_n X_{n,i} \tag{1}$$

式中：P_i 表示空间上每个栅格可能出现某一地类 i 的概率，X 表示各候选驱动因素。

将2000年的土地覆被图以及海拔、坡度、坡向、水系、道路交通、城镇和居民点分布等组成的空间数据，转换成500 m×500 m栅格图。在全部74 257个栅格中，随机抽取了20 000个，运用Logistic逐步回归对每一栅格可能出现某一地类的概率进行诊断，筛选出对土地覆被格局影响较为显著的因素，并确定它们之间的定量关系和作用的相对大小。

3 结果与分析

3.1 土地覆被总体格局与动态

遥感资料的解译结果显示，1967年研究地区林地面积(包括有林地、灌木林地、疏林地和其他林地)为891 590 hm^2，占总面积的47.77%。同期草地面积(包括高覆盖度草地、中覆盖度草地和低覆盖度草地)为885 977 hm^2，占总面积的47.47%，两类所占比例仅相差0.3%，但以林地为主。到2000年，林地面积所占比例下降到43.98%，而草地面积所占比例则上升为50.53%。可见，33年间，主导覆被类型发生了变化。进一步的分析表明，在各地类中，有林地的变动幅度最大，所占比例从1967年的30.92%下降为2000年的13.78%，下降幅度达17%。同时，灌木林面积比例从15.33%增加到17.43%，疏林地面积比例从1.45%增加到2.67%。耕地面积比例从1.91%增加为2.6%。土地利用/土地覆被格局的重大变化，主要是由森林采伐活动推动的。不同地类之间转换关系如表1所示。

表1 1967—2000年主要地类转移矩阵(单位：hm^2)

Table 1 Conversion matrix of main land types

1967年 \ 2000年	耕地	有林地	灌木林地	疏林地	其他林地	高覆盖度草地	中覆盖度草地	低覆盖度草地	水域	居住建设用地	未利用地	总计
耕地	32 193	28	235	0	13	81	3 046	27	0	90	0	35 712
有林地	3 038	225 146	89 957	26 182	174 269	5 928	51 827	528	169	28	0	577 071
灌木林地	1 666	28 771	217 588	2 064	11 660	848	22 415	987	143	34	0	286 176
疏林地	258	870	2 697	21 624	552	0	1 145	0	0	0	0	27 146
其他林地	44	0	116	0	1 037	0	0	0	0	0	0	1 197
高覆盖度草地	2 371	421	1 814	0	0	71 058	4 252	0	0	0	317	80 232
中覆盖度草地	7 073	1 495	12 624	18	837	1 899	692 196	0	9	25	0	716 177
低覆盖度草地	1 956	566	384	0	0	0	47 411	39 251	0	0	0	89 568
水域	0	0	0	0	0	0	0	0	3 607	0	0	3 607
居住建设用地	0	0	0	0	0	0	0	0	0	1 034	0	1 034
未利用地	0	0	0	0	0	0	222	0	0	0	48 438	48 660
总计	48 599	257 297	325 414	49 888	188 369	79 814	822 513	40 793	3 927	1 210	48 755	1 866 579

注：表中数据是发生变化的土地面积(hm^2)，其所在行代表发生变化的土地利用类型，所在列代表变化的去向；当列与行对应同一类型时，相应的数据是该类型保持不变的面积。

3.2 主要地类变化特征

3.2.1 有林地

有林地是变化幅度最大的类型。33 年中，有林地面积减少 319 774 hm^2。有林地斑块的平均面积从 677 hm^2 下降到 102 hm^2，斑块数从 852 增加到 2517 个。这表明，此期间大渡河上游地区频繁的森林采伐活动在导致森林资源急剧减少的同时，也造成了森林的破碎化程度大大增加。同时，反映有林地斑块规则程度的景观指标，如边缘密度从 8.52 下降到 8.06，分维数从 1.326 下降到 1.21，斑块面积变异系数从 722 下降为 381(表 2)。说明斑块形状变得更加规则。这些变化特点反映出该地区森林面积的减少主要是计划采伐的结果，它与乱砍滥伐通常导致的斑块不规则性加剧有所不同，是由当地林业企业，尤其是国有企业的生产行为造成的。另一方面，33 年间，研究地区的灌木林和疏林地面积分别增加了 39 238 hm^2 和 22 742 hm^2，大部分来自有林地面积的减少，这反映出森林采伐后的更新造林工作未能及时跟上。

表 2 有林地主要景观指数变动情况

Table 2 Landscape indices of forest land

景观特征指数	斑块数(NP)	边缘密度(ED)	平均斑块面积(MPS)	分维数(AWMPFD)	斑块面积变异系数(PSCV)
1967 年	852	8.52	677	1.326	722
1987 年	1 449	8.56	242	1.271	602
2000 年	2 517	8.06	102	1.210	381

3.2.2 草地

草地所占比例从 1967 年的 47.48%增加到 2000 年 50.53%；面积从 885 977 hm^2 增加到 943 121 hm^2。在草地类型的变化中，低覆盖度草地和高覆盖度草地所占比例均有所下降，而中覆盖度草地比例则从 38.37%升至 44.07%。中覆盖度草地不仅是草地类中，同时也是各地类中最主要的覆被类型。其增加的主要来源是有林地、低覆盖度草地和灌木林地。总体看来，草地面积的增加是森林面积减少的直接反映。但在草地类中，由于高覆盖度草地所占比例偏低，且破碎化程度呈加剧趋势，这对于该地区畜牧业的进一步发展是不利的。

3.2.3 耕地

33 年间，耕地的比例从 1.913%增加到 2.604%，面积从 35 712 hm^2 增加为 48 599 hm^2，净增 12 887 hm^2。耕地面积的扩大是过去几十年大力追求粮食生产的结果。而这种结果是以自然植被的破坏为代价的。从表 1 可以看出，耕地面积的增加主要来自有林地、草地和灌木林地的减少。

3.3 土地利用/土地覆被变化的驱动力

研究地区的土地利用/土地覆被状况在过去 30 多年间发生了重大变化，这种变化包括了空间格局变化和不同地类的数量变化。导致变化的驱动力涉及生物物理和社会经济两个方面。以 2000 年的土地利用/覆被状况为基础，通过 Logistic 逐步回归的方法，所确定的主要驱动因素及其定量关系如表 3 所示。

表 3　Logistic 逐步回归结果（β 值）

Table 3　Results of Logistic regression for different land types

驱动因子 \ 地类		耕地	林地	草地	水域	建设用地	未利用地
海拔		−0.141	−0.148	0.166	−0.148	−0.223	0.711
坡度	<5°	0.868	−1.507	0.984	3.168		
	5°～15°	0.325	−0.807	0.614	1.606		
	15°～25°					−7.946	−0.327
	>25°		0.350	−0.351			−2.553
坡向	平地						1.556
	北坡	−0.441					
	东坡		−1.082	1.003			
	南坡	0.337	−1.641	1.486		1.608	−0.438
	西坡		−0.588	0.564			−0.763
距离	到村级以上公路的最近距离	−0.229	−0.015				0.112
	到村级公路的最近距离	−0.539	0.095	−0.061			
	到城镇居民点的最近距离		0.007	−0.009		−0.479	0.039
	到河流的最近距离	0.248	−0.270	0.177			−0.483
	到湖岸线的最近距离	0.045	0.010		−0.284		−0.049
β_0		1.658	6.561	−7.342	−1.213	2.772	−35.180
ROC 值		0.873	0.794	0.782	0.844	0.978	0.927

在表 3 中，原有地类被合并为耕地、林地、草地、水域、建设用地和未利用地 6 大类。候选驱动因素包括了地形（含坡度、坡向）、海拔、水系等生物物理因素，以及主要反映社会经济因素的道路交通体系、城镇和居民点分布等。这些因素又被细化成 15 个因子。每个因子对不同地类的影响是不同的。其中许多因子的影响是借助距离这个指标间接反映的。例如，耕地的分布除了与地形、土壤、海拔等有密切关系外，也可能与居民点、道路及水源的远近有关；而林地的分布除了自然地理因素外，考虑到森林采伐后的运输，还应与道路、河流等因素有关，而且还应考虑道路的等级等。

通过考察各个地类的每个栅格与各种因子关系的密切程度，最终筛选出各地类的主要驱动因素并确定了它们之间的定量关系（表 3）。

表 3 中，β 值是 Logistic 方程的解释变量系数，它同时确定了各地类（因变量）与驱动因子（解释变量）的定量关系。但不同的解释变量对因变量的影响程度是不同的，其影响程度可以用 β 系数的以 e 为底的自然幂指数，即 $\exp(\beta)$ 作为衡量指标（王济川等，2001）。$\exp(\beta)$ 表示事件的发生频数与不发生频数之比，这里表示解释变量每增加一个单位，土地类型发生比的变化情况（$\exp(\beta)<1$，发生比减少，$\exp(\beta)=1$，发生比不变，$\exp(\beta)>1$，发生比增加）。例如，在表 3 中，耕地的 Logistic 回归方程包括了 9 个解释变量，按 $\exp(\beta)$ 值大小排列依次为：坡度<5°的坡地（2.381），南坡（1.4），坡度在 5°～15°之间的坡地（1.385），到河流的最近距离（1.281），到湖岸线的最近距离（1.046），海拔（0.869），到村级以上公路的最近距离（0.795），北坡（0.644），到村级公路的最近距离（0.583）。

从中可以看出，耕地在南坡出现的比率远高于在北坡出现的比率。同样，耕地在坡度<5°

的坡地上出现的比率要高于坡度在5°～15°的坡地。

林地的Logistic回归方程包括了12个解释变量，按exp(β)值大小排列依次为：坡度＞25°的坡地(1.419)，到村级公路的最近距离(1.100)，到湖岸线的最近距离(1.010)，到城镇居民点的最近距离(1.007)，到村级以上公路的最近距离(0.985)，海拔(0.863)，到河流的最近距离(0.764)，西坡(0.556)，坡度在5°～15°的坡地(0.446)，东坡(0.339)，坡度＜5°的坡地(0.222)，南坡(0.194)。

草地的Logistic回归方程包括了10个解释变量，按exp(β)值大小排列依次为：南坡(4.417)，东坡(2.726)，坡度＜5°的坡地(2.676)，坡度在5°～15°的坡地(1.848)，西坡(1.757)，到河流的最近距离(1.193)，海拔(1.180)，到城镇居民点的最近距离(0.991)，到村级公路的最近距离(0.941)，坡度＞25°的坡地(0.704)。

对于其他地类及解释变量之间的关系也可作同样的分析。

对回归结果的检验，采用了Pontius等提出的ROC(Relative Operating Characteristics)方法(R. Gil Pontius Jr. *et al.*，2001)。通常，当ROC值大于0.7时，可以认为所确定的驱动因素具有较好的解释能力。这里，对各地类所作的回归分析结果，ROC值均在0.78以上。

从研究地区过去几十年土地利用/土地覆被变化的实际情况看，主要驱动力除了以上的生物物理和社会经济因素外，更重要的还在于宏观政策因素。但政策因素通常难以做定量分析，只能借助历史资料作定性的分析。因为该地区土地利用/土地覆被变化主要是由森林采伐推动的，而森林采伐活动明显地受政策驱动。这一点已经反映在有林地斑块空间特征的变化上。

从历史资料(金川县志，1994；壤塘县志，1997；马尔康县志，1997)来看，1950年代之后，研究地区大量以采伐为主要目的国营林业企业的建立，成为森林减少的主要原因。据马尔康县志记载：1956年后，在县境内森工企业单位有马尔康林业局、龙尔甲林业局、大金林业局党坝伐木场、观音桥林业局木尔宗伐木场、州林业局牙尔珠林场、马尔康县林场等。凡是森工部门采伐的地方均实行毁灭性的全面皆伐，实行剃光头办法，凡是已采伐的地方都成了光秃秃的荒山。迹地更新工作也未跟上，截至1974年底，森工企业共采伐森林36 235 hm^2，出材8 464 088 m^3。而迹地更新面积18 844 hm^2，占应更新迹地的47.5%。至1990年，马尔康县境内用材林的云杉、冷杉等已采伐得仅剩几千万立方米；据金川县志记载：金川县境内有大金林业局、观音桥林业局、县综合林场等林业企业。自1958年至1988年，大金林业局和观音桥林业局累计采伐森林面积为45 080 hm^2，木材数量9 384 469 m^3。壤塘林业局1959—1982年处于采伐高峰时期。最高年采伐量达20.41万m^3。1985年，采伐量和交材任务开始下降。1958—1990年采伐面积为1.146万hm^2，采伐原木37.5万m^3，水运交材累计341万m^3。

由此可见，导致森林面积大量减少的主要原因是国家长期以来施行的林业政策。鉴于当地人口密度偏低和传统上以放牧为主的生产生活方式，真正由当地居民经济活动导致的土地覆被变化并不十分突出。

自1998年长江流域发生特大洪水之后，国家开始实施天然林保护工程和退耕还林政策。这使得大渡河上游地区的土地利用/土地覆被状况发生了根本变化，主要表现在，森林采伐停止，造林面积增加，耕地面积减少，地表植被迅速恢复，水土流失现象明显减少。这种变化从另一个方面说明，在当前和未来相当长的时期内，政策在土地利用/土地覆被变化中仍将发挥主导作用。

4 结论与讨论

大渡河上游地区的土地利用/土地覆被状况在1967—2000年的33年间发生了重大变化，从以林地为主转变以草地为主。这种变化主要是由国家政策主导下的森林采伐活动所推动。这一点反映在景观格局的变化特征上，尤其表现在有林地斑块在破碎化过程中规则性不断增强上，同时也是对1950年代以来历史资料分析的结果。

在LUCC驱动力方面，本文主要从空间分析的角度确定了大渡河上游地区的主要驱动力。因为驱动力的作用通常与尺度有关，因此，空间分析的方法对于研究驱动力的尺度动态具有十分重要的作用。通过改变空间分辨率考察驱动力及其作用是否发生变化，可以更全面和深入地了解LUCC的驱动机制。

LUCC驱动力数量众多且复杂，如何用定量的方法确定主要驱动力及其随空间的变化，一直是一个难以处理的问题。本研究借助距离这个指标，巧妙而独特地表达了多种驱动因素的空间影响。例如，城镇是人口、经济、文化等因素的积聚中心，它对当地土地利用/土地覆被的影响，通常随距离大小而变化。因此，距离城镇的远近就成了一个综合表达社会经济影响的重要指标。此外，距离公路、水源、居民点的远近也都不同程度上对林地、耕地、建设用地的变化发挥着作用。

本文在确定不同地类主要驱动力及其定量关系的同时，还确定了这些驱动力对相应地类作用的相对大小，这对于深入认识研究地区的LUCC驱动机制是一个重要贡献。

大渡河上游地区土地利用动态模拟分析*

Simulation of Land Use Dynamics in the Upper Reaches of the Dadu River

Abstract: Based on remote sensing imageries of 1967, 1987 and 2000, and a digital elevation model with a scale of 1 : 250000, the key forces driving land use change and controlling land use pattern in upper reaches of the Dadu River are found out from such biophysical and socioeconomic factors as terrain, elevation, roads, water system, urban and rural residential areas, and then the probability maps for each land use type are created by using Logistic stepwise regression, of which the goodness of fit is evaluated for all equations with the ROC(Relative Operating Characteristics) method. In this study, CLUE-S model which has the capability of modeling changes in quantity and location simultaneously, is applied to simulate temporal and spatial changes in land use from 1967 to 1987 and from 1987 to 2000 for an area of 18665 km^2 which covers the counties of Rangtang, Jinchuan and Maerkang. Comparisons for validation between simulated land use maps and actual land use maps of 1987 and 2000 find that Kappa index reaches to 0.86 and 0.89 respectively, which indicate a successful simulation. For a better understanding of the future land use changes in the region, the same model is further put into application to predict spatial distribution of land use changes in 2010 for three scenarios associating with current governmental policy of "grain to green". The results of scenario analysis demonstrate that CLUE-S model can play key roles in land use planning and ecological construction, and is also a key part of decision-support system. In the scenario analysis, the changes in quantity are specified on purpose, and thus the simulation focus on land use changes in location. This is because land use and cover changes in upper reaches of the Dadu river are mainly driven by policies, especially for forest land and cultivated land, and changes in area are usually determined by government. Therefore, such an application of CLUE-S model is more suitable to regions characterized by policy-driven land use change, in which once the changes in quantity, such as areas of forest cutting, aforestation, grazing-forbidden, or planed reserves, are specified, then their changes in locations can be predicted with the same model. Furthermore, the spatial resolution of modeling can reach to a level of single grid cell.

土地利用/土地覆被变化(Land Use/Land Cover Change,简称 LUCC)是当前全球变化研究的重要方面(IGBP/HDP, 1995;李秀彬等,1996;蔡运龙,2001)。其中,通过案例探讨 LUCC 的驱动机制并进行模拟预测是研究的核心内容之一(Skole *et al.*, 1994; 张惠远等,1999;李平等,2001;鲁奇等,2001;朱会义等,2001)。目前,有关 LUCC 的主要模型及功能可

---

* 由摆万奇(Bai Wanqi)、张永民(Zhang Yongmin)、阎建忠(Yan Jianzhong)和张镱锂(Zhang Yili)完成,原载于《地理研究》,2005,24(2):206-212,图版 3。

以概括为:用描述性模型预测未来的土地利用/土地覆被变化;应用经验模型解释土地利用/土地覆被变化;应用空间统计模型预测未来空间格局的变化;用动态生态系统模型(dynamic ecosystem models)检验未来土地利用/土地覆被变化的不同情况和应用经济模型设计政策干预(Lambin,1997)。由于各类模型所具有的功能不同,因此,将多种模型的优点结合起来构建综合模型用于研究 LUCC 的驱动机制并进行动态模拟是一个重要方向。这方面,近年来出现的 CLUE-S 模型(Veldkamp *et al.*, 1996; Verburg *et al.*, 2002; 张永民等,2003a,2003b)是一个较好的代表,它具备同时预测土地利用/土地覆被数量和空间位置变化的能力。本文以大渡河上游地区为案例,以 CLUE-S 模型为基础,开展土地利用变化的模拟分析。

1 研究地区概况

以大渡河上游地区的金川、壤塘和马尔康三县为研究区域,面积 18 665 km^2(包维楷等,2002a;摆万奇等,2004)。该地区代表性植被类型为亚高山针叶林,主要分布于高山峡谷区,是我国西南主要林区之一。河谷地带则是以玉米、小麦、雪梨等为主的农果业。林线以上和广阔的山原区属传统牧区。在过去 40 多年间,该地区由于大量的森林采伐活动,森林资源下降迅速(李承彪,1990;包维楷等,2002a,2002b;摆万奇等,2004),加上广泛的陡坡开荒和过度放牧,曾经导致十分严重的水土流失。但自 1998 年国家实施天然林保护工程和退耕还林还草政策以来,生态环境已有明显改善。

2 研究方法

2.1 数据来源与处理

研究使用的主要数据包括 1967 年、1987 年和 2000 年 3 期土地利用/土地覆被数据和 1∶25 万数字高程模型。其中,1967 年的数据是从航空照片和当年的 1∶10 万地形图中提取;1987 年和 2000 年两期数据来自同期 TM 卫星遥感资料(131-38,1986 年 11 月 2 日,1999 年 4 月 12 日;132-38,1987 年 11 月 12 日,2000 年 3 月 28 日;132-37,1986 年 11 月 9 日,2000 年 3 月 28 日)(Yan *et al.*, 2005)。遥感数据的处理采用了非监督分类和目视解译相结合的方法。比例尺为 1∶100 000,最小图斑 4 mm^2。通过非监督分类准确地划分了地类,再根据土地覆被类型的演替规律,建立了土地覆被变化规则,并根据这些规则进行图斑属性修正。如高山栎不会演替为圆柏,圆柏砍伐后也不会演替为高山栎,次生林和草甸不会演替为原始林,但山原区冷杉林采伐和火烧后会演替为草甸等。通过实地验证和与林相图的比较表明,遥感图像解译的总准确率达到了 97.5%。

同时,在 ArcGIS 平台下数字化地形图、交通图等图件,得到了地形、海拔、水系、道路交通体系、城镇和居民点等数据。对三期土地利用数据,按照 500 m×500 m 的空间分辨率,分别对主要土地利用类型逐期随机抽取了 20000 个栅格,运用 Logistic 逐步回归分析,最终确定与各个地类关系最为密切的因子。

2.2 模拟方法

2.2.1 空间分析

根据土地利用空间分布状况和候选驱动因素数据，运用 Logistic 逐步回归对每一栅格可能出现某一土地利用类型的概率进行诊断。

$$\log\left(\frac{P_i}{1-P_i}\right)=\beta_0+\beta_1 X_{1,i}+\beta_2 X_{2,i}+\cdots\cdots+\beta_n X_{n,i} \tag{1}$$

式中：P_i 表示每个栅格可能出现某一土地利用类型 i 的概率，X 表示各候选驱动因素。通过逐步回归，筛选出对土地利用格局影响较为显著的因素。最终得到各土地利用类型的空间分布概率示意图。

2.2.2 CLUE-S 模型

CLUE-S 模型是荷兰瓦赫宁根大学由 P. H. Verburg 等科学家组成的“土地利用变化和影响”研究小组在其较早的 CLUE 模型基础上创建并于 2002 年 7 月推出的。与 CLUE 模型相比，CLUE-S 模型是基于高分辨率（一般大于 1 km×1 km）空间图形数据构建的，适用于中小尺度土地利用变化研究（张永民等，2003b）。该模型由两个主要模块组成，一个是非空间模块，另一个是空间模块。非空间模块通过对社会经济及政策法规等土地利用变化驱动因素的分析，计算研究地区不同类型土地利用的数量变化；空间模块则是根据各种驱动因素计算每个空间单元（栅格）的概率。最后，在综合分析土地利用的空间分布概率适宜图、土地利用变化规则和初期土地利用分布现状图的基础上，根据总概率大小对土地利用的数量变化进行空间分配，从而实现对土地利用时空变化的动态模拟。

3 结果与分析

3.1 Logistic 回归结果

地类划分采用的是中国科学院资源环境数据中心的分类系统。将土地利用类型按一级分类进行合并后得到耕地、林地、草地、水域、建设用地和未利用地 6 个大类。候选影响因子选取了地形、海拔、水系、道路交通体系、城镇和居民点分布等对土地利用分布格局影响较大且相对稳定的因素。表 1 是 2000 年各地类的 Logistic 逐步回归结果。

表 1 中，β 值是 Logistic 方程的解释变量系数。而解释变量对因变量的影响程度可以用 exp(β)作为衡量指标（王济川等，2001）。exp(β)表示事件的发生频数与不发生频数之比，这里表示解释变量每增加一个单位，土地利用类型发生比的变化情况。例如，在表 1 中耕地的 Logistic回归方程包括了 9 个解释变量，按 exp(β)值大小排列依次为：$<5°$的坡地（2.381），南坡（1.4），$5°\sim15°$之间的坡地（1.385），到河流的最近距离（1.281），到湖岸线的最近距离（1.046），海拔（0.869），到村级以上公路的最近距离（0.795），北坡（0.644），到村级公路的最近距离（0.583）。从中可以看出，耕地在南坡出现的比率远高于在北坡出现的比率。同样，耕地在坡度$<5°$的坡地上出现的比率要高于坡度在 $5°\sim15°$之间的坡地。

表 1　2000 年各土地利用类型的 Logistic 逐步回归结果（β 值）

Table 1　Results of Logistic regression for different land use types in the year of 2000

驱动因子 \ 地类		耕地	林地	草地	水域	建设用地	未利用地
海拔		−0.141	−0.148	0.166	−0.148	−0.223	0.711
坡度	<5°	0.868	−1.507	0.984	3.168		
	5°～15°	0.325	−0.807	0.614	1.606		
	15°～25°					−7.946	−0.327
	>25°		0.350	−0.351			−2.553
坡向	平地						1.556
	北坡	−0.441					
	东坡		−1.082	1.003			
	南坡	0.337	−1.641	1.486		1.608	−0.438
	西坡		−0.588	0.564			−0.763
距离	到村级以上公路的最近距离	−0.229	−0.015				0.112
	到村级公路的最近距离	−0.539	0.095	−0.061			
	到城镇居民点的最近距离		0.007	−0.009		−0.479	0.039
	到河流的最近距离	0.248	−0.270	0.177			−0.483
	到湖岸线的最近距离	0.045	0.010		−0.284		−0.049
β_0		1.658	6.561	−7.342	−1.213	2.772	−35.180
ROC 值		0.873	0.794	0.782	0.844	0.978	0.927

林地的 Logistic 回归方程包括了 12 个解释变量，按 exp(β)值大小排列依次为：坡度>25°的坡地(1.419)，到村级公路的最近距离(1.100)，到湖岸线的最近距离(1.010)，到城镇居民点的最近距离(1.007)，到村级以上公路的最近距离(0.985)，海拔(0.863)，到河流的最近距离(0.764)，西坡(0.556)，坡度在 5°～15°的坡地(0.446)，东坡(0.339)，坡度<5°的坡地(0.222)，南坡(0.194)。

草地的 Logistic 回归方程包括了 10 个解释变量，按 exp(β)值大小排列依次为：南坡(4.417)，东坡(2.726)，坡度<5°的坡地(2.676)，坡度在 5°～15°的坡地(1.848)，西坡(1.757)，到河流的最近距离(1.193)，海拔(1.180)，到城镇居民点的最近距离(0.991)，到村级公路的最近距离(0.941)，坡度>25° 的坡地(0.704)。

对于其他地类及解释变量之间的关系也可作同样的分析。

对回归结果的检验，采用了 Pontius 等提出的 ROC(Relative Operating Characteristics, ROC)方法(Pontius, 2000; Pontius *et al.*, 2001a, 2001b, 2002)。通常，当 ROC 值大于 0.7 时，可以认为所确定的驱动因素具有较好的解释能力。这里，对 3 期数据中各地类所作的回归分析结果，ROC 值均在 0.78 以上。在取得较为满意的回归结果后，计算出了每个地类单元的概率，从而得到各个时期土地利用的空间分布概率适宜图。

3.2　土地利用变化的空间模拟结果

应用 CLUE-S 模型进行空间模拟，是在综合分析土地利用的空间分布概率适宜图，土地利用变化规则和研究初期土地利用分布现状图的基础上，根据总概率大小对土地利用需求进行空间分配的过程。首先以1967年的土地利用空间数据为基础，模拟1987年的土地利用空间状况，并用1987年的实际土地利用图对模拟结果进行检验（图1）；第二次模拟是以1987年的实际土地利用空间数据为基础，模拟2000年的土地利用空间状况，并用2000年的实际土地利用图对模拟结果加以检验（图2）。从模拟图与现状图的直接对比可以看出，模拟效果较为理想，尤其是两者在主要地类如草地、林地和耕地上的分布基本吻合。

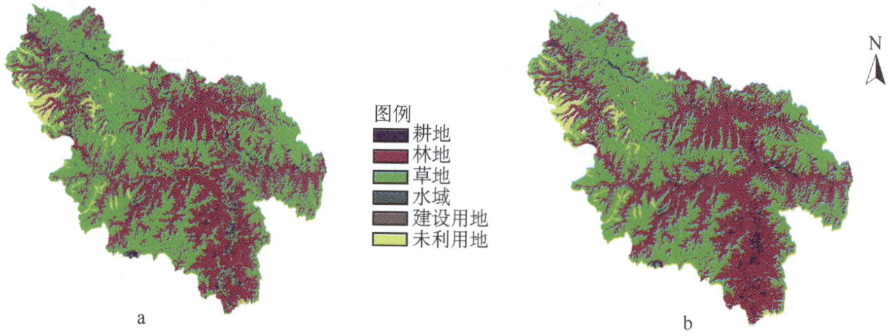

图1　1987年土地利用现状图(a)和模拟图(b)

Figure 1　Comparison of actual land use map(a) and simulated map(b) of 1987

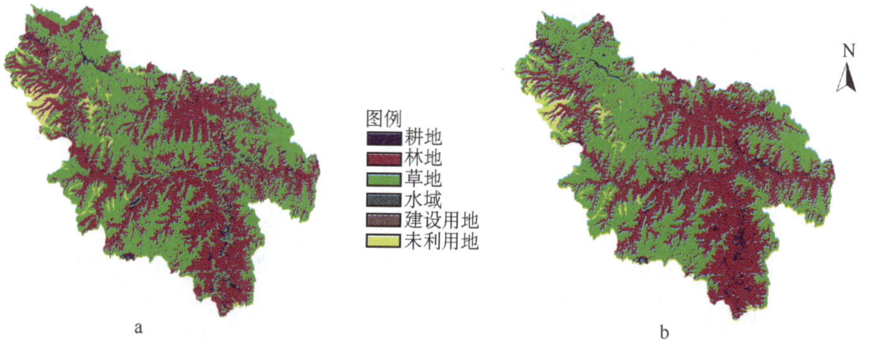

图2　2000年土地利用现状图(a)和模拟图(b)

Figure 2　Comparison of actual land use map(a) and simulated map(b) of 2000

另外，可以用Kappa指数（Pontius，2000）定量地反映模拟效果：

$$Kappa=(Po-Pc)/(Pp-Pc) \tag{2}$$

式中：Po 为正确模拟的比例（observed proportion correct）；Pc 为随机情况下期望的正确模拟比例（expected proportion correct due to chance）；Pp 为理想分类情况下正确模拟的比例（Proportion correct when classification is perfect）。

根据1967年的数据模拟1987年土地利用状况时，模拟正确的栅格数为65302个，占总栅格数的87.921%；由于共有6个地类，每个栅格随机模拟情况下的正确率 $Pc=1/6$，故：

$$Kappa=(Po-Pc)/(Pp-Pc)=(0.879\,21-0.166\,667)/(1-0.166\,667)=0.855\,087。$$

根据1987年的数据模拟2000年土地利用状况时，模拟正确的栅格数为67483个，占总栅格数的90.877 6%。同样可计算出：

$$Kappa=(Po-Pc)/(Pp-Pc)=(0.908\,776-0.166\,667)/(1-0.166\,667)=0.890\,531。$$

可见，两次模拟的Kappa值均达到了较高水平，模拟结果是令人满意的。

需要指出的是，模拟过程主要应用了 CLUE-S 模型的空间模块，其模拟数量变化的非空间模块并未采用。这是因为大渡河上游地区的土地利用状况受政策的影响很大(摆万奇等，2004)，其数量变化难以用统一的模型描述。因此，在实际模拟中，土地利用的数量变化是根据相邻两期的现状图得到的，而逐年的变化量则是通过线性内插法获得。这里的模拟结果主要反映的是土地利用变化的空间分布状况。

3.3 未来土地利用变化情景

鉴于 CLUE-S 模型较好地模拟了 1967—1987 年和 1987—2000 年大渡河上游地区土地利用的时空变化，因此，将之用于该地区未来的土地利用情景分析也是可行的。这里，以 2000 年的实际土地利用数据为基础，结合大渡河上游地区正在实施的退耕还林政策情况，设计三种情景，对未来的土地利用时空变化进行模拟预测。

方案 1：根据坡度在 15 度以上的耕地数量，确定到 2010 年时，退耕还林面积 22 275 hm^2；同时建设用地面积增加 20%；

方案 2：根据坡度在 25 度以上的耕地数量，确定到 2010 年时，退耕还林 7 425 hm^2；同时建设用地面积增加 20%；

方案 3：到 2010 年时，耕地全部退为林地，同时建设用地增加 20%。

模拟结果如图 3 所示。

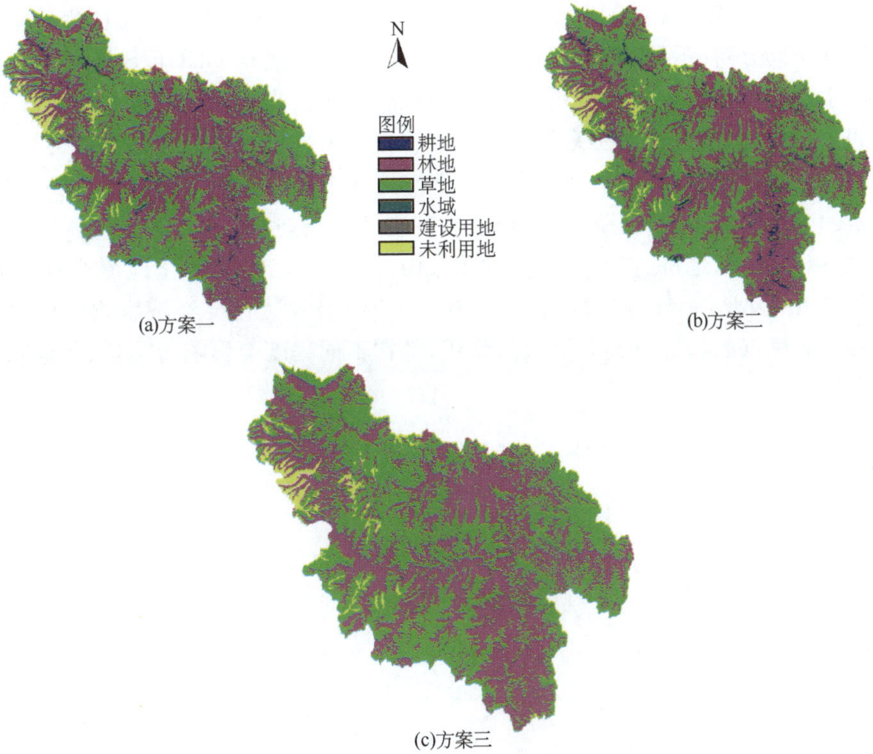

图 3 土地利用变化情景对比

Figure 3 Comparison of different land use change scenarios

从三种方案的模拟结果可以看出，当退耕还林的面积数量确定后，CLUE-S 模型可以较为准确地模拟其空间位置的变化，从而为方案的实施创造条件。对于各方案的优缺点与可行性的论证，需要在实际应用中结合当地的具体情况进行，这里无法作进一步的分析。但是，对未来土地利用变化情景的模拟，显示了 CLUE-S 模型在指导土地利用规划与生态环境建设方面具有重要作用，可以作为决策支持系统的重要组成部分。

4　结论与讨论

本文以 CLUE-S 模型为基础，模拟了大渡河上游地区 1967—1987 年和 1987—2000 年土地利用的时空变化，并用同期的土地利用现状图对模拟结果进行检验。直观对比和 Kappa 指数均表明，模拟取得了良好效果。这说明 CLUE-S 模型适用于该地区的 LUCC 研究，将其用于模拟未来的土地利用变化也是可行的。

CLUE-S 模型的重要特点是可以同时模拟土地利用的数量变化和空间位置变化，但在本文中，模拟的重点在于土地利用空间分布的变化。这是因为，到目前为止，大渡河上游地区的土地利用/土地覆被变化仍然以政策驱动为主，尤其是林地和耕地面积的变化。因此，在对未来土地利用空间变化的模拟预测中，是按不同的政策情景先确定数量变化的。这种处理对于政策主导型的土地利用变化更有实际意义。例如，一旦确定了森林采伐数量、造林面积、封山育林面积、禁牧面积，或者规划了自然保护区面积等，都可以用同样的方法预测其空间位置的变化，而且，其空间分辨率可以精确到单个的栅格水平。这使得 CLUE-S 模型在实际的土地利用规划和生态环境建设方面具有重要作用，可以作为决策支持系统的重要组成部分。

在空间分析中，本文应用遥感数据和数字高程模型所提供的自然地理和社会经济信息，应用 Logistic 逐步回归方法，确定了制约大渡河上游地区土地利用变化的主要因子。其中，对社会经济因素的处理借助了距离指标定量地表达其空间影响，这是该方法比较独特和巧妙的地方。例如，城镇是人口、经济、文化等因素的积聚中心，它对土地利用/土地覆被的影响，通常随距离大小而变化，因此，距离城镇的远近就成了一个综合表达社会经济影响的重要指标。此外，距离公路、居民点的远近也具有类似的作用，都在不同程度上影响着林地、耕地和建设用地等地类的变化。

大渡河上游地区土地覆被动态变化的尺度效应*

The Scale Effect of Land Cover Dynamics in the Upper Reaches of Dadu River

Abstract: Based on remote sensing imageries of 1967, 1986, 2000 and 2006, and 40 grains from 50 m to 2 000 m with 50 m interval, the scalar dynamics of land cover change in the upper reaches of Dadu River is analyzed through landscape metrics. The Results show that :1) Area precisions of different land cover types are significantly affected by scales. When grain changes at the range of 50～1 000 m, the proportions of area in each land cover type to total area are consistent, however, a big difference in the proportions occurs when grain is bigger than 1000 m. 2) Landscape metrics have obvious "grain effect". When grain changes between 50 m and 800 m, the values of landscape metrics such as number of patch(*NP*), total edge length(*TE*), contagion index (*CONTAG*) and landscape shape index (*LSI*) decrease along with; when larger than 800 m, the decreases slow down. 3) Fractal dimension has obvious scalar features in landscape level. It increases with increased spatial scales during the whole periods. When grain changes at the range of 50～500 m, the fractal dimension monotonously increases rapidly; when grain changes between 500 m and 800 m, the increase becomes general, and further more, when grain is between 800 m to 2 000 m, the fractal dimension becomes stable. Combined with the changing trends of land cover patterns, landscape metrics and fractal dimension, we conclude that the grain of 800 m is an ideal scale which can keep relatively accurate area information and reflect typical features of land cover change in the study area.

尺度动态是土地利用/土地覆被变化研究的两个重要综合活动之一(Turner *et al.*,1995;倪绍祥,2005)。20 世纪后期以来自然地理学和生态学所经历的各种变化与革新,包括野外实验设计技术和精度的改善、以数学方法和计算机技术发展带来的分析能力大幅提升,以及以遥感为契机的数据获取能力的提高等,无不伴随着对尺度问题认识的提升(Wiens, 1989; Levin, 1992; Schneider *et al.*, 2001),尤其是 20 世纪 80 年代以来景观生态学的迅速发展,更促使研究者对尺度问题进行了深入探讨。目前,尺度问题是景观生态学研究的前沿领域(Withers *et al.*, 1999),而景观生态学则是阐述生态学中尺度问题的主要推动力(张娜,2006)。

尺度研究的主要目的在于通过适当的观测、分析或模拟尺度揭示和把握现象的规律性(吕一河等,2001),研究内容涉及尺度概念、尺度分析和尺度推绎三个主要方面(张娜,2006)。在景观生态学中,尺度往往用粒度和幅度来表达(邬建国,2000),其中,幅度是指研究对象在空间和时间上的持续范围或长度,粒度则是指景观现象的最小可识别单元或某一现象或事件发生

---

* 由摆万奇(Bai Wanqi)、孙会首(Sun Huishou)和阎建忠(Yan Jianzhong)完成,原载于《自然资源学报》,2009,24(2):335-343。

的频率和时间间隔(Turner M G *et al.*,2001)。一般来说,研究区域的总面积决定了空间幅度,而研究的时间跨度决定了时间幅度,而选择合适的粒度则是尺度分析的重点。

经过数十年的研究,景观生态学对空间尺度的分析已经总结了一系列的理论方法,共分三大类:空间统计方法、景观指数方法和分形维数分析方法。其中,空间统计方法主要适用于数值型数据,景观指数方法和分形维数方法则更加适用于类型数据的分析。目前,有关理想的空间尺度的分析多停留在理论层面,实际的案例研究较少。本文采用景观指数方法和分形维数方法对大渡河上游地区土地覆被变化中的尺度动态规律进行了分析,这将为确定土地覆被变化研究的理想尺度提供重要案例。

1　研究地区概况

大渡河上游地区位于青藏高原东南部、长江的上游,行政上隶属于四川省阿坝藏族羌族自治州。研究区包括壤塘、马尔康和金川三个县,面积 18 665 km²。地理坐标为 100° 31′ 40.30″～102° 40′ 18.98″E 和 31° 4′ 28.23″～31° 41′ 6.29″N。地貌类型分为山原区和高山峡谷区,地势呈西北高、东南低,全区平均海拔为 3 897 m。全年干湿季分明,属大陆性高原季风气候。植被类型以亚高山针叶林、高山灌丛和高山草甸为主。

2　数据与方法

2.1　数据

本研究使用了 1967、1986、2000 和 2006 年 4 期遥感数据,其中,1967 年数据为比例尺 1∶6000的航片数据,1986 年和 2000 年数据为 Landsat TM/ETM 数据,2006 年数据为中巴资源卫星数据(表 1)。前 3 期数据由中国科学院地理科学与资源研究所青藏高原土地变化研究组提供,2006 年数据是在 2000 年数据的基础上,利用目视解译方法,对发生变化的斑块进行修改后获取。根据研究区的实际情况,将研究区的土地覆被分为林地、灌木林、草地、耕地、水域、建设用地、未利用地和果园 8 种类型。

表 1　遥感影像各图幅信息

Table 1　The details of remote sensing imagery

数据类型	分幅号	分辨率*(m)	日期(年-月-日)
Landsat TM/ETM	132/37	30	1986-11-12,1995-05-10,2000-03-28
	132/38	30	1987-11-12,1995-05-10,2000-03-28
	131/38	30	1986-11-02,1999-04-12
中巴资源卫星数据	13/64	19.5	2006-01-31
	13/65	19.5	2006-01-31
	14/64	19.5	2006-01-02
	14/65	19.5	2006-01-28
	15/64	19.5	2005-03-19

注:Landsat ETM 数据的第 8 波段分辨率为 15 m。

2.2 研究方法

选取粒度不同的格网对研究区景观进行空间分析，了解不同尺度下的景观格局体系，从而可以对景观格局的尺度性进行探讨(姚永慧等，2006)。本研究通过设计一系列粒度不同的栅格，运用生态学的景观指数法和分形维数法分析研究区土地覆被变化的尺度动态规律。计算过程采用了目前国际上通行的景观空间格局分析软件包 FRAGSTATS3.3。

2.2.1 格网设计

应用 ArcGIS 平台下 ShapeGrid 命令将数字化后的土地覆被数据转化为栅格形式。为了能够充分地理解粒度大小对景观空间格局的影响，栅格分辨率从 50 m 开始，按照 50 m 依次递加的方法，直至 2 000 m，共生成 40 种粒度的格网。

需要说明的是，ArcGIS 下 SHAPEGRID 命令对栅格划分的时候，当多种景观类型共存于同一个栅格的情况下，选取面积最大的景观类型作为该栅格的属性值。但有时为了保留一些重要的景观类型信息，如河流、道路等，该操作会为所有景观类型建立权重表，权重较大的景观类型则有更大的可能被保留下来。这样会导致部分景观类型的位置和数量发生少量偏移，但却使得景观中的廊道信息得到保留。

2.2.2 景观指数方法

景观指数能够高度浓缩景观格局信息，反映其结构组成和空间配置特征(邬建国，2000)。根据 O'Neill 等(1986)提出的等级理论，景观作为动态斑块镶嵌体，在空间和时间上都表现出高度的复杂性，其常常具有等级结构，在不同的等级上，生态学过程及其约束因素都有很大的差别。一般来说，高等级层次上的生态学过程往往表现为大尺度、低频率、慢速度；而低等级层次的过程则常表现为小尺度、高频率、快速度(Wu *et al.*，1999)。生态学过程表现在景观指数上，往往在尺度发生变化的边界存在不连续的变化，而在稳定的尺度上景观指数则趋于稳定，据此可以判断景观格局是否存在尺度效应及不同尺度间景观格局的变化(Wu *et al.*，2002；Wu，2004)。本文应用景观生态学中的景观指数方法对研究区的景观尺度性格局与动态进行分析(Forman *et al.*，1986；包维楷，2002；Wu，2002；摆万奇，2003)，所采用的景观指数有：斑块数(*NP*)、边界总长度(*TE*)、景观形状指数(Landscape Shape Index，*LSI*)、聚集度(*CONTAG*)、Shannon 多样性指数(*SHDI*)、最大斑块指数(*LPI*)，以及各种景观类型的面积百分比(p_i)等。

2.2.3 分形维数(FD)

分形维数分析法是一种重要的空间尺度分析方法，直观地可以理解为不规则几何形状的非整数维数，而这些不规则的非欧几里得几何形状可以称为分形(邬建国，2000)。近十几年来，关于分形维数方面的研究和计算大量涌现，并解决了许多实际问题(Lam *et al.*，1992；Leduc *et al.*，1994；常学礼等，2003)。严格来说，分形维数也可以看作是一种景观指数，然而由于其在景观尺度格局分析中的重要作用，在尺度分析中往往把它作为一种独立的方法进行讨论(Obeyeskera *et al.*，1997；邬建国，2000；张娜，2006)。

景观格局或过程特征具有分形结构是基于以下思想：小尺度与大尺度上的格局或过程特征具有相似性，而且这些特征值是尺度的幂函数。可见，分形与尺度密不可分(Turner *et al.*，2001)。分形结构最重要的特征之一就是自相似性，即整体结构可由其结构单元的反复叠加而形成。因此，具有分形结构的景观，其斑块性在不同尺度上应该表现出很大的相似性，其相似性可以通过计算在不同尺度域上分维数并观察其数值的变化情况来确定。在同一尺度域上分形维数表现稳定，倘若分形维数随尺度域而改变，那么这些变化点很有可能指示景观具有等级尺度结构。分形维数描述了景观斑块的复杂性，它的计算往往用 Mandelbrot 等(1977)提出的面积(A)与周长(P)的关系(FD)来表示。

3 结果与分析

3.1 尺度对土地覆被格局的影响

当分析的粒度从 50 m 逐渐增加到 2 000 m 时，单个栅格覆盖的面积增大，原本包含多种土地覆被类型的地域被该地域上优势的覆被类型所替代。当粒度大于 1 000 m 后，一些占总面积比例较小的覆被类型，如耕地、未利用地，或者是具有明显廊道性质的覆被类型，如水域等，空间上变得不连续，位置也有部分偏移，原本成片分布的斑块转变为离散的点状分布，面积较大的覆被类型连通性则变得更好。当粒度超过 1 800 m 时，建设用地类型已经从土地覆被类型组成中消失。因此，土地覆被的空间格局随分析尺度的增加而变化，主要表现在空间信息精细程度的明显下降(图 1)。

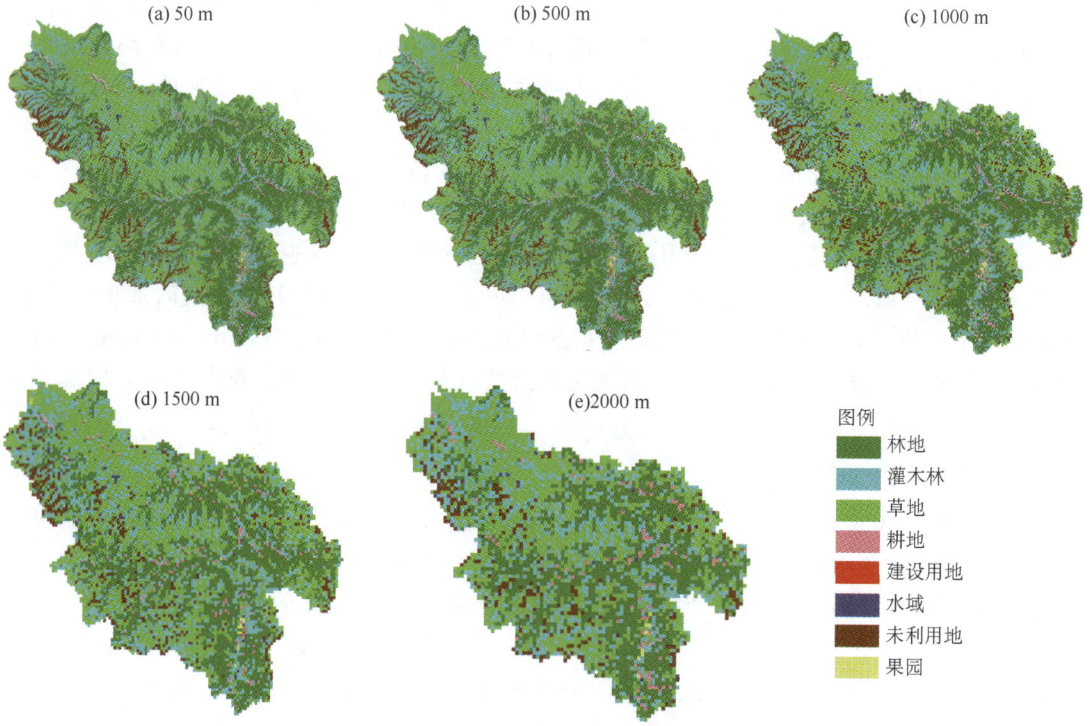

图 1　尺度对土地覆被格局的影响(以 2006 年为例)

Figure 1　Effects of spatial scale on land cover patterns (year 2006)

3.2 尺度对土地覆被类型面积的影响

各种土地覆被类型面积比例对空间尺度变化十分敏感。当粒度在 50～800 m 变化时，各种覆被类型面积比例与其实际面积比例基本一致，只有林地发生了少许波动。当粒度超过 800 m 后，各覆被类型的面积比例波动较为剧烈，林地、灌木林地和草地的面积波动超过了自身面积的 2%，建设用地在粒度大于 1 800 m 后的覆被类型组成中甚至消失。总体来看，当粒度大于 1 000 m 后，各种土地覆被类型的面积比例与其实际面积比例偏差较大(图 2)。

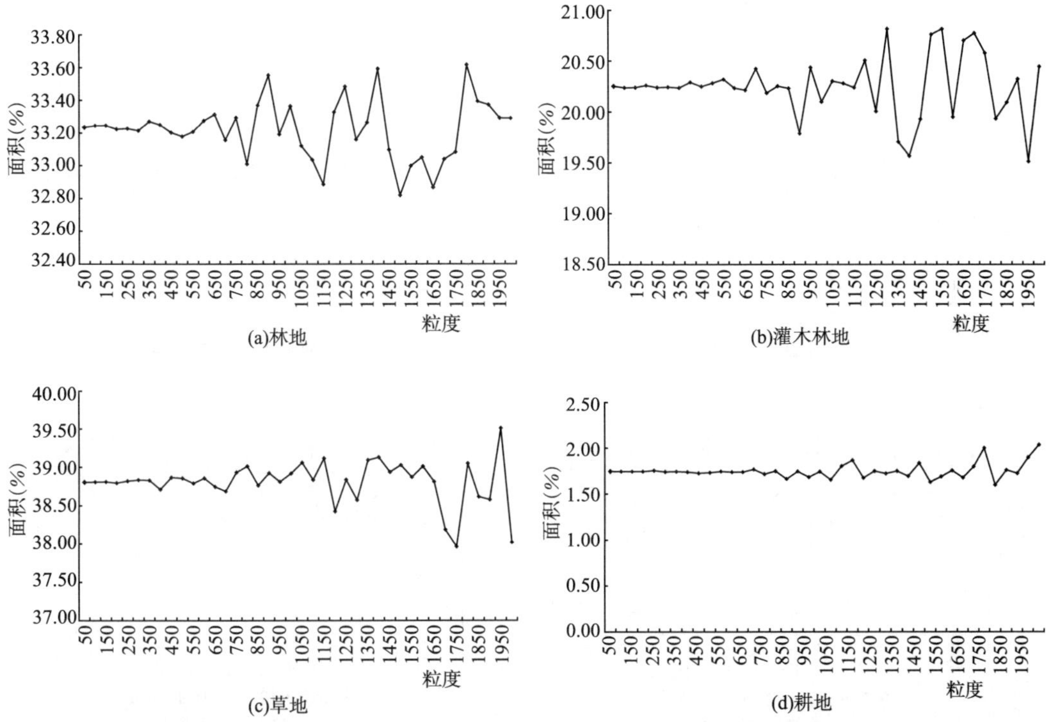

图 2 尺度对土地覆被类型面积的影响(以 2006 年为例)

Figure 2 Effects of spatial scale on the area of land cover types (year 2006)

3.3 尺度对景观指数的影响

对 1967、1986、2000 和 2006 年 4 期土地覆被数据的分析表明，景观指数普遍具有“粒度效应”。景观指数随粒度的变化可以分成两类，一类是具有相同的变化趋势，这包括斑块个数(*NP*)、景观边界总长度(*TE*)、聚集度指数(*CONTAG*)和景观形状指数(*LSI*)。此类指数在粒度 50～500 m 范围内逐渐增大时，指数曲线迅速下降，在 500～800 m 下降速度减缓，大于 800 m 后，曲线趋于稳定。其中，景观聚集度指数在粒度增加到一定程度时有部分异常变化，这是因为该指数不仅与土地覆被类型的空间格局有关，还与土地覆被类型的数目有关，发生异常是由于面积最小的城镇建设用地在这个粒度上从覆被类型组成中消失。第二类指数是随粒度增大没有明显的规律性，这包括 Shannon 多样性指数(*SHDI*)和最大斑块指数(*LPI*)。Shannon 多样性指数在粒度处于 50～1 000 m 范围时，变化曲线相对平稳，但是当粒度超过 1 000 m 后，曲线波动强烈，这是由于此时各种覆被类型的面积比例发生了较大变化所致。最大斑块指数则是在整个粒度序列上都呈现出较大的波动(图 3)。

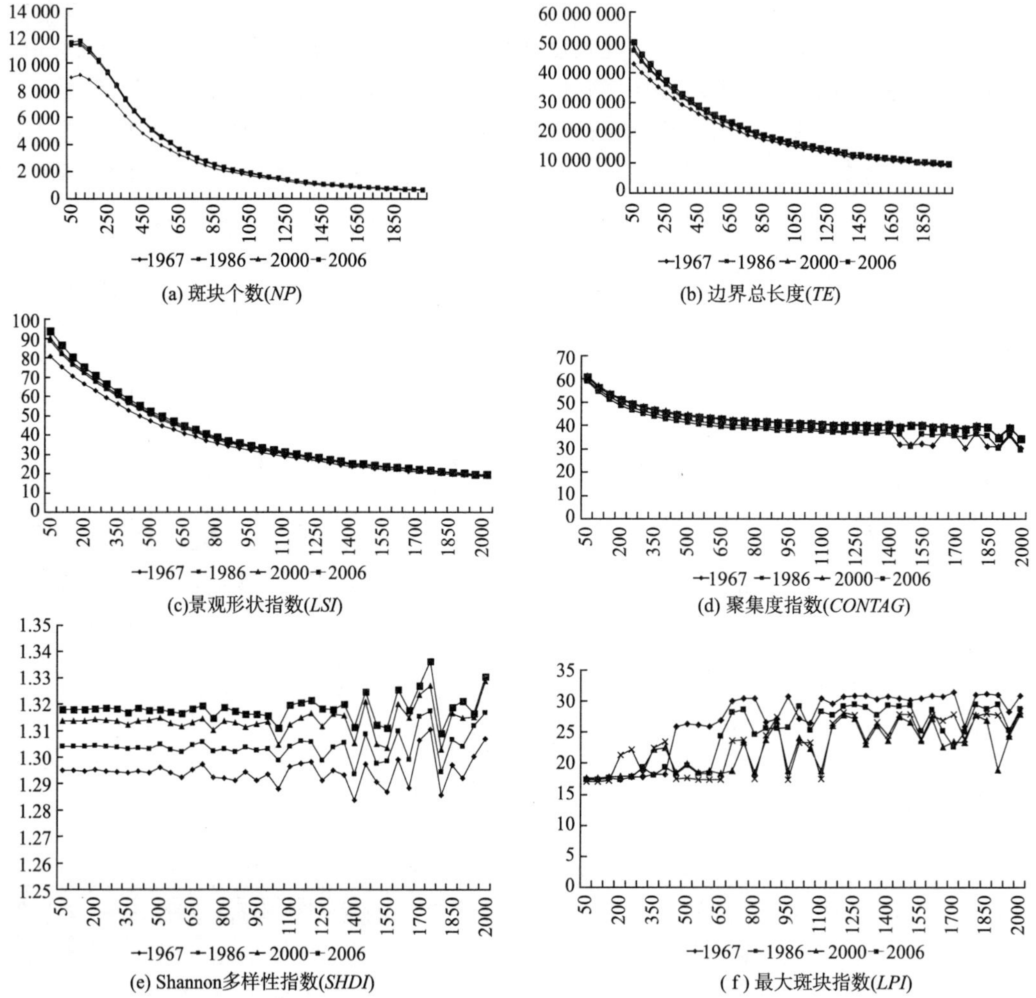

(a) 斑块个数(*NP*)　(b) 边界总长度(*TE*)

(c)景观形状指数(*LSI*)　(d) 聚集度指数(*CONTAG*)

(e) Shannon多样性指数(*SHDI*)　(f) 最大斑块指数(*LPI*)

图 3　尺度对景观指数的影响

Figure 3　Effects of spatial scale on landscape indices

3.4　尺度对分形维数的影响

从景观水平上看,分形维数在整个研究的时间跨度内没有明显的变化,四个时期土地覆被分形维数曲线的变化趋势几乎一致(图 4),具体表现为,在粒度 50～300 m 范围内,分形维数快速单调增加,在 300～800 m 时,增加速度逐渐减缓,大于 800 m 后,变化曲线趋于平稳,这表明在 800 m 以下的粒度范围内缺乏反映土地覆被典型特征的稳定尺度,而 800 m 后则可能存在一个理想尺度。

从单个土地覆被类型上看,不同时期分形维数变化不大,但各覆被类型分形维数随粒度增加的变化趋势却有很大不同(图 5)。其中,面积最大的林地、灌木林和草地与景观水平的分形维数曲线变化趋势基本一致,即在 50～800 m 的粒度范围内分形维数随粒度增大而增大,超过 800 m 后,分形维数曲线趋于稳定。未利用地的分形维数稍有变化,当粒度为 50～100 m

时，分形维数迅速增加，随后增加速度减缓，约为 800 m 时分形维数曲线趋于稳定。耕地的分形维数在 50～800 m 范围内逐渐增加，当粒度超过 800 m 后，则表现出较大幅度的波动。水域和果园分形维数呈现不规则变化，主要原因是由于其面积比例小，斑块面积少，导致分形维数的计算不准确。由于建设用地斑块太小，未对其进行分形维数计算。

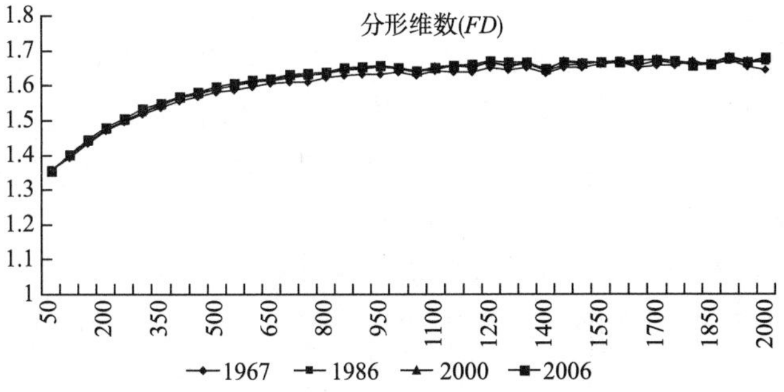

图 4　景观水平上尺度对分形维数的影响

Figure 4　Effects of spatial scale on fractal dimension at landscape level

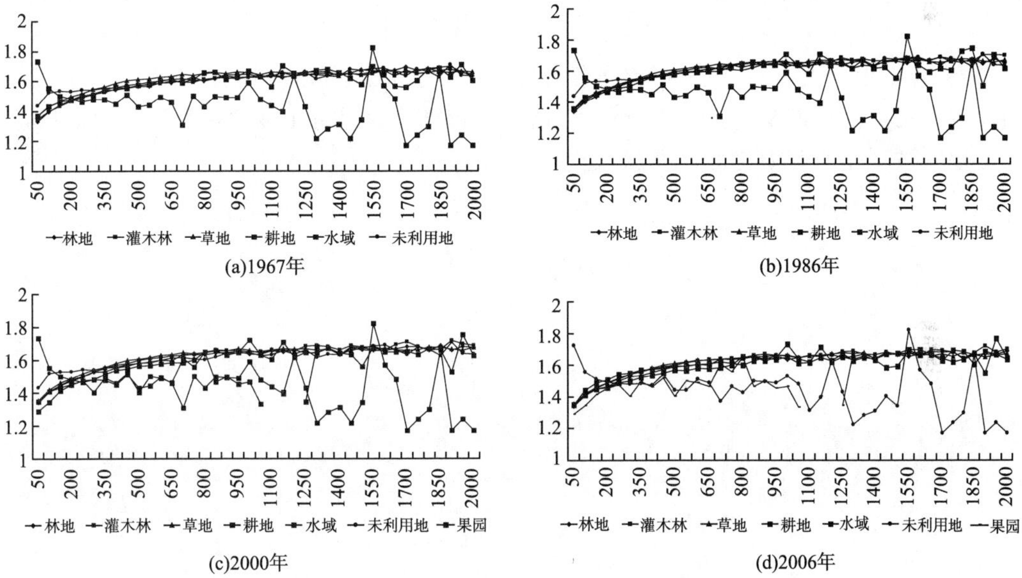

图 5　尺度对不同覆被类型分形维数的影响

Figure 5　Effects of spatial scale on fractal dimension at levels of land cover type

综合景观水平和各覆被类型分形维数的变化规律可以看出，800 m 是反映研究地区土地覆被典型空间特征较为理想的粒度。

4　结论和讨论

(1)不同的空间尺度所反映的土地覆被格局是不同的，这主要是因为尺度变化对空间信息精细程度有较大影响。在大渡河上游地区，当粒度大于 1 000 m 后，面积较小以及廊道性质的土地覆被类型在空间上变得不连续，位置也发生部分偏移，原本连续分布的覆被类型破碎化，而面积较大的覆被类型的连通性变得更好。因此，要正确认识该地区土地覆被及其变化的典型特征，必须选择适当的分析尺度。

(2)尺度对土地覆被类型的面积精度有较大影响。在大渡河上游地区，粒度在 50～1 000 m 的范围时，各种覆被类型面积比例能够与其实际面积比例保持一致，当粒度超过 1 000 m 后，则有较大偏差。因此，为了准确地反映各种覆被类型的面积信息，空间粒度应不大于 1 000 m。

(3)景观指数具有明显的"粒度效应"。其中斑块数目、边界总长度、聚集度指数、景观形状指数在粒度为 50～800 m 时，均呈现出减小的趋势，但在粒度大于 800 m 后变化趋缓，整个变化曲线表现出比较明显的尺度变化特征。Shannon 多样性指数和最大斑块指数呈现出不规则的波动，它反映的是各种覆被类型面积及个别斑块面积在不同尺度下的变化，已有的研究表明，这两个指数往往对粒度的敏感性不高(Turner *et al.*，1989；曾辉等，1998)，难以作为判断尺度特征的指标。

(4)从景观水平上来看，分形维数具有明显的尺度特征，主要表现为分形维数在研究的整个时间跨度内均随尺度增大。其中，在 50～500 m 的粒度范围内，分形维数快速单调增加，在 500～800 m 范围内增加逐渐减缓。当粒度处于 800～2 000 m 范围时，分形维数曲线趋于稳定。

(5)综合土地覆被格局、景观指数和分形维数的变化情况可以看出，选择 800 m 粒度对大渡河上游地区土地覆被及其变化进行考察，既能比较准确地保留土地覆被类型面积信息，又能反映土地覆被变化的典型特征，是较为理想的分析尺度。

大渡河上游林区森林资源退化及其恢复与重建*

Rehabilitation and Degradation for Subalpine Coniferous Forest on the Upper Reaches of Dadu River of Eastern Tibetan Plateau

Abstract: Coniferous forests distributing extensively in the Tibetan Plateau have provided the large number of economic value for national and local development and also have been existed as an ecological safeguard for whole Yangtze River. Large-scale logging coniferous forest resources had resulted in serious environmental problems deteriorating and threatened the ecological safety and sustainable development of the whole Yangtze River Basin in the past decades. Forest logging ban carrying out in 1998 is a dispensable policy-measure contributing on the natural forest protection. But it is absolutely necessary that the actively artificial rehabilitation are implemented on large number of serious degraded clearcut area left because it is difficult for natural regeneration and recovery on those clearcut with accordingly secondary vegetation types. Forest recovery and rehabilitation after logging has been one of major experiences of forest management on the Eastern Tibetan Plateau. Many researches have done in monitoring micro-environmental change of degraded clearcut, suitable tree screening, site preparation, afforestation experiences, etc. Artificial plantation has been identified as the most effective rehabilitation pathway. But few attentions from research were put on large-scale practice in afforestation implemented by local and national forestry institutions and the existing problems remain unclear to date. The present work inspected past practices of forest degradation and artificial rehabilitation in the upper reaches of the Dadu River on eastern Tibetan Plateau. Many people including experts, technicians, foresters, policy-makers, and forest managers, were visited, inquiring timber logging and production process, artificial plantation and forest management. Relevant historical data and information were collected. The plot method was employed to investigate the status of forest generation. We systematically analyzed the forest degradation and rehabilitation in the fragile region. The situation of forest resources were expounded, features of forest degradation and artificial rehabilitation were revealed and the existing major problems were proposed. The countermeasures for promoting forest recovery and rehabilitation also were suggested in this paper.

青藏高原东部地区的亚高山针叶林是该区最具代表性的植被类型之一，是长江上游和青藏高原东部生态安全和环境保护的重要保障，作为全球变化的一个重要的碳源和碳库，对全球变化有着十分敏感的响应。但近40年来大规模的以亚高山森林采伐为核心的资源开发和破坏，导致了区域生态环境急剧恶化、生物多样性丧失、资源急剧减少、山地灾害频繁、水土流失

---

* 由包维楷(Bao Weikai)、张镱锂(Zhang Yili)、王乾(Wang Qian)、摆万奇(Bai Wanqi)和郑度(Zheng Du)完成，原载于《山地学报》，2002，20(2)：194-198。

加剧等一系列的严重退化问题(李承彪,1990;邓枚坤,1992;包维楷等,1995;刘照光等,1995,1997,2000;刘庆等,1999)。区域植被的破坏及生态环境的急剧恶化已成为党中央、国务院和全国各族人民关心的重要国家大事而备受世界瞩目。而焦点之一就是森林的恢复和重建。

青藏高原东部地区森林的破坏最主要的原因是国家有计划的采伐。1998年该区启动了天然林保护工程,禁止采伐天然林,从根本上及时消除了森林退化的主要外部驱动力,对该区森林的恢复重建起到了重要的保障作用。已有的研究表明,森林的退化是外力(人为干扰)驱动并通过森林系统本身内部的抵抗与弹性恢复、整合与调整、胁迫、受害等一系列响应而最终形成的,因此退化是内外因子综合作用的结果(包维楷等,1999,2000)。在退化初期,外部干扰是决定性的关键因素,但在严重退化条件下,决定恢复和重建有效性的却往往是系统本身的(物种)结构和功能变化特性。在这种情况下,消除外来干扰,退化系统往往难于沿着健康的轨道恢复森林状态,而是维持偏途的退化顶极状态,青藏高原东部的亚高山针叶林(包括本项研究的大渡河中上游地区)的退化尤其如此。它们被砍伐后往往形成"红白刺灌丛"、箭竹丛或草丛而停滞于相对稳定的偏途退化状态(史立新等,1988;李承彪,1990;邓枚坤,1992;杨玉坡等,1994;包维楷等,2000)。因此仅仅禁止采伐而消除外来干扰是不够的,远不足以达到恢复该区森林及其生态功能的目的,必须采取积极的恢复和重建技术措施(杨玉坡等,1994)。

采伐迹地上恢复重建森林一直是该区林业经营管理的主要实践活动之一。相关的研究已经表明,在青藏高原东部地区,虽然局部的森林采伐迹地靠自然更新而恢复成功是可能的,但十分缓慢,而要大面积的取得成功则十分困难,人工植苗是目前该区生境退化后最迅速而可靠的恢复重建途径(赖世登等,1987;杨玉坡等,1994;王金锡等,1995;包维楷等,1998),也一直是该区森林经营管理的主要实践活动之一。过去对该区采伐迹地环境变化、造林树种选择、造林技术及其效果等已有大量的研究和报道(赖世登等,1987;李承彪,1990;邓枚坤,1992;王金锡等,1995;包维楷等,1998),但针对规模化恢复重建实践的报道较少,已制约着我们对青藏高原东部地区退化森林恢复重建的正确认识。本文选择青藏高原东部地区典型区域大渡河上游林区,进行了详细的调研,以了解目前该区森林退化及其恢复重建状况,为我们下一步深入研究该区大面积的代表性森林的退化过程及其机制、提出实用而简单的恢复重建技术方法提供理论和实践依据,为国家天然林保护工程顺利而有效地实施提供理论和技术支撑。

1　研究区自然概况

大渡河上游林区在行政上属四川阿坝藏族羌族自治州的金川、马尔康、壤塘三县境内。位于大雪山以东,邛崃山脉以西。属著名的横段山区北段,是青藏高原东部地区典型的高山峡谷区地貌类型,河流深度切割,谷地狭窄,山高坡陡。山岭高度一般在4 000 m左右,高出河谷2 000～2 500 m,部分山岭可达海拔5 000 m。地质为褶皱很强、变质很深的变质岩区,但花岗岩侵入体常有出露。主要岩石有砂岩、页岩、片岩、板岩、千枚岩及花岗岩。前者软性岩石易于风化崩塌,多构成宽浅谷岭,后者硬性岩石,多形成陡坡峡谷。这种陡峭的地形和脆弱的地质结构与表层松散的堆积物是该区山地生态系统脆弱而不稳定特性形成的重要物质基础。本区土壤不仅类型多样,而且有明显的垂直地带性,由下而上分布的主要土类为山地燥褐土、山地棕壤、棕色森林土、灰化土、山地草甸土等。该区由于地势高亢,而属温带季风气候,又因复杂地形重新支配着水、热、光等因子,而形成复杂的地方气候和小气候。气候垂直变化强于水平变化及复杂多样性是本区气候的重要特点。根据三县在河谷区的气象站观测，一般年平均气温约 8～13 ℃，七月平均气温约 15～20 ℃，大于 10 ℃积温在 3 500～3 942 ℃，年降雨量 660～770 mm，但 85%集中于 4—9 月，年均蒸发量在 1 200～1 544 mm，多年平均总辐射量在 120～125 kJ/cm^2。年日照时数在 1 844～2 130 h，降水量小，蒸发量大，气候干旱，日照充足，辐射强，自然植被以干旱河谷灌丛为主；天然林集中分布的中山区气候温凉，年平均气温在 1～5 ℃，大于 10 ℃积温在 900～2 000 ℃，年降水量在 700～1 000 mm，蒸发量比降水量略小或相当；高山地带，气候寒冷，自然植被以灌丛和草甸为主。这种在青藏高原东部季风背景下形成的复杂小气候和立体气候及其变化是该区山地生态系统脆弱而不稳定特性形成的重要气候学基础。从自然植被来看，亚高山、高山森林特别是针叶林是主体（四川植被协作组，1980；四川森林编辑委员会，1992），在稳定山地生态系统中的作用巨大。脆弱的植被破坏后系统功能难以恢复，这是该区山地生态系统脆弱而不稳定特性的重要生物学表征。本文研究对象——林地，分别由三个森工局（壤塘林业局、马尔康林业局和观音桥林业局）和三个县林业局（壤塘县林业局、马尔康县林业局和金川县林业局）进行经营管理。本调查研究即针对上述管理对象及其经营林地而分别进行的。

2 调查研究方法和数据资料采集

为了全面了解该区森林退化和恢复现状，1999 年 6—8 月，我们对大渡河上游的金川、壤塘、马尔康等地区进行了实地调查研究。2000 年 9 月对部分地区又进行了补充调查。同时，访问了该地区林管局、各森工局、各林业局，查阅了大量基层单位的可靠调查资料，深入各局主要林场实地考察了森林状况、采伐情况、人工林重建状况，查阅了大量的人工林更新记录资料、各场森林经营资料；听取了基层单位的业务介绍，访问了林区工人、技术员，调研了目前它们对森林采伐、恢复、人工造林、抚育管理措施等方面存在的问题和经验。对典型林区的森林进行了实地调查，获得群落样地 50 余个，采集土壤样品 80 余个，采集植物标本 800 余号，拍摄森林退化和恢复有关照片 700 余张。从恢复生态学的角度，对所获得的大量数据进行了综合分析。

3 结果分析

3.1 大渡河上游林区森林资源状况及其特点

综合分析表明，几十年来大渡河上游三县的林业用地面积基本不变，为 87.62 万 hm^2，占该区土地面积的 46.42%。森林面积为 41.724 万 hm^2，占该区林地面积的 47.62%左右，占区域面积的 22.11%（森林覆盖率），总的林木蓄积量只有 3 196 万 m^3。表明该区林业用地丰富，但森林覆盖率低，森林资源有限。森林中，成过熟林面积占 78.5%，中幼林面积仅占 15.5%，表明近几十年来该区人工成林面积很小。主要森林是残存的天然暗针叶林（四川植被协作组，1980；李承彪，1990；四川森林编辑委员会，1992），大多呈斑块状（岛状）分布于河流源区、陡坡、山脊、深沟谷等局部地段及自然保护区和风景区内，主要类型有岷江冷杉林、紫果云杉林、落叶松林、圆柏林；另一个森林类型是采伐后自然更新的次生落叶阔叶林，主要分布于海拔 3 300～

3 400 m 以下的高山峡谷区，主要类型有杨桦林、杂阔(桦、杨、槭、樱、柳等)林。人工林主要分布于采伐迹地上，主要类型是川西云杉林、油松林、华山松林、日本落叶松林等。

3.2　森林退化状况及其特点

大渡河上游林区森林退化是严重的。退化最根本原因是长期的过量采伐(图 1)。

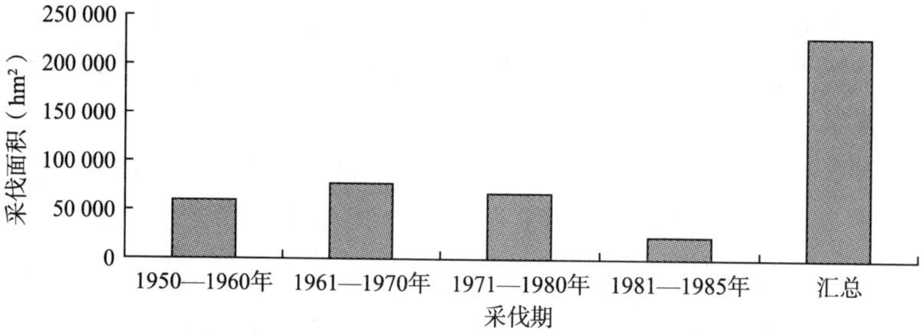

图 1　阿坝州森林集中采伐期(1950—1985 年)的采伐面积变化

Figure 1　Logging area change during 1950—1985 in Aba Prefecture, Sichuan

大渡河上游林区 20 世纪 50 年代初开始大面积采伐，是四川森林开发最早的区域之一(壤塘林业局相对较晚，是 70 年代初建立并开始大面积采伐的)，目前，累计采伐面积已占该区森林面积的 70%以上。放牧、局部的火烧、村镇附近地区的薪材砍伐，以及采伐或火烧后的持续放牧干扰也是退化的根源。退化最为严重的地段是海拔 3 400 m 以上的林地、村周围及干旱河谷区。如果以原始林为参照，至 1999 年 8 月，该区森林退化面积已占该区林地面积的 65.5%。其中，壤塘 60%，马尔康 64%，金川 67%。从近 30 年来的森林退化来看，退化过程如图 2 所示，有如下的一些特点：

1)森林退化速度快。1960 年森林消失了 10%～20%，至 1997 年森林消失了 60%～70%；

2)退化经历了由突变至渐变的过程。森林的采伐使局部的森林环境条件猛烈改变，随着采伐面积的不断扩大，整个林区环境不断恶化，水土流失加剧；

3)退化最为严重的地段发生于干旱河谷区、高峡区上段阳坡和高原(丘)区。这些地段由于生态环境特别脆弱、生境恶劣，森林生长速度缓慢，也是最难以恢复重建的地段；

4)退化后自然恢复难度大，成功的人工恢复重建需要投入强度大。

3.3　大渡河上游林区恢复重建状况与特点

3.3.1　恢复重建的技术方法和管理

在大渡河上游林区森林采伐后人工植苗造林是主要的恢复重建方法，实际应用的技术体系如下：

(1)技术方法：以“人工植苗造林”为主；

(2)造林方式：在采伐后 1～5 年内，直接造林在未及时更新的老迹地、荒山荒坡，通常采用清带造林技术，砍出种植带，再植树造林。具体而言，植坑一般深 20 cm，直径 30～40 cm，三角形配置；4 年生的裸根苗栽植(仅在干旱河谷采用容器苗造林)；

(3)造林树种：川西云杉是亚高山和高山区最主要的造林树种，日本落叶松、桦木仅在局部地段采用；岷江柏是干旱河谷区主要的造林树种。近年来无性繁殖的杨树也是河谷区上段的一个栽培树种；

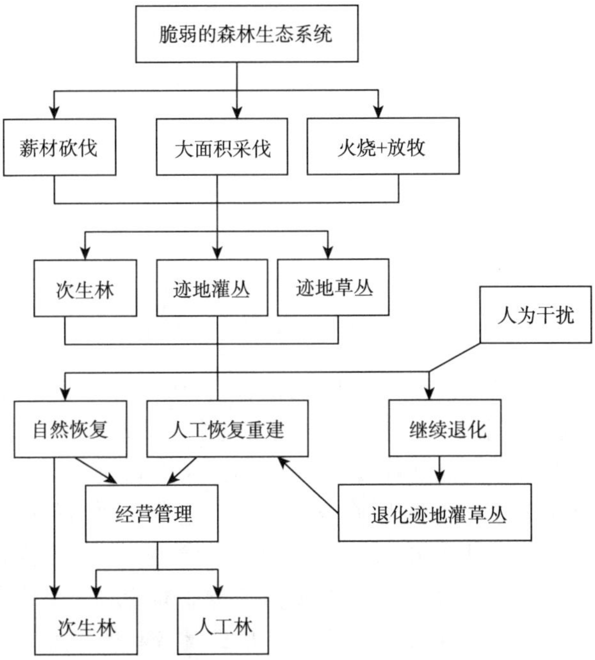

图 2　大渡河上游森林退化与恢复重建过程示意图

Figure 2　Sketch-map for degradation and rehabilitation of forest in the upper reaches of the Dadu River

(4)造林季节：通常在春季雨季来临时，部分河谷区也采用秋季造林；

(5)造林密度：3 300～3 750 株/hm^2，高丘山原区 3 750～4 500 株/hm^2；

(6)抚育：第二年开始连续抚育两次(一年一次)，以后基本上未进行幼林间伐。

调查发现，实际应用的造林技术方法与要求采用的高山营林技术规范(杨玉坡，1985)(标准)不一致。高山峡谷区实际造林密度达 3 900～4 500 株/hm^2，造林后紧接着的抚育效果差。

3.3.2　人工恢复重建的实践与人工林现状

人工恢复重建的实践一直是该区重要的林业生产活动。采种、育苗、造林、抚育与封山育林工作从未停止过。但人工林面积仍然很低。截至 1998 年，马尔康县境内人工林面积仅 51 762.6 hm^2，据实地调查，该区人工林最大林龄是 35 年(1970—1972 年造林的)，而正常人工林郁闭时间为 10～12 年。该县境内人工造林年成功率(郁闭林)不到 3.2%(1 659 hm^2)。而壤塘县境内 1989 年累计人工造林面积 15 940 hm^2，但人工林面积不足 1 600 hm^2，人工林重建成功率仅 10%左右。马尔康林业局施业区内大面积无林地中采伐迹地面积占 72%。最近调查(1999 年)，目前的人工林增加仍然很少。

3.3.3　恢复重建特点

调查表明，近 30 年来大渡河上游林区森林恢复和重建有如下明显的特点：(1)恢复重建的效率低，三县平均成林成功率<30%，高丘区<15%；(2)造林密度过大，导致成林密度一般在 3 000～4 000 株/hm^2，造林树种主要是云杉、岷江柏；人工林以幼林为主，幼林抚育强度低；

(3)抚育管理集中于造林早期;(4)恢复重建效果检查主要以成活率、保存率、保存密度三项指标为主,缺乏植被恢复生态学依据;(5)天然林保护工程启动近两年来,育林工作得到了强化,受到普遍重视,但缺乏合理有效的技术体系,制约着森林恢复重建的成功率。对迹地环境退化过程及其机制了解不多,造林技术措施缺乏针对性。

4 讨论与结论

4.1 大渡河上游林区森林资源与管理现状及其对策

目前,大渡河上游林区林地资源丰富,由于各级政府认真落实天然林保护工程和退耕还林政策,未发现森林采伐现象和偷盗木材现象,林地也基本未发现向耕地转化的现象;森林资源持续退化的趋势得到遏止和有效控制,但森林资源仍然未得到根本性恢复重建,目前森林资源较少。依然存在大面积退化迹地和灌丛地,导致区域山地系统功能仍呈退化趋势,水土流失未能根本控制。在最为脆弱的山原区和阳坡林地,放牧干扰现象依然广泛存在,存在明显的林牧矛盾。退化驱动力在局部地区仍然相当严重,如壤塘林业局的西穷采伐迹地区、日科沟迹地区的牦牛放牧与金川河河谷区山羊放牧仍然存在,成为造林成功的重要制约因素之一,缺乏有效的管理和协调措施是问题的关键。

从 1998 年开始,该区林业生产的重心均转移到天然林保护和迹地更新工作中去,特别强化了封山育林和造林工作。但营林工作中重视育苗、造林环节与前期的未成林抚育工作,忽视了育苗造林抚育的科学性,不重视幼林的抚育管理、管护不力,人工林恢复重建的效果差,人工更新成效低。根本原因在于成熟实用的技术缺乏和育林费、管理经费不足,根源在于目前的林业管理体制存在较多问题,导致森林经营管理缺乏系统性、综合性和长远性。

现有的人工林资源较少,主要是 20 世纪 70—80 年代初营造的,处于幼龄林阶段。由于造林树种单一,造林密度过大,尤其在高山峡谷区,导致成林郁闭度过大,幼林抚育更新未及时跟上,林分结构不合理,又缺乏恰当而及时的优化调控手段,从而形成林下植被稀少,合理的森林(乔、灌、草、藓类层)多层次结构无法形成,导致森林生物多样性低,森林的生态结构不合理,水源涵养水土保持功能弱,林木个体生长慢、病虫害严重(落针病、云杉赤虎病)。目前,仅壤塘虫害林就达 1 000 多 hm^2,几乎是 3～5 年的造林成林面积。从生态学观点来看,目前恢复重建的人工林仍然存在许多生态问题,不能说是成功的森林恢复重建。因此在未来的人工林管理中,强化及时的抚育间伐,调整林分结构,特别是树种组成,栽培和引入乡土阔叶树种应该是提高人工林质量和生态功能的关键对策。

4.2 人工林恢复重建存在的问题与对策

目前,林地的退化仍在继续,森林恢复重建的工作应在保护的前提下进一步加强。但是广泛采用的森林重建技术体系的各环节,如树种选择、采种、育苗、栽培、管理、抚育间伐、合理经营等均存在这样或那样的问题。如树种选择单一、苗木质量不高、造林密度过大、抚育时机不适等,难以满足青藏高原东部高山、亚高山林区森林恢复重建实践的需要。森林恢复重建技术体系亟待形成和完善。在山原区和河谷阳坡,目前应用的造林技术体系基本上是失败的,已严重限制了高海拔地区森林的恢复和重建;根本原因就在于,该区气候恶劣和迹地退化严重,而对迹地环境退化过程及其机制了解不多，造林技术措施缺乏针对性。恢复重建技术体系（采种—育苗—栽培—管理—抚育间伐—合理经营技术体系）不健全，导致恢复成本上升，加剧了育林经费与下拨育林基金不足的矛盾；在未来的人工恢复重建中，关键是要加强对迹地退化过程的深入研究和监测，充分认识迹地环境的制约作用，改进和完善现有的森林重建技术体系。

大渡河上游地区景观格局与动态*

Landscape Patterns and Dynamics in the Upper Reaches of the Dadu River

Abstract: Based on Satellite imagery, this paper has analyzed the landscape patterns and dynamics landscape in the upper reaches of the Dadu River, which consists of 3 counties of Jinchuan, Rangtang and Maerkang, covering an area of 18 665 km^2. The results show a decreasing landscape fragmentation process, increased landscape diversity and irregularity of patch shape between 1995 and 2000. The whole region is characterized by grassland being matrice and changes in forest land. Within 5 years between 1995 and 2000, forested land decreased 53 687 hm^2, most of which was converted to shrub and sparse woodland. The decreased density and increased regularity of forest patches indicate that the decreased forests were due to a planed logging taken by local forestry enterprises. Meanwhile, a decreased cultivated land indicates that the governmental policy of "returning farmland to forest land and grassland" has taking effects.

1 引言

大渡河上游地区属青藏高原东部和长江的上游与源头区。亚高山针叶林是该地区具有国际意义的代表性植被类型，在保护水土和涵养水源等方面发挥着重要作用。同时作为一个重要的碳源和碳库，对全球变化有着十分敏感的响应，是我国重要的生态保护区。但过去40多年来，由于森林的大量采伐，导致资源数量急剧减少、生物多样性下降、山地灾害频繁发生。为了深入了解各种生态过程的变化规律，本文以大渡河上游地区的金川、壤塘和马尔康三县为研究区域（面积18 665 km^2），对近年来该地区的景观格局与动态进行分析，结果将为调整相应的区域政策措施提供重要依据。

2 研究方法

2.1 资料来源

本研究以TM卫星照片解译的1995年和2000年大渡河上游地区土地覆被状况为基础。数据来自中国科学院资源环境数据中心。

---

* 由摆万奇（Bai Wanqi）、张镱锂（Zhang Yili）和包维楷（Bao Weikai）完成，原载于《自然资源学报》，2003，**18**（1）：75-80。

2.2 景观要素分类

根据研究地区的土地覆被状况，以中国科学院资源环境数据中心制定的土地利用分类系统为基础，共划分了16个景观要素类型。具体分类结果和标准如表1所示。

表1 景观要素分类及标准

Table 1 Classification of landscape components

景观要素类型	分类标准
有林地	郁闭度>30%的天然林和人工林
灌木林	郁闭度>40%、高度在2 m以下的矮林地和灌丛林地
疏林地	郁闭度为10%～30%的林地
其他林地	未成林造林地、迹地、苗圃及各类园地
高覆盖度草地	覆盖度>50%的天然草地和改良草地
中覆盖度草地	覆盖度在20%～50%的天然草地和改良草地
低覆盖度草地	覆盖度在5%～20%的天然草地
山地耕地	海拔>200 m的旱地耕地
丘陵耕地	海拔<200 m的旱地耕地
坡耕地	坡度>25°的旱地耕地
河流、湖泊	常年水位以下的土地
水库坑塘	人工修建的蓄水区常年水位以下的土地
滩地	河、湖水域平水期水位与洪水期水位之间的土地
城镇用地	县镇以上建成区用地
农村居民点	农村居民点
裸岩石砾地	地表为岩石或石砾，其覆盖面积>5%的土地

2.3 景观特征指数和计算方法

应用景观生态学的方法进行景观格局与动态分析(Forman *et al.*, 1986; Turner, 1990; Skole *et al.*, 1993; Forman *et al.*, 1995; 肖笃宁等，1997；常学礼等，1998；吴波等，2001)。其计算采用了目前国际上流行的景观空间格局分析软件包FRAGSTATS。所采用的景观特征指数有：斑块数(NP)、斑块密度(PD)、平均斑块大小(MPS)、最大斑块指数(LPI)、斑块面积变异系数($PSCV$)、边缘密度(ED)、面积加权分维数($AWMPFD$)、香农多样性指数($SHDI$)等。其计算公式如下(Forman *et al.*, 1995)：

(1)斑块数(NP) $NP=n_i$

(2)斑块密度(PD) $PD=(n_i/A)(\times 10000)(\times 100)$

(3)平均斑块面积(MPS) $MPS=((\sum_{j=1}^{n} a_{ij})/n_i)(\times 1/10\ 000)$

(4)最大斑块指数(LPI) $LPI=(\max_{j=1}^{n}(a_{ij})/A)(\times 100)$

(5)斑块面积变异系数($PSCV$) $PSCV=(PSSD/MPS)\times 100$

(6) 边缘密度(ED) $$ED=(\sum_{j=1}^{n}e_{ik}/A)\times 10\ 000$$

(7) 面积加权平均斑块分维度(AWMPFD) $$AWMPFD=\sum_{j=1}^{n}\left[\left(\frac{2\ln p_{ij}}{\ln a_{ij}}\right)\frac{a_{ij}}{\sum_{j=1}^{n}a_{ij}}\right]$$

式中:$i=1,\cdots,n$,为斑块类型序号;$j=1,\cdots,a$,为斑块序号;n 为景观中斑块总数;A 为景观总面积;a_{ij} 为斑块的面积;$PSSD$ 为斑块面积标准差;p_{ij} 为斑块的周长;e_{ik} 为景观中斑块类型 i 和 k 之间的边缘总长度;n_i 表示景观中类型的斑块数。

3 结果与分析

3.1 主要景观要素面积变化

1995 年研究地区草地面积(包括高覆盖度草地、中覆盖度草地和低覆盖度草地)为 1 045 584 hm^2,占总面积的 56.02%,2000 年上升为 56.56%。5 年间草地面积总体上变化不大,并始终占据主导地位。变动幅度最大的是有林地,所占比例从 1995 年的 25.18%下降为 2000 年的 22.30%,5 年间下降了 2.88%。相应地,灌木林比例从 12.80%增加到 14.20%,疏林地从 3.78%增加到 4.9%。耕地面积(包括山区耕地、丘陵耕地和坡耕地)有所下降,比例从 1.83%降为 1.65%。其他类型基本保持在 0.39% (图 1)。从主要景观要素转移矩阵(表 2)可以看出,灌木林地的增加主要来自有林地和疏林地;疏林地的增加主要来自有林地;高覆盖度草地和中覆盖度草地的增加主要来自耕地和有林地;低覆盖度草地主要来自疏林地和耕地;耕地的增加则主要来自高覆盖度草地。在各种要素的变化过程中,耕地与草地的相互转变更为普遍。

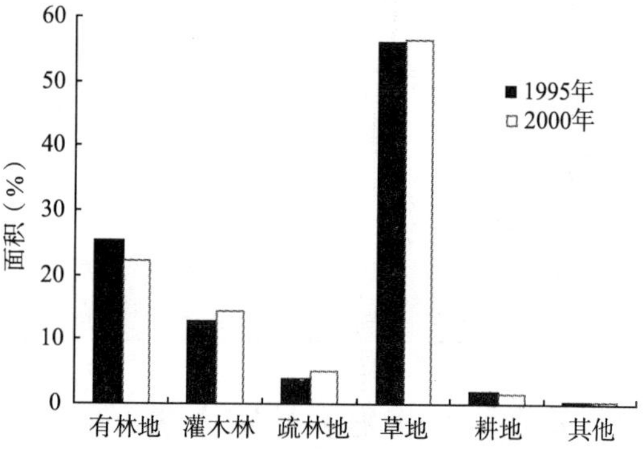

图 1 主要景观要素面积比例

Figure 1 Area ratio of major landscape components

以上主要景观要素类型所占比例和变动情况,反映了大渡河上游地区以草地为基质,以林地变动为主的景观格局与动态特征。这种景观格局特征是大渡河上游地区自然环境演变与人类活动长期相互作用的结果。在该地区的自然植被分布中,干旱河谷植被以灌丛为主,高山地带以灌丛、草甸和苔原为主,天然林集中分布在中山区。由于高山区面积所占比例最大,因此草地在各类景观要素中占据主要地位。同时,该地区作为我国重要的林区,自 1950 年代开始大面积森林采伐,目前,累计采伐面积已达该区森林面积的 70%以上(包维楷等,2002a)。森林遭砍伐后导致土地退化,往往形成“红白刺灌丛”、箭竹丛或草丛(李承彪,1990;包维楷等,2002a,2002b),从而使灌木林地或草地面积增加。

表 2 主要景观要素转移矩阵(单位:hm^2)

Table 2 Conversion matrix of main landscape components

2000 年 \ 1995 年	有林地	灌木林地	疏林地	高覆盖草地	中覆盖草地	低覆盖草地	耕地	其他
有林地	415 818	0	456	0	0	0	0	0
灌木林地	25 275	238 305	1 463	0	2	0	1	0
疏林地	25 962	0	65 553	0	3	0	0	0
高覆盖草地	1 589	607	0	90 924	153	622	2 759	0
中覆盖草地	1 316	0	368	0	855 000	4	1 028	0
低覆盖草地	1	56	2 753	0	0	96 977	1 452	20
耕地	0	24	0	1 827	0	64	28 849	0
其他	0	0	0	0	3	0	0	7 268

注:表中数据是发生变化的土地面积,其所在列代表发生变化的景观要素,所在行代表变化的去向;当列与行对应同一要素时,相应的数据是该要素保持不变的面积。

3.2 景观水平动态特征

1995 年研究地区共有斑块 4686 个,2000 年减少为 4660 个。所有斑块分布在 16 个景观要素类型中。其中,灌木林地、有林地、中覆盖度草地和山地耕地斑块数占总数的 85%(图 2)。

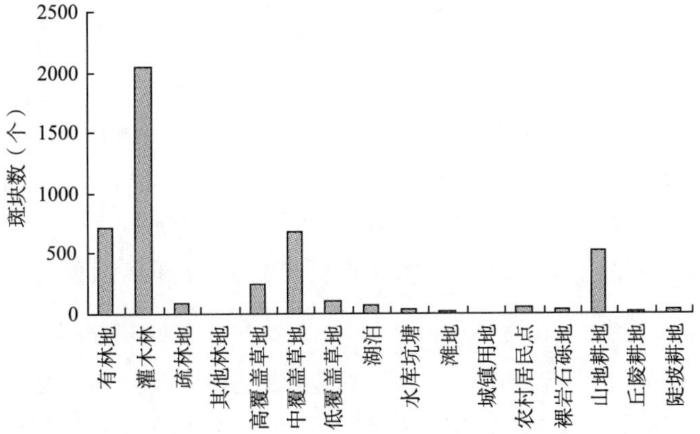

图 2 斑块在各景观要素间分布情况

Figure 2 Patch distribution in landscape components

5 年间,平均斑块面积(*MPS*)从 398 hm^2 增加到 401 hm^2,即平均每个斑块面积增加 3 hm^2。这反映出研究地区的景观破碎化程度呈下降趋势。多样性指数(*SHDI*)从 1.504 增加到 1.531,反映了景观多样性的提高,具体表现为各景观要素所占比例的差异有所缩小。与此同时,表现斑块边缘与形状变化的边缘密度(*ED*)和分维数(*AWMPFD*)等指标均有增加,反映出斑块形状的不规则程度增大。而斑块面积变异系数(*PSCV*)的减少则是斑块面积离散程度有所降低的反映(表 3)。

表 3 主要景观指数变动情况

Table 3 Dynamics of major landscape indices

景观特征指数	斑块数(*NP*)	平均斑块面积(*MPS*)	边缘密度(*ED*)	分维数(*AWMPFD*)	斑块面积变异系数(*PSCV*)	香农多样性指数(*SHDI*)
1995 年	4 686	398	20.121	1.176	1 065	1.504
2000 年	4 660	401	20.132	1.180	1 062	1.531

3.3 主要景观要素动态特征

3.3.1 有林地

有林地是各类景观要素中变化幅度最大的类型。5 年中,有林地面积减少 53 687 hm^2,平均斑块面积下降 72 hm^2,这表明,在此期间大渡河上游地区的森林采伐活动十分活跃。有林地斑块数减少 3 个,斑块密度从 0.039 下降到 0.038,说明采伐主要是以集中连片的形式进行。边缘密度和分维数的下降,说明斑块形状变得更加规则。这些变化特点反映出该地区森林面积的减少主要是计划采伐的结果,它与乱砍滥伐通常导致的破碎化程度和斑块不规则性加剧有所不同,是由当地林业企业,尤其是国有企业的生产行为造成的。因此,保护该地区森林资源的关键,在于改变当地林业企业以采伐为主的生产经营方式。1998 年后开始实施的天然林保护工程,有利于实现这一目标。同时,最大斑块指数和面积变异系数的上升则反映出有林地斑块面积的离散程度有所扩大。

3.3.2 灌木林地

5 年间,大渡河上游地区的灌木林面积增加了 26 054 hm^2,其中,25 275 hm^2 来自有林地面积的减少。在面积增加的同时,斑块数有所下降,说明一些同类斑块合并后成为更大斑块,从而使平均斑块面积增加 13 hm^2,破碎化程度下降。边缘密度、分维数、最大斑块指数和面积变异系数的增加,则说明灌木林斑块的形状变得更加复杂,面积离散程度也在提高。

3.3.3 疏林地

5 年间,共有 25 962 hm^2 有林地转变为疏林地,使疏林地面积净增加 20 925 hm^2。斑块数由 84 减少到 80。森林采伐造成疏林地面积增加和同类斑块整合,使疏林地的斑块数和斑块密度下降,平均斑块面积从 841 hm^2 增加到 1143 hm^2,幅度达 302 hm^2,表明疏林地的破碎化程度明显下降。边缘密度和分维数分别增加 0.359 和 0.014,说明斑块形状变得更加复杂。而面积变异系数从 347 减少到 334,则说明斑块大小趋于均匀。

3.3.4 高覆盖度草地

1995 年,高覆盖度草地面积在总面积中所占比例为 4.97%,2000 年提高到 5.12%。斑块数增加 5 个。平均斑块面积增加 7.98 hm^2。这种变化主要来自森林采伐后形成的草丛和退耕还草。总的看来,高覆盖度草地所占比例偏低,反映出该地区草地质量不高,不利于畜牧业的进一步发展。

3.3.5 中覆盖度草地

中覆盖度草地是大渡河上游地区最主要的覆被类型。1995 年在总面积中所占比例达

45.82%，2000年略升至45.95%。但斑块数和斑块密度的增加，以及平均斑块面积的下降，表明此类型的破碎化程度有所提高。边缘密度的增加表明有更多的边缘与其他类型相邻。分维数减少则说明斑块形状变得较为规则。面积变异系数从787增加到790，说明斑块大小离散程度提高。

3.3.6 低覆盖度草地

低覆盖度草地所占比例从1995年的5.23%增加到2000年的5.43%。斑块数从67增加到108。斑块密度从0.004提高到0.006。平均斑块面积从1 456 hm^2下降到937 hm^2，减少了519 hm^2。可见，该地类破碎化程度增加速度很快。与此同时，边缘密度增加，分维数减少。斑块面积离散程度迅速提高。这些变化反映了该地区由于过度放牧和气候变化所造成的草地退化过程。

3.3.7 山地耕地

山地耕地是研究地区耕地的主要类型，1995年所占比例为1.51%，2000年下降到1.34%，面积减少3 329 hm^2。同时，斑块数、斑块密度和平均斑块面积均有所下降。而最大斑块指数、边缘密度、分维数和面积变异系数则迅速下降，表明耕地斑块变得更加规整和均匀。这些变化反映出，近年来大渡河上游地区所采取的退耕还林、还草的政策措施已经初见成效。

4 结论与讨论

(1)1995—2000年，研究地区景观破碎化程度有所下降，多样性提高。主要表现在斑块密度略有下降，平均斑块面积增加，多样性指数提高和斑块面积变异系数下降。这种变化反映了大渡河上游地区生态环境的进一步恶化。因为景观平均斑块面积的增加主要来自灌木林和疏林的增加，而对生态环境起关键作用的有林地面积则迅速减少；多样性的提高只是表明各种景观要素所占比例更加接近，其中包括灌木林、疏林和低覆盖度草地的比例增加等。这种景观格局与动态对生态过程的不利影响表现在不断加剧的自然灾害过程，如严重的水土流失、泥石流和冬季河水流量减少等方面。有利的变化则是耕地面积所占比例从1.83%下降到1.65%，表明近年来该地区所采取的退耕还林、还草措施正在取得成效。

(2)大渡河上游地区景观格局与动态的主要特征表现为以草地为基质，以林地变动为主。草地的主导地位是由大渡河上游地区特定的自然地理环境决定的。在草地类型中，高覆盖度草地所占比例很少，2000年仅占研究地区土地面积的5%，而中覆盖度和低覆盖度草地的比例达到51%。而且，后者的增加速度高于前者。这说明，该地区草地质量不高，且存在进一步退化的趋势。这种变化与当地普遍存在的过度放牧现象有关，因此，调整畜牧业产业结构，减少超载过牧是当地经济发展的重要方面。

(3)大渡河上游地区有林地面积的急剧减少主要来自国家对该地区森林资源的长期开发利用。从有林地斑块的空间格局与动态特征看，1995—2000年间，当地林业企业的森林采伐活动仍然十分活跃。因此，保护森林资源的关键在于规范林业企业的经营行为，改变以木材生产为主的指导思想。

Land Cover Change along the Qinghai-Tibet Highway and Railway from 1981 to 2001*

青藏铁路与公路沿途 1981—2001 年植被覆盖变化

摘　要:在青藏公路与铁路沿途区域,利用 1981—2001 年的 8 km 分辨率 Pathfinder NOAAP-NDVI 数据,基于每个像元变化的年植被峰值计算进行了像元水平的线性趋势分析,并运用地理信息系统(GIS)软件研究了区域植被覆盖的空间分布和动态变化特征。主要结论:①在研究区内,反映植被覆盖的 NDVI 值在空间上呈现出两端高中间低的态势,依次是农作区和森林区＞高寒草甸＞高寒草原＞荒漠草原;②20 年间,研究区植被覆盖程度变化总体趋于稳定,覆盖程度呈减少趋势的区域明显高于增加的区域,植被覆盖程度增减因区域而异;植被覆盖程度增加和显著减少地区主要分布在农作区和高寒草甸区,轻微减少地区主要分布在高寒草原和荒漠草原区;③植被覆盖变化程度在拉萨河谷地、湟水谷地和黄河流域等人类活动比较频繁的区域增减趋势比较明显;而在可可西里地区等人类活动比较少的区域变化轻微。

1　Introduction

Land cover change may result in extremely profound influence on regional water circulation, environmental quality, bio-diversity, and the productivity and adaptive capacity of land ecosystem. Meanwhile, it is an important factor affecting region's sustainable development. The Tibetan Plateau known as "The Roof of World" and "the Third Pole of Earth" is not only the climate regulator of our country and world but also the river source and the ecological source of our country and South Asia. Since the mid-1950s, land cover had been remarkably changed in this region (Niu, 1999; Zhang *et al.*, 2002; Li, 2000). Especially, the running of Qinghai-Tibet Highway and Railway drives the growth of economy, and which attracted mass people to gather along the traffic lines. All these strengthened the intensity of land use along the line. If such condition can not be carefully tackled, it will influence the state of land cover and destroy the ecological environment along the traffic lines.

Utilizing the method of remote sense to analyze historical state and dynamic mechanism of land cover will become the key content of land use in future (Liu *et al.*, 2003). At present, the main remote sensing materials used to investigate on land cover are NOAA/

* Published by Ding Mingjun(丁明军), **Zhang Yili(张镱锂)**, Shen Zhenxi(沈振西), Liu Linshan(刘林山), Zhang Wei(张玮), Wang Zhaofeng(王兆锋), Bai Wanqi (摆万奇)and Zheng Du(郑度) in *Journal of Geographical Sciences*, 2006, 16(4):387-395.

AVHRR, Landsat TM and SPOT. Comparatively, NOAA-AVHRR has a few advantages about the large-scale observing range, short periods and relative less expense, and which makes the monitoring of large-scale earth surface vegetation become possible. The previous works of using remote sense data to study the arid area in the western China can be easily found in the literature, but using the remote sense data with successional 20 years time series to study the same area is very few (Ma *et al.*, 2002; Shi *et al.*, 2003). Meanwhile the previous works based on comparing the images of two periods, lacking analysis of essential time series, are impossible to describe the land cover change in detail.

Presently, the researches on the traffic lines mostly are concentrated on the effect of the frozen earth, the constructing of traffic, the change of land use and land cover (Wu *et al.*, 2001; Chen *et al.*, 2003; Zhang *et al.*, 2002; Yan *et al.*, 2003). But, few of these has studied the whole traffic lines. In this study, it has utilized nearly successional 20 years NOAA/AVHRR-NDVI data with resolution about 8 km×8 km to study land cover along the traffic lines, and sequentially attained the spatial distribution pattern and change trend of time series about land cover. Meanwhile we have analyzed the driving factors of the change. All these maybe contribute to the development of economy and the protection of the environment along the traffic lines.

2 Study area and method

2.1 Study area

The Qinghai-Tibet Highway and Railway are from Xining (Qinghai Province) to Lhasa (Tibet Autonomous Region) with total lengths of 2055 km and 1956 km respectively (Figure 1). Railway includes two segments: one is from Xining to Golmud which is running now; the other is from Golmud to Lhasa which is on building now. The Highway had been changed for a few times since it was constructed in the 1950s. With the exception of the segment from Huangyuan to Golmud changed obviously, the other segments are changed slightly. The traffic lines cross 9 degrees in latitude and 12 degrees in longitude. Seeing from the terrain, the south is higher than the north and the altitude is from 2200 to 6500 m. Because of strongly uplift of the Tibetan Plateau, the climate there had changed from tropic and subtropic of low altitude to high-cold climate. Now it becomes the high-cold centre of middle and low latitude area. For the traffic lines crossing the Tibetan Plateau, the climate along the traffic lines is an epitome of climate characteristic of the Tibetan Plateau (Zhao, 1998). The precipitation is from 40 mm to 500 mm. The highest temperature is 35.5 ℃ and the lowest is −33.6 ℃. Complicated climate conditions had brought up abundant vegetation types and soil types. The vegetation types mainly include grassland, shrub, meadow, desert, and forest and the soil types include Frigid desert soils, Mountain meadow soils, Mountain grassland soil, Chernozems, Castanozems, Brown pedocals, Aeolian soils, Solonetzs, Bog soils,

Gray-brown desrt soils, Skeletol soils and so on. The study area is from the buffer which extends 100 km from two sides of the Highway and Railway respectively by means of GIS software. The buffers of them are interlaced by each other because the distance between the Highway and Railway is very short. The form of its looks like a belt and its acreage is about 41 km^2.

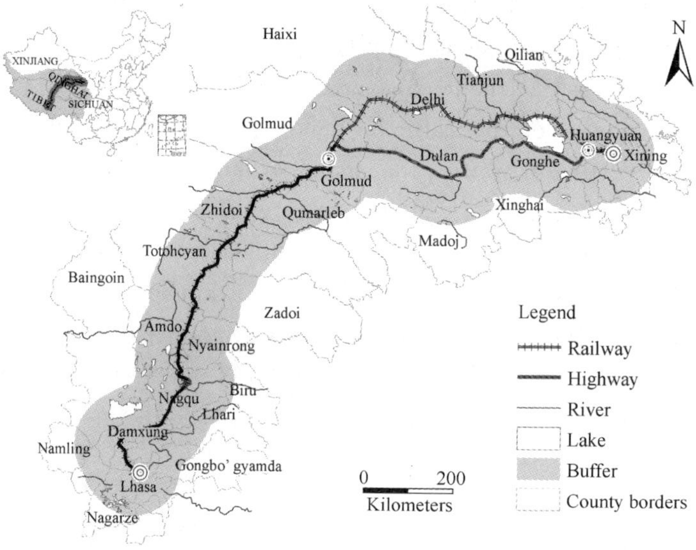

Figure 1　Region and Location of Qinghai-Tibet Highway and Railway

2.2　Data

Land cover is the observed physical (biology) cover over the earth's surface (Antonio *et al.*, 2000). Vegetation has the feature of obvious internal-year fluctuation. Furthermore, it is related with soil, air and water and delegates the change of land cover in certain extent. Vegetation index is an important parameter which can reflect the land cover. The NDVI (Normalize Difference Vegetative Index) is broadly used which can indicate and has a linear relation with the growth state and the spatial distribution density of vegetation (Sun *et al.*, 1998). Its equation is as follows:

$$NDVI=(NIR-Red)/(NIR+Red) \tag{1}$$

Where, *NIR* and *Red* are the amounts of near-infrared and red light, respectively, reflected by the vegetation and captured by the sensor of the satellite. The formula is based on the fact that chlorophyll absorbs Red whereas the mesophyll leaf structure scatters NIR. *NDVI* values thus range from -1 to 1, where negative values correspond to an absence of vegetation (Myneni, 1995). However, the lowest value of objects from land vegetation is close to zero and the value from the vegetation above 0.8 is regarded as pure vegetation, which causes a problem of saturation when using NDVI on land vegetation (Liu *et al.*, 2001). In this research area, the herbage is the main component of vegetation, without the problem of saturation. Meanwhile, in this study, it uses the third generation of NDVI with the value from 1 to 254, and which can stretch the effective value of the objects from the earth's surface and deal with the problem of saturation well.

The data this research used is the NOAA\AVHRR-NDVI data of every ten days from 1981 to 2001 from NASA of American (Agbu *et al.*, 1994). To eliminate the effect of clouds, the Maximum Value Composite was used in the data processing which assumes that the position of clouds often change in a period of time, such as ten days, any point has a day without cloud covering. The value of NDVI in this day at the point is higher than those of the cloudy days, and this study selects this value as the value of the point in ten days, then it selects the highest value of the point as value of this month. In this way, this study eliminates the effect of clouds. The primitive projection of these images is Goode Interrupted Homolsine Projection. In this study, it converts them into Albers Projection. Along the Qinghai-Tibet Highway and Railway, this study built a buffer which extends 100 km from two sides of the Highway and Railway respectively by means of GIS software. Then it cut off the NDVI data of the buffer by using command of "gridclip" in GRID model of GIS from the NOAA data.

2.3 Study method

Vegetation has inter-annual fluctuation like climate. Furthermore, along with different growth seasons, the vegetation has seasonal fluctuation among a year (Figure 2). So study of land cover change needs successional images of the study area for many years. Through analysis (Figure 3), it is found that the annual maximum NDVI value appears in July, August and September in this area. Therefore NDVI average values in July, August and September were selected as the peak value of one year. The inter-annual change trend of land cover is further studied basing on the peak value.

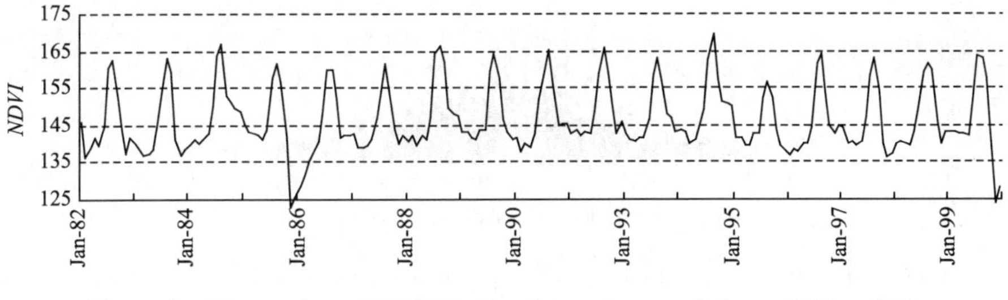

Figure 2 Fluctuation of NDVI in Totoheyan by month from 1982 to 1999

The measure of calculating the inter-annual change trend was from Micael C. Runnström (2000). The linear regression coefficient of every pixel for 20 years can be figured out by Least Square Method basing on the NDVI peak value mentioned above. The formula is as follows:

$$b = \frac{\sum_{i=1}^{n}(x_i - \bar{x})(y_i - \bar{y})}{\sum_{i=1}^{n}(x_i - \bar{x})^2} \tag{2}$$

Where b is the trend coefficient. x, y are the year and the NDVI of the year respectively. $\bar{x}$, $\bar{y}$ are the average of all the years and the average of all the annual NDVI. The negative coefficient shows the land cover decreasing. On the contrary, the positive expresses the land cover increasing. The coefficients display normal distribution basically (Figure 4), and which shows the NDVI has not only the increasing trend but also the decreasing trend in different places. The range of the year's NDVI change is during −1.2～1.2. In order to find the natural fluctuation range of NDVI, this study chooses thirteen areas-acreage of everyone is 200 km^2——including lake, frozen, desert, and salina. There is no vegetation on these areas. Through analysis and statistic, 97 percent coefficients of these areas distribute between −0.2 and 0.2, so it is regarded the range as range of no land cover change. Meanwhile it is found the standard deviation is 0.21 about all coefficients of the Tibetan Plateau, and extended double standard deviation at the both ends of the range of no change, and then it got −0.62 and 0.62 and regard the 0.62 as the boundary of slight and obvious change. Basing on the above analysis, it divided whole coefficients into 5 grades: High increase: >0.62; slight increase: 0.2～0.62; no change: −0.2～0.2; slight decrease: −0.2～−0.62; high decrease: <−0.62.

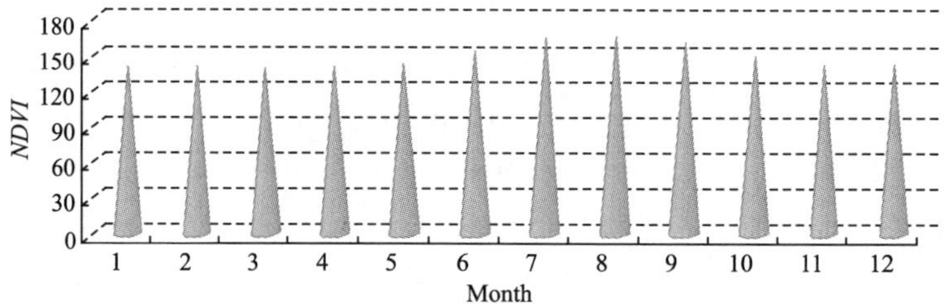

Figure 3　Monthly average NDVI along Qinghai-Tibet Highway and Railway from 1981 to 2001

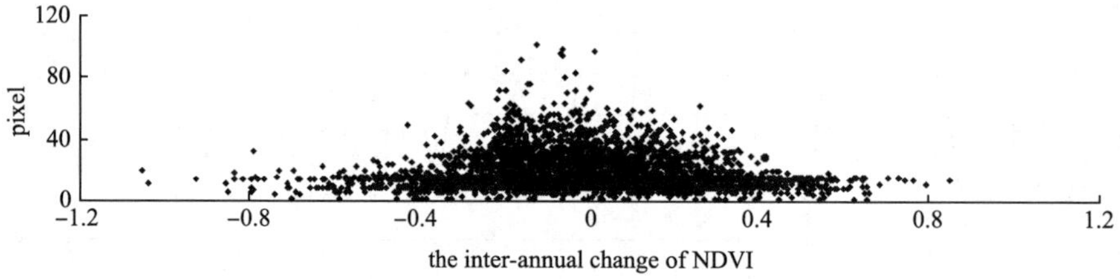

Figure 4　Statistic of NDVI change along the Qinghai-Tibet Highway and Railway from 1981 to 2001

In order to comment on the relationship between NDVI and climate, this research chooses 32 round sections—the area of everyone is 254 km^2—nearby the climate station. The study regards the various kinds of climate elements of the station as the section's, and regards average NDVI of all pixels' in the section as section's NDVI. Basing on these data, this study calculates the correlation and trend of NDVI and climate by SPSS.

3 Results

3.1 Spatial distribution pattern of average of NDVI peak value for 20 years

By using the GIS software, the study gets the map of spatial distribution pattern of land cover along the Highway and Railway, namely the spatial distribution pattern of the average of NDVI peak value for 20 years (Figure 5). On both sides of the study area including Haidong, Haibei, Hainan region and oasises of Qaidam Basin in Qinghai, Nagqu and the area of eastern Lhasa of Tibet, with farmland, meadow and shrub-meadow, the NDVI value is the highest, exceeding 180. Comparing with whole research area, there are the advantages of the lowest altitude, better climate conditions and developed agriculture, so the vegetation is the best. In the area of the western Lhasa, the foot of the mountains in eastern and southern of Qaidam Basin and the southern Qinghai-Tibet Highway in Hoh Xil, where there are mainly Alpine grasslands, NDVI is from 160 to 180. In the whole research area, the conditions of these areas are moderate, and vegetation grows better. In the part of Qaidam Basin and the northern Qinghai-Tibet Highway in Hoh Xil region, where there are desert and icy cushion vegetations. There, the condition is very bad and the coverage is very low. The NDVI value is between 140 and 160. In the area of the Qaidam basin centre, where there are saline and sparse vegetation, the NDVI value less than 140. The NDVI value of water is the least and proximate to 1.

3.2 Interannual NDVI change

In the study area, the proportions of high increase, slight increase, no change, slight decrease, high decrease of NDVI account for 0.29%, 14.86%, 67.61%, 16.70%, 0.57% of the total area respectively (Table 1). The rate of decrease area and increase area is 1.14, indicating that the land cove of the whole area displays a decreasing trend in recent 20 years.

Table 1 Statistics about the 5 grades of NDVI changes along Qinghai-Tibet Highway and Railway

	The range of coefficient value	Area (km^2)	Proportion(%)
High increase	>0.62	1 188	0.29
Slight increase	0.20~0.62	61 247	14.86
No change	−0.20~0.20	278 729	67.61
Slight decrease	−0.62~−0.20	68 837	16.70
High decrease	<−0.62	2 355	0.57

Seeing from the spatial distribution pattern of change about NDVI (Figure 6), the high increase area mainly distributes on two sides of the traffic lines. Such as Lhasa valley and Huang Shui valley, and where mainly distributed with farmland. The slight increasing area mainly distribute in the southern Tanggulashan Mountains and south-eastern Qinghai Lake, there are mainly scattered with meadows. The slight decreasing area mainly distribute in the

Qaidam Basin, Hoh Xil protection region and Gonghe Basin, there are mainly scattered with alpine grassland and desert. The high decreasing area mainly distribute in a few regions of Qaidam Basin and Gonghe Basin where human being activities are more frequent. The results

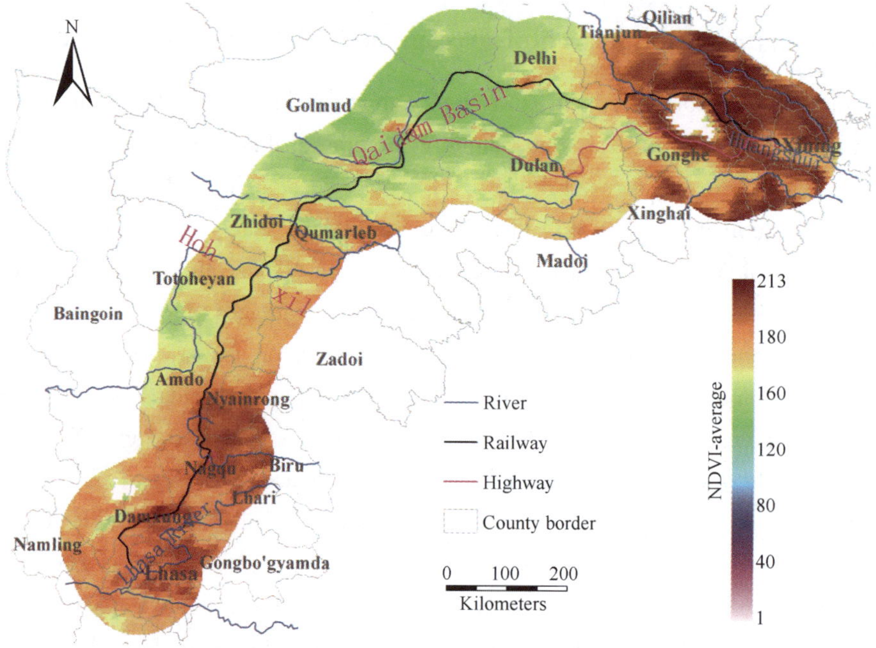

Figure 5　Spatial distribution of the yearly maximum average NDVI along Qinghai-Tibet Highway and Railway from 1981 to 2001

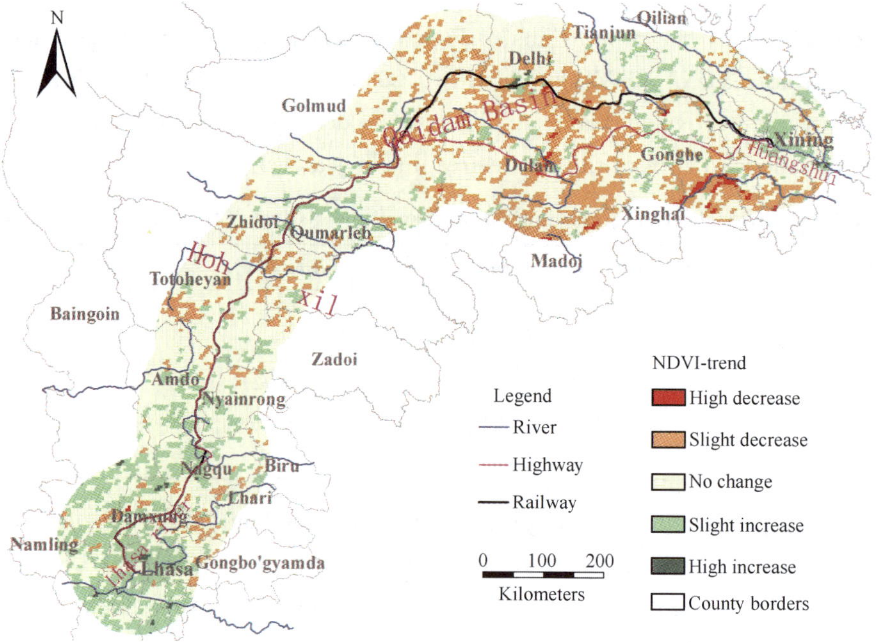

Figure 6　Distribution of NDVI change along Qinghai-Tibet Highway and Railway

are well according with the previous studies about the grass degradation (Zhou, 1998; Bai *et al.*, 2002; Yan *et al.*, 2003; Wei *et al.*, 2003; An, 2003; Zhang *et al.*, 2004, 2006).

Different trends of change have different proportions in different vegetation types(Figure 7). In all these vegetation types, the proportion of "no change" is bigger than the other trend types. The proportion of decrease trend is higher than the increase in the area distributed with hungriness, grassland and forest. The proportion of decrease trend is less than the increase in the area distributed with meadow, brush and artificial land. The increase proportion of artificial land and the decrease proportion of forest and hungriness are biggest. Among these vegetation types, the proportion of high increase and decrease is very low.

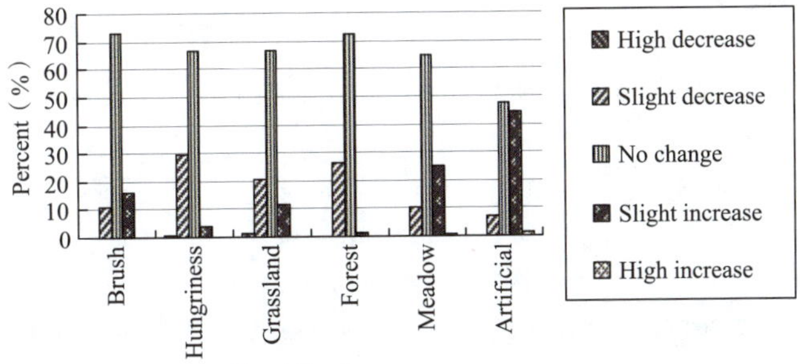

Figure 7 Proportion of different NDVI-trends among different vegetation types along Qinghai-Tibet Highway and Railway

Different vegetations account for different proportion in the different trend types (Figure 8). In the types with high decrease, slight decrease and "no change", the grassland occupies the biggest proportion. But in the types of slight increase, high increase, the proportion of meadow is the biggest. The proportion of grassland, hungriness and forest in the types of high decrease and slight decrease is larger than the types of slight increase and high increase display that these three vegetation types contribute to the decrease of land cover mostly. The proportion of meadow and artificial land in the types of slight increase and high increase is larger than the types of high decrease and slight decrease show that the meadow and artificial land contribute to the increase of the land cover mostly. The brush is distributed in the five trend types symmetrically.

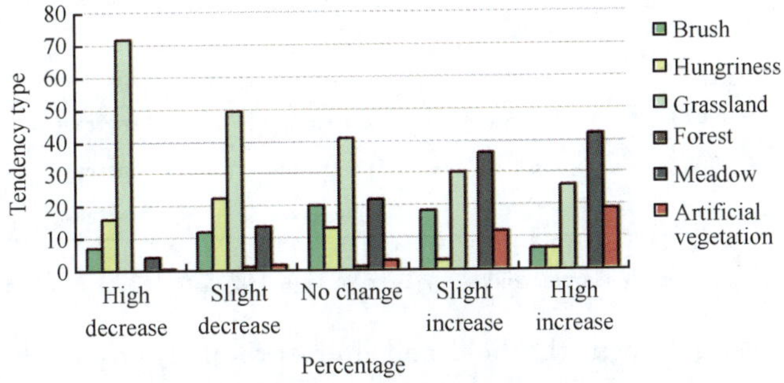

Figure 8 Proportion of different vegetation types among different tendency types along Qinghai-Tibet Highway and Railway

3.3 The driving factor of NDVI change

In this study, NDVI is well correlated with the precipitation but not obviously related with temperature, especially in the HuangShui valley and Lhasa River valley. Temperature tends to rise; and the area of precipitation decreasing is larger than increasing, but the spatial distribution is very different (Table 2).

Table 2 Relation between climate and NDVI in key areas with meteorological stations

	Correlation coefficient		NDVI-trend	Temperature-trend	Precipitation-trend
	temperature	precipitation			
Huzhu	−0.304 0	0.196 2	increase	increase	increase
Ping'an	0.146 3	0.248 7	increase	increase	increase
Ledu	0.246 7	0.248 7	increase	increase	increase
Hualong	0.085 1	0.614 5	no change	increase	decrease
Jainca	−0.313 8	0.334 1	decrease	increase	increase
Guide	−0.113 0	0.437 7	increase	increase	increase
Huangzhong	−0.202 6	0.310 5	decrease	increase	decrease
Xining	−0.157 4	0.310 5	increase	increase	decrease
Huangyuan	−0.241 9	0.451 9	no change	increase	decrease
Datong	−0.267 3	0.196 2	increase	increase	decrease
Ulan	−0.395 4	0.444 8	decrease	increase	decrease
Delhi	−0.107 7	0.099 6	no change	increase	decrease
Qarhan	−0.156 5	−0.156 5	decrease	increase	decrease
Golmud	−0.214 1	−0.248 2	no change	increase	decrease
Nomhon	−0.084 2	0.521 2	increase	increase	decrease
Xiangride	−0.082 8	−0.159 5	increase	increase	decrease
Caka	−0.058 8	0.305 2	decrease	increase	decrease
Dulan	−0.503 4	0.359 7	increase	increase	decrease
Heka	0.187 3	0.326 0	decrease	increase	decrease
Wudaoliang	0.250 0	0.321 9	no change	increase	decrease
Totoheyan	0.102 8	0.286 8	no change	increase	decrease
Amdo	−0.087 0	0.2473	increase	increase	decrease
Nagqu	0.387 9	0.397 4	increase	increase	decrease
Damxung	0.075 5	0.225 0	increase	increase	increase
Gonggar	−0.073 9	0.556 0	increase	increase	increase
Lhasa	0.065 0	0.645 5	no change	increase	increase
Maizhokunggar	0.142 2	0.523 9	increase	increase	increase

Note: In this study, there have 18 samples and $r_{0.1}, r_{0.05}, r_{0.01}$ is 0.378 3, 0.443 8, 0.561 4 respectively.

According to investigation in the field and literature analysis, in the study area, there are two factors which drive NDVI to rise. One is relevant with climate for most area of Huang Shui valley and whole Lhasa River valley change into warm and moisture condition with precipitation and temperature elevating (Wu *et al.*, 2005); the other is related with agriculture development and forestation, for these sectors are the agricultural base of Qinghai and Lhasa and developed productivity (Bai *et al.*, 2002; Yan *et al.*, 2003; Zhang *et al.*, 2004, 2006; Zhou, 1998, 2003; Wei *et al.*, 2003). Meanwhile the local government calls on the residents to plant the trees around the cities and villages in recent years. Since the 1980s, the government of china has launched a movement-struggle to build beautiful scenery in western China. All these cases above mentioned have driven land cover to add. In the Qaidam Basin, the climate tends to warm and arid condition, but the NDVI not only has increasing trend but also has decreasing trend. Actually, there are many oases in this region. In recent years, these oases continue extending with planting trees and reclaiming farmland, such extension may add the land cover. These oases located in the front of the mountains, and the residents stores the water by building reservoirs to extend oases. But the water is limited, the over consuming of water in the upriver has led to lack of water in the downriver, and which results in vegetation shrinking, Plus the deserted farmland with over utilizing and no good management (Jiang, 1988; Su, 2000), all these accelerate the reduction of land cover. In the Hoh Xil and Qiangtang plateau region, there are few human activities and the climate changes into warm and arid condition, but the NDVI tend to no change and rise. We can not understand the mechanism of such phenomenon, and maybe, the promoting temperature boosts the frozen earth and glaciers to compensate the water shortage resulted from reduction of precipitation.

4 Discussion

The results of this study show that meliorative movement has come into practice all over China. The government want to amend the bad effects resulted from misusing the environment in the last decades. Since 1978, the government launched the well-known movement, that is so-called "shelter forest system" project made of arbors and shrubs. Its area had reached 500 millions hm^2 from 1978 to 1985. The second period had been completed at the end 1995. The area had reached 800 millions hm^2. But statistic of how much the project adding the land cover is very difficult, for the livability of such plants is very low with only 40 percent in the semiarid region (Smil, 1993). However, the report from the local government is very optimistic (Li *et al.*, 1999).

The region with the precipitation exceeding 400 mm is adapted to plant trees, because the trees in the aridity like pumps can make aridity be much more arid (Jiang, 2005). The precipitation of most of the study area is under the level with the exception few places exceeding 400 mm, meanwhile, where the nature condition with frozen earth is not adapted to most kinds of the trees for physiological limit. In a short time, the planting trees can add land cover indeed, such as regions of Huang Shui valley, Lhasa River valley and oases of Qaidam basin. Though precipitation is under level of the trees living, the water from the river can supply sufficient water for the trees. However, there is no data to prove whether the action of over using water in the upriver will affect the vegetation in the downriver.

Another question resulted from the study region is the desertification. From 1950s to 1970s, the government had reclaimed a lot of farmlands in the basins of Qaidam and Gonghe (Jiang, 1988; Su, 2000). With the time passing and population transferring, plus the poor management, more and more farmlands are discarded and become saline. At present, these farmlands have become the source of desertification. How deeply they endanger is difficult to confirm and need to be studied further.

In many regions, there are a few years with precipitation under the average level before the time series of this study, and which may affect the rebirth and reduce the land cover. If the climate condition of the time series of this study is normal, the lower NDVI of the beginning time of the series would lead the trend coefficients to deviate from the real value. Generally speaking, the data from the NOAA Pathfinder still is the suitable data attained for the longest time for investigating the vegetation of region scale. Meanwhile, the time series of the data is still being extended.

The problem of studying the relationship between NDVI and climate is that the climate stations are not sufficient in the study region. Regarding the observing data from a certain station as the precipitation and temperature of the large-scale region around the station perhaps exist a certain error and affect the accurate of correlation of the both. But this study mainly aims to research the spatial distribution pattern and trend of the land cover. The results of this study are favorable for the study of the interested area with other technologies next step.

高原交通干线对土地利用和景观格局的影响——以兰州至格尔木段为例*

Main Effect of Plateau Traffic on Land Use and Landscape Pattern Change: From Lanzhou to Golmud

Abstract: Based on digital land use data from 1995 to 2000, the land use and landscape pattern changes of Lanzhou-Xining route and Qinghai-Xizang route are studied on a macro-scale. The conclusions are given as follows: (1) Land use and landscape pattern along the Lanzhou-Xining Railway have not changed notably, while which along the Qinghai-Xizang Railway has changed remarkably. The land use pattern of the Qinghai-Xizang Railway and the Qinghai-Xizang Highway are just in the quick-change stage, so land use change will be fast in the future and built-up land will increase quickly. (2) The comprehensive degree of dynamic land use in the buffer zones of the Lanzhou-Xining Railway and the Qinghai-Xizang Railway shared the same trend, embodying the corridor effect of trunk line upon land use change. The prominent influence range of the Lanzhou-Xining Railway is 5 km, while which of the Qinghai-Xizang is 7 km. (3) The expanding range of city was mainly confined to a 1-km buffer, only Lanzhou showing its expanding range in a 3-km buffer zone.

交通设施的建设是实施西部大开发战略的重要环节之一(孙永福,2000;吴家豪,2001)。青藏铁路二期建设(与运营)将产生的经济、社会和环境效应受到了广泛的关注(陈佐,2001a,2001b;吴青柏等,2001;杨云生,2001)。在青藏公路沿途区域土地利用和景观格局变化研究的基础上(张镱锂等,2002),本文以兰州至西宁铁路和青藏铁路沿线,分析交通干线对区域土地利用和景观格局的影响,进一步从大尺度阐释高原交通干线的环境效应。

1 研究区概况与研究方法

1.1 研究区概况

整个研究区地貌格局受大地构造单元和新构造运动制约,呈北西西—南东东走向,处于青藏高原东北部的一条低洼地带。研究区分为两部分:(1)兰州至西宁铁路(公路)沿线,包括兰州、永靖、民和、乐都、平安、互助、西宁 7 个市(县),面积 1.23×10^4 km^2。位于甘肃省西部和青海省东部交接地带,地跨 35°51′～37°05′N,101°49′～104°30′E,包括湟水流域的大部分(图 1)。

---

* 由阎建忠(Yan Jianzhong)、**张镱锂(Zhang Yili)**、刘林山(Liu Linshan)、沈振西(Shen Zhenxi)、刘燕华(Liu Yanhua)和郑度(Zheng Du)完成,原载于《地理学报》,2003,58(1):34-44。

地势西高东低，地跨青藏高原和黄土高原，地貌包括冲积平原、黄土作用的低山和中山等（黄河水利委员会，1987）。土壤类型包括灰褐土、黑钙土、栗钙土、灰钙土和亚高山草原草甸土。植被类型包括栽培植被（以水浇农田为主），森林（青海云杉（*Picrea crassifolia*）、山杨（*Populus davidiana*）和白桦（*Betula platyphylla*）等），灌丛（虎榛子（*Ostryopsis davidiana*）、金露梅（*Dasiphora fruitcosa*）和杜鹃（*Rhododendron*）等），高寒草原（长芒草（*Stipa bungeana*）和蒿草（*Kobreris*）等）和荒漠草原及高寒草甸。本区光照充足，太阳辐射强，年平均气温 4～8 ℃，≥10 ℃积温 1 500～3 000 ℃，降水量 400～600 mm。本区经济条件较好，是西北地区重要的交通枢纽和工业基地。湟水中下游川区灌溉条件较好，是研究区主要农作区，交通便捷，城镇居民点密集（甘肃统计年鉴编委会，1996；青海统计局，1996，2000；甘肃统计年鉴编委会，2000）。(2)青藏铁路湟中至格尔木（公路）沿线，位于青海省东北部，包括湟中、湟源、海晏、刚察、青海湖、天峻、乌兰、德令哈、都兰、格尔木（在研究区域土地利用变化时，考虑了格尔木市托管区域；在研究铁路缓冲区土地利用变化时，由于铁路仅连到格尔木市，没有考虑托管区域）共 10 个县（市），面积 25.47×10^4 km^2，地跨 32°45′～39°39′N，89°35′～101°09′E。本区地貌类型受河流、湖泊控制，主要表现为河湖冲积、沉积平原；盛行西风、西北风，风速大于 5 m/s 的天数在 150 天以上。风蚀、风积地貌有零星分布。受地理位置的影响，本区接收的太阳辐射能自东向西由 587.4 kJ/cm^2（湟中）增加到 698.8kJ/cm^2（格尔木），日照时数从 2 554.5 h（湟中）增加到 3 090.5 h（格尔木）。受地形影响，气温变化复杂，但对同一地区，有年较差小、日较差大的特点。受青藏高原地势、大气环流影响，本区降水量由东到西呈递减趋势（湟中年降水量 533.4 mm，格尔木年降水量 41.7 mm），降水变率则呈递增趋势（15%～40%）。受气候条件控制，本区植被类型变化很大，沿铁路的植被类型由东向西分别是栽培植被、草原化草甸、芨芨草（*Achnatherum splendens*）草原、戈壁、荒漠和盐壳。

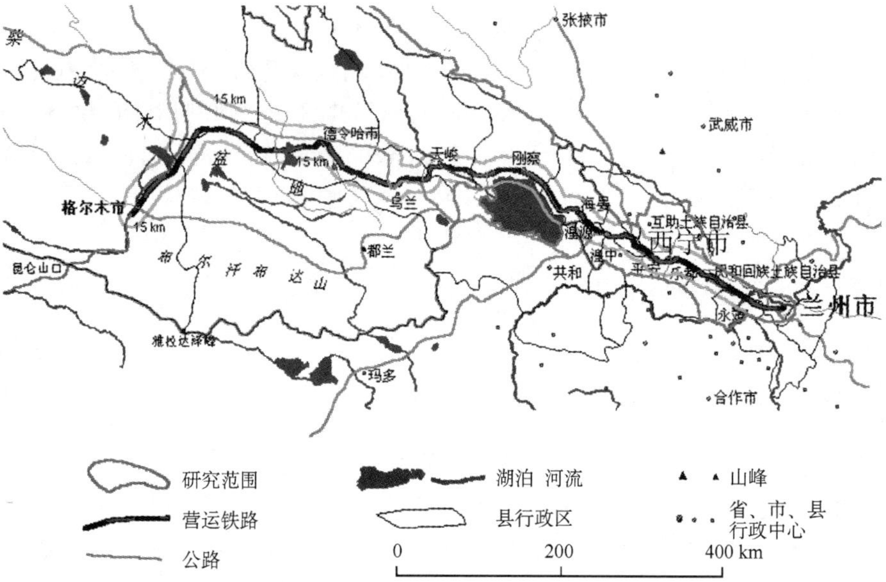

图 1　兰州—格尔木铁路沿线位置图

Figure 1　Location of the study area

1.2 研究方法

采用青藏公路格尔木到唐古拉山沿线土地利用变化和景观格局变化的研究方法(张镱锂等,2002)。根据中国科学院资源环境数据库中研究区各县市 1995 年和 2000 年土地利用库,利用 ArcGIS8.1 软件,通过 APPEND,OVERLAY 命令,分别建立兰州至西宁铁路沿线和青藏铁路湟中至格尔木沿线土地利用变化图,通过属性查询,建立土地利用转移矩阵。并分别计算兰州至西宁铁路沿线和青藏铁路湟中至格尔木沿线的景观特征值、土地利用程度综合指数、综合土地利用动态度和各地类土地利用动态度。选取铁路图层,分别建立了 15 个缓冲带,每条缓冲带宽 1 km。由于研究区内公路和铁路相距很近,铁路缓冲带实际上是铁路和公路共同构成的交通干线的缓冲带。计算缓冲带景观指数、土地利用程度综合指数、综合土地利用动态度和各地类土地利用动态度(刘纪远,1996)。提取兰州、西宁、乌兰、德令哈、海晏、湟源城镇用地,建立 7～9 个缓冲带,每条缓冲带宽 1 km,计算缓冲带综合土地利用动态度,并分析不同缓冲带的土地利用变化情况。

2 研究结果分析

2.1 兰州至西宁沿线土地利用和景观格局变化

2.1.1 兰州至西宁沿线土地利用变化

草地、耕地与建设用地之间的相互转化是土地利用变化的主要形式(表 1、表 2),耕地的变化最为活跃。主要的土地利用变化型是草地变为耕地(2 132.02 hm^2),建设用地变为耕地(1 494.78 hm^2),耕地变为草地(2 079.40 hm^2),耕地变为建设用地(2 000.20 hm^2)。

表 1 兰州至西宁沿线 1995 年和 2000 年土地利用状况

Table 1 Land use of Lanzhou-Xining route in 1995 and 2000

地类	林地	草地	水域	建设用地	未利用土地	耕地	总计
1995 年(hm^2)	167 810.58	676 201.46	15 400.46	38 115.57	14 123.48	314 221.94	1 225 873.49
比重(%)	13.69	55.16	1.26	3.11	1.15	25.63	100.00
2000 年(hm^2)	168 539.54	67 580.81	15 742.49	38 349.47	13 939.24	313 481.94	1 225 873.49
比重(%)	13.75	55.13	1.28	3.13	1.14	25.57	100.00
变化(%)	0.43	−0.06	2.23	0.62	−1.31	−0.24	0.00
动态度	0.24	0.24	1.53	2.24	3.36	0.60	0.23

表 2 兰州至西宁沿线 1995 年和 2000 年土地利用转移矩阵

Table 2 Land use change matrix of Lanzhou-Xining route from 1995 to 2000

1995 年 \ 2000 年	林地	草地	水域	建设用地	未利用土地	耕地	合计
林地(hm^2)	167 170.84	63.87	57.39	79.06	0.00	439.42	167 810.58
比重(%)	99.62	0.04	0.03	0.05	0.00	0.26	100.00

续表

1995年 \ 2000年	林地	草地	水域	建设用地	未利用土地	耕地	合计
草地(hm^2)	704.56	672 235.74	28.04	65.53	1 035.57	**2 132.02**	676 201.46
比重(%)	0.10	99.41	0.00	0.01	0.15	0.32	100.00
水域(hm^2)	23.10	41.09	15 012.64	62.74	40.80	220.09	15 400.46
比重(%)	0.15	0.27	97.48	0.41	0.26	0.01	100.00
建设用地(hm^2)	268.19	159.54	63.61	36 129.45	0.00	**1 494.78**	38 115.57
比重(%)	0.70	0.42	0.17	94.79	0.00	3.92	100.00
未利用土地(hm^2)	14.64	1 241.17	0.00	12.49	12 846.01	9.17	14 123.48
比重(%)	0.10	8.79	0.00	0.09	90.95	0.06	100.00
耕地(hm^2)	358.21	**2 079.40**	580.81	**2000.20**	16.86	309 186.46	314 221.94
比重(%)	0.11	0.66	0.18	0.64	0.01	98.40	100.00
合计(hm^2)	168 539.54	675 820.81	15 742.49	38 349.47	13 939.24	313 481.94	1 225 873.49

(1)林地增加0.43%。期内减少639.74 hm^2,增加1 368.70 hm^2。林地变化主要发生在城市周围。有林地减少21.31 hm^2,达59 127.7 hm^2;灌木林地增加136.35 hm^2,达65 756.02 hm^2;疏林地增加450.36 hm^2,达38 678.03 hm^2;其他林地增加163.38 hm^2,达4 977.78 hm^2。

(2)草地减少0.06%。期内减少3 965.72 hm^2,增加3 885.07 hm^2。有0.15%的草地变为未利用土地,有0.32%的草地变为耕地。草地的增加来源主要是耕地和未利用土地。高覆盖度草地增加75.45 hm^2,达79 006.35 hm^2;中覆盖度草地减少307.11 hm^2,达323 907.39 hm^2;低覆盖度草地减少149.06 hm^2,达272 906.98 hm^2。

(3)水域面积增加2.23%。期内减少387.82 hm^2,增加729.85 hm^2,其中耕地变为滩地333.76 hm^2。河渠用地增加72.22 hm^2,达8216.93 hm^2。水域变化主要发生在河流附近。水库坑塘减少61.52 hm^2,达6 347.51 hm^2;滩地增加331.31 hm^2,达1 178.04 hm^2。

(4)建设用地增加0.62%。期内减少1986.12 hm^2,增加2 220.02 hm^2。建设用地变化主要发生在城镇周围,增加的主要来源是耕地。期内城镇用地增加181.95 hm^2,达14 845.6 hm^2;农村居民点增加139.77 hm^2,达20 598.07 hm^2;其他建设用地减少87.52 hm^2,减为2 905.79 hm^2。

(5)未利用土地减少1.13%。期内减少1 277.47 hm^2,主要变为草地。增加1 093.23 hm^2,增加来源主要为草地。裸土地增加37.1 hm^2,达2 695.67 hm^2;裸岩石砾地减少221.33 hm^2,余10 761.16 hm^2;其他未利用土地没有发生变化。

(6)耕地减少0.24%。期内增加4295.48 hm^2,减少5 035.48 hm^2。水田减少33.45 hm^2,余54.89 hm^2;缓坡旱地("121")面积没有发生变化,坡度较缓的旱地("122")面积增加749.5 hm^2,而陡坡旱地("123")面积减少1 456.34 hm^2,其中变为草地1 387.6 hm^2。旱地面积减少706.84 hm^2,达313 426.8 hm^2。

(7)综合土地利用动态度为0.23。其中,建设用地动态度最大,为3.36,水域次之,草地最小。如果就变化面积而言,耕地变化面积为9 442.58 hm^2,草地4 275.57 hm^2,建设用地4 275.57 hm^2,未利用土地2 370.71 hm^2,林地2 008.35 hm^2,水域1 174.40 hm^2。

(8)1995年土地利用程度综合指数为230.70,2000年为230.69,基本上没有变化。

2.1.2 兰州至西宁沿线景观格局变化

图斑数增加111个，景观破碎度由0.78增加到0.79，土地破碎化程度提高。林地和耕地的景观破碎度没有变化，草地景观破碎度减少，水域、建设用地、未利用土地景观破碎度增加（表3）。从1995—2000年，兰州至西宁沿线景观多样性指数没有发生变化。分维数没有发生变化。仅建设用地分维数略有增加。建设用地、水域、林地的优势度增加，草地、未利用土地、耕地优势度减小。

表3 兰州至西宁沿线景观格局特征值

Table 3 Diagnostic values of landscape pattern in Lanzhou—Xining route

	林地	草地	水域	建设用地	未利用土地	耕地	总面积
1995年面积(hm^2)	167 809.73	676 201.69	15 401.30	38 114.37	14 123.72	314 222.28	1 225 873.49
图斑(个)	1 351	4 095	213	1 686	188	2 076	9 609
周长(m)	11 504 218	51 778 406	1 643 954	3 024 486	1 026 434	23 742 396	92 719 894
分维数	1.40	1.45	1.37	1.37	1.33	1.43	1.46
优势度	13.87	48.89	1.74	10.33	1.55	23.62	100.00
景观破碎度	0.81	0.61	1.38	4.42	1.33	0.66	0.78
多样性指数							1.68
2000年面积(hm^2)	168 539.54	675 820.81	15 742.49	38 349.47	13 939.24	313 481.94	1 225 873.49
图斑(个)	1 372	4 087	228	1775	188	2 070	9 720
周长(m)	11 564 516	51 823 292	1 717 271	3 199 385	1 066 690	23 866 885	93 238 039
分维数	1.40	1.45	1.37	1.38	1.33	1.43	1.46
优势度	13.93	48.59	1.81	10.69	1.54	23.43	100.00
景观破碎度	0.81	0.60	1.45	4.63	1.35	0.66	0.79
多样性指数							1.68

2.1.3 兰州至西宁沿线铁路缓冲带土地利用变化

（1）土地利用程度综合指数变化。各缓冲带土地利用程度综合指数变化很小，土地利用格局没有显著变化（图2）。1 km、7 km、8 km、10 km、11 km、12 km、13 km、14 km缓冲带综合土地利用程度值增加，2 km、3 km、4 km、5 km、6 km、9 km、15 km缓冲带综合土地利用程度值降低。

（2）综合土地利用动态度。缓冲带综合土地利用动态度以及耕地、林地和草地的动态度都随着距离的增大而减小（图3、图4）。建设用地的动态度变化没有规律，但建设用地变化面积随着距离增大而减小。水域动态度变化没有规律。未利用土地仅在1 km、2 km、3 km缓冲带内有变化。说明铁路和公路交通干线对研究沿线土地利用变化的影响是“轴”向的。这种规律在其他交通干线的研究中也有表现（刘盛和，2000；陈浮，2000；俞金铭，2001；朱会义等，2001；龙花楼，2001）。由缓冲带综合土地利用动态度可知，1～5 km缓冲带土地利用变化较快，6～15 km土地利用变化较慢。

（3）景观特征值变化。由于1～5 km缓冲带土地利用变化较快，选取了5 km缓冲区，计算其1995年和2000年景观特征值（表4）。分维数略有提高，图斑形状的复杂程度变化不大。

景观多样性指数由 1.679 提高到 1.683，景观异质性提高。景观破碎度由 0.013 提高到 0.0133。林地、水域、建设用地、未利用土地的景观优势度增加，草地、耕地的景观优势度减少。土地利用程度综合指数由 250.47 降为 250.21。说明兰州至西宁铁路沿线铁路区景观格局变化不显著，土地利用格局也没有显著变化。

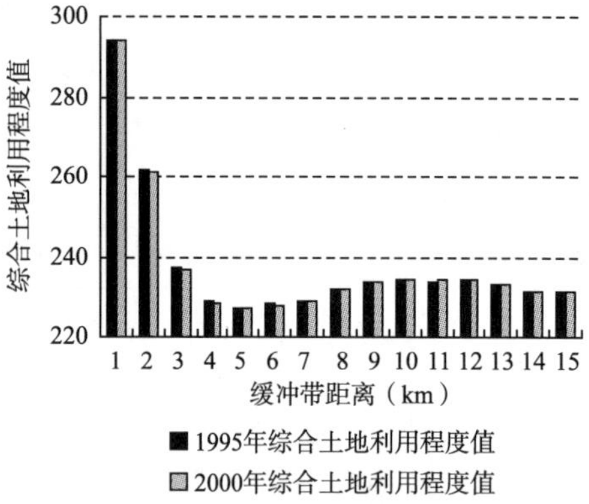

图 2 兰州至西宁沿线缓冲带土地利用程度综合指数变化

Figure 2 Comprehensive index of the degree of land use Lanzhou-Xining route buffer zone

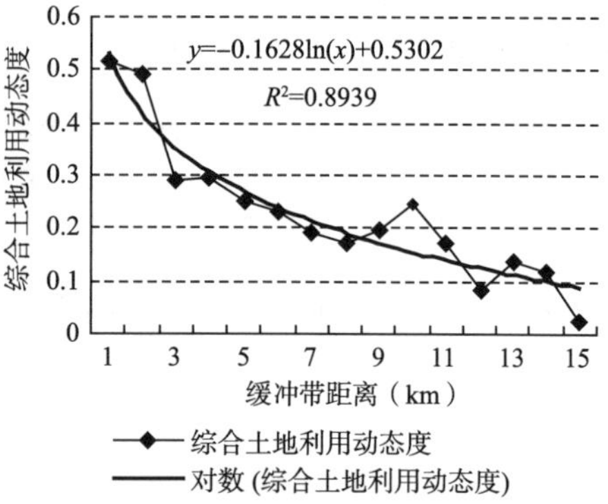

图 3 兰州至西宁沿线缓冲带综合土地利用动态度变化

Figure 3 Degree of dynamic land use of Lanzhou-Xining route buffer zone

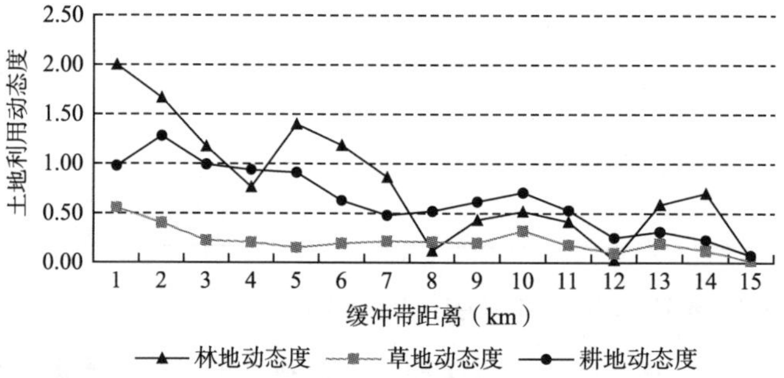

图 4 兰州至西宁沿线缓冲带林地动态度、草地动态度、耕地动态度与距离的关系

Figure 4 Relationship between distance and *K* value of woodland, grassland, cultivated land of Lanzhou-Xining route buffer zone

表 4 兰州至西宁沿线 5 km 缓冲区景观格局特征值

Table 4 Diagnostic values of landscape pattern in a 5-km buffer zone of Lanzhou-Xining route

	林地	草地	水域	建设用地	未利用土地	耕地	总面积
1995 年面积(hm^2)	12 053.85	124 445.23	3 919.48	25 318.94	252.11	67 401.57	233 391.18
图斑(个)	280	1232	217	514	14	783	3040
周长(m)	908 764	7 125 849	477 652	1 294 192	24 843	3 923 331	13 754 631
分维数	1.33	1.37	1.34	1.31	1.19	1.36	1.395 5
优势度	0.07	0.47	0.04	0.14	0.00	0.27	1
景观破碎度	0.023	0.010	0.055	0.020	0.056	0.012	0.013
多样性指数							1.679

续表

	林地	草地	水域	建设用地	未利用土地	耕地	总面积
2000 年面积(hm^2)	12 263.57	124 935.75	3 983.89	25 549.92	291.05	66 366.99	233 391.17
图斑(个)	305	1 230	217	556	16	784	3 108
周长(m)	939 777	7 159 198	483 007	1 368 311	29 113	3 913 567	13 892 973
分维数	1.33	1.37	1.34	1.32	1.19	1.36	1.396 4
优势度	0.08	0.47	0.04	0.14	0.00	0.27	1
景观破碎度	0.025	0.010	0.054	0.022	0.055	0.012	0.013 3
多样性指数							1.683

2.1.4 兰州至西宁沿线用地缓冲带土地利用变化

(1)兰州缓冲带土地利用变化。共建立了 7 个缓冲带，每条缓冲带宽 1 km。随着距城市距离的增大，发生变化的土地面积减小，综合土地利用动态度也逐步减小(图 5)。建设用地扩张主要在 1 km 缓冲带，新增城市用地 379.55 hm^2(1995 年城市用地 10 593.76 hm^2)。2 km 和 3 km 缓冲带仅增加城市用地 1.36 hm^2。建设用地的增加是 1～3 km 缓冲带土地利用变化的主要形式。4～7 km 缓冲带内其他土地利用变化形式主要是耕地与草地的相互转化。

(2)西宁缓冲带土地利用变化。共建立了 7 个缓冲带，每条缓冲带宽 1 km(图 6)。西宁各个缓冲带综合土地利用动态度的变化规律与兰州相似，建设用地、城市用地的扩张主要在 1 km 缓冲带，新增城市用地 223.69 hm^2(1995 年城市用地 4 093.20 hm^2)，而农村居民点的增加在每个缓冲带都存在。

2.2 青藏铁路湟中至格尔木沿线土地利用和景观格局变化

2.2.1 青藏铁路湟中至格尔木沿线土地利用变化

草地与未利用土地的相互转化是土地利用变化的主要形式(表 5，表 6)。主要的土地利用变化类型是草地变为未利用土地(206 730.40 hm^2)，未利用土地变为草地(325 687.49 hm^2)。草地向耕地的转化(20 266.37 hm^2)，未利用土地向林地(14 204.49 hm^2)、水域(14 448.71 hm^2)和建设用地(10 982.54 hm^2)的转化，以及水域向草地(12 448.79 hm^2)和未利用土地(15 071.37 hm^2)的转化也是土地利用转化的重要形式。

(1)林地减少 0.06%。期内减少 19 781.23 hm^2，增加 19 466.37 hm^2。林地变化主要发生在城市周围。有林地增加 579.46 hm^2，达 12 690.48 hm^2；灌木林地减少 1 778.28 hm^2，达 335 431.82 hm^2；疏林地增加 883.96 hm^2，达 154 926.63 hm^2。

(2)草地减少增加 0.99%。期内减少 250 327.49 hm^2，增加 354 910.01 hm^2。期内有 1.67%的草地变为未利用土地，有 0.29%的草地变为耕地和水域。草地的增加来源主要是未利用土地。高覆盖度草地增加 87 500.59 hm^2，达 610 022.27 hm^2；中覆盖度草地增加 165 804.04 hm^2，达 2 843 269.2 hm^2；低覆盖度草地减少 148 722.67 hm^2，达 7 203 016.6 hm^2。

(3)水域面积增加 0.29%。期内减少 28 214.06 hm^2，增加 32 666.06 hm^2。水域变化主要发生在河流附近。河渠用地增加 10 327.41 hm^2，达 21 945.37 hm^2。湖泊增加 642.92 hm^2，达 733 210.05 hm^2；水库坑塘减少 1 093.56 hm^2，达 2 845.27 hm^2；永久性冰川雪地增加 729.43 hm^2，达 241 456.76 hm^2；滩地减少 6 154.2 hm^2，达 556 732.35 hm^2。

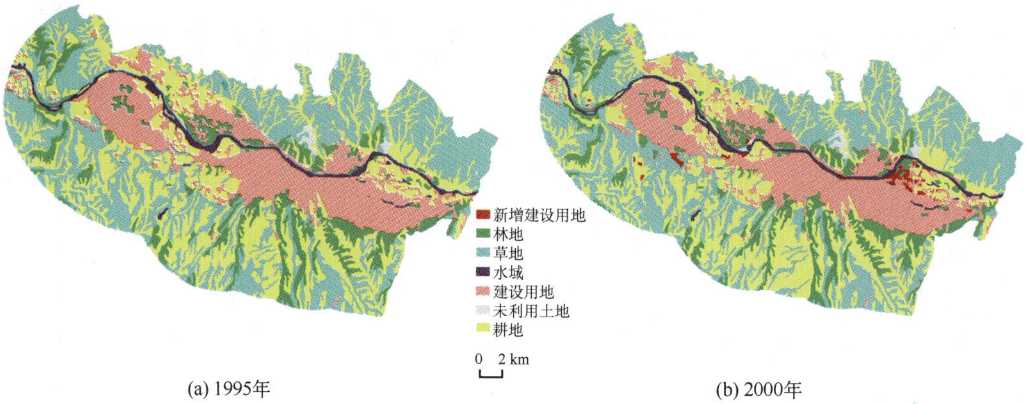

图 5　兰州市 7 km 缓冲区土地利用变化

Figure 5　Land use change of Lanzhou from 1995 to 2000

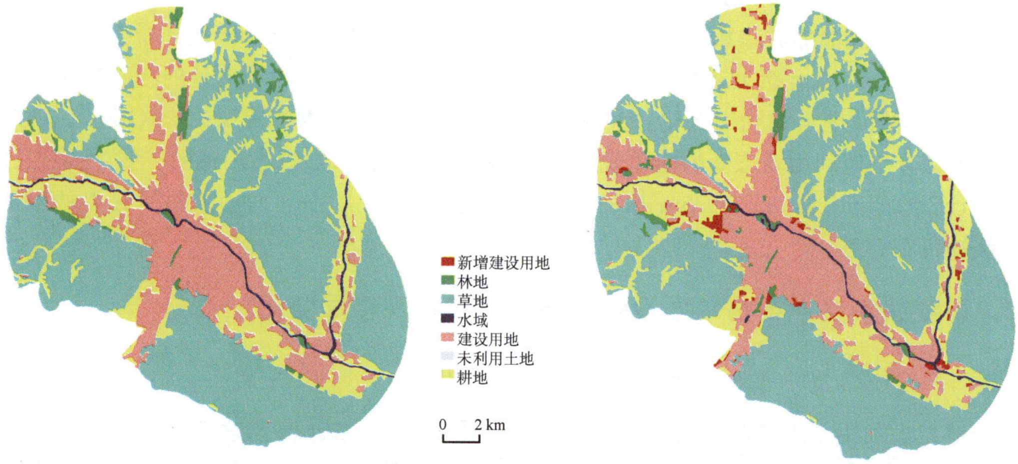

图 6　西宁市 7 km 缓冲区土地利用变化

Figure 6　Land use change of Xining from 1995 to 2000

(4)建设用地增加 80.38%。期内减少 2 787.58 hm^2，增加 22 900.88 hm^2。建设用地增加的主要来源是未利用土地和耕地。期内城镇用地增加 1 171.02 hm^2，达 3 622.96 hm^2；农村居民点增加 586.84 hm^2，达 16 764.1 hm^2；其他建设用地增加 18 355.43 hm^2，达 24 749.84 hm^2。

(5)未利用土地减少 1.11%。期内减少 373 232.44 hm^2，主要变为草地。增加 232 487.69 hm^2，增加来源主要为草地。沙地增加 14 704.86 hm^2，达 1 291 815 hm^2；戈壁减少 11 460 hm^2，达 2 000 413 hm^2；盐碱地减少 16 517.1 hm^2，达 1 156 656 hm^2；沼泽地减少 41 739.5 hm^2，达 1 318 091 hm^2；裸土地减少 4 265.63 hm^2，达 126 945.7 hm^2；裸岩石砾地减少 1 087 808 hm^2，达 3 947 741 hm^2；其他未利用土地增加 27 241.13 hm^2，达 1 682 080 hm^2。

(6)耕地增加 6.73%。期内减少 19 986.76 hm^2，增加 31 898.58 hm^2。旱地中，缓坡旱地（“代码 121”）增加 779.99 hm^2，达 1 392.75 hm^2；坡度较陡的旱地（“代码 122”）增加 378.66 hm^2，达 45 147.45；而陡坡旱地（“代码 123”）增加 10 753.12 hm^2，达 142 308.4 hm^2。

(7)综合土地利用动态度为 0.81。其中，建设用地的土地利用动态度最大，为 20.59，耕地次之，水域最小。如果就变化面积而言，草地 830 545.77 hm^2，未利用土地 707 273.88 hm^2，水域 69 849.28 hm^2，耕地 51 924.44 hm^2，林地 40 683.24 hm^2，建设用地 25 762.75 hm^2。

(8)1995 年土地利用程度综合指数为 151.17，2000 年为 151.93，增长了 0.76。

表 5　青藏铁路湟中至格尔木沿线 1995 年和 2000 年土地利用现状

Table 5　Land use of Huangzhong-Golmud route in 1995 and 2000

地类	林地	草地	水域	建设用地	未利用土地	耕地	总计
1995 年(hm^2)	503 363.79	10 551 725.51	1 551 737.80	25 023.61	12 664 484.96	176 936.78	25 473 272.45
比重(%)	1.98	41.42	6.09	0.10	49.72	0.69	100.00
2000 年(hm^2)	503 048.93	10 656 308.03	1 556 189.80	45 136.91	12 523 740.21	188 848.57	25 473 272.45
比重(%)	1.97	41.83	6.11	0.18	49.16	0.74	100.00
变化(%)	−0.06	0.99	0.29	80.38	−1.11	6.73	0.00
动态度	1.62	1.57	0.90	20.59	1.12	5.87	0.81

表 6　青藏铁路湟中至格尔木沿线 1995 年和 2000 年土地利用转移矩阵

Table 6　Land use change matrix of Huangzhong-Golmud route from 1995 to 2000

1995 年 \ 2000 年	林地	草地	水域	建设用地	未利用土地	耕地	合计
林地(hm^2)	483 582.56	10 353.60	1 460.11	54.01	6 131.21	1 782.30	503 363.79
比重(%)	96.07	2.06	0.29	0.01	1.22	0.35	100.00
草地(hm^2)	4 686.22	10 301 398.02	16 076.16	2 568.34	206 730.40	20 266.37	10 551 725.51
比重(%)	0.04	82.99	0.13	0.02	1.67	0.16	85.01
水域(hm^2)	234.87	12 448.79	1 523 523.74	303.02	15 071.37	156.01	1 551 737.80
比重(%)	0.02	0.80	98.18	0.02	0.97	0.01	100.00
建设用地(hm^2)	124.53	243.71	506.68	22 236.03	127.97	1 784.69	25 023.61
比重(%)	0.50	0.97	2.02	88.86	0.51	7.13	100.00
未利用土地(hm^2)	14 204.49	325 687.49	14 448.71	10 982.54	12 291 252.52	7 909.21	12 664 484.96
比重(%)	0.11	2.57	0.11	0.09	97.04	0.06	99.99
耕地(hm^2)	216.26	6 176.42	174.40	8 992.97	4 426.74	156 949.99	176 936.78
比重(%)	0.12	3.49	0.10	5.08	2.50	88.70	100.00
合计(hm^2)	503 048.93	10 656 308.03	1 556 189.80	45 136.91	12 523 740.21	188 848.57	25 473 272.45

2.2.2　青藏铁路湟中至格尔木沿线景观格局变化

增加 521 个图斑，景观破碎度由 0.150 增加到 0.153，土地破碎化程度提高(表 7)。但建设用地的破碎化程度大幅降低。景观多样性指数由 1.45 上升到 1.46，表明景观异质性提高。分维数没有发生变化。建设用地、水域、耕地的优势度增加，林地、草地、未利用土地优势度减小。

表 7　青藏铁路湟中至格尔木沿线景观格局特征值

Table 7　Diagnostic values of landscape pattern of Huangzhong-Golmud route

	林地	草地	水域	建设用地	未利用土地	耕地	总面积
1995 年面积(hm^2)	503 363.79	10 551 725.51	1 551 737.80	25 023.61	12 664 484.96	176 936.78	25 473 272.45
图斑(个)	3 594	20 732	1 909	1 281	14 644	594	38 326
周长(m)	28 276 139	419 950 721	60 993 680	2 255 249	394 354 939	8 497 534	914 328 262
分维数	1.41	1.46	1.41	1.37	1.44	1.37	1.47
优势度	5.68	47.76	5.54	1.72	43.96	1.12	100.00
景观破碎度	0.71	0.20	0.12	5.12	0.12	0.34	0.150
多样性指数							1.45
2000 年面积(hm^2)	503 048.93	10 656 308.03	1 556 189.80	45 136.91	12 523 740.21	188 848.57	25 473 272.45
图斑(个)	3 627	19 089	2 026	1 384	14 571	613	38 847
周长(m)	28 300 120	425 683 553	61 586 872	2 756 467	395 739 525	9 222 296	923 288 833
分维数	1.41	1.46	1.41	1.35	1.44	1.37	1.47
优势度	5.66	45.49	5.66	1.87	43.34	1.16	100.00
景观破碎度	0.72	0.18	0.13	3.07	0.12	0.32	0.153
多样性指数							1.46

2.2.3　青藏铁路缓冲带土地利用变化

(1)土地利用程度综合指数变化。在每一个缓冲带,综合土地利用程度值均提高。土地利用格局发生了显著变化(图 7)。导致土地利用程度综合指数提高的原因是大量未利用土地变为其他地类,建设用地面积大幅提高。

(2)综合土地利用动态度。缓冲带综合土地利用动态度及耕地、水域、未利用土地、林地和草地的动态度都随着距离的增大而减小(图 8、图 9)。建设用地的动态度变化没有规律,但建设用地变化面积随着距离增大而减小(图 10)。说明铁路和公路交通干线对沿线土地利用变化的影响是"轴"向的。根据缓冲带综合土地利用动态度可知,1～7 km 缓冲带土地利用变化较快,7～15 km 缓冲带土地利用变化较慢。

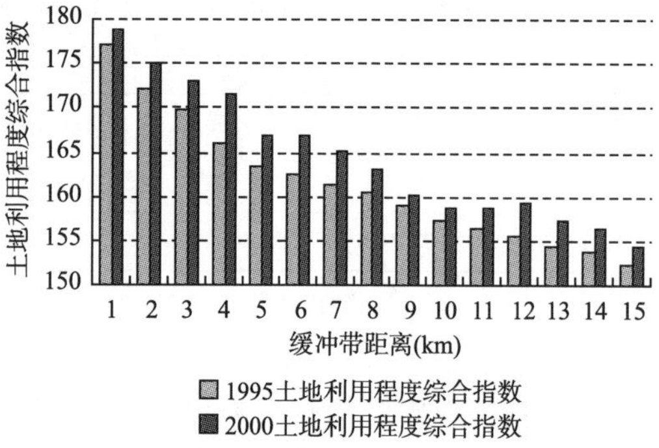

图 7　青藏铁路缓冲带综合土地利用程度综合指数

Figure 7　The LA value of buffer zone in Huangzhong-Golmu route

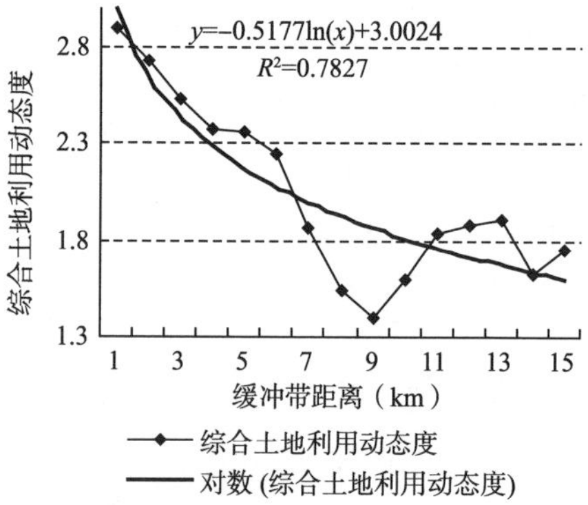

图 8　青藏铁路缓冲带综合土地利用动态度变化

Figure 8　The LC value of buffer zone in Huangzhong-Golmu route

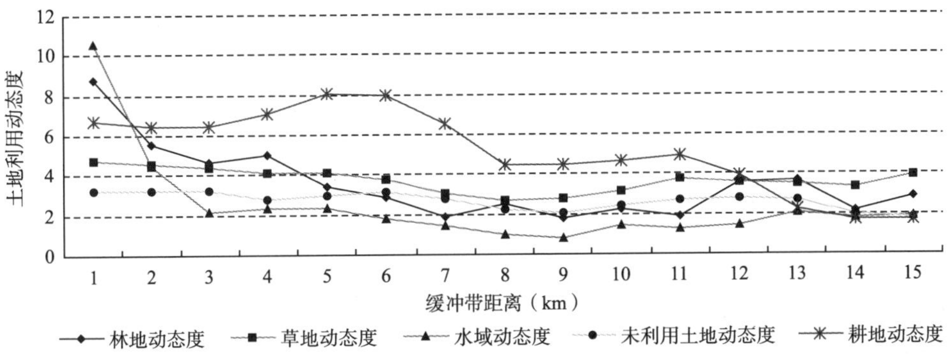

图 9 青藏铁路湟中至格尔木沿线缓冲带林地、草地、水域、未利用土地、耕地动态度与距离的关系

Figure 9 Relationship between distance and K value of woodland, grass land, water area, unused land and cultivated land of Huangzhong—Golmud route buffer zones

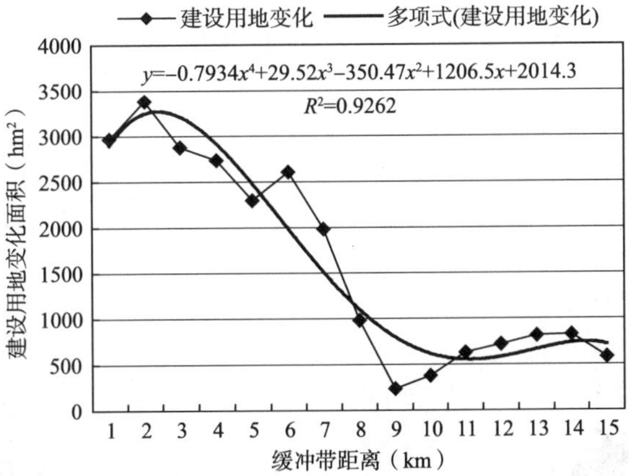

图 10 西线缓冲带建设用地变化面积与距离的关系

Figure 10 Relationship between distance and the area of constructing land changes in west route buffer zone

(3)铁路缓冲区景观特征值变化。由于 1～7 km 缓冲带是快速变化区，选取了 7 km 缓冲区，计算其 1995 年和 2000 年景观特征值(表 8)。土地利用程度综合指数由 167.57 提高到 171.14。分维数略有提高，图斑形状复杂程度变化不大，仅建设用地的分维数降低，说明由于建设用地的扩展，其形状日趋规则。景观多样性指数由 1.83 提高到 1.88，说明自然和人为干扰增加，景观异质性提高。景观破碎度由 0.33 提高到 0.34，林地、草地、水域、未利用土地和耕地的景观破碎度增加，建设用地的景观破碎度降低。林地、水域、建设用地、耕地的景观优势度增加，草地、未利用土地的景观优势度减少。建设用地的景观优势度增长较快。1995—2000 年缓冲带景观格局变化较大，土地利用格局变化也大。

(4)西线建设用地缓冲带土地利用变化。选取了湟源、乌兰、海晏、德令哈 4 个城市，分别建立 6～9 个缓冲带，每条缓冲带宽 1 km。计算每条缓冲带的综合土地利用动态度和各地类土地利用动态度，根据土地利用变化图，发现城市扩展的影响范围主要在 1 km 缓冲带内，在 2 km 缓冲带内有少量建设用地变化。3 km 以外的土地利用变化与城市扩展没有任何关系。乌兰 2 km 缓冲带以外，耕地和草地向未利用土地相互转化较多。海晏各缓冲带土地利用变化面积很小。湟源县 1 km 缓冲带以外草地和耕地相互转化，大量耕地变为草地。德令哈 1 km 缓冲带以外则是草地、未利用土地向耕地和林地的转化(图 11),城市用地新增 35.5 hm^2。

表 8　青藏铁路湟中至格尔木沿线 7 km 缓冲区景观格局特征值

Table 8　Diagnostic values of landscape pattern in west route of a 7-km buffer zone

	林地	草地	水域	建设用地	未利用土地	耕地	总面积
1995 年面积(hm^2)	51 143.970	459 215.120	57 760.670	15 172.870	491 656.060	85 083.290	1 160 031.980
图斑(个)	428	1 532	67	573	916	278	3 794
周长(m)	2 934 530	22 015 220	1 388 515	1 086 399	14 750 428	3 607 254	45 782 346
分维数	1.347	1.395	1.265	1.328	1.355	1.334	1.4027
优势度	0.078	0.400	0.034	0.082	0.333	0.073	1.000
景观破碎度	0.837	0.334	0.116	3.776	0.186	0.327	0.33
多样性指数							1.830
2000 年面积(hm^2)	49 417.990	455 862.830	58 892.140	29 975.000	480 325.510	85 558.500	1 160 031.970
图斑(个)	459	1 558	86	623	927	317	3 970
周长(m)	2 893 779	21 627 335	1 494 563	1 403 446	14 740 523	3 958 823	46 118 469
分维数	1.348	1.394	1.271	1.308	1.356	1.342	1.403 3
优势度	0.079	0.393	0.036	0.091	0.324	0.077	1.000
景观破碎度	0.929	0.342	0.146	2.078	0.193	0.371	0.340
多样性指数							1.880

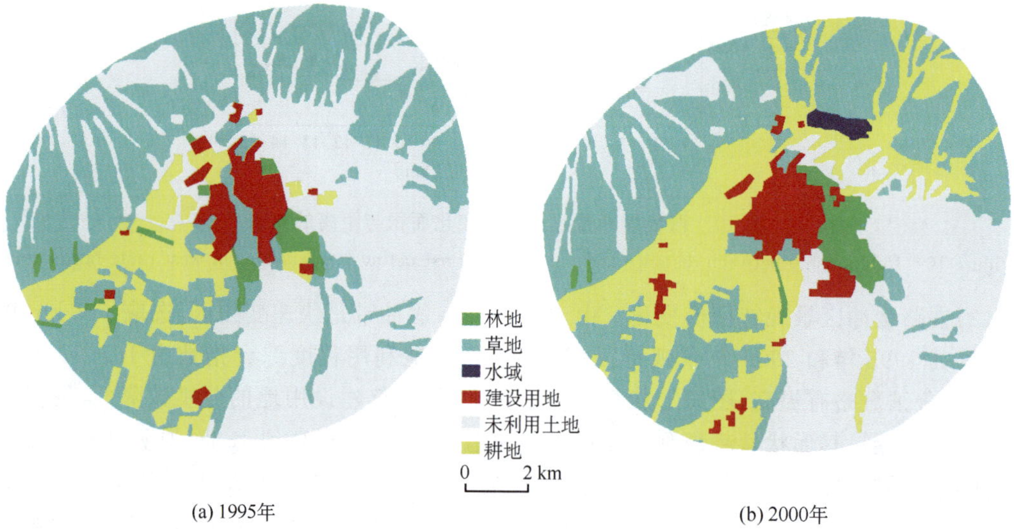

图 11　德令哈市 6 km 缓冲区土地利用变化

Figure 11　Land use change of Delingha from 1995 to 2000

3　分析与讨论

(1)青藏公路格尔木、曲麻莱、治多 3 个研究区的土地利用时空格局不同。兰州至西宁沿线土地利用以草地和耕地为主,土地利用变化很少,主要是耕地、草地和建设用地的变化。青藏铁路湟中至格尔木沿线土地利用以草地和未利用土地为主。土地利用变化大。主要是草地、未利用土地和耕地的相互转化。青藏公路格尔木、曲麻莱、治多沿线土地利用以未利用土地和草地为主，主要是草地、未利用土地和水域的相互转化。1995—2000 年兰州至西宁铁路沿线综合土地利用动态度为 0.23，青藏铁路湟中至格尔木沿线综合土地利用动态度为 0.8l，青藏公路格尔木到五道梁段综合土地利用动态度为 2.25，各地类土地利用动态度也具有类似规律。兰州至西宁铁路沿线建设用地动态度仅为 2.24，青藏铁路湟中至格尔木沿线建设用地动态度达 20.59，青藏公路格尔木、曲麻莱、治多沿线建设用地增加迅速，动态度为 66.64。反映了青藏铁路湟中至格尔木沿线和青藏公路格尔木、曲麻莱、治多沿线城市化进程加快的特点。兰州至西宁铁路沿线综合土地利用程度指数没有发生变化，而青藏铁路湟中至格尔木沿线土地利用程度综合指数由 151.17 提高到 151.93，青藏公路格尔木、曲麻莱、治多沿线土地利用程度综合指数由 195.20 降低到 156.40，主要原因是土地沙漠化。

兰州至西宁铁路沿线景观特征值没有显著变化。青藏铁路湟中至格尔木沿线景观特征值明显变化，景观破碎度提高，建设用地、耕地和水域的优势度提高。青藏公路格尔木、曲麻莱、治多沿线景观格局显著变化，将会深刻地改变该地区的生态过程，影响畜牧业的发展和野生动植物的生存。同时还将影响“三江”上游的水源供给。

(2)在兰州至西宁铁路沿线和青藏铁路湟中至格尔木沿线，缓冲带综合土地利用动态度随距离增大而减小，这和其他交通干线土地利用变化的规律一致。兰州至西宁铁路沿线 1～5 km 缓冲带土地利用变化较快。青藏铁路湟中至格尔木沿线 1～7 km 缓冲带土地利用变化较快，同时景观特征值发生了显著变化。城镇扩展对土地利用变化的影响主要在 1 km 缓冲带内，仅兰州市扩展到 3 km 缓冲带。在兰州至格尔木沿线，交通干线和城镇构成了土地利用变化和景观格局变化的廊道，“点轴”效应明显，对建设用地和耕地的景观格局影响较大。而青藏公路格尔木、曲麻莱、治多沿线综合土地利用动态度随距离的增大而增大，景观格局变化与距离也没有显著关系，其聚集和辐射作用呈“点”状。

青藏公路对区域土地利用和景观格局的影响——以格尔木至唐古拉山段为例*

Impact of Qinghai-Xizang Highway on Land Use and Landscape Pattern Change: From Golmud to Tanggulashan Pass

Abstract: Based on digital land use maps of 1995, 2000 and road map of Resources and Environment Data Center of IGSNRR, CAS, the land use and landscape pattern change (LULPC) of Golmud, Qumaleb, Zhidoi are studied, in macro-scale, exerting Arc/INFO 8.1 and landscape ecology methods. LULPC of road buffer zones and the bound of construction land expansion is stressed. The conclusion are given as follows: (1) Prominent changes have taken place in land use and landscape pattern from 1995 to 2000. a) Woodland area increased 0.4%, grassland area reduced 6.26%, water area increased 7.17%, construction land area increased 323.8%, unused land area increased 6.96%, cultivated land area reduced 51.43%. Especially, land degraded seriously, grassland area reduced 22.8% and unused land area increased 43.96% in Qumaleb. b) The comprehensive land use dynamic degree is 2.25 and the land use dynamic degree of construction land is the biggest, while cultivated land takes the second place and woodland takes the least. c) The land use degree comprehensive index is 195.2 in 1995, and 156.4 in 2000, reduced 38.8. The fundamental reason is that a great deal of grassland had been transformed into unused land in 5 years. d) Landscape changed dramatically. The sum of patches increased 1999 and the landscape fragmentation degree increased from 0.115 to 0.124, showing the enhancement of land fragmentation degree. The diversity index increased from 1.308 to 1.331, implying the enhancing of landscape heterogeneity. The fractal degree increased from 1.453 to 1.456 and the shape of patches got complicated. (2) Differed from the corridor effect of other traffic main lines, the corridor effect of this section of road is not obvious and its "point" radiation effect can be seen easily. a) The land use degree comprehensive index of road buffer zones dropped except the 1 km zone, 40～45 km zone and 50～60 km zone. The land use dynamic index enhanced when the distance to the road get longer, obviously differing from other study areas due to sparse population and sluggish economic development. The landscape diversity index and fractal dimension has no relationship with the distance to the road. b) The expanding range of Golmud City is confined in 3 km buffer, for Wudaoliang buffer, it is 1 km. No land use change happened in Nanshankou buffer. (3) The new formula ($K=(U_a+U_b-2U_c)U_a^{-1}T^{-1}\times 100\%$) is used to nicely define the land use dynamic degree exactly.

随着土地利用变化研究的深入，交通干线缓冲区的土地利用变化受到极大的关注。交通

---

* 由张镱锂(Zhang Yili)、阎建忠(Yan Jianzhong)、刘林山(Liu Linshan)、摆万奇(Bai Wanqi)、李双成(Li Shuangcheng)和郑度(Zheng Du)完成，原载于《地理学报》，2002，57(3)：253-266。

干线作为廊道内部动因主体,对生态系统有不同程度的影响。目前,对高速公路和主干铁路生态效应的研究表明:①交通干线破坏动物的栖息环境,影响物种的传播和迁移(Forman *et al.*,1998; Ariel *et al.*,2000; Lode,2000; Juan *et al.*,2001; Tikka *et al.*,2001; Hels *et al.*,2001);②引起固体、液体、气体和噪声污染及塌方等自然灾害,危及生态系统的健康(Eaton *et al.*,1999; Finder *et al.*,1999;江玉林等,2000; 张杰等,2000; Malawska *et al.*,2001);③导致景观破碎化,影响不同尺度的生态过程(Van Bohemen,1998;Daniel *et al.*,1998; Borrego *et al.*,2000; Gulinck *et al.*,2002);④交通干线附近耕地快速向建设用地转移(陈浮等,2000;刘盛和等,2000;龙花楼等,2001;俞金铭,2001;朱会义等,2001),是城镇的扩展轴(刘盛和等,2000)。目前,大多数研究涉及的自然地理条件不复杂,尺度和范围较小,对高速公路生态效应的研究往往局限于公路附近和公路本身,很少研究距离公路较远的缓冲区的生态效应。青藏公路地处生态脆弱区,自然地理条件复杂。近几年有关青藏高原格尔木、黄河源区等生态脆弱区沙漠化成因的研究较多(赵丰钰等,1997;魏振铎,1998;董玉祥,1999;沙占江等,2001;摆万奇等,2002)。这些研究表明,生态脆弱区土地荒漠化的驱动力既有自然因素,如气温升高、降水减少、蒸发量增大等,又有人为因素,如过牧、滥砍乱挖(摆万奇等,2002)。但对青藏公路廊道内外的土地利用变化缺乏系统性的研究,青藏公路对沿线区域土地利用和景观格局的影响程度、范围和机制还缺乏认识。为此,作者选择了青藏公路沿线格尔木、曲麻莱、治多3个县(市)作为研究区,利用GIS工具和景观生态学方法,从大尺度研究其1995—2000年的土地利用变化和景观格局变化,重点分析公路缓冲带的土地利用变化、景观格局变化和建设用地缓冲带的土地利用变化。试图为青藏公路与区域土地利用变化的关系研究,为青藏高原交通干线建设的环境与生态评价提供科学依据。

1 研究区环境背景与研究方法

1.1 研究区概况

研究区位于青海省西部,青藏高原腹地,是长江、黄河的发源地。区内地貌复杂,地势南高北低,由西向东倾斜。包括青藏公路沿线格尔木、曲麻莱、治多3个县(市),地跨32°45′～37°45′N,89°25′～97°18′E,东西长约950 km,南北宽约600 km,面积$24\times10^4 km^2$。1995年人口为12.5万,GDP为9.8亿元(青海省统计局,1996);2000年人口为14万,GDP为18.4亿元(青海省统计局,2001)(图1)。

据青藏高原综合自然区划系统划分(孙鸿烈,1996;郑度,1996),研究区可分为3个部分:(1)高原温带干旱区(IID),包括柴达木盆地区(IID2b)的部分和中昆仑山北翼山区(IID3a),海拔2 600～3 300 m,在地形结构和地貌特征上大体呈同心圆分布,整个盆地自西北向东南微缓倾斜。盆地中心地区基本无植被,盆地边缘主要是以芦苇、厚穗赖草盐生草甸(*Form. Phragmites communis*)和柽柳荒漠(*Form. Tamarix*)为主(周兴民等,1987)。该区为高原大陆性气候,干旱少雨,日照长,辐射强,蒸发量大,气压低,多大风,霜冻、沙暴、冰雹,冬季寒冷漫长,夏季凉爽短促,昼夜温差大(青海省农业资源区划办公室,1999)。作物生长期189天,牧草生长期为211天。(2)高原亚寒带半干旱地区(IC),以通天河源宽谷区(IC1b)为主,包括黄河源宽谷湖盆区(IC1a)和北羌塘高原区(IC2b)的部分,大部分地区海拔在4 000～5 000 m。植被以紫花针茅草原(*Form. Stipa purpurea*)和羽柱针茅、青藏苔草、垫状驼绒藜荒漠化草原(*Form. Stipa basiplumosa*, *Form. Carex moorcroftii*, *Form Ceratoides compacta*)为主,并有部分含紫花针茅的小嵩草草原化草甸(*Form. Kobresia pygmaea*)和高山植被。由于喜马拉雅山的影响,阻挡印度洋来的西南季风进入高原,使该区气候寒冷。年仅冬、夏两季,冬季严寒漫长(达 7～8 个月),夏季凉爽短促。作物生长期 37～63 天,牧草生长期为 89～114 天。(3)高原亚寒带半湿润地区(IB),主要是曲麻莱县城和治多县城所在地附近,果洛玉树高原宽谷区(IB1b)和那曲当曲河源宽谷区(IB1c),地势相对较低,平均海拔 4 000 m 左右,水分条件相对较好,植被以含紫花针茅的小嵩草草原化草甸(*Form. Kobresia pygmaea*)为主。年均气温－2 ℃,年降雨量 407～411 mm,年蒸发量 1 369～1 406 mm。作物生长期 83～92 天,牧草生长期为 133～145 天。

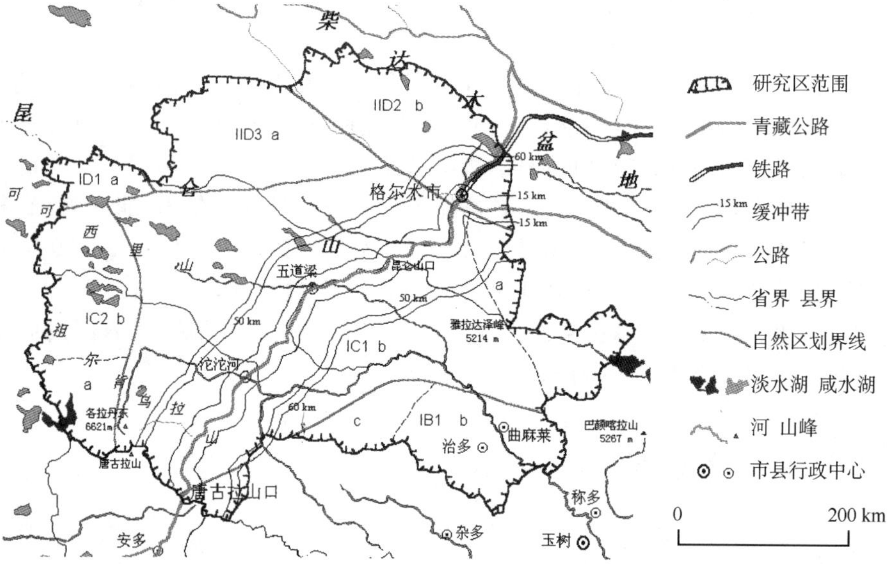

图 1　格尔木、曲麻莱、治多地区范围图

Figure 1　Scope of Golmud, Qumalêb, Zhidoi district

1.2　资料选取

数据来源于中国科学院资源环境数据库中的全国 1∶100 000 土地利用数据库(1995 年和 2000 年)和 1∶250 000 道路数据库。1∶100 000 土地利用数据库的数据由 1995 年和 2000 年 TM 影像解译获得。土地利用采用三级分类系统:一级分为 6 类;二级分为 28 个类型;三级类型 8 个。该数据的存储格式是按照分县的 Coverage 格式进行存放的,数据处理所用的 GIS 软件平台为 ArcGIS 8.1。研究中,按二级地类统计,一级地类汇总。研究区 1995 年有 27 809 个图斑,2000 年有 29 808 个图斑。1∶250 000 道路数据库中,数据源采用测绘局编制 1∶250 000 地形图手扶数字化编制,道路分为 8 类。由于投影方式不同,对道路图进行了投影转换。

1.3　研究方法

利用 ArcGIS 中的 Arctools 模块,通过 Append 命令对 3 个县 2 期 Coverage 分别拼接,用

Overlay 命令进行叠加，得到土地利用变化图，通过属性查询方式汇总面积，得到 2 期土地利用类型面积，建立土地利用类型转移矩阵。用土地利用动态度（罗湘华等，2000；陈佑启等，2001）反映土地利用变化的快慢程度，用土地利用程度综合指数（庄大方等，1997）来反映研究区土地利用格局。计算了分维数、多样性指数、优势度和景观破碎度（张明，2000）等景观格局特征值，通过景观格局特征值的变化来反映研究区土地利用变化对景观的影响。

为研究青藏公路对研究区土地利用变化的影响，拼接了分幅道路图，利用属性表提取了青藏公路图层，建立系列 buffer。在 15 km 以内，每 1 km 建立一个 buffer；从 15 km 到 50 km，每 5 km 建立一个 buffer；建立一个 60 km buffer。由于缓冲区只能反映土地利用变化的平均水平，为了研究距公路不同距离区域的土地利用变化，参考城市地价评估中"路线价法"的原理，用 ERASE 命令将相邻的 buffer 相减，形成了一系列缓冲带。缓冲带分布在公路两边，1～15 km 每边缓冲带宽 1 km，15～50 km 每边缓冲带宽 5 km，50～60 km 每边缓冲带宽 10 km。将缓冲带和土地利用变化图叠加。通过属性查询，得到每一个缓冲带的土地利用转移矩阵，计算土地利用动态度、综合土地利用程度值、景观特征值等各项研究指标（张明，2000）。

为研究沿线城镇扩展对土地利用变化的影响，提取了格尔木、南山口和五道梁建设用地，分别建立系列 buffer，生成缓冲带。将缓冲带与土地利用变化图叠加进行计算。

1.4 研究指标及涵义

1.4.1 土地利用程度综合指数根据刘纪远（1996）的计算方法如下：

$$La = 100 \times \sum_{i=1}^{n} A_i \times C_i$$
$$La \in [100, 400] \qquad (1)$$

式中：La 为土地利用程度综合指数；A_i 为第 i 级的土地利用程度分级指数；C_i 为第 i 级土地利用程度分级面积百分比。未利用土地分级指数为 1，林地、草地、水域分级指数为 2，农业用地（耕地、园地、人工草地）分级指数为 3，建设用地分级指数为 4。

1.4.2 土地利用动态度。对单一土地利用动态度的计算采用如下公式（罗湘华等，2000）：

$$K = \frac{U_b - U_a}{U_a} \times \frac{1}{T} \times 100\% \qquad (2)$$

式中：K 为 T 时段内某种土地利用类型动态度；U_a 和 U_b 分别为研究期初和期末某种土地利用类型的数量。T 为研究时段长度，当 T 设为年时，K 为某种土地利用类型的年变化率。如果某种土地利用类型减少和增加的面积相同，其 K 值为 0，不能反映土地利用变化情况。因此，采用如下修正公式：

$$K = \frac{(U_a - U_c) + (U_b - U_c)}{U_a} \times \frac{1}{T} \times 100\% \qquad (3)$$

式中：U_c 为没有发生变化的某种土地利用类型的数量。

综合土地利用动态度采用如下公式：

$$LC = \left[\frac{\sum_i \Delta LU_{i-j}}{\sum_i LU_i} \right] \times \frac{1}{T} \times 100\% \qquad (4)$$

式中：LU_i 为监测起始时刻第 i 类土地利用类型的面积；ΔLU_{i-j} 为检测时段第 i 类土地利用类型转为第 j 类土地利用类型的面积；T 为检测时段长度。

1.4.3 景观格局特征值及其生态涵义(张明,2000):(1) 斑块面积(A) 和斑块周长(P),通过GIS统计获得。(2) 斑块分维数(D),$D = 2\log(p/4)/\log A$,反映斑块的复杂程度。(3) 景观优势度(D_0),$D_0 = L/2 + R/2$,L = 斑块 i 的数目 / 斑块总数目,R = 斑块 i 的面积 / 斑块总面积;反映斑块在景观中占有的地位及其对景观格局形成和变化的影响。(4) 多样性指数(H),$H = -\sum_{i=1}^{m} R_i \times \log_2 R_i$,$R_i$ 为斑块 i 在总面积中的比重;反映景观中各类斑块的复杂性和变异性的量度。(5) 景观破碎度(C),C = 图斑总数 / 总面积,反映景观的破碎化程度。

2 区域土地利用和景观格局变化

2.1 研究区土地利用变化

(1)林地净增加 0.4%。期内减少 1 715.96 hm^2,增加 2 310.02 hm^2。林地变化发生在格尔木东部。有林地和其他林地变化小,灌木林地增加 1 063.02 hm^2,疏林地减少 449.76 hm^2(表 1,表 2,图 2)。

(2)草地净减少 6.26%。期内减少 1 017 891.94 hm^2,增加 224 200.4 hm^2。草地变化主要发生在曲麻莱县。期内 7.76%的草地变为未利用土地,0.24%的草地变为水域。草地的主要增加来源是未利用土地。高覆盖度草地增加 245 714.1 hm^2,中覆盖度草地减少 211 749 hm^2,低覆盖度草地减少 797 635 hm^2。

(3)水域净增加 7.17%(如果把滩地作为未利用土地,水域仅增加 18 431.59 hm^2,计 1.3%)。期内减少 21 457.4 hm^2,增加 122 377.09 hm^2,主要是和草地、未利用土地的相互转化。水域变化主要发生在格尔木。河渠用地增加 908.86 hm^2。湖泊增加 19 503 hm^2,增加来源是草地和未利用土地,主要发生在格尔木和治多的无人区。水库坑塘减少 1 232.67 hm^2,永久性冰川雪地减少 810 hm^2,变为高寒荒漠和低覆盖度草地。滩地增加 82 488.1 hm^2,增加来源主要是低覆盖度草地、沙地和戈壁。

(4)建设用地净增加 323.8%。期内减少 190.47 hm^2,增加 13 320.31 hm^2。建设用地的主要来源是草地、未利用土地和耕地。建设用地变化主要发生在城镇周围。期内城镇用地增加 978.87 hm^2,农村居民点增加 359.75 hm^2,其他建设用地增加 11 790.23 hm^2。

表 1 格尔木、曲麻莱、治多地区 1995 年和 2000 年土地利用现状

Table 1 Land use of Golmud, Qumalêb, Zhidoi district in 1995 and 2000

地类	林地	草地	水域	建设用地	未利用土地	耕地	总计
1995 年(hm^2)	146 988.19	12 673 754.00	1 408 127.78	4 054.92	9 855 218.30	14 028.81	24 102 172.37
比重(%)	0.61	52.58	5.84	0.02	40.89	0.06	100.00
2000 年(hm^2)	147 582.25	11 880 062.84	1 509 047.47	17 184.76	10 541 482.17	6 812.88	24 102 172.37
比重(%)	0.61	49.29	6.26	0.07	43.74	0.03	100.00
变化(%)	0.40	−6.26	7.17	323.80	6.96	−51.43	0.00
动态度	0.55	1.96	2.04	66.64	2.64	13.10	2.25

表 2 格尔木、曲麻莱、治多地区 1995 年和 2000 年土地利用转移矩阵

Table 2 Land use change matrix of Golmud, Qumalêb, Zhidoi district from 1995 to 2000

1995 年 \ 2000 年	林地	草地	水域	建设用地	未利用土地	耕地	合计
林地(hm^2)	145 272.23	478.53	99.15	15.64	736.10	386.54	146 988.19
比重(%)	98.83	0.33	0.07	0.01	0.50	0.26	100.00
草地(hm^2)	1 579.34	11 655 862.44	30 966.80	1 637.25	983 485.96	222.59	12 673 754
比重(%)	0.01	91.97	0.24	0.01	7.76	0.01	100.00
水域(hm^2)	99.33	12 473.24	1 386 670.40	31.76	8 778.69	74.38	1 408 127.80
比重(%)	0.01	0.89	98.48	0.00	0.62	0.00	100.00
建设用地(hm^2)	86.18	27.62	2.12	3 864.45	19.59	54.96	4054.92
比重(%)	2.13	0.68	0.05	95.30	0.48	1.36	100.00
未利用土地(hm^2)	501.01	210 704.28	91 280.59	4 309.02	9 548 174.80	248.60	9 855 218.30
比重(%)	0.01	2.14	0.93	0.04	96.88	0.00	100.00
耕地(hm^2)	44.16	516.73	28.43	7 326.64	287.04	5 825.81	14 028.81
比重(%)	0.31	3.68	0.20	52.23	2.05	41.53	100.00
合计	147 582.25	11 880 062.84	1 509 047.47	17 184.76	10 541 482.17	6 812.88	24 102 172.37

(5)未利用土地净增加 6.96%，土地退化程度加剧。期内增加 993 307.37 hm^2，增加来源主要为草地；减少 307 043.5 hm^2，主要变为草地。沙地减少 86 746 hm^2，戈壁增加 80 785 hm^2，盐碱地减少 10 524 hm^2，沼泽地增加 49 364.9 hm^2，裸土地减少 99.6%(仅余 90.19 hm^2)，裸岩石砾地增加 120 332 hm^2，增加来源主要是中覆盖度草地和低覆盖度草地。其他未利用土地增加 554 995 hm^2，增加来源主要是低覆盖度草地。

(6)耕地净减少 51.43%。期内增加 987.07 hm^2，减少 8 203 hm^2，其中有 7 326.64 hm^2 被建设用地占用。

(7)综合土地利用动态度为 2.25。其中，建设用地最大，达 66.64，耕地次之，林地最小。就变化面积而言，未利用土地 1 300 350.9 hm^2，草地 1 242 092.30 hm^2，水域 143 834.50 hm^2，建设用地 13 510.78 hm^2，耕地 9 190.07 hm^2，林地 4 025.98 hm^2。

(8)1995 年土地利用程度综合指数为 195.2，2000 年为 156.4，降低了 38.8。土地利用程度综合指数降低的原因是大量草地变为未利用土地。

2.2 研究区景观格局变化

(1)研究区图斑数增加 1999 个，景观破碎度由 0.115 增加到 0.124，破碎化程度提高。由于大量耕地被建设占用，少量草地和未利用土地开发为耕地，导致耕地破碎度成倍提高。林地和草地破碎度有所提高，未利用土地破碎度不变，水域破碎度降低。新增建设用地往往成片发展，使破碎度大幅降低(表 3)。草地破碎度的提高将降低野生动植物栖息地的质量，可能导致生物多样性发生变化，同时影响生态系统的结构和功能。

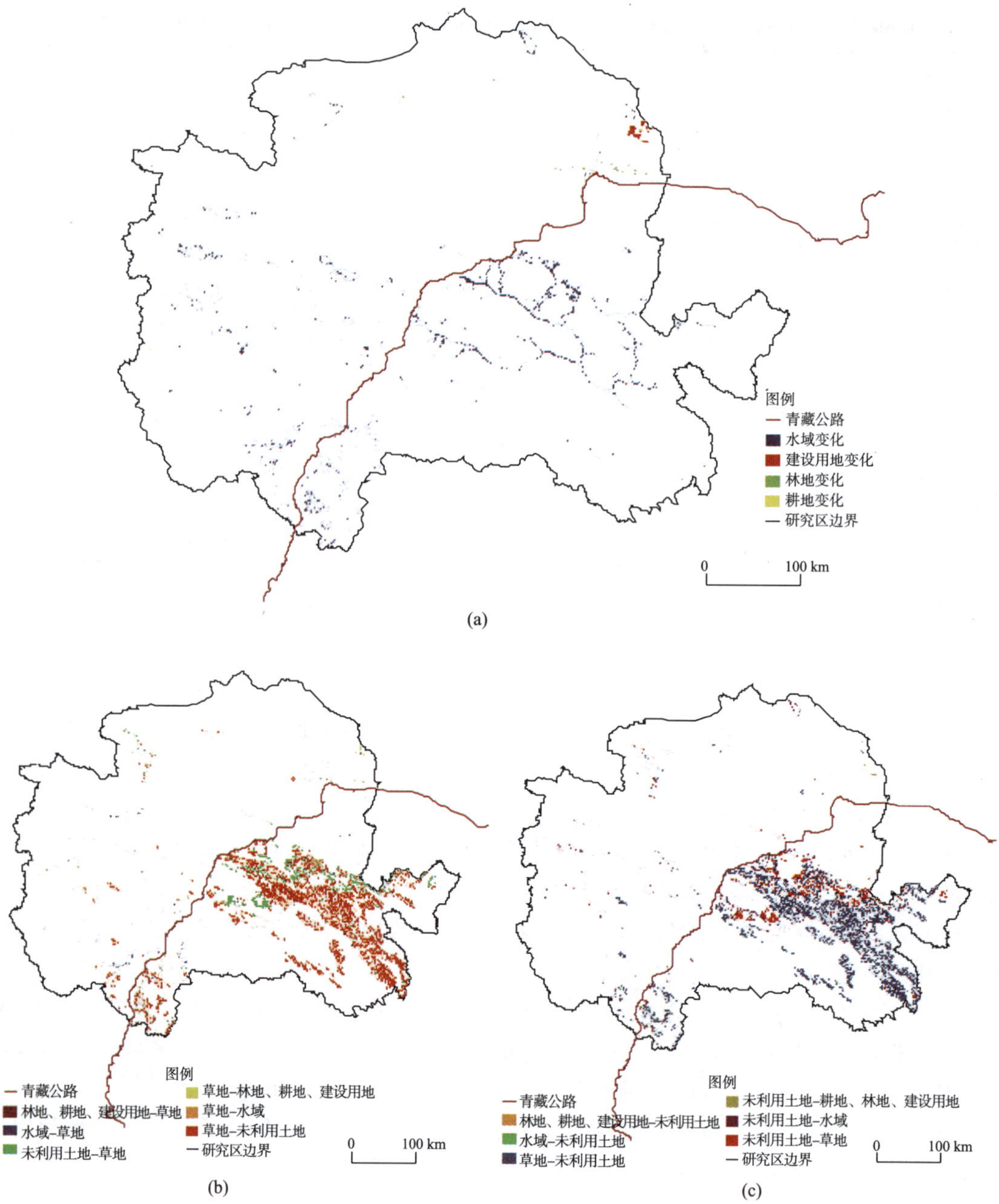

图 2　格尔木、曲麻莱、治多 1995—2000 年各地类的变化*

(a)林地、水域、建设用地、耕地变化；(b)草地变化；(c)未利用土地变化

Figure 2　Changes of various land use types in Golmud，Qumalêb，Zhidoi district during 1995—2000

(a)woodland，water area，construction land and cultivated land change；

(b)grassland change；(c)unused land change

表 3 格尔木、曲麻莱、治多地区景观格局特征值

Table 3 Diagnostic values of landscape pattern of Golmud, Qumalêb, Zhidoi district

	林地	草地	水域	建设用地	未利用土地	耕地	总面积
1995 年面积(hm^2)	146 988.19	12 673 754.00	1 408 127.80	4 054.92	9 855 218.30	14 028.81	24 102 172.37
图斑(个)	395	13 777	4 048	75	9 501	13	27 809
周长(m)	7 479 612.00	375 318 003.00	68 612 502.00	226 017.54	291 138 341.00	259 770.00	743 034 245.50
分维数	1.368	1.436	1.426	1.249	1.430	1.181	1.453
优势度	0.010	0.511	0.102	0.001	0.375	0.001	1.000
景观破碎度	0.002 7	0.001 1	0.002 9	0.018 5	0.001 0	0.000 9	0.115 0
多样性指数							1.308
2000 年面积(hm^2)	147 582.25	11 880 062.84	1 509 047.47	17 184.76	10 541 482.17	6 812.88	24 102 172.37
图斑(个)	412	14 278	4 297	102	10 707	12	29 808
周长(m)	7 495 152.00	374 327 939.00	72 417 970.00	475 162.00	323 181 043.00	204 081.00	778 101 347.00
分维数	1.368	1.440	1.426	1.232	1.435	1.202	1.456
优势度	0.010	0.486	0.103	0.002	0.398	0.000	1.000
景观破碎度	0.002 8	0.001 2	0.002 8	0.005 9	0.001 0	0.001 8	0.124 0
多样性指数							1.331

(2)多样性指数由 1.308 提高到 1.331。草地比重下降,未利用土地、水域、建设用地比重上升,景观的异质性程度提高。表明研究区自然干扰和人类活动增多。

(3)分维数由 1.453 提高到 1.456。草地、水域、未利用土地的相互转化使图斑形状复杂化。林地、水域的分维数没有变化,而草地、未利用土地和耕地的分维数提高,建设用地的分维数减少。

(4) 林地优势度没有变化,草地优势度减小显著,建设用地和未利用土地优势度提高。表明研究区景观格局向两个方向变化:一是耕地等变为建设用地导致人工景观增多,二是草地等转变为未利用土地导致次生原始景观增多。其中最主要的是土地沙漠化引起的未利用土地增加。

(5)格尔木、曲麻莱、治多地区景观格局的变化将会深刻地改变该地区的生态过程,影响畜牧业的发展和野生动植物的生存,相应影响牧民的生活。同时还将影响"三江"上游的水源供给。

3 公路缓冲带土地利用变化

3.1 公路缓冲带土地利用程度综合指数变化

除了 1 km、40～45 km 和 50～60 km 缓冲带土地利用程度综合指数提高外,其他缓冲带土地利用程度综合指数均降低。上述三个缓冲带土地利用程度提高的原因是建设用地大幅增加,对土地利用程度升高的贡献超过草地退化对土地利用程度综合指数降低的贡献。而其他缓冲带土地利用程度降低的原因都是草地退化为未利用土地(图 3)。

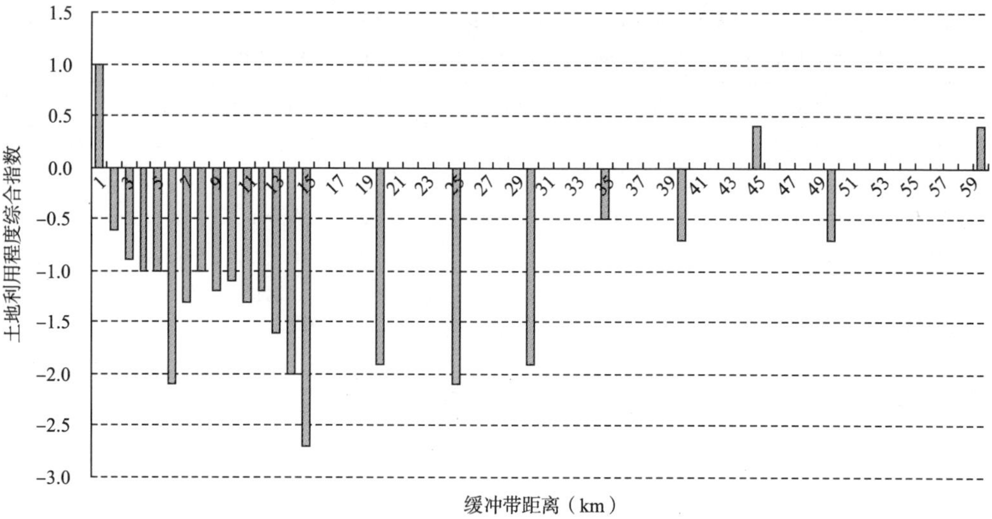

图 3　青藏公路缓冲带土地利用程度综合指数变化

Figure 3　Change of land use degree comprehensive index of Qinghai-Xizang road buffer zones

3.2　公路缓冲带综合土地利用动态度

在胶济铁路缓冲区，距离铁路越近，发生变化的斑块越多(俞金铭，2001)，城市边缘区(马山区)土地利用变化和北京市城市扩展也具有类似规律(陈浮等，2000；朱会义等，2001)。研究区的变化规律与其他地区不同。在 5 km 范围内，综合土地利用动态度升高(图 4)。5～25 km 范围内，综合土地利用动态度保持小幅振动，25～45 km 范围内略有提高，45～60 km 有大幅振动。60 km 以后，综合土地利用动态度减小。表明交通干线的聚集和辐射作用受自然、社会经济条件的限制。在社会经济条件较好的地区，交通干线的聚集和辐射作用强，土地利用变化特别是耕地和建设用地的变化成“线”状和“面”状格局(姚士谋等，1992)，并且其作用随距离增大而衰减，综合土地利用动态度也随距离增大而减小(陈浮等，2000；俞金铭，2001；朱会义等，2001)。在社会经济落后的地区，交通干线的聚集作用和辐射作用仅仅表现在城镇附近，耕地

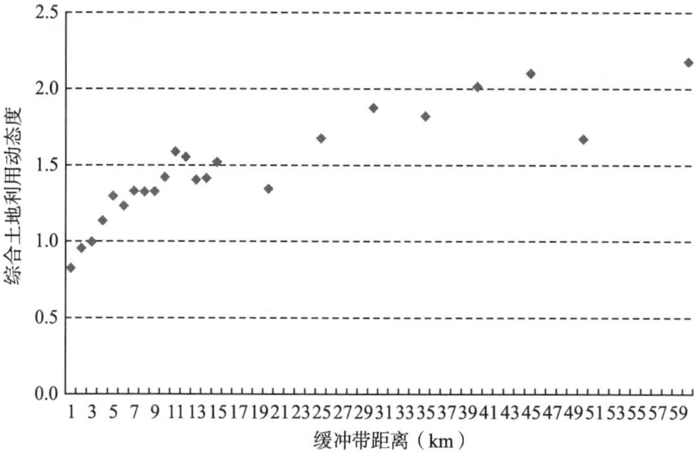

图 4　青藏公路缓冲带综合土地利用动态度变化

Figure 4　Change of comprehensive land use dynamic degree of Qinghai-Xizang road buffer zones

和建设用地的变化是"点"状格局,对土地利用变化的影响极为有限。格尔木市、曲麻莱县和治多县人口密度小(格尔木、曲麻莱、治多三地 1995 年和 2000 年人口密度分别为:0.68 人/km^2、0.51 人/km^2、0.26 人/km^2,0.78 人/km^2、0.55 人/km^2、0.29 人/km^2),自然条件恶劣,青藏公路主要是过境运输,人为扰动小,公路对缓冲带土地利用变化的贡献也小。

3.3 公路缓冲带各地类土地利用动态度

通过计算各缓冲带每一个地类的土地利用动态度,得到各地类土地利用动态度与缓冲带距公路距离的关系(图 5,图 6)。由于耕地和建设用地在 40～60 km 面积小,面积的极小变化也可能引起土地利用动态度的很大变化,仅只考虑 40 km 以内缓冲带的土地利用动态度。结果表明,草地、水域和未利用土地动态度的变化规律趋同,随着距离增大,土地利用动态度增加。而耕地、建设用地和林地动态度的变化规律趋同,随着距离增大,土地利用动态度减小,表现出交通干线的辐射作用。在研究区,林地、耕地和建设用地的比重很小,仅分布在人口密度较大的格尔木市东部。结合土地利用变化图(图 2),发现青藏公路对研究区土地利用变化的影响还处于"点"状影响阶段,没有达到"轴"状影响和"网络"状影响阶段。

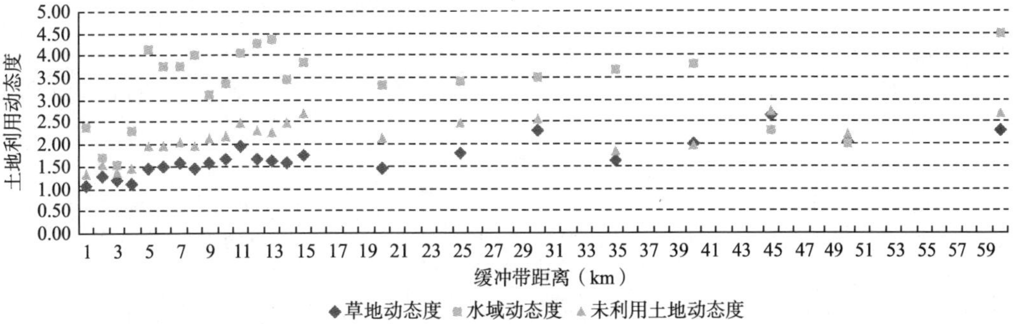

图 5 青藏公路缓冲带草地动态度、水域动态度、未利用土地动态度与距离的关系

Figure 5 Relationship between distance and land use dynamic degree of grassland, water area, unused land of Qinghai-Xizang Highway buffer zone

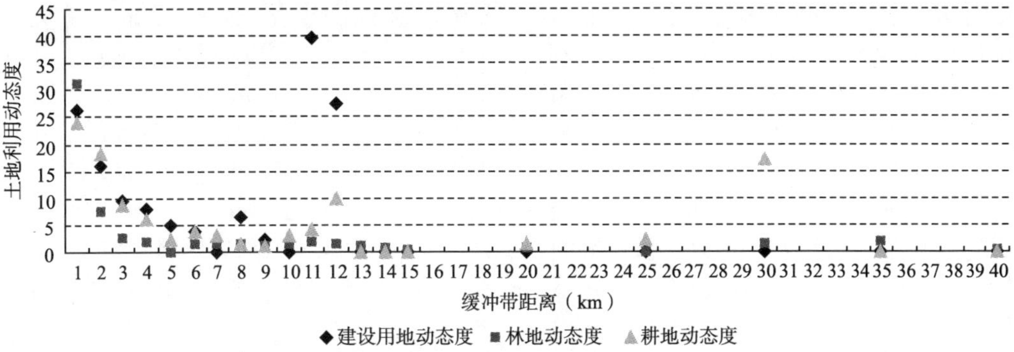

图 6 青藏公路缓冲带建设用地动态度、林地动态度、耕地动态度与距离的关系

Figure 6 Relationship between distance and land use dynamic degree of construction land, woodland, cultivated land of Qinghai-Xizang Highway buffer zone

3.4 公路缓冲带景观特征值变化

由于缓冲带分割了图斑，不同缓冲带的景观格局特征值没有可比性，但同一缓冲带的两期景观格局特征值具有可比性。根据表 4，在每一条缓冲带，分维数、多样性指数和景观破碎度都增加。缓冲带分维数和多样性指数的变化很小。景观破碎度的变化在 15 km 以内较大，15 km 以后较小，因为 15 km 以内缓冲单边带宽 1 km，15 km 以后单边带宽 5 km 或 10 km。15 km 以内，景观破碎度没有显著变化，15～60 km，景观破碎度也没有显著变化。总的说来，缓冲带景观格局的变化与缓冲带距离没有显著关系。在较大的尺度，青藏公路的运营没有引起缓冲带景观格局的显著变化。

表 4 青藏公路缓冲带景观格局特征值

Table 4 Diagnostic values of landscape pattern of Qinghai-Xizang Highway buffer zone

缓冲带距离(km)	1995 年分维数	2000 年分维数	分维数变化	1995 年多样性指数	2000 年多样性指数	多样性指数变化	1995 年景观破碎度	2000 年景观破碎度	景观破碎度变化
			(2−1)			(4−3)			(6−5)
	1	2	* 100	3	4	* 100	5	6	* 100
1	1.344	1.347	0.3	2.318	2.338	2.0	0.005 5	0.005 8	0.03
2	1.361	1.363	0.2	2.417	2.458	4.1	0.009 7	0.010 1	0.04
3	1.361	1.363	0.2	2.517	2.604	8.7	0.009 5	0.010 0	0.05
4	1.357	1.360	0.3	2.507	2.612	10.5	0.009 3	0.010 0	0.07
5	1.358	1.361	0.3	2.470	2.575	10.5	0.009 4	0.009 9	0.05
6	1.360	1.360	0.0	2.515	2.609	9.4	0.009 5	0.009 8	0.03
7	1.358	1.361	0.3	2.529	2.635	10.6	0.009 4	0.010 0	0.06
8	1.356	1.360	0.4	2.598	2.692	9.4	0.009 6	0.010 2	0.06
9	1.357	1.360	0.3	2.649	2.722	7.3	0.009 5	0.010 2	0.07
10	1.347	1.362	1.5	2.693	2.767	7.4	0.009 8	0.010 4	0.06
11	1.359	1.362	0.3	2.726	2.794	6.8	0.010 1	0.010 6	0.05
12	1.358	1.362	0.4	2.677	2.747	7.0	0.010 0	0.010 6	0.06
13	1.357	1.360	0.3	2.647	2.703	5.6	0.009 6	0.010 2	0.06
14	1.359	1.360	0.1	2.638	2.713	7.5	0.009 8	0.010 2	0.04
15	1.360	1.362	0.2	2.663	2.764	10.1	0.010 4	0.010 8	0.04
20	1.373	1.376	0.3	2.697	2.757	6.0	0.002 9	0.003 1	0.02
25	1.372	1.378	0.6	2.719	2.773	5.4	0.002 8	0.003 0	0.02
30	1.366	1.377	1.1	2.815	2.874	5.9	0.002 8	0.003 0	0.02
35	1.373	1.375	0.2	2.831	2.890	5.9	0.002 8	0.002 9	0.01
40	1.371	1.373	0.2	2.830	2.900	7.0	0.002 8	0.002 9	0.01
45	1.367	1.370	0.3	2.831	2.931	10.0	0.002 8	0.002 9	0.01
50	1.365	1.367	0.2	2.817	2.898	8.1	0.002 6	0.002 8	0.02
60	1.374	1.377	0.3	2.835	2.951	11.6	0.001 8	0.001 9	0.01
x^*	1.448	1.450	0.2	2.803	2.908	10.5	0.001 26	0.001 34	0.01

注：* 指 60 km 以外。

4 建设用地缓冲带土地利用动态度

4.1 格尔木缓冲带土地利用动态度

共建立了8个缓冲带，每条缓冲带宽1 km(表5)。随着距城市距离的增大，发生变化的土地面积减小，综合土地利用动态度也逐步减小。建设用地扩张主要发生在1 km缓冲带，共新增建设用地1 061.18 hm^2。2 km缓冲带建设用地仅增加106.86 hm^2。因建设用地大多来源于耕地，耕地的变化规律与建设用地相似。林地动态度、草地动态度和未利用土地动态度也表现出类似规律。格尔木城市的扩展对土地利用格局和景观格局的影响范围在3 km以内(图7，图8)。

表5 格尔木缓冲带土地利用变化动态度

Table 5 Change of comprehensive land use dynamic degree of Golmud buffer zone

缓冲带距离(km)	综合土地利用动态度	林地动态度	草地动态度	水域动态度	建设用地动态度	未利用土地动态度	耕地动态度
1	4.209	10.334	6.459	1.423	18.726	3.084	10.379
2	2.235	4.195	4.127	2.533	1.692	1.348	12.502
3	1.023	1.027	1.678	4.869	0.000	1.261	0.339
4	0.878	1.011	2.227	2.091	0.000	0.580	0.189
5	0.652	2.001	0.609	2.482	0.081	0.818	8.998
6	0.462	2.036	0.881	0.528	0.319	0.514	3.227
7	0.297	1.012	0.895	0.027	0.000	0.188	2.598
8	0.366	1.398	0.517	4.526	0.000	0.399	0.000

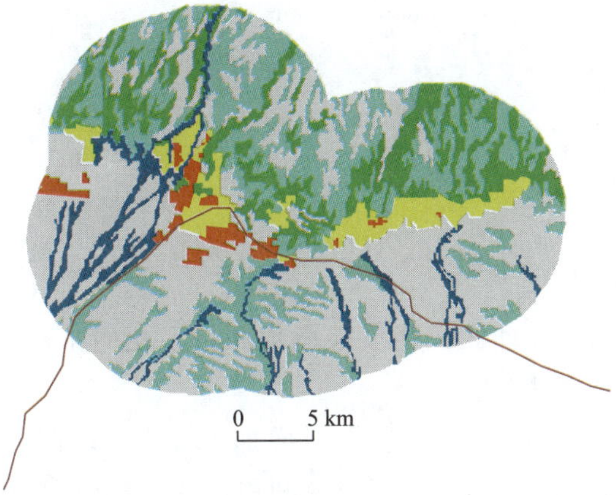

图7 格尔木缓冲区1995年土地利用图

Figure 7 Land use of Golmud buffer zone in 1995

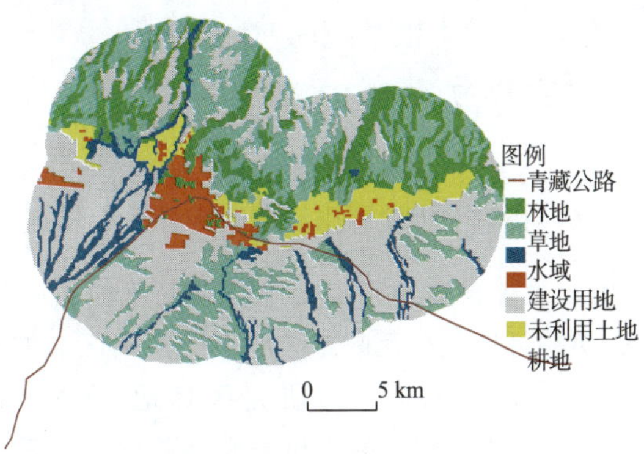

图8 格尔木缓冲区2000年土地利用图

Figure 8 Land use of Golmud buffer zone in 2000

4.2　南山口缓冲带土地利用变化

1995—2000 年，南山口 5 个缓冲带没有发生任何土地利用变化。

4.3　五道梁缓冲带土地利用变化

1995—2000 年，五道梁 5 个缓冲带土地利用变化具有如下特点：在 1 km 缓冲带，新增建设用地 37.58 hm^2，新增水域 2.62 hm^2。在其他缓冲带，无建设用地和林地的变化，水域变化极小，主要的土地利用变化是草地的沙化，随着距五道梁距离的增大，变化的面积也越大。五道梁建设用地的扩展范围在 1 km 内(图 9，图 10)。

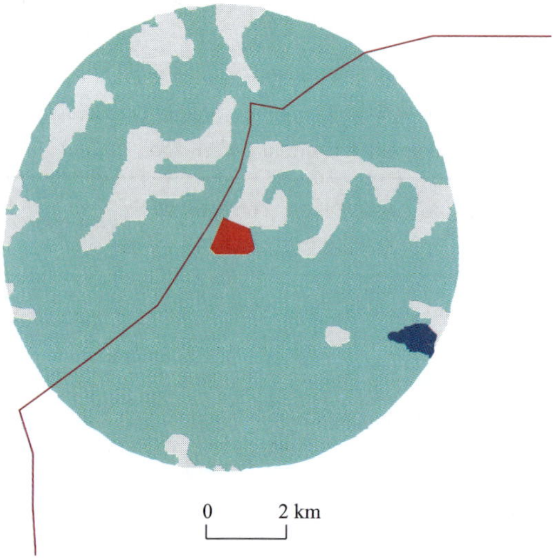

图 9　五道梁缓冲区 1995 年土地利用图

Figure 9　Land use of Wudaoliang buffer zone in 1995

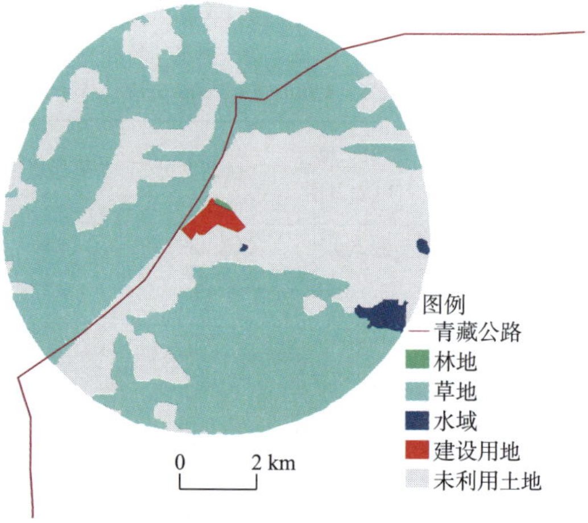

图 10　五道梁缓冲区 2000 年土地利用图

Figure 10　Land use of Wudaoliang buffer zone in 2000

5　讨论与结论

(1)在单一土地利用动态度的计算中修正了原有公式，即 $K=\frac{(U_a-U_c)+(U_b-U_c)}{U_a}\times\frac{1}{T}\times 100\%$，更能准确地反映土地利用变化的实际情况。缓冲区只能反映土地利用变化的平均水平，缓冲可以充分反映距公路不同距离区域的土地利用变化。

(2)1995—2000 年，研究区林地、水域、未用地和建设用地分别增加 0.45%、7.16%、6.96%和 323.8%，草地和耕地分别减少 6.3%和 51.4%。草地变为未利用土地、建设用地增加和耕地减少是其土地利用变化的主要特征。林地、耕地变化主要发生在格尔木市附近，草地、水域和未利用土地变化主要发生在曲麻莱，草地减少 22.8%，未利用地增加 43.96%，使分维数、优势度、多样性指数增加，土地利用综合程度指数降低 38.8。

(3)多尺度研究青藏公路缓冲带土地利用和景观格局变化表明：(a)三个缓冲带土地利用

综合程度指数升高，其他缓冲带降低；(b)缓冲带综合土地动态度随距离增大而减小；(c)草地、水域和未利用土地的动态度随距离增大而递增，建设用地、林地和耕地的动态度随距离增大而递减。研究区林地、耕地和建设用地的比重很小，仅分布在人口密度较大的格尔木市东部；(d)缓冲带分维数和多样性指数的变化与距公路距离没有显著关系；(e)在较大的尺度，青藏公路的运营没有引起缓冲带景观格局的显著变化。

(4)青藏公路在本研究区的辐射和聚集作用呈“点”状。研究区缓冲带土地利用程度值、综合土地利用动态度、单项土地利用动态度和景观特征值的研究表明，与其他交通干线对其缓冲带土地利用变化的影响不同，青藏公路在研究区的辐射和聚集作用呈“点”状。对格尔木、南山口和五道梁的点 Buffer 缓冲带的分析表明，格尔木城市扩展的影响范围仅 3 km，南山口没有扩展，没有发生任何土地利用变化，五道梁扩展的影响范围是 1 km。这进一步说明了青藏公路对沿线土地利用变化的影响是“点”状的。

(5)本研究仅采用 1995—2000 年的土地利用数据库，没有考虑气候变化和社会经济条件对沿线土地利用变化的影响。为了深入研究青藏公路和青藏铁路沿线土地利用变化，拟将研究时段延长，将研究范围扩大到整条青藏公路或青藏铁路沿线，全面深入探讨气候变化、社会经济条件的变化与沿线土地利用变化的关系。同时将在不同尺度探讨景观格局的变化。

土地利用和土地覆被变化的过程与影响

PROCESS AND IMPACTS OF LAND USE AND LAND COVER CHANGE

Sensitivity of Surface Air Temperature Change to Land Use/Cover Types in China*

中国地表气温变化对土地利用/覆被类型的敏感性

摘 要:利用观测气温与再分析气温的差值分析了近40年中国地表气温变化对土地利用/覆被类型的敏感性。结果表明:土地利用/覆被类型对地表气温变化具有稳定的、系统性的影响,在全球变暖背景下各类型的响应不同,以沙地、戈壁和裸岩石砾地为主的未利用地升温幅度最大,为0.21 ℃/10 a;其次是草地、耕地和城乡、工矿、居民用地,分别为0.12 ℃/10 a,0.10 ℃/10 a,0.12 ℃/10 a;林地升温趋势最弱,为0.06 ℃/10 a。总体来看,沙地、戈壁等未利用地和人类活动较多的区域地表升温幅度大,植被覆盖状况好的区域升温趋势则较弱;同一级类型下理化特性及生物过程相似的二级类型对地表气温的影响程度相近,土地利用/覆被类型的变化需要达到一定的强度,导致地表特性发生本质改变后才会对局地气温产生较明显的影响;同一土地利用/覆被类型下,中国东部人类活动强度大的区域升温更为明显,这一结果为众多土地利用/覆被变化对气候影响的数值模拟试验研究提供了观测事实的支持。在区域尺度上预测未来中国气候变化不仅要考虑温室气体增加的影响,还要考虑土地利用/覆被类型及其变化的影响。

The emission of greenhouse gases (Intergovernmental Panel on Climate Change, 2007) and changes in land use (Pielke *et al.*, 2002) are the most important anthropogenic influences on climate change, and they both tend to increase the daily mean surface air temperature. But it has been difficult to assess the local response of climate to changes in land-use due to the lack of availability of reliable methods to separate the local climate change signal from the global one (Kalnay *et al.*, 2003; Lim *et al.*, 2005). More studies took up with numerical simulation methods and the results showed that large scale land use/cover changes may affect local, regional and possibly global weather and climate (Lean *et al.*, 1989; Henderson-Sellers *et al.*, 1993; Xue, 1996; Fu *et al.*, 2001; Ding *et al.*, 2005; Zhang *et al.*, 2005; Fu, 2003; Gao *et al.*, 2007). Some studies (Easterling *et al.*, 1997; Gallo *et al.*, 1996; Hansen *et al.*, 2001; Du *et al.*, 2007) have investigated the urban impact on surface air temperature by comparing observations in cities with those in rural areas. The estimate, however, is limited to urban areas and provides little information about the impact of other land-cover types on the long-term surface temperature trend.

Recently, Kalnay and Cai (2003) estimated the impact of urbanization and other land uses on climate change by subtracting the NCEP-NCAR 50-year Reanalysis (NNR) (Kalnay

* Published by Yang Xuchao(杨续超), **Zhang Yili(张镱锂)**, Liu Linshan(刘林山), Zhang Wei(张玮), Ding Mingjun(丁明军) and Wang Zhaofeng(王兆锋) in *Sci China (Ser D-Earth Sci)*, 2009, 52(8): 1207-1215.

et al., 1996) data from the observed surface air temperature (Observation Minus Reanalysis, OMR). The basis of this method is that while reanalysis data represent the large-scale climate changes due to atmospheric circulation and greenhouse gases, it is insensitive to regional surface processes associated with different land use/cover types. Surface observations of temperature, moisture and wind over land are not used in the data assimilation scheme. Surface air temperatures are estimated from the atmospheric values. As a result, the NNR should not be sensitive to surface properties. Thus subtracting the NNR from the observed surface air temperature can separate the local signal of near-surface temperature change from global warming (Kalnay *et al.*, 2003; Lim *et al.*, 2005). Using the OMR approach, Zhou *et al.* (2004) estimated the impact of urbanization on temperature over southeastern China during the past two decades and Zhang *et al.* (2005) investigated the impact of land use change on temperature in eastern China from 1980s. But these studies just attributed the difference between observational temperature and reanalysis to urbanization and land use change and ignored the influence of the differences of physical and chemical characteristics and biological processes within land cover types.

Unlike the NNR, the 40-year European Centre for Medium-Range Weather Forecasts (ECMWF) Re-Analysis (ERA40) makes use of surface observations in an indirect way (Frauenfeld *et al.*, 2005). The OMR using the ERA40 would contain a portion of climate trend due to the impacts of underlying surface, resulting in a smaller OMR trend than that derived from NNR. Nevertheless, Lim *et al.* (2005) found that the OMR trends for different types of land were very similar when using either NNR or ERA40 reanalysis, but the latter was slightly smaller. Since the surface air temperature observations are only used indirectly, the OMR method applied to ERA40 also has some useful information about land use/cover types underneath (Lim *et al.*, 2005; Kalnay *et al.*, 2006). But Lim *et al.* (2005) did not consider the impact of land use/cover change on temperature, and the land cover classification result under very coarse resolution of $5°\times5°$ might affect the accuracy of the sensitivity of the OMR to land use/cover types. In this study, two periods of land use/cover data of China in 1980s and 2000 were used to locate unchanged plots during the 20 years to exclude the effect of land use change on temperature. This study attempts to attribute the local OMR surface warming patterns to land use/cover types in much higher resolution in China and discuss the difference of the sensitivity of surface temperature changes to land use/cover types in eastern and western China.

1　Data and method

1.1　Temperature data and processing

Observational monthly mean surface air temperature data from 1960 to 1999 with spatial resolution of 0.5° used in this paper were obtained from the latest version of high resolution grid dataset released by the Climatic Research Unit of the University of East Anglia, named as CRU-TS2. 1 (Mitchell *et al.* , 2005). Wen *et al.* (2006) indicated that CRU dataset has a relatively high reliability and presents primary features of climate change in China over the 20th century. To further test the reliability of CRU observational surface air temperature in China, some comparisons between station observational temperature data and the CRU in Tibetan Plateau where the distribution of the station is uneven and very sparse were taken in this paper. The station observational data of 125 meteorological stations in Tibetan Plateau during the period 1960—1999 was provided by China Meteorological Administration and a few missing or clearly erroneous records of individual stations were replaced with estimated values predicted from linear regression relationships established among a few neighboring and highly correlated stations. We extract temperature data from CRU grids which are closest to the 125 stations during the same period and calculate the correlation coefficients between station observations and the CRU after removing 40-year mean annual cycle. The result shows that the average of correlation coefficients is 0. 87 (passing 99. 9% confidence test) in monthly resolution, which means that the CRU surface temperature data is quite reliable since 1960 in Tibetan Plateau with a sparse distribution of station. Thus, it was inferred that the CRU surface air temperature data is quite reliable since 1960 in China.

The OMR method assumes that the quality of reanalysis surface air temperature is satisfactory. It has been suggested that the temporal and spatial distribution of temperatures from ERA40 reanalysis is better than NCEP-NCAR reanalysis over China (Huang, 2006; Zhao *et al.* , 2006). But the reanalysis temperature is less reliable in Tibetan Plateau for the complex topography. In this study, we tested the reliability of ERA40 and NNR reanalysis temperatures in China, respectively. The results indicated that the ERA40 reanalysis air temperature is more reliable than NNR reanalysis air temperature in China, especially over mountainous regions in western China. Though NNR temperature did not assimilate observational data, the low reliability will introduce large uncertainty in calculating OMR, especially in west China. Therefore, ERA40 monthly mean 2-m temperature with resolution of $2.5^\circ \times 2.5^\circ$ from http://data. ecmwf. int/data/d/era40_ moda/ was applied to OMR method over China in this study.

Temperature data processing steps are: 1) calculating the surface air temperature anomalies with respect to the 40-year annual cycle for CRU and for the ERA40. Working with anomalies rather than absolute values avoids the need to adjust for differences between CRU grid heights and the terrain heights of the assimilating reanalysis models (Simmons *et al.* , 2004); 2) interpolate ERA40 reanalysis data to CRU grid using bilinear interpolation and calculate OMR and OMR trend per decade (taking the average of two decadal mean differences, that is, 1990s—1980s and 1970s—1960s) (Kalnay *et al.* , 2003); 3) rasterizing and re-sampling OMR and OMR trend to generate 1 km grid data that are the same spacial resolution as land use/cover data.

1. 2 Land use/cover data and processing

1. 2. 1 Data and the adjusting of land use/cover classification system

Two periods of Land use/cover data of China in 1980s and 2000 in land resource classification system provided by Data Center for Resources and Environmental Sciences, Chinese Academy of Sciences, were used in this study. The land use maps, classified into 6 first levels and 25 second levels of land use categories in total with 1 km×1 km pixels, are drawn based on the Landsat Thematic Mapper (TM) digital images, combining with field survey and other assistant information. During Landsat TM image interpretation, an overall digital man-machine interactive method was employed to guarantee the classification accuracy. According to land resource and land use property, the data was classified to 6 first level categories which are farmland, woodland, grassland, water and wetland, construction land and unused land (Liu *et al.*, 2005). Based on the needs in this study, we merged and adjusted some second level types that are similar in physical and chemical characteristics. Graff, lake, reservoir, dishing are merged to water area. Glacier, permanent snow and ice are classified to unused land. Coastal land and beach are combined to a second level type. The adjusted land use/cover classification system is shown in Table 1.

Table 1　Land use/cover classification system and the OMR trend of each category in China

Level I categories		Level II categories		Area ratio (%)	OMR trend (℃/decade)
No.	Name	No.	Name		
1	Farmland	11	Paddy land	4.83	0.06
		12	Dry land	14.31	0.13
2	Woodland	21	Forest land	15.84	0.05
		22	Shrub land	5.15	0.07
		23	Open forest land	3.54	0.05
		24	Other forest land	0.28	0.06
3	Grassland	31	High cover degree grassland	10.47	0.12
		32	Medium cover degree grassland	11.70	0.11
		33	Low cover degree grassland	9.70	0.14
4	Water and wetland	41	Water body	1.23	0.08
		42	Coastal land and bottomland	0.38	0.11
		43	Marshland	0.79	0.16
5	Construction land	51	Urban land	0.25	0.14
		52	Rural residential land	0.20	0.12
		53	Other construction land	0.08	0.11
6	Unused land	61	Sandy land	6.11	0.25
		62	Gobi	5.29	0.24
		63	Saline land	1.33	0.17
		64	Glacier, permanent snow and ice	0.74	0.18
		65	Bare land	0.28	0.21
		66	Bare rock gravel land	6.47	0.17
		67	Other unused land	1.03	0.17

1.2.2 Extraction of unchanged land patches and division of land use dynamic degree

Part of the sensitivity of the OMR to land use/cover types may be due to changes in land use/cover types. To remove the influence of land cover change as much as possible, we have compared the two-period land use/cover maps and extracted unchanged patches from 1980s to 2000 in China which covered 96.46% of the total area of the whole country (Figure 1). At the same time, in view of that the areas with large land use dynamic degree are mostly distributed in eastern and northern China and land use change is slow in western China (Liu *et al.*, 2005), we have divided the country into two parts, Eastern China and Western China. The Western China includes six provinces: Gansu, Qinghai, Tibet, Xinjiang, Guizhou, and Yunnan. The difference of the sensitivity of OMR to land use/cover types between Western China with relatively small anthropogenic disturbance and Eastern China with large anthropogenic disturbance were further analyzed.

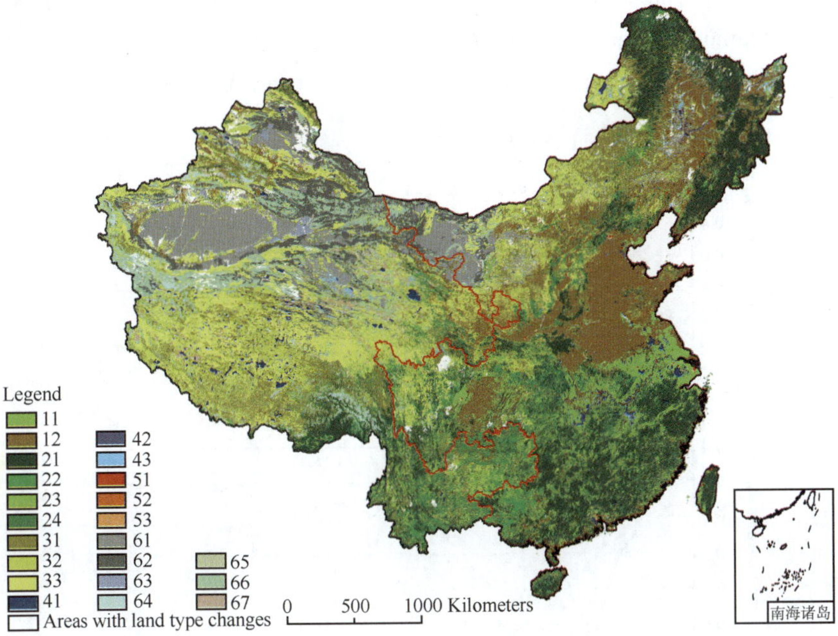

Figure 1 Distribution of unchanged land patches of China from 1980s to 2000 (Red line is the demarcation line between eastern and western China)

11, paddy land; 12, dry land; 21, forest land; 22, shrub land; 23, open forest land; 24, other forest land; 31, high cover degree grassland; 32, medium cover degree grassland; 33, low cover degree grassland; 41, water body; 42, coastal land and bottomland; 43, marshland; 51, urban land; 52, rural residential land; 53, other construction land; 61, sandy land; 62, gobi; 63, saline land; 64, glacier, permanent snow and ice; 65, bare land; 66, bare rock gravel land; 67, other unused land

1.2.3 Statistic of sensitivity of surface temperature change to land use/cover types

To assess the sensitivity of surface air temperature to land use/cover types, zonal statistics tool in ArcGIS software was used to summarize the OMR values within the zones of land cover types and the average of OMR of each type are exported as an EXCEL table.

2 Results

2.1 Time series of surface air temperature over China

Figure 2a compares time series of the monthly mean air temperature anomalies from CRU observation and ERA40 reanalysis from 1960 to 1999. CRU observation shows an obvious warming in recent 40 years. The ERA40 reanalysis is in good agreement with the CRU observation in terms of capturing the inter-annual variability and the long-term warming trends. Nevertheless, CRU observation exhibits a larger warming trend. As a result, OMR shows a positive trend (Figure 2(b)). This result suggests that OMR time series obtained from ERA40 over China also support the NNR-based results from Kalnay and Cai (2003), namely that the reanalysis trend is smaller than the observation' trend, and the difference can be attributed to the effect of land use/cover types and other surface changes.

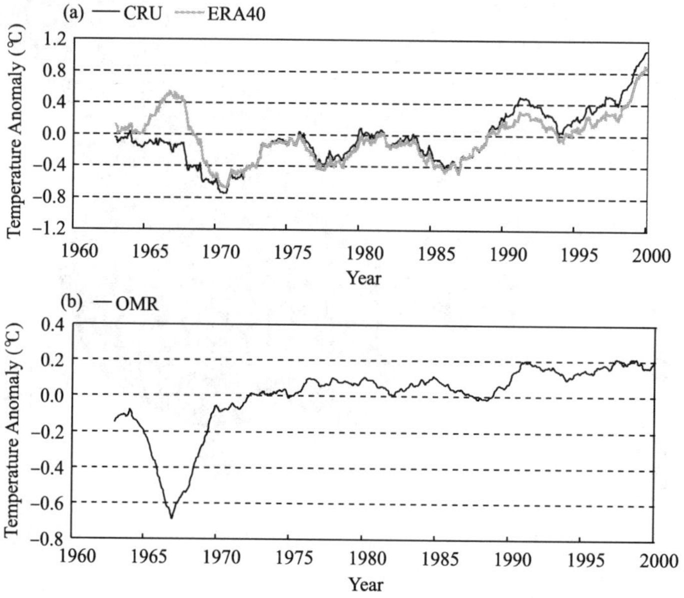

Figure 2　Time series (three-year running mean) of (a) surface air temperature anomalies derived from CRU and ERA40 and (b) the OMRs. Anomaly values are obtained by removing the 40-year mean from 1960 to 1999

2.2 Sensitivity of OMR trends to land use/cover types

Figure 3 shows the distribution of OMR trends per decade at grid scale of 1 km over China from 1960 to 1999. Compared with the land cover map shown in Figure 1, the distribution of OMR trends has a significant corresponding relationship in space to the land use/

cover types. The OMR trends are large in northern China that is mostly covered with barren and grassland, whereas they are smaller in southern and northeastern China that are mostly covered with forest land, especially in southwest China and southeast coastal area. The OMR trends of unused land (≥0. 17 ℃/decade), mainly consisted of sandy land, gobi and bare rock gravel land, are obviously larger than the other land use/cover types. Grasslands (≥0. 11 ℃/decade), farmlands, construction land (≥0. 11 ℃/decade) show a moderate decadal warming. Woodland does not show a significant warming trend (≤0. 07 ℃/decade). Within farmland, paddy land, with larger irrigation intensity, shows smaller warming (0. 06 ℃/decade) than dry land (0. 13 ℃/decade). Water area, with large thermal capacity, also does not show a notable warming trend (0. 08 ℃/decade), either. As a whole, the better the vegetation cover, the smaller the OMR trends. It is notable that the OMR trends are small in the west part of Tibetan Plateau covered by grassland mainly. The possible reason is that the reliability of ERA40 in this region is low because of the complex topography of Tibetan Plateau, and the uneven and very sparse distribution of the observation station also induces interpolation errors to CRU data, which in turn induces large uncertainty to OMR trends.

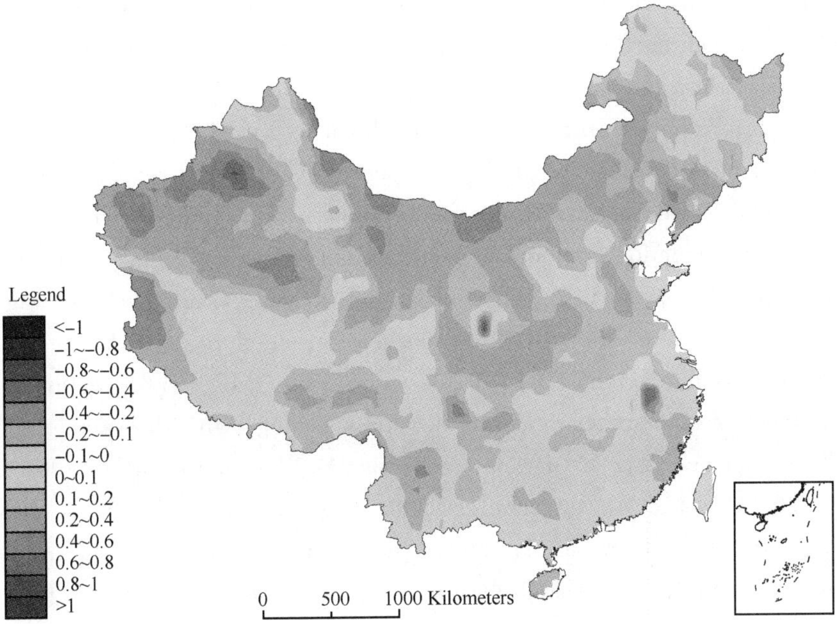

Figure 3 The distribution of the OMR trends per decade of China (unit: ℃/decade)

It is known that the evaporation feedback decreases the surface warming. The results seem to suggest that over barren areas where soil moisture is very limited, the evaporation feedback is negligible. Therefore, a greater proportion of the available energy at the land surface is transmitted to the atmosphere in the form of sensible heat rather than latent heat, which exerts a warming influence on the near-surface air temperature. In contrast, warming trend over forestland is smaller than other land use/cover types, supporting the notion that the high soil moisture damps surface warming. The urban heat island effect also induces surface warming.

It is noteworthy that paddy land and dry land are quite different in irrigation intensity, causing large difference in physical property, and in turn resulting in difference in OMR trend. Water and wetland have the similar situation. But the second level types under the other first level land use/cover types such as woodland, grassland, unused land and construction land do not have significant differences of OMR warming trends, which means the response of temperature to changes of land use/cover types with similar physical characteristics and chemical and biological processes has no significant difference. The land use/cover changes will not affect surface air temperature until the changes reach some intensity and induce essential change of characteristics. Thus, the different property within land use/cover types may have more important impact on surface temperature when the intensity of land use/cover change is low.

In addition, as for the proportion of each land use/cover type accounting for the total area of the whole country, dry land, grassland, sandy land, gobi and bare rock gravel land are in the majority in northern China. They also have large warming trend and accumulative influence, which may be one of the main reasons for the difference of surface air temperature changing trend between northern and southern China during past decades(Zuo *et al.* ,2004; Wang *et al.* ,2004;Chen *et al.* ,1998;Ma *et al.* ,2006;Sun *et al.* ,2008) and will still have a large impact on future temperature of northern China.

For emphasizing the difference of OMR temporal change with respect to first level land cover types, the OMR time series (three-year running mean) averaged over woodland, farmland, grassland, construction land and unused land are shown in Figure 4. We can find that unused land is the most sensitive in terms of surface warming while the warming trend over woodland is smallest. According to OMR trend per decade of first level types, unused land shows the largest warming trend (0.21 ℃/decade). The OMR trend over grassland, cropland and construction land shows moderate decadal warming, with the value of 0.12 ℃/decade, 0.10 ℃/decade and 0.12 ℃/decade, respectively. Warming trend over woodland (with the value of 0.04 ℃/decade) is the smallest. Our results in much higher resolution are quite consistent with those from Lim *et al.* (2005) in resolution of $5^\circ \times 5^\circ$ over the north hemisphere using "CRU-NNR" (the OMR decadal warming trends are 0.34, 0.21, 0.19, 0.20, 0.02 for barren areas, big urban areas, small urban areas, agriculture, and broadleaf forests). This indicates that the OMR method applied to ERA40 also has useful information about surface properties. However, the results in this study are smaller than those from Lim *et al.* (2005). The possible reason is that the ERA40 does make use of surface observations in an indirect way and the OMR using the ERA40 would contain a portion of climate trend due to the impacts of underlying surface, which result in the OMR trend computed using ERA40 is slightly smaller than that derived from NNR (Lim *et al.* , 2005; Huang, 2006).

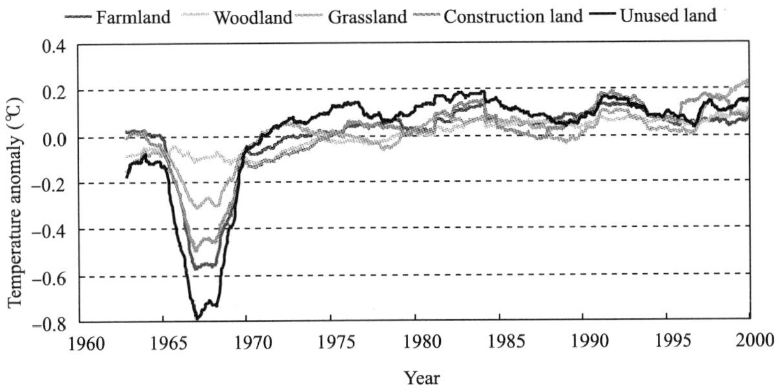

Figure 4 Time series (three-year running mean) of OMR for five first level land categories

2.3 Comparison of the OMR trends with respect to land use/cover types in western China and in eastern China

By using zonal statistic tool, the OMR trend with respect to land use/cover types in western China and in eastern China are calculated respectively (Figure 5). The results show that the distribution of OMR trend related to land use/cover types in the west and the east are consistent with that of national average, but the values of OMR trends in most types are larger in eastern China than in western China. This phenomenon indicates that the impact of land use/cover types on surface temperature is stable and systematic. Nevertheless under the same land use/cover type, warming is larger for areas with intense anthropogenic disturbance. In addition, OMR trends of marshland and glacier, permanent snow and ice in west are larger than those in the east because of the sparseness of these types distributed in such areas and the lack of samples and observational temperature data, which induce large uncertainty into results.

Figure 5 Comparison of the OMR trends with respect to land use/cover types in western and eastern China (Land use/cover types are the same as Figure 1)

3 Conclusions and discussion

The ERA40 reanalysis is in good agreement with the CRU observation in capturing the inter-annual variability and the long-term warming trends. Nevertheless, the ERA40 reanalysis exhibits a smaller warming trend compared to CRU observation and the difference between CRU and ERA40 can be attributed to the effect of land use/cover types and other surface changes. Using OMR method, we isolate local near-surface warming patterns from the global warming and analyze the sensitivity of surface temperature to land use/cover types.

(1) The OMR trends are highly related to land use/cover types. Among all types, barren unused land shows the largest warming trend (0.21 ℃/decade), followed by grassland, cropland and construction land that show moderate decadal warming, with the value of 0.12 ℃/decade, 0.10 ℃/decade and 0.12 ℃/decade, respectively. Warming trend over woodland (0.06 ℃/decade) is smaller than other types. The overall assessment indicates that surface warming is larger for areas that are barren and anthropogenically developed. The better the vegetation cover is, the smaller the OMR warming trend is.

(2) Second level types under first level types such as woodland, grassland, unused land, and construction land do not have a significant difference of OMR warming trends. This means that land use changes of second level types with similar physical characteristics and chemical and biological processes under the same first level will not cause a notable change in surface air temperature. The land use/cover change will not affect surface air temperature until they reach some intensity and induce essential change of characteristics. Numerical simulation results (Lean *et al.*, 1989; Henderson-Sellers *et al.*, 1993; Xue, 1996; Ding *et al.*, 2005; Zhang *et al.*, 2005) show that land surface degradation such as desertification and deforestation would cause significant warming and the observational evidence in this study supports these modeling results.

(3) Through comparing the OMR trend with respect to land use/cover types in western China with that in eastern China, we found that there is a stable and systemic impact of land use/cover types on surface temperature. But under the same land use/cover type, warming is larger for areas with intense anthropogenic disturbance in eastern China.

The land surface is a key component of climate system. Land surface conditions affect the dynamics and thermodynamics of the atmosphere by controlling the water cycle and energy budget. Relative to the global influence of greenhouse gases, the impact of land use/cover types and land use change on climate are more significant in regional scale. Atmosphere-land feedbacks can alter the response of surface temperature to CO_2 forcing by changing albedo, soil moisture, and evaporation (Diffenbaugh, 2005). Observational studies (Chen *et al.*, 1998; Wang *et al.*, 2004; Zou *et al.*, 2004; Ma *et al.*, 2006; Sun *et al.*, 2008) show that the temperature in northern China has been increasing significantly in recent several decades while there is a weak warming or a cooling trend in southern China. Results in this study indicate that under the background of global warming caused by the concentration of greenhouse gases, difference of local to regional scale temperature change induced by land use/cover types may contribute to this phenomenon. Field convey and monitoring by remote sensing show that the development of sandy desertified land in northern China had been accelerated for the last five decades (Wang *et al.*, 2004). Thus, at least in regional scale, projecting further surface climate of China should consider the impact of land use/cover types and land cover change (Feddema *et al.*, 2005).

The ERA40 makes use of surface observations in an indirect way and the OMR using the ERA40 would contain a portion of climate trend due to the impacts of underlying surface. Moreover, the influence of land use change was only excluded partially and the errors in land cover classification and in the interpolation of the CRU and the ERA40 also introduce uncertainties into results of this study. But the fact that the OMR does provide a significant sensitivity to land use/cover types suggests the uncertainties may be random and canceled out after averaging over a large number of grids with same land use/cover type. Topography and aerosols from human activities are also important influential factors of regional climate and the information of their impact is contained in the change of observational surface air temperature as well. It is important to do more modeling works and analysis to efficiently isolate the impacts of land use/cover types and land use change on climate.

植被覆盖状况影响中国地表气温变化的观测事实*

Observational Evidence of the Impact of Vegetation Cover on Surface Air Temperature Change in China

Abstract: Using NOAA/AVHRR normalized difference vegetation index (NDVI) data, the impact of vegetation cover on surface air temperature change is investigated by subtracting the reanalysis from the observation (Observation Minus Reanalysis, OMR). The results show that the temperature OMR trend is inversely correlated to the surface vegetation index and the strong (weak) surface warming corresponds to the surface barrenness (greenness). Areas with NDVI less than 0.1 show a large warming trend of more than 0.2 ℃/10a, but areas with NDVI large than 0.5 show little surface warming and even decreasing trends of temperature. Moreover, the OMR trend sensitively responds to the seasonal vegetation cover change. Atmosphere-land feedbacks over areas with different vegetation covers can alter the response of regional surface air temperature to global warming induced by the increase in anthropogenic greenhouse gases concentrations. Thus, it is suggested that projection of future surface climate of China should incorporate the impacts of spatio-temporal variability in vegetation cover.

1　引言

IPCC 第四次评估报告指出，人类活动导致温室气体浓度增加引起了近 50 年来全球气候变暖，其中，土地利用变化有关的 CO_2 释放量对全球 CO_2 浓度的增加有重要贡献，土地覆被变化还通过地表反照率的变化对辐射产生影响(IPCC，2007)。土地覆被状况在很大程度上取决于地表植被覆盖状况。目前，由于人类土地利用活动的直接影响和气候变化的结果，全球植被的分布和机能也都随之发生变化。然而，植被在受到全球变化影响的同时，也通过改变地表反照率、下垫面粗糙度、土壤湿度、大气中的 CO_2 含量等物理特性及其自身的生物、化学过程来影响地表与大气之间的辐射、热量、水汽和动量通量(曹明奎等，2000)，进而对区域乃至全球气候产生影响，其对于气候的反馈作用可能加快或者减缓全球气候变化。由于难以从地表观测气温数据中分离出温室气体增加和植被覆被变化所引起的气温变化信息，植被覆盖状况对地表气温的影响并没有从观测事实中得到很好的评估，更多的研究采用了数值模拟试验方法(Lean *et al.*，1989；Henderson-Sellers *et al.*，1993；Xue，1996；吕世华等，1999；符淙斌等，

* 由杨续超(Yang Xuchao)、**张镱锂(Zhang Yili)**、丁明军(Ding Mingjun)、刘林山(Liu Linshan)、王兆锋(Wang Zhaofeng)和高大伟(Gao Dawei)完成，原载于《地球物理学报》，2010，53(4)：833-841。

2001;郑益群等,2002a,2002b;Snyder *et al.*,2004; 陈燕等,2005;丁一汇等,2005;刘树华等,2005;张井勇等,2005;陈星等,2006;Bala *et al.*,2007; 石正国等,2007;董喜春等,2008;梁玲等,2008;刘飞等,2009)。

NDVI(Normalized Difference Vegetation Index)是目前国内外最常使用的遥感监测地面植被覆盖状况的指标,也是公认的表征植被变化的有效参数。国内外学者从不同角度对气候因子(主要是气温和降水)与NDVI之间的关系进行了大量研究,但是绝大多数研究都侧重于全球气候变化背景下植被的动态响应(Richard *et al.*,1998; 孙红雨等,1998;Yang *et al.*,1998; 李晓兵等,2000;Kawabata *et al.*,2001; Wang *et al.*,2001;赵茂盛等,2001;谢力等,2002;Gong *et al.*,2003; 朴世龙等,2003;Wang *et al.*,2003; Yu *et al.*,2003; Ji *et al.*,2004;Piao *et al.*,2004;毕晓丽等,2005;杨元合等,2006;孙艳玲等,2007;郭铌等,2008),利用NDVI来研究植被对气候反馈作用的工作并不多见。其中,Kaufmann *et al.*(2003)采用1982—1999年的GIMMS NDVI资料和站点观测数据统计分析了北美和欧亚大陆植被对地表气温的影响后发现,气温升高引起的植被增加反过来会缓慢地减少地表气温的上升,但是这种反馈有一定限度,因为气温升高过快或者过高而超过某一临界值后植被反而会减少。张井勇等(2003)利用1981—1994年NOAA/AVHRR的NDVI资料和中国160个标准气象台站的气温、降水资料对我国不同区域植被对气候的影响做了滞后相关分析,结果显示,前期NDVI与温度的相关比较复杂,同时温度较之降水对植被的滞后响应更弱一些,原因可能在于观测气温的变化主要受大气环流变化及温室气体增加的影响,没有从观测气温中去除这些因素的影响会部分地掩盖这种相关有关。此外,Liu *et al.*(2006)和Notaro *et al.*(2006)分别利用与NDVI有较好线性关系的光合有效辐射分量(Fraction of PhotosyntheticaIly Active Radiation,FPAR)和观测气温、降水数据分析了全球和美国植被—气候间的反馈,结果发现北半球中高纬及美国北部地区植被对气温有较强的正反馈,这可能与植被减少了地表反照率有关。李伟平等(2008)采用NOAA/AVHRR全球月平均叶面积指数(LAI)和ERA40近地面气温进行时滞相关分析后也发现,LAI对气温比较显著的正反馈主要分布在北半球中高纬度地区,而20°S以南大部分地区为比较显著的负反馈。

近年来,一些研究利用OMR(Observation minus Reanalysis,观测气温减去再分析气温)方法估算了美国(Kalnay *et al.*,2003,2006)、中国东南部(Zhou *et al.*,2004; Zhang *et al.*,2005)及北半球(Lim *et al.*,2005)城市化和其他土地利用变化对地表气温的影响,以及中国地表气温变化对土地覆被类型的敏感性(杨续超等,2009),但很少有研究利用OMR方法及遥感数据来研究植被覆盖状况对地表气温的反馈。OMR方法的基本原理在于美国国家环境预测中心和国家大气研究中心(NCEP/NCAR)的再分析资料能够表现出由于温室气体增加和大气环流等引起的大尺度气候变化,但是其地表气温对下垫面类型不敏感,因此,使用站点观测气温减去NCEP/NCAR再分析地表气温就能将局地气温变化特征从温室气体浓度增加引起的全球变暖中剥离出来(Kalnay *et al.*,2003)。OMR方法应用于欧洲中期数值预报中心(EC-MWF)40年再分析资料(ERA40)时也能得到下垫面引起的气候变化信息,但ERA40再分析资料间接使用了地表观测数据(Frauenfeld *et al.*,2005),由此计算的气温OMR值会比NCEP/NCAR再分析资料偏小(Kalnay *et al.*,2003; Lim *et al.*,2005)。由于中国区域内ERA40再分析气温数据的可靠性明显高于NCEP/NCAR再分析气温数据,特别是在地形复杂的中国西部地区(黄刚,2006;赵天保等,2006),虽然NCEP/NCAR再分析气温数据没有同化地表观测资料，但是该数据在中国区域内，特别是西部地区的可靠性较差，会给气温 OMR 值的计算带来较大的误差(杨续超等,2009)。基于再分析气温数据的这一特点，本研究利用观测气温与 ERA40 再分析气温的差值从全球变暖中分离出下垫面引起的局地气温变化特征，并采用 NDVI 作为反映植被覆盖状况及其动态变化的指标，分析中国区域内植被覆盖状况对地表气温变化的影响，以期为植被影响气温长期变化提供观测事实的支持，并为预测中国区域未来气候提供科学依据。

2 数据与方法

观测气温数据采用地表气候变量数据集 CRU-TS2.1(Mitchell *et al.*,2005)中国区域内 1960—1999 年的月平均气温数据，空间分辨率为 0.5°×0.5°。已有研究(闻新宇等,2006;杨续超等,2009)表明，1960 年以来的 CRU 格点气温数据在中国区域内具有很高的可靠性，可以用于本研究在栅格水平上分析植被覆盖状况对中国地表气温变化的影响。再分析气温数据使用欧洲中期预报中心提供的月平均地表(2 m 高度)气温，水平分辨率为 2.5°×2.5°，来自于 http://data.ecmwf.int/data/d/era40_moda/。气温数据的处理及 OMR 值、OMR 趋势值的计算方法与文献(杨续超等,2009)一致，但本研究中将气温 OMR 值及 OMR 趋势值栅格重采样到 8 km×8 km 分辨率(图 2)，使其与 NDVI 数据的空间分辨率一致。

植被指数数据采用美国 NOAA Pathfinder AVHRR 陆地数据集的 8 km 旬 NDVI 数据亚洲部分，时间为 1982 年 1 月—1999 年 12 月(其中，1994 年 9 月中旬至 12 月下旬资料缺失)。在这个数据集中，为尽量消除云的影响，处理中采用了最大值合成法，并且对气溶胶的影响进行了大气纠正。初始影像投影为 Good Interrupted Homolsine Projection，将其投影转换为等积圆锥投影(Albers Projection)后截取中国部分。本研究将旬 NDVI 进行了月平均、季节平均和年平均，再分别计算多年平均值来反映中国区域内季节及全年的植被覆盖平均状况。

3 地表气温 OMR 趋势与 NDVI 的关系

3.1 NDVI 的空间分布

图 1 是中国区域内多年平均(1982—1999 年)的植被指数空间分布状况及季节变化特征。从年平均 NDVI 的分布来看，存在着显著的东、西差异，西北干旱区 NDVI 都在 0.1 以下，东部的植被覆盖状况要明显好于西部，尤以西南及东南沿海地区的植被覆盖状况最好(图 1a)。从 NDVI 的季节分布来看，夏季是植被覆盖状况最好的季节，东部绝大部分地区植被指数在 0.3 以上，东北地区更是超过了 0.5;西北地区除了新疆北部部分地区 NDVI 有明显增加以外，其余依然在 0.1 以下(图 1b)。冬季中国东部大部分地区植被指数有所下降，特别是东北地区下降最为显著，青藏高原东南部植被覆盖也有明显减少，而西南及东南沿海地区依然有较高的植被覆盖度(图 1c)。从夏季与冬季 NDVI 的差异来看，植被覆盖状况差的西北干旱区和植被状况好的西南及东南沿海地区没有表现出明显的季节变化，东北、青藏高原东南部及中部地区则表现出明显的季节变化特征，特别是东北地区，夏季与冬季植被覆盖状况差异最大(图 1d)。

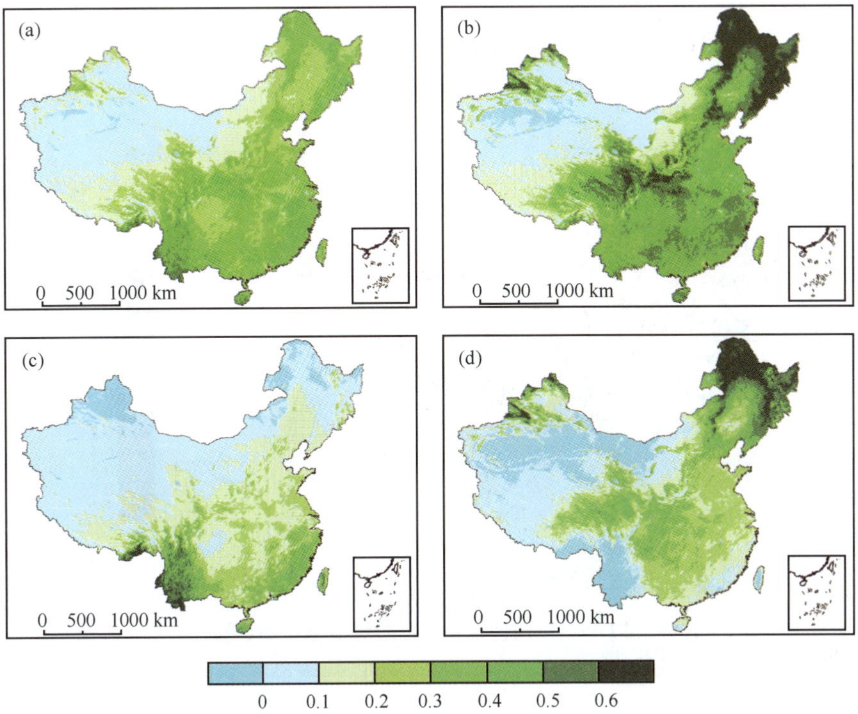

图 1　中国区域内 NDVI 的空间分布(色标中数据为无量纲)

(a)年平均;(b)夏季;(c)冬季;(d)夏季—冬季

Figure 1　Surface vegetation cover derived from NDVI over China. Vegetation index are averaged over (a)1982—1999;(b)summer;(c)winter;(d)summer-winter

3.2　气温 OMR 趋势与 NDVI 的空间相关

将 1960—1999 年中国地表年平均气温 OMR 趋势值的空间分布(图 2)与年平均 NDVI 的分布(图 1a)进行对比可以发现,气温 OMR 趋势值与植被覆盖状况有着明显的对应关系,在我国西北和华北植被覆盖状况较差的区域气温 OMR 趋势值增暖较为明显,而西南、东南、东北北部植被覆盖状况较好的区域 OMR 趋势值则较小。利用 ArcGIS 软件中的空间相关统计工具,对气温 OMR 趋势值与年平均 NDVI 进行了栅格水平上的空间相关统计,两者相关系数为 −0.35。青藏高原西部植被覆盖度较差,气温 OMR 趋势值也偏低,可能是由于高原西部站点稀少,地形复杂,CRU 数据和 ERA40 再分析资料的可靠性都偏低,导致该地区 OMR 趋势值的不确定性较大(杨续超等,2009)。将青藏高原西部移除后重新计算的气温 OMR 趋势值与年平均 NDVI 之间的空间相关系数达到 −0.54,这表明 1960—1999 年的地表气温 OMR 趋势值与年平均植被覆盖状况有非常显著的负相关关系,不同植被盖度的区域对全球变暖有着不同的响应,在植被覆盖状况差的地区地表气温升温更加明显,而植被覆盖度高的区域升温则较弱。

同样的方法分别统计了栅格水平上 CRU 观测气温和 ERA40 再分析气温 10 年趋势值与年平均 NDVI 的空间相关系数,结果显示,CRU 观测气温趋势值与年平均 NDVI 没有表现出显著的相关关系(相关系数为 −0.07),其原因在于观测气温中包含了所有的气温变化信息,其主要影响因素为大气环流的变化和温室气体增加引起的全球变暖;ERA40 再分析气温趋势值与年平均 NDVI 之间的空间相关系数也仅为 0.16，表明 ERA40 气温对下垫面不敏感，也不能反映出地表气温变化与植被覆盖状况之间的负相关关系。

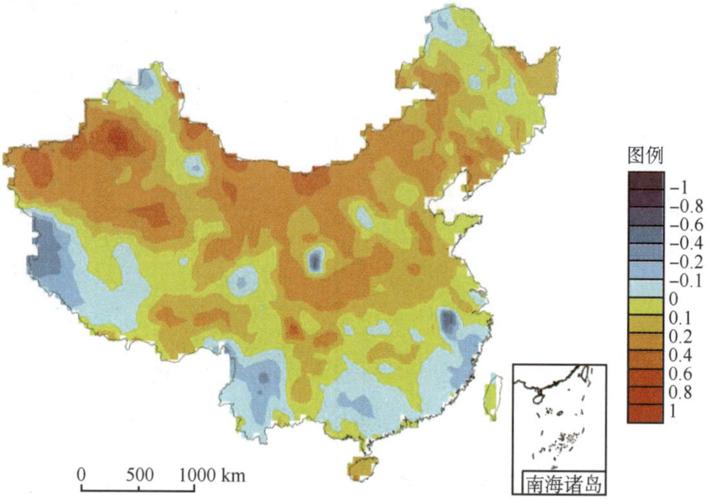

图 2　1960—1999 年中国区域 OMR 趋势值分布图(单位：℃/10 a)

Figure 2　Distribution of decadal OMR trends of China with 8km×8km spatial resolution for 1960—1999

3.3　不同植被覆盖状况下的气温 OMR 趋势值

将年平均 NDVI 每间隔 0.1 进行分级，确定如下 7 级划分方式：

①*NDVI*<0.1　②*NDVI*=0.1～0.2　③*NDVI*=0.2～0.3

④*NDVI*=0.3～0.4　⑤*NDVI*=0.4～0.5　⑥*NDVI*=0.5～0.6

⑦*NDVI*=0.6～1

利用 ArcGIS 软件中的分区统计工具(zonal statistic tool)计算不同 NDVI 等级上的年平均气温 OMR 趋势值，结果表明：随着植被覆盖度的升高，气温 OMR 趋势值逐渐减弱(图 3)。其中，植被覆盖状况好的区域(*NDVI*>0.4)主要分布在我国西南及东南沿海地区，以常绿林地为主，虽然反照率较低，但是土壤湿度大，蒸发强烈，蒸发的降温效应抵消了全球变暖，水汽的增加还有利于云的形成，从而反射太阳辐射导致进一步的降温(Dai *et al.*，2004；Hales

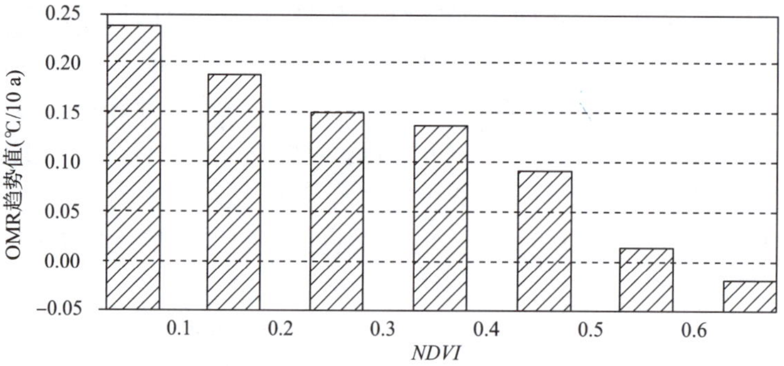

图 3　不同 NDVI 等级上的气温 OMR 趋势值分布

Figure 3　Assessment of decadal OMR trend in grade of NDVI

et al., 2004; Diffenbaugh, 2005; Bonan *et al.*, 2008; Jackson *et al.*, 2008)。在 *NDVI*＞0.5 的区域,地表气温 OMR 趋势值则基本无变化,甚至出现降温。中等植被覆盖度(0.2＜*NDVI*＜0.4)的区域 OMR 趋势值为 0.1～0.2 ℃/10 a,这些区域主要以耕地、草地、落叶阔叶林、落叶针叶林和落叶灌丛为主,植被的降温效应比常绿林地弱。在 *NDVI*＜0.1 的区域升温最为显著,超过 0.2 ℃/10 a,这些区域主要是植被覆盖状况差的沙漠、戈壁及裸土地等,虽然反照率较高,但是土壤湿度小,蒸发降温效应弱,使得地表能量更多地以感热形式向大气输送,从而导致近地表气温的升高(Dai *et al.*, 2004; Hales *et al.*, 2004)。

4 地表气温 OMR 趋势值对植被季节变化的响应

从 NDVI 的季节差异来看(图 1d),东北地区(主要包括黑龙江、吉林及内蒙古东北部)植被覆盖度季节差异最为显著,西北干旱区(主要包括塔里木盆地、甘肃北部及内蒙古西部)和西南地区(主要包括云南及四川南部)的季节差异最小。因此,本研究选择了这 3 个区域来分析月平均气温 OMR 趋势值对地表植被覆盖状况季节变化的响应。其中,东北地区植被覆盖度季节变化非常显著,夏季 NDVI 值最大,冬季则最小。相应的地表气温 OMR 趋势值也呈现出反向的季节波动,夏季植被覆盖度好升温较弱,冬季则由于反照率较低而导致升温较强(Bonan *et al.*, 2008; Jackson *et al.*, 2008)(图 4a)。西北干旱区植被覆盖状况差,全年的 NDVI都在 0.1 以下,没有显著的季节变化,土壤湿度小,蒸发反馈的降温作用弱(Dai *et al.*, 2004; Hales *et al.*, 2004),相应的各月份地表气温 OMR 趋势值也都比较高,升温幅度都在

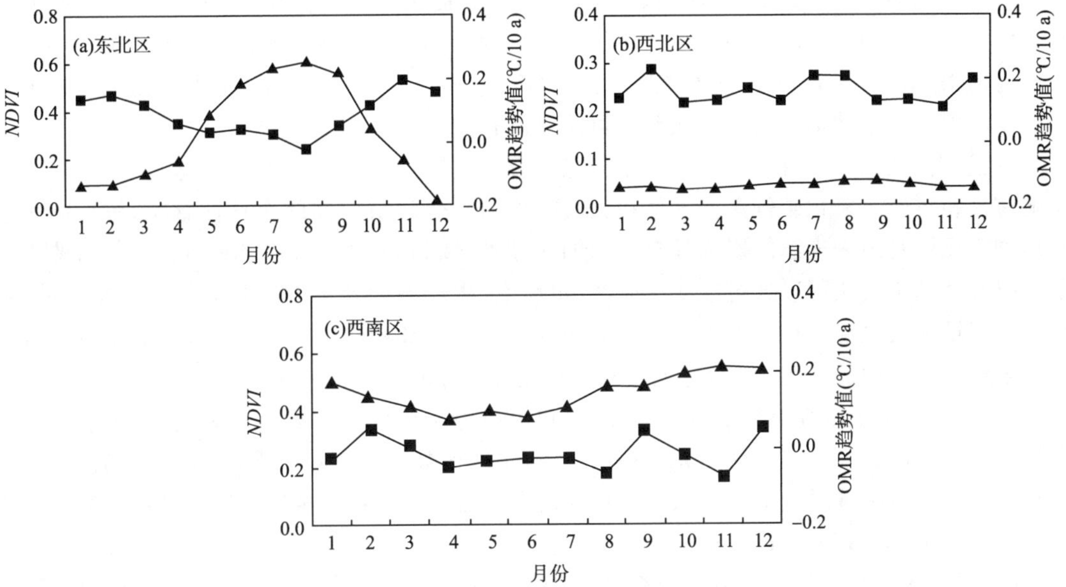

图 4 (a)东北区 (b)西北区 (c)西南区气温 OMR 趋势季节变化对 NDVI 季节变化的响应

(三角曲线为 NDVI,方块曲线为月平均气温 OMR 趋势值)

Figure 4 Seasonal variation of the OMR trend in response to the seasonal vegetation change over (a) northeast China (b) northwest China (c) southwest China, Line with triangle denote seasonal NDVI change, the line with square denote the seasonal variation of OMR trend

0.1 ℃/10 a 以上(图 4b)。西南区植被覆盖状况好,全年的 NDVI 指数都在 0.4 以上,没有显著的季节变化。相应的各月份地表气温增暖很不明显,气温 OMR 趋势值都在 0 ℃上下波动。这一地区土壤湿度大,蒸发强烈,森林的降温效应贯穿全年,抵消了温室气体增加引起的全球变暖,使得该区域的升温不明显(Bonan *et al.*,2008; Jackson *et al.*,2008)(图 4c)。

对以上三个区域的分析表明,在植被季节变化大的区域地表气温 OMR 趋势对地表植被覆盖状况的季节变化有着较为敏感的响应,而植被季节变化小的区域对地表气温则有着持续性的影响。

5 结论与讨论

(1)利用观测气温与再分析气温的差值将中国近 40 年局地地表气温变化从全球变暖中分离出来,分析其与植被指数 NDVI 之间的关系,结果表明,年平均气温 OMR 趋势值与年平均 NDVI 呈现出空间上显著的负相关关系,植被覆盖状况差的地区地表气温升温较为显著,而植被覆盖度高的地区升温则较弱。在 $NDVI<0.1$ 的地区年平均气温 OMR 趋势值超过 0.2 ℃/10 a,在 $NDVI>0.5$ 的地区气温 OMR 趋势值则基本无变化。数值模拟试验研究结果表明,热带森林砍伐(Lean *et al.*,1989; Henderson-Sellers *et al.*,1993; Snyder *et al.*,2004)和土地荒漠化(Xue,1996)会导致局地气温的明显增加,本文的研究结论也支持了模拟试验的结果。

(2)对三个典型区域植被季节变化与气温季节变化的关系分析发现,月平均地表气温 OMR 趋势对地表植被覆盖状况的季节变化有着较为敏感的响应,而植被季节变化小的区域对地表气温则有持续性的影响。观测分析(陈隆勋等,1998;王遵娅等,2004;马振锋等,2006;孙娴等,2007)显示,中国近几十年地表气温变化出现北方明显变暖,而南方地区,特别是西南及长江下游部分地区变暖不明显或气温下降的现象。本研究表明,除了人类活动排放的气溶胶引起的南方地区气温下降(高学杰等,2003;Giorgi *et al.*,2003),中国南、北方地表植被覆盖状况不同引起的区域地表气温变化差异可能对此有重要贡献。

气候与植被处于一种动态平衡之中,一旦气候(植被)发生变化,植被(气候)必然会随之发生响应。相对于二氧化碳等温室气体在大气中均匀混合后所引起的全球性影响,植被的生物地球物理反馈对地表气温的影响具有更强的区域性(Bala *et al.*,2007; Bonan,2008),植被覆盖状况及其动态变化可以通过改变反照率、粗糙度、土壤湿度及蒸发过程对气候产生反馈,从而改变区域地表气温变化对温室气体增加的响应(Diffenbaugh,2005)。同时,植被还通过碳循环来影响大气中的 CO_2 含量,进而影响气候变化(Bala *et al.*,2007; Jackson *et al.*,2008)。另一方面,植被覆盖状况又要受到气温、降水和辐射等气候因子的影响。因此,利用包含了动态植被过程的模式来研究植被—大气相互作用,实现植被—大气双向耦合,将是当前研究的一个重要方向。在区域尺度上预测未来中国气候变化需要考虑植被覆盖状况及其动态变化的影响(Diffenbaugh,2005; Feddema *et al.*,2005)。

由于 ERA40 再分析数据应用于 OMR 方法时可能会导致计算结果偏小,因此,中国区域内植被覆盖状况对地表气温的影响可能还要大于本文的研究结果。此外,本研究是在大尺度植被覆盖平均状态下分析植被对地表气温的影响,不同植被下垫面地—气相互作用强度、季节变化等存在很大差异,进一步的深入研究需要在各代表性区域开展陆面野外观测试验,通过局地的精细观测研究,由点及面,为陆面过程模式的发展、校验和改进提供支持。

The Relationship Between NDVI and Precipitation on the Tibetan Plateau*

青藏高原NDVI与降水之间的关系

摘　要:基于1982—1999年8 km分辨率的旬AVHRR-NDVI数据、月降水、年降水及生长季(4—8月)降水数据,本文从像元水平上分析了青藏高原NDVI的时空变化特征及其与降水的相关性。结论如下:(1)在高原的北部和西部,生长季较短(2～3个月);而在高原的南部,植物呈现全年生长的态势。月最大NDVI与月降水的相关分析表明,在高原的西部、北部和南部,年内NDVI的变化与降水关系比较弱,而在高原的中、东部,年内的NDVI变化与降水的变化保持了较好的一致性。(2)年最大NDVI的年际变化空间差异显著:NDVI增加区域主要分布在藏南山地灌丛草原地带、川西藏东针叶林带的西部、昆仑山北翼山地荒漠地带、东喜马拉雅南麓山地常绿阔叶林带;降低的区域主要分布在柴达木荒漠草原带、青东祁连山地草原带的西部和北部、青南高寒草甸草原带及阿里山地荒漠草原带。(3)年最大NDVI与年降水和生长季降水的相关性在空间上保持了较好的一致性,在草甸和草原中等覆盖度的地区,降水与NDVI保持了较高的相关性,而在森林及荒漠地带,NDVI与降水相关性较弱。

1 Introduction

With the development of remote sensing, it is possible to get more information from multidate and multi-spectral remote sensing data, which provide effective methods to study the vegetation distribution and interannual and seasonal changes. Among all the remote sensing data, NOAA/AVHRR data are widely used to study vegetation on global and regional scale because of its long series, wide extent of observation and short cycle (Defnies *et al.*, 1994). The vegetation indices are very significant to reflect more information of vegetation. Among them, the normalized difference vegetation index (NDVI, $NDVI=(NIR-Red)/(NIR+Red)$ NIR denoted the reflection of near infrared, red denoted the reflection of red light from visible light) is widely used, and it is the perfect indicator of growth status, spatial density distribution (Purevdorj *et al.*, 1998; Sun *et al.*, 1998; Liu *et al.*, 1999) and phenology of plant (Derrein *et al.*, 1992; Defnies *et al.*, 1994).

No matter physical or cultivated vegetation, their growth processes are all affected by

* Published by Ding Mingjun(丁明军), **Zhang Yili(张镱锂)**, Liu Linshan(刘林山), Zhang Wei(张玮), Wang Zhaofeng(王兆锋) and Bai Wanqi (摆万奇)in the *Journal of Geographical Sciences*, 2007, 17(3):259-268.

temperature, precipitation, etc. (Nicholson *et al.*, 1990; Li *et al.*, 2000a, 2000b; Schmidt *et al.*, 2000; Zhang *et al.*, 2003). To further study the relationship between vegetation and climate and to get the spatial variation will boost the research on forecasting of growth status. With the influence of complicated topography and southwest monsoon, southeast monsoon, Siberian high, Qinghai-Tibet high etc., the change of vegetation on the Tibetan Plateau is typical and representative on high altitude region, which is indispensable for the research about global change. In this research, the NOAA/AVHRR data and precipitation data, with long series, are used to study the spatio-temporal change characteristics of NDVI on the Tibetan Plateau, and analyze the relationship between NDVI and precipitation. The study will offer some information or evidences to exploit the resources on the Tibetan Plateau and to study the global vegetation change.

2 The study area

The study area extends from 26°00′12″N to 39°46′50″N and 73°18′52″E to 104°46′59″E and includes low area of the southeastern Himalaya Mountains (Mêdog, Zayü and Cona counties), that's the Tibetan Plateau in China. The total area is about 2.61×10^6 km^2 (Zhang *et al.*, 2002) and the average altitude is about 4380 m. In winter, the climate of Tibetan Plateau is controlled by Siberian high and Mongolian high, and it is very cold and arid, and has very little rain and more strong winds. In summer, the climate is controlled by Indian low there, and it is warm and moist (Zhao, 1998). All kinds of habitats offer favorable condition for most plants. From southeast to northwest, there are seven types of vegetation. They are subtropical evergreen broad-leaved forest, deciduous broad-leaved forest, alpine brush, alpine meadow, alpine grassland and high and cold desert (Chen *et al.*, 1999).

3 Data and methods

3.1 Data

NOAA/AVHRR-NDVI data with an 8 km resolution of every ten days from 1982 to 1999 from NASA was used in this research (Agbu *et al.*, 1994). It is the third generation product with values ranging from 0 to 254. The formula ($NDVI=0.8(I)/254-0.1$) can transmit the value to normalize difference vegetation indices with a value ranging from −1 to 1. To eliminate the effect of clouds, the Maximum Value Composite method was used in data processing which assumes that the position of clouds often change in a period of time, such as 10 days, and any point has 1 day without cloud covering. The value of NDVI in this day at the point is higher than those of the cloudy days, and this study selects this value as the value of the point in 10 days, then it selects the highest value of the point as value of this month. The primitive projection of these images is Goode Interrupted Homolsine Projection. In this study, we convert it into Albers Projection and select the area of the Tibetan Plateau.

Because the annual maximum NDVI value can reflect the vegetation well, so in this study, we used the Maximum Value Composite method to get the annual maximum NDVI. Meanwhile we count the mean monthly maximum NDVI from 1982 to 1999 to analyze the seasonal change.

The data of temperature and precipitation are provided by Dr. Tao (2005), and his research report utilizes spline function interpolation to obtain spatial interpolation data. In the process of interpolation, the effects of latitude and longitude were discussed here, meanwhile the DEM data with 0.1 degree was utilized to fit the surface data from the above method. The data quality is very good through the test. Considering the growing season ends at the end of September and precipitation after September has no influence on the vegetation NDVI of the current year, but has effects on vegetation of the next season, so we counted the amount of precipitation from October of the last year to September of the ensuing year that we called annual effective precipitation and precipitation from April to August that we called growing season precipitation respectively.

3.2 Methods

We calculated the linear regression coefficients of annual maximum NDVI by means of Least Square Method (Micael, 2000). To find the natural fluctuation range of NDVI, 13 areas were selected-acreage of each is 200 km^2—including lakes, frozen grounds, deserts, and salinas on the Tibetan Plateau (Ding *et al.*, 2006). There was no vegetation in these areas. Through analysis and statistics, 97% of the coefficients in these areas were distributed between −0.2 and 0.2, so it was regarded as a range of no vegetation change. Based on the above analysis, all the coefficients are divided into three grades, decrease: less than −0.2; no change: −0.2~0.2; and increase: more than 0.2.

The change of precipitation was divided by the standard deviation, more than the standard deviation was considered the precipitation was increasing, but less than the negative standard deviation was thought the precipitation was decreasing. The correlation between precipitation and NDVI was adapted to linear correlation. All the processes were done by the software ArcGIS.

In order to analyze the spatial difference of vegetation seasonal change, we selected 12 areas with 3×3 pixels around the weather stations along longitude and latitude respectively (Figure 1) and utilized the precipitation from the weather stations and the monthly maximum NDVI value extracted from NOAA/AVHRR−NDVI by ArcGIS software to analyze the relationship between precipitation and vegetation in one year.

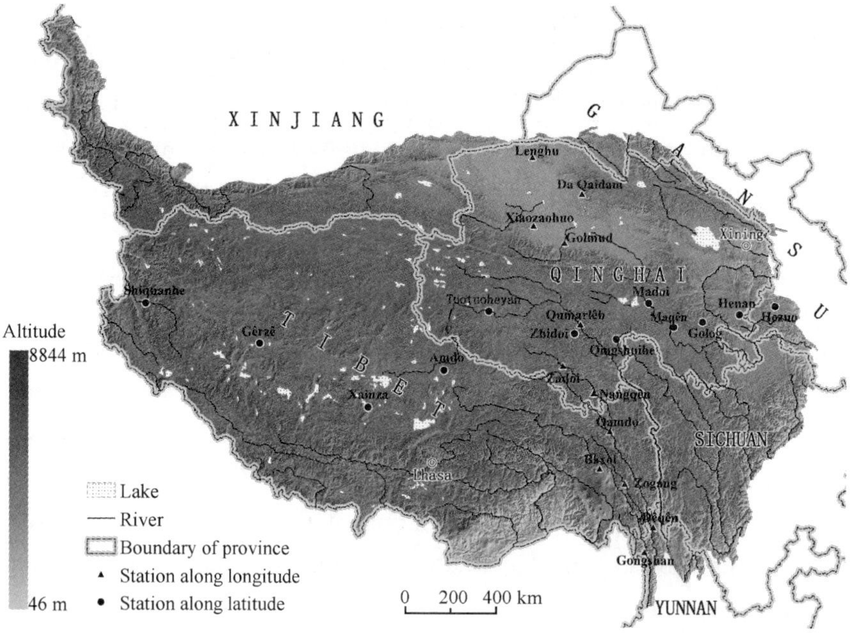

Figure 1　The location of the weather stations and research region

4　Results and analyses

4.1　Spatial distribution pattern of mean annual maximum NDVI value and annual effective precipitation from 1982 to 1999

Because of controlled by the southwest warm and humid air flow, the southeast monsoon and Siberian high, the amount of precipitation decreases from southeast to northwest (Figure 2*). Precipitation can reach a range from 700 mm to 800 mm in the southeastern part of the Tibetan Plateau, from 150 mm to 200 mm in the northwestern part and less than 100 mm in the Qaidam Basin.

Alike precipitation, the NDVI value decreases gradually from southeast to northwest (Figure 3). In the eastern and southern parts of the plateau, NDVI reaches the highest, but

---

* Based on the map of system of physico-geographical regions of Qinghai-Tibet Plateau (Zheng, 1996), we digitalized it (though the edge of the physico-geographical regions is a transitional belt, in order to analyze conveniently in this study, we assumed that it was a line and digitalized it). The name of the physico-geographical regions are as follows: IB1 Golog-Nagqu high-cold shrub-meadow zone; IC1 Southern Qinghai high-cold meadow steppe zone; IC2 Qangtang high-cold steppe zone; ID1 Kunlun high-cold desert zone; IIAB1 Western Sichuan-eastern Tibet montane coniferous forest zone; IIC1 Southern Tibet montane shrub-steppe zone; IIC2 Eastern Qinghai-Qilian montane steppe zone; IID1 Ngari montane desert-steppe and desert zone; IID2 Qaidam montane desert zone; IID3 Northern slopes of Kunlun montane desert zone; OA1 Southern slopes of Himalaya montane evergreen broad-leaved forest zone.

in the western and northern, it is very low. From Figures 2 and 3 and previous studies (Chen *et al.*, 1999), we can find that evergreen broad-leaved forest and coniferous forest are distributed in places with precipitation more than 600 mm and NDVI value more than 200; that brush and meadow in places with precipitation from 400 mm to 600 mm and NDVI between 180 and 200; meadow grasslands, alpine grassland and montane grassland in places with precipitation from 200 to 400 and NDVI from 150 to 180; and alpine desert and montane desert with precipitation lower than 200 mm and NDVI under 150.

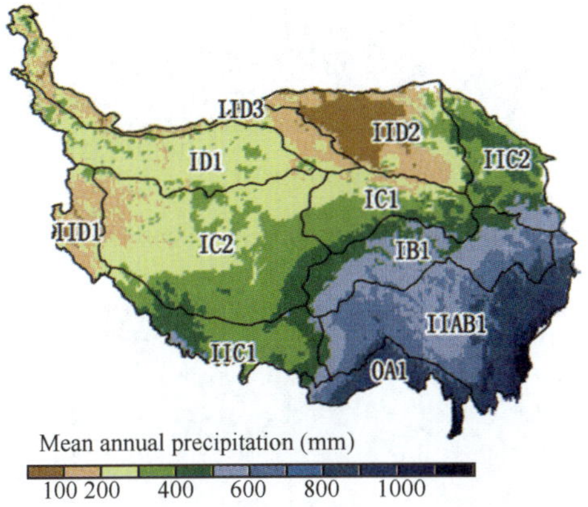

Figure 2 Spatial distribution of mean annual precipitation on the Tibetan Plateau from 1982 to 1999

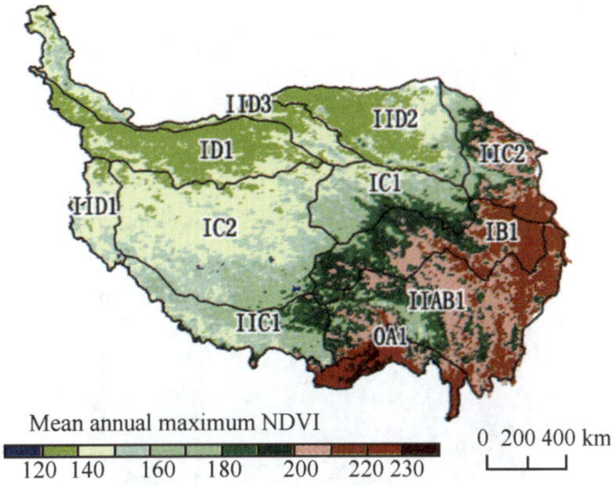

Figure 3 Spatial distribution of mean annual maximum NDVI on the Tibetan Plateau from 1982 to 1999

4.2 The relationship between monthly maximum NDVI and monthly precipitation

Figure 4* shows spatial difference of the rainy season. From north to south along the longitude, the rainy season becomes longer gradually. In the north, there is no apparent rainy season and only has little rain in July. In the central part, the rainy season may last from the beginning of April to October, but most of the precipitation is concentrated in July and August. In the south, there is no apparent rainy season and two rainfall peaks exist. The growing season is in accord well with the rainy season (Figure 5). In the north, there is no evident growing season. In the central part, the growing season begins in May and ends in October, it lags behind rainy season. In the south, the vegetation has no apparent growing season and grows all the year round. From west to east along the latitude, extent of rainy season gets longer (Figure 6**). In the west, there is only a little rain in July, August and September. In the east, the rainy season almost accords with the central part. The growing season is also in accord well with the rainy season (Figure 7). In the west, the growing sea-

* The weather stations along longitude from 1 to 12 are Lenghu, Da Qaidam, Xiaozaohuo, Golmud, Qumarlêb, Zadoi, Nangqên, Qamdo, Baxoi, Zogang, Dêqên and Gongshan in proper order.

** The weather stations along latitude from 1 to 12 are Shiquanhe, Gêrzê, Xainza, Amdo, Tuotuoheyan, Zhidoi, Qingshuihe, Madoi, Maqên, Golog, Henan and Hezuo in proper order.

son is very short, but the growing season in the east is long and lasts from mid-April to the end of October.

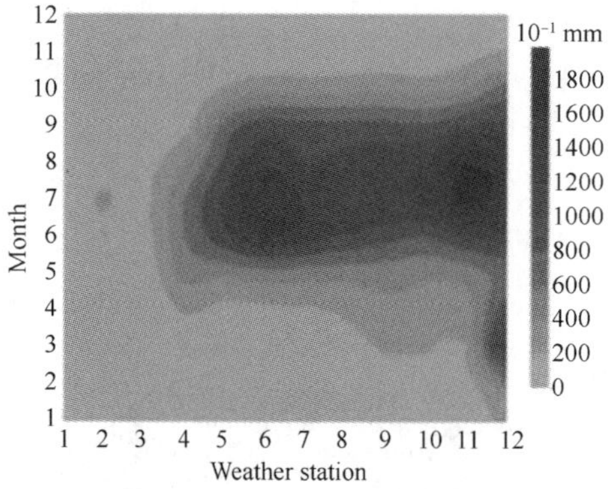

Figure 4 Monthly mean precipitation along longitude

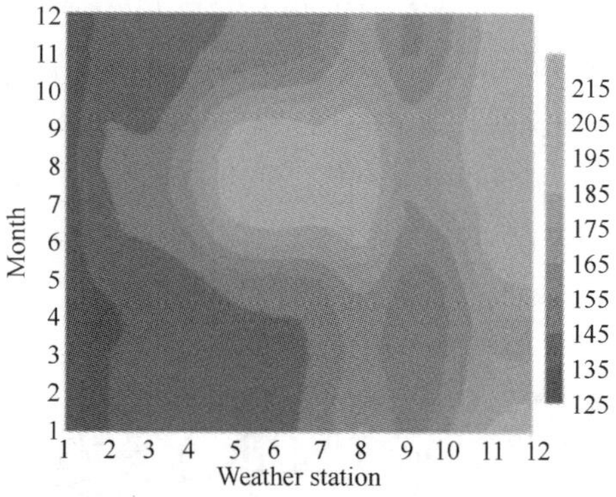

Figure 5 Monthly mean NDVI along longitude

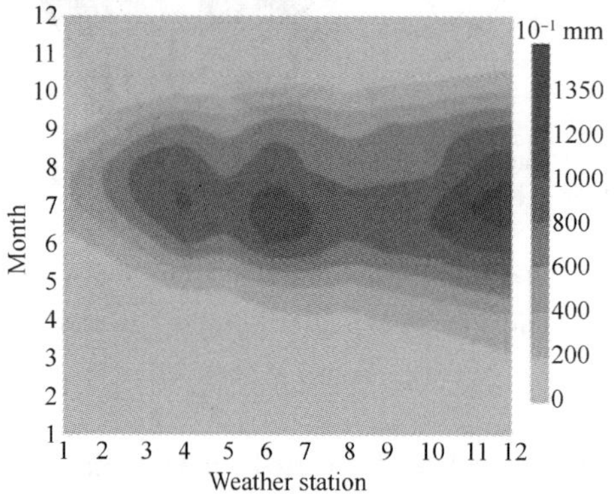

Figure 6 Monthly mean precipitation along latitude

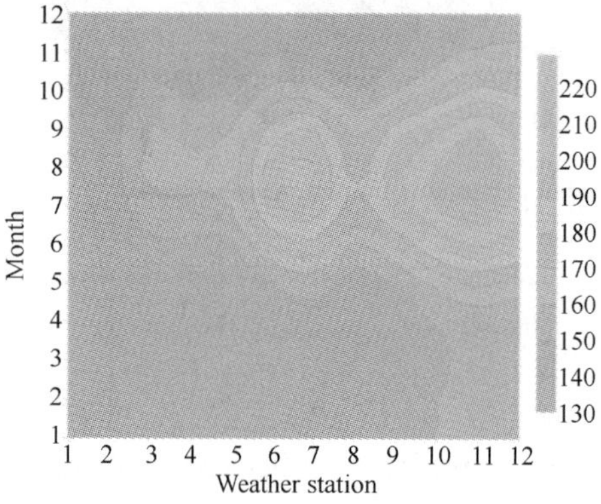

Figure 7 Monthly mean NDVI along latitude

Results show that monthly NDVI and monthly precipitation have weak correlation in the west and strong correlation in the mid-east along the latitude (Table 1). It indicates that precipitation is a key factor for vegetation growth in the mid-east and not a key factor for vegetation growth in the west.

Along the longitude, the north and south have weaker correlation between monthly NDVI and monthly precipitation than that in the central part. At some special weather stations, such as Lenghu and Gongshan, the correlations are negative. The reason is that the increasing precipitation may lead to reduction of the NDVI value of bare soil with very low coverage at Lenghu station, but at Gongshan, the reason was not clear and further study is needed. From the above analysis, vegetation responded to precipitation very well in the central-eastern Tibetan Plateau.

Table 1 The correlation between monthly NDVI and precipitation

Station along latitude	Correlation coefficient	Station along longitude	Correlation coefficient
Shiquanhe	0.47	Lenghu	−0.67
Gêrzê	0.16	Da Qaidam	0.71
Xainza	0.87	Xiaozaohuo	0.94
Amdo	0.89	Golmud	0.55
Tuotuoheyan	0.86	Qumarlêb	0.91
Zhidoi	0.90	Zadoi	0.93
Qingshuihe	0.92	Nangqên	0.90
Madoi	0.90	Qamdo	0.91
Maqên	0.87	Baxoi	0.81
Golog	0.90	Zogang	0.72
Henan	0.93	Dêqên	0.36
Hezuo	0.91	Gongshan	−0.24

4.3 The changes of vegetation types

In order to study the effect of precipitation on vegetation, we calculated the correlation between annual maximum NDVI and precipitation (annual effective precipitation and growing season precipitation) (Figure 8a). Significance level ($p<0.01$, $p<0.05$ and $p<0.1$) is 0.5751, 0.4555 and 0.3887, respectively.

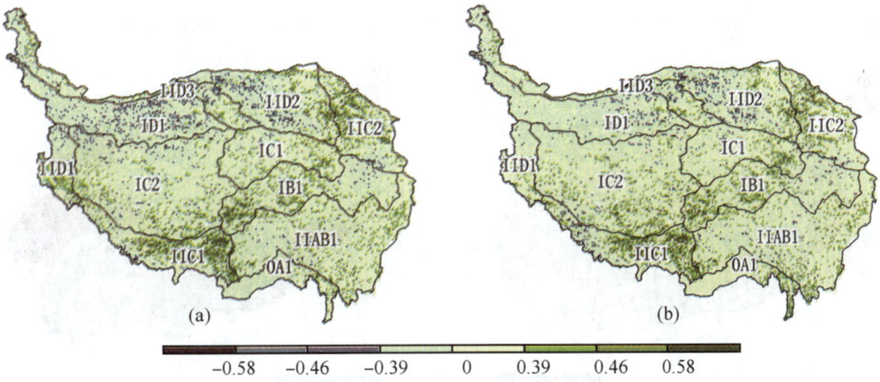

Figure 8 Correlation coefficient images between NDVI and precipitation at different periods on the Tibetan Plateau (a) Correlation coefficient between annual precipitation and annual maximum NDVI; (b) Correlation coefficient between precipitation from April to August and annual maximum NDVI

The correlation between annual maximum NDVI and annual effective precipitation is rather strong in most parts of southern Tibet montane shrub-steppe zone, the west of Golog-Nagqu high-cold shrub-meadow zone, the east of southern Qinghai high-cold meadow steppe zone, the west of eastern Qinghai-Qilian montane steppe zone and some transitional belts (Figure 8a), which indicates that the growth of meadow and meadow-grassland mainly distributed in these regions strongly depends on precipitation.

In the area of forest vegetation (such as southern slopes of Himalaya montane evergreen broad-leaved forest zone and western Sichuan-eastern Tibet montane coniferous forest zone), Qiangtang high-cold steppe zone and Kunlun high-cold desert zone, the correlation of annual maximum NDVI and annual effective precipitation is weak. On northern slopes of Kunlun montane desert zone, Qaidam montane desert zone and most parts of Kunlun high-cold desert zone, the correlation displays negative apparently. We can conclude that the correlation between annual maximum NDVI and growing season precipitation is similar with the correlation between annual maximum NDVI and annual effective precipitation (Figure 8b).

In order to understand the relation of NDVI and precipitation, we compared the interannual vegetation NDVI change with annual effective precipitation change on the Tibetan Plateau. Figure 9a displays the annual maximum NDVI change from 1982 to 1999: the area with NDVI decreasing is mainly distributed in Qaidam montane desert zone, eastern Qinghai-Qilian montane steppe zone and southern Qinghai high-cold meadow steppe zone. In addition, it is distributed in some parts of Ngari montane desert-steppe and desert zone. The results are similar to the previous studies (Sha *et al.*, 2001; Yang *et al.*, 2004, 2005; Zhang *et al.*, 2006). The area with NDVI increasing is mainly distributed in southern Tibet montane shrub-steppe zone and west of western Sichuan-eastern Tibet montane coniferous forest zone. Figure 9b shows that the interannual effective precipitation change from 1982 to 1999 on the Tibetan Plateau that is almost in accord with the results before (Wu *et al.*, 2005). The spatial distribution pattern is similar to the NDVI interannual change, and that proved precipitation increasing is very important for the growth of some vegetation types.

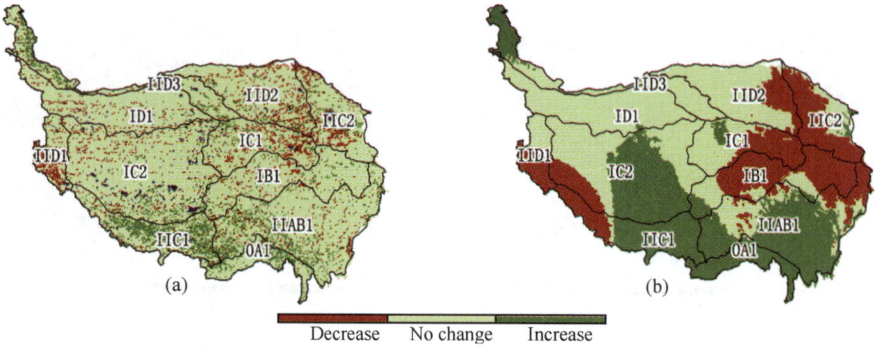

Figure 9 Spatial distribution of annual maximum NDVI and annual rainfall changes between the beginning of the 1980s and the late 1990s on the Tibetan Plateau (a) Spatial distribution of annual maximum NDVI change; (b) Spatial distribution of annual rainfall changes

5 Conclusions and discussion

In this paper, we have studied the relationship between NDVI and precipitation, as well as their spatial distribution. The results are as follows:

(1) The NDVI value reaches the maximum from July to September; in the western and northern plateau, the growing season is rather short with two or three months; in the southern plateau, vegetation grows all the year round.

(2) Correlation between mean monthly maximum NDVI and monthly precipitation from 1982 to 1999 is very weak in the western, northern and southern plateau, and very strong in the central and eastern plateau.

(3) Interannual change of NDVI on the Tibetan Plateau is spatial variation too. The areas of NDVI increasing are distributed in southern Tibet montane shrub-steppe zone and west of western Sichuan-eastern Tibet montane coniferous forest zone. The areas with NDVI decreasing are mainly distributed in Qaidam montane desert zone, eastern Qinghai-Qilian montane steppe zone and southern Qinghai high-cold meadow steppe zone. In addition, it is distributed in some parts of Ngari montane desert-steppe and desert zone.

(4) Distribution pattern of the correlation between annual maximum NDVI and annual effective precipitation is similar to the correlation between annual maximum NDVI and growing season precipitation. The precipitation is very important to vegetation in some places, especially for the areas covered by meadow and meadow-grassland, but the precipitation is very little effective in the areas distributed by forest and desert.

This study assessed the temporal and spatial changes of vegetation cover on the Tibetan Plateau, and analyzed the relationship between precipitation and vegetation using 8 km resolution multi-temporal NOAA AVHRR-NDVI data from 1982 to 1999. The results proved that this method is a convenient, quick and cheap way to study vegetation on large scale area. From analyzing the NDVI trend, we came to the conclusion that the area with increasing NDVI is mainly distributed in the Yarlung Zangbo River Basin, a food production base for Tibet (Li, 2000). Recently, the cultivation has developed very quickly for chemical fertilizer application, irrigation practices and afforestation (Li *et al.*, 1994), which enhanced vegetation cover there. Meanwhile, the warm-humid trend (Wu *et al.*, 2005) also can boost the vegetation growth.

Recently, the study about driving factors of vegetation change is emphasized at regional scale, which is favorable for production and ecological restoration, and is significant for the study of global change. So the other objective of this study is to select interesting area (such as the Yarlung Zangbo River Basin) for further study (such as driving factors of vegetation change).

青藏高原植被覆盖对水热条件年内变化的响应及其空间特征*

Seasonal Time Lag Response of NDVI to Temperature and Precipitation Change and Its Spatial Characteristics in Tibetan Plateau

Abstract: Today, the human activities become more and more intense. How to minimize human disturbance is very important in the study of relationship between vegetation and climate. The Tibetan Plateau, as one of the few extensive regions escaped from human disturbance, provides an ideal site for studies on the response of natural vegetation cover to water/thermal conditions. Based on the trend surface of TN (short for time series of ten-days NDVI), TP (short for time series of ten-days rain) and TT (short for time series of ten-days temperature), which all are multi-year means, ArcGIS9.2 software and lag cross-correlation method are used to analyze the temporal and spatial characteristics of relationships between water/thermal climate elements and vegetation cover. The main results are as follows: ①Except high-cold desert vegetation and forest vegetation, the TN has very good correlation with TT and TP on the Tibetan Plateau, especially the area with vegetation cover of moderate density, such as meadow and grassland; ②NDVI has a hysteresis effect towards temperature and precipitation and in the northern part (Qaidam Basin and the north of Kunlun mountains) and southern part of the Tibetan Plateau, the vegetation responds to the water/thermal slowly, but in the middle and east parts of the Tibetan Plateau, the vegetation responds to the water/thermal changes quickly; ③Different vegetation types response to water/thermal condition differently. The descending order of the responding degree for each vegetation type is: alpine cold meadow, alpine cold grassland, alpine cold brush, periglacial cushion vegetation, desert, and forest.

气候变化对陆地地表生态系统的影响及其反馈是当前全球变化研究的主要内容，而植被作为地表状况的重要特征，是陆地地表生态系统的功能和核心部分(吴征镒等，1980)，因此植被和气候的关系也一直是全球变化研究的焦点之一(张井勇等，2003)。植被的时空变化是自然和人类活动相互作用的结果，尤其是在人类活动影响日益剧烈的今天(信忠保等，2007)，在研究植被和气候关系时如何尽量减少人类对其的干扰是一个必须重视的问题。

青藏高原是世界上少数几个范围广阔且受人类活动影响较少的区域之一，在平均海拔超过 4000 m，面积约 256 万 km^2 的范围内，人口只有 1 200 万左右(张镱锂等，2005)。与同纬度地区相比，青藏高原特殊的自然环境导致其植被生态系统结构简单，抗干扰能力较弱，生态系统极为脆弱，这种生态特征可能造成一个直接后果便是地表植被覆盖对气候的变化比较敏感

* 由丁明军(Ding Mingjun)、**张镱锂(Zhang Yili)**、刘林山(Liu Linshan)、王兆锋(Wang Zhaofeng) 和杨续超(Yang Xuchao)完成，原载于《地理科学进展》，2010，29(4)：507-512。

(牛亚菲,1999;李晓兵等,2000;朴世龙等,2003;张远东等,2003;莫申国等,2004;张学霞等,2004;李震等,2005;张文江等,2005;唐红玉等,2006;Ding *et al.*,2007;信忠保等,2007;刘德义等,2008)。这无疑为探讨自然状况下的植被对气候条件的响应提供了一个理想的研究区域。因此对青藏高原植被覆盖同降水、温度等气候条件关系的研究,将有助于揭示植被覆盖对气候变化敏感性和反馈的规律,同时也为理解青藏高原植被同气候的相互作用机制提供支持。

由于 NOAA/AVHRR 具有周期短、覆盖范围广、成本低、波段宽等优点,尤其是根据植被反射波段计算得到的归一化植被指数(Normalized Difference Vegetation Index, NDVI)是反映植被对光合有效辐射(Photosynthetically Active Radiation, PAR)吸收能力的一个较好指标(Asrar *et al.*,1984),被广泛用于生物量、叶面积指数(Leaf Area Index, LAI)和植被生产力格局的估算(Pettorelli N *et al.*,2005)。随着人类对全球气候变暖等问题的日益关注,用 NDVI 来监测植被对气候变化的响应成为国内外研究的热点(Foley *et al.*,1996;Braswell *et al.*,1997; Yang *et al.*,1998;李晓兵等,2000;Wang *et al.*,2001;陈云浩等,2001; Ichii *et al.*,2002;Pettorelli *et al.*,2005;Piao *et al.*,2006;杨元合等,2006)。但大多数工作都是基于年际关系的研究(李晓兵等,2000;朴世龙等,2003;张远东等,2003;李震等,2005;唐红玉等,2006;Ding *et al.*,2007;信忠保等,2007;刘德义等,2008),从季节变化分析植被覆盖对水、热气候条件响应的研究较少,同时,这些研究大多考虑的是零时滞情况,而在一定程度上忽略了植被在接受气候影响的同时,由于各种因子(土壤、养分等)对其的制约,会产生一定的滞后效应(Braswell *et al.*,1997;Potter *et al.*,1998;李晓兵等,2000;周兴民,2001;张学霞等,2004;张文江等,2005)。而植被这种变化又会反馈于气候,加强或减缓气候的变化,因此时效性分析将有助于我们认识气候与植被的相互关系,并提高我们预测植被和气候变化的能力。

针对以上问题,本文基于水、热气候条件及区域 NDVI 时间序列数据,从高原面和植被类型差异等方面,分别对季相变化下水、热条件同植被指数的相关性进行分析,以期对青藏高原植被活动与气候因素之间的关系有更深一步的了解,为气候变化背景下该地区自然资源的合理利用和保护提供科学依据。

1 数据与方法

1.1 数据

研究中所用的植被指数 NDVI 来自美国 NASA 的 1982—2000 年 10 天最大合成(MVC)的 NOAA/AVHRR 数据产品,空间分辨率为 8 km。其中 1994 年缺少 9—12 月,因此在本研究中 1994 年数据没有参与运算。

青藏高原旬均温、降水空间插值数据(1981—2000)来自陶波博士后出站报告(陶波,2005),为了与 NDVI 时序数据保持一致,时间分辨率采用旬(ten-day),空间分辨率为 8 km×8 km。

此外,1∶100 万植被数据从中国科学院中国植被图编辑委员会编纂的《中国植被图》(2001)数字化获得。

1.2 数据处理

根据获取的站点气象数据和面上插值数据,计算各气象站点及高原面上 1982—2000 年的旬平均降水(Ten-day Precipitation, TP)和旬均温(Ten-day Mean Temperature, TT)。

AVHRR NDVI 产品是古德投影的栅格文件,在 PCI 软件中转成 Albers 投影,研究区范围来自张镱锂等(2002)研究成果,利用 ArcGIS 软件中的 Gridclip 命令切出研究区域植被指数的时间序列数据。由于植被冠层随着时间的推移变化较小,因此一年中植被的 NDVI 值变化应该是连续的、平滑的。然而,由于云的影响、数据传输错误、大气纠正不彻底等造成 NDVI 存在着许多噪音,导致数据波动。目前,进行类似处理的方法较多(Viovy *et al.*, 1992; Roerink *et al.*, 2000; Chappell *et al.*, 2001)。本文中主要采用了三点平滑法进行处理(陈效逑等,2007)。基于处理的数据,计算青藏高原 1982—2000 年各旬的 NDVI 平均值(TN)。

1.3 研究方法

目前,研究滞后效应比较常用的方法就是时滞互相关法。其计算公式如下:假定地表系统的两个时间序列 x_t 和 y_t 对任何时滞 k 都相关,则互相关系数的公式为:

$$r_k(x,y)=\frac{\hat{C}_k(x,y)}{\hat{\sigma}_x\hat{\sigma}_{y+k}} \tag{1}$$

式中:样本的协方差 $\hat{C}_k(x,y)$ 和均方差 $\hat{\sigma}_x$、$\hat{\sigma}_{y+k}$ 的计算公式如下:

$$\begin{cases} C_k = \dfrac{1}{n-k}\sum\limits_{t=1}^{n-k}(x_t-\overline{x}_t)(y_{t+k}-\overline{y}_{t+k}) \\ \hat{\sigma}_x = \left[\dfrac{1}{n-k}\sum\limits_{t=1}^{n-k}(x_t-\overline{x}_t)^2\right]^{\frac{1}{2}} \\ \hat{\sigma}_{y+k} = \left[\dfrac{1}{n-k}\sum\limits_{t=1}^{n-k}(y_{t+k}-\overline{x}_{t+k})^2\right]^{\frac{1}{2}} \end{cases} \tag{2}$$

式中均值为:

$$\overline{x}_t = \frac{1}{n-k}\sum_{t=1}^{n-k}x_t \tag{3}$$

$$\overline{y}_{t+k} = \frac{1}{n-k}\sum_{t=1}^{n-k}x_{t+k} \tag{4}$$

式中:n 为序列 x_t、y_t 的样本数;$k=0, \pm1, \pm2, \cdots$。经验表明,时滞 k 的绝对值应小于$(n/4)$或$(n-10)$。由于本研究是探讨年内关系,n 为旬,故 $n=36, n/4=9, n-10=26$,选择 $k=9$。

2 植被对气候变化的响应分析

2.1 高原面特征分析

TT 与 TN 的最大互相关系数及影响时效具有显著的区域差异(图 1a*,图 1b)。川西藏

* 图中的自然地带界线是青藏高原综合自然区划图(郑度,1996)中各带的界线,各地带性名称如下:IC1 青南 高寒草甸草原地带;IC2 羌塘 高寒草原地带;ID1 昆仑 高寒荒漠地带;IID2 柴达木 山地荒漠地带;IID3 昆仑北翼 山地荒漠地带;IIC1 藏南 山地灌丛草原地带;IIC2 青东祁连 山地草原地带;IIAB1 川西藏东 山地针叶林带;IB1 果洛那曲 高寒灌丛草甸地带;IID1 阿里 山地半荒漠、荒漠地带;0A1 东喜马拉雅南翼 山地常绿阔叶林带。

东山地针叶林带，阿里山地半荒漠荒漠地带 TT 与 TN 的相关程度最高，相关系数达到 0.9 以上；果洛、那曲高寒灌丛草甸地带、青东祁连山地草原地带、羌塘高寒草原地带、藏南山地灌丛草原地带、昆仑高寒荒漠地带、昆仑北翼山地荒漠地带一些地区 TT 与 TN 最大互相关系数在 0.70～0.90；柴达木山地荒漠地区 TT 与 TN 最大互相关系数小于 0.35，没有通过显著性检验。从滞后的时间来看，滞后 0～2 旬的地区主要分布在青东祁连山地草原地带，青南高寒草

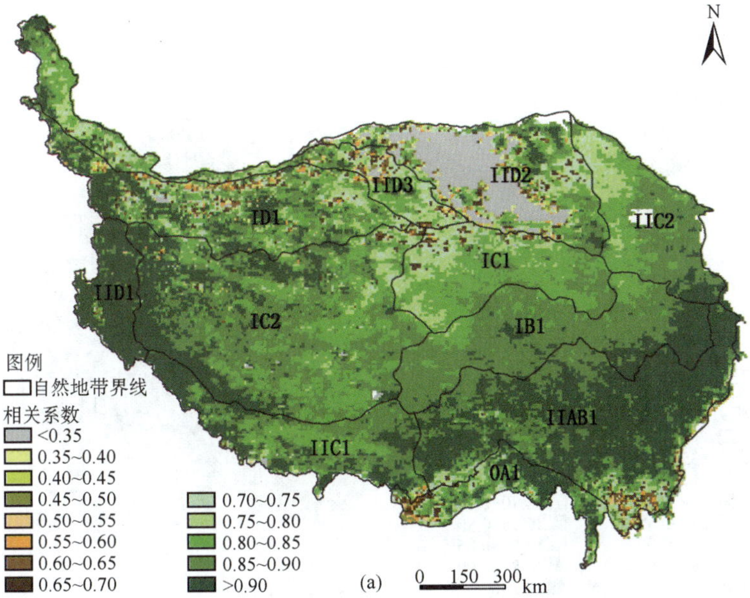

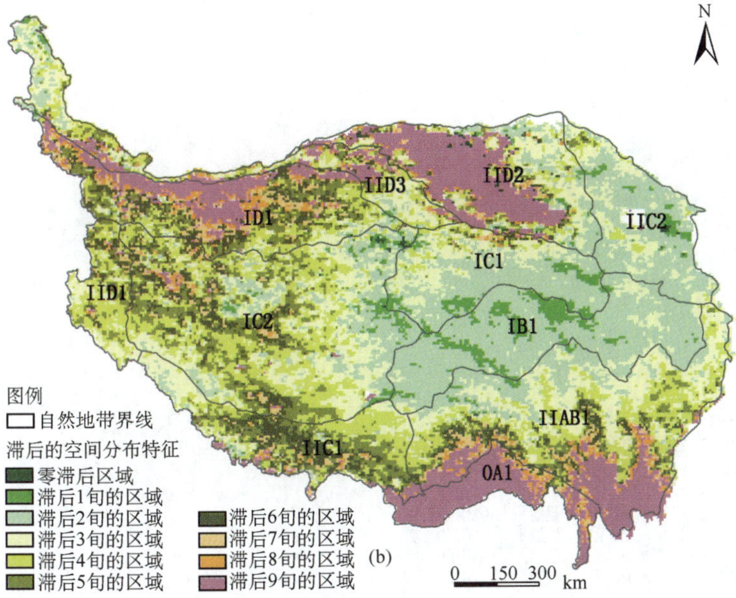

图 1 TN 与 TT 最大互相关系数及滞后时间的空间分布格局

(a)最大互相关系数；(b)滞后时间

Figure 1 The spatial distribution pattern of the biggest co-correlation and lag-time between TN and TT

(a) the biggest co-correlation; (b) lag-time

甸草原地带、果洛那曲高寒灌丛草甸地带；羌塘高寒草原地带东部地区、川西藏东山地针叶林带北部地区、藏南山地灌丛草原地带、昆仑北翼山地荒漠地带、阿里山地半荒漠、荒漠地带滞后时间大致在 3～6 旬；柴达木山地荒漠地带、东喜马拉雅南翼山地常绿阔叶林带、昆仑高寒荒漠地带北部地区及川西藏东针叶林地带南部地区滞后时间最长，滞后时间为 7～9 旬。

从 TP 与 TN 的最大互相关系数及影响时效的空间分布图(图 2a，图 2b)来看。青南高寒

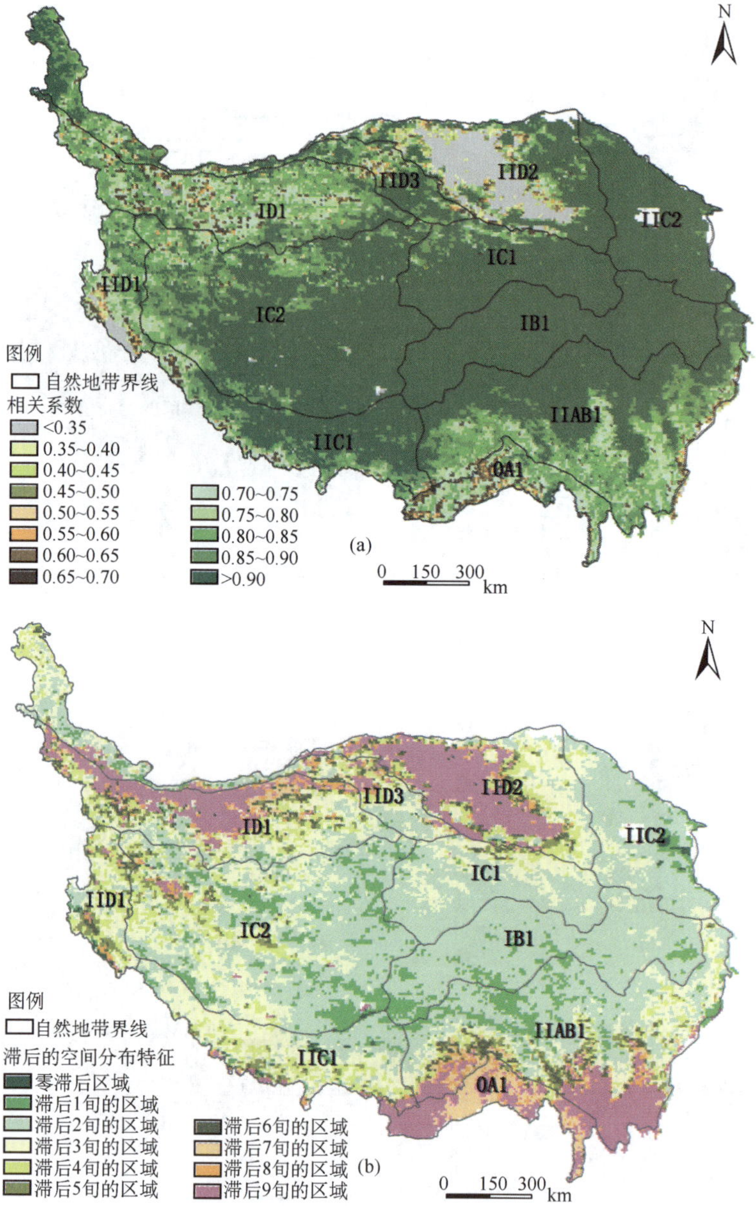

图 2　TN 与 TP 最大互相关系数及滞后时间的空间分布格局

(a)最大互相关系数；(b)滞后时间

Figure 2　The spatial distribution pattern of the biggest co-correlation and lag-time between TN and TP

(a) the biggest co-correlation; (b) lag-time

草甸草原地带、果洛、那曲高寒灌丛草甸地带、青东祁连山地草原地带、羌塘高寒草原地带大部分地区、藏南山地灌丛草原地带、川西藏东山地针叶林带北部等区域 TP 与 TN 的相关系数高达 0.90；阿里山地半荒漠荒漠地带、东喜马拉雅南翼山地常绿阔叶林带、昆仑高寒荒漠地带、昆仑北翼山地荒漠地带大部分地区最大互相关系数介于 0.7～0.9；而在柴达木山地荒漠地带的核心地带最大互相关系数小于 0.35。从影响的时效来看，滞后 0～2 旬的地区主要分布在青东祁连山地草原地带、青南高寒草甸草原地带、果洛那曲高寒灌丛草甸地带、羌塘高寒草原地带东部地区、川西藏东山地针叶林带北部地区；藏南山地灌丛草原地带、昆仑北翼山地荒漠地带、阿里山地半荒漠、荒漠地带滞后时间大致在 3～6 旬；柴达木山地荒漠地带、东喜马拉雅南翼山地常绿阔叶林带、昆仑高寒荒漠地带滞后时间最长，滞后时间为 7～9 旬。

通过比较四幅趋势图可以发现，中等覆盖条件下的植被受气候影响表现得更为强烈，如中、东部草甸和草原地区植被。相对于温度来说，植被对降水的响应更为敏感些，这与李本纲等(2000)的结论并不一致，可能是由于青藏高原地域特殊性造成这一后果，具体原因有待进一步分析；而在高覆盖或低覆盖的北部、西部和东南部，植被与水热条件的关系相对较弱。

2.2 植被类型分析

植被类型不仅影响 NDVI 与水、热因子的相关程度，也影响 NDVI 对水、热因子的响应时间(图 3)。从相关系数看，除森林类型外，各植被类型降水与植被的相关程度要好于均温；均温与不同植被类型的相关系数大小排序是：草甸＞灌丛＞高寒垫状植被＞草原＞林地＞荒漠，说明均温对草甸地区植被影响最大，而对荒漠植被和森林植被影响较弱。降水与不同植被类型的相关系数大小排序是：草甸＞草原＞高寒垫状植被＞灌丛＞荒漠＞林地，说明降水对草甸地区的植被影响也是最大的，而对森林和荒漠植被影响较弱；从滞后时间来看：对均温的滞后时间长短排序是：林地＞荒漠＞高寒垫状植被＝灌丛＞草原＞草甸，说明草甸地区植被对升温响应最快，林地是最迟的。对降水的滞后时间长短排序是：林地＞荒漠＞草原＝高寒垫状植被＝灌丛＝高寒草原＞草甸，说明草甸地区植被对降水的响应最快，而森林地区植被对降水的响应较为缓慢。李本纲等(2000)指出，就自然植被而言，降水与 NDVI 的相关趋势为草本植

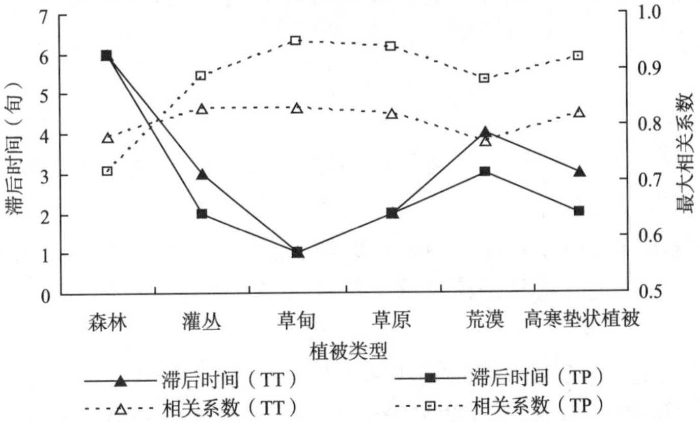

图 3 不同植被类型上 TN 与 TP、TT 最大互相关系数及滞后时间变化特征

Figure 3 The biggest correlation co-efficient and lag time between TN and TP, TT among the different vegetation type

被大于灌木植被，灌木植被大于乔木植被；李霞等(2008)研究得出，中国北方草原降水和气温变化对植被 NDVI 的影响程度从大到小依次为：草甸草原、典型草原、荒漠草原，即由东到西相关性逐渐减少。这些以往的研究结果均与本文结论保持了较好的一致性。

本文还发现不同植被类型对水、热的响应时间不同，主要表现在高寒草甸和高寒草原对水、热因子响应时间较为迅速，而乔木和荒漠植被响应较为缓慢，这与李本纲等(2000)对中国北方草地植被的研究结论类似。植被对气候变化响应的滞后期与植物瞬时发生的生理调整时间无关，而与生物地球化学循环的调解时间尺度一致(李霞等，2007)，对于高原地区植被来说，微生物调解 N、P 循环后，降水才能促进植被生长。而不同植被类型养分的吸收能力有差异，这很可能使得不同植被类型 NDVI 对降水或气温等气候因子的滞后时间存在差异，为了证明这一推论还需要进行基于地面定点观测的专门研究。

3　结论与讨论

3.1　结论

植被覆盖和水热条件的关系是描述陆表过程的重要参数，而二者之间的关系又是全球变化研究的重要内容。本研究以青藏高原自然植被对气温、降水的响应关系为主线，通过高原面和植被类型两个层面分析了水热条件的季相变化同旬 NDVI 变化之间的相关关系，这将有助于我们更加深入地认识植被对气候变化的响应及反馈。

本研究的主要结论如下：

(1)除高寒荒漠植被、森林植被外，青藏高原植被 NDVI 与同期旬均温和旬降水相关性均呈高度正相关，其中，中等覆盖度的植被受水、热影响表现更为强烈，如中、东部的草甸和草原地区植被。

(2)青藏高原植被 NDVI 对气温和降水有滞后效应，且滞后水平存在空间差异，高原北部(柴达木盆地、昆仑山北冀)和高原南部植被对降水和温度的响应比较迟缓，而高寒中、东部地区植被对温度和降水的响应比较敏感。

(3)不同的植被类型对水热条件的响应程度由高到低依次是：草甸、草原、灌丛、高寒垫状植被、荒漠、森林。

3.2　讨论

由于青藏高原特殊的地理环境，交通不便，导致气象站点偏少。这给本研究中的插值数据带来一定影响，不可能完全描述该地水热条件的真实分布；另外，由于数据的局限性，研究中所用的 1∶100 万植被虽然是高原目前最为详尽的植被分布图，但其反映的是潜在植被，而非实际植被。因此，本研究相关结论只是植被覆盖对水热条件变化响应的基本趋势规律，其翔实特征有待地面资料进一步完善。

由于本研究使用的 NOAA/AVHRR 卫星 8 km 的旬 NDVI 数据的时间分辨率较粗，敏感性分析可能受到一些影响。同时由于青藏高原气候、地形等环境因素复杂，导致 NDVI 数据噪音比较多。本研究虽然进行了一些相关处理，但仍免不了有些缺陷，还有待完善。另外，本研究仅考虑了植被覆盖对水热条件的敏感性，今后还可以分析生长季的开始和结束时间及生长季长度等对水热条件季节性变化的敏感性。

青藏高原植物返青期变化及其对气候变化的响应*

Spatiotemporal Changes of Commencement of Vegetation Regreening and Its Response to Climate Change on Tibetan Plateau

Abstract: Detecting the growing season variability of terrestrial vegetation is crucial for identifying responses of ecosystems to recent climate change. Based on the normalized difference vegetation index(NDVI)and the air temperature and precipitation data, we have extracted the commencement of growing season(CGS) and the commencement of dekadly average temperature(CDAT) of 0 ℃ and 5 ℃ at typical weather stations on Tibetan Plateau from 1982—2009, and analyzed their spatiotemporal changes and the relationships between the CGS of vegetation and the air temperature and precipitation of winter and spring. The results show: the CDAT of 0 ℃ and 5 ℃ on the whole showed an advanced tendency, and the tendency of 5 ℃ was more significant than that of 0 ℃; the multiple years average of CGS near typical weather stations gradually delayed from south to north and from east to west, and from 1982 to 2009, the CGS displayed an advanced tendency at all typical weather stations; and the CGS had a negative relation with the air temperature and precipitation of winter and spring, furthermore, the correlation of CGS with temperature was stronger than with precipitation. Different seasonal temperatures had different effects on CGS and the winter temperature affected CGS more than spring temperature.

引言

植物物候可直观地指示环境条件的季节变化，且能表现植物对自然环境变化的适应信息(张学霞等，2004；陆佩玲等，2006)。植物物候随着气候变化而变化，由此引起植物生产力、结构组成及土壤—植物—大气系统水热碳交换的变化，这些变化反过来又影响气候系统，从而加剧气候变化(李荣平等，2010)。不仅如此，植物物候还是许多模型构建中的重要参数(Schwartz，1998；Zalud *et al.*，2002；Van Vliet *et al.*，2003)，对植物物候的研究不仅有助于增进植物对气候变化响应的理解，而且对于准确评估陆地植物生产力与全球碳收支具有重要意义(王连喜等，2010)。区域与全球尺度的物候研究已成为全球变化监测研究的关键内容之一。

传统的植物物候观测主要是目视观察法，该方法简单易行，但需耗费大量人力和物力。近30年来，随着遥感和计算机技术的飞速发展，为植物物候研究提供了新的手段(Liideke *et al.*，1996)，使区域和全球尺度的植物物候监测成为现实。至今，已有许多学者提出了不同的

* 由丁明军(Ding Mingjun)、**张镱锂(Zhang Yili)**、刘林山(Liu Linshan)和王兆锋(Wang Zhaofeng)完成，原载于《气候变化研究进展》，2011，7(5)：317-323。

遥感物候提取方法(Liideke *et al.*,1996;Kaduk *et al.*,1996; White *et al.*,1997; Duchemin *et al.*,1999; Zhang *et al.*,2003;陈效逑等,2007;Yu *et al.*,2010),并基于这些方法研究了全球许多地区的植物物候。

当前,气候变化已成为各国政府、科学家及公众关注的焦点(IPCC,2007),植物物候作为监测气候对植物影响的重要表征已成为全球变化研究重点关注的对象(Menzel,2002)。青藏高原作为地球第三极,水热条件处于生物极限水平,高原生态系统极度脆弱(姚檀栋等,2006),对气候变化的扰动极为敏感。然而,青藏高原当前的植物物候研究相对薄弱,部分研究侧重于探讨年内物候特征(李向前等,2009;吕新苗,2009),长时间的物候变化研究多基于少数站点的分析(祁如英等,2006,2008;李红梅等,2010)。本文选择青藏高原具代表性的典型气象台站及其邻近区域,利用长时间序列的植被指数数据和气象站观测数据,分析典型气象台站附近的区域植物返青期的时空变化特征,探讨其与气候变化的关系。该研究对探讨青藏高原的全球变化表征与区域牧业生产管理具有重要的参考意义。

1 研究区概况

青藏高原位于我国西南部,范围为 26°00′12″N ~ 39°46′50″N,73°18′52″E ~104°46′59″E,面积约为 2.62×10^6 km^2,占我国陆地总面积的 26.18%(张镱锂等,2005)。随着降水和热量由东南向西北减少,高原上依次分布着森林、高寒灌丛、高寒草原、高寒荒漠。本研究从东西方向和南北方向,兼顾植被类型,选取 12 个气象台站,分析各台站植物返青期时空变化及其与气候要素的关系。其中,南北方向站点有冷湖、小灶火、沱沱河、那曲、墨竹工卡;东西方向站点有狮泉河、改则、班戈、那曲、杂多、玉树、班玛、若尔盖。其中,那曲是两个方向的交叉站点。

2 数据与方法

2.1 数据

本研究使用的是 NOAA/AVHRR 和 SPOT VGT 10 天最大值合成的 NDVI 数据集,其中 NOAA/AVHRR-NDVI 时间为 1982—2003 年,空间分辨率为 8 km×8 km,来自美国地球资源观测系统数据中心的探路者数据库;SPOT-NDVI 时间为 2003—2009 年,空间分辨率为 1 km×1 km,源自比利时佛莱芒技术研究所。由于卫星的几何视场角和大气中霾、云,以及数据合成过程对 NDVI 数据的影响,这种合成的 NDVI 数据仍然会有系统偏差,为了进一步降低这种影响,研究中采用了三点平滑的方法修正 NDVI 数值(Chen *et al.*,2000)。

考虑到随着城市化发展,许多气象台站已位于市区。在提取 NDVI 值时,为了使提取数据的区域都离开市区,并不是根据原站点位置提取,而是统一把所有站点向东平移 16 km 左右,然后提取以平移站点为中心,半径为 8 km 圆形区域上的 NDVI 平均值,以此作为各站点返青期提取的数据基础。

植物的生长发育需要达到一定的温度,在青藏高原,日平均气温≥0 ℃时积雪融化,土壤开始解冻,高寒草甸植物开始萌发,喜凉作物,如青稞等可以开始播种;日平均气温≥5 ℃时,高寒牧草返青，油菜、马铃薯等可以开始播种（赵东升等，2010）。因此 0 ℃和 5 ℃日均温始期在一定程度上可以表征青藏高原主要植物春季物候的开始。由于高原春季气温波动比较剧烈，为了降低波动的干扰，研究中分析了 0 ℃和 5 ℃旬*均温始期的变化特征，同时结合冬季和春季的平均气温，冬季、春季及冬春季（12 月到次年 5 月）的降水总和，探讨青藏高原植物返青期对气候变化的响应特征。

2.2 方法

2.2.1 返青期提取

NDVI 时间序列曲线变化反映了植物在一年内各个物候阶段之间的转变情况。结合植物生长机理，返青期之后 NDVI 时间序列曲线应保持最大持续增长。选择滑动平均法，其具体模拟步骤为：建立标准 NDVI 时间序列数据；以该标准数据为基础，使用滑动平均模型计算并生成一条滞后的滑动平均曲线；将新生成的滑动平均曲线与标准 NDVI 曲线进行叠加，将 2 条曲线相交时期定义为植物返青期，此后该曲线保持最大持续增长。滑动平均时间间隔根据不同植被类型及其生长季长度确定，考虑到研究中主要植被类型为高寒草地类型，经多次对比验证，本文选为 5 旬。

2.2.2 变化趋势分析

研究中，0 ℃和 5 ℃旬均温始期的年际变化趋势信度检验采用 Mann-Kendall 方法，它是一种非参数统计检验方法，与参数统计检验相比，更适用于非正态分布或经过删减的资料（Mann，1945；Kendall，1975）。如果确定有变化趋势，再用坡度估计法（Sen，1968）来计算变化趋势的大小。

3 结果分析

3.1 青藏高原典型台站邻近区域植物返青期时空变化特征

由图 1 可见，青藏高原典型台站邻近区域植物返青期多年平均值大致分布在 4 月 10 日至 5 月 19 日，但在东西向和南北向上存在着显著差异，由东向西，依若尔盖（4 月 5 日）、班玛（4 月 15 日）、玉树（4 月 23 日）、杂多（4 月 22 日）、那曲（5 月 9 日）、班戈（5 月 11 日）的顺序，植物返青期逐渐推迟；由北向南，植物返青期逐渐提前，如小灶火（5 月 18 日）、沱沱河（5 月 19 日）、那曲（5 月 9 日）、墨竹工卡（5 月 5 日），这种空间格局与青藏高原水热条件的时空变化特征保持了较好的一致性，三江源和藏北等区域的实地观测结果（祁如英等，2008；吕新苗等，2009）也印证了这一变化特征。

从植物返青期年际变化特征来看，1982—2009 年间，所有台站邻近区域返青期均呈现提前趋势，提前幅度分布在 0.65～1.25 日/a（图 1）。其中，班戈、若尔盖、班玛、小灶火和墨竹工卡提前幅度最大，分别为 1.25 日/a（$R^2=0.39$）、1.21 日/a（$R^2=0.42$）、1.16 日/a（$R^2=$

* 研究中采用旬的中间日期代表该旬，如第 11 旬，即 4 月中旬，换算成日为 4 月 15 日。

0.41)、1.13 日/a(R^2=0.35)和 0.96 日/a(R^2=0.53)。从空间差异上来看,高原周边地区台站邻近区域返青期变化要高于高原中部地区。从变化的过程看,以 1990 年代中期为界,在此之前,高原植物返青期在波动中提前,而后返青期呈现显著提前趋势,这与 Yu *et al*.(2010)的报道存在差异。Yu 等认为:1982—2006 年间,青藏高原高寒草地植物返青期变化分为两个阶

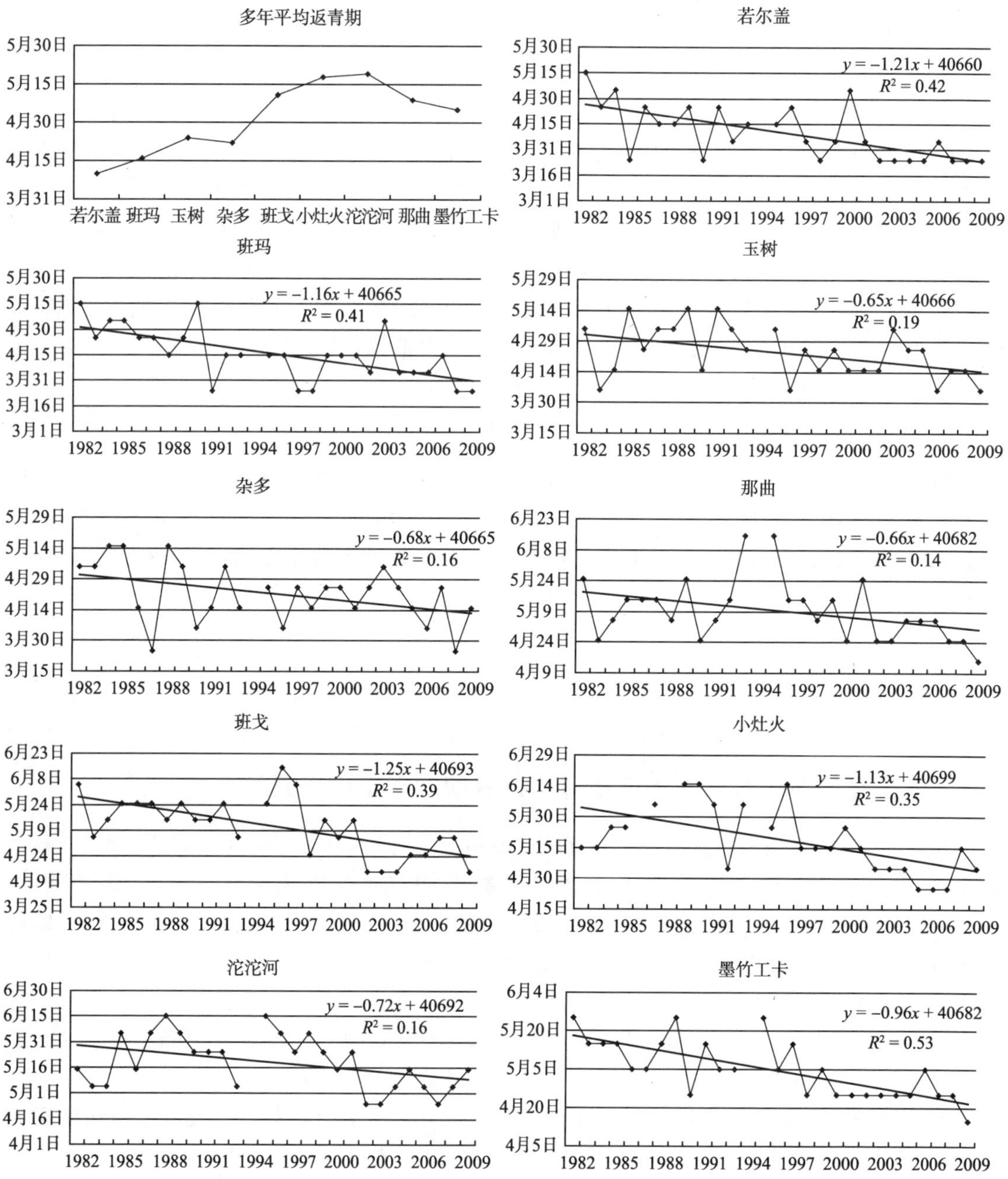

图 1　青藏高原典型台站邻近区域返青期时空变化特征(实直线为线性趋势线)

Figure 1　Spatiotemporal changes of the commencement of vegetation regreening near typical weather stations on Tibetan Plateau (solid straight line: linear trend)

段，1990年代中期之前，返青期呈提前趋势，而后表现为推迟。本文分析了青藏高原典型台站植物返青期的变化特征，未考虑植被类型的差异，Yu等分析的是高寒草甸和草原两种植被类型返青期的变化特征，是基于两种植被类型返青期的平均值进行分析的，可能在一定程度上掩盖了部分细节信息；另外，本文数据在来源、时序长度和处理方法上与Yu等不同；因此，这种研究结果的差异可能与研究采用的数据及分析的视角不同有关。高原上各植被类型、群系和物种等水平上的物候变化及其区域分异空间特征有待进一步深入研究。

3.2 青藏高原典型台站0 ℃和5 ℃旬均温始期年际变化趋势

由表1可见，青藏高原典型台站0 ℃和5 ℃旬均温始期整体上呈提前态势（Z统计量大多为负值）。1982—2009年间，高原典型台站0 ℃旬均温始期整体上呈提前趋势，其中，沱沱河、狮泉河、改则、杂多和班玛提前的趋势最为明显，均通过了0.01显著性水平检验，这5个台站0 ℃旬均温始期平均每年分别提前0.57 d、0.48 d、0.53 d、0.53 d和0.59 d；那曲仅通过0.05水平的显著性检验；而小灶火、墨竹工卡、班戈、玉树及若尔盖均未通过设定的检验水平。5 ℃旬均温始期也表现出提前趋势，与0 ℃旬均温始期变化相比，显著性水平更高。其中，小灶火和班玛变化最为显著，均通过0.01显著水平检验，变化趋势系数分别为−0.63 d/a和−0.56 d/a；其次是冷湖、狮泉河、改则、班戈、杂多、玉树和若尔盖，均通过了0.05水平的显著性检验；而沱沱河、那曲及墨竹工卡均未通过设定的显著性检验。

0 ℃旬均温始期提前可能对青藏高原冰川冻土产生重要影响，导致冰川融化速度加快、冻土冻结日数减少或解冻日期提前，影响高原生态系统的水分供需平衡，从而导致生态系统结构功能发生变化。5 ℃旬均温始期提前，对高寒草地产生影响最大，可能使高寒草地生长季提前或延长。这意味着高原植物生态系统的结构和功能也要进行相应的调整方可适应温度的这种变化，但这种适应范围的大小及适应时间还有待于进一步深入研究。

表1 青藏高原典型台站0 ℃或5 ℃旬均温始期趋势系数

Table 1 Trends of the commencement of dekadly average temperature of 0 ℃ and 5 ℃ at typical weather stations on Tibetan Plateau

站名	0 ℃旬均温始期		5 ℃旬均温始期	
	Z统计量	趋势系数(d/a)	Z统计量	趋势系数(d/a)
冷湖	−0.98	0.00	−2.20*	−0.19
小灶火	0.58	0.00	−2.63**	−0.63
沱沱河	−3.08**	−0.57	−1.61	0.00
那曲	−2.29*	−0.44	−0.78	0.00
墨竹工卡	−1.16	0.00	0.00	0.00
狮泉河	−3.01**	−0.48	−2.43*	−0.53
改则	−2.96**	−0.53	−2.06*	0.00
班戈	−1.51	0.00	−2.28*	0.00
杂多	−2.94**	−0.53	−2.42*	−0.45
玉树	−0.73	0.00	−2.10*	−0.47
班玛	−2.71**	−0.59	−2.98**	−0.56
若尔盖	−1.51	0.00	−2.23*	−0.47

注：**，*分别表示通过0.01、0.05水平的显著性检验。

3.3 青藏高原典型台站邻近区域返青期与气候要素的相关分析

鉴于当前青藏高原植物物候与气温相关性研究较多，而对降水响应的研究较少，且大部分工作都集中在青海东部的一些区域。本文从研究范围和响应要素方面进行拓展，探讨青藏高原植物返青期与气温、降水的相关关系。相对于夏、秋季气候要素，冬、春季气候要素对春季植物返青期影响更为显著，故研究中选择冬、春季气温和降水指标与植物返青期进行相关分析。

从植物返青期与 0 ℃和 5 ℃旬均温始期的相关性来看(表 2)：仅有班玛、若尔盖和小灶火三个台站返青期与 0 ℃和 5 ℃旬均温始期相关性较好，这在一定程度上说明，0 ℃与 5 ℃始期在物候学上具有一定的表征意义，但由于植物—气候关系的复杂性，单依靠某一温度始期确定植物物候在高原上存在一定局限性。从植物返青期与气温的关系来看(表 2)，二者之间存在负相关，即随着温度的升高返青期呈现提前态势，但不同季节的气温变化对植物返青期影响不同，一般冬季气温升高对返青期的影响要高于春季气温。青藏高原植物返青期与降水整体上也呈负相关，即随着冬、春季降水增加，返青期呈提前的趋势，但与气温相比，显著性水平普遍较低。在青藏高原东部地区，本研究结果与已有研究结论(李红梅，2010；祁如英等，2006，2008)一致。

表 2　青藏高原典型台站邻近区域植物返青期与气候要素的相关分析

Table 2　Correlation between the commencement of vegetation regreening and climate factors at typical weather stations on Tibetan Plateau

	小灶火	沱沱河	那曲	墨竹工卡	班戈	杂多	玉树	班玛	若尔盖
0 ℃旬均温始期	−0.49**	0.2	0.35+	0.23	0.08	0.28	−0.12	0.53**	0.45*
5 ℃旬均温始期	0.39*	−0.19	0.14	−0.06	0.52**	0.13	0.18	0.31+	0.38*
冬季均温	−0.46*	−0.33+	−0.33+	−0.44*	−0.45*	−0.26	−0.37+	−0.18	−0.43*
春季均温	−0.49**	−0.12	−0.11	0.08	−0.09	0.03	0.03	−0.35+	−0.62***
冬季负积温	−0.42*	−0.16	−0.28	−0.54**	−0.67**	−0.26	−0.35+	−0.37+	−0.58 ***
春季负积温	−0.18	−0.19	−0.21	0.29	−0.05	0.26	0.30	−0.27	−0.52**
冬季降水量	0.08	0.27	0.19	−0.16	−0.05	−0.01	−0.05	−0.18	−0.01
春季降水量	−0.21	−0.13	−0.29	−0.16	−0.15	−0.44*	−0.02	0.09	0.03

注：墨竹工卡由于 1992 以后才有气象数据，该站样本数只有 20 个；小灶火由于某些年份 NDVI 数据无规律导致返青期样本为 25 个；其余台站样本数均为 27 个。***，**，*、+ 分别表示通过 0.001、0.01、0.05、0.1 水平的显著性检验。

青藏高原植物返青期与气候变化的关系主要存在两种观点：一种认为，随着温度升高，青藏高原植物返青期呈提前趋势，与气温相比，降水量对物候的影响相对较小(祁如英等，2006，2008；李红梅，2010)；另一种认为，年内不同季节的升温对高寒草地的影响不同，春季升温导致物候期提前，但目前高原冬季的显著增温，植物冬季休眠的低温无法满足，从而导致春季物候推迟(Yu *et al.*，2010)。可见，气温是青藏高原返青期变化的主要因素已经得到普遍认可(周华坤等，2000；祁如英等，2006，2008； Yu *et al.*，2010；李红梅，2010)，但青藏高原植物返青期如何响应气候变暖，尤其是如何响应不同季节升温，尚需进一步深入的研究。

4 结论与讨论

(1)青藏高原典型台站邻近区域返青期多年平均值大致分布在4月5日至5月25日,但在东西向和南北向上存在显著差异;从年际变化趋势来看:1982—2009年间,青藏高原典型台站邻近区域植物返青期整体上呈提前趋势,而且在变化过程上存在差异,1990年代中期之前返青期表现为波动中提前,之后返青期显著提前。

(2)Mann-Kendall检验显示,青藏高原典型台站0 ℃和5 ℃旬均温始期整体上呈提前趋势,与0 ℃旬均温始期相比,5 ℃旬均温始期提前趋势更为显著。

(3)青藏高原植物返青期与冬、春季气温、降水具有明显的负相关性。与降水相比,返青期与气温的相关程度更高。返青期与冬季气温的相关程度比春季高。这在一定程度上预示,目前青藏高原冬季显著增温将会对高原植物返青期产生重要影响。

近几十年来,青藏高原气候发生了显著变化,1961—2007年青藏高原年均温变率为0.37 ℃/10 a,明显高于近50年全国的增温水平(0.16 ℃/10 a)(丁一汇等,2006),高原不同区域呈现出一致的升温态势,且冬春季增温明显高于其他季节(李林等,2010)。急剧升温必将对青藏高原植物物候产生影响,而物候变化又将改变一系列生物物理参数(地面反照率、净辐射、物质能量交换等),最终导致高原生态过程发生变化,从而影响到青藏高原生态安全屏障功能及当地畜牧业生产。因此,深入了解青藏高原植物物候时空变化特征及其对气候变化的响应规律,具有重要的理论与现实意义。

Lake Change and Its Implication in the Vicinity of Mt. Qomolangma (Everest), Central High Himalayas, 1970—2009*

珠穆朗玛峰地区湖泊变化及其启示

摘　要:高海拔内陆湖泊是气候变化的敏感指示器。本研究基于面向对象方法提取了珠穆朗玛峰(简称珠峰)地区1970—2009年6～24期的湖泊数据,结合珠峰及周边地区5个气象台站数据、3期冰川数据,系统地分析了湖泊年际和年内变化及其与气候、冰川变化的关系。研究显示:1970—2009年,珠峰地区湖泊总体上有所萎缩,年际和年内波动变化明显。湖泊在1970s呈现略微萎缩,1990年左右发生了明显的萎缩,2000年普遍扩张,2000年后加速萎缩。佩枯错及其周边湖泊变化具有很高的一致性(相关系数达0.68～0.91),湖泊面积越大萎缩率越小,稳定度更高(佩枯错＞浪强错＞错戳龙)。珠峰地区最大的湖泊——佩枯错,1970—2009年萎缩了10.38 km^2(3.69%),综合分析揭示,降水是它的主要补给来源,冰川融水是重要的补充。同时,1970—2007年错母则林湖萎缩了13.12 km^2(19.79%),呈现出"强烈萎缩—扩张—萎缩—扩张"的变化趋势。珠峰地区的湖泊对气候变化非常敏感,能很好地反馈和指示气候变化。

1　Introduction

Mountain glaciers and inland lakes are sensitive indicators of climate change (Shi and Ren, 1990; Liu *et al.*, 2009). Lakes on the Tibetan Plateau are highly sensitive to climate change and very vulnerable to human activities (Ding *et al.*, 2006). The extent and water level of lakes on the Tibetan Plateau reveal the water balance processes and the coupled climate-environment relationships at the river basin scale (Liu *et al.*, 2009; Liu *et al.*, 2010; Zhang *et al.*, 2011). Lake change directly impacts on surrounding villages and pastures, and long-term time series monitoring can promote the interests of local people, provide reliable evidence of climate change, and further promote the understanding of water resource changes and eco-environmental effects in the Tibetan Plateau. Recently, advances have been made in the field of in-situ observations and biogeochemical analyses of highland lakes, such as major ionic composition of precipitation, heat and water exchanges, bathymetry and water quality, lake core and stable isotope of Lake Nam Co (Li *et al.*, 2007; Lin *et al.*, 2008; Mügler *et*

* Published by Nie Yong(聂勇), **Zhang Yili(张镱锂)**, Ding Mingjun(丁明军), Liu Linshan(刘林山) and Wang Zhaofeng(王兆锋) in Environ Earth Sci, 2012, 6. DOI 10.1007/s12665-012-1736-6.

al., 2008; Haginoya *et al.*, 2009; Wang *et al.*, 2009), submarine topography, physico-chemical features and lake core of Lake Puma Yum Co(Murakami *et al.*, 2007; Wang *et al.*, 2009; Zhu *et al.*, 2010), heat and water balance as well as oxygen isotope of Lake Yamdrok-tso (Gao *et al.*, 2009; Xu *et al.*, 2009), water cycle characteristics of Manasarovar Lake (Yao *et al.*, 2009). Overall, the long-term hydrological and meteorological observation data of lakes in the Tibetan Plateau are very limited and have high costs due to the remote location of the lakes. However, the characteristics of remote sensing, including real time observation, large coverage, objectivity, and low cost make it an optimal method for monitoring the dynamics of lake change over multiple periods and large areas in remote regions (Sheng *et al.*, 2008).

Remote sensing (RS) images such as MSS, TM, ETM, ASTER and Hyperspectral data have been proven to suitable for lake change research (Nolan *et al.*, 2002; Matthews *et al.*, 2008; Jones *et al.*, 2009; Riaza and Müller, 2010). The RS results from the Tibetan Plateau show that total area and number of lakes increased from the 1970s to 2000 with an increased overall area of 3316.52 km^2 (Wu *et al.*, 2007a), and evident regional differences in lake area and level changes (Wu *et al.*, 2007a; Zhang *et al.*, 2011). The regional differences also have been confirmed by typical lake changes on the Tibetan Plateau between 1969 and 2001, where lakes that are mainly supplied by glacier melt water, such as Nam Co, Lake Selin and surrounding lakes expanded, but lakes in the source region of the Yellow River, mainly supplied by precipitation, shrank (Lu *et al.*, 2005). In Tibet, both expansion and shrinkage of lakes in typical regions have been reported. For example, lakes in the Yamdrok-tso river basin shrank 35 km^2 while the glacier area decreased 1.5% between 1980 and 2000 (Ye *et al.*, 2007), and the total area of lakes in the Mapam Yumco river basin also reduced from 1974 to 2003 (Ye *et al.*, 2008), but the maximum expansion rate of Lake Cuona and nearby lakes reached 27.1% from 1998 to 2005 (Liu *et al.*, 2009), and Lake Nam Co has expanded by 51.84 km^2 (an increase of 2.7%) from 1970 to 2006 (Liu *et al.*, 2010). Against the background of widespread glacier retreated, the shrinkage and expansion of lakes in corresponding river basins indicates that the process of lake change in river basins supplied by melt water is very complex (Ding *et al.*, 2006; Kang *et al.*, 2010). Thus, the relationships between lakes, climate and glaciers needs to be further explored (Wu and Zhu, 2008; Kang *et al.*, 2010), and research into lake change in the vicinity of Mt. Qomolangma has not yet been reported.

The trend of lake change can only be roughly reflected by two or three periods of RS data so a detailed understanding of processes and features is very poor due to inter-annual and intra-annual fluctuations of lake extent, which can lead to large uncertainties. To reduce the uncertainty in understanding lake changes and promote understanding of the processes and mechanisms of lake change on the Tibetan Plateau, this paper used multi-source and multi-temporal RS data from 1970 to 2009, and adopted object-based interpretation to build a database of 6～24 periods of lake data in the Mt. Qomolangma region. From this database the inter-annual and intra-annual change was analyzed and the coupled relationships between lake, climate and glacier change were determined.

2 Study area

The Mt. Qomolangma (Everest) National Nature Preserve (QNNP) is the highest protected area in the world and is located on the Chinese side of Mt. Qomolangma, in the central high Himalayas (Cidanlunzhu, 1997; Nie *et al.*, 2010). Its location makes it an ideal place to conduct research on water and energy budgets, as well as difference in ecosystem structure and function under a changing global environment (Zhang *et al.*, 2007; Zhang *et al.*, 2009; Nie and Li ,2011). The QNNP covers four administrative counties (Tingri, Gyirong, Nyalam and Dinggye), and a total study area is 3.6×10^4 km^2, including the entire QNNP and some surrounding unprotected area (Nie *et al.*, 2010). There are only two meteorological stations in the study area (in Tingri and Nyalam counties), so to determine climate change more accurately, data from three additional meteorological stations (in Latse, Xigaze and Gyantse counties) near the QNNP have also been used. There are four major river basins in the study area, Pengqu, Gyirong Zangbo, Poiqu and Yarlung Zangbo rivers, shown in Figure 1 (Nie *et al.*, 2010; Nie and Li ,2011).

Lake Peiku, the largest lake in the study area, is a typical tectonic lake which is controlled by two east-west and north-south structures with an elevation of 4 590 m and a current area of 270.71 km^2(RS data source October 2009). The lake basin is a closed drainage

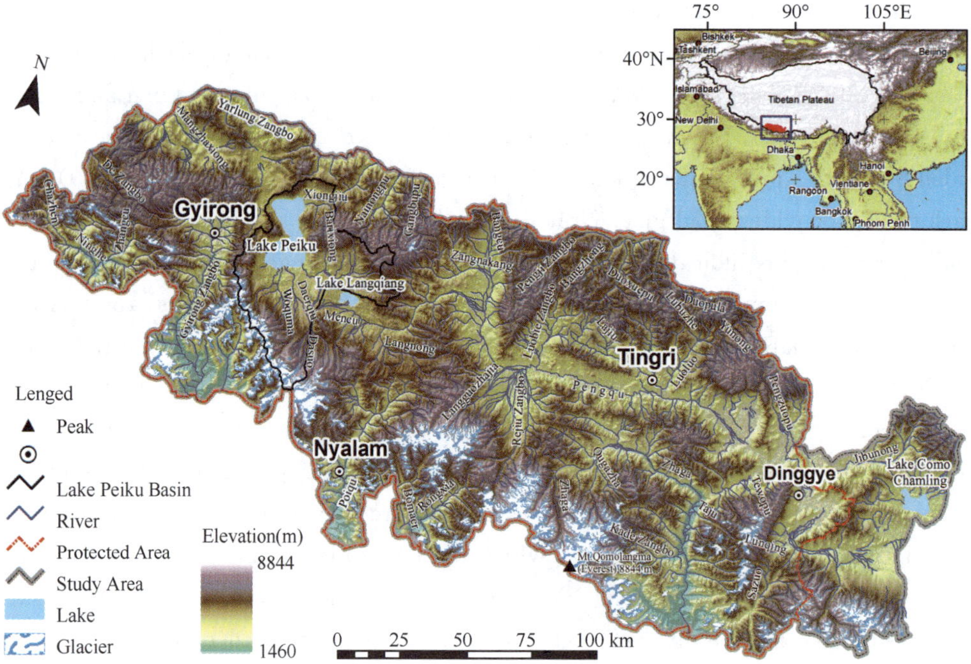

Figure 1 Location of the study area and distribution of the water system

basin with an area of 2 397.40 km^2. The ratio of Lake Peiku area to drainage area is 11.3% in 2009. The Daerqiu and Woquma rivers, originating from Mt. Peikukangri in the southwest and the Barixiong River originating from Mt. Dashishan in the east flow into Lake Peiku (Figure 1). Glacier area accounts for 5.6% of the whole lake basin. Both precipitation and glacier melt water are the water supply for Lake Peiku and Langqiang. Lake Langqiang is located to the southeast of Lake Peiku where they are separated by secondary lacustrine terraces. The small lakes Helin and Cuochuolong are located to the west and northwest respectively of Lake Peiku (Cidanlunzhu, 1997) and only supplied by precipitation.

Lake Como Chamling, the second largest lake in the Mt. Qomolangma region, is a saline lake located in the east of Dinggye County and only supplied by precipitation, and there are natural pastures and cultivated land around the lake. The four counties in the QNNP primarily consist of agricultural communities, with a total population of approximately 97 000 in 2008 (Tibet Bureau of Statistic, 2009).

3 Material and methods

3.1 Data sources

The RS data used in this study were mainly sourced from the US Geological Survey (USGS), and partly from the Global Land Cover Facility (GLCF). There are 28 RS satellite images and several topographical maps from two time periods used to determine the main lake extents from 1970 to 2009 in the Mt. Qomolangma region. The information related to each image is listed in Table 1, including 27 images from Landsat satellite (MSS, TM, ETM), one ASTER image (orbit number: 11004), and topographical maps at the 1 : 100000 scale based on aerial photographs (acquired time of October) in the Lake Peiku region in 1970 and Lake Como Chamling in 1974. There are images for 24 time periods at Lake Peiku including continuous RS data during 1999—2009, and six time period images covering Lake Como Chamling.

Table 1 RS data used to derive lake extents

Order	Path	Row	Date	Sensor Source	Resolution (m)	Order	Path	Row	Date	Sensor Source	Resolution (m)
1	—	—	1970	T-map1	—	16	141	40	14 Oct. 2003	ETM	30
2	152	40	15 Dec. 1972	MSS	60	17	141	40	1 Nov. 2004	ETM	30
3	152	40	2 Jan. 1973	MSS	60	18	—	—	21 Feb. 2005	ASTER	15
4	151	40	2 Dec. 1976	MSS	60	19	141	40	12 Nov. 2005	TM	30
5	151	40	7 Jan. 1977	MSS	57	20	141	40	14 Oct. 2006	TM	30

* T-map is short for topographic map; - no orbit number.

Continued

Order	Path	Row	Date	Sensor Source	Resolution (m)	Order	Path	Row	Date	Sensor Source	Resolution (m)
6	151	40	20 Mar. 1977	MSS	60	21	141	40	26 Nov. 2007	ETM	30
7	151	40	18 Jun. 1977	MSS	60	22	141	40	28 Nov. 2008	ETM	30
8	151	40	16 Sep. 1977	MSS	60	23	141	40	16 Jun. 2009	TM	30
9	141	40	12 Oct. 1988	TM	28.5	24	141	40	30 Oct. 2009	ETM	30
10	141	40	30 Nov. 1991	TM	30	25	—	—	1974	T-map	—
11	141	40	24 Mar. 1993	TM	30	26	150	40	19 Dec. 1976	MSS	57
12	141	40	6 Dec. 1999	ETM	30	27	139	40	10 Nov. 1989	TM	28.5
13	141	40	22 Nov. 2000	ETM	28.5	28	139	40	8 Nov. 2000	ETM	28.5
14	141	40	24 Oct. 2001	ETM	30	29	139	40	14 Nov. 2005	TM	30
15	141	40	28 Nov. 2002	ETM	30	30	139	40	11 Oct. 2007	ETM	30

Note: T-map, topographic map; —, no orbit number.

The malfunction of the scan lines corrector (SLC-off) in Landsat-7 ETM+ after 31 May 2003 has resulted in the emergence of strips which have damaged the quality of the ETM+ data. The image processing methods for strip removal often include local adaptive regression models or fixed window regression analysis models which are restoration techniques for a single image, which result in some error, but a greatly improved image. The USGS has provided a mask file for each band to better analyze the ETM+data. The ETM+ data with L1T product used here have all been processed by an SLC-off repair method, and rectified with systematic radiance and geometric transformation based on ground control positions, including some images which have been terrain-rectified based on precise ground control position and high quality digital elevation model. All data have been validated or geo-registered using exactly rectified reference images and topographic maps to ensure their reliability in lake change analysis. The lake extents can be clearly extracted based on their clear borders.

Other data used in this study include: (1) Five meteorological stations (Tingri, Nyalam, Xigaze, Latse and Gyantse) with ground observations until 2009 are provided by the Climate Data Center of the National Meteorological Information Center in the China Meteorological Administration (Table 2). Daily average air temperature, maximum temperature, minimum temperature, average relative humidity, average wind speed, number of sunshine hours, and precipitation have been used to calculate daily evapotranspiration, annual aridity index and other climate indicators. Of the meteorological stations, site records at Tingri were absent for 1968—1970, and there were no data for the Latse site between 1970 and 1978. The calculations of mean precipitation, evapotranspiration and aridity index were based on data from the other four sites in Mt. Qomolangma region. (2) Glacier data from 1976 to 2006 which has been derived from 23 RS images. (3) Field data which has been collected by our team since 2005. (4) Other materials, such as topographical maps at the 1 : 100 000 scale.

Table 2 Meteorological stations and observation data used

Order	Site	Latitude (°N)	Longitude (°E)	Elevation (m)	First year	Usage Period	Missing
1	Nyalam	28°11′	85°58′	3 810	1966	1970—2009	—
2	Tingri	28°38′	87°05′	4 300	1959	1971—2009	1968—1970
3	Gyantse	28°55′	89°36′	4 040	1956	1970—2009	—
4	Xigaze	29°15′	88°53′	3 836	1955	1970—2009	—
5	Latse	29°05′	87°36′	4 000	1977	1978—2009	—

3.2 Methods

Remote sensing processing method

Traditional RS processing methods involve human visual interpretation, supervised classification, unsupervised classification and other similar methods. Visual interpretation, which has high accuracy, has been widely employed to extract lake information (Lu *et al.*, 2005; Wu *et al.*, 2007; Ye *et al.*, 2007,2008; Wu and Zhu, 2008; Bianduo *et al.*, 2009; Liu *et al.*, 2009). However, this method is affected by low efficiency, high cost over large areas, mismatch of borders (Racoviteanu *et al.*, 2008), and poor locations (Huang *et al.*, 2004). The results obtained by automatic pixel-based classification methods, such as supervised classification (Bolch *et al.*, 2008) or unsupervised classification, are very limited with a strong salt and pepper effect (Blaschke and Hay, 2001). Recently, object-oriented image processing has been reported in theoretical and practical fields (Baatz and Schäpe, 2000; Blaschke and Hay, 2001; Benz *et al.*, 2004; Van-Coillie *et al.*, 2007; Rutzinger *et al.*, 2008; Jones *et al.*, 2009; Nie and Li, 2011), and has gradually become the advanced RS image processing technology and is used widely due to its classification accuracy and reduced salt and pepper effect (Im *et al.* 2008; Castillejo-González *et al.* 2009).

Object-based image processing has been used to extract the primary lake information during 1970—2009, and the detailed workflow and processes are based on Nie *et al.* (2010). The effects of ETM strips on lake extents have been modified manually, and several lake extents sometimes were not available because heavy snow affected the data making extraction impossible. Meanwhile, three time periods of glacier and glacial lake data have been derived from RS the latest Chinese glacial lake inventory. The definition of a glacial lake in the inventory includes three items: (1) Source-lakes that are mainly supplied by melt water from modern glaciers, either directly or indirectly; and lake basins formed by modern glaciation but supplied mainly by precipitation. (2) Area-the minimum area for identification by TM or ETM is 0.0225 km^2, or 25 pixels. (3) Location-the distance to a modern glacier is less than 10 km and the elevation of the lakes is more than 3 000 m (Wang *et al.*, 2010).

Calculation of climate indicators

Precipitation and evapotranspiration are the important indicators for measuring the degree of regional water gain or loss. Evapotranspiration (ET_0, also called potential evapotranspiration) is an indicator of atmospheric evaporative capability over a hypothetical reference surface (Zhang *et al.*, 2009), which is based on local climate conditions including air temperature, vapor pressure, number of sunshine hours, and wind speed. The standardized equation for estimating evapotranspiration is shown in Eq. (1). This equation is based on the widely used Penman-Monteith method (Allen *et al.*, 2005; Gavilan *et al.*, 2007; Yin *et al.*, 2008; Zhang *et al.*, 2009), modified by the American Society of Civil Engineers (ASCE) with the latest version (ASCE-PM) published in 2005, and recommended by United Nations Food and Agriculture Organization (FAO).

$$ET_0 = \frac{0.408\Delta(R_n - G) + r\dfrac{900}{T+273}U_2(e_s - e_a)}{\Delta + \gamma(1 + 0.34U_2)} \tag{1}$$

Where the variables are defined as follows: R_n, net radiation at the crop surface (MJ/(m^2 d)); G, soil heat flux density (MJ/(m^2 d)); T, mean daily air temperature at 2 m (℃); U_2, wind speed at 2 m (m/s); e_s, saturation vapor pressure (kPa); e_a, actual vapor pressure (kPa); Δ, slope of the saturation vapor pressure curve at air temperature T (kPa/℃); and γ, psychrometric constant (kPa/℃).

Due to regional differences in the natural environment in China, this method needed to be validated to gain the experiential coefficients based on local observed data, especially on the Tibetan Plateau (TP) called the third pole. R_n has been modified by some Chinese scholars using national climate observatory data and field data (Zuo *et al.*, 1963; Yin *et al.*, 2008). In this study, the equation for calculating R_n, with coefficients that have been calibrated by surface observations at 81 national meteorological stations from 1971 to 2000 and field experimental observations on the TP by Yin *et al.* (2008) :

$$R_n = 0.77 \times \left(0.2 + 0.79\left(\frac{n}{N}\right)\right)R_{so} - \sigma\left[\frac{T_{max,K}^4 + T_{min,K}^4}{2}\right] \times (0.56 - 0.25\sqrt{e_a})\left(0.1 + 0.9\frac{n}{N}\right) \tag{2}$$

Where the variables are defined as follows: n, actual sunshine duration (hour); N, maximum possible sunshine duration (hour); n/N, relative sunshine duration; R_{so}, extraterrestrial radiation (MJ/(m^2 d)); σ, Stefan-Boltzmann constant (4.90310^{-9} (MJ/(K^4 m^2 d)); $T_{max,K}$, maximum absolute temperature during the 24−h period (K); $T_{min,K}$, the minimum absolute temperature during the 24−h period (K); e_a, actual vapor pressure (kPa).

The aridity index (AI) is a numerical indicator of the degree of dryness in the climate at a given location. The boundaries that define various degrees of aridity are: $AI \leqslant 0.99$ humid zone; $1.0 < AI < 1.49$ sub-humid zone; $1.5 < AI < 3.99$ semi-arid zone; and $AI \geqslant 4.00$ arid zone (Wu *et al.* 2005). The aridity index can be calculated using the following equation (Wu *et al.* 2007):

$$AI = \frac{ET_0}{P} \tag{3}$$

Where P is the annual average precipitation (mm), and ET_0 is the annual average potential evapotranspiration (mm).

4 Results and discussion

There are two large lake regions in study area, the Lake Peiku and Lake Como Chamling zones. The average areas of Lake Peiku and its surrounding four lakes, Langqiang, Cuochuolong, Kemen and Helin, during 1970—2009 are 276.14 km^2, 23.95 km^2, 13.02 km^2, 2.08 km^2 and 0.97 km^2 respectively (Table 3). The mean areas of Lake Como Chamling and its surrounding lakes Qiangzuo and Wuming between 1974 and 2007 are 53.81 km^2, 10.01 km^2 and 0.42 km^2, respectively (Figure 2, Table 4).

Table 3 Lake extent change in the Lake Peiku region during 1970—2009

Date	Peiku		Langqiang		Cuochuolong		Kemen		Helin	
	Area (km^2)	Proportion (%)	Area (km^2)	Proportion (%)	Area (km^2)	Proportion (%)	Area (km^2)	Proportion (%)	Area (km^2)	Proportion (%)
1970	281.09	—	27.40	—	17.47	—	2.19	—	2.34	—
15 Dec. 1972	280.64	−0.16	—	—	16.38	−6.25	—	—	—	—
2 Jan. 1973	280.53	−0.04	—	—	16.17	−1.75	2.23	1.82	0.40	−82.77
2 Dec. 1976	280.84	0.11	25.37	−7.42	—	—	2.34	5.12	0.00	−100.00
7 Jan. 1977	279.06	−0.63	25.32	−0.18	—	—	2.23	−4.69	0.17	—
30 Mar. 1977	278.81	−0.19	25.31	−0.04	—	—	2.21	−1.15	—	—
18 Jun. 1977	280.22	0.50	24.88	−1.68	—	—	2.26	2.55	—	—
16 Sep. 1977	280.96	0.26	25.35	1.88	—	—	2.29	1.33	—	—
12 Oct. 1988	279.45	−0.53	26.50	4.75	13.74	−13.36	2.29	−0.25	0.00	—
30 Nov. 1991	277.06	−0.86	25.74	−2.88	—	—	2.13	−7.01	0.00	—
24 Mar. 1993	273.90	−1.14	24.85	−3.44	12.62	−8.13	2.08	−2.08	0.00	—
6 Dec. 1999	275.98	0.76	25.46	2.46	13.79	9.25	2.07	−0.45	0.00	—
22 Nov. 2000	276.14	0.06	25.86	1.58	14.86	7.77	2.16	4.40	0.00	—
24 Oct. 2001	276.04	−0.03	25.39	−1.84	14.90	0.27	2.14	−1.20	0.00	—
28 Nov. 2002	275.37	−0.24	23.97	−5.57	14.47	−2.88	2.10	−1.81	0.00	—
14 Oct. 2003	275.24	−0.05	23.05	−3.87	13.81	−4.59	1.96	−6.47	0.00	—
1 Nov. 2004	273.64	−0.58	20.84	−8.12	14.22	2.97	1.89	−3.76	0.00	—
21 Feb. 2005	271.12	−0.92	16.20	−22.29	—	—	1.91	0.89	0.00	—
12 Nov. 2005	272.50	0.51	19.66	21.36	13.68	−3.77	1.84	−3.26	0.00	—
14 Oct. 2006	273.44	0.34	21.77	11.30	12.47	−8.86	1.99	7.78	0.00	—
26 Nov. 2007	272.43	−0.37	23.82	9.42	12.02	−3.57	1.86	−6.60	0.00	—
28 Nov. 2008	271.57	−0.32	24.48	2.77	12.00	−3.58	2.00	7.65	0.00	—
16 Jun. 2009	270.22	−0.50	23.33	−4.71	11.33	−5.56	1.94	−3.06	0.00	—
30 Oct. 2009	270.71	0.18	22.37	−4.10	10.39	−8.26	1.74	−10.45	0.00	—

Note: —: no data or data not considered; proportion = ($S_{previous} - S_{next}$)/Sprevious.

Table 4　Change in lake extent of Lake Como Chamling during 1974—2007

Date	Como Chamling			Wuming			Qiangzuo		
	Area (km^2)	Change in area (km^2)	Proportion (%)	Area (km^2)	Change in area (km^2)	Proportion (%)	Area (km^2)	Change in area (km^2)	Proportion (%)
1974	66.33	—	—	0.29	—	—	12.14	—	—
19 Dec. 1976	53.14	−13.19	−19.89	0.44	0.15	53.10	5.18	−6.96	−57.36
10 Nov. 1989	39.01	−14.13	−26.59	0.47	0.03	7.41	0.33	−4.84	−93.58
8 Nov. 2000	59.21	20.20	51.78	0.44	−0.03	−7.41	19.27	18.94	5701.84
14 Nov. 2005	52.00	−7.21	−12.18	0.47	0.03	7.50	0.00	−19.27	−100.00
11 Oct. 2007	53.21	1.21	2.33	0.41	−0.06	−13.39	13.12	13.12	—

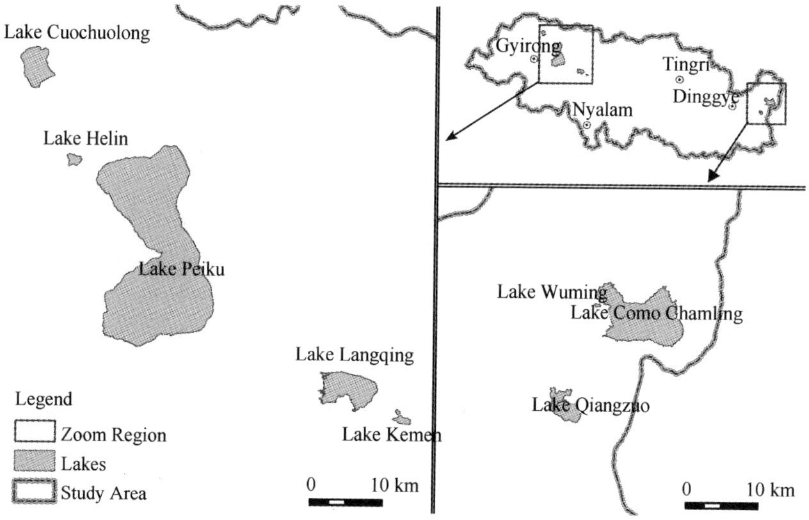

Figure 2　Lakes distribution in study area

4.1　Lake change

Changes in the Lake Peiku region

Lakes in the Peiku region have shrunk with evident intra-annual and inter-annual variation from 1970 to 2009. The area of Lake Peiku fell by 10.38 km^2 from 1970 to October 2009, a shrinkage of 3.69% (maximum shrinkage of 3.87% in June 2009) and annual mean shrinkage speed of 0.27 km^2/a. The amounts of shrinkage of lakes Langqiang, Cuochuolong, Kemen and Helin are 18.39%, 40.53%, 20.71% and 100%, from 27.40 km^2, 17.47 km^2, 2.19 km^2 and 2.34 km^2 in 1970 to 22.36 km^2, 10.39 km^2, 1.74 km^2 and 0.00 km^2 in 2009, respectively. For the lakes greater than 10 km^2 in this region, the order of both size and stability is Lake Peiku>Lake Langqiang>Lake Cuochuolong.

The change in lake extents in the Lake Peiku region presents a consistent trend of slight shrinkage in the 1970s, distinct shrinkage from 1988 to 1993, followed by a general expansion with a peak in 2000, and rapid decrease after 2000 with lakes Peiku and Langqiang reaching a low in 2005. Lakes Peiku and Cuochuolong shrank rapidly after 2006 and lakes Langqiang and Kemen also shrank from 2007. Statistical analysis reveals that the lakes in this region have strong positive relationships with each other (correlation coefficients of 0.68～0.91*) except between lakes Langqiang and Cuochuolong, implying a strong consistent change process in lake extent area in this region (Figure 3, Table 5).

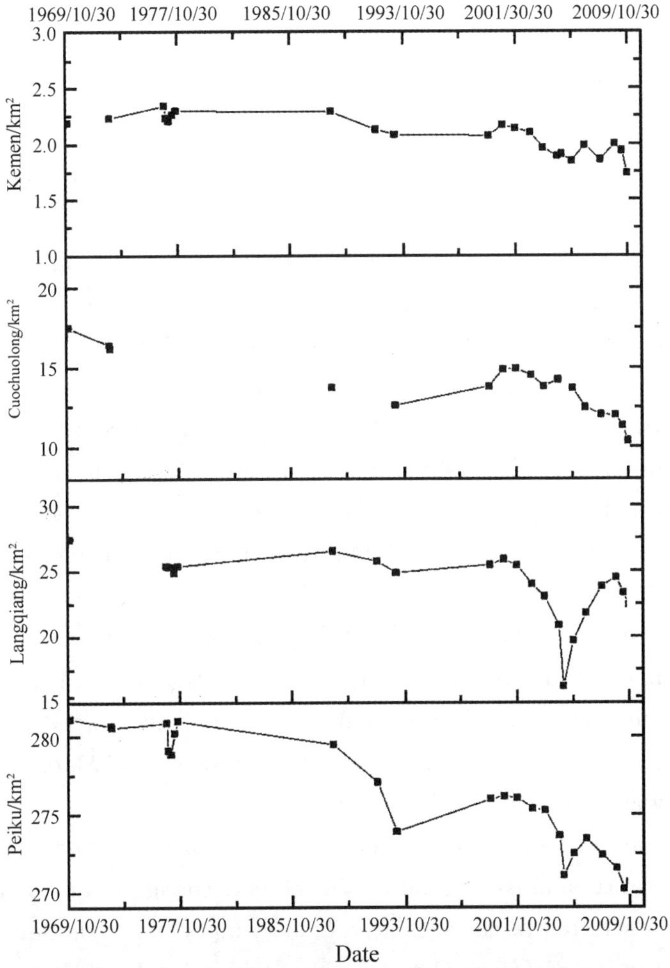

Figure 3 Extent of lake change in the vicinity of Lake Peiku

Table 5 Correlation statistics for main lake changes in Lake Peiku region

Lake	Description	Peiku	Langqiang	Cuochuolong	Kemen
Peiku	Pearson Correlation	1.00	0.68**	0.89**	0.91**
	Sig. (2-tailed)		0.00	0.00	0.00
	N	24	22	17	23
Langqiang	Pearson Correlation	0.68**	1.00	0.45	0.70**
	Sig. (2-tailed)	0.00		0.09	0.00
	N	22	22	15	22

* represents significant at the 99% level.

Continued

Lake	Description	Peiku	Langqiang	Cuochuolong	Kemen
Cuochuolong	Pearson Correlation	0.89**	0.45	1.00	0.69**
	Sig. (2-tailed)	0.00	0.09		0.00
	N	17	15	17	16
Kemen	Pearson Correlation	0.91**	0.70**	0.69**	1.00
	Sig. (2-tailed)	0.00	0.00	0.00	
	N	23	22	16	23

Note: ** Significant at the 99% level.

Using Lake Peiku as an example, it can be seen that the change in lake extent is not linear, but fluctuates. The lake had a relatively stable area of about 280 km^2 in the 1970s, gradually shrinking in the 1980s to a low of 273.90 km^2 in March 1993. This was followed by expansion around 2000 to an area of about 276 km^2, and then accelerated shrinkage after 2000, especially during 2003—2005 and 2006—2009 when the decrease was approximately linear. The minimum area of Lake Peiku was measured in June 2009 at 270.22 km^2 (Figure 3).

The intra-annual change in Lake Peiku is 0.49～2.14 km^2 (0.18%～0.51%). The lake extent in 1977 was smaller in March and June than in September, and a similar trend was seen in 2005 with the lake area in February smaller than in November, and in 2009 the lake extent in June was less than in October. Due to the poor availability of RS data within a resolution of 100 m, the intra-annual data for these three years were not sufficient to reflect the detailed processes, but help identify the high water period of Lake Peiku occurred during September-November, and the low water season during February (March) to June due to the rainy season in July and August.

The change in rate of Lake Peiku is increasing as it shrinks between 1970 and 2009. To reduce the impact of intra-annual fluctuation on the lake change trend, data from 16 periods for Lake Peiku were selected to analyze the rate of change, including one topographic map, five, seven and three images from October, November and December respectively which represent the lake area after rainy season. The results show that Lake Peiku shrank and expanded in the 1970s with a rate of change less than 0.23 km^2/a, fell strongly around 1990 with a rate of change of 0.80 km^2/a in 1991; the amount of change was consistently low during 1999—2003 with a rate of change below 0.2 km^2/a (except 2002), and this accelerated to an annual rate of change of more than 0.86 km^2/a during 2004—2009 (Table 6). Meanwhile, the maximum amounts of shrinkage of lakes Peiku, Langqiang, Cuochulong and Kemen are 3.87%, 40.88%, 40.46% and 20.71%, respectively, during 1970—2009 (except for Lake Langqiang which only included data from 1970—2005). Based on the available data, Lake Kemen disappeared in December 1976, increased briefly to 0.17 km^2 in 1977, and never appeared after 1988 on the RS images. At the 40 year scale, lakes in Lake Peiku region have all shrunk, especially since 2002.

Table 6 Extent of change in Lake Peiku during 1970—2009

Order	Date	Area(km^2)	Change in area(km^2)	Proportion(%)	Rate(km^2/a)
1	1970	281.09	—	—	—
2	15 Dec. 1972	280.64	−0.45	−0.16	−0.23
3	2 Dec. 1976	280.84	0.20	0.07	0.05
4	12 Oct. 1988	279.45	−1.38	−0.49	−0.12
5	30 Nov. 1991	277.06	−2.40	−0.86	−0.80
6	6 Dec. 1999	275.98	−1.08	−0.39	−0.13
7	22 Nov. 2000	276.14	0.16	0.06	0.16
8	24 Oct. 2001	276.04	−0.10	−0.03	−0.10
9	28 Nov. 2002	275.37	−0.67	−0.24	−0.67
10	14 Oct. 2003	275.24	−0.13	−0.05	−0.13
11	1 Nov. 2004	273.64	−1.61	−0.58	−1.61
12	12 Nov. 2005	272.50	−1.13	−0.41	−1.13
13	14 Oct. 2006	273.44	0.93	0.34	0.93
14	26 Nov. 2007	272.43	−1.01	−0.37	−1.01
15	28 Nov. 2008	271.57	−0.87	−0.32	−0.87
16	30 Oct. 2009	270.71	−0.86	−0.32	−0.86

Changes in the Lake Como Chamling region

Lakes in the Lake Como Chamling region fluctuated strongly showing a pattern of shrinkage-expansion-shrinkage-expansion. Of the lakes, Lake Como Chamling shrank rapidly from 1974 to 1989, with shrinkages of 19.89% and 26.59% during 1974—1976 and 1976—1989, respectively, then expanded by 20.20 km^2 (51.78%) during 1989—2000, shrank in 2005, and expanded again in 2007. The overall extent of Lake Como Chamling reduced by 13.12 km^2 (or 19.79%) from 66.33 km^2 in 1974 to 53.21 km^2 in 2007. However, lakes Qiangzuo and Wuming expanded by areas of 0.12 km^2 and 0.98 km^2 (41.76% and 8.07%), respectively, during 1974—2009. Lake Wuming remained relatively stable within 0.41～0.47 km^2 or a change of 7.41%～13.39% during 1976—1989; while Lake Qiangzuo changed significantly with a shrinkage of 97.26% during 1974—1989, then expanding approximately 57 times during 1989—2000, disappearing in 2005 and then expanding to 13.12 km^2 in 2007 (Table 4).

4.2 Spatial characteristics of lake change

The geological structure is the basis of lake formation, and terrain controls the spatial features of lake change (Vaughan *et al.*, 2007). The four lakes of Peiku, Cuochuolong, Langqiang and Como Chamling have different spatial change characteristics.

The shrinking zone of Lake Peiku is mainly located around the gentle sandy shores to the southeast, southwest, center-east and northeast. When lake level fell, the lake extent did not change much due to the steep rocky shores in the west and east (Figure 4).

The shrinking zone of Lake Cuochuolong is mainly located in the southeast, with some smaller areas in the northeast and northwest. In the southeast of the lake, the first occurrence of sand islands was in 2005, and these expanded rapidly in 2006, as the delta continued to accumulate sediment resulting in the shrinkage of Lake Cuochuolong (Figure 4). Decrease in water level and accumulation of sediments are the main driving forces causing the shrinkage as determined by the RS analysis.

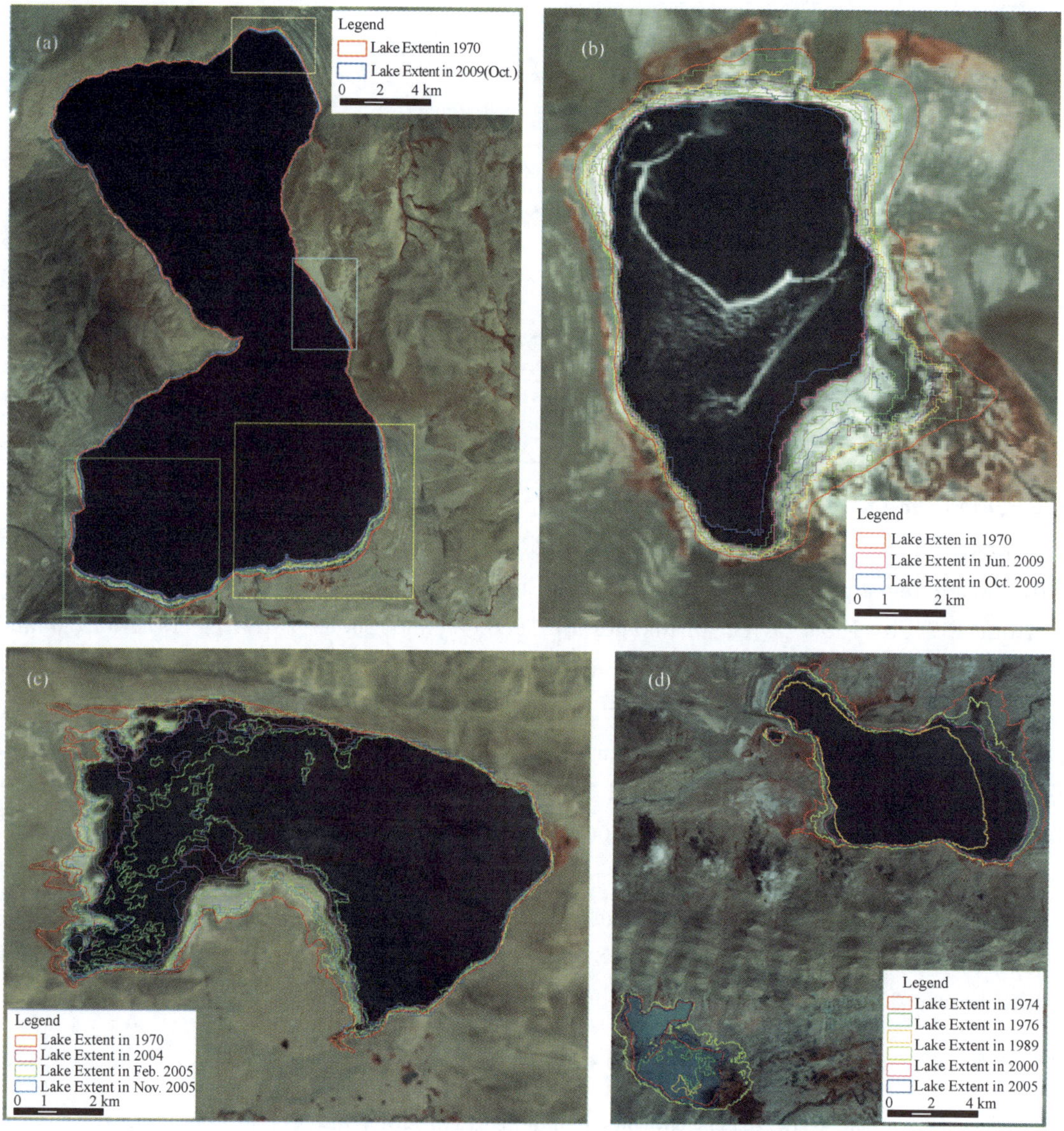

Figure 4 Fluctuations in Lakes Peiku (a), Cuochuolong (b) and Langqiang (c) during 1970—2009 and the Lake Como Chamling (d) during 1970—2009

The west and south coasts of Lake Langqiang shrank distinctly, especially during 2004—2005. Because the lake is deep in the east and shallow in the west, lake levels in the south and west fell first in 2004. The shrinkage of the lake increased in February 2005, and it expanded slightly in November 2005 with some sand islands remaining when the lake level rose.

The continuous and bare white beach has been formed over the shrinkage zone (Figure 4).

The fluctuation zone of Lake Como Chamling is mainly found on the east coast and partly in the southwest and northwest. The gentle terrain and river inflows make the east coast the main fluctuation zone; the lake area does not change in the south and north when the lake level rises or falls due to the steep rocky shore. The lowest area of Lake Como Chamling was measured in 1989 during the period of strong shrinkage. Lake Wuming has remained nearly stable since irrigation started based on the farmland distribution in the southeast. Due to the rivers which are substantially impacted by runoff or climate change, the trend of change in Lake Qiangzuo is similar to Lake Como Chamling with stronger fluctuations as the lake almost disappeared in 1989 with only a little water area in the deepest zone, and dried up in 2005, yet expanded to its maximum extent in 2007 which flooded some grassland in the southeast and northwest (Figure 4).

4.3 Lake responses to climate and glacier change

Lake Peiku, the largest lake, was selected for correlation analysis with climate and glacier change as it had the maximum number of acquired RS images and was most highly correlated with change in the surrounding lakes. Meanwhile, the data from the five meteorological stations were used in this discussion to represent climate change in the Mt. Qomolangma region.

The results suggest that decreases in precipitation and increases in evapotranspiration are the main driving forces behind lake shrinkage in each period during 1970—2009, while reverses in this trend have led to lake expansion (Figure 5). The process of lake fluctuation and climate change can be divided into four stages: relatively stable period with little fluctuation during 1970—1977; rapid shrinkage period during 1977—1994 which can be divided into three sub-stages including 1977—1982, 1982—1991 and 1991—1994; expansion period of Lake Peiku following an increase of 224.12 mm in precipitation and a decrease of 116.78 mm in evapotranspiration during 1994—2000; and accelerated shrinking resulting from a drop in precipitation, and increase in the aridity index and evapotranspiration. Two clear change points of Lakes occurred in 2000 and 2005, corresponding to the maximum lake expansion and shrinkage periods (the rapid shrinking also occurred at Lake Langqiang with a loss of 22.29% in 2005), respectively. Thus, lakes in the vicinity of Mt. Qomolangma are sensitive to climate change and reflect the climate change processes.

Extreme warming in the vicinity of Mt. Qomolangma has resulted in significant glacier retreat (Ren *et al.*, 1998; Ren *et al.*, 2004; Che *et al.*, 2005; Yang *et al.*, 2006; Yao *et al.*, 2007; Nie *et al.*, 2010). Initially, glacier runoff resulting from glacier retreat will increase based on the functional prediction model for climate change in glacier systems, which predicts the maximum glacier runoff will occur in 2030, and fall gradually after that under three scenarios (Xie *et al.*, 2006). An increase in the total area of high-elevation lakes and glacial lakes with continuous warming from 1970 to 2009 would indicate that glacier runoff is

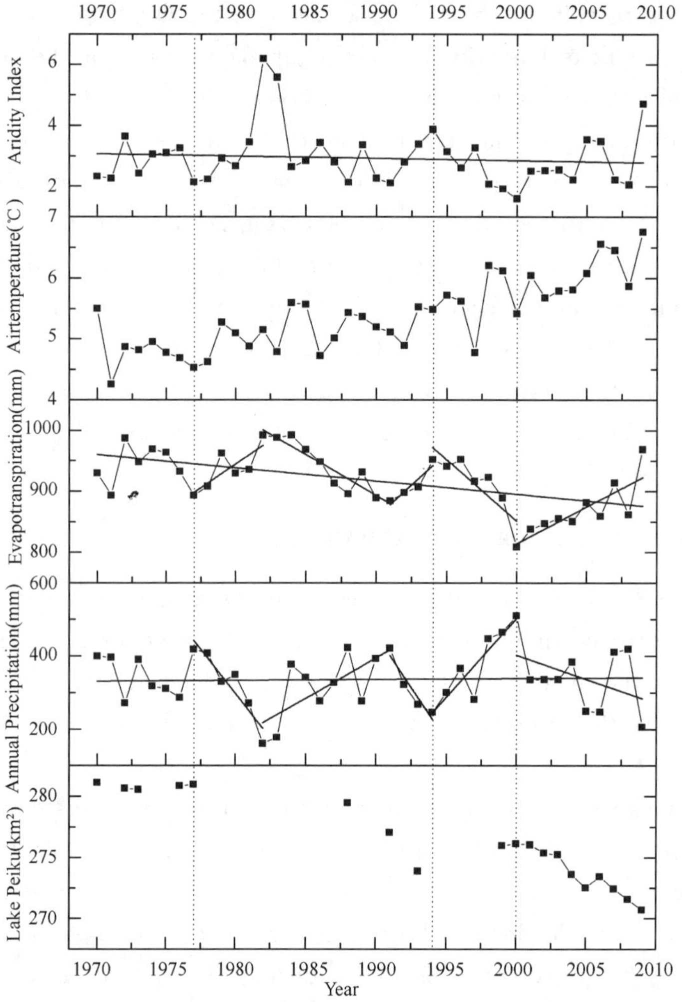

Figure 5 Changes in Lake Peiku and the climate in the study area

increasing in accordance with the prediction model. In the Lake Peiku basin during 1976—2006 (Figure 6), glaciers retreated by 14.25% (22.19 km^2), lakes decreased by 1.64% (4.60 km^2), and glacial lakes expanded by 47.68% (5.30 km^2). From 1970 to 2009, the five meteorological station data show that the precipitation decreased with a linear rate of decrease of 0.67 mm/a, evapotranspiration decreased with a linear rate of decrease of 1.62 mm/a, and the aridity index was increasing slightly overall. Nyalam station, the nearest meteorological station to Lake Peiku, has a consistent changing trend in evapotranspiration, precipitation and aridity index with the overall climate changes, especially, where has a more significant decreasing precipitation of 2.30 mm/a. Lake Peiku is a closed lake, continued to shrink. Assuming no significant change in underground water, the water balance law implies that melt water is only a key additional supplement, and precipitation is the main supply source for Lake Peiku based on dynamic changes of lake, glacier and climate.

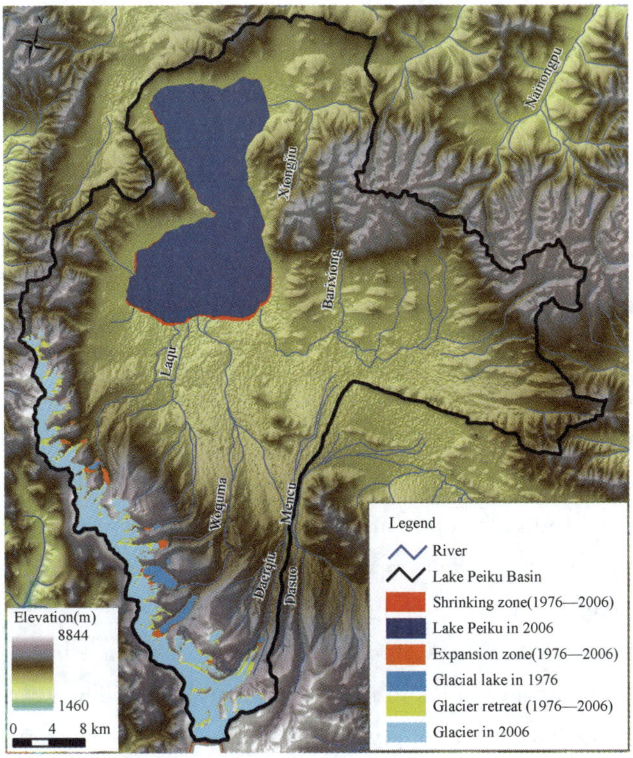

Figure 6 Changes in the glacier, lake and glacial lake at Lake Peiku Basin during 1976—2006

4.4 Uncertainty and implication

Difference in acquisition time or limited RS data with only 2～3 time periods will result in uncertainties due to the intra-annual and inter-annual fluctuations of lake area. Distinct intra-annual change in lake areas and poor availability of optical RS data make monthly change monitoring impossible. To reduce the impact of seasonal change, RS images acquired at the same or similar time of year should be used to analyze long term lake change. In this research, 24 RS images have been selected to analyze the 40 years lake change, with a particular focus on continuous processes during the past 11 years. However, processes in the 1980s—1990s cannot be detailed due to the unacquirable data. Overall, 2～3 periods of RS data are unsuitable for revealing the process of lake change and using these limited data is bound to result in uncertainty. At the 40 years scale, this paper demonstrates that lakes in the vicinity of Mt. Qomolangma are shrinking.

The trend of lake change in the study area is clear shrinkage from the 1970s to around 1990, expansion from earlier 1990 to 2000, and continuous shrinkage since 2000 (with accelerated shrinking at Lake Peiku, Figure 5). This result provides strong evidence supporting the reliability of lake change in Tibet from 1970s to 2000 based on three periods of RS data (Zhang *et al.*, 2008).

Large lakes which are naturally evolving are more stable to indicate climate change than small vulnerable lakes. (1) Comparing the two lake regions, lakes in the Lake Peiku region are more stable than those in the Lake Como Chamling region, and are a good indicator for climate due to the weak impacts by human activities, and their natural evolution, large area of more than 250 km^2 and synchronicity to climate change. In comparison, Lake Como Chamling is not a good indicator due to the strong human influence which can be seen by the existence of cultivated land. Meanwhile, the regulating effect of glacier runoff in the Lake Peiku region is another reason that they are more stable than those in Lake Como Chamling (which is not supplied by melt water). (2) Considering the lake sizes, the larger lakes are more stable, and have less intra-annual variation, making them more stable for revealing natural processes than small lakes which are vulnerable and easily changed by minor climate change. (3) Considering the lake changes over the past 40 years, Lake Helin has been the most vulnerable and has disappeared. Of the lakes larger than 10 km^2, Lake Cuochuolong is the most vulnerable and could dry up in around 50 years if the shrinkage rate and speed of climate change are consistent with those in the past 40 years. Lake Langqiang is the next most vulnerable, while Lake Peiku is relatively stable.

The quantitative understandings of water balance of lakes are limited due to the lack of hydrological and climatic observations in the Lake Peiku basin. The impact of climate change on lakes in the watershed where a supply of melt water exists is very complicated (Ding *et al.*, 2006). So the coupling mechanisms and impact of glacier melt water on lakes and glacial lakes needs be explored in future research, including in-situ observation and isotope tracing of water samples. Lake Peiku, the largest lake in the QNNP, should have a hydrological and climatic station for long term observations to support local sustainable development and research into the water cycle and the balance of water and heat, and the national construction of ecological security.

5 Conclusion

Lakes in the vicinity of Mt. Qomolangma have shrunk with clear intra-annual and inter-annual fluctuations during 1970—2009. The 40 years change trend shows a slight shrinkage in the 1970s, a distinct shrinkage around 1990, followed by a general expansion in 2000, and accelerated shrinkage after 2000. The maximum amounts of shrinkage at lakes Peiku, Cuochuolong and Kemen all occurred in 2009. The largest lake, Lake Peiku has shrunk 10.38 km^2 (3.69%) with a mean rate of shrinkage of 0.27 km^2/a during 1970—2009. Consistent patterns of lake change also occurred in lakes around Lake Peiku (correlation coefficient of 0.68～0.91). The larger lake have experienced less shrinking and the order of stability is Peiku>Langqiang>Cuochuolong. Lake Helin is the most vulnerable, having disappeared, followed by Lake Cuochuolong which could disappear in the next 50 years, and Lake Langqiang. The second largest lake in the study area, Lake Como Chamling, has decreased by

13.12 km^2 (19.79%) during 1974—2007.

Lakes in the Lake Peiku region are more stable than those in the Lake Como Chamling region where a strong fluctuation of shrinkage-expansion-shrinkage-expansion was observed. The driving forces of these extreme variations are affected by human activities and can be regulated by glacier runoff.

The relationship between lakes, climate and glaciers at the 40 year scale implies that precipitation is the main source of water to the lakes and glacier melt water is a necessary additional supplement for Lake Peiku. Lakes in the vicinity of Mt. Qomolangma are sensitive to climate change and indicate that two clear climatic change points recently occurred in 2000 and 2005 based on the synchronicity between the lake extents and climate change.

Differences in acquisition time and limited RS data with only 2～3 time periods could result in large uncertainties in lake change analysis. This study used 6～24 RS data images over 40 years, proving that lakes in the Mt. Qomolangma region are shrinking. However, a lack of hydrological and climatic observations around the lake restricts the analysis of the coupled relationship. Further research into the mechanisms and processes of the lake-climate-glacier system, the impact of melt water on lakes/glacial lakes, and establishment of a hydrological and climatic observation station at Lake Peiku are recommended.

青藏高原东部采伐迹地早期人工重建序列梯度上植物多样性的变化*

Plant Diversity along Time Sequence(1-30 Years) of Artificial Forest Rehabilitation on Subalpine Cut Land in the Eastern Qinghai-Tibet Plateau

Abstract: Clearcutting, a commonly used forest management practice in eastern Qinghai-Tibet Plateau, is a major driving force for land use change resulted in the drastic degradation of subalpine forest ecosystems. One of the most serious consequences is causing decline and loss of the indigenous biological diversity. Many works have been done in checking the environmental degradation after clearcutting and promoting artificial forest restoration, but little focused on change and restoration of biological diversity. Shifts in plant species composition occurred on different time frame of artificial rehabilitation are unclear and none have attempted to examine differences throughout the early stages of artificial stand development. This study conducted in Jinchuan County in the upper reaches of Dadu River and examined plant diversity along a time sequence (1a, 2a, 5a, 7a, 10a, 15a, 19a and 30a after artificial forest rehabilitation) following clear-felling land and the nearby primary forest stand. Throughout the early stand development following clear-cuts and artificial rehabilitation, changes on alpha diversity were calculated as three stages, viz. the induction stage sustained 10 a after logging, high diversity stage in the second 20 a, and the consequent adjustment stage after 20 a of artificial restoration. Beta diversity change also implicated three environmental differentiation stages and separation by the second and seventh year respectively. A total of 167 species were found in eight restoring stands and the nearby primary forest, most of which were light-loved herbs or shrubs. According to the change of density along the time sequence, they could be divided into three species group with different adaptation strategy. The invasive species group included 75 light-loving species, which increased their density before stand closed and afterwards decreased. The sensitive species group included 12 intolerant species existing in parent virgin stand, which decreased their importance before stand closed and gradually restored afterwards, which indicating that they are sensitive to forest environment degradation. The 22 tolerant species did not display changes in density along the time frame, hinting that they have strong adaptation to varied forest environment. No change was examined for another 58 species found in only one or two stand, being termed "rare" species group. The change of alpha/beta index strongly explained community structure and tree coverage resulting in micro-environmental heterogeneity, which is a key determinant to change species composition of the stand. One important finding is that if there was no artifi-

* 由包维楷(Bao Weikai)、张镱锂(Zhang Yili)、王乾(Wang Qian)、摆万奇(Bai Wanqi)和郑度(Zheng Du)完成,原载于《植物应用生态学报》,2002,26(3):330-338。

cial restoration it would be difficult for restoring naturally indigenous species composition after subalpine coniferous forest was cut clearly. Artificial restoration is an important pathway not only for coniferous forest vegetation, also for plant diversity in subalpine ecosystem. The present results also suggested that the artificial reconstruction in methodology and management utilized extensively in the eastern Qinghai-Tibet Plateau need to be improved in effort for restoration and conservation of indigenous tree diversity successfully.

在青藏高原东部，近 50 年来大规模的森林采伐已经使亚高山针叶林遭到严重破坏，形成大面积的采伐迹地退化灌丛（四川植被协作组，1981；四川森林编辑委员会，1992；杨玉坡等，1994；刘照光等，1995，1997；王金锡等，1995；包维楷等，1998）。针叶林采伐破坏（clear-felling）后难以成功地自然更新是一个世界范围内的普遍问题，特别是在气候严酷的地区如高山、亚高山地区（杨玉坡等，1994；四川森林编辑委员会，1992；王金锡等，1995；Ponge *et al.*，1998；Nilsson，1994）。采伐破坏引起了植被定居环境的裸露，大量的养分与有机质的丧失，导致土壤变得干燥，蓄水能力减弱，温度变幅增大，灌草物种的侵入剧烈改变了森林更新环境条件，严重阻碍了森林的自然更新（杨玉坡等，1994；王金锡等，1995；Thompson，1994；Harvey *et al.*，1996；Chapin *et al.*，1998；Naeem *et al.*，1994）。森林皆伐后的人工林重建是目前青藏高原最常见的林业实践，已被确认为最可靠的亚高山针叶林重建措施（四川森林编辑委员会，1992；包维楷等，1998；杨玉坡等，1994；刘照光等，1995；王金锡等，1995）。20 世纪 60 年代以来，仅川西地区就重建了 43 万 hm^2 的人工云杉林，它们在水源涵养和水土保持中已经发挥了重要作用。目前，有关青藏高原的人工林恢复重建对乡土物种多样性的影响的研究还未受到重视。森林采伐与人工重建不仅直接改变了关键种群组成和生物多样性，也通过环境变化影响了生物多样性的变化（Thompson，1994；Chapin *et al.*，1998）。虽然我们知道人工林分与它们砍伐前的原始林有着明显不同的物种组成特征，但目前相关的研究仍然十分缺乏。最近，公众、野生动物学家和生态学家要求改变人工针叶林管理的呼声也越来越高，人工针叶林内生物多样性的维持、恢复和增加已成为人工林经营管理广为接受的目标之一（徐化成，1991；刘照光等，1995；杨承栋等，1995；Spellerberg *et al.*，1996）。作者选择了人工林重建的早期阶段，研究群落物种组成在人工恢复重建时间系列梯度上的变化，主要目的是：1）了解物种组成的差异及其与森林发展的早期阶段的关系；2）比较多样性的格局与变化，分析多样性恢复的效果；3）以多样性变化为指标评价人工林重建方法和措施是否合理。

1 材料与方法

1.1 研究区自然概况

经过对大渡河上游的马尔康、金川、壤塘林区和岷江上游的理县、汶川、黑水、茂县和松潘林区的面上考察与调查，确认大渡河上游金川观音桥林业局 507 林场的海拔 3 600～3 850 m 的序列采伐迹地人工林恢复符合本研究的取样要求，设置为研究区。该区地形是典型的高山峡谷区地貌类型，山高坡陡。该区段年均温 6～7 ℃，大于 10 ℃年积温 1 500～1 600 ℃，年降雨量 750～889 mm，年均日照时数 2 130 h 左右，太阳辐射总量为 124 cal/cm^2，具温带气候特征。

地带性土壤为棕色森林土。采伐破坏前的森林为藓类岷江冷杉(*Abies faxoniana*)原始林林型，局部地段混生有少量白桦(*Betula platyphylla*)、紫果云杉(*Picea purpurea*)、四川红杉(*Larix mastersiana*)、槭树(*Acer* sp.)等。据调查、访问及查阅507场的森林更新记录，调查区内森林均为块状皆伐方式，采伐面积2～15 hm^2 不等。为了促进天然更新，山脊均保留了林墙(带)。

1.2 样地选择与数据收集

选择不同采伐时间和栽培时间的植物群落样地，综合采用了生态学的立地分类和时间序列取样方法，调查了恢复过程中的植物群落结构及其物种组成。样地选择考虑了下列因素和标准：1)相近的海拔(3 600～3 850 m)和相似的气候状况；2)基本一致或相似的地形条件(坡向、坡度、坡位等)；3)相同的土壤和植被条件，采伐前均为原始的藓类—冷杉林，土壤均为亚高山棕色森林土；4)相同的干扰方式和强度——人工采伐方式，强度为皆伐；5)相同的人工重建方法——4年生的云杉(*Picea asperata*)苗，按相同的造林密度(3300～3600 株/hm^2)、相同的栽培技术在相同的栽培时间(采伐第二年春季栽培)内人工栽培。根据上述标准，我们获得了一个1～30年(1—2—5—7—10—15—19—30)的人工云杉重建植物群落序列。为了比较，我们也选择了满足研究条件的新的采伐迹地和伐前原始老龄冷杉林开展调查，进行比较研究，各样地基本状况如表1所示。

表1 样地基本环境条件

Table 1 Fundamental environmental elements in the selected sites

样地号	海拔(m)	坡向	坡位	坡度(°)	土壤类型	采伐时间	栽培时间	更新年龄(a)
01	3 760	NW	中(Middle)	12	棕壤(Brown soil)	1998年	1999年	1
02	3 800	NW 25°	中(Middle)	24	棕壤(Brown soil)	1997年	1998年	2
03	3 700	NW 17°	中(Middle)	22	棕壤(Brown soil)	1993年	1995年	5
04	3 840	NW 22°	中(Middle)	17	棕壤(Brown soil)	1992年	1993年	7
05	3 562	NW 20°	上(Upper)	22	棕壤(Brown soil)	1988年	1990年	10
06	3 600	NW 34°	中下部(Middle-below)	27	棕壤(Brown soil)	1982年	1985年	15
07	3 500	NW 20°	下(Below)	18	棕壤(Brown soil)	不确定	1980年	19
08	3 650	NW	下(Below)	8	棕壤(Brown soil)	不确定	1970年	30
09	3 880	NW	中(Middle)	17	棕壤(Brown soil)	—	原始林(Primary forest)	≈300

1999 年 7—8 月开展了野外调查，2000 年 8 月进行了补充调查。每个样地乔木层设置调查样方 3 个，面积为 1 200 m^2，获得乔木密度、乔木胸径或地径和冠幅等数据；每个年龄样地中，灌木层和草本层样方分别调查 15 个，灌木层和草本层调查面积均为 9 m^2，调查记录的指标有物种名、密度、盖度、高度、冠幅等。

1.3 数据处理与分析

为了比较重建序列样地上的各层次盖度，我们根据样方调查数据，计算了各层次盖度值；计算了对稀有种和丰富种不同敏感性的多样性测度指数，如物种丰富度(每个样方的种数)、种的密度、Shannon-Wiener 指数和均匀度指数(王伯荪，1987；Peet，1974；Pielou，1975；Bazzaz，1975；Whittaker，1975；Magurran，1988)，并以此来比较和评价 α 多样性差异。为了比较各年龄人工重建样地间群落多样性组成的差异，我们采用了 Sorensen 群落相似系数来度量 β 多样性，其计算公式是 $S_m=(A/B+A/C)/2$(Magurran，1988)，其中，A 是两样地共有种数量，B、C 分别是两样地间的物种数量。分析时假定，海拔高度和地形条件对物种及其种群分布没有任何影响。

2 结果分析

2.1 重建序列样地上群落各层次盖度变化及其特点

在云杉针叶林的重建时间序列梯度上，群落总盖度呈动态增长趋势，但较缓慢，而其他各层的盖度变化差异较大(图 1)。乔木层盖度从无到有，在郁闭前后的 10～15 年增长较快，随着郁闭后的林木自然稀疏(15～20 年)，盖度逐渐下降，而后(19～30 年)随乔木树的调整而又逐渐上升。变化最大的是苔藓层，在森林采伐后的几年(1～7 年)急剧下降，林分郁闭后，又明显增大，与林分乔木层的盖度增长规律一致。草本层盖度变化波动较大，在初期迅速增加，而后的很长的时间内(2～19 年)保持较高的盖度水平并不断调整，在 20 年后，随森林结构的相对稳定，其盖度略有下降。灌木层盖度在林分郁闭前呈增长趋势，而后则一直呈下降趋势。相关分析表明，乔木层的形成与发展与灌木层、草本层盖度变化呈负相关关系。而在林分发展的早期(1～7 年)灌木层与草本层盖度变化也呈负相关关系。

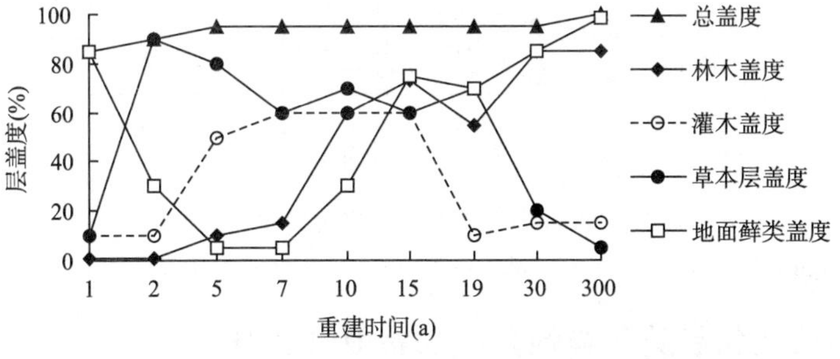

图 1 群落各层次盖度在云杉针叶林重建时间序列梯度上的变化

Figure 1 Changes of various layer coverage for community along rehabilitation gradients

2.2 Alpha 多样性变化

Alpha 多样性测定值如图 2、图 3 所示。与原始林相比，随着采伐迹地形成，在初期物种丰富度并未明显增加，根本原因在于采伐剩余物及原木留存于样地，盖度可达 70%～90%，而后原木的运出，仍然有 30%～50%的采伐剩余物残存，加之采伐、集材与运输等对林分的地表层及其种子库的破坏和干扰，严重影响了物种的侵入、定居与发展。在采伐后的 4～5 年后，由于大量阳性植物特别是草灌木种群的扩展或侵入，样地物种丰富度才明显增加，并在 10 年后达到一个峰值。在后来的 10 余年维持这种高的丰富度。随着森林环境的稳定，耐旱喜光植物的逐渐衰退，喜阴湿植物的稳定，更归因于地面苔藓植物层的重新形成和发展，物种丰富度略有下降。因此，根据 Alpha 多样性在重建梯度上的变化，可以确认出多样性发展的三个阶段：采伐后的前 8～10 年，森林环境尚未形成，为多样性的发展或恢复阶段；随后的 10 年，森林环境尚刚刚形成，各种适应不同生境类型的植物共存，并发生剧烈的竞争排斥，维持了高的多样性；采伐 20 年后，随着森林结构区域稳定，不适应森林环境的植物物种的消失，物种多样性缓慢下降，进入第三个阶段。

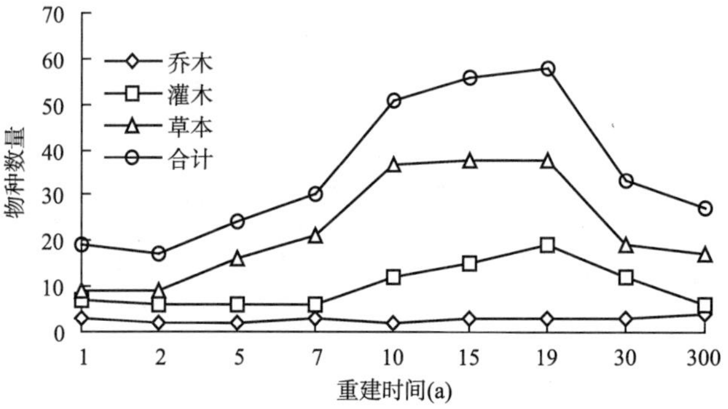

图 2　群落分层物种丰富度在恢复重建梯度上的变化

Figure 2　Species richness change along the rehabilitation time gradients

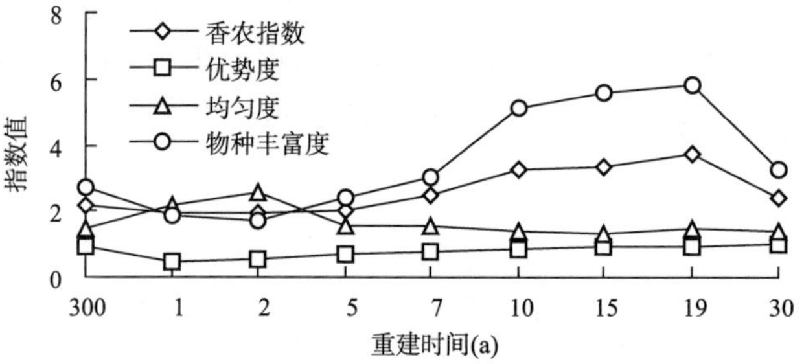

图 3　Alpha 多样性在恢复重建梯度上的变化

Figure 3　Alpha diversity change along the rehabilitation time gradients

2.3 Beta 多样性变化趋势与样地多样性相似性差异

表 2 所示是恢复重建时间系列上各群落的物种相似系数，用之说明群落间多样性的差异。重建 1 年与重建 10 年后的群落物种组成相似性系数最小，只有 0.17，说明两林地差异最大；

最大的相似系数是0.608,为重建19年和30年的群落,说明重建19年和30年的群落的物种组成较相似。此外,从表2也可看出,重建2年的群落与7年之间的群落有更高的相似系数(0.36～0.59),而重建7年与重建10年间相似系数只有0.25,重建10～30年的群落之间也有更高的相似系数(0.38～0.61)。这种差异暗示出重建7年前的群落同处于一个阶段,而10年后的群落处于另一相似的群落多样性发展阶段。原始林与新采伐迹地(重建1年)的相似系数也较高,为0.52,而与重建2年的老迹地多样性相似度小(0.25),表明其原始林与新采伐迹地的多样性处于相似阶段,而与老采伐迹地差异较大。这样该研究的恢复系列上的群落环境表现出3个明显阶段,并以2年和7年为界限。根据重建群落与原始林群落的相似系数差异,7个群落(2年,5年,7年,10年,15年,19年, 30年)与原始林的相似系数拟合出一个线性回归方程:

$$Y=0.198\,00+0.008\,011\,4\,T \qquad (R^2=0.9144, n=7, p<0.01) \qquad (1)$$

我们计算了理论上恢复原始林多样性的恢复时间为76年(以与原始林的相似系数0.8为标准)。

表2 重建时间序列上的Beta多样性指数变化与差异

Table 2 Beta diversity expressed in floristic similarity values (Sorensen's Coefficients of Community) for pairs of rehabilitation time in the Eastern Qinghai-Tibet Plateau

	300 a	1 a	2 a	5 a	7 a	10 a	15 a	19 a	30 a
300 a		0.52	0.24	0.19	0.29	0.28	0.29	0.37	0.46
1 a	0.52		0.35	0.29	0.36	0.17	0.27	0.36	0.38
2 a	0.24	0.35		0.41	0.45	0.24	0.25	0.37	0.41
5 a	0.19	0.29	0.41		0.59	0.24	0.3	0.38	0.24
7 a	0.29	0.36	0.45	0.59		0.25	0.34	0.33	0.34
10 a	0.28	0.17	0.24	0.32	0.25		0.53	0.49	0.58
15 a	0.29	0.27	0.25	0.3	0.34	0.53		0.56	0.56
19 a	0.37	0.36	0.37	0.38	0.33	0.49	0.56		0.608
30 a	0.46	0.38	0.41	0.24	0.34	0.38	0.47	0.608	

2.4 物种组成在恢复梯度上的变化及其特征

10个样地共发现维管束植物167种。其中,乔木种只有川西云杉、岷江冷杉、紫果云杉、四川红杉、红桦(*Betula albo-sinensis*)、白桦、山杨(*Populus davidiana*)、高山栎(*Quercus aquifolooides*)等7种。藤本植物8种,蕨类植物5种。

当原始老龄冷杉林被砍伐后,退化的采伐环境驱动着物种多样性的变化。从各种群数量和盖度变化来看,沿着重建时间序列梯度,有些种表现出十分明显的变化,有些种不明显或没响应。我们以各种的重要值(相对密度+相对盖度)为指标,以在这个恢复时间序列梯度上的变化为依据,对所有物种的表现进行了归纳,可基本总结为3类变化模式(图4),这是它们随恢复环境变化而不断适应的结果,这3个模式实际上反映了它们对环境的选择与适应对策,因此,可称为3个种组(species group):忍耐型种(tolerant species)、敏感型种(sensitive species)和扩展型种(invasive species)。

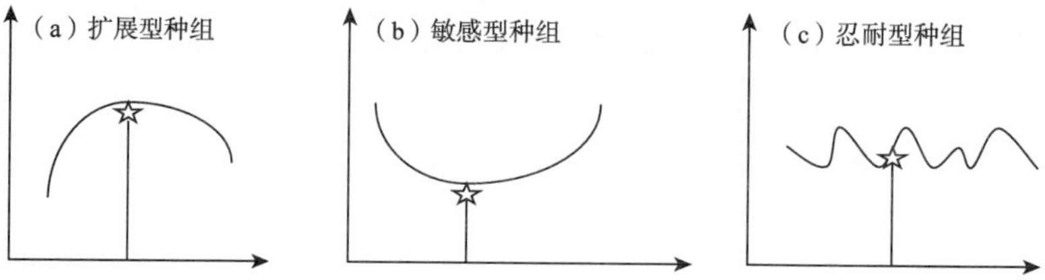

图 4　植物种群在针叶林人工重建序列梯度上的变化模式示意图
（横坐标代表重建时间梯度；纵坐标代表物种重要值指数；☆林分郁闭时间）
Figure 4　Sketch diagram of idealized species change models along the rehabilitation time gradient

表 3　植物种群在针叶林人工重建系列梯度上的变化模式归类
Table 3　Idealized species change models along the rehabilitation gradient

变化模式	植物种类
扩展型种组	白刺 *Rubus giraldianus* 糙苏 *Phlomis umbrosa* 草莓 *Fragaria orientalis* 草玉梅 *Anemone rivularis* 长盖铁线蕨 *Adiantum smithianum* 长条柳叶菜 *Epilobium hirsutum* 齿果酸模 *Rumex dentatus* 川藏沙参 *Adenophora lilifolioides* 川西云杉 *Picea balfouriana* 刺红珠 *Berberis dictyophylla* 大花金挖耳 *Carpesium macrocephalum* 大花双参 *Triplostegia glandulifera* 地杨梅 *Luzula* sp. 东俄洛橐吾 *Ligularia tongolensis* 峨眉蔷薇 *Rosa omeiensis* 鹅舌马先蒿 *Pedicularis lachnoglossa* 飞廉 *Carduus crispus* 风毛菊 *Saussurea* sp. 甘青蒿 *Artemisia tangutica* 甘青老鹳草 *Geranium pylzowianum* 甘肃瑞香 *Daphne tangutica* 甘西鼠尾 *Salvia progewalskii* 刚毛忍冬 *Lonicera hispida* 高丛珍珠梅 *Sorbaria arborea* 高山金挖耳 *Carpesium minus* 高原毛茛 *Ranunculus tanguticus* 高原苔草 *Carex alpina* 藁本 *Ligusticum* sp. 鬼箭锦鸡儿 *Caragana jubata* 蒿 *Artemisia* sp. 黄腺香青 *Anaphalis aureopunctata* 戟叶火绒草 *Leontopodium dedekensii* 金丝梅 *Hypericum patulum* 绢毛蔷薇 *Rosa sericea* 康藏荆芥 *Nepeta prattii* 阔柄蟹甲草 *Cacalia latipes* 流苏虎耳草 *Saxifraga brachypoda* var. *Fimbriata* 柳 *Salix* sp. 柳兰 *Chamaenerion augustifolium* 龙牙草 *Agrimonia pilosa* 毛连菜 *Picris hieracioides* ssp. *japonica* 毛蕊老鹳草 *Geranium eriostemon* 三褶脉紫菀 *Aster ageratoides* 莎草 *Cyperus* sp. 疏齿红刺 *Rubus anrantiacus* 疏花早熟禾 *Poa chalarantha* 栗草 *Milium effusum* 水杨梅 *Geum aleppicum* 素羊茅 *Festuca modesta* 唐松草 *Thalictrum* sp. 铁筷子 *Helleborus thibetanus* 椭圆叶花锚 *Halenia elliptica* 无距耧斗菜 *Aquilegia ecalcarata* 西南委陵菜 *Potentilla fulgens* 细梗蔷薇 *Rosa graciliflora* 细梗苔草 *Carex* sp. 细枝绣线菊 *Spiraea myrtilloides* 狭苞紫菀 *Aster farreri* 鲜黄小檗 *Berberis diaphana* 线鳞耳蕨 *Polystichum discretum* 香青 *Anaphalis sinica* 小檗 *Berberis* sp. 新南桥乌头 *Aconitum tongolense* 秀丽梅 *Rubus amabilis* 悬钩子 *Rubus pileatus* 栒子 *Cotoneaster* sp. 雅灯心 *Juncus elegans* 野青茅 *Deyeuxia arundinacea* 银莲花 *Anemone* sp. 云杉 *Picea asperata* 掌叶橐吾 *Ligularia przewalskii* 珠光香青 *Anaphalis margaritacea* 珠芽蓼 *Polygonum viviparum* 蛛毛五加 *Acanthopanax giraldii*
敏感型种组	这个组中最典型的应该是地表和树干伏生的藓类和苔类，有 8～10 种。最常见的是：凹舌兰 *Caeloglossum virid* 长松箩 *Usnea longissima*. 长序颉草 *Valeriana hardwickii* 大叶火烧兰 *Epipactis mairei* 杜鹃 *Rhododendron* sp. 管花鹿药 *Smilacina henryi* 金发藓 *Polytrichum commune* 锦丝藓 *Actinothuidium hookeri*，矩叶报春 *Primula* sp. 冷水花 *Pilea* sp. 山羽藓 *Abietinella abietina*，塔藓 *Hylocomium splendens*，桃儿七 *Podophyllum emodi* var. *chinense* 条叶囊瓣芹 *Pternopetalum tanakae* 兔耳风 *Ainsliaea* sp. 无毛粉条儿菜 *Aletris glabra* 紫堇 *Coridalis hummicola*

续表

变化模式	植物种类
忍耐型种组	长柱沙参 *Adenophora stenanthina* 川赤芍 *Paeonia veitchii* 穿心莛子藨 *Triosteum himalayanum* 葱花忍冬 *Lonicera ferdinaudii* 大叶龙胆 *Gentiana* sp. 对耳舌唇兰 *Platanthera finetiana* 高山露珠草 *Circaea alpina* 桦木 *Betula utilis-albrum* 黄背栎 *Quercus aquifolioides* 荚蒾 *Viburnum* sp. 陇塞忍冬 *Lonicera tangutica*. 轮叶黄精 *Polygonatum verticillatum* 泡沙参 *Adenophora potaninii* 茜草 *Rubia cordifolia*. 山杨 *Populus davidiana* 升麻 *Cimicifuga foetida* 绶草 *Spiranthes sinensis* 双花堇 *Viola biflora* 卫矛 *Euonymus* sp. 卫矛 *Euonymus* sp. 狭叶红景天 *Rhodiola kirilowii* 猪秧秧 *Galium* sp.

扩展型种有 75 种。这类型种通常在重建序列的前期侵入或扩大种群，能迅速适应和占据采伐迹地地表空间，而后随着森林的恢复，林内光、温、水分和空间资源等的改变而又逐渐衰退或消失，是典型的喜强光、耐干燥的种类，以草本植物最多。其代表是苔草(*Carex* spp.)、野青茅(*Deyeuxia arundinacea*)、蒿属(*Artemisia*)、悬钩子属(*Rubus*)、蔷薇属(*Rosa*)等的几个种。当然，在这类中也包括了在恢复重建序列中期出现的种，随林分发展而扩大种群、但有可能最终退出或消失，如流苏虎耳草(*Saxifraga brachypoda* var. *fimbriata*)、西南委陵菜(*Potentilla fulgens*)等。应特别说明的是，云杉和川西云杉作为栽培种，其种群在不断扩大，虽然是人为促进的，我们也将其归入扩展型种组。有 12 个种(不包括苔藓)表现出随森林的采伐破坏前期重要值降低，而后随森林环境逐渐恢复，重要值在不断增加(后期有的保持相对稳定)，我们称为敏感型种(sensitive species)。这类型种由喜荫湿环境的种类组成。从它们在重建序列上的变化特点可以推断，如果采伐迹地不及时更新，这些种将成为区域渐危种或濒危种，处于局部灭绝状态。有 22 个种没有表现出明显的变化趋势，可称为忍耐型种(tolerant species)。这类型种植物在群落中居于伴随地位，在恢复重建序列的各时期内重要值均较小。还有一些植物只在 1 个或 2 个样地出现，无法判断它们的变化趋势，我们这里称之为“稀有种”，共有 58 种，如高山桦(*Betula Delavayi*)、四川红杉、阿坝当归(*Angelica apaensis*)等仅出现于原始林和新采伐迹地，狗枣猕猴桃(*Actinidia kolomikta*)、藤山柳(*Clematoclethra* sp.)、多花勾儿茶(*Berchemia floribunda*)、芒(*Miscanthus* sp.)、大黄(*Rheum palmatum*)等只出现于采伐后的第 3 年和第 7 年。高脚兔儿风(*Ainsliaea* sp.)、薄叶变豆菜(*Sanicula lamelligera*)、玉竹(*Polygonatum* sp.)只发现于采伐后 20 年的人工林下。鹿药(*Smilacina* sp.)、野韭菜(*Allium prattii*)只发现于采伐后 30 年的人工林下。

3 讨论与结论

3.1 环境变化是驱动多样性变化的根本原因

云杉针叶林的人工恢复和重建是最初明确的目的，因而选择的栽培树种是云杉。野外调查发现，1～5 年间的林地有灌(含苗木)、草、苔藓 3 个立体层次；在 5～8 年间只有两层，缺失苔藓层(盖度小于 10%视为不存在该层)；8～10 年间林木高度 1.5～2.0 m，基本是郁闭林地，林下的荫湿环境基本初步形成，林分可分为乔、灌、草、苔藓 4 个立体层次；10～20 年林分进行着剧烈的自然稀疏，林分结构开始分化，立体空间加大加厚，在这个阶段林分可分成 4 层：乔、灌、草和苔藓层;而在以后,乔木也分化成两层。总体而言,重建序列上立体空间高度从新采伐迹地的0.5～1 m加厚到采伐后30年的9～10 m。根据恢复重建时间梯度上林分盖度和立体结构的变化差异,本文研究的人工林恢复重建的早期发展可初步分为3个阶段。造林后的1～8年,可称为定居阶段,这决定森林能否重建成功;9～15年为森林的形成阶段,林分开始郁闭或郁闭,林下荫湿的小环境形成,为喜阴湿植物种类的侵入和种群扩大提供了条件。15～30年为森林的调整阶段,林分结构分化严重,林下环境相对稳定。这种人工林重建的早期发展阶段与米亚罗地区的暗针叶林采伐迹地(海拔2 500～3 000 m)早期植被自然演替过程惊人地相似(史立新等,1988)。表明林分结构的发展,指示出林地环境资源如光照、湿度、土壤水、垂直利用空间等的时空变化,逐步形成了林地环境空间的高异质性特征(Bazzaz,1975; Kappelle *et al.*,1995),较好解释了本文重建序列上的多样性变化结果。森林郁闭,形成的林下弱光、高湿环境充当了前期侵入的喜光种类植物的过滤器,阻止了它们的正常生长,促进了原始林下原生的喜荫湿植物的回归和生长。恢复序列梯度上不同群落间的多样性格局的差异(图2,图3,表2)也部分应归于各自环境条件下不同生命史对策的物种自然选择的结果(Denslow,1980)。

3.2 多样性变化趋势的差异

本研究揭示出多样性在重建过程中的变化是复杂的(图2,图3,表2),并不是总呈增加的趋势或减小的趋势,与自然恢复过程的变化相差甚大(史立新等,1988;Kappell *et al.*,1995;Denslow,1980;Nordland *et al.*,1996;温远光等,1998;彭少麟等,1995),与Nicholson等(1988)研究得出的采伐增加了物种丰富度和多样性和Saxon(1990)得出的采伐减少了物种丰富度和多样性的结论不一致。根据Alpha多样性在重建梯度上的变化,物种组成对恢复重建环境变化的反应和适应,我们能确认多样性发展的3个明显的阶段:在采伐后的前8～10年,为多样性的发展或恢复阶段;随后的10余年维持高多样性阶段;采伐20年后进入了多样性衰退阶段,但持续多长时间,本研究还无法回答。从调查获得的植物种类及其生态生物学特性来看,可以推测今后随多样性衰退,似乎还会出现多样性的相对稳定阶段。衰退阶段何时结束,稳定阶段什么时候开始,持续多长时间才稳定至原始林的水平还不清楚,还需进一步研究恢复重建林分发展的后期阶段。

3.3 物种多样性的恢复

从本文调查结果来看,皆伐已明显改变了暗针叶林区乡土物种组成。采伐后的几年中(1～10年左右)适应林下稳定的阴、湿环境的种群衰退了,一些速生、喜光和消耗养分的阳性植物物种侵入并扩大了种群(表2),确认了杨玉坡等(1994)、Thompson (1994)和Chapin *et al.*(1998)的报道。这些变化明显改变了多样性的性质,从而改变了林分在气候、土壤、生物资源等方面的生态服务功能(杨玉坡等,1994;刘照光等,1995;Harvey *et al.*,1996)。在这一过程中,地方或乡土物种多样性恢复是可能的,但恢复速度相对很慢。初步预测表明,块状皆伐后通过人工造林,至少需要76年才可能恢复与成熟针叶林基本相似的区系多样性(相似系数80%),但如果不是本文所述的线性恢复趋势而是其他的趋势,要完全恢复区系组成可能就需要更长的几十年甚至一百多年的时间,而要完全恢复原来的成熟针叶林生态系统则几乎是不可能的(Cains,1995)。

皆伐后大量阳性喜光植物的侵入和发展,迅速占据了采伐迹地环境空间,虽然逐步为乡土物种回归创造适宜的条件。但是，人工重建在改变迹地环境条件的作用仍然是举足轻重的。若没有人工造林的干扰和改造，采伐迹地在很长时间内将维持红白刺灌丛、箭竹丛或草丛群落阶段，亚高山针叶林的原生植物区系通过自然更新而恢复到采伐前的状态将变得困难，长期的生态系统退化将变得不可避免(杨玉坡等，1994；四川森林编辑委员会，1994；刘照光等，1995；史立新等，1988)。因此，人工重建或改变采伐更新和管理方式是该区森林及其多样性迅速恢复和重建的重要途径。此外，本研究选择的采伐迹地面积仅 2～15 hm^2，采伐仍残留有乔木幼树，周围也有促进自然下种的原始林林带(墙)，但恢复序列上的乔木仍然主要是栽培的云杉，未发现其他乔木种群扩大，表明现有的保留林墙未能发挥所希望的自然更新促进作用，也进一步表明，人工林恢复重建可能是该区多样性迅速恢复和重建的唯一途径。

重建时间序列梯度上的群落盖度和物种组成变化发展也显示，物种组成的变化过程正是不同生态学、生物学的物种替代的过程，而替代的驱动力正是群落环境随乔木的生长和森林的形成和结构调整的变化，其中森林的形成尤为关键。森林环境的逐步恢复是乡土物种多样性的回归与恢复的一个重要驱动力。高的物种多样性组成存在于森林环境刚刚形成并急剧自我调整的最不稳定阶段(约 10～20 年之间)，在这一阶段，不同生态学、生物学的物种共存，并竞争激烈，这之前，以阳性耐旱、喜光的物种为主，而之后，则以喜荫湿的种类为主。暗示高的物种多样性不是群落稳定性判定的可靠指标，其是否稳定应更多考虑物种组成的性质而不是数量。相关的综合分析也暗示，群落结构是较物种组成更易于观察、更敏感的恢复重建指标。

3.4 人工重建对物种保护的启示

对人工重建梯度上的物种组成的分析发现，森林的重建导致了亚高山垂直带上的其他带中物种的侵入和发展。如来自暗针叶林带之上的亚高山灌丛、草甸带内的物种疏花早熟禾(*Poa chalarantha*)、细梗苔草(*Carex* sp.)、高原苔草(*Carex alpina*)、素羊茅(*Festuca modesta*)、川藏沙参(*Adenophora lilifolioides*)、雅灯心(*Juncus elegans*)、高原毛茛(*Ranunculus tanguticus*)、西南委陵菜(*Potentilla fulgens*)、椭圆叶花锚(*Halenia elliptica*)、齿果酸模(*Rumex dentatus*)、大花双参(*Triplostegia glandulifera*)、草玉梅(*Anemone rivularis*)、鬼箭锦鸡儿(*Caragana jubata*)、细枝绣线菊(*Spiraea myrtilloides*)、绶草(*Spiranthes sinensis*)、大叶龙胆(Gentiana sp.)、风毛菊(*Saussurea* sp.)、阿坝当归(*Angelica apaensis*)、川西翠雀花(*Delphinium eonvalotii*)、二色锦鸡儿(*Caragana bicolor*)等在恢复重建系列样地上广泛存在。虽然在本研究的区域，由于基带海拔较高，暗针叶林带就是该区的基带，不存在下面的针阔混交林带，无法找到针阔混交林带内物种侵入的证据，但是在海拔较低的米亚罗地区，自然演替过程的研究已经表明下带的阔叶树杨、桦侵入了采伐迹地(史立新等，1988)。Kappelle *et al*. (1995)在波多黎各热带雨林的研究也发现了类似现象。上述现象最合理的解释应归于亚高山针叶林人工重建过程中多样化的生境为这些物种生存和发展提供了庇护港湾，而这些物种的存在也加强了后演替物种的形成和恢复。清楚地暗示出，亚高山针叶林的人工重建过程在亚高山生态系统物种多样性的保护和发展中发挥了重要作用，是亚高山生物多样性保护、恢复和重建的有效途径之一。

3.5 对现有造林技术体系和人工恢复重建的启示

本文人工林重建序列所采用的技术体系与方法是整个青藏高原东缘暗针叶林采伐后林业

部门所普遍采用的。最突出的特点是采用的造林密度较大、树种单一，并且通常是采伐云冷杉，造云杉，成林后的管护粗放、通常未间伐（四川森林编辑委员会，1992）。本文研究发现，迹地重建过程中的乔木多样性一直很低，乔木多样性的恢复和替代在采伐后 30 年还未发生。尽管周围有足够的其他乔木种源（如四川红杉、冷杉、高山栎、野樱等），但人工林地中未发现有乡土乔木的侵入。这一重要的现象是否说明目前广泛采用的人工林重建技术体系阻止了其他乔木的入侵？其阻碍的过程及其机理又是怎样的？因此，进一步检测其原因与可能的机制，比较不同的恢复重建技术体系对多样性特别是乔木多样性恢复的影响，以及单一树种与多树种重建对人工林多样性恢复的影响应该是下一步研究的重点。

土地利用和土地覆被变化的区域适应

ADAPTATION TO CLIMATE CHANGE

青藏高原土地利用变化中的传统文化因素分析*

Role of Traditional Cultural Factors in Land Use Changes in the Tibet Plateau

Abstract: Though human factors as attitude and value are important driving forces of land use changes, their role played in land use changes has not been deeply discussed yet. In respects to its unique geographical and cultural landscapes, the Qinghai-Tibet Plateau is the representative region for such study. Therefore, the main concern of this paper is devoted to the role of Tibet culture, in terms of their value towards nature, life and wealth, and other traditional cultural factors as dietetic and housing habits, energy consumption and funeral played in land use changes of the Qinghai-Tibet Plateau. The result indicates that traditional culture, from a lot of respects, is such a force that helps to keep land use stable. Thus, it can be concluded that land use changes in the Qinghai-Tibet Plateau, to some extent, is the result of evolution of traditional culture driven by external culture and technological progress.

土地利用变化的人文驱动力可以归纳为六种类型：人口变化、贫富状况、技术进步、经济增长、政治经济结构，以及观念与价值(Stern *et al.*, 1992; Turner *et al.*, 1993)。其中，观念与价值属于文化范畴。目前，人们对土地利用变化中的文化因素尚缺乏深入研究，而青藏高原所拥有的独特自然地理和人文环境，为开展这方面的研究提供了极为有利的条件。文中将重点讨论藏族传统文化中对土地利用变化具有重要影响的一些方面。

1 藏文化的自然观

自然观反映的是人们对自然界的基本态度。由于藏族文化在很大程度上是以佛教为主的宗教文化，因此藏族居民的自然观深受佛教思想的影响。

在宗教文化的影响下，藏族居民对土地怀有特殊的情感。视土地为万物之源，倍加珍惜。青藏高原有许多所谓的“神山、圣土、圣湖”，是藏族居民朝拜的对象。如西藏普兰县境内的冈底斯山，被认为是佛经中所说的“大雪山”，境内的玛旁雍错湖则是雪山之下的“四大江水之源”(西藏风物志，1999)。这些地方千余年来作为佛教圣地，吸引着大批香客。藏族居民对一些重要的山口、河流源头等地也极为崇拜，通常在这些地方堆放大量刻有经文的石块，其上遍插经幡，路过时常常抛撒一些印有经文或图案的纸片，以表达敬仰之情。在圣地的周围，人们很少垦荒、放牧或砍伐植被，即所谓“神山圣地”不可垦。因此，这些地方通常都保持着较好的自然覆被状况。

寺庙是宗教活动的主要场所，在藏族居民的心目中十分神圣。因此，寺庙周围的土地很少受

---

* 由摆万奇(Bai Wanqi)和张镱锂(Zhang Yili)完成，原载于《资源科学》，2002，24(4)：11-15。

人为的干扰和破坏，通常保存有比较完好的植被，甚至茂密的森林。例如，拉萨市郊的哲蚌寺和色拉寺前面都有面积较大的银白杨林卡；林周县境内的热振寺，其周围的柏树林面积更达上千公顷，最粗的胸径超过 2 m。与此形成明显对照的是，在距热振寺更远的地方，由于居民的砍伐，山上林木已荡然无存。由于青藏高原分布着众多的寺庙，因此在保护植被方面发挥着特殊作用。

“不杀生”是佛教的重要信条，它体现了佛教文化对生命的重视。因此，信奉佛教的藏族居民对于野生动物特别关爱和敬畏。传统上，藏族居民很少猎杀动物，对于苍鹰等更是敬若神明。即使对牛、马、驴等家畜，也常常将其暮年放生。这种对动物的怜悯之情，使得许多珍贵物种，如藏羚羊、藏野驴、野牦牛、雪豹、白唇鹿、黑颈鹤等在青藏高原仍然拥有一定的种群数量，青藏高原成为我国少数生物资源保存较好的区域之一。可见，“不杀生”思想对于保护生态环境和生物多样性具有积极意义。另一方面，极端化的“不杀生”思想也有一定的消极影响，这主要表现在藏族居民对农牧业生产中病虫害防治的抵制态度上。在青海省的黄河源区，鼠害是导致草场退化的重要原因。据笔者对玛多、达日等县的调查，在鼠害危害的草地上，平均鼠洞密度达每公顷 3 750～7 050 个，最高可达每公顷 19 860 个。因此，防治鼠害是恢复草场植被、保障畜牧业健康发展的重要途径。但当地藏族居民对于灭鼠工作并不积极。不少牧民不按政府部门的要求放药，甚至将分配的鼠药掩埋，避免老鼠取食，因而达不到灭鼠效果。在笔者所做的牧户调查中，几乎 100％的居民没有主动采取过灭鼠措施，约有 50％的居民在政府的统一部署和投入的情况下仍不愿意灭鼠。在西藏拉萨河流域的农业区，也存在着不愿意喷施农药防治病虫害的情况，其根源就在于“不杀生”思想的影响。

2　藏文化的价值观

藏族居民受佛教文化影响，信奉生死轮回，把今生所受苦难看成是偿还前世孽债。为了来世的幸福，今生须积德行善，虔诚地供奉佛祖、活佛。因此，即使在生活艰难的情况下，对寺庙的供奉仍不遗余力。在平时和宗教节日中，居民都要向寺庙进贡酥油、糌粑，布施金钱，甚至牲畜及各种农牧产品。在多达数十个宗教节日里，许多都要用几百斤、几千斤的糌粑做“多尔马”(供果)；在大的寺庙里，大如帐篷的铜缸盛满酥油，日夜不息地点灯供佛。这样的消费，最终都要由普通藏族居民承担。对西藏达孜县所做的农户调查表明，收入水平越高，宗教活动方面的开支越大(表 1)。居民增加的收入很大部分用于宗教活动。这方面的过大支出削弱了自身的消费能力和对教育及农牧业再生产的投入水平。

表 1　达孜县被调查农户在宗教活动方面的支出(1996 年)

Table 1　Household expenditure on religious activities in Dazi County(1996)

	贫困户	中等户	富裕户
到寺庙朝拜(次/年．户)	3	3～5	4～7
向寺庙所捐财物(元/年．户)	51～70	70～120	150～130
请喇嘛念经(次/年．户)	1	1～2	2～4
付给喇嘛的财物(元/年．户)	10～20	20～50	50～150
过宗教节日(次/年．户)	2	2～4	4～6
过宗教节日的费用(元/年．户)	30	80～160	150～270

注：根据刘伟博士农户调查资料整理。

藏文化价值观的另一个表现在于对财富的独特理解。在青藏高原许多牧区,藏族居民衡量财富的标准不是银行存款多寡或家中耐用消费品的多少,而是以拥有的牲畜数量来决定。富有家庭的牛羊数量可达数千或上万头,而贫困家庭仅有几十头,甚至完全没有。这种独特的价值观,使得牧民在畜牧业生产中不断追求扩大牲畜数量,而并不看重真正体现经济效益的出栏率,致使草场超载过牧。每当冬季来临,大量牲畜因缺乏饲料冻死、饿死,而这又反过来促使牧民饲养更多牲畜,以便在冬季数量减少后仍能保持一定的畜群数量,从而加速了草场退化。这种现象在青海省的黄河源区和四川省的阿坝藏族自治州表现尤为明显。以黄河源区的玛多县为例,1960 年时,全县拥有牲畜 147 408 头,随后数量不断扩大,1979 年达到历史最高记录的 677 647 头。相应地,退化草地面积也在不断增加,牲畜承载力开始下降。到 1999 年,全县的牲畜数量已经降到 286 241 头,比高峰时期下降了 2.37 倍(图 1)。全县退化草地面积已达 160.96×10⁴ hm²,占草地面积的 70%,可利用草地面积的 89.16%。一些地方的牧民已经无草可牧,只能靠借牧维持。尽管如此,在作者所做的牧户调查中,75%以上的牧户仍然希望扩大畜群数量。

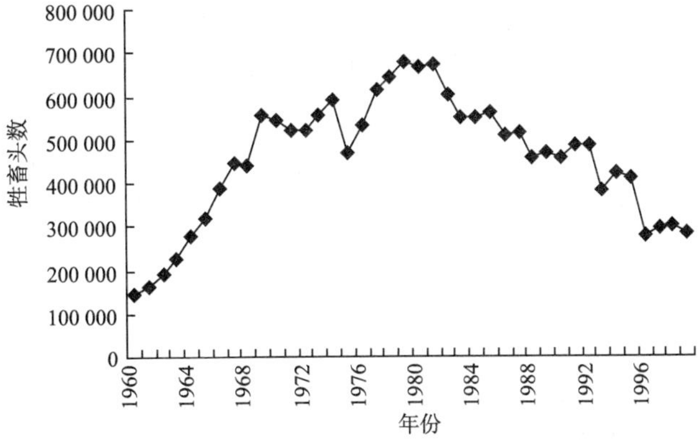

图 1 玛多县牲畜数量变化情况*

Figure 1 Livestock change in Maduo County

3 饮食习惯

藏民族的饮食习惯基本上是以糌粑、面食为主食,肉类、奶制品作副食,以青稞酒和酥油茶作饮料。受"不杀生"思想的影响,很少捕食野生动物或鱼类,也不食用自然死亡的牲畜。据刘伟(1996)对西藏达孜县 4 个乡所做的消费调查,糌粑和面食的消费量分别为 30.8% 和 22.8%,大米的消费仅占 7.5%;在副食品中,肉类、奶及其制品所占的比重较大,分别为 7.8% 和 6.9%,而蔬菜所占比例仅为 3.6%。青稞酒和酥油茶的比例分别为 6.8% 和 7.7%(表 2)。藏族居民特有的饮食习惯与其生产方式有着密切关系。对于外出放牧或从事田间劳作来说,糌粑和酥油是最方便的食物,遇到有牛粪和泉水的地方,便可烧茶进食。因此,这种典型的高原野餐实际上也是长期适应当地独特自然环境的结果。

饮食习惯最终会体现在种植业和养殖业结构上,因此在土地利用变化中发挥着重要作用。例如,青稞作为藏民族的主要食物,在当地的种植业结构中一直占据主导地位。从有统计资料的 1975 年以来,青稞占西藏粮食作物播种面积的比例一直保持在 60%左右的较高水平,而处于第二位的小麦仅占 30%左右(图 2)。

另一方面,藏族居民的饮食习惯也在逐渐发生着变化。在外来文化和技术进步的影响下,

* 根据玛多县农牧局资料整理。

食物种类更加丰富。传统上很少食用的蔬菜、水产品及啤酒等,正在受到越来越多人的喜爱。这种情况也在土地利用变化中得到了反映,如蔬菜、油料等作物种植面积的逐渐增加等。

表 2　达孜县饮食消费结构(1996 年)(单位:%)

Table 2　Dietetic Structure in Dazi County (1996)

	桑珠林乡	德庆乡	邦堆乡	穷达乡	平均
糌粑	28.6	30.4	30.0	34.0	30.8
面食	23.2	20.8	25.7	21.6	22.8
大米	7.9	8.2	7.5	6.4	7.5
青稞酒	5.9	7.7	6.8	6.7	6.8
酥油茶	7.6	7.2	7.3	8.5	7.7
肉类	8.5	7.9	7.4	7.4	7.8
奶和奶制品	6.1	6.5	7.9	7.0	6.9
蔬菜	4.2	4.6	2.4	3.2	3.6
其他	8.0	6.7	4.7	5.2	6.1

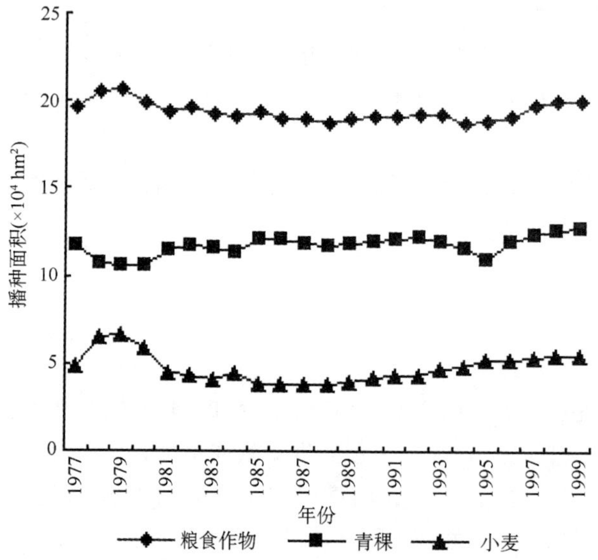

图 2　西藏自治区粮食作物播种面积

Figure 2　Sown areas of grain crops in Tibet

4　居住方式

在青藏高原的广大农牧区主要有两种居住方式,定居和游牧。定居生活多与农业生产相联系,土地利用以耕地为主,住房结构主要是石基土坯房和具有民族特色的碉房;游牧生活则与畜牧业相联系,土地利用方式以放牧为主,住房主要是藏包。对达孜县农业村所做的农户调查结果显示,所有农户都拥有石基土坯房,对达孜县和玛多县牧区所做的牧户调查显示所有牧户都拥有帐房(表 3)。可见,从事农业生产与从事牧业生产的居民在居住方式上有着明显区别。两种居住方式对土地利用和覆被变化的不同影响表现在:定居生活需要修建固定住房,原有土地转变为居住用地,利用方式和覆被类型发生了根本变化;游牧则只需搭建临时性帐篷,因而不改变原有的土地覆被或利用类型。但在牧区,随着收入水平的提高,加上政府的鼓励政策,越来越多的牧民开始定居生活,帐房也正在逐渐被土坯房和砖瓦房取代。这种居住方式的转变将从根本上改变居民的生产和生活方式,其对土地利用的影响广泛而又深远。

表 3 达孜县和玛多县被调查农户住房情况(1999 年)

Table 3 Housing Structure of household in Dazi county (1999)

	农业村(96)		牧业村(53)	
	户数	比例(%)	户数	比例(%)
石房	8	8.3	0	0.0
石基土坯房	96	100.0	6	11.3
雕房	10	10.4	2	3.8
帐房	0	0.0	53	100.0

注:一个家庭可同时拥有多种住房。

5 能源消费

在青藏高原的广大农牧区,能源消费的独特之处在于以牛粪作为最基本的能源。在对达孜县和玛多县所作的调查中,95%的农牧民家庭的日常生活和冬季取暖主要依赖牛粪。因此,牛粪的收集、加工、交易和利用在藏族居民生活中占有十分重要的地位。牛粪的巨大作用来自青藏高原特定的地理环境。青藏高原的植被以草地为主,广大的中部和北部地区森林分布很少,许多地方灌木也很稀少,因而草甸就成了主要的能源来源。而直接以草类作燃料,不仅收集困难,燃烧效果也不理想,且与牲畜争夺草资源。于是,通过饲养牦牛,收集牛粪作能源就成了一条理想的途径。因此,牧民家庭通常都要喂养一定数量的牦牛,除了获取肉、奶和皮毛制品外,另一个重要目的是获取牛粪。将新鲜牛粪收集在一起,制成饼状晒干后存放,以备做饭和取暖所需,成了藏族居民重要的生活内容。在青藏高原的农牧区,经常可以看到许多房屋的墙上贴满牛粪,附近则堆垛大量已晒干粪饼的独特景观。

太阳能是青藏高原最丰富的能源之一,但限于技术条件和人们的传统观念,没有得到很好的利用。藏族居民传统上对太阳十分敬畏,在推广太阳灶的初期,人们对其功能十分惊恐,认为这会触怒神灵而不愿使用。但随着观念的转变,已有较多的家庭接受了太阳灶。如今,诸如太阳能电池板等太阳能利用形式已进入一般农牧民家庭。可见,在技术进步的推动下传统观念也在发生着变化。今后,大力开发太阳能是解决农牧区能源不足和保护地表植被的重要途径。

6 丧葬

藏族居民的丧葬方式有土葬、火葬、水葬、天葬和塔葬五种类型。土葬在古时最为流行。唐朝的入藏使者沿途所见“山多柏坡,皆丘墓”的情况,说明当时西藏葬仪以土葬为主(马戎,

1996)。各代赞普的陵墓多建于石山、草原或湖心、雪山之上,其形状如土丘或帐幕,后来变成四方形。土葬方式以后逐渐衰落,延续至今,主要分布在四川甘孜和阿坝两自治州的部分农区。

火葬多在僧人中进行,僧人死后火焚,其骨灰制成舍利宝塔供于殿内。俗人中,西藏大贵族亦实行火葬,认为这是最好的葬法。

水葬主要流行于阿坝州卓克基一带和甘孜的某些地方。这种葬法古代未见记载,西藏农区多认为水葬卑贱,只有乞丐、疯人、赤贫或患传染病者才去水葬,因而较少采用。在青藏地区,最普遍的丧葬方式是天葬。天葬是将尸体置于固定的地点,让一种专门食尸肉的秃鹫将其食尽。因此,天葬实际上是一种"鸟葬"。这种丧葬方式与藏族信奉的"死后升天"和舍身布施有关。

塔葬多在活佛中进行。活佛圆寂后,其尸体被砌藏在塔中作永久保存。塔墓一般建在活佛生前所在的寺庙,其生前级别或声望越高,塔墓的规模就越大。一些历史悠久的寺院,由于葬有较多的活佛,其中便有了塔林。在藏区,许多寺庙规模不断扩大的一个原因就在于塔葬墓地不断扩大。

在以上几种丧葬方式中,以土葬和塔葬对土地利用变化的影响最为直接和明显,而天葬、火葬和水葬的影响相对较小。但在藏区,土葬和塔葬并不普遍,因此,与内地农村多采用土葬而导致耕地大量减少的情况相比,青藏高原的这一问题并不突出。

7　结论

以上对藏族传统文化几个方面的分析结果表明,文化因素在青藏高原的土地利用变化中发挥着重要作用。从总体上看,传统文化是一种使土地利用方式保持稳定的力量,它对于遏制盲目垦荒、滥砍滥伐和保护生物多样性等,具有一定的积极意义。这种力量与政策、技术进步、人口增长等其他驱动力一起共同决定着土地利用变化的方向。土地利用的变化过程也包含着传统文化的变迁。在某种意义上可以说,青藏高原的土地利用变化是在外来文化和技术进步的冲击下传统文化发生变迁的结果。

Livelihood Diversification of Farmers and Nomads of Eastern Transect in Tibetan Plateau*

青藏高原东部样带农牧民生计的多样化

摘　要:随着草地退化和药材资源减少,青藏高原东部农牧民的生计受到了严重影响。农牧民如何利用生计资产实现生计多样化是该区域可持续发展面临的关键问题。实地调查采用PRA法,结合调查结果调整了生计资产评估指标,从样带尺度定量分析了高原东部高山峡谷区、山原区和高原区农牧民的生计资产现状、生计多样化特点和今后的生计策略。结果表明:①生计多样化是农牧民普遍采用的生计策略。高山峡谷区农牧民生计多样化水平较高,从事二三产业较多,普遍寻求发展型生计,而随着海拔升高,农牧民的生计多样化水平降低,从事的生计活动类型减少,发展型生计的比例也降低;②海拔较低的高山峡谷区和山原区,生计资产总值高,而海拔越高的高原区,生计资产总值较低,主要反映在人力资产和自然资产上;③居民所拥有的生计资产与生计多样化水平高度正相关;④农牧民近期仍基于生计资产改善生计策略;⑤高山峡谷区和山原区农牧民寻求发展型生计为高原区牧民提供了很好的借鉴。建议政府围绕生计多样化的制约因素进行投入,以提高牧民的能力,协助高原区牧民建立发展型生计。

1 Introduction

Livelihood diversification is an important livelihood strategy for people in developing countries, as it can help reduce livelihood vulnerability, ensure food security and reduce threat of famine (Ellis, 1998; Block *et al.*, 2001). Nowadays, many researches concern practices of livelihood diversification in developing countries. Case studies in Uganda, Malawi and Tanzania show that poor resources and lack of off-farm employment opportunities are rooted in livelihood vulnerability (Ellis *et al.*, 2003). For example, due to lack of financial resources, nomads of Himachal Pradesh in India can not afford to realize livelihood diversification and remain in long-term vulnerable position (Deschignkar, 1998). While in Kenya, smallholders transfer their effective responses to drought from traditional cultivation strategies to livelihood diversification (Downing *et al.*, 1989). Cases of Mexican Indians show that education is in favor of farmers to get off-farm employment (Janvry *et al.*, 2001).

Smallholder economy is chronically kept in rural China, in which agricultural diversifica-

* Published by Yan Jianzhong(阎建忠), Wu Yingying(吴莹莹), **Zhang Yili(张镱锂)** and Zhou Shaobin (周绍宾) in the *J. Geogr. Sci.*, 2010,20(5):757-770.

tion and combination of agriculture and animal husbandry are main forms of livelihood diversification. From 1980s, with surplus labor forces being transferred to the second and tertiary industry, livelihood diversification becomes a common livelihood strategy in rural China (Huang, 2000). In many poor minority regions, poverty is alleviated and livelihood vulnerability is reduced as more and more farmers seek off-farm employment (Ma, 1999; Li, 2000; Chen, 2002; Yan *et al.*, 2005, 2006).

Tibetan Plateau is a typical ecologically fragile area. Its ecosystem is very sensitive to climate change and human activities, so it is seen as a prompter region of Chinese climate change and sensitive area to global climate change (Wang *et al.*, 2001b, 2007; Wu *et al.*, 2002). However, co-operation of climate change, rodents invasion, rapid growth of population and livestock number drives large area of meadow degradation (Wang *et al.*, 2001a; Wang *et al.*, 2004). As livelihood of local residents mainly rely on natural resources, grassland degradation and extinction of herbal resources severely affect them, so they are trying to seek other livelihood strategies. Case studies show that smallholders in Dadu River valley successfully achieve livelihood diversification by means of transferring labor forces to the second and tertiary industry (Zhang *et al.*, 2008). However, nomads in plateau region are difficult to achieve livelihood diversification and some nomads even become ecological disaster victims and have to rely on national relief. Therefore, it is necessary to examine how farmers and nomads of Tibetan Plateau use livelihood assets to achieve livelihood diversification and what factors restrict their livelihood diversification. In summer 2006 and 2007, 10 typical towns in eastern Tibetan Plateau are chosen to carry out field survey. Relationship between livelihood assets and livelihood diversification level is explored and specific measures to improve livelihoods are discussed. This study provides a scientific basis for anti-poverty of local farmers and nomads and regional sustainable development of Tibetan Plateau.

2 Study area, data and method

2.1 Study area

The three counties, Dari, Banma and Rangtang, are situated in eastern Tibetan Plateau(Figure 1). This area ranges from high mountain gorge to plateau and from valley agriculture to nomadic pastoralism. There are three different geomorphic regions: high mountain gorge region, mountain plateau region and plateau region(Yan *et al.*, 2006). This area represents main types of ecosystems and livelihoods of eastern Tibetan Plateau, and provides an invaluable geographic transect (East Tibetan Plateau Transect) for man-land system study.

(1) High mountain gorge region. Zongke Township in Rangtang County of Sichuan Province and Dengta Township in Banma County of Qinghai Province belong to this region. The terrain is very undulate, alternated with mountain and river. Dominated by plateau monsoon, annual average temperature is 2.2～7.5 ℃ and annual average precipitation is

763.1 mm. Mountain meadow soil is the main soil type. The main plants are alpine meadow, alpine shrub meadow, subalpine shrub, subalpine evergreen coniferous forest, subalpine deciduous forest, etc. Agriculture and animal husbandry is combined in this region. Livestock consists of Tibetan sheep, goat, yak, horse, etc. Wheat, highland barley, pea, potato, rapeseed are planted in small piece of arable land.

(2) Mountain plateau region. Nanmuda, Zhongrangtang, Gaduo townships of Sichuan Province and Duogongma Township of Qinghai Province belong to this region. The terrain is smaller relief, with scattered hummock plateau. This region is dominated by plateau monsoon. The main vegetation types are alpine swamp meadow, alpine meadow, subalpine shrub meadow, etc. Agriculture and animal husbandry is also combined, while Duogongma Township in higher elevation is a purely pastoral area. Livestock consists of Tibetan sheep, goat, yak, horse, etc. There is also small piece of arable land in this region.

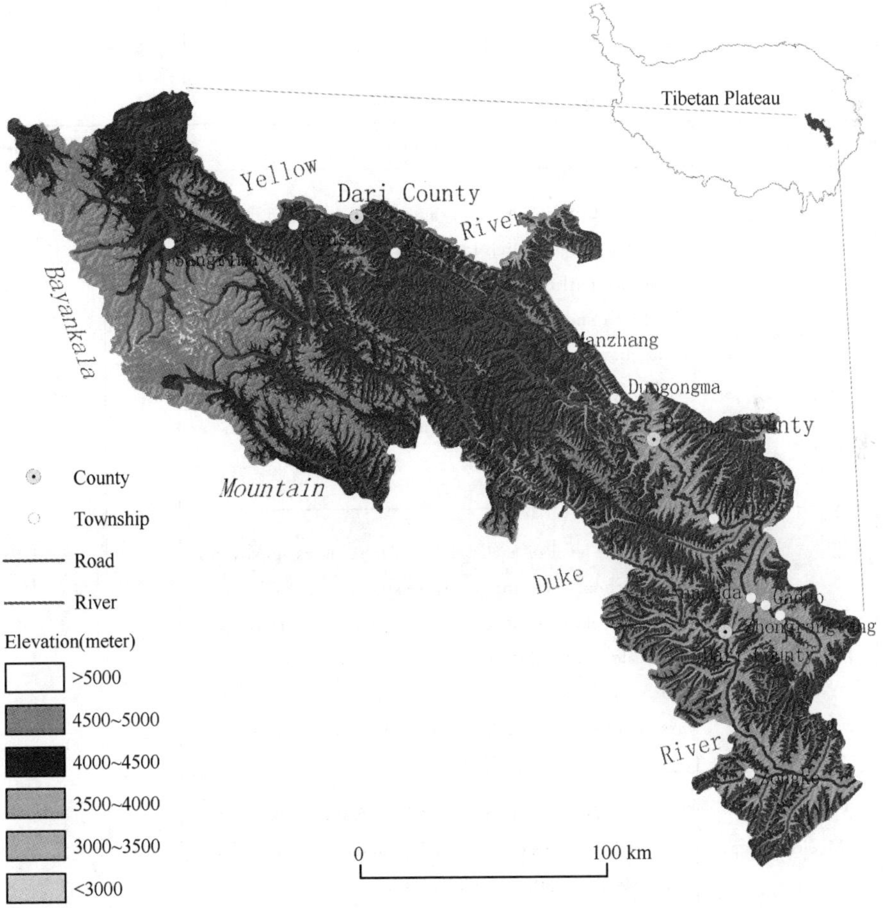

Figure 1 Location of study area

(3) Plateau region. Wosai, Manzhang, Jianshe, Sangrima townships of Qinghai Province belong to this region. The terrain is gentler slope, with round peak and very wide beach, dominated by hummock plateau. The climate is sub-humid and cold season lasts for 7

to 8 months, usually with wind and snow disasters. The warm season is wet but very short, only 4 to 5 months. Average temperature is −3.5 to −0.1 ℃ and average precipitation is 560 mm and mostly concentrated from June to September. Since 1955, average temperature of Dari county tended to rise, while precipitation tended to decline. Grassland began degradation from 1970 and degraded area accounted for 67.61% nowadays (Zhang et *al.*, 2006).

2.2 Data and method

Assets are basic to understand opportunities, livelihood strategy and risks of family and persons (Jodha *et al.*, 1983; Carney, 2002; Sharp, 2003). As to quantitative research of livelihood assets (human assets, natural assets, physical assets, financial or social assets), evaluation indices are modified in accordance with actual situations in the study area (Table 1), in light of domestic and foreign farmers vulnerability analysis (Berry, 1989; Bromley *et al.*, 1989; Jiggins, 1989; Toulmin, 1992; Painter, Sumberg *et al.*, 1994; Li Xiaoyun *et al.*, 2007). Index values of typical townships are averages of sample households.

Table 1 indices of livelihood assets

Livelihood assets		Implication	Index	Formula
Human assets	Labor capacity	Labor ability of each family member is assigned, non-labor (including children too young to work, elders too old to work, patients who can not work) for 0, half labor (children and the elderly who can do some simple household chores or farm work) for 0.5, entire labor (adults) for 1. Then all the values of labor ability of family members are summed and standardized, and taken as index H_1	H_1	* $H=H_1\times 0.5+H_2\times 0.25+H_3\times 0.25$
	Education level	Education level of each family member is assigned, primary school level for 0.25, secondary school level for 0.5, university/college level for 1, military service experience for 0.5, illiteracy for 0, monks /nun for 0.5. Then all the values of education level of family members are summed and standardized, and taken as index H_2	H_2	
	Medical costs	Disease has a profound impact on livelihoods of farmers and nomads. Index of H_3 is the standardization of medical costs per capita of each family	H_3	

Continued

Livelihood assets		Implication	Index	Formula
Natural assets	Arable land resources	Index of N_1 is the standardization of arable land per capita or cultivated area per capita	N_1	$N=N_1\times0.4+N_2\times0.4+N_3\times0.2$*
	Grassland resources	Pasture grade is evaluated by farmers and nomads themselves, good quality pasture for 4, general quality pasture for 3, lightly degraded grassland for 2, seriously degraded grassland for 1. Grades of summer pastures and winter pasture were weighted 0.5 : 0.5, respectively. Index of N_2 is the standardization of sum of grassland pasture grade	N_2	
	Herbal resources	The main herbal resources which farmers and nomads always collect are *notopterygium root*, nard, aweto and *Fritillaria thun-bergli*. The value is added 1 when one kind of medicinal resources the family collects. According to importance of each type of herb on their livelihoods, *notopterygium* root, nard, aweto, *Fritillaria thun-bergli* are weighted 0.05 : 0.05 : 0.6 : 0.3, respectively. Index of N_3 is the standardization of sum of herb resource multiplying weight	N_3	
Physical assets	Physical equipments	Physical equipments include house, stockyard, barn, artificial turf, vehicle, etc. The value is added 1 when one kind of physical equipments the family owns. Index of P_1 is the standardization of the sum of physical equipment value	P_1	$P=P_1\times0.5+P_2\times0.5$*
	livestock	Livestock is the most important physical assets of farmers and nomads in study area. The main stock types include cattle, horse and sheep and the weight for cattle, horse, sheep is 0.85, 0.05, 0.1, respectively. Livestock asset of one family is the sum of livestock number multiplying its weight. Index of P_2 is the standardization of livestock asset of sample family	P_2	

Continued

Livelihood assets		Implication	Index	Formula
Financial assets	Cash income per capita	Cash income of families was mainly obtained through their own income-generating, and it is also the main source of households' financial assets. Index of F_1 is the standardization of cash income per capita	F_1	$F=F_1\times 0.3+F_2\times 0.3+F_3\times 0.4$ *
	Access to low-interest loans	There are two main sources of low-interest loans, one is from formal financial institutions (banks, credit cooperatives), the other is from relatives and friends. Index of F_2 is set to binary variable, that is, if one household can get this kind of loan, then F_2 is assigned to 1, otherwise F_2 is 0	F_2	
	Usury	Usury is very common in the study area. Nomads often borrow money due to illness and poverty. If they can not lend low-interest loans, they have to lend money from usurers. Stricken by usury, many nomads are getting more poverty. Therefore, usury is taken as a negative indicator. The indices of F_3 are set to binary variables. That is, if the household can get usury, then F_3 is assigned to -1, otherwise F_3 is 0	F_3	
Social assets	Officials of a family	It is an important social asset for family members being employed in government agencies and having access to stable income and other assistances. Index of S_1 is the standardization of population of a family engaged in government agencies	S_1	$S=S_1\times 0.8+S_2\times 0.2$ *
	Relief	Index of S_2 is set as a binary variable. That is, if one household can get living allowance from governments, then S_2 is assigned to 1, otherwise assigned to 0	S_2	
Total livelihood assets	$T=H+N+P+F+S$			

Note: * The evaluation indices are modified in accordance with actual situation in the study area referencing Sharp's destitution measuring approach(2003).

From June 2006 to September 2007, we carried out four field surveys, about 120 days. Firstly, natural and socio-economic statistical data in the 10 townships and county departments were collected. Then participatory rural appraisal methods were used in household surveys (Ashley and Carney, 1999; Carney, 2002; Yan *et al.*, 2006). From July 2006 to September 2006, we conducted questionnaire surveys in 4 townships, Nanmuda, Wosai, Manzhang and Duogongma, and obtained 271 valid questionnaires. From July 2007 to August 2007, we conducted questionnaire surveys in six townships, Gaduo, Zhongrangtang, Zongke, Dengta, Jianshe and Sangrima, and obtained 411 valid questionnaires.

Questionnaire design focuses on livelihood assets and livelihood activities of farmers and nomads. The main information on survey are as follows: 1) Human assets, including family size, gender, age, number of children going to school, number of illiterates, number of bidders, amount of labor, labors digging herb, labors involved in secondary and tertiary industry, patients, disease cost, etc; 2) Natural assets, including area of arable land per capita, yield of arable land per mu (one acre equals to 15 mu), production reduction caused by natural disasters, availability of good varieties, pasture quality, grazing time, performance of grassland degradation, causes of grassland degradation, yield or income reduction caused by pasture degradation; performances, causes and effects of herbal resources degradation; 3) Physical assets, including number of livestock, number of livestock for sale, number of livestock death, causes of livestock death, veterinary spending, cost of feed, availability of housing, livestock sheds, fencing, artificial turf, motor or car of family; 4) Social assets and financial assets, including members of family employed in governments, low-interest or interest-free loans, federation, other subsistence allowances provided by governments; 5) Livelihood activities household members engaging in; 6) Constraint factors of livelihood diversification; 7) Future livelihood strategies.

Livelihood activity types of sample households are taken as livelihood diversification index. Each livelihood activity is assigned of 1, for example, if a family engages in grazing and collecting herbal resources, this family's livelihood diversification index is assigned to 2. Sample family's livelihood diversification index of different township is averaged and taken as this township's livelihood diversification index.

indices of five kinds of livelihood assets and total livelihood assets are conducted correlation analysis with livelihood diversification index (Pearson correlation coefficient, significance level of 0.01). If the absolute value of correlation is between 0.7～1.0, then the two variables are highly related. If the value ranges between 0.4～0.7, the two variables are middle related. When ranges between 0～0.4, the two variables are less related.

3 Results

3.1 Livelihood assets of different areas

(1) Total livelihood assets

Total livelihood assets in high mountain gorge region and mountain plateau region is more than that of plateau region, mainly shown in human assets and natural assets (Table 2). Total livelihood assets value in Nanmuda Township of mountain plateau region is 3.126, the highest in townships of study area, whereas, total livelihood assets value of Manzhang Township of plateau region is only 1.166.

(2) Human assets

The higher the elevation, the less human assets are. Dengta Township of high mountain gorge region has the highest human assets value and Wosai Township of mountain plateau region has the lowest value. There are obvious regional differences in human assets. 1) Illiterate rate in high mountain gorge region (Zongke 40.09%, Dengta 38.31%) is lower than that of mountain plateau region and plateau region (Zhongrangtang 48.72%, Sangrima 43.90%, Jianshe 50.95%). 2) The proportion of monks in plateau region (Sangrima 3.89%, Jianshe 3.69%) is less than that of high mountain gorge region and mountain plateau region (Zhongrangtang 15.05%, Dengta 14.38%). 3) In high mountain gorge region, there are more nonagricultural employment opportunities, so its proportion of wage labors is more (Zongke 15.40%) than that of mountain plateau region and plateau region (Zhongrangtang 6.63%, Sangrima 3.89%). 4) There are more physical works in high mountain gorge region and mountain plateau region, so farmers are susceptibility to big bone disease (there are 25 cases in Nanmuda Township, accounting for 6.74% of sample population). When elevation gets higher, medical conditions become worse, and there are more patients, especially those with tuberculosis or other infectious disease. There are 34 patients in Wosai Township, accounting for 8.59% of sample population, and 22 patients in Manzhang Township, accounting for 5.69%. Illness and high funeral costs induce usury, then cause poverty of farmers and nomads (there are 25 cases of usury for illness in Wosai Township, accounting for 78.13% of usury samples of this township).

Table 2 Livelihood assets indices of 3 regions of eastern Tibetan Plateau

Region	Township	Samples	Human assets	Natural assets	Physical assets	Financial assets	Society assets	Total value
High mountain gorge region	Dengta	92	0.664	0.820	0.375	0.144	0.375	2.378
	Zongke	73	0.545	0.697	0.296	0.220	0.358	2.116
Mountain plateau region	Nanmuda	62	0.530	0.826	0.470	−0.005	1.000	3.126
	Gaduo	81	0.560	0.739	0.431	0.093	0.410	2.233
	Zhongrangtang	74	0.439	0.567	0.530	0.136	0.301	1.973
	Duogongma	63	0.324	0.396	0.635	0.167	0.104	1.626
Plateau region	Wosai	84	0.167	0.422	0.495	0.011	0.237	1.332
	Manzhang	62	0.278	0.299	0.503	−0.081	0.167	1.166
	Jianshe	53	0.272	0.318	0.593	0.200	0.282	1.666
	Shangrima	38	0.241	0.372	0.487	0.299	0.184	1.583

(3) Natural assets

Grasslands degrade seriously as elevation gets higher, so natural assets value of agro-pastoral region (high mountain gorge region and mountain plateau region) is always higher than that of plateau region. Nanmuda Township in mountain plateau region has the maximum value of natural assets (0.826). Manzhang Township has the lowest value of 0.299, for its high elevation, seriously degraded grasslands and poor aweto resources.

(4) Physical assets

Physical assets value is averagely 0.34 in high mountain gorge region, 0.52 in mountain plateau region, and 0.52 in plateau region. In high mountain gorge region and mountain plateau region, farmers and nomads generally have houses, while in plateau region, few nomads have houses. Motorbikes are popular in sample families, while cars and tractors are less and always are used as tools for self employment. As farmers in agro-pastoral region rely on arable land, grazing pasture of every household is small, so animal number per household is less than average level. However, animal number per household in pure pastoral townships of plateau region and mountain plateau region is always more than 40.

(5) Financial assets and social assets

Residents of the 10 townships are difficult to borrow low-interest or interest-free loans. Many nomads in plateau region have to borrow usury (Wosai 37.21%, Manzhang 54.84%). However, less people in townships of Jianshe and Sangrima borrow usury due to affluence of aweto resources. Till 2007, residents in Sichuan Province generally enjoy living allowance, while fewer residents in Qinghai Province enjoy living allowance.

3.2 Livelihood diversification in different areas

The higher the elevation, the lower livelihood diversification level is, and the less livelihood activity types are (Table 3). Livelihood diversification level of townships of Dengta, Zongke, Nanmuda and Gaduo are above 3, while livelihood activity types in plateau region are always 2.

Table 3 Livelihood diversification level and livelihood activities of 3 regions of eastern Tibetan Plateau

Region	Township	Samples	Index value	Proportion of Livelihood Activities of Samples						
				7	6	5	4	3	2	1*
High mountain gorge region	Dengta	92	3.78	0	2.17	20.65	39.13	29.35	8.70	0
	Zongke	73	3.44	0	2.74	4.11	38.36	43.83	10.96	0
Mountain plateau region	Nandamu	62	3.95	3.23	8.06	19.35	33.87	24.19	8.07	3.23
	Gaduo	81	3.37	0	1.86	7.55	33.96	40.57	14.15	1.88
	Zhongrangtang	74	2.85	0	0	6.76	12.16	48.65	24.32	8.11
	Duogongma	63	2.29	0	0	1.59	4.76	23.81	60.32	9.52
Plateau region	Wosai	84	2.44	0	0	0	11.91	26.19	55.95	5.95
	Manzhang	62	1.94	0	0	0	1.61	19.36	50.00	29.03
	Jianshe	53	2.25	0	0	0	3.77	18.87	75.47	1.89
	Shangrima	38	2.03	0	0	0	0	10.53	81.58	7.89

Note: * 1~7 refer to livelihood activity types of sample households, are taken as livelihood diversification index.

According to household livelihood combinations, livelihood activities are divided into basic type, absent type and extended type (Table 4). Basic type livelihood is formed by farmers and nomads to make living on local natural assets and physical assets. For example, basic livelihood activities in high mountain gorge region and mountain plateau region are "farming-grazing-herbs collection". Absent type livelihood means that farmers and nomads are hard to engage in some livelihood activities as lack of some livelihood assets, therefore, their livelihood activities are often single portfolio. For example, livelihood activities of some farmers and nomads in high mountain gorge region are only farming and herbs collection due to lack of livestock, or only cultivation due to lack of labors. Some nomads in plateau region have no yaks, so they can only rely on herbs collection. Extended type livelihood means they actively seek off-farm employment opportunities in secondary and tertiary industry, or go out to other counties to collect aweto. Those families choosing extended type livelihood always have abundant and relatively high quality of labor forces.

Table 4　Livelihood types of 3 regions of eastern Tibetan Plateau

Region	Township	Samples	Livelihood portfolio	Basic type(%)	Absent type(%)	Extended type(%)
Mountain gorge region	Dengta	92	50	32.61	9.78	57.61
	Zongke	73	38	9.59	12.33	78.08
Mountain plateau region	Nandamu	62	38	13.46	13.46	73.08
	Gaduo	81	28	55.55	16.05	28.40
	Zhongrangtang	74	43	40.54	22.97	36.49
	Duogongma	63	10	73.02	17.46	9.52
Plateau region	Wosai	84	28	51.19	9.52	89.29
	Manzhang	62	15	37.10	37.10	25.80
	Jianshe	53	12	75.47	9.44	15.09
	Shangrima	38	8	78.95	7.89	13.16

(1) Livelihood diversification level in high mountain gorge region is high and livelihood activities are mainly consisted of extended types. Livelihood diversification level of Zongke and Dengta is 3.44 and 3.78, respectively(Table 3). As for livelihood activities, the most common types are farming (highland barley, broad bean, potato or other crops), husbandry (cattle, horse, sheep, poultry or other animals), herbs and mushroom collection, monks, wage labors (repairing road and houses, carving Buddhist, waiter, driving tractors, etc.), business (running a shop, taxi driver, etc), civil service (cadre of village, township or county, teacher, doctor, forester, etc). The basic livelihood portfolio is "farming-grazing-herbs collection", the absent livelihood portfolio being "farming-grazing" or "farming-herbs collection" due to lack of labor forces or livestock. There are many kinds of off-farm livelihood activities in extended type livelihood portfolios. The proportion of households engaging in secondary and tertiary industry in high mountain gorge region is at the top. There are 44% of sample households engaging in wage labors, 15% in business, and 16% in civil service.

(2) There are also many types of livelihood activity combinations in mountain plateau region, whereas, the proportion of extended type livelihood is lower than that of high mountain gorge region. In this region, Namuda Township has the highest livelihood diversification level, Gaduo Township lays the second, followed by Zhongrangtang and Duogongma townships. The common livelihood activities here are farming (highland barley, broad bean, potato and other crops), husbandry (cattle, horse, sheep, poultry and other animals),

herbs and mushroom collection, out for herbs collection, monks, wage labor (road and houses building, well sinker, carving Buddhist, driving tractors, etc.), business (running a shop, taxi driver, petty trade, etc), civil service (cadre of village, township or county, teacher, doctor). The basic livelihood combination is "farming-grazing-herbs collection" or "grazing-herbs collection". The absent types are "farming-grazing", "grazing" or "farming" because of herbs degradation, lack of labor forces or livestock. The extended type consists of many secondary and tertiary industry activities, but the proportion of households engaging in off-farm employment is less than that of high mountain gorge region, only 17% households engaging in business, 9% households in wage labors, 12% in civil service.

(3) Livelihood diversification level of plateau region is low and livelihood activity combinations are simple, with the lowest proportion of extended type. Common livelihood activities consist of husbandry (cattle, horses, sheep, and other animals), local herbs collection, out for aweto collection, monks, wage labor, business (running a shop, taxi driver, petty trade), civil service (cadre of village, township or county, teacher, doctor). The basic livelihood combination is "grazing-aweto collection". The absent type is "grazing" or "aweto collection", and there are less activities of secondary and tertiary industry. Less nomads of this region engage in nonagricultural activities, only 3% of sample households having wage labors, 11% having business (mainly petty trade, such as cattle, leather, herbs, etc., or running a shop near township) and 9% having salary income (usually cadres in rural villages or townships).

3.3 Relationship between livelihood assets and livelihood diversification

Correlation coefficient between total livelihood assets and livelihood diversification level is 0.918, showing highly relevant (Table 5). Correlation coefficient between natural assets and livelihood diversification level is 0.987, which means natural assets are still basic for livelihoods. High mountain gorge region and mountain plateau region are agro-pastoral regions, with lower elevation and good natural conditions for farming, grazing and herbs collection. Because of relative concentration of residence, there are more opportunities for nonagricultural activities. While plateau region are confined by harsh natural and cultural conditions, nomadic grazing and herbs collection are their main livelihood activities. The Secondly high correlation coefficient with livelihood diversification level is human assets. If a family has enough labor forces, they would be able to engage in a wide range of livelihood activities. Education level of family member has far-reaching implications for livelihood, as they can better take advantage of economic opportunities and choose extended type livelihood. Social assets and livelihood diversification level is also highly relevant. Households with members engaging in civil service are obviously inclined to livelihood diversification. Households accepting government relief are generally having patients and being poor, so they are hard to realize livelihood diversification. Physical assets and livelihood diversification level is moderate negative correlation. Financial assets and livelihood diversification level is low correlation.

Table 5 Correlation coefficient between livelihood assets and livelihood diversification level

	Human assets	Natural assets	Physical assts	Financial assets	Social assets	Total assets
Correlation coefficient	0.901	0.987	−0.648	0.344	0.773	0.918

Note: Pearson correlation coefficient, significance level of 0.01.

3.4 Perspectives of livelihood improvement

Although major farmers and nomads are satisfied with current living standard (Table 6), 69.36% of nomads in Manzhang Township are dissatisfied, as grassland degradation and herbal resources reduction affect their life. Many livelihood difficulties are pointed out by farmers and nomads, such as single and unstable income, many patients, less labor, outstanding loans and hard to pay off sharks, poor quality of education, no social nets to seek off-farm employment, no capital to do business, expensive prices, aging problems, and so on.

Table 6 Perspectives of living standards and livelihood improving strategies

Region	Township	Evaluation of living standards (%)		Ways to improve living standard(%)				
		Satisfied	Dissatisfied	Raising livestock	Collecting medicine	Farming	Wage labor or doing business	No idea
High mountain gorge region	Dengta	96.74	3.26	32.61	39.02	—	6.52	21.85
	Zongke	58.90	41.10	8.22	—	—	67.12	24.66
Mountain plateau region	Nandamu	91.94	8.06	41.46	39.02	4.84	26.83	—
	Gaduo	62.26	37.74	23.58	70.75	—	16.22	—
	Zhongrangtang	89.19	10.81	27.03	20.27	2.70	—	50
	Duogongma	55.56	44.44	95.16	83.87	—	9.52	—
Plateau region	Wosai	75.00	25.00	80.95	95.24	—	42.86	—
	Manzhang	30.64	69.36	53.23	51.61	—	4.84	—
	Jianshe	86.78	13.22	24.53	52.83	—	13.21	9.43
	Shangrima	63.16	36.84	17.00	60.53	—	10.53	11.94

Table 6 reflects their strategies of livelihood improvement in different regions. Their Strategies are still based on existing livelihood assets, such as raising livestock, herbs collection, off-farm employment or doing business. In Dengta Township of high mountain gorge region, most nomads choose aweto collection to improve living standards, while in Zongke Township, 67.12% of sample households choose off-farm employment and doing business. Raising livestock and herbs collection are still main livelihood strategies in mountain plateau region. Residents of Nanmuda Township are more willing to do business, with the proportion as high as 26.83%. In other townships, less farmers and nomads want to seek off-farm employment or do business. As grassland of Jianshe Township and Sangrima Township having degraded seriously, majority of residents here collect aweto to improve livelihood, and seldom consider raising more livestock, off-farm employment or doing business. As Wosai

Township is located near county town, nomads there recognize benefits of off-farm employment and doing business, so 42.86% of sample nomads consider off-farm employment or doing business.

Nomads have to rent pastures elsewhere when local grasslands degrade. Among 62 sample households in Manzhang Township, the most seriously degraded township, 52 households rent pastures elsewhere, with 26 households in Jiuzhi County, 21 households in Banma County, 2 households in Aba County, 3 Households in Dari County. Nomads begin to collect aweto elsewhere with the reduction of local aweto resources, but they have to pay rent. 7 out of 62 households in Manzhang Township go out for aweto collection, and 12 out of 84 households in Wosai Township go out for aweto collection.

However, confined by livelihood assets, livelihood strategies of nomads in plateau region are unsustainable. The main constraints are as follows: 1) Although herbal resources are decreasing, herbs collection is still nomads' major means to raise living standards; 2) Although overgrazing is an important cause of pasture degradation, raising livestock is still an important means for nomads; 3) It is very difficult to choose extended type livelihood for nomads. They lack funds to do business and there are not enough employment opportunities even if they are eager to seek off-farm employment.

4 Discussion

For poor people in developing countries, labor forces transferring to second and tertiary industry works as an important means in livelihood diversification. However, confined by harsh natural conditions and cultural background, experiences and models from developing countries and coastal and central China may not be suitable for nomads in Tibetan Plateau, so it is necessary to explore livelihood diversification experiences of local farmers and nomads in Tibetan Plateau and seek feasible livelihood diversification models (Gele *et al.*, 2006; Gesangzoma, 2007; Lhorong, 2006; Yang, 2007).

Livelihood diversification activities of farmers and nomads in high mountain gorge region and mountain plateau region in eastern Tibetan transect provide good references for nomads of plateau region. The underlying reasons of livelihood diversification of high mountain gorge region and mountain plateau region are that farmers and nomads in the two regions having some skills and access to capital and social nets. Therefore, they have profound understandings of benefits of off-farm employment and doing business. Facing population pressure, overgrazing, natural disasters and other risks, residents in Zongke Township began to seek off-farm employment and do business. Villagers in Banqian village of Dengta Township are encouraged to purchase tractors and young people are organized to engage in secondary and tertiary industry. Other cases in Duilong Deqing County and Gyangze County show that farmers and nomads raise living standards through off-farm employment or doing business (Gele *et al.*, 2006; Gesangzoma, 2007; Lhorong, 2006; Yang, 2007; Gele *et al.*, 1995;

Horlemann, 2002). However, in plateau region, a number of factors restrict residents to pursuit extended livelihoods-no skills, illiterate, lack of capital, no social net to off-farm employment (Four no). Therefore, their livelihoods have to rely on grassland and herbal resources. If grassland and herbal resources continue degradation, nomads' livelihood will be more vulnerability. It is a very pressing issue to help nomads in vulnerability pastoral areas to establish extended livelihoods.

At present, the governments have adopted a series of measures to improve livelihoods of nomads, which actually increase physical assets of nomads. In Dari and Banma Counties, the main measures include grassland contracting, fence, housing, animal sheds and artificial grassland. Driven by western development policy, investments on road, electricity, boarding schools, hospitals and other infrastructures are stepping up. In recent years, a lot of nomads in poverty-stricken areas have enjoyed financial allowance. In county towns of Dari and Banma counties, settlements are built up by governments and a number of nomads have moved in. However, these measures can not change the "Four no" situation of nomads and improve their human assets, financial assets and social assets.

From perspectives of regional ecology and economic sustainable development, government investment should focus on relieving constraint factors of livelihood diversification and enhancing development capacity of nomads, such as skills training, education, micro-loans, employment opportunities and medical conditions. Skill training should focus on urgent needs of nomads, such as driving skills, motorcycle repairing technology, catering services and so on. As for education, in addition to free primary education, free secondary education should be popularized, especially vocational secondary education. In addition, the governments may lend micro-loans to farmers and nomads to buy yaks or do small businesses and ease threat of usary. At the same time, small-loans can help them buy fodder or medicine to overcome livestock disease and reduce death rate of yaks.

5 Conclusions

(1) Livelihood diversification of farmers and nomads in eastern transect of Tibetan Plateau has obvious differences among regions, and is subject to constraints of livelihood assets. With elevation increase, livelihood diversification level is lower, livelihood activity types getting less, and proportion of extended livelihoods decreases. Majority of farmers and nomads in high mountain gorge region and mountain plateau region are engaged in more than 3 types of livelihood activities, while nomads in plateau region mainly are engaged in 2 types of livelihood activities. Livelihood diversification level is highly correlative with livelihood assets, mainly shown in natural assets, human assets and social assets. Livelihood improvement strategies of farmers and nomads are still based on existing livelihood assets, mainly raising livestock and herbs collection, and only small number of farmers and nomads consider off-farm employment or doing business.

(2) Livelihood diversification experiences of farmers and nomads in high mountain gorge region and mountain plateau region provide good references for nomads in plateau region. Although the governments have adopted a series of measures to improve livelihood of nomads in plateau region, their situation of "Four no" still do not change. Therefore, investment of governments should focus on constraint factors of livelihood diversification to improve human assets, social assets and financial assets and help them establish extended type livelihoods.

Quantitative evaluation of livelihood assets and livelihood diversification level is the focus of livelihood diversification research. Quantitative characteristics of livelihood assets and livelihood diversification are in line with actual situation of the study area, to some extent, which confirms that quantitative method (livelihood diversification algorithm) and evaluation methods (livelihood assets indicators) are justified. However, how to further verify results and improve quantitative method is still the trend of future quantitative research.

Livelihood Diversification and Cropland Use Pattern in Agro-pastoral Mountainous Region of Eastern Tibetan Plateau*

青藏高原东部山地农牧区生计与耕地利用模式

摘　要:利用分层随机抽样、参与式农村评估及其工具、地块调查、数理统计等方法，对 63 个农户、272 个地块进行了系统的调查与取样，研究了青藏高原东部山地农牧区金川县克尔马村的生计多样化与耕地利用模式。结果表明：① 不同类型农户的生计策略选择、组合及收入不同，生计多样化，引入并扩大非农活动是当地生计策略的发展趋势，但不利的自然环境和社会经济条件以及农户自身素质共同影响了生计和土地利用的可持续性；② 各种生计策略对土地利用的影响不同，主要影响土地利用类型和土地利用集约化水平；③ 以非农活动为主的生计多样化可能是该区构建可持续生计的核心，同时也是实现土地可持续利用的根本途径。

1　Introduction

Livelihood diversification in developing countries and regions have been studied extensively (Block *et al.*, 2001; Bouahom *et al.*, 2004). Nowadays, many researches focused on relationship between household livelihood strategy and land use change (Barrow *et al.*, 2000; Ellis, 2003; Holden *et al.*, 2004; Eija, 2005; Gina *et al.*, 2005; Bradstock, 2006; McCusker *et al.*, 2006), as smallholders, being the primary unit of rural social economy, constitute microcosmic foundation of rural economy in many developing nations and regions (Chen, 1994). Farmers' decision-making has significant impacts on land use, for instance, irrational land use of households will be the main and direct causes of land degeneration (Tan *et al.*, 2001). Their land use behaviors are closely related to livelihood strategies, while land use management is affected in turn by different livelihood strategies (Holden *et al.*, 2004; Pender, 2004). Farmers' seeking off-farm employment can drive land use extensively, which leads to land degeneration for lacking of management (Tan *et al.*, 2001). Access to off-farm employment also reduces households' incentives to invest in land conservation and leads to more overall soil erosion (Holden *et al.*, 2004). From 1980s, livelihood of rural regions of China had big transformation, which drove land use and cover change (Yan *et al.*, 2005a, 2005b). Whereas, there still lack case studies on livelihood diversification and land use

* Published by Zhang Liping(张丽萍), **Zhang Yili(张镱锂)**, Yan Jianzhong(阎建忠) and Wu Yingying (吴莹莹) in the *J. Geogr. Sci.*, 2008, 18(4): 499-509.

change in village scale in rural China.

Located in the transition belt from Sichuan Basin to Tibetan Plateau, the upper reach of Dadu River watershed is a typical ecologically fragile region (Figure 1). Previous studies in this region have reported land use and cover change and the driving forces, livelihood diversification in regional scale (Bao *et al.*, 2002; Bai *et al.*, 2004, 2005; Yan *et al.*, 2005a, 2005b, 2006). Yet, livelihood change and land use change on local scale has scarcely been investigated. So, one village in the agro-pastoral mountainous region of eastern Tibetan Plateau is taken as study area. We aim here to explore livelihood strategy of the interviewed households and land use of every cropland plot.

2 Study area

Jinchuan County is situated in eastern Tibetan Plateau with latitude of 31°08′～31°58′ N and longitude of 101°13′～102°19′ E. It has an area of 5 524 km^2 with 104 km length and 86 km width, mainly consisting of valley, mountain and highland (Yan et*al.*, 2006; Jinchuan Chorography Compiling Committee, 1994; Land Resources Investigation Office, 1995). Three agro-ecological zones, including agricultural zone, agro-pastoral zone and pastoral zone, can be identified from valleys to highlands. The agro-pastoral zone is situated in the middle, with the livelihood strategies of cultivating, breeding and non-farm employment. Double crops can be grown in one year or triple crops can be grown in two years in the area with lower altitude and one crop can be grown in one year in the area with higher altitude. The crops are corn, wheat, potato, soybean, horsebean, peas, highland barley, turnips, rape, with corn as the staple crop. *Zanthoxylum bungeanum* is the main perennial tree crop, others include walnut tree, pear tree and apple tree. Driven by rural population pressure, crop and livestock production became integrated in order to intensify output. Livestock consists of pig, yellow cattle, cattle-yak hybrid, dairy cattle, yak, sheep, goat, horse and chicken.

Located in Shaer township of Jinchuan county and about 4 km away to the north of Jinchuan county town, Keerma is a typical agro-pastoral village with latitude of 31°30′54.42″～31°34′8.20″N and longitude of 101°59′9.72″～102°2′46.02″E (Figure 1), covering an area of 14.64 km^2. Dominated by a plateau monsoon climate, the village has long sunshine periods with a lot of sunny days, significant temperature difference and obvious vertical differentiation. The physiognomy is mountain gorge with elevation from 2 430 to 4 170 m a.s.l. Croplands are distributed on terraces, grazing pasture being in highlands. In Keerma village, the Tibetan, Han Nationality, Qiang Nationality and Hui Nationality make up 74%, 20%, 2% and 4% of the population, respectively. Keerma village had 102 households with 420 inhabitants in 2004 and 564 800 yuan RMB of agro-pastoral income, which accounted for 68.77% of total income, and the net income per capita was 1 419 yuan RMB.

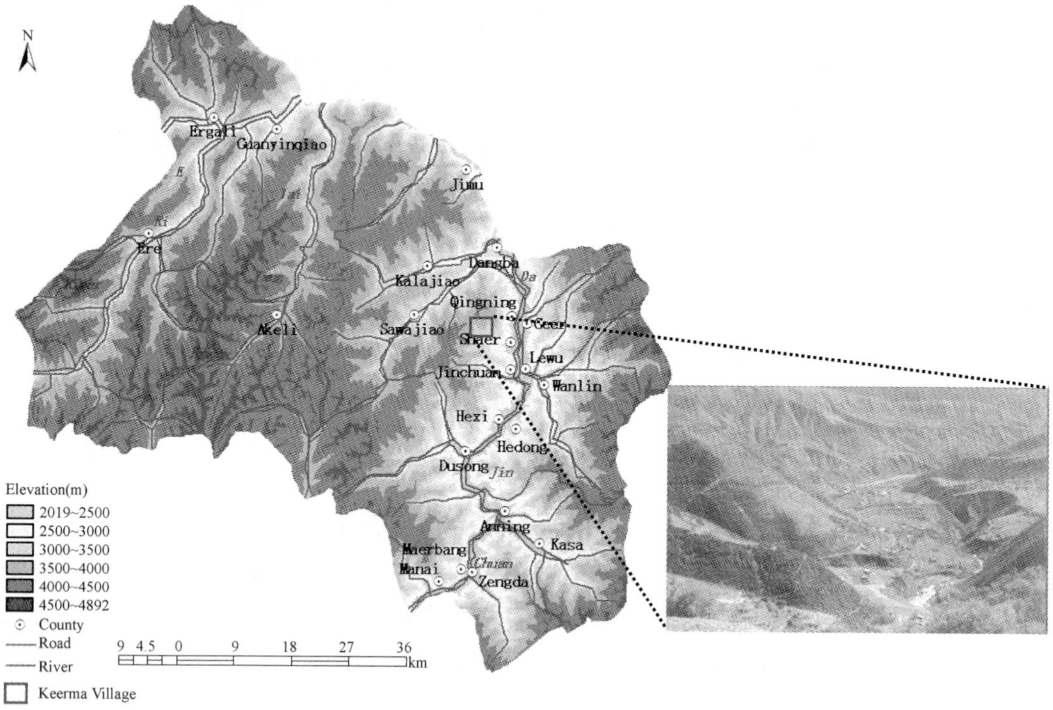

Figure 1　Location of Keerma Village in Jinchuan County

(The data are from USGS/NASA SRTM DEM; there is no official village boundary in Keerma)

3　Data and methods

3.1　Household type (HT) classification

Household types are classified on the basis of statistic data, interviews with key interviewees and mini-types meetings with household heads (Yang *et al.*, 1998; Chen *et al.*, 1999; Tan *et al.*, 2001; Ouyang *et al.*, 2004). According to indicators such as present living standard, major income resources and labor input orientation, four household types are identified, including pure-agriculture households (Ⅰ), agriculture-dependent households (Ⅱ), non-farming-dependent households (Ⅲ) and non-agriculture households (Ⅳ) (Table 1).

3.2　Household sampling and survey

Adopting a stratified random sampling survey (Cramb *et al.*, 2004; Richard *et al.*, 2005), 63 households (61.8% of the total) were sampled in Keerma village, accounting for over 60% of households in Keerma village (Table 1). Participatory rural appraisal (PRA) and its tools (Chambers 1994; IIED, 1995; Cramb *et al.*, 2004; Zhao *et al.*, 2004) are applied, such as observations, semi-structured interview, survey questionnaire, season calendar, memorabilia, mini-type meetings, interviews of key-informant and order and rank.

Household investigations were conducted in July and August in 2006 with 2～3 hours by each household on the basis of preliminary investigation in 2005. Household heads and other family members, about 80 people, were interviewed.

Table 1 Household type and classification standard

HT	Classification standard			Samples	Percentage of household to the total type each(%)
	Living style	Family major income resource (%)	Main labor investment orientation		
Ⅰ	Agro-pastoral industry	Agro-pastoral industry(100)	Agro-pastoral activities	8	65
Ⅱ	Agro-pastoral industry, Non-agriculture	Agro-pastoral industry(>60)	Agro-pastoral activities, Non-farm activities	7	65
Ⅲ	Non-agriculture, Agro-pastoral industry	Non-agriculture(>60)	Non-farm activities	40	60
Ⅳ	Non-agriculture	Non-agriculture(>95)	Non-farm activities	8	65

3.3 Households plot investigation

Depending on household interviews and key-informant or households' directing, every plot was investigated on the spot. Fieldwork focused on land use types, input of chemical fertilizer, farmyard manure, pesticide, seed, film and output. 272 plots were invested in Keerma village, accounting for 71% of total land area, including 34 plots of pure-agriculture households, 30 plots of agriculture-dependent households, 171 plots of non-farming-dependent households and 37 plots of non-agriculture households. Information of households and sample plots are collected by investigation carried out by researchers in the 2006.

4 Results

4.1 Household types and characteristics

The difference of households is mainly reflected by family size, labor division, age and education attainment (Table 2 and Figure 2). The characteristics of pure-agriculture households are smaller size, more elderly members, lower level of education and more illiteracy, especially for female labors. Non-agriculture and non-farming-dependent households have bigger families, younger family members with higher education attainment and are facing higher pressure from education fees for students and pre-aged children.

4.2 Livelihood strategies

The differences of livelihood strategies are shown in their participation in agricultural activities (collecting forest products, wild medicinal materials and mushroom included) and off-farm employment (Table 3). Pure-agriculture households are not engaged in off-farm activities. Agriculture-dependent and non-farming-dependent households introduce off-farm activities and their portfolio on the basis of traditional agriculture activities. Non-agriculture households do not work on farms. The off-farm activities of agriculture-dependent household are sidelines, such as processing of agricultural products (e.g. corn, wheat) or out working for 2～3 months, while that of non-farming-dependent households are out working or trading for a whole year with abundant kinds and diverse means.

Table 2　Households' composition and labor division in Keerma

HT	Total population*	Agriculture	Out working	Trading	Salary-working**	Student	Other***
Ⅰ	4.00	3.13	—	—	—	0.50	0.38
Ⅱ	4.29	1.71	0.86	0.43	0.14	1.14	—
Ⅲ	4.83	1.78	1.30	0.38	0.08	0.95	0.35
Ⅳ	5.38	—	1.63	0.50	0.38	1.25	1.63

Note: * Household size does not include adult children who are married and economically independent;

** Compared with out working, salary-working only indicates working in government department (e.g. township government), enterprise unit (e.g. schools) with formal position and stable wage income;

*** Other includes the old and pre-aged children.

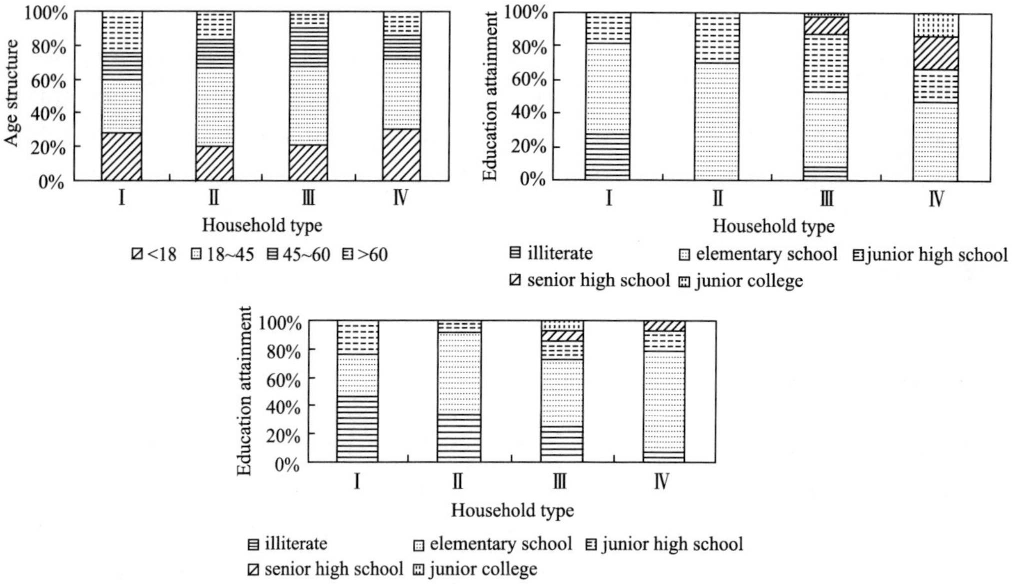

Figure 2　Different households' age structure and education attainment distribution in Keerma

(a) Age structure; (b) Male labor's education attainment; (c) Female labor's education attainment

Table 3 Different strategies for households' livelihood in Keerma *

HT	Cultivating	Breeding	Collecting	Sideline	Out working	Transporting	Trading	Salary-working	Others
Ⅰ	+	+	+						
Ⅱ	+	+	+	+	+			+	
Ⅲ	+	+	+	+	+	+	+	+	+
Ⅳ					+	+	+	+	+

Note: * '+' is to adopt this livelihood strategy;

Cultivating includes crop (corn, wheat, potato, soybean, horsebean, pease), vegetable and fruit tree (apple, pear, zanthoxylum bungeanum, walnut); Breeding includes pig, cattle, sheep, horse, chicken, duck, others (bee); Collecting includes wild medicinal materials and wild mushroom; Sideline includes mini-type machine (wheat, corn, alcohol), handicraft (board manufacture, electric welding); Out working includes whole year employment (major), short time employment; Transporting includes horse or cattle, tractor, car; Trading includes buying and selling medicinal materials, keeping small shop; Salary working includes village cadre (forest protector), teacher, driver and soldier; Others include renting or renting out land.

The participation in and income of major livelihood strategies differed in various household types (Table 4). For example, a small percentage of pure-agriculture and non-farming-dependent households choose food sale. Agriculture-dependent households have higher percentage of income from cattle and sheep products. Pure-agriculture households have highest percentage of income from medicinal materials.

Table 4 Households' participation in different livelihood strategies and income in Keerma *

	HT	Food sale	Fruit sale	Pig sale	Cattle sale	Sheep sale	Medicinal materials sale	Mushroom sale	Bee sale	Non-farm activities	Total
Participation (%)	Ⅰ	13	88	88	13	—	50	25	13	—	—
	Ⅱ	—	88	71	29	43	43	29	14	100	—
	Ⅲ	10	95	95	20	15	33	15	8	100	—
	Ⅳ	—	—	—	—	—	—	—	—	100	—
Income (yuan RMB)	Ⅰ	31	1 040	2 713	600	—	5 225	44	88	—	9 741
	Ⅱ	—	1 000	3 114	3 514	1 214	1 071	29	57	3 949	13 948
	Ⅲ	63	1 720	3 119	190	158	111	21	23	10 635	16 040
	Ⅳ	—	—	—	—	—	—	—	—	26 300	26 300

Note: * % = households' count participating in same activity/ household total of each type; Income = income pursuing same activity /household total of each type.

Agriculture-dependent households have a range of livelihood activities, with higher average income from agro-pastoral activities, preceding pure-agriculture households, while their total income is still less than that of non-agriculture and non-farming-dependent households, owing to lack of off-farm income. Non-agriculture households have the most total income, however, they confronted with high risk due to dependent on single livelihood strategy. They have expressed their strong worries about livelihood vulnerability. Except income from agricultural activities, non-farming-dependent households also have off-farm income and then their livelihood risk is decreased.

4.3 Perception of present living standard, pressure and improving approaches

A majority of households are satisfied with current livelihood standard (Table 5). National rural policies benefited them by exempting agricultural tax and compulsory education fees, and converting agricultural indirect allowance to direct allowance. The satisfaction proportions of pure-agriculture and non-agriculture households are lower, which are related to their income or perception of livelihood risk.

In face of similar pressure, such as education fees, seeking employment, providing for the aged, different households expect to adopt diverse approaches, i. e. , cultivating, breeding, out working and trading included (Table 5). As for the helps needed, favorable national policies are mentioned and valued by most households, including price decrease of agricultural production materials, medical treatment, the allowance of rebuilding dangerous houses, and infrastructures (road, electricity and energy supply). The aid mentioned and dependence on national policy reveals the influencing factors or livelihood risk of livelihood improvement and households' passive response.

4.4 Households' adjustments of future livelihood strategies

Restricted by various influencing factors, above half of subject households decide to maintain present livelihood strategies and the adjustment approaches differ among household types (Table 6). As for non-agriculture households, 75% of which have no adjustment. The adjustments of cropland is almost to plant or expand high value fruit trees(*zanthoxylum bungeanum*, walnut tree), to cut away low value pear and apple trees as firewood and change to cultivation. A few households want to convert cropland to forestland and wish to convert about half of their crop land which is far away from home with low yield and lack of irrigation if policies allow. In addition, they can get the allowance of converting cropland to forest for the policy of grain for green (3 900 yuan RMB /hm^2). Some households hope to grow medicinal materials or forage grass. The adjustments on livestock husbandry include quantity, breed and methods of rearing. Most households intend to adjust livestock breeding techniques and improve cow and sheep numbers. The adjustments on non-farm activities are mainly to add more laborer and time to off-farm work. This trend is accordance with other study in this region (Yan *et al.*, 2006).

Table 5 Subject households' perception of living standard, pressure and improving approaches *

HT	Living evaluation		Living pressure (%)	Improving approaches (%)	Helps needed (%)
	Satisfaction (%)	No. satisfaction (%)			
I	87	13	No money (100); little education or no technique (88); medical treatment (50)	Breeding more cattle, pigs(100); using more farmyard manure and planting better crop(100); collecting more medicinal materials (50);(want) out working(13)	Increasing national investment(100); aid or capital (100); means and information of attaining wealth or employment, (children's) technique training(63)
II	100	0	Education fees (71); more livestock and less pasture(57)	Expanding breeding(100); out working(57)	Capital or interest-free loan (86); education fees(71); information of employment or children's technique training(43); technique instructing(43)
III	92	8	(Children's) employment (80); education fees(65); building house for children's marriage (3)	Out working or increasing members and time(53); expanding breeding(more pigs, cattle, sheep, bee)(38); growing more high price fruit trees (20); trading(10); increasing sideline activities(8); transporting(5); collecting more medicinal materials(3)	Capital aid (poverty loans, interest-free loans or loans with low interest) (85); information (employment), technique instructing and training(80); means of attaining wealth or scientific technique(18)
IV	87	13	Education fees (88); (Children's) employment (63); medical treatment (13)	Out working or increasing work time(88); expanding trading(13)	Capital aid (interest-free loans or loans with low interest) (88); information, means of attaining wealth and employment(63)

Note: * Households' original saying adapted; % = household's count mentioning a same item/ household total of each type.

Table 6 Subject households' adjustments of future livelihood strategies in Keerma *

HT	No adjustment on livelihood strategies		Adjustments on livelihood strategies		
	%	Reasons	%	Reasons	How to adjust
I	50	Labor focusing on collecting medical materials; aged; feeling safe to maintain status quo	50	Good breed of livestock for higher income; less land; renting out for low income	Renting out land to the breeding field of cattle; improving more livestock breed; buying more milch cow; going out for work after renting out land

Continued

HT	No adjustment on livelihood strategies		Adjustments on livelihood strategies		
	%	Reasons	%	Reasons	How to adjust
Ⅱ	57	Shortage of labor; aged	43	Increasing income	Vacating 0.03 hm^2 land for medicinal materials; intending to plant grass; increasing 2 well-bred dairy cattle to further develop; more high quality and well-bred cattle
Ⅲ	58	No or shortage of labor; aged; feeling safe to cultivate crops	42	Increasing income; less income from cultivating; children grew up; emigrating with children after renting out land; lacking land	Emigrating for out working or trading after renting out all land; buying 2 well-bred dairy cattle; buying 2 cattle; developing 4 dairy cattle; breeding more pigs; developing well-bred sheep; increasing time of out working; increase labors pursuing out working or trading; exerting themselves for out working; let other labors engaging in out working or trading except women who engage in cultivating, breeding
Ⅳ	75	Keeping on out working or trading for making money	25	Less or no money from cultivating	Renting out land to others; learning a skill

Note: * Households' original saying adopted.

4.5 Cropland use pattern: present and trend

Different households hold various plot number, area per household and area per capita. The plot numbers of pure-agriculture, agriculture-dependent, non-farming-dependent and non-agriculture type are 4.25, 4.29, 4.28, 4.63 and area per household are 0.40 hm^2, 0.48 hm^2, 0.44 hm^2, 0.45 hm^2, and area per capita are 0.10 hm^2, 0.12 hm^2, 0.09 hm^2, 0.08 hm^2, respectively. Agriculture-dependent households have the largest area per capita. Non-agriculture households have the most scattered plots and less area per capita. Non-farming-dependent households have lower area per capita. It shows that non-agriculture and non-farming-dependent households are facing higher pressure from population pressure and land shortage than other types, which is one of the important determinants to pursue non-farm livelihood strategies.

It can be seen from Figure 3 that corn is the staple crop, accounting for 70% of total cultivation area. Pure-agriculture households have the highest percentage of corn and growing seedling (include white poplar and forage grass), which are 78.6% and 11.6%, respectively. Non-farming-dependent households have higher percentages of wheat-corn, coarse cereals and converting cropland to forest than that of other household types, which have

15.5%, 2.7%, 3.6%, respectively and this type is the only one with abandoned land. 97.3% of non-agriculture households rent out most plots with higher converted forest from cropland (2.7%).

For land labor input, households which pursue out working, trading and family sidelines have decreased the quantity of labor input. Young male labors with higher education level always engage in off-farm activities, while aged labors with lower education level and females or children (mowing, grazing) undertake farm activities. Many means are adopted to make up labor shortage in busy seasons, such as labor exchange with relatives, friends or neighbors, labor hiring and labor returning to home.

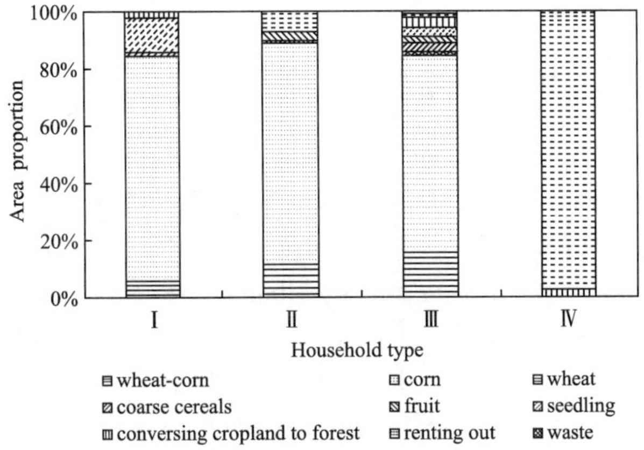

Figure 3 Area proportion of different households' land use types in Keerma
(coarse cereals include soybean, potato, pease and horsebean)

Different households choose various fertilizers types. There is obvious difference in their choice of investing compound fertilizer and ammonium bicarbonate (Figure 4), which are introduced and used in recent years with higher price. Almost all households input traditional fertilizer, including phosphorus fertilizer, urea, dry manure and liquid manure.

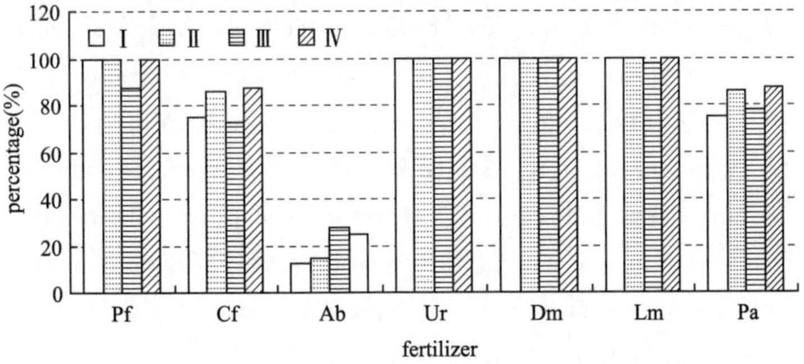

Figure 4 Percentage of different fertilizer use for subject households in Keerma[a) b)]

(Pf—Phosphorus fertilizer, Cf—Compound fertilizer, Ab—Ammonium bicarbonate, Ur—urea, Dm—Dry manure, Lm—liquid manure, Pa—plant ash. a) % = household's count investing same fertilizer/ household total of each type. b) For non-agriculture households (IV), fertilizer investment refers to that before the plots are rented out or transformed (from cropland to forest))

By this trend of livelihood diversification, labors transfer to non-agricultural employment and cropland will be changed to simple use type, rented out or converted to forest. There is a trend to add farmyard manure and reduce chemical fertilizer as a result of livestock increase and manure abundance. 89% of subject households decide to use more farmyard manure and 38% plans to decrease chemical fertilizer on the basis of increasing farmyard manure. Subject households understand that excessive chemical fertilizer can harden soil and the improvement of soil fertility primarily depends on farmyard manure.

5 Conclusions and discussions

5.1 Factors restricting livelihood diversification

Diversification into non-farming activities can ensure income increase and living standard improvement, as well as decrease of fragility and risky of single livelihood activity (Block and Webb, 2001; Bruce and Saskia, 2007; Charlie, *et al.*, 2007). Nowadays, the most prevalent and important livelihood strategy for smallholders of rural China is seeking off-farm employment opportunities. With cultivation and livestock husbandry as complementary activities and non-farm employment as dependent livelihood activity, it can realize a virtuous benefit cycle in a family, as income from off-farm employment can support agricultural production and livestock husbandry, while agricultural production can meet subsistence needs and provide employment for other family members such as elders, women and children.

Off-farm employment is also an alternative livelihood resources pursued by most households in the eastern Tibetan Plateau, whereas, a range of adverse factors still restrict livelihood diversification into off-farm employment in this region. Undeveloped local tertiary industry can not absorb rural surplus labors. Owing to separated rural-urban system, the dual census register, employment and social security system has not changed radically. Unified labor market between urban and rural region is lacking. Although villagers with higher education attainment can more easily take the chances of non-farm employment and information from the labor market and then possibly transfer to off-farm industry, labor with higher education level and skills are scare in eastern Plateau. Furthermore, almost all the villagers lack family social networks and capitals. In addition, local livelihood vulnerability is improved by poor infrastructures, production cost increase because of market price rising of production materials, lower resistance to diseases and pests, shortage of forage grass, environmental degradation and lacking of medical treatment security. Some of them had to lay their hopes on national policies, anti-poverty aids or other assistances. Their views and experiences should be studied further to help rural-urban transformation in the eastern Tibet Plateau.

5.2 Suggestions to livelihood improvement

With regard to these adverse factors on livelihood improvement in this region, feasible strategies are put forward at household level and regional level. At household level, based on the advantages and disadvantages of different household types, the effective configuration of livelihood capitals and reasonable combination of livelihood activities are needed. Pure-agriculture and agriculture-dependent household need to find the potential of income increase from traditional agriculture activities, improving agricultural technique and crop breeds. Non-farming-dependent and non-agriculture household should increase employment competition capabilities and expand income resources and employment approaches. The strategies of region level include improving infrastructures, advancing the level of education and medical treatment, decreasing the price of production materials, updating the variety of crop breeds, preventing pest/disease, controlling livestock quantity, protecting pasture, controlling debris flow, developing high quality and characteristic agriculture, especially creating more employment opportunities to lead the reasonable, regular and sustainable transfer of rural surplus labors to non-agricultural employment.

5.3 Land use changes in the process of off-farm transformation of labors

With the transformation of labors to off-farm employment, women and elders had to assume the role of farm management, which would reduce laborers and other input factors. When the households become less dependent on income from agriculture and livestock husbandry, it is inevitable for the cropland plots to change towards single crop system, cash crop or fallows. However, due to special earth-love-knot, non-agriculture households are unwilling to abandon their land and houses after emigrating for out working or trading. This will hinder small plots amalgamation into more efficient plots for mechanized farming. On the other hand, the households with little or no non-farm income can only expand livestock husbandry to increase income, which would drive overgrazing and land degradation, disasters increasing (e. g. debris flow) and environmental deterioration. This is also proved by other study (Yan *et al.*, 2006).

Livelihood Strategy Change and Land Use Change——Case of Danzam Village in Upper Dadu River Watershed, Tibetan Plateau of China*

生计策略变化和土地利用变化——以青藏高原大渡河上游丹扎木村为例

摘　要:20世纪80年代以来,制度改革、城市化、工业化和人口增长引发的中国农村土地利用变化日益受到关注。然而,关于制度改革如何影响农民的生计策略和驱动土地利用变化的案例仍然较少。通过农田地块调查和农户访谈,本文调查了青藏高原东部大渡河上游地区金川县丹扎木村的农户生计策略变化和土地利用变化。结果显示:集体经济时期,由于剩余劳动力不能转移到二、三产业,农户不得不选择农业过密化作为其生计策略,农户通过开垦荒地、增加复种指数、增加劳动力投入、肥料投入、杀虫剂和采用先进农业技术来生产更多的粮食。在家庭承包责任制时期,由于劳动力转移至二、三产业,农民选择生计多样化策略。因此,劳动力投入大幅下降,这导致了粮食生产向园艺、蔬菜或休耕转变,并降低了复种指数。本研究提供了一个理解中国农村制度改革、农户生计策略和土地利用变化之间联系的崭新视角。

1　Introduction

Since IGBP (International Geosphere-Biosphere Programme) and IHDP (International Human Dimensions Programme on Global Environment Change) implemented land use/cover change (LUCC) project (Lambin *et al.*, 1999), there were many new findings on causes of LUCC on the basis of case studies around the world. In 2001, global scientists working on LUCC summarized papers on land use/cover change and found that the simplification of cause-consequence relationships were difficult to support complicated land use change cases around the world, such as tropic deforestation, agricultural intensification, rangeland modification, influence of urbanization and globalization on regional LUCC (Geist *et al.*, 2001; Lambin *et al.*, 2001a, 2001b). "Rather, people' response to economic opportunities, as mediated by institutional factors, drove land cover change" (Lambin *et al.*, 2001). Scientists appeal to enhance theory study and case analysis of man-land relationship, so as to seek synthesis study means of LUCC. IGBP and IHDP then started up Global Land Project to better

* Published by Yan Jianzhong(阎建忠), **Zhang Yili(张镱锂)**, Zhang Liping(张丽萍) and Wu Yingying (吴莹莹) in *Chin. Geogra. Sci.*, 2009,19(3):231-240.

understand man-land coupling system, to diminish the frangibility of man-land system and enhance sustainable land use (Moran *et al.*, 2003;Ojima *et al.*, 2005). The new project focused on many important interfaces between man-land system, such as how changes of social and economic factors affect land use decisions and practices, how land management actions affect natural ecosystem and how changes of ecosystem service value affect livelihood strategy. Therefore, it is necessary to do more case studies to examine these interfaces.

From 1980s, China experienced tremendous land use changes (Heilig 1997; Fischer *et al.*, 1998; Yang *et al.*, 2000). Many coastal regions of China such as the Yangtze River Delta region and Pearl River Delta region experienced dramatic economic and spatial restructuring, which resulted in quick land-use change (Streets *et al.*, 1995; Lin, 2001; Weng, 2002; Seto *et al.*, 2003; Li *et al.*, 2004; Long *et al.*, 2007). Case studies on regional scale, which still being based on cause-consequence paradigm, show that industrialization, urbanization, population growth, and China's economic reform measures are four major driving forces contributing to land-use change in costal regions, characterized by a serious replacement of farmland with urban and rural settlements, construction land, and artificial ponds (Li *et al.*, 2004; Long *et al.*, 2007). However, as industrialization and urbanization in west China are comparatively lagged, there are different social-economic development processes. In west China, smallholder economy is chronically kept and land use is closely linked with livelihood of farmers. However, there still lack case studies on how policy inducements affect livelihood of farmers and then drive land use change.

The Dadu river watershed, aggregating many natural vegetation types and having important ecological shelter functions, is a typical fragile ecotone and receives many attentions on its environmental degradation (Bao *et al.*, 2002; Fei *et al.*, 2002; Deng *et al.*, 2003). In the last 5 years, remote sensing and GIS measures were used to study land use/cover change patterns, driving forces and responses of local residents on regional scale (Bai *et al.*, 2003; Yan *et al.*, 2005a, 2005b, 2006). These studies show that policy inducements are the most import driving forces of land use change in this region. However, from these studies, it is found that understandings from regional scale can not support local scale cases and it is hard to link land use change and livelihood change together, especially in smallholder economy system. Cases on how policy inducements drive livelihood change and how livelihood change drive land use change are still scarce. Nowadays, there is a new trend that focusing on local scale comprehensive study on livelihood diversification and land use change (Reardon, 1997; Elli, 1998; Escobal, 2001; Chen *et al.*, 2001; Bryceson, 2002; Niehof, 2004; Soini, 2005; Zhang *et al.*, 2008), as it could get new insights on man-land system. From 2005, applying paradigm of livelihood strategy, our studies focused on village scale and tried to link policy induction, livelihood strategy and land use change together. There are 8 villages being studied altogether. In this paper, Danzam Village in Shaer township of Jinchuan County in the upper Dadu River watershed is selected as a typical case to examine key interfaces on local scale. The following issues are examined in this paper:

1) livelihood strategy and land use in collective system; and 2) livelihood strategy and land use change in household responsibility system.

2 Study area, Data and Methods

2.1 Study area

Situated in Sha'er township of Jinchuan county in east Tibetan Plateau (Figure 1), Danzam Village (31°30′54″～31°34′08″N, 101°59′9″～102°02′46″E) is a typical valley village, with 2 km off Jinchuan township and covers an area of 340.37 hm^2. Arable land and residential area are distributed on flat valley. A county road passes through the whole village. As being near County town, Danzam Village has accesses to modern infrastructures, such as transportation, electricity, phone, potable water, hospitals, markets and schools. In 2006, the village consists of 415 households with population of 1 778, with equal number of Tibetan Nationality people, the Hui Nationality people and the Han Nationality people, respectively.

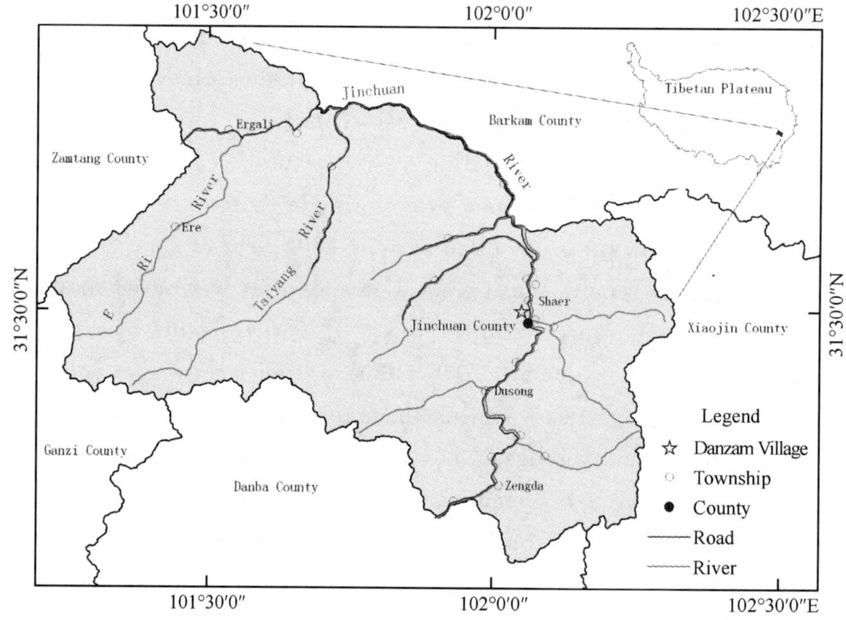

Figure 1 Location of Danzam Village in Jinchuan County

Danzam Village is dominated by plateau monsoon. Average temperature is 11.8 ℃ and annual active accumulated temperature(≥10 ℃) is 3 942.9 ℃, with 194 days of non-frost. The village is located in a typical semiarid valley with distinct dry-wet season, average precipitation being 606.8 mm and annual mean evaporation being 1 543.8 mm. It is usually drought in winter and spring. Besides drought, the main natural disaster is hailstone* (JCCC, 1994).

In the flat valley along the Dadu River, elevation varies between 2 148 and 2 300 m above sea level and the main land use types are arable land, orchards and built-up land. While in steep canyon above valley, elevation varies between 2 300 and 3 040 m above sea level and the main land use types here are forest, shrub and grassland. Debris flow is easily engendered from steep and fragmentized geomorphology in rainy seasons and always destroys arable land and orchard in lowland. The main soil types here are neo-aoouviao soil, dry-cinnamon soil, mountain cinnamon soil, mountain brown soil, dark brown forest soil, sub-mountain meadow soil and mountain meadow soil. The main cultivation soil is neo-aoouviao soil. Vegetation type in Danzam Village varies with elevation. During 2 148～2 600 m above sea level, there is semiarid valley shrub vegetation, and during 2 500～3 100 m above sea level is broad-leaved mix forest. Orchard plants such as pit-peach, apple and pear are planted below 2 300 m above sea level. Crop is mainly composed of maize and wheat, with little potato, bean, vegetable and rape, with biannual ripeness.

2.2 Data and method

Sha'er Agriculture Statistic Annals during 1965—2005 and Jinchuan County Statistic Annals were collected from Sha'er Town, Jinchuan Statistical Bureau, and Jinchuan Agriculture and Herd Bureau, respectively. These data provide background information of the village.

By interviews with the elders and rural cadres of Danzam Village in August 2005, important information since 1950 were got, such as momentous policy changes, weighty matters they took part in, socio-economic variances, main natural disasters and the superior species generalization. Based on these interviews, questionnaire is designed and 88 households are surveyed by four investigators. Interview of each household costs 3～4 hours, with questions being answered mainly by householders or elders in a family, with others' supplements. Questionnaire consists of firstly basic household information, including family population, labor, real property and other belongings, education degree, the condition of engaging in off-farm employment, family income and payout, and household debt; secondly, their land use condition, including input of labor, fertilizer, pesticide and manure, crop structure adjustment, livestock grazed or fed, deforestation and fallows and so on.

The National Soil Survey cards of Sha'er Town in 1979 were collected from Jinchuan Archives Bureau. These cards recorded fertilizer input level, irrigation condition, multiple cropping index and yield of every plot in Danzam Village in 1979. After household responsibility system being put into practice in 1980, a plot was always divided into several small plots between a few households. In August 2006, fertilizer input, irrigation condition, multiple cropping index and crop yield of sample plots of interviewed households were investigated.

---

* Land Resources Investigation Office, Land and Resources Bureau, Jinchuan County of China, 1995. Jinchuan Land. (in Chinese).

3 Results

3.1 Livelihood strategy and land use during collective system period

3.1.1 Collective system implement

Jinchuan County was peacefully liberated in 1950 and land reform crusade was carried out and the feudal land tenure was abolished in 1956. In the 1950s, a series of policies were implemented up-down, led by the governments, and then collective system was built up in Danzam Village, which determined grain production of the village. As land reform being carried through, the village originated cooperation and developed giff-gaff groups simultaneously in 1956. Jinchuan County brought forward the slogan of the Great Leap Forward of agricultural production in 1958. Construction of irrigation system, collecting manure and "three change" (slope land altered to terrace, thin land altered to thick land, fragmentized patches altered to big block land) were the central assignments for collective organizations. During period of Great Leap Forward, private owned land was cancelled; private pig, cattle and sheep were also forbidden. Food supplies were uniformly purchased, and the governments prescribed planting grain since 1959. Apart from remaining enough grain rations, seeds, feed and public grain, 80%~90% of surplus grain is uniformly purchased by the governments. The assignment of purchasing remaining grain is carried out by collectivity organization. Since then, food demand of the governments determined crop arrangement of the village, while farmers completely had no right to choose.

At the end of 1958, administrative village was the basic checking unit and working team was the basic production organization unit, at the same time, working points system was put into practice. With the implement of working points system, many females took part in agricultural production, which almost doubled number of labors. The quantity of labor also increased because of population explosion. During 1965—1979, number of labors increased from 274 to 547. At the beginning of 1970s, people born during the bearing pinnacle days after liberation also promoted increase of labors. As a result, population pressure of the village got higher.

3.1.2 Livelihood strategy

During commune system period, working teams in Danzam Village have to choose agriculture involution as their livelihood strategy. As collective working, constituted by producing teams, restricts rural-urban migration of farmers and absence of employment opportunities from the second and tertiary industry, farmers have to live on agriculture. Furthermore, the village has to plant more grain crop as control from the governments on grain production and trade.

Apart from policy factors, another important factor driving agriculture involution is population pressure. The commune system ensures everybody having meals, and the cheap medical treatment system popularized in rural area improved rural medical treatment level, inducing relative rapid population increase at this period. During 1965—1979, population in Danzam Village increased from 951 to 1431, about 51.31%, and household number increased from 203 to 269 (Figure 2). As surplus labors could not be "fired" like a capitalism industry, they could only be input into agricultural production, as surplus labors in Danzam Village actually having approximately no opportunity costs in this labor organization form. Under pressure of food uniformly purchased mission, subsistence and surplus labors, working teams could only constantly input labors into agriculture till marginal products inclined to zero.

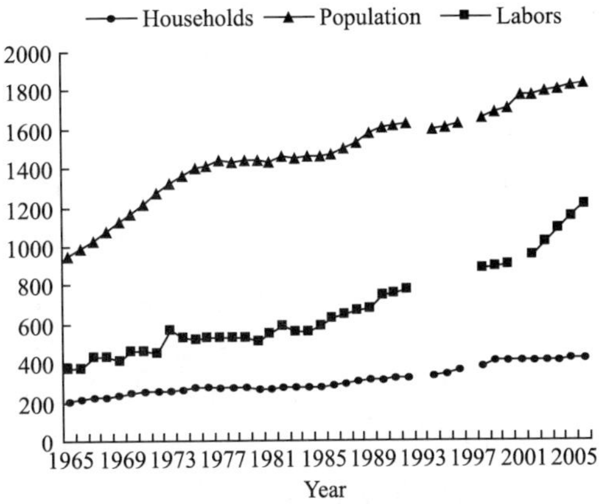

Figure 2 Change of households, population and labor forces in Danzam Village in 1965—2005

Furthermore, commune system is the organization guarantee for land reclamation, irrigation system construction, introducing new cultivation technology and fine breeds. The elders who taking part in land reclamation recall that nearly 33 percent of labors in valley villages being prescribed by government to reclaim wasteland at 1956. With livelihood strategy of agriculture involution, labor input per hm^2 reaches the climax of 2 021 working points. In 1981, there were 547 labors in Danzam Village with working points amounting to 176 236, and average working point of every labor was 322.18 annualy. As income of farmers are from working points, more working points, more income, farmers never resist agriculture involution.

With an increase of cropland area and growing inputs of labor, fertilizer, pesticide and fine seeds, total grain yield increased steadily, especially after 1972 (Figure 3). Wages of farmers were calculated on the basis of working points of a year. More working points, more wages they got. However, income didn't increase as working points. Old farmers recalled that in 1960s and 1970s, day wage was only 0.5～0.9 yuan(RMB), which including grain ration of the farmers. At the end of a year, there was hardly any cash income after grain ration being deducted. Some households with little labor but more children to bring up had to borrow grain from commune and repay it by labor points of the coming year. Until carrying out household responsibility system in

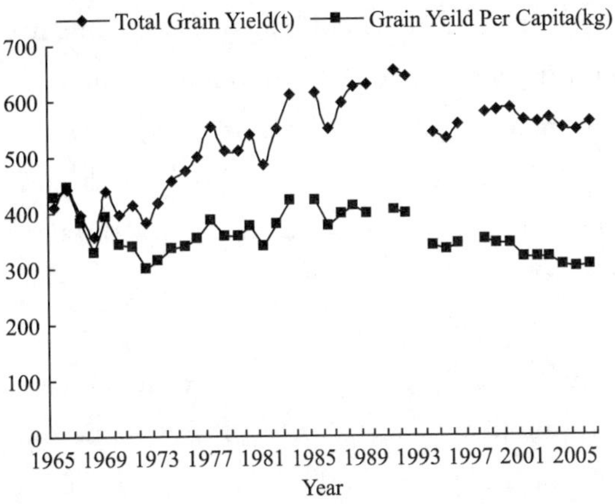

Figure 3 Total grain yield and grain yield per capita in Danzam Village in 1965—2005

1984, when grain harvested, the farmers started to pay off their owed grain.

3.1.3 Land use pattern

(1) Reclamation. Statistic data shows that during 1964—1966, every plot of cultivatable land is reclaimed, with cropland area increasing from 65 hm^2 to 87.17 hm^2. The highest plot is located in Paotai of 3010 meters above sea level, 3 km off residence area and 2～3 hours being needed to walk. However, crop yield of this plot in 1979 was only 1 t/hm^2, accounting for 12.5 percent of average crop yield in flat valley, with labor input five times more than cropland plots in flat valley. There are 12 hm^2 newly reclaimed cropland with grade upper than 25 degree which causing seriously water and soil loss and then being changed to fallows under threatens of debris flow. In 1975, the fallows were cultivated again under more severe population pressure.

(2) Rebuilding moderate-and-low yield cropland. As the village has limited cultivable land resource, moderate-and-low yield cropland had to be rebuilt to produce enough grain. During the collective system period, large-scale cropland irrigation systems were constructed, terrace being built by slat-rock, soil layer being thickened, and irrigation channels being constructed, to ensure stable yields despite drought or excessive rainfall.

(3) Increase of multiple cropping index. To produce more grain, traditional cultivation system also changed. After 1960, former cultivation system of wheat-corn was converted to wheat-corn intercropping soybean. Though gaining little harvest of soybean, labor intensity level was apparently enhanced. In heat summer, farmers always need to harvest soybean, cut and insolate soybean stalk to store firewood for cooking and heating.

(4) Increase of chemical fertilizer, pesticide, and fine seeds inputs. Before the 1950s, many regions on the upper Dadu River watershed had never adopt the custom of using manure as fertilizer. After 1956, the village began to input manure into cropland with 1.5～2.0 t/hm^2. After 1971, working teams increased fertilizer input, and established manure and chemical fertilizer input system for every plot. Average manure input is 45 t/hm^2 and average chemical fertilizer input is 225 t/hm^2. In the newly cultivated plot on high elevation, manure input is up to 23 t/hm^2. At the same time, Agriculture Management Department of Jinchuan County continually introduced fine seeds. In 1960s, maize seed called "hundred days yellow" with yield of 3.75～4.50 t/hm^2 is introduced, then "Chengdan 4", then "62110", with yield of 5.25～6.0 t/hm^2 in 1976. The wheat breed since 1960s includes "God choose", "Big head yellow", "Lan big wheat" and "yellow flower wheat" with yield of 4.5～5.2 t/hm^2, then converted to "six arris wheat" with yield of 5.25～6 .0 t/hm^2 in 1968. Since 1976, pesticide began to be used. Lime-sulphur-solution (LSS), dichlorvos and powder-rust-phosphor were applied to wheat. Dichlorvos and dimethoate were applied to maize. According to Second National Soil Survey in 1979, annual yield of best cropland was 10 t/hm^2, yield of moderate arable land was 6～8 t/hm^2. Low yield cropland mainly planted horsebean or highland barley, with yield of only 1 t/hm^2.

3.2 Livelihood strategy and land use change during household responsibility system

3.2.1 Inducement of household responsibility system

During 1979—1982, household responsibility system was induced from up to bottom in Danzam Village, namely, household cultivated commune land with certain proportion of yield handed in to the commune and governments. The objective of this system arrangement was to correct equalitarian abuses in management and distribution of collective system and to boost agriculture yield increase (Robert, 2000). In household responsibility system, administrative power withdrew from rural country step by step. For example, the commune didn't restrict farmers to seek off-farm employment any more and ceased crop production plan. The working team, ever exerting national controlling power upon agriculture production, no longer intervened in agricultural production any more. The grain requisition ration was gradually reduced and contract agriculture was put into practice in 1985. In 1986 and 1987, requisition assignment in Jinchuan County was 1 180 t, but the actually achieved number were only 39.8 t and 43 t, respectively. The abolishment of grain purchasing system boost the growth of rural market, then agricultural production was directly linked with market. Crop types are then decided by market not plans of governments any more (Robert, 2000).

3.2.2 Livelihood strategy

In the period of household responsibility system, farmers in Danzam Village generally chose livelihood diversification strategy and labor forces were transferred to the second and tertiary industries. Apart from policy induction, there are other factors driving livelihood strategy change.

The first factor is still population pressure. After 1982, population and labors increased greatly, and till 2005, population reached 1 820 and labors of 1 158. The young labors transferred to the secondary and tertiary industries such as factory employment, local transportation industry, business etc., which relaxed population pressure. The second factor is increase of labor wage. During the period of collective economy, it was undoubtedly logical to input more labors in order to increase little grain yield because of zero marginal cost of labor. But labor wage of farmers rose gradually through undertaking secondary and tertiary industry. The daily wage of 3~5 yuan in 1985 is improved to 25 yuan in 2006. Thus, there were no benefits to input more labors into cropland and agricultural involution manner was abandoned quickly. For farmers, their goal of agriculture production was only to satisfy their own needs of grain and vegetable. Agriculture became sidelines and only women and elders engaged in agricultural production. It is very popular in rural China since 1980s (Tan *et al.*, 2001; Fang *et al.*, 2003; Ouyang *et al.*, 2004).

Many livelihood diversification strategies of the farmers existed. The first is diversification in agriculture. As grain production has little profit, farmers begin to plant vegetable and horticulture and adjust the variety by market needs. The investigation on 88 households shows that grain crop area per household is 0.10 hm^2, vegetable of 0.02 hm^2, and with 70 fruit trees covering about 0.08 hm^2. The second diversification strategy is integrating livestock. Almost every household breeds 1 to 3 pigs for self consumption and market needs. Milk cow and goats are stall-fed on weeds and hedge-cuttings which are laboriously gathered by each family every day. Chicken, duck, horse are also bred. The third and most important diversification strategy is off-farm employment. The agriculture statistic annals showed that 130 out of 513 labors transferred to the secondary and tertiary industry in 1982. In 2002, 334 out of 950 labors engaged in second and tertiary industry, 200 people perennially worked off-farm, with more seasonal out-working labors.

Based on their livelihood assets, farmers always choose more than one livelihood strategy. By farmers' views, there are 4 types livelihood strategies in the village, namely agriculture, agriculture plus off-farm employment, off-farm employment plus agriculture, off-farm employment (Table 1). In the 88 households interviewed, the proportion of four types was 9 : 17 : 53 : 9. Those households choosing agriculture as their livelihood strategy had property of small family, low education level, high age, with one more person being ill.

Table 1 Livelihood strategy of sample farmers of Danzam Village in 2006

Livelihood strategy	Household number	Average population (person)	Livelihood activities				Student (person)	Elder (person)
			Farmer (person)	Worker (person)	Businessman (person)	Officer (person)		
Agriculture	9	2.78	1.67	—	—	—	0.78	0.11
Agriculture plus off-farm employment	17	4.12	2.00	0.82	0.18	0.06	0.88	0.18
Off-farm employment plus agriculture	53	4.06	1.28	1.26	0.30	0.04	0.89	0.30
Off-farm employment	9	3.78	—	0.89	1.44	—	1.22	0.22

As labors being transferred to the second and tertiary industry, income of farmers improved. During 1982—2006, total income in Danzam Village increased by more than 14.57 times, and income per capita increased from 126 yuan to 1 202 yuan. In 1982, income from grain production contributes to 48.99% of gross income, which indicated that at the initial stage of household responsibility system, grain was still the main resource of farmers' income. After 1998, the fall of grain price resulted in decrease of crop income. Income from fruits in 1982 was only 41×10^3 yuan, which increased to 249.5×10^3 yuan in 1988, and then decreased for price falling. Income from animal husbandry increased faster after 1996 as villagers bred more pigs. The most significant change was more and more youngsters engaging in transportation, construction, catering and serving industry. Income from transportation industry in 1985 was 44.1×10^3 yuan, then up to 354×10^3 yuan in 2006. Income from construction industry fluctuated, while increase faster after 1998. The income from catering and servings industry increased steadily. The investigation of income and production outcome of 88 households showed that their main income resource was from the second and tertiary industries.

3.2.3 Land use changes

(1)Crop structure adjustment. In 2005 and 2006, we investigated land use pattern of the plots of 88 households. There were 194 plots with area of 10.02 hm^2 altogether, averagely 0.05 hm^2 per plot. One household has 1～4 plots on the basis of its population. In 1979, almost all plots planted wheat-corn intercropping soybean. In 2006, 148 plots with the area of 7.84 hm^2 plant wheat-corn, with soybean being cancelled. In the changed plots, 20 plots with 0.92 hm^2 are rent out, 10 plots with 0.58 hm^2 being changed to vegetable, 10 plots with 0.43 hm^2 being changed to orchard, 5 plots with 0.23 hm^2 being changed to woodlands or brush for high elevation and low yield, one plot with 0.3 hm^2 was changed to built-up land. The driving forces of crop structure adjustment include labor shortage, price change of fruits and vegetable and grain for green policy.

(2)Decrease of labor input. The interviews show that, comparing to 322.18 working days needed in collective system, only 87～99 working days were needed on crops per mu (1 hm^2=15 mu) and 32 working days were needed on orchards per mu (Table 2). The climax season of labor spent is harvesting of wheat and maize. Everyday, there are 2 hours needed to breed livestock. In the spare days, farmers would like to go shopping, resting, etc.

(3)Introduction of fine seeds. After 1982, maize seed named "Jindan 4" with the yield of 7 500 kg/hm^2 and "zhongdan 2" with the yield of 9 000 kg/hm^2 were popularized. Maize seed "chuandan 10" with the yield of 6 000 kg/hm^2 and "chuandan 15" with the yield of 9 000 kg/hm^2 were introduced after 2000. Wheat seed "Mianyang 11" with the yield of 6000 kg/hm^2 and "Mianyang 15" were popularized after 1982, then "Mianyang 19" with the yield up to 8000～8750 kg/hm^2 was popularized in 1988. In 2000, wheat seed "Mianyang 24" and "Mianyang 26" were introduced, having the advantage of serious rust disease but better quality. Compared to 1981, single yield increased by 50%～100%. Gross grain yield was up to 654 t in 1991, and then decreased continuously as grain crop being transferred to vegetable or fruits (Figure 3), and grain yield per capita decreased further as population increase. In 1985, grain yield per capita was 422 kg, then decreased to 395 kg in 1992, 316 kg in 2006.

(4)Chemical fertilizer input increase. Since 1980, fertilizer system also changed. Our investigations in 2006 showed that manure input was decreased by 50%, with only 23 t/hm^2. Chemic fertilizer input increased by 300%, up to 1.05 t/hm^2, with carbamide of 0.3 t/hm^2 and phosphor fertilizer of 0.75 t/hm^2. Some households began to use compound fertilizer and carbon ammonium. This change pattern can be seen in other regions of rural China (Fang *et al.*, 2003; Ouyang *et al.*, 2004).

Table 2 Labor spent on farms of 88 households

Month	Crop		Fruit	
	Action	Day(mu*)	Action	Day(mu)
1	Irrigation for wheat	2～5	Pollard	4
2	Weeding, fertilization and irrigation of wheat	10～12	Preventing and curing plant diseases and insect pests	1
3	weeding, fertilization and irrigation of wheat	10～12	—	—
4	Preventing and curing plant diseases and insect pests, planting maize	3	Preventing and curing plant diseases and insect pests	1
5	Irrigation	2～6	—	—
6	Fertilization of maize, curing insect pests, harvesting of wheat, threshing wheat	20	Preventing and curing plant diseases and insect pests	1
7	Weeding, fertilization, irrigation of maize	6	Harvesting of wild pepper	10
8	Irrigation for maize	3	Preventing and curing plant diseases and insect pests	1
9	Irrigation of maize	3	—	—
10	Harvesting of maize, planting wheat, threshing of maize	25	Harvesting	10
11	Resting	—	—	—
12	Irrigation of wheat	3～6	Pollard	4

Note: * 1 hm^2 = 15 mu.

(5) Shrub and grassland change. In 1967, there were 68.57 hm^2 of shrub and 39.15 hm^2 of grassland in the village. For a long time, shrub and grassland were mainly used for grazing goats and scalpers, or for fuel wood collection. Under pressure of overstocking and fuel gathering, 25.22 hm^2 of shrub degenerated into grassland in 1973—1982. As labors transferred to the second and tertiary industry in household responsibility system, there were not enough labors to graze scalpers and goats, the number of goats and scalpers decreased. With a decrease of grazing pressure, grassland and shrub of the village regenerated gradually in 2006. In 2003, 15 grassland samples were sampled in the village and found that the height of grass layer was up to 1 m, canopy cover was up to above 95%.

4 Discussions

Land use change in Danzam Village is coincided with cases in rural China and other developing countries. In the context of livelihood diversification, farming activities and off-farm activities inevitably compete in labor quantity and quality, which would drive land use change. Land use changes in rural China are mainly characterized of agricultural structure adjustment and changes of land use intensive level (Tan *et al.*, 2001; Ouyang *et al.*, 2004). Agricultural structure adjustment always takes the forms of transition of low returns grain crop to high returns cash crops, perennial tree crop or fish ponds (Tan *et al.*, 2001; Fang, 2005; Fu *et al.*, 2006). Changes of land use intensive level takes the forms of low labor input, reduced multiple cropping index, more fallows (Han *et al.*, 2004; Liu *et al.*, 2006). Apart from agricultural structure adjustment, livelihood change also result in land subcontract, land rent and abandonment of arable land (Han *et al.*, 2004; Zhang *et al.*, 2004; Fu *et al.*, 2006). Pender's study (2004) in Honduras, Uganda and Ethiopia and Clay's study (1998) in Rwanda found that, as competition between non-agricultural employment and crop production became more and more severer, input of labor forces and fertilizer gradually decreased. Holden (2004) also found that non-agricultural income reduced the motivation to cultivate land and resulted in lower agricultural productivity, even grain production for them was also affected and the farmers had to buy grain.

However, Danzam Village has its character of land use change patterns—agricultural involution in collective system. With more population with less land and higher cultivation rate, Danzam Village can hardly increase area of cultivated land like many developing countries such as in Africa and South America, but only depends on improving land use intensification level. In collective system, agricultural involution is the only appropriate land use pattern. However, many case studies in rural China only concerned land use change on regional scale from the 1980s, the relationship between livelihood strategy and land use pattern of smallholder economy before the 1980s was always neglected. Therefore, it is hard to understand the linkage between livelihood and land use of smallholder in rural China. It is necessary to do more local scale case studies in west China on more interfaces of man-land system, such as land use patterns and soil fertility management in different livelihood strategy of farmers, cropland fragmentation of smallholders since 1980, and to seek sustainable land use pattern of ecotone regions.

5 Conclusion

This study analyzed livelihood strategy change and land use change from collective economy system to household responsibility system in Danzam Village of Jinchuan County on upper Dadu River watershed. The results showed that, during collective system period, as surplus labor forces couldn't be transferred to the second and tertiary industry, the village choose agriculture involution as their livelihood and had to produce more grain by land reclamation, increasing input of labor and other factors and boosting multiple cropping index. During family responsibility system period, as labors being transferred to the second and tertiary industry, farmers chose livelihood diversification strategy. As a result, labor input was greatly decreased, which drove the conversion of grain crop to vegetable, fruits and fallows land and the decrease of multiple cropping index. This study provides a new insight into understanding land use change in rural China and also provides a typical case to examine interfaces in man-land system.

Residents' Perspectives and Responses to Environmental Degradation in the Upper Dadu River, Eastern Tibetan Plateau*

大渡河上游不同地带居民对环境退化的响应

摘　要:青藏高原的环境退化引起了极大的关注，但农牧民如何认识和响应环境退化，还缺乏实证研究。采用参与性农村评估法，对大渡河上游不同地带典型村(位于河谷区的丹扎木村、中山区的克尔马村和山原区的日科村）的农牧民进行调查和对比分析。研究表明：① 大渡河上游不同地带的居民对环境退化具有不同的响应过程。河谷区通过劳动力向二、三产业转移,缓解了人口压力，采取积极的措施来应对自然灾害和森林退化；中山区以劳动力向二、三产业转移和发展畜牧业来缓解人口压力，没有采取积极的措施应对环境退化；山原区的劳动力不能转移到二、三产业，只能通过增加牲畜数量来解决生计，牧民仅采取一些积极的措施来应对草料不足的问题和雪灾等自然灾害;在大渡河上游，最脆弱的区域是中山区和山原区,而不是人口压力大的河谷区;② 生计方式是影响居民响应人口压力和环境退化的关键因素。基于居民的生计方式来解释和解决生态脆弱区的人口压力和环境退化问题，将是一个新的方向;③ 劳动力向二、三产业转移有利于居民改善生计。降低教育收费和进行基础设施建设,将加快劳动力向二、三产业转移。

1　Introduction

Driven by interactions of climate change, policy introduction, population pressure and overstocking, many fragile ecotones on the Tibetan Plateau have undergone fast land cover changes, such as deforestation, meadow degeneration or even desertification in some regions (Wang *et al.*, 2004; Wang *et al.*, 2004). Deforestation and meadow degeneration sharply reduce their water conservation function and constitute a direct threat to ecological security in the Yangtze River and Yellow River watershed. Faced with desertification spreading, rivers drying up and meadows degradation, an increasing number of nomads in the mountain and plateau region in the source regions of the Yangtze River, Yellow River and Mekong River have become ecological victims.

The worsening environment on the Tibetan Plateau has attracted attention from news media, academic institutions and governments. Many technical measures, including privatizing pasture, building room for people, constructing shelter and fenced grasslands for livestock, and growing fodder for winter, were adopted to resume eco-environment and to

* Published by Yan Jianzhong(阎建忠), **Zhang Yili(张镱锂)**, Liu Linshan(刘林山), Bai Wanqi(摆万奇), Zhu Huiyi(朱会义), Shi Yulin(石玉林) and Zheng Du(郑度) in *J. Geogr. Sci.*, 2006, 16(3): 293-305.

enhance the residents' ability to withstand natural disasters and increase livestock population (Talash, 1986; Wen, 1998; Zhao *et al.*, 1999; Cui *et al.*, 2003). However, case studies on how the understanding of residents of the Tibetan Plateau and their response to environmental degeneration are scarce. Due to nature-human environmental differences under the control of physiognomy patterns, climate systems and land use differences, human-land system types on the Tibetan Plateau are diversiform and residents here have different livelihood strategies (Wang *et al.*, 2000). As people's understandings and responses to environmental degradation are associated with the sustainable development ability of a region (Sara *et al.*, 2002; Diegues, 1991; Benjaminsen, 1993), the following questions received wide attentions from governments and scientists: How has environmental degradation affected people's livelihood in different regions? And where is the most fragile region? How do people in different regions understand and respond to environmental degradation? How to obtain new knowledge from comparative studies in different regions to help people in the most fragile regions to actively respond to environmental degradation and better their livelihoods?

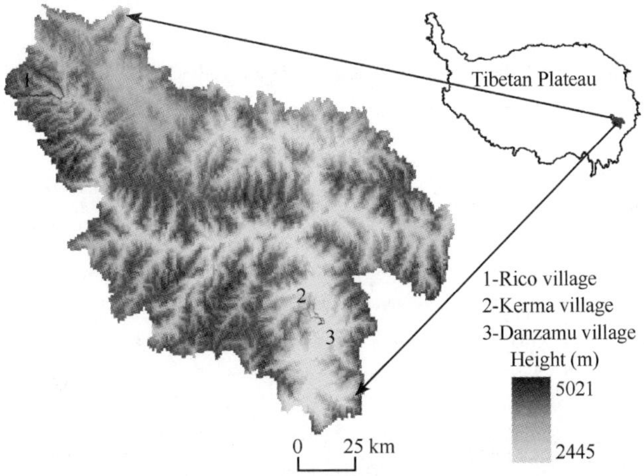

Figure 1 Location of Rico, Keerma and Danzamu villages in eastern Tibetan Plateau

This paper discusses how the residents in different regions on the upper reaches of Dadu River located at the southeast edge of the Tibetan Plateau understood and responded to environmental degradation. The areas investigated covered 3 villages of Rangtang and Jinchuan counties, in which Danzamu village is located in the valley region, Keerma Village in the mountainside region, Rico Village in the mountain plateau region (Figure 1 and Table 1). Long-term human-land interactions have formed diverse livelihood patterns in different regions. In the valley region, residents rely on the secondary and tertiary industries and horticulture, and population pressure was mitigated by labors transferred to the secondary and tertiary industries. In the mountainside region, residents live on agro-pastoralism and sidelines, with less labors transferred to the secondary and tertiary industries. Nomadic pastoralism still prevails in the mountain and plateau region, with the least labors having transferred to the secondary and tertiary industries.

2 Data and method

2.1 Data source

Socio-economic statistic data, mainly covering population change, farming and herds structure adjustment processes, income and payout of residents from the year of 1960, are from each county's Agro-pastoral Bureau, State. Bureau and Archives Bureau, typical villages' leaders and accountants. Information of residents' understandings of and responses to environment degradation are collected by questionnaire investigation carried out by researchers in the three villages in 2002—2003.

2.2 Method

Table 1 Description of the three villages in eastern Tibetan Plateau

Name of villages	Danzamu Village	Keerma Village	Rico Village
Location and area	Located in Shar xiang of Jinchuan County, covering 3.40 km^2	Located in Shar xiang of Jinchuan County, covering 14.64 km^2	Located in Shangduke xiang of Rangtang County, covering 232.57 km^2
Population and households	1 778 people in 415 households, with population density 522.94 persons/km^2	421 people in 102 households, with population density 28.76 persons/km^2	265 people in 57 households, with population density 1.14 persons/km^2
Climate	Average annual temperature 11.8 ℃, average annual precipitation 606.8 mm	Average annual temperature 5～9 ℃, average annual precipitation 640 mm	Average annual temperature 2.5～5.2 ℃, average annual precipitation 756.1 mm
Physiognomy	Valley and plain, back on gorge	Mountain gorge, partly terrace land	Mountain plateau
Altitude	2 148～3 040 m	2 430～4 170 m	3 500～4 805 m
Vegetation	Semiarid valley shrubs and grasslands, broad-leaved mixed forests	Semi-arid valley shrubs, broad-leaved mix forests, coniferous and broad-leaved mixed forests, coniferous mixed forests, meadows	Spruce, *Sabina* forests, high-cold shrubs, meadows
Soil	With obvious uprightness characters, covering sandy-gravel soil, dry-cinnamon soil, mountain cinnamon soil, mountain brown soil, dark brown forest soil, sub-mountain meadow soil and mountain meadow soil. Primary cultivated soil is sandy-gravel soil		

Continued

Name of villages	Danzamu Village	Keerma Village	Rico Village
Socio-economy condition	With convenient traffics, 2 km away from Jinchuan county town, having modern foundation facilities. Residents living on carrying trade, trading, off-farm employments, crops and fruits	Worse traffic condition, one rural road about 10 km long connecting Shaer town. Residents go to market mainly by foot. Having water supply, electricity, elementary schools and shops, no telephones. Residents live on off-farm employments, livestock husbandry, crops and fruits	Rural road. Residents go to towns by horse. Lacking electricity, water supply, elementary schools, shops and telephones. Residents live on nomadic pastoralism, herbal plants and national aid
Farming and horticulture	50.86 hm^2 cultivated land, distributed on valley, mainly cropping corn, wheat, vegetable. Biannual harvest. 92.88 hm^2 garden area, mainly snow pear, apple, Bunge prickly ash and pit-peach	79.07 hm^2 cultivated land, distributed on terrace land and slope land, mainly cropping corn and wheat. Biannual harvest. 16.66 hm^2 horticulture land, distributed on lower mountainside, mainly cropping apple, Bunge prickly ash and pit-peach	Cultivated lands being returned to grasslands
Stockbreeding	108.54 hm^2 shrubs and grasslands. Livestock are stall-fed, mainly pigs, goats and cows. In 2002 there are 750 pigs, 92 scalpers and cows, and 14 sheep	865.96 hm^2 shrubs and grasslands. Livestock are grazed, mainly pigs, scalpers and goats. In 2002 there are 1581 pigs, 177 sheep, 239 cows and 60 horses	17 228.48 hm^2 shrubs and grasslands, Livestock are grazed, mainly yaks, sheep and horses. In 2002 there are 4 020 yaks, 107 horses, and 880 sheep
Employment in secondary and tertiary industry and sidelines	950 labors, with 334 labors undertaking jobs of the secondary and tertiary industries	230 labors, with 90 labors undertaking jobs of the secondary and tertiary industries	180 labors, no employment in the secondary and tertiary industries, with collecting herbal plants as their sidelines

A Participatory Rural Appraisal method (PRA) was used to investigate residents in different regions. PRA is a method to find out local facts by informal talk with the residents. Before the interview, some topics were prepared by interviewers, while in the process of interview the residents were open to other questions without digressing away from the topics. Due to its validity and maneuver ability for systematic analysis, and timely assistance in decision-making, PRA was accepted worldwide by researchers and decision-makers (Robert, 1992; Zhao *et al.*, 2003).

This paper used PRA in the following ways: first, primary investigation. In September and October 2002, the primary investigation was conducted in the typical villages. The themes of interview with elders (mainly over 60 years of age) and rural cadres were mainly concerned with natural disasters and environmental degradation since the 1960s, and what measures they took to overcome these disasters. Secondly, family investigation was undertaken in 2003. Based on the understandings of the primary investigation, new farmer questionnaires were designed, hereafter, residents were investigated by researchers in August and October 2003. Owing to great differences between the nature and socio-economic factors among the three villages, three kind of questionnaires were designed, i. e. valley household questionnaire, mountainside household questionnaire, and mountain and plateau herder questionnaire. The researchers introduced the purposes of household investigation to the residents, and promised to keep secret about investigation results. Hence, household investigation got support from the residents, who factually answered the questionnaires. 3～4 hours were needed in an interview with one household. Commonly, the household head or elders were interviewed, other members in the family always provided supplementary information. Each family got 10 yuan RMB as compensation for the loss of working time. During the fieldwork in Rico Village, interviews were undertaken in every tent with the help of three interpreters. Finally, the questionnaires were distinguished in detail by the researchers and rural cadres. Three improper questionnaires of Keerma Village and two of Rico Villages were eliminated. There were 147 eligible questionnaires totally, including 50 of Danzamu Village, 50 of Keerma Village and 47 of Rico Village. Despite some inaccuracy in the household investigation, the conclusions of this paper were based on residents' common opinions.

Household investigation covered four facets: (1) Baseline information, such as family population, labor forces, property, educational degree, off-farm employment, income and expenses, farmer's burdens and subsides; (2)Land use, such as input of labor forces, fertilizers, pesticides and manure, crop structural adjustment, livestock grazed or fed in stall, deforestation and abandoned cultivated land. ; (3) Effect of environmental degradation on residents' livelihoods, such as reduction of output, firewood shortage, disaster; cognition of residents to environmental degradation, such as water and soil loss, degeneration of grassland, forestland degeneration, soil erosion, reduction of wild animals; (4) Responses of residents to population pressure, forest and meadow degeneration, natural disasters and the reduction of wild animals.

3 Results

3.1 Responses to population pressure

3.1.1 Population and labor force increase

Since 1960, the population and labors in the three villages have increased quickly (Figure 2). During the period of collectivization and household responsibility systems, households, population and labors in Danzamu Village and Keerma Village increased continuously, and during the period of household responsibility system, labors in off-farm employment also increased. The change of population in Rico Village could be divided into two phases, the collectivization system of 1961—1983 and the household responsibility system since 1983. After 1961, Rico Village built up a herd producing cooperative, by which everybody was fed and had no burden of marriage and procreate, which were taken charge of collectively. As nomads were entitled to free medical treatment during this period, high birth rate and high death rate had been shifted to high birth rate and low death rate, which directly accelerated the population boom during 1961—1983 (Figure 2c). Since 1984, with the dissolution of collectivization system, the herd has been distributed to households according to population. The meadows have not been distributed to households but to groups, so the tradition of hilly nomadic pastoralism has been preserved. There are four groups in Rico Village, with 10～14 households in each group. For the nomads, the end of the collective system was a start of calamity, for the free medical treatment was canceled and the egalitarian practice of everyone taking food from the same big pot also ended. During this time, labors increased fast, but households did not change any more, and population almost stopped increasing. There were only 8 children below 10 years old in the 47 households investigated in 2003.

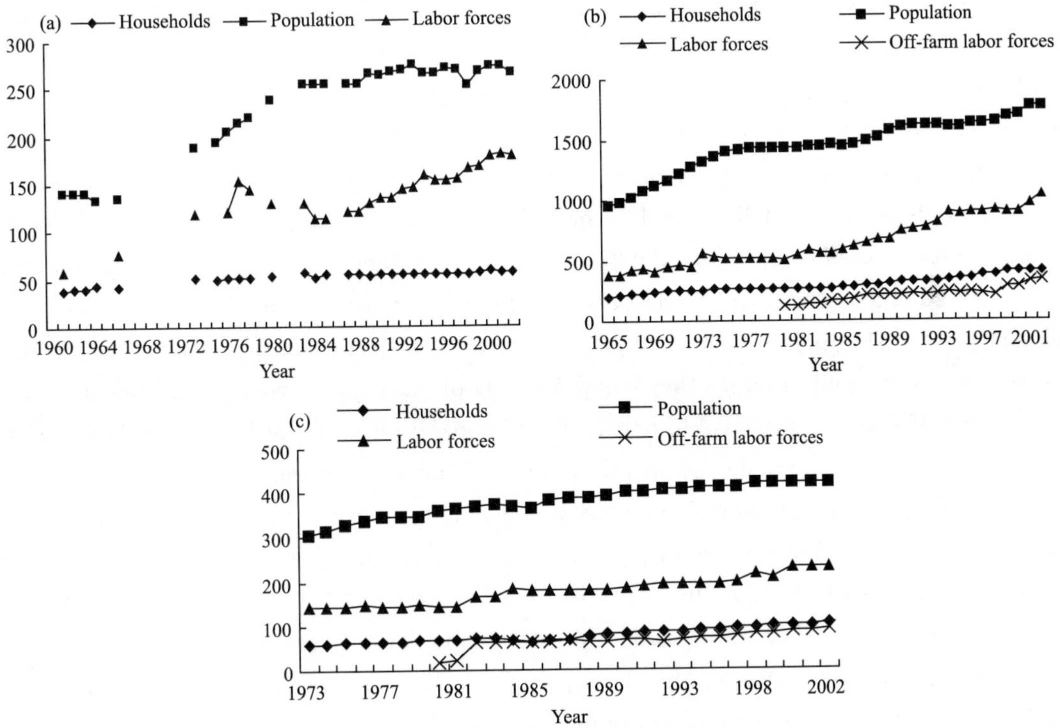

Figure 2 Increase of households, population, labor forces and the labor forces in the secondary and tertiary industries(a) Danzamu Village;(b) Keerma Village;(c) Rico Village

3.1.2 Responses to population pressure during collectivization system

During the collectivization system between 1965—1981, as they had no access to employment in the secondary and tertiary industries, the labors had to live off limited cultivated land. Under the pressure of subsistence and with a surplus of labors, the villages chose the livelihood strategy of agricultural involution (Huang, 2000). Some measures were adopted by Danzamu and Keerma Villages in order to gain food supplies. The first was reclaiming every plot of cultivatable land, building large-scale farm irrigation networks, and terracing almost all cultivated land. 16 hm^2 of forestlands and grasslands were reclaimed in Danzamu Village, and 22.25 hm^2 reclaimed in Keerma Village. The second was inputting vast labor forces. According to work points (one work point equal to 8 working hours, in peak periods a peasant may gain more than two work points for working overtime hours and high working intensity) statistic data in 1981, every labor of Danzamu Village gained 322.8 work points, the income of every work point was worth only 1.02 yuan RMB. Every labor of Keerma Village gained 435 work points, while the income of every work point was worth only 0.51 yuan RMB. The third was improving the multiple cropping index; therefore, the "wheat-corn" system was converted to the "wheat-corn intercropping soybean or buckwheat" system. The fourth was the popularization of fine wheat and corn seed and advanced planting techniques. The fifth was increasing fertilizer input, mainly livestock dung, with little fertilizer. The Second National Soil Survey taken in 1980 in Danzamu Village and Keerma Village indicated that the residents only employed fertilizer in top-quality plots, about 1 350 kg fertilizer per hectare. Livestock manure was popularly used, about 24.75 tons per hectare. However, the strategy of agricultural involution failed to satisfy the residents' livelihood needs. Even in the good harvest year in 1981, income per capita was only 126 yuan RMB in Danzamu Village, 43 yuan RMB in Keerma Village, and after fifty percent being deducted for grain ration, cash income was quite little. Some poor families without enough labors but with more population to foster could only borrow corns from the collective and repay with the next year's labor points. Until 1984, as the household responsibility system was put into practice and with good harvest, they could just pay off corn they owed to the collective.

In Rico Village, nomads could only mitigate population pressure by rearing more yaks, as labors could not be transferred to the secondary and tertiary industries. In this period, with the establishment of epidemic prevention and cure system and the popularization of artificial hybridization techniques, livestock death rate decreased markedly, and the population of livestock increased quickly. In 1960, every labor owned 9.36 yaks, then increased to 19.64 yaks in 1983. Ghee, milk residue, cattle hair, wool, cowhide and other livestock products also increased accordingly. However, population and labors increasing countervailed huge increase in animal husbandry industry, as the increase of livestock was needed to feed the rapidly growing population. The clothing and the traditional stockbreeding industry had no significant change. Until 1980, income per capita reached 85.5 yuan RMB. Their food mainly comprised highland barley, ghee and milk residues. Their clothing was still made by hand. Besides necessary commodities such as salt and tea, they rarely bought anything.

3. 1. 3 Response to population pressure during the household responsibility system

After 1982, though population and the labors still increased rapidly, population pressure was mitigated by the transfer of agricultural labors to the secondary and tertiary industries, i. e. off-farm employment, engagement in transporting industry and doing business at home. There were obvious differences between Danzamu Village and Keerma Village in this transfer. The agricultural labors in Danzamu Village could transfer more easily for convenient location and good education, but it was more difficult in Keerma Village, due to inaccessibility and backward education. In 2003, the investigation on 50 households in Danzamu Village showed that each household had an average of 2. 16 labors averagely, in which 1. 25 were engaged in off-farm work for 10. 48 months work time per year. By contrast, in the 50 households in Keerma Village, each household had 2. 79 labors of which 1. 08 were engaged in off-farm work, for an average of 8. 37 months per year.

Labor transfer from agriculture to the secondary and tertiary industries impacted on agriculture in the following three aspects: the first was the change of multiple cropping system—the "wheat-corn intercropping bean or buckwheat" system being changed back to the "wheat-corn" system; the second was abandoning low-yield cultivated lands with an altitude of over 3 000 m. The third was transferring cultivated lands to gardens.

In Danzamu Village, as the residents lived on the secondary and tertiary industries and agriculture became a sideline, therefore the object of farming was to satisfy their own needs for corns and vegetations. The peasants sharply decreased labor and manure input. The high input of fertilizer, fine feed and pesticides led to high corn yields. Moreover, marginalization of agriculture influenced stockbreeding, which is the traditional sideline for the village. During 1980—2002, the numbers of cows, sheep and horses decreased from 445 to 97, while the number of pigs increasing from 424 to 750. A few residents began to breed milch cows to supply the county town. With the diversification of livelihoods, income improved significantly. Net annual income per capita rose from 126 yuan RMB in 1981 to 1 202 yuan RMB in 2002. Our investigation on the average income of the 50 households indicated that income from off-farm work per household was 6 837 yuan RMB in 2002, income from corns cropping 1 373. 8 yuan RMB, income form vegetables cropping 611. 2 yuan RMB, income from fruit cropping 822. 7 yuan RMB, income from stockbreeding 1 024. 2 yuan RMB, and the total income came to 10 668. 9 yuan RMB.

In Keerma Village, income from the secondary and tertiary industries was very little. To achieve high yield of crops, the residents increased input of labor, manure, fine feed, pesticides and membrane. Statistic data showed that unit crop yield in 2002 is 2. 4 times than that of 1979. During 1982—2002, stockbreeding developed rapidly, with large-sized livestock increasing from 802 to 4 400. Average annual net income per capita in Keerma Village increased from 43 yuan RMB in 1981 to 1 187 yuan RMB in 2002. Off-farm work earnings per household averaged 3 879. 59 yuan RMB, income from corns cropping 1400. 2 yuan

RMB, income from stockbreeding 1 400 yuan RMB, income from fruit and Bunge prickly ash 946. 96 yuan RMB. Average total incomes reached 7 626. 75 yuan RMB.

In Rico Village, people born in collectivization system grew up to be labors. Restricted by their language and geographic location, they are totally illiterate in modern society, so they have no opportunity to seek employment in the secondary and tertiary industries. Significantly different to the valley region and mountainside region, the disaggregation of collectivization system did not boost the transfer of labors to the secondary and tertiary industries, so the nomads continued the livelihood of stockbreeding and herbal plant collecting. Though the number of yaks increased from 500 in 1960 to 4020 in 2002, this increase was quite imbalanced and the gap between the poor and the rich appeared and widened soon after the disaggregation of collectivization system. The population of livestock in some households increased rapidly, even more than 100 yaks, so the households could fully exploit meadows of their group. However, for some poor households, the population of livestock decreased, even less than 30. Seasonal snowstorms also usually brought about huge losses of livestock. Sickness or death of a family member would also bring grief to the whole family. When suffering such misfortune, they would invite Lamas home to perform complicated religious ceremonies, later they would donate a few yaks to the temple, in the indigenous Tibetan tradition. Our investigation in Rico Village indicated that the death of one nomad would cost 5～10 yaks of the household. Those nomads households who often experienced bad luck would suffer from the decrease of livestock population. For this reason, there were four bankrupted households in Rico Village who had to beg. Their simple wood-stone houses have broken down in ruins.

In grazing areas, one important aim of increasing livestock population was to satisfy the needs of dividing the family and living apart. The population of livestock being distributed to a new household would be up to a threshold value to meet the subsistence needs of the new household. The process of dividing a household and distributing livestock must be finished step by step, till the youngest son got the last share of the herd. In Rico Village, each new family needs at least 40 yaks and two horses, otherwise, they could hardly maintain their livelihoods. Consequently, large families with few yaks had no opportunities to divide up, and their grown-up sons and daughters could not be married. Some youths who knew the Tibetan language went to temples to be Lamas and Buddhist nuns. If they participated in more religious activities, they could make money and help their families. In Rico Village, there were 15 Lamas and 10 nuns in 2003. The youths who were illiterate had to stay home or idle around, without money to get married and without jobs to do. A 62 year-old nomad named Roerlai has six children born in the collectivization system, whereas the household only has 40 yaks and three horses. His eldest son named Caiduorji is a Lama, the elder son age 35 has not got married, other four daughters also not married. Another old nomad named Luodan has six children also born in the collectivization system period, and he has 35 yaks and two horses. His eldest child named Gangqing is a Lama, two daughters being not married, and other three sons also have no hope to get wed. There are 15 similar families in Rico Village. On the other hand, a lucky nomad named Tanmuke with 150 yaks, three horses, two motorcycles and one tractor, earned 19 000 yuan RMB in 2002 by selling elder yaks. He has two daughters, one is three years old, and the other is about two years old. His brother will get married soon.

3.2 Responses to natural disasters

3.2.1 The three villages have different responses to natural disasters

The upper Dadu River is an ecologically sensitive region where natural disasters add to the vulnerability of people's livelihoods. The investigation indicated that livelihood diversification is favorable to the residents' positive responses to natural disasters and reducing livelihood vulnerability. As residents in the valley region have realized livelihood diversification, they never rely on shrubs and rangelands to make a living and can take collective actions to respond positively to natural disasters such as debris flow. Meanwhile, residents in the mountainside region still rely on rangelands to make a living and they cannot take positive actions to respond to disasters. As being short of diversified livelihood, income of the nomads is too little to build anti-disaster establishments such as enclosed rangelands and fodder rangelands. Climate change and rangelands degradation accelerate vulnerability of nomads' livelihoods. Beaten by seasonal snowstorms, the nomads always suffer from livestock loss.

3.2.2 Danzamu Village located in the valley region

Danzamu Village is always threatened by debris flow. Since the 1950s, there have been altogether more than 10 serious debris flows, and small-scale debris flows have occurred every year. In order to prevent debris flow, drains were constructed in Danzamu Village, having employed many workers, but cultivated lands were still buried every year. In 1992, nearly 5 hm^2 of cultivated lands were buried by debris flow, which then being reclaimed or changed to orchards. From these disasters, the residents knew that deforestation and grazing could incur water and soil loss and debris flows. Since 1992, Danzamu Village began to close the mountain pass, protect natural forests and forbid grazing. There was special person who has the right to confiscate livestock grazing there and punish actions of illegal felling of trees, and to take the responsibility of forest management. He would lose an annual bonus if once being detected to be off duty. Since then, the livestock has been entirely stall-fed and goats and cattle numbers have decreased quickly, which has resulted in fast recovery of grasslands and shrubs.

Danzamu Village is always short of water. To solve irrigation problems, the Tuanjie trench was built in 1976, but it collapsed in 1985, so all the cultivated lands were irrigated by streams, but at peak demand there was conflict between the users. Therefore, a water management institution was constituted in 2002. Monuments with carved instructions for the allocation of times for each group were established in every water diffluence gap. This system was well executed.

Serious hail damage frequently strikes the semiarid valley region in May, June and September. During 1938—2002, there were totally 16 severe hail disasters. The joint prevention institution of eliminating hail, using native artillery and powder, was constituted in the collectivization system period. After the implementation of household responsibility system, this prevention institution was retained and today there is still a man to take charge of it.

3.2.3 Keerma Village located in the mountainside region

Keerma Village also suffers chronically from drought and debris flow. Of the 50 interviewed residents, 47 believe that fountain flux is being obviously reduced, and 3 do not think so. 44 think stream runoff is being reduced, and 6 do not think so. All the 50 residents believe that the reason of fountain flux reducing is that forestland is decreasing rapidly. 48 residents believe that drought days have increased since the 1950s. Droughts that occurred in 1997 and 2002 had a bad effect on agriculture. The 70-day drought in 2002 caused the reduction of crop yield by 30 percent. All residents think that debris flows have become more serious since the 1950s, and they also think that grazing in debris flow sources will cause debris flow.

Although confronted by these natural disasters, the residents only took passive actions. When the well dried up, they raised funds and laid tap water pipes to every household. However, they didn't adopt measures to prevent debris flows. In 1987, local governments devoted funds to cure debris flow in Keerma Village, then the debris flow source region was enclosed. In 1990, it had recovered its herbaceous layer of up to 1 meter, and the debris flow disappeared. In 1993, some residents destroyed the fences to steal steel wire and angle iron to repair houses, followed by grazing by yaks and, as a result, the erosion increased. In 1995, the debris flow occurred again. By 2003, it became devastatingly severe and had buried much cultivated lands in the downstream region outside Keerma village.

3.2.4 Rico Village located in the mountain and plateau region

Since 1985, climate warming and drying in Rico Village has become distinct. Before 1979, annual precipitation fluctuated little, but since 1985, low precipitation years occurred continuously. During 1963—1979, there were four years with annual precipitation of less than 700 mm whereas there were five years with annual precipitation of less than 700 mm during 1985—1998. Precipitation in spring and autumn also decreased during 1985—1998. Since 1985, average annual air temperature rose in spring and autumn. Climate warming and drying reduces meadow productivity and cause pasture degradation.

Livestock in Rico Village was always starved to death in every winter and spring. Many measures, mainly supplying feed flour, ghee and fodder, were taken to withstand snow disasters. In the 47 residents interviewed, 25 households supplemented the yaks with flour, the maximum number being 300 kg, the minimum number being 25 kg. Thirteen households collected fodder in summer, the maximum number being two tons, the least number being

300 kg. 9 households constructed fenced grasslands to prepare fodder for winter. By 2003, the area of fenced grasslands in Rico Village was 8.58 hm^2, whereas, the following factors influenced this increase: no money, grasslands not being distributed to households, insufficient of flat grasslands, lacking of organization. In order to make up the fodder shortage in winter and spring, the nomads drove their yaks into cutting areas which having been artificially recovered by the Forest Industry Bureau, which interrupted the recovering successions and made forestland degenerated more severely.

3.3 Responses to forestland and meadow degradation

3.3.1 The 3 villages have different responses to forestlands and rangelands degradation

Residents in the 3 villages all understand degeneration of forests and rangelands and they almost know that increase of population and livestock numbers accounts for forests and rangelands degeneration. The investigation indicates that livelihood diversification help reduce people's dependence on forests and rangelands resources, which helps protect forestlands and rangelands. Residents in Danzamu Village located in valley region has realized livelihood diversification and taken collective actions to close mountain pass and recover forest. However, in Keerma Village located in mountainside region and Rico Village located in mountain and plateau region, as the residents are still relying on forests and rangelands to make a living, they are unwilling to reduce livestock numbers and never consider reducing firewood consumption, so forestlands and rangelands in the 2 villages are sure to degenerate.

3.3.2 Danzamu Village located in the valley region

Danzamu Village has no firewood forest. Before the 1960s, residents always went to state-owned forests 8 km away in autumn and winter to collect firewood. Since the 1960s, they just fished out floating lumbers, branches and roots from the Dadu River for firewood. When cutting natural woods has been forbidden in 1998, there was no floating lumber again, then the residents had to buy firewood, which cost every household 400～600 yuan RMB annually. The residents complained that firewood became more and more expensive while the quality got worse. Before 1998, their relatives living in the mountainside region would donate them some firewood, but now firewood cutting is banned in the mountainside region, they have to buy firewood from the market. Despite this difficulty and restricted by strict village organization, no one ever collects firewood from birch forest of Danzemu Village. So the birch forest is well conserved.

3.3.3 Keerma Village located in the mountainside region

Residents in Keerma Village have a clear understanding about forests and meadow degeneration (Table 2), e.g. increasing difficulties in collecting firewood, ruin of herbal plants and mushrooms, and the disappearance of wild animals. Most of them also know the underlying reason is population pressure and overstocking. Though some peasants have been transferred to the secondary and tertiary industries and population pressure has been mitigated, residents' livelihoods still rely on stockbreeding. As forests and meadows are still common properties, residents here have not adopted any positive measures to protect and resume them.

The ruin of herbal plants and mushrooms and the loss of wild animals have little effect on residents' interests, so they do not care about these changes. In recent years, they have not collected herbal plants anymore, nor mushrooms. The decrease of firewood has had a greater effect on residents as they have spent more time in collecting firewood. 50 households unanimously stated that they will cut secondary forests (*Querus aquifolioides*, birch, *Populus davidiana*, *Betula platyphylla*) and shrubs after primary forest has been removed.

In September 2003, our measurement of firewood stores of 5 households indicated that about 30% of the firewood was from secondary forests. 17 households planned to buy firewood because of the labor shortage. 33 households never planned to buy firewood because of low income. They also mention that there is no firewood supply in other places, so nothing can be bought even if they are willing to. All the 50 households never plan to buy coal for fuel, as coal carriage is too expensive and they do not know how to bake coal. They suggest that electricity availability should be the basic measure to make up for firewood shortage. Till 2003, 8 households had bought electric cooker, others also planned to buy electric cookers. All the residents have cried out for reducing electric charges to relieve their burden.

Though local residents have realized that over-stocking will cause meadow degradation, water and soil loss and debris flow, they won't reduce the livestock numbers. On the contrary, many of them plan to rear more livestock, as livestock is the most important income source for them. Sheep and goats in Keerma Village are grazed on summer meadow in summer and autumn and on cultivated land and grasslands around village in winter and spring. Residents use crop residues and stalks to feed livestock, and livestock's dung as manure. This agro-pastoral system may guarantee continuous increase of livestock population, but aggravate the degradation of summer meadow and grasslands around the village. Although the stall-fed system is beneficial to protecting meadow, 38 households believe otherwise, as they have so much livestock that it will take a number of labors to collect fodder, build stalls and manage livestock. 12 households agree with the stall-fed system, as they have little livestock and they had enough labors.

3.3.4 Rico Village located in the mountain and plateau region

Residents in Rico Village have clearly recognized the degradation of *Sabina tibetica* forests and meadows, the ruin of herbal plants and disappearance of wild animals (Table 3). Most of them know that population increase and overstocking are underlying causes of degradation. Nowadays, as firewood quality has not been worse, degradation of *Sabina tibetica* forests has not influenced residents' livelihoods, so they have not considered reducing firewood consumption level. As all residents in Rico Village are Tibetan and believe in Tibetan Buddhism, they don't rely on hunting wild animals to make money, so the disappearing of wild animals has no influence upon their livelihoods. They are unable to prevent outsiders from poaching for wild animals or stopping deforestation and road building projects launched by governments. They think that the governments should play a leading role in wild animal protection.

Table 2 How the residents in Keerma village understand degeneration of forests and rangelands

	Before 1960s	Around 1980	2000s	Reason of degradation
Firewood collecting	Logging on back mountain, 1 km away, mainly logged *Quercus aquifolioides*	Logging on back mountain, 1.5～2 km away, mainly logged *Quercus aquifolioides*	Logging on mountainside, 4 km away, mainly *Quercus aquifolioides*, birch, willow	Non-confined logging
Herbal plants extinction	*N. incisum Ting ex H. T. Chang*, rhubarb, *Acanthopanax senticosus*, *Radix aucklandiae*, *Radix Angelicae Pubescentis*, hemp, *cordyceps*, *Fritillaria*, *Gastrodia elata Bl*, *Gentianascabra*, *Radix gentianae macrophyllae*, *Codonopsis pilosula* etc.	*N. incisum Ting ex H. T. Chang*, *Radix Angelicae Pubescentis Acanthopanax senticosus*, *Fritillaria*, *Gentianascabra*, *Radix gentianae macrophyllae*	*N. incisum Ting ex H. T. Chang*, *Acanthopanax senticosus* and *Gentianascabra*	47 residents attribute herbal plants extinction to over-exploitation, 8 residents attribute it to deforestation, 6 attribute it to over-stocking
Mushroom extinction	Mainly *Armillaria mellea*, *Agrocybe salicacola*, *Lyophyllum decastses (Fr.) Sing*, *Cortinarius cinnamom*, *Tricholoma sp.*, *Piptoporus betulinus*, agaric, *mochella esculenta*. One can collect 50 kg per day	Mushroom decreased obviously, only*Armillaria mellea*, *Agrocybe salicacola*, *Lyophyllum decastses (Fr.) Sing*, and agaric. One can collect only 10～20 kg per day	One can only collect few *Armillaria mellea* and *Agrocybe salicacola*. About three households collect mushroom	30 persons attribute mushroom degeneration to deforestation, 22 attribute it to increase of pig number, five persons attribute it to increase of people collecting mushroom, one attribute it to drought, three do not know why. One think there was no signs of decrease of mushroom
Wild animals disappearance	Horse bear, black bear, monkey, ass, argal, roe, leopard, sheep, wild boar, aardvark, pheasant, chook *et al*. Residents often saw agminate big wild animals	The species of wild animals were still more, but monkeys and wild boars decreased	The species of wild animals decreased obviously. Residents saw only a few wild boars, aardvarks, monkeys, pheasants and ass	38 persons attribute wild animal extinction to deforestation, 35 attribute it to battue, 5 do not know why
Summer pasture degradation	The height of herb layer is 40～100 cm	The height of herb layer is 10～20 cm	The height of herb layer is 2～8 cm	49 persons attribute pasture degeneration to over-stocking, 2 attribute it to drought

As the nomads still live on nomadic pastoralism, their sustainable development is closely linked with meadow productivity. The degradation of meadow has important impact on nomads' livelihoods. In 1984, when there were 2 780 yaks and 261 sheep in Rico Village, winter pasture could satisfy them, only a few livestock starved to death. In the 1990 s, the livestock population of Rico Village increased rapidly. In 2003, there were 4 020 yaks, 107 horses and 880 sheep. When the livestock population exceeded the carrying capability, overgrazing appeared and caused meadow degradation. The investigation indicated that the nomads didn't know how to prevent meadow degradation. When asked what measures would be adopted to prevent meadow degradation, 43 out of 47 households said they didn't know. When asked how to maintain livelihood after meadow degradation, 37 didn't know, 3 planned to sell their domestic animals, one planned to collect herbal plants, and one believed that the government would give them some aid.

Table 3　How the herders in Rico Village understand and respond to degeneration of forests and meadows

	Representations	Reasons	Influences on residents' livelihood	Responses of residents
Degradation of *Sabina tibetica* woods	The area is reduced from 1 812 hm^2 to 983.70 hm^2, part of *tibetica* woods being fragmentized, with alpine meadow invading down and sub alpine meadow invading up. The *tibetica* woods structure degenerated, lacking shrub layer under tree cover, herb layer being lower than 20 cm with structure similar as meadows. Soil under trees is solid	Firewood and lumber cutting, setting fire, grazing	No influence on residents' firewood supply. Degraded forestland being changed to grassland and the area of grassland increased	Because of high elevation, nomads must nurse a fire and bake milk tea, with no consideration of reducing firewood usage
Meadow degradation	The height of herb layer fell down. In the 1960s, the height of herb layer was 100～150 cm, in the 1980s was 100 cm, in 2002 is 10～20 cm. The inedible ruderal and noxious grass increased, and appeared desertification evidences	Of the 47 households, 32 attribute meadow degradation to population pressure and over-stocking, 15 didn't know why, 3 noticed climate change causing meadow degeneration	Fodder shortage caused livestock starvation. In the 1990s, there were 2～3 yaks starved to death in every household each year. In the snowstorm disaster occurred in 1992, nearly 700 yaks starved to death in the village	Residents won't consider decrease the number of livestock, don't know how to prevent meadow degradation and how to maintain livelihood after meadow degradation

Continued

	Representations	Reasons	Influences on residents' livelihood	Responses of residents
Herbal plants extinction	In 1960—1984, mainly *Rheum officinale Baill*, *N. incisum Ting ex H. T. Chang*, Fritillaria, cordyceps, *Radix gentianae macrophyllae*, *Potentilla anserina L*, *S. Tridactyla-sch-Bip*, *Aconitumbrchypodum Diels*, *Agapetes Lacei Craib*, and*Arenaria festucoides*. The nomads can gather 2～3 tons annually before 1984, then 1.5 tons in the 1990 s. In 1998 only collect 127 kg *N. incisum Ting ex H. T. Chang*, 27.5 kg *Radix gentianae macrophyllae*. After 1995, began to collect aweto	Of the 47 households, 34 attribute herbal plants decrease to over-exploiting in the past years. They know the non-restriction exploiting will extinct aweto resources	Income from herbal plants is the second place in residents' cash income. The extinction of herbal plants reduced their cash earning and influenced on buying clothing, flour and medicine	Collecting aweto by foreigners was banned in Rico village, but no village institution being set up
Wild animals disappearing	In the 1960 s, mass wild animals were black bear, horse bear, wolf, leopard, argali, red deer, linli, rock sheep, roe, mule, hare, marmot, goral, otter, green trail red pheasant, gold vulture, white dapple chook. In the 1980s, there was no mass wild animal again. In 2002, wild animals were scarce	Of the 47 households, 36 thought wild animals were killed up by foreigners, and deforestation and blast in road building. Livestock's infection also caused the decrease of wild animals	No influence	Residents do not care about loss of wild animals. They thought that the government should play a leading role on wild animal protection

The nomads have understood income loss caused by the ruin of herbal plants. Before 1984, Rico Village would hand in 2～3 tons of herbal plants to local Supply and Marketing Organizations in exchange for flour. After the end of collectivization system, the nomads continued collecting herbal plants to make money. Since 1998, herbal plants are ruined, so the nomads have lost an important income source. Before the 1990s, the price of aweto was low, hence it was not much gathered by nomads. Since 1995, a piece of aweto would sell 2～

3 yuan RMB, and one master-hand could earn 3 000 yuan RMB in one collecting season. Therefore, at the turn of spring and summer, every adult in Rico Village collected aweto on grasslands. The 47 interviewed households collected 39 500 pieces of aweto in 2003 and earned 1 434.89 yuan RMB for each household, accounting for 24.5% of annual income. For lack of village management of aweto collecting, the nomads fear that the aweto resource will be ruined and they would lose this important income source, which would influence their livelihood.

4 Conclusions and discussion

In the three typical villages in different regions on the upper reaches of Dadu River, the residents responded differently to population pressure, natural disasters and environmental degradation. As labors were transferred to the secondary and tertiary industries, residents in the valley region actively responded to population pressure and adopted effective measures to prevent and control natural disasters and forest degradation. Residents in the mountainside region responded to population pressure by transferring labors and developing stockbreeding, nevertheless they adopted negative measures to prevent and control natural disasters and forest and meadow degradation, and took no measures to protect wildlife resources. Residents in the mountain and plateau region kept the livelihood of nomadic pastoralism. As labors could not be transferred to the secondary and tertiary industries, they only developed stockbreeding to respond to population pressure. For lack of employment opportunities and the broadening gap between the poor and the rich, some youths in poor households have no opportunity to get married, which restricted population increase. Residents in the mountain and plateau region did not adopt positive measures to respond to degradation of forests and meadows, and to protect wildlife resources. Thereby, the most vulnerable region is not the valley region with high population density and little cultivated land per capita, but the mountainside region and mountain and plateau region with low population density, especially the mountain and plateau region. With climate change, population increase and overstocking, environmental degradation in the mountainside region and mountain and plateau region will be increasingly severe.

Of the studies on fragile ecotones, population pressure is often linked with deforestation, grassland degradation, cultivated land expanding, water and soil loss and desertification. In recent years, scientists have summarized global case studies and figured out that it is people's responses to economic chances that have driven land-cover change; population pressure is never the primary driving force (Lambin *et al.*, 2001). This study also indicates that, for fragile ecotones, the key is how residents responded to population pressure and environmental degradation, and what factors influenced their responses. Our investigation indicated that livelihood strategy determines residents' response to population pressure and environmental degradation. In fragile ecotones, it is not the residents who desire to deforest, reclaim steep lands and overstock, but they have to do that to maintain subsistence. Once a finer living pattern appeared, the residents would involuntarily stop reclaiming, grazing and deforesting. A new paradigm based on residents' livelihood strategy should be sought to explain and solve the problems of population pressure and environmental degradation in fragile eco-regions (Andreas, 2003). The exploration of sustainable livelihood patterns in different fragile ecotones is an important scientific problem, as well as an exigent social requirement (Ashley and Carney, 1999; Goldman and Ian, 2000; DIFD, 2000).

The transferring of labors to the secondary and tertiary industries is the important way to improve residents' livelihood on the upper reaches of Dadu River , but there are strong regional differences. Higher income has made residents in the valley region able to pay education fees, and it is easier to transfer to the secondary and tertiary industries. In the mountainside region, residents here are unable to pay for education because of lower income, which prevents the agricultural labors from being industrialists. Reducing education fees is an important way to quicken the transfer of labors in the mountainside region to the secondary and tertiary industries. At present, the government has realized this and begun making experiments in some underprivileged counties with canceling the compulsory education charge. In the most fragile mountain and plateau region, low urbanization and industrialization level results in the lack of employment opportunities. At the same time, the local residents are mostly Tibetan and other minorities, constrained by the language, religion and education, local labors can hardly find off-farm work. Some people have suggested that through developing towns, building infrastructure, improving education and realizing market-oriented stockbreeding to quicken labor transfer to the secondary and tertiary industries, and to make residents' livelihood diversified (Li, 2004; Zheng, 2003).

Adaptation Strategies to Pasture Degradation: Gap Between Government and Local Nomads in the Eastern Tibetan Plateau*

应对青藏高原东部的草地退化:政府和当地牧民有何差异

摘　要:过去10年来,人们日益关注青藏高原的气候变化、草场退化及其驱动力,以及游牧业的变革。然而,由于不了解本土牧民对草场退化的适应策略,限制了当地政府制定有效的适应策略。根据在长江黄河源区达日县3个乡镇的野外调查,本文分析了牧民对草场退化的适应策略。该区域草地已经明显退化,其中,窝赛乡草场处于轻度和中度退化,满掌乡和建设乡处于中度和重度退化。随着草场的退化,放牧时间降低,影响了游牧民的生计。尽管草原四配套项目已在该区实施,但冬春季节仍然存在严重的饲料短缺。由于草场退化,传统的干草储藏策略也不再起作用,几乎没有牧民自行建立围栏和人工草场。牧民不得不采取其他的策略,如租草场、补饲和多样化的生计等。游牧民采取的本土策略为本地政府的生态恢复和生计改善措施提供了有益的视角。有必要寻求新的途径,将游牧的有益的一面与现代牲畜饲养技术结合起来,帮助游牧民适应草场退化,改善他们的生计。

1 Introduction

Much of the pastoral system of the Tibetan Plateau in western China, which is characterized by its high elevation and harsh climate, is probably in non-equilibrium (Miller, 1999). As such, nomadic pastoralism, distinct from pastoralism in most other regions of the world where the key factor is usually a lack of water, is the best system for maintaining the long-term balance between environmental needs and human production needs. Depending on their native knowledge, local nomads have developed a set of complicated means to manage pasture and livestock in a harsh natural environment (Goldstein, 1990; Miller, 1999, 2000). Tibetan nomads have mitigated environmental risks through strategies that have enhanced diversity, flexibility, linkages to support networks, and self-sufficiency. Flexible use of rangelands, livestock mobility, and diverse herds are key elements of traditional pastoral production systems and contribute to the ecological stability of the pastoral systems (Miller, 1999, 2000). Tibetan nomads usually raise a mix of livestock species, each of which has its

* Published by Yan Jianzhong(阎建忠), Wu Yingying(吴莹莹) and **Zhang Yili(张镱锂)** in *J. Geogr. Sci.*, 2011, 21(6): 1112-1122.

own specific characteristics and adaptations to the environment. Rangelands are parceled into seasonal pastures and used according to diverse managerial and production objectives. Nomads and their livestock rotate among different pastures throughout the year to take advantage of the most favorable conditions at all times and simultaneously allow pastures the opportunity to regenerate. The movements of livestock are often well prescribed by complex social organizations and are highly regulated.

Such pastoral systems are vulnerable to global climate change. During 1971—2000, the main trends of climate change for the Tibetan Plateau were a temperature rise, precipitation increase, potential evaporation rate decrease, and in most areas, an increase in humidity (Wu *et al.*, 2005). The degradation of alpine ecosystems on the Tibetan Plateau over the past 40 years has mainly resulted in a decrease in vegetative cover and shrinkage of alpine meadows (Wang *et al.*, 2001a, 2001b; Dong *et al.*, 2002; Wang *et al.*, 2007). The area of degradation accounts for 33% of the whole Tibetan Plateau (Ma, 1999). Therefore, there has been increasing discussion on rangeland degradation, its driving forces, and the innovation of nomadic pastoralism (Goldstein *et al.*, 1989; Miller, 2001; 2002; Wu *et al.*, 2002, Zhang *et al.*, 2004,2006; Wang, 2004). The integrated functions of climate change, overgrazing, devastation due to rodents, and human activity are commonly considered the main factors driving grassland degeneration (Chen, 1998; Ma *et al.*, 1999; Zhang *et al.*, 2006; Liu *et al.*, 2008). Against this background, many measures have been taken to recover grassland and improve the livelihoods of nomads (Zhou *et al.*, 2003; Chen, 2007). Nowadays, the main grassland rehabilitation and anti-poverty measure is the Four Package Project, which comprises the privatization of pasture, building of houses for nomads, construction of barns and fenced grassland for livestock, and growing of fodder for winter.

However, little is known of the indigenous adaptive strategies of nomads to combat pasture degradation, which should be considered in the rehabilitation and anti-poverty measures taken by local government. In this study, Dalag County in the source region of the Yangtze and Yellow Rivers and having a large area of black beach is chosen as the study area to investigate how local nomads cope with pasture degradation and show the differences between adaptation strategies of local government and local nomads, which is the basis for establishing new means of adapting to pasture degradation.

2 Study area and method

2.1 Study area

Dalag County is located on the southeast Tibet Plateau and covers an area of 14 600 km^2. The county lies in the range 32°36′42″~34°15′20″N and 98°15′29″~100°32′41″E. Mountains in the northwest are large and relatively low-angled and have wide bottomlands, while there is a wide expanse of steep mountains in the southeast. The elevation of the county averages 4 426 m and ranges from 3820 to 5 260 m.

The county has a frigid semi-wet climate typical of the plateau. In the long cold season of about 7～8 months, there is frequent heavy snow and many wind and snow-related disasters. The climate is wet in the warm season, which only lasts 4～5 months. The annual mean temperature is about －0.1 ℃ to －3.5 ℃, decreasing from southeast to northeast. The annual precipitation amount is about 560 mm, and precipitation mainly falls from June to September. From 1956 to 2002, the annual average temperature of Dalag County increased at a rate of 0.002 ℃ per year. The rate and extent of the temperature change have been greater in winter than in summer (Zhang *et al.*, 2006).

The soils comprise alpine meadow soil, paludification soil, alpine periglacial soil and flowstone soil, montane meadow soil, chestnut soil, and swamp soil. The vegetation has a distinct vertical distribution, comprising alpine flowstone vegetation above 4 800 m, sparse alpine vegetation at 4 700～4 800 m, and alpine meadow at 3 900～4 700 m. Alpine shrub and grassland are distributed on shaded slopes, half-shaded slopes and river bottomland at 3 900～4 250 m. Swamp meadow is distributed on river bottomland, at outfalls, and on shaded and half-shaded slopes at 4 100～4 500 m. Black beach is widely spread, and degenerated grassland accounts for 67.61% of all grassland in Dalag County (Zhang *et al.*, 2006). Studies of pasture degeneration in the "Three-River Headwaters (the source region of the Yangtze, Yellow River and Lancang River)" obtained from remote-sensing imagery found severe meadow degradation (Liu *et al.*, 2008).

There are 10 townships in Dalag County. The population of the county is about 24 000, 95.4% of whom are Tibetans. Animal husbandry is the most important industry. The number of animals continually increased from 123 000 in 1960 to 794 000 in 1975 and quickly decreased after 1975. Since 1990, the number has stabilized at almost 450 000. The net annual income of nomads per capita is no more than 2000 Yuan RMB.

2.2 Semi-structured interview

The results presented in this paper are based on semi-structured, open-ended interviews held with nomads in August 2006, August 2007, and August 2009. Three townships were selected as sample townships having areas of black beach: Jianshe, Manzhang, and Wosai (Figure 1). Six researchers, including three interpreters, carried out the fieldwork. Samples are selected mainly by probability of access, as many tents being distributed in remote area. Sample tents were first selected from a relief map on which the locations of tents and grazing periods are labeled. As tents are located in the valley floors, we typically drove to the entrance of a valley and continued to the tents on foot. In some cases, male adults were not at home for the planned sample tents, and we interviewed nomads of neighboring tents instead. Each interview lasted 2～3 hours. Because of religious issues, only male adults of each household were primarily interviewed, with other members participating in the interview to a lesser extent and supplementing essential information. In total, 199 herders representing 199 families were interviewed. Afterward, we went to townships and interviewed authorities to obtain background information. Five key questions were asked in each interview: (1) What is the degree of degradation of summer pasture, autumn pasture, and winter pasture? (2) How long is the grazing time for summer pasture, autumn pasture, and winter pasture presently? (3) How has pasture degradation affected livelihoods? (4) What means are used to cope with a fodder shortage? (5) What strategies have the government taken to cope with a fodder shortage?

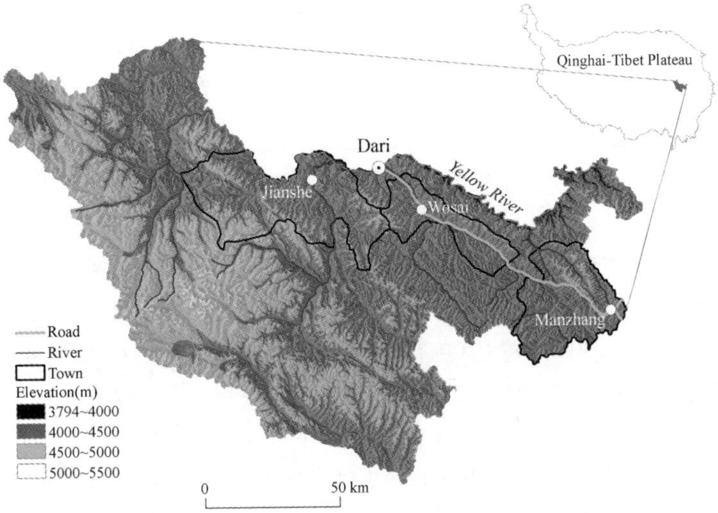

Figure 1 Location of the study area

3 Results

3.1 Pasture degradation and fodder shortage

Black beach is widely distributed in the study area. Wang' study (2005) shows that degraded pastures in the source region of Yangtze and Yellow rivers account for 51.0×10^4 hm^2, about 45.69% of pastures that can be utilized. Table 1 presents the nomads' evaluation of the pasture in the three townships. The pasture grade is evaluated by the nomads themselves, with the number 1 indicating no sign of degradation, 2 slight degradation, 3 medium degradation, and 4 severe degradation. When nomads are asked pasture grade, they also point out many specific characteristics, such as lots of rodent burrows, increase of bare areas, short grass layer, more weeds and poisonous weed, desertification of meadows. As these characteristics are hard to quantify, pasture grade are used to indicate pasture degradation status. The pasture grade for a township is the average of evaluations by sample nomads. Pastures in Wosai are mainly in a state of slight degradation and medium degradation, whereas pastures in Manzhang and Jianshe are in a state of medium degradation and severe degradation. Summer pastures in Manzhang suffer more severe degradation than those in the other two townships. Winter and autumn pastures in Jianshe suffer severe degradation. Nomads' evaluations of pasture grade are consistent with Zhang's study (2011) in the same region.

Table 1 Nomads' evaluation of pasture grade

Township	Number of samples	Grade of pasture(unit) *	
		Summer pasture	Winter and Autumn pastures
Wosai	84	2.75	2.50
Manzhang	62	3.73	3.44
Jianshe	53	3.23	3.59

Note: * The "Grade of pasture" is an average evaluation value of sample households to grassland grade, for example, some herders' summer pasture is 3, some herders' is 4, some herders' is 2, the average is 2.75 and the like.

Pasture degradation reduces the grazing time of pastures and results in severe fodder shortage. In the study area, pastures are parceled into summer pasture, autumn pasture, and winter pasture. Through migration among different pastures, nomads can successfully solve the problem of forage shortage and prevent disasters. Before the 1980s, according to the nomads, pastures never degenerated and the grazing time of summer pastures was about 5 months and that of autumn and winter pastures was about 7 months. Nowadays, the grazing time has reduced dramatically, which result in overgrazing. In 2008, theoretical stocking number of pastures of Dalag County are 0.65 million sheep units, while the real stocking number is 0.91 million units, with 38.57% of over stocking rate (Zhang *et al.*, 2011). Table 2 gives the average grazing time of summer pastures, autumn pastures, and winter pastures for the three townships. In Wosai, the grazing time of winter pastures, which are at lower elevation, has only reduced to 5 months, whereas in severely degenerated regions such as Manzhang, the grazing time of summer pastures and winter pastures has been reduced to 3 months or so. Nowadays, nomads stay on summer pastures from May to July and autumn and winter pastures from August to November. They then have to migrate to other counties to rent pasture before snow arrives, and they remain there for the rest of the year.

Table 2 Grazing time of pastures

Township	Number of samples	Average grazing time of pastures of sample households(month)		
		Summer pasture	Autumn pasture	Winter Pasture
Wosai	84	3.0	—	5
Manzhang	62	2.5	—	3
Jianshe	53	3.5	2.5	4

Pasture degradation severely affects nomads' livelihoods. The main effect is livestock loss. Livestock loss for the three townships was 1 551 in 2007, or almost eight livestock per household. As the average number of livestock per household is only 47, successive livestock loss would reduce the number of livestock held by nomads. From 1976—2006, there are 60.90%, 57.78% and 25.96% of decrease of sheep, horse, yak herds, respectively (Zhang *et al.*, 2011). In Wosai, 64 households provided us with information on livestock numbers at the time of their largest drive. The data show that nomads in Wosai have lost nearly 50% of their livestock in the last 10 years and other townships has similar trend. There are many causes of livestock loss, including frost, starvation, disease, beast attack, hailstones, and poisonous weeds. Frost and starvation are key factors of livestock loss and livestock died owing to frost and starvation in 2007, accounting for 43.65% of the total livestock loss in the three townships. As yaks provide milk, butter, and dregs for nomads, livestock loss affects the nomads' nutritional intake and income from butter and dregs.

3.2 Government means to cope with fodder shortage

Nowadays, a series of means have been taken by local government to cope with fodder shortage. The main means are referred to as the Four-Package Project, which comprises the fencing-in of about 20 to 30 hm^2 of the most productive winter rangeland, which is reserved from grazing in the summer and fall, to provide grazing during the late winter and/or spring; the construction of barns or sheds for livestock; the construction of homes for nomads at their winter pasture site; and the establishing of small (0.5 to 2 hm^2) plots in corrals around the nomad winter settlements for the provision of hay. In the study area, the Four-Package Project commenced in 2007, especially in terms of building houses for nomads. In Wosai, 50 of the 84 households have fenced pasture. The policy of privatizing pasture cannot meet the balance of environmental needs and human production needs; therefore, nomads form small groups on the basis of consanguinity and the neighborhood for which grassland can be justly used. Local government often distributes one bag of barley or flour, with a mass of about 50 kg, to each family in the event of a snow-related disaster. In 2003—2008, ecological immigration was also implemented, but only 429 immigrants were involved in the scheme and these immigrants still graze yaks as they used to (Du, 2009). Although the Four-Package Project has had some benefits for nomads, there is still severe fodder shortage in the three townships, especially in winter and spring. Therefore, nomads there have to rent pastures in other counties.

3.3 Nomads' adaptation strategies

Among traditional strategies employed by nomads, the cultivation of fodder, setting aside of pastures for use when grazing becomes scarce in late winter and spring, and gathering of grass from the wild were the three measures having the greatest effect on yak mortality. In Dalag County, although winter pastures are still set aside to cope with fodder shortage, nomads there cannot harvest enough fodder because of pasture degradation. Thus, nomads are seeking new strategies, mainly renting pasture, providing supplementary feed, and diversifying their livelihoods (Table 3).

Table 3　Nomads' means to adapt to a fodder shortage

Township	Number of sample households	Percent of sample households (%)				
		Rent pasture	Supplementary feed	Artificial pasture	Hay storage	Fenced pastures
Wosai	84	46.43	57.14	4.76	29.76	3.50
Manzhang	62	87.10	62.52	8.06	0.00	1.60
Jianshe	53	58.49	56.60	0.00	26.41	1.90

3.3.1　Hay storage

Hay storage is a traditional means for nomads to cope with a harsh winter. Sufficient stocks of hay reduce livestock loss. According to Levine (1995), one yak needed 30 kg of surplus fodder to ensure survival through the cold season in the township of Tawu in Sichuan. Although hay storage is still popular in agro-pastoral regions, nomads in the three townships find it difficult to harvest wild grass because of pasture degradation. Nowadays, 29.76% of nomads in Wosai and 26.41% nomads in Jianshe generally harvest 250～1 000 kg of hay. In Wosai, nomads who store hay prepare about 34.42 kg of hay for one yak for the whole winter and spring, and the amount is only 8.72 kg in Jianshe. Thus, hay storage is insufficient. Nomads in Manzhang can no longer harvest hay. The limited availability of hay decreases the ability of nomads to cope with a harsh winter.

3.3.2　Fencing-off pastures

Fencing-off pasture is helpful in restoring degraded pasture and can provide fodder for a harsh winter. Nowadays, some nomads realize the advantages of fenced pasture and buy fencing materials. Apart from fenced pastures established by local government, only five fences were built by nomads themselves in the three townships—three in Wosai, one in Manzhang, and one in Jianshe. Fencing a pasture of about 20 hm^2 costs 6 000 yuan RMB. Many nomads said that they have little cash income and could not afford to buy wire netting, angle iron, and other fencing materials. Therefore, this new strategy is hard to popularize by nomads themselves.

3.3.3　Artificial pastures

Although establishing artificial pastures is a good means to address fodder shortages, it is difficult to popularize the concept in the study region. In Dalag County, corrals are used for artificial pasture. When nomads migrate to summer pastures, they plant seed in corrals and harvest when they return in winter. Apart from corrals, few nomads have plots of artificial pasture nearby. In Manzhang did we find five households that had artificial pastures and the number is 4 in Wosai. The main reasons for the approach not being widely adopted are that there is insufficient land for the cultivation of artificial pastures and a lack of available labor and technologies to take care of the artificial pastures. Zhang's study (2011) show that only 12.95% of nomads have artificial pastures, and an important reason is low stability of artificial pasture.

3.3.4 Renting pastures

Renting pasture has been popular with nomads since 1992. Among the sample nomads in Manzhang, 87.10% rented pastures, compared with 46.43% of those in Wosai and 58.49% of those in Jianshe. Nomads rented summer pastures in near townships for grazing in winter. For example, nomads in Jianshe rented pastures in Madoe County at a cost of 3 000 to 5 000 yuan RMB for nearly 6 months, mainly from November to May, which shows the average price of renting pastures. Nomads in Manzhang rented pastures in Jiuzhi, Banma, and Aba Counties. It takes 7 to 9 days for nomads to travel from their own pastures to rented pastures. As pastures in Wosai are only slightly degenerated, nomads there rented pastures from neighbors having less livestock. Nowadays, as pastures of other counties have also degenerated, and it is more difficult for nomads to rent pastures than previously. Therefore, renting pastures is unsustainable in the future.

3.3.5 Supplementary feed

Providing supplementary feed has become an increasingly important means to cope with fodder shortage. More than half of nomads buy flour and rapeseed oil to feed animals in a harsh winter. In Manzhang, 40 of 62 households buy flour and rapeseed oil, the proportion of supplementary feed being 62.52%. The percentage is 57.14% in Wosai and 56.60% in Jianshe. Nomads in Manzhang on average buy 165.5 kg of flour and 21.60 kg of rapeseed oil, costing 550 yuan RMB. In Jianshe, nomads spend 500 yuan RMB to buy flour and rapeseed oil. However, nomads in Wosai on average buy 233 kg of flour and 39.6 kg of rapeseed oil, costing 1100 yuan RMB. The expense of supplementary feed is determined by how many yaks a nomad owns, what he can afford, and where he rents pasture. Nowadays, supplementary feed has become a large financial burden for nomads. Many poor nomads complain that as they have no money to buy flour and rapeseed oil, and thus do not buy supplementary feed, which increases livestock mortality.

3.3.6 Livelihood diversification

Livestock husbandry and herb collection are the backbone of nomads' livelihoods. Pasture degradation increases nomads' dependence on herb collection and second and tertiary industries, such as running a shop, driving taxis, and petty trade. *Cordyceps sinensis* has been the main herb sourced by nomads and its price has increased rapidly since 2007. However, nomads have been earning more money from *Cordyceps sinensis* even if the quantity of*Cordyceps sinensis* has decreased year by year. Through the sales of *Cordyceps sinensis*, nomads in Manzhang, Jianshe and Wosai earned on average 2300, 14000 and 6856 yuan RMB, respectively, in 2007. Apart from livestock husbandry and herb collection, more and more young nomads are seeking off-farm employment (Yan *et al.*, 2010). Among sample households, 3% were involved in wage laboring, 11% had a business (mainly petty trade or running a shop near a township), and 9% had salary incomes (usually from work as cadres in rural villages or townships). Incomes from herb collection and second and tertiary industries help nomads rent pasture and buy flour and rapeseed oil for themselves and livestock, coats for themselves, veterinary medicine, wire netting, and angle iron.

There are vulnerabilities underlie nomads' livelihood diversification. Degeneration of *Cordyceps sinensis* resources and price fluctuation will affect income of nomads. To safeguard *Cordyceps sinensis* resources, many townships and villages only permit local nomads to collect *Cordyceps sinensis*, and nomads from other townships are forbidden to collect *Cordyceps sinensis* from April to May. Off-farm employment are not available for all nomads, and only those families have good human assets, social assets and financial assets have opportunities to seek employment opportunities in second and tertiary industries.

3.4 Gap between nomads and government

The study show an apparent gap between adaptation strategies of nomads and governments. This gap is also shown in other regions of Tibetan Plateau (Zhao and Jia, 2009; Zhang *et al.*, 2011). Although Four Package Project are taken by local government, few nomads build fenced pastures and artificial pastures. Theses gaps imply contradictions of two paths of pastoralism: nomadic pastoralism taken by nomads or sedentary pastoralism popularized by government. Nowadays, sedentary pastoralism is seen by government as the only means to resolve pasture degradation and poverty of nomads and Four Package Project are popularized in whole Qinghai Province and major Xizang region. However, sedentary pastoralism ignores the basic elements of nomadic pastoralism: vulnerable environment and severe man-land relationship. Vulnerable environment determines herds should migrate in different pastures at different season, let pastures regenerate when herds move to other pastures. Severe man-land relationship implies that rotation grazing is not feasible as there is not enough privatization pastures for rotation. By their traditional knowledge, nomads realize deficiencies of sedentary pastoralism and insist on nomadic pastoralism and their adaptation strategies are only complement for nomadic pastoralism. However, renting pasture and supplementary feed becomes burden for nomads, which also implies challenges to nomadic pastoralism. Therefore, more and more nomads resort to livelihood diversification.

It is necessary to seek new measures that combine the best aspects of nomadic pastoralism with modern stockbreeding technologies to help nomads adapt to pasture degradation and improve their livelihoods. Firstly, some changes need to be made about Four Package Project. As one fenced pasture about 20～30 hm^2 can not meet fodder need in harsh winter, more pastures should be fenced by government. If government can provide seed and mature technology, artificial pasture should be greatly enlarged to increase hay production. Barley, flour and rapeseed oil should be provided by local government in harsh winter. Hence, nomads would not depend on renting pasture and supplementary feed. However, this will give the government a tremendous financial burden. Privatizing pasture should be realized according to nomads' willingness and group grazing based on consanguinity and the neighborhood should be encouraged. Secondly, nomads in all black beach regions should migrate into townships and black beach should be retrieved from grazing, as it is expensive to build fenced pasture and artificial pasture in black beach. Thirdly, livelihood diversification should be encouraged in this region and local government should provide skills training, interest-free loan and employment opportunity to nomads to help livelihood transformation.

4 Conclusions

(1) This paper presents a case study of nomads' adaptation strategies and means of government to pasture degradation in the headwater regions of the Yangtze and Yellow rivers on the eastern Tibetan Plateau. Pastures there have evidently degraded, with pastures in Wosai being mainly in a state of slight or medium degradation and pastures in Manzhang and Jianshe being in a state of medium or severe degradation. Therefore, the grazing time of pastures has reduced, affecting the livelihoods of nomads.

(2) Although the Four-Package Project has recently commenced in this region, there is still severe fodder shortage in winter and spring. The traditional hay storage strategy does not work owing to pasture degradation, and at the same time, few nomads establish fenced and artificial pastures; therefore, nomads follow other strategies, such as renting pasture, providing supplementary feed, and diversifying the livelihoods. However, these strategies are unsustainable; for example, renting pasture is problematic as pastures in other counties have also degraded. Supplementary feeding is becoming a financial burden for nomads. It is necessary to seek new measures that combine the best aspects of nomadic pastoralism with modern stockbreeding technologies to help nomads adapt to pasture degradation and improve their livelihoods.

(3) Pasture degradation of this study is consistent with other studies of this region (Yan *et al.*, 2006; Du *et al.*, 2009; Zhang *et al.*, 2011), and nomad's adaptation strategies, such as renting pastures and hay storage, are not listed in their studies. There are also some uncertainties and more field works are needed. The key reason is that nomads there are unwilling to tell the true number of yaks and income. Although nomads provide the number of hay storage and supplementary feed, it still needs confirmation. In addition, the results of Four Package Project need in-depth investigation.

黄河源地区牧民对草地退化的感知——以达日县为例*

Herdsmen's Perception of Grassland Degradation in the Source Region of the Yellow River: A Case Study in Dalag County

Abstract: The source region of the Yellow River, located in the hinterland of Qinghai-Tibet Plateau, is a typical ecological fragile area. Grassland rangeland degradation results primarily from climate change and human-induced activities. Moreover, the later would have a greater influence in some cases. Herdsmen are the main economic agent and basic unit of decision-making in this region, whose perception and adaptive strategy of grassland degradation are vital to sustainable development of grassland resources and the pastoral areas. These authors chose Dalag County as a representative ecological fragile area in the source region of the Yellow River. Using the Participatory Rural Appraisal (PRA) method, the authors made an attempt to analyze herdsmen's perception on climate change and grassland degradation so as to understand their attitudes and adaptive strategies to corresponding consequences. PRA aims to incorporate local knowledge and opinions by informal interviewing local people. During the PRA, the investigator and the respondent fully participate in processes including information collecting, questions identification and analysis, and decisions-making. In this study, 143 households among seven towns were investigated in Dalag County. Quantitative methods were used to analyze inception, response and adaptation of herdsman to climate change and grassland degradation. Major findings are given as 1) Herdsmen are sensitive to climate change, especially to extreme weather. Seasonal differences and abnormal climate change may bring a larger adverse influence to them. 2) Herdsmen are sensitive to grassland degradation. About 76.22% of herdsmen are aware of grassland degradation. However, they do not seem to understand the underlying mechanisms of grassland degradation. 3) Herdsmen have different perception to different control measures of grassland degradation. They tend to be in favor of the measures increasing their benefits, such as pasture land construction and supplementary feeding, which can strengthen the livestock's resistance ability to risks. 4) Herdsmen do not fully accept the government policies since the policies are often highlighting conservation while less emphasizing on herdsmen's economic benefits. It is suggested that the policy can also account for herdsmen's benefits and improve herdsmen's livelihood in order to get local people involved in sustainable development.

1 引言

人们对环境退化的认识和响应关系着区域生态经济的可持续发展(Diegues, 1991; Bro-

* 由张琴琴(Zhang Qinqin)、**摆万奇(Bai Wanqi)**、张镱锂(Zhang Yili)和刘林山(Liu Linshan)完成,原载于《资源科学》,2011,33(5):942-949。

gaard *et al*.，2002)。牧民作为牧区最主要的经济活动主体与最基本的决策单位，其对草地资源的利用方式和经济管理等行为已成为牧区生态环境变化的最主要和最直接的影响因素(赵雪雁，2009；赵成章等，2009；周圣坤等，2009)。牧民对草地退化的感知直接关系到草地资源的可持续利用和牧区的可持续发展。

位于青藏高原腹地的黄河源地区是典型的生态环境脆弱区。近几十年来，该区域生态环境明显恶化，主要表现为草地退化(张镱锂等，2004，2006；张帅等，2008)，土地沙化(封建民等，2004；薛娴等，2007；曾永年等，2007)，湖泊干涸(谢昌卫等，2004；曹文炳等，2006)，冰川、冻土消融(王绍令，1997；刘时银等，2002；鲁安新等，2002；杨建平等，2003)等，已严重威胁着当地的社会经济发展。特别是草地退化导致载畜量下降，使当地人民生活艰难，部分地区甚至出现"生态难民"(朱玉坤，2002；王小梅等，2006)。黄河源地区草地退化被认为是自然因素和人类活动共同作用的结果，并且人类活动起主导作用(摆万奇等，2002；Feng *et al*.，2006；刘林山，2006)。基于对草地退化事实及原因的认识，政府采取了很多措施，但这些措施的实施效果受到一定的质疑(宁宝英等，2006；赵成章等，2009)。达日县是黄河源地区生态环境极脆弱的区域之一(杨建平等，2007)，本研究基于达日县143户牧户调查数据，采用参与式农村评估法分析牧民对草地退化的感知，试图为该地区的生态保护工程提供科学依据。

2　研究区概况

达日县位于青海省果洛藏族自治州东南部，黄河源地区南部，介于东经98°15′～100°32′，北纬32°36′～34°15′，西部和北部与该州的玛多、玛沁、甘德县相接，东部和东南部与班玛、久治两县为邻，南部及西南与四川省的色达、甘孜等县为界(图1)。全县总面积约146×10^4 hm²，大部分区域海拔位于4 200～4 600 m。该地区属高寒半湿润气候，气候寒冷且持续时间长，达7～8个月，风雪灾害多；暖季湿润但持续时间短，仅4～5个月。平均气温在−0.1～−3.5 ℃。年降水量560 mm左右，多集中在6—9月。主要植被类型包括高寒草甸、沼泽化草甸、灌丛草甸和高寒稀疏植被等(刘林山，2006)。

达日县有天然草地140.2×10^4 hm²，约占全县土地面积的94%；可利用草地面积111.7×10^4 hm²，占天然草地面积的80%；退化草地面积为51.0×10^4 hm²，占全县可利用草地面积的45.69%(王启基等，2005)。2006年达日县草原理论载畜量为72.8×10^4只羊单位，而实际放牧的家畜为91.1×10^4只羊单位，超载率达25.14%；到2008年达日县草原理论载畜量下降为65.6×10^4只羊单位，而实际放牧的家畜增加至90.9×10^4只羊单位，超载率增加至38.57%*。

达日县为纯牧业县，2007年统计数据显示总人口为26 605人，其中，牧业人口占总人口的83%。全县GDP总产值$1.076\ 1\times10^8$元，牧区人均纯收入为1 546.00元/人**。

---

* 2008年青海省果洛藏族自治州政协调研汇报材料。

** 2007年度青海省果洛藏族自治州达日县国民经济和社会发展资料汇编。

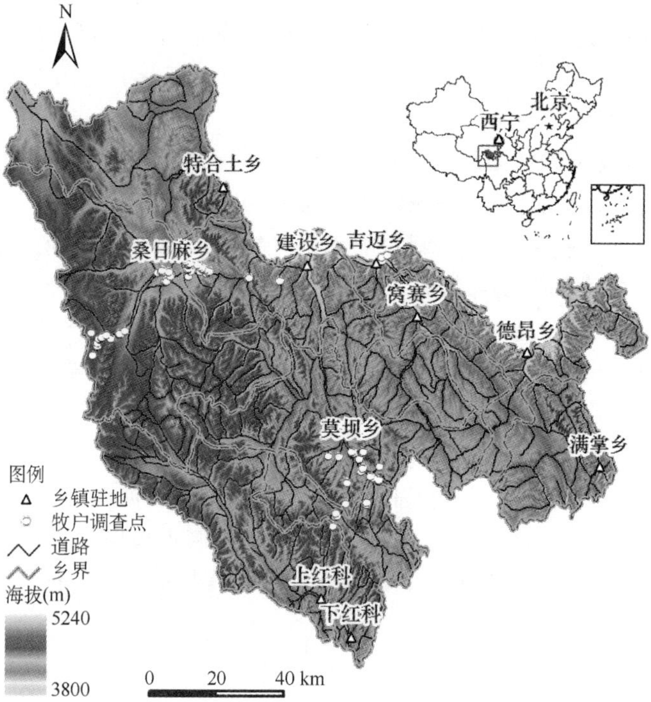

图 1　研究区示意与调查点分布

Figure 1　Location of the research area and survey points

3　数据和方法

3.1　数据来源

牧民对草地退化感知的数据来自 2009 年 8 月对达日县 143 户牧民进行的非结构式访谈调查。气候数据由中国气象局国家气象信息中心气象资料室提供，包括达日县气象站 1956—2008 年的年平均气温与年降水量。

3.2　研究方法

采用参与式农村评估法（Participatory Rural Appraisal，PRA）进行问卷调查（Robert，1992；吴兆录，1997；Shackleton *et al.*，2002；Maalim，2006）。本研究的调查工作采取先到达各乡所在地，然后随机选取牧户进行调查，并用 GPS 记录牧户地点（图 1）。调查内容包括：（1）家庭基本情况，包括户主年龄、文化程度、家庭收支、牲畜数量、生活满意度等；（2）牧户对气候变化的感知；（3）牧户对草地退化的认识（草地退化表现、原因、治理措施等）；（4）牧户草场建设的参与性。调查的题目中有多项选择，数据分析中各项比例加和大于 100%。被调查牧户分布在达日县 7 个乡，占总乡数的 70%。

4 结果与分析

4.1 牧户基本情况

在所调查的牧户家庭中(表 1),户主最大年龄 78 岁,最小年龄 20 岁,平均年龄 43 岁。30~50 岁的受访户主占 62.24%。被调查牧户以中年为主,年龄 30 岁以下的户主仅占 11.89%,60 岁及以上的占 9.09%。家庭规模以 4~6 人组成的最多,占 56.64%,其次为小于 4 人的家庭,占 33.57%,大于 6 人的家庭约占 10%。2007 年达日县牧业人口人均牲畜拥有量为 40.1 只羊单位*,调查的牧户中约 65%的牧户家庭人均牲畜拥有量低于 40 只羊单位,并且有少数家庭拥有较多牲畜的现象出现。如家庭人口平均牲畜拥有量达到 120 只羊单位的占 6.67%,大于 80 小于 120 的占 5.93%,牲畜拥有量最高的牧户家庭达到 249 只羊单位/人。受访户主文化程度普遍偏低,多达 77.62%的牧户是文盲,户主受教育程度影响其接受新思想、获取新信息和采用新技术的能力。调查的牧户中大多数对现有生活满意。

表 1 研究区受访牧户基本情况

Table 1 Basic information of households surveyed

类别		户数	比例(%)
户主年龄(A)	<30	17	11.89
	$30\leqslant A\leqslant 40$	44	30.77
	$40\leqslant A\leqslant 50$	45	31.47
	$50<A\leqslant 60$	24	16.78
	>60	13	9.09
家庭规模(M,人)	$M<4$	48	33.57
	$4\leqslant M\leqslant 6$	81	56.64
	$6<M\leqslant 8$	11	7.69
	$M>8$	3	2.10
人均牲畜数量*(N,羊单位)	$N=0$	6	4.44
	$N<20$	37	27.41
	$20\leqslant N<40$	45	33.33
	$40\leqslant N<80$	30	22.22
	$80\leqslant N<120$	8	5.93
	$N\geqslant 120$	9	6.67
户主文化程度	文盲	110	76.92
	小学	27	18.88
	初中	5	3.50
	大专	1	0.70

* 数据来自 2007 年度青海省果洛藏族自治州达日县国民经济和社会发展资料汇编。

续表

类别		户数	比例(%)
生活满意度	很满意	8	5.67
	比较满意	88	61.70
	不满意	43	29.79
	很不满意	4	2.84

注：* 户数统计按照牧户明确回答后的统计，牲畜数量敏感，对含糊的回答不予统计，因此总计<143 户。

4.2　牧民对气候变化的感知

1956—2008 年达日县气温呈逐年上升趋势($R^2=0.3504$，$P<0.001$)，多年平均气温为 −0.9 ℃，1999 年以来，年平均气温均大于或等于多年平均气温，且在 2006 年达到最高 0.4 ℃，气温上升线性速率 0.27 ℃/10 a(图 2)。该区域(1956—2008 年)多年平均降水量为 546.5 mm，降水总体呈现波动变化($R^2=0.014$，$P>0.1$)，趋势并不明显(图 3)。

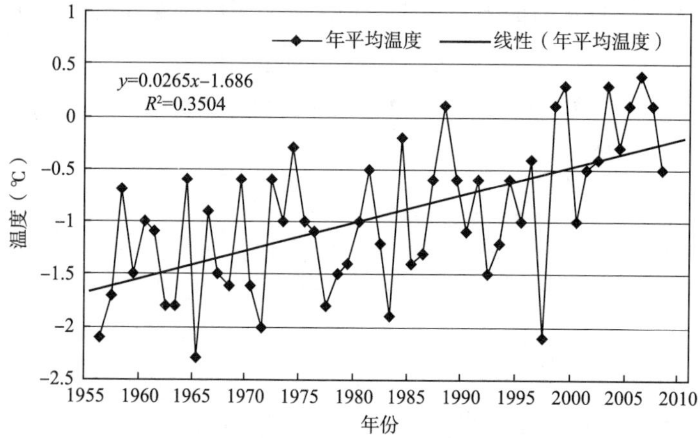

图 2　达日县 1956—2008 年气温变化趋势

Figure 2　Trend of temperature in Dalag County from 1956 to 2008

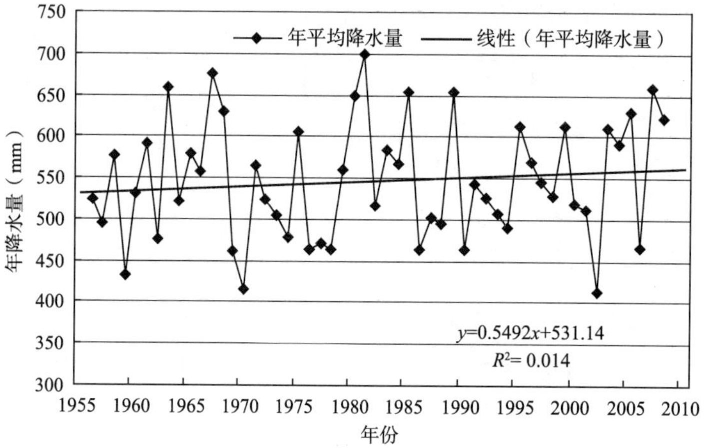

图 3　达日县 1956—2008 年降水量变化趋势

Figure 3　Trend of precipitation in Dalag County from 1956 to 2008

调查结果显示，牧户对气候变化，特别对极端气候的感知十分强烈(图 4)。牧户认为大雪天日数增多的比例最高，占 67.38%。因为在青藏高原雪灾对畜牧业造成的危害严重，令牧民刻骨铭心，这与吴宁的说法相一致(Wu *et al.*，2002)。其次是气温升高、降水增多，分别占 41.84%、36.88%，这与达日站的气象观测数据相吻合，说明牧民对气候变化感知敏锐。牧民对气温升高的感知与达日县实际气温逐年上升相一致。而由于气候变化的季节性差异较大，对牧草生长影响较大(张国胜等，1999)，导致牧民对降水的感知与实际不完全符合，牧民认为降水增多，使牧草返青期提前，但牧草长势并不好，而实际达日县降水量变化并不显著。风沙变大也是牧民感知较为强烈的一项变化，占 25.53%。由于土地沙化越来越严重(封建民等，2004；薛娴等，2007；曾永年等，2007)，大风起时沙子飞扬，所以牧民会感受到风沙的变化。值得一提的是，4.26%的牧户认为天气变幻莫测，如冬天太冷、夏天太热，忽冷忽热等，可能是近年来气候变化异常所引起的。

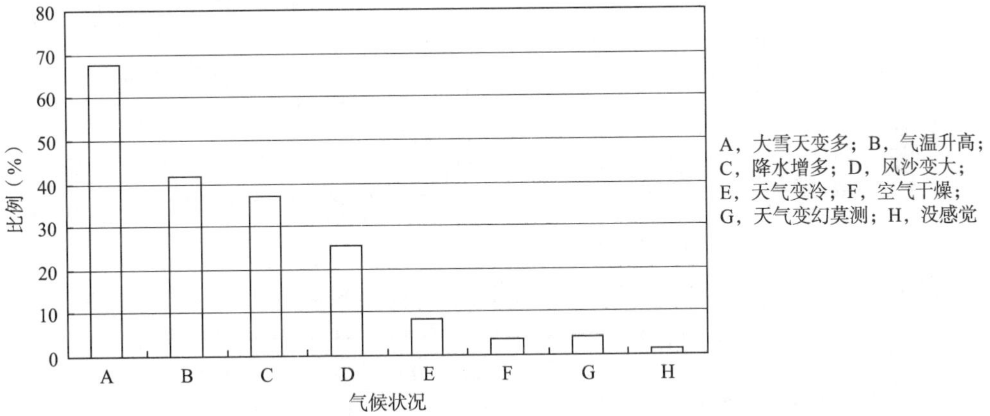

图 4 牧民对气候变化的感知

Figure 4 Herdsmen's perception of climate change

4.3 牧民对草地退化的感知

4.3.1 牧民的草地退化意识

调查显示，高达 76.22%的牧户认为草地质量变差了，有 22.38%的牧户认为草地质量没有变化，说明多数牧户已经意识到草地退化(表 2)。

表 2 牧民对草地质量的感知

Table 2 Herdsmen's perception of the quality of grassland

草地质量	变差		没有变化		不清楚	
	户数	比例(%)	户数	比例(%)	户数	比例(%)
牧民感知	109	76.22	32	22.38	2	1.40

草地退化表现的调查发现，牧户认为草地退化主要表现在草地上老鼠洞多、裸露面积增加，均占 64.66%(图 5)。35.34%的牧户认为草变矮，认为草地沙化和黑土增加均占到

12.93%。这主要与达日县鼠害严重有关，鼠害面积达 56.7×10^4 hm^2* 。目前，大多数灭鼠工作集中在药物治理方面，灭鼠的同时，鼠类的天敌也被毒害，再加上藏文化传统“不杀生”思想，使灭鼠更加困难。一些牧户认为养猫比较好，既环保又不影响鸟类，但其效果有待进一步研究。全县退化草原面积 78.2×10^4 hm^2，占可利用草原面积的 70%，草地退化最直观的表现形式就是草地上裸露面积增加，所以牧民对其感知强烈。目前，该区域的黑土滩面积已达 57.3×10^4 hm^2**。因此，草地沙化和黑土滩增加同样使牧民感受深切。已有研究表明：黄河源区所有类型的“黑土滩”草地都完全失去了牧用价值，短期内自然恢复的物质基础也已丧失，该类草地的恢复治理必须通过人工植被的重建来实现(马玉寿等，2006)。

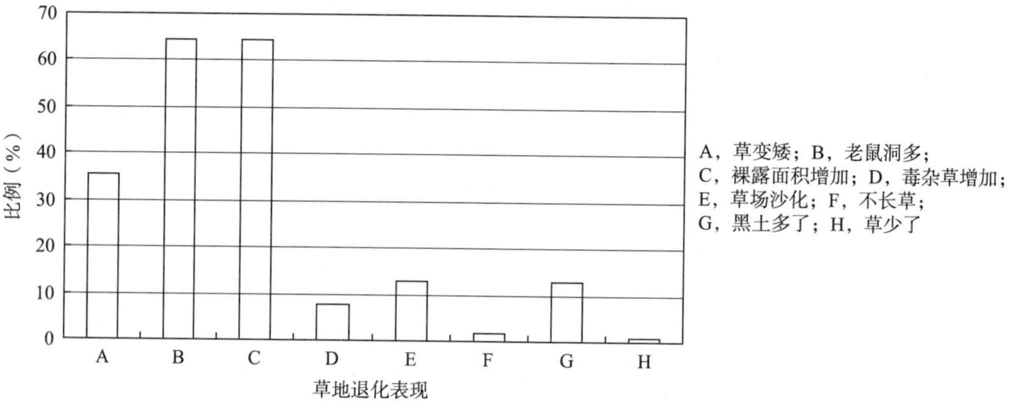

图 5　牧户对草地质量变差表现的感知

Figure 5　Herdsmen's perception of the grassland deterioration

4.3.2　牧民对草地退化原因的认知

在对草地退化原因认知的调查中发现，牧民认为老鼠是造成草地退化的首要原因，所占比例最大，达 60.34%(图 6)。其次是气候变化，占 38.79%。而对于学界普遍认同的超载过牧、人口增长过快等人类活动导致草地退化的主要因素之一，在本次调查显示的比例仅占 12.93%、3.45%。牧民们发现草场上老鼠洞越来越多，于是认为老鼠是导致草地退化的主要原因。同时，牧民对气候变化的感知较为敏锐，认为气温升高、降水和大雪天日数增加，均不利于牧草生长。另外，牧民认为大量挖掘虫草也是导致草地退化的原因之一，占 18.97%。虫草是当地牧民的一项重要收入来源，近年来，虫草价格不断攀升，促使虫草采挖强度增大，对草地的破坏性越来越大。当地牧民传统价值观认为牲畜多是家庭财富的象征，劳动人口增加才可以饲养更多的牲畜，这些都是正常的需求，不会造成草地退化。由于 65.41%的受访牧户家庭牲畜数量没有达到全县平均水平，使受访牧户对超载过牧造成草地退化不敏感。牧户对草地退化原因认识不够充分，政府需要加大宣传，使牧民更加正确的理解。

4.3.3　草地退化治理措施的感知

调查显示，牧民们对各项草地退化治理措施评价无明显差异。治理退化生态和减少牲畜

*　数据来自 2008 年青海省果洛藏族自治州政协调研汇报材料。

**　数据来自 2008 年青海省果洛藏族自治州政协调研汇报材料。

数量所占比例最高，为 22.69%和 21.01%，其次为人工种草和生态移民，分别为 17.65%、15.97%(图 7)。由于牧民视牲畜为自己财产的象征，在草场的承载范围内，他们会尽量饲养多的牲畜，以补充灾害年死亡的牲畜数量，使余下的牲畜能满足最基本的生活需求。但是藏文化的传统习俗中也有尊重神山圣水的一些原则，一片草地上可以饲养多少牲畜他们有自己的评判标准，牧民认为他们只是“适度超载”(周圣坤等，2009)，不是任意的超载，严重的超载过牧行为也使牧民感受到应该减少牲畜数量。

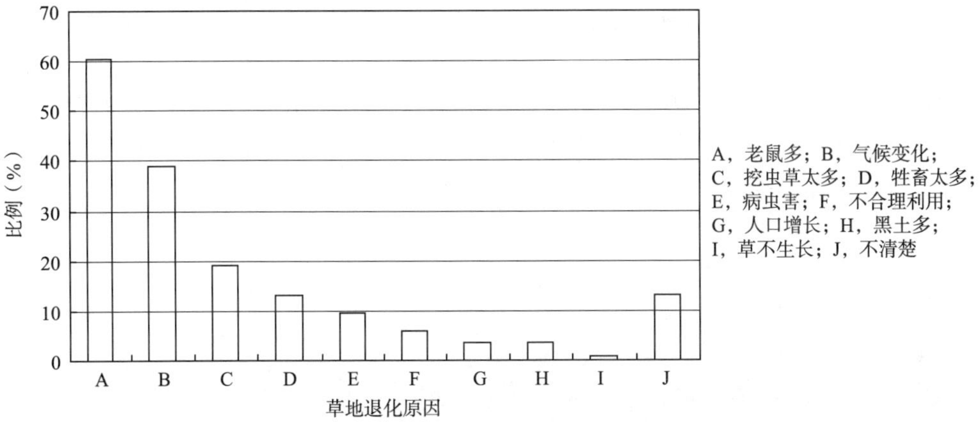

图 6 牧户对草地退化原因的认知

Figure 6 Herdsmen's awareness about the causes of grassland deterioration

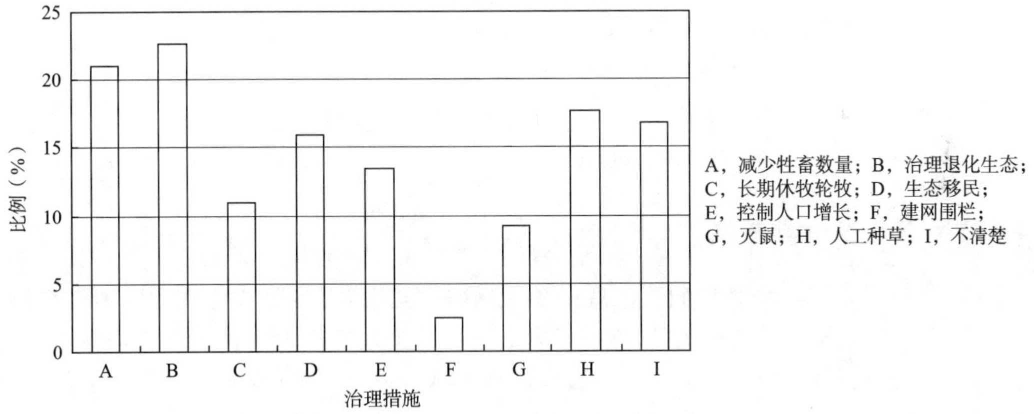

图 7 牧户对草地退化治理措施的感知

Figure 7 Herdsmen's awareness of the treatment of grassland degradation

草地作为牧民最基本的生产资料，在不需要减少牲畜的情况下，人工种草既可以提供更多的草料，又有利于草地恢复。因此，人工种草被牧民接受，认为是草地退化治理的有效措施之一。研究区从 2003 年开始实施生态移民项目，截至 2008 年 5 月，已完成生态移民搬迁 429 户*，移民减畜、禁牧取得了一定效果，慢慢被牧民接受，因此，生态移民也被认为是治理退化草地有效措施之一。其他措施还包括控制人口增长(占调查比例的 13.45%)，长期休牧轮牧

* 数据来自 2008 年达日县畜牧局统计资料。

（占调查比例的10.92%），灭鼠（占调查比例的9.24%），建网围栏（占调查比例的2.52%）。虽然老鼠被认为是草地退化的最主要原因（图6），但是牧民们认为药物灭鼠没有明显的效果，草地上老鼠仍越来越多，这可能是灭鼠措施在草地治理中所占比例不高的原因。牧民对草地退化治理的感知多从自身需求考虑，因此偏向于对自己有利的措施。如家庭人口较多的牧户较少选择控制人口增长这一选项，人均牲畜拥有量较多的牧户较少选择减少牲畜数量这一选项。

4.3.4　草地治理费用承担

大多数牧户（89.6%）认为草地退化治理费用应该由国家支付，只有12%的牧户认为牧民自己也需要承担草地退化治理的费用（图8），这说明牧民对草地退化治理的自我支付意愿不高。牧民所接受到的宣传基本都说草地是国家的，牧民只有使用权，无所有权，牧民在超载放牧的同时，没有意识到需要对草地退化进行治理。这也是产权不清晰导致的公地悲剧（宁宝英等，2006）。牧民们大多认为，草地退化了，最终国家会治理，他们自己没有这个能力。

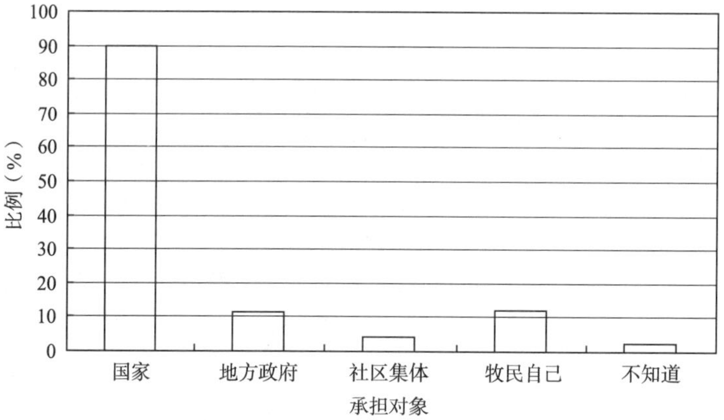

图8　牧户对草地退化治理费用承担感知

Figure 8　Herdsmen's attitude towards expense in treatment of grassland degradation

4.4　牧民草场建设参与性

调查显示（表3），58.87%的牧户家庭开展了网围栏建设，大多数牧民认为网围栏可使自家草场得到保护，也可以使围栏内的草产量增加。同时，当地政府大力推广围栏项目，免费为部分牧民发放围栏所需材料。25.87%的家庭建有暖棚，暖棚可使牲畜及人在冬天抵御寒冷，但因多数质量不好，几年后易倒塌，建设比例不高。草场建设中人工种草的家庭比例最少，只有12.95%，这与种草困难有关系。习惯于靠天养畜的牧民不熟悉饲草种植技术，而要掌握这些技术一般需要3～5年时间（格图根等，2006），再加上人工草地稳定性较差，使用3～5年后即发生迅速退化的现象（李青云，1999），使牧民对种草信心不足。调查还发现，虽然已有不少牧民自己采集草种种草，但是限于资金和能力，难以扩大面积。牧户之间的合作交流也不够，对政府过于依赖。这也是人工种草措施参与牧户较少的原因之一。

面对草畜矛盾加剧，特别是冬春季草料严重不足，政府向困难牧户发放干草或颗粒饲料等供牧户对牲畜补饲。调查发现，64.49%的牧户采取了补饲措施，同时没有进行补饲的牧户中20.41%考虑进行补饲。牧民已感受到补饲带来的好处，然而目前牧民补饲大多依靠政府发放。

草场建设虽然多数在政府部门组织下完成，但是牧民们整体参与性较高。调查显示，牧民们对草场建设的效果认可度普遍较高。牧户对草场建设措施的效果评价均以好评为主,评价不好的牧户所占比例较低(表 4),表明草场建设措施确实在牧民的生产生活中起到了一定的帮助作用。其中,人工种草好评率最高的原因可能是人工种草实施的牧户总数不多,而种植成功的牧户大多认为其效果好。有些牧户冬天将暖棚用于住人,因此未对暖棚效果进行评价的比例最高。同时暖棚因质量差、易倒塌而使其实施效果大打折扣。

表 3 牧户家庭草场建设情况

Table 3 Measures taken by herdsmen in the construction of pasture

草场建设措施	是否采取措施	比例(%)	是否考虑采取措施	比例(%)
围栏	采取	58.87	—	—
	没采取	41.13	考虑	41.38
			不考虑	58.62
人工种草	采取	12.95	—	—
	没采取	87.06	考虑	24.79
			不考虑	75.21
暖棚	采取	25.87	—	—
	没采取	74.13	考虑	38.68
			不考虑	61.32

表 4 牧户对草场建设措施的效果评价(单位:%)

Table 4 Herdsmen's evaluation of constructing measures in grassland

草场建设措施	好	一般	不好	没评价
网围栏	43.37	25.30	25.30	6.02
人工种草	61.11	16.67	11.11	11.11
暖棚	40.54	10.81	8.11	40.54

5 讨论

5.1 气候变化对牧民生活的影响

气候变化可能使牧民生活更加脆弱,抵抗灾害天气的保护措施需要加强。调查表明,牧户对气候变化敏感,特别对极端气候的感知十分强烈。牧户认为气候变化主要表现在大雪天日数变多(67.38%)、气温升高(41.84%)、降水增多(36.88%)。同时,气候变化的季节性差异、异常的天气变化情况给牧民带来的不利影响可能更大。如 2008 年初的雪灾使达日县损失惨重,畜牧业直接经济损失达 1.2569×10^8 元,为 2007 年全县 GDP 总收入的 1.17 倍*。

5.2 牧民感知偏差与政府政策引导

大多牧户(74.83%)已认识到草场质量变差,老鼠洞多(64.66%)、草地上裸露面积增加

* 数据来自 2007 年度青海省果洛藏族自治州达日县国民经济和社会发展资料汇编。

(64.66%)被认为是草地退化的主要表现。牧户认为草地退化的主要原因是老鼠多(60.34%)、气候变化(38.79%)等，而对于学界普遍认同的牲畜太多和人口增长却不在主要原因之列。这可能是牧民科学文化水平较低，因而对草地退化影响因素认识不足造成的。草地退化治理费用的支付意愿调查显示，牧民大多表现出对国家的依赖。牧民对草地退化认识及其治理的态度表明，政府引导的草地退化治理措施在该区域具有重要作用。

5.3　政府政策与牧民的认可情况

牧户对于各项草地退化治理措施的认可比例没有太大差异，治理退化生态(22.69%)、减少牲畜数量(21.01%)、人工种草(17.65%)、生态移民(15.97%)、控制人口增长(13.45%)等。

达日县从2005年开始实施以草定畜政策，但目前各个乡镇超载现象依然严重(杜长江等，2009)。牲畜超载的本质是牧户没有其他的生计方式，解决超载问题还需要帮助一部分牧民脱离草场从事全新的生产，如经营二三产业、外出打工等。只有政府积极引导，对牧民加强技术培训，拓展生计方式，继续推动以草定畜措施，才能使草场恢复的效果慢慢体现。

生态移民是政府近几年大力支持的草地退化治理措施之一。虽然该措施存在很多不足，但是其对草地质量恢复、牧民信息获取、生计多元化发展是有利的。调查显示，41.30%的牧户表示愿意搬迁成为生态移民，这表明近几年开展的生态移民工程的社会响应良好，同时潜在的移民对象为移民工程的进一步实施提供了基础支持。

牧民参与草场建设的积极性高，草场建设带来的效果良好，其中参与网围栏建设的牧户最多。人工种草措施因技术、投入成本和管理等方面的问题未能在研究区大面积推广。补饲在研究区已很普及，但目前牧户多数依靠政府发放获得饲草料，自行购买能力不足。

6　结语

黄河源地区的生态环境问题已引起了各方面的关注。政府实施了大量的生态环境治理措施，如生态移民、以草定畜等。这些治理措施中牧民是最直接的参与者与利益相关者，因此牧民对生态环境的感知，会直接影响到治理措施的效果和持续性。本文研究结论表明：

(1)牧民的草地退化意识较强，但对草地退化原因理解不够全面。这一结论与甘南地区牧民研究相似(赵雪雁，2009)。牧民对草地退化原因感知的偏差，需要政府的积极引导。在今后工作中，政府需要进一步拓宽信息传播渠道，加大宣传力度，不断提高当地牧民对草地退化原因的认识。

(2)牧民对草地退化治理措施感知各异，多从自身需求考虑，偏向于自己需求或对自己有利的措施。政府在积极引导牧民对草地退化原因正确认识的基础上，还应加强草场建设、草地退化治理措施等技术推广。

(3)牧民对政府政策不完全认可。由于政府引导的草地退化治理措施多从生态治理的角度着手，缺乏对牧民生计保障的充分考虑。牧民认为草场建设网围栏等的效果较好，因此牧民的参与性较强，而其他一些措施如人工种草等参与性不强。这一结论与赵成章等(2009)研究结果相似。建议今后的工作中多征求牧民意见，以牧民的利益为主，拓展牧民生计方式，并结合当地实施情况，出台或修改已有相关政策措施，这样才能真正调动牧民的积极性，使当地的退化草地得以恢复，经济水平得以提高，最终走向可持续发展的道路。

Herdsmen's Adaptation to Alpine Grassland Degradation: A Case Study of Dalag County, China*

草甸退化胁迫下的适应性探讨——以青海省达日县为例

摘　要:在土地退化胁迫下,当前黄河源牧区存在的主要问题是牲畜结构不合理,草场尤其是冬季草场严重不足,这些问题成为制约区域经济发展与生态建设的突出因素。本文采用分层随机抽样和参与式农村评估等方法,于2004年5月、2006年11月、2007年9月、2008年9月对达日县牧户进行了四期抽样调查,分析了高寒草甸退化胁迫下政府和牧民适应措施发生的变化。研究结果显示:①在牲畜结构方面表现为牲畜存栏数减少,牦牛母畜比例上升。1976—2006年藏羊存栏数减少60.90%;马存栏数减少了57.78%;牦牛存栏数减少25.96%。2004年以来,成年母畜在牦牛畜群中比例逐渐增加;②在草场利用方式上,表现为夏草场转场时间提前。5月前转场牧民比例由2004年的41.50%提高到2007年的61.00%。这暂时平衡了冬夏草场的压力,缓解冬季牲畜草料供应短缺问题;但这种调整加大了夏季草场的压力,可能会加速夏季草场的退化。因此,一要进一步加大草场保护和生态恢复建设,遏制草场持续退化的态势;二要从结合区域特点,建议以生态补偿形式从相邻省区或饲草(料)基地购入(/调入)草料,缓解草地压力过大的状况;③生态移民方面,移民户数增长缓慢。调查区2003年有105户迁移,到2008年也仅有115户移出。2005年实施以草定畜后,除上红科、莫坝、特合土、桑日麻等乡镇外,其余乡镇超载严重。牧户经济基础差、移民支配生产的能力差等因素,可能是导致生态移民和以草定畜措施执行效果不佳的主要原因。因此,如何提升生态移民的经济与生态效果,如何构建搬迁牧民的社会保障体系,如何扶持发展畜牧业的替代产业等,仍是近期黄河源区生态建设与退化草地恢复的核心问题。

1　Introduction

Research on the impacts of climate change and adaptation strategies began in the 20th century (Mc Carthy, *et al.*, 2001). Chinese scholars have carried out many studies on the issue of the adaptation to climate change since the mid-1990s, and have made great progress since then. Research of ecosystem adaptation is a hotspot in the field (Li and Chen, 1996; Smit *et al.*, 1996). It mainly focused on the impacts of climate change on forest (Piao and Fang, 1999; Ju *et al.*, 2000), terrestrial vegetation (Cai, 1996; Zhao and Yan, 2002), and their adaptations. Climate change has result in the changes of agriculture geographical restrictions and fluctuation of crop yields, hence the pressure on agricultural systems. Some scholars put forward suggestions on how to mitigate the impacts of climate change on agri-

* Published by Du Changjiang(杜长江), **Zhang YiLi(张镱锂)**, Liu Linshan(刘林山), Wang Zhaofeng(王兆锋), Zhang Jiping(张继平) and Zhou Qiang(周强) in the *Resources Science*, 2009, 31(6):973-979.

culture (Lin and Wang, 1994). Furthermore some countermeasures should be taken to restructure farming production in the sensitive regions and vulnerable regions influenced by global warming in accordance to national agriculture and climate changing trend (Tang *et al.*, 2000). These studies also focus on the impact of climate change on Chinese agricultural production (Fang and Wang, 2004), the effect of global warming on rice production in Heilongjiang Province in the past 20 years (Jin *et al.*, 1998), and the adaptation of grain production to global climate change in the eastern belt of China (Smite *et al.*, 1996). The studies mentioned above have made achievements.

The alpine grassland ecosystem is the most important ecosystem type in the Tibet Plateau. In recent years, with global warming increasing, the alpine grassland ecosystem degraded significantly (IPCC, 1996; Cuculeanu *et al.*, 1999; Zhang *et al.*, 2004). Global climate change and the greenhouse effect have feedback effect on the Tibet Plateau. It is of great significance to enhance the sustainability of alpine grassland ecosystem in order to avoid catastrophic change in ecosystems (Zhao and Zhou, 2005).

The continuous degradation of alpine grassland ecosystem has become a serious ecological problem in the source region of the Yellow River in China at present (Zhang *et al.*, 2004). Chinese scholars have carried out many studies on the degradation of alpine grassland in the source region of the Yellow River and made great progress in this respect since the mid-1990s. Zhang *et al.* studied the spatial features of LUCC and the elements of climate and human activities related to LUCC in the Three Rivers Sources (Liu *et al.*, 2006a). The main study subjects include spatial characteristics of grassland degradation (Liu *et al.*, 2006b), driving mechanism and simulative research of alpine grassland degradation in the source region of the Yellow River (Benioff *et al.*, 1996).

So many studies on adaptability to global warming have been conducted at home and abroad. Adaptability is composed of individuals, groups and government behavior. Adaptive behavior is taken for many purposes, including eco-environmental protection, the protection of economic and social development and human security protection. Such adaptability can be presented in many forms through the market exchange and social network (Smite *et al.*, 1996; Adger *et al.*, 2003; Lindseth *et al.*, 2004). The objective of adaptive measure could be either the individual protection for self benefit, or the protection from the governments or public organizations. These adaptation forms appear in different hierarchies of interaction. Government, the public and market all make use of the institutional and technical system to adapt to future climate risk (Smite *et al.*, 1996; Cuculeanu *et al.*, 1999). Most studies on the adaptation of human beings to the land degradation are carried out on a micro-scale—farm scale (Shresth *et al.*, 2004), in order to explore adaptive ways to mitigate continuous land degradation (Smit *et al.*, 1996). The core content of the study is to reveal the adaptive way of reasonable human activities to alpine grassland degradation so as to provide scientific basis for the policy of governments and the behavior of herdsmen.

2 Study area and method

2.1 Study area

Dalag County is located in the southern part of Guoluo Tibetan Autonomous Prefecture in southeast Qinghai Province, China (Figure 1). Its geographical position is 98°15′29″～100°32′41″E and 32°36′42″～34°15′20″N. This county belongs to alpine sub-humid plateau climate with an annual mean temperature of −1.3 ℃, and annual precipitation of 540.6 mm. It covers a total area of 14 600 km^2, with a population of 23 000. Husbandry is the only agricultural activity in this county.

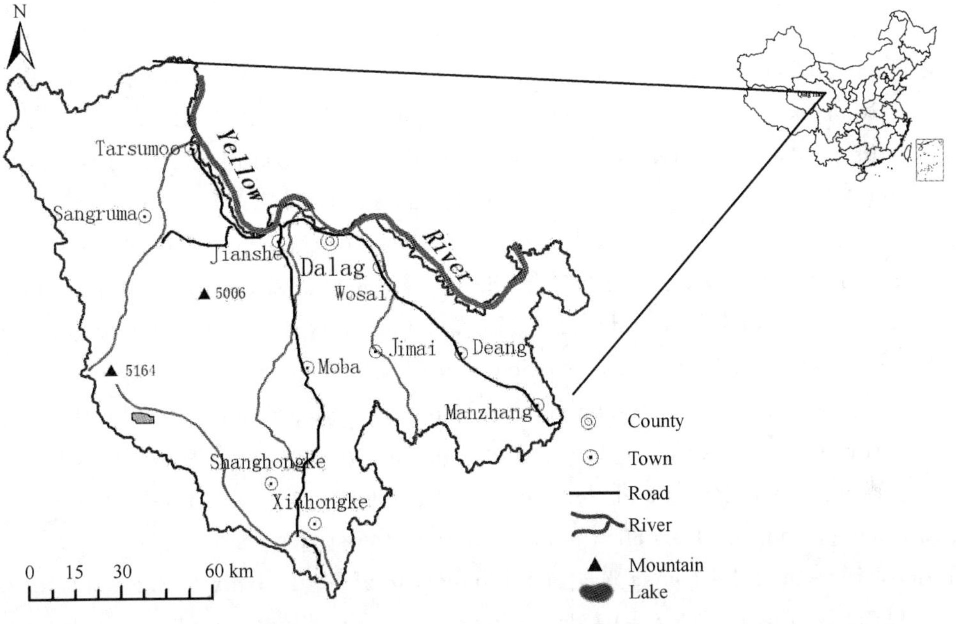

Figure 1 Location of Dalag County, China

Dalag County is one of the typical alpine grassland regions on the northeast edge of the Qinghai-Tibet Plateau. It is the conjunction region of Qinghai, Sichuan and Gansu provinces, located in the transitional region between the first and second steps of China's landforms. It is one of the seriously degraded grassland areas in the southern part of the Yellow River source region. The development of local economy is slow and people's living standard is low. In recent years, due to population growth and overgrazing, serious vegetation degradation has emerged, and most of the grassland has degraded to bare land (Zhou and Zhao, 2008). From 1975 to 2000, the whole grassland area presented a reverse vegetation succession trend of brushwood-marshy grassland, non-degraded grassland, slightly degraded grassland, moderately degraded grassland, severely degraded grassland, uncovered rock and gravel land (Liu, *et al.*, 2006b).

2.2 Data and method

The investigated herdsmen were selected by stratified random sampling method (Cramb *et al.*, 2004; Richard *et al.*, 2005). The production and living conditions of the herdsmen were investigated through PRA methods (Chambers, 1994; IIED, 1995). There were 22 herdsmen investigated in 2004, 36 in 2006, 56 in 2007 and 194 in 2008 (including 182 non-immigrant households, 12 immigrant households). The number of valid samples was 298. Data came from the yearbook of national economic and social development in Dalag County from 1965 to 2006, including the number of livestock, rate of death and loss, the amount of pasture and the number of immigrants in different years.

Multi-response analysis methods of SPSS and EXCEL are the main methods of data processing (Zhang *et al.*, 2007). Multi-response analysis of the survey aims mainly at solving the problem of multiple responses of the questionnaire investigation. Generally speaking, multi-response analysis conducts the data processing in two ways: dichotomy and classification. This paper uses dichotomy according to the characteristics of the data: 1 represents the number of the herdsmen families that transfer the pasture before May, and 2 represents the number after May. Frequency analysis is used for data analysis.

The S value (Lu *et al.*, 1992) reflected the changes of the proportion of dam's structure of yak. According to Lu *et al.*'s (1992) studies, less than 45% of adult dams stand for the decline type, more than 50% stands for the lower commodity rate, and the best ratio of adult dams should be 45%～50%. Engel coefficient for ecological immigrants is used to analyze the current living condition of herdsmen. According to standards proposed by the UN Food and Agriculture Organization, the Engel coefficient above 59% stands for poverty, 50%～59% stands for adequately fed and clad, 40%～50% stands for well-off, 30%～40% stands for the affluence, and less than 30% stands for the utmost richness.

Ratio of income and expense is a major indicator of herdsmen's living conditions. The larger the ratio is, the greater the herdsmen's production and living dominating ability is. On the contrary, the smaller, the weaker.

3 Results and analysis

3.1 Voluntary adaptive adjustment of herdsmen

3.1.1 Dynamic changes and driving forces of livestock

The livestock mainly consist of Tibetan sheep, yaks and horses in Dalag County. From 1976 to 2006, the horse population increased from 10 539 in 1976 to 11 719 in 1986, but only 4 450 survived in 2006, which presented a trend of increasing at first and then decreasing; the yak population decreased from 242 194 in 1976 to only 179 330 in 2006; the Tibetan sheep population also showed a decreasing trend: from 427 826 in 1976 to 167 289 in 2006 (Figure 2).

Results show: the portion of herdsmen ($S \leqslant 45\%$) decreased from 50% in 2004 to 12% in 2008, while that of herdsman ($S \geqslant 50\%$) increased from 33% in 2004 to 70% in 2007 (Figure 3). Due to the lower birth ratio of bulls and more requirements of fodder for bulls, the herdsmen reduced the number of bulls in order to earn more money (Guoluo agriculture and husbandry regionalization committee, 1990).

Research shows that: the ratio of female yaks decreased from 1984 to 2003 in Midi County in the Yellow River source region (Lu, 2008). Such differences are mainly due to the actual situation of the development of animal husbandry in these two counties.

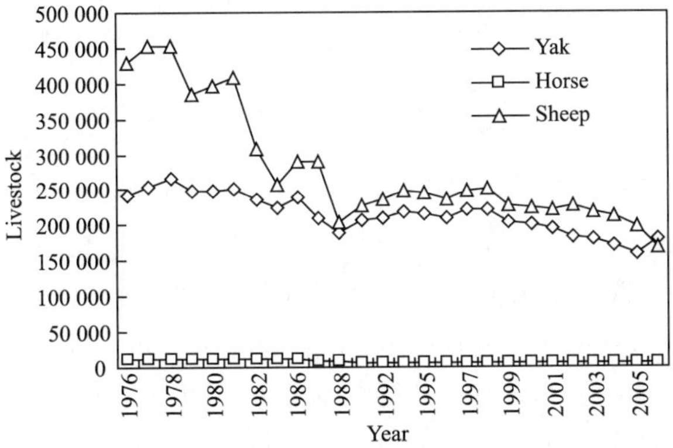

Figure 2 Changes of livestock from 1976 to 2006 in Dalag County

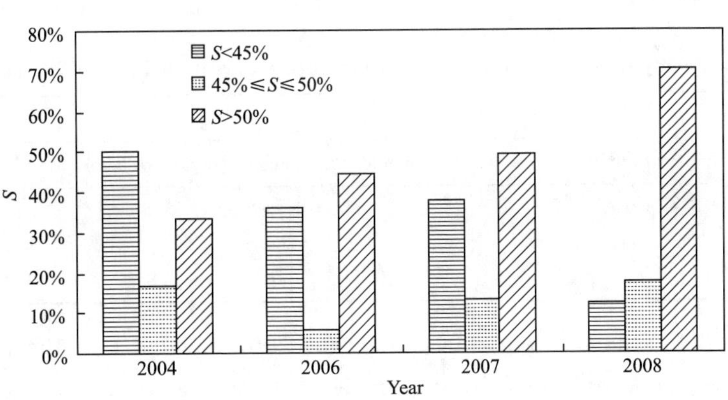

Figure 3 Population structure of yak in different years in Dalag County

There are three main reasons for the increase of the proportion of yak. First of all, more fodders are needed for breeding Tibetan sheep and horses; Tibetan sheep have weak resistance to climate change and are more likely to die in winter. Therefore, the herdsmen began to breed yaks with strong resistance so as to reduce the death rate. The survival probability of yaks is higher than that of other livestock under the same catastrophic conditions. From 1986 to 2006, the loss and death rate of yaks were significantly lower than that of Tibetan sheep (Figure 4). Secondly, yaks play a leading role in the social customs of the Tibetans.

Thirdly, most of herdsmen's food and fuel in their daily lives come from yaks, such as butter, butter tea and dairy manure.

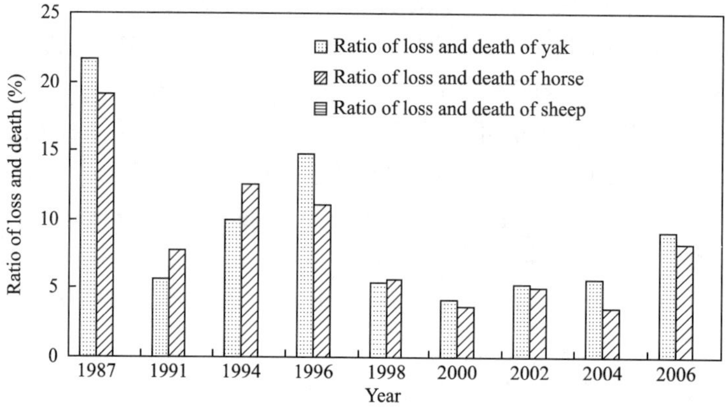

Figure 4 Loss and death rate of livestock from 1986 to 2006 in Dalag County

3.1.2 Adaptation of stockbreeding production pattern and its causes

In terms of patterns of pasture use, 41.5% of herdsmen took pasture transfer before May in 2004, and the ratio reached 50.9 % in 2006 and 61.0% in 2007 (Table 1). Studies showed that herdsmen advanced the transferring time prevalently. The herdsmen gradually adjusted the pasturing time in winter and summer in order to protect grassland and maximize the use of grassland resources at the same time. Studies on Madoi County showed that 1% of herdsmen changed the original seasonal grazing time, while 99% remained unchanged (Lu, 2008).

Table 1 Family ratio of the transferred pasture before May from 2004 to 2007 (Unit: %)

Year	Results		Ratio of all families
	The number of families	Ratio of families that transferred pasture before May	
2004	7	9.6	41.5
2006	15	20.5	50.9
2007	51	69.9	61.0

The comparative study among 2004, 2006 and 2007 showed that the herdsmen prevalently advanced the time of transferring from winter pasture to summer pasture in recent years. The main cause for such a phenomenon was that most of the herdsmen thought that the grazing pressure was greater in winter because of serious degradation. Herdsmen had to advance the time of transferring from winter pasture to summer pasture gradually in order to ensure the fodder supply of livestock. The survey of 187 herdsmen from Wosai, Jianshe, Manzhang and Moba villages in Dalag County showed that 63% of the herdsmen considered that the degradation of winter pasture was severe, while 37% considered that summer pasture degradation was severe.

3.2 Response of herdsmen to government planning amendment

3.2.1 Ecological immigrations and the policy of limiting livestock based on grassland carrying capacity

From 2003 to 2008, the number of immigrant herdsmen increased year by year. There were 105 immigrant families in 2003 and 120 in 2008. The total number reached 429 in 2008 (Figure 5).

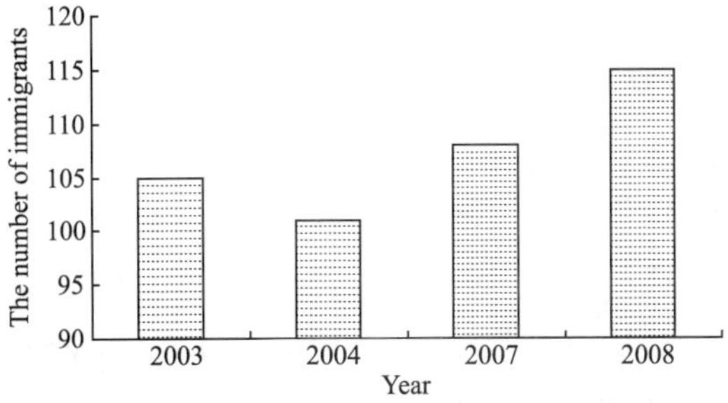

Figure 5 Proportion of immigrants in Dalag County in different years

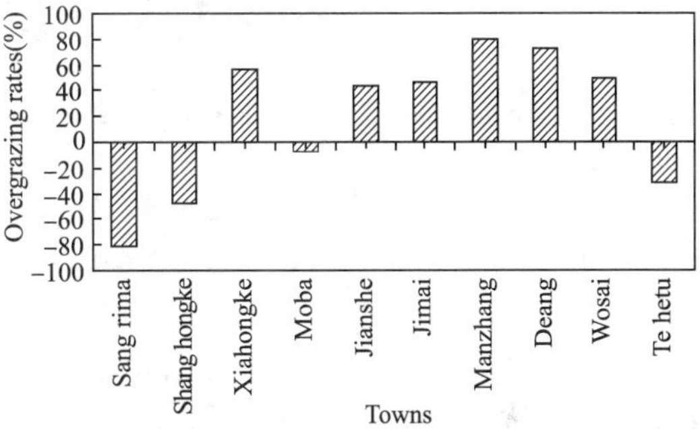

Figure 6 Overgrazing rates of each town in Dalag County in 2007

In spite of the adoption of the policy of limiting livestock based on grassland carrying capacity in 2005 (Qinghai Local Records Compilation Committee, 1993), overgrazing is still very serious at present. According to relevant statistics in 2007, all of the townships experienced serious overgrazing except the four alpine townships of Shanghongke, Moba, Tehetu and Sangrima with an overgrazing rate of less than 0 (Figure 6).

3.2.2 Herdsmen's response to the regulation of government planning

The number of the ecological immigrants was increasing, but the result of the adoption of the immigration was not better than we expected. The interview with the director of Migration Management Committee in Dalag County showed that, among all the ecological immigrants, 356 families, or 70.36%, spent most of their time in the pastoral region on pastoral activities either for their relatives or employers. The main reason of herdsmen's refusal to migration was that the follow-up industry did not keep pace with the policy. The immigrants had no income after entering the towns. They had no way out when the state's 10-year compensation expired.

The poor implementation of the ecological immigration and the policy of limiting livestock based on grassland carrying capacity are mainly due to the low living standard and feeble ability of dominating production of herdsmen at present. The ratios of herd families in each living standard of poverty, for adequately fed and clad, well-off and utmost richness with the Engel coefficient are 58%, 17%, 8% and 17% respectively.

Among the sample survey of immigrants in 2008, the immigrants with $40 < R \leqslant 60$

accounted for 51% of the total immigrants, and immigrants with $R>100$ accounted for 25%, suggesting that the immigrants have no income source from other production fields at present. Therefore, the developments of the follow-up industries for ecological migration are important to the social stability of immigrant areas (Figure 7).

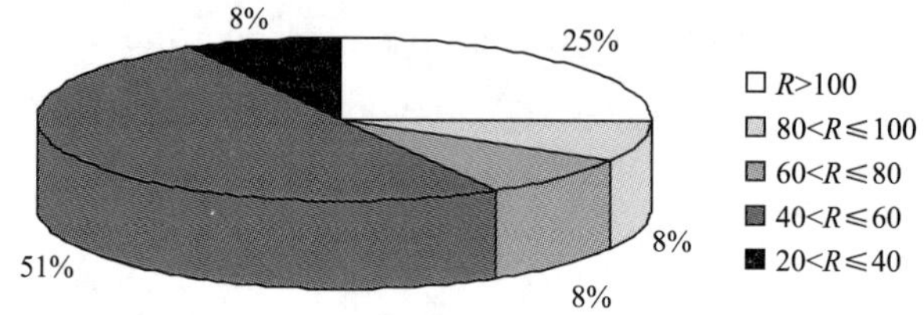

Figure 7 Ratio of income and expense of ecological immigrants in Dalag County

4 Conclusions and discussion

This paper analyzes the adaptive adjustment and response of herdsmen to government planning amendment. Some major conclusions are drawn as follows.

(1) The number of livestock and the regulation of proportion of female yaks. The numbers of yaks, Tibetan sheep and horses were reducing year by year; the changing trend of horse population was not apparent, however, that of yaks was significant; and the proportion of female yaks increased gradually. From 1976 to 2006, the yak population reduced by 25.96%, horse population decreased by 57.78%, and Tibetan sheep population reduced by 60.90%. The proportion of adult dams in the yak herd was increased gradually since 2004 in order to maximize benefits and minimize risks.

(2) The pasture use pattern. The local herdsmen regulated the winter-summer pasture transition time recently in order to alleviate winter pasture pressure and ensure the supply of livestock forage in winter. Some 41.5% of herdsmen took pasture-transfer before May in 2004. The ratio reached 50.9 % in 2006 and 61.0% in 2007. Field survey showed that this regulation relieved the winter pasture pressure temporarily, and solved the problem of livestock fodder supply. However, considering the local ecology, this adjustment increased the pressure on summer pastures, and it could intensify the degradation of summer pasture. In view of the current situation, firstly, the grassland protection and ecology restoration construction should be further enhanced to mitigate the continuous degradation of pastures; secondly, considering the regional characteristics, it was recommended to purchase (/ transfer) forage from the adjacent provinces to alleviate the current pressure in the form of ecological compensation.

(3) The ecological migration. The number of immigrants grew slowly year by year; and that of immigrant families was 105 in 2003 and 120 in 2008. The overgrazing was observed in all the counties since the policy of limiting livestock based on grassland carrying capacity was adopted in 2005. Among them, seven counties, including Manzhang, Deang, Jimai and Jian-

she, had serious overgrazing. The poor implementation of the ecological immigration and the policy of limiting livestock based on grassland carrying capacity are mainly due to the less developed economic base and feeble ability to dominate production of the herdsmen. Thus, there are still some problems for ecological construction and restoration of degraded grassland in the Yellow River source region. Further studies are urgently needed on how to enhance the economic and ecological effects of follow-up work of ecological immigration; how to take measures to support the development of alternative animal husbandry industry and improve herdsmen's living standards; and how to build social security system, etc.

筑坝在湿地恢复中的作用——以拉萨市拉鲁湿地为例*

Roles of Dam Building in Wetland Restoration: A Case of the Lalu Wetland in Lhasa City

Abstract: The Lalu wetland of Lhasa City in Tibet, covering an area of 6.2 km^2 and having an average elevation of 3 645 m, represents the highest and largest urban wetland in the world. Since it has become a national wetland reserve in 2005, a large amount of capital has been invested in restoring its ecological vitality. Dam building, the central part of the ecological restoration project in the Lalu wetland, has experienced two stages. At the first stage, the largest and most influential earth dam with 1 210 m long, 5 m wide and 1.2 m high used for impoundment was completed in the first half of the year 2007, leading to an increase in water coverage of nearly 5% in dry season and 7% in rainy season, respectively. The authors systematically examined the roles of the dam building in wetland restoration primarily based on examining and comparing ecological changes before and after dam construction. The second stage lasted from the winter of the year 2008 to the spring of the year 2009, in which more earth dams of totally 7 547 m long were built. These dams have various sizes ranging in height from 0.9 m to 1.5 m and in width from 3.5 m to 3.7 m accounting for terrains and river flows, connecting each other to jointly partition the east Lalu wetland into diverse units for diversion, irrigation and water storing. The two-stage dam building shown above has made water coverage over the Lalu wetland reach nearly to 90%. Primarily resulting from dam building, great changes have been observed in landscape patterns and ecological functions of the Lalu wetland. Water coverage expanded from low-lying land in the southwest to higher land in the northeast which used to be in desertification. In the increased water area, tropophytes, like *Eleocharis soloniensis*, *Carex rubrobrunnea*, *Blysmus sinocompressus*, *Potentilla anserine*, *Cirsium lanatum*, *Echinochloa crus-galli*, and *Cynoglossum zeylanicum* have been replaced by hydrophytes, like *Polygonum lapathifolium*, *Hippuris vulgaris*, *Scirpus tabernaemontani*, *Phragmites communis* within 2 years. In the meanwhile, the numbers and species of birds, particularly water birds, like *Fulica atra*, *Phalacrocorax carbo*, *Anas platyrhynchos*, *Trachybaptus ruficollis*, *Tringa tetanus*, also increased accordingly. Additionally, grazing pressures the wetland used to undertake have been relieved naturally due to the increased water area and decreased forage. This is particularly beneficial to Lalu wetland protection. The processes and ecological effects of dam building demonstrate that with advantages of low cost, efficiency and simplicity, dam building seems to be a common and valuable technique for wetland restoration, playing a fundamental role in comprehensive ecological restoration through increasing water coverage and reasonably reallocating water resources.

* 由摆万奇(Bai Wanqi)、土艳丽(Tu Yanli)、李建川(Li Jianchuan)、王兆锋(Wang Zhaofeng)、郭光亮(Guo Guangliang)、曲扎(Qu Zha)和张镱锂(Zhang Yili)完成，原载于《资源科学》，2010，32(9)：1666-1671。

1 引言

湿地是地球上最重要的生态系统之一，它在调节气候、净化空气、涵养水源、蓄水防洪，以及保护生物多样性等方面发挥着十分重要的作用，因而被形象地称之为地球之肾(Edward *et al.*，1997)。由于全球气候变化和人类活动的影响，湿地退化成为普遍现象，如何有效地保护现有湿地和恢复退化湿地，已成为人们日益关注的重点，也是生态学与环境科学研究的热点(Middleton，1999；张永泽等，2001；杨永兴，2002；陈宜瑜等，2003；彭少麟等，2003；左平等，2005；吴后建等，2006)。

湿地恢复是指通过生态技术或生态工程对退化或消失的湿地进行修复或重建，再现干扰前的结构和功能，以及相关的物理、化学和生物学特性，使其发挥应有的作用(崔宝山等，1999)。根据目前国内外对各类湿地恢复项目研究的进展看，湿地恢复技术可以概括出以下几项：1)废水处理技术，包括物理处理技术、化学处理技术、氧化塘技术；2)点源、非点源控制技术；3)土地处理(包括湿地处理)技术；4)光化学处理技术；5)沉积物抽取技术；6)先锋物种引入技术；7)土壤种子库引入技术；8)生物技术，包括生物操纵、生物控制和生物收获等技术；9)种群动态调控与行为控制技术；10)物种保护技术等(Misch *et al.*，1998；许木启等，1998；彭少麟等，2003)。由此可见，湿地恢复涉及多学科、多领域，技术方法包括生物措施和工程措施等。在众多工程措施中，通过筑坝蓄水恢复湿地生态功能是一种影响范围广、经济有效的恢复技术。本文通过对拉萨市拉鲁湿地筑坝过程及其生态效果的评价分析，探讨筑坝对于湿地恢复的普遍意义，试图为退化湿地恢复技术的丰富与发展提供新的案例和借鉴。

2 拉鲁湿地概况

拉鲁湿地是拉萨河流域最重要的湿地之一，平均海拔 3 645 m，位于拉萨市西北部，是世界上海拔最高、面积最大的城市天然湿地。拉鲁湿地所在的拉萨河谷，属藏南高原温带半干旱季风气候，年均降水量 444.8 mm，全年降水的 80%～90%集中在 6—9 月份；年平均温度 7.5 ℃，年平均相对湿度 45%(格桑顿珠，2008)。

拉鲁湿地作为重要的观光资源、物种基因库、空气和水体净化器，以及高原缺氧城市的天然氧吧，在拉萨市环境建设和社会生活中发挥着重要作用。据估计，拉鲁湿地每年所提供的生态服务功能总价值达 5 481 万元(张天华等，2005)。但由于过去很长一个时期的人为干扰，拉鲁湿地的景观完整性和生态功能遭到了严重破坏。拉鲁湿地在 20 世纪 50 年代初以前面积超过 10 km^2，此后 50 年由于城市扩张和历经挖泥炭、造农田，以及黄牛改良基地和菜篮子工程建设等人类活动，湿地日益萎缩退化，到 2000 年的时候已减少到 6.2 km^2(卫学承，2002；李春，2005)。20 世纪 90 年代初修建的贯穿湿地东西的中干渠对拉鲁湿地影响最大，该工程排出了湿地约 70%的水量，极大地改变了湿地的水文状况，加之放牧压力较大，湿地出现了严重退化(张镱锂等，2000；田洪武，2003；申增云等，2003)。1999 年拉鲁湿地被批准为自治区级自然保护区，2005 年又被列为国家级自然保护区，此后，国家投入大量资金用于湿地的保护和建设，一系列措施的实施，使拉鲁湿地的生态功能得到了很好的恢复(张镱锂等，2004；李春等，2008)。

3　数据与方法

3.1　数据来源

筑坝前拉鲁湿地水面覆盖数据利用高分辨率的 google erath 遥感图像（2005 年 1 月 6 日）和对湿地管理人员的调查访问获取。

筑坝前拉鲁湿地生态环境特征数据通过整理相关研究文献及走访湿地管理人员获取；筑坝后拉鲁湿地水体、植被、鸟类、放牧等现状数据采用实地调查方法获取。

3.2　调查方法

3.2.1　水面覆盖与坝体调查

调查人员实地手持 GPS 仪沿拉鲁湿地水坝和水面边沿行走，在拐点处定位。航迹数据输入计算机后得到水坝长度、走向、空间分布及水面形状和面积数据；同时测量坝体宽度与高度变化等数据。

3.2.2　植被调查

2007 年 8 月，对完工不久的第一条水坝蓄水水面和相邻的未蓄水区域进行了植被调查。在未蓄水部分，共调查 50 cm×50 cm 的样方 40 个，记录植物种类、组成、高度、盖度和生物量等指标。

2009 年 6 月再次进行实地调查，观察记录蓄水水面和相邻的未蓄水区域植被种类组成和覆盖度等指标变化情况。

3.2.3　鸟类调查

采用样线调查、特种生境定点调查和访问调查相结合的方法。用 10 倍双筒望远镜观察记录视野范围内的鸟类，记录下时间、种类、数量和小生境类型，并用 GPS 仪记录该点的坐标。为避免重复记录，鸟类种类及数量只记录由前面往后飞的，不记录由后往前飞的。行走速度平均为 2.5 km/h。特种生境用 40 倍单筒望远镜观察。

样线设置按照拉鲁湿地地形和植被特点，沿湖设定一个环湿地样线，在湿地中心每隔 500 m 设一样线（图 1）。

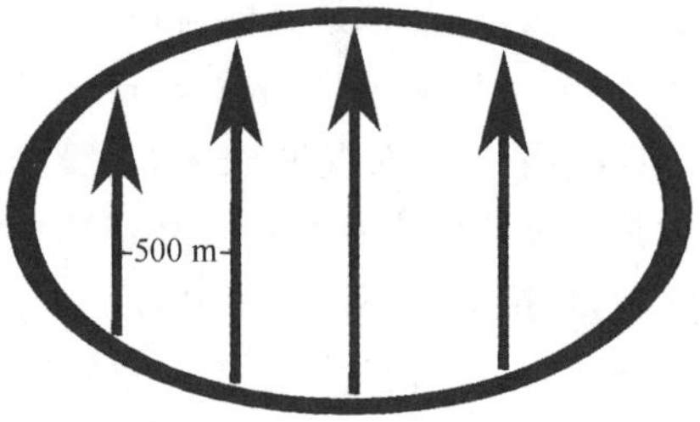

图 1　湿地内样线设置示意

Figure 1　Transect line for bird observation

3.2.4　放牧情况调查

对历史上拉鲁湿地牲畜数量和放牧情况的数据取自已有研究文献，筑坝后进入湿地的牲畜数量通过实地调查记录和访问湿地管理人员获取。

4 结果与分析

4.1 坝体空间布局与筑坝过程

退化湿地恢复的关键在于提高湿地水面覆盖率，通过筑坝重新分配水源和扩大水面成为最重要的工程恢复措施。拉鲁湿地的地形呈东北高、西南低，源自东北部的河水流经湿地后汇集在西南部，致使西南部的湿地景观和生态功能明显好于东北部，湿地恢复的主要区域是因缺少水体覆盖而退化严重的东北部，因此，筑坝等湿地恢复工程措施多集中在东部(图 2)。图 2 显示了拉鲁湿地已修筑的水坝数量及其空间分布状况。

拉鲁湿地的筑坝过程分为两个阶段，第一阶段是 2007 年上半年完工的第一条拦水土坝(图 2 标注为旧水坝)，坝高 1.2 m，宽 5 m，长 1 210 m。坝体的走向不是直线，而是向来水方向弯曲，形成一个弧形拦水区。为保证水坝的环境友好性，修筑材料全部取自拉鲁湿地以外的泥土。土坝的边坡上种植草皮，以加强坝体的抗侵蚀能力。水坝中间位置设有闸口，用于控制下泄水量。此坝是拉鲁湿地管理者根据湿地环境凭直观经验修建而成，它在发挥重要作用的同时，也存在一些设计不足。例如，由于未处理好上游来水与水坝泄洪的关系，2008 年夏季，因为雨水丰沛，坝体中央部位被冲垮，形成了一个约 20 m 的缺口(2008 年冬季已修补)，来水大量排出。也曾因泄洪不畅，库水溢出，与附近居民产生矛盾。但是，该坝的工程实践为后来的湿地筑坝提供了宝贵经验。

第二阶段是从 2008 年秋冬季开始，在拉鲁湿地东部又新修筑了多条拦水土坝，总长度达 7 547 m。这些水坝的大小、走向各异，坝高的变化范围在 0.9～1.5 m，坝面宽度变化在 3.5～3.7 m。坝体的差异及坝的集中与分散程度是根据地形和来水情况确定。这些水坝之间相互连接形成网络，与第一条水坝一起，将拉鲁湿地地势最高的区域分成了若干小区，分块蓄水灌溉，进一步增加了湿地水面覆盖(图 2)。

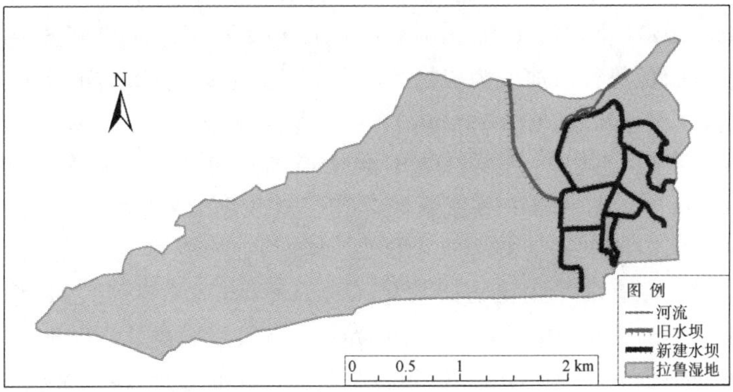

图 2 拉鲁湿地及拦水坝位置示意

Figure 2 Dams located in Lalu wetland

4.2 筑坝恢复效果分析

4.2.1 水面变化

水面扩大是拉鲁湿地筑坝恢复效果的直接体现，也是湿地生态恢复的重要基础和主要标志。历史上，拉鲁湿地曾被水面完全覆盖(卫学承，2002)，但从 20 世纪 50 年代至拉鲁湿地保护区建立，拉鲁湿地的水面覆盖面积持续减少。对拉鲁湿地的实地观测和调研，以及对 google erath 图像(2005 年 1 月 6 日)的分析结果表明，2000 年后，拉鲁湿地水面覆盖率已不足 50%，枯水季节甚至低于 20%。近年来，通过地表修饰和有调节的人工灌水等措施，湿地水面覆盖率达到了约 60%。GPS 航迹数据计算结果显示，2007 年建成的拦水土坝使拉鲁湿地春季蓄水面积增加 28.37 hm^2，水面覆盖率增加近 5%，到雨季能增加近 7%。2009 年新建的拦水坝完工后，水面覆盖率更可以达到近 90%。由于筑坝后的水面扩大从整体上改变了拉鲁湿地的景观格局，并为湿地全面恢复奠定了基础，因此，筑坝是拉鲁湿地迄今最重要也是最有效的湿地恢复措施。

4.2.2 植被演变

长期以来，由于拉鲁湿地水面持续减少，植被从早期以芦苇和苔草占绝对优势的植物群落分布格局转向了多样化(李春，2005)，介于湿生和陆生之间的草本植物明显增加，水生植物减少。植物表现出从水生植物、湿生植物为主要优势种群向湿生植物、陆生植物为优势种群演替的趋势，如以芦苇群落为主的植被演替为具槽杆荸荠—华扁穗草群落(*Eleocharis valleculosa-Blysmus sinocompressus*)，湿地演替方向呈现“沼泽化湿地→沼泽化草甸→草甸→荒漠”的趋势(张镱锂等，2000；华国春等，2007；李春，2008)。

近年来，随着筑坝后水面覆盖的扩大，拉鲁湿地的植被组成发生了很大变化。本研究小组 2007 年 8 月的样方调查结果表明，在蓄水区域，原有的植物多被淹没，植被覆盖度不足 10%，优势种是具槽杆荸荠(*Eleocharis soloniensis*)、圆囊苔草(*Carex rubrobrunnea*)等；相邻的未蓄水地方植被以中生植物分布最为广泛，优势种有华扁穗草(*Blysmus sinocompressus*)、鹅绒委陵菜(*Potentilla anserine*)等；在干燥退化区域生长有旱生植物藏蓟(*Cirsium lanatum*)、稗(*Echinochloa crusgalli*)、琉璃草(*Cynoglossum zeylanicum*)等。2009 年 6 月再次进行的实地调查显示，蓄水水面的优势种已演变为酸模叶蓼(*Polygonum lapathifolium*)、杉叶藻(*Hippuris vulgaris*)、水葱(*Scirpus tabernaemontani*)、芦苇(*Phragmites communis*)等水生植物，植被覆盖度已达 70%左右。其中，芦苇群落的数量增加十分迅速。原来仅零星可见的睡莲(*Nymphaea tetragona*)又在水域中重新繁荣起来。这表明，筑坝后原有的中生甚至旱生植被，在 2 年左右的时间内便被水生植物迅速取代。同时，在水坝西侧未蓄水的区域，由于筑坝后土壤湿度明显增加，原有的旱生植物如藏蓟(*Cirsium lanatum*)等已经退缩甚至消失，而湿生、中生类的植物如华扁穗草(*Blysmus sinocompressus*)和鹅绒委陵菜(*Potentilla anserine*)则迅速增加，植被覆盖率也从 40%增加到了 60%左右。这样的结果表明，筑坝蓄水后，拉鲁湿地的植被演变方向发生了根本性变化，开始了从旱生、中生向湿生、水生的转变过程。

4.2.3 鸟类变化

长期以来，受湿地面积缩减和人类活动的干扰，拉鲁湿地鸟类数量较早期减少了 4 目 12 科 15 属 20 种，黑颈鹤(*Grus nigricollis*)、胡兀鹫(*Gypaetus barbatus*)、高山兀鹫(*Gyps hina-*

layensis）等珍稀动物销声匿迹，经常出没的赤麻鸭（*Tadorna ferruginea*）、戴胜（*Upupa epops*）、红脚鹬（*Tringa totanus*）等鸟类只有5种（李春，2005；申增云等，2003）。2004年8月在拉鲁湿地共记录到26种鸟，鸟类群落中以适应偏干湿地环境的鸟类为主，猛禽、涉禽、游禽等较大型鸟类种类减少，表现出拉鲁湿地面积减小、水位下降、草原化及人为干扰大的环境变化特点（包新康等，2005）。

最近3年（2007年、2008年、2009年），本研究小组对拉鲁湿地鸟类的连续监测结果显示，随着湿地水面增加和湿地环境的改善，鸟类的种类和数量在逐渐增加。2007年记录到24种4160只，2008年则记录到34种5 591只，比2007年多了牛背鹭（*Bubulcus ibis*）、中白鹭（*Egretta intermedia*）、灰背伯劳（*Lanius tephronotus*）、暗绿柳莺（*Phylloscopus trochiloides*）、黄嘴朱顶雀（*Acanthis flavirostris*）、猎隼（*Falco cherrug*）、戈氏岩鹀（*Godlewski's Bunting*）、黑水鸡（*Gallinula chloropus*）、针尾沙锥（*Gallinago stenura*）、孤沙锥（*Gallinago solitaria*）。2009年湿地筑坝工程完工后水面大大增加，往年东北部较少出现的雁鸭类、鸥类开始大量分布，2009年观测到鸟类36种7 921只，比2008年多了黄脚银鸥（*Larus cachinnans*）和普通鸬鹚（*Phalacrocorax carbo*），其中黄脚银鸥是拉萨河流域新记录种。

鸟类的增加使拉鲁湿地的观赏价值大大增加，昔日难觅踪影的赤麻鸭（*Tadorna ferruginea*）、胡兀鹫（*Gypaetus barbatus*）等又成群结队回到拉鲁湿地。春天可以看到上万只斑头雁（*Anser indicus*）来此栖息，景色十分壮观。往年白鹭（*Egretta garzetta*）和牛背鹭（*Bubulcus ibis*）的数量最多只有20只左右，现在可以看到200多只的群体。由于水域面积扩大，岛屿状生境增多，骨顶鸡（*Fulica atra*）、普通鸬鹚（*Phalacrocorax carbo*）、绿头鸭（*Anas platyrhynchos*）、小鸊鷉（*Trachybaptus ruficollis*）、红脚鹬（*Tringa totanus*）等水鸟在拉鲁湿地大量筑巢繁殖，夏季水鸟繁殖数量近6 200多只，种类有18种。水鸟种类与数量的增加表明，筑坝扩大水面覆盖的措施，已经在湿地恢复中产生了明显效果。

4.2.4 放牧压力

拉鲁湿地周边居住着以湿地放牧为生的人口约1 200人，主要是拉鲁乡及巴尔库乡的农牧民。拉鲁湿地长年载畜量在四、五千头以上（卫学承，2002），过度放牧是拉鲁湿地退化的重要原因之一。拉鲁湿地列为保护区后，四周修建了围栏，每天只允许1 000头左右的牛进入，但放牧压力依然很大，湿地保护与居民放牧的矛盾始终存在，其中，湿地内嵩草类优质牧草的繁茂是放牧的极大诱因。筑坝蓄水后水面扩大，嵩草草甸类的植被转变成水生类的植被，可供牛羊食用的牧草数量大为减少，同时水面扩大后，适宜牛羊活动的空间也大为减少，这自然地限制了放牧活动，使放牧压力得以缓解。

5 结论与讨论

（1）拉鲁湿地筑坝恢复效果分析表明，筑坝对于湿地恢复具有关键性的作用。筑坝在扩大水面覆盖的同时，实现了水源的重新配置，使有限的水源在维护和改善湿地生态功能方面发挥了最大作用。筑坝后湿地景观明显改善，水面覆盖从偏于西南低洼处，向较高的东北部扩展。在新增水面范围内，原有的湿生、中生或旱生植物在2年左右便被酸模叶蓼（*Polygonum lapathifolium*）、杉叶藻（*Hippuris vulgaris*）、水葱（*Scirpus tabernaemontani*）、芦苇（*Phrag-*

mites communis）等水生植物取代。鸟类，尤其是水鸟种类与数量明显增加，生态功能开始全面恢复。

（2）湿地筑坝是一项经济有效、具有普遍意义和推广价值的湿地恢复技术。湿地筑坝的优越性表现在它的简易性和低成本。水坝可大可小，可集中可分散，形式多样，技术要求不高，还可以与引水、分流、蓄水、排水等措施有效结合。筑坝的主要材料是泥土，可就地取材，也可以从别处获取，经济易行。湿地筑坝与一般水坝建设的重要区别在于，它是以重新分配水源和扩大水面覆盖为目标，而不是蓄水量，因此，有关坝址的选择是根据来水与恢复区域的地形等因素，力求实现工程量小、蓄水面积大、恢复效果好。

（3）湿地筑坝技术有待在更多实践中完善。目前，对筑坝在湿地恢复中的作用研究仍然是初步的，筑坝对拉鲁湿地水文、土壤、生物等方面的长期影响还需要全方位的跟踪观测。同时，湿地筑坝的技术和理论也需要在更多实践中完善。拉鲁湿地现有水坝的数量、位置、布局等，多是依据直观经验确定的，而作为一项湿地恢复技术普遍应用时，需要进一步的理论提升。如为了有利于鸟类的繁衍生息，需要在景观生态学原理指导下，根据地形变化，构造相应的水陆空间组合；从坝体的坚固性出发，形状上需要考虑流体力学原理等。此外，拉鲁湿地通过筑坝试图实现完全的水面覆盖，但从充分发挥湿地生态功能的角度看，其必要性也需要进一步的理论探讨。

相关基础研究

PART RELATED BASIC RESEARCH

论青藏高原范围与面积*

A Discussion on the Boundary and Area of the Tibetan Plateau in China

Abstract: The Tibetan Plateau is a unique geomorphic unit composed of some basic geomorphic types, such as extreme high mountains, high mountains, hills, plains, and tablelands of high altitude or sub-high altitude. Different opinions for the exact scope of Tibetan Plateau exist. According to the latest achievement and the long time fieldwork, questions related to the area and boundary of the Plateau have been discussed in view of geography, and the principles taking geomorphic characters as the main rule and considering the integrity have been made to define the boundary. The 1 : 1 000 000 geomorphological map was compiled based on 1 : 100 000 aerial photographic map, 1 : 500 000 topographic map and the interpretation of satellite images. By referring to the 1 : 3 000 000 relief map, the boundary of the Plateau was delineated. The position of the boundary was quantitatively determined with GIS and GPS. The map of electronic version of the Tibetan Plateau was compiled. The main conclusion is that, Tibetan Plateau starts from the southern edge of Himalayan Range (notincluding the low Himalayas Mountains), abut to India, Nepal and Bhutan, connects the northern edge of Kunlun, Altun and Qilian Mts., and joins Tarim Basin and Hexi Corridor in Central Asia. The west of it is Pamirs and Karakorum Mts., bordering on Kirghizistan, Tajikistan, Afghanistan, Pakistan and Kashmir. The east of it is Yulongxueshan, Daxueshan, Jiajinshan and Qionglaishan Mts. as well as south or east piedmont of Minshan Mts. Tibetan Plateau joins the Qinling Mts. and Loess Plateau with its eastern and northeastern part. Tibetan Plateau in China's territory starts from the Pamirs in the west and reaches to Hengduanshan in the east. It bestrides a longitude of 31 degrees with a length of 2 945 km from east to west, and bestrides a latitude of 13 degrees with a length of 1 532 km from south to north. It ranges from 26°00′12″N to 39°46′50″N, and from 73°18′52″E to 104°46′59″E, covering an area of the 2 572 610 km^2. Administratively, it embraces 201 counties (cities) in 6 provinces, namely, the Tibet Autonomous Region (73 counties/cities, $1\ 176.0\times10^3$ km^2, part of Cona, Mêdog and Zayü), the whole Qinghai Province (40 counties/cities, 721.0×10^3 km^2, some counties only partially), Dêqen Tibetan Autonomous Prefecture in Northwest Yunnan Province (9 counties/cities, 33.5×10^3 km^2), West Sichuan Province (46 counties/cities about 254.0×10^3 km^2, such as Garze Autonomous Prefecture, Aba Tibetan and Qiangzu Autonomous Prefecture, and Muli Autonomous County, etc.), Ganshu Province (21 counties/cities, 74.9×10^3 km^2), and Southern Xinjiang Uygur Autonomous Region (about 12 counties/cities, 313.0×10^3 km^2).

* 由张镱锂(Zhang Yili)、李炳元(Li Bingyuan)和郑度(Zheng Du)完成，原载于《地理研究》，2002，21(1)：1-10，图版 1-2。

青藏高原位于我国西南部，其主体部分在我国青海和西藏，高原由此得名（李炳元，1987）。上新世以来的强烈隆起使其成为“世界屋脊”（那宝善，1929；李四光，1953；李吉钧等，1979）而闻名于世。青藏高原形成和演化对其本体和邻近地区的自然环境和人类活动产生巨大影响，在全球变化研究中具有重大意义，近数十年来青藏高原已成为国内外科学界关注和研究的热点地区。

但长期以来，人们对青藏高原的确切范围认识、理解不仅由于研究的专业不同而不同，有时同一个专业也不一致（Lóczy，1899；李四光，1953；李吉钧等，1979；李炳元，1987；Encyclopaedia Britannica，2000）。随着青藏高原科学研究的不断深入和西部大开发战略的实施，一个具有科学共识的、较高精度的青藏高原范围与面积成为科学研究、环境保护及社会发展研究等诸方面的最基础和重要需求之一。本文是根据作者和他人在青藏高原相关领域研究的新成果和多年野外实践，从地理学角度，对青藏高原范围与界线位置进行了全面细致的定位，结合信息技术方法进行定量分析。

1 青藏高原范围与面积研究回顾

据已有资料分析，匈牙利地质学家 Lóczy（1899）首次科学地阐述了西藏高原（Tibetan Plateau），范围指昆仑山山脉以南、喜马拉雅山脉以北、西部为喀喇昆仑山脉、东部为横断山脉之间的区域（Encyclopaedia Britannica，2000）。李四光（1939，1953）在讨论中国自然区划时也称“西藏高原”，系指由昆仑山脉、横断山脉和喜马拉雅山脉所围绕的梨形大高原（图 1a）。徐逸超（1943）研究中国地形区域时亦称西藏高原，但范围不包含康滇纵谷山地和青海高原盆地（图 1b）。

20 世纪中叶，徐尔灏（1945）、任乃强（黄奋生，1953）、陈史坚（1949）提出了“青康藏高原”名称，其范围包括北部的昆仑山—祁连山，南部的喜马拉雅山，西部的喀喇昆仑山及东部的横断山，除西北部分以外，其主体轮廓与现在青藏高原范围相近（图 1c）。任美锷（1950，1952，1954，1982）（图 1d）、周廷儒和施雅风及陈述彭（1956）（图 1e）、黄秉维（1959）（图 1f）以及徐近之（1960）（图 1g）等陆续提出了“青藏高原”概念与区域范围，对高原范围的认识基本相近：包括北部的昆仑山—祁连山，南部的喜马拉雅山，西部的帕米尔山及东部的横断山。但柴达木盆地和高原边缘山地的归属存在争议（中国科学院地理研究所，1959；高国栋，1961；伍光和，1965；孙鸿烈，1980；中国科学院《中国自然地理》编辑委员会，1980；杨勤业，1983；赵松桥，1983；郑炳华，1984）。在《中国地貌区划》（初稿）（1959）中，把青藏高原称青藏山原，也称西藏山原，包括藏北台原及围绕它的昆仑山、喀喇昆仑山、冈底斯山、念青唐古拉山和东部边缘的横断山（其范围直到云南西南部国界）。而喜马拉雅山、柴达木盆地和祁连山分别为三个独立的区，与西藏山原区并列。

孙鸿烈（1980）在“青藏高原的土地类型及其农业利用评价原则”一文中，将青藏高原范围简练描述为：“青藏高原北起昆仑，南抵喜马拉雅，东自横断山脉，西至喀喇昆仑…… ”并图示说明了青藏高原主体与边缘的分界线（图 1h）。1987 年，李炳元（1987）根据青藏高原巨构造地貌特征，提出以高原面及其海拔高度作为确定青藏高原范围的依据，较详细地讨论了青藏高原的具体范围（图 1i）。随着高原地区内外各学科研究的不断深入，对青藏高原范围的认识，各家尤其是不同学科的专家依据的原则与标准仍存在差异，特别是东界、东南界和北界的界定等问题（孙鸿烈，1980；中国科学院《中国自然地理》编辑委员会，1980；杨勤业，1983；赵松桥，1983；郑炳华，1984；中国科学院地理研究所，1990；陈宜瑜，1996；郑度，1996；Encyclopaedia Britannica，2000）。

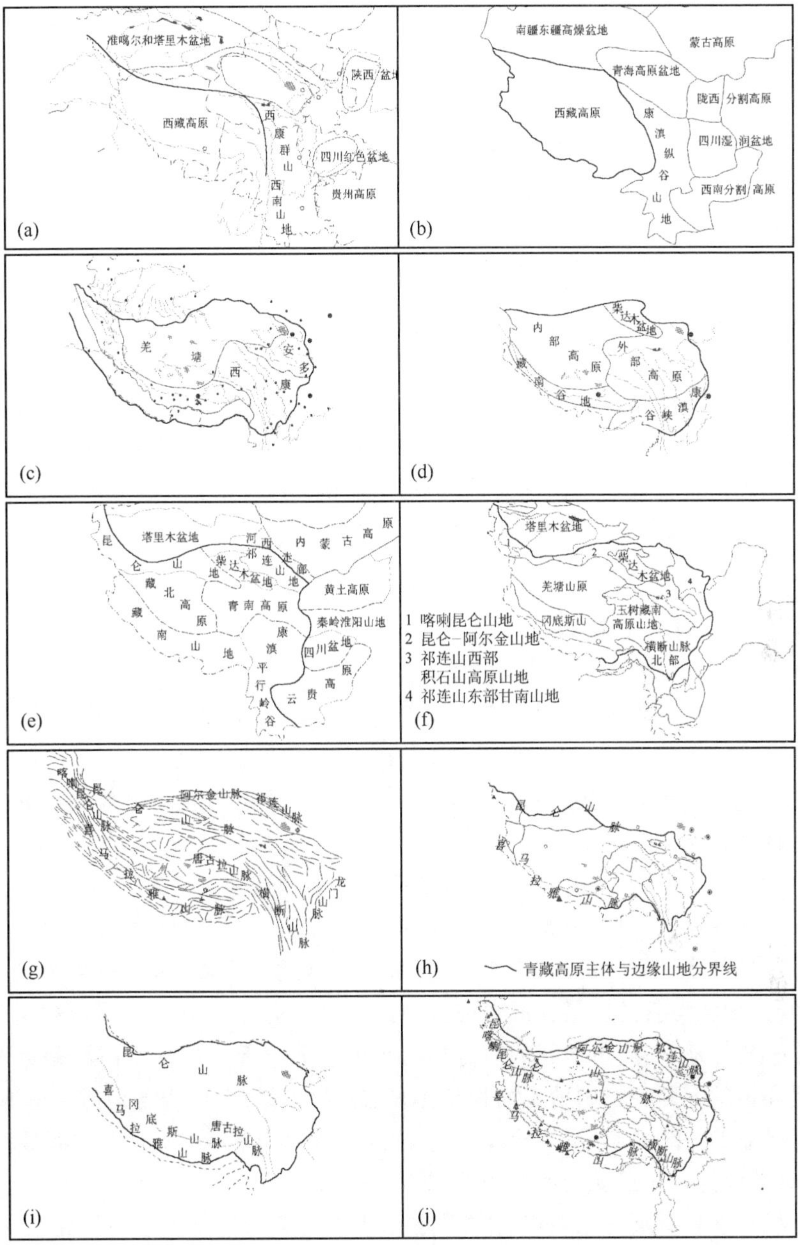

(a)—李四光(1939);(b)—徐逸超(1943);(c)—任乃强(黄奋生,1953);(d)—任美锷(1950);(e)—周廷儒等(1956);
(f)—黄秉维(1959);(g)—徐近之(1960);(h)—孙鸿烈(1980);(i)—李炳元(1987);(j)—郑度等(1990, 1996,1999)

图 1 各学者青藏高原范围示意图

Figure 1 Region map of Tibetan Plateau of contributors from 1939 to 1999

关于青藏高原的面积,由于对范围理解的不同及估算与测算的地图精度不一,其结果差距较大。20 世纪中叶以来,在一些文献中,青藏高原面积(中国境内)主要常用数据有:(1)约占中国面积的 1/4(程鸿,1951;罗开富,1956;赵松乔,1983;中国科学院地理研究所,1990),或 26.7%(黄秉维,1959),或 26%(廖克,1990;中国科学院地理研究所,1990;中国大百科全书编委会,2000);(2)约 2.0×10^6 km^2(黄奋生,1953;孙鸿烈,1980*);(3)约 2.2×10^6 km^2(施雅风,1955;陈宜瑜等,1996;Encyclopaedia Britannica,2000);(4)约 2.3 ×10^6 km^2(辞海编辑委员会,1979;方如康,1980;曾昭璇,1995);(5)约 2.5×10^6 km^2(郑度等,1979,1985,1996,1999;中国科学院地理研究所,1990)。其中,2.5×10^6 km^2 这一数据得到了广泛引用(杨勤业等,1989;孙鸿烈,1990;中国科学院地理研究所,1990;孙鸿烈等,1996;潘裕生等,1998;旺堆,1998;李世杰,1999;刘东生,1999;牛亚菲,1999;秦大河,1999;郑度,2000,2001)。此外,也有人用"约 2.4 ×10^6 km^2"(中国大百科全书出版社译编,1986)和"约 2.898 6×10^6 km^2"(邓坤枚,2000)。这些面积数据大多是在小比例尺地图上量算的。

近 10 多年来青藏高原的研究在深度与广度上都有迅速发展,在青藏高原及其周邻地区环境保护与社会发展的研究中,特别需要一个在较大比例尺上确定的高原范围和较精确的面积量算数据,这一高度精度的青藏高原范围及其相应数据将对科学研究和社会发展具有重要意义。随着青藏高原地理研究的不断深入,已取得了比例尺较大的地貌图(李炳元,1994)等一系列较详细地理资料,掌握了有关的信息技术,使较深入研讨这个问题成为可能。

2 确定青藏高原范围的依据

青藏高原是一个地理学术语,因而高原范围的确定应该遵循地理学上的有关界定。近年来大量研究表明,各种自然地理要素的形成及其特征都与地貌的特征和演化分不开的,可以说地貌因素是自然地理诸因素中的最基本的因素,因而可将地貌作为确定青藏高原范围的主要因素(李炳元,1987)。

李炳元(1987)曾对确定青藏高原范围的原则与具体界线进行了较系统的讨论,从高原地貌形成和基本特征角度,提出了依据地貌特征、高原面及其海拔高度,同时考虑山体完整性作为确定高原范围的基本原则。近 10 多年来,青藏高原地质新构造、地貌与第四纪等方面研究表明,这些原则是切实可行的。最新的研究报导进一步证实,340 万年以前青藏高原地区是海拔不到 1 000 m 的低地,与周边地区的地势没有很大差异。现代的青藏高原是近 340 万年以来青藏地区受周边的大断裂控制的大面积整体强烈隆升的结果,区内各地质构造地体,在强烈隆起过程中有明显的一致性(潘裕生等,1998)。高原各部分平缓,高原面的海拔高度基本相近,反映了青藏高原为一个最新的巨型的地貌构造单元。

巨大的海拔高度是青藏高原地貌的主要特征,是高原划分的依据之一。高原隆起的同时,原始的高原经由局部的差异构造运动和河流由外向内侵蚀切割破坏,在高原边缘高原面多呈局部残留于深切峡谷之间的平缓山顶面。高原内部基本地貌类型的分布也具有明显的层次性,包括盆地和宽谷、山顶面和极高山。高原上的宽谷盆地和耸立在群山之上的极高山是高原隆起过程中差异运动的结果,它们可能是由原始高原面分异出来的。从宏观上看,整个青藏高原不失为统一的大高原,自上新世以来的大幅度隆起表现为巨大范围的整体上升。因此,可以把整体隆升的高原面和山顶面视为高原构造地貌的主要标志,也是确定高原海拔高度基准面。根据 1∶50 万(部分地区为 1∶10 万)地形图和中国 1∶100 万 DTM 系统分析,得出青藏高原

* 该文献中,青藏高原范围不包括柴达木盆地等地区。

高原面和山顶面(基准面)的海拔高度在 4 000 m～5 500 m。以海拔 4 000 m 以上的山顶面作为确定青藏高原范围的主要依据,并不是简单地以海拔 4 000 m 等高线来勾绘高原范围,而是要考虑到山体的整体性,据此级山顶面分布的高山范围来确定(图 2)。

近年来,在编制 1∶400 万中国地貌图和青藏高原地貌研究过程中对中国基本地貌类型进行了探讨:按起伏高度划分为平原、台地、丘陵、小起伏山地,中起伏山地、大起伏山地和极大起伏山地等 7 个基本地貌形态;根据 1∶50 万地形图和 1∶100 万 DTM 系统分析中国地势差异的特点,将中国陆地海拔高度划分为低海拔(＜1 000 m)、中海拔(1 000～2 000 m)、亚高海拔(2 000～4 000 m)、高海拔(4 000～6 000 m)和极高海拔(＞6 000 m)等 5 级。两者组合将中国地貌从低海拔平原至极大起伏极高山分为 28 个基本地貌类型(李炳元等,1994),这些类型较好地反映了地貌营力(构造运动)差异。根据这个分类,由 1∶10 万航测地形图或 1∶50 万地形图及卫片等解释分析为主要依据,向 1∶100 万地貌草图过渡,编制的 1∶300 万青藏高原及其周边地区地貌图作为确定青藏高原范围的基本图件。根据以上的分析,青藏高原是由各种起伏高度的高山、极高山,以及高海拔(也有部分是亚高海拔)丘陵、平原、台地等基本地貌类型组合起来的巨地貌单元。确定青藏高原边界完整性原则就是要考虑这些基本类型的完整性。在青藏高原边缘一些与高山交错分布、切割较强烈、海拔较高(3 500 m 左右)的亚高山,其分布走向及地质构造与相邻高山较为相似,这些山地海拔略低于 4 000 m,可能为局部构造运动差异或后期的切割破坏而形成的,因此将这部分山地归属青藏高原,便是依据了高原地貌单元的完整性原则。

3 青藏高原的范围

本文作者之一曾对青藏高原范围从宏观方面进行了较详细讨论(李炳元,1987),这里重点对高原边界的具体位置作一简要论述。

青藏高原北面与塔里木盆地—河西走廊之间界线有西昆仑山和阿尔金山前深断裂和北祁连深断裂控制,两者界线较清楚。北部边缘山地为西昆仑山、阿尔金山和祁连山等极大起伏、大起伏极高山、高山组成,其中有的与盆地直接接壤,也有的由亚高山相连,它们一般不属于青藏高原,但对于一些与高山交错分布海拔 3 500 m 左右的亚高山,仍归属青藏高原。对祁连山与柴达木盆地是否归属青藏高原尚存在不同意见。祁连山广泛分布着海拔大于 4 000 m 的夷平面,其地貌特征与昆仑山及其以南地区基本相似。它们强烈隆起的时代也基本一致。柴达木盆地只不过是高原隆起过程中相对沉降部分,盆地底部海拔高度远高于河西走廊盆地。从整体上看,青藏高原应包括祁连山和柴达木盆地在内。

南部边缘山地为喜马拉雅山,其中的高喜马拉雅山地属青藏高原,它南翼的低喜马拉雅山地不属于青藏高原。我国境内除东南部一部分为低喜马拉雅山外都位于高喜马拉雅山。过去也有将喜马拉雅山单独作为一个与青藏高原并列的地貌大区(高国栋,1961)。从地貌和新构造分析,喜马拉雅山与青藏高原的其他部分是整体上升的(潘裕生等,1998),由于上升过程中伴随着一系列断块差异运动,使高原面发生变形,再加上喜马拉雅山处在高原南缘,流水和冰川侵蚀十分强烈,使高原面进一步被破坏,使山地更加起伏。即使这样,在这里高原面仍有零星分布,尤其是在喜马拉雅北翼至雅鲁藏布江之间分布广泛。它与冈底斯山并无多大差异,因此作者认为,它应归属青藏高原。

喜马拉雅山和昆仑山分别向西北和西延伸,汇集于帕米尔山结,构成高原的西端。

高原东部的横断山地区是东亚大河汇集之处,这里河流强烈深切,原始高原面破坏,形成了高山与深谷相间的典型平行岭谷地貌，在顶面保留平缓山顶面，有些地方仅残留齐一的峰顶线。横断山脉地区的地貌形态与高原其他部分有明显的差异，但横断山地区夷平面及其海拔高度与青藏高原内部相连的特点，表明它们是作为一个整体隆升的。所以，横断山也应作为青藏高原的一部分。

高原东部的具体边界，在20世纪80年代以前的文献中除在小比例尺图上有表示外，都未作具体说明。李炳元(1986)曾较详细地分析了青藏高原东部及其外围地区海拔>4 000 m、4 000～3 500 m、3 500～3 000 m和<3 000 m等四级高程山顶面分布，依此确定了青藏高原东界。根据较大比例尺地貌、地质图分析，青藏高原东部地区南、北段地貌、地质特征有较大的差异，北段为祁连山和昆仑山的东端，南段为横断山脉，包括横断山脉的东界和南界。按山地与高原边界的走向关系将东部边界分为东北、东、东南三段。

(1)东北段，岷山以北，即西秦岭和祁连山山地。该段地质构造线和山脉及宽谷盆地走向都近于东西向。因此，在构造上或地貌上高原边缘的差异均不明显。本段南部为昆仑山东延部分—西倾山和秦岭西延部分—迭山，它们是彼此相连、走向一致的同一列山脉，青藏高原与其东部的秦岭山地之间没有明确的界线，是逐渐过渡的。

祁连山脉内有共和盆地、青海湖盆地、贵德—循化黄河河谷盆地和西宁湟水河谷盆地等一系列盆地，皆一起归入青藏高原。此段青藏高原的边界与祁连山东端的边界一致，具体界线自南向北，沿尕日山和达里加山东侧、拉鸡山东端(青海民和附近)，然后绕大坂山和冷龙岭东端，至冷龙岭的北侧。

西倾山山顶面海拔都在4 000 m以上，而秦岭西段较为复杂，其西端部分山顶面超过4 000 m，向东降至3 000 m左右，如西段的迭山最高峰可达4 811 m，迭山与西倾山的山地夷平面高度相近，因此按山顶面海拔高度迭山划入青藏高原。依此类推，青藏高原在西秦岭段的边界大致在文县—武都—岷县—康乐一线以西，向北，其边界在达里加山和雷积山东侧。本段北部是祁连山地，其山顶面超过海拔4 000 m，按上述原则归入青藏高原。

(2)东段。为玉龙山至岷山地段，该段为横断山脉东界，受玉龙山—龙门山深断裂带控制，该段边界较为清楚，基本上呈北北东向延伸，从高原至成都平原之间有与此方向相近的阶梯状山地下降。如龙门山山顶面一般海拔在2 000 m左右，而西面的岷山和茶坪山山顶面达4 000 m以上，两者之间有明显的陡坡，显然龙门山与岷山、茶坪山是两个地貌面。两者地貌特征差别较大，而连片分布的4 000 m以上山顶面为代表的高原范围基本上受断裂带控制(但并非一致)，此段界线的具体位置自玉龙山南侧，经锦屏山、大雪山、夹金山、邛崃山、茶坪山至岷山的东和南侧。

(3)东南段。为玉龙山以西地区，该段地处横断山脉的南部，有一系列南北向的断裂构造控制了怒江、澜沧江和金沙江及其相间的高黎贡山、碧罗雪山和云岭等一系列南北延伸的山川发育，形成著名的平行岭谷区，成为典型的横断山地区。此段山脉仍见齐一的峰顶线，或零星的平缓山顶面。由北向南递降，但南北之间的地貌无明显的阶梯。青藏高原在此段界线，依据海拔4 000 m以上的山顶面(高山)成片分布的最南缘位置来确定这段界线，自泸水—丽江一线以北的高黎贡山、怒山和玉龙山，而它们之间澜沧江与金沙江间的云岭南段山地明显展宽，除老君山等少数高峰超过海拔4 000 m外，一般较低，故高原界线向北凸至维西北面。

4　青藏高原的面积

4.1　青藏高原面积计算依据

青藏高原范围图是测算青藏高原面积的基础图件。该图是以由1∶10万航测地形图或

1∶50万地形图及卫片等解释分析为主要依据，在编制 1∶100 万地貌草图和 1∶300 万青藏高原及其周边地区地貌图基础上，依据上述确定青藏高原范围原则编绘而成的。利用 GIS 软件将上述研究结果转绘至底图上编绘。其中，山峰高度与政区界(如国界、省界和县界等)分别以《中华人民共和国地形图》(1∶330 万)和《中华人民共和国政区图》(1∶400 万)为准，国界以《中华人民共和国地形图》(1∶400 万)(中国地图出版社 1989 年版(等面积圆锥投影))为准；图形数值分析和面积测算采用 MapInfo 4.5 软件，编制完成多信息图层的青藏高原电子地图(2002 年版)(图 2)。

4.2 青藏高原中国境内面积

在行政区划上，青藏高原范围涉及 6 个省(区)、201 个县(市)，即西藏自治区(错那、墨脱和察隅等 3 县仅包括少部分地区)和青海省(部分县仅含局部地区)，云南省西北部迪庆藏族自治州，四川省西部甘孜和阿坝藏族自治州、木里藏族自治县，甘肃省的甘南藏族自治州、天祝藏族自治县、肃南裕固族自治县、肃北蒙古族自治县、阿克塞哈萨克族自治县，以及新疆维吾尔自治区南缘巴音郭楞蒙古族自治州、和田地区、喀什地区及克孜勒苏柯尔克孜自治州等的部分地区(表 1)。

综上所述，青藏高原南起喜马拉雅山脉南缘，与印度、尼泊尔、不丹毗邻；北至昆仑山、阿尔金山和祁连山北缘，以海拔 4 000 m 左右的高差与亚洲中部干旱荒漠区的塔里木盆地及河西走廊相连；西部为帕米尔高原和喀喇昆仑山脉，与吉尔吉斯斯坦、塔吉克斯坦、阿富汗、巴基斯坦和克什米尔地区接壤；东部以玉龙雪山、大雪山、夹金山、邛崃山及岷山的南麓或东麓为界；青藏高原的东及东北部与秦岭山脉西段和黄土高原相衔接(文字表述主要参考文献(李炳元等，1979，1985；孙鸿烈等，1996))。我国境内部分西起帕米尔高原，东至横断山脉，横跨 31 个经度，东西长约 2 945 km；南自喜马拉雅山脉南缘，北迄昆仑山—祁连山北侧，纵贯约 13 个纬度，南北宽达 1 532 km，范围为 26°00′12″N～39°46′50″N，73°18′52″E～104°46′59″E，面积为 2 572.4×10^3 km^2，占我国陆地总面积的 26.8%。

表 1 青藏高原内行政区* 分布及其面积分析

Table 1 Region and its acreage of different provinces in Tibetan Plateau, China

	县(市)	面积(10^3 km^2)	行政区范围
西藏	73	1 176.0	除错那、墨脱和察隅等 3 县小部分地区外均属青藏高原
青海	40	721.0	除互助、乐都和民和等 3 县小部分地区外均属青藏高原
新疆	12	313.0	塔什库尔干县全部地区，乌恰、阿克陶、莎车、叶城、皮山、墨玉、策勒、于田、民丰、且末和若羌等 11 县部分地区
四川	46	254.0	甘孜州的 17 个县和阿坝州的 9 个县及木里县的全部地区，以及九寨沟、松潘、平武、北川、茂县、棉竹、什邡、彭州、汶川、都江堰、温江、崇州、芦山、宝兴、天全、泸定、石棉、冕宁、盐源等 19 县(市)的部分地区
甘肃	21	74.9	合作、碌曲、玛曲、迭部等县(市)的全部地区，夏河、卓尼和临潭等县的大部分地区，阿克塞、肃北、肃南、民乐、山丹、武威、天祝、积石山、和政、康乐、岷县、宕昌、舟曲和文县等 14 县(市)的部分地区
云南	9	33.5	贡山、福贡县全部地区，德钦和中甸县的绝大部分地区，宁蒗、丽江、维西、兰坪、泸水等 5 县的部分地区
合计	201	2 572.4	

注：* 省(区)界、县(市)政区界线以中国地图出版社 2000 年 12 月版的《中华人民共和国政区图》(1∶400 万)为准。

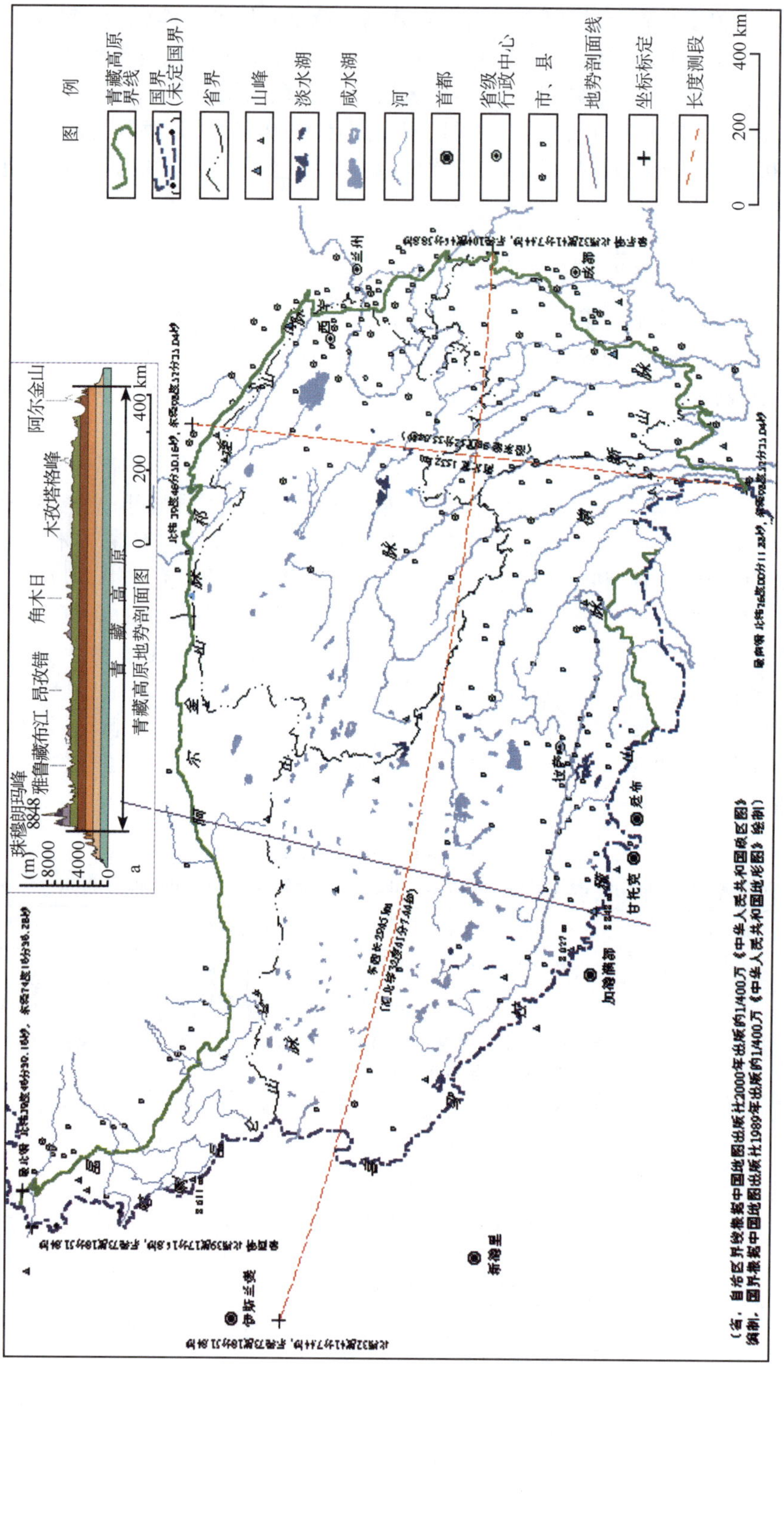

图2　青藏高原范围和典型地势剖面

Figure 2　Region and case relief profile of Tibetan Plateau in China

县域经济与环境协调发展分析方法 ——以西藏自治区为例*

A Method for the Analysis of the County Level Coordinated Development of Economy and Environment: A Case Study of the Tibet Autonomous Region

Abstract: The coordination degree of economical development and environment health (CDEE) is an important issue in the environment protection and economical sustainable development. CDEE is usually evaluated by comparing the per capita economic index and environmental index. This evaluation method is satisfactory when applied in evaluating the urban CDEE, but it is not suitable to evaluate the rural CDEE, because the economic development is more depend on the environment in rural than in urban. In fact, the average index reflected is not the actual CDEE, but the potential or possibility of CDEE. A coordination conception model was put forward in this paper, and an index to reflect environmental changes was applied. The CDEE was regarded as a complex of environmental background, economical base, environmental changes and economic development. The CDEE was divided into four levels: uncoordinated, moderate uncoordinated, moderate coordinated, and coordinated. Integrated evaluation index of spatial difference of land development and the annual change linear slope of normalized difference of vegetative index were used to quantity the model index. The CDEE of each county was analyzed in the Tibet Autonomous Region, the coordinated counties and uncoordinated counties were distinguished. The result reflected the regional differentiation characteristics in environmental protection and economic development in Tibet Autonomous Region more actually. The CDEE is a complicated theme; furthermore, the reasons and patterns of environmental changes both are multifaceted. Thought NDVI reflects environmental change in vegetation coverage, it can not reflect the environmental changes completely. Therefore, it is still necessary to explore other indices to reflect the environmental changes more actually in CDEE study.

1 引言

协调发展(Coordinated Development)是从简单到复杂、从无序到有序的过程(Yang, 1995),协调的目的是减少系统负效应,提高系统整体输出功能和整体效应(樊华等,2006)。经济与环境协调度是衡量经济不同发展阶段区域环境状况与经济发展水平之间关系的指标,体现在以时空为参照系,经济与环境相互作用的界面特征(张晓东等,2001)。

---

* 由王兆锋(Wang Zhaofeng)、**张镱锂(Zhang Yili)**、孙威(Sun Wei)、赵东升(Zhao Dongsheng)和刘林山(Liu Linshan)完成,原载于《地理科学进展》,2010,29(7):797-802。

在经济与环境相互作用的分析中，环境容量理念(Li，2003；David，1995)、生态学观点(Charles，1998)、可持续发展思路(Jeron，1993)等都有所反映和应用。而较为直接地分析经济与环境协调发展关系的研究，多基于区域环境承载力与区域综合经济发展水平之间耦合程度，将人均GDP、人均工资、第三产业比重等经济指标与人均居住面积、人均绿地、污水处理率等人居环境指标进行数理对比(Jeron，1993；David，1995；Charles，1998；张晓东等，2003；Li，2003；高志刚等，2010)。该思路在人口比较密集、且对环境控制力较强的城市经济与环境协调发展的分析中，得到了很好的利用(Yang，1995；Xue *et al*.，2006；Zhang *et al*.，2008；鲁春阳等，2008)。也有学者将这一思路与方法应用到农区环境与经济协调发展研究中(汪波等，2004；赵永梅等，2008；杨世琦等，2008)，分析的结果在一定程度上反映了区域经济与环境的作用特征，但不能直接反映协调作用的结果。因为农区和牧区的经济更多地依赖于自然环境，对环境的可控性远低于城市，而且不同地区的自然环境条件各异，环境容量也不尽相同。因此，不能仅仅以人均经济指标和人均环境指标来分析环境与经济的协调程度。人均环境指标所反映的只是经济与环境协调的潜力与可能性，并不能真实地反映经济与环境协调的程度。

本文从经济与环境协调发展的概念入手，引入反映环境变化状况的变量，构建协调发展分析模型，并以西藏为例分析了该思路的可行性。

2 概念模型

一个地区的经济发展是当地自然与人文条件及其外部多种因素综合作用的结果(樊杰等，2004)。经济与环境协调度是经济与环境复合作用的综合反映。经济与环境的本底是这一相互作用的基础。环境本底决定了社会经济发展的空间，经济基础决定了社会经济发展的能力。环境极度敏感脆弱或者有特殊重要性的区域，经济发展的空间相对较小(陆大道等，2000；樊杰等，2005)。比如各类自然保护区内，资源的开发与利用受到极大的限制。而经济基础相对薄弱的地区也很难在短时间内发展为大都市，在特殊的政策环境下，沿海开放城市取得了迅速发展，一般地区很难实现这种经济跨越。因此，环境本底与经济基础决定了区域开发的基本方向。环境有特殊重要性的地区，其经济与环境协调发展的基本方向以保护为主，经济开发服从于环境保护；而社会经济基础相对较好的地区，其协调发展的方向以开发为主。

经济与环境的协调发展是经济与环境复合作用下，自然环境和社会经济发展变化的方向与程度。环境变化的方向与程度反映了环境对社会经济的约束力，经济发展的方向与速度反映了经济对环境的潜在需求。环境趋于转好的地区，环境对经济开发的约束相对较小，经济可以更好发展。经济发展速度较快的地区，往往对环境有更大的需求。经济与环境的变化趋势反映了社会经济与环境协调发展的程度。因此，经济与环境协调度是环境本底、经济基础、环境变化、经济发展的复合体。可以用如下概念关系式表示：

$$C = f(E, S, Ec, Sc) \tag{1}$$

式中：C 代表经济与环境协调发展度，E 代表环境本底，S 代表经济基础，Ec 代表环境变化的方向与程度，Sc 代表经济发展的方向与速度。

事实上，如果不遭遇经济危机、自然灾害、战乱等特殊事件，经济总是不断发展的，而这些特殊事件大多和环境没有直接的关系。另一方面也难以评价经济发展速度的合理性。区域发展首先并主要是对自然资源的开发利用过程(樊杰等，2004)。在经济与环境的相互作用过程中，经济发展(实质也就是人类活动)占主导地位。因此，经济与环境协调度最突出的体现就是社会经济发展所导致的生态环境变化的方向与程度。鉴于此，本文不讨论经济发展的速度问题。那么经济与环境协调性概念关系式可简要表示为：

$$C=f(E,S,Ec) \quad (2)$$

3 协调区类型划分

环境本底与经济基础决定的区域开发方向与区域环境变化情况的耦合，基本反映了经济与环境间的协调程度。如果趋于开发的地区，其环境变化趋于好转，表明经济与环境发展协调性较好，这样的地区可以更好地发展经济。反之，如果区域趋于保护且其环境趋于退化，表明经济与环境发展协调性较差，这样的地区就更需要加强环境保护。从这个角度讲，区域经济与环境协调发展类型将划分为 4 类。另外，自然保护区采取特殊的管护措施，在本文中不作讨论。

(1)不协调区(环境修复—禁止开发区) 该类型区指在地域功能上趋于保护，且生态环境退化较为严重的地区，在利用上属于禁止开发的范围。环境的退化，可能是自然的原因，也可能是人类的不合理利用造成的。但生态环境退化明显，就必须在一定程度上对人类的开发利用活动进行限制，以免加重退化的态势。并尽可能地、因地制宜地采取措施，以减缓生态环境的退化，进而促进退化环境的恢复。

(2)中度协调区(环境保护—限制开发区) 指生态环境趋于改善，而地域功能趋于保护的地区，在利用上属于限制开发的区域。趋于保护的地区，是生态重要性及生态脆弱性较高的地区，趋于保护的程度越高，其生态重要及脆弱的程度越大。即便是其生态环境有转好的趋势，鉴于其在生物多样性维护、水源涵养、土壤保持、防风固沙等方面的特殊重要性，或者在沙漠化、土壤侵蚀、石漠化、土壤盐渍化等方面具体明显的脆弱性，对该区域的开发和利用也应该是限制性的。

(3)中度不协调区(环境保育—控制开发区) 该类区域指生态环境趋于退化，而地域功能趋于开发的地区，在利用上属控制开发区。区域功能趋于开发的地区，说明其经济发展基础较好，人口集聚度、国民生产总值等社会经济指标相对较高，但生态环境处于退化的态势下，经济的发展客观上应该是限制性的，必须对经济结构与发展方向进行调整，以免加重环境的压力，造成不可恢复的环境退化。

(4)协调区(环境利用—重点开发区) 指生态环境趋于好转，且地域功能趋于开发的地区，在利用上是重点开发的地区。环境的稳定与变好，为经济发展提供了较好的自然条件与发展空间。从经济与环境协调的角度讲，这类区域适合进一步发展经济。理论上，该区应该承载区域经济未来发展的主体。

4 指标量化

基于经济与环境协调度的分析，参考省级主体功能区域划分的指数评价法，社会经济状况通过人口集聚度和经济发展水平的评价指标(P_1)反映，环境本底状况采用生态重要性和生态系统脆弱性的评价指标(P_2)反映。二者的综合指标——国土空间开发综合评价指数(A)反映地区地域功能*。主体功能区划的思想打破了传统的区域经济发展思维与发展模式，符合人与自然和谐发展的基本要求(樊杰，2007)。

* 全国主体功能区划方案及遥感地理信息支撑系统课题组. 省级主体功能区域划分技术规程(试用)，2008。

$$A = P_1 - P_2 \tag{3}$$

式中：$P_1 = \sqrt{\frac{1}{3}(R^2 + E^2 + T^2)}$；$P_2 = \max(S_1, S_2)$

$$R = M \times d_{人口流动度}$$

式中：R 为人口集聚度；E 为经济发展水平；T 为交通优势度；S_1 生态系统脆弱性；S_2 为生态重要性；M 为人口密度（人口密度＝总人口/土地面积），总人口指各县行政单元的常住人口总数，即按国家"五普"统计口径确定的常住人口（包括暂住半年以上的流动人口数）；$d_{人口流动度}$ 为根据县行政单元的人口流动强度，按表1选取权重值。

表1　不同情境下 $d_{人口流动度}$ 的赋值

Table 1　Determination of the values of population fluidity under different situations

人口流动强度(%)	<5	5～10	10～20	20～30	>30
$d_{人口流动度}$ 赋值	1	3	5	7	9

注：经济发展水平、交通优势度、生态脆弱性、生态重要性等指标，在《省级主体功能区域划分技术规程》中，均规定了一系列的算法，在这里不再一一赘述。

$$人口流动强度 = 暂住人口/总人口 \times 100\% \tag{4}$$

暂住人口指县行政单元内暂住半年以上的流动人口数。

A 反映的实质是经济开发与环境保护博弈的结果，A 越大的地区地域功能越偏向于"开发"类，反之则偏向于"保护"类。

环境变化的方向与程度，采用归一化植被指数 NDVI(Normalize Difference Vegetative Index)多年变化线性斜率值(K)来反映。NDVI 是植物生长状态和植被空间分布密度的指示因子，与植被分布密度呈线性相关（丁明军等，2005）。植被是自然环境的重要方面。NDVI 多年变化线性斜率值(K)，可以有效地去除异常值的影响，反映植被多年变化情况。如果 $K>0$，则表明生态环境有转好的趋势，值越大，转好的程度越明显；反之，如果 $K<0$，则生态环境有退化的趋势，值越小，退化的程度越严重。

根据协调发展区域类型的含义，各区界定如图1所示：$K \geqslant 0$ 且 $A \geqslant 0$，协调区（环境利用—重点开发区）；$K \geqslant 0$ 且 $A<0$，中度协调区（环境保护—限制开发区）；$K<0$ 且 $A \geqslant 0$，中度不协调区（环境保育—控制开发区）；$K<0$ 且 $A<0$，不协调区（环境修复—禁止开发区）。

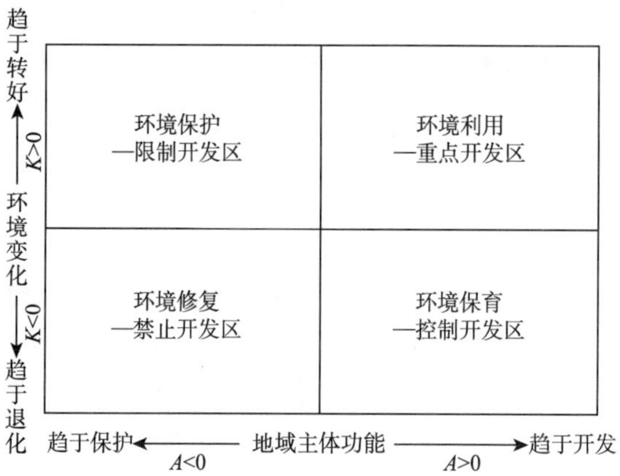

图1　经济与环境协调发展指标图示

Figure 1　Graphical representation of coordinate development index of economy and environment

5 案例分析

西藏自治区位于我国西南边陲，是重要的牧区。据第五次全国人口普查资料，西藏 262 万多人口中，农牧人口为 212 万多，约占总人口 81%。农牧业在西藏国民生产总值中占 1/3 以上(冉光荣，2007)。全区天然草地面积超过内蒙古和新疆，位居全国第一。在以农牧为主体的区域中，西藏具有很好的代表性。

国土空间开发综合评价指数采用 2006 年西藏各县域人口集聚度、经济发展水平、生态系统脆弱性和生态重要性指标。NDVI 数据为 1981—2006 年 7、8、9 三个月旬 NDVI 平均值，据此计算 1981—2006 年 NDVI 变化的线性斜率值。评价结果如图 2、图 3 所示。

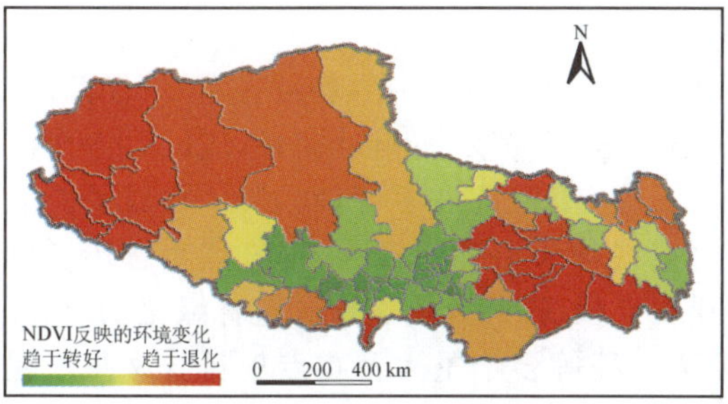

图 2 西藏自治区环境变化分析结果

Figure 2 Environmental change in Tibet Autonomous Region

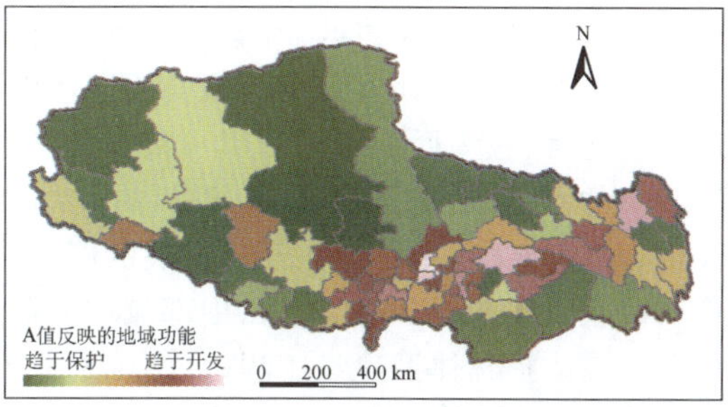

图 3 西藏自治区地域功能评价结果

Figure 3 Regional functions of each county in Tibet Autonomous Region

由分析结果看(图 4)，环境利用—重点开发区主要分布在雅鲁藏布江中游谢通门县至曲松县，另外，措勤县、洛隆县和八宿县也属该类型区。包括了日喀则东部、山南北部、拉萨市等。该区是经济与环境协调发展较好、趋于开发且环境良好的地区。

环境保育—控制开发区主要分布在雅鲁藏布江中下游地区，与环境利用重点开发区连接，该区社会经济基础相对较好，但生态环境处于退化的态势下，大部分地区缺乏常规能源供应基

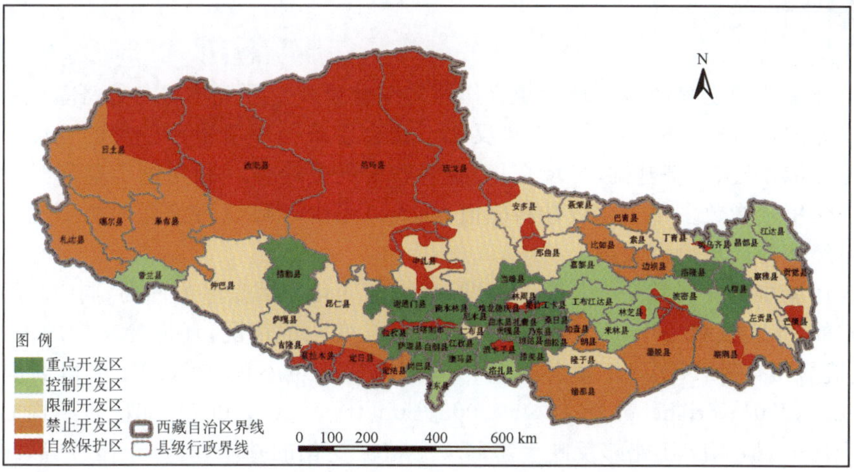

图 4 西藏自治区经济与环境协调发展区域评价结果

Figure 4 Evaluation results of the county level coordinated development of economy and environment in the Tibet Autonomous Region

础设施,以生物质能源为主,化石能源缺乏。

环境保护—限制开发区主要是雅鲁藏布江以北、以东的地区。包括西藏日喀则西北部、那曲南部、昌都东南部。该区生态环境没有发生明显的退化,其不利因素突出表现为生态环境的高度脆弱性和重要性,从而对经济发展的限制较大。虽然生态环境有转好的趋势,但这些地区在生物多样性维护、水源涵养、土壤保持、防风固沙等方面的特殊重要性,或者在沙漠化、土壤侵蚀、石漠化、土壤盐渍化等方面具有明显的脆弱性,对该区域的开发和利用应该是限制性的。

环境修复—禁止开发区主要为生态环境退化且地域功能趋向于保护的地区,另外,各级自然保护区也在此范围内。该类型区主要位于西藏西北部的阿里地区大部、藏北那曲地区西部及巴青、比如,山南地区的措那与加查,林芝的察隅、墨脱及朗县。本区是地域功能趋向于保护的地区,经济发展基础较为薄弱。环境问题主要表现为东南部的森林减少和西北部的草地退化,另外湿地退化现象也日趋显著。环境退化区,生态环境的承载能力已十分有限。西藏自然保护区也主要分布在该区,社会经济发展过程中应注意保护环境。

分析结果较好地体现了西藏自治区经济与环境协调发展的区域分异特征。以"一江两河"地区为例,该区为西藏环境利用—重点开发区的核心地区,经济发展相对较好,该区以占全区5.47%的面积,承载了全区36.83%的人口和69.41%的GDP(陶和平等,2006)。构成了西藏经济、政治和文化中心。在经济发展的同时,在政府重视与大力环保投入下,该区生态环境也有所改善。实施了"一江两河"中部流域农业综合开发工程、拉萨及周边地区造林绿化工程、雅鲁藏布江防护林体系建设工程、日喀则林业治沙示范工程等多个重大及重点项目。这些工程的实施在很大程度上改善了所在区域的自然生态环境。形成了从日喀则到泽当几百千米的人工林带,拉萨、日喀则及泽当风沙天气比30年前减少了30天以上(中华人民共和国国务院新闻办公室,2003);1990—2000年间,拉萨地区林地增加了2.56%,植被覆盖度和生物产量明显提高。这些是该地区实施的农业综合开发建设中旨在改变区域生态环境所采取的大面积植树造林和农田防护林等生物工程措施的直接结果(除多等,2006)。经济与环境协调发展分析结果(图4)显示,该区为协调区,属环境利用—重点开发区,这与"一江两河"的现实具有较好的一致性。体现了该区经济发展与环境改善的协调发展状况。

6 结论与讨论

经济与环境协调度是经济与环境复合作用的综合反映。环境本底与经济基础决定了区域开发的基本方向,经济与环境的变化趋势反映了社会经济与环境协调发展的程度。经济与环境协调度是环境本底、经济基础、环境变化、经济发展的复合体。利用国土空间开发综合评价指数和归一化植被指数多年变化线性斜率值,在人口稀少和环境污染低的西部地区可以较好地判定区域经济与环境协调程度。

经济与环境协调发展是一个复杂的问题,环境的变化原因是多方面的,同时环境变化的形式也是多样的,本文仅利用NDVI来反映环境中植被变化的情况,环境变化中的大气污染、水质恶化、土壤盐碱化等,NDVI不能体现,另外,植被变化也不能在NDVI中得到全面的反映(Kogan *et al.*,2001;Trishchenko *et al.*,2002;Lunetta *et al.*,2002),如群落结构的变化很难在NDVI中区分,但NDVI能够反映生态环境中植被变化的基本趋势(李昌凌等,2010),尤其是NDVI所反映的环境退化区是较为可靠的(李辉霞等,2003)。本文利用NDVI值说明了在经济与环境协调发展分析中加入反映环境变化因子的可行性,也有待于寻求更为客观地反映环境变化的因子,以使经济与环境协调发展分析更为科学。

基于因子分析的中国西部土地利用程度分区*

Division of Land Use Degree in Western China Using Factor Analysis

Abstract: Integrated evaluation on land use degree for each county in Western China was made by using factor analysis. Based on the integrated score of each evaluated unit (county or county-level city), which reflected the structure of land use, and taken the eco-geographical system of China as a controlling framework, evaluated units were united with the GIS technique; thus, the combined division method of from-top-to-bottom (TB) and from-bottom-to-top (BT) was tested. Western China, which included 12 provinces, autonomous regions and municipalities, were divided into three large regions of East monsoon region, Northwest arid region, Tibetan alpine region and further divided into 30 small regions.

The various types of indices commonly used to illuminate land use degree just reflect the situation of land use from a few on the sides. Therefore, the simply using of these indices to proceed mathematical analyses and to do division research would usually deviate from the right direction. Taken the eco-geographical system of China as a controlling framework, the combined division of TB and BT can be used with hierarchical structure and suggestive direction. Using the factor analysis, information provided by many indices can be purified and synthesized. The result of data deduction also keeps the structure of samples in high dimension, especially the structure related to ordering. Thus, the comparison and union of the evaluated units have one directly referenced index rather than lots of indices. The application of GIS technique makes the ordering of integrated score closely related to the space attribute among samples, and avoid the irrational union of evaluated units which have almost same integrated score but have very different land use structure. Also the GIS technique makes the division methods combined between that of TB and of BT.

Many attributes of divided regions are gradually changing; therefore, the result of division is opposites. County boundary must be considered for maneuverability; however, some counties have large areas, resulting in rather different ecogeographic conditions. With more detailed inquisition information about land use and perfecting study method, the division result would be more reasonable.

1 引言

全国的土地整理工作方兴未艾，西部大开发战略的实施又为此特殊地区的土地整理提出

---

* 由王秀红(Wang Xiuhong)、何书金(He Shujin)、张镱锂(Zhang Yili)和罗明(Luo Ming)完成，原载于《地理研究》，2001，20(6)：731-738。

许多新的命题。西部土地整理所服务的国家目标是生态和资源安全(罗明等,2001);因此,土地整理开发过程中必须保证生态环境的改善,同时不断提高土地的利用率和利用效益。显然,就全国乃至全球而言,生态环境脆弱的西部地区,其土地整理必须符合西部特殊的生态地理条件。本分区的目的就是服务于西部土地整理模式的深入研究,为在宏观上进一步发现土地利用中存在问题和探索土地整理的方向提供科学依据。

在我国,关于土地利用和土地生产力的区划与分区研究已经取得了丰硕的成果(全国农业区划委员会,1989;吴传钧等,1994;刘光明,1998;徐继填等,2001),特别是利用综合数值方法和 GIS 技术研究土地利用问题的最新进展(王学军,1997;庄大方等,1997;陈彦光等,2001;刘彦随等,2001),为本研究提供了许多重要启示。人为因素对土地利用具有很大影响;同时由于人为因素的强烈影响,相邻区域之间土地利用结构和利用程度的空间相互作用比较强烈。但所有这些人为因素都不可能大范围、长时间地离开生态地理环境的制约,特别是在西部地区,生态地理条件的制约作用更为重要。中国科学院具有很长研究历史的中国综合自然区划(黄秉维,1999)和中国生态地理区域系统(Zheng,1999;杨勤业等,2002),是许多野外考察、科学观测和分析、理论性宏观综合的结果;其区域系统实际上是许多重要生态地理界线的有机组合。将这些重要生态地理界线作为本分区研究的宏观控制性框架,是保证研究目标和结果不偏离总体方向的必要条件。

有关土地利用程度的信息纷繁复杂,但分区定界最需要的是可以直接参考的、集中主要信息的综合性指数。有关在一定分区原则的指导下,利用主成分分析和聚类分析等多元统计方法对评价单元进行归并的研究已经出现(李元,2000;唐华俊等,2000),这为土地利用的定量化研究作出了贡献。本文所利用的因子分析法,可对相关性或重叠性较高的数据资料进行有效的"提纯"和合理综合,在信息处理方面显示出许多的优势。这样,充分利用新近土地详查的成果,依托成熟的多元统计方法和 GIS 技术,可以实现自上而下和自下而上区划方法的集成。本研究结果将西部贵州、云南、四川、重庆、广西、青海、西藏、陕西、甘肃、宁夏、新疆、内蒙古 12 个省、自治区和直辖市的所有县市级行政区划单元归并成东部季风区、西北干旱区和青藏高寒区 3 个大区及 30 个小区。

2 资料来源与研究方法

本分区采用的指导性框架是新近完成的"中国生态地理区域系统"(Zheng,1999;吴绍洪等,2000;杨勤业等,2002),特别注意参照其提供的水热格局及地形特征。在这种水热格局影响下的土地利用格局是比较稳定的,而通过生物技术和生物环境技术而影响的土地利用状况则是局部的或不稳定的。只有在此总体宏观格局控制下,自下而上的数值归并方法才不至于迷失方向。

土地整理是操作性极强的工作,客观上要求行政区界的完整性。显然,省级区界过于笼统而乡镇级区界过于琐碎。尽管在研究区内,有的县区面积过大,跨越了部分生态地理区域系统中描述的水热格局控制线;但对西部总体而言,采用县市级行政区作为综合评价和归并的基本单元是比较适用的方法。有关土地利用的资料是新近土地详查的成果(1996 年)。反映土地利用程度指标的选择,主要依据新近完成的研究成果——"中国土地资源"(李元,2000),包括土地利用率(x_1)、农业用地指数(x_2)、垦殖率(x_3)、森林覆盖率(x_4)、林地利用率(x_5)和牧草地比重(x_6)。这些指标较为常用,也密切相关于当地综合生态地理条件;而复种指数和建设用地指数由于受技术和经济条件的直接影响,故暂未采用。

用数学方法进行综合评价,是建立一种从高维空间到低维空间的映射,这种映射能保持样本在高维空间的某种"结构",其中最明显的是与"排序"有关的结构。根据图形资料和数据资料的匹配情况,本文利用因子分析方法,对 974 个样本(县市级行政区)所提供的、有关土地利用程度的信息进行"提纯"(冗余信息的剔除),之后进行有效信息的综合。最后,每个样本均被赋予一个反映相应土地利用程度的、含有土地利用结构性特征的综合评价值。这种结构性特征只有在各个样本相互比较时才存在,否则只是单纯的数值。

具体步骤:(1)利用主成分分析法提取公共因子;(2)根据方差累计贡献率提取特征根(一般认为应大于 70%,即可集中主要信息);(3)选择方差最大正交旋转进行变换;(4)依据回归法计算因子得分;(5)最后根据特征根的贡献率大小进行加权平均计算综合得分(于秀林等,1999;胡永宏等,2000)。综合得分值的公式为:

$$V=\lambda_1 f_1+\lambda_2 f_2+\cdots+\lambda_n f_n$$

式中:V 为评价单元的综合得分值,$f_1,f_2,\cdots,f_n$ 为前 n 个公因子,$\lambda_1,\lambda_2,\cdots,\lambda_n$ 为前 n 个特征根。

在 GIS 技术的支持下,首先将因子分析及综合评价的结果与各样本的空间属性进行关联,然后对各个样本或评价单元进行归并(图 1)。因为土地利用程度在现实空间上是逐渐过渡的,所以根据样本在二维空间上的实际分布,参照综合得分值进行评价单元的归并,可以消除某些"结构"差异很大而综合得分值相近的单元的合并。主要有三种情形需要考虑:(1)如果水热格局或自然区控制线穿过某评价单元,单元的归并注意相邻评价单元的综合得分值的比较;(2)如果评价单元面积过大,包含几个自然区,为了照顾县级区界的完整性,则对自然区进行适当的归并,如塔里木盆地与吐鲁番盆地及昆仑山北翼;(3)如果自然区内各评价单元的综合得分值分异较大,而且自然区的面积较大,则对自然区进行必要的划分,如在塔里木盆地与吐鲁番盆地区又划分出天山南坡。后两种情形极少。

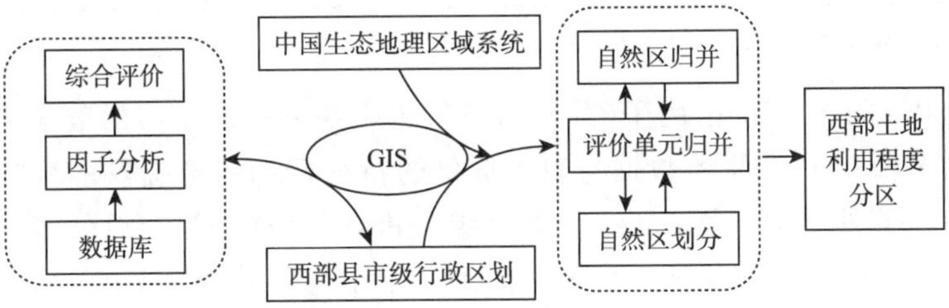

图 1 研究方法流程

Figure 1 Technological process of research method

3 结果与讨论

3.1 综合得分值的基本格局

因子分析将常用的土地利用率、农业用地指数、垦殖率、森林覆盖率、林地利用率和牧草地比重等指数中相关或重叠的信息,进行必要的剔除,也对上述 6 个变量进行了归并。由表 1 所示，前三个特征根的累计贡献率已经达到 90.962%（一般认为应大于 70%，即可提取主要信息），即 6 个变量反映的信息可由三个主成分（$\lambda_1+\lambda_2+\lambda_3\approx5.5$ 个变量）反映 90.962%；因此，在 6 个特征根中提取前三个特征根。

由表 2 可知，第一因子在 x_1、x_2 的载荷较高，这是从土地利用率和农业用地指数两方面反映土地利用的总体程度，可称之为总体利用因子；第二因子在 x_4、x_5、x_6 的载荷较高，主要从森林覆盖率、林地利用率和牧草地比重方面反映林草地的覆被和利用状况，可称之为林草地利用因子；第三因子在 x_3 的载荷较高，主要从垦殖率方面反映耕地利用程度，可称之为耕地利用因子。这三个因子的物理意义可用上述方法解释，它们是剔除相关信息后的提纯，是从 6 维空间到 3 维空间降维处理的结果。

表 1 因子分析总方差解释

Table 1 Total variance explained

因子	提取值			旋转提取值		
	特征根(λ)	方差(%)	累计方差(%)	特征根(λ)	方差(%)	累计方差(%)
1	2.450	40.827	40.827	2.166	36.106	36.106
2	1.893	31.556	72.383	1.938	32.303	68.409
3	1.115	18.579	90.962	1.353	22.553	90.962

注：提取方法：主成分分析；旋转方法：方差最大正交旋转。

表 2 因子成分得分系数矩阵

Table 2 Component score coefficient matrix

	变量	x_1	x_2	x_3	x_4	x_5	x_6
因子	1	0.452	0.458	0.039	0.055	0.061	0.222
得分	2	−0.046	−0.013	−0.124	0.54	0.303	−0.408
系数	3	0.12	−0.051	0.759	−0.377	0.162	−0.184

注：提取方法：主成分分析；旋转方法：方差最大正交旋转。

根据表 2 可以列出前三个公因子（f_1、f_2、f_3）与相应变量（$x_1\sim x_6$）的数学表达式。每个评价单元的综合得分值 V 可由原始数据与表 1 提供的特征根和表 2 提供的系数计算得出。综合得分值的计算从某种意义上是做进一步的降维分析，当然这些综合得分值只具有相互比较的意义。V 值是含有结构性特征的从多维空间到一维空间的映射，完全不同于一般的诸如土地利用率和农业用地指数等较为综合的指标。

综合得分值大致介于−11.5～5.0。空间展示的综合得分值格局表明：得分值 $V>0.1$ 的评价单元主要分布于东部季风影响区，是得分高值区；V 值介于−3.3～0.1 的评价单元主要分布于新疆北部、青藏高原东南端和内蒙古中东部；$V<-6.6$ 的评价单元集中分布于新疆的南部、青藏高原的北部和内蒙古的西北端，是得分低值区；其他地区的 V 值介于−3.3～−6.6。V 值反映含有结构性映射的土地利用程度的综合评价状况，其基本格局反映了综合生态地理条件的总体分异特点，是具体分区定界的主要参考。V 值越高，说明综合生态地理条件越好，土地利用率和土地利用集约性程度越高，主要表现为土地利用率、农业用地指数、垦殖率、森林覆盖率和林地利用率较高。V 值越低，则与上述情况相反，主要表现为牧草地比重较高，而其他指数较低或未利用土地比重较大。

3.2 土地利用程度分区

应用自上而下和自下而上的分区方法，基于因子分析综合得分值的分布格局，叠加中国生态地理区域系统图，结果先将研究范围分为三大区，即东部季风区(E)、西北干旱区(W)和青藏高寒区(H)。然后对各大区内的评价单元做进一步归并，东部季风区含13个小区，西北干旱区含9个小区，青藏高寒区含8个小区(图2、表3)。此分区结果是生态地理区域系统在土地利用程度方面的具体化，其具体界线是参照生态地理界线的县市级行政区界的归并。为增强分区结果应用的可操作性，保持了县市行政界线的完整，这样在土地面积较大的县市内，其生态地理条件仍然存在较大差异，但这是顾此失彼的必然结果。分区格局既反映自然因素方面的水热状况，也表征人为因素方面的土地利用特点。

图2 西部土地利用程度分区示意图

Figure 2 Division of land use degree in Western China

表3 土地利用程度分区及各区土地利用程度(单位:%)

Table 3 Division of land use degree and land use degrees in each region (Unit:%)

编号	代号	小区	x_1	x_2	x_3	x_4	x_5	x_6	x_7
1	EIA/IIB$_1$	内蒙古东北端	92.4	90.0	9.2	53.2	91.3	27.6	1.3
2	EIIIB$_1$	赤峰及其以南地区	95.5	90.2	29.9	25.8	70.3	34.1	4.2
3	EIIIC$_1$	陕北甘东高原丘陵	88.3	84.6	33.8	14.5	50.7	35.7	3.1
4	EIIIB$_2$	关中盆地	89.5	82.5	36.3	31.8	71.2	13.3	5.7
5	EIVA$_1$	汉中盆地	93.6	90.3	17.4	66.7	76.7	5.7	1.9
6	EVA$_1$	江南与南岭山地	77.6	73.2	15.4	52.0	71.1	5.1	2.4
7	EVA$_2$	贵州高原	81.7	77.8	26.8	43.4	55.3	7.2	2.8
8	EVA$_3$	四川盆地	83.9	73.4	33.0	36.4	69.5	1.9	7.0

续表

编号	代号	小区	x_1	x_2	x_3	x_4	x_5	x_6	x_7
9	EVA_4	云南高原	82.1	78.5	17.1	53.6	63.8	7.1	2.2
10	EVA_5	东喜马拉雅南翼	78.9	78.5	0.2	68.1	76.5	10.2	—
11	$EVIA_1$	广西丘陵平原	81.1	78.0	18.4	57.6	72.2	0.5	2.0
12	$EVIA_2$	滇中山地丘陵	78.6	71.4	23.1	44.2	64.3	2.6	3.8
13	$EVIIA_1$	滇南谷地丘陵	78.3	76.1	15.1	56.4	82.0	0.5	1.2
14	$WIIC_1$	松辽平原西南部及大兴安岭南部	96.7	93.6	11.7	12.8	47.5	68.9	2.0
15	$WIIC_2$	内蒙古高平原东部	96.3	93.3	11.1	6.2	34.0	76.0	1.3
16	$WIID_1$	内蒙古高平原西部及河套	91.4	88.7	7.0	1.2	39.6	80.4	1.3
17	$WIID_2$	阿拉善与河西走廊	54.0	52.2	2.4	2.9	22.3	46.9	1.2
18	$WIID_3$	准噶尔盆地	67.6	65.4	4.8	5.4	29.8	55.3	1.0
19	$WIID_4$	阿尔泰山与塔城盆地	91.1	89.5	3.4	6.6	58.3	79.5	0.5
20	$WIID_5$	伊犁盆地	86.4	83.5	10.1	8.9	78.4	64.4	1.6
21	$WIIID_1$	天山南坡	58.5	55.4	3.9	6.7	38.7	44.6	1.2
22	$WIIID_2$	塔里木与吐鲁番盆地	15.0	14.1	0.7	2.3	15.8	11.0	0.2
23	HIB_1	果洛那曲丘状高原	85.3	84.1	0.2	5.5	20.8	78.4	0.1
24	HIC_1	青南高原宽谷	48.2	44.3	—	—	—	44.3	—
25	HIC_2	羌塘高原湖盆及昆仑高山高原	56.4	53.1	—	—	—	53.1	—
26	$HIIA/B_1$	川西藏东高山深谷	82.2	81.5	0.9	36.1	55.7	44.4	0.1
27	$HIIC_1$	青东祁连山地	76.8	72.7	4.3	7.7	30.7	60.7	1.2
28	$HIIC_2$	藏南山地	77.0	74.3	1.1	4.1	43.3	69.1	0.1
29	$HIID_1$	柴达木盆地	19.2	17.5	0.1	0.9	1.6	16.4	0.2
30	$HIID_2$	阿里山地	64.1	62.5	—	—	—	62.5	—

注：E、W、H 分别表示：东部季风区、西北干旱区和青藏高寒区；Ⅰ～Ⅶ分别表示：寒温带（Ⅰ）、中温带（Ⅱ）、暖温带（Ⅲ）、北亚热带（Ⅳ）、中亚热带（Ⅴ）、南亚热带（Ⅵ）、边缘热带（Ⅶ）；A、B、C、D 分别表示：湿润、半湿润、半干旱、干旱；x_1～x_7 表示：土地利用率（x_1）、农业用地指数（x_2）、垦殖率（x_3）、森林覆盖率（x_4）、林地利用率（x_5）和牧草地比重（x_6）、非农建设用地比重（x_7）；表中的"—"指其值不足 0.06%。

3.3 区间土地利用程度的静态比较

根据表 3 和图 3，总体而看，土地利用率、农业用地指数和林地利用率的空间变化趋势大致相似，它们在 E 区内的变异相对平缓，而在 W 和 H 区内的变异起伏较大。说明与 E 区相比，W 和 H 区的土地利用率有待于提高。森林覆盖率和牧草地比重，基本上是负相关的，而且森林覆盖率的变异于 E 区内的较大，在 W 区和 H 区内较小，但靠近 E 区的川西藏东高山深谷区例外。说明东部区有些地方的森林破坏严重，容易出现水土流失。垦殖率在 E 区较高而且变异较大，在 W 区和 H 区较低而且变异很小。垦殖率与非农建设用地指数基本上呈空间正相关，说明耕种条件好的地区，也是非农建设用地（主要是居民用地）较多的地方。但这并不表明垦殖率越高，非农建设用地指数也高这种动态关系；相反随着非农建设用地的不断增多，耕地会逐渐减少。

东部季风区是评价单元综合得分值 $V>0.1$ 的集中空间分布区。反映了东部季风区在比较好的生态地理条件下，大部分地区的土地利用率很高，而且非农建设用地指数比其他区高，但牧草地比重很低。E区的土地利用率和农业用地指数大致表现为亚热带以北较高，而其以南较低。垦殖率和森林覆盖率基本上呈空间负相关性，如四川盆地与东喜马拉雅南翼相比，前者的垦殖率较高，而森林覆盖率较低；后者则正好相反。垦殖率与牧草地比重在汉中盆地以北基本上呈空间正相关，在汉中盆地以南则基本上呈空间负相关。这些都反映了土地利用存在一定的纬向分布特征。

西北干旱区内，各评价单元的综合得分值的变化较大。反映了区域空间的生态地理条件变化较大。具体表现为土地利用率、农业用地指数和林地利用率变异很大。垦殖率、森林覆盖率及非农建设用地指数都较东部季风区低，且变异很小。牧草地比重明显高于东部区，而且变异性大，其中，阿拉善与河西走廊区及塔里木与吐鲁番盆地区的牧草地比重较低。草地在西北区具有重要的生态作用。各小区内各项指标值均呈正相关，只是程度不同。

青藏高寒区内，各种指数的变化特征与西北干旱区非常接近，只是垦殖指数、非农建设用地指数更低；除川西藏东高山深谷区外，总体的森林覆盖率也很低；除柴达木盆地外，牧草地比重较高而且空间变异较大。本大区从东南向西北，垦殖率和森林覆盖率不断减少，牧草地比重则呈现先增加后减少的趋势。

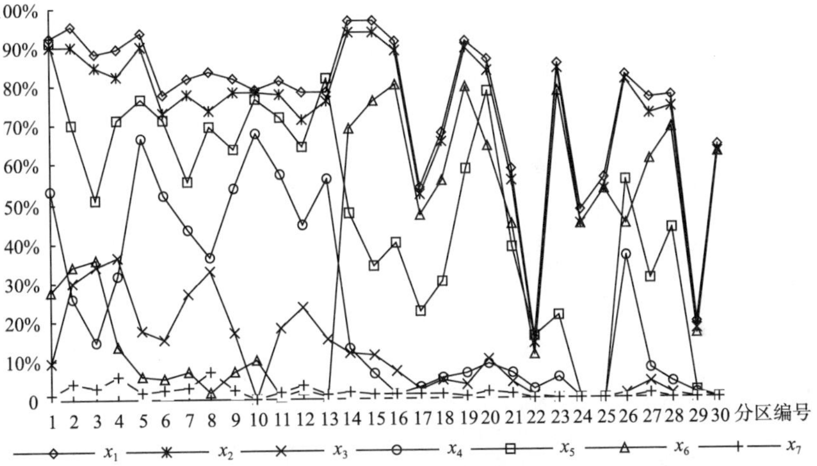

图3　不同区土地利用率比较

Figure 3　Comparison of land use degrees among different regions

4　结语

常用的有关土地利用程度的各种指标，只是从几个侧面反映土地利用情况。因此，单纯利用这些指标进行数学处理和分区研究，往往会偏离主导方向。以中国生态地理区域系统研究成果作为宏观控制性框架，自下而上的归并才能有层次性和方向性的指导。

利用多元统计中的因子分析方法，使多指标提供的许多信息得以提纯和综合，降维的结果还能保持样本在高维空间的某种“结构”，其中最明显的是与“排序”有关的结构。这样，各个样本间的综合比较和归并有了直接参考的、含有主要信息的单一指标。GIS技术的应用使样本之间的综合数值排序与样本的空间属性紧密相关，也使综合得分值相近，而土地利用结构相差甚远的样本的不合理归并得以消除。GIS 技术更使自上而下和自下而上的区划方法得以结合。

相邻各小区之间许多属性是逐渐过渡的，因此分区的结果也是相对的。为增强分区结果的应用必须照顾县级行政区界；而有的县区面积很大，其内的生态地理条件存在较大分异。随着土地利用调查信息的逐步细化和研究手段的不断完善，县域面积较大的土地利用程度分区研究有待进一步深入。

Incorporating Spectral Data into Logistic Regression Model to Classify Land Cover: A Case Study in Mt. Qomolangma (Everest) National Nature Preserve*

应用加入光谱数据的逻辑斯蒂回归模型进行土地分类的方法——以珠穆朗玛峰国家自然保护区为例

摘　要:目前很少研究将光谱数据混入到 Logistic 回归模型进行土地覆被类型的分类。本研究以珠穆朗玛峰地区为研究区,将 TM 遥感影像 7 个波段数据加入到 Logistic 回归模型中,同时加入其他 12 个环境变量和空间自相关变量,进行该地区主要土地覆被类型的自动分类。基于该研究区随机分层抽取了 10 000 个采样点分析,发现相对于未加入这些因素的模型,加入光谱数据和空间自相关的 Logistic 回归模型,对于草地、稀疏植被地和裸地格局识别的性能和精度有很大提升。

1　Introduction

Land-use and land-cover change (LUCC) is a complex dynamic and spatio-temporal process driven by the interaction in time and space between biophysical and socioeconomic dimensions (Cai, 2001). It is an important component of geographical research on global change (Li, 1996; Lambin and Ehrlich, 1997; Van Dessel *et al.*, 2010). In recent years, simulations of LUCC, which can reveal the mechanism of LUCC and direct the implementation of relevant policies, have received considerable attention. Models are useful tools to clarify where LUCC is occurring (Turner, 1990) and to explain the causes and consequences of LUCC dynamics (Veldkamp and Fresco, 1997; Costanza and Ruth, 1998). The need for a deep understanding of the inter-relationship between spatial distributions of land cover and its determinants underlies the development of LUCC models (Veldkamp and Fresco, 1997; Verburg *et al.*, 2002). Most previous researches on the spatial distribution of land cover had focused on visual interpretation and object-oriented classification of remote sensing images; only a few researches had employed classification method on land cover based on logistic regression (OL model) incorporating with both environmental factors and spectral information. However, such classification methods provided an important way to rapidly survey and classify land cover (Singh, 1989; Yuan *et al.*, 2005).

Land covers are often classified according to the composition of vegetation (Stefanov *et al.*, 2001; Bradter *et al.*, 2011). The OL model incorporating terrain, climate, soil and

---

* Published by Gao Jungang (高俊刚) and **Zhang Yili (张镱锂)** in the *International Journal of Geographical Information Science*, *iFirst*, 2012, 1-18. doi: 10.1080/13658816.2012.659185.

other environmental factors had been used to recognize the land cover distributions (Overmars *et al.*, 2003; Verburg *et al.*, 2004; Dendoncker *et al.*, 2007; Wu *et al.*, 2010), and also the distributions of protected species (i. e. endemic, rare and endangered species in conservation biology) (Piorecky and Prescott, 2006; Syartinilia and Tsuyuki, 2008; Wu *et al.*, 2009). Since OL model assumes independence between observations (Améztegui *et al.*, 2010), spatial autocorrelation has also been taken into account in land cover classification with the application of ordinary autologistic regression (AL model) (Overmars *et al.*, 2003; Verburg *et al.*, 2004; Dendoncker *et al.*, 2007; Wu *et al.*, 2010). Nonetheless, classification methods based on OL model have been frequently neglecting the remote sensing images. Mallinis and Koutsias (2008) developed a spectral classification method using LANDSAT-5 Thematic Mapper (TM) imagery, which used OL model to classify land cover. In other researches, different types of spectral information, such as the Normalized Difference Vegetation Index (NDVI), have also been incorporated into OL models to simulate the species distribution (Syartinilia and Tsuyuki, 2008). However, the accuracy of these methods was limited, as only the red and near-infrared bands of spectral information were incorporated.

In this study, all bands of spectral information from LANDSAT-5 TM imagery were incorporated into OL and AL models to classify land cover in the Mt. Qomolangma (Everest) National Nature Preserve (QNNP) in the Tibetan Autonomous Region of China. Maps showing the probability for different land covers in the study area were generated using these models. The performances among OL model, AL model, ordinary logistic regression model with spectral data (OLM model) and ordinary autologistic regression model with spectral data (ALM model) were compared. This study could provide the insight for automatic classification methods dealing with spectral variables and environmental factors in the QNNP.

2 Materials and methods

2.1 Study area

The QNNP (27°48′～29°19′N, 84°28′～88°23′E) covers an area of 36 594 km^2 and is located in the central high Himalayas of southwest China. The QNNP borders Nepal and lies across four counties (Tingri, Gyirong, Nyalam and Dinggye). It has four major basins of rivers (Pengqu River, Gyirong Zangbo River, Poiqu River and Yarlung Zangbo River) (Figure 1) (Zhang *et al.*, 2009). The annual average temperature (AAT) is 3～4 ℃ and the average annual precipitation is 286～658 mm (Nie *et al.*, 2010). Seasonal variation in rainfall is small due to the high altitude, and many mountains are perennially covered with snow. However, there is a long period of sunshine with about 3 393 hours per year on average and up to 6 745 hours for Tingri (Tibetan Scientific Expedition Team of Chinese Academy of Sciences, 1975). Climate data for China between 1976 and 2006 were obtained from China

Meteorological Data Sharing and Service System. The soil types of the QNNP present a clear vertical zonation, with mountain yellow brown soil, mountain acid brown soil, mountain bleached podzolic soil, subalpine meadow soil, alpine meadow soil, subalpine steppe soil and alpine meadow-steppe soil from valley to peak (Tibetan Scientific Expedition Team of Chinese Academy of Sciences, 1975). The Vegetation of the QNNP also exhibits clear vertical zonation, which varies between southern and northern slopes. Southern slope vegetation comprises evergreen broadleaved forests, needle-leaved and broadleaved mixed forests, needle-leaved forests, shrubs, meadows, cushions and alpine lichens, from valley to peak, while northern slope vegetation comprises alpine moraine lichens, alpine meadows and cushions, and plateau steppes, from valley to peak (Comprehensive Scientific Expedition Team of Chinese Academy of Sciences in Qinghai-Tibetan Plateau, 1988). The QNNP had a population of approximately 107 307 in 2010 consisting of primarily agricultural communities (Tibet Bureau of Statistics, 2009, 2010).

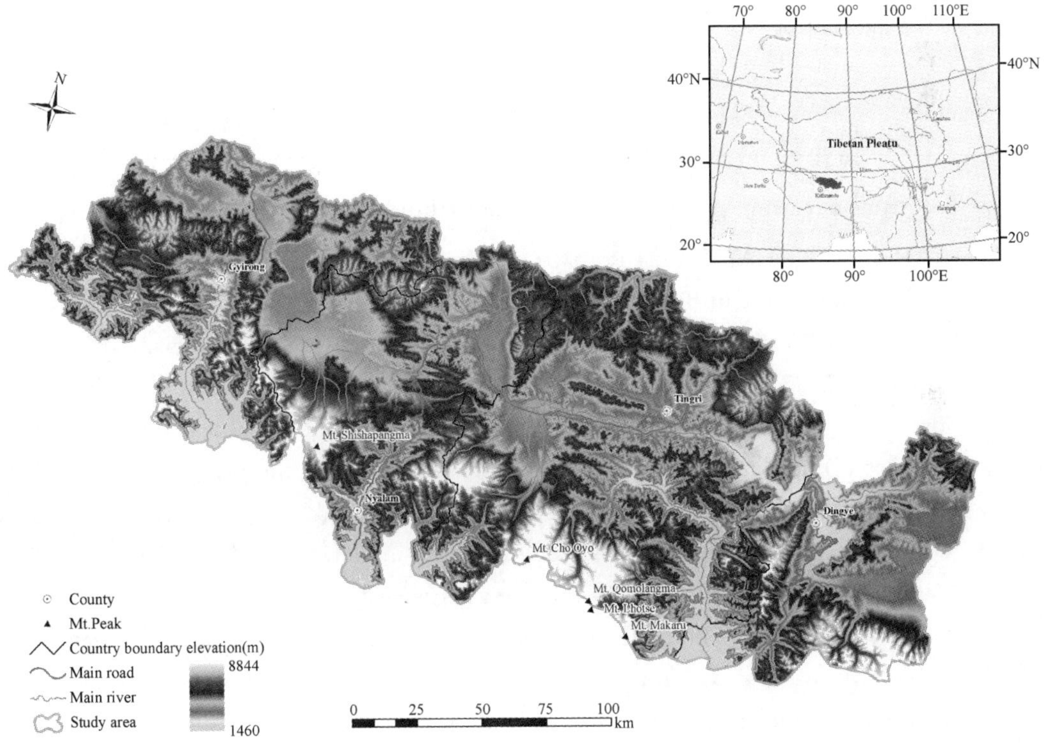

Figure 1 Location of the study area

2.2 Data collection and materials

2.2.1 Processing of RS data

The land-cover map in 2006 was provided by the Land Change Research Group for the Tibetan Plateau, Institute of Geographic Sciences and Natural Resources Research, Chinese Academy of Sciences. The data had been verified using a field survey of 375 stratified sample points, and the accuracy was determined to be 93.9% (Nie, 2010). The size and distribution of each land cover in the QNNP in 2006 were shown in Table 1. This study focused on six main land covers (grassland, sparsely vegetated land, bare land, glacier, shrubland and wetland), which accounted for 95.73% of the total area of the QNNP as a whole. The classified images were integrated into ArcMap 9.3 (ESRI, Redlands, CA) and recoded into binary categorical maps. The resolution for all land cover maps was 30 m.

Table 1 Size and distribution of each land cover in QNNP in 2006 (Nie, 2010)

No.	Land cover	Size (km^2)	Percent(%)	Accumulated percent(%)
1	Grassland	16 272.78	44.47	44.47
2	Sparsely vegetated land	7 515.15	20.54	65.01
3	Bare land	5 676.64	15.51	80.52
4	Glacier	2 710.17	7.41	87.93
5	Shrubland	1 746.69	4.77	92.70
6	Wetland	1 110.46	3.03	95.73
7	Cultivated land	711.39	1.94	97.67
8	Forest	552.92	1.51	99.18
9	Water bodies	296.08	0.81	99.99
10	Resident area	2.28	0.01	100.00

2.2.2 Potential determinates of land-cover distribution

The AAP (mm) and AAT (°C) are two vital factors determining species distribution in the QNNP and could result in different land covers in the study area (Zhang *et al.*, 2007, 2011). Thus, data on both AAP and AAT were incorporated into the models. Some researches suggested that topography and population are also major determinants of land cover classification (Zhang *et al.*, 2006; Li *et al.*, 2009). Topographic variables of elevation (m), slope (°), aspect (°) and curvature were included. According to the previous studies (Congalton, 1991; Binaghi *et al.*, 1997), spatial autocorrelation and a set of neighborhood-related variables were also incorporated into this study as potential determinants of land cover classification. Neighborhood-related variables included distance to rivers (m), distance to roads (m), distance to lakes (m), and distance to settlements (m). Seven bands of spectral data (LANDSAT-5 TM imagery) were used as seven layers of determinants in the OL model to quantitatively address the effects of spectral variables on land cover classification.

The latest Advanced Spaceborne Thermal Emission and Reflection Radiometer Global Digital Elevation Model (ASTER GDEM) with spatial resolution of 30 m for the study area was obtained from the National Aeronautics and Space Administration which was released on 2 July 2009. Raster layers of elevation, slope, aspect, and curvature were derived from the ASTER GDEM. Digitized maps at a scale of 1 : 100 000 of roads, rivers, lakes, and settlements (available from the Institute of Geographic Sciences and Natural Resources Research, Chinese Academy of Sciences) were used for neighborhood variables. Neighborhood related variables of distances to roads, rivers, lakes and settlements were determined from a distance raster, which was generated by rasterizing vector data. All these layers were prepared as raster data with a pixel size of 30 m×30 m for model creation. ArcMap 9.3 software was used to analyze GIS and TM RS data. Remote sensing data in this study were obtained from the Global Land Cover Facility (GLCF) and the United States Geological Survey (USGS). Suitable TM RS imagery for different time periods corresponding to the ideal climate condition in the study area could not be found in the GLCF and USGS databases, and it was impossible to obtain LANDSAT TM RS images with low cloud coverage across the study area for the same time period. Thus, TM RS images for some parts of the study area were taken to fill in gaps in the main selected images. To reduce the errors resulting from this procedure, data acquired from proximate dates (from October to November in 2005 and 2006) were stitched into mosaics of the main selected TM RS images (those with cloud cover of only 5%~27%). Ten TM RS images (30 m resolution) used in this study were taken by the LANDSAT satellite. Each band of the image (the first to the seventh band of TM RS images are abbreviated as TM_band1 to TM_band7, respectively) was incorporated into the OL and AL model as a variable. Ten thousand sample points were obtained using the Stratified Random Sampling Method provided by Hawth's Analysis Tools (http://www.spatialecology.com/htools/index.php). ArcGIS 9.3 (ESRI, Redlands, CA) was then used to extract all environmental variables corresponding to these sample points to construct an $n \times m$ matrix, where n and m is the number of sampling points and variables, respectively.

2.3 Calibration and spatial transition probability maps

The OL and AL models were employed to estimate the probability of each current land cover, as a function of the explanatory variables. The response variable here was a binary presence or absence event, where a certain land cover was indicated by 1 and otherwise 0. The probability (P) of a certain land cover predicted by OL model is defined as:

$$\log\left(\frac{P}{1-P}\right) = \alpha + \sum_{i=1}^{n} \beta_i X_i \tag{1}$$

where α is the estimated constant, and β_i is a estimated coefficient for each explanatory variable X_i.

The AL model is a revised OL model that incorporates spatial autocorrelation into binary response data. It has been widely used in biodiversity modeling (Augustin *et al.*, 1996; Hubbell *et al.*, 2001; Sanderson *et al.*, 2005; Piorecky and Prescott, 2006; Jewell *et al.*, 2007). The AL model was first introduced by Besag (1972) and then modified to incorporate additional covariates as independent variables (Augustin *et al.*, 1996). The most common AL model is defined as:

$$\log\left(\frac{P}{1-P}\right) = \alpha + \sum_{i=1}^{n} \beta_i X_i + \beta_{n+1} auto\,\mathrm{cov}_{n+1} \tag{2}$$

where an autocovariance at pixel i is defined as the ratio of a weighted sum of observations to a weighted sum in neighboring pixels in a defined neighborhood:

$$autocov_i = \sum_{j=1}^{k_i} \frac{1}{d_{ij}} y_j \tag{3}$$

where d_{ij} is the Euclidean distance between pixel i and pixel j for each pixel i, k_i is the number of pixels within a specified lag distance of pixel i, and y_j is the presence or absence of the specified land cover at pixel j (Augustin *et al.*, 1996).

Spectral data were incorporated into OL and AL models to generate the OLM model and ALM model. The models were rerun through several iterations until each parameter reached convergence. The OLM and ALM models initially used a stepwise elimination method, and then they were input into raster calculator in ArcMap 9.3, which would combine the information in all map layers to generate probability distribution maps of various land covers. The distribution maps were finally used for patch recognition.

The probability value ranges from 0 (absent) to 1 (present). A threshold value of 0.5 was used to identify a patch where a land cover may be present. The threshold of 0.5 was widely adopted in the previous studies to predict the distributions of species and land cover (Manel *et al.*, 1999; Pontius, 2001; Bailey *et al.*, 2002; Verburg *et al.*, 2002; Rutherford *et al.*, 2008; Xie and Li, 2008). Effects of various environmental variables on each land cover (i.e., weighting coefficients) were analyzed using SPSS 17.0 software (SPSS Inc., Chicago, IL, USA). Effects of different models on land cover classification were investigated by comparing the probability distribution maps generated using the least significant difference (LSD) and a significance level of $P<0.05$.

2.4 Model validation

The models were validated using three criteria: (1) predictive power (Kunkel and Pletscher, 2000; Ottaviani *et al.*, 2004; Piorecky and Prescott, 2006), which was assessed using classification tables and area under curve (AUC) of receiver operating characteristic (ROC). The AUC is a single measure of overall fit, ranging from 0.5 for chance performance to 1.0 for a perfect fit (Osborne *et al.*, 2001; Piorecky and Prescott, 2006). The ROC plots assess model success across a full range of dichotomies and not just at a single cut-off point; (2) Nagelkerke R^2, which is an analog to R^2 in ordinary least-squares regression (Peng *et al.*, 2002; Piorecky and Prescott, 2006); and (3) -2 log-likelihood ($-2LL$) was an index to evaluate the goodness-of-fit among different models. Nagelkerke R^2 and $-2LL$ are two important indices to assess the performances of different OL models (Tsuyuki, 2008). The overall performance of classification was assessed by classification tables, which could provide the number of correct and incorrect predictions made for the current datasets, using a cut-off value of 0.5. If the calculated probability value at a specific area was greater than the cut-off value, then it would be classified as an corresponding land cover.

3 Results

3.1 Determinants of land cover distribution

Irrespective of spatial autocorrelation and spectral data, the variable elevation persistently determined all land cover distributions except for shrubland; slope persistently determined all land cover distributions except for sparsely vegetated land; aspect determined the distributions of grassland and sparsely vegetated land; and AAT persistently determined the distributions of sparsely vegetated land and bare land ($P<0.05$) (Tables 2 and 3). Hence, elevation, slope, aspect, and AAT were the main determinants of land cover distribution in the QNNP. In the OLM and ALM models, TM_band3 significantly affected all land cover distributions except for glacier; TM_band1 significantly affected the distributions of bare land, shrubland and wetland; and TM_band7 significantly affected the distributions of bare land, glacier, and shrubland ($P<0.05$) (Tables 2 and 3). The results suggested that TM_band3 could be a useful determinant for most of the land cover distributions, as it was always a component of common combinations (4, 3, and 2; 5, 4, and 3; 3, 2, and 1) in TM RS image interpretation (Weng, 2010). TM_band1 and TM_band7 contributed most in determining the distributions of bare land and shrubland.

The AAP and slope significantly affected the distribution of sparsely vegetated land in OL model ($P<0.05$) but not in OLM model; AAP significantly affected the distribution of glacier and grassland in AL model ($P<0.05$) but not in ALM model. This indicated that spectral characteristics were more important than AAP and slope in recognizing the distribution of sparsely vegetated land, and more important than AAP in recognizing the distributions of glacier and grassland. A similar trend was observed for the effect of aspect on the distribution of bare land and slope on the distribution of wetland. However, AAT significantly affected the distribution of grassland in OLM model ($P<0.05$) but not in OL model, which indicated that spectral characteristics were less important than AAT in recognizing the distribution of grassland.

3.2 Performance comparison among four models

Compared with OL and AL models, OLM and ALM models produced a significantly higher goodness-of-fit ($P<0.05$) (Figure 2). The ALM model produced the highest AUCs for shrubland and wetland. With spectral data incorporated into the OL model, the AUCs for grassland, sparsely vegetated land, bare land, glacier, shrubland and wetland were improved from 0.833, 0.795, 0.773, 0.933, 0.885 and 0.942 in OL model to 0.860, 0.834, 0.824, 0.986, 0.922 and 0.957, respectively (Figure 2). The AL model significantly increased AUCs for shrubland and wetland compared with OL model ($P<0.05$), with a more prominent effect than for the OLM model. However, this pronounced effect was not

Table 2　Included variables, coefficients (*β*), standard errors (*SE*) and significance (*Sig.*) among four models for grassland, sparsely vegetated land and bare land in 2006

Variables		OL model			AL model			OLM model			ALM model		
		β	*SE*	*Sig.*	*β*	*SE*	*Sig.*	*β*	*SE*	*Sig.*	*β*	*SE*	*Sig.*
Grassland	Aspect	0.002	0.000	0.000	0.002	0.000	0.000	0.003	0.000	0.000	0.003	0.000	0.000
	Elevation	−0.001	0.000	0.000	−0.001	0.000	0.000	−0.002	0.000	0.000	−0.002	0.000	0.000
	Slope	−0.027	0.002	0.000	−0.028	0.002	0.000	−0.014	0.002	0.000	−0.014	0.002	0.000
	AAP	0.004	0.001	0.000	0.004	0.001	0.000	0.003	0.001	0.005	—	—	—
	AAT	—	—	—	—	—	—	−0.107	0.038	0.005	−0.074	0.035	0.036
	TM_BAND2	/	/	/	/	/	/	0.025	0.001	0.000	0.025	0.001	0.000
	TM_BAND3	/	/	/	/	/	/	0.016	0.001	0.000	0.017	0.001	0.000
	AUTOCOV	/	/	/	−0.402	0.060	0.000	/	/	/	−0.531	0.063	0.000
	Constant	6.296	0.609	0.000	6.701	0.609	0.000	5.482	0.940	0.000	6.313	0.881	0.000
Sparsely vegetated land	Aspect	−0.001	0.000	0.000	−0.001	0.000	0.000	−0.001	0.000	0.005	−0.001	0.000	0.002
	Elevation	0.004	0.000	0.000	0.004	0.000	0.000	0.004	0.000	0.000	0.004	0.000	0.000
	Slope	−0.011	0.002	0.000	−0.011	0.002	0.000	—	—	—	—	—	—
	AAP	0.003	0.001	0.000	0.003	0.001	0.000	—	—	—	—	—	—
	AAT	0.150	0.030	0.000	0.145	0.030	0.000	0.089	0.031	0.004	0.087	0.031	0.005
	TM_BAND2	/	/	/	/	/	/	0.004	0.002	0.011	—	—	—
	TM_BAND3	/	/	/	/	/	/	0.024	0.002	0.000	0.022	0.001	0.000
Sparsely vegetated land	TM_BAND4	/	/	/	/	/	/	0.032	0.008	0.000	0.028	0.007	0.000
	TM_BAND5	/	/	/	/	/	/	−0.013	0.006	0.036	—	—	—
	TM_BAND6	/	/	/	/	/	/	−0.036	0.009	0.000	−0.045	0.008	0.000
	AUTOCOV	/	/	/	0.369	0.052	0.000	/	/	/	0.371	0.056	0.000
	Constant	−20.159	1.067	0.000	−20.387	1.071	0.000	−21.114	0.926	0.000	−20.977	0.877	0.000
Bare land	Aspect	0.001	0.000	0.000	0.001	0.000	0.001	—	—	—	—	—	—
	Elevation	0.001	0.000	0.000	0.001	0.000	0.000	0.001	0.000	0.000	0.001	0.000	0.000
	Slope	0.030	0.002	0.000	0.029	0.002	0.000	0.019	0.002	0.000	0.020	0.002	0.000
	AAT	−0.100	0.027	0.000	−0.095	0.027	0.001	−0.073	0.028	0.009	−0.068	0.028	0.017

Continued

Variables		OL model			AL model			OLM model			ALM model		
		β	*SE*	*Sig.*	β	*SE*	*Sig.*	β	*SE*	*Sig.*	β	*SE*	*Sig.*
Bare land	TM_BAND1	/	/	/	/	/	/	−0.055	0.005	0.000	−0.051	0.005	0.000
	TM_BAND3	/	/	/	/	/	/	0.075	0.007	0.000	0.074	0.007	0.000
	TM_BAND4	/	/	/	/	/	/	—	—	—	0.010	0.005	0.046
	TM_BAND5	/	/	/	/	/	/	−0.018	0.002	0.000	−0.029	0.006	0.000
	TM_BAND7	/	/	/	/	/	/	0.010	0.001	0.000	0.009	0.001	0.000
	AUTOCOV	/	/	/	0.901	0.061	0.000	/	/	/	0.803	0.062	0.000
	Constant	−7.017	0.721	0.000	−7.042	0.722	0.000	−5.985	0.758	0.000	−5.556	0.748	0.000

Note: OL model: ordinary logistic regression model; AL model: ordinary autologistic regression model, OLM model: ordinary logistic regression model with spectral data; ALM model: ordinary autologistic regression model with spectral data; AAP: annual average precipitation; AAT: annual average temperature; AUTOCOV: autocovariate variable. "—" Indicates values are not statistically significant at the 0.05 significance level; "/" indicates that the variables are not included in the model.

Table 3 Included variables, coefficients (β), standard errors (*SE*) and significance (*Sig.*) among four models for glacier, shrubland and wetland in 2006

Variables		OL model			AL model			OLM model			ALM model		
		β	*SE*	*Sig.*	β	*SE*	*Sig.*	β	*SE*	*Sig.*	β	*SE*	*Sig.*
Glacier	Elevation	0.001	0.000	0.003	0.001	0.000	0.000	0.001	0.000	0.018	0.001	0.000	0.000
	Slope	0.015	0.003	0.000	0.036	0.005	0.000	0.028	0.005	0.000	0.041	0.006	0.000
	AAP	−0.011	0.001	0.000	−0.007	0.001	0.000	−0.003	0.001	0.008	—	—	—
	AAT	−0.224	0.036	0.000	—	—	—	−0.233	0.046	0.000	—	—	—
	TM_BAND1	/	/	/	/	/	/	—	—	—	−0.042	0.003	0.000
	TM_BAND2	/	/	/	/	/	/	−0.024	0.003	0.000	—	—	—
	TM_BAND3	/	/	/	/	/	/	−0.066	0.004	0.000	—	—	—
	TM_BAND6	/	/	/	/	/	/	0.010	0.002	0.000	0.012	0.003	0.000
	TM_BAND7	/	/	/	/	/	/	0.010	0.002	0.000	0.008	0.002	0.000
	AUTOCOV	/	/	/	2.717	0.120	0.000	/	/	/	2.022	0.118	0.000
	Constant	−5.938	1.175	0.000	−8.171	1.101	0.000	−6.028	1.667	0.000	−11.437	1.049	0.000

Continued

Variables		OL model			AL model			OLM model			ALM model		
		β	*SE*	*Sig.*	β	*SE*	*Sig.*	β	*SE*	*Sig.*	β	*SE*	*Sig.*
Shrubland	Elevation	−0.002	0.000	0.000	—	—	—	−0.002	0.000	0.000	—	—	—
	Slope	0.047	0.004	0.000	0.040	0.008	0.000	0.037	0.004	0.000	0.027	0.009	0.003
	AAP	0.004	0.001	0.001	—	—	—	0.009	0.002	0.000	—	—	—
	AAT	—	—	—	0.303	0.037	0.000	−0.143	0.070	0.043	0.153	0.048	0.001
	TM_BAND1	/	/	/	/	/	/	0.078	0.008	0.000	0.025	0.009	0.005
	TM_BAND2	/	/	/	/	/	/	0.009	0.003	0.009	0.022	0.007	0.003
	TM_BAND3	/	/	/	/	/	/	−0.135	0.014	0.000	−0.061	0.016	0.000
	TM_BAND4	/	/	/	/	/	/	−0.030	0.005	0.000	−0.078	0.016	0.000
	TM_BAND5	/	/	/	/	/	/	—	—	—	0.048	0.015	0.001
	TM_BAND7	/	/	/	/	/	/	0.027	0.004	0.000	0.036	0.007	0.000
	AUTOCOV	/	/	/	7.184	0.435	0.000	/	/	/	6.945	0.475	0.000
	Constant	2.374	0.919	0.010	−5.998	0.234	0.000	−0.197	1.343	0.884	−8.165	0.931	0.000
Wetland	Elevation	−0.003	0.000	0.000	−0.002	0.000	0.000	−0.001	0.000	0.000	−0.003	0.001	0.001
	Nearest river	—	—	—	−0.001	0.000	0.001	—	—	—	−0.001	0.000	0.001
	Slope	−0.278	0.022	0.000	−0.174	0.026	0.000	−0.332	0.025	0.000	−0.176	0.027	0.000
	AAP	−0.007	0.002	0.000	−0.008	0.003	0.021	—	—	—	—	—	—
	AAT	—	—	—	—	—	—	—	—	—	−0.489	0.181	0.007
	TM_BAND1	/	/	/	/	/	/	0.053	0.014	0.000	0.043	0.010	0.000
	TM_BAND2	/	/	/	/	/	/	−0.020	0.005	0.000	—	—	—
	TM_BAND3	/	/	/	/	/	/	−0.100	0.019	0.000	−0.075	0.016	0.000
	TM_BAND5	/	/	/	/	/	/	0.083	0.018	0.000	—	—	—
	TM_BAND6	/	/	/	/	/	/	−0.129	0.027	0.000	—	—	—
	TM_BAND7	/	/	/	/	/	/	0.032	0.011	0.003	—	—	—
	AUTOCOV	/	/	/	5.513	0.578	0.000	/	/	/	5.061	0.560	0.000
	Constant	13.034	2.018	0.000	7.452	2.663	0.005	8.058	1.201	0.000	12.458	4.096	0.002

Note：The denotation of the variables are same as Table 2.

observed for the other land covers (Figure 2). These findings suggested that the distributions of shrubland and wetland had a stronger spatial autocorrelation than the other land covers in the QNNP. Assessment by Nagelkerke R^2 and $-2LL$ showed that the ALM model performed the best among the four models in recognizing all land cover distributions (Figure 3). The OLM model performed better in recognizing the distributions of grassland, sparsely vegetated land, bare land and glacier than shrubland and wetland (Figure 3). This indicated that spectral information was more important in recognizing these four land-covers distributions than spatial autocorrelation.

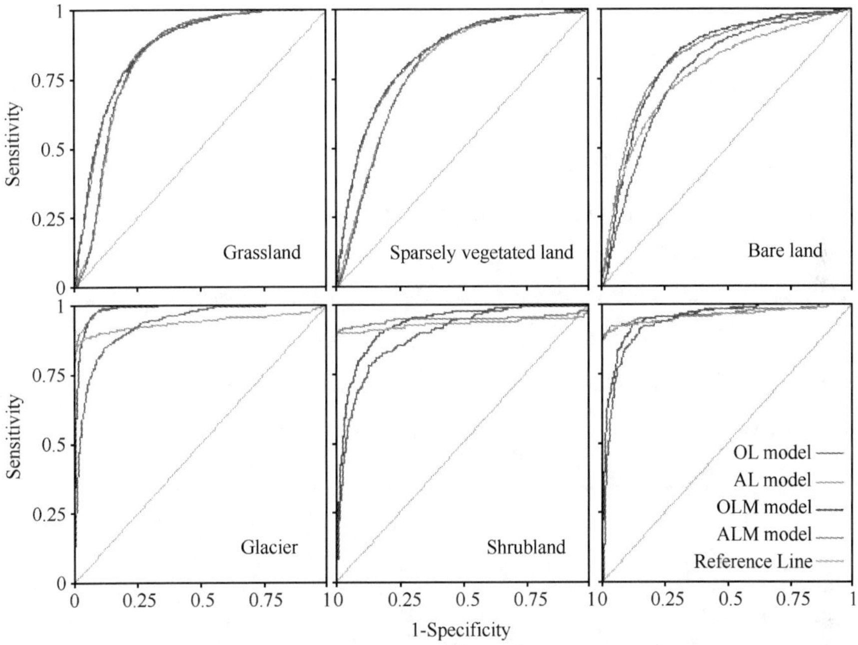

Figure 2 Area Under Curve (AUC) of Receiver Operating Characteristic (ROC) Curve to validate models of each land-cover type in the QNNP in 2006 among four models (OL, ordinary logistic regression model; AL, ordinary autologistic regression model; OLM, OL model with spectral data; ALM, AL model with spectral data)

3.3 Classification accuracy comparison among four models

To avoid overcalibration based on the same dataset, a further 600 stratified random points were sampled to independently test the models performance. The results found that the OLM and ALM models improved the overall simulation accuracy from 58.7% (OM model) and 59.0% (AM model) to 64.9% (OLM model) and 71.5% (ALM model) (Table 4). To further compare the performances among four models, the formulae in the models and coefficients of explanatory variables in Tables 2 and 3 were used to calculate the probability for each land cover distribution in the QNNP. The formulae and coefficients of explanatory variables were calculated using the Arc Macro Language (AML) provided by ArcInfo

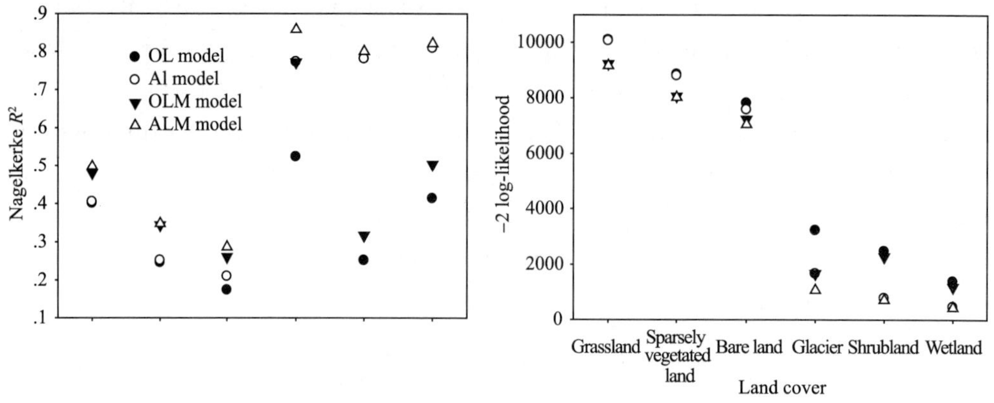

Figure 3 Nagelkerke R^2 and −2 log-likelihood of ordinary logistic regression (OL model), ordinary autologistic regression (AL model), OL model with spectral data (OLM model), and AL model with spectral data (ALM model)

Workstation in ArcGIS 9.3 software. Results indicated that OLM and ALM models significantly improved the classification accuracy for grassland, sparsely vegetated land, and bare land from 46.2%, 41.4% and 56.7% in the OL model to 52.9%, 75.6% and 78.1% in the ALM model, respectively ($P<0.05$) (Figure 4). However, the OLM and ALM models did not improve the classification accuracy for shrubland, glacier, and wetland relative to OL and AL models (Figure 4).

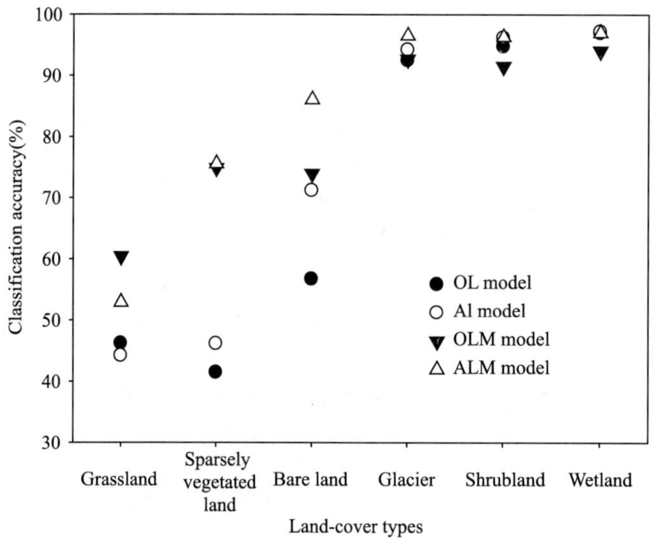

Figure 4 Classification accuracy (%) of ordinary logistic regression (OL model), ordinary autologistic regression (AL model), OL model with spectral data (OLM model), and AL model with spectral data (ALM model)

Table 4 Comparison of simulation accuracy (%) among the four logistic regression models

Land cover	OL model		Al model		OLM model		ALM model	
	UA	PA	UA	PA	UA	PA	UA	PA
Grassland	74.0	53.5	29.7	46.0	71.9	53.3	63.3	61.7
Sparsely vegetated land	47.4	51.1	57.9	95.2	59.5	50.0	57.0	52.7
Bare land	53.3	62.2	74.5	75.3	51.6	98.5	91.7	77.7
Glacier	63.2	55.2	95.7	68.0	65.6	35.6	97.2	84.2
Shrubland	77.4	67.7	54.2	13.0	84.8	87.0	80.9	90.2
Wetland	45.6	63.5	68.7	56.4	66.3	67.0	53.9	69.7
Overall accuracy	58.7	59.0	64.9	71.5				

Note: OL model, ordinary logistic regression model; AL model, ordinary autologistic regression model; OLM model, ordinary logistic regression model with spectral data; ALM model, ordinary autologistic regression model with spectral data; UA, User's accuracy; PA, Producer's accuracy.

4 Discussion

4.1 Logistic regression models incorporated with spatial autocorrelation and spectral data

In this study, OLM and ALM models yielded higher AUC values, lower $-2LL$, higher Nagelkerke R^2 and higher classification accuracy compare with OL and AL models for grassland, sparsely vegetated land and bare land. The OL model neglecting spatial autocorrelation might need to include more explanatory variables to classify land cover (Hubbell *et al.*, 2001); therefore, variables in OL model are much more frequently "significant" than they should be (Lennon, 2000). Identification of the driving forces responsible for landscape changes has been widely determined using OL model (Anselin, 2002; Peppler-lisbach, 2003; Verburg *et al.*, 2004; Echeverria *et al.*, 2008). However, as indicated in some studies, OL model without considering spatial autocorrelation in ecological and geographic data could overestimate the importance of variables (Lichstein *et al.*, 2002), and even include some variables that have little or even no relevance with the determinants of land cover distribution (Overmars *et al.* 2003).

In this study, the incorporation of spectral data into OL and AL models resulted in the reduction of the number of environmental variables but high explanation power, which had also been found by other studies (Augustin *et al.*, 1996; Lichstein *et al.*, 2002; Jewell *et al.*, 2007). For example, five environmental variables (aspect, elevation, slope, AAP and AAT) were significant in OL model for recognizing sparsely vegetated land, while only three of them (aspect, elevation and AAT) were left in the OLM model. Hence, to draw valid ecological and geographic conclusions and make reasonable management recommendations, OL model should be used modestly to identify determinants of land cover distributions. The incorporation of spatial autocorrelation and spectral variables into OL model is recommended. Some studies found lower absolute values of estimated coefficients in AL model compared with OL model (Augustin *et al.*, 1996; Lichstein *et al.*, 2002; Jewell *et al.*, 2007). In the present study, OLM and ALM models resulted in lower absolute values of estimated coefficients than OL and AL models. This indicated that spectral information should also be considered as a necessary factor while considering spatial autocorrelation as a vital determinant in classifying land cover.

4.2 Model performance

According to the three validation criteria, spatial autocorrelation significantly affected the classification of land covers covering smaller areas, such as shrubland and wetland. If spectral data were incorporated into the models, its classification accuracy would be reduced. For example, the overall classification accuracy for the OL model for wetland was 97.0%, but it was 94.1% for the OLM model. The same phenomenon was found when comparing the AL and ALM models (Figure 4). These characteristics indicated that the smaller areas of land covers might be distributed with strong spatial autocorrelation. However, incorporation of spectral variables into OL and AL models improved the classification accuracy in recognizing land cover distribution that typically cover larger area, such as grassland, sparsely vegetated land and bare land, whose total area reaches 80.52% of the QNNP. For instance, the OLM model produced an ROC statistic of 0.860 and 60.4% correctly classified cells for grassland, but they were 0.832 and 44.2% for the AL model (Figure 4). AUC values for shrubland and wetland were significantly improved by incorporation of both spatial autocorrelation and spectral variables than only one of these data sets. The results indicated that spectral information has an important effect on classification of larger areas of land covers, but the AUC suggested that spectral information might also be an important determinant of land cover classification of smaller areas of land cover in the QNNP.

The classified results for grassland were not very convincing, which might owe to two reasons. Firstly, grassland was composed of different vegetations with different spectral characteristics. Secondly, the remote sensing images used for grassland were acquired in November when some of the grassland at high altitude in the QNNP was always covered with snow. Grasslands covered with snow have different spectral characteristics than those without snow. These two aspects could result in a large bias in the training samples of the OL model and classification discrepancy.

Land cover distributions are influenced by many driving factors, the interaction among which might also be important variables in a classification model. Further research is required to determine the effect of such interaction as a variable on land cover classification. Further application and improvements of this new model method are also required for other regions. We recommended that logistic regression models incorporating spatial autocorrelation and spectral information along with general environmental factors (such as terrain and climate) should be applied to classification of main land covers in the QNNP.

4.3 Application of probability maps

The models may classify different land covers at the same place with the cut off value of 0.5. In this case, the planned land cover could be decided according to the order of high to low calculated probability of various land covers and actual environments. Thus, they could provide a practical resource for planning, particularly on land-cover boundaries where traditional planning maps may be confusing, as it is a dynamic and contested boundary between mutually dependent forces (Campbell, 1996).

In addition, land-cover maps in the QNNP in 2006 are available, but it is a laborious job to obtain land-cover maps in other periods by interpreting new remote sensing images. The parameters in logistic models from the current study could be used to rapidly classify remote sensing images associated with the auxiliary data (topographic, neighborhood and climate data) at other similar time points due to similar spectral characteristics of land cover in the QNNP. Thus, the method is a potentially useful approach to produce rapid classifications of remote sensing data. In order to test whether the method can be used to classify land cover more accurately than OL model at the other time points in the QNNP, further works are ongoing to implement this technique for remote sensing data acquired in a variety of periods.

5 Conclusions

In this study, OLM and ALM models yielded higher ROC values, lower $-2LL$, higher Nagelkerke R^2 and higher classification accuracy than OL and AL models for grassland, sparsely vegetated land and bare land. Spatial autocorrelation had a significant effect on smaller area of land-cover distribution, such as shrubland and wetland. Spectral variables had a significant effect on larger area of land-cover distribution, such as grassland, sparsely vegetated land and bare land. This study revealed the importance and necessity of incorporating both spatial autocorrelation and spectral variables into OL model. Compared with original OL and AL models, OLM and ALM models produced better classification results, as they are statistically sound in nature, convenient to implement using prevailing software, effective to identify the most reasonable determinants of land-cover distribution.

面向对象的极高海拔区水体及冰川信息提取——以珠穆朗玛峰国家级自然保护区核心区为例*

Object-oriented Information Extraction of Water Bodies and Glaciers in Extreme High Altitude Area: A Case Study of the Core Area of Mt. Qomolangma (Everest) National Nature Preserve

Abstract: Extreme high altitude area is the birthplace of rivers and glaciers. It is quite difficult to accurately extract information of rivers and glaciers from remote sensing images due to the strong undulating topography and arduous field verification. This study chose ASTER image as the data source to extract the water body and glacier information in the core area of Mt. Qomolangma (Everest) National Nature Preserve (QNNP) by the method of object-oriented automatic classification. In order to ensure the accuracy of information extraction, the digital elevation model (DEM) and its derived data (slope, aspect), normalized difference vegetation index (NDVI), as well as other indices that help to distinguish water bodies and glaciers from other land objects, such as Normalized Difference Snow/Ice Index (NDSII) and band math (b1-b3; b3/b4) were stacked respectively as added spectral bands, which contributed to the supplementation of the spectral characteristics of target surface objects. Then, multi-level image segmentations were carried out for each type of water body and glacier to meet their different requirements of segmentation scale. Image segmentation is the key step of object-oriented automatic classification, which requires many times of repeated experiments to find out the most suitable segmentation scale. After the accomplishment of image segmentation, the spectral characteristics, texture features and spatial structure characteristics of each target surface object were comprehensively analyzed. And then, the knowledge-based extraction principles for each type of water body and glacier were established by determining the thresholds of each index according to their histogram features. The classification accuracy was assessed based on field survey results. According to the accuracy assessment, the total accuracy of image classification is 95.14% which satisfies the accuracy requirement of object-oriented automatic classification. This study improved the model for automatic and quick extraction of water bodies and glaciers from ASTER images in extreme high altitude area.

1 引言

目前，遥感数据信息分类方法主要有目视解译法和计算机自动分类法两大类型（党安荣

* 由张继平(Zhang Jiping)、刘林山(Liu Linshan)、**张镱锂(Zhang Yili)**、聂勇(Nie Yong)、张学儒(Zhang Xueru)和张琴琴(Zhang Qinqin)完成，原载于《地球信息科学学报》，2010，12(4)：517-523。

等,2004;李怡等,2007)。目视解译法存在工作量大、周期长、主观性强等缺点,而计算机自动分类则可克服以上不足,并已得到日益广泛的应用,但较少采用面向对象的分类方法(赵萍等,2005;彭光雄等,2006);并且研究区域大多集中在近海岸和低海拔城市平原地区(侯伟等,2010;秦鹏等,2009),对极高海拔地区的研究还鲜见报道。

利用遥感技术快速、准确地提取水体信息,已成为水资源调查、环境监测、洪涝灾害分析的重要方法之一,许多学者开展了水体信息的遥感模型和定量提取方法研究(Barton *et al.*,1989;McFeeters,1996)。归纳起来,水体信息提取主要有比值法、差值法、水体指数法(NDWI)、域值法、谱间关系法等(杜云艳等,1998;Xu *et al.*,2006)。然而在极高山地区,地形地貌变化悬殊,且高山积雪和冰川活动等较发育,河流也多发育于此,用以上方法提取水体信息时,除阴影外,冰雪和冰碛物等也对河流、湖泊等水体信息的提取产生明显干扰。就冰川信息提取而言,裸冰、雪与冰舌(冰碛物覆盖冰川)因光谱特征较为相似,单就光谱特征进行信息提取很难将三者区分开来(Paul,2002;晋锐等,2004)。面向对象的遥感信息提取方法以相同特征的“同质均一”的图块对象为基本分析单元,该方法在分类时不仅依靠地物的光谱信息,更多的是利用地物的几何形态、结构信息,如纹理、形状、结构和空间组合关系等(Volker,2004;曹宝等,2006)。与传统的分类方法相比,该方法由于顾及了更多的结构、特征等信息,避免了同一地物内部异质性增强导致的“椒盐现象”的产生,提高了分类精度。鉴于此,本文基于ASTER遥感影像,以珠穆朗玛峰自然保护区为例,采用面向对象的信息提取技术,结合DEM、NDVI等相关数据,创建目标地物信息提取的知识规则,对极高山地水体及冰川进行了信息提取,力求构建一套能从ASTER遥感影像中自动快速提取极高山地区水体及冰川信息的实用模型,以供作类似地区的相关地物遥感信息自动提取参考。

2 研究数据及地理背景

2.1 数据源

本研究选用2008年2月13日的第14波段的ASTER影像为数据源(ASTER数据主要技术参数如表1所示)。其他辅助资料包括,1∶10万地形图,1∶100万植被分布图,日喀则地区土地利用图,青藏高原地图集,1∶200万青藏高原及其毗邻地区冰川湖泊图等。本研究在利用ERDAS9.2图像处理软件对影像进行几何校正、影像增强等预处理的基础上,从影像上截取1 500×1 500像元的区域作为典型样区实验。

表1 ASTER主要技术参数

Table1 Main technical parameters of ASTER

通道	波段编号	波谱范围(μm)	空间分辨率(m)
VNIR	1	0.520~0.600	15
	2	0.630~0.690	
	3N	0.760~0.860	
	3B	0.760~0.860	

续表

通道	波段编号	波谱范围(μm)	空间分辨率(m)
SWIR	4	1.600～1.700	30
	5	2.145～2.185	
	6	2.185～2.225	
	7	2.235～2.285	
	8	2.295～2.365	
	9	2.360～2.430	
TIR	10	8.125～8.475	90
	11	8.475～8.825	
	12	8.925～9.275	
	13	10.25～10.95	
	14	10.95～11.65	

2.2　地理背景

本文以位于珠穆朗玛峰国家级自然保护区核心区的珠穆朗玛峰及其邻近区域为研究区。保护区位于珠穆朗玛峰所在的定日县及邻近定结县、聂拉木县和吉隆县境内，地理坐标为84°27′～88°00′E，27°48′～29°29′N，总面积33 910 km^2(图1)。该区建立于1989年，是中国乃至世界海拔最高的自然保护区。喜马拉雅山脉横贯本区南部，山脉以北为高山冰川及高原湖盆、宽谷地貌，以南为高山冰川及深谷地貌。保护区气候类型极为复杂：喜马拉雅山南坡有从山地湿润亚热带气候直至湿润高寒气候的变化，北坡又有半干旱的高寒气候。本区的植被类型丰富，南坡植被主要有常绿阔叶林、高山栎林等，约36个群系；北坡植被有针茅草原、蒿类草原等，约20个群系。南坡自亚热带至高山寒带依次分布着黄棕壤、棕壤、漂灰土、棕毡土和黑毡土，北坡自半干旱灌丛草原带至高山寒带依次分布着亚高山草原土、高山淋溶草原土和原始草毡土(中国科学院西藏科学考察队，1975)。

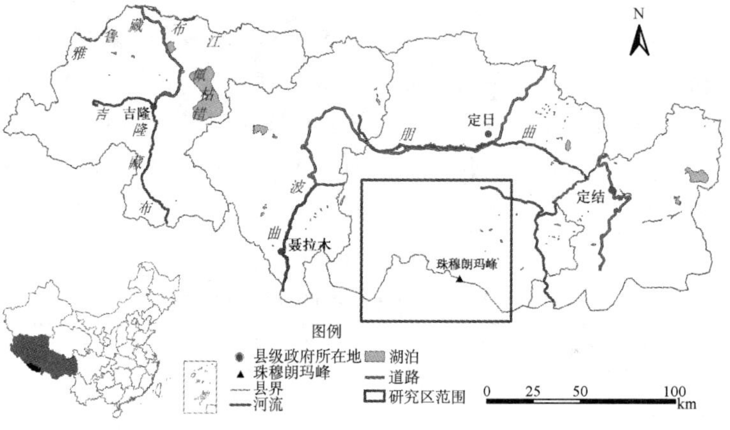

图1　研究区地理位置图

Figure 1　Location of the study area

3 面向对象的极高山区水体及冰川图像识别提取

根据研究区地势起伏强烈等特点，结合目标地物特征，将 DEM 及其衍生数据（坡度、坡向）、NDVI 数据及有助于区分水体、冰川与其他地物的相关指数（冰雪指数 $NDSII=(Red-SWIR)/(Red+SWIR)$）及波段运算结果（b1-b3）、（b3/b4）分别作为一个波段叠加到原始图像中，组合为一个数据集，使之成为对目标地物光谱特征的有益补充（唐伟等，2008）。而后在 ENVI ZOOM 4.5 遥感图像处理平台中，进行面向对象的信息提取：即影像分割、合并、规则制定和输出结果。影像分割是采用基于边缘分割的算法，把具有相同特征的像元组成为一个对象。分割的过程中会对每个对象的光谱特征、纹理特征、空间结构进行计算，得到每个波段的光谱特征指数（包括：最大值、最小值、均值、方差），图像纹理特征指数（包括：幅度、均值、方差、熵）及图像空间结构特征指数（包括：面积、周长、紧实度、圆滑度、延展性等）。信息提取的另一个关键步骤在于规则的制定。在专家知识和样点分析的基础上，选择目标地物与其他地物分异较大的特征指数，根据各特征指数的直方图信息，确定合理的阈值，从而制定最优的目标地物的提取规则，最终得到提取结果，并结合实地调查对提取结果进行验证。技术流程如图 2 所示。

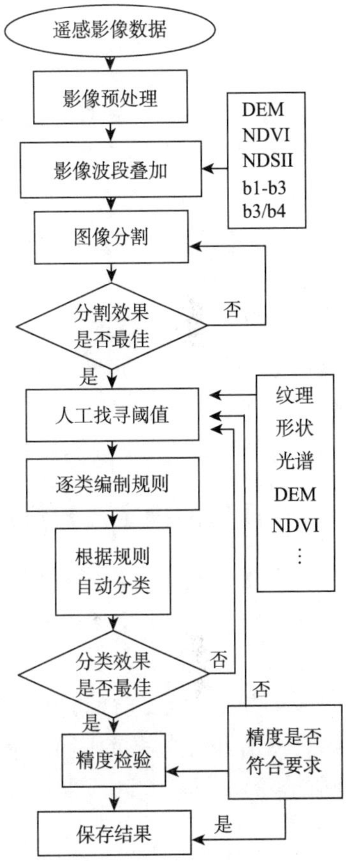

图 2 技术流程图

Figure 2 Technique flow chart

3.1 相关指数的确定

针对水体提取的相关指数及方法，前人已做了大量研究工作，本文参考前人研究结果，结合研究区实际情况，对比值法、差值法、水体指数法（NDWI）、域值法、谱间关系法等水体提取方法进行反复实验，发现根据水体与其他地物光谱特征的差异，采用差值法（b1-b3）可区分出水体（含阴影等易混淆地物及部分冰川）与非水体，因此本研究将（b1-b3）的计算结果作为一个波段叠加到原始图像中，再结合水体地物的纹理、形状、地形、植被指数等信息，对各类水体信息进行准确的提取。

珠峰是世界第一高峰，冰川在本区广泛分布，该区生态环境极为脆弱，对全球变化的反应十分敏感，对该地区冰川进行动态监测具有重要意义。前人对冰川信息的提取多采用目视解译或监督分类与人机交互的半自动提取（唐伟等，2008）。所使用的相关指数和方法主要包括有 NDSII、b3/b4、波段阈值法等。本研究对上述提取方法进行了反复实验，发现在单一使用某一种指数或方法的情况下，很难保证冰川提取的准确度。必须综合运用多种指数及方法才能获得理想的提取效果。

3.2 面向对象的图像分割

影像分割应达到两个要求：一是影像对象的平均异质应该减少到最小，二是像素中的平均异质性应该最小化，像素所归属的影像对象的异质性应该被分配到每一个像元中。ENVI ZOOM 4.5 中对图像的分割是以图像边缘分块计算法则进行运算的，其运算速度快且操作简便，仅需对尺度参数进行设置即可。其图像分割过程是分两个步骤完成的：(1)确定切割尺度，其尺度参数设置范围为 0～100%，值越大，分割产生的对象间的差异越能得到体现，表现为斑块数量增多，密度增加；确定切割尺度时，应尽量保证对象内部的一致性，以免出现一个对象内部包含多种地物的现象；(2)对初步切割得到的对象进行二次合并，尺度参数设置范围也为0～100%，值越大，合并得到的对象内的一致性越差，表现为斑块数量减少、密度减小。合并过程是对第一步切割结果进行重新计算，寻找对象间的相对一致性，结合对象的空间分布特征，对其进行有规则的合并，以免同一地物被划分为多个斑块，并最终得到图像的分割对象。合并过程的尺度参数选择必须慎重，要反复试验，保证对象边界的准确提取。合并后得到的对象是利用面向对象法进行图像信息提取的基础。

为保证信息提取的准确度，我们对不同地物类型分别进行图像分割，以满足不同地物对分割尺度的不同要求。尺度参数大小的设定可以根据软件提供的 scale level 工具条实现，设置参数后，可预览分割及合并效果，根据目视效果不断调试尺度参数，直到效果最优。经过反复试验，最后确定河流的分割尺度参数为 50%，合并尺度参数为 90%；湖泊的分割尺度参数为 70%，合并尺度参数为 60%；裸冰的分割尺度参数为 40%，合并尺度参数为 90%；雪的分割尺度参数为 20%，合并尺度参数为 60%；冰舌的分割尺度参数为 30%，合并尺度参数为 80%。由于对不同类型分别进行了参数设置，在多类型出图的时候会出现不同类型相接处有部分重叠。这种情况下，需要结合目视判读，进而确定重叠部分的类型属性。

3.3　阈值的确定及知识规则的建立与信息提取

图像分割完成后，根据 ENVI ZOOM 4.5 面向对象信息提取模块对每个对象的各个波段(包括图像原始波段及补充的数据集波段)的光谱特征、纹理特征、空间结构等的相关指数的计算结果，参照直方图，人工寻找各波段相关信息的阈值，选择目标地物与其他地物差异性较明显的指数分别进行阈值设置，并根据目视预览效果对各指数的阈值进行反复设置试验，综合所有相关指数的阈值，最终确定目标地物的提取边界，建立各类型信息提取的知识规则(表 2)。

表 2　研究区各类型水体及冰川提取知识规则

Table 2　Knowledge-based extracting rules of water body and snow-ice data in the study area

类型	河流	湖泊	裸冰	雪	冰舌
知识规则	b1-b3＞0	b1-b3＞0	NDSII＞0	NDSII＞0	NDSII＜0
	avgDEM＜5 300	avgband3＜70	avgband2＞80	avgband2＞90	tx-range＜30
	elongation＞1.5	avgDEM＜5 800 m	avgband3＞85	avgband3＞90	tx-mean＜80
		tx-range＜20	tx-range＜20	avgDEM＞5 300	avgNDVI＜101
		area＞4 000 m²	tx-mean＜55	bandratio＞－0.05	bandratio＞－0.07
		avgNDVI＜60		avgb3/b4＞3	

注：表中的 NDVI 值是将原值拉伸到 0～252 所得；tx-range，tx-mean 是表示纹理特征的参数；bandratio 是表示波段之间关系的参数；elongation 是形状特征参数，表示图形的延伸性。

经过对每个地物类型各个波段信息阈值的反复找寻，最终确定出各水体类型信息提取的知识规则。河流的提取主要参考了其形状特征，河流的形状多为细长形，长宽比较大，与其他水体类型分异较为明显。另外，由于受数据源限制，本研究所采取的影像时相为2月份，河流水面多结冰，其波谱特征与冰川极为相似，很难区分。河流与冰川的区分一方面是基于二者的形状特征差异，一方面是参考DEM数据。因为与冰川末端相连的河流水量较小，河面极窄，不易提取。文中所提取的河流多为距离冰川较远、河面宽度满足自动提取要求的河流，因此，河流与冰川的DEM特征也有较明显的差异，利于区分二者。湖泊的提取主要参考了其纹理特征，DEM特征及波谱特征，研究发现，NDVI指数在湖泊提取中具有较强的表征作用。本文研究过程中，虽未将植被作为提取的目标地物，但NDVI指数在一定程度上也反映出ASTER影像中b2与b3两个波段的关系，进而用以区分地物。湖泊的b2与b3两个波段的差异较小，因此其NDVI值普遍低于河流及冰川。

冰川信息提取规则的建立：首先根据NDSII指数，结合DEM及其衍生数据，区分冰雪与非冰雪区；其次通过对b3/b4的计算结果设置阈值，结合裸冰、雪及冰舌在纹理、形状、DEM等方面的差异，区分三者。冰舌在前3个波段的光谱值较低，且位于冰川尾部，一般海拔较低；由于大量冰碛物的覆盖，冰舌表面较粗糙；另外，冰舌形状比较特殊，其尾部存在弯曲度的变化，其相关形状指数也可用于区分其他地物。然而，研究发现，尽管对相关参数及阈值进行了反复设置与试验，仍无法较准确地提取出冰舌信息，主要是与冰舌尾部两侧的裸岩混淆较大。因此，在自动提取结果的基础上进行了人工目视判读解译，以保证冰舌信息提取的准确度。裸冰与雪均具有较高的反射率，光谱特征极为相似，难以区分。雪的3个波段的亮度值都是最高，表现为白色；裸冰的亮度值与雪相似，但在b3中稍微偏低，表现为略带蓝色(图3)。试验表明，通过波段计算b3/b4，可表征出裸冰与雪在光谱上的差别，通过对其阈值的界定，可大体上区分出二者。另外，冰川运动会留下特殊的运动纹理(如流线的形态、曲面等)，雪却不具有这种特征。利用二者纹理的差异可进一步提高提取的准确度。

图3　珠峰地区冰川ASTER影像

Figure 3　ASTER image of glacier in QNNP

由于冰川二级类型间的差异较小，三者之间及与其他地物均极易混淆，为保证信息提取质量，需对提取出来的冰川信息作相应的后期处理，主要包括：(1)剔除与冰川不相连的冰舌；

(2)排除季节性雪斑的影响，由于季节性雪斑的光谱亮度值与冰川区域雪盖相同，因而比较难区分。可根据其空间位置特征，结合 DEM，剔除与冰川不相连的季节性雪斑；(3)阴影处理，山体阴影的存在导致位于阴影区域的部分信息丢失，通常需要通过对比该地区不同季相的其他影像数据或图件资料，对阴影部分进行判别，从而消除阴影的影响。本研究主要关注的是水体及冰川的信息提取，观察发现，被阴影所覆盖的区域多为冰川区，且多集中在对裸冰与雪信息判读的影响上，如图 4 所示。位于阴影部分的冰川亮度值降低，导致波段计算 b3/b4 结果失真，进而将阴影区的冰雪划分为其他地类。鉴于此，本研究对阴影部分单独进行 b3/b4 阈值的二次找寻，以弥补光照信息部分缺失造成的冰雪划分的影响，将阴影部分中 b3/b4<1.2 的区域划定为冰川，再根据裸冰与雪的差异把阴影区的冰川划分为裸冰与雪两种类型。

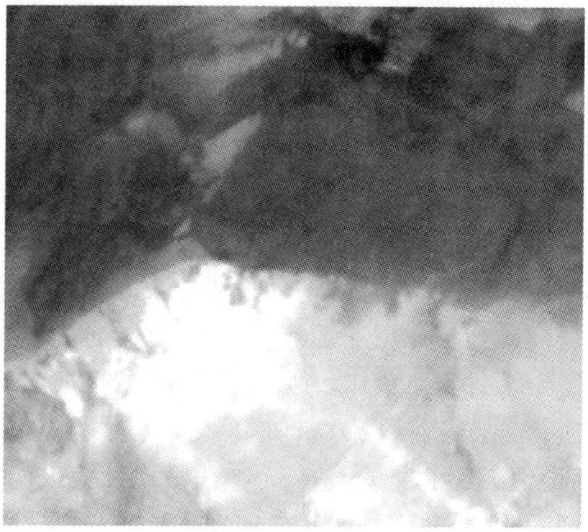

图 4　珠峰地区 ASTER 影像中的阴影

Figure 4　Hill-shade in the ASTER image in QNNP

4　提取结果与精度分析

本研究的提取结果及野外考察记录点如图 5 所示。为保证影像解译的准确度，研究小组于 2008 年 10—11 月在珠峰保护区进行了实地考察。野外考察覆盖珠峰保护区 4 个县，重点对珠峰保护区核心区进行了考察。由于珠峰地区海拔极高，环境条件恶劣，所得到的野外验证点有限。因此，本研究同时运用随机采样法生成参考点进行精度评价。共得到参考点 350 个，其中野外验证点 150 个，随机生成的参考点 200 个。随机生成的 200 个参考点的地物类型根据相关资料及图件等进行确定。图像分类精度检验结果如表 3 所示。

经检验，图像分类的总体精度为 95.14%，其中，河流和湖泊的提取精度较高，而裸冰、雪及冰舌的提取精度偏低，主要是因为三者之间光谱、纹理及空间结构等特征较为近似，难以区分，尤其是三者交界处，最容易出现分类错误的现象。总体而言，ENVI ZOOM 4.5 软件所支持的这种面向对象、依照阈值创建知识规则的图像信息自动提取方法，能够满足对极高海拔地区的水体及冰川信息进行快速提取的要求。

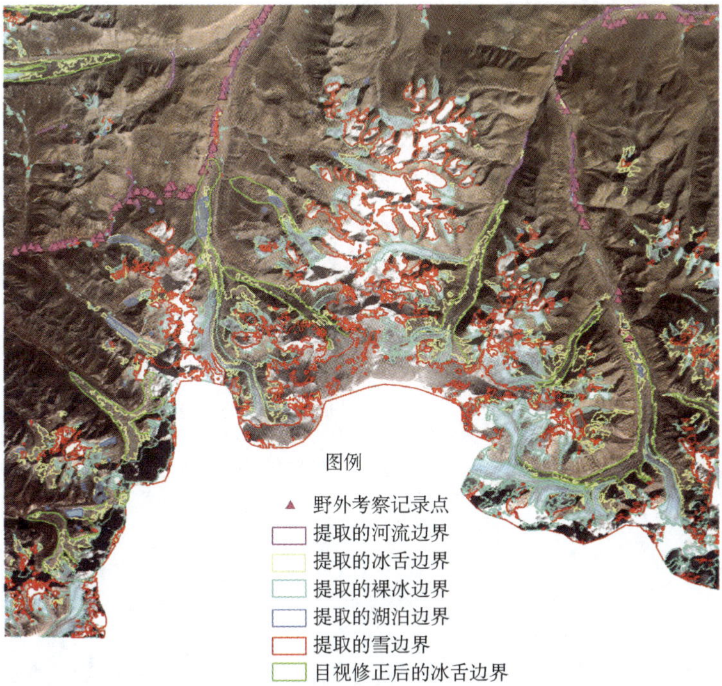

图 5　提取结果及野外考察记录点

Figure 5　Extraction results and recording points during the field survey

表 3　图像分类精度检验

Table 3　Accuracy assessment of the image classification

类型	参考点(个)	分类点(个)	正确分类点(个)	制图精度%	用户精度%
河流	34	35	34	100.00	97.14
湖泊	62	62	62	100.00	100.00
裸冰	89	84	79	88.76	94.05
雪	92	93	87	94.57	93.55
冰舌	73	76	71	97.26	93.42
总计	350	350	333		

5　结论与讨论

本文在 ENVI ZOOM 4.5 软件的支持下，以 ASTER 影像为信息源，运用面向对象的图像信息自动提取方法，对珠峰自然保护区核心区的水体及冰川进行了信息提取研究。在充分考虑 DEM、NDVI、NDSII 及其他相关指数的基础上，综合分析了该地区不同类型的水体及冰川在光谱、纹理、空间结构等方面的不同特点，根据各特征指数的直方图信息，设定合适的阈值，建立了各水体及冰川类型信息提取的知识规则，并对提取的结果进行了相应的后期处理。该方法达到了解译精度的要求，具有在极高海拔地区进行水体及冰川信息提取应用的可行性和潜力。本研究对山体阴影的处理及冰舌信息的准确提取还有待深化，将来应在山体阴影的亮度补偿处理及冰舌与裸岩的区分方面做更进一步的研究，以保证该方法在类似地区信息提取中的更广泛应用。

本文的研究结果可为极高海拔地区的水体、冰川信息提取提供参考。文中所使用的相关指数均可用以区分相关地物，所确定的各指数的阈值可作为其他遥感数据源的参考阈值。在提取过程中应结合数据源的时相、分辨率、波谱范围等具体情况对相关阈值进行适当调整，以保证信息提取的准确度。此外，研究过程中所确定的不同地物的分割尺度、合并尺度等参数的设置是根据面向对象的图像分割原则，在 ENVI ZOOM 4.5 软件环境下反复实验得到的，其在时间、空间及不同操作环境下的普适性还有待探讨。

基于 ENVI ZOOM 面向对象的高海拔灌丛植被提取——以定日县为例*

Extraction of Shrub Vegetation by Object-oriented Classification Method Based on ENVI ZOOM in High-altitude Area: A Case of Tingri County

Abstract: the alpine shrub is one of the major vegetation types in Tibetan Plateau, and extracting vegetation types by remote sensing has been a hot area of research. In this paper, based on the Environment for Visualizing Images (ENVI) ZOOM software platform and ASTER data, We extract shrub vegetation types in the core area of Qomolangma Natural Reserve by using object-oriented multi-scale image segmentation techniques and creating rules. We remove the shadow of the image and fuse a variety of auxiliary information to image, and then we segment the image by the feature extraction module and create rules which can extract the alpine shrub vegetation types in the study area based on elevation, NDVI, texture and spectral information of segmented image. The research shows that: This classification method is not only able to overcome the problem of the "salt and pepper effect" by the traditional pixel-based classification, but also to use the auxiliary information (DEM, NDVI, etc.) and images information (spectral characteristics, texture features, etc.) comprehensively. We test the results of the classification by existing data. The accuracy of classification is 84.7%, the results are satisfactory. We find that it is very important to select a reasonable parameter of division scale for the object-oriented image classification, and Feature Extraction module of ENVI ZOOM can inquiry the accuracy of segmentation scale which is a good method of image scale segmentation. Therefore, the result shows this vegetation extraction method can improve the interpretation accuracy effectively, and the precision is high. And this vegetation extraction method provides effective method and theoretical foundation for extracting vegetation automatically.

1 引言

高寒灌丛是青藏高原上的一个主要植被类型。其组成种类丰富、分布广泛,对防止水土流失、涵养水源和维持高寒自然生态系统的稳定有重要的作用。目前,关于高寒灌丛的研究多关注于其生态学意义,往往忽视对高寒灌丛的空间分布、动态变化监测方面的研究。另外,高寒灌丛是高寒草甸和针叶林之间的过渡类型,往往交错分布于两者之间,分布界线模糊,不易精

* 由张学儒(Zhang Xueru)、刘林山(Liu Linshan)、**张镱锂(Zhang Yili)**、张继平(Zhang Jiping)、聂勇(Nie Yong)和张华(Zhang Hua)完成,原载于《地理与地理信息科学》,2010,26(4):104-108。

确提取。而植被分类一直是遥感应用研究的一个热点领域。近年来，随着计算机图像处理技术、GIS、RS等科学技术的进步，基于遥感影像的植被分类技术发展较快。从传统的目视解译、人机交互解译等分类方法发展到监督分类、非监督分类、人工智能、模糊数学、面向对象等分类方法。其中，面向对象的分类方法当前发展较快，在国外已经有了较多的案例研究：James Harken *et al*.(2005)采用高空间分辨率、高光谱影像CASI，分别用光谱角和非参数面向对象方法对Iowa地区湿地进行分类制图，结果表明面向对象方法分类精度(总体精度92.3%)显著高于光谱角(63.53%)。Benz *et al*.(2001)采用面向对象的模糊数学分类方法对极化雷达数据进行植物细节的分析，并分析了参与分类的对象属性熵值、各向异质性及不同波段的光谱差值等。Jason S. Walker(2005)采用面向对象的方法从高分辨率的航片上提取Phoneix市的植被信息，总体分类精度达94%。Hofmann(2001)在面向对象的分类方法中利用影像的光谱、纹理、形状与背景信息识别IKONOS影像中的非正式居民地，得到的分类结果有较高的精度。国内这一领域的研究仍处于发展探索阶段；周春艳等(2008)基于面向对象的信息提取技术对城市用地进行了分类，苏伟等(2007)基于多尺度影像分割的面向对象的技术对城市土地覆被进行了分类研究。江辉等(2008)应用面向对象专业软件Ecognition对鄱阳湖湿地植被进行了分类，并与监督分类的结果进行了比较，发现面向对象的分类要优于监督分类。

与基于像元的影像处理方法相比较，面向对象的影像信息提取方法的基本处理单元是由若干个像元组成的像元群，而不是单个像元。因此，能够克服传统的基于像元的分类技术所造成的分类结果中存在严重的"椒盐效应"问题(苏伟等，2007；江辉等，2008)。此外，这种分类方法不仅可以利用传统分类方法经常采用的光谱特征，而且可以利用基于像元分类所不能提取出的影像的纹理信息、邻域信息、上下文信息、GIS辅助数据等相关信息，充分利用像元与像元之间的联系，有效地克服基于像元层次分类的不足。在模糊分类思想的指导下确定分割对象的所属类别，得到精度比较高的遥感影像分类结果(Blaschke *et al*.，2000；Mauro *et al*.，2001；Benz *et al*.，2004；苏伟等，2007)。然而，目前关于面向对象的分类平台应用较单一，多基于德国Ecognition软件，本文基于ENVI ZOOM软件平台对面向对象的分类方法做了有益探索。另外，植被分类研究较多关注于研究区内所有的植被类型的提取，而对于某一特定植被类型的研究不够深入。为弥补这方面研究的不足，本文仅探讨了灌丛这一植被类型的提取。

2 研究区概况

研究区位于我国西南边境的珠峰自然保护区四县之一的定日县西南部，是珠峰自然保护区的核心区。南与尼泊尔王国交接，西临聂拉木县，北界和东界都在定日县境内，平均海拔4 300 m。大致范围在86°21′24″E～87°4′43″E和27°54′34″N～28°27′34″N之间，面积约2 752.89 km^2。根据定日县气象站资料(1976—2006)分析显示：该区多年年均温3.0 ℃，最冷月1月份平均气温－7.4 ℃，最热月7月份平均气温12 ℃，多年年降水均值286.3 mm(丁明军，2008)。受地形因素影响，研究区气候的垂直分异规律明显，从谷地底部的山地亚热带气候，随着山地海拔高度的上升，逐渐演变为山地暖温带、亚高山寒温带、高山亚寒带，最后过渡到高山寒带气候。植被分布也呈现出与气候类型相似的分异规律：从谷底到山顶依次为山地亚热带常绿、半常绿阔叶林、常绿针叶林、山地暖湿带常绿针叶林、硬叶常绿阔叶林、高山亚寒带灌丛、高原亚寒带草原、高山亚寒带草甸、高寒稀疏植被(中国科学院西藏科学考察队,1975;张玮等,2006;杨续超等,2006)。

3 数据与方法

3.1 数据

本文主要采用 Terra 卫星 ASTER 影像进行分类,该景数据的获取时间为 2008 年 8 月 2 日上午 10 时 20 分。同时选取由美国航空航天管理局(NASA)和日本经贸及工业部(METI)于 2009 年 7 月 2 日发布的 30 m 分辨率 DEM 数据,计算坡度、坡向等常用地形特征。并以 1∶100万中国植被图作为参考信息;以 1∶10 万地形图进行基础性配准;以 1∶60 万日喀则地区土地利用现状图和草地类型图进行结果验证。

3.2 方法

3.2.1 遥感影像预处理

用地形图对获取的遥感影像进行几何校正,并进行 2%线性拉伸增加。由于研究区山脉众多,地形复杂,阴影成为提取地物精度的主要限制性因素。因此去阴影处理成为数据预处理的主要内容,灰度线性匹配模型去除地形阴影效果较好(颜梅,2007)。该方法的思想是:认定同类地物的反射率相同,用非阴影区的直方图对阴影区进行灰度线性匹配变换,恢复阴影区的地物光谱。设 SH 为阴坡光谱值,SU 为阳坡同类地物光谱值,阴影区的灰度范围为[SHmin, SHmax],非阴影区的灰度范围为[SUmin, SUmax],则校正后的阴影区灰度值 SH' 为:

$$SH' = SU\mathrm{min} + (SU\mathrm{max} - SU\mathrm{min})/(SH\mathrm{max} - SH\mathrm{min}) \times [SH - SH\mathrm{min}] \tag{1}$$

从监督分类得到的阴影图像上可得到各波段的阴影区灰度值及范围,再从阳坡植被区域得到其值范围,根据上述公式计算前六个波段阴影去除以后的灰度值。得到如下计算公式:

$$\mathrm{Band1}: SH' = 22 + 2.87 * (SH - 17)$$
$$\mathrm{Band2}: SH' = 24 + 2.45 * (SH - 14)$$
$$\mathrm{Band3}: SH' = 32 + 2.30 * (SH - 18)$$
$$\mathrm{Band4}: SH' = 76 + 1.69 * (SH - 41)$$
$$\mathrm{Band5}: SH' = 74 + 1.64 * (SH - 48)$$
$$\mathrm{Band6}: SH' = 75 + 1.48 * (SH - 44)$$

再将校正后的波段与高程、坡度、坡向、距离,NDVI、纹理等信息融合生成新的影像。

3.2.2 面向对象的多尺度影像分割

影像分割是将影像划分为若干个有意义的区域的技术。影像分割过程中,分割尺度的选择是非常重要的,它影响生成影像对象的大小及信息提取的精度。分割尺度不同,生成的影像对象多边形的大小和数量也不同(章毓晋,2001;章仲楚,2007)。一般而言,分割尺度越小,生成多边形的数目越多,多边形的面积越小,分割后影像的破碎化程度也就越高。本研究采用 ENVI ZOOM 软件自带的边缘分割算法对影像进行分割(聂勇等,2010)。ENVI(The Environment for Visualizing Images)是美国 ITT Visual Information Solutions 公司的旗舰产品。ENVI ZOOM 是其 4.5 版本中推出的专业用于面向对象影像分类的新模块，其 Feature Extraction 模块采用基于边缘分割的算法，能够快速、准确地对影像进行分割。在其分割过程中可以实时快速地在一个预览窗口中查看结果以评估分割的准确性，而不需要等整幅图像都处理结束。分割的尺度可以在整幅图像处理之前随时迅速调整并多次预览。一旦建立了合理的分割尺度参数，分割的流程可自动反复地对数据集合进行处理。经过多次实验，设置分割尺度参数为 35。

3.2.3　规则创建

高程规则　植被分布存在不同尺度上的地域分异规律，而由高程决定的垂直地带性又是山区植被分布的一个重要特征。参考西藏综合考察资料并结合野外实地调查 GPS 数据。发现研究区植被在高程分布上存在以下阈值特征(表 1)。

表 1　主要植被类型分布海拔高程特征

Tab. 1　Elevation distribution of the main vegetation types

一级植被类类型	海拔高程(m)
山地亚热带常绿、半常绿阔叶林、常绿针叶林	900～2 600
山地暖湿带常绿针叶林、硬叶常绿阔叶林	2 400～3 300
亚高山寒温带常绿针叶林、落叶阔叶林	3 100～3 900
高山亚寒带灌丛	3 700～4 700
高原亚寒带草原	3 700～5 000
高山亚寒带草甸	4 000～5 600
高寒稀疏植被	5 000～5 700

注:资料来源于珠穆朗玛峰自然保护区的初步评价(李渤生,1993);西藏植被(1986)。

根据表 1 中各植被分布的海拔高程阈值特征，高山亚寒带灌丛与高原亚寒带草原、高山亚寒带草甸重叠区域较大。但是与其他植被类型几乎不存在重叠区域，与林地差异尤为明显。除与亚高山寒温带常绿针叶林、落叶阔叶林有少部分重叠区域外，与山地亚热带常绿、半常绿阔叶林、常绿针叶林和山地暖湿带常绿针叶林、硬叶常绿阔叶林均不存在任何重叠分布区域。因此可以通过高程阈值设定区分高山亚寒带灌丛与林地类型，设定高程阈值范围 3700～4700 m。

(2)NDVI 规则。已有很多研究证明，用归一化植被指数(NDVI)进行阈值分割可较精确地提取出植被信息(苏伟等，2007；李登科，2007；丁明军，2008)。*NDVI* 被定义为近红外波段与可见光红波段数值之差和这两个波段数值之和的比值。其表达式为：$NDVI=(NIR-R)/(NIR+R)$。植被在不同季节长势不同，因此不同时像的 *NDVI* 值差异也比较显著，利用多时像 *NDVI* 数据可以提高解译精度。经多次实验，设定夏季 $NDVI>0.2$ 为阈值范围区分植被覆盖区域和非植被覆盖区域。另外，研究区的灌丛的主要组成类型是：高寒灌丛—常绿革叶灌丛—大叶杜鹃，高寒灌丛—常绿革叶灌丛—小叶杜鹃，高寒灌丛—常绿针叶灌丛，高寒灌丛—落叶阔叶灌丛，高寒灌丛—河谷落叶阔叶灌丛。其中，高寒灌丛—常绿革叶灌丛—大叶杜鹃，高寒灌丛—常绿革叶灌丛—小叶杜鹃是常绿灌丛，绝大部分为常绿灌丛。因此可以取冬季 $NDVI>0.2$ 为阈值范围，与其他植被类型区分。尤其能够排除高原亚寒带草原、高山亚寒带草甸两个植被类型的干扰。而高寒灌丛—落叶阔叶灌丛、高寒灌丛—河谷落叶阔叶灌丛两个类型主要生长在洪积扇、河滩、平缓山坡与河漫滩地区,可以用地理知识规程进一步提取。

(3)纹理规则。纹理是表达地物信息的一个重要方式,是对影像各像元之间空间分布的一种描述。反映地物灰度的空间变化,一般理解为影像灰度在空间上的变化和重复,或图像中反复出现的局部模式和它们的排列规则(胡文英等,2007)。它可以较好地解决同谱异物和同物异谱现象,因而可以与其他分类方法结合使用,以提高识别精度。提取纹理特征的方法较多,其中灰度共生矩阵方法应用比较广泛。其数学表达式为(贾永红,2003):

$$P(i,j,\delta,\theta)=\{[(x,y),(x+\Delta x,y+\Delta y)] \mid f(x,y)=i,f(x+\Delta x,y+\Delta y)=j; \quad x=0,1,2,\cdots,Nx-1;y=0,1,2,\cdots,Ny-1\} \tag{2}$$

式中:i、j 为影像相应像元的灰度级数,取值为 $0,1,2,\cdots,L-1$;L 为影像的灰度级数;δ 为位移量;θ 为两像元连线按顺时针与 x 轴的夹角;x,y 是影像中的像元坐标;Nx、Ny 分别为影像的行列数。$P(i,j,\delta,\theta)$ 为所构成的灰度共生矩阵的第 i 行、第 j 列元素在影像上所有 θ 方向、相隔为 δ、一个为灰度 i 值、另一个为灰度 j 值的像元点对出现的频率。

根据共生矩阵,Haralick 等定义了均值(mean),方差(variance),熵(entropy),对比度(contrast),同质性(homogeneity)和相关性(correlation)等 14 种纹理指数。其中,同质性纹理指数能够较充分地反映不同植被类型之间的纹理差异程度,其计算公式为(贾永红,1979):

$$Hom = \sum_{i=0}^{N-1}\sum_{j=0}^{N-1} P(i,j)/(1+(i-j)^2) \tag{3}$$

式中:N 为共生矩阵的阶数;i,j 为共生矩阵的坐标;P 为 (i,j) 处的共生矩阵数值。

通常情况下,植被覆盖地区的纹理粗糙程度要高于裸地,不同植被类型纹理的粗糙程度也存在差异,一般情况下是:森林>灌丛>草地。设定窗口大小为 5×5,纹理步长为 1,量化级为 64,计算同质性纹理指数。根据训练区纹理特指数的统计特征,发现本研究区的同质性(homogeneity)纹理指数特征值存在显著的“森林<灌丛<草地<裸地”的现象。并设定同质性(homogeneity)纹理指数大于 0.35 且小于 0.45 的阈值范围作为灌丛提取的纹理规则。

(4)光谱规则。光谱特征分析一直是提取植被类型的传统方法,监督分类和非监督分类等传统计算机自动分类方法都是通过对影像各种植被类型进行光谱特征分析,根据不同植被类型具有不同的光谱特征,来进行植被类型提取的。在面向对象的规则创建分类分类方法中同样可以考虑植被光谱特征这一因素。根据选定训练区样本,对各土地覆被类型前 6 个波段的 DN 值进行统计分析(表 2)。

表 2 各种植被类型光谱特征统计表(DN 值)

Table 2 The spectral characteristic of various vegetation statistics

波段	统计特征	林地	灌丛	草地	高寒草甸	裸岩	冰雪
Band 1	最小值	13.00	21.00	32.00	29.00	69.00	169.00
	最大值	18.00	48.00	65.00	62.00	101.00	255.00
	平均值	15.13	28.19	44.68	33.65	85.00	201.58
	标准差	0.53	3.15	3.25	1.94	4.75	19.78
Band 2	最小值	8.00	19.00	36.00	32.00	77.00	165.00
	最大值	17.00	50.00	75.00	56.00	112.00	241.00
	平均值	10.79	28.82	52.72	38.24	95.01	190.78
	标准差	0.74	3.72	3.74	2.24	5.13	16.67

续表

波段	统计特征	林地	灌丛	草地	高寒草甸	裸岩	冰雪
Band 3	最小值	20.00	25.00	54.00	47.00	100.00	168.00
	最大值	57.00	64.00	91.00	68.00	138.00	224.00
	平均值	40.93	46.20	70.52	54.01	119.84	189.16
	标准差	5.62	5.06	3.85	2.70	5.86	11.69
Band 4	最小值	35.00	91.00	148.00	142.00	250.00	30.00
	最大值	41.00	116.00	166.00	149.00	255.00	43.00
	平均值	38.15	104.82	157.08	145.40	254.52	35.39
	标准差	1.84	6.93	5.21	2.13	1.22	2.40
Band 5	最小值	32.00	79.00	134.00	122.00	215.00	37.00
	最大值	43.00	114.00	173.00	144.00	241.00	48.00
	平均值	35.66	96.95	156.13	130.90	231.84	41.68
	标准差	1.36	6.89	6.78	2.94	5.13	1.99
Band 6	最小值	27.00	86.00	133.00	130.00	228.00	38.00
	最大值	37.00	126.00	181.00	153.00	244.00	53.00
	平均值	31.53	105.74	160.48	141.32	239.57	44.27
	标准差	1.62	8.24	8.84	3.21	2.05	2.80

从表 2 统计中可以发现：在该区域，灌丛与林地、在波段 1、2 上差异较显著，与草地、高寒草甸的差异主要集中在 4、5、6 三个波段上，与裸岩和冰雪两个类型在各个波段的光谱特征上均存在较明显的差异。因此设置 35＜band 1＋band 2＜100 和 250＜band 4＋band 5＋band 6＜360 作为灌丛提取的阈值范围来创建规则。

3.3　提取结果与精度检验

设置好分割尺度参数、提取规则以后，运行 Feature Extraction 模块，得到如下结果图(图 1)。将提取结果转成 ESRI grid 格式数据，导入 ArcMap 中，进行分类精度检验。分类结果精度检验是进行植被信息遥感提取的一个重要部分，也是提取结果是否可信的一种度量(刘勇洪等，2006)。本研究采用随机抽样方法进行检验。通过 ArcGIS 的 Create Random Points 命令，在提取结果中生成 300 个随机检验点。同时将 1∶100 万植被图、1∶60 万日喀则地区土地利用现状图和草地类型图读入到 ArcMap 中，记录 300 个随机检验点所对应的植被类型，并与提取结果进行对比验证。其中，分类正确的栅格有 254 个，提取精度达到 84.7%，提取结果较理想。

4　结论与讨论

本文基于 ENVI ZOOM 软件平台，采用面向对象多尺度影像分割与规则创建相结合的方法对珠峰保护区核心区灌丛进行了提取。通过本研究得到如下结论：(1)选择合理的分割尺度参数在面向对象的影像分类方法中非常重要，目前尺度参数的选择多基于反复实验的方法，ENVI ZOOM 软件的 Feature Extraction 模块的预览窗口可以快速查看分割尺度的精度，是一种用于影像尺度分割的好方法；(2)面向对象与规则创建想结合的方法不仅能够克服传统的

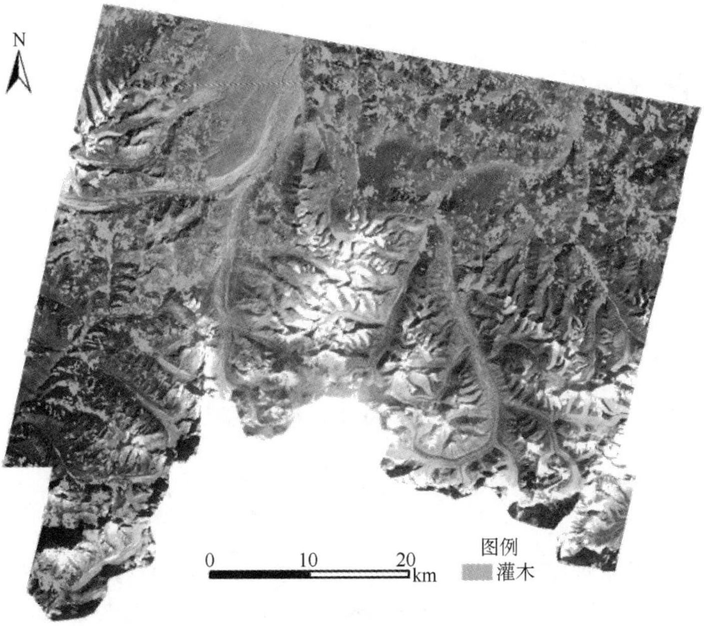

图 1　灌丛空间分布格局

Figure 1　The spatial distribution of shrub

基于像元的分类技术所造成的分类结果中存在严重的"椒盐效应"问题，还可以充分利用辅助信息(DEM、NDVI 等)和地物本身的信息(光谱特征、纹理特征等)，有效提高解译精度。

在本研究中也遇到了一些问题，未能很好地解决。例如：(1)影像分割尺度参数是经过反复试验得到的，带有人为的主观性，未能进行可靠分割精度评价，这也是今后影像分割尺度研究的一个方向；(2)受数据精度的限制，规则创建中所选择的辅助信息数据(DEM、NDVI)与 ASTER 影像数据的空间分辨率不一致，这在一定程度上会影响到分类的精度；(3)由于研究区高寒缺氧、地形条件复杂、道路通达程度低，很多区域未能到达和采样，训练区和检验点的分布会受到影响。

Predicting Potential Distribution of Tibetan Spruce (*Picea smithiana*) in Qomolangma (Mt. Everest) National Nature Preserve Using Maximum Entropy Niche-based Model*

基于最大熵值法生态位模型的珠峰自然保护区珍稀物种长叶云杉潜在分布区预测

摘　要:珍稀动物空间分布建模是对珍稀物种进行监测及管理的重要手段。长叶云杉是喜马拉雅地区的特有种,在我国境内仅分布于藏南珠峰地区,数量稀少。由于野外观测数据十分有限,长叶云杉在我国境内的潜在分布区亟待确定。本研究基于最大熵值法(Maxent)生态位模型,利用有限的物种观测记录点,对长叶云杉在珠峰地区的潜在分布区进行预测。选择长叶云杉的地理坐标数据、相关生物气象数据、植被数据、DEM及其衍生数据作为环境变量对长叶云杉的潜在分布区进行分析,采用受试者工作特征曲线对预测结果进行验证。研究同时采用杰克剪刀检测法(jackknife test)对各类数据的贡献率进行定量分析,并分析了4个典型环境变量对预测概率反映曲线。结果表明:长叶云杉的潜在分布区主要包括位于珠峰保护区内的吉隆藏布下游及波曲下游。长叶云杉适宜山地温暖气候,主要生长在海拔较低(2 000～3 000 m)的河谷两侧的常绿针叶林及混合林中。

1　Introduction

Rare species often distribute in limited geographic areas or in a very small number of habitats, which need to be well preserved. Developing effective methods for identifying the factors that shape the distribution and abundance of rare species is a prime concern for conservation (Guisan et al., 2006; Williams *et al.*, 2009). Models of the distribution of rare species are important tools in monitoring and management efforts. Because of their rarity, presence data of such species that are used to build distribution models are generally limited. Many rare species inhabit remote regions which are difficult to observe, and there is an urgent need to assess the status of these species. However, until recently such regions were little explored by biologists, and most available information is based on visual surveys in existing or proposed reserves (Schaller, 1977; Harris and Loggers, 2004). Although these

* Published by Zhang Jiping(张继平), **Zhang Yili(张镱锂)**, Liu Linshan(刘林山) and Nie Yong(聂勇) in *Chin. Geogra. Sci.*, 2011, 21(4): 417-426.

surveys cannot provide reliable estimates of population distribution, they provide an opportunity to focus sampling effort and refine the estimates of distribution within the broader population range. This can be achieved by understanding the fundamental ecological requirements of the species, based on the environmental characteristics of known occurrence sites (Kadmon and Heller, 1998; Peterson *et al.*, 1999).

It is widely accepted that the geographic distribution of species and their diversity or richness depends on how well their ecological niche is understood (Whittaker *et al.*, 2001). The measurement of environmental requirements to quantify the range size and patterns of species distribution and richness is an important step towards this understanding (Woodward, 1987). The niche is an abstract characterization of the intra-community position of the species that depends on time, space, and differences in resource gradients that cause the species evolution. The majority of niche-based models published in the literature have been developed on common plant and animal species or biodiversity (Rouget *et al.*, 2004; Poutsma *et al.*, 2008). To date, relatively few successful applications of this approach for rare plant species have been published (for some exceptions see (Miller, 1986; Brigham and Schwartz, 2003; Engler *et al.*, 2004)).

Maximum entropy (Maxent) niche-based model can be applied to analyzing the coordinates of species presence-only geographic locations and associated environmental data to produce distributions expressing suitability of each grid cell as a function of the environmental variables at that grid cell. A high value of the function indicates that the grid cell is predicted to have suitable conditions for that species (Phillips *et al.*, 2006). Compared with other existing models, such as the bioclimatic prediction system (BIOCLIM) (Beaumont *et al.*, 2005), domain model (DOMAIN) (Carpenter *et al.*, 1993), genetic algorithm for rule-set prediction modeling system (GARP) (Stockwell *et al.*, 2006; Sanchez-Flores, 2007) and multivariate adaptive regression splines (MARS) (Elith *et al.*, 2006), Maxent has a number of features that makes it very useful for modeling species distribution (Vidal-Garcia and Serio-Silva, 2010). These include a deterministic frame work and, hence, stability as well as the ability to run with presence-only point occurrences; high performance with few point localities; better computing efficiency enabling the use of large-scale high-resolution data layers; continuous output from least to most suitable conditions; and an ability to model complex responses to environmental variables (Phillips *et al.*, 2005).

Tibetan spruce (*Picea smithiana*) is a Himalayan endemic conifer species with very few species number and limited distribution areas, and as a habitat specialist, very sensitive to climate change. Confirming the distribution of *P. smithiana* is of great importance for species conservation and facing the challenge of species conservation under the threat of climate change. This paper, using maximum entropy (Maxent) niche-based model, predicted the potential distribution area of *P. smithiana* in the Qomolangma (Mt. Everest) National Nature Preserve (QNNP), China, with the purpose of providing reliable spatial prediction of *P. smithiana* for its conservation and identifying the suitable site conditions for its reintroduction.

2 Materials and Methods

2.1 Study area

The Qomolangma (Mt. Everest) National Nature Preserve (3.3×10^4 km^2), one of the most important protected area in the world (Cidanlunzhu, 1997), is located at the junction of the Tibet Autonomous Region, China and Nepal. It covers the whole area of Tingri, Gyirong, Nyalam counties and most area of Dinggyê County (27°48′～29°19′N, 84°28′～88°23′E) (Zhang *et al.*, 2007). We take the whole area of the four counties ($3.6\times10^4 km^2$) as the study area. It is composed of two big plateau geomorphic units of high Himalayan Mountains, and the lake basin on the plateau. The former has towering snowy peaks and deep river valleys with great divergence of altitude (1 800～8 800 m a. s. l.). In the southern QNNP, at increasing altitudes, are the following climate types: mountain warm temperate, subalpine cold temperate, alpine sub-frigid, and alpine frigid. In the northern part, the climate is cold and dry, which are the typical characteristics of the plateau continental climate. The soil distribution shows significant horizontal and vertical zonation. Mountain yellow brown soil, mountain acid brown soil, and mountain bleached podzolic soil, subalpine meadow soil, alpine meadow soil, subalpine steppe soil and alpine meadow-steppe soil are distributed in turn from bottom to top. The QNNP is very diverse in ecosystems and its vertical zones are remarkable. The vegetation is mainly composed of mountain subtropical evergreen broad-leaved forests, mountain warm-temperate needle-leaved and broad-leaved mixed forests, mountain cold-temperate needle-leaved forests, subalpine frigid shrubs and meadows, alpine frigid meadows and cushion vegetation and alpine frigid moraine lichens. The QNNP is rich in biodiversity; there are 2176 species of vascular plants, among them more than 10 species are national key protected plants, such as *P. smithian Alcimandra cathcartii* and *Trillium govanianum*, and 263 species of animals including more than 30 species of national key protected animals, such as *Presbytis entellus*, *Macaca assamensis*, and *Ailurus fulgens* (Tibet Bureau of Statistics, 2008).

2.2 Data and processing

2.2.1 Occurrence data of *P. smithiana*

P. smithiana belongs to genus *Picea*, which is native to the Himalayas, giving rise to its alternative name, the "West Himalayan Spruce". It is an evergreen tree growing to 30～50 m at a slow rate. *P. smithiana* has the longest needles of any spruce, up to 5 cm in length. It is in leaf all year, and the seeds ripen from October to November. The flowers are monoecious and are wind pollinated. The plant prefers a climate with distinct seasons and acid mountain brown soil. It requires sufficient humidity during growing season and has a large root system. The plant can resist cold, drought and strong wind, and it has a strong shade tolerance, but it cannot tolerate atmospheric pollution and maritime exposure. It often mixes with *Pinus griffithii* and *Quercus semicarpifolia*. *P. smithiana* grows mainly at an altitude of 2400~3200m, and it is one of the endemic species of the Himalayas. According to the former literature references and documentation, in China, it only appears (with low abundance) in the Gyirong Zangbo River Basin in Gyirong County, located in the south Tibetan Plateau. However, the Poiqu and Pumqu river basins located in three other counties of QNNP have extremely similar environmental conditions and are distributed relatively close to the Gyirong Zangbo River Basin. As such, there is a high probability of *P. smithiana* occurring in these regions.

The distribution data of *P. smithiana* were obtained from Chinese Virtual Herbarium applied by the Qinghai-Tibetan Plateau Museum of Biology in the Northwest Institute of Plateau Biology, Chinese Academy of Sciences. The database contains the information of the location, associated environment and morphological features of the samples collected from the 1970s to present. A total of 36 *P. smithiana* samples were available, including eight replicate samples. We eliminated the replications and used the remaining 28 points (18 for training, 10 for testing) as the occurrence data to be analyzed in this study.

2.2.2 Bioclimatic variables

The environmental layers "Bioclimatic Variables" were used in the predicting procedures. These consist of important ecological factors and global climatic features. The data supplied by World Climate Project were downloaded from http://www.worldclim.org/, and comprised 19 layers (Table 1): The data layers were generated through interpolation of average monthly climate data from weather stations on a 30 arc-second resolution grid (often referred to as "1 km" resolution) during 1950—2000 and calculation of the annual mean values (Hijmans *et al.*, 2005). We down-scaled the environmental layers to 30 m resolution to match with the elevation and vegetation data, as finer resolution data was not available.

Table 1 Bioclimatic variables description

Variables	Description	Variables	Description
Bio1	Annual mean temperature	Bio11	Mean temperature of coldest quarter
Bio2	Mean giurnal range	Bio12	Annual precipitation
Bio3	Isothermality	Bio13	Precipitation of wettest month
Bio4	Temperature seasonality	Bio14	Precipitation of driest month
Bio5	Max temperature of warmest month	Bio15	Precipitation seasonality
Bio6	Min temperature of coldest month	Bio16	Precipitation of wettest quarter
Bio7	Temperature annual range	Bio17	Precipitation of driest quarter
Bio8	Mean temperature of wettest quarter	Bio18	Precipitation of warmest quarter
Bio9	Mean temperature of driest quarter	Bio19	Precipitation of coldest quarter
Bio10	Mean temperature of warmest quarter		

2.2.3 Elevation data

All the spatial data was handled in ArcGIS version 9.2(ESRI) with the spatial analyst extension. Digital elevation model (DEM) was obtained from Earth Remote Sensing Data Analysis Centre with a resolution of 30 m (http://www.gdem.aster.ersdac.or.jp/search.jsp). Aspect and slope values were derived from DEM.

2.2.4 Vegetation data

The vegetation data used in this study were derived from the land cover data obtained through the interpretation of Advanced Wide Field Sensor (AWiFS) satellite imagery in 2007, by the method of object-oriented classification. The land cover data (Figure 1) (Zhang, *et al.*, 2010) encompasses the whole QNNP with a spatial resolution of 56 m. The classification system of the land cover is established by the Land Cover Classification System 2 published by FAO (Table 2) (Zhang, *et al.* 2010).

Table 2　Classification system of land cover

ID	Class Division	Description
1	Bare soil	Bare soil and/or other unconsolidated material(s)
2	Bare sock	Bare rock(s)
3	Built-up area	Built up area(s)
4	Cultivated area	Herbaceous crop(s); crop type: food crops
5	River	Natural waterbodies (flowing)
6	Lake	Natural waterbodies (standing)
7	Snow	Snow
8	Glacier	Ice(moving)
9	Gravels, stones and boulders	Gravels, stones and boulders
10	Alpine sparse vegetation	Sparse perennial short forbs
11	Forbs	Open annual forbs; floristic: *Artemisia wellbyi*
12	Closed to open grassland	Closed to open grassland, single layer; floristic: *Kobresia*
13	Closed grassland	Closed perennial short grassland; floristic: *Kobresia*
14	Closed to open flooded herbaceous	Vegetation grow on permanently flooded land
15	Broad-leaved evergreen closed shrubland	Broad-leaved evergreen with medium height and thickness
16	Broad-leaved deciduous open shrubland	Broad-leaved deciduous shrubland
17	Needle-leaved evergreen open shrubland	Need-leleaved evergreen medium high shrubland
18	Broad-leaved evergreen closed forest	Broad-leaved evergreen high trees
19	Broad-leaved deciduous closed forest	Broad-leaved deciduous high trees
20	Mixed forest	Multi-layered mixed high trees
21	Broad-leaved deciduous closed to open forest	Broad-leaved deciduous woodland
22	Needle-leaved evergreen closed to open forest	Needle-leaved evergreen woodland

2.2.5 Auxiliary data

The auxiliary data include the topographic maps at the scale of 1 : 100 000 covering the whole QNNP; the vector layers of county boundaries, main rivers, important cities and counties, main road lines and main railway lines of China were obtained from National Fundamental Geographic Information System.

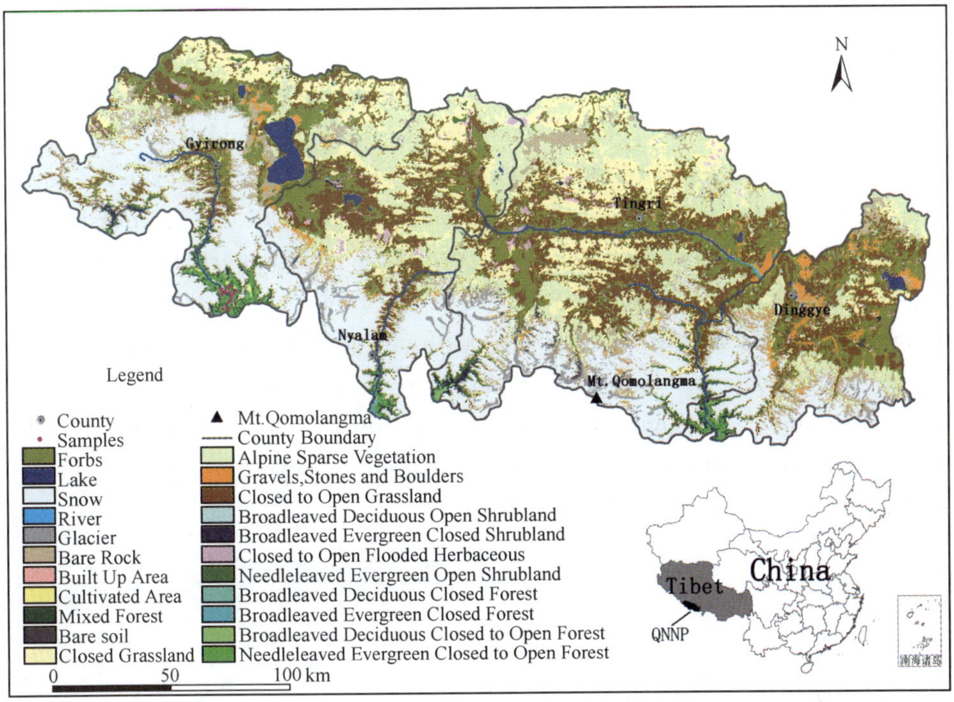

Figure 1 Land cover map of study area (Zhang, *et al.* 2010)

2.3 Maximum entropy (Maxent) niche-based model

Maxent is a machine learning algorithm that generates predictions or inferences of species' ecological requirements from an incomplete set of information. The Maxent approach is based on a probabilistic framework. It relies on the assumption that the incomplete empirical probability distribution (based on the species occurrences) can be approximated with a probability distribution of maximum entropy subject to certain environmental constraints, and that this distribution approximates a species potential geographic distribution (Phillips *et al.*, 2006; Suarez-Seoane *et al.*, 2008). Maxent models do not predict the actual limits of a species' range; they can identify regions with similar environmental conditions to occurrence localities. The input data includes a set of environmental layers for a geographical region and a set of species presence data inside that region. The model evaluates the suitability of each grid cell as a function of environmental variables at that cell. The suitability value provided by Maxent range is from 0 (unsuitable habitat) to 100 (optimal habitat). In addition, Maxent is equipped with several features aimed at supporting the interpretation of the model results. It has a built-in jackknife option, which allows the estimation of the significance of individual environmental data layers in computing the species distributions. It also can provide response curves for each environmental layer showing how the Maxent prediction depends on a particular environmental variable. Maxent version 3.3.2 was obtained from http://www.cs.princeton.edu/~schapire/maxent/. We followed recently published best practice approaches to tune its parameters (Phillips and Dudik, 2008) and carried out the jackknife test and response curves to further analyze the model results.

The Receiver Operating Characteristic (ROC) curve was applied to verifying the result of Maxent modeling. Maxent provides statistical measures for model performance such as omission rates and the areas under the ROC curve. The ROC curve provides a quantitative representation of the tradeoffs between no omission (sensitivity) and commission error (1-specificity). The sensitivity represents the absence of the omission error, and the quantity 1-specificity represents the commission error. The ROC curve is obtained by plotting the sensitivity on the y-axis and 1-specificity on the x-axis for all possible thresholds. The area under the ROC curve (AUC) is an important measurement of the model performance. The larger the AUC is, the higher the sensitivity rate and the lower the 1-specificity rate. An AUC equal to 1.0 represents an ideal diagnostic test because it achieves both 100% sensitivity and 100% specificity (Zweig and Campbell, 1993).

3 Results

3.1 Identification of main bioclimatic variables

There are close correlations among the 19 bioclimatic variables. Such correlations can increase the difficulty of identification of the main influencing factors, at the same time, the modeling requirements of logistic regression (applied in Maxent) that the variables should be normal and independent cannot be met. In addition, if the environmental variables layers have a high resolution, the Maxent could not run because of the large amount of data. Therefore, we ran the Maxent for the first time to calculate the contribution of each bioclimatic variable to the predicted probability. We chose six bioclimatic variables with high contribution values ($\geqslant 1$) as the modeling variables, which include Bio3, Bio6, Bio7, Bio14, Bio11 and Bio1, with the contribution percent of 67.00%, 17.10%, 9.60%, 1.90%, 1.10% and 1.00%, respectively.

3.2 Potential distribution of *P. smithiana*

Maxent models for the potential distribution of *P. smithiana* were generated using the geo-referenced species presence data and 10 environmental variable layers, including six bioclimatic variable layers, three elevation layers and one vegetation layer. The potential distribution of *P. smithiana* is shown in Figure 2.

P. smithiana mainly distributes in the lower reaches of Gyirong Zangbo and Poiqu in Gyirong and Nyalam Counties, where the altitude is comparatively lower than the other areas in QNNP, and the climate is mountain warm temperate. It often appears along the river valley and mixes with *Pinus griffithii* and *Quercus semicarpifolia* which are the dominant species of subtropical mountain needle-leaved forest and mixed forests of subtropical mountain evergreen broad-leaved forests, needle-leaved forest and deciduous broad-leaved forest. Its distribution area is parallel to the buffer zone of the rivers. The distribution probability becomes lower as the distance from the river increases.

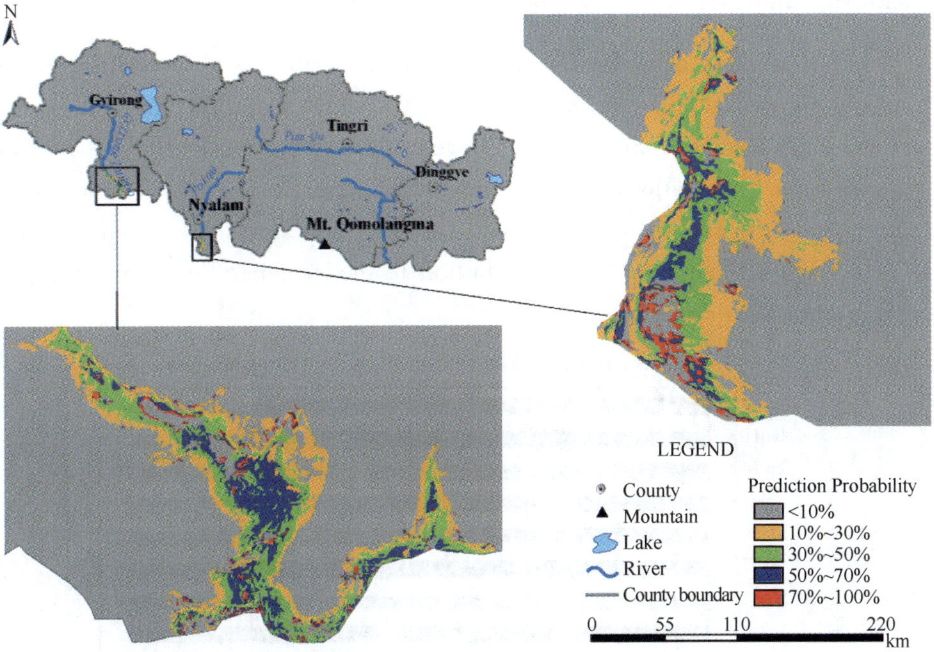

Figure 2 Prediction of distribution of *P. smithiana*

3.3 Result evaluation using ROC test

We used two indicators to examine the performance of the model: the fraction of predicted area and extrinsic omission rate as the threshold-dependent test and the area under the ROC curve (AUC) as the threshold-independent test (Table 3). The indicators were obtained using approximately 30% of the training data as test localities for evaluating the performance statistics. The AUC value (0.998) was significantly better than random (0.5). This result was obtained for both the training and the test data, with the small difference in AUC values suggesting a robust performance of the Maxent algorithm to capture the changes in environmental variables over point localities. The omission test was calculated at a 10% threshold value. At this threshold, the fractional predicted area shows the fraction of all the pixels that are predicted suitable for the species. The omission rate was quite small (0.001), suggesting that only a small fraction of the test locations fell into pixels not predicted as suitable for *P. smithiana*. The overall accuracy of the model for *P. smithiana* was high, implying that the Maxent-derived distributions are a close approximation of the distribution probability that represents the reality.

Table 3 Results of threshold-dependent omission test and threshold-independent ROC test

Threshold-dependent test		Threshold-independent test
Fractional predicted area	Test omission rate	AUC test (training)
0.004	0.001	0.998 (0.999)

3.4 Jackknife analysis of environmental variables

The jackknife training gains for the environmental variables were performed for all individual runs and showed almost the same results with slight variability in gain values. The results are shown in Figuer 3. Six variables have notable influences on the distribution pattern of *P. smithiana*: vegetation, DEM, temperature annual range, min temperature of the coldest month, mean temperature of the coldest quarter and annual mean temperature. The variables with low gain and thus less contribution to model generation were: aspect, slope and precipitation of the driest month.

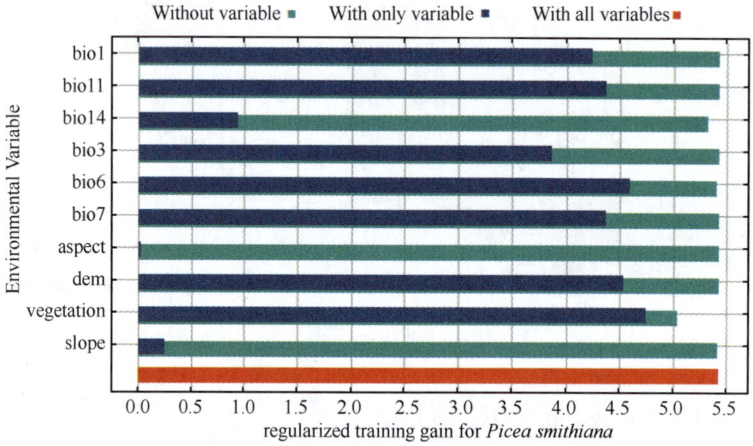

Bio1: mean annual temperature; Bio3: isothermality;
Bio6: minimum temperature of coldest month; Bio7: temperature annual range;
Bio11: mean temperature of coldest quarter; Bio14: precipitation of driest month

Figure 3 Jackknife test for environmental variables significance performed by Maxent

3.5 Response curves of environmental variables

We chose four response curves of environmental variables, including vegetation, DEM, Annual mean temperature and min temperature of the coldest month to analyze the response of *P. smithiana* distribution to each typical environmental variable (Figure 4).

Based on these response curves, *P. smithiana* prefers the ecological environment with high forest cover, comparatively low altitude and warm temperature, and is more likely to choose needle-leaved evergreen closed to open forest and mixed forest. It is worth noting that certain patches of cultivated area are distributed quite close to the potential distribution area of *P. smithiana*. The further expansion of cultivated land will probably alter the habitat of *P. smithiana*. As for the DEM, *P. smithiana* appears to be mainly distributed from 2 000 m to 3 000 m. The distribution probability decreases with the increase of elevation (>3 000 m). *P. smithiana* prefers a warm temperate climate in mountain area. The distribution probability increases as the annual mean temperature and min temperature of coldest month increase.

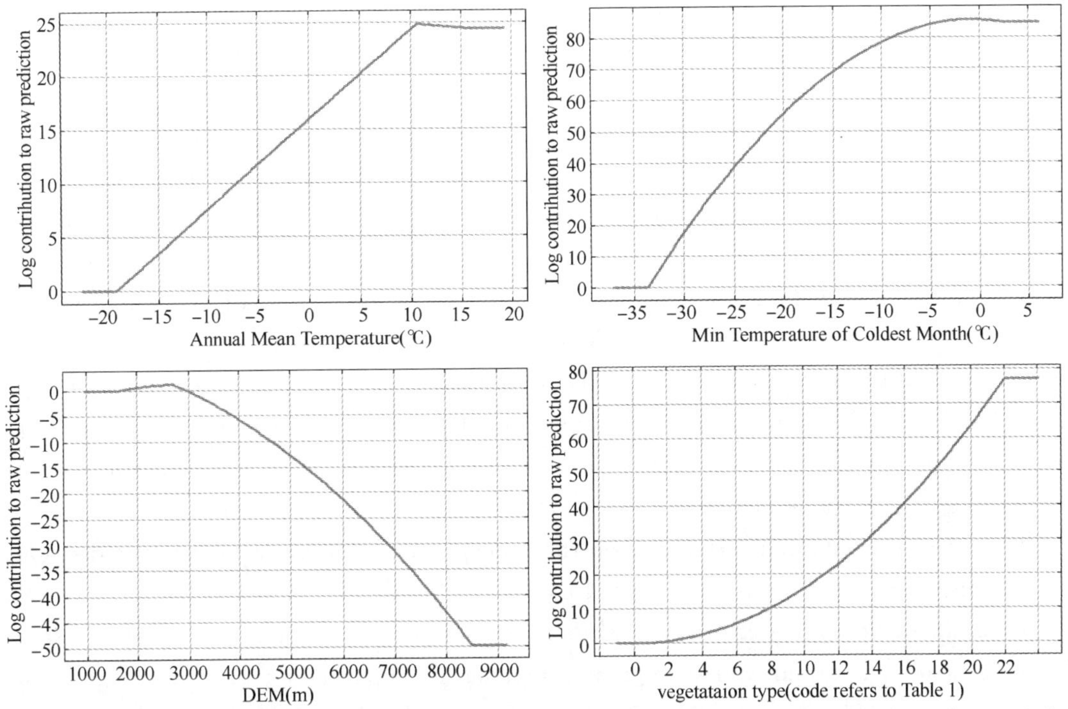

Vegetation code: 1. bare soil; 2. bare rock; 3. built-up area; 4. cultivated area; 5. river; 6. lake; 7. snow; 8. Glacier; 9. gravels, stones and boulders; 10. alpine sparse vegetation; 11. forbs; 12. closed to open grassland; 13. closed grassland; 14. closed to open flooded herbaceous; 15. broad-leaved evergreen closed shrubland; 16. broad-leaved deciduous open shrubland; 17. needle-leaved evergreen open shrubland; 18. broad-leaved evergreen closed forest; 19. broad-leaved deciduous closed forest; 20. mixed forest; 21. broad-leaved deciduous closed to open forest; 22. needle-leaved evergreen closed to open forest

Figure 4 Response curves of environmental variables

4 Discussion and conclusions

This study employed maximum entropy (Maxent) niche-based model to generate a predictive distribution of the potential *P. smithiana*. The model performed well at the regional scale. Results indicate that for *P. smithiana*, the numbers and distribution might continue to expand in China. *P. smithiana* prefers a warm temperate climate in mountain area and mainly distributes in the needle-leaved evergreen closed to open forest and mixed forest along the valley at comparatively low altitudes of about 2 000~3 000 m. According to the results of this study, aside from the lower reaches of the Gyirong Zangbo River, which is considered to be the only distribution area in China, *P. smithiana* may potentially distribute in the lower reaches of the Poiqu River.

Although the Maxent performed well with few point localities and enabled the use of large-scale high-resolution data layers, there remain several limitations in this study. The data used in the model are from a variety of sources with different resolutions. The vegetation (56 m) and DEM data (30 m) have high resolution; however, the bioclimatic variables only have a resolution of about 1 km, errors may exist during the downscaling process which will reduce the accuracy of the prediction. There are only a small number of location data of *P. smithiana* because of its rareness. Most of the recorded location data were collected during the 1970s and these locations were only distributed near roads because they were easier to reach. The lack of surveys in some habitats may result in a bias in prediction and lead to the weak validation because few location data were used for testing. Moreover, the validity of training dataset for the model is based on the assumption that current species distributions are in equilibrium with the current climate. The impact of global climate change on species distribution is not considered. Another important defect is that the niche selection does not necessarily reflect the quality of the habitat (Johnson and Seip, 2008). It describes the realized niche of the species, which results from competition with natural disaster (e. g. fire), human disturbance and several other biotic and abiotic factors. It is quite difficult to take account of all the possible factors.

There is great potential to build upon the foundation of this project. Possible distributions of other rare species can be predicted using specific location data and relative environmental variable layers for each species. If more location data and layers with higher resolution are available, it would lend even greater support to the predictions and might also provide a stronger foundation for validity of the prediction. As the global climate changes, the surrounding environment of rare species will inevitably be affected, leading to changes in habitats. The influence of global climate change on species distribution presents a challenge because it requires continuing data refinement as environmental variables change along with climate change. Another challenge for future research will be to develop an integrated approach to incorporate human influence factors, such as land-use changes, and reproduction mechanisms to improve the precision of species distribution simulations. Furthermore, more field work for identifying *P. smithiana* in the lower reaches of the Poiqu River and related conservation planning needs to be considered.

Identifying Alpine Wetlands in the Damqu River Basin in the Source Area of the Yangtze River Using Object-based Classification Method*

面向对象的长江源区——当曲流域高寒湿地信息提取

摘　要:长江南源当曲流域是我国高寒沼泽湿地的集中分布地区之一,是青藏高原腹地重要的水源涵养地。对该地区湿地资源及分布的正确把握直接关系到当地牧民的生产生活及下游地区的经济社会发展。由于湿地光谱特征复杂,易与其他地类混淆,传统的遥感信息提取方法很难保证湿地信息提取的精度。本文运用面向对象的图像信息自动分类方法,对当曲流域内的湿地信息进行提取。在对各类型湿地的光谱特征、纹理特征及空间特征进行分析的基础上,充分结合DEM及其衍生数据(坡度、坡向),归一化植被指数(NDVI),归一化水体指数(NDWI)及缨帽变换(Kauth-Thomas transformation)得到的湿度图层等参数,设置各参数阈值,建立各湿地类型的信息提取知识规则,并结合野外实地调查对信息提取精度进行验证。经检验,湿地信息提取的总体精度达到89.00%。

1 Introduction

Wetlands are not only valuable as wildlife habitat, floodwater management and water quality improvement, but also in having esthetic and educational benefits to humans. Increased awareness about the functions and benefits of wetlands has pushed them to the forefront of conservation science (Hoffstetter,1983; McCormick,1978), resulting in expanded efforts to inventory wetland ecosystems. Remote sensing is ideal for monitoring wetlands because it is cost and time efficient, and non-invasive (Jensen,2000). Further, analysis of remotely sensed data is an efficient technique to map wetlands across broad geographic areas.

Visual interpretation and manual delineation of remotely sensed imagery are common methods in wetland mapping (Andresen *et al.*, 2002). Manual delineation allows for the delineation of accurate boundaries around objects and the production of visually appealing maps. While effective for some, visual interpretation can be too expensive and time consuming to achieve detailed classification results since these manual methods are not automated, and maps by different interpreters or at different time periods can produce variable results that are not comparable across space or time (Blaschke and Hay,2001).

* Published by Zhang Jiping(张继平), **Zhang Yili(张镱锂)**, Liu Linshan(刘林山), Ding Mingjun(丁明军)and Zhang Xueru(张学儒)in *J. Resour. Ecol.*, 2011,2(2):186-192.

Automated (computer-assisted) image analysis approaches are becoming more common for wetland mapping, including those that involve pixel-based and object-based methods. Automated pixel-based classifiers, like supervised and unsupervised classification and decision tree classification, have been gaining in popularity over the past decade due to the computational power that has made them more operational (Ramsey and Laine, 1997; Everitt *et al.*, 1999; Lunetta and Balogh, 1999; Everitt *et al.*, 2004), their objectivity, reduced user input (Thomson *et al.*, 1998) and lowered demand for knowledge of ground information. While pixel-based classification methods essentially cluster these pixels into "objects", they are usually non-hierarchical and single-valued. Especially for wetland mapping with specific difficulties like the severe spectral confusion of different objects, the pixel-based method usually produces "speckled" or "salt and pepper" results (Yu *et al.*, 2006; Guo *et al.*, 2007) that lower mapping precision.

Compared with the traditional pixel-oriented supervised classification method, the object-based classification method can delineate patches into homogeneous areas that are both accurate and visually desirable using methods that are objective, automated and repeatable (Blaschke and Hay, 2001; Schiewe *et al.*, 2001). Shape and context are taken into account as well as color and spectral quality of the patch (Schiewe *et al.*, 2001), which can effectively minimize "speckled" or "salt and pepper" results and improve classification accuracy. Soft classifications, or fuzzy modeling based on user knowledge can be integrated into the analyses. In this way, an object is assigned to multiple classes at varying degrees of membership. Moreover, the object-based classification method has the potential to model landscapes in a multi-scale manner because a single image represents a variety of scales and levels of abstraction (Hay *et al.*, 2003). The object-based classification method follows ecological phenomena more closely than traditional pixel-based methods (Blaschke and Strobl, 2001) that analyze each pixel independently without taking into account spatial concepts like neighborhood, proximity and homogeneity (Burnett and Blaschke, 2003).

There have been several studies published on object-based techniques for mapping wetlands (Bock, 2003; Dorren *et al.*, 2003). However, these studies mainly focused on coast zones or low altitude areas. Studies on alpine wetland, especially on source regions of great rivers are scarce. Alpine wetlands are very sensitive to global change and in river source regions have great impacts on the hydrological condition of rivers. These systems are closely related to the standard of living of local peoples inhabiting lower reaches. Wetland monitoring is crucial to understand the status, safety condition and protection of wetlands in such areas. However, wetland maps with high resolution and related wetland databases are lacking, restricting the management and protection of wetland resources. Fieldwork in high altitude areas is also tough due to a harsh climate and poor infrastructure.

We identified different wetland types in the Damqu River Basin located in the Yangtze River source region from Landsat remote sensing data using the object-based method. Interpretation results with high precision will provide important reference to the restoration of wetland ecosystems, regulation and utility of wetland resources, and scientific basis for wetland monitoring in such regions.

2 Study area

The Damqu River is the south source of the Yangtze River in China. It is 331 km long with a total basin area of 1.67×10^4 km^2, (92.14°E～94.62°E and 32.40°N～33.96°N) (Figure 1). It is the highest wetland distribution area in the world with an average altitude of 4700 m. The Damqu River Basin is located in the hinterland of the Tibetan Plateau with the Tanggula Moutain to the south, the watershed with the Lantsang River to the east and north, and the watershed with the Biqu River to the west. The large area of inter-mount basin is distributed among the mountains and watersheds with gentle topography, poor drainage and tundra below, which prevent the pervasion of snow and rain, and contribute to the formation of widespread alpine wetlands. The climate characteristics of this area include low temperatures, abundant sunlight, strong solar radiation, distinct wet and dry seasons, and contemporaneous rain and heat. Alpine wetlands, meadows, grasslands and sparse vegetation are the main ecosystems. The species composition of alpine wetland is simple and mainly composed of hygrophyte or perennial herbaceous plants. Dominant species are *Kobresia tibetca*, *K. humilis*, *Carex moorcroftii*, *C. atrofusca* and *K. pygmaea*, and the companion species *Astragalus confertus*, *Saussurea japonica*, *Potentilla saundersiana*, *P. fruticosa* and *Leontopodium nanum*. Bog soil is widely distributed in the Damqu River Basin, and occupies the whole inter-mount basin.

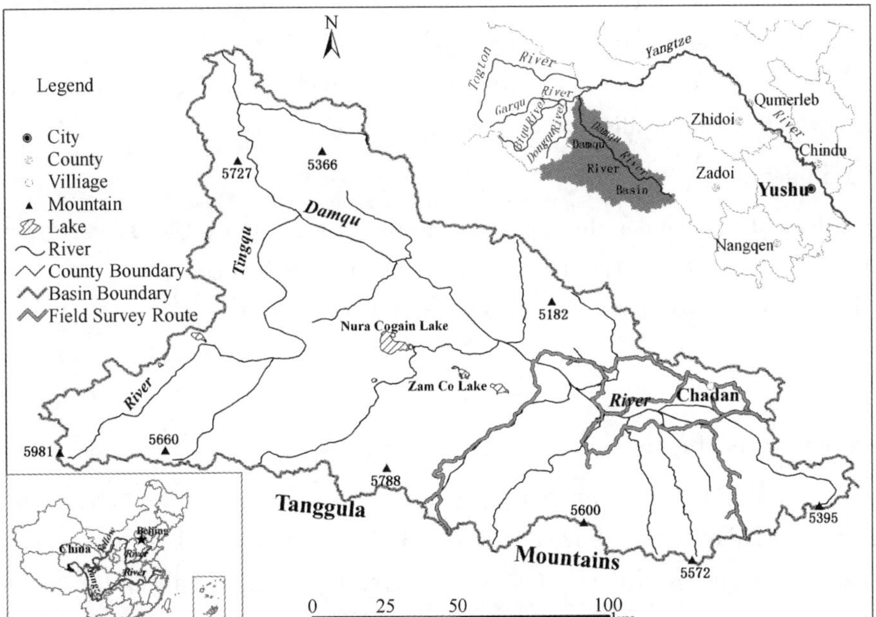

Figure 1 Location of the Damqu River Basin and field survey route

3 Data and methods

3.1 Data

3.1.1 Remote sensing data

Two scenes of Landsat TM images were used in this study: Path137/Row37, August 2, 2007 and Path136/Row37, July 26, 2007, applied by the Global Land Cover Facility (GLCF) and the US Geological Survey (USGS).

Digital Elevation Models (DEMs) outline local depressions and potential hydrological patterns across the landscape, as elevation and topographical data can assist image-based wetlands mapping. The latest ASTER Global Digital Elevation Model (ASTER GDEM) with a spatial resolution of 30 m is used in this study. The slope and aspect data were derived from DEM.

3.1.2 Field survey data

The wetland types, position and vegetation data in the Damqu River Basin were collected during three sessions of field survey carried out in September 2008, September 2009 and August 2010. The GPS waypoints and track, investigation of vegetation sampling, soil wetness measurements, and sampling of typical plants were done during field surveys. One hundred and four plant quadrat surveys, 98 soil samples and 2500 photos were taken. The field survey route is shown in Figure 1. The alpine wetland is mainly distributed in the upper reaches of the Damqu River, and less in middle and lower reaches where there are few people and no accessible roads. Therefore, the field surveys were carried out to focus on the upper reaches of the river, which is the middle and eastern part of the basin.

3.1.3 Auxiliary data

The auxiliary data includes the topographic map (1 : 100 000; 1967), vegetation map of China (1 : 1 000 000; 2004), land use map of Qinghai Province, China (1 : 1 000 000; 1989), Chinese wetland database (1 : 1 000 000; 2000), etc.

3.2 Methods

3.2.1 Wetland classification

Based on the wetland classification system used home and abroad (Scott and Jones, 1995; Pressey and Adam, 1995; Niu *et al.*, 2009; Zhang *et al.*, 2010), the remote sensing based alpine wetland classification system was constructed after consulting the characteristics of alpine wetland in the Damqu River Basin. We divided wetlands according to the hydrological situation into three first class types: river wetland, lake wetland and marsh wetland. As for the second class classification, we subdivided the river wetland according to river morphology into river and flooded wetland; subdivided lake wetland according to the area dimensions and origin into lake, lacustrine bog, and glacial lake; subdivided the marsh wetland according to the soil moisture and vegetation community into *Carex-Kobresia* swampy, *Kobresia* swampy meadow, and *K. pygmaea* wet meadow.

3.2.2 Pre-process of remote sensing data

Control points chosen from the topographic map were taken to achieve geometrical correction using the quadratic polynomial fitting method. Pixel re-sampling was processed using the nearest neighbor method. Errors of the revised image were less than one pixel, according to the RMSE (Tucker *et al.*, 2004). Mosaic and subset of images were processed to fit the range of the Damqu River Basin.

3.2.3 Key parameters for interpretation

The Normalized Difference Water Index (NDWI) is widely used to identify water body and humidity condition. We used the NDWI to distinguish water wetlands (river wetland and lake wetland) and marsh wetlands following McFeeters (1996):

$$NDWI=(Green-NIR)/(Green+NIR) \text{ or } NDWI_{TM}=(TM2-TM4)/(TM2+TM4) \quad (1)$$

The Normalized Difference Snow/Ice Index (NDSII) was used to derive glacial lakes. Some glacial lakes that were frozen could not be indentified well by the NDWI. Snow and ice have very high reflectance values in visible spectral bands (TM2 [0.52~0.60 μm], TM3 [0.63~0.69 μm], TM4 [0.76~0.90 μm]), but very low reflectance in shortwave infrared bands (TM5 [1.55~1.75 μm]) (Racoviteanu *et al.*, 2008b). The NDSII formula (Nie *et al.*, 2010) used was as follows:

$$NDSII=(Red-SWIR)/(Red+SWIR) \text{ or } NDSII_{TM}=(TM3-TM5)/(TM3+TM5) \quad (2)$$

The Normalized Difference Vegetation Index (NDVI) is widely used to identify vegetation types. The NDVI value increases as the vegetation coverage grows. We used the NDVI to distinguish three marsh wetlands along with the Kauth-Thomas transformation, which can identify different soil moisture conditions.

Kauth-Thomas transformation (K-T) transformation (Kauth and Thomas, 1976) is commonly used for image transformation and enhancement. The K-T transformation not only provides a mechanism to reduce data volume with minimal information loss, but its spectral features are also directly related to the important physical parameters of the land sur-

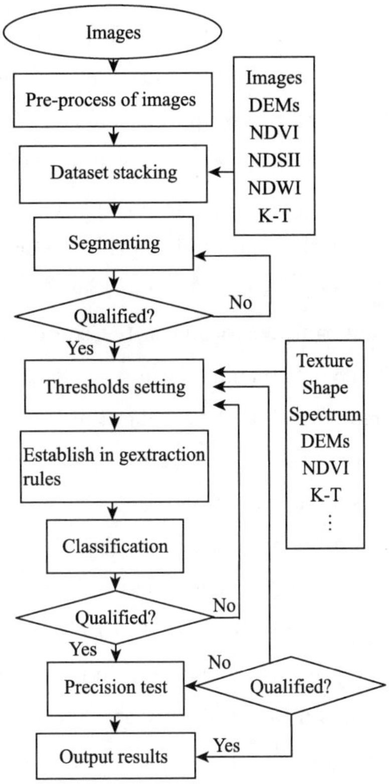

Figure 2 Workflow of object-based image interpretation (Zhang *et al.*, 2010)

face (Crist and Cicone, 1984; Jin and Sader, 2005). In this study, the K-T transformations of the six non-thermal ETM bands were performed to produce six multi-spectral features. We were primarily interested in the wetness feature, because it is associated strongly with observed differences in soil moisture and is the most important index for wetland classification. The wetness feature made a great contribution to the boundary identification of each wetland type, especially for palustrine.

3.2.4 Object-based classification

After the pre-processing of images and the calculation of key parameters, we combined all the bands of TM images, DEMs, NDSII, NDWI, NDVI, and wetness feature as one dataset, which was used to identify each wetland type through object-based classification. The process of wetlands extraction was run on the ENVI ZOOM platform provided by ITT Visual Information Solutions. The main steps included: segmenting images, merging segments, computing attributes (spatial attributes, spectral attributes, texture attributes, etc.), refining segments (setting thresholds), and exporting outputs (Nie *et al.*, 2010). The main workflow is described in Figure 2.

Segmenting images is a key step as it partitions an image into segments with similar pixel values using an edge-based segmentation algorithm. There are two parts to the segmenting process: segmenting images and merging segments, both with the scale extent of 0%~100%, but with different meaning. During the segmenting images process, the differences between segmented objects increase with increase in scale index, which leads to more patch numbers and higher patch density. The merging segments step is to reprocess the segmented image from the previously segmented images to find the relative consistency between objects to generate an object-based image for interpretation. Oppositely to the segmenting process, the larger the scale index, the lower the consistency of objects, which leads to a decrease in patch number and patch density. The scale index of segmenting and merging should be carefully determined to guarantee the correct extraction of the object boundaries (Zhang *et al.*, 2010). We determined the segmenting and merging index based on multiple tests following the principle that the wetland patches with an area larger than 3×3 pixels could be identified correctly. The object-based image was generated with a segmenting scale index of 30% and merging scale index of 70%.

Another key step is to build optimal rule-based classification for each wetland type based on the expert knowledge, and samples analysis to determine the appropriate indicators and their reasonable thresholds to classify the objects. The spectral attributes (including maximum, minimum, mean and standard deviation), spatial attributes (including area, perimeter, compact, elongation, etc.), and the texture attributes (including range, mean, variance and entropy) of each dataset layer are computed during the segmenting process. Based on the computed results and the histogram statistics, the thresholds of each attribute of each dataset layer was determined. The extraction rules of each wetland type could then be established by integrating all thresholds.

We used the NDWI to extract water bodies including rivers and lakes. Lakes with an area less than 1 km^2 were classified as lacustrine ponds. Glacial lakes were extracted according to the DEM and NDSII. We also used the spectral difference between glacial lakes and glaciers in Band3 to distinguish them. The river exemplifies a long and narrow shape, which is significantly different from other objects and could be identified using the elongation index combined with the DEM. Flood wetland have lower vegetation coverage than marsh wetlands, and higher soil moisture than non-wetland. Therefore, we used the NDVI and wetness index to distinguish flooded wetland from marsh wetland and non-wetland. The three marsh wetland types *Carex-Kobresia* swamp, *Kobresia* swampy meadow, and *K. pygmaea* wet meadow differ in vegetation coverage and soil moisture. The *Carex-Kobresia* swamp community is mainly composed of *C. moorcroftii*, *C. atrofusca*, *K. tibetca*, and *K. humilis* with coverage of more than 90% and an average height of 12 cm. It distributes in the inter-mount basin with superior water collecting ability. The *Kobresia* swampy meadow community is dominated by *K. tibetca* and *K. humilis* with coverage of 50%~70%. It distributes in the open valley and slope base where the soil moisture is comparatively lower than that of *Carex-Kobresia* swamp. *K. pygmaea* wet meadow is a non-swampy meadow, where *K. pygmaea* is the constructive species of the community. Although the coverage of *K. pygmaea* wet meadow is high (>90%), the average height is only 4 cm, which makes the NDVI value lower than other marsh wetland types. The soil moisture of *K. pygmaea* wet meadow is higher than that of a forb meadow or alpine grassland, but lower than that of a *Kobresia* swampy meadow. Extraction rules of each wetland type are shown in Table 1.

Table 1 Extraction rules of each wetland type

River	Flooded wetland	Lake	Lacustrine pond
NDWI>0	avgband5<120	NDWI>0	NDWI>0
elongation>1. 5	avgNDVI<0. 05	avgband3<70	avgband3<70
avgDEM<5 200	avgwetness>-110	elongation<1	elongation<1
		tx-range<20	tx-range<20
		area>1 km^2	area<1 km^2
Carex-Kobresia swamp	*Kobresia* Swampy meadow	*K. pygmaea* wet meadow	Glacial lake
NDWI<0	NDWI<0	NDWI<0	NDSII>0
avgwetness>−100	avgwetness>−120	avgwetness>−120	avgDEM>5 200
avgNDVI>0. 2	0. 1<avgNDVI<0. 2	0. 05<avgNDVI<0. 1	avgband3<70

3. 2. 5 Precision test

In order to test the accuracy of interpretation, 500 sample points were randomly generated using ERDAS IMAGE 9. 3 accuracy assessment tools. Each sample point was interpreted with the help of available field photographs, related reference data, and high-resolution images from Google Earth. The interpretation results of the sample points were considered as the reference dataset. The error matrix was generated through tabulating tables of the attribute of the reference data set and the attributes of interpreted wetland data. The interpretation accuracy was calculated based on the error matrix, which is shown in Table 2.

Table 2 Accuracy assessment of wetland interpretation

Classes	Reference Points	Classified Points	Correct Number	Producer Accuracy(%)	User Accuracy(%)
River	49	49	49	100.00	100.00
Flooded wetland	60	59	54	90.00	91.53
Lake	45	45	45	100.00	100.00
Lacustrine bog	40	44	36	90.00	81.82
Glacial lake	12	12	12	100.00	100.00
Carex-Kobresia swamp	104	100	94	90.38	94.00
Kobresia swampy meadow	98	107	80	81.63	74.77
K. pygmaea wet meadow	92	84	75	81.52	89.29
Total	500	500	445		

According to the test, the overall classification accuracy of the wetland interpretation was 89.00%. The interpretation accuracies of most wetland types are above 90%, some of which such as that of rivers, lakes, and glacial lakes, reach 100%. The water wetlands were better interpreted than marsh wetlands. The interpretation accuracy of *Carex-Kobresia* swamp is larger than that of the other two marsh wetland types. Most confusion exists between the *Kobresia* swampy meadow community and *K. pygmaea* wet meadow. The typical examples of wetland extent derived by object-based classification method are shown in Figure 3.

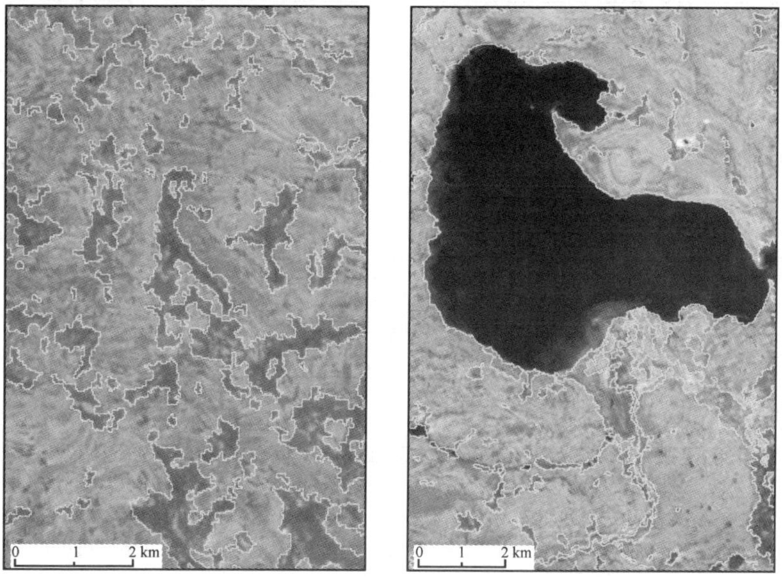

Figure 3 Typical wetland extent derived by object-based classification method

4 Conclusions and Discussion

Wetland ecosystems occupy a wide variety of habitats and display an equally expansive range of vegetation and hydrology. Using the object-based classification method, the wetland was extracted in objects instead of pixels, which effectively eliminates any "speckled" or "salt and pepper" results. The spectral characteristics of remote sensing images, vegetation coverage, topographic feature of wetland distribution and soil moisture condition were analyzed integrally by using related parameters such as NDVI, DEMs, and K-T transformation. According to multiple experiment trials, 30% and 70% were found to be the most optimal scale index for the segmenting and merging process. We used a rule-based classification pattern to extract each wetland type based on the computed results and histogram statistics of the spectral attributes, spatial attributes, and texture attributes of each dataset layer. We determined the thresholds of the spatial, texture, and spectral attributes of typical parameter layers that helped distinguish one wetland type from the others and established the extraction rules for each wetland type. According to the precision test, water wetlands are better interpreted than marsh wetlands. Moreover, the overall classification accuracy of the wetland interpretation was 89%.

Remotely sensed data can be used to identify spectrally and ecologically distinct wetland meadow communities. Because vegetation composition and structure govern the spectral reflectance of meadows, spectral response characteristics can be linked to distinct plant species assemblages to identify different marsh wetlands. However, only communities that have significantly different environmental needs from other marsh wetland types can be interpreted correctly. Communities with similar soil moisture, vegetation coverage, or environmental interests were not interpreted precisely and visual interpretation is needed to correct these confusions.

Soil moisture and vegetation coverage can effectively reflect the basic environmental requirements of wetland communities, thus the NDVI and wetness layer obtained through K-T transformation are key parameters in identifying different wetland communities. DEM data can assist image-based wetland mapping by outlining local depressions and potential hydrological patterns across the landscape. Field surveys are also extremely important not only for collecting verification data, but also for understanding the natural environment of regional wetlands. The thresholds of the NDVI, wetness and DEM values should be determined based on spectral and texture features of images. Understanding the environmental requirements of each wetland community can only be accomplished by sufficient field survey work and plant quadrat surveys, sample collection and soil moisture measurement.

基于计算机图形学的土壤质地自动分类系统*

Automatic Soil Texture Classification System Based on Computer Graphics

Abstract: International and USDA's soil texture classification system are prevalent in the world, which adopt additional manual inquiring of triangle coordinate diagram to realize the naming of soil texture. This takes a lot of time and energy and lacks precision control. To apply computer program can perform the same task easily, conveniently and fast. According to the oversea research status quo in soil texture automatic classification based on computer graphics, using Visual Basic (VB) as platform, soil texture automatic classification system(STAC) is built with the better practicability in China. The theories of STAC are mainly based on the fact that each point in the textural triangle represents a unique combination of clay, sand and silt content. For a given textural class, all combinations of clay, sand and silt content are bound by a polygon. Therefore, finding the textural class is equivalent to finding the polygon where the particular combination of clay, sand and silt content is located. The algorithm of the program is point-in-polygon algorithm, which can determine whether a point of known coordinates (clay percentage and sand percentage) lies inside a polygon in the textural triangle. STAC is simple, convenient, fast and explicit. STAC can be used in a Windows 95 console program and above without requiring installation. It realizes texture automatic naming of single as well as batch soil data and provides graphical display, statistics and analysis function, and user-defined classification, and can classify several thousand of soil samples in about a second.

1　引言

不同的土壤质地类型表明土壤表层内具有不同的矿质颗粒大小分布特点，而不同的颗粒大小分布又具有不同的辐射传输、水分平衡、热量平衡等特点，因此土壤质地类型资料可广泛应用于土壤资源评价、土壤肥力估计、大气热力学及动力学方程等(张时煌等，2004)。土壤颗粒组成或质地类型常作为土壤质量评价的重要物理学指标之一(龙牧华，1996；孙波，1999)，是土木建筑、水利工程、道路建设等设计过程中需要考虑的因素。

19世纪后期，开始测定土壤机械组成并由此划分土壤质地，至今世界各国已提出了二、三十种土壤质地分类制，目前尚缺乏为各国和各行业公认的质地制，但国内外已使用多年的有国际制、美国农部制和卡钦斯基制(黄昌勇，2000)。其中，国际制和美国农部制都基于相应的土

* 由张丽萍(Zhang Liping)、**张镱锂(Zhang Yili)**和王英安(Wang Yingan)完成，原载于《地理科学进展》，2006，25(3)：86-95.

壤质地三角图查出质地名称。其传统方法是通过人工在三角图上查找黏粒、粉粒和砂粒三个粒级百分含量的直线相交点来命名。这适于少数土壤样品，对大批量土样而言，人工查找无疑会耗费大量人力和时间，且命名结果还会由于人为因素带来不可避免的误差。

国外较早就开始探讨土壤质地自动分类问题，而国内却未见相关报道。因此，本文从计算机图形学角度，利用 Visual Basic(VB)平台，设计开发了更具实用性、更易于国内使用的土壤质地自动分类系统(Soil Texture Automatic Classification System，简称 STAC)。STAC 系统既可高效、准确地实现单个、尤其是大批量土壤质地类型的自动命名，还具有图形显示、统计、分析及支持用户自定义分类制等多种功能。该系统的设计不仅大大方便了国内相关领域的研究工作，减少工作量，确保工作效率和结果精度，还可拓展到地质、化学等研究领域中。凡是基于图形进行类型判别的学科领域，均可运用类似原理和方法，实现分类、判别的自动化。

2　土壤质地计算机分类研究概述

从 20 世纪 70、80 年代开始，国外陆续出现了一些发展完善中的土壤质地分类计算机程序。Van Rooyen 和 Visser 在 1976 年发表的土壤质地分类计算机程序仅限于南非质地三角图，且只能使用简易液体比重计法测定的数据(Van Rooyen *et al.*，1976)；Gent 基于美国农部制，用 WATFIV 语言编写的程序也只能输入改良液体比重计法测得的数据(Gent ，1983)。Gee 和 Bauder 使用的计算机程序的运行环境现在早已经过时(Gee *et al.*，1986)。Christopher 和 Mokhtaruddin 推出了实用的电子表格宏代码，但只适用于 Windows 操作系统下的两种电子表格软件(Christopher *et al.*，1996)。Johan Liebens 于 2001 年开发的新方法同样也是基于美国农部制，使用电子表格程序中的宏语言(Johan，2001)。

Gerakis 和 Brian Baer 对前人做的土壤质地分类程序进行了评述，认为他们的文章没有揭示分类算法的运行原理，难以评估其可靠性(Gerakis *et al.*，1999)。因此，他们于 1999 年发表改进 Galacticomm Technologies' algorithm 基础上的土壤质地分类计算机程序 TRIANGLE，分网络(the web version)、Windows 控制台应用程序(the Windows console version)和 Windows 应用程序(the full-blown Windows version)三个版本，能在互联网和 Windows 环境中实现美国农部制、葡萄牙分类制、奥地利分类制的土壤数据批量处理。而 Christopher 也先后发布了一套确定土壤质地类型的 TAL 程序，适用于 Windows、Excel、Psion 和 Lotus123 等多种运行环境。其中，最新发布(2002 年 8 月)的 Windows 4.2 版使用 C++和 MFC，实现了以美国农部制、英国制、加拿大制、国际制为主的多种质地分类制的查询，并支持用户自定义，通过其改进的多边形裁剪算法还可实现粒级分布范围的质地类型查询(Teh *et al.*，2002，2003)。TRIANGLE 程序和 TAL 程序虽较为实用，但也存在明显不足。TRIANGLE 程序可查询的质地分类制较少，功能相对单一，而且需要使用单独的 Excel 表来显示三角图中质地类型的分布，与程序脱节，也不支持用户自定义分类制。TAL 程序的 Windows 版一次最多只能处理 1000 个样品，大于 1000 个则需对数据进行分割。而且，这两个程序都缺乏土壤质地类型的统计分析等高级功能。

在我国，尚未见土壤质地自动命名方面的研究，仅少数学者在地质学领域就三角图与计算机的结合进行了探讨。如杨红卫等(2003)利用 Visual FoxPro 编程建立数学模型，实现了基于岩类分类三角图的计算机命名；黄思静等(2002)利用 Excel 完成了大数据量砂岩成分的投点。因此,自主设计适宜于我国学者使用的功能全面、操作简便的土壤质地自动分类系统非常必要,也很有意义。

3 STAC 系统的原理、设计与实现

3.1 原理

坐标图是一种显示和分析数据常用的方法,其采用的坐标系统主要有平面直角坐标系、平面正三角坐标系等。前者可分为折线图、曲线图和柱状图等,后者主要是平面正三角坐标图。平面正三角坐标图通常用百分数表示三组分体系中局部与整体的结构比例,是一种结构图。三组分体系范围甚广,常用在化学、地质、土壤等研究领域,常见的三组分体系如部分互溶的液体体系、二盐一水体系及合金体系、土壤质地分类、岩石分类等。若进一步按比例组合进行种类划分,则可变成分类图。

和平面直角坐标系不同,平面正三角坐标系中有 X、Y、Z 三个轴,刻度范围都是 0~100,首尾相连且满足 $X+Y+Z=100$。以美国农部制土壤质地分类图(图 1a、1b)为例,等边三角形的三条边分别代表三种不同粒级的百分含量,即砂粒(2~0.05 mm)、粉(砂)粒(0.05~0.002 mm)和黏粒(<0.002 mm)。三角形内部任意一点的三种粒级百分含量之和为 100,对应于一个各粒级含量不同的混合体。根据混合体中各粒级含量组合的不同将三角形分成多个区域,每个区域和质地名称一一对应,从而实现了土壤质地类型的划分和命名。因此,三角坐标图的本质是由众多多边形组成的严密拓扑结构(胡鹏等,2002),测得的土壤粒级百分含量则相当于其中的坐标点,而利用计算机图形学中的点在多边形内判别算法就可以确定其所属类别区域,进行自动命名。

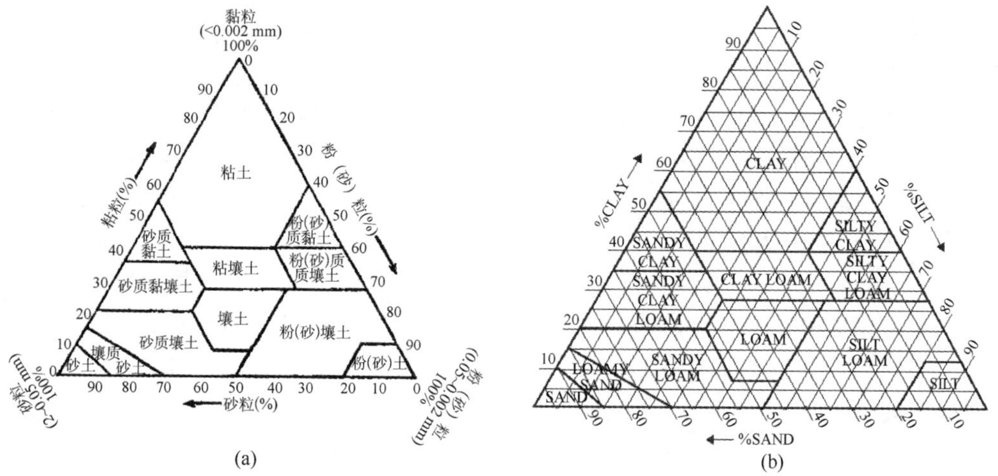

图 1 美国农部制土壤质地分类三角坐标图

Figure 1 Triangle coordinate diagram of USDA's soil texture classification system

(a) GB 7845—87;(b) USDA's website

3.2 STAC 系统设计与实现

STAC 系统先定义一个二维平面直角坐标系，确定直角坐标和三角百分含量坐标的换算关系。再根据质地分类三角图中各类型区的位置关系数字化多边形并建立严格的拓扑关系，将每个多边形赋予相应的土壤质地类型名称。然后将测得的土壤样品粒级数据看作是一个个的坐标点，通过多边形内点判别算法确定其所属区域范围，实现分类和命名。

(1)定义坐标系

计算机图形学通常基于平面直角坐标系，以二维平面点（x，y）的形式对图形进行显示和处理。而平面正三角坐标系则是基于百分比的三组分系统，其坐标值具有一些特殊性质，如质地三角图中坐标点（*Clay*，*Sand*，*Silt*）表示该点处黏粒、砂粒和粉粒的百分比含量，且三个坐标值之和为 100。只需已知一个点的黏粒、砂粒含量（*Clay*，*Sand*），便可计算该点的粉粒含量（*Silt*），即通过两个坐标值就能确定平面正三角坐标系中唯一一点：

$$Silt = 100 - Clay - Sand \tag{1}$$

为了便于计算机运算，本文将三角坐标图的左顶点定为平面直角坐标系的原点（图 2），则坐标点（x，y）和（*Clay*，*Sand*）的换算关系为：

$$\begin{cases} x = 100 - Sand - \dfrac{Clay}{2} & (2) \\ y = \dfrac{\sqrt{3}}{2} \cdot Clay & (3) \end{cases}$$

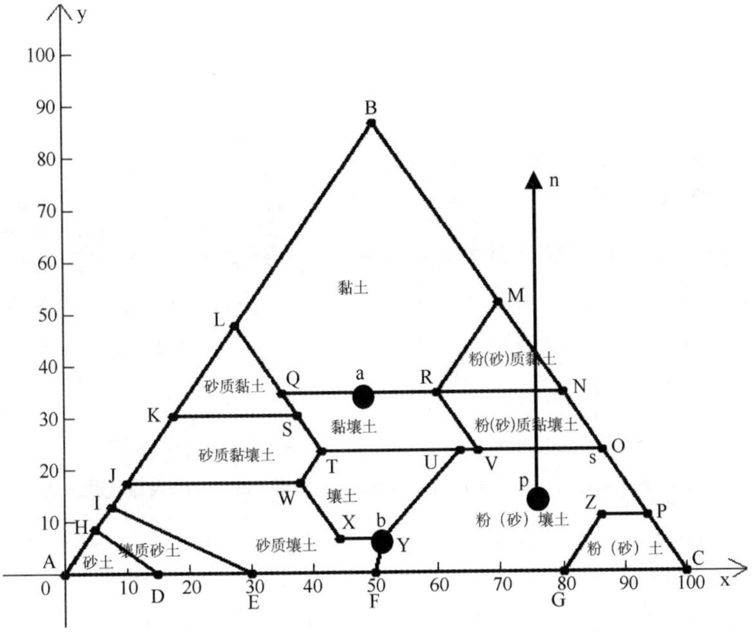

图 2　平面直角坐标系中的美国制三角坐标图

Figure 2　Triangle coordinate diagram of USDA's soil texture classification system in rectangular coordinate

(2)关键点坐标的确立及坐标转换

为便于三角坐标图中多边形的数字化和命名检索,首先编制土壤质地分类区域编码(表 1、图 3)。

表 1　美国农部制土壤质地分类三角图编码

Table 1　Triangle coordinate diagram code of USDA's soil texture classification

编码	1	2	3	4	5	6
质地名称	砂土(Sand)	壤质砂土 (Loamy Sand)	粉(砂)土 (Silt)	砂质壤土 (Sandy Loam)	壤土 (Loam)	粉(砂)壤土 (Silt Loam)
编码	7	8	9	10	11	12
质地名称	砂质黏壤土 (Sandy Clay Loam)	黏壤土 (Clay Loam)	粉(砂)质黏壤土 (Silt Clay Loam)	砂质黏土 (Sandy Clay)	粉(砂)质黏土 (Silt Clay)	黏土 (Clay)

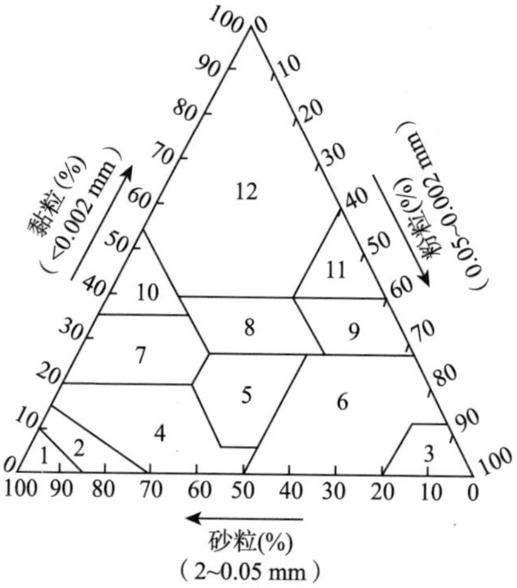

图 3　美国农部制土壤质地分类三角坐标图编码

Figure 3　Triangle coordinate diagram code of USDA's soil texture classification system

三角坐标图中各多边形区域中的数据结点(图 2 中点 A 至 Z)确定了质地分类的界线,是必须明确坐标值的关键点。通过查询美国农业部网站数据,获得各关键点的黏粒和砂粒的含量坐标值($Clay$,$Sand$),根据坐标转换公式(2)和公式(3),计算得到直角坐标系中的坐标值(x,y),其对应关系如表 2 所示。

表 2　三角坐标系和直角坐标系中关键点坐标值换算

Table 2　Key coordinate conversion from triangle coordinate to rectangular coordinate

点号	($Clay$,$Sand$)	(x,y)	点号	($Clay$,$Sand$)	(x,y)
A	(0,100)	(0,0)	N	(40,0)	(80,35)
B	(100,0)	(50,87)	O	(27,0)	(87,23)
C	(0,0)	(100,0)	P	(12,0)	(94,10)
D	(0,85)	(15,0)	Q	(40,45)	(35,35)
E	(0,70)	(30,0)	R	(40,20)	(60,35)
F	(0,50)	(50,0)	S	(35,45)	(38,30)

续表

点号	(*Clay*,*Sand*)	(x,y)	点号	(*Clay*,*Sand*)	(x,y)
G	(0,20)	(80,0)	T	(27,45)	(42,23)
H	(10,90)	(5,9)	U	(27,23)	(64,23)
I	(15,85)	(8,13)	V	(27,20)	(67,23)
J	(20,80)	(10,17)	W	(20,52)	(38,17)
K	(35,65)	(18,30)	X	(7,52)	(45,6)
L	(55,45)	(28,48)	Y	(7,43)	(54,6)
M	(60,0)	(70,52)	Z	(12,8)	(86,10)

(3)三角图多边形拓扑结构的建立

根据转换得到的关键点直角坐标(表 2),依照三角图中多边形的邻接关系分别数字化各个多边形区域(图 2),完成多边形拓扑结构的构建,并予以对应中文名称。计算机中所存储的三角图多边形拓扑结构如表 3 所示。

表 3 多边形拓扑结构

Table 3 Polygon topology

多边形标识	砂土	壤质砂土	粉(砂)土	砂质壤土	壤土	粉(砂)壤土
结点列表	H,A,D	I,H,D,E	P,Z,G,C	J,I,E,F,Y,W	T,W,Y,U	U,F,G,P,O
有向线段列表	HA,AD,DH	IH,HD,DE,EI	PZ,ZG,GC,CP	JI,IE,EF,FY,YW,WJ	TW,WY,YU,UT	UF,FG,GP,PO,OU
多边形标识	砂质黏壤土	黏壤土	粉(砂)质黏壤土	砂质黏土	粉(砂)质黏土	黏土
结点列表	K,J,W,T,S	Q,T,V,R	R,V,O,N	L,K,S	M,R,N	B,L,Q,R,M
有向线段列表	KJ,JW,WT,TS,SK	QT,TV,VR,RQ	RV,VO,ON,NR	LK,KS,SL	MR,RN,NM	BL,LQ,QR,RM,MB

(4)类型判别关键算法

基于计算机图形学的土壤质地分类方法的关键算法是点在多边形内的判别(Philip *et al.*,2005)。计算机图形学中关于多边形内点判别的算法有很多,如垂线法、转角法(王晨等,2005)等。文中采用其中较为成熟的垂线法,判别过程如下(图 2):以数据采样点 p 为端点,向正上方作射线 n,由于多边形是有界的,所以射线 n 的上端一定在多边形外。沿 n 开始自下向上移动,遇到与多边形的第一个交点时进入到了多边形内部,遇到第二个交点时则离开了多边形。当 n 和多边形的交点数目 Count 是奇数时,p 在多边形内,Count 是偶数时 p 在多边形外(龚健雅,2001)。需要考虑特殊情况:若 n 和多边形的顶点相交,有些情况下交点只能计算一个,有些情况下交点不应被计算;若 n 和多边形一条边重合,这条边应被忽略不计(孙家广等,1998)。为了统一,在计算射线 n 和多边形的交点时遵循如下原则:①对多边形的垂直边不作考虑;②对多边形的顶点和 n 相交的情况,若该顶点是其所属边上横坐标较大的顶点,则计数,否则忽略;③对 p 在多边形边上的情形,直接可判断 p 属于该多边形。对特殊点的处理原则:当数据采样点位于两个多边形的交线上,则该点的质地类型命名为这两个相邻多边形的质地名称,即有两个质地类型,如图 2 中的 a 点的质地名称为“黏壤土—黏土”。当数据采样点位于三个多边形的交点,则命名为这三个多边形的质地名称,即有三个质地类型,如图 2 中的

b 点的质地名称为“砂质壤土—壤土—粉(砂)壤土”。类型判别流程如图 4 所示。

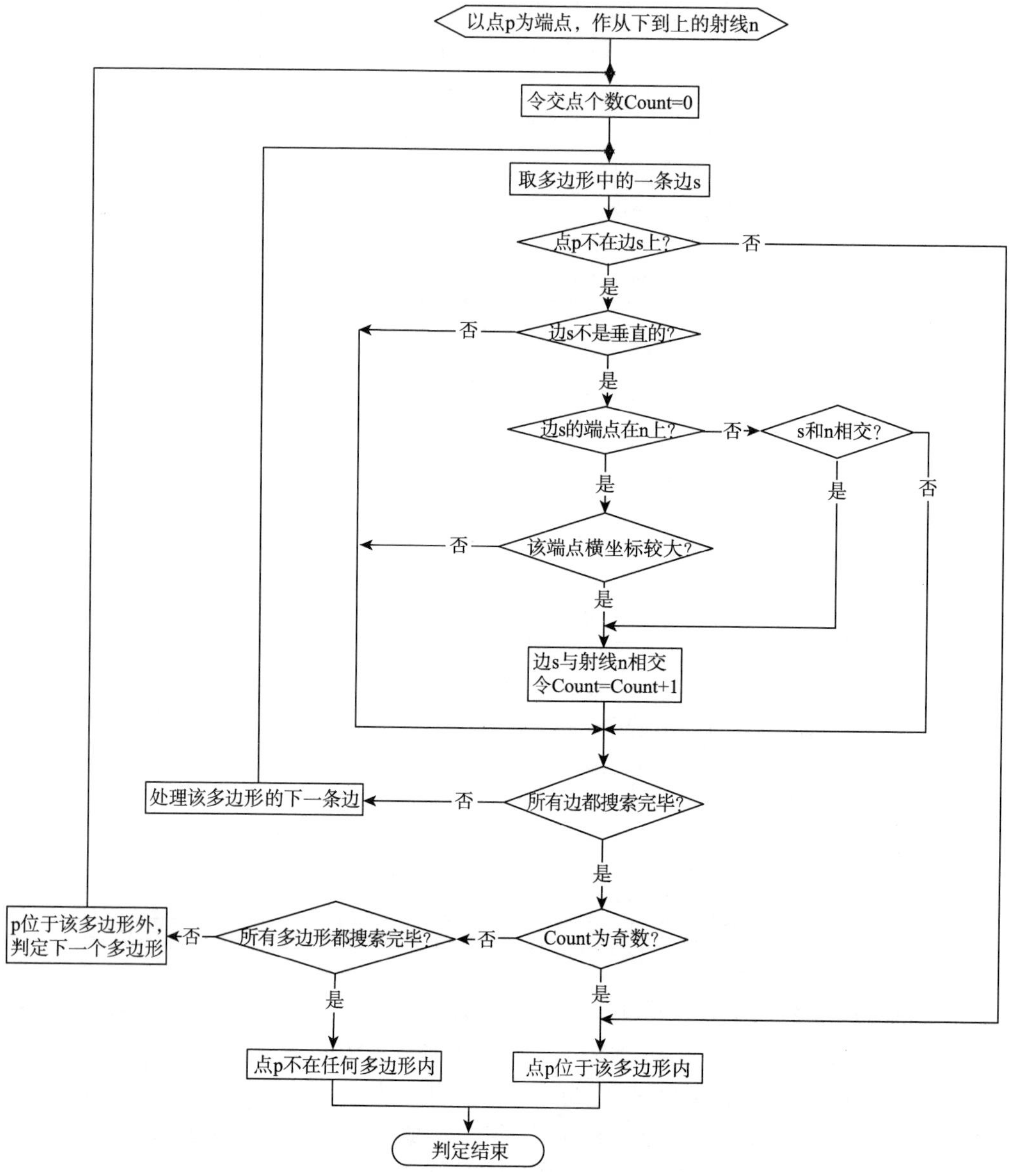

图 4 类型判别流程图

Figure 4 Flow chart of soil texture classification

(5)STAC 系统条件与功能

STAC 系统是使用 VB 设计的绿色软件，适用于所有 Win95 以上版本的 Windows 操作系统，无需安装，直接运行，界面友好，使用简单、方便，运算速度快。用户只需输入所选择土壤质地分类制要求的土壤粒级数据(包括黏粒和砂粒的百分含量)或导入批量的粒级数据文本文件，即可在一秒内完成几千个土样质地的分类命名，且单次处理样品的数量不受任何限制，可以输出包括文本、Excel 电子表格在内的多种常用文件格式，含样品编号(Sample ID)、黏粒含量%(Clay)、砂粒含量%(Sand)、土壤质地类型(Texture)四个字段。

目前已设计完成的 STAC V1.0 系统主要具有如下特点,并可扩展更多功能:

①基于计算机图形学,数学原理科学、严谨。

②采用成熟的图形学关键算法,运算速度快,分类结果准确可靠。

③图形界面交互式操作,方法简单,图形显示直观。

④查询方式多样而且方便:A. 直接输入单个土样数据自动识别命名;B. 导入批量数据文件自动识别命名;C. 直接在图形中点击样点位置查看其土壤粒级含量;D. 单次处理的土壤样品数量不受限制。

⑤具有数据统计、分析功能:A. 批量处理的样品总量、土壤质地种类数量;B. 各种质地类型的土样个数统计以及柱状图显示;C. 土壤粒级测定数据的命名结果分层显示,便于对比分析采样区土壤不同剖面的质地类型分布特点;D. 根据三角图上样点的分布范围和特点,初步判定测量结果是否合理及误差大小。此外,通过统计分析中的选项,将土壤质地类型命名结果与 ArcGIS 软件通过关键字段的连接可进行各种基于采样区地理位置或海拔高度的土壤质地类型的空间分析。

⑥与其他软件(如 Mastersizer 2000、Excel、SPSS 等)数据接口方便灵活,土样测量数据输入简便快捷,命名结果数据输出的文件格式多样。例如,对于 Mastersizer 2000 激光粒度仪测定的土壤粒级数据,可直接通过用该机配套软件的自建模板功能将测量数据导出为 STAC 系统可以接受的文本文件格式。

⑦支持用户自定义的分类制三角图,用户可以很方便地根据需要重新定义质地三角图。

4 应用实例

以美国农部制为例,简要介绍 STAC 系统的使用方法。

(1)单个土样数据的质地命名操作较为简单,在界面左上部相应位置分别输入所测得土样的黏粒、砂粒的百分含量,即可自动显示出土壤质地名称,同时以空心圈定位在三角图中(图 5)。

(2)相对于单个数据而言,大批量数据的自动识别命名由于摆脱了人工查图画线求交点的传统方式,对工作效率的提高更为明显。先在 STAC 系统中选择测定的原始粒级数据文件位置,指定分类命名结果文件保存的地址,或者使用与原始数据文件相同的默认路径,并选择输出文件格式后点击“确定”,即可自动生成以高亮点定位的土样质地类型分布图和分类结果文件。通过“统计分析”按钮可查看包括土壤样品总数、质地类型种类数、各质地类型对应的土样数目(按数目多少排序)等的分析报告(图 5)。现随机抽取 2005 年在大渡河上游采集的 20 个土壤样品导入 STAC 系统,得到自动分类命名结果(表 4),经对比发现与人工查询结果完全一致。

表 4　土壤质地类型自动分类结果

Table 4　Results of soil texture automatic classification

样号	黏粒(%)	砂粒(%)	粉粒(%)	质地类型	样号	黏粒(%)	砂粒(%)	粉粒(%)	质地类型
01	11.562	18.578	69.860	粉(砂)壤土	11	2.022	11.600	86.378	粉(砂)土
02	12.025	16.097	71.878	粉(砂)壤土	12	5.008	8.226	86.766	粉(砂)土
03	10.403	65.264	24.333	砂质壤土	13	8.346	19.146	72.508	粉(砂)壤土
04	20.138	46.057	33.805	壤土	14	9.194	12.368	78.438	粉(砂)壤土

续表

样号	黏粒(%)	砂粒(%)	粉粒(%)	质地类型	样号	黏粒(%)	砂粒(%)	粉粒(%)	质地类型
05	14.444	15.970	69.586	粉(砂)壤土	15	10.047	15.941	74.012	粉(砂)壤土
06	17.128	18.341	64.531	粉(砂)壤土	16	6.032	66.089	27.879	砂质壤土
07	15.469	20.603	63.928	粉(砂)壤土	17	5.647	57.232	37.121	砂质壤土
08	26.085	8.277	65.638	粉(砂)壤土	18	2.270	79.668	18.062	壤质砂土
09	18.615	30.500	50.885	粉(砂)壤土	19	1.680	57.115	41.205	砂质壤土
10	1.088	15.680	83.232	粉(砂)土	20	0.824	51.494	47.682	砂质壤土

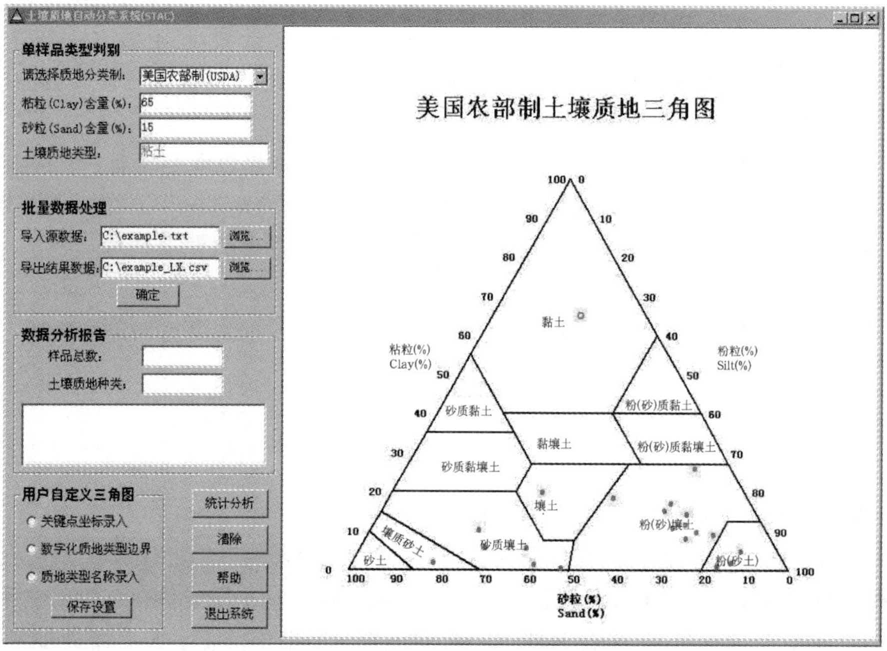

图 5 单个土样和批量土样质地自动分类

Figure 5 Automatic classification of single soil sample and batch soil sample texture

使用该系统不仅很方便地将测得的粒级含量批量数据迅速、自动转换为土壤质地类型数据，而且还能从结果图中直观地看出土壤质地类型的分布特点。如图 5 中，采样区域土壤的主要质地类型为粉(砂)壤土。也可进行样品粒度测量精度的初步判断和简单对比分析，将不同区域采样结果进行比较，还可大致看出各区域土壤质地类型的差异。若根据经验或资料显示某采样区域土壤质地较为均一，但结果图中批量数据点的分布却较为分散，则可初步判断该批测量数据可能存在一定误差，应考虑重新测定。

5 结语

土壤质地自动分类系统 STAC 的设计完成和成功运行，不仅根本上解决了基于三角坐标图的土壤质地自动分类命名问题，极大提高了工作效率，保证了分类命名精度，还提供了一种土壤质地命名结果的直观图形表现方法。而且，将传统学科与先进的计算机技术进行完美结合，便于我们的研究工作，不失为一种好的工作思路。

作为一种新的方法，用计算机图形学法解决基于数值范围的类型判别问题，还可开拓更多的应用领域，如地学、化学等学科。对各个领域内的应用，还可以根据具体需求增加统计分析、决策支持等相关的高级分析功能。本研究下一步计划拓展 STAC 系统的应用范围，如开发基于三角图的岩类自动命名等功能模块。

青藏高原统计数据分析——以人口为例*

An Analysis of Statistical Data about Tibetan Plateau in China —— A Case Study on Population

Abstract: One of the most difficult and emphasized research problems nowadays is how to get the accurate data of a geographical unit that is intercrossed by the administrative units according to the statistical data. Choosing the Tibetan Plateau in China as a case of the geographical unit, we computed concisely the population and its change based on statistical yearbooks and census data of five periods. The ideas and computing methods about how to study on geographical units according to the survey data based on administrative units were the key points we talked, which gave reference to accurate basic data research on geographical units, especially on Tibetan Plateau. The real data model, equal-density edge theoretical data model, minimum data model, maximum data model and expecting data model were applied in computing population on Tibetan Plateau. The results showed : (1) There were 221 counties or cities distributing in 6 different provinces in the range of Tibetan Plateau in China, 155 of which were inside and 66 of which were on the edge; (2) The result from equal-density edge theoretical data model was the closest to the fact, while the expecting data model was the second. So the equal-density edge theoretical data model is fit for analyzing and computing statistical data on geographical units. The population on Tibetan Plateau in China was 12.04 million or so in 2001; (3) Linking with real inhabitant settlement distributions and other multi-source data to overlap and analyze will give a more accurate result.

较高精度的数据对环境容量、生态安全研究、资源支撑能力、社会发展模式与途径、科学规划与决策、区域可持续发展战略等方面的研究，均具有极为重要的意义。目前，利用统计数据和空间数据进行精确处理的方法很多，如使统计数据空间化的数据融合技术(高峰，2000；廖顺宝等，2003)、统计数据栅格化分析等(Zola，*et al*. 2001；岳天祥等，2003)；但仍然没有解决诸如在自然地理单元与行政单元交叉情况下，如何根据行政单元统计数据求得该自然地理单元的数据这类问题，如作为典型统计数据的人口数据，青藏高原人口数量是多少，已发表的各类研究成果仍然众说不一(林康泰，1990；刘东生，1992；王天津，1998；严茂超，1998；牛亚菲，1999；成升魁等，2000；邓坤枚，2000；傅小锋等，2001)，由此推导或分析的人均资源占有量、GDP、收入分析等，往往亦有差异，成为分析精度难以提高的瓶颈问题。

20 世纪 90 年代末以来，随着新方法和技术手段的应用及研究程度的深化，青藏高原自然、人文环境变化动态与机理的研究进入了定位、定量和综合集成研究的新阶段(孙鸿烈，

* 由张镱锂(Zhang Yili)、张玮(Zhang Wei)、摆万奇(Bai Wanqi)、李双成(Li Shuangcheng)和郑度(Zheng Du)完成，原载于《地理科学进展》，2005，24(1)：11-20，图版 1。

1997,2000;Zheng,1999;张镱锂等,2000,2002;郑度等,2002)。由于人们对青藏高原(范围)认识和理解的不同和分析手段的限制,分析和采用的相关基础数据差别较大(林康泰,1990;严茂超,1998;牛亚菲,1999;成升魁等,2000;邓坤枚,2000;傅小锋等,2001;张镱锂等,2002)。由于所取得的有关人文资源环境统计数据都是以县为基本单位,而青藏高原是一个自然地域,高原边缘边界往往与县界交错分布,因此如何科学、准确地估算青藏高原的本底数据,尤其是面对统计数据采用怎样的方法进行分析是当前研究的难点和重点之一。本文以典型统计数据的人口数据作为案例,简明分析青藏高原人口数量;重点阐明如何利用行政单元的统计数据研究自然地理单元数据的分析思路与计算方法,为准确分析或估算自然地理单元尤其是青藏高原的基础数据研究提供参考。

1 数据与方法

1.1 自然地理单元统计数据计算方法

根据自然地理单元与行政单元(如市、县、乡、村、组等)叠置分布格局可能的相互关系,设计了计算自然地理单元内统计数据的等面积和非等面积2类5个算法。简述如下。

(1)等面积系列

1)实际数值(T_{Xr}):分布于某一自然地理单元内的行政单元(组、队、村、乡/镇、市等)的某类(x)统计数据的实际值。计算公式如下:

$$T_{Xr} = \sum_{i=1}^{n} R_i T_{xi} \qquad R_i = 1 \tag{1}$$

式中:R_i 为某行政单元(i)分布在某自然地理单元(如青藏高原)内面积与该行政单元总面积之比,且 $R_i=1$;T_{xi} 为某行政单元(i)的某类统计数据。

2)理论推算数据:根据某自然地理单元内实有的某一级行政单元(如县或乡等)统计数据计算求得。即对某一级行政单元(如县或乡等)而言,某自然地理单元的统计数据由完全分布于该自然地理单元内的该一级行政单元的统计数据与分布于该地理单元边缘的该一级行政单元的统计数据构成。其中边缘的区域统计数据值采用"边缘等密度法"计算。

边缘等密度法,是指对于某自然地理单元边缘地区分布的行政单元,假设其某类统计数据分布为均匀状态,则该行政单元在该自然地理单元内的统计数据可用该行政单元的区域分布比例换算。即在某自然地理单元边缘区,某行政单元的某类统计数据,按该行政单元在该自然地理单元内分布面积占其总面积的比例,乘以该行政单元的该类统计数据。在许多人口空间分布的研究中,预先假设了人口的空间等密度分布(徐建刚等,1994;廖顺宝等,2003)。在此种算法中,某自然地理单元某类统计数据值设为 T_{Xed},计算模型为:

$$T_{Xed} = \sum_{i=1}^{n} R_i T_{xi} \qquad 0 < R_i \leqslant 1 \tag{2}$$

式中:R_i 为某行政单元(i)在某自然地理单元内面积与该行政单元总面积之比($0<R_i\leqslant1$),T_{xi} 为某行政单元(i)的某类统计数据(金君等,2002,2003;Waldo ,1970)。

(2)非等面积系列

1)某自然地理单元某类数据最小值($T_{X\min}$):某一级行政单元(如县/市)范围均分布于某

自然地理单元内的该级行政单元的某类统计数据的总和。

$$T_{X\min} = \sum_{i=1}^{n} R_i T_{xi} \qquad R_i = 1 \tag{3}$$

式中：R_i 为某行政单元(i)在某自然地理单元内面积占该行政单元面积之比($R_i=1$)，T_{xi} 为某行政单元(i)的某类统计数据。

2)某自然地理单元某类数据最大值($T_{X\max}$)：全部和部分地区分布在某自然地理单元内的某一级行政单元(如县/市)的某类统计数据的总和。

$$T_{X\max} = \sum_{i=1}^{n} R_i T_{xi} \qquad R_i = 1 \tag{4}$$

式中：R_i 为某行政单元(i)在某自然地理单元内面积占该行政单元面积之比($R_i=1$)，T_{xi} 为某行政单元(i)的某类统计数据。

3)某自然地理单元某类数据估测值(T_{Xexm})：在问卷调查基础上，提出：某一级行政单元(如县/市)的面积50%以上分布在某自然地理单元内，或该级行政单元的政府所在地位于某自然地理单元范围内，则将其统计数据值均算某自然地理单元内，故某自然地理单元某类数据可描述为：全部或主体部分在分布在某自然地理单元内的某级行政单元某类统计数据的总和(本文中，县/市政府所在地位于青藏高原内的边缘区域的县市，其分布于高原内面积均高于65%)。

$$T_{Xexm} = \sum_{i=1}^{n} R_i T_{xi} \qquad 0.5 < R_i \leqslant 1 \tag{5}$$

式中：R_i 为某行政单元(i)在某自然地理单元内面积占该行政单元面积之比($0.5<R_i\leqslant 1$)，T_{xi} 为某行政单元(i)的某类统计数据。

本文中自然地理单元选择青藏高原，行政单元采用县(或市)，统计数据以人口统计为例，上述各算法中的某类(x)数据，由人口(population)的缩写“p”替代，分别为 T_{Pr}、T_{Ped}、T_{Pmin}、T_{Pmax}、T_{Pexm} 等，T_{xi} 为 T_{Pi}。

1.2 面积数据

有关青藏高原的范围作者已有详细论述(张镱锂等，2002)，省界和县界等依据《中华人民共和国政区图》(1∶400万，2000年版)为准，国界以《中华人民共和国地形图》(1∶400万，中国地图出版社1989年版)为准。

采用GIS软件将上述两种空间矢量数据进行空间叠加分析，测算青藏高原内各县市的面积和边缘县分布于高原内的面积并求得其比例(R_i)。

1.3 人口数据

人口数据按统计年鉴和5次人口普查数据，某(i)行政区在高原内面积与该行政区总面积之比(R_i)由上节求得。

2 结果与分析

2.1 各县面积及其在青藏高原内的比例

青藏高原范围涉及6个省(区)、221个县(市)，其中，155个县(市)位于高原内部，为高原主体，边缘地区有 66 个县(市)(表 1，图 1)。具体分析如下。

(1)整个行政区均分布在青藏高原范围内的有 155 个县(市)

它们是：西藏自治区的全部县(市)(78 个)，青海省的绝大部分县(市)(44 个县市，互助、乐都、民和、化隆等 4 县除外)，四川省的甘孜州(康定县、丹巴县、九龙县、雅江县、道孚县、炉霍县、甘孜县、新龙县、德格县、白玉县、石渠县、色达县、理塘县、巴塘县、乡城县、稻城县、得荣县等 17 个县)和阿坝州的 9 个县(既理县、金川县、小金县、黑水县、马尔康县、壤塘县、阿坝县、若尔盖县、红原县)，甘肃省的合作、碌曲、玛曲、迭部等 4 县(市)，新疆维吾尔自治区的塔什库尔干县和云南省的贡山、福贡等 2 县。

(2)部分行政区分布在青藏高原内的有 66 个县(市)

1)行政区主体分布于青藏高原内($R_i \geqslant 90\%$)有 11 个县(市)

新疆的和田，青海省的互助、化隆，甘肃的卓尼、夏河，四川省的茂县、松潘、九寨沟、木里及云南省的德钦和香格里拉(中甸)等。

2)行政区大部分在青藏高原内($50\% \leqslant R_i < 90\%$)有 10 个县(市)

新疆的阿克陶县、叶城县，甘肃的肃北蒙古族自治县和肃南裕固族自治县，青海省的乐都县，四川省的汶川县、泸定、宝兴县、临潭县和云南省的维西傈僳族自治县。

3)行政区部分在青藏高原内($10\% \leqslant R_i < 50\%$)有 29 个县(市)

新疆的乌恰县、皮山县、民丰县、于田县、策勒县、且末县、若羌县、舟曲县、天祝蒙古族自治县、民和回族自治县、民乐县、积石山保安族东乡撒拉族自治县、康乐县、阿克塞哈萨克族自治县、和政县、宕昌县、都江堰市、冕宁县、平武县、石绵县、盐源县、什邡市、芦山、彭州市、北川县、泸水、宁蒗彝族自治县、丽江纳西族自治县和兰坪白族普米族自治县等。

表 1 青藏高原边缘各县(市)分布在高原内面积比例(R_i)*

Table 1 Inside-plateau area percents of counties on the egde of Tibetan Plateau in China

省区	县(市)编号与地名**	R_i	县(市)编号与地名	R_i	县(市)编号与地名	R_i
新疆	1 乌恰	0.240 0	6 墨玉	0.015 6	11 民丰	0.411 8
	2 阿克陶	0.871 6	7 和田	0.915 1	12 且末	0.363 8
	3 莎车	0.096 5	8 洛浦	0.009 9	13 若羌	0.444 7
	4 叶城	0.646 0	9 策勒	0.305 8		
	5 皮山	0.412 5	10 于田	0.279 8		
甘肃	14 阿克塞哈萨克族自治县	0.198 6	20 民乐	0.269 6	30 临夏	0.059 6
	15 肃北蒙古族自治县	0.721 4	21 山丹	0.020 3	31 *夏河*	0.953 6
	16 玉门市	0.022 8	22 武威市	0.042 5	32 和政	0.180 2
	17 肃南裕固族自治县	0.698 0	23 天祝蒙古族自治县	0.433 4	33 康乐	0.206 6
	18 酒泉市	0.020 9	24 古浪	0.005 2	34 *临潭*	0.657 3
	19 高台	0.014 9	29 积石山保安族东乡撒拉族自治县	0.110 9	35 *卓尼*	0.954 1
青海	25 *互助土族自治县*	0.909 8	27 民和回族自治县	0.250 8		
	26 *乐都*	0.830 5	28 *化隆回族自治县*	0.997 8		

续表

省区	县(市)编号与地名**	R_i	县(市)编号与地名	R_i	县(市)编号与地名	R_i
四川	36 岷县	0.022 7	*44 茂县*	0.917 4	52 芦山	0.148 2
	37 宕昌	0.169 1	45 绵竹市	0.075 6	53 宝兴	0.526 6
	38 舟曲	0.456 0	46 什邡市	0.219 0	54 天全	0.052 3
	39 文县	0.078 3	47 彭州市	0.114 4	55 泸定	0.531 5
	40 九寨沟(南坪县—1999)	0.955 4	48 都江堰市	0.123 0	56 石棉	0.275 4
	41 平武	0.309 6	*49 汶川*	0.870 5	57 冕宁	0.355 8
	42 松潘	0.957 3	50 温江	0.046 0	58 盐源	0.231 8
	43 北川	0.109 7	51 崇州市	0.060 7	59 木里藏族自治县	0.995 7
云南	60 宁蒗彝族自治县	0.282 3	63 德钦	0.967 0	*66 泸水*	0.464 5
	61 丽江纳西族自治县	0.206 4	64 维西傈僳族自治县	0.502 8		
	62 香格里拉(中甸)	0.957 4	65 兰坪白族普米族自治县	0.162 2		

注：* 西藏自治区的错那、墨脱、察隅等 3 县面积比(R_i)分别为 0.366 8、0.430 3 和 0.918 1；3 县人口均计入青藏高原范围内；
** 县市名称前序号与图 1 中的序号相同；县/市名斜体表示该县/市政府所在地位于高原内。

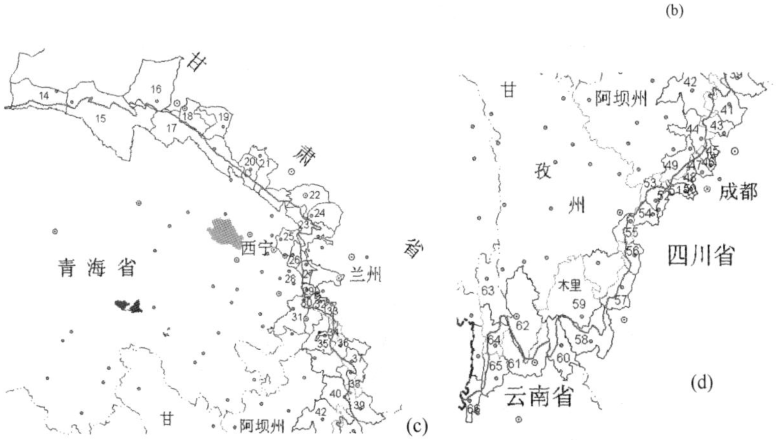

图 1　青藏高原范围内各县行政范围图示

Figure 1　Range of each county on Tibetan Plateau in China

(a)高原与各县行政范围;(b)、(c)和(d)为高原边缘县位置放大图示

(图中 1～66 分别代表边缘县市名称,详见表 1)

4)行政区小部分在青藏高原内(5%≤R_i<10%)有 6 个县(市)

新疆的莎车县,四川省的文县、临夏、绵竹市、崇州市和天全县等。

5)行政区极小部分在青藏高原内(R_i<5%)有 10 个县(市)

甘肃省的玉门市、古浪、洛浦、酒泉市、山丹、高台、武威市等,四川省的墨玉、岷县和温江等。

2.2　青藏高原人口测算结果与分析

各时期青藏高原人口数据如表 2 和表 3 所示。在青藏高原人口统计中,完全分布在高原内的 155 个县(市)的人口总数,2001 年为 7 748 709 人,而高原边缘分布的全部 66 个县的人口,2001 年为 15 763 203 人是前者的 2 倍以上,可见边缘地区的数据的合理分割是非常重要的。

青藏高原人口数据因统计范围与算法不同而异,作者采用的各种计算方法的运算结果数据值相差较大(表 2、图 2)。其中,极小值(T_{Pmin})和极大值(T_{Pmax})因涉及的县(市)的分布范围过小或过大而导致与实际人口分布相差甚远;而估测值(T_{Pexm})较接近边缘等密度法计算的结果,理论上,边缘等密度法最接近实际结果。以边缘等密度法计算的人口数(T_{Ped})为例,截至 2001 年,青藏高原人口约 12 045 646 人,其中完全分布于高原内(155 个县)的人口占 64.32%,而全县(市)的面积 50%以上分布在高原内(或该县(市)政府所在地位于高原范围内)的 176 个县(市)的人口(11 113 400 人)占 92.26%。

表 2　青藏高原人口测算结果(1953—2001 年)与报道数据比较　(单位:人)

Table 2　Comparison of population estimated (1953—2001) and reported on Tibetan Plateau in China

	1953 年	1964 年	1982 年	1990 年	2000 年	2001 年	统计县(市)数
实际人口 T_{PR}	—	—	—	—	—	—	221
边缘等密度人口数 T_{Ped}	5 121 029	5 984 261	9 626 532	10 880 334	11 918 714	12 045 646	221
极小值 T_{Pmin}	3 165 862	3 654 947	6 078 697	6 960 779	7 646 609	7 748 709	155
极大值 T_{Pmax}	10 746 731	12 539 128	18 860 884	21 219 569	23 356 943	23 511 912	221
估测值 T_{Pexm}	4 781 376	5 411 167	8 890 539	10 022 316	10 895 655	11 113 400	176

续表

	1953 年	1964 年	1982 年	1990 年	2000 年	2001 年	统计县(市)数
1998 年王天津报道	—	—	—	9 827 000①	—	—	169
2001 年傅小锋等报道	—	—	8 666 000②	9 466 000	10 365 000③	—	169
2000 年成升魁等报道	—	—	—	—	10 214 200④	—	167
1998 年严茂超报道	—	—	—	9 113 000	10 570 000⑤	—	167
1990 年林康泰报道	—	—	10 076 607⑥	—	—		220⑥
1992 年刘东生报道	—	—	9 750 000⑦				

注：①数据时间为 1993 年；统计范围为西藏自治区(78 县市)、青海省(48 县市)、甘肃省甘南州(8 县市)和天祝县、四川省甘孜州(17 县市)、阿坝州(13 县市)和木里县、及云南省迪庆州(3 县市)，共 169 县市；

②数据为 1985 年，统计范围与王天津 1998 相同；

③数据为 1997 年，统计范围与王天津 1998 相同；

④数据时间为 1998 年；统计范围为西藏自治区，青海省，甘肃省甘南州，四川省甘孜州和阿坝州，云南省迪庆州，共 167 县市；

⑤数据以 1980 年代高原地区人口增长状况，按年人口增长率 15‰计算获得；统计范围与成升魁等相同；

⑥数据时间为 1982 年 7 月，统计范围为西藏自治区和青海省全部、新疆 13 个县、甘肃省 26 个县、四川省 47 个县及云南省 8 个县，共 220 县市；

⑦数据时间为截至 1986 年。

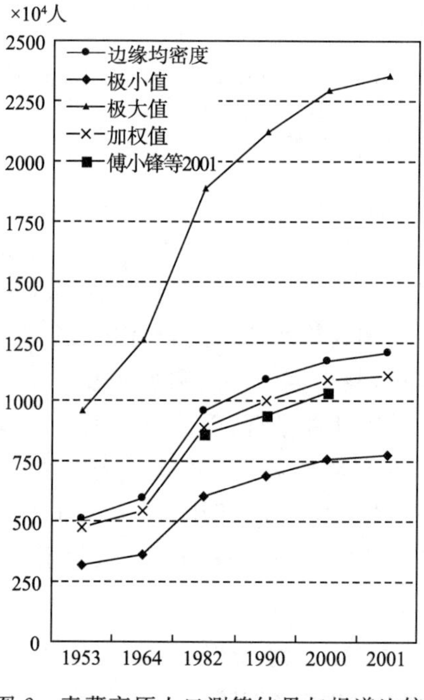

图 2　青藏高原人口测算结果与报道比较

Figure 2　Comparison of population estimated and reported on Tibetan Plateau in China

与以往研究比较，本文采用边缘等密度法计算的 1982 年约 962 万人与林康泰(1990)利用同期数据报道的人数 1 007 万人最接近，相差 4.4%～4.6%。二者计算的范围与采用的数据时间基本相同，但得出的青藏高原人口数据有一定差异，这主要与不同作者的研究目的和对青藏高原范围认识的不同或受所采用数据的限制有关。其他报道与边缘等密度法的研究结果相差较大。

表 3 青藏高原人口统计组成表

Table 3 Components of population statistical on Tibetan Plateau in China

省(区)(含县(市)数)		第1次人口普查(1953年)①		第2次人口普查(1964年)①		第3次人口普查(1982年)①		第4次人口普查(1990年)②		第5次人口普查(2000年)③		2001年④	
		T_{Pmax}	T_{Ped}	T_{Pmax}	T_{Ped}	T_{Pmax}	T_{Ped}	T_{Pmax}	T_{Ped}	T_{Pmax}	T_{Ped}	T_{Pmax}	T_{Ped}
边缘县市	新疆(13)	1 334 063	460 372	1 451 315	513 091	2 077 301	752 357	2 335 463	783 938	2 767 658	926 886	2 811 045	940 773
	甘肃(22)	2 402 734	369 758	3 175 178	502 743	4 189 835	679 694	4 756 975	778 191	5 212 490	786 275	5 201 321	786 720
	青海(4)	534 417	384 420	597 589	434 836	1 028 586	741 292	1 150 975	826 814	1 260 767	899 171	1 264 778	534 417
	四川(20)	2 809 319	550 523	3 049 579	638 099	4 507 221	986 647	4 862 833	1 072 551	5 222 925	1 169 406	5 231 355	2 809 319
	云南(7)	500 336	190 094	610 520	240 545	979 244	387 845	1 152 544	458 061	1 246 511	490 384	1 254 704	500 336
	小计	7 580 869	1 955 167	8 884 181	2 329 314	12 782 187	3 547 835	14 258 790	3 919 555	15 710 351	4 272 122	15 763 203	5 571 565
内部县市	新疆(1)	0	0	11 876	11 876	20 153	20 153	25 060	25 060	32 004	32 004	32 796	32 796
	甘肃(4)	28 766	28 766	52 863	52 863	93 626	93 626	106 782	106 782	212 051	212 051	214 595	214 595
	云南(2)	45 319	45 319	47 233	47 233	74 943	74 943	117 638	117 638	42 843	42 843	123 117	123 117
	四川(26)	675 691	675 691	743 735	743 735	1 159 243	1 159 243	1 217 318	1 217 318	1 303 960	1 303 960	1 271 102	1 271 102
	青海(44)	1 142 117	1 142 117	1 548 015	1 548 015	2 867 109	2 867 109	3 303 971	3 303 971	3 543 410	3 543 410	3 570 098	3 570 098
	西藏(78)	1 273 969	1 273 969	1 251 225	1 251 225	1 863 623	1 863 623	2 190 010	2 190 010	2 512 341	2 512 341	2 537 001	2 537 001
	小计	3 165 862	3 165 862	3 654 947	3 654 947	6 078 697	6 078 697	6 960 779	6 960 779	7 646 609	7 646 609	7 748 709	7 748 709
合计(221)		10 746 731	5 121 029	12 539 128	5 984 261	18 860 884	9 626 532	21 219 569	10 880 334	23 356 943	11 918 714	23 511 912	12 045 646

注:①引自《中华人民共和国人口统计资料汇编 1949—1985》,北京:中国财政经济出版社,1988;

②引自《1990 中华人民共和国全国分县市人口统计资料》,北京:群众出版社,1991,7;

③引自《2000 中华人民共和国全国分县市人口统计资料》,北京:群众出版社,2001,4;

④引自《2001 中华人民共和国全国分县市人口统计资料》,北京:群众出版社,2002,4。

Christopher Small 和 Joel E. Cohen(1999)发现:随海拔的升高和与海岸线和主要河流距离的增加,人口迅速减少。由于人口分布受许多自然要素的影响与限制,同时受社会经济要素的制约。在青海省和西藏自治区境内,居民点垂直分布的高峰值分别在海拔 2 600 m 和 4 000 m 处,在海拔 2 700～4 000 m,居民点密度缓慢递增;同时,平均人口密度与土地利用和道路有较好的正相关,而与海拔高度呈负相关(Zola *et al.*, 2001;廖顺宝等,2003)。在青藏高原边缘县,高原内区域的自然条件(高海拔、寒冷、生存资源限制等)和社会经济条件等与低海拔的高原外区域比较,相对处于弱势,通常,其人口分布密度往往低于高原外部分。由此推断,用边缘等密度法分析所得数据应高于实际数值,即青藏高原现时人口低于 12 045 650 人。

在 1953—2001 年,青藏高原人口年均增长率总体高于全国水平,从空间分布看青藏高原内部人口数高于高原边缘地区。在 1953—1964 和 1990—2000 两个阶段年均增长率低于全国,2000 年以后又有所回升(表 4 和图 3)。在完全分布在高原内的县市中,人口由 1953 年的 3 165 862 人增至 2001 年的 7 748 709 人,年均增长率为 30.16‰;高原边缘县市人口年均增长率为 22.49‰;前者年均增长率高出后者 7.67‰(表 3)。因此,在一定时期内"坚持积极的计划生育和提高人口素质政策仍是青藏高原区域持续发展关键策略"(傅小锋等,2001),尤其是高原内部地区。

表 4　青藏高原与全国的人口比较

Table 4　Comparison of population in China and on Tibetan Plateau in China

	青藏高原($\times 10^4$ 人)	期间年均增长率(‰)	全国($\times 10^4$ 人)	期间年均增长率(‰)
1953 年	512.102 9		58 260	
1964 年	598.426 1	15.32	69 122	16.95
1982 年	962.653 2	33.81	100 391	25.1
1990 年	1088.033 4	16.28	113 051	15.76
2000 年	1191.871 4	9.54	126 583	11.97
2001 年	1204.564 6	10.65	127 627	8.25
2002 年	—	—	128 453	6.45
1953—2001 年		28.17		24.81

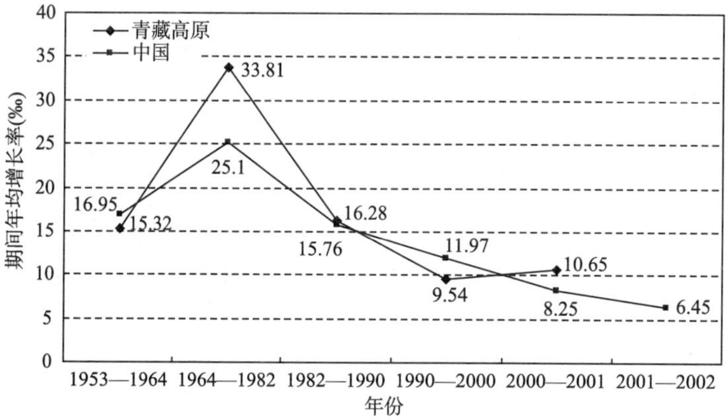

图 3　青藏高原与全国人口各时段年均增长率变化趋势

Figure 3　Trends of annual average growth rate about population in China and on Tibetan Plateau

3 结论

(1)当研究对象是一个自然地理单元,尤其是介于完整的地理单元和行政单元之间时,在仅有行政单元的统计数据情况下,边缘等密度计算法是分析自然单元数据值有效方法之一(如果地理单元和行政单元交叉地区的环境要素均一或经济发展程度接近时,其计算结果更佳)。其主要优点在于基于自然单元特性和统计单元的已知条件,利用 GIS 技术手段获得自然地理单元的数据;其不足是数据在行政单元内往往不是平均分布状态,所获数据有一定的偏差。

边缘等密度计算法适用于自然地理单元(如青藏高原等)统计类数据的推算和分析。即:

某自然地理单元某类总量: $T_{Xed} = \sum_{i=1}^{n} R_i T_{xi} \quad 0 < R_i \leqslant 1$

式中:R_i 为某行政单元(i)在某自然地理单元内面积与该行政单元面积之比($0<R_i\leqslant1$),T_{xi} 为某行政单元(i)的某类(x)的数量。

(2)截至 2001 年,青藏高原人口约 1 204 万人,实际上,应低于 12 045 650 人。1953—2001 年,青藏高原人口年均增长率 28.17‰(9.54‰~33.81‰),略高于全国同期的年均增长率 24.81‰(8.25‰~25.1‰),高原内部高于高原边缘地区;2000 年以后,青藏高原人口增长率趋高,继续坚持积极的计划生育和不断提高人口素质政策仍是青藏高原区域持续发展重要策略,尤其是青藏高原内部地区。

(3)在青藏高原人口分析与测算中,边缘等密度计算法存在问题是分布于边缘县市(尤其是县市主体不在高原内部)人口计算的不均一性,即居民人口分布与地形、环境条件和资源配置直接相关;可结合居民点的实际空间数据进行叠加分析,或进一步结合多源数据融合技术进行精确测算等。

Climate Change in Mt. Qomolangma Region since 1971*

珠穆朗玛峰地区自 1971 年以来的气候变化

摘 要:利用珠穆朗玛峰地区中国境内 5 个气象站 1971—2004 年月平均气温、月平均最高、最低气温、月降水资料,采用气候线性趋势分析、滑动平均、低通滤波、累积距平等方法对珠峰地区近 34 年气候变化的时空分布特征进行了分析。结果表明:(1)1971—2004 年珠峰地区气温呈现出明显的上升趋势,其中,海拔最高的定日站增幅最高,且以冬半年非生长季气温增长更为显著;(2)近34 年珠峰地区的变暖要明显早于中国及全球,且升温幅度更大;(3)珠峰南、北翼降水变化趋势明显不同,北翼 4 站降水以增加趋势为主,但是总体显著性水平不高,而珠峰南翼的聂拉木降水以减少趋势为主,从 20 世纪 90 年代初开始降水以较大幅度减少;(4)与已有研究结果比较发现:珠峰高海拔地区是中国同期升温最显著的区域。设立在海拔 5 032 m 珠峰大本营的世界上海拔最高的无人值守实时自动气象站将会在全球变化监测中发挥重要的作用。

Global climate change has profound influence in nature ecosystem and socioeconomic system and is a focus which governments, scientific societies as well as common people have paid much attention to. Observations indicate that there is obvious ascending tendency for the global average surface temperature during the last 100 years (IPCC, 2001). The Tibetan Plateau(TP) is located in central Asia with a mean elevation of over 4 000 m a. s. l. and an area of about 2 500 000 km^2. It is the highest and most extensive plateau in the world, which has long been known as the roof of the world and has unique and complicated plateau climate. The TP not only is a sensitive and initiating area to climate change in China (Feng *et al.*, 1998), but also was considered as a driver and amplifier of the global climatic change (Pan *et al.*, 1996). Studies (Liu *et al.*, 1998; Yao *et al.*, 2000; Zhang *et al.*, 2004) on contemporary climate change in TP show that the annual average air temperature change over the TP has a good consistency, and there is a warming tendency since the 1960s. There exists an elevational dependency of the climatic warming trends in the TP and an increasing tendency of warming with increasing height. Compared with the change of air temperature, the variation of precipitation over the TP is more complicated. There are disputations in precipitation change. Form the 1950s to the early 1990s, the precipitation over TP decreased along Yarlung Zangbo River, but it increased in high elevation area of southeastern, southern and

* Published by Yang Xuchao(杨续超), **Zhang Yili(张镱锂)**, Zhang Wei(张玮), Yan Yuping(阎宇平), Wang Zhaofeng(王兆锋), Ding Mingjun(丁明军) and Chu Duo(除多) in *J. Geo. Sci.*, 2006, 16(3):326-336.

northern Tibet and northern Qinghai; the annual rainfall trend in most parts of Tibet increased but the change trend of rainfall decreased in Ngari district from 1971—2000; the main trend of precipitation over TP is increasing but generally has a low significance level in the last 30 years(Wu *et al.* ,2005).

Mt. Qomolangma region is located in southern TP, central Himalayas with a mean elevation of 4 000～5 000 m a. s. l. The unique and various geographical conditions, sensitive and vulnerable environment there make it to be a perfect site for investigating the interaction of land-atmosphere system and the change of pattern and process of ecosystem in the background of global climate change. In 2005, the 30th anniversary of the mountaineering scientific expedition into Mt. Qomolangma in 1975, the Chinese Academy of Sciences organized a comprehensive scientific expedition with the subject "the response of Mt. Qomolangma region to the global change". The expedition did research work in a wide range of fields, including atmospheric physics, atmospheric chemistry, glacier and hydrology, biology, environment in Mt. Qomolangma region, the changing process in the height of Mt. Qomolangma. The samples and data obtained in this expedition will provide reliable scientific evidence for studying the environmental change in Mt. Qomolangma region.

The climatic conditions of Mt. Qomolangma region are widely different from those of the same latitudinal zone in eastern China, and the atmospheric circulation acting on here and the natural barrier of Himalayas generate obvious regional difference between the north and south side (Team of Scientific Expedition in Tibet, CAS, 1975). Being the highest region in the Earth, there is short of systemic reports about contemporary climate change in Mt. Qomolangma region. Using annual average, maximum, minimum air temperature and monthly average precipitation data from 5 weather stations in Mt. Qomolangma region from 1971 to 2004, the spatial and temporal patterns of the climatic change in this region will be analyzed in this paper. We hope the results of this study will be helpful to provide insight into the response of Mt. Qomolangma region to the global change.

1 Scope of the study area

The Mt. Qomolangma natural reserver includes Tingri, Dinggye, Nyalam and Gyirong counties, and there are weather stations only in Tingri and Nyalam county. For reflecting the climate change in Mt. Qomolangma region more accurately, the research area in this paper is in the range of east to the Gyangze, west to Gyirong, south to the national boundaries and north to Yarlung Zangbo River, which includes 5 weather stations of Tingri, Nyalam, Xigaze, Gyangze, Lhaze(Figure 1).

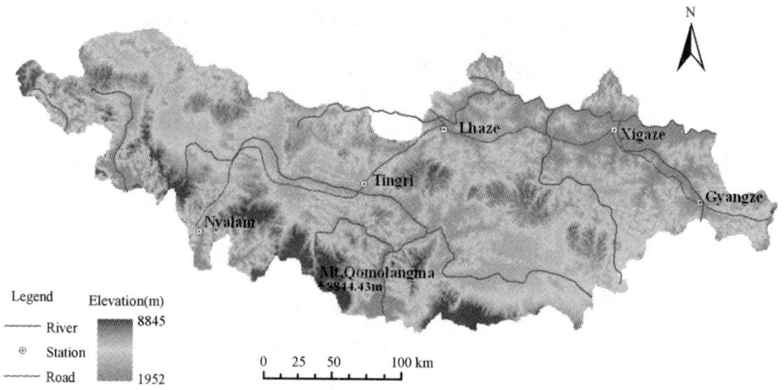

Figure 1　Location of the study area

2　Data and method

(1) Data processing. Monthly average, maximum, minimum air temperature and monthly average precipitation data of Tingri, Nyalam, Gyangze and Xigaze from 1971 to 2004, Lhaze from 1978 to 2004 are used in this paper. Because of the high correlation of climate change between Lhaze and Xigaze (the correlation coefficient of temperature is 0.91, the correlation coefficient of precipitation is 0.89, passing the 99.9% confidence test), we extend the data of Lazi to 1971 using linear regression through a least-square fitting between Lhaze and Xigaze.

(2) Analyzing the trend of climate change. Climatic linear trend analysis (Wei *et al.*, 2003) is used in this paper and whether the trend is significant is detected.

(3) Climatic jump analyzing. Accumulated variance analysis methods was employed to analyze the climatic jump in this paper.

3　Results

Mt. Qomolangma region is sensitive to climate change and the complicated topography of Himalayas and strong solar radiation form unique climate and environmental characteristic there. In the background of global climate change, there are a series of responses, such as temperature increase and glacier melting, etc. in Mt. Qomolangma region.

3.1　Temperature variation in Mt. Qomolangma region

3.1.1　Interannual variations of temperature

Mt. Qomolangma, with a large body and high elevation, reaches as much as 1/3～1/2 height of troposphere. Because of the high elevation, the temperature there is low. Annual surface air temperature of 5 stations in Mt. Qomolangma region from 1971 to 2004 ranges from 3 ℃ to 6.8 ℃. The 34-year-averaged regional mean temperature is about 5 ℃, which is far lower than that in the same latitudinal zone in eastern China.

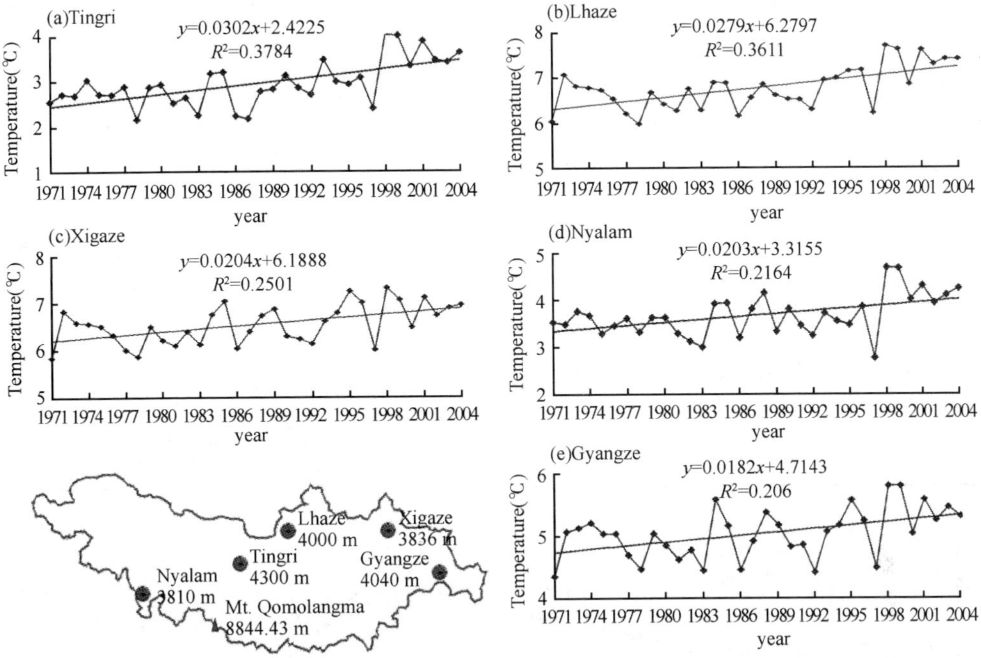

Figure 2 Trends of annual average temperature change at each station in Mt. Qomolangma region during the period 1971—2004

From 1971, the annual averaged surface air temperature clearly shows an increasing trend in Mt. Qomolangma region (Figure 2), which is consistent with previous studies that demonstrated a warming tendency since the 1960s in TP. But the warming is more notable in Mt. Qomolangma region, with an increasing trend of about 0.234℃/10a (passing the 99.9% confidence test). Tingri, the highest mountain station among the 5 high-elevation stations, has the strongest warming trend of 0.302℃/10a (passing the 99.9% confidence test).

The interdecadal variations of annual average temperature of Tingri, Nyalam, Gyangze, Xigaze and Lhaze indicate that the warming in Mt. Qomolangma region is weak from 1970s to 1980s and the temperature of Tingri even decreased, but the temperature increased markedly after 1990. Compared to the 1970s, the temperature increased within a range from 0.44 ℃ to 0.84 ℃ since 2000(Table 1).

The annual average, maximum and minimum air temperature in Mt. Qomolangma region show obvious ascending tendency for the interannual change in recent 34 years (Figure 3a,3c and 3e). The linear rates of temperature increase are 0.234, 0.306, 0.201 ℃/10 a respectively, which means the strong warming trend.

The linear rate of annual minimum temperature increase is higher than that of annual average and mean maximum, therefore we may consider that the warming is influenced more markedly by increase of minimum temperature. In addition, there was a sudden change of the annual average, maximum and minimum air temperature accumulated variance in Mt. Qomolangma in 1992 (Figure3b, 3d and 3f). The warming was slowly before 1992 and the temperature subsequently increased significantly.

Table 1　Interdecadal variations of air temperature at each station in Mt. Qomolangma region

Station	Elevation(m)	Mean Temperature(℃)	Temperature Anomaly(℃)			
			1970s	1980s	1990s	2000—2004
Tingri	4 300	2.95	−0.25	−0.27	0.20	0.59
Nyalam	3 810	3.67	−0.15	−0.14	0.05	0.44
Gyangze	4 040	5.02	−0.14	−0.09	0.10	0.30
Xigaze	3 836	6.55	−0.21	−0.08	0.12	0.29
Lhaze	4 000	6.77	−0.23	−0.20	0.14	0.54
mean	3 997	4.99	−0.19	−0.16	0.12	0.43

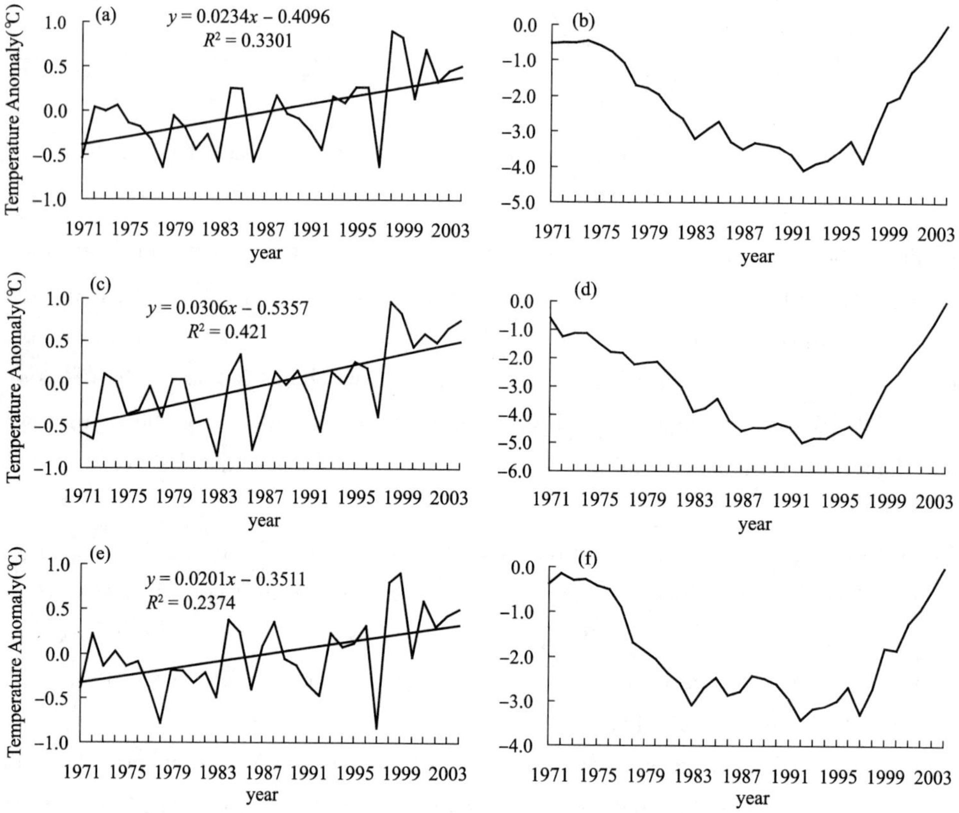

Figure 3　Anomalies and accumulated variance of annual average(a, b), maximum(c, d) and minimum(e, f) air temperature in Mt. Qomolangma region

3.1.2　Seasonal variations of temperature

Monsoon circulation remarkably influences the climate of Mt. Qomolangma region, which was under the control of westerly in the winter half year and warm and humid circulation in the summer half year, therefore it is very cold in the winter half year and warm in the summer half year. Figure 4 shows statistics of the monthly temperature averaged for the 5 station for the most recent decades. In comparison with the 1970s, the monthly mean temperatures since 2000 increase by nearly 1 ℃ in the winter half year (October-March), but do not obviously change in the summer half year(April-September). Thus, Mt. Qomolangma region has undergone recent warming, especially in the winter half year. In terms of the scientific expedition, the growing season of Mt. Qomolangma is from June to September. The interdecadal variations of temperature in June and July are weak. Although there is higher increase in August and September, there is more obvious increasing of temperature in non-growing season generally.

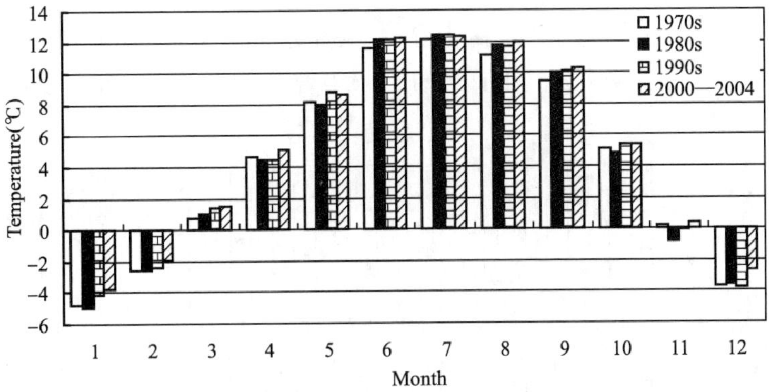

Figure 4 Histograms of monthly mean temperature averaged for 5 stations in Mt. Qomolangma region during the recent 34 years

3.1.3 Comparison analysis of the temperature changes

Shrestha(1999) analyzed maximum temperature data from 49 stations in Nepal on south Mt. Qomolangma for the period 1971—1994(Figure 5). Compared with the trend of maximum temperature change on north slope of Mt. Qomolangma (Figure 3e), we can find that on both side of Mt. Qomolangma, there are concurrent temperature changes, which both shows obvious warming trend. The significant warming started from 1978 on both side of Mt. Qomolangma.

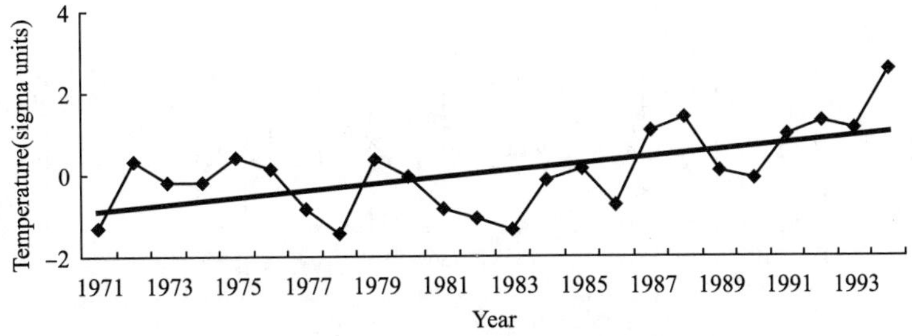

Figure 5 Time series of annual mean maximum temperature in Nepal from 1971 to 1994 (Shrestha,1999)

The climate change of TP is earlier than the east of China (Feng *et al.*, 1998) and is regarded as the "origin" of climatic changes in China. Liu and Chen (2000) also suggested that the warming of the TP occurred earlier than global change and has a higher increase trend. By contrastive analysis of climate change in recent three decades between Mt. Qomolangma region and various spacial scales, we draw similar conclusions. Using global gridded monthly temperature data from the CDC (NOAA Climate Diagnostics Center), we obtain the time series of interannual variations of temperature in China and the Earth (Figures 6c and 6d), which then were contrast with the trend in Mt. Qomolangma region and Tibet (Figures 6a and 6b). The trend of temperature change of Mt. Qomolangma region is consistent with that of Tibet and the recent warming both began on 1978. The warming in China began on 1984. The global temperature increased obviously twice, one began on 1976 and the last one began on 1993. Thus, the warming over Mt. Qomolangma is earlier than everywhere in China, even earlier than global average. The rate of increasing air temperature is 0.234 ℃/decade in Mt. Qomolangma region, which is larger than 0.226 ℃/decade in China and 0.148 ℃/decade

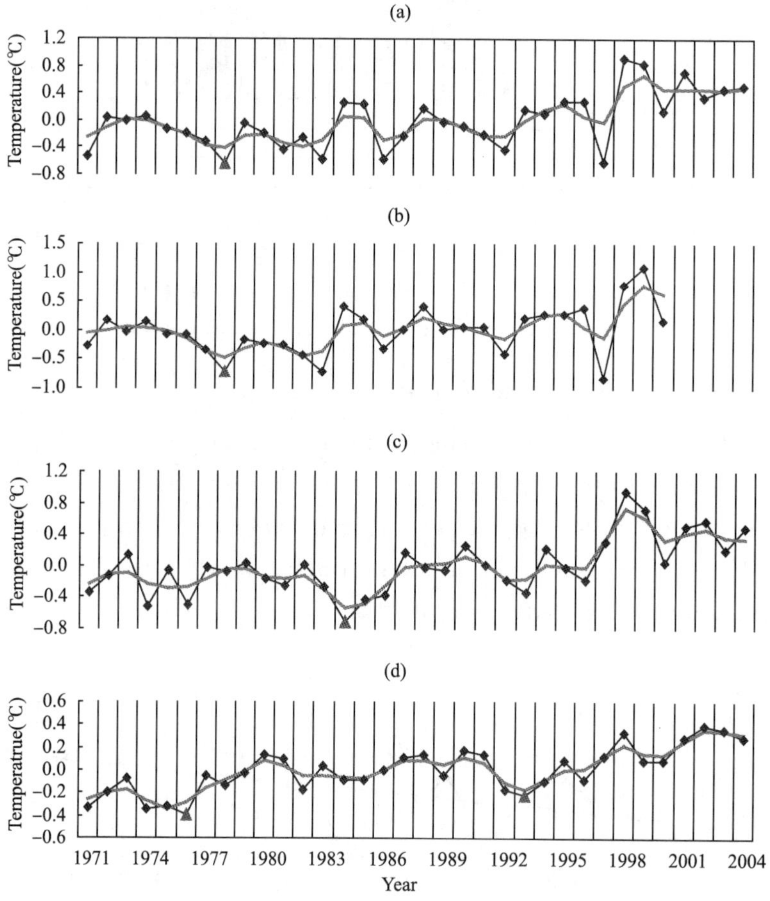

Figure 6 Annual mean temperature anomalies of Mt. Qomolangma region (a), Tibet (b), China (c) and global average (d) (The thick solid curves represent the corresponding smoothed time series using a low-pass filter)

of global average in the same period. Some studies indicated high-elevation area is more sensitive to global climate change and the global warming showed an altitudinal dependency. Therefore in the background of global warming, it has very important scientific significance to understand the characteristic of climatic and environmental change at sky-high Mt. Qomolangma.

3. 1. 4 Response of glacier to climate change

Since the 20th century, along with the warming, most glaciers on the Earth began to melt. The glacier in Mt. Qomolangma region also showed significant changes under the global warming. Taking the biggest Rongbuk Glacier in the northern slope of Mt. Qomolangma as an example, from 1966—1997, middle, east, and far east Rongbuk Glacier backed 270 m, 170 m and 230 m, and at a rate of 8. 7 m/a, 5. 5 m/a and 7. 4 m/a, respectively (Ren *et al.* , 1998). Compared with former 30 years, the melting rates of middle and east Rongbuk Glacier accelerated a little from 1997 to 2001 (Zhang *et al.* ,2004). Observation of the expedition into Mt. Qomolangma in 2005 showed that the upper limit of melting in east Rongbuk Glacier is 6400 m a. s. l. , but it is 6350 a. s. l. in 2002. The strong upward range of 50 m indicated the quickly melting of glacier. Kang (2005) also suggested other evidences of the melting in east Rongbuk Glacier: expeditioners found a glacier cliff on 5600 m a. s. l. in 2002, but it totally disappeared at present, and an ice lake nearby. The expedition set up 20 poles within 6300 ~ 6500 a. s. l. to measure the balance of glacier's account and only 4 remained, which fully indicated that the thickness of glacier were decreasing obviously. These are powerful evidences of the accelerating of glacier melting. Due to the lag of glacier responding to climatic change and the more obvious warming in recent decade, the glacier in Mt. Qomolangma will keep melting.

3. 2 Precipitation variation

3. 2. 1 Interannual variations of Precipitation

The Himalayas are barriers to the warm and humid monsoon and make a great difference of precipitation between the north and the south of Mt. Qomolangma. Tingri, Lhaze, Xigaze and Gyangze in northern Mt. Qomolangma are of semiarid climate because of the barrier of Himalayas to humid monsoon. The 34-year-averaged annual precipitation values in Lhaze and Xigaze, which are near Yarlung Zangbo River, are 327. 4 mm and 433. 3 mm and more than those in Tingri and Gyangze, which are 296. 4 mm and 292. 1 mm. Nyalam in the south part of Mt. Qomolangma is of semihumid climate and the 34-year-averaged annual precipitation values is 657. 3 mm. Figure 8 shows the precipitation variations of 5 stations during the recent 34 years and precipitations in Lhaze and Xigaze increased at a rate of about 3 mm/a (passing the 95% and 90% confidence test). Precipitations in Tingri and Gyangze are generally of little variations in fluctuations and that in Nyalam shows an obvious decreasing trend, but the significance level is low.

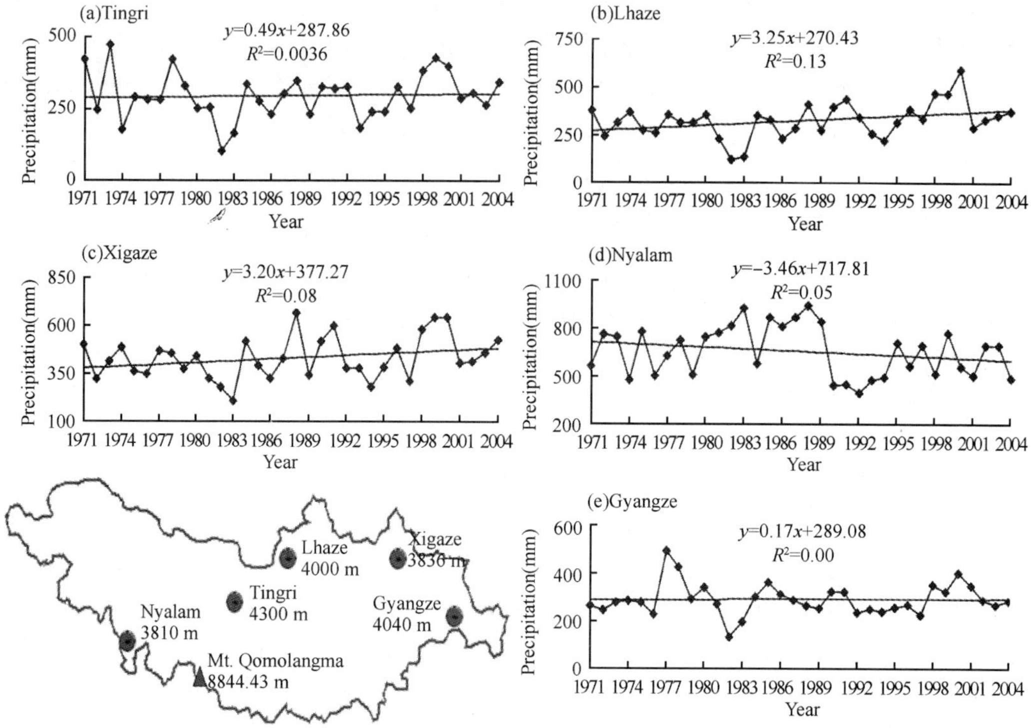

Figure 7　Trends of annual average precipitation change at each station in Mt. Qomolangma region during the period 1971—2004

From the annual precipitation anomalies averaged for 4 stations in the north of Mt. Qomolangma (Figure 8a), it can be seen that the precipitation was plenty in the 1970s, then it decreased in early 1980s and the precipitation of 1982 was least in recent 34 years. The precipitation increased from the end of the 1980s to the early 1990s, then it decreased in the mid-1990s and increased again since 1998. The precipitation from 1998 to 2000 was the most in recent 34 years, and it decreased since 2001. The precipitation anomaly of Nyalam in the south of Mt. Qomolangma generally shows a decreasing trend (Figure 8b). The precipitation from the 1970s to the 1980s shows an increasing trend and it was especially humid since the mid-1980s. A sharp drop of precipitation occurred in 1990 and persisted in early 5 years of the 1990s. It was the most droughty in 1992, which was same as in Nepal in the south of Mt. Qomolangma (Arun *et al.*, 2000), and the precipitation increased slowly subsequently.

3.2.2　Seasonal variations of precipitation

From the seasonal variations of precipitation shown in Figure 8c, it can be seen that in the north slope of Mt. Qomolangma, arid season, from November to March, is dominated by upper westerly, droughty and sunshiny. It is rainy season from June to September and is overcast and rainy because of the significant influence of monsoon (Team of Scientific Expedition to Tibet, 1975). The interdecadal variations of monthly mean precipitation is complicated in the north of Mt. Qomolangma. In 1970s, the precipitation of June is the most. The precipitation of July is the most since 2000 and the precipitation of August is the most in 1990s. The precipitation of Nyalam(Figure 8d) in the south of Mt. Qomolangma shows a double-peak distribution of seasonal variation, which means that there is a peak value in August and September and a hypopeak value in February and March. The interdecadal variations of monthly mean precipitation of Nyalam are rather coincident and the precipitation of each month in 1980s are universally more.

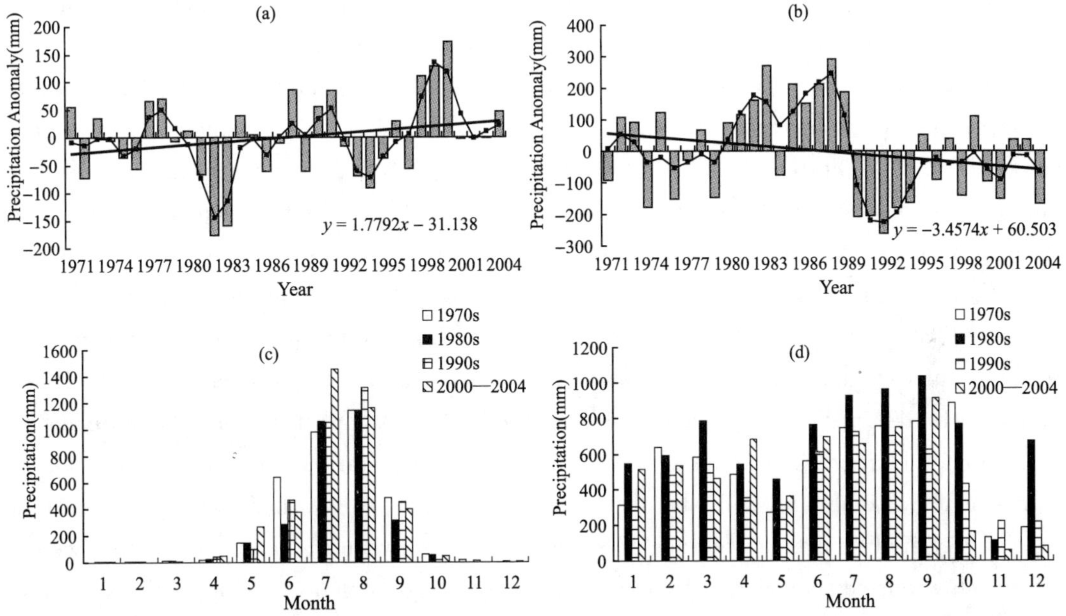

Figure 8 Annual mean precipitation anomalies and histograms of monthly mean precipitation of the northern(a,c) and the southern(b,d) part of Mt. Qomolangma region during the period 1971—2004(The curves represent the corresponding smoothed time series using a low-pass filter and the thick lines are fitted linear trends with a least-squares procedure)

4 Discussion and conclusions

The main characteristic of climate change in Mt. Qomolangma region from 1971 to 2004 are:

The annual averaged surface air temperature clearly shows an increasing trend in Mt. Qomolangma region, with an increasing trend of about 0.234 ℃/10 a. Tingri, the highest mountain station among the 5 high-elevation stations, has the strongest warming trend of 0.302 ℃/10 a. The linear rate of annual minimum temperature increase is higher than annual average and mean maximum temperature and the warming is more obvious in the winter half year.

The rate of increasing air temperature in Mt. Qomolangma region is larger than global average (0.148 ℃/decade) during the same period. The trend of temperature change in Mt. Qomolangma region is consistent with that of Tibet and the recent warming both began in

1978. But the warming in China began in 1984 and the global warming began in 1993.

Along with the warming, glacier in Mt. Qomolangma region have melt strongly in the most recent 30 years. At present, the climate is still warming and the glacier in Mt. Qomolangma will keep melting.

There are obviously differences in the precipitation trends between the north and south of Mt. Qomolangma. Precipitation of northern stations show increasing trend but has low significance level. Precipitation of Nyalam in south Mt. Qomolangma shows an obvious decreasing trend and a sharp drop of precipitation occurred in early 1990s.

High-elevation areas are sensitive to global climate change and there is a tendency for the warming trend to increase with the elevation (Aizen *et al.*, 1997; Beniston *et al.*, 1997; Diaz *et al.*, 1997; Giorji *et al.*, 1997). From 1954 to 2002, the warming in the middle-south Tibet is most obvious in China. Our study showed that Tingri, with an elevation of 4300 m and a distance of more than 100 km to Mt. Qomolangma, has the strongest warming trend. Therefore, we can deduce that the warming of Mt. Qomolangma high-elevation region is the most significant in China in the same period, and the highest automatic meteorological comprehensive observation station in the world that was set up at the base camp of Mt. Qomolangma with 5032 meters height above sea level will play an important role in monitoring the global climate change. There are few weather observation stations and data in Mt. Qomolangma region. Combining with the observation data from the weather stations in Nepal and contrastively analyzing the difference of climate change between the north and south, we may draw comprehensive and reliable conclusion on the trend and characteristic of climate change in Mt. Qomolangma region. Snow-albedo feedback in Mt. Qomolangma region may magnify the signal of climate change, and the observation and analysis of climatic and environmental changes in sky-high Mt. Qomolangma region may provide even earlier precursor signals for global climatic changes.

Biodiversity Status Assessment in the Qomolangma (Everest) National Nature Preserve*

珠峰自然保护区生物多样性初评报告

摘　要：珠穆朗玛峰是世界第一高峰，由于其海拔极高，生态环境极为脆弱，因而对气候变化非常敏感。为评估气候变化的影响及制定气候变化适应对策，亟需可靠的珠峰地区生物多样性数据。为了满足这一迫切需求，本研究进行了一系列的文献分析和实地调查，对珠穆朗玛峰国家级自然保护区物种和生态系统多样性进行系统分析。同时，基于 3S 技术，结合相关预测模型，对 8 种珍稀植物和 7 种珍稀动物（国家动植物保护目录）的潜在分布区进行了模拟和制图，以期为物种保护提供科学依据。结果表明：①珠峰自然保护区物种多样性极为丰富，共有高等植物 2 400 种，其中被子植物 1 527 种、裸子植物 17 种和孢子植物 856 种。共有动物 537 种，其中包括哺乳动物 50 种，鸟类 189 种，两栖动物 7 种，爬行动物 6 种，水生无脊椎动物 274 种，鱼类 11 种。②物种丰富度较高的区域主要分布在保护区南部河流中游河谷两岸低海拔区（海拔 3 500m 以下），在珠峰自然保护区所辖四县中，聂拉木县的动物和植物物种丰富度最高。③珠峰自然保护区主要分布有 5 种生态系统，分别为山地亚热带常绿、半常绿阔叶林，常绿叶林生态系统（海拔 2 600m 以下）；山地暖温带常绿叶林、硬叶常绿阔叶林生态系统（海拔 2 400m～3 300m）；亚高山寒温带常绿叶林、落叶阔叶林生态系统（海拔 3 100～3 900m）；高山亚寒带灌丛、草甸生态系统（海拔 3 700m～4 700m）以及冰缘植被生态系统（海拔 4 700m 以上）。④珍稀动植物物种主要分布在保护区南部河流中游河谷两岸的亚热带常绿、半常绿阔叶林及暖温带常绿叶林内（海拔 2 000m～3 500m）。藏雪鸡、岩羊的分布区域比较广泛。

1　Existing data analysis

The existing materials of vegetation, animal, ecology and geography were collected, coordinated and analyzed. The basic analysis of natural background of QNNP was done, the science data and information was selected, and the catalogue of biodiversity and the potential distribution areas of key protecting species were finished.

A. Natural background analysis of QNNP

(1) Climate change in QNNP (Yang *et al.*, 2006)

Using monthly average maximum and minimum air temperatures, and monthly precipitation data, from five weather stations in Mt. Qomolangma region in China from 1971 to

* Prepared by Zhang Yili(张镱锂), Zhang Jiping(张继平), Huang Rongfu(黄荣福) and Liu Linshan(刘林山). In Zhang Yili *et al*. Research Report of the HKKH Partnership Project in China (version 2.0), Institute of Geographic Sciences and Natural Resources Research of CAS, June 2010, Beijing.

2004, climatic linear trend, moving average, low-pass filter and accumulated variance analysis methods, the spatial and temporal patterns of the climatic change in this region were analyzed. The main findings can be summarized as the following:

1) There is obvious ascending tendency for the inter-annual change of air temperature in Mt. Qomolangma region and the ascending tendency of Tingri, the highest station, is the most significant. The rate of increasing air temperature is 0.23 ℃/decade in Mt. Qomolangma region, 0.30 ℃/decade in Tingri (Figure 1). The air temperature increases more strongly in non-growing season.

2) Compared with China and the global average, the warming of Mt. Qomolangma region occurred early. The linear rates of temperature increase in Mt. Qomolangma region exceed those for China and the global average in the same period. This is attributed to the sensitivity of mountainous regions to climate change.

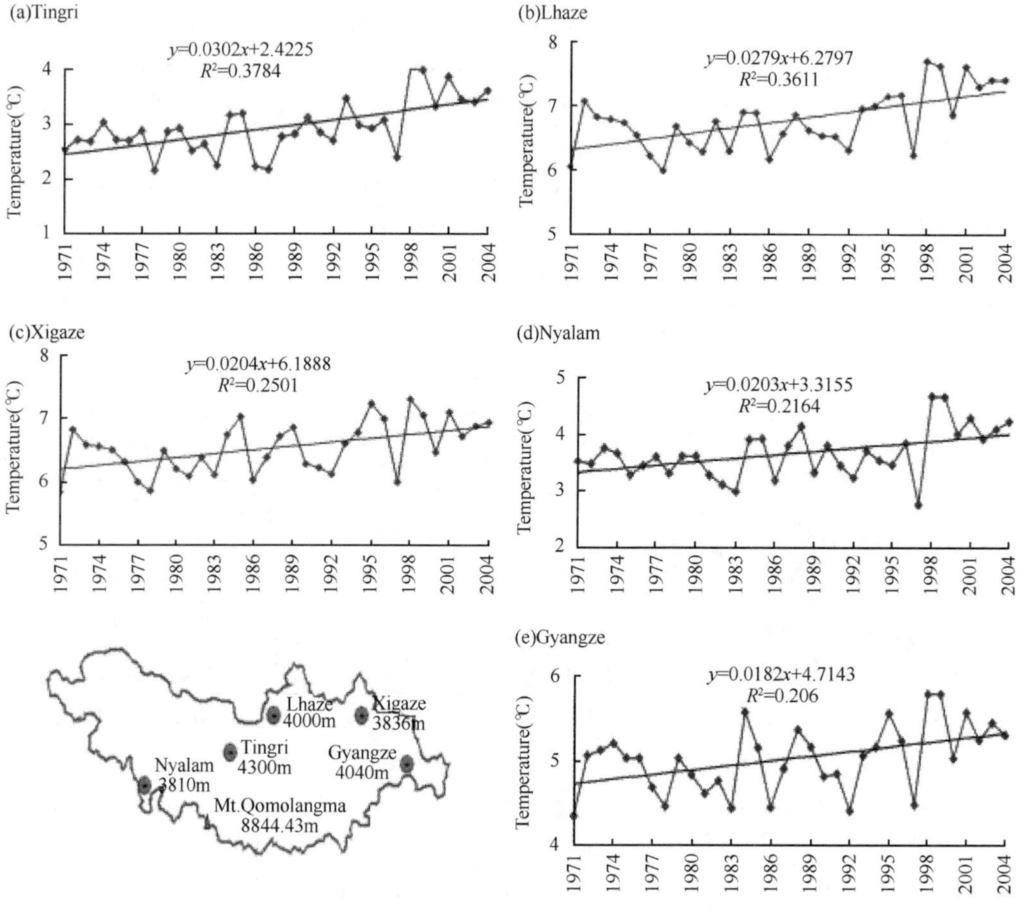

Figure 1 Trends of annual average temperature change at each station in Mt. Qomolangma region during the period 1971—2004 (Yang *et al.*, 2006)

3) The southern and northern parts of Mt. Qomolangma region are quite different in precipitation changes. Stations in the northern part show increasing trends but are not statis-

tically significant. Nyalam in the southern part shows a decreasing trend and the sudden decrease of precipitation occurred in the early 1990s (Figure 2).

4) Compared with the previous studies, we find that the warming of Mt. Qomolangma high-elevation region is most significant in China in the same period. The highest automatic meteorological comprehensive observation station in the world set up at the base camp of Mt. Qomolangma with a height of 5 032 m a. s. l. will play an important role in monitoring the global climate change.

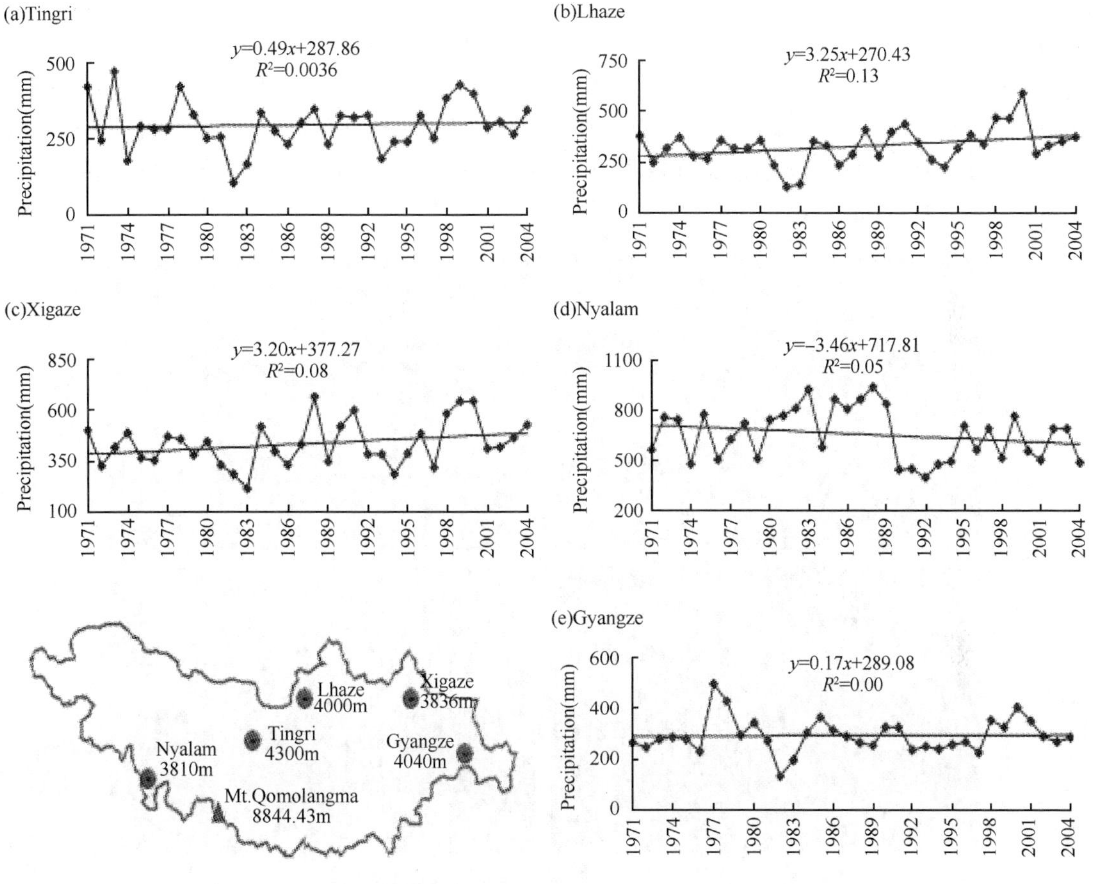

Figure 2 Trends of annual average precipitation change at each station in Mt. Qomolangma region during the period 1971—2004 (Yang *et al.*, 2006)

(2) Vegetation change trend and causation (Zhang *et al.*, 2006)

Based on the NOAA AVHRR-NDVI data from 1981 to 2001, the digitalized China Vegetation Map (1 : 1 000 000), DEM, temperature and precipitation data, and field investigation, the spatial patterns and vertical characteristics of natural vegetation changes and their influencing factors in the Mt. Qomolangma Natural Reserve have been studied. The results show that there is remarkable spatial difference of natural vegetation changes in the Mt. Qomolangma Natural Reserve and stability is the most common status. There are 5.04% of the whole area being seriously degraded, 13.19% slightly degraded, 26.39% slightly improved,

0.97% significantly improved and 54.41% keeping stable. The seriously and slightly degraded areas, which mostly lie in the south of the reserve, are along national boundaries. The areas of improved vegetation lie in the north of the reserve and the south side of the Yarlung Zangbo River. The stable areas lie between the improved and degraded areas. Degradation decreases with elevation. Degeneration in the Mt. Qomolangma Natural Reserve mostly affects shrubs, needle-leaved forests and mixed forests. The temperature change affects the natural vegetation changes spatially while the integration of temperature changes, slopes and aspects affects the natural vegetation change along the altitude gradients. It is the overuse of resources that leads to the vegetation degeneration in some parts of the Mt. Qomolangma Natural Reserve (Figure 3). Fieldwork is needed to clarify the land degradation drive force. We carried out the fieldwork to find the driving force of degradation. According to our field study, overgrazing and human activities are the main cause of the land degradation besides the global warming.

Figure 3　Land degradation in QNNP

B. Species and ecosystem biodiversity

(1) Species diversity

Qomolangma natural reserve is one of the areas with great abundance in species diversity in Tibet. There are 2176 species of vascular plants, including 1 527 species of angiosperm, 17 species of gymnosperm, 155 species of pteriodophytes (/ferns), 179 species of Lichens, 210 species of bryophytes(/moss) and 88 species of Epiphytes. There are 263 species of animals, including 50 species of mammals (/mammalian), 189 species of birds (/avifauna), 7 species of amphibiana, 6 species of reptiles (/crawl animal), and 11 species of fish. Among all the species, more than 10 species are national key protected plants, such as *Alcimandra cathcartii*, *Trillium govanianum* and *Gastrodia elata* etc.; more than 30 species are national key protected animals, some of them are first class national key protected animals, such as *Presbytis entellus*, *Macaca assamensis* and *Hemitragus jemlahicus* etc.; some are second class national key protected animals, such as *Ailurus fulgens*, *Ursus thibetanus* and *Pseudois nayaur*. *Uncia uncia*, the endemic species, is the representative animal in Qomolangma natural reserve.

(2) Forest ecosystem diversity

1) Mountain subtropical evergreen, semi-evergreen broad-leaf forest, evergreen forest ecosystem

Its distribution range covers the district from the join of Chongga and Poqu located in the lowest altitude (1 433 m) in the natural reserve to 2 600 m. The forest plants grow lushly; the shrubs below the trees are thicket and the climbers are abundant. *Castanopsis hystrix*, *Machilus yunnanensis* var. *tibetana* and *Lithocarpus arcaula*, etc. are evergreen broadleaf forest communities that distribute in higher altitude in the ecosystem. The canopy closure of arborous layer is 0.5～0.7. *Castanopsis hystrix*, with the height of 20～30 m, the diameter at the breast height (DBH) of 40～60 cm, straight trunk and hemispherical crown, is the dominant species of the community. The companion species are *Machilus rufipes*, *Neolitsea pallens*, *Cinnamomum tamala*, *Litsea chinpingensis*, *Carpinus fargesii*, *Litsea cubeba*, *Meliosma dilleniifolia*, *Alnus nepalensis*, *Michelia velutina*, *Lindera puloherrima*, etc.

Besides, *Quercus oxyodon* and *Quercus lamcllosa* communities are distributed at the valley slope in the south of Qingzhangbu which is the tributary of Poqu River. Its arborous layer height is 20～35 m; DBH is 50～80 cm, 120 cm at most; canopy closure is 0.7～0.8. Other common tree species include *Ilex*, *Magnolia campbellii*, and *Acer oblongum*, etc. *Pinus roxburghii*, *Picea smithiana* and *Pinus griffithii*, etc. are the constructive species in the sunny slope.

2) Mountain warm temperate evergreen leaved forest, evergreen hard and broad leaved forest ecosystem

The vertical ecosystem distributes from 2 400 m to 3 300 m, comprising three sub-ecosystems: mountain warm temperate evergreen leaved *Tsuga chinensis* forest, *Pinus* forest and evergreen hard and broad leaved *Quercus* forest. The sub-ecosystems of mountain warm temperate evergreen leaf *Tsuga chinensis* forest is the endemic ecosystem in east and middle humid mountainous region of Himalaya. The representative community in this sub-ecosystem is *Tsuga dumosa*. Its arborous layer height is 30～60 m; DBH is 60～80 cm, 120 cm at most; canopy closure is 0.6～0.8. The common second layer arbor species include *Abies spectabilis*, *Magnolia globosa*, *Acer stachyophyllum*, etc.

The ecosystem of mountain warm temperate evergreen hard and broad leaved *Quercus* forest is mainly composed of *Quercus semecarpifolia* community. The *Quercus semecarpifolia* is the dominant species of the first layer arbor in the community. Its arborous layer height is 20～30 m; DBH is 45～65 cm; canopy closure is 0.6～0.8. Other common tree species include *Pinus griffithii*, *Betula utilis*, etc. The ecosystem of mountain warm temperate evergreen hard leaved *Pinus* forest is mainly composed of *Pinus griffithii* community.

3) Subalpine cold temperate evergreen leaved forest, deciduous broad-leaf forest ecosystem

This ecosystem distributes widely in south-flow river valleys of Himalayas from 3 100 to

3 900 m. It is mainly composed of two sub-ecosystems: subalpine evergreen leaved *Abies* coniferous forest and subalpine deciduous broad-leaf *Betula* forest. The constructive species of the former is *Abies spectabilis* community. Its height is 20～30 m; DBH is 40～100 cm; canopy closure is 0.4～0.7. The *Abies spectabilis* community is usually mixed with *Tsuga dumosa*, *Quercus semecarpifolia* and *Pinus griffithii*, besides, *Sabina recurva*, *Betula utilis*, and forest gap in higher altitude and *Larix griffithiana* nearby the valley. The subsystem of subalpine deciduous broad-leaf forest is mainly composed of deciduous forest community with *Betula utilis* as the dominant species. The *Betula utilis* community grows well in humid valley and shade slope that helps it form thickset forest with the canopy closure of 0.4～0.7 and it is usually mixed with *Larix griffithiana*, *Abies spectabilis*, etc.

4) Alpine sub-cold zone shrub, meadow ecosystem

This ecosystem distributes from 3 700 m to 4 700 m, comprising of two communities: evergreen leaved shrub and evergreen coniferous shrub, with multi-kinds of Rhododendron as its dominant community. The main kinds of *Rhododendron* include *Rhododendron wightii*, *R. nivale*, *R. setosum*, *R. anthopogon*, etc. The mean coverage of the community is 60%～80% and the height is 20～70 cm. Other companion species include *Sobus rehderiana* and *Lonicera litangensis*. The common herbaceous plants are *Kobresia pygmaea*, *K. nepalensis*, *K. royleana*, *Leontopodium nanum*, *Polygonum macrophyllum*, *P. viviparum*, *P. prescothianum*, *Festuca ovina*, *Dcyeuxia scabrescens*, etc.

5) Periglacial vegetation ecosystem

This ecosystem distributes above 4 700 m. The climate is extremely harsh; the estimated cryogenic absolute temperate could be −6 ℃. There is little vegetation above 4 700 m and the coverage is less than 10%. The common plants are *Kobresia pygmaea*, *Androsace tapete*, *Arenaria bryophylla*, *Rhodiola crenulata*, *R. fastigiata*, *R. quadrifida*, *Cremanthodium purpureifolium*, etc. *Gentiana afusca* exists at an altitude of 6 100 m. Bacteria can be found inside the gravel in the top of Qomolangma at the altitude of 8 306 m. Alpine cold zone ice-snow ecosystem is of great significance in science research. It is the most ideal place for people to study the life origin and the adaptation of organisms to extreme environment.

2 Catalogue of plant/animal species

The catalogue of plant and animal species has been finished. The database is constructed generally and the data has been renewed and modified according to recent investigation and publications. The statistic results of flora and fauna are shown below.

According to the results, Nyalam County has the largest species number of both plants and animals. Besides Nyalam County, Gyirong County is abundant in plant species and Tingri County is abundant in animal species. The angiosperms are widely distributed in QNNP, occupying 62.60% of the total species and 70.17% of total plant species. Comparing to plant species number, the animal species amount is fewer. Avifauna and Mammalia are the main distributed animals, occupying 71.86% and 19.01% of total animal species respectively (Table 1).

Table 1 Statistics of plants and animals in each county in QNNP

				Tingri	Dinggye	Gyirong	Nyalam	QNNP
Plants	Spore plant	Moss plant	Families	11	24	23	25	41
			Generaes	23	40	51	47	99
			Species	43	73	85	74	210
		Epiphyte	Families	1	1	12	13	13
			Generaes	1	1	26	25	42
			Species	3	1	50	42	88
		Lichen	Families	8	1	5	21	24
			Generaes	11	1	5	38	45
			Species	18	1	5	159	179
		Fern	Families	3	18	13	23	30
			Generaes	4	27	21	41	54
			Species	6	44	50	99	155
	Seed plant	Gymnosperm	Families	3	3	3	3	4
			Generaes	6	5	5	3	9
			Species	11	8	8	8	17
		Angiosperm	Families	43	65	85	86	104
			Generaes	139	174	333	374	521
			Species	281	319	697	948	1 527
	Sum of Families			66	94	128	148	216
	Sum of Generaes			180	221	420	487	770
	Sum of Species			356	402	845	1 231	2 176
Animals		Mammalia	Families	11	9	12	16	16
			Generaes	17	14	21	32	37
			Species	20	14	24	42	50
		Avifauna	Families	24	7	13	26	33
			Generaes	53	9	27	80	116
			Species	70	10	32	126	189
		Amphibian	Families	1	0	3	3	3
			Generaes	1	0	3	5	5
			Species	1	0	3	5	7
		Crawl animal	Families	0	0	1	3	3
			Generaes	0	0	1	5	6
			Species	0	0	1	5	6
		Fish	Families	2	2	2	2	2
			Generaes	3	3	2	2	3
			Species	4	5	4	3	11
	Sum of Families			38	18	31	50	57
	Sum of Generaes			74	26	54	124	167
	Sum of Species			95	29	64	181	263

Continued

		Tingri	Dinggye	Gyirong	Nyalam	QNNP
Total	Total Families	104	112	159	198	273
	Total Generaes	254	247	474	611	937
	Total Species	451	431	909	1 412	2 439

Table 2　List of the mammals distributing in QNNP

Chinese name& Tibetan name	Latin name	Distribution and habit in QNNP	Distribution in Tibet and other region
熊猴喜马拉雅亚种，藏名（译音）：折玛	*Macaca assamensis pelope*	Zham Port, Gyirong Village, Jang Village; mainly inhabit in evergreen broad-leaf forest or mixed broadleaf-conifer forest below 2 500 m; feed on Pakistan Banana, wild fruit, spear and sometimes find food in the cropland; often take group activities on both sides of cliffs in the valley slope during the day	Ganma Zangpo River valley, south slope of Himalaya; its subspecies named M. a. assamensis distributes in the southeastern part of Tibet, charging Nyingtri, Pome, Metok, Marham, Zogong and Rioche; also distribute in Yunnan, Guizhou and Guangxi Province
长尾叶猴喜马拉雅亚种，藏名（译音）：萨拉	*Presbytis entellus schistaeus Hodgson*	From Friendship Bridge in Zham Port (1 600 m) to Lee Village (2 800 m) and from Jang Village in Gyirong County to Reso Bridge (2 000 m or so); inhabit in the evergreen broad-leaved forest and mixed broadleaf-conifer forest; often take group activities in the steep slope along the two sides of the river valley; feed on Pakistan Banana, wild fruit, spear and sometimes eat the corn in the cropland	inhabit in the evergreen forest along the river valley in the southern slope of Qomolangma region below 3 000 m; eg: Bo Qu Valley, Ganma Zangpo River valley, Gyirong River valley, etc. Another subspecies called P. entelluslanis distribute in the Chunpi River valley and Menyu area to its east; black hands, straw yellow lower body rather than hoar, two colors in the tail
棕熊	*Ursus arctos Linnaeus*	Tingri County, Zhaxizong Village, northern slope of Mount Qomolangma (4 June, 1966 evening, someone saw them in Zhaka Qu valley at the altitude of 4 950 m)	Distribute comparatively wider in Tibetan Plateau
小熊猫	*Ailurus fulgens F. Cuvier*	Bo Qu Valley, Zham (from Dingrenbu Bridge to Qu Village); Jang Village in Gyirong County; inhabit in the evergreen broad-leaved forest and mixed broadleaf-conifer forest with bamboo growing below in an elevation of 2 200～2 800 (3 000)m; inhabit in the warm, cool forest with dense bamboos; good at climbing trees; often live in trees; be fond of bamboos, bamboo shoots, tender branches and leaves; also eat moss, Chinese Usnea and wild fruit; (the scientific expedition team captured one and gave it to Beijing Zoo in April, 1974)	Tibet: Gama Zangbo river valley, Nyingtri (southeast of Tibet), Pome, Miling, Metok, Zayul, Chamdo, Markham as well as Sichuan, Yunnan, Guizhou Provinces

3 Field work

Fieldwork was implemented and the investigation and interviews were done for the plant species, vegetation and animal distribution. We received the raw data from the community samples and data. This field work was completed synchronously with the field work of land cover surveys.

4 Capacity building

One local researcher and four local government managers (one for each county) were involved in QNNP field surveys.

Table 3 List of the birds distributing in QNNP

NO.	Order/ families	Species		Distribution in QNNP	Altitude (m)	Distribution in China	Habit
		Chinese name	Latin name				
一	雁形目		*Anseriformes*				
一	鸭科		*Anatidae*				
1		斑头雁	*Anser indica* (*Scopoli*)	Ganggar Village in Tingri; river bay, river beach and eyot of Pum Qu	4 200	southern, eastern and western part of Tibet	Foraging in wetlands in the river beach or cistern
2		赤麻鸭	*Tadorna ferruginea* (*Pallas*)	Nyalam, Zha Village in Tingri	4 000 ~ 4 500	Palgon, Yigong, Khangmar, Markham, Rutok, Tsochen; widely distribute in the lakes in Tibetan Plateau	Foraging in cistern or wetland
3		普通秋沙鸭	*Mergus merganser Linnaeus*	Ganggar Village in Tingri; river beach and eyot of Pum Qu	4 100 ~ 4 200	Lhasa, Tsada, Purang; northern, western and southern part of Tibet; Bangong Lake, Yamdrok Lake	Foraging in cistern or swamp meadow
二	隼形目		*Falconiformes*				
二	鹰科		*Accipitidae*				
4		大鵟	*Buteo hemilasius*	Southern part of Tibet (including Qomolangma region)		Northern, western, eastern part of Tibet; Qinghai	resident bird
5		金雕	*Aquila chrysaetos* (*Linnaeus*)	Himalayas		Tibetan Plateau	resident bird

5 Digital Distribution map of preserved/key plant and animal species

5.1 Methodology of distribution map

The distribution map of key plant and animal species has been done with support of GIS technology. We have tried several times and ArcGIS software was chosen to make the distribution map and analysis.

(1) Mark the distribution point and area were according to the distribution record in literature.

(2) Estimate the potential distribution area of the key species based on the habitat character, elevation data, vegetation type and field survey result. Use the bias to represent the potential distribution area.

(3) The base map includes the boundary of QNNP, the location and name of county and villages, roads, water system and borderline of the counties.

(4) One map for each key species.

5.2 The key species were choosing to make the distribution map

The key protected species that were chose to make the distribution map were selected base on the literature:

Key protects plants:

Alcimandra cathcartii, *Gastrodia elata*, *Malus sikkimensis*, *Panax psqudo-ginseng*, *Picea smithiana*, *Pinus roxburghii*, *Piptanthus leiocarpus Stapf* (Figure 4), *Pitanthus leiocarpus var cericoptanus*, *Trillium govanianum*, etc. The distribution of key protects plants is shown in Table 4.

Key protects animals:

Pseudois nayaur (Figure 5), *Grus nigricollis* (Figure 6), *Tetraogallus tibetanus* (Figure 6), *Macaca assamensis*, *Panthera pardus*, *Presbytis entellus*, *Uncia uncial*, etc. The distribution of key protects animals is shown in Table 5, Figure 8.

Table 4 List of the key protected plants distributing in QNNP

Chinese name&Tibetan name	Latin name	Distribution in QNNP	Altitude (m)	Habitat
天麻	*Gastrodia elata*	Zhentang Village in Dinggye County	2 100～2 700	in the slopes of broad-leaved forest, pine forest, shrub or below bamboo grove
锡金海棠	*Malus sikkimensis*	Zhentang Village in Dinggye County	2 500～3 000	in the slope of sparse forest or mixed forest in the river valley

Continued

Chinese name& Tibetan name	Latin name	Distribution in QNNP	Altitude (m)	Habitat
参三七（人参三七）	*Panax psqudo-ginseng*	Zhentang Village in Dinggye County, Zham, Nyalam, Gyirong	2 300～3 200	broad-leaved forest and mixed broadleaf-conifer forest
长叶云杉	*Picea smithiana*	Jang Village in Gyirong County	2 300～3 200	mixed with oak forest
西藏长叶松	*Pinus roxburghii*	Jang Village in Gyirong County	2 100～2 300, ～2 400	sunny slope; along the two sides of river valley; pure forest or mixed with alpine oak forest
光果黄花木	*Pitanthus leiocarpu Stapf*	Zham and Qu Village in Nyalam County, Qudang Village in Tingri County	2 700～3 500	among the shrubs or grasslands below the woods
毛瓣黄花木	*Pitanthus leiocarpus var cericoptanus*	Qu Village in Nyalam County	3 100～3 400	below the woods or along the woods edge
西藏延龄草	*Trillium govanianum*	lower reaches of Kama River in Dinggye	2 300～3 200	below the woods
长蕊木兰	*Alcimandra cathcartii*	Zhentang, Zham, Jang Village	2 100～2 700	below the woods

Figure 4 Key species in QNNP

Figure 5　*Pseudois nayaur* in QNNP

Figure 6　Key bird species in QNNP

Output

(1) The catalog of plant/animal species is completed.

(2) The distribution range of some species, such as *Tadorma ferruginea*, *Tetraogallus tibetanus*, *Grus nigricollis*, has been corrected through field surveys.

(3) The mapping methodology for the distribution of valuable and rare species was es-

tablished.

(4) The field survey and analysis ability of the local manager and technical staff have been trained; the knowledge of biodiversity has been disseminated, and a good relationship of cooperation and communion with the local management institution has been established.

(5) The mapping of potential distribution areas of key protecting species was finished.

Table 5 List of the key protects animals distributing in QNNP

Chinese name & Tibetan name	Latin name	Distribution in QNNP	Altitude (m)	Habitat
岩羊，别名：石羊，崖羊，藏名（译音）：耐亚	*Pseudois nayaur*	Tingri (around Rongbude Temple, the old moraine hills, and valleys on both sides of the slope along Rongbu River valley) Dinggye, Gyirong, Nyalam	4 000～5 500	good at climbing cliffs, like group activities, often found in the bare rocky cliff in the valley with grass, typical alpine animal
黑颈鹤	*Grus nigricollis*	Yuequ River valley in Zhaguo Village in Tingri County	4 100～4 200	often live in wetlands, lakes and river beach zones
藏雪鸡	*Tetraogallus tibetanus*	Jiamula Village in Gyirong Country	3 500～5 500	inhabit in alpine bare rocky zones and rocky alpine meadow
熊猴喜马拉雅亚种，藏名（译音）：折玛	*Macaca assamensis*	Zham Port, Gyirong Village, Jang Village	2 100～2 500	mainly inhabit in evergreen broadleaf forest or mixed broadleaf-conifer forest; feed on Pakistan banana, wild fruit, spear and sometimes find food in the cropland; often take group activities on both sides of cliffs in the valley slope during the day
金钱豹，藏名（译音）：萨卜	*Panthera pardus*	southern slope of Qomolangma region (Gyirong, Zham, Rongxar, Zhentang, etc.)	2 000～3 500～4 000	often found in the sub-tropical forests, shrub or chilling temperature coniferous forest and grassland; nest in stone covern, trees or bushes; nocturnal; good at climbing trees; often hidden in a tree to attack passing animal
长尾叶猴喜马拉雅亚种，藏名（译音）：萨拉	*Presbytis entellus*	from Friendship Bridge in Zham Port to Lee Village and from Jang Village in Gyirong County to Reso Bridge	1 600～2 800	inhabit in the evergreen broad-leaved forest and mixed broadleaf-conifer forest; often take group activities in the steep slope along the two sides of the river valley; feed on Pakistan Banana, wild fruit, spear and sometimes eat the corn in the cropland

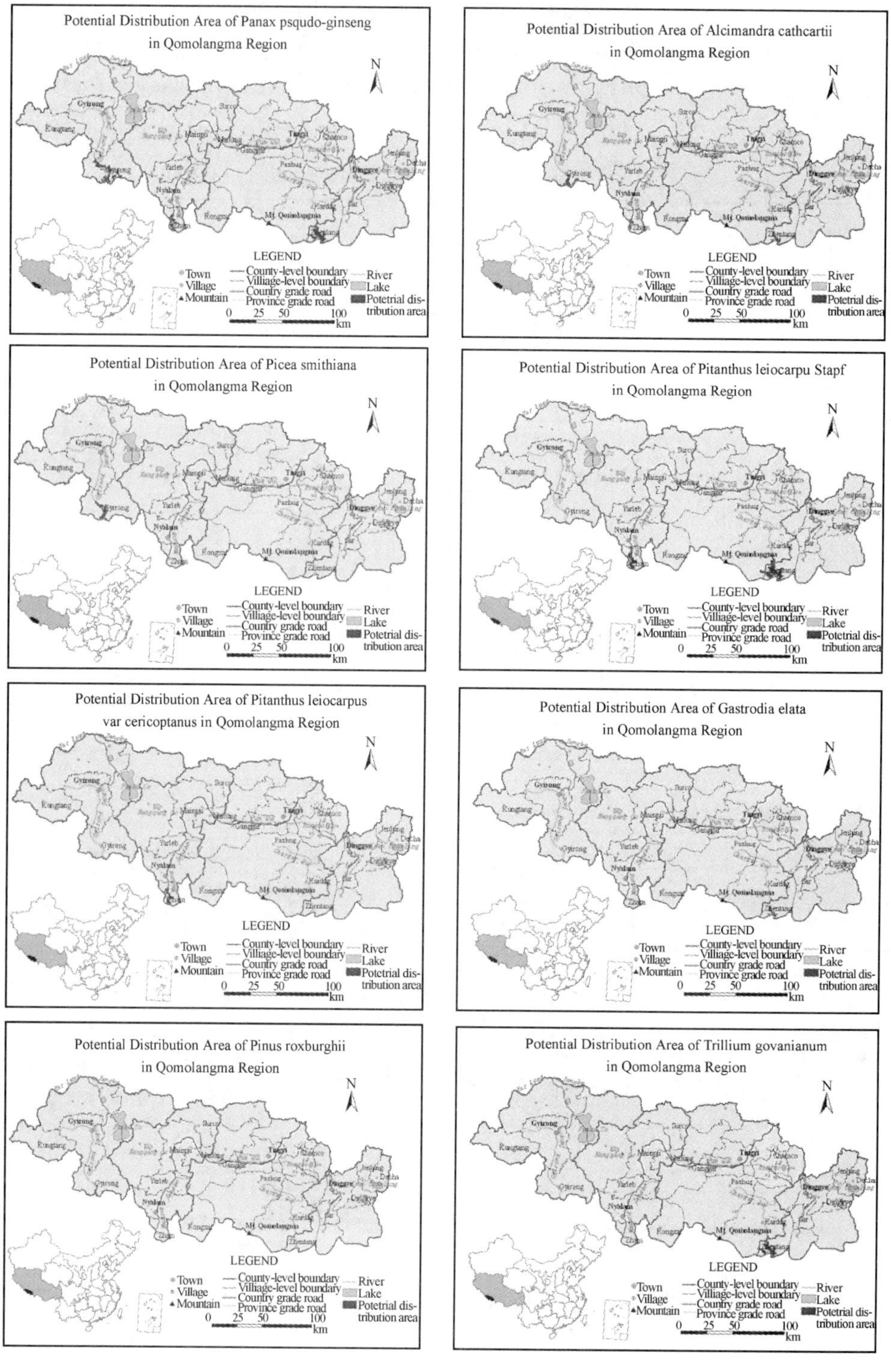

Figure 7　Potential distribution area of key protects plants in QNNP

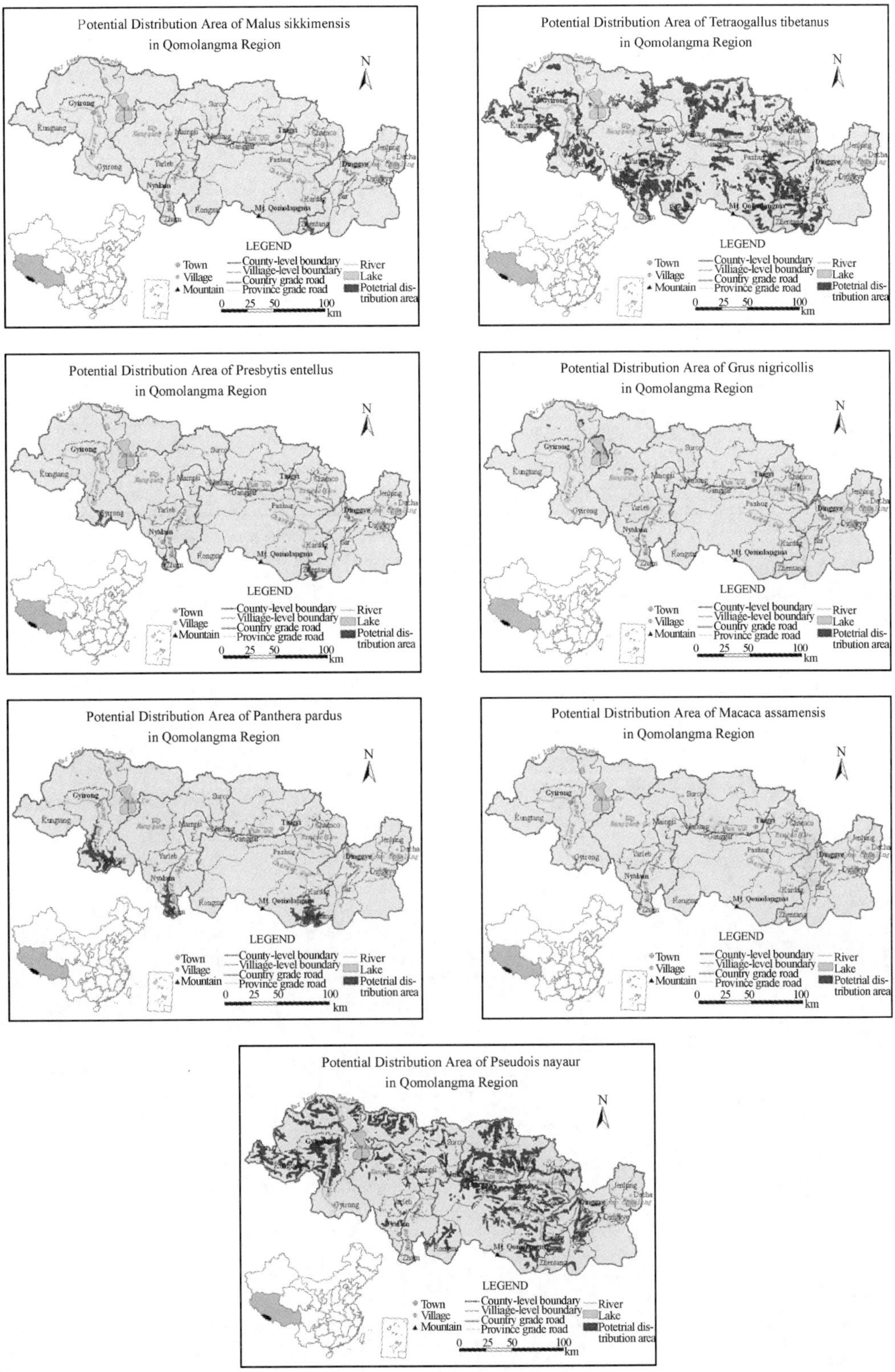

Figure 8 Potential distribution area of key protects animals in QNNP

List of Acronyms

CAS	Chinese Academy of Sciences
CESVI	Cooperazione e Sviluppo
CKNP	Central Karakoram National Park in Pakistan
DEM	Digital Elevation Model
Ev-K^2-CNR	Ev-K2-CNR Committee
GIS	Geographic Information System
ICIMOD	International Centre for Integrated Mountain Development
IGSNRR	Institute of Geographic Sciences and Natural Resources Research, CAS
QNNP	Qomolangma National Nature Preserve
RESDC	Data Centre for Resources and Environmental Sciences, CAS
SNP	Sagamartha National Park
TAR-China	Tibet Autonomous Region of PR China
HKKH	Hindu Kush-Karakoram-Himalaya
DSS	Decision Support System

The Spatial Distribution of Trace Elements in Topsoil from the Northern Slope of Qomolangma (Everest) in China*

珠穆朗玛峰北坡表土微量元素的空间分布

摘　要:珠穆朗玛峰地区环境状况在全球环境本底与环境变化研究中,具有重要意义。目前对珠峰北麓土壤微量元素含量分布特征的研究较少。本研究在珠峰北麓绒布河谷附近 4 400～6 600 m 的高程范围内,采集了 130 个土壤样品,利用 ICP-AES 方法分析土壤 Cr、Zn、Sr、Pb、Ni、Co、Cd、Mn、Cu 等 9 种微量元素的含量,探讨珠峰北麓表层土壤微量元素分布的基本特征。研究表明:研究区土壤微量元素含量随海拔高度的升高而增加;土壤 Cd 的含量较高,是全国土壤平均含量的 5.8 倍;土壤微量元素在海拔 5 800 m 处出现明显的转折点,5 800 m 以上土壤 Cd 等微量元素含量突然升高;出现转折点是因为海拔 5 800 m 处是两类岩石的分界线。海拔 5 800 m 以下为前寒武纪花岗片麻岩变斑晶混合岩,而海拔 5 800 m(包括 5 800 m)以上以黑灰色千枚岩和板岩为主,其母岩为黑灰色含钙泥页岩,可能是属于寒武系肉切村群。珠峰北麓不同时代、不同类型岩石地球化学特征的差异,是土壤微量元素差异的主要控制性因素。

1　Introduction

Qomolangma (Everest)——the world's highest peak, standing in the middle of the Himalayas, is of great importance to study the world environmental back-grounds and their change for its unique natural conditions, height and complex tectonic geology in the world.

The environmental state of Qomolangma area can indicate global environmental change (Gao *et al.*, 1996; Zhou, 2000), for it retains its natural condition without strong human disturbance. Soil trace elements content is one of the fundamental factors to reflect the natural environmental change. To study the soil trace elements content and distribution would be helpful to know the environmental background of the Qomolangma area, to monitor the environmental change and to anticipate the global environmental change.

There are few special reports on soil trace elements in the northern slope of Qomolangma. One of representative researches was the scientific expedition under-taken by the Chinese Academy of Sciences during 1966—1968. The results showed that except for B, the

* Published by Zhang Yili(张镱锂), Wang Zhaofeng(王兆锋), Luo Kunli(雒昆利), Ding Mingjun(丁明军), Zhang Wei(张玮), Lin Xuedong(蔺学东) and Yang Xuchao(杨续超) in *Envion Geol*, 2007, 52:679-684.

average content of soil trace elements (V, Cr, Mo, Mn, Cu, Zn, Co and Ni) in Qomolangma area was below the world soil average content (the reports on the Qomolangma scientific exploitation-physical geography, 1975). On this basis, Zhang *et al.* (1985) discussed the spatial distribution characteristics of soil Cd and Pb content in the area and thought that soil cadmium and lead content were dependent on their content in their parent material (parent rocks). However, only four soil samples were analyzed and no systematical research in the northern slope of Qomolangma was carried out because the expedition was to study the general content and distribution of soil trace elements in the entire Qomolangma area (from south of the Yarlung Zangbo River to the national boundary). Moreover, the test accuracy was limited due to technical constraints at that time. From then on, no special research was carried out to study the soil trace elements. Therefore, the content and distribution of the soil trace elements in the northern slope of Qomolangma Mount in detail in recent years was still not known. As there are more and more climbing expeditions in Mt. Qomolangma year after year, which affects the soil environment consequentially, it is important to capture the background content and distribution of soil trace elements to compare with the effect on soil trace elements content of the human activities.

In this study, 130 samples are collected within the elevation 4 400～6 600 m in the northern slope of Qomolangma. Soil trace elements content is measured by means of ICP-AES, to discuss the content and distribution pattern of the soil trace elements, and illustrate their source of content differences in the northern slope of Qomolangma.

2 Materials and methods

2.1 Study area

The study area is located in the town of Zhaxizong in Tinggri County of the Tibet Autonomous Region in China (Figure 1). Tinggri County belongs to the semi-arid plateau with temperate monsoon climate zone, with great differences in temperature between day and night, arid climate, long sunlight time, little rainfall and big evaporation. In this area, the annual average temperature is 0.7 ℃, and the average difference in temperature is 22.9 ℃ between day and night, annual precipitation equals 319 mm, the average annual evaporation is 2 527.3 mm, and the annual mean wind speed is 4.4 m/s (Rongbuk Temple). In Tinggri County, the average altitude of lake plains is 4 500 m, and the mountain area is above 5 000 m. Zhaxizong lies in Peng-Qu River valley, which is alluvial plain and tilted topography.

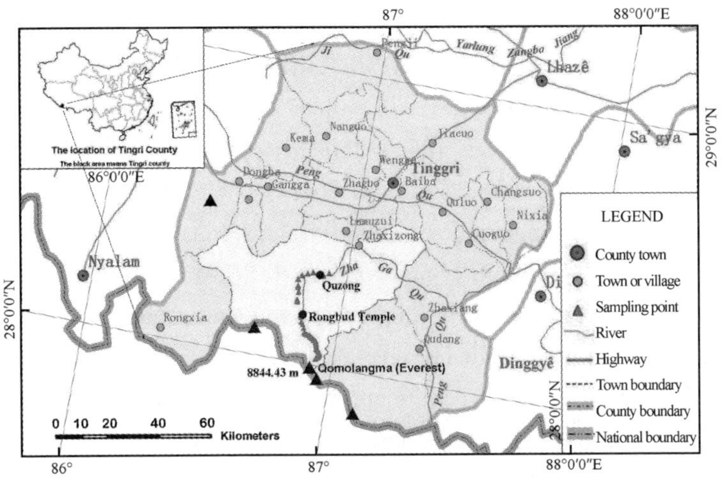

Figure 1 The location of the study area

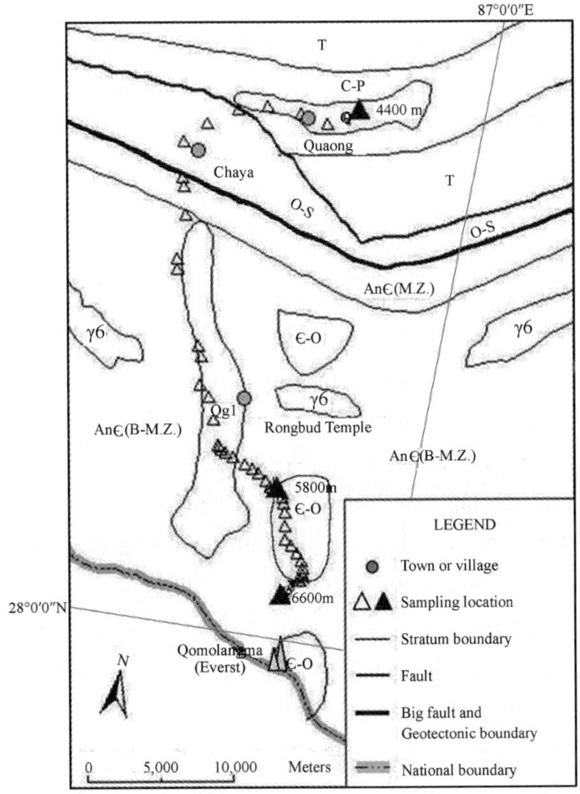

T:Trias; Q:Quaternary; γ6:Granodiorite;
C-P:Carboniferous-permian; Qg1:Quaternary glacial deposit;
O-S:Ordovician-Silurian Period; AnЄ(M.Z.):Muscovite belt;
Є-O:Cambrain-Ordovician; AnЄ(B-M.Z.):Two-mica belt;

Figure 2 The geological map of the northern slope of Qomolangma (according to the geological map of Qomolangma area drawn by the Tibet Exploitation of CAS in Sept. 1968(1 : 1 000 000))

Alpine grassland vegetation, with shrub interspersing, is the main type vegetation in the study area. No vegetation is found above the altitude 5 750 m near the sampling points during investigation time, and there are no artificial farming activities around all sampling points. The soil there is very primitive and skeletal with thin layer in the study area, and the average content of gravel larger than 2 mm was about 40%.

The study area in Qomolangma lies across two geotectonic units (Pan *et al.*, 2002) (Figure 2), the south part is the high Himalayan crystallization belt unit, which is mainly an outcrop of the Precambrian period crystalline rocks and Cambrian-Ordovician stratum (Xiang *et al.*, 1999); the North is the North Himalayan Tethys sediment folds belt which consists of Carbon-iferous-Permian system carbonate rock, Triassic sand shale and limestone layers, and entered former Department of the Cambrian period and Cambrian-Ordovician stratum area after crossing two tectonic boundaries.

2.2 Sampling and analysis

The study was carried out as one part of the fourth large-scale Qomolangma investigations taken by Chinese Academy of Sciences. Three surface soil (10 cm thickness) samples were collected with wooden shovel, packed with cloth bags separately, every 50 m in vertical gradient, from the altitude of 4 400 m near the village Quzong, along the Rongbuk valley (the upstream of Zhaga Qu), through the bottom of the Middle Rongbuk glacier, then turn into East Rongbuk glacier valley to the high altitude of 6 600 m. The geographical co-ordinates and vegetation conditions were recorded simultaneously. In total 130 soil samples were collected in the northern slope of Qomolangma from 1, April 2005 to 20, April 2005 for the three samples in 5 000 m and 2 samples in 4 700 m and 5 200 m were lost in transportation.

About 20 g air-dry soil was taken from each soil sample, after which the gravels larger than 2 mm and vegetation roots were removed with a 2 mm nylon-sieve. Each sample was skived with agate mills and all passed through the 100-mesh-nylon-sieve (0.150 mm). These soil samples were analyzed in the Laboratory of Analytical and Testing Center in Beijing Normal University. Nine soil trace elements (Cr, Zn, Sr, Pb, Ni, Co, Cd, Mn, and Cu) content was measured by inductively coupled plasma-atomic emission spectrometry (ICP-AES), after high-pressure digestion with H_2SO_4, HNO_3, and HF (Yu *et al.*, 2001).

For quality control in chemical analysis, the standard reference materials GBW 07401 (GSS-1, soil, China, Chinese Standard Sample Study Center, Chinese Academy of Measurement Sciences) were randomly analyzed with each batch of soil samples. The relative standard deviation was 10% and the detection limit was 10^{-9}.

3 Results and discussion

As can be seen from Figure 3, soil trace elements content increased with the altitude rising in the study area. The contents of Cr, Co, Cd increasing trends are the most evident (Figure 3).

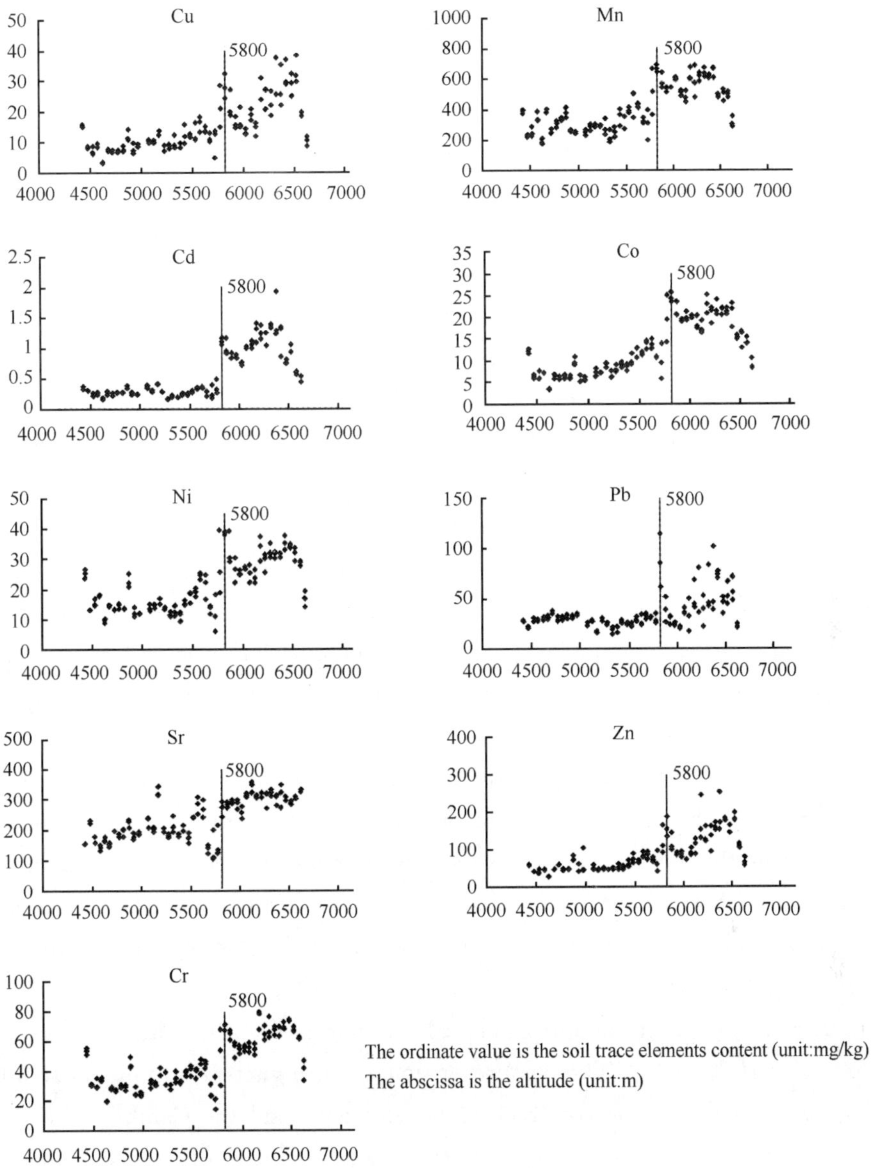

Figure 3 Spatial distribution of soil trace elements

There was an obvious change for the most soil elements at the altitude of 5 800 m; Trace elements content suddenly rises in the area above 5 800 m altitude; the change of content of Cd is most obvious. The average Cd content between 5 800 and 6 600 m is 3. 6 times to that of the soil collected from 4 400 to 5 750 m, other elements average content above 5 800 m were also much higher than that of below 5 800 m.

As can be seen from the Figure 4, above 5 800 m, the soil Cu, Mn, Ni, and Cr contents were close to the average contents of Chinese soil and the Tibet Autonomous Region soil (China Environmental Monitoring terminus, Chinese soil background values of elements, 1990), but the soil contents of these four elements below 5 800 m were far lower than the average contents. On the contrary, the soil Cd, Pb, Sr and Zn contents below 5 800 m were close to the average content of Chinese soil or Tibet soil, but the average contents of these four elements and Co above 5 800 m were far higher than the average contents (Figure 4).

As a whole, the average content of Cu, Mn, Ni, Cr in the soil of Rongbuk valley in Qomolangma northern slope between altitude 4 400 and 6 600 m is lower than that in the Tibet Autonomous Region soil, and is also lower than national average levels. Among them, the content of Cu is only 68% of the national average content. Cd, Pb, Sr, Zn content is higher than the average levels of Chinese soil and Tibetan soil. In particularly, the Cd content is 5. 8 times of the national average level. The average Co content is equal to the average contents of national and Tibetan soil.

The vertical distance between the sample points of the altitude of 5 750 and 5 800 m is 50 m, and horizontal distance between them is 340 m. Although the two group points were so near, their contents of soil trace elements are so different.

There is little human activity in the northern slope and even no traces of human cultivation in the study area. The soil is still in a relatively primitive state, affected or controlled mainly by natural factors. The physical crack is the dominating process for the soil forming. Therefore, the difference of parent material could be the main reason causing the difference in soil trace elements content.

In the field survey, a boundary of rocks was found at the altitude between 5 750 and 5 800 m (Figure 2). They are Neoproterozoic (Precambrian) granite-gneiss and migmatite interbedded with marble below the 5 800 m and black-dark slate and marl of Cambrian above 5 800 m (including 5 800 m), Parent rocks of lower part is the Lower Cambrian black shale (slate and marl), and upper part above 6 500 m perhaps belong to Rouqie Group of Cambrian (Xiang *et al.*, 1999).

The trace element content and geochemical characteristics of the different age's rocks are different (Zhou *et al.*, 2003). The Neoproterozoic granite-gneiss and migmatite interbedded with marble has a lower content of trace metal element, and the Cambrian, especially the Lower Cambrian black shale is rich in the trace metal element (Fan *et al.*, 1981; Horan *et al.*, 1994; Luo *et al.*, 2004). Some trace elements, such as Ni, Cu, Pb, Zn, Cd, etc. highly enriched in the Lower Cambrian black shale in Guizhou-Hunan provinces, southwest China (Li *et al.*, 2000), in the Yangtze Plat-form (Luo *et al.*, 1999; Fan *et al.*, 1981), in Tarim Basin, northwest of China (Yu *et al.*, 2005), and in Hunan, South China (Pan *et al.*, 2004). Therefore, the different ages and types of rocks, with the different trace element content and geochemical characteristics control the content of soil trace elements in the northern slope of the Qomolangma Mountain. More geological background works need to be done.

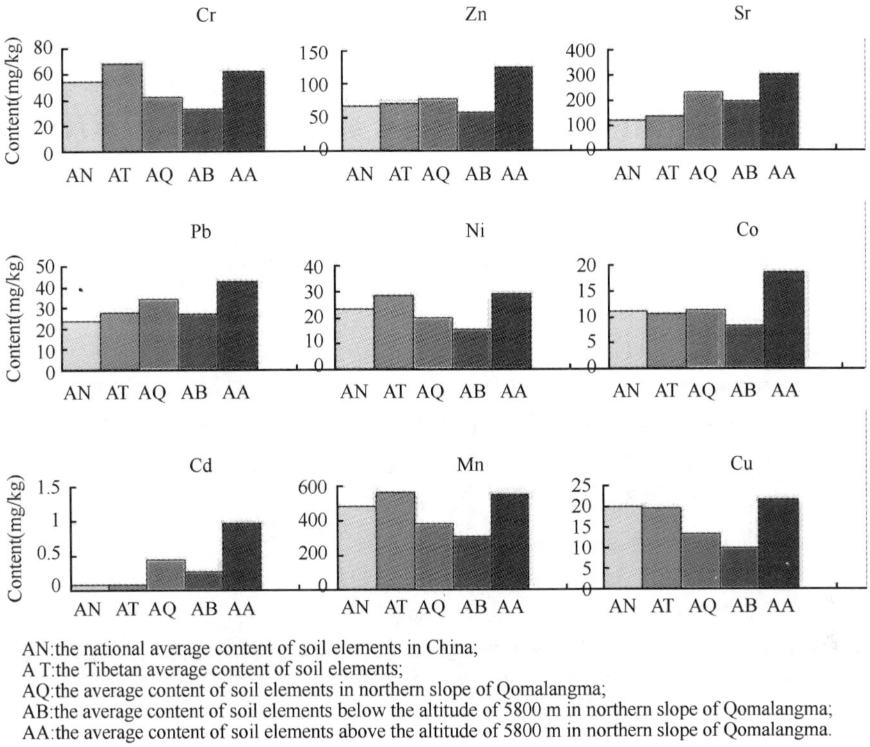

Figure 4 Comparison of average content of soil elements in different area

4 Conclusion

The content of soil trace elements increases with the elevation increasing in the Rongbuk valley of Qomolangma Mount northern slope range from altitude of 4 400 to 6 600 m. The average content of Cd in soil is the 5. 8 times than that of the national average. Most of trace elements contents suddenly rise from the altitude of 5 800 m. There is a sudden turning point of trace elements content in 5 800 m, which was caused by the difference original geochemical characteristics of different bedrocks.

Till now, there is no study on strata sequence in the northern slope of Qomolangma in detail and even not any fossil reports in the area. Based on the rock type and strata sequence we distinguish the strata units. The further study can focus on the relationship between soil trace elements content and the corresponding elemental content of the bedrocks, and their control mechanisms.

The Trend on Runoff Variations in the Lhasa River Basin*

拉萨河流域径流变化趋势分析

摘　要:以拉萨水文站以上流域为研究区,基于拉萨水文站和唐加水文站的水文实测数据和当雄县等3个气象站的气候观测数据,统计分析了1956—2003年研究区径流的年内、年际变化,利用Mann-Kendall趋势分析法和Pettitt变点检验法分析了拉萨河流域径流的变化特征,采用多元回归方法分析了气候因素(气温、降水)对径流变化的影响。结果表明:(1)研究时段内,径流年际变化波动较大,在1970年前后径流发生了较大的突变,呈现出明显的增加趋势,尤以近20年来的趋势最大;月均径流的年际变化中,有增加趋势的主要分布在冬半年(11—4月)和夏半年的个别月份(5、7、9月);(2)流域内气候变化趋势与径流变化趋势基本一致,但不同月/年均径流受不同气候因素影响,主要表现在年平均尺度上受降水影响较大,在月平均尺度上,夏半年径流增加趋势受降水增加影响较大,而冬半年径流变化则主要与气温有较显著相关性,其主要原因可能是全球变暖导致冰川融水增加。

1 Introduction

There have been great climate changes in the Tibetan Plateau (Zheng *et al.*, 2004; Yao *et al.*, 2006), which are characterized by an increasing trend in temperature and precipitation, especially in the late 1990s (Lin *et al.*, 1996; Du, 2001; He *et al.*, 2003; Wang *et al.*, 2004; Wu *et al.*, 2005). The climate changes have been resulting in some changes in cryosphere, hydrology and water resource of the Tibetan Plateau, and making some great influences to ecosystem and human living environment, as well as the social developments (Shi *et al.*, 2000; Wang *et al.*, 2000; Zhang *et al.*, 2000; Zheng *et al.*, 2002; Klein *et al.*, 2004; Chu *et al.*, 2005). The Lhasa River Basin, the locus of the capital of the Tibet Autonomous Region, is located in the middle-south part of the Tibetan Plateau. In the last 50 years, considerable progress has been made in industry, agriculture and urban construction in the drainage basin, especially the initiation of the "One River and Two Streams" project started in the early 1990s, has further boosted the development of agriculture and irrigation in the region. The Lhasa River, with a supply of abundant water resources, plays an important role in the regional development of Lhasa. Therefore, it is very important to conduct research on the dynamic causes for the changes in hydrology and water resources in the Lhasa

* Published by Lin Xuedong(蔺学东), **Zhang Yili(张镱锂)**, Yao Zhijun(姚治君), Gong Tongliang(巩同梁), Wang Hong(王宏), Chu Duo(除多), Liu Linshan(刘林山) and Zhang Fei(张菲) in *J. Geo. Sci.*, 2008, 18(1):95-106.

River Basin.

In recent years, many researches have been carried out on the hydrologic environment, land use/cover change, climate change and so on in the Lhasa River Basin and great achievements have been obtained (Hu *et al.*, 1999; Ning *et al.*, 2000; Cao *et al.*, 2005; Wu *et al.*, 2005). However, systematic research on the drainage streamflow variations has been rarely reported (Gong *et al.*, 2006). In this study, the runoff trend during the last 50 years in this area was explored by means of detailed analysis. Besides, the conformability among the climate changes, the hydrological variations and the climate factors inducing hydrologic variations were also studied, providing us scientific basis for the utilization of water resources and the sustainable development of industry and agriculture of this region.

The Lhasa River, a major anabranch in the middle reaches of the Yarlung Zangbo River, originates from the southern foot of the Nyaiqentanglha Mountain with a drainage area of 32 588 km^2 within a scope of 90°05′~93°20′E and 29°20′~31°15′N. The supplements are precipitation, melt-water and groundwater, which accounts for about 46%, 26% and 28% of the total runoff, respectively (Liu, 1999). In this paper, the upper Lhasa River Basin (above the Lhasa hydrological station) was taken as a study objective, which covers an area of approximately 26 225 km^2 and accounts for about 80.5% of the Lhasa River Basin with three meteorological stations (i. e. Lhasa, Maizhokunggar and Damxung) and three hydrological stations (i. e. Lhasa, Tanggya and Pondo) (Figure 1). The basin has a typical continental plateau semi-arid frigid climate regime with an annual mean temperature of about 5.3 ℃, an annual precipitation of about 505 mm, and also with a strong ultraviolet radiation. Vegetation types include alpine shrub steppe, alpine steppe, alpine meadow, cushion vegetation and so on in the drainage basin. While the soil types are mainly alpine shrub steppe soil, alpine meadow soil and sub-alpine meadow soil, characterized by a clear vertical zonal spectrum (Wang, 1994). The main land-use type is grassland and the mean elevation of the study area

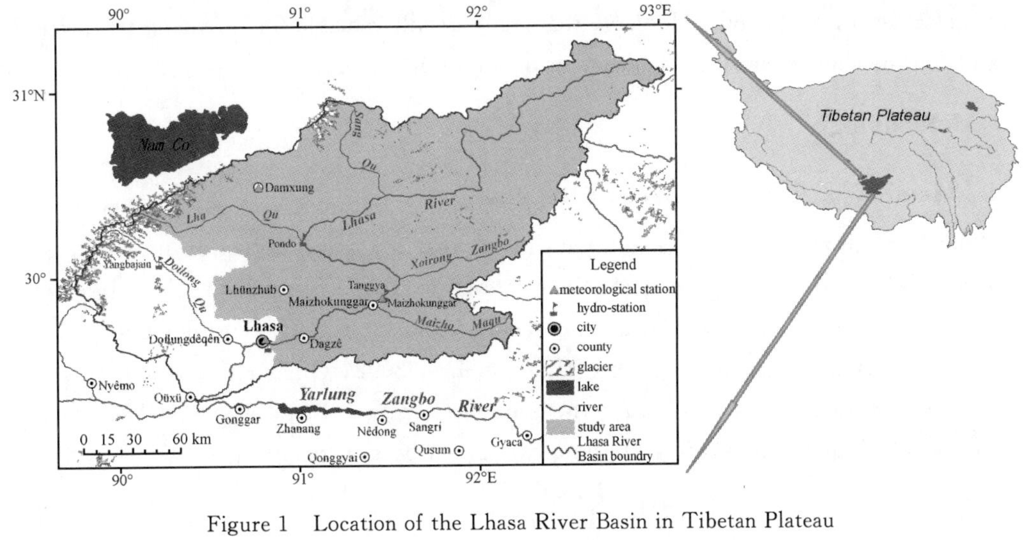

Figure 1 Location of the Lhasa River Basin in Tibetan Plateau

ranges from about 3500 m to about 5500 m a. s. l. with some basins and valley plains such as Painbo basin and Lhasa valley plain, etc. Seasonal frozen ground and glaciers develop around the drainage basin and the headwater regions (885 glaciers in all, 690.53 km^2 (Mi *et al.*, 2002)), being an important supplement to the Lhasa River (The Comprehensive Scientific Expedition to the Qinghai-Xizang Plateau, 1984a; 1984b; Dong *et al.*, 1996).

2 Data and methodology

2.1 Data collection and pre-processing

Monthly mean observed streamflow data of the two hydrological stations (Lhasa: 1956—1968 and 1973—2003; Tanggya: 1961—2000) were used in this paper. Since there is a significant correlation in the streamflow in the same period between the Lhasa and the Tanggya stations ($r=0.989$, $P<0.001$), interpolation was conducted on the streamflow data of Lhasa station to obtain a consecutive time series, which was used for analysis of the runoff variations in the study area. Given there are no large lakes and few domestic water consumption compared with the total water resources in the study area, the observed streamflow of the Lhasa station was considered as the virgin flow of the drainage.

Monthly mean temperature and precipitation from the three meteorological stations (Lhasa: 1955—2005; Maizhokunggar: 1978—2005; Damxung: 1962—2005) were also used in this study. Considering that there was no station in the catchments upper the Pondo hydrological station, the temperature data of Damxung station and the precipitation data of Pondo station were integrated as the climatic data of the area above the Pondo station to make a further analysis. In this paper, the analysis of the temperature and precipitation trends was carried out using the mean values of the three meteorological stations. We are aware of the potential deficiency resulting from using data of only three stations as representatives of this basin. However, due to the deficiency of the available data, this study is still valuable for providing us the primary evaluation on the climate changing tendency in the drainage basin.

2.2 Methodology

2.2.1 Mann-Kendall test for trend detection

Mann-Kendall test (M-K), a non-parametric test for trend detection in a time series, has been widely used in environmental sciences (Mann, 1945; Kendall, 1975; Hirsch *et al.*, 1982). The test has been proved to be an excellent tool for runoff trend detection due to its non-normal distribution characteristics (Donald *et al.*, 2002; Omar *et al.*, 2006). Defining that the time series x_1, x_2, …, x_n are the sequential data values, n is the data set record length, and the Mann-Kendall test statistic S is given by the formula:

$$S=\sum_{k=1}^{n-1}\sum_{j=k+1}^{n}\operatorname{sgn}(x_j-x_k) \tag{1}$$

where x_j and x_k are the annual values in years j and k, $j>k$, respectively, and

$$\operatorname{sgn}(x_j - x_k) = \begin{cases} 1 & x_j - x_k > 0 \\ 0 & x_j - x_k = 0 \\ -1 & x_j - x_k < 0 \end{cases} \tag{2}$$

The variance of S and the test statistic Z are computed as follows:

$$VAR(S) = \frac{n(n-1)(2n+5)}{18} \tag{3}$$

$$Z = \begin{cases} \dfrac{S+1}{\sqrt{VAR(S)}} & S<0 \\ 0 & S=0 \\ \dfrac{S-1}{\sqrt{VAR(S)}} & S>0 \end{cases} \tag{4}$$

The presence of a statistically significant trend is evaluated using the Z value which has a normal distribution. A positive (negative) value of Z indicates an upward (downward) trend. A significance level α is also defined to test for either an upward or downward monotone trend (a two-tailed test).

To estimate the true slope of an existing trend (as change per-year) the Sen's nonparametric method is used in cases where the trend can be assumed to be linear (Sirois, 1998). A continuous monotonic increasing or decreasing function of time $f(t)$ is computed by

$$f(t) = Qt + B \tag{5}$$

where Q is the slope and B is a constant.

To get the slope estimate Q which indicates a possible tendency in equation (5) the slopes of all data value pairs are calculated by

$$Q_i = \frac{x_j - x_k}{j-k} \tag{6}$$

where $j>k$.

If there are n values x_j in the time series as many as $N = n(n-1)/2$ slope estimates Q_i. The Sen's estimator of slope is the median of these N values of Q_i. The N values of Q_i are ranked from the smallest to the largest and the Sen's estimator is

$$Q = \begin{cases} Q_{[(N+1)/2]} & \text{if } N \text{ is odd} \\ \dfrac{1}{2}(Q_{[N/2]} + Q_{[(N+2)/2]}) & \text{if } N \text{ is even} \end{cases} \tag{7}$$

2.2.2 Identification of change points with Pettitt test

The identification of the change points is one of the most important statistical techniques, which is used in the runoff dataset analysis to study the climate change effects. The non-parametric Pettitt test was applied to identify the change points of the runoff series efficiently in this paper (Pettitt, 1979, 1980a, 1980b; Rowan *et al.*, 2005). The Pettitt test considers a time series as two samples represented by $x_1 \cdots x_t$ and $x_{t+1} \cdots x_T$. For continuous data the indices $V(t)$ and $U(t)$ can be calculated from the following formula:

$$U_{t,T}=U_{t-1,T}+V_{t,T} \quad t=2,\cdots,T \tag{8}$$

$$V_{t,T}=\sum_{j=1}^{T}\operatorname{sgn}(x_t-x_j) \qquad \left\{ \operatorname{sgn}(x)=\begin{cases}+1 & x>0\\ 0 & x=0\\ -1 & x<0\end{cases} \right. \tag{9}$$

The most significant change point is found where the value is

$$p(t)=\max|U_{t,T}| \tag{10}$$

And the approximate significance probability, $p(t)$, of a change point can then be calculated from

$$p(t)=1-\exp\left(\frac{-6U_{t,T}^2}{T^3+T^2}\right) \tag{11}$$

3 Analysis of the runoff trends and variations of the Lhasa River

3.1 Characteristics of the intra-annual runoff variables

There is a great difference in the intra-annual runoff distributions. Due to the influence of precipitation, the runoff is centralized in the summer-half-year (May to October) accounting for more than 96% of the annual runoff. There are no great variations in discharge from November to April (Figure 2a), during which precipitation usually falls as snow and ice and the runoff supply depends on the groundwater significantly (Wang, 1994; Liu, 1999). With the increase of the temperature in May, the melt-water and the rainfall begin to supply the Lhasa River together, and the discharge reaches the maximum of about 869 m^3/s in August. After October, the runoff gradually decreases resulting from the decreasing rainfall and temperature. The runoff during May to October much depends on the rainfall brought by the Indian Ocean Monsoon and both have a homogeneous variation (Wang, 1994; Liu, 1999; Wu *et al.*, 2005).

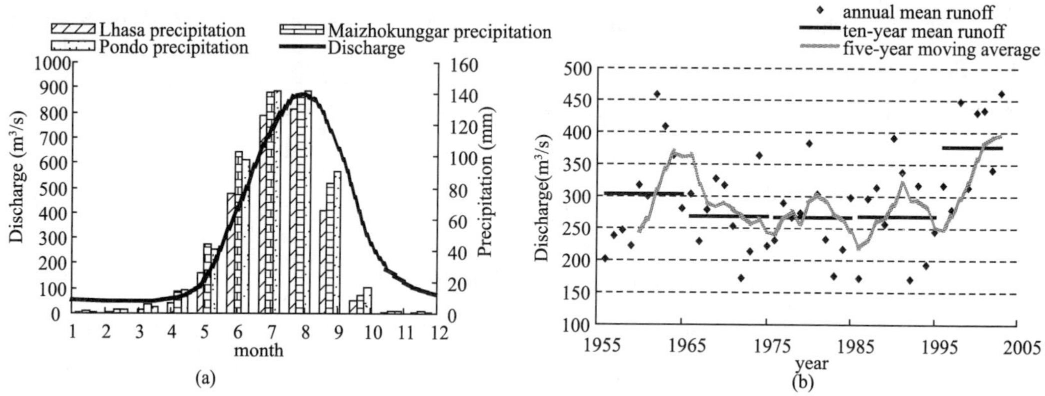

Figure 2 Variations of monthly mean runoff and precipitation (a), and annual mean runoff (b) at Lhasa hydrological station

3.2 Characteristics of the annual runoff variables

Indicated by some literatures, the annual runoff variations in the middle reaches of the Yarlung Zangbo River are mainly affected by the precipitation (Wang, 1994; Liu, 1999). Calculation result of the runoff data of the Lhasa hydrological station showed that the deviation coefficient of annual runoff Cv is 0.25, the ratio between the maximum and the minimum is 2.70, and the interannual average discharge is 294.1 m^3/s. As showed in Figure 2b, the 5-year moving-average curve of runoff exhibits fluctuation in recent 50 years, and the discharge reached higher record values in the early years of the 21st century. It is also can be seen from Figure 2b that the 10-year average discharge is high in recent 10 years while keeps stable in the middle decades.

Being affected by the climate factors and the underlying surface variations, the discharge displays various trends. Using Pettitt test, the possible change points were examined for the annual and the monthly mean runoff, and the upper values (possible change points) were marked in Figure 3. The change-point year is consistent with the monthly and the annual mean runoff, and centralizes in 1970 and around 1984. Considering the validity of the runoff data series, it is divided into three stages (1956—2003, 1971—2003, 1984—2003) to have M-K trend test in this paper, the results of the calculations are given in Table 1.

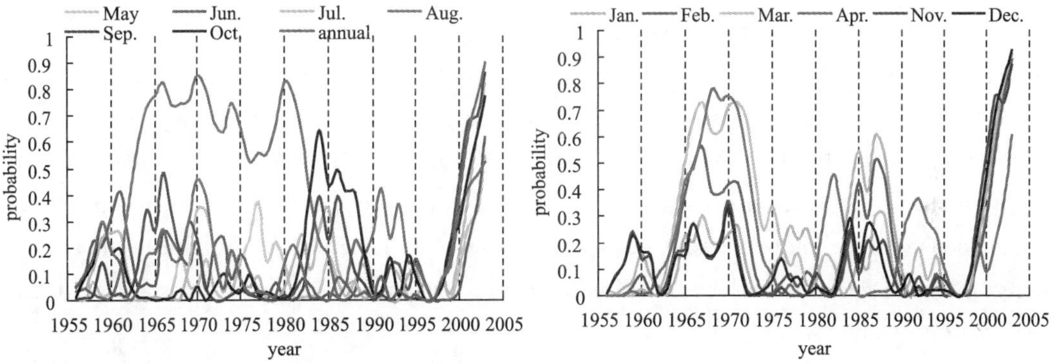

Figure 3 Curves of the mean runoff (annual and monthly) of the Lhasa River Basin with Pettitt test

As can be seen from Table 1, values of statistically significant trends Zc are all positive with significance level above 0.1, reflecting the positive trend of the runoff. The Q value of the monthly and annual mean runoff in different stages is in the order of $Q_3 > Q_2 > Q_1$, indicating the positive trends of the runoff are increasing gradually in the three stages, and among which the last stage (1984—2003) has an obvious increasing trend. The average changing-rates (H) of monthly mean runoff in the three stages were calculated by

$$H = \frac{Q_{i+1} - Q_i}{Q_i} \qquad i = 1,2 \tag{12}$$

The calculation results are, $H_{(1971)} = 1.84$, $H_{(1984)} = 1.17$, $H_{(1971)} > H_{(1984)}$. Integrated with the results, it is deduced that the change-point possibility around 1970 is much higher

Table 1 Results of trend analysis of the mean runoff (annual and monthly) for three periods with Mann-Kendall test in the Lhasa River Basin

Series	(1956—2003)			(1971—2003)			(1984—2003)		
	Zc	*α*	Q_1	*Zc*	*α*	Q_2	*Zc*	*α*	Q_3
Jan.	2. 14	*	0. 27	3. 39	* * *	0. 85	2. 30	*	1. 41
Feb.	1. 63		0. 20	3. 18	* *	0. 68	2. 30	*	1. 16
Mar.	1. 08		0. 10	2. 93	* *	0. 51	2. 43	*	1. 00
Apr.	0. 73		0. 11	2. 34	*	0. 67	2. 11	*	1. 51
May	1. 25		0. 69	1. 87	+	2. 09	2. 04	*	5. 15
Jun.	1. 95	+	3. 49	1. 01		3. 14	2. 37	*	21. 57
Jul.	1. 36		4. 74	2. 06	*	13. 97	2. 17	*	32. 58
Aug.	−0. 79		−3. 76	1. 10		7. 96	0. 88		13. 13
Sep.	1. 63		4. 08	3. 05	* *	14. 52	1. 91	+	19. 82
Oct.	2. 07	*	1. 78	2. 49	*	3. 77	0. 81		3. 77
Nov.	1. 68	+	0. 57	2. 87	* *	1. 71	1. 78	+	2. 65
Dec.	2. 00	*	0. 39	3. 30	* * *	1. 11	2. 11	*	1. 35
Yearly	1. 63		1. 36	3. 02	* *	4. 28	2. 63	* *	9. 69

Note: The tested significance levels *α*: + is 0. 1; * is 0. 05; * * is 0. 01; * * * is 0. 001; blank is >0. 1.

than that occurring in 1984, so it can be concluded that the most possible runoff change-point occurs around the year 1970. Many literatures have approved that a world-wide abrupt climate change occurred in the late 1960s and the early 1970s (Perreault *et al.* , 1999; Rowan *et al.* , 2005), and the change also occurred in the mid-1960s and the early 1980s in the Tibetan Plateau (Yan *et al.* , 1990; Ye *et al.* , 1993; Tang *et al.* , 1998). The results about the abrupt change point years in this paper are basically consistent with the former conclusions. In some sense, the climate changes in Tibetan Plateau are sensitive to the global change, and the hydrological varieties reflect the climate change sensitively which exhibits a good indicative function.

After analyzing the trends of the monthly and annual mean runoff in three stages (1956—2003, 1971—2003, 1984—2003) (Table 1), it can be concluded that there is a significant increasing trend of the annual mean runoff after 1970 (Wang, 1994; Lai, 1996; Liu, 1999), especially in recent 20 years. To the every monthly mean runoff, there are merely January, June, October, November and December passing the significance test but not having a pronounced increasing tendency in the stage one (1956—2003); while there are many months in the next two stages. Synthesized the analysis above, the each monthly mean runoff (November-February, March-May, July, September, October) shows a different increasing trend individually with an obvious increasing tendency in recent 20 years.

3. 3 Analyses on the climate factors induced runoff variations

In some scales, the season mode of the runoff reflects the integrative effects of the regional climate and the physical geographic conditions. Independent of the climate and the geographic conditions, the mode has a response to the interactions of the atmosphere and the earth surface, and also to the variations of the two variables: temperature and precipitation (Gong *et al.*, 2006). Based on this law, we conduct analyses on the influence to the runoff induced by the two climate factors (temperature and precipitation), with the purpose of discussing the consistency between the climate change and the runoff variations.

After having Mann-Kendall trend test on the temperature and precipitation of the study area, it can be got that there are different extents of increasing trends on the annual mean temperature and precipitation in the three stages (Table 2). The annual mean precipitation variation represents an obvious increasing trend with a rate of 87.3 mm/10 a, which is in accordance with the trend of the annual mean runoff. The annual mean temperature variations, which have a highest temperature ascending rate of 0.4 ℃/10 a (much higher than 0.26 ℃/10a of the Tibet) in 1971—2003, have a same increasing tendency to the precipitation. With the trend analysis on the monthly mean temperature and precipitation, we concluded that the months with an increasing trend of precipitation are more centralized in winter half-year, September and October. While the months of temperature with increasing trend are more in winter half-year, which have much higher ascending rates than that of the yearly. Actually, the main factor of the annual mean temperature ascending is the pronounced temperature increasing in winter (Yang *et al.*, 2006). What stated above brings the thesis to the natural conclusion that there is a basic consistency between the monthly climate (precipitation and temperature) change and the runoff variations, especially in the winter half-year with a better conformability between the temperature and the runoff.

Table 2 Results of trend analysis of the mean precipitation and temperature (annual and monthly) for three periods with Mann-Kendall test in the Lhasa River Basin

	Precipitation									Temperature								
	1956—2003			1971—2003			1984—2003			1956—2003			1971—2003			1984—2003		
	Zc	*α*	Q_1	*Zc*	*α*	Q_2	*Zc*	*α*	Q_3	*Zc*	*α*	Q_1	*Zc*	*α*	Q_2	*Zc*	*α*	Q_3
Jan.	2.61	* *	0.02	1.77	+	0.02	0.59		0.02	0.44		0.01	2.45	*	0.07	0.65		0.04
Feb.	4.09	* * *	0.04	1.83	+	0.04	2.14	*	0.10	0.52		0.01	1.95	+	0.04	0.45		0.03
Mar.	2.12	*	0.06	2.63	* *	0.12	2.40	*	0.26	0.52		0.01	1.98	*	0.03	−0.58		−0.03
Apr.	2.14	*	0.16	0.98		0.13	1.01		0.25	−0.16		0.00	1.58		0.03	0.20		0.00
May	2.27	*	0.56	0.79		0.42	1.78	+	1.83	−1.19		−0.02	1.35		0.03	−0.81		−0.03
Jun.	1.18		0.56	1.04		1.12	2.17	*	4.29	−0.94		−0.02	0.90		0.02	−1.14		−0.07
Jul.	0.89		0.32	2.00	*	1.38	0.42		1.06	−0.21		0.00	1.02		0.01	−0.55		−0.01
Aug.	−1.09		−0.59	0.82		0.87	0.42		1.51	0.41		0.00	2.22	*	0.02	1.53		0.04
Sep.	3.64	* * *	0.95	2.39	*	1.01	0.06		0.04	−0.19		0.00	2.50	*	0.03	1.72	+	0.04
Oct.	1.82	+	0.14	0.82		0.10	1.33		0.41	0.38		0.01	1.80	+	0.04	0.97		0.06
Nov.	1.26		0.00	−0.22		0.00	0.78		0.03	2.02	*	0.04	2.74	* *	0.05	2.92	* *	0.10
Dec.	2.66	* *	0.01	1.33		0.01	1.04		0.02	0.47		0.01	2.29	*	0.06	0.58		0.03
Yearly	2.44	*	3.02	2.59	* *	5.24	2.17	*	8.73	1.95	+	0.02	4.14	* * *	0.04	1.72	+	0.02

Note: The tested significance levels *α*: + is 0.1; * is 0.05; * * is 0.01; * * * is 0.001; blank is >0.1.

Based on the trend analysis on temperature and precipitation above, and just considering the impacts of the two factors on the runoff, the multivariate regression equation about the temperature, precipitation and runoff is introduced as follows:

$$Q=\beta+aT+bP \tag{13}$$

where Q is the monthly/yearly mean runoff; T is the average monthly/yearly mean temperature of the three meteorological stations (Lhasa, Maizhokunggar and Pondo); P is the average monthly/yearly mean precipitation of the three meteorological stations (Lhasa, Maizhokunggar and Pondo); a and b are regression coefficients separately.

According to the conclusion about the abrupt change point of the runoff, two phases can be identified: 1956—2003 and 1971—2003. The regression coefficients, standard deviations of the monthly/annual mean runoff, temperature and precipitation in the two phases are calculated respectively by formula (13). The results are listed in Table 3.

Table 3　Results of multiple linear regression of the mean runoff and precipitation, temperature (annual and monthly) for two phases in the Lhasa River Basin

	1956—2003					1971—2003				
	a_1	$S.e(a_1)$	b_1	$S.e(b_1)$	R_1	a_2	$S.e(a_2)$	b_2	$S.e(b_2)$	R_2
Jan.	0.573	0.846	0.636	1.432	0.107	1.761	1.509	1.067	1.779	0.222
Feb.	0.704	0.844	−0.131	0.928	0.138	**3.498**	1.438	0.352	1.136	0.414
Mar.	−0.206	0.837	0.223	0.334	0.122	1.785	1.525	0.725	0.458	0.297
Apr.	0.284	2.266	0.759	0.581	0.207	1.634	4.796	0.923	0.865	0.191
May	−1.458	6.719	0.715	0.518	0.257	5.730	12.366	1.259	0.755	0.309
Jun.	−39.269	20.554	**2.499**	0.720	0.669	−48.888	37.883	**2.451**	0.992	0.658
Jul.	−53.829	33.251	**3.887**	0.678	0.699	−16.591	60.458	**4.381**	0.991	0.673
Aug.	−9.607	35.001	**5.672**	0.555	0.837	40.000	53.081	**5.964**	0.636	0.870
Sep.	39.264	36.554	**4.298**	1.329	0.437	98.492	59.302	**5.195**	1.559	0.540
Oct.	8.627	7.000	2.129	1.100	0.286	**31.550**	11.711	**3.793**	1.331	0.506
Nov.	4.465	2.920	0.531	1.778	0.224	**21.545**	4.218	−0.672	1.708	0.684
Dec.	2.087	1.532	0.270	1.213	0.212	**5.443**	2.371	1.312	1.445	0.401
Yearly	−2.792	4.858	**0.670**	0.051	0.891	−8.992	14.210	**0.753**	0.074	0.903

Note: R is correlation coefficient, $S.e$ is standard deviation, and boldface is regression coefficient having passed the significance test.

To the linear correlation, the regression coefficients should be beyond the relevant standard deviations so as to make the corresponding variables significant (Ding *et al.*, 2000) with the regression coefficients and the correlation coefficients passing the significance test. Got from Table 3, the regression coefficients of the annual and the monthly mean runoff during June to September have significant level, which means in the phase 1956—2003 there exists a good correlation between the precipitation and the annual/monthly mean runoff in these months. In the phase 1971—2003, a significant correlation presents between the runoff and the precipitation in the annual and the monthly averaged during June to October, representing a significant correlation between the temperature and the runoff in these months.

So it can lead to a conclusion that the increasing trends of the annual and summer runoff are greatly influenced by the increasing precipitation, while the winter runoff by the ascending temperature in winter especially in recent 30 years. Because of the wide distribution of glaciers, permafrost and seasonal frozen soil in the north of the Lhasa River Basin and the surrounding Nyainqentanglha Mountain regions, the ascending temperature in winter makes the snow, glaciers and frozen soil melt above the 0 ℃, and the freeze-thaw interaction much more intense (Gong *et al.*, 2006), thus furnishing the Lhasa River with melt-water supply directly.

4 Conclusions and discussion

(1) The Lhasa River Basin presents an obviously increasing trend in the annual mean runoff, and also an increasing trend to different degrees in monthly mean runoff in winter (December to February), spring (March to May) and summer (July, September and October), especially recent 20 years saw a significant increasing trend.

(2) Years around 1970 and the early 1980s are the period experiencing abrupt changes in runoff. And the Mann-Kendall trend analysis proves that years around 1970 are the period most possibly having the abrupt changes in runoff.

(3) The trend of the runoff variations is basically consistent with the changing trends of temperature and precipitation. And the climate factors affecting the runoff variation in different scales are different. In annual scale the runoff is influenced mostly by precipitation, and in monthly scale, the runoff in summer-half-year is influenced mostly by precipitation but in winter-half-year it is influenced mostly by the ascending winter temperature in recent 30 years.

The runoff variations are affected by many factors such as climate change, changes in underlying surface conditions, and so on. In this paper, both the impacts of the climate changes on the runoff and the consistency between the climate and the runoff variation are discussed concerning the two aspects of temperature and precipitation. But it's not enough to solve the questions clearly, other factors such as the human activities (e. g. LUCC) may also result in some changes to the runoff (Bosch, 1982; Calder, 2000; Deng *et al.*, 2001; Chen *et al.*, 2004), which remains to be studied further.

拉萨河流域湿地生态系统服务功能价值变化*

Changes of Wetland Ecosystem Service Value in the Lhasa River Basin of Tibetan Plateau

Abstract: In the context of global changes and human activities, study of changes in the alpine wetland system is becoming increasingly important, particularly in alpine wetland ecosystems. The Lhasa River Basin is a political, economic, and cultural center in Tibet, with most swamped meadow and pasture of important value. The wetland ecosystems generally include water field, swamped meadow, grass marshes, shrub wetland, forest wetland and beach wetland. On the basis of GIS techniques and valuation of ecosystem services methods, dynamic changes in wetlands, and gains and losses of ecosystem service value were examined in detail in this work using three senses of remote sensing images. Three types of wetland database for assessment of the ecological value were built by visual interpretation. Wetland ecosystem services valuation methods were based primarily on market value, carbon tax, alternative cost method, the shadow price method and other environmental and economic methods. Results indicated that from 1976 to 2006, the total area of wetlands maintained decreasing from 230×10^3 hm^2 to 209×10^3 hm^2, an 8.8% reduction. For the two periods 1976—1988 and 1988—2006, the reduction in wetlands accounted for 3.7% and 5.2% of the total reduction, respectively. Water field, swamped meadow and grass marshes were found to progressively reduce, while forest wetland and beach wetland gradually increased. The shrinking ratios of marsh wetlands were relatively higher and the reduction amount of the area of swampy meadow was the largest. During the study period, the total value of wetland ecosystem service functions gradually decreased by 4.12 billion Yuan. In particular, for the first and second periods under investigation, the reduction ratio of the value per year was calculated as 0.39% and 0.36%, respectively. The value of ecosystem services for open water, alpine meadow and grass marshes incrementally reduced. However, the value of shrub wetlands seemed to be no change. The value of forest wetland and beach wetland gradually increased. The biggest loss in value was the function of material production, followed by gas component regulation and climate regulation value. By contrast, the hydrologic regulation value, habitat value, recreational value, and environmental purification increased slightly. In particular, valuation of ecosystem services methods is diversity, and evaluation using different methods could lead to disparate results. It seems that there is no consent evaluation method. Compared with the existing research, the annual loss rate of the ecological service value in the Lhasa River Basin is generally higher than that in the Sanjiang Plain, and lower than the Zoige Plateau.

---

* 由王春连(Wang Chunlian)、**张镱锂(Zhang Yili)**、王兆锋(Wang Zhaofeng)和摆万奇(Bai Wanqi)完成，原载于《资源科学》,2010,32(10):2038-2044。

1 引言

湿地是地球上处于陆地生态系统与水生生态系统之间的一种重要的生态系统，为区域环境提供许多重要的服务功能（陈宜瑜，1995；Brinson *et al.*，2002；段晓男等，2005）。高寒湿地系统作为特殊的湿地类型更具有全球变化的敏感性。近年来，随着全球变化和人类活动的增强，高原湿地出现了不同程度的退化，面积萎缩10%以上，其中，长江源区沼泽湿地退化最严重，退化幅度达29%，同时有17.5%的内流湖泊干涸（王根绪等，2007）。若尔盖高寒湿地面积呈先减少后增加的变化趋势，但与20世纪60年代相比，2000年湿地面积仍呈萎缩状态（白军红等，2008）。湿地生态系统退化引起服务功能流的变化，相应的服务功能价值也会随之流失（刘晓辉，2009），从而对区域气候、水文、生物地球化学循环及生物多样性产生重要影响（李云生等，2009）。

1997年，Costanza *et al.*（1997）提出了生态系统服务价值评估的原理与方法，从而将生态系统服务研究推向生态经济学研究的前沿，之后国内外学者开展了许多有关生态系统价值评价方面的研究。谢高地等在Costanza评价模型基础上，通过专家问卷调查的方法提出了“中国生态系统服务价值当量因子表”（谢高地等，2003）。对单一湿地生态系统价值评价也取得了很大进展，一些学者对若尔盖湿地（张晓云等，2009）、鄱阳湖湿地（崔丽娟等，2004）、盘锦地区湿地（辛琨等，2002）等不同的湿地生态系统开展了生态服务功能的价值研究。目前，评价方法主要分为物质量评价法和价值量评价法，但由于评价方法和评价指标计算方法的不同，导致评价结果差异很大（赵景柱等，2000）。生态系统服务功能价值的研究主要集中在全球或区域不同生态系统服务及其价值的估算，对其动态变化研究较少。本文以拉萨河流域为例，利用三期遥感解译数据，分析1976—2006年拉萨河流域湿地的动态，通过生态价值评估方法评价其生态功能价值的变化，从而为湿地管理和保护提供重要的理论依据。

2 数据与方法

文中以1976年、1988年和2006年三期遥感解译数据为基础进行湿地生态价值评估（Zhang *et al.*，2010；王春连等，2010）。

（1）物质生产价值

物质生产功能采用市场价值法进行评估，计算公式为（谢高地等，2003）：

$$V = \sum S_i \times Y_i \times P_i \tag{1}$$

式中：V为物质产品价值，S_i为第i类物质的可收获面积，Y_i为第i类物质的单产，P_i为第i类物质的市场价格。产品市场价格参考国家物价年鉴及当地实际物价（西藏地区牧草单价0.4元/kg（谢高地等，2003）），可收获面积主要包括有植被覆盖的草甸、沼泽、灌丛、森林等湿地面积。流域湿地植被单位面积的生物量及年净生物生产量主要依据罗天祥等通过实测数据统计及气候生产力模型方法计算的结果（表1）（关洪书等，1993；罗天祥等，1999）。

表 1　湿地物质生产物质量评价结果

Table 1　Physical production of Lhasa River wetland

类型	年份	面积($\times 10^4$ hm^2)	净生产量($\times 10^8$ kg/a)	生物量($\times 10^8$ kg)
高寒草甸	1976	18.307	8.82	188.14
	1988	17.582	8.44	179.26
	2006	16.268	7.86	167.90
草丛沼泽	1976	0.207	0.40	1.44
	1988	0.161	0.35	1.21
	2006	0.097	0.20	0.71
灌丛	1976	0.096	0.05	0.13
	1988	0.096	0.05	0.13
	2006	0.097	0.05	0.13
森林	1976	0.261	0.06	1.19
	1988	0.268	0.06	1.23
	2006	0.287	0.07	1.38

此外，流域内还有大量的水域湿地，鱼类资源丰富。但由于难以确定其物质的量，研究中参考统计年鉴中的渔业产值作为其评估的价值量。

(2)大气调节价值

湿地对大气环境既有正面影响也有负面效应，正效应是通过湿地植物群落的光合作用固定大气中的 CO_2，向大气释放 O_2；负效益体现在释放 CO_2 和 CH_4 等温室气体(表 2)。流域湿地植被单位面积的生物量根据物质生产物质量估算结果，然后折算为 CO_2 固定量。释放和固定的物质量通过光合作用反应方程式(辛琨等，2002)：

$$CO_2(264\ g)+H_2O(108\ g)\rightarrow C_6H_{12}O_6(108\ g)+O_2(193\ g)\rightarrow \text{多糖}(162\ g) \tag{2}$$

CO_2 和 CH_4 等释放量采用下列公式进行计算(王俊峰等，2008)：

$$Q=\sum Flux_i\cdot Area_i\cdot Time_i \tag{3}$$

式中：$Flux_i$ 为温室气体排放通量，$Area_i$ 为湿地面积，$Time_i$ 表示温室气体排放时间。

CH_4 释放量采用湿地中国发布的青藏高原花石峡观测站数据，潮湿的嵩草草甸中甲烷的排放通量为 44.31 mg/(m^2·d)，沼泽湿地甲烷排放通量为 63.43 mg/(m^2·d)；CO_2 排放通量取王俊峰等研究青藏高原生长期内中度退化和未退化沼泽湿地排放通量的平均值 94.38 mg/(m^2·d)计算(王俊峰等，2008)，排放时间主要发生在夏季冰雪融化期 5—9 月的 153 天计算(王德宣等，2002)。

表 2　湿地生态系统气体交换物质量(单位：$\times 10^8$ kg)

Table 2　Air-exchange of wetland ecosystem

类型	年份	固定 CO_2 量	释放 O_2 量	排放 CO_2 量	释放 CH_4 量	净吸收 CO_2 量
高寒草甸	1976	304.78	225.77	0.264	0.124	304.52
	1988	290.39	215.11	0.254	0.119	290.14
	2006	272.00	201.48	0.235	0.110	271.77

续表

类型	年份	固定 CO_2 量	释放 O_2 量	排放 CO_2 量	释放 CH_4 量	净吸收 CO_2 量
沼泽	1976	2.34	1.73	0.003	0.002	2.34
	1988	1.96	1.45	0.002	0.002	1.96
	2006	1.14	0.85	0.001	0.001	1.14
灌丛	1976	0.21	0.15	0.001	0.001	0.21
	1988	0.21	0.15	0.001	0.001	0.21
	2006	0.21	0.15	0.001	0.001	0.21
森林	1976	1.94	1.44	0.004	0.002	1.94
	1988	1.99	1.48	0.004	0.002	1.99
	2006	2.23	1.65	0.004	0.002	2.23

$$\text{大气调节价值}=\text{固定 }CO_2\text{ 价值}+\text{释放 }O_2\text{ 价值}-\text{释放 }CH_4\text{ 价值} \tag{4}$$

CO_2 吸收功能价值采用碳税法计算，把造林成本 0.26 元/kgC（1990 年不变价）和 IPCC 得到的温带森林的碳率的均值 0.19 元/kgC 作为 CO_2 的碳税标准进行估算（段晓男等，2005）。生产 O_2 功能采用造林成本法计算，欧阳志云等计算中国陆地生态系统经济价值时运用造林成本法的取值 0.35 元/kgO_2（欧阳志云等，1999）。国家发展与改革委员会等有关部门的研究表明，西藏地区的投资成本约为全国平均投资成本的 2.5 倍，在西藏地区的造林成本的取值应为 0.88 元/kgO_2（张天华等，2005）。CH_4 的经济价格沿用 Costanza 提出的 0.11 美元/kg。

(3)调蓄水量价值

已有研究表明，湿地系统中不同土壤类型的有效水分含量表现出明显差异，风沙土、草甸土和泥炭土的有效水分含量分别为 37 g/kg、330 g/kg、690 g/kg（田应兵等，2005）。根据如下公式（张晓云等，2009），可计算不同湿地类型蓄水量（表 3）。

$$Q_s = \sum_{i=1}^{n} q_i a_i l \tag{5}$$

式中：Q_s 为生态系统蓄水量（kg），q_i 为各地类土壤单位体积的有效水分含量（kg/m^3），a_i 为各地类面积（m^2），l 为土层深度。在蓄水量计算时，由于 0～50 cm 土层为土壤水分活跃层，可充分发挥调蓄水资源的作用，因此，本文取 50 cm 土层深度计算持水体积。

湿地植被还可以通过截流降水调节水量（表 3），其调节水量采用降水储存量法，计算公式为（李金昌，1999）：

$$Q=A\times J_0\times K\times R \tag{6}$$

式中：Q 为与裸地相比较，湿地生态系统截流降水、涵养水分增加量；A 为研究区草地面积，J_0 为研究区多年均降雨总量，K 为研究区产流降雨量占降雨总量的比例，R 为与裸地相比草地生态系统截留降水、减少径流的效益系数。J_0 的选取根据研究区多年平均降雨量460 mm，K 参数值根据降雨特征选取 0.4（彭文英等，2002），效益系数根据已有研究成果（赵同谦等，2004），确定沼泽类为 0.4，灌丛为 0.2。

表 3　湿地生态系统蓄水量及截流降水量

Table 3　Water storage capacity of wetland ecosystem

湿地类型	年份	面积 (×10^4 hm^2)	蓄水体积 (×10^4 m^3)	单位体积有效水分 (kg/m^3)	蓄水量 (×10^8 kg)	截流水量 (×10^4 m^3)
开阔水域	1976	3.520	17 600	1 000.000	1 760.000	0
	1988	3.313	16 563	1 000.000	1 656.000	0
	2006	3.261	16 307	1 000.000	1 631.000	0
高寒草甸	1976	18.307	91 536	408.040	3 735.000	134 740
	1988	17.582	87 911	408.040	3 587.000	129 405
	2006	16.268	81 342	408.040	3 319.000	119 735
草丛沼泽	1976	0.207	1033	626.950	64.800	1 521
	1988	0.161	803	626.950	50.300	1 182
	2006	0.097	483	626.950	30.300	711
灌丛	1976	0.096	482	408.040	19.700	355
	1988	0.096	482	408.040	19.700	355
	2006	0.097	483	408.040	19.700	355
森林	1976	0.261	1 305	408.040	53.200	960
	1988	0.268	1 341	408.040	54.700	987
	2006	0.287	1 436	408.040	58.600	1 057
滩地	1976	0.562	2 811	61.520	17.300	0
	1988	0.676	3 378	61.520	20.800	0
	2006	0.922	4 610	61.520	28.400	0

其价值计算根据替代成本法，利用修建同等蓄水量的水库成本计算拉萨河流域高原湿地的蓄水价值。根据内地每建设 1 m^3 库容需投入成本费为 0.67 元，西藏的投入成本为内地的 2.5 倍，计算出其调蓄水量功能价值。

(4)环境净化价值

该功能主要包括粪便降解能力及滞尘能力，实际上环境净化功能不仅于此。通过估算主要草地牲畜粪便中散落在草地部分的营养成分总量来评价草地生态系统对于牲畜粪便的降解能力和养分归还功能。湿地草场区牲畜排放的粪便约 50%被当做燃料燃烧，其余 50%散落在放牧场上，作为粪肥归还草地。

物质量评价采用下式(李忠魁等，2009)进行估算，其评价结果如表 4 所示：

$$G = \lambda \sum_{i=1}^{2} \sum_{j=1}^{2} w_i r_{ij} \omega_{ij} \tag{7}$$

式中：G 为因废弃物降解而归还的营养物型(N、P)总量；λ 为牲畜粪便归还草地的比率；i、j 分别为评价的牲畜类型(牛、羊) 和营养物质类；w_i 分别为草地的牛、羊载畜量；r_{ij} 为不同类型牲畜个体粪便量；ω_{ij} 为不同类型牲畜个体粪便中营养元素的平均含量。

表 4　湿地系统降解功能物质量

Table 4　Waste decomposition function of wetland ecosystem in Lhasa River Basin

	年份	牲畜数量 (×10^4)头	个体排放 (N/kg)	个体排放 (P/kg)	折合化肥量 (kg)	折合化肥总量 (×10^4 kg)	归还总量 (×10^4 kg)
牛	1976	6.11	31.20	14.50	45 700	279.23	139.61
	1988	6.19	31.20	14.50	45 700	282.88	141.44
	2006	9.11	31.20	14.50	45 700	416.33	208.16
羊	1976	9.67	6.20	2.80	9 000	87.03	43.52
	1988	9.25	6.20	2.80	9 000	83.25	41.63
	2006	9.99	6.20	2.80	9 000	89.91	44.96
总计	1976	15.78				366.26	183.13
	1988	15.44				366.13	183.07
	2006	19.10				506.24	253.12

西藏自治区环境监测中心站多年监测表明，自然扬尘是影响拉萨市环境空气质量的主要因素。拉萨河流域湿地有沼泽草本植物和乔木林地（以杨树、柳树、沙棘林为主），以草地118.5 kg/(hm^2 · a)、杨树 6 463.23 kg/(hm^2 · a)的滞尘能力计算（表 5）（周志翔等，2002）。

表 5　流域湿地滞尘功能物质量

Table 5　Dust holding function of wetland ecosystem in Lhasa River Basin

	年份	面积(×10^4 hm^2)	滞尘能力(kg/(hm^2. a))	滞尘量(×10^8 kg)
草本	1976	18.51	118.50	0.22
	1988	17.74	118.50	0.21
	2006	16.37	118.50	0.19
木本	1976	0.36	6463.23	0.23
	1988	0.36	6 463.23	0.24
	2006	0.38	6 463.23	0.25
总计	1976	18.87		0.45
	1988	18.11		0.45
	2006	16.75		0.44

价值量评价采用影子价格法，以我国平均化肥价格 2.55 元/kg 来估算草原生态系统的废弃物降解及养分归还功能的生态经济价值（肖寒，2001）。滞尘功能价值采用替代费用法，按拉萨地区水泥厂除尘成本 0.35 元/kg 计算此项功能的价值（张天华等，2005）。

（5）其他功能价值评估方法

关于气候调节价值、栖息地服务功能价值、科研文化服务价值及休闲娱乐价值，参考谢高地等对我国湿地生态系统服务功能价值估算结果，以及 Costanza 对全球湿地生态系统该项生态服务功能价值估算的结果进行计算。

3 结果与分析

3.1 流域湿地面积动态变化

1976—2006 年拉萨河流域湿地面积下降 8.8%，减少了 2.02×10^4 hm^2（表 6）。其中，高寒草甸湿地面积变化量最大，退化比率为 11%；水域湿地面积下降比率为 7.35%；草丛沼泽湿地退化比较明显，退化率为 53%，达到一半以上；灌丛湿地面积基本保持不变；森林湿地面积是逐渐增加的，30 年来增加了 10%；滩地面积增加幅度较大，达 64%。1976—1988 年和 1988—2006 年时间段，滩地增加速率和草丛沼泽减少速率均较大，而高寒草甸减少速率较小。两个时段的湿地变化率表明，仅水域湿地面积的变化率为第一时段大于后一时段，草甸、沼泽、森林湿地、滩地湿地类型的变化率均是后一时段大于前一时段。

表 6 拉萨河流域湿地系统结构变化特征(单位：$\times10^4$ hm^2)

Table 6 Structure change characteristic of wetland system in basin

类型	开阔水域	高寒草甸	草丛沼泽	灌丛湿地	森林湿地	滩地	总面积
1976 年	3.52	18.31	0.21	0.10	0.26	0.56	22.95
1988 年	3.31	17.58	0.16	0.10	0.27	0.68	22.10
2006 年	3.26	16.27	0.10	0.10	0.29	0.92	20.93

3.2 湿地生态系统价值变化分析

由于 30 年来拉萨河流域湿地面积不断下降，湿地生态服务功能总价值也在降低，从 1976 年的 381.87×10^8 元降低到 2006 年的 340.67×10^8 元，下降了 41.2×10^8 元（表 7）。从不同湿地类型的生态服务功能总价值和价值变化量看，高寒草甸价值的贡献率最大（占 95%以上），其次是开阔水域、草丛沼泽和森林湿地，最后是灌丛湿地和滩地。30 年来开阔水域、高寒草甸和草丛沼泽的生态服务价值是逐渐减少的，灌丛湿地基本没有变化，森林湿地和滩地的生态服务价值逐渐增加，流域湿地总价值是逐渐减少的。其中，服务价值变化量最大的是高寒草甸，这与其面积变化较大有关，其次是水域湿地和沼泽湿地、森林湿地和滩地。从变化率来看，1976—1988 年时间段，价值变化率最大的是草丛沼泽和滩地，草丛沼泽是价值减少率最大，滩地价值增加率最大；其次是水域湿地价值的减少率、高寒草甸价值减少率、森林湿地价值增加率。1988—2006 年，价值率变化最大的是草丛沼泽减少率、滩地价值增加率、森林湿地增加率、高寒草甸减少率、水域湿地减少率。1976—2006 年间价值变化率大小依次是滩地、草丛沼泽、森林湿地、高寒草甸、水域，灌丛湿地基本无变化。对比两个阶段各湿地类型的变化率可知，第一阶段水域湿地和高寒草甸湿地的服务价值变化率大于第二阶段，第二阶段草丛沼泽、森林、滩地等类型的价值变化率大于第一阶段。

表 7 湿地生态系统服务功能价值量变化(单位:×10⁸ 元,%)

Table 7 Changes in values of wetland ecosystem services of Lhasa River Basin in 1976—2006

类型	年份	开阔水域	高寒草甸	草丛沼泽	灌丛湿地	森林湿地	滩地	合计
生态服务功能价值	1976	10.11	365.79	2.88	0.34	2.44	0.30	381.87
	1988	9.51	348.96	2.40	0.34	2.53	0.35	364.09
	2006	9.37	326.26	1.40	0.34	2.79	0.49	340.67
价值变化量	1976—1988	−0.60	−16.83	−0.48	0.00	0.09	0.05	−17.78
	1988—2006	−0.14	−22.70	−1.00	0.00	0.26	0.14	−23.42
	1976—2006	−0.74	−39.53	−1.48	0.00	0.35	0.19	−41.20
年价值变化率	1976—1988	−0.49	−0.38	−1.39	0.00	0.31	1.39	−0.39
	1988—2006	−0.08	−0.36	−2.31	0.00	0.57	2.22	−0.36
	1976—2006	−0.24	−0.36	−1.71	0.00	0.48	2.11	−0.36

3.3 湿地生态服务功能价值变化分析

1976 年、1988 年、2006 年生态服务价值贡献率最大的是大气组分调节功能价值(表 8),占生态服务总价值的 80%以上;其次是科研娱乐价值,水文调节、气候调节、栖息地等生态功能价值;物质生产功能价值和环境净化价值较小。从价值变化量来看,30 年来变化较大的也是大气调节价值,其次是科研娱乐和气候调节价值,物质生产、调蓄水量、环境净化和栖息地价值的变化量较小。从价值变化率来看,价值损失最大的是物质生产功能,其次是气体组分调节、气候调节价值,然后是水文调节、栖息地和休闲娱乐价值,环境净化价值变化最小,而且呈微弱增加趋势。各生态服务功能价值变化不同阶段对比可见,物质生产、环境净化、气候调节、科研文化价值变化率第二阶段大于第一阶段,而气体调节、调蓄水量、栖息地等价值变化率第一阶段大于第二阶段。

表 8 不同湿地生态服务功能的价值贡献度及其变化(单位:×10⁸ 元,%)

Table 8 Contribution and changes in values of different ecosystem services in 1976—2006

年份		物质生产	大气交换	水文调节	环境净化	气候调节	栖息地	科研文化	休闲娱乐
1976	价值量	3.74	311.06	9.69	0.20	11.46	7.90	19.00	18.82
	百分比	0.98	81.46	2.54	0.05	3.00	2.07	4.98	4.93
1988	价值量	3.56	296.26	9.24	0.2	10.99	7.57	18.22	18.05
	百分比	0.98	81.37	2.54	0.05	3.02	2.08	5.00	4.96
2006	价值量	3.27	277.19	8.72	0.22	10.23	7.11	17.00	16.93
	百分比	0.96	81.37	2.56	0.06	3.00	2.09	4.99	4.97
1976—1988	价值变化量	−0.18	−14.80	−0.45	0.00	−0.47	−0.33	−0.78	−0.77
1988—2006		−0.29	−19.07	−0.52	0.02	−0.76	−0.46	−1.22	−1.12
1976—2006		−0.47	−33.87	−0.97	0.02	−1.23	−0.79	−2.00	−1.89
1976—1988	年价值变化率	−0.40	−0.40	−0.39	−0.08	−0.34	−0.35	−0.34	−0.34
1988—2006		−0.45	−0.36	−0.31	0.47	−0.38	−0.34	−0.37	−0.34
1976—2006		−0.42	−0.36	−0.33	0.25	−0.36	−0.33	−0.35	−0.33

4 结论与讨论

(1)1976—2006 年,拉萨河流域湿地面积发生了较大变化。水域湿地、高寒草甸及草丛沼泽湿地面积都呈减少趋势;灌丛湿地无明显变化;森林湿地和滩地面积呈增加趋势。高寒草甸的面积变化量最大,沼泽湿地和滩地面积的变化率最大。

(2)拉萨河流域湿地的面积变化影响到湿地的生态服务功能。流域湿地生态系统服务功能总价值呈下降趋势,总价值较 1976 年的 381.87×10^8 元下降了 41.2×10^8 元。流域湿地价值的损失主要是开阔水域、高寒草甸、草丛沼泽的减少造成的。虽然森林湿地和滩地的生态服务价值略有增加,但对环境调节起重要作用的生态系统是减少的。湿地生态服务功能价值的变化与湿地面积的动态变化有直接关系,部分湿地向非湿地转化导致湿地价值的减少,同时其他非湿地的生态服务价值有可能增加。

(3)价值损失量最大的是气体组分调节价值,主要由于气体组分调节价值的基数较大;价值损失率最大的是物质生产功能,其次是气体组分调节、气候调节价值,然后是水文调节、栖息地和休闲娱乐价值,环境净化价值变化最小,且呈微弱增加趋势。湿地生态服务功能价值损失表明具有生产功能的湿地减少较多,即沼泽湿地、草甸湿地等变化较大,湿地调节功能也在逐渐减弱,部分湿地的环境净化功能有所增强。

(4)湿地生态系统服务功能价值评估目前还没有统一的方法,评价方法或评价指标计算方法的不同导致计算出来的结果差异很大(赵景柱等,2000)。与已有研究比较,本研究的物质生产和气体交换单价值和三江平原沼泽湿地单价相近(刘晓辉,2009),水文调节价值和环境净化功能价值与若尔盖高原湿地单价相近(张晓云等,2009),气候调节、栖息地、科研娱乐等价值与拉鲁湿地相近(张天华等,2005)。湿地生态服务功能总价值量年损失率高于三江平原沼泽湿地,低于若尔盖高原湿地。

青藏铁路沿线自然灾害地理组合特征分析*

The Characteristics of Natural Hazard Regional Combination Law along the Qinghai-Tibet Railway

Abstract: The Qinghai-Tibet railway is one of the most sensitive railways to natural hazards in China. Using the historical records of natural hazards in 26 administrative units along this railway, the hazards were quantitatively analyzed. According to the cluster analysis of natural hazards' frequencies, the railway can be divided into 6 sections, each corresponding to a natural hazard regional combination type. The Lhasa Valley section is dominated by floods and landslides. The Southern Tibet Plateau section is dominated by snow hazards and earthquakes. The Qaidam Basin is dominated by wind hazards and earthquakes. The Qinghai Lake Basin section is dominated by floods and snow hazards. The Huangshui Valley section is dominated by floods and landslides, which is very similar to the Lhasa Valley section.

青藏铁路是中国21世纪以来最重要的铁路建设工程，也打通了内地联系西藏的重要通道（刘铁良，1991；程国栋，2002；王治华，2003；郑度等，2009）。青藏铁路从青海西宁出发，途经黄河、长江等7个重要水系，贯穿柴达木、青海湖等高原内陆盆地，南北翻越藏北高原及昆仑山、唐古拉山等高山和极高山，最终到达西藏自治区首府拉萨，全程1 956 km(郑度等，2009)。青藏铁路沿线自然地理环境复杂，气候差异明显，地质构造活动频繁，各区段影响铁路运营安全的自然灾害类型具有显著的差异性。青藏铁路是目前中国铁路线中对自然灾害极度敏感的交通干线。铁路建设初期，人们重点关注青藏铁路如何建设，如何通过冻土区，铁路建成后，关注点开始转向青藏铁路如何安全运营，复杂的地理环境对青藏铁路产生何种影响。因此，研究青藏铁路沿线自然灾害对铁路的影响具有重要的现实意义。

交通干线自然灾害的风险已成为21世纪必须关注的重大风险之一（刘燕华等，2006）。改革开放以来，虽然中国的交通建设和管理水平有了极大提高，但是交通管理的重点仍放在建设和维护方面，还没有提升到主动管理和预防管理层面，致使中国交通建设和运营在风险管理方面还与发达国家存在一定差距，尤其是对多灾种、复杂路段的风险管理经验明显不足，当面对突发的重大自然灾害事件时，交通干线的脆弱性暴露突出，成为制约救灾和抢险的瓶颈。20世纪90年代美国率先从交通系统运行与管理的角度对地震灾害与全美抗地震公路系统资源的网络进行了分配与优化研究（Augusti *et al.*，1994；Steven，1995），其后在洛杉矶地震救援中发挥了巨大作用。同时代，中国部分学者积极开展了铁路等交通系统的自然灾害研究（黄明

---

* 由刘峰贵(Liu Fenggui)、张海峰(Zhang Haifeng)、陈琼(Chen Qiong)、张镱锂(Zhang Yili)、周强(Zhou Qiang)、李春花(Li Chunhua)和曹生奎(Cao Shengkui)完成，原载于《地理科学》，2010，30(3)：384-390。

华等,1994;周华国等,1996;吴为禄,1996;徐叔鹰,1997;佘廉等, 1998;张清等, 1998;邢俊义等,1999;中国灾害防御协会铁道分会等,2000;何易平等,2003;崔鹏等,2004;郑度等,2009),尤其是近年来对青藏铁路沿线生态与环境安全研究,取得了重要进展。但对于世界人口第一、面积第三、山地面积占国土 2/3 的国家来讲,对交通干线自然灾害的调查及风险研究远落后于其他国家和地区。本文试图通过青藏铁路沿线自然灾害的调查和分析,初步揭示沿线不同行政单元、自然区域及不同路段的主要自然灾害类型及其组合特征,为青藏铁路交通干线的自然灾害风险评估提供基本依据。

1　青藏铁路沿线自然地理环境

1.1　地貌

青藏铁路路程长、跨地域广,沿线地貌类型复杂多样。沿途经过湟水、通天河、那曲、拉萨河,以及青海湖、柴达木、扎加藏布等内外河流域,穿越青海湖、柴达木盆地中心地带,翻越青海南部、西藏北部高原面,以及昆仑山、唐古拉山、念青唐古拉山等高山、极高山组成的高原核心腹地(图 1)。

青藏铁路全程海拔最低点 2 220 m(西宁),海拔最高点 5 072 m(唐古拉山口),海拔 4 000 m 以上的路段 965 km,占全程的 49.34%,高山峡谷区 4 段,约占全程的 20.22%,荒漠戈壁区 3 段,约占全程的 25.05%,连续多年冻土区 547 km,约占全程的 27.97%,昆仑山口至念青唐古拉山段海拔在 4 500 m 以上(图 1)。

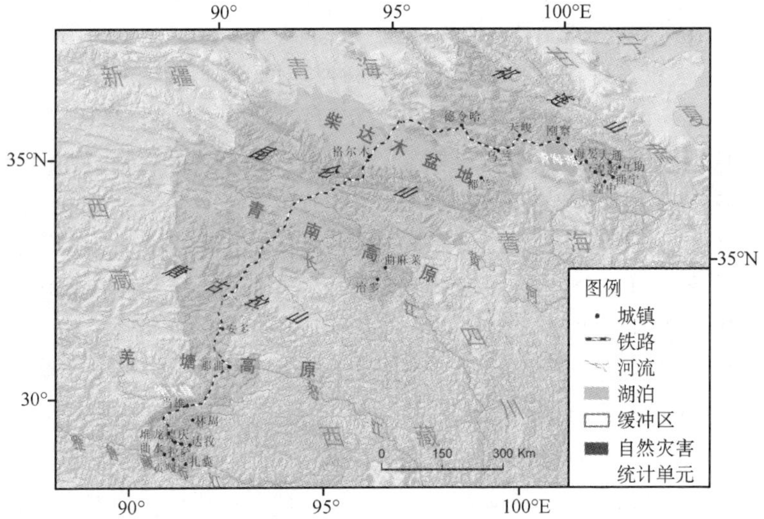

图 1　青藏铁路位置及沿线地形示意图

Figure 1　The location of the Qinghai-Tibet Railway and the sketch map of topography of adjacent area

1.2　气候与植被

根据区域位置和环境特征可将青藏铁路分为东、中、西三段。东段:西宁至格尔木南山口段;中段:南山口至羊八岭段;西段:羊八岭至拉萨段。

东段又可分为 2 段:① 西宁至关角山路段。该路段属祁连山南麓山地,主要受东亚季风气候的影响,平均降水 300～400 mm,气温日较差 14 ℃以下,沿线主要以荒漠草原、干草原、草甸草原和森林、高山草甸为主,属温带大陆性半干旱气候。② 关角山至南山口路段。地处柴达木盆地区,降水稀少,年降水 100 mm 以下,部分路段年降水只有 15 mm 左右,沿线气候干旱,植被稀少,以砂砾戈壁、沙漠、盐土、盐沼等景观为主,属温带大陆性干旱气候。

中段又可分为 3 段:① 南山口至昆仑山口路段。属高山河流深切峡谷,沿线地势陡峻,地形崎岖,降水稀少,冰川融水发育,气温垂直变化明显,植被稀疏,山体裸露,属大陆性干旱和半干旱气候。② 昆仑山口至唐古拉山口路段。属高原面,气候寒冷潮湿,年降水 250～350 mm,年均温 1 ℃左右,沿线温度变化剧烈,植被低矮、稀疏,主要有高寒草甸和高寒草原,属亚寒带半干旱气候。③ 唐古拉山口至羊八岭路段。年降水量 50～400 mm,变幅较大,气候寒冷,年均温低于 0 ℃,主要植被为高寒草原、高寒荒漠草原和高寒荒漠,属亚寒带半干旱气候。

西段主要受西南季风气候系统的影响,年降水 400～500 mm,降水小于西藏东南部地区(钟诚,2005;张杰等,2008),但夜雨率高达 80%左右,年均温 7～8 ℃,植被以干暖、温性灌丛为主,属温带半干旱气候。

1.3 地质

青藏高原地质环境复杂,构造发育,是现今地球表层构造性活动最强的地理单元(Tapponnier *et al.*,2001)。青藏铁路穿越了 10 条区域性地震构造带,格拉段共发现全新世以来活动断层 114 条,其中,强烈活动断层 4 条,较强烈活动断层 35 条(钟诚,2005),同时湟源、关角山、昆仑山、羊八井及堆龙曲等高山峡谷路段,两侧地势陡峭,沟谷密布,岩石破碎,土质松散,河床坡度较大,仅羊八井路段发现古滑坡和现代滑坡体 14 处,泥石流沟 7 条(闫满存,2007),具备诱发滑坡和泥石流发育的条件(吴汉珍等,2005),因此,地震、滑坡和泥石流等灾害对铁路、桥梁、隧道的威胁十分显著。

2 数据来源与分析方法

2.1 区域选择与数据来源

(1)区域选择。目前自然灾害的数据统计主要以县级行政单元为主,铁路沿线的自然灾害与所穿越的行政单元的自然灾害具有一定的相似性(魏一鸣,1998;戴雪荣,2005)。在缺乏直接针对交通干线自然灾害统计数据的情况下,提取铁路沿线各行政单元的历史自然灾害记录,加以分析研究。本文以青藏铁路干线两侧 50 km 作为缓冲区(buffer),选择对铁路沿线具有自然灾害统计意义的行政单元 26 个(其中 2 个地级市、2 个县级市,21 个县、1 个乡)(图 1)。

(2)数据来源。《中国气候灾害大典》(青海卷)(西藏卷)、《青海自然灾害》、《中国地震目录》(《青海自然灾害》编纂委员会,2003;中国气象灾害大典编委会,2007,2008;中国西部环境与生态科学数据中心网站),统计时段选择 1951—2000 年共 50 a。其中,对那曲、安多、唐古拉山乡 3 个行政单元的自然灾害记录信息依据邻近行政单元灾害记录进行了修订和补充,并按联合国教科文组织对地质灾害的定义,将滑坡、泥石流、崩塌灾害统计为一类(李谢辉等,2009),最后得到地震、洪水、雪灾、风灾、滑坡和泥石流等自然灾害记录 911 条。青藏铁路位置矢量数据分别从《西藏自治区地图》、《青海省地图》(王瑞平,2008,2009)提取。

2.2 统计和分析方法

(1) 自然灾害的频次统计。用 C_{ijm} 表达第 i 年、第 j 个统计单元发生自然灾害 m 的次数，沿线各统计单元发生自然灾害 m 的频次 F_m 可表达为：

$$F_m = \sum_{i=1}^{n}\sum_{j=1}^{k} C_{ijm} \tag{1}$$

式中：i 代表年份（$i=1,2,3,\cdots,n,n=50$）；j 代表统计单元（$j=1,2,3,\cdots,k,k=26$），m 代表自然灾害种类（$m=1,2,3,\cdots,5$）。

(2)聚类分析。聚类分析(Cluster Analysis)是对多个样本间的相似程度进行客观分类方法。本文运用 Matlab 2008 数据处理软件，经过多种聚类方法试验，最后聚类结果最为接近的非系统聚类中的 K-均值聚类方法，即先定义 k 个聚类中心，然后比较各自然单元自然灾害组合的相似程度，将每个自然灾害单元被分配到与它最近的质心所代表的类，在此基础上对自然灾害组合规律相似的统计单元按地域相近和地貌单元统一原子进行分区。

(3)自然灾害频率(P_m)、强度(Q_m)计算和等级划分。① 用各区段统计单元每 10 a 发生自然灾害的年数来表示自然灾害发生率(葛全胜等，2008)。A_{im} 表示第 i 年灾害 m 是否发生，只要在统计区段统计单元有灾害 m 发生，计为 1 次，否则为 0，那自然灾害 m 发生频率 P_m 表达式为：

$$P_m = \frac{10}{n}\sum_{i=1}^{n} A_{im} \tag{2}$$

式中：n 为统计时段长度；i 为年份（$i=1,2,3,\cdots,n,n=50$）；m 为自然灾害种类（$m=1,2,3,\cdots,5$）。② 各区段用每次自然灾害发生所影响的统计单元个数来表示该自然灾害的强度。C_{ijm} 表达在第 i 年、第 j 个统计单元发生自然灾害的次数，则沿线各统计单元发生的每一种自然灾害的强度 Q_m 的表达式为：

$$Q_m = \frac{1}{n}\sum_{i=1}^{n}\sum_{j=1}^{k} C_{ijm} \tag{3}$$

式中：i 为年份（$i=1,2,3,\cdots,n,n=50$）；j 为统计单元（县，市，乡）（$j=1,2,3,\cdots,k,k=26$），m 为自然灾害种类（$m=1,2,3,\cdots,5$）。③ 等级划分。依据青藏铁路沿线各统计单元自然灾害的频率和强度，将自然灾害频率和影响强度划分为 3 个等级（表 1）。④ 根据③所提供的等级标准，依据自然灾害频率和强度矩阵，确定青藏铁路沿线各区段自然灾害的危险性大小（表 2），辨识出不同区段的主导自然灾害类型。

表 1　青藏铁路沿线自然灾害频率/强度划分标准

Table 1　Grade criteria for the frequency or intensity of natural hazards along the Qinghai-Tibet Railway

	等级	频率/强度	P_m/Q_m	危险性
自然灾害频率	1	每年或 3 a 以下一遇	$P_m>3$	高
	2	每 3～5 a 一遇	2～2.9	中
	3	每 5 a 及以上一遇	$P_m<2$	低
自然灾害强度	等级	频率/强度	P_m/Q_m	危险性
	1	≥3 个行政单元	$Q_m>0.50$	高
	2	2 个行政单元	0.3～0.49	中
	3	0～1 个行政单元	$Q_m<0.29$	低

表 2 青藏铁路沿线自然灾害危险性程度划分标准

Table 2 Grade criteria for the hazards' hazardous along the Qinghai-Tibet Railway

频率	强度		
	高	中	低
高	高	高	中
中	高	中	低
低	中	低	低

3 自然灾害的组合特点及分区

3.1 青藏铁路沿线自然灾害的组合特点

依据 2.2 中的频次统计方法，得到青藏铁路沿线自然灾害的空间分布状况如图 2 所示。湟水、拉萨河谷洪水灾害频次较高，几乎每年均有洪水暴发，但地震灾害发生频次很低；地震灾害主要集中在天峻—当雄路段，唐古拉山口附近和柴达木盆地德令哈地区，地震发生频次相对较高，平均每年 1/2 次以上；雪灾也主要发生在刚察—当雄路段，青南高原发生频次最高，平均 2/3 次以上；风灾主要集中在柴达木盆地和藏北羌塘高原（青南高原风灾记录和器测风速记录有较大差异，可能与当地人口稀疏及灾害记录不完善有关），大风多集中在冬春季节，平均每年 1/3 次以上；滑坡（含泥石流、崩塌）主要发生在湟水谷地、关角山、拉萨河谷地区，主要诱因是地形因素，尤其是拉萨河谷地的滑坡灾害对铁路的威胁巨大。从全线来看，湟水谷地和拉萨河谷自然灾害的组合具有一定的相似性，而柴达木盆地干旱区的乌兰、都兰、德令哈等地区，虽然

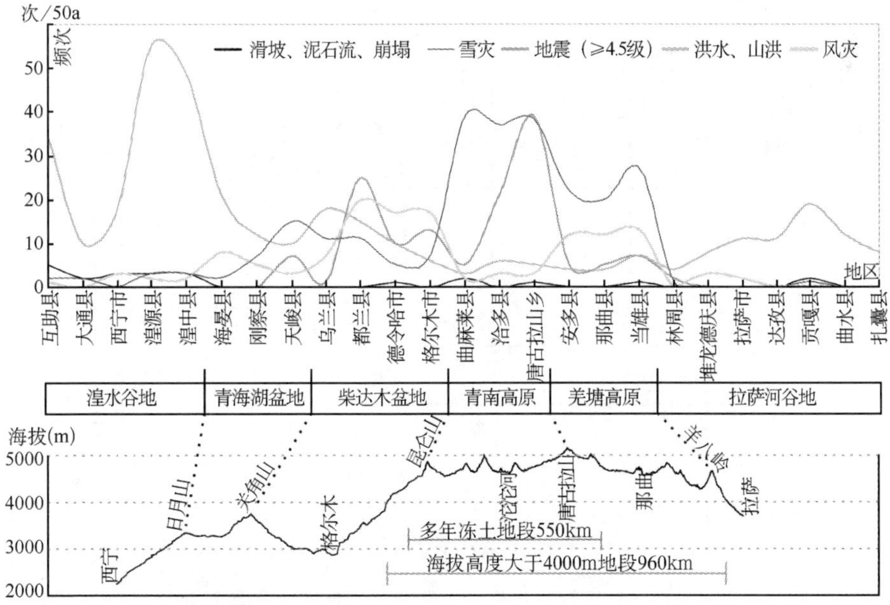

图 2 青藏铁路沿线自然灾害频次分布

Figure 2 Natural hazards' frequency of the administrative units along the Qinghai-Tibet Railway

年降水量较少，但洪水灾害相对突出，说明该地区年内降水集中、变率较大。

从铁路沿线的总频次来看，唐古拉山口自然灾害的总频次最高，50 a 间各类灾害达 86 次，其次都兰、湟源、当雄等地区达 50 次以上，几乎每年都有自然灾害发生，都兰和当雄地区自然灾害的组合类型较为复杂。

3.2　青藏铁路沿自然灾害的组合分区

(1)青藏铁路沿线自然灾害组合分区分析。应用 3.2 中的聚类分析方法，为了避免各变量间可能存在的信号干扰，分两次对自然灾害组合规律进行聚类。先从最远距离进行划分，指定 $k=2$，单一行政单元不作为一个分区，将铁路划分为 2 类，即藏北、青南高原划为一类，海拔低于 4 000 m 以下的单元被划为一类；然后对以上结果再次进行更近距离的聚类，结果前者被分为青南、羌塘 2 个小类，相似系数达 0.94；后者被分为 4 个小类，除个别单元外，大多数分别对应于拉萨河谷地、青海湖盆地、湟水谷地、柴达木盆地等 4 个相应区域(图 3)，且相似系数达 0.7 以上，符合信度检验。按照地域邻近和地貌单元统一性原则，对个别行政单元改变其自然区域归属，得到青藏铁路沿线自然灾害的 6 个组合分区，即湟水谷地、青海湖盆地、柴达木盆

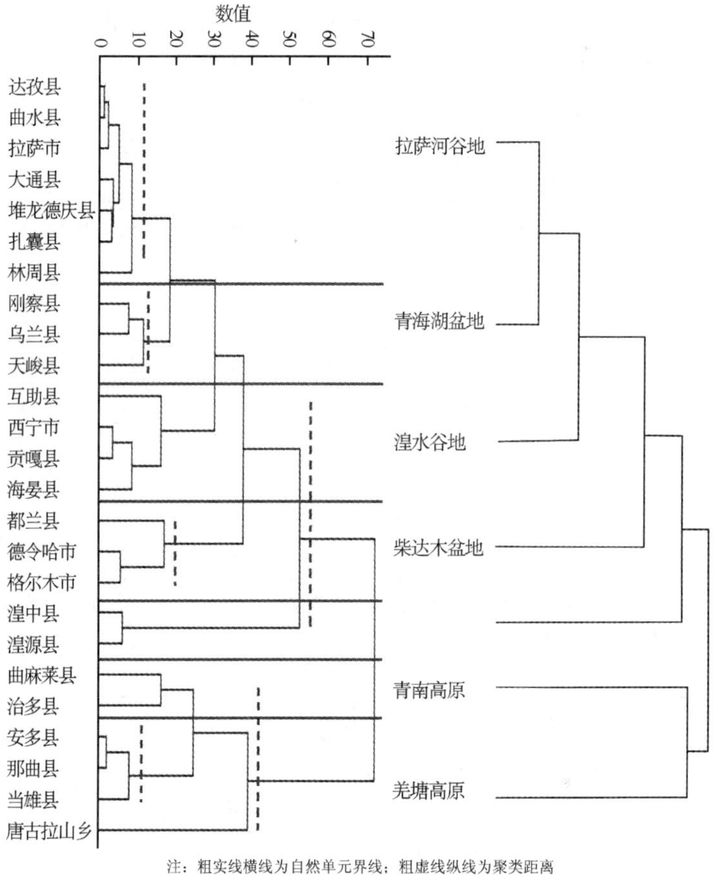

注：粗实线横线为自然单元界线；粗虚线纵线为聚类距离

图 3　青藏铁路沿线自然灾害组合分区聚类树及聚类简图

Figure 3　The dendrogram and process diagram of the cluster to natural hazards along the Qinghai-Tibet Railway

地、青南高原、羌塘高原及拉萨河谷区段(图 3)。

(2) 青藏铁路沿线主导自然灾害的辨识。根据 2.2 小节中的青藏铁路沿线频率/强度分类及危险性划分标准,对青藏铁路沿线各分区的主导自然灾害类型进行辨识(表 3)。拉萨河谷路段洪水、山洪灾害具有高危险性;羌塘高原路段雪灾和风灾具有高致险性,地震具有中等危险性;青南高原路段雪灾、地震具有高危险性;柴达木盆地路段风灾、地震、洪水、雪灾具有高致险性,只有滑坡灾害的危险性较低;青海湖盆地路段洪水、雪灾具有较高危险性;湟水谷地路段洪水、滑坡灾害具有极高危险性,而且洪水灾害的危险性远高于拉萨河谷地区。

表 3 青藏铁路沿线自然灾害危险性等级分布矩阵

Table 3 The hazardous level distributing matrix of natural hazards along the Qinghai-Tibet Railway

		滑坡、泥石流、崩塌		雪灾		地震(≥4.5 级)		洪水、山洪		风灾	
拉萨河谷	频率	0.80	低	0.60	低	1.20	低	4.00	高	0.00	低
	强度	0.14		0.08		0.04		1.46		0.00	
羌塘高原	频率	0.20	低	3.20	高	2.40	中	1.20	低	2.60	高
	强度	0.02		0.58		0.38		1.14		0.74	
青南高原	频率	0.20	低	3.60	高	4.80	高	1.60	低	0.40	低
	强度	0.06		1.54		1.30		0.18		0.10	
柴达木盆地	频率	0.20	低	2.80	高	4.80	高	3.80	高	5.00	高
	强度	0.02		0.68		0.98		0.94		0.96	
青海湖盆地	频率	0.00	低	3.40	高	4.20	中	4.60	高	1.60	低
	强度	0.00		0.44		0.14		0.78		0.26	
湟水谷地	频率	3.00	高	1.00	低	0.00	低	9.60	高	1.00	低
	强度	0.32		0.18		0.00		3.32		0.10	

3.3 青藏铁路沿线自然灾害的地域组合特征

3.3.1 湟水谷地洪水、滑坡灾害路段

湟水谷地属祁连山地,地形崎岖、地表破碎,黄土堆积,河流切沟发育,由于受东亚季风末端的影响,降水具有明显的季节性,7—9 月降水集中,夏季易引发洪涝、滑坡等灾害。青藏铁路湟水谷地段主要经过西宁盆地、湟源峡谷,与湟水并行,沿线黄土发育,土质松软,植被稀疏,人为活动剧烈,尤其是湟源峡谷至日月山段,地势陡峻,是洪水、滑坡易发路段。

3.3.2 青海湖盆地洪水、雪灾灾害路段

青海湖盆地属祁连山地断陷盆地,该地区海拔 3 000 m 以上,盆地内地势相对平坦,主要以高寒草甸草原为主,盆地内季节分明,夏季降水变率较大,加之周边山地融雪补给河流向盆地汇聚,易引发洪水;冬季多雪、多风、寒冷,海晏至天峻路段是青藏高原积雪深度年际变化最显著的地区之一(柯长青等,1998)。青海湖北岸沙源物质丰富,气候多变,平时平均风速 25 m/s 以上,沙化严重,是青海省沙尘暴高发地区之一(刘青春等,2005)。天峻县南部的青海南山路段构造断裂发育,是地震灾害频发的地区。

3.3.3 柴达木盆地风沙、地震灾害路段

柴达木盆地是青藏高原陷落盆地,海拔 2 000～3 000 m,断裂构造有一定发育。盆地内全

年降水稀少，降水集中且变率较大，全年风力强劲，≥17.2 m/s 以上风速平均日数达 40 d/a，盆地内荒漠、戈壁、盐土广布，植被稀疏，盆地边缘洪积平原发育，易发山洪。青藏铁路关角山至乌兰段山体陡峻，地质环境复杂，是滑坡、泥石流多发地段。乌兰至饮马岭路段山前洪积扇，易受洪水灾害威胁，饮马岭至格尔木路段在盆地核心腹地，沿线荒漠、戈壁和盐土发育，部分路段有活动沙地，都兰县境内地震活动频繁。整个区段主要以风沙、地震和洪水灾害高发。

3.3.4　青南高原雪灾、地震灾害路段

青南高原指昆仑山以南、唐古拉山以北的地区，全区平均海拔 4 500 m 以上，高原内部地形起伏和缓，线状山地沿东西向分布，相对高差不大。区内全年平均气温较低，夏季多雷暴、冰雹天气，冬季多降雪、多风，风力强劲，绝大多数路段≥17.2 m/s 大风日数在 120 d/a 以上，铁路沿线植被稀疏，生态脆弱，冻土发育，有零星沙地分布，大多数路段均采用以桥带路工程。昆仑山、唐古拉山等地区活动断层发育，多地震，因此本路段多雪灾和地震灾害，同时冻土、风沙灾害的威胁十分突出。

3.3.5　羌塘高原雪灾、风灾路段

羌塘高原是指唐古拉山以南、念青唐古拉山以北的区域，本区海拔高度在 4 500～5 000 m 之间，高原面完整，河流切割微弱，山原湖盆发育。该区域海拔高，气温较低，冬春多大风，全年≥17 m/s 大风日数在 50～100 d，降雪在 140～200 mm 以上，最大积雪深度 30～40 mm。青藏铁路沿线热融湖塘、冰积台地、低丘、垅状山梁以及河、盆低地相间分布，由北向南植被盖度逐渐增大，发育沼泽草甸和高寒草甸草原，易发生雪灾、风灾。

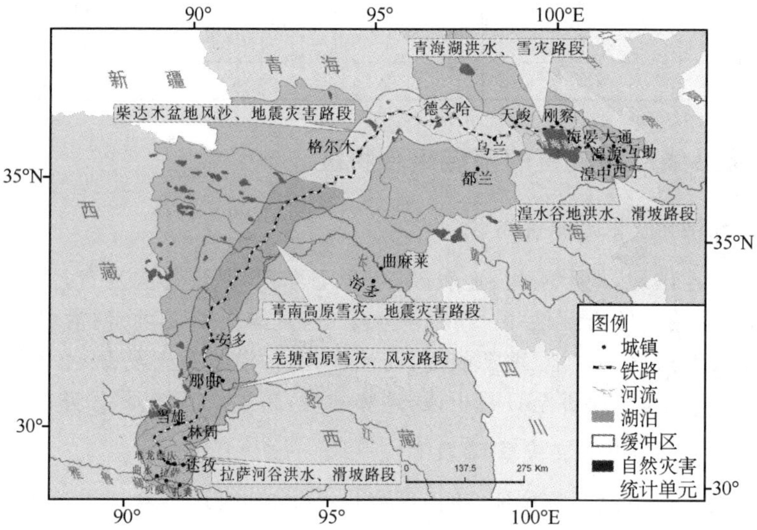

图 4　青藏铁路沿线自然灾害地域组合分区

Figure 4　Regional combination types along the Qinghai-Tibet Railway

3.3.6　拉萨河谷洪水、山洪灾害路段

拉萨河谷属念青唐古拉山南麓山地，拉萨河由北向南切穿山体注入雅鲁藏布江，属于藏南山间河谷地区，主要以河谷、宽谷盆地地貌为主，大多数地区海拔高度在 3 500～45 00 m，最暖

月平均温度 10～16 ℃，年降水量在 200～500 mm，冬季相对温暖。青藏铁路从羊八岭以南进入河流宽谷或峡谷，尤其是堆龙曲峡谷路段，两侧山势陡峻，相对高差约 500～1 000 m，河流切沟、冲沟发育，洪水、滑坡极易发生，极大威胁着铁路今后的安全运营(沈渭寿等，2005)。

4 结论和讨论

(1) 对青藏铁路沿线 50 km 缓冲区内，26 个统计单元近 50 a 自然灾害统计分析发现，青藏铁路沿线行政单元的自然灾害记录能反映铁路沿线的自然灾害的基本状况，并且自然灾害的组合分区和自然地理单元有着较强的一致性。

(2) 通过对青藏铁路沿线 5 种自然灾害的区域组合进行聚类分析，结果表明，青藏铁路沿线可分为拉萨河谷、羌塘高原、青南高原、柴达木盆地、青海湖盆地、湟水谷地 6 个组合区域，聚类相似系数达到 0.70 以上，能够有效反映青藏铁路沿线自然灾害的组合分异规律。

(3)依据青藏铁路沿线自然灾害的频率和强度，辨识出拉萨河谷地路段以洪水、山洪灾害为主；羌塘高原路段以雪灾、风灾为主；青南高原路段以雪灾、地震灾害为主；柴达木盆地路段以风灾、洪水等灾害为主；青海湖盆地路段以洪水、雪灾为主；湟水谷地路段则和拉萨河谷地有很大的相似性，主要以洪水和滑坡灾害为主。

(4) 本文在自然灾害统计过程中，发现青藏高原历史灾害记录很不完善，通过多渠道获取自然灾害数据非常重要。从青藏铁路沿线各行政单元自然灾害的记录来看，20 世纪 70 年代以前自然灾害记录数据较为粗略，缺失率较高，同时距离省会城市越近，自然灾害的记录较全面，边缘地区的自然灾害记录完整性较差。另外，针对铁路自然灾害的数据收集，除了收集相关行政单元以外，还要充分考虑自然灾害发生的自然环境与铁路线所经过的区域环境的一致性，本文在提取灾害记录过程中，尽可能甄别采集与铁路沿线自然环境相一致的灾害数据，但仍然存在一些资料的记录难以区别，对分析结果有一些影响。因此，目前在交通干线沿线自然灾害的研究还不够深入的情况下，交通干线行政单元历史灾害的数据资料还有待于进一步挖掘和区别，这是今后研究中值得重视的问题。

汶川地震灾区农田损毁与影响评估*

The Farmland Damages and Their Impacts in Disaster Areas

Abstract: The land use characteristics, cultivated land distribution, and industry structure were studied in the most serious destroyed area, where the seismic intensity exceeds nine degree. And high resolution satellite data were used to evaluate the cultivated land damage in this area. The results show that: (1) There was more than 60% of cultivated land located in high slope area, where the slope is more than 15 °. (2) By May 16, 2008, the earthquake has destroyed 2.04% of the cultivated land. This rate reached 19.86% in Yingxiu of Wenchuan County, the most serious damaged town. (3) The damaged cultivated land became more serious with the increase of slope degree. The strong earthquake intensity and high slope were the main direct reasons for farmland destroyed. (4) The situation of damaged cultivated land should be one of criterions for determining the population of peasants to migrate from the disaster area. Meanwhile, the reclamation should be forbidden in the high slope area during recovery. This study analyzed cultivated land damaged directly for landslides before May 16, 2008. There happened lots of aftershocks since then, and the geological disasters are usually complex, so the actual situation of cultivated land damaged might be more serious. The results reflect the minimum damage degree of farmland and their spatial distribution.

汶川地震极重灾区多分布在高山峡谷区，地层结构以疏松的千枚岩和片麻岩为主，地质条件差，生态环境脆弱。地震严重损毁了灾区的耕地资源，直接影响了农民的灾后生活、生产与恢复重建。本文以地震烈度在9度以上的极重灾区为核心研究范围(图1)。在行政上涉及四川省的汶川县、绵竹市、北川县、什邡市、安县、彭州市、都江堰市、平武县、青川县、江油市，甘肃省的文县、武都区、康县，陕西省宁强县等14个县市，148个乡镇；截至2007年末，极重灾区148个乡镇的户籍总人口为204.24万人，其中农业人口154.23万人，占总人口的75.51%。

* 由张镱锂(Zhang Yili)、王兆锋(Wang Zhaofeng)、刘林山(Liu Linshan)、庄大方(Zhuang Dafang)、丁明军(Ding Mingjun)、聂勇(Nie Yong)、冉圣宏(Ran Shenghong)和朱会义(Zhu Huiyi)完成，原载于国家减灾委员会科学技术部抗震救灾专家组著《汶川地震灾害综合分析与评估》，北京：科学技术出版社，2008：126-135。

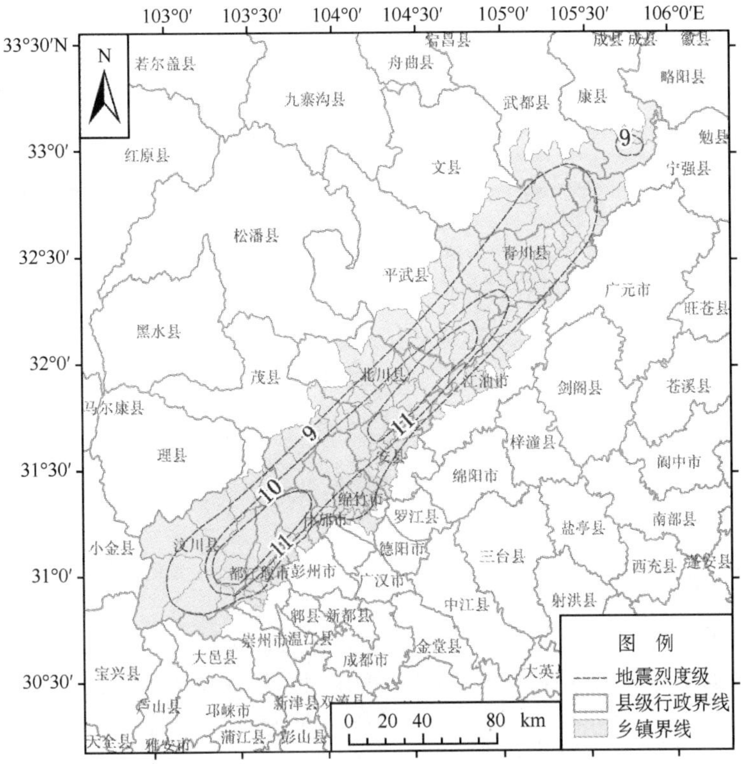

图 1 汶川地震极重灾区位置与范围

Figure 1 Location and scope of the severest disaster areas in the Wenchuan Earthquake

1 极重灾区土地利用特点与农业基本情况

1.1 土地利用结构特点

从土地利用结构上看，耕地、林地和草地是极重灾区 148 个乡镇主要的土地利用类型，这三种土地利用类型占极重灾区总面积的 98.79%，其中耕地占极重灾区面积的 18.40%(表 1)。

表 1 汶川地震极重灾区土地利用结构

Table 1 Land use structure in the severest disaster areas in the Wenchuan Earthquake

土地利用类型	耕地	林地	草地	水域	建设用地	未利用地	合计
面积(hm²)	382 599	1 151 533	520 077	9 528	11 270	4 461	2 079 468
比例(%)	18.40	55.37	25.01	0.46	0.54	0.21	100.00

注：据中国科学院地理科学与资源研究所数据中心提供的 2000 年土地利用数据整理。

1.2 耕地分布与坡度

极重灾区的 148 个乡镇中，60%以上的耕地分布在坡度大于 15°的高坡度区(表 2)。由于地震极重灾区处于平原与山区的交界地带，各乡镇的坡耕地面积比例差别很大，极重灾区西部的坡耕地所占比重较大，其中，甘肃省陇南市武都区的枫相乡、三仓乡和文县的玉垒乡有 94%以上的耕地分布在高坡度区(坡度大于 15°)，四川省绵阳市北川县马槽羌族乡、阿坝州汶川县草坡乡和甘肃省文县范坝乡也有 90%以上的耕地坡度在 15°以上。

表 2　汶川地震极重灾乡镇不同坡度耕地统计

Table 2　Farmland at different slopes in the severest disaster villages and towns in the Wenchuan Earthquake

不同坡度(°)	0～3	3～7	7～15	15～25	25～35	>35	总计
耕地面积(hm^2)	76 358	25 575	50 280	81 821	81 258	67 307	382 599
百分比(%)	19.96	6.68	13.14	21.39	21.24	17.59	100.00

1.3　产业结构特点

地震极重灾区的产业结构中，农业占有重要的地位，农业人口占极重灾区总人口的75.51%。人均耕地面积为 3.72 亩；但其中有大量耕地属于陡坡耕地。虽然农业产值在总产值中所占份额不大，但由于地震灾害对土地资源的破坏很难在近期得以恢复，耕地资源会更显紧缺，其影响的人口范围将非常广泛，在时间上也具有长期性。

2　极重灾区遥感样区耕地损毁评估

2.1　遥感样区范围

根据地震烈度资料，结合已获得的有效遥感数据与极重灾区范围，选定了研究样区范围，具体包括甘肃省的文县和四川省的青川县、平武县、北川县、汶川县、茂县、安县、都江堰市、江油市、绵竹市、彭州市、什邡市和崇州市等 12 县(市)的 98 个乡镇，面积 1.38 万 km^2，地震烈度Ⅸ度范围占全部乡镇面积的 66.60%(图 2)。研究样区内耕地面积为 328.11 万亩，占样区范围内乡镇总面积的 15.79%。

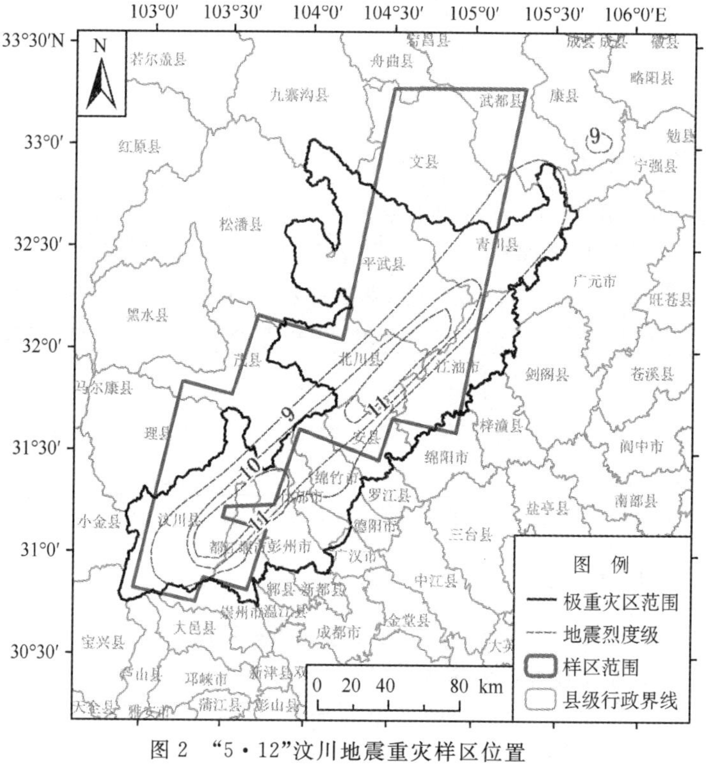

图 2　“5 · 12”汶川地震重灾样区位置

Figure 2　Location of the severest disaster study areas in the 5 · 12 Wenchuan Earthquake

2.2 数据来源与评估方法

(1)数据来源

遥感数据包括 2008 年 5 月 1 日、15 日和 16 日的多种高分辨率卫星数据,包括 SPOT 5、北京 1 号小卫星数据等多种光学和雷达数据,以及航空遥感数据(5 月 16 日)。地形与基础地理数据和各县市内的乡界数据源自国家测绘局 1∶5 万地形数据库;2000 年土地利用数据由中国科学院地理科学与资源研究所数据中心提供;地震频次数据由中国地震局信息中心网获得;气象数据由中国气象局网站获得;乡镇人口农普数据由民政部国家减灾中心提供。

(2)评估方法与技术处理

采用遥感空间采样法,对典型试验样区(每个样区采样面积约 80 km^2)地震前后的遥感影像进行解译对比,获取典型区耕地损毁情况,计算耕地损毁比例,结合试验样区地形数据,分析不同坡度上耕地的损毁率,构建预测评估预案;引用中国科学院地理科学与资源研究所数据中心庄大方研究组解译样带内的滑坡、泥石流及崩塌矢量数据,基于 ArcGIS 软件和统计软件,结合地形数据对耕地损毁进行综合分析。

2.3 评估结果分析

研究表明,样区内地震烈度为 IX 度的乡镇,滑坡泥石流面积为 13 004 hm^2(图 3),占土地面积的 0.94%,其中损毁农地 2 891 hm^2,林地 7 809 hm^2,草地 1 828 hm^2。

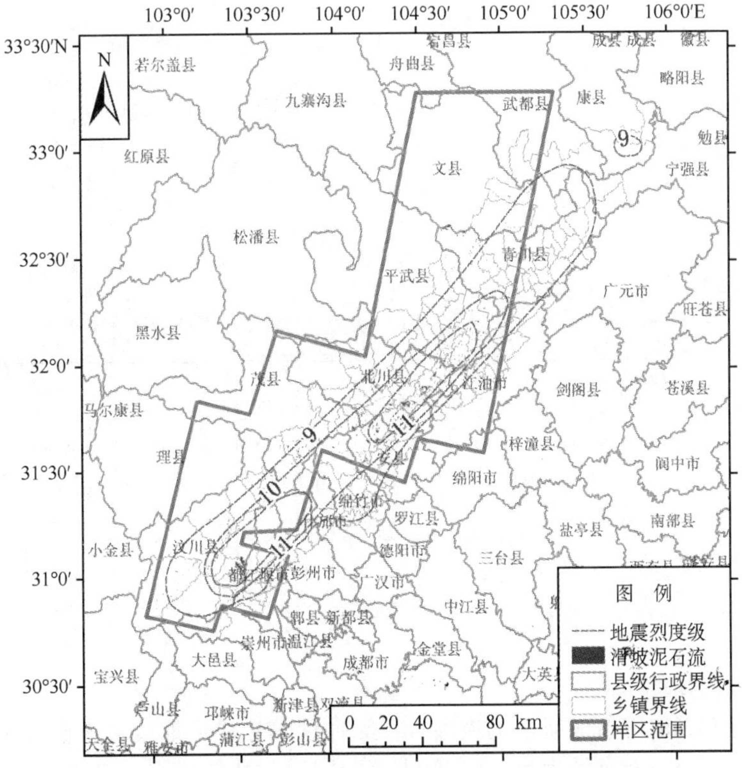

图 3 样区涉及的 9 度区内各乡镇滑坡、泥石流分布

(基于中国科学院地理科学与资源研究所数据中心庄大方研究组解译结果分析)

Figure 3 Distribution of Debris flows and landslides in villages and towns of 9 Degree area

(1)耕地损毁的基本特征

截至2008年5月16日,样区内98个乡镇中有55个乡镇发生了耕地损毁,损毁面积为2 890.56 hm^2,占98个乡镇样区范围内耕地的1.32 %,占发生耕地损毁的55个乡镇样区内耕地面积的2.04%(图4)。

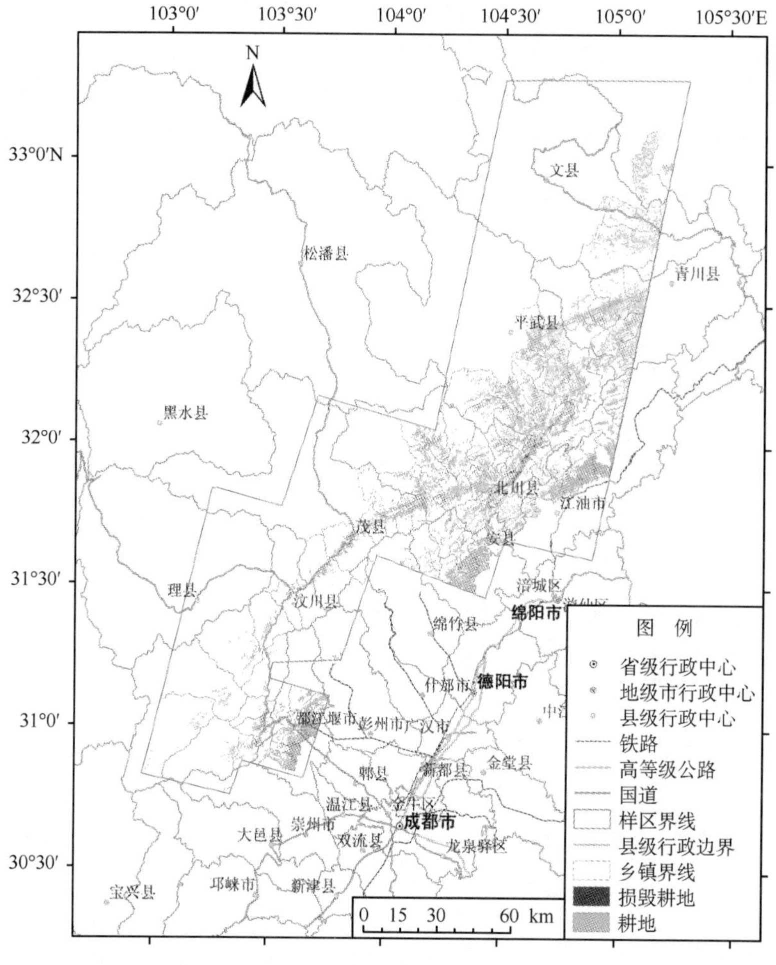

图4　“5·12”汶川地震重灾样区耕地损毁分布

Figure 4　Distribution of farmland damaged in the severest disaster study areas in the 5·12 Wenchuan Earthquake

在55个乡镇中,汶川县映秀镇和北川县陈家坝羌族乡耕地损毁最为严重,损毁率分别达到19.86%和13.67 %。本样区研究结果远低于2008年5月23日有关报道(北川县和汶川县山区损毁耕地50%以上)和四川省国土资源厅5月27日的报告数字(全省损毁耕地面积达161万亩)。

(2)耕地损毁的坡度特征

滑坡、坍塌、泥石流等造成耕地的掩埋、滑塌、冲蚀等构成了地震耕地损毁的主体。地震造成的损毁耕地主要分布在高坡度区,样区内坡度大于15°坡耕地损毁2 367 hm^2,占损毁耕地的4/5以上(81.92%),占55个乡镇样区内该坡度耕地总量的2.36%。随着坡度的增加,耕地的损毁程度加剧,样区内55个乡镇15°～25°、25°～35°和大于35°三个坡度级别的耕地损毁率分别为 1.86%、2.04%、3.28%。

样区地处山区，其自然条件复杂，相同坡度下其耕地的损毁情况也不尽相同，区域差异明显。耕地损毁最为严重的汶川县映秀镇（耕地损毁率为 19.86%），其 93.33%的损毁耕地坡度大于 15°，该坡度区的耕地损毁率达到 21.16%。其中 ＞35°区域的耕地损毁率最高，达 28.67%。

总之，坡度越大，耕地损毁率越高；样区内各县耕地损毁率差异明显（图 4）。

坡耕地高损毁率案例区举例：通过地震前后影像对比分析和电话访问，证实汶川县（图 5）、北川县和茂县的县城附近耕地损毁主要发生在高坡度区，且空间差异明显。例如，在北川县城附近空间采样区（80.81 km^2），15°～25°、25°～35°和＞35°坡度区的耕地损毁率分别为 7.99%、13.08%和 15.86%，该范围内总损毁率达 10.89%。而在文县内部空间差异更大，县城附近（采样区面积 80.81 km^2）相对破坏较小，北部破坏较大。

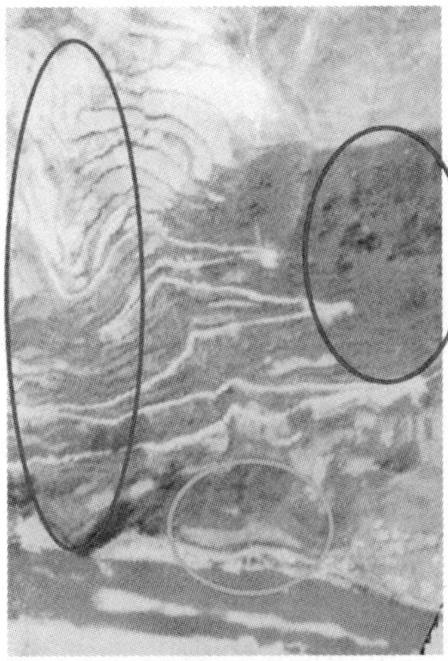

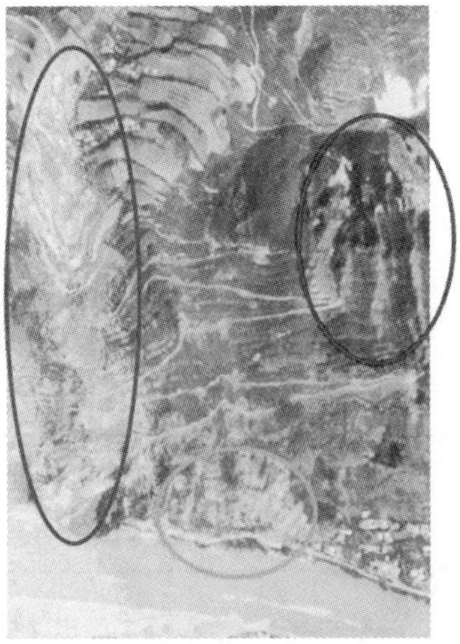

震前 2008-05-01　　震后 2008-05-15

图 5　滑坡导致的坡地损毁遥感影像示意

（地震后导致部分坡耕地和园地损毁，有些区域出露母岩或短期内已无使用价值）

Figure 5　Sketch of sloping field destroyed by landslides in remote sensing imagery

（3）耕地损毁与地震烈度

耕地损毁程度与地震烈度直接相关。样区内耕地的损毁主要集中在地震烈度 X 度以上的区域（图 6），耕地损毁最严重的地区也是地震烈度最高的地区。

3　主要结论

（1）地震烈度在 IX 度以上的极重灾区涉及四川、甘肃、陕西三省 14 个县（市）的 148 个乡镇；面积达 2.08 万 km^2，其中，耕地 38.26 万 hm^2；148 个乡镇总人口为 204.24 万人，农业人口占 75.51%；人均耕地面积为 3.72 亩，60%以上的耕地分布在坡度大于 15°的高坡度区。

（2）截至 2008 年 5 月 16 日，地震已造成样区 98 个乡镇中 55 个乡镇 2890.56 hm^2 耕地被损毁，损毁率达 2.04%。样区范围内 98 个乡镇耕地平均损毁率为 1.32 %，其中最严重的汶川县映秀镇和北川县陈家坝羌族自治乡，耕地损毁率分别达到 19.86% 和 13.67 %。

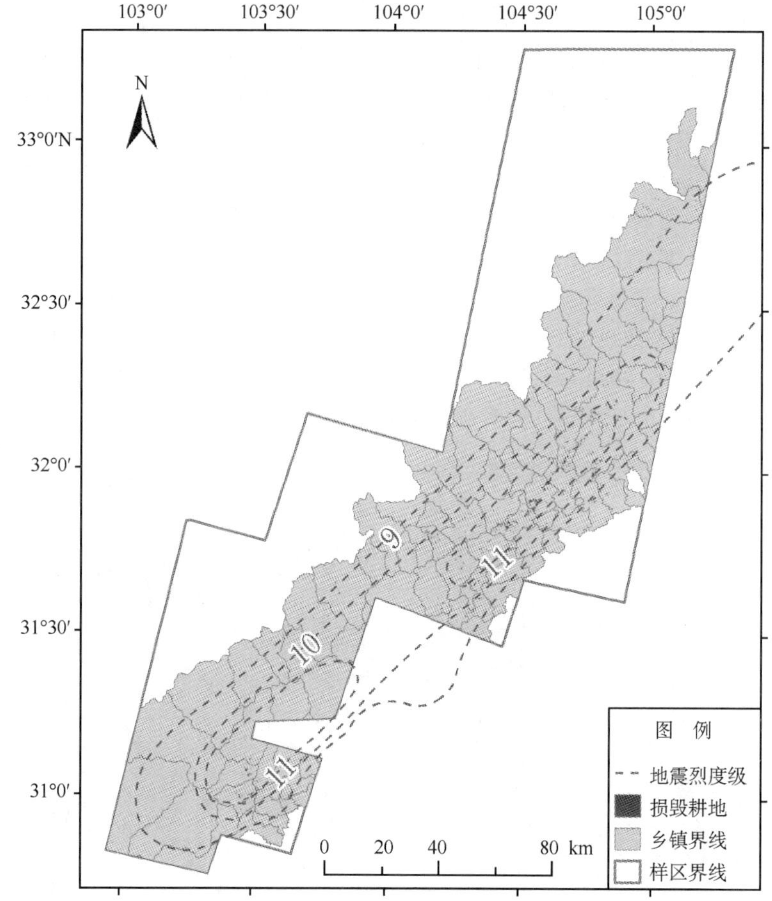

图 6 地震重灾样区耕地损毁与地震烈度分布简图

Figure 6 Distribution diagram of farmland damaged and seismic intensity in the severest disaster study areas in the 5 • 12 Wenchuan Earthquake

(3) 灾区耕地损毁主要集中在高坡度区，耕地损毁随坡度的增加而加剧。截至 2008 年 5 月 16 日，样区内近 4/5 的耕地损毁发生在坡度大于 15°的地区；15°～25°、25°～35°和 >35°三个坡度级别的耕地损毁率分别为 1.86 %、2.04 %和 3.28 %。地震烈度强和耕地坡度大是造成耕地损毁的主要直接原因。

(4) 为维持灾区居民震前的生产水平，建议将耕地损毁情况作为灾区农业人口转产或迁移的依据之一；建议恢复重建中严格限制高坡度区土地开垦，并逐步落实高坡度区农地的退耕还林还草，建立保护机制。

本研究采用的遥感影像数据采集时间截至 2008 年 5 月 16 日，滑坡泥石流的解译结果基于该时点，研究中某些乡镇的农地在该时段内未遭受滑坡泥石流损毁。但在 5 月 15 日以后发生了大量的余震，加之降水频繁，这些区域在 5 月 15 日至今可能也发生了滑坡泥石流。研究结果中未发生滑坡损毁的农地不代表现在仍没有损毁。本研究结果反映出了灾区农地损毁的空间分异特征，以及最低限度的损毁程度。

The Impacts of Climate Change on the Neolithic Cultures of Gansu-Qinghai Region during the Late Holocene Megathermal*

全新世大暖期末期气候变化对甘青地区新石器文化的影响

摘　要：全新世大暖期分为早、中、晚三个时期，由于气候演变趋势不同，所以对当时的新石器文化产生了不同的影响。本文根据青海湖、黄土高原西部边缘和若尔盖地区三种不同环境感应体所记录的环境演变信息与甘青地区新石器文化发展的空间格局对比分析认为：全新世大暖期早、中期的气候向暖湿方向的演变推动了甘青地区以农业为主的新石器文化的蓬勃发展，在全新世大暖期鼎盛时期发展成为繁荣的仰韶文化；5.9 ka BP 寒冷气候事件之后，全新世大暖期进入晚期，甘青地区的气候开始转冷，但 5.8—4.2 ka BP 之间相对稳定的温湿气候条件可能为甘青地区马家窑新石器文化的发展创造了条件，其文化遗址的分布具有明显的向高海拔、高纬度扩展的趋势；4.2 ka BP 前后的冷干气候事件及之后气候的持续恶化，对甘青地区新石器文化的影响巨大，跨 4.2 ka BP 前后的齐家文化的文化性质和空间分布均出现了急剧变化，在经历了近 300 年的干冷时期之后，甘青地区统一的新石器农业文化彻底崩溃，畜牧业和农业的社会第一次产业大分工正式形成，甘青地区形成多元的区域性文化，标志着原始社会结束，文明社会开始。

1　Introduction

The impact of environmental change on archaeological cultures is a major aspect in the research into the past man-land relationship. During the late period of Holocene Megathermal (Shi *et al.*, 1992a, 1992b; Wang *et al.*, 2000), a dramatic climate change produced far-reaching influence on the turning of Chinese Neolithic culture. A large number of research data show that the turning point of Chinese Neolithic culture was closely related to the 4.2 ka BP cold and dry event during the Holocene Megathermal (data used in this article are the corrected age) (Huang *et al.*, 1991; Zhou *et al.*, 1992; Mo *et al.*, 1996; Zhu *et al.*, 1996; Zhang *et al.*, 1997; Fang *et al.*, 1998; Wu *et al.*, 2001; An *et al.*, 2003; Liu *et al.*, 2005).

The Tibetan Plateau and northern China's farming-pastoral zone are considered to be sensitive to climate change (Zhang *et al.*, 1997; Zheng *et al.*, 2003), and therefore the study on the impacts of climate change events of these regions on Neolithic human activities have important theoretical and practical significances. The Gansu-Qinghai region, as a tran-

* Published by Liu Fenggui(刘峰贵), Zhang Yili(张镱锂), Feng Zhaodong(冯兆东), Hou Guangliang (侯光良), Zhou Qiang(周强) and Zhang Haifeng(张海峰) in *J. Geogr. Sci*, 2010, 20(3): 417-430.

sitional zone between the Tibetan Plateau and the Loess Plateau and with an altitude of 1 000～3 500 m, is a sensitive and vulnerable area to environmental changes in China, where environmental change information has been recorded in the rich lake sediment, loess accumulation and peat sediments. Besides, in the region studies on Neolithic archaeological culture are more comprehensive, Neolithic cultures are well developed and preserved with integral sequences, and the Neolithic cultural sites are densely distributed (Xie, 2002), which dominated development of early Chinese civilization (Yan, 1997). In the late Holocene Megathermal, affected by dramatic climate change, the Neolithic cultures had an important turning point (Mo *et al.*, 1996; An *et al.*, 2003; Hou *et al.*, 2004), that is, animal husbandry and farming industries separated into the two major social divisions of labor, thus a unified agricultural culture went from rise to decline, and then disappeared.

2 Climate changes of the Gansu-Qinghai region during Holocene Megathermal

Holocene Megathermal refers to the warmest interglacial period after the last glacial period. It occurred at 8.5—3.0 ka BP in China (Shi *et al.*, 1992a,1992b). During the early period of 8.5—7.2 ka BP, the earth's climate fluctuated and the average global temperature became warmer. Temperature and precipitation presented a clear upward trend in the frequent fluctuations. In this period, agriculture-based Neolithic cultures developed rapidly. During the middle period of 7.2—6.0 ka BP, temperature and precipitation reached their maximum values, and due to lush vegetation, the Yangshao culture reached a peak in Neolithic prosperity. During the late period of 5.9—4 ka BP, the earth's climate fluctuated with a downward trend of temperature and precipitation, of which 5—4.2 ka BP was a relatively stable stage during which the number of cultural sites soared. The end of the Holocene Megathermal at around 4.2 ka BP, has a profound impact on the Chinese Neolithic cultures due to extreme climate instability.

Environmental information for lake cores of Qinghai Lake in northeast of the Qinghai-Tibet Plateau (3 195 m asl) (Liu *et al.*, 2002; Figure 1a), Sujiawan loess section of the western edge of the Loess Plateau (1950 m asl) (Feng *et al.*, 2004, Figure 1b), and Zoige Hongyuan peat core section on the south-east edge of the Qinghai-Tibet Plateau (3466 m asl) (Hong *et al.*, 2003; Figure 1c) can be extracted to better reflect the Gansu-Qinghai region (to be discussed in this paper) in the Holocene climate and environmental changes.

The past records from the above three regions (Figure 1a～1c) show that, since 10 ka BP, spruce, pine and other conifer pollen levels have significantly increased, while herbs pollen reduced. The entire region shifts from grasslands to forest or forest-grassland (Du *et al.*, 1989; Kong *et al.*, 1990;Liu *et al.*, 1994, 1995; Zhou *et al.*, 2001;Liu *et al.*, 2002, 2003; Shen *et al.*, 2004; Feng *et al.*, 2004; Sun *et al.*, 2008). Up to the early period of

Holocene Megathermal, mixed coniferous and broad-leaved forests were well developed in the Qinghai Lake region, with Betula a small amount of thermophilic Ulmus. Pinus, fir, spruce and iron Suginami could be found in the western edge of the Loess Plateau, with mixed coniferous and broad-leaved forests composed of Betula, Juglans, Ulmus, and Gramineae, Asteraceae, Artemisia (Sun *et al.*, 2008). Spruce and fir were mainly distributed in Zoige region, with mixed coniferous and broad-leaved forests consisting of oak, chestnut and roses, etc. (Wang *et al.*, 1996). Seen from plants and sediments, the climate presented a warming trend in spite of frequent fluctuations of temperature and precipitation (Chen *et al.*, 1990; Wang *et al.*, 1993; Zhang *et al.*, 1994; Feng *et al.*, 2004). The salinity of the Qinghai Lake reached a low level around 6.3 ka BP (Zhang *et al.*, 1994), and the lake surface was 40 m higher compared to the present (Wang *et al.*, 1992). In this period, Picea purpurea and elm were found on the lakeshore, and a large amount of wet herbs in Sujiawan section. Besides the pollen concentrations of trees and shrubs went up to 80% of the peak (Sun *et al.*, 2008). Both the Hongyuan's peat gradation and total organic carbon content were the highest (Zhou *et al.*, 2001). It can be inferred that the annual mean temperature was about 3 ℃ higher and the precipitation was increased by 240~300 mm compared to the modern times (Shi *et al.*, 1992a), which showed a heyday of the Holocene Megathermal.

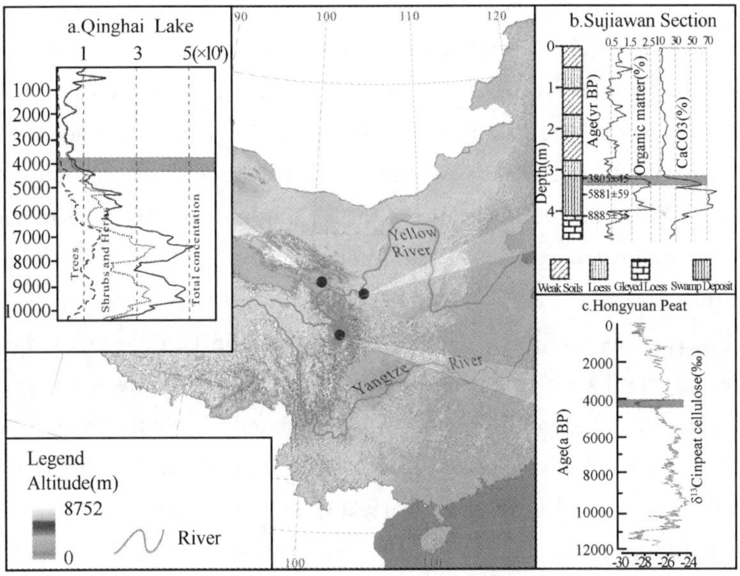

Figure 1 Climate change of the Gansu-Qinghai region recorded in different environments during late Holocene Megathermal (Liu Xingqi *et al.*, 2002; Feng Zhaodong *et al.*, 2004; Hong Yetang *et al.*, 2003)

Temperature and precipitation began a turning point after 5.9 ka BP cooling event. The sediments of the Qinghai Lake have more particles with a grain size of <4 μm, while particles of > 64 μm tend to be stabilized (Shen *et al.*, 2004), indicating that precipitation tended to decrease, that larger amount of Artemisia increased significantly in lake area, and that pine and other tree pollen concentrations decreased significantly. Meanwhile, the plants shifted from forest to forest-grassland (Liu *et al.*, 2002). Conifers, grasses, and Artemisia pollen in Sujiawan section also increased significantly, shifting from the forest-grassland to grassland (Feng *et al.*, 2004). In Zoige region at the 5.6 ka BP the gray-scale and total organic carbon content began to reduce (Zhou *et al.*, 2001), the $\delta^{13}C$ value of peat fiber elements increased, decomposition of plant debris decreased, and humification degree reduced (Hong *et al.*, 2001, 2003). At the same time, fir disappeared from the sunny slope, spruce began to migrate towards northern slope, and the forest area reduced and evolved into island forests (Wang *et al.*, 1996). The climate tended to be cool and dry.

Around 4.2 ka BP there was a sudden distinct drop in the total pollen concentrations in sediments of the Qinghai Lake. Woody plants disappeared, and herbaceous pollen was significantly reduced, while cold-dry Thalictrum, ephedra and others increased, and Artemisia pollen resistant to cold and drought increased to 70% (Liu *et al.*, 2002). Lake water level dropped with a sharp decline in carbonate content (Zhang *et al.*, 1994). The ecological environment rapidly evolved into Artemisia dominated grassland landscape (Liu *et al.*, 2002). In Sujiawan region, broad-leaved trees pollen ingredients reduced to 20%, terrestrial herbs, dominated with Chenopodium and Artemisia reached 80%, leading to the end of development of wetlands-swamp layer (Feng *et al.*, 2006), grassland and desert steppe were also alternating (Sun *et al.*, 2008). In Zoige region, peat humification and pollen fell to the lowest level (Hong *et al.*, 2003). Sub-alpine meadow and shrub meadow areas rapidly expanded. Swamps retreated from wide gully and foothills to the lowlands. Spruce forest disappeared on the gentle sunny slope (Wang *et al.*, 1996). All the above information indicates that the climate had a major turning point in the Gansu-Qinghai region, before that the hottest monthly average temperature was 1～2 ℃ higher than the present, and the coldest monthly average temperature was 8.7～11.7 ℃ higher than the present (Du *et al.*, 1989). Around 4.2 ka BP the climate was similar in Gansu-Qinghai region compared to the present conditions. Therefore, it was likely that the cooling events marked the approaching end of the Holocene Megathermal. The cooling event was consistent with the North Atlantic cooling (Bond *et al.*, 1997), glacial advancement in the Alps (Perry *et al.*, 2000), extreme drought events in North Africa (Petit-Maire *et al.*, 1983a; 1983b; Claussen *et al.*, 1999); the dry and cold events in Indian River Basin, West Asia, West Africa, Mexico and other regions (Gasse *et al.*, 1994; Siroeko *et al.*, 1996); cultural collapses in Mesopotamia region (Weiss *et al.*, 1993; Cullen *et al.*, 2000), as well as cooling events occurring in China's Yellow River Basin, Yangtze River Basin, Xinjiang, western Tibetan Plateau, Northeast region and Lingnan region (south of Manling Mountains) (Liu *et al.*, 2002; Sun *et al.*, 2006; Shao *et al.*, 2006; Gasse *et al.*, 1991; Tang *et al.*, 1993; Liu *et al.*, 2000; Qin *et al.*, 2004). After the 4.2 ka BP cooling event, the Gansu-Qinghai region's climate continued to be worsening. It was likely that 3.9—3.6 ka BP was the driest and coldest periods, when the forest area of the Qinghai Lake region was very small (Du, 1989) or had completely disappeared.

Woodland prairie predominated the western Loess Plateau (Sun *et al.*, 2009), which was similar to the present situation.

3 Evolution of Neolithic cultures in the Holocene Megathermal

The climate change in Holocene had significant impacts on the Neolithic cultures in the Gansu-Qinghai region.

3.1 Expansion of Neolithic cultures in the early and middle periods of Holocene Megathermal

Consistent with Holocene climate change, as the climate warmed up again, the Neolithic cultures-Dadiwan Culture (7.8—7 ka BP), featured by the earliest hunting and slash and burn farming, emerged in some places with better natural conditions such as Weihe River basin, Jinghe River basin, upper and middle reaches of western Hanshui River across the border between Shaanxi and Gansu in the early period of Holocene Megathermal. In this period, Dadiwan Culture sites dominated a smaller scope and scale with low level of agricultural production. During the middle period, it was warm and humid in the Gansu-Qinghai region, and agriculture was developed with sufficient and stable food supply, thus the Neolithic cultures were flourished. Prehistoric human activities had been further expanded in a larger scale and geographic scope. Around 5.9 ka BP it had entered the river valleys on the Gansu-Qinghai border. In this period, Yangshao Culture (7—5 ka BP) formed, which was the most extensively distributed and lasted longest in the region east of the Tibetan Plateau. The number of its Neolithic sites found in Gansu Province exceeded 1 400.

3.2 Northward and southward expansion of the Neolithic cultures during Late Holocene Megathermal

After the 5.9 ka BP cooling event, the Neolithic cultures in the Gansu-Qinghai region extended into the Hehuang Valley in Qinghai. The Majiayao Culture (5.9—4.0 ka BP), featured by most developed agriculture and painted pottery, formed, including the area west of the Liupan Mountains to the Huangshui Valley in Qinghai, as well as the northeast edge of Sichuan (Figure 2a). In this period, agriculture was mainly composed of millet and hempseeds, people had already begun raising pigs, dogs, sheep and other livestocks. In comparison to cultural types of the early and late Majiayao, the Neolithic cultures extended markedly to west and north. For example, the Majiayao Culture, which first extended into Qinghai, was considered as the transitional Shilingxia type (5.9—5.4 ka BP) from Yangshao Culture to Majiayao Culture, mainly distributed in the Yellow River valley in eastern Qinghai Province below 2 500 m asl. The Shilingxia site is small (Figure 2a-1), lying to the east, and to the south. After nearly five centuries of development (around 5.4 ka BP), Majiayao cultural type (5.4—4.6 ka BP) and the Banshan cultural type (4.6—4.3 ka BP) had been widely distributed in the upper Yellow River and the Huangshui Valley at an elevation above 2 500 m

(Figure 2b, 2c). In particular, the number of sites in the Machang type(4.3—4.0 ka BP) of the late Majiayao Culture exceeded 2400 in the Gansu-Qinghai region, with some sites distributed above an altitude of 3000 m (Figure 3), and the northern boundary of the sites had also been extended north to Jiayuguan in the vicinity of 39.48°N (Figure 2a). This is because the relatively warm, moist and stable climate provided favorable conditions for the development of dry farming in the Gansu-Qinghai region, hence the northern boundary of Majiayao farming extended to north by nearly 4 degrees in latitude, and increased by almost 1000 m in altitude.

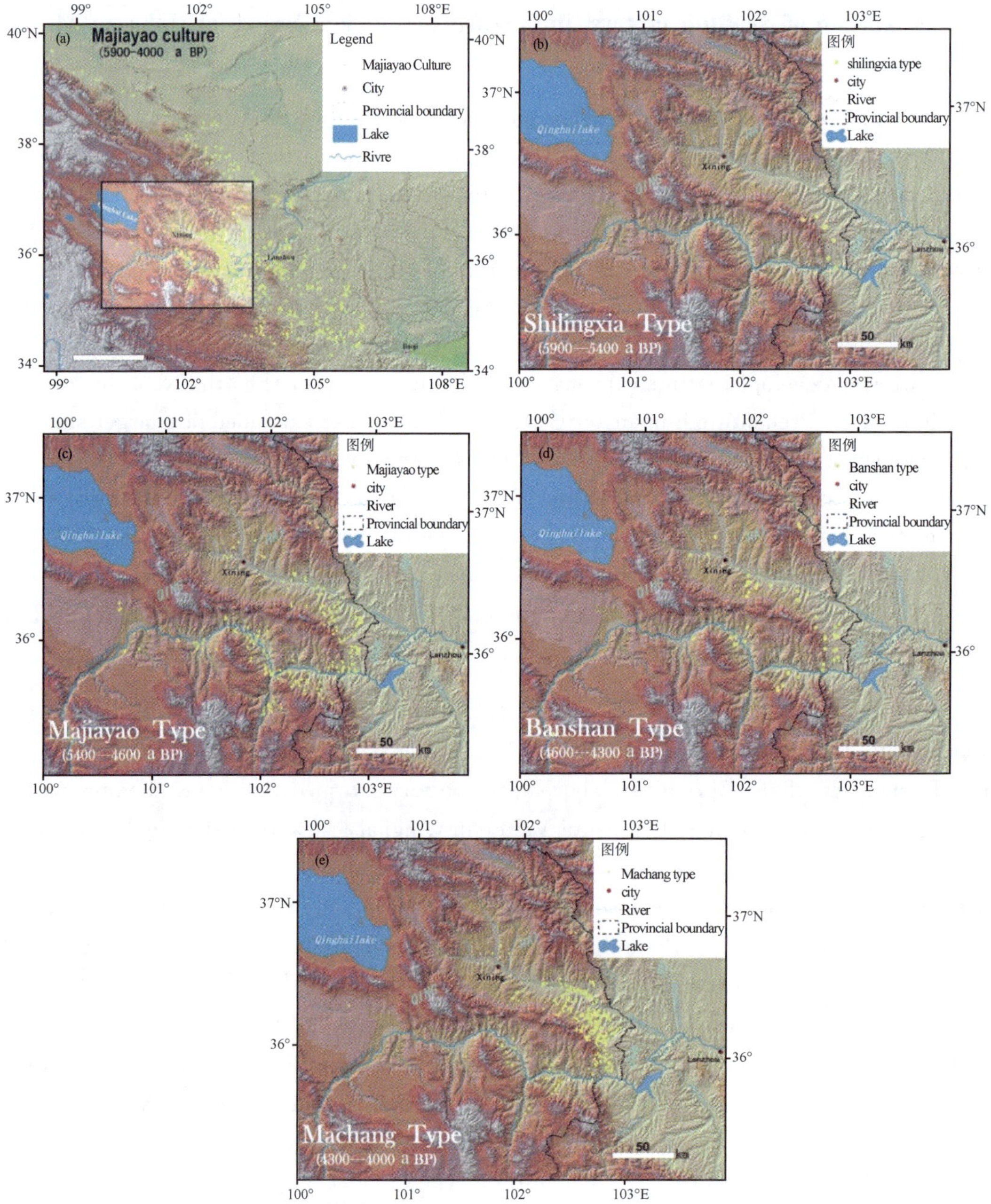

Figure 2　Locations of Majiayao Cultural sites in the Gansu-Qinghai region

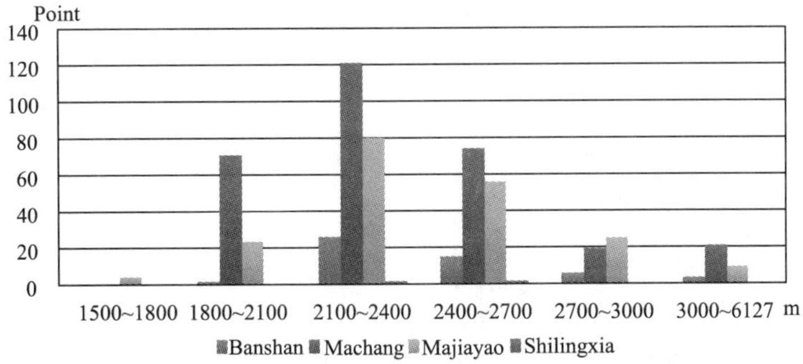

Figure 3 Statistics of Majiayao cultural types in the Qinghai region by elevation

3.3 Retreat of Neolithic cultures towards south-east in the late period of Holecene Megathermal

After the 4.2 ka BP cooling event, the climate continued to deteriorate. Qijia Culture (4.0—3.6 ka BP) of the Gansu-Qinghai region had two major characteristics in the late period of the Holocene Megathermal (Figure 4). First, the nature of production changed dramatically. Although Qijia Culture was featured by the cultivation of millet and other crops, bones of cattle, sheep, dogs and pigs were found in some places (Table 2) such as the Shenna site in Hehuang Valley (2200 m asl, 93.5% of sheep bones was unearthed in the Shenna site) as well as Qinweijia and Dahezhuang in the western Loess Plateau (GQWT, 1974, 1975). In the late period of Qijia Culture, the raising of cattle, horses and other large domestic animals (Zhang, 1987) , indicating that there was a marked increase in animal husbandry. The second is the apparent change in geographical distribution. GIS was applied to analyze Majiayao and Qijia cultural sites in the Gansu-Qinghai region. There is a greater difference between Majiayao and Qijia cultures north of and south of 36°N. The number of Majiayao cultural sites north of 36°N accounts for 49.33%, and that of Qijia cultural sites takes up only 17.25%; while to the south of 36°N, Majiayao accounts for 50.67%, and Qijia is 82.75%. It is calculated that the center of gravity of Majiayao Culture is located at 35°58′N and 103°55′E, and that the center of gravity of Qijia Culture is at 35°34′N and 104°53′E. The center of gravity of the cultural system moved eastward about one degree of longitude, and southward by about half of one degree in latitude (Hou *et al.*, 2009). It is estimated that the average height of Majiayao Culture is 2 000 m asl. As for Qijia Culture, nearly 48.6% of the sites are located at an altitude of 1 900 m asl. The proportion was much higher than that of Majiayao Culture (Hou *et al.*, 2009), decreasing from high mountains to the low-lying valley areas (Liu *et al.*, 2005). In terms of geographical range, the Majiayao Culture can only be found to the west of Liupan Mountains to extending in a clear north-south direction, indicating that the northern boundary of dry farming was still at relatively high latitudes, while the Qijia Culture expanded in the east-west direction, and went across the Liupan Mountains to appear in the Jinghe River valley. This characteristic was due to the fact that the northern boundary of dry farming was restricted by the temperatures, thus it could only extend in the latitudinal direction.

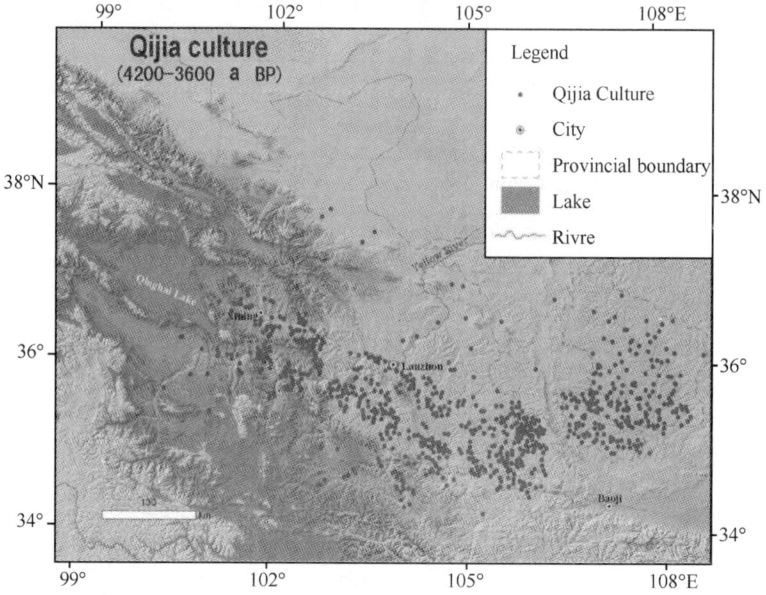

Figure 4　Locations of Qijia cultural sites in the Gansu-Qinghai region

Table 2　Statistics of animal bones unearthed in Qinweijia and Dahezhuang of Qijia Culture

	Pig bones		Sheep bones		Cattle bones	
	Number	Percentage (%)	Number	Percentage (%)	Number	Percentage (%)
Qinweijia	430	83.0	50	9.7	38	7.3
Dahezhuang	194	72.9	56	21.1	6	2.3

3.4　Formation and development of multiple cultures after the Holocene Megathermal

3.9—3.6 ka BP is the driest and coldest period in the Gansu-Qinghai region since the Holocene Megathermal (Shi *et al.*, 1992a), and it is also a period of frequent occurrence of extreme climate events (Xia, 2003). After the Neolithic cultures of the Gansu-Qinghai region experienced a nearly 300-year period of low temperatures and extreme climate, its unified and well-developed farming agricultural cultural system completely collapsed. There was a marked reduction in the number of Qijia cultural sites after 3.9 ka BP, and an evidence of a significant increase of animal husbandry occurred in the burials (Table 2). Through adaptation and revolution, the Neolithic farming culture shrinking to a few parts of the regions, developed specialization; i.e., the first social division of labor in human history around 3.6 ka BP. Later Nomadic was separated from farming cultural system, hence multi-cultures began to take shape. Afterwards, animal husbandry-based Kayue Culture began to flourish in the mountainous areas of Qinghai over 2 500 m asl, with the upper limit being about

4 000 m. In the relatively low and moderately warm Yellow River Valley on the border between Gansu and Qinghai, Xindian Culture (3. 6—2. 6 ka BP) inherited farming techniques from Qijia Culture and survived. In the relatively high part of southwest Gansu, Siwa Culture (3. 4—2. 5 ka BP) appeared with the animal husbandry or farming-pasturing as the main sector (Yu, 1985; Xu, 1988) (Figure 5), which was partly associated with Kayue Culture. On the southern tip of Hexi Corridor emerged Siba Culture (3. 9—3. 4 ka BP), featured by wheat and a large amount of painted pottery, which was affected not only by the Neolithic cultures of the Gansu-Qinghai region, but also by those of the Central Asia, as well as Shajing Culture (3—2. 5 ka BP) taking animal husbandry as the main sector and having the latest painted pottery in China. Hence, after experiencing the 4. 2 ka climate change event, the Neolithic agricultural culture had a sudden collapse and was split into several local cultures, instead of the previous integration.

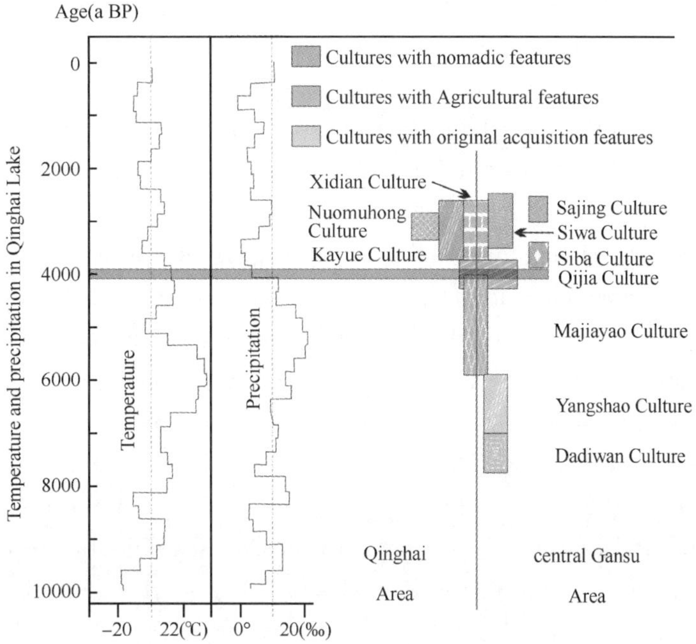

Figure 5 Changes of temperature, precipitation and prehistoric cultures in the Gansu-Qinghai region

It is worth noting that social industrial division of labor at the 3. 9—3. 6 ka BP in the Gansu-Qinghai region is the most important reason for the formation of multiple cultures. Some studies consider that the beginning of human civilization was closely related to the social division of labor, that is, the division of agriculture and nomadic animal husbandry marked the end of primitive society and the beginning of civil society (Burns *et al.*, 1998; Morgan, 1977; Morgan M, 1965). A large number of studies on the Gansu-Qinghai region indicate that the divide between rich and poor appeared in the late Qijia Culture (Xie, 2002), which might have entered the end of primitive society, while Kayue Culture rising around 3. 6 ka BP might have entered the slave society (Gao, 1993), which coincided with the rise of

Xia civilization on the Central Plains. From this, we can see that the 4.2 ka BP climatic cooling event may be an important sign of the end of primitive society in the Gansu-Qinghai region.

From the viewpoint of the Neolithic farming culture in the Gansu-Qinghai region in response to climate change of the late period of Holocene Megathermal, Qijia Culture was greatly affected by latitude and altitude. It is deduced that the northern boundary of dry farming of Qijia Culture was one degree lower in latitude than that of Majiayao Culture (with the northernmost being 39°N in the vicinity of the Jiayu Pass), while that of Qijia Culture reduced to about 38°N near the Wuwei region, indicating that the 4.2 ka BP climatic cooling event restricted dry farming in marginal areas of the Tibetan Plateau and farming-pastoral areas of northern China forcing the humans to either 1) relocate towards low latitudes and low altitudes where the temperature is suitable, or 2) to change their production patterns, using the same cultivation technology. As the temperature conditions were similar to modern conditions around 4.2 ka BP, we can interpret the past spatial distribution of drying farming and animal husbandry in the Gansu-Qinghai region according to distribution of modern accumulated temperatures. The analysis of the use of overlaid modern gridding data of ≥10 ℃ and cultural heritage sites (Figure 6) shows that the spatial pattern of multi-cultures after 3.6 ka BP is well consistent with the distribution of modern accumulated temperatures of ≥10 ℃ isotherms. Kayue cultural sites are mainly located in a range of 500～2 000 ℃ (≥10 ℃ accumulated temperatures). Huang Bingwei's studies suggested that the lower limit for grain production on the Qinghai-Tibet Plateau is 50 continous days of ≥10 ℃ (the minimum accumulated temperatures of at least 500 ℃), and that its condition for stable production is ≥140 lasting days of ≥10 ℃ (accumulated temperatures of over 2000 ℃) (Huang, 1959). It can be deduced that 500～2 000 ℃ accumulated temperatures may be a very unstable condition for grain production. Therefore, Kayue Culture should not be dependent on the cultivation of crops as the main source of food. The statistics of the carbonized crops unearthed at Kayue cultural sites of Fengtai, Huzhu County, Qinghai (2500 m asl, about 1 500 ℃ of ≥10 ℃ accumulated temperatures) show that, barley (naked barley) accounted for 92%, millet, 5%, wheat, 3% (Fang, 1998). Meanwhile, an abundance of ram horn bones, horse bones, cattle foot bones, and sheep manure were found at the Kayue cultural sites in Tawan, Huangyuan County, Qinghai, and Xunhua Thoron Ahart Lacayo, and other evidence (ATQ and QHCM, 1985). All these evidences (ATQ and QHCM, 1985) show that the crops at that time were mainly barley (naked barley) and others that were suitable for high-altitude and low temperature conditions, and that livestock had a large part to play in human life. Xindian cultural sites are mainly distributed in the low-altitude and river-valley regions above 2 000 ℃ with ≥10 ℃ accumulated temperatures. 2 000 ℃ (≥ 10 ℃ accumulated temperatures) is just the divide between cool-loving and thermophilic crops, and it is a condition for the stable grain production on the Tibetan Plateau, which is the root cause that Xindian Culture took agricultural production as the main sector.

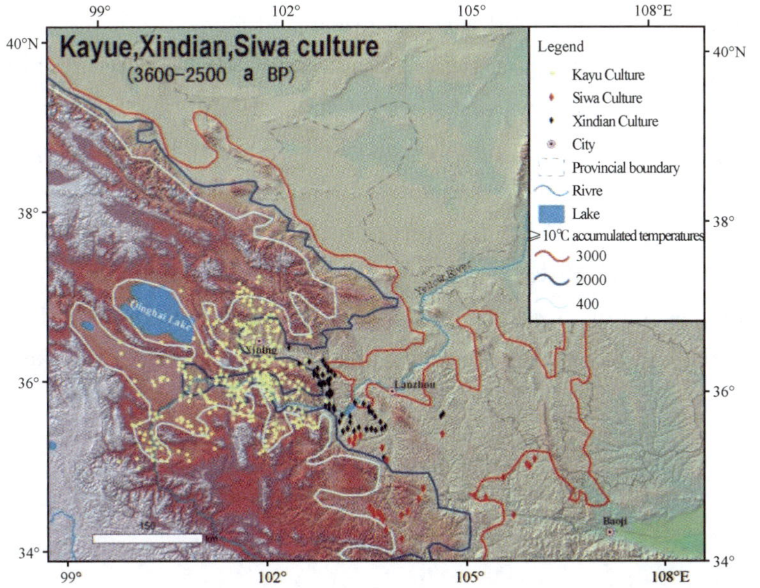

Figure 6 Locations of Kayue, Xindian, Siwa sites of the Neolithic cultures and modern accumulated temperatures of ≥10 ℃ in the Gansu-Qinghai region

4 Conclusions

(1) The climate change in the early, middle and late periods of the Holocene Megathermal was consistent with the development of Neolithic cultures in Gansu-Qinghai region, which well explains the evolution of man-land relationship in the Neolithic age.

(2) The Gansu-Qinghai region, the transitional area between the Tibetan Plateau and the Loess Plateau, is relatively sensitive areas to climate change. In the early and middle periods, the climate became warm and humid, which promoted great development of Neolithic cultures based on dry farming. Hoe farming culture starting at 7.8 ka BP was developed into Yangshao Culture in the heyday of the Holocene Megathermal.

(3) The 5.9 ka BP cooling event marked the beginning of a colder period in the Holocene Megathermal, but the climate was relatively warm, humid and stable at 5.9—4.2 ka BP compared to the present, which created a favorable condition for the development of Majiayao agricultural culture. Thus the Neolithic cultural sites extended northward and westward, being four latitudes to the north and nearly 1000 m up in altitude.

(4) The climate continued to deteriorate from the 4.2 ka BP cooling event onwards, which exerted a great impact on the Neolithic cultures in the Gansu-Qinghai region. The then temperature which restricted the dry farming forced Qijia Culture around 4.2 ka BP to shrink towards low-altitude and low-latitude regions. It was inferred that the northern boundary of agricultural production of Qijia Culture period was a latitude degree lower than that of Majiayao Culture period, and the altitude was down to below 1 900 m above sea level.

(5) The period 3.9—3.6 ka BP saw the driest and coldest climate as well as frequent extreme events in the Gansu-Qinghai region, resulting in the first division of labor of human society, that is, animal husbandry was officially spun off from agriculture, and the unified Neolithic farming culture was completely collapsed. Animal husbandry predominated the region with 500~2 000 ℃ (≥10 ℃ accumulated temperatures), accompanied by cool-loving crops hence Neolithic animal husbandry culture formed. Meanwhile, Neolithic farming culture remained in the region of over 2 000 ℃ (≥10 ℃ accumulated temperatures), with the thermophilic crops as the main grain. It is considered that such industrial division of labor ultimately led to the end of primitive society, and civil society began to take shape.

参考文献

巴桑,普布,拉多,等.西藏拉萨市拉鲁湿地鸟类多样性.西藏科技,2008,**181**:67-70.

白军红,欧阳华,崔保山,等.近40年来若尔盖高原高寒湿地景观格局变化.生态学报,2008,**28**(5):2245-2252.

白军红,欧阳华,徐惠风,等.青藏高原湿地研究进展.地理科学进展,2004,**23**(4):1-9.

白军红,欧阳华,杨志锋,等.湿地景观格局变化研究进展.地理科学进展,2005,**24**(4):36-45.

摆万奇,阎建忠,张镱锂.大渡河上游地区土地利用/土地覆被变化与驱动力分析.地理科学进展,2004,**23**(1):71-78.

摆万奇,张镱锂,包维楷.大渡河上游地区景观格局与动态.自然资源学报,2003,**18**(1):75-80.

摆万奇,张镱锂,谢高地,等.黄河源区玛多县草地退化成因分析.应用生态学报,2002a,**13**(7):823-826.

摆万奇,张镱锂.青藏高原土地利用变化中的传统文化因素分析.资源科学,2002,**24**(4):11-15.

摆万奇,赵士洞.土地利用变化驱动力系统分析.资源科学,2001,**23**(3):39-41.

包维楷,陈庆恒,刘照光.岷江上游山地系统的退化及恢复与重建的对策.长江流域资源与环境,1995,**4**(3):277-282.

包维楷,陈庆恒.山地系统退化过程及其特点.生态学杂志,1999,**16**(2).

包维楷,乔永康,钱能斌.清带造林技术试验评价研究.生态农业研究,1998,**6**(2):44-47.

包维楷,王春明.岷江上游山地生态系统的退化机制,山地学报,2000,**20**(1):17-21.

包维楷,张镱锂,王乾,等.大渡河上游林区森林资源退化及其恢复与重建.山地学报,2002a,**20**(2):194-198.

包维楷,张镱锂,王乾,等.青藏高原东部采伐迹地早期人工重建序列梯度上植物多样性的变化.植物生态学报,2002b,**26**(3):330-338.

包新康,张健,曲扎,等.拉萨拉鲁湿地夏季鸟类调查初报.动物学杂志,2005,**40**(2):86-89.

北京工业大学计算机学院放飞技术网.http://www.frontfree.net/view/article_748.html.

毕晓丽,王辉,葛剑平.植被归一化指数(NDVI)及气候因子相关起伏型时间序列变化分析.应用生态学报,2005,**16**(2):284-288.

蔡迪花,郭铌,韩涛.1990—2001年黄河玛曲高寒沼泽湿地遥感动态监测.冰川冻土,2007,**29**(6):874-881.

蔡英,李栋梁,汤懋苍,等.青藏高原近50年来气温的年代际变化.高原气象,2003,**22**(5):464-470.

蔡运龙.土地利用/土地覆被变化研究:寻求新的综合途径.地理研究,2001,**20**(6):645-651.

曹宝,秦其明,马海建,等.面向对象方法在SPOT-5遥感图像分类中的应用——以北京市海淀区为例.地理与地理信息科学,2006,**22**(2):46-54.

曹广民,龙瑞军.三江源区"黑土滩"型退化草地自然恢复的瓶颈及解决途径.草地学报,2009,**17**(1):4-9.

曹建军,任正炜,杨勇,等.玛曲草地生态系统恢复成本条件价值评估.生态学报,2008,**28**(4):1873-1880.

曹明奎,李克让.陆地生态系统与气候相互作用的研究进展.地球科学进展,2000,**15**(4):446-452.

曹生奎,谭红兵,王小梅,等.青藏高原湿地保护与开发利用模式初探.干旱区资源与环境,2005,**19**(4):109-113.

曹文炳,万力,曾亦键,等.气候变暖对黄河源区生态环境的影响.地学前缘,2006,**13**(1):40-47.

常学礼,邬建国.科尔沁沙地景观格局特征分析.生态学报,1998,**18**(3):225-232.

常学礼,张安定,杨华,等.科尔沁沙地景观研究中的尺度效应.生态学报,2003,**23**(4):635-641.

晁永芳,郭军乐.柴达木边沿高寒地带草地建设研究——以天峻地区为例.柴达木开发研究,2009(1):61-62.

陈浮,陈刚,包浩生,等.城市边缘区土地利用变化及人文驱动力机制研究.自然资源学报,2000,**16**(3):204-210.
陈桂琛,孟延山,卢学峰,等.青藏铁路格唐段植被特征及其保护与恢复对策.生物学通报,2006,**41**(7):1-5.
陈桂琛,周国英,孙菁,等.采用垂穗披碱草恢复青藏铁路取土场植被的试验研究.中国铁道科学,2008,**29**(5):134-137.
陈国阶,何锦峰,涂建军.长江上游生态服务功能区域差异研究.山地学报,2005,**23**(4):406-411.
陈辉,李双成,郑度.青藏公路铁路沿线生态系统特征及道路修建对其影响.山地学报,2003,**21**(5):559-567.
陈利顶,傅伯杰,赵文武."源""汇"景观理论及其生态学意义.生态学报,2006,**26**(5):1444-1449.
陈隆勋,朱文琴,王文,等.中国近45年来气候变化的研究.气象学报,1998,**56**(3):257-271.
陈少勇,董安祥.青藏高原总云量的气候变化及其稳定性.干旱区研究,2006,**23**(2):327-333.
陈史坚.新中国百科小丛书——中国的地形.上海:生活·读者·新知上海联合发行所,1949.
陈效逑,胡冰,喻蓉.中国东部温带植物生长季节的空间外推估计.生态学报,2007,**27**(1):65-74.
陈星,雷鸣,汤剑平.地表植被改变对气候变化影响的模拟研究.地球科学进展,2006,**21**(10):1075-1082.
陈彦光,刘继生.城市土地利用结构和形态的定量描述:从信息熵到分数维.地理研究,2001,**20**(2):146-152.
陈燕,蒋维楣,徐敏,等.城市规划中绿化布局对区域气象环境影响的数值试验研究.地球物理学报,2005,**45**(2):265-274.
陈宜瑜,陈毅峰,刘焕章,等.青藏高原动物地理区的地位和东部界限问题.水生生物学报,1996,**20**(2):97-103.
陈宜瑜,吕宪国.湿地功能与湿地科学的研究方向.湿地科学,2003,**1**(1):7-11.
陈宜瑜.中国湿地研究.长春:吉林科学技术出版社,1995.
陈英玉,蒋复初.共和盆地气候变化及其环境响应.地理研究,2009,**28**(3):363-370.
陈佑启,杨鹏.国际上土地利用/土地覆盖变化研究的新进展.经济地理,2001,**21**(1):96-100.
陈云浩,李晓兵,史培军,等.北京海淀区植被覆盖的遥感动态研究.植物生态学报,2001,**25**(5):588-593.
陈云浩,李晓兵,史培军.1983—1992年中国陆地NDVI变化的气候因子驱动分析.植物生态学报,2001,**25**(6):716-720.
陈佐忠.草地退化的治理.中国减灾,2003(3):47-48.
成升魁,沈镭.青藏高原人口、资源、环境与发展互动关系探讨.自然资源学报,2000,**15**(4):297-304.
程国栋,赵林.青藏高原开发中的冻土问题.第四纪研究,2000,**20**(6):521-531.
程国栋.关于江河源区生态环境保护与建设研究的几点建议.地球科学进展,1998(增刊):6-10.
程国栋.青藏铁路工程与多年冻土相互作用及环境效应.中国科学院院刊,2002,**17**(1):21-25.
程昊,陈泽昊.青藏铁路高原冻土地区施工期水土保持措施初探.铁道劳动安全卫生与环保,2002,**30**(5):218-220.
程鸿.中国的地形轮廓.地理知识,1951(2):55-56.
除多,张镱锂,郑度.拉萨地区土地利用变化.地理学报,2006,**61**(10):1075-1083.
除多,张镱锂,郑度.拉萨地区土地利用变化情景分析.地理研究,2005,**24**(6):869-877.
辞海编辑委员会.辞海青藏高原.上海:上海辞书出版社,1979.
次旦伦珠.珠穆朗玛峰自然保护区概况.中国藏学,1997,**21**(1):3-22.
崔保山,刘兴土.湿地恢复研究综述.地球科学进展,1999,**14**(4):358-364.
崔丽娟,赵欣胜.鄱阳湖湿地生态能值分析研究,生态学报,2004(7):1480-1485.
崔鹏,杨坤,朱颖彦,等.西部山区交通线路的泥石流灾害及减灾对策.山地学报,2004,**22**(3):326-331.
崔庆虎,蒋志刚,刘季科.青藏高原草地退化原因述评.草业科学,2007,**24**(2):20-26.
戴雪荣,师育新,俞立中,等.上海城市地貌环境的致灾性.地理科学,2005,**25**(5):636-640.
党安荣,何新东,史慧珍,等.土地利用信息的多元分析提取.地理信息科学,2004,**6**(2):62-66.

邓慧平,李秀彬,张明,等.气候与地表覆被变化对梭磨河流域水文影响的分析.地理科学,2001,**21**(6):493-497.

邓坤枚,石培礼,谢高地.长江上游森林生态系统水资源涵养量与价值的研究.资源科学,2002,**24**(6):68-73.

邓坤枚.横断山区云冷杉林采伐迹地环境及其对森林更新的影响.自然资源,1992(3):60-66.

邓坤枚.青藏高原林业资源的可持续发展探讨.自然资源学报,2000,**15**(4):340-347.

丁明军,沈振西,张镱锂,等.青藏公路与铁路沿途1981—2001年植被覆盖变化.资源科学,2005,**27**(5):128-133.

丁明军,张镱锂,刘林山,等.青藏高原植被覆盖对水热条件年内变化的响应及其空间特征.地理科学进展,2010,**29**(4):507-512.

丁明军.青藏高原植被时空格局变化及其对气候变化的响应.中国科学院研究生院博士学位论文.2008.

丁一汇,李巧萍,董文杰.植被变化对中国区域气候影响的数值模拟研究.气象学报,2005,**63**(5):613-621.

丁一汇,任国玉,石广玉.气候变化国家评价报告(Ⅰ):中国气候变化的历史和未来趋势.气候变化研究进展,2006,**3**(1):3-8.

丁一汇,张莉.青藏高原与中国其他地区气候突变时间的比较.大气科学,2007,**32**(4):794-805.

董光荣,王勇贵,陈惠忠,等.青藏高原与全球变化研讨会论文集.北京:气象出版社,1995.

董光荣,严平.江河源区土地荒漠化亟待研究和治理.地球科学进展,1998(增刊):32-36.

董光荣.高尚玉.金炯.青海共和盆地土地沙漠化及其防治.中国沙漠,1989,**9**(1):61-74.

董全民,赵新全,马玉寿.江河源区高寒草地畜牧业现状及可持续发展策略.农业现代化研究,2007,**28**(4):438-443.

董瑞琨,许兆义,杨成永,等.青藏高原冻融侵蚀动力特征研究.水土保持学报,2000,**14**(4):12-42.

董喜春,汤剑平,王元,等.长江中下游地区城市化进程中地表植被变化气候效应的数值模拟.气象科学,2008,**28**(2):147-154.

董玉祥.青藏高原沙漠化研究的进展与问题.中国沙漠,1999,**19**(3):251-255.

杜蓓.青藏铁路格尔木至拉萨段水土流失现状及其控制研究.西南交通大学硕士学位论文,2003.

杜军,边多,胡军,等.西藏近35年日照时数的变化特征及其影响因素.地理学报,2007,**62**(5):492-500.

杜军,翁海卿,袁雷,等.近40年西藏怒江河谷盆地的气候特征及变化趋势.地理学报,2009,**64**(5):582-591.

杜云艳,周成虎.水体的遥感信息自动提取方法.遥感学报,1998,**2**(4):264-269.

段庆光,石蒙沂.青海省沙漠概况与治理途径.中国沙漠,1998,**8**(3):69-74.

段晓男,王效科,欧阳志云.乌梁素海湿地生态系统服务功能及价值评估.资源科学,2005,**27**(2):111-115.

多杰才旦,江村罗布.西藏经济简史.北京:中国藏学出版社,1995.

樊红芳.青藏高原现代气候特征及大地形气候效应.兰州大学博士学位论文.2008.

樊华,陶学禹.复合系统协调度模型及其应用.中国矿业大学学报,2006,**35**(4):515-520.

樊杰,千庆兰.我国东部沿海重点地区经济发展与资源环境相互作用关系的比较研究.自然资源学报,2004,**19**(1):96-105.

樊杰,王海.西藏人口发展的空间解析与可持续城镇化探讨.地理科学,2005,**25**(4):386-392.

樊杰.我国主体功能区划的科学基础.地理学报,2007,**62**(4):339-350.

范广洲,程国栋.影响青藏高原植被生理过程与大气CO_2浓度及气候变化的相互作用.大气科学,2002,**27**(4):509-518.

方精云,刘国华,徐嵩龄.中国陆地生态系统的碳库.见:王庚辰,温玉璞,主编.温室气体浓度和排放监测及相关过程.北京:中国环境科学出版社,1996.

方精云,朴世龙,贺金生,等.近20年来中国植被活动在增强.中国科学(C辑),2003,**33**(6):554-565.

方如康.我国的高原.北京:商务印书馆,1980.

封建民,王涛,谢昌卫.黄河源区土地沙漠化研究.生态环境,2004,**13**(4):601-604.

冯永忠，杨改河，杨世琦，等. 江河源区地域界定研究. 西北农林科技大学学报（自然科学版），2004，**32**(1)：11-14.

冯祚建. 陆栖脊椎动物的区系特征及形成演变. 见：孙鸿烈，主编. 青藏高原的形成演化. 上海：上海科学技术出版社，1996.

伏洋，肖建设，校瑞香，等. 基于 RS 和 GIS 的西宁市 LUCC 分析及模拟预测. 农业工程学报，2009，**25**(7)：211-218.

符淙斌，袁慧玲. 恢复自然植被对东亚夏季气候和环境影响的一个虚拟试验. 科学通报，2001，**46**(8)：691-695.

傅崇兰，洛噶，刘维新，等. 拉萨史. 北京：中国社会科学出版社，1994.

傅小峰，郑度. 论青藏高原人口与可持续发展. 资源科学，2000，**22**(4)：22-29.

高峰. 北京电信地理信息系统多源数据融合问题的研究. 北京电信科技，2000(2)：26-30.

高国栋. 对我国自然区划中青藏高原区和西北干旱区东部界线问题的探讨. 地理学报，1961，**27**(1)：80-84.

高清竹，李玉娥，林而达，等. 藏北地区草地退化的时空分布特征. 地理学报，2005，**60**(6)：965-973.

高学杰，林一骅，赵宗慈. 用区域气候模式模拟人为硫酸盐气溶胶在气候变化中的作用. 热带气象学报，2003，**19**(2)：134-141.

高志刚，沈君. 新疆典型区域经济与环境协调发展评价与预测研究. 干旱区资源与环境，2010，**24**(2)：1-5.

格根图，贾玉山，李青丰，等. 草地休牧、禁牧期家畜饲草供给模式探讨. 中国草地学报，2006，**28**(2)：60-65.

格桑顿珠. 西藏拉萨市拉鲁湿地自然保护区环境资源调查报告. 西藏科技，2008，**183**：62-82.

葛全胜，邹铭，郑景云，等. 中国自然灾害风险综合评估初步研究. 北京：科学出版社，2008，**9**：274-275.

龚健雅. 地理信息系统基础. 北京：科学出版社，2001.

关洪书，刘玉林. 西藏一江两河中部流域杨树人工林生物量的研究. 林业科技通讯，1993：20-22.

郭铌，朱燕君，王介民，等. 近 22 年来西北不同类型植被 NDVI 变化与气候因子的关系. 植物生态学报，2008，**32**(2)：319-327.

国土资源部西部开发办调研室. 西部重大建设项目工程沿线地质环境和地质灾害状况调研报告，2002.

韩敏，孙燕楠，许士国，等. 基于 RS、GIS 技术的扎龙沼泽湿地景观格局变化分析. 地理科学进展，2005，**24**(6)：42-49.

何萍，马家林，刘凌. 长江中上游安宁河流域天然草场退化情况及防治对策. 草业科学，2001，**18**(1)：4-6.

何易平，李泳，崔鹏. 流团模型在泥石流危险度分区中的应用. 山地学报，2003，**21**(6)：726-730.

贺有龙，周华坤. 青藏高原高寒草地的退化及其恢复. 草业与畜牧，2008(11)：1-9.

侯伟，鲁学军，张春晓，等. 面向对象的高分辨率影像信息提取方法研究——以四川理县居民地提取为例. 地球信息科学学报，2010，**12**(1)：119-125.

侯学煜. 中国植被图集(1：100 万). 北京：科学出版社，2001.

胡鹏，游涟，杨传勇，等. 地图代数. 武汉：武汉大学出版社，2002.

胡文英，角媛梅. 遥感图像纹理信息提取方法综述. 云南地理环境研究，2007，**19**(3)：66-71.

胡永宏，贺思辉. 综合评价方法. 北京：科学出版社，2000.

华国春，黄川友，李艳玲，等. 拉萨拉鲁湿地生态恢复与重建对策研究. 水资源保护，2007，**23**(6)：93-96.

淮虎银，魏万红，张镱锂. 青藏铁路温性草原区路域植被自然恢复过程中群落组成和物种多样性变化. 山地学报，2005，**23**(6)：657-662.

淮虎银，魏万红，张镱锂. 青藏铁路沿线温性草原区芨芨草群落特征. 生态学报，2007，**27**(2)：497-503.

黄秉维. 中国综合自然地理区划草案. 科学通报，1959(18)：594-602.

黄秉维. 中国综合自然区划纲要(1986 年). 地理集刊(21)，北京：科学出版社，1999.

黄昌勇. 土壤学. 北京：农业出版社，2000.

黄奋生. 西藏情况. 上海：地图出版社，1953.

黄刚. NCEP/NCAR 和 ERA-40 再分析资料以及探空观测资料分析中国北方地区年代际气候变化. 气候与环

境研究,2006,**11**(3):310-320.
黄玫,季劲钧,彭莉莉.青藏高原1981—2000年植被净初级生产力对气候变化的响应.气候与环境研究,2008,**13**(5):608-615.
黄明华,郑新业.苏皖两省铁路自然灾害规律的探讨.铁道师院学报(自然科学版),1994,**11**(4):31-43.
黄思静,黄喻.用Microsoft Excel在砂岩的三角分类图上完成碎屑成分投点.成都理工学院学报,2002,**29**(2):213-216.
霍文冕,姚檀栋,李月芳.7 000 m处冰芯中Pb记录揭示人类活动污染在加剧.科学通报,1999,**44**(9):978-981.
贾俊姝.大通县土地利用/覆被变化与土壤侵蚀的研究.北京林业大学博士学位论文,2009.
贾永红.数字影像处理.武汉:武汉大学出版社,2003.
江辉,周文斌,刘瑶.鄱阳湖湿地遥感分类研究及应用.遥感技术与应用,2008,**23**(6):648-652.
江腊沙.青藏铁路唐拉段工程建设对沿线生物多样性的影响分析.环境保护,2001,**8**:31-33.
江玉林,杜娟.高等级公路生态环境保护问题与对策.公路,2000,**8**:68-72.
江源,刘硕.城市土地利用下的植物物种资源特征分析.自然资源学报,1999,**14**(4):359-362.
金君,李成名,印洁,等.人口数据空间分布化模型研究.测绘学报,2003,**32**(3):278-282.
金君,印洁.人口密度推求的技术方法研究.测绘通报,2002,**5**:58-60.
晋锐,车涛,李新,等.基于遥感和GIS的西藏朋曲流域冰川变化研究.冰川冻土,2004,**26**(3):261-266.
靳长兴,周长进.关于澜沧江正源问题.地理研究,1995,**14**(1):44-48.
靳铁治,吴晓民,苏丽娜等.青藏铁路野生动物通道周边主要野生动物分布调查.野生动物杂志,2008,**29**(5):251-253.
景国臣.冻融侵蚀的类型及其特征研究.中国水土保持,2003,**10**:17-18.
阚瑷珂,王绪本,高志勇,等.2000—2007年珠峰自然保护区植被时空变化与驱动因子.生态环境学报,2010,**19**(6):1261-1271.
柯长青,李培基.用EOF方法研究青藏高原积雪深度分布与变化.冰川冻土,1998,**20**(1):64-66.
孔亚平,陈济丁,辛有俊.青藏公路多年冻土路段沿线植被及其变化.公路,2008,**3**:179-184.
拉萨市农牧局.西藏自治区拉萨市土地利用(油印本).1990.
赖世登,郝玉迟,赵勇刚.云南省亚高山地区长苞冷杉苗木生长的初步调查.林业科学,1987,**23**(4):468-474.
兰玉蓉.青藏高原高寒草甸草地退化现状及治理对策.青海草业,2004,**13**(1):27-30.
黎夏,叶嘉安.约束性单元自动演化CA模型及可持续城市发展形态的模型.地理学报,1999,**54**(4):289-298.
李本纲,陶澍.AVHRR NDVI与气候因子的相关分析.生态学报,2000,**20**(5):898-902.
李炳元.青藏高原的范围.地理研究,1987,**6**(3):57-63.
李炳元.中国地貌图(包括比邻海域)(1:400万)说明书.北京:科学出版社,1994.
李渤生.青藏高原生物多样性的特点及其保护.见:绿满东亚.北京:中国环境科学出版社,1994:635-661.
李昌凌,李文军.基于NDVI的锡盟苏尼特左旗地表植被生物量的趋势分析和空间格局.干旱区资源与环境,2010,**24**(3):147-152.
李潮流,康世昌,丛志远.青藏高原念青唐古拉峰冰川区夏季风期间大气气溶胶元素特征.科学通报,2007,**52**(17):2057-2063.
李承彪.四川森林的生态研究.成都:四川科学技术出版社,1990.
李春,周刊社,李晖.拉鲁湿地主要植物群落结构及物种多样性.西北植物学报,2008,**28**(12):2514-2520.
李春.拉鲁湿地生态环境及动植物物种资源变化特征研究.自然资源学报,2005,**20**(1):145-151.
李春秀,孙海松.青海省西藏嵩草沼泽化草甸资源及保护.草业科学,2009,**26**(9):77-83.
李登科.基于植被生长规律的陕西省植被遥感分类.高原气象,2007,**27**(1):215-221.
李红梅,马玉寿,王彦龙.气候变暖对青海高原地区植物物候期的影响.应用气象学报.2010,**21**(4):500-505.

李辉霞,刘淑珍.基于的西藏自治区草地退化评价模型.山地学报,2003,**21**(S):69-71.
李吉均,文世宜,张青松,等.青藏高原隆生的时代幅度和形式的探讨.中国科学,1979(6):608-616.
李金昌,生态价值论.重庆:重庆大学出版社,1999.
李利锋,郑度.区域可持续发展评价——以拉萨地区为例.地理研究,2004,**23**(4):549-558.
李林,陈晓光,王振宇,等.青藏高原区域气候变化及其差异性研究.气候变化研究进展,2010,**6**(3):181-186.
李林,李凤霞,朱西德,等.黄河源区湿地萎缩驱动力的定量辨识.自然资源学报,2009,**24**(7):1246-1255.
李平,李秀彬,刘学军.我国现阶段土地利用变化驱动力的宏观分析.地理研究,2001,**20**(2):129-138.
李青云.达日县人工草地现状,问题与对策.青海畜牧兽医杂志,1999,**29**(1):23-24.
李荣平,周广胜.1980-2005年中国东北木本植物物候特征及其对气候的响应.生态学杂志,2010,**29**(12):2317-2326.
李森,高尚玉,杨萍,等.青藏高原冻融荒漠化的若干问题——以藏西—藏北荒漠化区为例.冰川冻土,2005,**27**(4):476-485.
李生辰,徐亮,郭英香,等.近34a青藏高原年降水变化及其分区.中国沙漠,2007,**27**(2):307-314.
李世杰.青藏高原的冰雪资源及冰川研究.见:秦大河.青藏高原的冰川与生态环境.北京:中国藏学出版社,1999.
李双成.植物响应气候变化模型模拟研究进展.地理科学进展,2001,**20**(3):217-226.
李四光.中国地质学.张文佑编译.上海:正风出版社,1953.
李文华,周兴民.青藏高原生态系统及优化利用模式.广州:广东科技出版社,1998.
李霞,李晓兵,陈云浩,等.中国北方草原植被对气象因子的时滞响应.植物生态学报,2007,**31**(6):1054-1062.
李向前,贾鹏,章志龙,等.青藏高原东缘高寒草甸植物群落的开花期物候.生态学杂志,2009,**28**(11):2202-2207.
李晓兵,史培军.中国典型植被类型NDVI动态变化与气温、降水变化的敏感性分析.植物生态学报,2000,**24**(3):379-382.
李晓兵,王瑛,李克让.NDVI对江水季节性和年际变化的敏感性.地理学报,2000,**55**(增刊):82-89.
李谢辉,王磊,谭灵芝,等,渭河下游河流沿线区域洪水灾害风险评价.地理科学,2009,**29**(5):733-739.
李秀彬.全球环境变化研究的核心领域:土地利用/土地覆被变化的国际研究动向.地理学报,1996,**51**(6):553-558.
李耀增,周铁军,姜海波.青藏铁路格拉段野生动物通道利用效果.中国铁道科学,2008,**29**(4):127-131.
李怡,张世熔,李婷,等.基于ASTER影像的高山峡谷区主要地类自动提取方法研究.遥感技术与应用,2007,**22**(3):389-395.
李元.中国土地资源.北京:中国大地出版社,2000.
李元寿,王根绪,王军德,等.^{137}Cs示踪法研究青藏高原草甸土的土壤侵蚀.山地学报,2007,**25**(1):114-121.
李月芳,姚檀栋,王宁练,等.青藏高原古里雅冰芯中痕量元素镉记录的大气污染:1900—1991.环境化学,2000,**19**(2):176-180.
李月梅,曹广民,徐仁海.植物群落生物量和有机碳对高寒草甸土地利用变化的响应.草业学报,2007,**24**(6):4-8.
李月梅,王跃思,曹广民,等.开垦对高寒草甸土壤有机碳影响的初步研究.地理科学进展,2005,**24**(6):59-66.
李云生,周广金,梁涛.巢湖流域的土地利用变化及其生态系统功能损益.地理研究,2009,**28**(6):1656-1664.
李震,阎福礼,范湘涛.中国西北地区NDVI变化及其与温度和降水的关系.遥感学报,2005,**9**(3):308-313.
李忠魁,拉西.西藏草地资源价值及退化损失评估.中国草地学报,2009,**31**(2):14-21.
梁玲,吕世华,尚伦宇.黄土高原植被改变对夏季当地气候影响的数值模拟.高原气象,2008,**27**(2):293-300.
梁四海,陈江,金晓媚,等.近21年青藏高原植被覆盖变化规律.地球科学进展,2007,**22**(1):33-40.
廖怀军,吴珍汉.青藏铁路沿线83道班移动冰丘及工程治理.中国地质,2007,**34**(5):907-914.

廖克.前言.见:中国科学院地理研究所编.青藏高原地图集.北京:科学出版社,1990.
廖顺宝,李泽辉.基于人口分布与土地利用关系的人口数据空间化研究——以西藏自治区为例.自然资源学报,2003,**18**(6):659-665.
廖顺宝,孙九林.基于GIS的青藏高原人口统计数据空间化.地理学报,2003,**58**(1):25-33.
林康泰.人口分布图.见:中国科学院地理研究所.青藏高原地图集.北京:科学出版社,1990.
林日暖,李春,张勇,等.西藏拉萨市农业气候资源.北京:气象出版社,2001.
刘成明.青藏高原地区人口、资源、环境与可持续发展.青海社会科学,2003,**1**:39-41.
刘德义,傅宁,范锦龙.近20年天津地区植被变化及其对气候变化的响应.生态环境,2008,**17**(2):798-801.
刘东生.青藏高原环境和资源研究——回顾与展望.见:中国青藏高原研究会编.中国青藏高原研究会第一届学术讨论会论文选.北京:科学出版社,1992:1-13.
刘飞,巢纪平.全球植被分布对陆面气温影响的半解析分析.科学通报,2009,**54**(12):1761-1766.
刘峰贵,周强,卓玛措.格尔木市城市经济发展战略研究.经济地理,2005,**25**(3):310-314.
刘红玉,白云芳.若尔盖高原湿地资源变化过程与机制分析.自然资源学报,2006,**21**(5):810-818.
刘纪远,徐新良,邵全琴.近30年来青海三江源地区草地退化的时空特征.地理学报,2008,**63**(4):364-376.
刘纪远.中国资源环境遥感调查与动态研究.北京:气象出版社,1996.
刘黎明,赵英伟,谢花林.我国草地退化的区域特征及其可持续利用管理.中国人口·资源与环境,2003,**13**(4):46-50.
刘林山.黄河源地区高寒草地退化研究——以达日县为例.中国科学院研究生院博士学位论文,2006.
刘明光.中国自然地理图集.北京:中国地图出版社,1998.
刘青春,秦宁生,张吉.青海省春季沙尘暴特征及其异常气候背景分析.干旱气象,2005,**23**(2):19-23.
刘青春,时兴合,汪青春,等.青藏高原春夏季温度与太平洋海温的关系.干旱气象,2008,**26**(3):29-43.
刘庆,吴宁,潘开文,等.长江上游亚高山森林及其环境效应与重建对策.见:许厚泽,赵其国,主编.长江流域洪涝灾害与科技对策.北京:科学出版社,1999:79-83.
刘盛和,吴传钧,沈洪泉.基于GIS的北京城市土地利用扩展模式.地理学报,2000,**55**(4):407-416.
刘时银,鲁安新,丁永建,等.黄河上游阿尼玛卿山区冰川波动与气候变化.冰川冻土,2002,**24**(6):701-707.
刘淑珍,周麟,仇崇善,等.西藏自治区那曲地区草地退化沙化研究.拉萨:西藏人民出版社,1999:73-79.
刘树华,胡予,胡非,等.沙漠—绿洲陆—气相互作用和绿洲效应的数值模拟.地球物理学报,2005,**48**(5):1019-1027.
刘铁良.青藏铁路灾害演变趋势的初步展望.路基工程,1991,**36**(3):58-59.
刘先华,陈佐忠,秋山侃,等.定居放牧方式下归一化植被指数(NDVI)的空间变化特征.植物生态学报,2000,**24**(6):662-666.
刘晓东,程志刚,张冉.青藏高原未来30~50年A1B情景下气候变化预估.高原气象,2009,**28**(3):475-484.
刘晓东.青藏高原隆升对亚洲季风形成和全球气候与环境变化的影响.高原气象,1999,**18**(3):321-332.
刘晓辉.三江平原湿地生态系统服务功能动态变化研究.中科院东北地理所学位论文,2009.
刘新伟,赵庆云,孙国武.青藏高原东北侧夏季异常高温的环流特征及诊断.干旱气象,2006,**24**(3):42-46.
刘彦随,冯得显.三峡库区土地持续利用潜力与途径模式.地理研究,2001,**20**(2):139-145.
刘燕华,葛全胜,方修琦,等.全球环境变化与中国国家安全.地球科学进展,2006,**21**(4):346-350.
刘燕华.西藏雅鲁藏布江中游地区土地系统.北京:科学出版社,1992.
刘勇洪,牛铮,徐永明,等.基于MODIS数据设计的中国土地覆盖分类系统与应用研究.农业工程学报,2006,**22**(5):99-104.
刘禹,安芷生,Linderholm H W,等.青藏高原中东部过去2485年以来温度变化的树轮记录.中国科学D辑:地球科学,2009,**39**(2):166-176.
刘玉洁,杨忠东.MODIS遥感数据的原理及算法.北京:科学出版社,2001:229-301.

刘照光，包维楷，吴宁，等．长江上游的生态环境问题、根源及治理方略．世界科技研究与发展，2000，**22**(增刊)：32-35.

刘照光，陈庆恒．中国西部亚高山森林生态系统退化趋势和防治对策．见：陈灵芝和陈伟烈．中国退化生态系统研究．北京：中国科学技术出版社，1995：165-185.

刘照光，张雨成，吴宁．长江上游的森林生态系统与可持续发展．见：牛德水，主编．农业生物学研究与持续发展．北京：科学出版社，1997：227-232.

刘振恒，武高林，仁青草，等．发展以燕麦为支柱产业的可持续高寒草地畜牧业．草业科学，2007，**24**(9)：67-69.

刘子刚，马学慧．湿地的分类．湿地科学与管理，2006，**2**(1)：60-63.

刘宗香，苏珍，姚檀栋，等．青藏高原冰川资源及其分布特征．资源科学，2000，**22**(5)：49-52.

龙花楼，李秀彬．长江沿线样带土地利用格局及其影响因子分析．地理学报，2001，**56**(4)：417-425.

龙晶．三江源区位置面积及景观生态遥感研究．林业资源管理，2005(4)：31-34.

龙牧华．土壤质量含义的变迁．地理科学进展，1996(1)：35-37.

卢苏燕．坚持持续发展原则、推动世界城市建设．科学时报，2000-3-20.

卢向荣．青藏铁路运营维修模式研究．西南交通大学硕士学位论文．2003.

鲁安新，姚檀栋，刘时银，等．青藏高原各拉丹冬地区冰川变化的遥感监测．冰川冻土，2002，**24**(5)：559-562.

鲁春霞，谢高地，成升魁，等．青藏高原的水塔功能．山地学报，2004，**22**(4)：428-432.

鲁春霞，谢高地，李双成，等．青藏铁路沿线土壤重金属的分布规律初探．生态环境，2004，**13**(4)：546-548.

鲁春霞，谢高地，肖玉，等．青藏高原生态系统的多样性及其经济价值评估．生态学报，2004，**24**(12)：2749-2755.

鲁春霞，于格，谢高地，等．风蚀条件下人类活动对高寒草地水分保持功能影响的定量模拟．生态环境，2007，**16**(4)：1289-1293.

鲁春霞，于格，谢高地，等．青藏高原高寒草地土壤保持功能的风洞模拟及其定量评估．自然资源学报，2006，**21**(2)：318-325.

鲁春阳，宋昕生，杨庆媛，等．城市人居环境与经济发展的协调度评价——以重庆都市区为例．西南大学学报(自然科学版)，2008，**30**(6)：121-125.

鲁奇，战金艳，任国柱，等．北京近百年城市用地变化与相关社会人文因素分析．地理研究，2001，**20**(6)：688-696.

鲁一亮，刘起勇，孟凤霞，等．青海省乌兰县啮齿类动物调查：青藏铁路运营输入褐家鼠的可能性研究，中国媒介生物学及控制杂志，2007，**18**(1)：1-3.

陆大道，刘卫东．论我国区域发展与区域政策的地学基础．地理科学，2000，**20**(6)：487-494.

陆佩玲，于强，贺庆棠．植物物候对气候变化的响应．生态学报，2006，**26**(3)：923-929.

吕世华，陈玉春．西北植被覆盖对我国区域气候变化影响的数值模拟．高原气象，1999，**18**(3)：416-424.

吕新苗，康世昌，朱立平，等．西藏纳木错植物物候及其对气候的响应．山地学报，2009，**27**(6)：648-654.

吕一河，傅伯杰．生态学中的尺度及尺度推绎方法．生态学报，2001，**21**(12)：2097-2105.

罗开富．中国自然地理区划草案．见：中华地理杂志社．中国自然区划草案．北京：科学出版社，1956.

罗磊．青藏高原湿地退化的气候背景分析．湿地科学，2005，**3**(3)：190-199.

罗利芳，张科利，孔亚平，等．青藏高原地区水土流失时空分异特征．水土保持学报，2004，**18**(1)：58-62.

罗明，王军．中国土地整理的区域差异和对策．地理科学进展，2001，**20**(2)：97-103.

罗天祥，李文华，罗辑，等．青藏高原主要植被类型生物生产量的比较研究．生态学报，1999，**19**(6)：823-831.

罗湘华，倪晋仁．土地利用/土地覆盖变化研究进展．应用基础与工程科学学报，2000，**8**(3)：262-272.

马才让加．青藏高原鸟类．西藏人文地理，2008，**2**：154-156.

马飞，李景吉，彭培好，等．珠穆朗玛峰国家自然保护区南北坡植被覆盖变化．地理科学进展，2010，**29**(11)：1427-1432.

马明国，董立新，王雪梅．过去 21a 中国西北植被覆盖动态监测与模拟．冰川冻土，2003，**25**(2)：232-236．
马戎．西藏的人口与社会．北京：同心出版社，1996．
马瑞俊，蒋志刚．青海湖流域环境退化对野生陆生脊椎动物的影响．生态学报，2006，**26**(9)：3066-3073．
马生林．青藏高原生物多样性保护研究．青海民族学院学报：社会科学版，2004，**30**(4)：76-78．
马世震，陈桂琛，彭敏，等．青藏公路取土场高寒草原植被的恢复进程．中国环境科学，2004，**24**(2)：188-191．
马巍，程国栋．青藏铁路建设和冻土问题．科学，2006，**58**(6)：6-10．
马玉寿，郎百宁，李青云，等．江河源区高寒草甸退化草地恢复与重建技术研究．草业科学，2002，**19**(9)：5-9．
马玉寿，郎百宁，王启基．"黑土型"退化草地研究工作的回顾与展望．草业科学，1999，**16**(2)：5-9．
马玉寿，尚占环，施建军，等．黄河源区"黑土滩"退化草地群落类型多样性及其群落结构研究．草业科学，2006，**23**(12)：6-11．
马玉寿，张自和，董全民．恢复生态学在"黑土型"退化草地植被改建中的应用．甘肃农业大学学报，2007，**42**(2)：91-97．
马玉英．青藏高原的城市化与可持续发展．青海民族研究，2005，**16**(2)：91-94．
马振锋，彭骏，高文良，等．近 40 年西南地区的气候变化事实．高原气象，2006，**25**(4)：633-642．
麦唐纳著．郑宝善译．西藏之写真．考试院印刷所，1935．
毛飞，张艳红，侯英雨．藏北那曲地区草地退化动态评价．应用生态学报，2008，**19**(2)：278-284．
美国农业部网站．http：//www. usda. gov/wps/portal/usdahome．
莫申国，张百平，程维明，等．青藏高原的主要环境效应．地理科学进展，2004，**23**(2)：88-96．
倪晋仁，殷康前，赵智杰．湿地综合分类研究：I 分类．自然资源学报，1998，**13**(3)：214-221．
倪绍祥．土地利用/覆被研究的几个问题．自然资源学报，2005，**20**(6)：932-937．
聂勇，张镱锂，刘林山，等．近 30 年珠穆朗玛峰国家自然保护区冰川变化的遥感监测．地理学报，2010，**65**(1)：13-28．
聂勇．珠穆朗玛峰地区土地覆被变化研究．中国科学院地理科学与资源研究所博士学位论文，2010．
宁宝英，何元庆．农户过度放牧行为产生原因分析——来自黑河流域肃南县的农户调查．经济地理，2006，**26**(1)：128-132．
牛亚菲．青藏高原生态环境问题研究．地理科学进展，1999，**18**(2)：163-171．
牛振国，宫鹏，程晓，等．中国湿地初步遥感制图及相关地理特征分析．中国科学(D 辑)，2009，**39**(2)：188-203．
欧阳志云，王效科，苗鸿．中国陆地生态系统服务功能及其生态经济价值的初步研究．生态学报，1999，**19**(5)：607-613．
潘竟虎，王建，王建华．长江、黄河源区高寒湿地动态变化研究．湿地科学，2007，**5**(4)：298-304．
潘裕生，孔祥儒，钟大赉．高原岩石圈结构、演化和动力学．见：孙鸿烈，郑度，主编．青藏高原形成演化与发展．广州：广东科技出版社，1998．
彭光雄，徐兵，沈蔚，等．TM 图像的城镇用地信息提取方法研究．遥感技术与应用，2006，**21**(1)：31-36．
彭少麟，任海，张倩媚．退化湿地生态系统恢复的一些理论问题．应用生态学报，2003，**14**(11)：2026-2030．
彭文英，张科利，江忠善等．黄土高原坡耕地退耕还草的水沙变化特征．地理科学，2002，**22**(4)：397-402．
Philip J Schneider，David H Eberly(著)．周长发(译)．计算机图形学集合工具算法详解．北京：电子工业出版社，2005．
朴世龙，方精云．1982—1999 年我国陆地植被活动对气候变化响应的季节差异．地理学报，2003，**58**(1)：119-125．
祁如英，严进瑞，王启兰．青海小叶杨物候变化及其对气候变化的响应．中国农业气象，2006，**27**(1)：41-45．
祁如英，张成昭，郭卫东．青海天然牧草物候期变化特征分析．青海气象，2008，**4**：16-21．
秦大河．青藏高原的冰川与生态环境．北京：中国藏学出版社，1999．
秦大河．中国西部环境演变评估(综合卷)．北京：科学出版社，2002．

秦鹏,陈健飞.基于Brovey融合与HSV锐化的ASTER影像绿地信息提取分析.地球信息科学学报,2009,**11**(3):400-404.

青海省草原总站.青海草地资源.西宁:青海人民出版社,1988:63-67.

青海省农业资源区划办公室.青海省农业自然资源数据集.1999.

青海省水利志编委会.青海河流.西宁:青海人民出版社,1995:33-38.

青海省统计局.青海统计年鉴1996.北京:中国统计出版社,1996.

青海省统计局.青海统计年鉴2001.北京:中国统计出版社,2001.

青海自然灾害编纂委员会.青海自然灾害.西宁:青海人民出版社,2003:58-478.

琼次仁,拉琼.拉萨市拉鲁湿地的初步研究.西藏大学学报,2000,**15**(4):40-41.

全国农业区划委员会.中国农业自然资源和农业区划.北京:农业出版社,1989.

冉光荣.现时西藏农牧业地位、问题与对策.中国藏学,2007,**2**:18-24.

仁青吉,崔现亮,赵彬彬,等.放牧对高寒草甸植物群落结构及生产力的影响.草业学报,2008,**17**(6):134-140.

任美锷.中国自然地理纲要(修订版).北京:商务印书馆,1982.

任美锷.祖国的地形(第二版).北京:中国青年出版社,1952.

任雨,张雪芹,李生辰,等.青南高原汛期降水异常与水汽输送.冰川冻土,2008,**30**(1):35-42.

沙占江,马海州,陈克龙,等.基于GIS和RS的黄河源区土地沙漠化探讨.盐湖研究,2001,**9**(1):67-70.

尚永成,张小华.青藏高原多年冻土地区公路建设对植被类型的影响.草业科学,2005,**22**(12):17-19.

尚占环,龙瑞军.青藏高原江河源区生态环境安全问题分析与探讨.草业科学,2007,**24**(3):1-7.

邵立业.董光荣.共和盆地草原沙漠化的正、逆过程与植被演替规律.中国沙漠,1988,**8**(1):30-40.

邵伟,蔡晓布.西藏高原草地退化及其成因分析.中国水土保持科学,2008,**6**(1):112-116.

佘廉,戴行信,洪元义.中国交通灾害.长沙:湖南人民出版社,1998:58-69.

申增云,王景玲,郑军亮.浅析拉鲁湿地的保护与水土保持.环境保护,2003,**6**:35-36.

沈渭寿,张慧,邹长新,等.青藏铁路建设对沿线高寒生态系统的影响及恢复预测方法研究.科学通报,2004,**49**(9):909-914.

沈渭寿,张慧,邹长新.青藏铁路生态影响预测与评价.北京:中国环境科学出版社,2005:1-10.

盛文萍,高清竹,李玉娥,等.藏北地区气候变化特征及其影响分析.高原气象,2008,**27**(3):509-516.

施雅风.我国的地形.北京:中华全国科学技术普及协会出版,1955.

石铭鼎.关于长江正源的确定问题.地理研究,1983,**2**(1):23-34.

石正国,延晓冬,尹崇华,等.人类土地利用的历史变化对气候的影响.科学通报,2007,**52**(12):1436-1444.

史立新,王金夕,宿以明,等.川西米亚罗地区暗针叶林采伐迹地早期植被恢复演替过程研究.植物生态学与地植物学报,1988,**12**(4):306-313.

史培军,陈晋,潘耀忠.深圳土地利用变化机制分析.地理学报,2000,**55**(2):151-160.

四川森林编辑委员会.四川森林.北京:中国林业出版社,1992.

四川省阿坝藏族羌族自治州金川县地方志编纂委员会.金川县志.北京:民族出版社,1994.

四川省阿坝藏族羌族自治州壤塘县地方志编纂委员会.壤塘县志.北京:民族出版社,1997.

四川省马尔康县地方志编纂委员会.马尔康县志.成都:四川人民出版社,1997.

四川植被协作组.四川植被.成都:四川人民出版社,1980.

宋波,辛永亮,曹文田.草地承包中、前期放牧行为及相关生态补偿对策建模研究.北京大学学报(自然科学版),2009,**45**(3):528-532.

宋明华.气候变化过程中青藏高原植被空间格局的模拟分析.中国科学院研究生院博士后研究工作报告,2004.

宋怡,马明国.基于SPOT VEGETATION数据的中国西北植被覆盖变化分析.中国沙漠,2007,**27**(1):89-93.

宋兆麟.清代拉萨古城的复兴:《拉萨画卷》考释.见:藏族学术讨论会论文集.拉萨:西藏人民出版社,1984:

270-291.
苏伟,李京,陈云浩,等. 基于多尺度影像分割的面向对象城市土地覆被分类研究. 遥感学报,2007,**11**(4):521-530.
孙波,赵其国. 红壤退化中的土壤质量评价指标及评价方法. 地理科学进展,1999,**18**(2):118-128.
孙成权. 关于江河源环境与生态保护的几点看法. 地球科学进展,1998(增刊):12-16.
孙红雨,王长耀,牛铮,等. 中国地表植被覆盖变化及其与气候因子关系——基于NOAA时间序列数据分析. 遥感学报,1998,**2**(3):204-210.
孙鸿烈,郑度. 绪论. 见:孙鸿烈,主编. 青藏高原的形成演化. 上海:上海科学技术出版社,1996.
孙鸿烈. 长江上游地区生态与环境问题. 北京:中国环境科学出版社,2008.
孙鸿烈. 对我国青藏高原研究的评述. 中国科学院院刊,1997,**4**:6-8.
孙鸿烈. 青藏高原的土地类型及其农业利用评价原则. 自然资源,1980(2):10-24.
孙鸿烈. 青藏高原的形成演化. 上海:上海科学技术出版社,1996:314-321.
孙鸿烈. 青藏高原科学考察研究的回顾与展望. 资源科学,2000,**22**(3):6-8.
孙鸿烈. 序言. 见:中国科学院地理研究所编. 青藏高原地图集. 北京:科学出版社,1990.
孙家广. 计算机图形学(第三版). 北京:清华大学出版社,1998.
孙士云. 青藏铁路沿线的生态环境特点及保护对策. 冰川冻土,2003,**25**(sup):81-85.
孙娴,林振山. 经验模态分解下中国气温变化趋势的区域特征. 地理学报,2007,**62**(11):1132-1141.
孙艳玲,延晓冬,谢德体. 基于因子分析方法的中国植被NDVI与气候关系研究. 山地学报,2007,**25**(1):54-63.
唐红玉,肖风劲,张强,等. 三江源区植被变化及其对气候变化的响应. 气候变化研究进展,2006,**2**(4):177-180.
唐华俊,陈佑启,Eric Van Ranst. 中国土地资源可持续利用的理论与实践. 北京:中国农业科技出版社,2000.
唐伟,赵书河,王培法. 面向对象的高空间分辨率遥感影像道路信息的提取. 地球信息科学,2008,**10**(2):257-262.
唐小平,黄桂林. 中国湿地分类系统的研究. 林业科学研究,2003,**16**(5):531-539.
陶波. 气候变化驱动的中国陆地生态系统碳收支格局初步研究. 中国科学院研究生院博士后研究工作报告,2005.
陶和平,高攀,钟祥浩. 区域生态环境脆弱性评价——以西藏"一江两河"地区为例. 山地学报,2006,**24**(6):761-768.
陶贞,沈承德,高全洲,等. 土地利用变化对高寒草甸土壤有机质更新的影响. 冰川冻土,2007,**29**(2):217-225.
田洪武,刘际雨,孟虎生,等. 拉鲁湿地及其保护的工程措施. 中国水土保持,2003,**10**:28-29.
田立德,李月芳,姚檀栋. 青藏高原天然水体中As变化初步研究. 冰川冻土,2002,**24**(1):98-101.
田应兵,熊明标,宋光煜. 若尔盖高原湿地土壤的恢复演替及其水分与养分变化. 生态学杂志,2005,**24**(1):21-25.
汪波,方丽. 区域经济发展的协调度评价实证分析. 中国地质大学学报,2004,**4**(6):52-55.
王爱民,刘加林,高翔. 青藏高原东北缘及其毗邻地区人地关系地域系统研究. 经济地理,2000,**20**(2):31-35.
王晨,池建斌,冯桂珍. 一种判定点和多边形包含关系的有效方法. 计算机应用与软件,2005,**22**(4):110-112.
王成,魏朝富,袁敏,等. 不同地貌类型下景观格局对土地利用方式的响应. 农业工程学报,2007,**23**(9):64-71.
王春连,张镱锂,王兆锋,等. 拉萨河流域湿地系统景观格局多尺度分析. 资源科学,2010,**32**(9):1634-1642.
王纯德. 日益萎缩的高原湿地. 青海日报,2001-06-04.
王德宣,丁维新. 若尔盖高原沼泽湿地CH_4排放研究. 地球科学进展,2002,**17**(6):877-880.
王根绪,程国栋,沈永平. 青藏高原草地土壤有机碳库及其全球意义. 冰川冻土,2002,**24**(6):693-700.
王根绪,程国栋. 江河源区的草地资源特征与草地生态变化. 中国沙漠,2001,**21**(2):102-107.

王根绪,李元寿,王一博,等.近40年来青藏高原典型高寒湿地系统地动态变化.地理学报,2007,**62**(5):481-491.
王根绪,沈永平,钱鞠,等.高寒草地植被覆盖变化对土壤水分循环影响研究.冰川冻土,2003,**25**(6):653-659.
王海山,周进.青藏高原濒危植物多样性保护的研究.西藏科技,2008,**5**:66-68,72.
王纪军,裴铁璠.气候变化对森林演替的影响.应用生态学报,2004,**15**(10):1722-1730.
王济川,郭志刚.Logistic回归模型——方法与应用.北京:高等教育出版社,2001.
王建兵,王振国,汪治桂.青海高原东部边坡地带降水变化特征及突变分析.干旱区资源与环境,2007,**21**(5):18-22.
王金亭(执笔).高原生物多样性演化与分布特点.见:郑度,主编.青藏高原形成环境与发展.石家庄:河北科学技术出版社,2003:157-165.
王金锡,许金铎,侯广维,等.长江上游高山和山原区采伐迹地生态与更新技术研究.北京:中国林业出版社,1995.
王景升,张宪洲,赵玉萍,等.藏北羌塘高原气候变化的时空格局.资源科学,2008,**30**(12):1852-1859.
王景升.羌塘高原草地系统NPP动态及退化原因分析.中国科学院研究生院博士后研究工作报告,2009.
王俊峰,王根绪,吴青柏.青藏高原腹地不同退化程度高寒沼泽草甸生长季节CO_2排放通量及其主要环境控制因子研究.冰川动土,2008,**30**(3):408-414.
王堃,洪绂曾,宗锦耀.三江源地区草地资源现状及持续利用途径.草地学报,2005,**13**(增刊):29-47.
王兰宁,郑庆林,宋青丽.青藏高原下垫面对中国夏季环流影响的研究.南京气象学院学报,2002,**25**(2):186-191.
王连喜,陈怀亮,李琪,等.植物物候与气候研究进展.生态学报,2010,**30**(2):447-454.
王启基,来德珍,景增春,等.三江源区资源与生态环境现状及可持续发展.兰州大学学报:自然科学版,2005,**41**(4):50-55.
王瑞平.青海省地图(1:2 480 000).北京:中国地图出版社,2009.
王瑞平.西藏自治区地图(1:2 090 000).北京:中国地图出版社,2008.
王绍令.青藏高原冻土退化的研究.地球科学进展,1997,**12**(2):164-167.
王天津.青藏高原人口与环境承载力.北京:中国藏学出版社,1998.
王小梅,刘峰贵,周强,等.基于地理学对"三江源"生态难民形成机制的分析.生态经济,2006(9):131-134.
王学军.空间分析技术与地理信息系统的结合.地理研究,1997,**16**(3):70-74.
王学雷,吴宜进.马尔科夫模型在四湖地区湿地景观变化研究中的应用.华中农业大学学报,2002,**21**(3):288-291.
王有宁,赵丽艳,刘峰贵,等.青藏地区区域旅游联动开发机理与模式.经济地理,2009,**29**(5):861-866.
王兆锋,张镱锂.青藏铁路沿线土壤环境特征.见:郑度,张镱锂等.青藏铁路沿线生态与环境安全.杭州:浙江科学技术出版社,2009:55-76.
王兆锋.青藏铁路沿线土壤元素分异特征研究.中国科学院研究生院博士学位论文,2006.
王振宇,李林,李栋梁,等.青藏铁路沿线永冻土区近千年的气候演变特征.高原气象,2005,**24**(3):338-343.
王治华.青藏公路、铁路沿线的活动构造及其次生灾害.铁道工程学报,2006,**12**(增刊):264-269.
王治华.青藏公路和铁路沿线的滑坡研究.现代地质,2003,**17**(4):355-362.
王遵娅,丁一汇,何金海,等.近50年来中国气候变化特征的再分析.气象学报,2004,**62**(2):228-236.
旺堆.西藏生物多样性保护迫在眉睫.中国西藏,1998(6):50-51.
卫学承.拉萨拉鲁湿地生态学特征及恢复与重建措施研究.西藏科技,2002,**108**:58-63.
魏建方.基于青藏铁路建设影响高寒植被再造技术的研究.西南交通大学硕士学位论文,2005.
魏一鸣.自然灾害复杂性研究.地理科学,1998,**18**(1):25-31.
魏振铎.黄河源区沙漠化现状与防治意见.青海环境,1998,**8**(2):64-67.

温玉璞，徐晓斌，汤洁，等. 青海瓦里关大气气溶胶元素富集特征及其来源. 应用气象学报，2001，**12**(4)：400-408.

温兆飞，张树清，陈春，等. 三江源区湖泊和沼泽遥感影像分类研究. 湿地科学，2010，**8**(2)：132-138.

闻新宇，王绍武，朱锦红，等. 英国 CRU 高分辨率格点资料揭示的 20 世纪中国气候变化. 大气科学，2006，**30**(5)：894-904.

邬建国. 景观生态学——格局、过程、尺度与等级. 北京：高等教育出版社，2000.

吴波，慈龙骏. 毛乌素沙地景观格局变化研究. 生态学报，2001，**21**(2)：191-196.

吴传钧，郭焕成. 中国土地利用. 北京：科学出版社，1994.

吴后建，王学雷. 中国湿地生态恢复效果评价研究进展. 湿地科学，2006，**4**(4)：304-310.

吴青柏，施斌. 论青藏铁路修筑中的冻土环境保护问题. 水文地质工程地质，2002，**29**(4)：14-16，20.

吴绍洪，尹云鹤，郑度，等. 青藏高原近 30 年气候变化趋势. 地理学报，2005，**60**(1)：3-11.

吴绍洪，郑度，杨勤业. 我国西北地区生态地理区域系统与生态建设战略初步研究. 地理科学进展，2000，**20**(1)：10-20.

吴为禄. 既有铁路地质灾害信息系统研究. 北京测绘，1996(4)：28-31.

吴玉虎. 试论黄河源区生态环境保护与建设. 青海环境，2003，**13**(2)：60-64.

吴兆录. 参与性农村评估方法在物种和景观变化研究中的应用. 应用生态学报，1997，**8**(增刊)：89-94.

吴珍汉，胡道功，吴中海，等. 青藏高原中段活动断层及诱发地质灾害. 北京：地质出版社，2005：113-118.

吴珍汉，胡道功. 青藏高原北部铁路沿线移动冰丘的特征及其灾害效应. 地质通报，2006，**2**：233-243.

吴征镒. 西藏植物区系的起源及其演化. 见：西藏植物志(第五卷). 北京：科学出版社，1987：874-902.

吴征镒. 中国植被. 北京：科学出版社，1980：1375.

伍光和. 论柴达木盆地在我国综合自然区划中的从属关系问题. 地理学报，1965，**31**(4)：352-358.

伍星，沈珍瑶，刘瑞民. 长江上游土地利用/覆被变化特征及其驱动力分析. 北京师范大学学报(自然科学版)，2007，**43**(4)：461-465.

武高林，杜国祯. 青藏高原退化高寒草地生态系统恢复和可持续发展探讨. 自然杂志，2009，**29**(3)：159-164.

武慧智，姜琦刚，程彬. 基于 RS 和 GIS 技术青藏高原湖泊动态变化研究. 世界地质，2007，**26**(1)：66-70.

武永峰，何春阳，马瑛，等. 基于计算机模拟的植物返青期遥感监测方法比较研究. 地球科学进展，2005，**20**(7)：724-730.

《西藏风物志》编委会. 西藏风物志. 拉萨：西藏人民出版社，1999.

西藏自治区测绘局，西藏自治区国土研究所. 拉萨市城区图. 成都：成都地图出版社，1999.

西藏自治区测绘局. 拉萨市城区图. 西安：西安地图出版社，1987.

西藏自治区拉萨市农牧局. 西藏拉萨土地资源. 北京：中国农业科技出版社，1993.

西藏自治区土地管理局. 西藏自治区土地利用. 北京：科学出版社，1992.

西藏自治区政府. 西藏自治区土地利用总体规划部门规划(1997—2010 年)(油印本)，1998.

夏先芳. 青藏铁路建设对沿线野生动物的影响与保护. 甘肃科技，2004，**20**(9)：27-28.

向波，缪启龙，高庆先. 青藏高原气候变化与植被指数的关系研究. 四川气象，2001，**75**(1)：29-36.

肖笃宁，布仁仓，李秀珍. 生态空间理论与景观异质性. 生态学报，1997，**17**(5)：453-461.

肖寒. 区域生态系统服务功能形成机制与评价方法研究. 中国科学院研究生院博士学位论文，2001.

肖玉，谢高地，安凯，等. 青藏高原生态系统土壤保持功能及其价值. 生态学报，2003，**23**(11)：2367-2378.

谢昌卫，丁永建，刘时银. 近 50 年来长江—黄河源区气候及水文环境变化趋势分析. 生态环境，2004，**13**(4)：520-523.

谢高地，鲁春霞，冷允法，等. 青藏高原生态资产的价值评估. 自然资源学报，2003，**18**(2)：189-196.

谢高地，鲁春霞，肖玉，等. 青藏高原高寒草地生态系统服务价值评估. 山地学报，2003，**21**(1)：50-55.

谢健，刘景时，杜明远，等. 拉萨河流域高山水热分布观测结果分析. 地理科学进展，2009，**28**(2)：223-230.

谢力，温刚，符淙斌. 中国植被覆盖季节变化和空间分布对气候的响应——多年平均结果. 气象学报，2002，**60**(2)：181-187.

辛琨，肖笃宁. 盘锦地区湿地生态系统服务功能价值估算. 生态学报，2002，**22**(8)：1345-1349.

信忠保，许炯心，郑伟. 气候变化和人类活动对黄土高原植被覆盖变化的影响. 中国科学(D辑)：地球科学，2007，**37**(11)：1504-1514.

信忠保，许炯心. 黄土高原地区植被覆盖时空演变对气候的响应. 自然科学进展，2007，**17**(6)：770-778.

邢俊义，张于心，高巍，等. 铁路灾害中承灾体的易损性因素对风险度的修正. 北方交通大学学报，1999，**23**(3)：77-81.

徐尔灏. 青康藏新西人考察史略. 国立中央大学理科研究所地理学部，专刊第八号. 重庆，1945.

徐继填，陈百明，张雪芹. 中国生态系统生产力区划. 地理学报，2001，**56**(4)：1-8.

徐建刚，梅安新，韩雪培，等. 城市居住人口密度估算模型的研究. 环境遥感，1994，**9**(3)：243-240.

徐近之. 青藏自然地理资料(地文部分). 北京：科学出版社，1960.

徐近之. 青康藏高原及毗连地区西文文献目录. 北京：科学出版社，1958.

徐柯健. 大香格里拉地区旅游开发模式比较分析. 地理科学进展，2008，**27**(3)：134-140.

徐叔鹰，徐德馥. 青海湖东岸的风沙堆积. 中国沙漠，1983，**3**(3)：11-17.

徐叔鹰，中国铁路自然灾害的成因与类型. 铁道师范学报，1997，**14**(4)：33-39.

徐新良，刘纪远，邵全琴，等. 30年来青海三江源生态系统格局和空间结构动态变化. 地理研究，2008，**27**(4)：829-839.

徐兴奎，陈红，Levy Jason K. 气候变暖背景下青藏高原植被覆盖特征的时空变化及其成因分析. 科学通报，2008(4)：456-462.

徐影，赵宗慈，李栋梁. 青藏高原及铁路沿线未来50年气候变化的模拟分析. 高原气象，2005，**24**(5)：700-707.

许木启，黄玉瑶. 受损水域生态系统恢复与重建研究. 生态学报，1998，**18**(5)：547-558.

许逸超. 中国地形研究(上、下册). 重庆：中国文化服务社，1943.

许志信，李永强. 草地退化对水土流失的影响. 干旱区资源与环境，2003，**17**(1)：65-68.

薛娴，郭坚，张芳，等. 高寒草甸地区沙漠化发展过程及成因分析——以黄河源区玛多县为例. 中国沙漠，2007，**27**(5)：725-732.

闫满存，王光谦. 基于GIS的澜沧江下游区滑坡灾害危险性分析. 地理科学，2007，**27**(3)：365-370.

严茂超. (一)人口及民族. 见：孙鸿烈，郑度. 青藏高原形成演化与发展. 广州：广东科技出版社，1998：310.

严作良，周华坤，刘伟，等. 江河源区草地退化状况及成因. 中国草地，2003(1)：74-79.

阎建忠，张镱锂，摆万奇，等. 基于植被演替的土地覆被变化研究——大渡河上游的森林采伐、更新和退化. 中国科学(D辑)，2005，**35**(11)：1060-1073.

阎建忠，张镱锂，刘林山，等. 高原交通干线对土地利用和景观格局的影响——以兰州至格尔木段为例. 地理学报，2003，**58**(1)：34-44.

阎建忠，张镱锂，朱会义，等. 大渡河上游不同地带居民对环境退化的响应. 地理学报，2006，**61**(2)：146-156.

颜梅. 高分辨率影像的植被分类方法对比研究. 遥感学报，2007，**11**(2)：235-240.

杨保，Braeuning A. 近千年青藏高原的温度变化. 气候变化研究进展，2006，**2**(3)：104-107.

杨博辉，郎侠，孙晓萍. 青藏高原生物多样. 家畜生态学报，2005，**26**(6)：1-5.

杨红卫，汪新庆，刘刚. 基于三角图命名岩类的计算机命名研究. 地矿测绘，2003，**19**(3)：4-6.

杨建平，丁永建，陈仁升，等. 长江黄河源区多年冻土变化及其生态环境效应. 山地学报，2004，**22**(3)：278-285.

杨建平，丁永建，陈仁升. 长江、黄河源区高寒植被变化的NDVI记录. 地理学报，2005，**60**(3)：468-478.

杨建平，丁永建，陈仁升. 长江黄河源区生态环境脆弱性评价初探. 中国沙漠，2007，**27**(6)：1012-1017.

杨建平，丁永建，刘时银，等. 长江黄河源区冰川变化及其对河川径流的影响. 自然资源学报，2003，**18**(5)：595-602.

杨建平，丁永建，沈永平，等. 近40a来江河源区生态环境变化的气候特征分析. 冰川冻土，2004，**26**(1)：8-16.

杨萍. 青海湖小冰期以来的气候变化. 兰州大学博士学位论文，2009.

杨勤业，郑度，刘燕华. 中华大地丛书——世界屋脊. 北京：地质出版社，1989.

杨勤业，郑度，吴绍洪. 中国的生态地域系统研究. 自然科学进展，2002，**12**(3)：287-291.

杨勤业. 横断山区综合自然地理区划. 见：中国科学院青藏高原综合科学考察队. 青藏高原研究——横断山考察专集(一). 昆明：云南人民出版社，1983：96-105.

杨汝荣. 西藏阿里地区草地退化现状与防治措施. 中国草地，2002，**24**(1)：62-67.

杨生妹，淮虎银，张镱锂，等. 青藏铁路温性草原区铁路运营对啮齿动物群落结构的影响. 兽类学报，2006，**26**(3)：267-273.

杨世琦，杨正礼，高旺盛. 不同尺度下区域农业系统协调度的评价. 西北农林科技大学学报(自然科学版)，2008，**36**(5)：64-72.

杨吾扬. 论城市体系. 地理研究，1987，**6**(3)：128.

杨续超，张镱锂，刘林山，等. 中国地表气温变化对土地利用/覆被类型的敏感性. 中国科学(D辑)：地球科学，2009，**39**(5)：638-646.

杨续超，张镱锂，张玮，等. 珠穆朗玛峰地区近34年来气候变化. 地理学报，2006，**61**(7)：687-696.

杨永兴. 从魁北克2000—世纪湿地大事活动看21世纪国际湿地科学研究的热点与前沿. 地理科学，2002，**22**(2)：150-155.

杨瑜峰，江灏，牛富俊，等. 青藏高原暖季与冷季气温的时空演变分析. 高原气象，2007，**26**(3)：496-502.

杨玉坡，周得彰. 川西亚高山森林采伐迹地的生态因子变化和管理措施. 见：周晓峰，主编. 中国森林生态系统定位研究. 哈尔滨：东北师范大学出版社，1994：772-780.

杨玉坡. 高山营林手册. 北京：中国林业出版社，1985.

杨元合，朴世龙. 青藏高原草地植被覆盖变化及其与气候因子的关系. 植物生态学报，2006，**30**(1)：1-8.

姚华荣，杨志峰，崔保山. 纵向岭谷区典型公路沿线的土壤侵蚀风险. 科学通报，2006，**51**(增刊)：66-72.

姚士谋，陈振光，朱英明，等. 中国的城市群. 合肥：中国科技技术大学出版社，1992.

姚檀栋，徐柏青. 青藏高原过去2000年来气候环境变化研究. 科技导报(青藏铁路建设和生态环境保护专题)，2005，**1**：14-17.

姚檀栋，朱立平. 青藏高原环境变化对全球变化的响应及其适应对策. 地球科学进展，2006，**21**(5)：459-464.

姚永慧，张百平，罗扬，等. 格网计算法在空间格局分析中的应用——以贵州景观空间格局分析为例. 地球信息科学，2006，**8**(1)：73-78.

叶庆华. 黄河三角洲土地利用/土地覆被变化的时空复合模式研究. 中国科学院研究生院博士学位论文，2001.

易作明. 青藏铁路(格拉段)沿线植被恢复研究. 北京林业大学硕士学位论文，2007.

殷宝法，淮虎银，张镱锂，等. 可可西里地区藏羚羊、藏原羚和藏野驴的营养生态位. 应用生态学报，2007，**18**(4)：766-770.

殷宝法，淮虎银，张镱锂，等. 青藏铁路、公路对野生动物活动的影响. 生态学报，2006，**26**(12)：3917-3923.

殷宝法，于智勇，杨生妹，等. 青藏公路对藏羚羊、藏原羚和藏野驴活动的影响. 生态学杂志，2007，**26**(6)：810-816.

于兴修，杨桂山. 中国土地利用/覆被变化研究. 地理科学进展，2002，**21**(1)：51-57.

于秀林，任雪松. 多元统计分析. 北京：中国统计出版社，1999.

俞金铭. 胶济铁路沿线经济区土地利用变化及其驱动力分析. 中国科学院研究生院硕士学位论文，2001.

玉树藏族自治州区划办公室. 杂多县畜牧业规划. 青海省新闻出版局，1991.

岳天祥，刘纪远，王英安，等. 中国人口密度数字模拟. 地理学报，2003，**58**(1)：17-24.

曾辉，郭庆华，刘晓东. 景观格局空间分辨率效应的实验研究——以珠江三角洲东部地区为例. 北京大学学报(自然科学版)，1998，**30**(6)：820-826.

曾永年,冯兆东.黄河源区土地沙漠化及其对土壤碳库的影响研究.中国沙漠,2008,**28**(2):208-211.
曾永年,冯兆东.黄河源区土地沙漠化时空变化遥感分析.地理学报,2007,**62**(5):529-536.
曾昭璇.中国的地形.台北:淑馨出版社,1995.
张爱儒.青藏高原发展生态旅游的现实依据及可行性研究.产业观察,2009(4):118-120,129.
张柏.遥感技术在中国湿地研究中的应用.遥感技术与应用,1996,**11**(1):68-71.
张国胜,李林,汪青春,等.青南高原气候变化及其对高寒草甸牧草生长影响的研究.草业学报,1999,**8**(3):1-10.
张惠远,赵昕奕,蔡运龙,等.喀斯特山区土地利用变化的人类驱动机制研究——以贵州省为例.地理研究,1999,**18**(2):136-142.
张继承.基于RS-GIS的青藏高原生态环境综合评价研究.吉林大学博士学位论文,2008.
张继平,刘林山,张镱锂,等.面向对象的极高海拔区水体及冰川信息提取——以珠穆朗玛峰国家级自然保护区核心区为例.地球信息科学学报,2010,**12**(4):517-523.
张杰,陈峰.铁路建设的环境问题与对策研究.交通环保,2000,**21**(5):39-41.
张杰,李栋梁,王文.夏季风期间青藏高原地形对降水的影响.地理科学,2008,**28**(2):235-270.
张井勇,董文杰,符淙斌.中国北方和蒙古南部植被退化对区域气候的影响.科学通报,2005,**50**(1):53-58.
张井勇,董文杰,叶笃正,等.中国植被覆盖对夏季气候影响的新证据.科学通报,2003,**48**(1):91-95.
张丽萍.农户生计多样化与土地利用变化——以大渡河上游典型村为例.中国科学院研究生院博士学位论文,2007.
张明.榆林地区脆弱生态环境的景观格局与演化研究.地理研究,2000,**19**(1):30-36.
张娜.生态学中的尺度问题:内涵与分析方法.生态学报,2006,**26**(7):2340-2355.
张平,高丽,毛晓亮.青藏高原气温与印度洋海温遥相关的初步研究.高原气象,2006,**25**(5):800-806.
张青松,李炳元.青藏高原喀喇昆仑山—昆仑山地区科学考察丛书——喀喇昆仑山—昆仑山地区晚新生代环境变化.北京:中国环境科学出版社,1999.
张清,黄朝迎.我国交通运输气候灾害的初步研究.灾害学,1998,**15**(3):43-46.
张胜邦,董旭.青海格尔木市防治荒漠化规划研究.北京:中国环境科学出版社,1997:1-98.
张时煌,彭公炳,黄玫.基于地理信息系统技术的土壤质地分类特征提取与数据融合.气候与环境研究,2004,**9**(1):65-79.
张世瑕,王紫雯,张继明.流域湿地的景观生态特性分析与景观特征指数的运用——以杭州沿山河流域和西溪湿地为对象.浙江大学学报,2007,**41**(6):1054-1060.
张帅,邵全琴,刘纪远,等.黄河源区玛多县草地覆盖变化分析.资源科学,2008,**30**(10):1547-1554.
张天华,陈利顶,普布丹巴,等.西藏拉萨拉鲁湿地生态系统服务功能价值估算.生态学报,2005,**25**(12):3176-3180.
张天华.从高原环境特征论西藏环境保护重点.环境保护,2000(1):27-29.
张玮,张镱锂,王兆峰,等.珠穆朗玛峰自然保护区植被变化分析.地理科学进展,2006,**25**(3):12-22.
张玮.土地利用/覆被分类与碳储量研究——以青藏高原为例.中国科学院研究生院博士学位论文,2007.
张文纲,李述训,庞强强.青藏高原40年来降水量时空变化趋势.水科学进展,2009,**20**(2):168-176.
张文江,高志强.青藏高原中东部植被覆盖对水热条件的响应研究.地理科学进展,2005,**24**(5):13-22.
张晓东,池天河.90年代中国省级区域经济与环境协调度分析.地理研究,2001,**20**(4):506-515.
张晓东,朱德海.中国区域经济与环境协调度预测分析.资源科学,2003,**25**(2):1-6.
张晓平.西藏土壤环境背景值的研究.地理科学,1994,**14**(1):49-55.
张晓云,吕宪国,沈松平,等.若尔盖高原湿地区主要生态系统服务价值评价.湿地科学,2008,**6**(4):466-472.
张晓云,吕宪国,沈松平.若尔盖高原湿地生态系统服务价值动态.应用生态学报,2009,**20**(5):1147-1152.
张新生,何建邦.城市可持续发展与空间决策支持.地理学报,1997,**52**(6):507-517.

张旭芝，王星华.青藏铁路多年冻土区涵洞基础的冻融变形特征.水文地质工程地质，2006，**33**(2)：55-58.

张学霞，葛全胜，郑景云.北京地区气候变化和植物的关系——基于遥感数据和物候资料的分析.植物生态学报，2004，**28**(4)：499-506.

张雪芹，彭莉莉，郑度，等.1971—2004年青藏高原总云量时空变化及其影响因子.地理学报，2007，**62**(9)：959-969.

张耀生，赵新全.青海省生态环境治理面临的问题与草业科学的发展.中国草地，2001，**23**(5)：68-74.

张耀宗，张勃，刘艳艳，等.近半个世纪以来祁连山区气温与降水变化的时空特征分析.干旱区资源与环境，2009，**23**(4)：125-130.

张镱锂，丁明军，陈辉，等.青藏铁路沿线植被变化特征.见：郑度，张镱锂等.青藏铁路沿线生态与环境安全.杭州：浙江科学技术出版社，2009：77-106.

张镱锂，丁明军，张玮，等.三江源地区植被指数下降趋势的空间特征及其地理背景.地理研究，2007，**26**(3)：500-507.

张镱锂，李炳元，郑度.论青藏高原范围与面积.地理研究，2002，**21**(1)：1-10.

张镱锂，李秀彬，傅小锋，等.拉萨城市用地变化分析.地理学报，2000，**55**(4)：395-406.

张镱锂，刘林山，摆万奇，等.黄河源地区草地退化空间特征.地理学报，2006，**61**(1)：2-14.

张镱锂，阎建忠，刘林山，等.青藏公路对区域土地利用和景观格局的影响——以格尔木至唐古拉山段为例.地理学报，2002，**57**(3)：253-266.

张镱锂，张玮，摆万奇，等.青藏高原统计数据分析——以人口为例.地理科学进展，2005，**24**(1)：11-21.

张镱锂，郑度，刘晓东，等.青藏高原区域生态环境变化及其管理对策探讨.见：郑度，姚檀栋.青藏高原隆生与环境效应.北京：科学出版社，2004：459-554.

张镱锂.青藏铁路的生态与环境效应.国家自然科学基金委员会：重点基金项目结题报告(项目编号90202012，2003—2005)，2006.

张永民，赵士洞，Verburg P H. CLUE-S模型在奈曼旗土地利用时空变化模拟中的应用.自然资源学报，2003a，**18**(3)：310-318.

张永民，赵士洞，张克斌.科尔沁沙地及其周围地区土地利用变化的时空动态模拟.北京林业大学学报，2003b，**25**(3)：68-73.

张永泽，王烜.自然湿地生态恢复研究综述.生态学报，2001，**21**(2)：309-314.

张远东，刘世荣，罗传文，等.川西亚高山林区不同土地利用与土地覆盖的地被物及土壤持水特征.生态学报，2009，**29**(2)：627-635.

张远东，徐应涛，顾峰雪，等.荒漠绿洲NDVI与气候、水文因子的相关分析.植物生态学报，2003，**27**(6)：816-821.

张泽梅，郑洲.西藏发展生态旅游的对策研究.经济体制改革，2009，**4**：180-182.

张增祥，除多.西藏自治区中部地区资源环境遥感监测与综合评价研究.北京：宇航出版社，1998：72-77.

张自和.青藏铁路建设沿线的草地植被恢复与重建.草地学报，2003，**11**(3)：246-255.

章皖秋，李先华，罗庆州，等.基于RS、GIS的天目山自然保护区植被空间分布规律研究.生态学杂志，2003，**22**(6)：21-27.

章毓晋.图像分割.北京：科学出版社，2001.

章仲楚.面向对象的杭州西溪湿地遥感方法研究.浙江大学硕士学位论文，2007.

赵成章，贾亮红.黄河源区退牧还草工程生态绩效与问题.兰州大学学报：自然科学版，2009，**45**(1)：37-41.

赵东升，吴绍洪.近40年青藏高原主要生物温度指标的变化趋势.地理研究，2010，**29**(3)：431-439.

赵丰钰，张富强，闫朝峰等.格尔木市沙漠现状与发展趋势.青海环境，1997，**7**(1)：16-18.

赵庚星，李强，李玉环，等.GIS支持下的马尔科夫链模型模拟垦利县土地利用空间格局变化.山东农业大学学报，1999，**30**(4)：345-349.

赵济. 中国自然地理. 北京:高等教育出版社,1980.
赵景柱,肖寒,吴刚. 生态系统服务的物质量与价值量评价方法的比较分析. 应用生态学报,2000,**11**(2):290-292.
赵亮,李英年,赵新全,等. 青藏高原3种植被类型净生态系统 CO_2 交换量的比较. 科学通报,2005,**9**:926-932.
赵茂盛,符淙斌,延晓冬,等. 应用遥感数据研究中国植被生态系统与气候的关系. 地理学报,2001,**56**(3):287-296.
赵培松. 西藏色林错地区湿地遥感研究. 成都理工大学硕士学位论文,2008.
赵萍,傅云飞,郑刘根,等. 基于分类回归树分析的遥感影像土地利用/覆被分类研究. 遥感学报,2005,**9**(6):708-716.
赵松乔. 中国综合自然地理区划的一个新方案. 地理学报,1983,**38**(1):1-10.
赵天保,符淙斌. 中国区域 ERA40、NCEP-2 再分析资料与观测资料的初步比较与分析. 气候与环境研究,2006,**11**(1):14-32.
赵同谦,欧阳志云,贾良清,等. 中国草地生态系统服务功能间接价值评价. 生态学报,2004,**24**(6):1101-1110.
赵雪雁. 牧民对高寒牧区生态环境的感知——以甘南牧区为例. 生态学报,2009,**29**(5):2427-2436.
赵英时,陈冬梅,杨立明,等. 遥感应用分析原理与方法. 北京:科学出版社,2003.
赵永梅,高宝嘉,杨坤,等. 基于集对分析法的社会经济与生态环境协调发展度评价——以保定市为例. 中国农学通报,2008,**24**(2):359-364.
郑宝善. 西藏之写真. 译自 Davids-Macdonald 1929. The land of Lama. London. 考试印刷所印,1935.
郑炳华. 提出青藏高原新的周围界线. 光明日报,1984年9月15日.
郑度,李炳元. 青藏高原地理环境研究进展. 地理科学,1999,**19**(4):295-302.
郑度,林振耀,张雪芹. 青藏高原与全球环境变化研究进展. 地学前缘,2002,**9**(1):95-102.
郑度,杨勤业,刘燕华. 中国的青藏高原. 北京:科学出版社,1985:2-4.
郑度,姚檀栋,等. 青藏高原隆升与环境效应. 北京:科学出版社,2004.
郑度,张荣祖,杨勤业. 试论青藏高原的自然地带. 地理学报,1979,**34**(1):1-11.
郑度,张镱锂,王五一,等. 青藏铁路与西藏经济社会发展问题咨询报告之五——生态与环境安全问题和策略. 西藏自治区发展咨询委员会咨询项目报告,北京,2006.
郑度,张镱锂. 青藏铁路沿线生态与环境安全. 杭州:浙江科学技术出版社,2009.
郑度. 青藏高原对中国西部自然环境地域分异的效应. 第四纪研究,2001,**21**(6):484-489.
郑度. 青藏高原喀喇昆仑山—昆仑山地区科学考察丛书. 喀喇昆仑山—昆仑山地区自然地理. 北京:科学出版社,1999.
郑度. 青藏高原形成演化与环境变化研究进展. 中国基础科学,2000,**1**:10-14.
郑度. 青藏高原自然地域系统研究. 中国科学(D辑),1996,**26**(4):336-341.
郑度. 眺望地球之巅——走近喜马拉雅. 北京:学苑出版社,2005.
郑度. 展望青藏研究. 科学时报,2001年5月10日,3版.
郑益群,钱永甫,苗曼倩,等. 植被变化对中国区域气候的影响Ⅰ:初步模拟结果. 气象学报,2002a,**60**(1):1-6.
郑益群,钱永甫,苗曼倩,等. 植被变化对中国区域气候的影响Ⅱ:机理分析. 气象学报,2002b,**60**(1):17-29.
中国大百科全书编委会. 中国大百科全书2000电子版. 北京:中国大百科全书出版社,2000.
中国大百科全书出版社译编. 简明不列颠百科全书. 北京:中国大百科全书出版社,1986.
中国科学院《中国自然地理》编辑委员会. 中国自然地理(地貌). 北京:科学出版社,1980.
中国科学院地理研究所. 青藏高原地图集. 北京:科学出版社,1990.
中国科学院地理研究所. 中国地貌区划(初稿). 北京:科学出版社,1959.
中国科学院青藏高原综合科学考察队. 青藏高原科学考察丛书——西藏植被. 北京:科学出版社,1988.
中国科学院青藏高原综合科学考察队. 西藏植被. 北京:科学出版社,1988.

中国科学院青藏高原综合科学考察队.西藏植物志(第五卷).北京:科学出版社,1987.

中国科学院西藏科学考察队.珠穆朗玛峰地区科学考察报告 1966—1968(自然地理).北京:科学出版社,1975.

中国科学院中国植被图编辑委员会.中国植被图集.北京:科学出版社,2001.

中国科学院综合考察委员会资料,1966.

中国履行《生物多样性公约》办公室.中国生物多样性现状. http://www.biodiv.gov.cn/dyxxz/200402/t20040226_88574.htm.

中国气象灾害大典编委会.中国气象灾害大典(青海卷).北京:气象出版社,2007:22-234.

中国气象灾害大典编委会.中国气象灾害大典(西藏卷).北京:气象出版社,2008:26-164.

中国湿地植被编委会.中国湿地植被.北京:科学出版社,1999.

中国西部环境与生态科学数据中心.中国强震目录. http://westdc.westgis.ac.cn.

中国灾害防御协会铁道分会,中国铁道学会水工水文专业委员会.中国铁路自然灾害及其防治.北京:中国铁道出版社,2000:66-85.

中华人民共和国国家标准 GB19377:天然草地退化、沙化、盐泽化的分级指标.中华人民共和国国家质量监督检验检疫总局,2003.

中华人民共和国国家质量监督检验检疫总局.中华人民共和国国家标准:天然草地退化、沙化、盐渍化的分机指标.北京:中国标准出版社,2004.

中华人民共和国国务院新闻办公室.西藏的生态建设与环境保护(白皮书).北京,2003.

钟诚,何宗宜,刘淑珍.西藏生态环境稳定性评价研究,地理科学,2005,**25**(5):573-578.

钟祥浩.国内外学术界一直关注的问题:青藏高原研究——兼作开设"青藏高原研究"栏目启事.山地学报,2005,**23**(3):257-259.

周爱霞,马泽忠,周万村.大宁河流域坡度与坡向对土地利用/覆盖变化的影响.水土保持学报,2004,**18**(2):126-129.

周春艳,王萍,张震勇,等.基于面向对象信息提取技术的城市用地分类.遥感技术与应用,2008,**23**(1):39-44.

周德民,宫辉力,胡金明,等.三江平原淡水湿地生态系统景观格局特征研究——以洪河自然保护区为例.自然资源学报,2007,**22**(1):86-96.

周国英,陈桂琛,陈志国,等.青藏铁路沿线高寒草甸植物群落特征对人为干扰梯度的响应——以风火山高山嵩草草甸为例.冰川冻土,2006,**28**(2):240-248.

周华国,魏庆朝,张庆珩,等.我国铁路自然灾害的综合区划及减灾对策的探讨.自然灾害学报,1996,**5**(1):8-13.

周华坤,赵新全,周立,等.青藏高原高寒草甸的植被退化与土壤退化特征研究.草业学报,2005,**14**(3):31-40.

周华坤,周兴民,赵新全.模拟增温效应对矮嵩草草甸影响的初步研究.植物生态学报,2000,**24**(5):547-553.

周乐,殷宝法,杨生妹等.青藏公路对高原鼠兔种内遗传分化的影响,生态学报,2006,**26**(11):3572-3577.

周宁芳,秦宁生,屠其璞,等.近 50 年青藏高原地面气温变化的区域特征分析.高原气象,2005,**24**(3):343-349.

周睿,杨元合,方精云.青藏高原植被活动对降水变化的响应.北京大学学报(自然科学版),2007,**43**(6):771-775.

周圣坤,刘娟.草场退化:牧民认知与对策的个案研究.农业经济,2009(4):24-26.

周锁铨,陈万隆,徐海明,等.青藏高原及其周围植被对夏季气候影响的套网格数值试验比较.南京气象学院学报,1998,**21**(1):85-93.

周天军,李立娟,李红梅,等.气候变化的归因和预估模拟研究.大气科学,2008,**32**(4):906-922.

周廷儒,刘培桐.中国的地形与土壤概述.北京:生活·读书·新知三联书店,1956.

周廷儒,施雅风,陈述彭.中国地貌区划草案.见:中华地理杂志社.中国自然区划草案.北京:科学出版社,1956.

周兴民,王质彬,杜庆.青海植被.西宁:青海人民出版社,1987:38-108.

周兴民.中国嵩草草甸.北京:科学出版社,2001.

周志翔，邵天一，王鹏程，等. 武钢厂区绿地景观类型空间结构及滞尘效应. 生态学报，2002，**22**(12)：2036-2040.

朱会义，何书金，张明. 环渤海地区土地利用变化的驱动力分析. 地理研究，2001，**20**(6)：669-678.

朱会义，何书金，张明. 土地利用变化研究中的 GIS 空间分析方法及其运用. 地理科学进展，2001，**20**(2)：104-110.

朱会义，李秀彬，何书金，等. 环渤海地区土地利用变化的时空分析. 地理学报，2001，**56**(3)：253-260.

朱建军，崔保山，杨志峰. 纵向岭谷区公路沿线土壤表层重金属空间分异特征. 生态学报，2006，**26**(1)：146-153.

朱少逸. 拉萨见闻记. 上海：商务印书馆，1947.

朱玉坤. 江河源地区"生态难民"问题的社会生态学分析. 攀登，2002，**21**(1)：85-90.

祝广华，陶玲，任珺. 青藏铁路工程迹地对植被的影响评价. 草地学报，2006，**14**(2)：160-164.

庄大方，刘纪远. 中国土地利用程度的区域分异模型研究. 自然资源学报，1997，**12**(2)：105-111.

邹燕，赵平. 青藏高原年代际气候变化研究进展. 气象科技，2008，**36**(2)：168-173.

左平，宋长春，钦佩. 从第七届国际湿地会议看全球湿地研究热点及进展. 湿地科学，2005，**3**(1)：66-73.

Adger W N. Social capital, collective action and adaptation to climate change. *Economic Geography*, 2003, **79**: 387-404.

Adhikary B, Carmichael G, Tang Y, *et al*. Characterization of the seasonal cycle of south Asian aerosols: A regional-scale modeling analysis. *Journal of Geophysical Research*, 2007, **112**, $D_{22}S_{22}$.

Agbu P A, James M E. The NOAA/NASA Pathfinder AVHRR Land Data Set User's Manual. Goddard Distributed Active Archive Center, NASA, Goddard Space Flight Center, Greenbelt, 1994.

Aizen V B, Aizen M, Melack J M, *et al*. Climatic and hydrologic changes in the Tien Shan, central Asia. *Journal of Climate*, 1997, **10**: 1393-1404.

Ali J, Benjaminsen T A, Hammad A A, *et al*. The road to deforestation: An assessment of forest loss and its causes in Basho Valley, Northern Pakistan. *Global Environmental Change Part A*, 2005, **15**(4): 370-380.

Allen R G, Walter I A, Elliot R, *et al*. The ASCE standardized reference evapotranspiration equation. *American Society of Civil Engineers*, 2005:1-70.

Amy J, Liu, Guy N. Cameron Analysis of landscape patterns in coastal wetlands of Galveston Bay, Texas (USA). *Landscape Ecology*, 2001, **16**: 581-595.

Améztegui A, Brotons L, Coll L. Land use changes as major drivers of mountain pine (Pinus uncinata ram.) expansion in the pyrenees. *Global Ecology and Biogeography*, 2010, **19**: 632-641.

An B J. The cause and control measure for pastureland degradation in GerErMu city. *Qinghai prataculture*, 2003, **12**(2): 26-28.

An C B, Feng Z D, Tang L Y, *et al*. Environmental changes and cultural transition at 4 cal. ka BP in central Gansu. *Acta Geographica Sinica*, 2003, **58**(5): 743-748.

Anderson R J, Hardy E E, Roach T J. *et al*. A land use and land cover classification system for use with remote sensor data, Washington: United States Government Printing Office, 1976.

Andreassen L M, Paul F, Kääb A, *et al*. Landsat-derived glacier inventory for Jotunheimen, Norway, and deduced glacier changes since the 1930s. *The Cryosphere*, 2008, **2**(2): 131-145.

Andresen T, Mott C, Zimmermann S, *et al*. Object-based information extraction for the monitoring of sensitive aquatic environments. IEEE, 2002: 3083-3085.

Anselin L. Under the hood issues in the specification and interpretation of spatial regression models. *Agricultural Economics*, 2002, **27**: 247-267.

Archaeological Team of Qinghai Province (ATQP), Qinghai Huangyuan County Museum (QHCM), *et al*. Excavation on Kayue Culture Cemetery of Dahuazhongzhuang in Huangyuan City, Qinghai. *Archaeology and Cultural Relics*, 1985: 33-37.

Archer E. Beyond the "climate versus grazing" impasse: Using remote sensing to investigate the effects of grazing system choice on vegetation cover in the eastern Karoo. *Journal of Arid Environments*, 2004, **57** (3): 381-408.

Ariel E Lugo, Hermann Gucinski. Function, effects, and management of forest roads. *Forest Ecology and Management*, 2000, **133**: 249-262.

Arun B Shrestha, Cameron P Wake, Jack E Dibb, *et al*. Precipitation fluctuations in the Nepal Himalaya and its vicinity and relationship with some large scale climatological parameters. *International Journal of* Climatology, 2000, **20**: 317-327.

Arun B Shrestha, Cameron P Wake, Paul A Mayewski, *et al*. Maximum temperature trends in the Himalaya and Its vicinity: An analysis based on the temperature records from Nepal for the period 1971-94. *Journal of Climate*, 1999, **12**: 2775-2786.

Ashley C, Carney D. Sustainable Livelihoods: Lessons from Early Experience. London UK: Department for International Development, 1999.

Asrar G, Fuchs M, Kanemasu E, *et al*. Estimating absorbed photosynthetic radiation and leaf area index from spectral reflectance in wheat. *Agronomy Journal*, 1984, **76**(2): 300-306.

Augusti G, Borri A, Ciampoly M. Optimal allocation resources in the reduction of the seismic risk of highway networks. *Engineering Structures*, 1994, **16**(7): 184-497.

Augustin N, Mugglestone M, Buckland S. An autologistic model for the spatial distribution of wildlife. *Journal of Applied Ecology*, 1996, **33**: 339-347.

Awashi A, Uniyal S K, Rawat G S, *et al*. Forest resource availability and its use by the migratory villages of Uttarkashi, Garhwal Himalaya (India). *Forest Ecology and Management*, 2003, **174**(1-3): 13-24.

Baatz M, Schäpe A. Multiresolution Segmentation: an optimization approach for high quality multi-scale image segmentation. In J. Strobl, T. Blaschke (eds), Angewandte Geographische Informationsverarbeitung XII. Wichmann-Verlag, Heidelberg, 2000:12-23.

Baatz M, Schäpe A. Multiresolution segmentation: An optimization approach for high quality multi-scale image segmentation. In: Strobl, J. and Blaschke, T. (Eds.): Angewandte Geographische Informationsverarbeitung XII. Wichmann, Heidelberg, 2000: 12-23.

Badarinath K V S, Kharol S K, Reddy R R. Black carbon aerosol mass concentration variation in urban and rural environments of India-A case study. *Atmospheric Science Letters*, 2009, **10**: 29-33.

Bai J H, Ouyang H, Cui B S, *et al*. Changes in landscape pattern of alpine wetlands on the Zoige Plateau in the past four decades. *Acta Ecologica Sinica*, 2008, **28**(5): 2245-2252.

Bai J H, Ouyang H, Xu H F, *et al*. Advances in studies of wetlands in Qinghai-Tibet Plateau. *Progress in Geography*, 2004, **23**(4): 1-9.

Bai W Q, Yan Y Z, Zhang Y L. Land use/land cover and driving forces in the region of the upper reaches of the Dadu River. *Progress in Geography*, 2004, **23**(1): 71-78.

Bai W Q, Zhang Y L, Bao W K. Landscape patterns and dynamics in the upper reaches of the Dadu River. *Journal of Natural Resources*, 2003, **18**(1): 75-80.

Bai W Q, Zhang Y L, Xie G D, *et al*. Analysis of formation causes of grassland degradation in Maduo County in the source region of Yellow River. *Chinese Journal of Applied Ecology*, 2002, **13**(7): 823-826.

Bai W Q, Zhang Y M, Yan J Z, *et al*. Simulation of land use dynamics in the upper reaches of the Dadu

River. *Geographical research*, 2005, **24**(2): 206-212.

Bailey S A, Haines-Young R, Watkins C. Species presence in fragmented landscapes: Modelling of species requirements at the national level. *Biological Conservation*, 2002, **108**: 307-316.

Bala G, Caldeira K, Wickett M, *et al*. Combined climate and carbon-cycle effects of large-scale deforestation. *Proc. Natl. Acad. Sci.*, 2007, **104**(16): 6550-6555.

Bao W K, Chen Q H, Chen K M. Environment control techniques for vegetation restoration in dry valley of upper reaches of Minjiang River. *Chinese Journal of Applied Ecology*, 1999, **10**(5): 542-544.

Bao W K, Qiao Y K, Qian N B. Experiment and evaluation of afforestation technology with strip-clearing shrubs in slope land. *Eco-agricultural Research*, 1998, **6**(2): 44-47.

Bao W K, Wu N. Human-induced disturbance on alpine and sub-alpine meadow and its afereffects in Deqin County of the northwestern Yunan Province. *Grassland of China*, 2003, **25**(2): 1-8.

Bao W K, Zhang Y L, Wang Q, *et al*. Plant diversity along time sequence (1-30 years) of artificial forest rehabilitation on subalpine cut land in the eastern Qinghai-Tibet Plateau. *Acta Phytoecologica Sinica*, 2002, **26**(3): 330-338.

Bao W K, Zhang Y L, Wang Q, *et al*. Rehabilitation and degradation for Subalpine Coniferous Forest on the upper reaches of Dadu River of Eastern Tibetan Plateau. *Journal of Mountain Science*, 2002, **20**(2): 194-198.

Barnett T P, Adam J C, Lettenmaier D P. Potential impacts of a warming climate on water availability in snow-dominated regions. *Nature*, 2005, **438**: 303-309.

Barrow C J, Hicham H. Two complimentary and integrated land uses of the Western High Atlas Mountains, Morocco: The potential for sustainable rural livelihoods. *Applied Geography*, 2000, **20**: 369-394.

Barton I J, Bathols J M. Monitoring floods with AVHRR. *Remote Sensing of Environment*, 1989, **30**(1): 89-94.

Bazzaz F A. Plant diversity species diversity in old-field successional ecosystems in Southern Illinois. *Ecology*, 1975, **56**: 485-488.

Beaumont L J, Hughes L, Poulsen M. Predicting species distributions: Use of climatic parameters in BIOCLIM and its impact on predictions of species' current and future distributions. *Ecological Modelling*, 2005, **186**: 250-269.

Bedford B L, Preston E M. Developing the Scientific basis for assessing cumulative effects of wetland loss and degradation on landscape functions: status, perspectives, and prospects. *Environmental Management*, 1988, **12**(5): 751-771.

Benioff R, Guill S, Lee J. Vulnerability and Adaptation Assessments: An International Guidebook. Dordrecht, the Netherlands: Kluwer Academic Publishers, 1996: 34-51.

Beniston M, Diaz H F, Bradley R S. Climatic change at high elevation sites: An overview. *Climatic Change*, 1997, **36**: 233-251.

Beniston M, Fox D G, Adhikary S, *et al*. The impacts of climate change on mountain regions. In: Second assessment report of Intergovernmental Panel on Climate Change (IPCC), Chapter 5. Cambridge University Press, Cambridge, 1996:191-213.

Benjaminsen Tor A. Fuelwood and desertification: Sahel orthodoxies discussed on the basis of field data from the Gourma region in Mali. *Geoforum*, 1993, **24**(4): 397-409.

Benz U C, Hofmann P, Illhauck W G, *et al*. Multi-resolution, Object-oriented Fuzzy Analysis of Remote Sensing Data for GIS ready Information. *ISPRS Journal of Photogrammetry and Remote Sensing*, 2004, **58**: 239-258.

Benz U C, Pottier E. Object Based Analysis of Polarimertic SAR Data in AIPha- EnrtoPy-AnisortoPy Decomposition Using FuzZy Classification by eCognition. Porceedings of IGARSS, Sydney, Session: Radar Polarimetry, 2001.

Benz U C, Hofmann P, Willhauck G, *et al*. Multi-resolution, object-oriented fuzzy analysis of remote sensing data for GIS-ready information. *ISPRS J Photogramm*, 2004, **58**: 239-258.

Berry S. Coping with confusion: African farmers' responses to economic instability in the 1970s and 1980s. Boston: African Studies Centre, Boston University, 1989.

Besag J E. Nearest-neighbour systems and the auto-logistic model for binary data. *Journal of the Royal Statistical Society: Series B (Statistical Methodology)*, 1972, **34**: 75-83.

Bianduo, Bianbaciren, Li L, *et al*. The response of lake change to climate fluctuation in north Qinghai-Tibet Plateau in last 30 years. *J Geogr Sci*, 2009,**19**: 131-142.

Binaghi E, Madella P, Grazia Montesano M, *et al*. Fuzzy contextual classification of multisource remote sensing images. *Geoscience and Remote Sensing, IEEE Transactions on*, 1997, **35**: 326-340.

Blaschke T, Hay G J. Object-oriented image analysis and scale-space: Theory and methods for modeling and evaluating multiscale landscape structure. *International Archives of Photogrammetry and Remote Sensing*, 2001, **34**(4): 22-29.

Blaschke T, Hay G J. Object-oriented image analysis and scale-space: Theory and methods for modeling and evaluating multiscale landscape structure. *International Archives of Photogrammetry and Remote Sensing*, 2001, **34**: 22-29.

Blaschke T, Lang S, Lorup E, *et al*. Object-oriented image processing in an integrated GIS/remote sensing environment and perspectives for environmental applications. Cremers A, Greve K(Hrsg.). Umwelt Information for Planning, Politikund Offent Lichkeit. *Environmental Information for Panning, Politics and the Public Metropolis Verlag, Marburg*, 2000, **2**: 555-570.

Blaschke T, Strobl J. What's wrong with pixels? Some recent developments interfacing remote sensing and GIS. *GeoBIT/GIS*, 2001, **6**: 12-17.

Block S, Webb P. The dynamics of livelihood diversification in post-famine Ethiopia. *Food Policy*, 2001, **26**(4): 333-350.

Bock M. Remote sensing and GIS-based techniques for the classification and monitoring of biotopes. *Journal for Nature Conservation*, 2003, **11**: 145-155.

Bohemen H D. Habitat fragmentation, infrastructure and ecological engineering. *Ecological Engineering*, 1998, **11**(1-4): 199-207.

Bolch T, Buchroithner M, Pieczonka T, *et al*. Planimetric and volumetric glacier changes in the Khumbu Himal, Nepal, since 1962 using Corona, Landsat TM and ASTER data. *J Glaciol*, 2008,**54**: 592-600.

Bolch T, Buchroithner M, Pieczonka T, *et al*. Planimetric and volumetric glacier changes in the Khumbu Himal, Nepal, since 1962 using Corona, Landsat TM and ASTER data. *Journal of Glaciology*, 2008, **54**(187): 592-600.

Bolch T. Climate change and glacier retreat in Northern Tien Shan (Kazakhstan/Kyrgyzstan) using remote sensing data. *Global and Planetary Change*, 2007, **56**(1/2): 1-12.

Bonan G B. Forests and climate change: Forcings, feedbacks, and the climate benefits of forests. *Science*, 2008, **320**: 1444-1449.

Bonasoni P, Laj P, Angelini F, *et al*. The ABC-Pyramid Atmospheric Research Observatory in Himalaya for aerosol, ozone and halocarbon measurements. *Science of the Total Environment*, 2008, **391**(2-3): 252-261.

Bond G, Showers W, Cheseby M, *et al*. A pervasive millennial scale cycle in north Atlantic Holocene and glacial climates. *Science*, 1997, **278**(14): 1257-1266.

Borrego C, Tchepel O, Barros N, *et al*. Impact of road traffic emissions on air quality of the Losbon region. *Atmospheric Environment*, 2000, **34**(27): 4683-4690.

Bosch J M, Hewlett J D. A review of catchment experiments to determine the effect of vegetation changes on water yield and evaportranspiration. *Journal of Hydrology*, 1982, **55**: 3-23.

Bouahom B, Douangsavanh L, Rigg J. Building sustainable livelihood in Loas: Untangling farm from non-farm, progress from distress. *Geoforum*, 2004, **35**: 607-619.

Bradstock A. Land reform and livelihoods in South Africa's Northern Cape Province. *Land Use Policy*, 2006, **23**(3): 247-259.

Bradter U, Tim J Thom, John D Altringham, *et al*. Prediction of national vegetation classification communities in the british uplands using environmental data at multiple spatial scales, aerial images and the classifier random forest. *Journal of Applied Ecology*, 2011, **48**: 1057-1065.

Braswell B H, Schimel D S, Linder E, *et al*. The response of global terrestrial ecosystems to interannual temperature variability. *Science*, 1997, **238**: 870-872.

Briassoulis H. Analysis of Land Use Change: Theoretical and Modeling Approaches. http: //www. rri. wvu. edu/WebBook/.

Brigham C A, Schwartz M W. Population viability in plants: Conservation, management, and modeling of rare plants. New York: Springer Press, 2003.

Brinson M M, Malvarez A I. Temperate freshwater wetlands: Types, status, and threats. *Environ Conservation*, 2002, **29**(2): 115-133.

Brogaard S, Xueyong Z. Rural reforms and changes in land management and attitudes: A case study from Inner Mongolia, China. *Ambio: A Journal of the Human Environment*, 2002, **31**(3): 219-225.

Bromley D W, Chavas J. On risk, transactions, and economic development in the semiarid tropics. *Economic Development and Cultural Change*, 1989, **37**(4): 719-736.

Brooks R P, Wardrop D H, Bishop J A. Assessing wetland condition on a watershed basis in the Mid-Atlantic Region using synoptic land-cover maps. *Environmental Monitoring and Assessment*, 2004, **94**(1-3): 9-22.

Brown M E, Pinzón J E, Didan K, *et al*. Evaluation of the consistency of long-term NDVI time series derived from AVHRR, SPOT-vegetation, SeaWiFS, MODIS, and Landsat ETM+ sensors. *IEEE Transactions on Geoscience and Remote Sensing*, 2006, **44**(7): 1787-1793.

Brown S, Shrestha B. Market-driven land-use dynamics in the middle mountains of Nepal. *Journal of Environmental Management*, 2005, **9**(3): 217-225.

Bruce C. Glavovic, Saskia Boonzaier. Confronting coastal poverty: Building sustainable coastal livelihoods in South Africa. *Ocean & Coastal Management*, 2007, **50**(1-2): 1-23.

Bryceson D F. Sub-Saharan Africa betwixt and between: Rural livelihood practices and policies. ASC Working Paper 43. Afrika Studiecentrum, Leiden, 1999.

Bryceson D F. The Scramble in Africa: Reorienting Rural Livelihoods. *Word Development*, 2002, **30**(5): 725-739.

Burnett C, Blaschke T. A multi-scale segmentation/object relationship modelling methodology for landscape analysis. *Ecological Modelling*, 2003, **168**: 233-249.

Burns E. *The History of World Civilization*. Beijing: The Commercial Press, 1998.

Cai D, Guo N, Han T. Dynamically monitoring the high-cold swamp and wetland in 1990-2001 in Maqu by means of remote sensing. *Journal of Glaciology and Geocryology*, 2007, **29**(6): 874-881.

Cai L, Wiener G. The Yak. Regional Office for Asia and the Pacific of the Food and Agriculture Organization of the United Nations, Bangkok, Thailand, 1995.

Cai Y L. A study on land use/cover change: The need for a new integrated approach. *Geographical Research*, 2001, **20**: 645-652.

Cai Y L. Sensitivity and adaptation of Chinese agricultural under global climate change. *Acta Geographica Sinica*, 1996, **51**(3): 202-212.

Cai Y, Li D L, Tang M C, *et al*. Decadal Temperature Changes over Qinghai-Xizang Plateau in recent 50 years. *Plateau Meteorology*, 2003, **22**(5): 464-470.

Calder. Land Use Impacts on Water Resources. Land-Water Linkages in Rural Watersheds Electronic Workshop, 2000, 18 Sep. -27 Oct. FAO.

Campbell S. Green cities, growing cities, just cities? Urban planning and the contradictions of sustainable development. *Journal of the American Planning Association*, 1996, **62**: 296-312.

Canada National Wetlands Working Group. The Canadian wetland classification system. 2nd ed. In: Warner B G, Rubec C D A eds. Wetlands Research Centre. Ontario: University of Waterloo, 1997.

Cao J T, Qin D, Kang E S, *et al*. The runoff variations of the primary rivers in the Tibetan Plateau. *Chinese Science Bulletin*, 2005, **50**(21): 2403-2408.

Cao J, Xu B, He J, *et al*. Concentrations, seasonal variations, and transport of carbonaceous aerosols at a remote Mountainous region in western China. *Atmospheric Environment*, 2009, **43**(29): 4444-4452.

Cao S K, Tan H B, Wang X M, *et al*. Probe to the models of protecting and exploiting Qinghai-Tibet Plateau wetland. *Journal of Arid Land Resources and Environment*, 2005, **19**(4): 109-113.

Carney D. Sustainable Livelihoods Approaches: Progress and Possibilities for Change. London: Department for International Development, 2002.

Carpenter G, Gillison A N, Winter J. Domain-a flexible modeling procedure for mapping potential distributions of plants and animals. *Biodiversity and Conservation*, 1993, **2**: 667-680.

Castillejo-González IL, López-Granados F, García-Ferrer A, *et al*. Object- and pixel-based analysis for mapping crops and their agro-environmental associated measures using QuickBird imagery. *Comput Electron Agr*, 2009,**68**: 207-215.

Chai X, Lang H Q, Jin S Z, *et al*. *Marsh of Ruoergai Plateau*. Beijing: Science Press, 1965.

Chalise S R. Energy efficiency and conservation in Nepal. *Energy*, 1983, **8**(1-2): 133-136.

Chambers R. The origins and practice of participatory and rural appraisal. *World Development*, 1994, **22**(7): 953-969.

Chapin III F S, Sala O E, Burke I C, *et al*. Ecosystem consequences of changing Biodiversity. *BioScience*, 1998, **48**(1): 45-52.

Chapman F S. Lhasa the Holy City. London: 1940.

Chappell A, Seaquist J W, Eklundh L. Improving the estimation of noise from NOAA AVHRR NDVI for Africa using geo-statistics. *Int. J. Rem. Sens.* 2001, **22**(6): 1067-1080.

Charles Perrings. Resilience in the dynamics of economy-environment systems. *Environmental and Resource Economics*, 1998, **11**(3-4): 503-520.

Charlie M Shackleton, Sheona E Shackleton, Erik Buiten, *et al*. The importance of dry Woodlands and forests in rural livelihoods and poverty alleviation in South Africa Forest. *Policy and Economics*, 2007, **9**(5): 558-577.

Che T, Li X, Mool P K, *et al*. Monitoring glaciers and associated glacial lakes on the east slopes of Mt.

Xixabangma from remote sensing images. *Journal of Glaciology and Geocryology*, 2005, **27**(6): 801-805.

Chen C H, Fang X J. An analysis of households' operation behavior differentiation in Jiangsu Province. *Chinese Rural Economy*, 1999, **4**: 46-50.

Chen H J. *Sustainable agriculture and rural development—The theory and practice of SARD*. Beijing: China Agricultural Scientech Press, 1994.

Chen H M. Impact of off-farm employment on view of life of Hui people in Xaigu, Ningxia Province: Case studies of two communities. *Journal of the Second Northwest University for Nationalities (Philosophy and Social Science)*, 2002(3): 70-74.

Chen H, Li S C, Zheng D. Features of ecosystems alongside Xining-Lhasa Highway and Railway and the impacts of road construction on them. *Journal of Mountain Science*, 2003, **21**(5): 559-567.

Chen J F, Li X B, Zhang M. Model Simulation of the impact of climate fluctuation and land-cover changes on annual runoff in the Suomo Basin. *Science in China (Series D)*, 2004, **34**(7): 668-674.

Chen J W, Huang G L. Discussion of classification system and circumscriptions for wetland types in China. *Forest Resource Management*, 1995(5): 65-71.

Chen K Z, Bowler J M, Kelts K, *et al*. Palaoclimatic evolution within the Qinghai-Xizang (Tibet) Plateau in the last 40000 years. *Quaternary Sciences*, 1990(1): 21-31.

Chen L D, Wang J, Fu B J, *et al*. Land-use change in a small catchment of northern Loess Plateau, China. *Agriculture, Ecosystem and Environment*, 2001, **86**: 163-172.

Chen L Z, Wang Z W. *The Impact of Human Alteration on Ecosystem Diverstiy*. Hangzhou: Zhejiang Science and Technology Press, 1999:267-277.

Chen Q G, Liang T G, Wei Y X. Causes of grassland degradation in Dari County of Qinghai Province. *Acta Prataculturae Sinica*, 1998, **12**: 44-48.

Chen Q G. Grassland deterioration in the source region of the Yangtze-Yellow rivers and integrated control of the ecological environment. *Acta Prataculturae Sinica*, 2007, **16**: 10-15.

Chen S Q, Liu J Y, Zhuang D F, *et al*. Quantifying land use and land cover change in Xilin River Basin using multi-temporal Landsat TM/ETM sensor data. *Acta Geographica Sinica*, 2003, **58**(1): 45-52.

Chen W N, Wu N, Luo P, *et al*. Species diversity and arbor population distribution pattern of Sabina Przewalskill community in the forest-grassland ecotone in the watershed of upper Minjiang River. *Chinese Journal of Applied and Environmental Biology*, 2003, **9**(3): 221-225.

Chen X Q, Cui P, Li Y, *et al*. Changes in glacial lakes and glaciers of post-1986 in the Poiqu River basin, Nyalam, Xizang (Tibet). *Geomorphology*, 2007a, **88**(3/4): 298-311.

Chen X Q, Cui P, Yang Z, *et al*. Risk assessment of glacial lake outburst in the Poiqu River Basin of Tibet Autonomous Region. *Journal of Glaciology and Geocryology*, 2007b, **29**(4): 509-516.

Chen X Q, Tan Z J, Schwartz M D, *et al*. Determining the growing season of land vegetation on the basis of plant phenology and satellite data in Northern China. *International Journal of Biometeorology*, 2000, **44**: 97-101.

Chen X, Tan Z, Schwartz M D, *et al*. Determining the growing season of land vegetation on the basis of plant phenology and satellite data in Northern China. *International Journal of Biometeorology*, 2000, **44**(2): 97-101.

Chen Y Y. *Research of Wetlands in China*. Changchun: Jilin Science and Technology Press, 1995.

Cheng G D, Wang G X, Wang X D, *et al*. Some understandings about the eco-environmental protection and buildings in the source region of Yangtze and Yellow rivers. *Advance in Earth Sciences*, 1998, **13**(Suppl): 24-30.

China Environmental Monitoring Terminus. *Chinese soil background values of elements*. Beijing: Chinese environmental science press, 1990.

China International Center for Economic and Technical Exchanges. Sustainable development in the Mt. Qomolangma Natural Reserve, http: //www. cicete. org/poverty/tibet. htm. 2000.

Christopher Small, Cohen J E. Continental Physiography, Climate and the Global Distribution of Human Population, Proceedings of the International Symposium on Digital Earth, Beijing. 1999:965-971.

Christopher T B S, Mokhtaruddin A M. A computer program to determine soil textural class in 1-2-3 for Windows and Excel. *Communications in Soil and Plant Analysis*, 1996, **27**: 2315-2319.

Chu D, Bian D, Yang Z, *et al*. Technical Report of the Project: The dynamic monitoring of regional environment in the central Tibet using remote sensing technologies, 2002.

Chu D, Lu L, Zhang T. Sensitivity of Normalized Difference Vegetation Index (NDVI) to seasonal and interannual climate conditions in the Lhasa area, Tibetan Plateau, China. *Arctic, Antarctic, and Alpine Research*, 2007, **39**(4): 635-641.

Chu D, Zhang Y L, Zheng D. Land use change in Lhasa area, Tibet from 1990 to 2000. *Acta Geographica Sinica*, 2006, **61**(10): 1075-1083.

Chu D, Zhang Y, Zheng D. Land use change scenario in Lhasa district using Markov chain model. *Geographical Research*, 2005, **24**(6): 869-877.

Chu Y, Liu J. *Land Use in Tibet Autonomous Region*. Beijing: Science Press, 1992.

Chung S, Seinfeld J. Global distribution and climate forcing of carbonaceous aerosols. *Journal of Geophysical Research*, 2002, **107**(D19),4407,doi:10.1029/2001JD001397.

Cidanlunzhu. General Situation of Mt. Qomolangma Natural Reservoir. *China Tibetology*, 1997, **1**: 3-22.

Cidanlunzhu. Overview of Qomolangma National Nature Preserve. *China Tibetology*, 1997, **21**: 3-22.

Claussen M, Kubatzki C, Brovkin V, *et al*. Simulation of an abrupt change in Saharan vegetation in the mid-Holocene. *Geophys. Res. Lett.*, 1999, **26**: 2037-2040.

Clay D C, Reardon T, Kangasniemi J. Sustainable intensification in the highland tropics: Rwandan farmers' investments in land conservation and soil fertility. *Economic Development and Cultural Change*, 1998, **46**(2): 351-378.

Clevenger A P, Chruszcz B, Gunson K E. Highway mitigation fencing reduces wildlife-vehicle collisions. *Wildlife Society Bulletin*, 2001, **29**(2): 646-653.

Cohen J E, Small C. Hypsographic demography: The distribution of human population by altitude. *Proc. Natl. Acad. Sci.*, 1998(95): 14009-14014.

Comprehensive Scientific Expedition Team of Chinese Academy of Sciences in Qinghai-Tibetan Plateau. *Qinghai-Tibet Plateau Scientific Expedition Series: Tibet Vegetation*. Beijing: Science Press, 1988.

Comprehensive Scientific Expedition to the Qinghai-Xizang Plateau, Chinese Academy of Sciences. *Climates of Xizang (Tibet)*. Beijing: Science Press, 1984.

Comprehensive Scientific Expedition to the Qinghai-Xizang Plateau, Chinese Academy of Sciences. *Rivers and Lakes of Xizang*. Beijing: Science Press, 1984.

Cong Z, Kang S, Liu X, *et al*. Elemental composition of aerosol in the Nam Co region, Tibetan Plateau, during summer monsoon season. *Atmospheric Environment*, 2007, **41**(6): 1180-1187.

Congalton R G A. Review of assessing the accuracy of classifications of remotely sensed data. *Remote Sensing of Environment*, 1991, **37**: 35-46.

Cooperation Group for Vegetation of Sichuan. *Vegetation in Sichuan*. Chengdu: Sichuan People's Press, 1980: 263-267.

Costanza R, Ruth M. Using dynamic modeling to scope environmental problems and build consensus. *Environmental Management*, 1998, **22**: 183-195.

Costanza R. The value of ecosystem service and nature capital in the world. *Nature*, 1997, **387**(15): 235-260.

Cowardin L M, Golet F C. US-Fish-and-Wildlife-Service 1979 wetland classification: A review. *Plant Ecology*, 1995, **118**(1/2): 139-152.

Cramb R A, Purcell T, Ho T C S. Participatory assessment of rural livelihoods in the Central Highlands of Vietanam. *Agricultural System*, 2004, **81**: 255-272.

Crist E P, Cicone R C. A physically-based transformation of Thematic Mapper data——the TM Tasseled Cap. *IEEE*, 1984, **22**: 256-263.

Cuculeanu V A Marica, Simota C. Climate change impact on agricultural crops and adaptation options in Romania. *Climate Research*, 1999, **12**(2/3): 153-160.

Cui G Y, Zhou M X, Zhang S Q. Viewpoints and countermeasures on constructing of ecological animal husbandry in Guoluo pasturing area. *Qinghai Prataculture*, 2003, **12**(2): 19-22.

Cui X F, Graf H F. Recent land cover changes on the Tibetan Plateau: A review. *Climatic Change*, 2009, **94**: 47-61.

Cullen H M, de Menocal P B, Hemming S, *et al*. Climate change and the collapse of the Akkadian empire: Evidence from the deep sea. *Geology*, 2000, **28**(4): 379-382.

Dai A, Trenberth K E, Qian T. A global dataset of Palmer Drought Severity Index for 1870-2002: Relationship with soil moisture and effects of surface warming. *J. Hydrometeorol.*, 2004, **5**(6): 1117-1130.

Dale White, Siobhan Fennessy. Modeling the suitability of wetland restoration potential at the watershed scale. *Ecological Engineering*, 2005, **24**(4): 359-337.

Daniel B Tinker, Dennis H Knight. Temporal and spatial dynamics of coarse woody debris in harvested and unharvested lodgepole pine forests. *Ecological Modelling*, 2001, **141**(1-3): 125-149.

Daniel B Tinker, Resor C A C, Beauvais G P, *et al*. Watershed analysis of forest fragmentation by clearcuts and roads in a Wyoming forest. *Landscape Ecology*, 1998, **13**: 149-165.

David Hawdon, Peter Pearson. Input-output simulations of energy, environment, economy interactions in the UK. *Energy Economics*, 1995, **17**(1): 73-86.

Defries R S, Townsend J R G. NDVI-derived land cover classification at a global scale. *Int. J. Remote Sensing*, 1994, **15**: 3567-3586.

Delgado Juan D, Arévalo Jos, Fernández-Palacios Jos. Road and topography effects on invasion: Edge effects in rat foraging patterns in two oceanic island forests (Tenerife, Canary Islands). *Ecography*, 2001, **24**(5): 539-546.

Dendoncker N, Rounsevell M, Bogaert P. Spatial analysis and modelling of land use distributions in Belgium. *Computers, Environment and Urban Systems*, 2007, **31**:188-205.

Deng H P, Li X B, Chen J F, *et al*. Simulation of hydrological response to land cover changes in the Suomo Basin. *Acta Geographica Sinica*, 2003, **58**(1): 53-62.

Deng H P, Li X B, Zhang M, *et al*. A study of changes in hydrology resulting from climate and land cover changes in the Suomo Basin. *Scientia Geographica Sinica*, 2001, **21**(6): 493-497.

Deng H P, Liu H F. Impacts of global climate changes on the water and heat factors in the Songnen steppe. *Acta Ecologica Sinica*, 2000, **20**(6): 958-963.

Denslow J S. Patterns of plant species diversity during succession under different disturbance regimes.

Oecologia, 1980, **46**: 18-21.

Derrein M, Farki B, Legleau H, *et al*. Vegetation cover mapping over France using NOAA-11/AVHRR. *Int. J. Remote Sensing*, 1992, **13**: 2743-2749.

Deschignkar P. Climate change adaptation in India: A case study of forest systems in Himachal Pradesh. *International Journal of Environment and Pollution*, 1998, **9**(2/3): 186-197.

Diaz H F, Bradley R S. Temperature variations during the last century at high elevation sites. *Climatic Change*, 1997, **36**: 253-279.

Diegues A S. The role of cultural diversity and communal participation management in Brail. *Landscape and Urban Planning*, 1991, **20**(1-3): 61-66.

DIFD. Sustainable Livelihoods Guidance Sheets. Department for International Development, UK, 2000.

Diffenbaugh N S. Atmosphere-land cover feedbacks alter the response of surface temperature to CO_2 forcing in the western United States. *Clim. Dyn.*, 2005, **24**: 237-251.

Ding M J, Shen Z X, Zhang Y L, *et al*. Land change along the Qinghai-Tibet highway and railway from 1981 to 2001. *Journal of Geographical Sciences*, 2006, **16**(4): 387-395.

Ding M J, Zhang Y L, Liu L S, *et al*. The relationship between NDVI and precipitation on the Tibetan Plateau. *Journal of Geographical Sciences*, 2007, **17**(3): 259-268.

Ding Y J, Ye B S, Liu S Y. Impact of climate change on the alpine streamflow during the past 40a in the middle of the Qilian Mountains, northwestern China. *Journal of Glaciology and Geocryology*, 2000, **22**(3): 193-199.

Ding Y J, Liu S Y, Ye B, *et al*. Climatic implications on variations of lakes in the cold and arid regions of China during the recent 50 years. *Journal of Glaciology and Geocryology*, 2006, **28**: 623-632.

Division Office on Agricultural Resources of Qinghai Province. *Dynamics Analysis of Agricultural Resources of Qinghai Province*. Xi'ning: Qinghai People Press, 1998: 48-58.

Donald H Burn, Mohamed A Hag Elnur. Detection of hydrologic trends and variability. *Journal of Hydrology*, 2002, **55**: 107-122.

Dong G R, Dong Y X, Li S, *et al*. *Study on Plan of Desertification Treatment in the Midstream Region of Yarlung Zangbo River, Tibet*. Beijing: China Environmental Science Press, 1996.

Dong S C, Zhou C J, Wang H Y. Ecological problems in three-river source areas. *Journal of Natural Resources*, 2002, **17**: 713-720.

Dong X R. Degradation of Vegetations in the Mt. Qomolangma area. http: //www. cas. cn/html/Dir/2005/08/02/2235. htm.

Dorren L K, Maier B, Seijmonsbergen A C. Improved Landsat based forest mapping in steep mountainous terrain using object-based classification. *Forest Ecology and Management*, 2003, **183**: 31-46.

Downing T E, Gitu K W, Kaman C M. Coping with Drought in Kenya: National and Local Strategies. Lynne Rienner, Boulder, CO, USA, 1989: 411.

Du C J, Zhang Y L, Liu L S, *et al*. Herdsman's adaptation to alpine grassland degradation: A case study of Dalag County, China. *Resources Science*, 2009, **31**(6): 973-979.

Du J, Ma Y C. Climatic trend of rainfall over Tibetan Plateau from 1971—2000. *Acta Geographica Sinica*, 2004, **59**(3): 375-382.

Du J. Change of temperature in Tibetan Plateau from 1961—2000. *Acta Geographica Sinica*, 2001, **56**(6): 682-690.

Du N Q, Kong Z C, Shan F S, *et al*. A preliminary investigation on the vegetational and climatic changes since 11000 years in Qinghai Lake: An analysis based on palynology in core QH85-C14. *Acta Botanica Sinica*,

1989, **31**(10): 803-814.

Duan K Q, Thompson L G, Yao T D, *et al*. A 1000 year history of atmospheric sulfate concentrations in southern Asia as recorded by a Himalayan ice core. *Geophysical Research Letters*, 2007, **34**: L1810.

Duan K Q, Wang N L, Pu J C. Events of abrupt change of Indian monsoon recorded in Dasuopu ice core from Himalayas. *Chinese Science Bulletin*, 2002, **47**(8): 691-695.

Duan K Q, Yao T D, Pu J C, *et al*. Response of monsoon variability in Himalayas to global warming. *Chinese Science Bulletin*, 2002, **47**(21): 1842-1845.

Duchemin B, Goubier J, Courrier G. Monitoring phenological key stages and cycle duration of temperate deciduous forest ecosystems with NOAA/AVHRR data. *Remote Sensing of Environment*, 1999, **67**: 68-82.

Eastwood J A, Yates M G, Thomson A G, *et al*. The reliability of vegetation indices for monitoring saltmarsh vegetation cover. *Int. J. Remote Sensing*, 1997, **18**(18): 3901-3907.

Eaton L J, Hoyle J, King A. Effects of deicing salt on lowbush blueberry flowering and yield. *Canadian Journal of Plant Science*, 1999, **79**(1): 125-128.

Echeverria C, David A Coomes, Myrna Hall, *et al*. Spatially explicit models to analyze forest loss and fragmentation between 1976 and 2020 in southern Chile. *Ecological Modelling*, 2008, **212**: 439-449.

Edition committee of CAS of "Vegetation Map of China". *Vegetation Map of China*. Beijing: Science Press, 2000.

Editorial Board of Forests in Sichuan. *Forests in Sichuan*. Beijing: Chinese Forestry Press, 1992: 1335-1352.

Editorial committee of chorography of Jinchuan County. *Aba Tibetan Autonomic District, Sichuan, Jinchuan chorography*. Beijing: The Ethical Publishing House, 1994: 450-451.

Editorial committee of chorography of Maerkang County. *Sichuan, Maerkang chorography*. Chengdu: Sichuan People's Press, 1997.

Editorial committee of chorography of Zamtang County. *Aba Tibetan Autonomic District, Sichuan, Zamtang chorography*. Beijing: The Ethical Publishing House, 1997.

Edward B B, Mike Acreman, Duncan Knowler. Economic valuation of wetlands: A guide for policy makers and planners. Ramsar Convention Bureau. Gland. Switzerland, 1997.

Eija Soini. Land use change patterns and livelihood dynamics on the slopes of Mt. Kilimanjaro, Tanzania. *Agricultural System*, 2005, **85**: 306-323.

Elith J, Graham C H, Anderson R P, *et al*. Novel methods improve prediction of species' distributions from occurrence data. *Ecography*, 2006, **29**: 129-151.

Ellis F, Mode N. Livelihoods and rural poverty reduction in Tanzania. *World Development*, 2003, **31**(8): 1367-1384.

Ellis F. Household strategies and rural livelihood diversification. *Journal of Development Studies*, 1998, **35**(1): 1-38.

Encyclopaedia Britannica. The New Encyclopaedia Britannica. CD2000, Deluxe Edition. 2000.

Engler R, Guisan A, Rechsteiner L. An improved approach for predicting the distribution of rare and endangered species from occurrence and pseudo-absence data. *Journal of Applied Ecology*, 2004, **41**: 263-274.

Erna Lo'pez, *et al*. Predicting land-cover and land-use change in the urban fringe: A case in Morelia city, Mexico. *Landscape and Urban Planning*, 2001, **55**: 271-285.

Escobal J. The determination of non-farm income diversification in rural Peru. *World Development*, 2001, **29**(3): 497-508.

Everitt J H, Yang C R, Fletcher S, *et al*. Using aerial color-infrared photography and Quickbird satellite imagery for mapping wetland vegetation. *Geocarto International*, 2004, **19**: 15-22.

Everitt J H, Yang C, Escobar D E, *et al*. Using remote sensing and spatial information technologies to detect and map two aquatic macrophytes. *Journal of Aquatic Plant Management*, 1999, **37**: 71-80.

Fan D L, Yang X Z, Wang L F, *et al*. *Multi-element enrichment-layer in Lower Cambrian black rock in South China*. In study on sediment and petrology (Thesis volume). Beijing: Science Press, 1981: 23-45.

Fang J Y, Chen A P, Peng C H, *et al*. Changes in forest biomass carbon storage in China between 1949 and 1998. *Science*, 2001, **292**: 2320-2322.

Fang P, Cheng Z G, Pu L J, *et al*. Response of farm households' behavior to regional rural land transfer and agricultural land use change——A case study of Suzhou, Nanjing and Yangzhou in Jiangsu Province. *Journal of Natural Resources*, 2005, **18**(3): 319-325.

Fang X Q, Sun N. Cold event: A possible cause of the interruption of the Laohushan Culture. *Human Geography*, 1998, **13**(1): 71-76.

Fang X Q, Wang Y. Contribution of climate warming to rice yield in Heilongjiang Province. *Acta Geographica Sinica*, 2004, **59**(6): 820-828.

Feddema J J, Oleson K W, Bonan G B, *et al*. The importance of land-cover change in simulating future climates. *Science*, 2005, **310**(5754): 1674-1678.

Fei J S. *Random notes of scientific survey in Mt. Qomolangma*. Tianjin: Tianjin Science & Technology Press, 1981.

Fei S M, Yang Y P. On the position and effect of Sichuan forestry in the construction of the ecological protective screen for the Upper Reaches of the Changjiang River. *Journal of Sichuan Forestry Science and Technology*, 2002, **23**(1): 27-35.

Feng J, Wang T, Xie C. Eco-Environmental Degradation in the Source Region of the Yellow River, Northeast Qinghai-Xizang Plateau. *Environmental Monitoring and Assessment*, 2006, **122**(1): 125-143.

Feng S, Tang M C, Wang D M. New evidence of the Qinghai-Xizang(Tibet) Plateau as a pilot region of climatic fluctuation in China. *Chinese Science Bulletin*, 1998, **43**(6): 633-636.

Feng Z D, An C B, Tang L Y, *et al*. Stratigraphic evidence of megahumid mid-Holocene climate in the western part of the Chinese Loess Plateau. *Global and Planetary Changes*, 2004, **43**: 145-155.

Feng Z D, Tang L Y, Wang H B, *et al*. Holocene vegetation variations and the associated environmental changes in the western part of the Chinese Loess Plateau. *Palaeogeography, Palaeoclimatology, Palaeoecology*, 2006, **241**(3/4): 440-456.

Finder R A, Roseberry J L, *et al*. Site and landscape condition at white-tailed deer/vehicle collision locations in Illionis. *Landscape and Urban Planning*, 1999, **44**(2-3): 77-85.

Fischer G, Chen Y F, Sun L X. The Balance of Cultivated Land in China During 1988-1995. IIASA, Luxemburg, Austria, 1998.

Flanner M, Zender C, Hess P, *et al*. Springtime warming and reduced snow cover from carbonaceous particles. *Atmospheric Chemistry and Physics*, 2009, **9**: 2481-2497.

Flanner M, Zender C, Randerson J, *et al*. Present-day climate forcing and response from black carbon in snow. *Journal of Geophysical Research*, 2007, **112**, D11202.

Foggin J M, Smith A T. Rangeland utilization and biodiversity on the alpine grasslands of Qinghai Province, People's Republic of China. In: *Conserving China's Biodiversity* (II) (PETER Johan Schei, WANG Sung and XIE Yan eds.). Beijing: China Environmental Science Press, 1996: 247-258.

Foley J, Prentice I, Ramankutty N, *et al*. An integrated biosphere model of land surface processes, terrestrial carbon balance, and vegetation dynamics. *Global Biogeochenical Cycles*, 1996, **10**: 603-628.

Fontana F, Rixen C, Jonas T, *et al*. Alpine grassland phenology as seen in AVHRR, VEGETATION, and MODIS NDVI time series-A comparison with insitu measurements. *Sensors*, 2008, **8**(4): 2833-2853.

Foppen R, Reijnen R. The effects of car traffic on breeding bird populations in woodland. Ⅱ. Breeding dispersal of male willow warblers(Phylloscopus trochilus) in relation to the proximity of a highway. *Journal of Applied Ecology*, 1994, **31**: 95-101.

Forman R T T, Alexander L E. Roads and their ecological effects. *Annual Review of Ecology and Systematics*, 1998, **29**: 207-231.

Forman R T T, Godron M. *Landscape ecology*. New York: John Wiley and Sons, 1986.

Forman R T T. *Land Mosaics, the Ecology of Landscapes and Regions*. New York: Cambridge University Press, 1995.

Frank E, Godfrey B. Livelihoods and rural poverty reduction in Uganda. *World Development*, 2003, **31**(6): 997-1013.

Frank E. Household strategies and rural livelihood diversification. *Journal of Development Studies*, 1998, **35**(1): 1-38.

Frauenfeld O W, Zhang T, Serreze M C. Climate change and variability using European Centre for Medium-Range Weather Forecasts reanalysis (ERA-40) temperatures on the Tibetan Plateau. *J. Geophy. Res.*, 2005, **110**, D02101.

Fu B J, Chen L D, Ma K M. The effect of land use change on the regional environment in the Yangjuangou catchment in the Loess Plateau of China. *Acta Geographica Sinica*, 1999, **54**(3): 241-246.

Fu B J, Hu C X, Chen L D, *et al*. Evaluating change in agricultural landscape pattern between 1980 and 2000 in the Loess hilly region of Ansai County, China. *Agriculture, Ecosystem and Environment*, 2006, **114**: 387-396.

Fujisaka S, Escobar G, Veneklaas E J. Weedy fields and forests: Interactions between land use and the composition of plant communities in the Peruvian Amazon, *Agriculture, Ecosystems and Environment*, 2000, **78**(2): 175-186.

Gansu-Qinghai Working Team, Institute of Archaeology of Chinese Academy of Social Sciences (GQWT). Excavated report of Dahezhuang Site in Yongjing, Gansu. *Acta Archaeologica Sinica*, 1974(2): 29-62.

Gansu-Qinghai Working Team, Institute of Archaeology of Chinese Academy of Social Sciences (GQWT). Excavated report of Qinweijia Site in Yongjing, Gansu. *Acta Archaeologica Sinica*, 1975(2): 57-96.

Gao B C. NDWI——A normalized difference water index for remote sensing of vegetation liquid water from space. *Remote Sensing of Environment*, 1996, **58**(3): 257-266.

Gao D L. A brief discussion of Kayue Culture. *Qinghai Social Sciences*, 1993(1): 78-85.

Gao D Y, Lu W X, Gao Y Q. Impacts of the Kuwait oil fires on the Mount Qomolangma region. *Adv Atmos Sci*, 1996, **13**: 196-202.

Gao J, Tian L D, Liu Y Q, *et al*. Oxygen isotope variation in the water cycle of the Yamdrok-tso Lake Basin in southern Tibetan Plateau. *Chinese Sci Bull*, 2009, **54**: 2758-2765.

Gao Z Q, Liu J Y, Cao M K, *et al*. Impacts of land use and climate change on regional net primary productivity. *Journal of Geographical Sciences*, 2004, **14**(3): 349-358.

Gasse F, Arnold M, Fontes J C, *et al*. A 13000-year climate record from western Tibet. *Nature*, 1991, **353**: 742-745.

Gasse F, Campo E V. Abrupt post-glacial climate event in West Asia and North Africa monsoon domains. *Earth and Planetary Science Letters*, 1994, **126**: 435-456.

Gautam C M, Watanabe T. Reliability of land use land cover assessment in montane Nepal, 2004.

Gavilan P, Berengena J, Allen R G. Measuring versus estimating net radiation and soil heat flux: Impact on Penman-Monteith reference ET estimates in semiarid regions. *Agr Water Manage*, 2007, **89**: 275-286.

Gee G W, Bauder J W. Particle-size analysis. In: Klute A., ed. Methods of soil analysis. Part 1. 2nd ed. Agron. Monogr. 9. Madison, WI: ASA and SSSA, 1986: 383-411.

Geist J H, Lambin E F. What drives tropical deforestation? A meta-analysis of proximate and underlying causes of deforestation based on subnational case study evidence, LUCC report series, 2002, No. 4, LUCC International Project Office, Louvain-la-Neuve, 2001.

Gele, Li T. Urbanization and vicissitude of villages in Duilongde County. *China Tibetology*, 1995(3): 123-139.

Gele, Wangxizoma, Lu M. How to speed up the tempo of modernization in Tibetan-inhabited areas: An investigation and introspection. *China Tibetology*, 2006(4): 3-14.

Geng Z X, Hou S G, Zhang D Q, *et al*. A high-resolution ice core record from Mount Qomolangma since 1844 AD. *Journal of Glaciology and Geocryology*, 2007, **29**(5): 694-703.

Gent J A Jr. A computer program for determining particle size distribution and soil textural class. *Communications in Soil Science and Plant Analysis*, 1983, **14**: 347-351.

Gerakis A, Baer B. A computer program for soil textural classification. *Soil Science Society of America Journal*, 1999, **63**: 807-808.

Gesangzoma. Historical changes and development characteristics of the labour transfer in rural areas of Tibet. *China Tibetology*, 2007(2): 45-53.

Gina Koczberski, George N Curry. Making a living: Land pressures and changing livelihood strategies among oil palm settlers in Papua New Guinea. *Agricultural Systems*, 2005, **85**: 324-339.

Giorgi F, Bi X, Qian Y. Indirect vs. direct effects of anthropogenic sulfate on the climate of East Asia as simulated with a regional coupled climate-chemistry/aerosol model. *Clim. Change*, 2003, **58**(3): 345-376.

Giorgi F, Hurrell J, Marinucci M R, *et al*. Elevation dependency of the surface climate change signal: A model study. *Journal of Climate*, 1997, **10**: 288-296.

Giri C, Zhu Z, Reed B. A comparative analysis of the global land cover 2000 and MODIS land cover data sets. *Rem. Sens. Environ*, 2005, **94**:123-132.

GLCF. GLCF Landsat Technical Guide. *Global Land Cover Facility*, 2007: 1-2.

Goldman, Ian. Sustainable Livelihoods Approaches: Origins, Applications to Aquatic Research and Future Directions. Conference on Practical Strategies for Poverty Targeted Research. Hanoi, Vietnam, 2000.

Goldstain M C. *A History of Modern Tibet*: 1935—1951. Berkeley: University of California Press, 1989.

Goldstein M C, Beall C M, Cincotta R P. Traditional nomadic pastoralism and ecological conservation on Tibet's Northern Plateau. *National Geographic Research*, 1990, **6**: 139-156.

Goldstein M C, Beall C M. The impacts of China's reform policy in the nomads of western Tibet. *Asian Survey*, 1989, **29**: 619-641.

Gong D Y, Chang H. Detection of large scale climate signals in spring vegetation index (Normalized Difference Vegetation Index) over the northern hemisphere. *J. Geophys. Res.*, 2003, **108**, D16, 4498.

Gong T L, Liu C M, Liu J S. Hydrological response of Lhasa River to climate change and permafrost degradation in Xizang. *Acta Geographica Sinica*, 2006, **61**(5): 519-526.

Gopal B, Sah M. Inventory and classification of wetlands in India. *Vegetation*, 1995, **118**: 39-48.

Gore A. *An Inconvenient Truth*. Rodale, Emmaus, 2006.

Grigirio D A, Jansen J M. Land cover classification system (LCCS): Classification concepts and user manual, Food and Agriculture Organization of the United Nations, Rome, 2000.

Gu D Q, Zhang Y Z, Fu J, *et al*. The landscape pattern characteristics of coastal wetlands in Jiaozhou Bay under the impact of human activities. *Environ Monit Assess*, 2007, **124**: 361-370.

Guisan A, Broennimann O, Engler R, *et al*. Using niche-based models to improve the sampling of rare species. *Conservation Biology*, 2006, **20**: 501-511.

Gulinck Hubert, Wagendorp Tim. References for fragmentation analysis of the rural matrix in cultural landscapes. *Landscape and Urban Planning*, 2002, **58**: 137-146.

Guo Q C, Kelly M, Gong P, *et al*. An object-based classification approach in mapping tree mortality using high spatial resolution imagery. *GIScience and Remote Sensing*, 2007, **44**: 24-47.

Guo X D, Chen L D, Fu B J. Effects of land use/land cover changes on regional ecological environment, *Advance in Environment Science*, 1999, **7**(6): 66-75.

Guo X M. The main issues and countermeasures of ecological construction of the dry valleys in Sichuan. *Social Science Study*, 2001(5): 33-36.

Guoluo agriculture and husbandry regionalization committee. Regionalization of the County Animal Husbandry, 1990.

Gupta R K. Impact of human influences on the vegetation of the Western Himalaya. *Plant Ecology (Historical Archive)*, 1978, **37**(2): 111-118.

Haeberli W, Hoelzle M, Paul F, *et al*. Integrated monitoring of mountain glaciers as key indicators of global climate change: The European Alps. *Annals of Glaciology*, 2007, **46**(1): 150-160.

Haginoya S, Fujii H, Kuwagata T, *et al*. Air-lake interaction features found in heat and water exchanges over Nam Co on the Tibetan Plateau. *SOLA*, 2009, **5**: 172-175.

Hales k, Neelin J D, Zeng N. Sensitivity of tropical land climate to leaf area index: Role of surface conductance versus albedo. *J. Climate*, 2004, **17**: 1459-1473.

Hall D K, Bayr K J, Schner W, *et al*. Consideration of the errors inherent in mapping historical glacier positions in Austria from the ground and space (1893-2001). *Remote Sensing of Environment*, 2003, **86**(4): 566-577.

Hall D K, Foster J L, Verbyla D L, *et al*. Assessment of snow-cover mapping accuracy in a variety of vegetation-cover densities in central Alaska. *Remote Sensing of Environment*, 1998, **66**(2): 129-137.

Han S C, Xie Y S. Difference of land management behavior among farm households with different income in watershed of Gully Region of Loess Plateau. *Research of Agricultural Modernization*, 2004, **25**(1): 68-71.

Hao X H, Wang J, Li H Y. Evaluation of the NDSI threshold value in mapping snow cover of MODIS: A case study of snow in the Middle Qilian Mountains. *Journal of Glaciology and Geocryology*, 2008, **30**(1): 132-138.

Haralick R. Statistical and structural approaches to texture. *Proceedings of the IEEE*, 1979, **67**(5): 786-804.

Harken J, Sugumaran R. Classification of Iowa wetlands using an airborne hyperspectral image: A comparison of the spectral angle mapper classifier and an object-oriented approach. *Canadian Journal of Remote Sensing*, 2005, **31**(2): 167-174.

Harris R B, Loggers C O. Status of Tibetan plateau mammals in Yeniugou, China. *Wildlife Biology*, 2004, **10**: 91-99.

Harvey C A, Pimentel D. Effects of soil and wood deletion on biodiversity. *Biodiversity and Conservation*,

1996, **5**: 1121-1130.

Hathout S. The use of GIS for monitoring and predicting urban growth in East and West St Paul, Winnipeg, Manitoba, Canada. *Journal of Environmental Management*, 2002, **66**: 229-238.

Hay G J, Blaschke T, Marceau D J, *et al*. A comparison of three image-object methods for the multiscale analysis of landscape structure. *Journal of Photogrammetry & Remote Sensing*, 2003, **57**: 327-345.

He H, Qiao Y K, Liu Q, *et al*. Dynamics of biomass and stem volume of Picea asperrata stands in artificial restoration process of subalpine coniferous forest. *Chinese Journal of Applied Ecology*, 2004, **15**(5): 748-752.

He M H. Environmental protection in the Mt. Qomolangma. 2005-08-17. http: //info. tibet. cn/news/tpxw/whhb/t20050817_48140. htm.

He Q H, He Y H, Bao W K. Dynamics of soil water contents on south-facing of dry valley in the upper reaches of the Minjiang River. *Chinese Journal of Applied and Environmental Biology*, 2004, **10**(1): 68-74.

He Y Q, Zhang Z L, Yao T D, *et al*. Modern changes of the climate and glaciers in China's monsoonal temperate-glacier region. *Acta Geographica Sinica*, 2003, **58**(4): 550-558.

Heilig G. Anthropogenic factors in land-use change in China. *Population and Development Review*, 1997, **23**(1): 139-168.

Henderson-Sellers A, Dickinson R E, Durbidge T B, *et al*. Tropical deforestation: Modeling local-to regional scale climate change. *J. Geophy. Res.*, 1993, **98**(D4): 7289-7315.

Hijmans R J, Cameron S E, Parra J L, *et al*. Very high resolution interpolated climate surfaces for global land areas. *International Journal of Climatology*, 2005, **25**: 1965-1978.

Hird J N, Mcdermid G J. Noise reduction of NDVI time series: An empirical comparison of selected techniques. *Remote Sensing of Environment*, 2008, **113**(1): 248-258.

Hirsch R M, Slack J R, Smith R A. Techniques of trend analysis for monthly water quality data. *Water Resources Research*, 1982, **18**: 107-121.

Hofstetter R H. Wetlands in the United States. In: Gore A J P (eds). Ecosystems of the World, vol. 4B, Mires: Swamp, Bog, Fen and Moor. Elsevier Science Publishing Company, 1983:201-244.

Holden S, Shiferaw B, Pender J. No-farm income, household welfare, and sustainable land management in a less-favoured area in the Ethiopian highlands. *Food Policy*, 2004, **29**: 369-392.

Honfmann P. Detecting informal settlements from IKONOS image data using methods of object oriented image analysis-an example from Cape Town(South Africa), Remote Sensing of Urban Areas/Femerkundung in urbanen. Raumen. Regensburg, ed. by JURGENS, C., 2001: 41-42.

Hong Y T, Hong B, Lin Q H, *et al*. Correlation between Indian Ocean summer monsoon and North Atlantic climate during the Holocene. *Earth and Planetary Science Letters*, 2003, **211**: 371-380.

Hong Y T, Wang Z G, Jiang H B, *et al*. A 6000-year record of changes in drought and precipitation in northeastern China based on a $\delta^{13}C$ time series from peat cellulose. *Earth and Planetary Science Letters*, 2001, **185**: 111-119.

Horan M F, Morgan J W, Grauch R I, *et al*. Rhenium and osmium isotopes in black shales and Ni-Mo-PGE-rich sulphide layers, Yukon Territory, Canada, and Hunan and Guizhou Provinces, China. *Geochim Cosmochim Ac*, 1994, **58**: 257-265.

Horlemann B. Modernization efforts in Geology: A chronicle, 1970-2000. In: Toni Huber ed. Amdo Tibetans in Transition: Society and Culture in the Post Mao Era, 2002: 241-267.

Hou G L, Liu F G, Liu C H, *et al*. Prehistorical cultural transition forced by environmental change in mid-

Holocene in Gansu-Qinghai region. *Acta Geographica Sinica*, 2009, **64**(1): 54-58.

Hou G L, Liu F G. Pre-history and climate change of eastern Qinghai. *Acta Geographica Sinica*, 2004, **59**(6): 841-846.

Hou S G, Qin D H, Wake C P, *et al*. Climatological significance of an ice core net-accumulation record at Mt. Qomolangma (Everest). *Chinese Science Bulletin*, 2000, **45**(3): 259-264.

Hou S G, Zhang D Q. Comparison of two ice core records since 1954 from Mt. Qomolangma (Everest) Region. *Journal of Glaciology and Geocryology*, 2003, **25**(3): 256-260.

Hou X Y, Sun S Z, He M G, *et al*. *Vegetation Map of the People's Republic of China*. Beijing: Map Press of China, 1982.

Houghton R A, Hackler J L. Sources and sinks of carbon from land-use change in China. *Glob Biogeochem Cycles*, 2003, **17**(2): 1034.

Hu H, Liu S Q, Chen Q H, *et al*. Changes of soil properties during artificial recovery of subalpine coniferous forests in western Sichuan. *Chinese Journal of Applied and Environmental Biology*, 2001, **7**(4): 308-314.

Hu S L, Wang J L. The development and utilization of the water resources in the Yarlung Zangbo-Nyangqu-Lhasa River region. *Territory and Natural Resources Study*, 1999, **2**: 16-18.

Hu Y K. Politics, identity and knowledge production: The power embedded in the rural field study. *Journal of Tsinghua University*, 2007(3): 12-16.

Hu Z L, Ling H. *The exploitation and sustainable development of Chai-Da-Mu Basin*. Xining: Qinghai Press, 2003: 133-143.

Huai H Y, Wei W H, Zhang Y L. Characteristics of the Achnatherum splendens community along the Qinghai-Tibet Railway, China. *Front. Biol. China*, 2008, **3**(4): 477-483.

Huang B W. Draft of integrated physical regionalization of China. *Chinese Science Bulletin*, 1959(18): 594-602.

Huang C C. Climate changes on vegetation at Dadi Bay site in Qinan, Gansu. *Scientia Geographica Sinica*, 1991, **11**(4): 328-334.

Huang H P, Wu B F, Li M M, *et al*. Detecting urban vegetation efficiently with high resolution remote sensing data. *Journal of Remote Sensing*, 2004, **8**(1): 68-74.

Huang Z Z. *The peasant family and rural development in the Yangtze River Delta*. Beijing: Zhonghua Book Company, 2000.

Hubbell S P, Ahumada J A, Condit R, *et al*. Local neighborhood effects on long-term survival of individual trees in a neotropical forest. *Ecological Research*, 2001, **16**: 859-875.

Huggel C, Kääb A, Haeberli W, *et al*. Remote sensing based assessment of hazards from glacier lake outbursts: A case study in the Swiss Alps. *Canadian Geotechnical Journal*, 2002, **39**(2): 316-330.

Hulka J. Calibrating ASTER for Snow Cover Analysis 11th AGILE International Conference on Geographic Information Science, 2008: 1-14.

Hulst R. On the dynamics of vegetation: Markov chains as models of succession. *Vegetation*, 1997, **40**: 3-14.

Ichii K, Kawabata A, Yamaguchi Y. Global correlation analysis for NDVI and climatic variables and NDVI trends: 1982—1990. *International Journal of Remote Sensing*, 2002, **23**(18): 3873-3878.

IGBP/HDP. Land-Use and Land-Cover Change Science/Research Plan. IGBP Rep. 35 / HDP Rep. 7, 1995.

Im J, Jensen J R, Tullis J A. Object-based change detection using correlation image analysis and image segmentation. *Int J Remote Sens*, 2008, **29**: 399-423.

Immerzeel W, Stoorvogel J, Antle J. Can payments for ecosystem services secure the water tower of Tibet?

Agricultural Systems, 2008, **96**: 52-63.

Immerzeel W. The water tower function of Tibet, case study report. Ecoregional fund, Price Water House Coopers. The Hague, The Netherlands, 2005.

International Institute for Environment and Development. A Trainer's Guide for Participatory Learning and action. London: IIED, 1995.

IPCC. *Climate Change* 1995: *Impacts, Adaptations, and Mitigation of Climate Change: Scientific-Technical Analyses*. Contribution of Working Group II to the Second Assessment Report of the Intergovernmental Panel on Climate Change. In: Watson R T, Zinyowera M C, Moss R H (eds.). Cambridge University Press, Cambridge, United Kingdom and New York, NY, USA, 1996: 880.

IPCC. *Climate Change* 2001: *The Scientific Basis*. Cambridge: Cambridge University Press, 2001: 140-165.

IPCC. Climate Change 2007: *Synthesis Report*. Oslo: Inter-governmental Panel on Climate Change, 2007.

IPCC. *Climate change* 2007: *The physical science basis*. Contribution of Working Group I to the Fourth Assessment Report of the Intergovermental Panel on Climate Change. Cambridge, United Kingdom; New York, USA: Cambridge University Press, 2007.

IPCC. IPCC Fourth Assessment Report: Climate Change 2007. Geneva, Switzerland: IPCC, 2007.

Islam K R, Weil R R. Land use effects on soil quality in a tropical forest ecosystem of Bangladesh, Agriculture, *Ecosystems and Environment*, 2000, **79**(1): 9-16.

Jackson R B, Randerson J T, Canadell J G, *et al*. Protecting climate with forests. *Environ. Res. Lett.*, 2008, **3**: 044006.

Jaeger J A G. Landscape division, splitting index, and effective mesh size: New measures of landscape fragmentation. *Landscape Ecology*, 2000, **15**: 115-130.

James Harken, Ramanathan Sugumaran. Classification of Iowa wetlands using an airborne hyperspectral image: A comparison of the spectral angle mapper classifier and an object-oriented approach. *Canadian Journal of Remote Sensing*, 2005, **31**(2): 167-174.

Janvry A D, Sadoulet E. Income strategies among rural households in Mexico: The role of off-farm activities. *World Development*, 2001, **29**(3): 467-480.

Jason S Walker, John M Briggs. An object-oriented classification of an arid urban forest with true-color aerial photography. 3rd International Symposium Remote Sensing and Data Fusion Over Urban Areas, 2005: 66-85.

Jenks G F. The data model concept in statistical mapping. *International Yearbook of Cartography*, 1967, **7**: 186-190.

Jensen J R. Remote Sensing of the Environment: An Earth Resource Perspective, Prentice Hall, Upper Saddle River, 2000.

Jeron C J M, Van Den Bergh. A framework for modeling economy-environment-development relationships based on dynamic carrying capacity and sustainable development feedback. *Environmental and Resource Economics*, 1993, **3**: 395-412.

Jewell K J, Arcese P, Gergel S E. Robust predictions of species distribution: Spatial habitat models for a brood parasite. *Biological Conservation*, 2007, **140**: 259-272.

Ji L, Peters A J. A spatial regression procedure for evaluating the relationship between AVHRR-NDVI and climate in the northern Great Plains. *Int. J. Remote Sens.*, 2004, **25**(2): 297-311.

Jiang D. *Mt. Qomolangma*. Beijing: The Commercial Press, 1974.

Jiang G M. Why more and more desertification come forth with cure for desert. *Invention and innovation*, 2005, **9**: 18.

Jiang H, Zhou W, Liu Y. Research and Application of the Poyang Lake WetLand Classification Using Remote Sensing. *Remote Sensing Technology and Application*, 2008, **23**(6): 648-652.

Jiang S. Grassland degradation and methods of its prevention. *Natural resource*, 1988, **3**: 54-61.

Jiang Y L, Du J. Eco-environment protect issues and countermeasures. *Highway*, 2000, **8**: 68-72.

Jiggins J. How poor women earn income in sub-Saharan Africa and what works against them. *World Development*, 1989, **17**(7): 953-963.

Jin H J, Yu Q H, Wang S L, *et al*. Changes in permafrost environments along the Qinghai-Tibet engineering corridor induced by anthropogenic activities and climate warming. *Cold Regions Science and Technology*, 2008, **53**: 317-333.

Jin H, Zhao L, Wang S, *et al*. Thermal regimes and degradation modes of permafrost along the Qinghai-Tibet Highway. *Science in China (series D)*, 2006, **49**: 1170-1183.

Jin S, Sader S A. Comparison of time-series tasselled cap wetness and the normalized difference moisture index in detecting forest disturbances. *Remote Sensing of Environment*, 2005, **94**: 364-372.

Jin X Y, Paswaters S. A fuzzy rule base system for object-based feature extraction and classification. Proceedings of the SPIE, 2007, 6567: 65671H.

Jin Z, Han Y, Chen L. Past atmospheric Pb deposition in Lake Qinghai, northeastern Tibetan Plateau. *Journal of Paleolimnology*, 2010, **43**(3):551-563.

Jin Z Q, Dao K, Gao L Z, *et al*. Food crop production strategies for adaptation to global climate change in the sampling zones of eastern China: A modeling study. *Scientia Agriculture Sinca*, 1998(4): 51-58.

Jinchuan Chorography Compliling Committee of the Autonomous Prefecture of Aba Tibet and Qiang Race in Sichuan Province. *Jinchuan Chorography*. Beijing: the Ethnic Publishing House, 1994.

Jodha N S, Mascarenhas A C. Adjustment to climatic variability in self provisioning societies: Some evidence from India and Tanzania. Economics Program Progress Report, 48 Andra Pradesh: ICRISAT Patancheru, 1983.

Johan Liebens. Spreadsheet macro to determine USDA soil textural subclass. *Communications in Soil Science and Plant Analysis*, 2001, **32**(1-2): 255-265.

John Cains, Jr. *Rehabilitating Damaged Ecosystems (Second Edition)*, Lewis Publications,1995.

Johnson C J, Seip D R. Relationship between resource selection, distribution, and abundance: A test with implications to theory and conservation. *Population Ecology*, 2008, **50**: 145-157.

Jones B, Arp C, Hinkel K,*et al*. Arctic lake physical processes and regimes with implications for winter water availability and management in the National Petroleum Reserve Alaska. *Environ Manage*, 2009, **43**: 1071-1084.

Ju H, Lin E D, Zhong X L. Impacts of climate change on forestry ecosystem. *Ecological Agriculture in China Journal*, 2000, **4**: 20-22.

Kadmon R, Heller J. Modelling faunal responses to climatic gradients with GIS: Land snails as a case study. *Journal of Biogeography*, 1998, **25**: 527-539.

Kaduk J, Heimann M. A prognostic phenology scheme for global terrestrial carbon cycle models. *Climate Research*, 1996, **6**: 1-19.

Kalnay E, Cai M, Li H, *et al*. Estimation of the impact of land-surface forcings on temperature trends in eastern United States. *J. Geophy. Res.*, 2006, **111**, D06106.

Kalnay E, Cai M. Impact of urbanization and land-use change on climate. *Nature*, 2003, **423**: 528-531.

Kang S C, Chen F, Ye Q H, *et al*. Glacier retreating dramatically on the Mt. Nyainqentanglha during the last 40 years. *Journal of Glaciology and Geocryology*, 2007, **29**(6): 869-873.

Kang S C, Li C L, Wang F Y, *et al*. Total suspended particulate matter and toxic elements indoors during cooking with yak dung. *Atmospheric Environment*, 2009, **43**: 4243-4246.

Kang S, Zhang Q, Kaspari S, *et al*. Spatial and seasonal variations of elemental composition in Mt. Everest (Qomolangma) snow/firn. *Atmospheric Environment*, 2007, **41**: 7208-7218.

Kang S C, Xu Y W, You Q L, *et al*. Review of climate and cryospheric change in the Tibetan Plateau. *Environ Res Lett*, 2010, **5**: 15101.

Kang S C. *Walking into Mt. Qomolangma*. Lanzhou: Gansu scientific & Technical Publishers, 2005.

Kang X W, Pan B R, Zhou H R. Some viewpoint on corridor landscape in arid zone and research on it. *Arid Zone Research*, 2000, **17**(3): 64-70.

Kappelle, M, Kennis P A F, de Vries R A J. Changes in diversity along a successional gradient in a Costa Rican upper montane Quercus forest. *Biodiversity and Conservation*, 1995, **4**: 10-34.

Kaspari S, Mayewski P A, Handley M, *et al*. Recent increases in atmospheric concentrations of Bi, U, Cs, S and Ca from a 350-year Mount Everest ice core record. *Journal of Geophysical Research*, 2009, 114, D04302.

Kaufmann R K, Zhou L, Myneni R B, *et al*. The effect of vegetation on surface temperature: A statistical analysis of NDVI and climate data. *Geophys. Res. Lett.*, 2003, **30**(22): 2147.

Kauth R J, Thomas G S. The tasselled cap-A graphic description of the spectral temporal development of agricultural crops as seen by LANDSAT. Proceedings of the Symposium on Machine Processing of Remotely Sensed Data, Purdue University of West Lafayette, 1976, 4B-41-4B-51.

Kawabata A, Ichii K, Yamaguchi Y. Global monitoring of the interannual changes in vegetation activities using NDVI and its relationships to temperature and precipitation. *Int. J. Remote Sens.*, 2001, **22**: 1377-1382.

Kendall M G. *Rank correlation methods*. London: Charles Griffin, 1975: 1-202.

Kiira Aaviksoo. Simulating vegetation dynamics and land use in mire landscape using a Markov model. *Landscape and Urban Planning*, 1995, **31**: 129-142.

Klein J A, Harte J, Zhao X Q. Experimental warming causes large and rapid species loss, dampened by simulated grazing, on the Tibetan Plateau. *Ecology Letters*, 2004, **7**(12): 1170-1179.

Klintenberg P, Seely M, Christiansson C. Local and national perceptions of environmental change in central Northern Nambia: Do they correspond? *Journal of Arid Environments*, 2007, **69**: 506-525.

Kogan F N, Zhu X. Evolution of long-term errors in NDVI time series: 1985-1999. *Advances in Space Research*, 2001, **28**(1): 149-1531.

Kong Z C, Du N Q, Shan F S, *et al*. Vegetational and climatic changes in the last 11, 000 years in Qinghai Lake: Numerical analysis based on palynology in core QH85-14C. *Marine Geology & Quaternary Geology*, 1990, **10**(3): 79-90.

Krishna A P. Snow and glacier cover assessment in the high mountains of Sikkim Himalaya. *Hydrological Processes*, 2005, **19**(12): 2375-2383.

Kulkarni A V, Bahuguna I M, Rathore B P, *et al*. Glacial retreat in Himalaya using Indian remote sensing satellite data. *Current Science*, 2007, **92**(1): 69-74.

Kunkel K E, Pletscher D H. Habitat factors affecting vulnerability of moose to predation by wolves in southeastern British Columbia. *Canadian Journal of Zoology*, 2000, **78**: 150-157.

Kwi Gon, Mi Young Park, Hee Sun Choi. Developing a wetland-type classification system in the Republic of Korea. *Landsc Ecol. Eng.*, 2006, **2**: 93-110.

Kääb A, Huggel C, Paul F, *et al*. Glacier monitoring from aster imagery: Accuracy and applications.

Proceedings of EARSeL-LISSIG-Workshop Observing our Cryosphere from Space. Bern, 2002: 43-53.

Lai Z M. Impact of climate variation on t he runoff of large rivers in the Tibetan Plateau. *Journal of Glaciology and Geocryology*, 1996, **18**(suppl.): 314-320.

Lam N S N, Quattrochi D A. On the issues of scale, resolution, and fractal analysis in the mapping sciences. *Professional Geographer*, 1992, **44**: 88-98.

Lambin E F, Ehrlich D. Land-cover changes in sub-Saharan Africa (1982—1991): Application of a change index based on remotely sensed surface temperature and vegetation indices at a continental scale. *Remote Sensing of Environment*, 1997, **61**: 181-200.

Lambin E F, Geist H J. Global land-use and land-cover change: What have we learned so far? *Global change Newsletter*, 2001, **46**: 27-30.

Lambin E F, Turner B L, Geist H J, *et al*. The causes of land-use and land-cover change: Moving beyond the myths. *Global Environment Changes*, 2001, **11**: 261-269.

Lambin E F. Land-Use and Land-Cover Change (LUCC) Implementation Strategy——A core project of the International Geosphere-Biosphere Programme and the International Human Dimensions Programme on Global Environmental Change. IGBP report 48/ IHDP report 10, 1999.

Lambin E F. Modeling and monitoring land-cover change processes in tropical regions. *Progress in Physical Geography*, 1997, **21**(3): 375-393.

Land Resources Investigation Office, Land and Resources Bureau, Jinchuan County. Jinchuan Land. 1995.

Landon P. *LHASA (2nd Edition)*. London, 1905.

Lasaponara R. On the use of principal component analysis (PCA) for evaluating interannual vegetation anomalies from SPOT/VEGETATION NDVI temporal series. *Ecological Modelling*, 2006, **194**(4): 429-434.

Lau K, Kim D, Kim K. Asian summer monsoon anomalies induced by aerosol direct forcing: The role of the Tibetan Plateau. *Climate Dynamics*, 2006, **26**(7): 855-864.

Lean J, Warrilow D A. Simulation of the regional climatic impact of Amazon deforestation. *Nature*, 1989, 3**42**: 411-413.

Leduc A, Prairie Y T, Bergeron Y. Fractal dimension estimates of a fragmented landscape: Sources of variability. *Landscape Ecology*, 1994, **9**(4): 279-286.

Lee K, Hur S D, Hou S, *et al*. Atmospheric pollution for trace elements in the remote high-altitude atmosphere in central Asia as recorded in snow from Mt. Qomolangma (Everest) of the Himalayas. *Science of the Total Environment*, 2008, **404**: 171-181.

Leemans R, Goldewijk K K, Oldfield F. Developing a fast-track global database of land-cover history, LUCC Newsletter, Issue No. **5**: 6-7, LUCC International Project Office, Louvain-la-Neuve, 2000.

Lennon J J. Red shifts and red herrings in geographical ecology. *Ecography*, 2000, **23**: 101-113.

Leprieur C, Kerr Y H, Mastorchio S, *et al*. Monitoring vegetation cover across semi-arid regions: Comparison of remote observations from various scales. *Int. J. Remote Sensing*, 2000, **21**(2): 281-300.

Levin S A. The problem of pattern and scale in ecology. *Ecology*, 1992, **73**(6): 1943-1967.

Levine N E. From nomads to ranchers: Managing pasture among ethnic Tibetans in Sichuan. In: Clarke G E ed. Development, Society and Environment in Tibet. Verlag Derösterreichischen Akademie der Wissenschaften, Wien, Austria, 1995: 69-77.

Lhasa City Agricultural and Pastoral Bureau. *Land Resources in Lhasa City*. Beijing: China Agricultural Science and Technology Press, 1993:6-17.

Lhorong D. A study of the income of Tibetan peasants and herdsmen. *China Tibetology*, 2006(1): 1-14.

Li B G, Tao S. Correlation between AVHRR-NDVI and climate factors. *Acta Ecologica Sinica*, 2000, **20**(5): 898-902.

Li B S. Special and beautiful fields-Mt. Qomolangma Natural Reservoir. *Human and Biosphere*, 2001, **2**: 4-11.

Li B. A preliminary evaluation of the mount Qomolangma nature reserve. *Journal of natural resources*, 1993, **8**(2): 97-104.

Li C, Kang S, Wang X, *et al*. Heavy metals and rare earth elements (REEs) in soil from the Nam Co Basin, Tibetan Plateau. *Environmental Geology*, 2008, **53**: 1433-1440.

Li C, Koskela J, Luukkanen O. Protective forest system in china: Current status, problems and perspective. *Ambio*, 1999, **28**: 341-345.

Li C L, Kang S C, Zhang Q G, *et al*. Major ionic composition of precipitation in the Nam Co region, Central Tibetan Plateau. *Atmos Res*, 2007, **85**: 351-360.

Li D, Wang L P, Liu S Y, *et al*. Tupu analysis of the spatio-temporal glacier variations in the central and western Qangtang Plateau since the little ice age. *Journal of Glaciology and Geocryology*, 2009, **31**(1): 40-47.

Li G Q, Kan A K, Wang X B, *et al*. Distribution of wetlands in Qomolangma National Nature Reserve. *Wetland Science*, 2009, **7**: 289-298.

Li J C. Building up new development viewpoints and promoting harmonious development between man and nature in the source regions of the Yangtze River, Yellow River and Lanchang River. *Journal of Qinghai Environment*, 2004, **14**(2): 47-49.

Li K R, Chen Y F. Analysis of vulnerability of forest in china responds to global climate change. *Acta Geographica Sinica*, 1996, **51**(1): 40-49.

Li L, Zhu X D, Qin N S. Study on temperature variations and its anomaly pattern over Qinghai-Xizang Plateau. *Plateau Meteorology*, 2003, **22**(5): 524-530.

Li M S. Counter measures for environmental protection in the Qinghai-Tibet Plateau. *Resouces Science*, 2000, **22**(4): 78-82.

Li S R, Gao Z M. Source tracing of noble metal elements in Lower Cambrian black rock series of Guizhou-Hunan provinces, China. *Sci China (Ser D)*, 2000, **43**(6): 625-632.

Li S, Dong G R, Dong Y X, *et al*. Desertification control objective, measures and engineering layout in the central "One-River-Two-Tributaries" basin in Tibet. *Journal of Desert Research*, 1994, **14**(2): 56-63.

Li T. Study on changes of Naiqiong community in Xizang Province. *China Tibetology*, 2000(4): 53-63.

Li X B, Shi P J. Sensitivity analysis of variation in NDVI, temperature and precipitation in typical vegetation types across China. *Acta Phytoecologica Sinica*, 2000b, **24**(3): 379-382.

Li X B. A review of the International researches on land use/land cover change. *Acta Geographica Sinica*, 1996, **51**: 553-558.

Li X Y, Dong Q, Rao X L, *et al*. Methods of assessing vulnerability of farmers and local use. *Chinese Rural Economy*, 2007(4): 32-39.

Li X, Yeh A G O. Analyzing spatial restructuring of land use patterns in a fast growing region using remote sensing and GIS. *Landscape Urban Plann.*, 2004, **69**:335-354.

Li Y, Yao T, Wang N, *et al*. Recent changes of atmospheric heavy metals in a high-elevation ice core from Muztagh Ata, east Pamirs: initial results. *Annals of Glaciology*, 2006, **154**(43): 154-159.

Li Y. *Land Resources of China*. Beijing: China Dadi Press, 2000.

Li Z D. An econometric study on China's economy, energy and environment to the year 2030. *Energy Policy*,

2003, **31**: 1137-1150.

Li Z, Sun W X, Zeng Q Z. Deriving glacier change information on the Xizang (Tibetan) Plateau by integrating RS and GIS techniques. *Acta Geographica Sinica*, 1999, **54**(3): 263-268.

Liang E Y, Shao X M, Eckstein D, *et al*. Topography-and species-dependent growth responses of Sabina przewalskii and Picea crassifolia to climate on the northeast Tibetan Plateau. *Forest Ecol Manag*, 2006, **236**: 268-277.

Liang J, Zhang X H, Wang J. Exploration for the algorithm of snow cover mapping based on NDVI background field. *Journal of Remote Sensing*, 2007, **11**(1): 85-93.

Lichstein J W, Simons Theodore R, Shriner Susan A, *et al*. Spatial autocorrelation and autoregressive models in ecology. *Ecological Monographs*, 2002, **72**: 445-463.

Liideke M B K, Ramge P H, Kohlmaier G H. The use of satellite NDVI data for the validation of global vegetation phenology models. *Ecological Modelling*, 1996, **91**: 255-270.

Lim Y K, Cai M, Kalnay E, *et al*. Observational evidence of sensitivity of surface climate changes to land types and urbanization. *Geophys. Res. Lett.*, 2005, **32**:L22712.

Lin B. Tibet Autonomous Region was listed as World Network of Biosphere Reserves. http: //news. xinhuanet. com/newscenter/2005-03/25/content_2742799. htm.

Lin E D, Wang J H. The sensitively and vulnerability of China's agriculture to global warming. *Rural Eco-Environment*, 1994(1): 1-5.

Lin G C S. Evolving spatial form of urban-rural interaction in the Pearl River Delta, China. *Prof. Geogr.*, 2001, **53**(1), 56-70.

Lin X D, Zhang Y L, Yao Z J, *et al*. Trend analysis of the runoff variation in Lhasa River in Tibetan Plateau since 1956. *Journal Geographical Sciences*, 2008, **18**(1): 95-106.

Lin X, Zhu L P, Wang Y, *et al*. Environmental changes reflected by n-alkanes of lake core in Nam Co on the Tibetan Plateau since 8.4 ka BP. *Chinese Sci Bull*, 2008, **53**: 3051-3057.

Lin Z Y, Zhao X Y. Spatial characters of temperature and precipitation in the Tibetan Plateau. *Science in China (Series D)*, 1996, **26**(4): 354-358.

Lindseth G. The cities for climate protection campaign and the framing of local climate policy. *Local Environment*, 2004, **9**: 325-336.

Liu C W, Li X B. Regional differences in the changes of the agricultural land use in China during 1980-2002. *Acta Geographica Sinica*, 2006, **61**(2): 139-145.

Liu F G, Hou G L, Zhang Y L, *et al*. The impact of abrupt climate change in mid-Holocene on the prehistoric culture in northeast Qinghai. *Acta Geographica Sinica*, 2005, **60**(5): 733-741.

Liu G X, Shen Y P, Wang S M. The vegetation and climatic of Holocene Magathermal in Zoigê. *Journal of Glaciology and Geocryology*, 1995, **17**(3): 247-249.

Liu H T. Definition and classification of wetland. *Chinese Journal of Ecology*, 1995, **14**(4): 73-77.

Liu H Y, Bai Y F. Changing process and mechanism of wetland resources in Ruoergai Plateau, China. *Journal of Natural Resources*, 2006, **21**(5): 810-818.

Liu H Y, Li Z F. Spatial gradients of wetland landscape and their influential factors in watershed. *Acta Ecologica Sinica*, 2006, **26**(1): 213-222.

Liu J Q, Lv H Y, Negendank J, *et al*. The cycle of climate change in Holocene: Evidence from Huguangyan Maar Lake. *Chinese Science Bulletin*, 2000, **45**(11): 1190-1195.

Liu J Y, Xu X L, Shao Q Q. Grassland degradation in the "Three-River Headwaters" region, Qinghai Province. *Journal of Geographical Sciences*, 2008, **18**: 258-273.

Liu J Y, Zhang Z X, Zhuang D F, *et al*. Spatial-temporal dynamic changes of land use and changes of China in the 1990s. *Geographical Research*, 2003, **3**(2): 1-12.

Liu J Y. *The macro investigation and dynamic research of the resources and environment*. Beijing: Science and Technology Press, 1996.

Liu J, Kang S C, Gong T, *et al*. Growth of a high-elevation large inland lake, associated with climate change and permafrost degradation in Tibet. *Hydrol Earth Syst Sc*, 2010, **14**: 481-489.

Liu J, Tian H, Liu M, *et al*. China's changing landscape during the 1990s: Large-scale land transformation estimated with satellite data. *Geophys. Res. Lett.*, 2005, **32**: L02405.

Liu J S, Wang S Y, Yu S M, *et al*. Climate warming and growth of high-elevation inland lakes on the Tibetan Plateau. *Global Planet Change*, 2009, **67**: 209-217.

Liu L S, Zhang Y L, Bai W Q, *et al*. Characteristics of grassland degradation and driving forces in the source region of the Yellow River from 1985 to 2000. *Journal of Geographical sciences*, 2006, **16**(2): 131-142.

Liu L S. Alpine grassland degradation in the source region of the Yellow River: A case study in Dalag County. Institute of Geographic Sciences and Natural Resources Research CAS Graduate Doctorate Degree Thesis, Beijing, 2006.

Liu S R, Sun P S, Wang J X. Hydrological functions of forest vegetation in upper reaches of the Yangtze River. *Journal of Natural Resources*, 2001, **16**(5): 451-456.

Liu S Y, Ding Y J, Zhang Y, *et al*. Impact of glacier change on water resources in the Tarim River Basin. *Acta Geographica Sinica*, 2006, **61**(5): 482-490.

Liu S Y, Shangguan D H, Ding Y J, *et al*. Glacier variations since the early 20th century in the Gangrigabu range, southeast Tibetan Plateau. *Journal of Glaciology and Geocryology*, 2005, **27**(1): 55-63.

Liu S Z, Li H X, Yan Y, *et al*. Assessment of glacial lake outburst hazards in Luozha County, Tibet. *Journal of Mountain Research*, 2003, **21**(Suppl.): 128-132.

Liu S Z, Zhou L, Chou C S, *et al*. *Studies on Grassland Degradation and Desertification of Naqu Prefecture in Tibet Autonomous Region*. Lhasa: Tibet People's Press, 1999:73-79.

Liu T C. Hydrological characteristics of Yarlungzangbo River. *Acta Geographica Sinica*, 1999, **54**(suppl.): 157-164.

Liu W, Wang Q J, Wang X, *et al*. Ecological process of forming "Black-Soil-Type" degraded grassland. *Acta Agrestia Sinica*, 1999a, **7**(4): 300-307.

Liu W, Zhou L, Wang X. Responses of plant and rodents to different grazing intensity. *Acta Ecologica Sinica*, 1999b, **19**(3): 376-382.

Liu X D, Chen B D. Climatic warming in the Tibetan Plateau during recent decades. *International Journal of Climatology*, 2000, **20**(14): 1729-1742.

Liu X D, Cheng Z G, Yan L B, *et al*. Elevation dependency of recent and future minimum surface temperature trends in the Tibetan Plateau and its surroundings. *Global and Planetary Change*, 2009, **68**: 164-174.

Liu X D, Hou P. Relationship between the climatic warming over the Qinghai-Xizang Plateau and its surrounding areas in recent 30 years and the elevation. *Plateau Meteorology*, 1998, **17**(3): 245-249.

Liu X Q, Shen J, Wang S M, *et al*. A 16000-year pollen record of Qinghai Lake and its paleoclimate and paleoenvironment. *Chinese Science Bulletin*, 2002, **47**(17): 1351-1355.

Liu X Q, Wang S M, Shen J. The grain size of the core QH-2000 in Qinghai Lake and its implication for paleoclimate and paleoenvironment. *Journal of Lake Sciences*, 2003, **15**(2): 112-117.

Liu X, Xu B, Yao T, *et al*. Carbonaceous particles in Muztagh Ata ice core, West Kunlun Mountains, China. *Chinese Science Bulletin*, 2008, **53**: 3379-3386.

Liu Y J, Yang Z D. *Treatment Principle and Arithmetic of MODIS Remote Sensing Information*. Beijing: Science Press, 2001:229-301.

Liu Y, Dong G, Li S, *et al*. Status, causes and combating suggestions of sandy desertification in Qinghai-Tibet Plateau. *Chinese Geographical Science*, 2005, **15**: 289-296.

Liu Y. Dynamics of highland agriculture in Lhasa district, Tibet. ICIMOD, Kathmandu, Nepal, 1992.

Liu Y. *Land systems in the middle reaches of Yarlung Zangbo River in Tibet*. Beijing: Science Press, 1992.

Liu Z G, Chen Q H. Degradation of forest ecosystems and combating measures in the subalpine region of southwestern China. In: Chen L Z, Chen W L eds. *Degradation ecosystem research in China*. Beijing: Chinese Science and Technology Press, 1995:165-185.

Liu Z G, Ma X H. Classification of wetland. *Wetland Science & Management*, 2006, **2**(1): 60-63.

Liu Z G, Zhang Y C, Wu N. Forest ecosystems and sustainable development in the upper reaches of Yangtze River. In: Niu D S ed. *Biological researches and sustainable development of agriculture*. Beijing: Science Press, 1997:227-232.

Long H L, Tang G P, Li X B, *et al*. Socio-economic driving forces of land-use change in Kunshan, the Yangtze River Delta Economic Area of China. *J. Environ. Manage*, 2007, **83**(3): 351-364.

Lovich J E, Bainbridge. Anthropogenic degradation of the southern California desert ecosystem and prospects for natural recovery and restoration. *Environmental Management*, 1999, **24**(3): 309-326.

Lu A X, Yao T D, Liu S Y, *et al*. Glacier change in the Geladandong area of the Tibetan Plateau monitored by remote sensing. *Journal of Glaciology and Geocryology*, 2002, **24**(5): 559-562.

Lu A X, Yao T D, Wang L H, *et al*. Study on the fluctuations of typical glaciers and lakes in the Tibetan Plateau using remote sensing. *Journal of Glaciology and Geocryology*, 2005, **27**: 783-792.

Lu Q S. Herdsman Behaviors Adaptation Induced by Rangeland Degradation in Source Region of Yellow River-Case Study Based on Herds Families Investigation in Maduo. Institute of Geographic Sciences and Natural Resources Research CAS Graduate Doctorate Degree Thesis, Beijing, 2008.

Lu T P, Feng J M, Yu T Y. Adjust the structure of herds from reality. *Chaidamu research and development*, 1992, **5**: 38-40.

Luiz Alberto Blanco Jorge, Gilberto Jose Garcia. A study of habitat fragmentation in southeastern brazil using remote sensing and geographic information system (GIS). *Forest Ecology and Management*, 1997, **98**(1): 35-47.

Lunetta R S, Balogh M E. Application of multi-temporal Landsat 5 TM imagery for wetland identification. *Photogrammetric Engineering & Remote Sensing*, 1999, **65**: 1303-1310.

Lunetta R S, Jayantha Ediriwickrema D M, Johnson. Impacts of vegetation dynamics on the identification of land-cover change in a biologically complex community in North Carolina, USA. *Remote Sens. Environ.*, 2002, **82**: 258-270.

Luo K L, Hu S X, Chen L Z. *Early Cambrian Changjiang Fauna in Kunming*. Kunming: Yunnan Science and Technology Press, 1999.

Luo K L, Xu L R, Tan J A. *et al*. Selenium source in the selenosis area of the Daba region, South Qinling Mountain, China. *Environ Geol*, 2004, **45**: 426-432.

Luo T X, Li W H, Leng Y F, *et al*. Estimation of total biomass and potential distribution of net primary productivity in the Tibetan Plateau. *Geographical Research*, 1998, **17**(3): 337-334.

Luo T X, Li W H, Luo J, *et al*. A comparative study on biological production of major vegetation types on the Tibetan Plateau. *Acta Ecologica Sinica*, 1999, **19**(6): 823-831.

Lóczy. The Scientific Results of the Expedition Through Eastern Asia with B. Szechenyi. (Wissenschaftliche ergebnisse der Reise in Ostasien, mit B. Szechenyi). 1899. In Encyclopaedia Britannica. The New Encyclopaedia Britannica, CD2000, Deluxe Edition, 2000.

Ma H Y. Case study on change of off-farm employment of a Hui community. *Nationalities Research in Qinghai*, 1999(3): 55-62.

Ma M G, Jiao Y M, Cheng G D, *et al*. Change in land coverage in Northwest China during the past decade monitored by NOAA CHAIN. *Journal of Glaciology and Geocryology*, 2002, **24**(1): 69-71.

Ma S J. *Perspective of Edge Effects and Edge Ecology*. Beijing: Science Press, 1990:43-45.

Ma Y S, Lang B L, Wang Q J. Review and prospect of study on "black soil type" deteriorated grassland. *Prataculturral Science*, 1999, **16**: 5-9.

Maalim A D. Participatory rural appraisal techniques in disenfranchised communities: a Kenyan case study. *International Nursing Review*, 2006, **53**(3): 178-188.

Magurran A. *Ecological Diversity and Its Measurement*. Princeton University Press, 1988.

Malawska M, Wiolkomirski B. An analysis of soil and plant (taraxacum officinale) contamination with heavy metals and polycyclic aromatic hydrocarbons (PAHs) in the area of the railway junction Ilawa Gl. na, Poland. *Water, Air & Soil Pollution*, 2001, **127**(1/4): 339-349.

Mallinis G, Koutsias N. Spectral and spatial-based classification for broad-scale land cover mapping based on logistic regression. *Sensors*, 2008, **8**: 8067-8085.

Mandelbrot B B. *Fractals: Form, Chance and Dimension*. San Francisco: Freeman W H and Co, 1977.

Manderscheid A. Revival of a nomadic lifestyle: A survival strategy for Dzam Thang's pastoralists. In: Toni Huber ed. Amdo *Tibetans in Transition: Society and Culture in the Post-Mao Era*, 2002: 271-289.

Manel S, Dias J M, Ormerod S J. Comparing discriminant analysis, neural networks and logistic regression for predicting species distributions: A case study with a Himalayan river bird. *Ecological Modelling*, 1999, **120**: 337-347.

Mann H B. Non-parametric tests against trend. *Econometric*, 1945, **13**: 245-259.

Matthews J P, Yang X D, Shen J, *et al*. Structured Sun glitter recorded in an ASTER along-track stereo image of Nam Co Lake (Tibet): An interpretation based on supercritical flow over a lake floor depression. *J Geophys Res*, 2008, **113**: C1019.

Mauro C, Eufemia T. Accuracy assessment of per-field classification integrating very fine spatial resolution satellite imagery with topographic data. *Journal of Geo spatial Engineering*, 2001, **3**(2): 127-134.

Mc Dougall K L. Aerial photographic interpretation of vegetation changes on the Bogong High Plains, Victoria, between 1936 and 1980. *Australian Journal of Botany*, 2003, **51**(3): 251-256.

McCarthy J J, Canziani O, Leary N A, *et al*. (eds.). *Climate Change* 2001: *Impacts, Adaptation and Vulnerability*. IPCC Working Group II, Cambridge University Press, Cambridge, 2001:887-929.

McCormick J. Ecology and the regulation of freshwater wetlands. In: Good R E, Whigman D F and Simpson R L, (eds). *Freshwater Wetlands: Ecological Processes and Management Potential*. Academic Press, 1978:341-355.

McCusker B, Carr E R. The co-production of livelihoods and land use change: Case studies from South Africa and Ghana. *Geoforum*, 2006, **37**(5): 790-804.

McFeeters S K. The use of the Normalized Difference Water Index (NDWI) in the delineation of open water features. *International Journal of Remote Sensing*, 1996, **17**(7): 1425-1432.

Meehl G, Arblaster J, Collins W. Effects of black carbon aerosols on the Indian monsoon. *Journal of Climate*, 2008, **21**(12): 2869-2882.

MeLellan B N, Shackleton D M. Grizzly bears and resource extraction industries: Effects of roads on behavior, habitat use and demography. *Journal of Applied Ecology*, 1988(25): 451-460.

Menzel A. Phenology: its importance to the global change community. *Climatic change*, 2002, **54**: 379-385.

Mi D S, Xie Z C, Luo X R, *et al*. *Glacier Inventory of China XI, the Ganga Drainage Basin and Indus Drainage Basin*. Xi'an: Xi'an Cartographic Publishing House, 2002.

Micael C Runnström. Is Northern China winning the battle against desertification-Satellite remote sensing as a tool to study biomass trends on the Ordoas Plateau in Semiarid China. *Ambio*, 2000, **29**(8): 468-476.

Michael R Muller, John Middleton. A Markov model of land-use change dynamics in the Niagara Region, Ontario, Canada. *Landscape Ecology*, 1994, **9**(2): 151-157.

Michele N. Hoofs on the Roof-Pastoral livelihoods on the Qinghai-Tibetan Plateau: The case of Chengduo county, Yushu prefecture. ASIA, 2004. http: //www. cwru. edu/affil/tibet/booksAndPapers/Hoofs_on_the_Roof. pdf.

Middleton B. *Wetland Restoration, Flood Pulsing, and Disturbance Dynamics*. New York: John Wiley & Sons, 1999.

Miehe G, Miehe S, Koch K, *et al*. Sacred forests in Tibet. *Mt Res Dev*, 2003, **23**(4): 324-328.

Miehe G, Miehe S, Will M, *et al*. An inventory of forest relicts in the pastures of Southern Tibet. *Plant Ecol.*, 2008, **194**: 157-177.

Miehe G. Vegetation patterns on Mount Everest as influenced by monsoon and fonn. *Plant Ecology (Historical Archive)*, 1988, **79**(1-2): 21-32.

Miller D J. Nomads of the Tibetan Plateau Rangelands in western China (Part Two): Pastoral production practices. *Rangelands*, 1999, **21**: 16-19.

Miller D J. Poverty among Tibetan nomads in western China: Profiles of poverty and strategies for poverty reduction. In: the Tibet Development Symposium, May 4—6, 2001. Brandeis University, Germany. 2001.

Miller D J. The importance of China's nomads. *Rangelands*, 2002, **24**: 22-24.

Miller D J. Tough times for Tibetan nomads in western China: Snowstorms, settling down, fences, and the demise of traditional monadic pastoralism. *Nomadic People*, 2000, **14**: 83-119.

Miller R I. Predicting Rare Plant-Distribution Patterns in the Southern Appalachians of the Southeastern USA. *Journal of Biogeography*, 1986, **13**: 293-311.

Ming J, Xiao C, Cachier H, *et al*. Black Carbon (BC) in the snow of glaciers in west China and its potential effects on albedos. *Atmospheric Research*, 2009, **92**: 114-123.

Misch W J, Wu X Y, Nairn R W. Creating wetland. *Biol Sci.*, 1998, **48**(12): 1019-1030.

Mitchell T D, Jones P D. An improved method of constructing a database of monthly climate observations and associated high-resolution grids. *Int. J. Climatol.*, 2005, **25**: 693-712.

Mitsch W J, Gosselink J G. *Wetlands*. New York: John Wiley & Sons, 1993.

Mo D W, Li F, Li S C, *et al*. A preliminary study on the paleoenvironment of the middle Holocene in the Hulu River area in Gansu Province and its effects on human activity. *Acta Geographica Sinica*, 1996, **51**(1): 59-69.

Moran E F. News on the Land project. In: Global Change Newsletter Issue No. 54, 2003.

Moran E, MacConnell W. Integrated research on coupled human-environment systems. LUCC Newsletter, 2003, Issue No. **9**: 8-9.

Morgan L H. *Ancient Society*. Beijing: The Commercial Press, 1977.

Morgan M. *Ancient Society*. Beijing: People's Publishing Press, 1965.

Murakami T, Terai H, Yoshiyama Y, *et al*. The second investigation of Lake Puma Yum Co located in the

Southern Tibetan Plateau, China. *Limnology*, 2007, **8**: 331-335.

Myneni R B, Hall F G, Sellers P J, *et al*. The interpretation of spectral vegetation indices. *IEEE Trans. Geosci. Rem. Sens.*, 1995, **33**: 481-486.

Mügler I, Sachse D, Werner M, *et al*. Effect of lake evaporation on δD values of lacustrine n-alkanes: A comparison of Nam Co (Tibetan Plateau) and Holzmaar (Germany). *Org Geochem*, 2008, **39**: 711-729.

Naeem, Thompson S L J, Lawler S P, *et al*. Declining biodiversity can alter the performance of ecosystems. *Nature*, 1994, **368**: 734-737.

Najib A B. Environmental knowledge and environmental attitudes: Wedinoon, Morocco. *Ambio*, 1999, **28**: 404-408.

Nakajima T, Yoon S, Ramanathan V, *et al*. Overview of the Atmospheric Brown Cloud East Asian Regional Experiment 2005 and a study of the aerosol direct radiative forcing in east Asia. *Journal of Geophysical Research*, 2007, 112,D24S91,doi:10.1029/2007JD009009.

Nasses L O, Bang G, Eriksen S, *et al*. Institutional adaptation to climate change: Flood responses at the municipal level in Norway. *Global Environmental Change*, 2005, **15**: 23-32.

Negi A K, Bhatt B P, Todaria N P. Local population impacts on the forests of Garhwal Himalaya, India. *The Environmentalist*, 1999, **19**(4): 293-303.

Negi A K, Todaria N P. Studies on the impact of local folk on forests of Garhwal Himalaya. 1: Energy from biomass. *Biomass and Bioenergy*, 1993, **4**(6): 447-454.

Ni J R, Yin K Q, Zhao Z J. Comprehensive classification for wetlands (I): Classification. *Journal of Natural Resources*, 1998, **13**(3): 214-221.

Nicholson D I, Henry N B, Rudder J. Stand changes in north Queensland rainforests. *Progress on Ecological Society of Australia*, 1988, **5**: 61-80.

Nicholson S E, Davenport M L, Malo A R A. Comparison of the vegetation response to rainfall in the Sahel and East Africa, using NDVI from NOAA AVHRR. *Climatic Change*, 1990, **17**: 209-241.

Nie Y, Li A N. Assessment of alpine wetland dynamics from 1976—2006 in the vicinity of Mount Qomolangma (Everest). *Wetlands*, 2011, **31**: 875-884.

Nie Y, Zhang Y L, Liu L S, *et al*. Glacial change in the vicinity of Mt. Qomolangma (Everest), central high Himalayas since 1976. *Journal of Geographical Sciences*, 2010, **20**: 667-686.

Nie Y. Land cover changes in Mt. Qomolangma region. (PhD) Institute of Geographic Sciences and Natural Resources Research, Chinese Academy of Sciences, 2010.

Niehof A. The significance of diversification for rural livelihood systems. *Food Policy*, 2004, **29**: 321-328.

Nilsson M C. Separation of allelopathy and resource compitetion by boreal dwarf shrub Empetrum bermaphyroditum Hagerup. *Oecoligia*, 1994, **98**: 1-7.

Nina M Kelly. Changes to the landscape pattern of coastal North Carolina wetlands under the Clean Water Act, 1984-1992. *Landscape Ecology*, 2001, **16**: 3-16.

Ning A F, Yin G, Liu T C. Characteristics of isotope distribution of atmospheric precipitation in the Lhasa River area. *Journal of Mineralogy and Petrology*, 2000, **20**(3): 95-99.

Niu J M. Relationship between main vegetation types and climatic factors in Inner Mongolia. *Chin. J. Appl. Ecol*, 2000, **11**(1): 47-52.

Niu Y F. The study of environment in the Plateau of Qinghai-Tibet. *Progress in Geography*, 1999, **18**(2): 164-171.

Niu Z G, Gong P, Cheng X. Primary remote sensing mapping and geographical characteristic analysis of wetland in China. *Science of China (Series D)*, 2009, **39**(2): 188-203.

Nolan M, Liston G, Prokein P, *et al*. Analysis of lake ice dynamics and morphology on Lake El'gygytgyn, NE Siberia, using synthetic aperture radar (SAR) and Landsat. *J Geophys Res*, 2002, **107**: 8162.

Norland E R, Hix D M. Composition and structure of a chronosequence of yong mixed-species forests in southeastern Ohio, USA. *Plant Ecology*, 1996, **125**: 11-30.

Obeysekera J, Rutchey K. Selection of scale for Everglades landscape models. *Landscape Ecology*, 1997, **12** (1): 7-18.

Ohara T, Akimoto H, Kurokawa J, *et al*. An Asian emission inventory of anthropogenic emission sources for the period 1980-2020. *Atmospheric Chemistry and Physics*, 2007, **7**: 4419-4444.

Ojima D, Moran E, McConnell W, *et al*. GLP (2005) Science Plan and Implementation Strategy. IGBP Report No. 53/IHDP Report No. 19. IGBP Secretariat, Stockholm, 2005.

Olson D M, Dinerstein E. The global 200: Priority ecoregions for global conservation. *Annals of Missouri Botanical Garden*, 2002, **89**: 199-224.

Omar I Abdul Aziz, Donald H Burn. Trends and variability in the hydrological regime of the Mackenzie River Basin. *Journal of Hydrology*, 2006, **319**: 282-294.

Osborne P, Alonso J, Bryant R. Modelling landscape scale habitat use using GIS and remote sensing: A case study with great bustards. *Journal of Applied Ecology*, 2001, **38**: 458-471.

Ottaviani D, Lasinio G J, Boitani L. Two statistical methods to validate habitat suitability models using presence-only data. *Ecological Modelling*, 2004, **179**: 417-443.

Ouyang J L, Song C M, Yu Z Y, *et al*. The farm household's choice of land use type and its effectiveness on land quality and environment in Huang-Huai-Hai Plain. *Journal of Natural Resources*, 2004, **19**(1): 1-11.

Overmars K, De Koning G, Veldkamp A. Spatial autocorrelation in multi-scale land use models. *Ecological Modelling*, 2003, **164**: 257-270.

Owen L A, Thackray G, Anderson R S, *et al*. Integrated research on mountain glaciers: Current status, priorities and future prospects. *Geomorphology*, 2009, **103**(2): 158-171.

Oztas T, Koc A, Comakli B. Changes in vegetation and soil properties along a slope on overgrazed and eroded rangelands. *Journal of Arid Environments*, 2003, **55**(1): 93-100.

O'Neill R, DeAngelis D, Waide J, *et al*. *A Hierarchical Concept of Ecosystems*. Princeton: Princeton University Press, 1986.

Painter T, Sumberg J, Price T. Your terroir and my "action space": Implications of differentiation, mobility and diversification for the approche terroir in Sahelian West Africa. *Africa*, 1994, **64**(4): 447-464.

Pan B T, Li J J. Qinghai-Tibetan Plateau: A driver and amplifier of the global climatic change. *Journal of Lanzhou University (Natural Sciences)*, 1996, **32**(1): 108-115.

Pan G T, Li X Z, Wang L Q. Preliminary division of tectonic units of the Qinghai-Tibet plateau and its adjacent regions. *Geol Bull China*, 2002, **21**: 701-707.

Pan J H, Wang J, Wang J H. Dynamic change of frigid wetlands in Source Region of the Yangtze and Yellow rivers. *Wetland Science*, 2007, **5**(4): 298-304.

Pan J Y, Ma D S, Cao S L. Trace element geochemistry of the Lower Cambrian black rock series from northwestern Hunan, South China. *Prog Nat Sci*, 2004, **14**: 64-70.

Pan K W, Wu N, Pan K Z, *et al*. A discussion on the issues of the re-construction of ecological shelter zone on the upper reaches of the Yangtze River. *Acta Ecologica Sinica*, 2004, **24**(3): 617-629.

Paul F, Kääb A, Haeberli W. Recent glacier changes in the Alps observed by satellite: Consequences for future monitoring strategies. *Global and Planetary Change*, 2007, **56**(1/2): 111-122.

Paul F, Kääb A, Maisch M, *et al*. Rapid disintegration of Alpine glaciers observed with satellite data.

Geophysical Research Letters, 2004, **31**(21): L21402.

Paul F. Changes in glacier area in Tyrol, Austria, between 1969 and 1992 derived from Landsat 5 Thematic Mapper and Austrian Glacier Inventory data. *International Journal of Remote Sensing*, 2002, **23**(4): 787-799.

Peet R K. The measurement of species diversity. *Annual Review of ecological systems*, 1974, **5**: 285-307.

Pender J. Development pathways for hillsides and highlands: Some lessons from Central America and East Africa. *Food Policy*, 2004, **29**: 339-367.

Peng C H, Ouyang H, Gao Q, *et al*. Building a "Green" railway in China. *Science*, 2007, **316**: 546-547.

Peng C Y J, Lee K L, Ingersoll G M. An introduction to logistic regression analysis and reporting. *The Journal of Educational Research*, 2002, **96**: 3-14.

Peng S L, Fang W. Development of species diversity in restoration process of tropical man-made forest ecosystem in China. *Acta Ecologica Sinica*, 1995, **15**(Supp. A): 18-30.

Peng Y M. About the tactics of forest resource protection in the central regions of Tuolong valley in Zhumulangma peak nature reserve. *Sichuan Forestry Exploration and Design*, 1999, **1**: 4-8.

Peppler-Lisbach C. Predictive modelling of historical and recent land-use patterns. *Phytocoenologia*, 2003, **33**: 565-590.

Perreault L, Haché M, Slivitzky M, *et al*. Detection of changes in precipitation and runoff over eastern Canada and U. S. using a Bayesian approach. *Stochastic Environmental Research and Risk Assessment* (*SERRA*), 1999, **13**(3): 201-216.

Perry C A, Hsu K J. Geophysical, archaeological, and historical evidence support a solar output model for climate change. *Proceedings of National Academy of Science of USA*, 2000, **97**(23): 12433-12438.

Peter H Verburg, Jan R Ritsema van Eck, Ton C M de Nijs, *et al*. Determinants of land-use change patterns in the Netherlands. *Environment and Planning B: Planning and Design*, 2004, **31**: 125-150.

Peterson A T, Soberon J, Sanchez-Cordero V. Conservatism of ecological niches in evolutionary time. *Science*, 1999, **285**: 1265-1267.

Petit-Maire N, Celles J C, Commelin D G, *et al*. The Sahara in northern Mali: Man and his environment between 10, 000 and 3500 years BP. *African Archaeological Review*, 1983, **1**(1): 105-125.

Petit-Maire N, Riser J. *Sahara ou Sahel Direction Générale. Relations Cult.* Paris: du Ministère de Relations, ext. , 1983: 473.

Pettitt A N. A non-parametric approach to the change-point problem. *Applied Statistics*, 1979, **28**(2): 126-135.

Pettitt A N. A simple cumulative sum type statistic for the change-point problem with zero-one observations. *Biometrika*, 1980, **67**: 79-84.

Pettitt A N. Some results on estimating a change-point using nonparametric type statistics. *Journal of Statistical Computation and Simulation*, 1980, **11**: 261-272.

Pettorelli N, Vik J, Mysterud A, *et al*. Using the satellite-derived NDVI to assess ecological responses to environmental change. *Trends in Ecology & Evolution*, 2005, **20**(9): 503-510.

Phillips S J, Anderson R P, Schapire R E. Maximum entropy modeling of species geographic distributions. *Ecological Modelling*, 2006, **190**: 231-259.

Phillips S J, Dudik M. Modeling of species distributions with Maxent: New extensions and a comprehensive evaluation. *Ecography*, 2008, **31**: 161-175.

Piao S L, Fang J Y, Ji W, *et al*. Variation in a satellite based vegetation index in relation to climate in China. *J. Veg. Sci.*, 2004, **15**(2): 219-226.

Piao S L, Fang J Y. Seasonal changes in vegetation activity in response to climate changes in China between 1982 and 1999. *Acta Geographica Sinica*, 2003, **58**(1): 119-125.

Piao S L, Fang J Y. Terrestrial net primary production and its spatial-temporal patterns in Qinghai-Xizang Plateau, China during 1982-1999. *Journal of Natural Resources*, 2002, **17**(3): 373-380.

Piao S, Mohammat A, Fang J, *et al*. NDVI-based increase in growth of temperate grasslands and its responses to climate changes in China. *Global Environmental Change*, 2006, **16**(4): 340-348.

Pickett S T A, Cadenasso M L. Landscape ecology: Spatial heterogeneity in ecological systems. *Science*, 1995, **269**: 331-334.

Pielou E C. *Ecological Diversity*. New York: Wiley, 1975.

Pinzon J. Using HHT to successfully uncouple seasonal and inter-annual components in remotely sensed data. SCI 2002. Conference Proceedings July 14-18. Orlando, Florida.

Piorecky M D and Prescott D R C. Multiple spatial scale logistic and autologistic habitat selection models for northern pygmy owls, along the eastern slopes of Alberta's Rocky Mountains. *Biological Conservation*, 2006, **129**: 360-371.

Ponge J F, Andre J, Zackrisson O, *et al*. The Forest Regeneration Puzzle. *BioScience*, 1998, **48**(7): 523-530.

Pontius R G, Cornell J D, Charles A S. Modeling the spatial pattern of land-use change with GEOMOD2: Application and validation for Costa Rica. *Agriculture, Ecosystems and Environment*, 2001, **85**: 191-203.

Pontius R G. Land-cover change model validation by an ROC method for the Ipswich watershed, Massachusetts, USA. *Agriculture, Ecosystems & Environment*, 2001, **85**: 239-248.

Pontius R G. Quantification error versus location error in comparison of categorical maps. *Photogrammetric Engineering & Remote Sensing*, 2000, **66**(8): 1011-1016.

Pontius R G. Statistical methods to partition effects of quantity and location during comparision of categorical maps at multiple resolutions. *Photogrammetric Engineering & Remote Sensing*, 2002, **68**(10): 1041-1049.

Potter C S, Brooks V. Global analysis of empirical relations between annual climate and seasonality of NDVI. *International Journal of Remote Sensing*, 1998, **19**:2921-2948.

Poutsma J, Loomans A M, Aukema B, *et al*. Predicting the potential geographical distribution of the harlequin ladybird, Harmonia axyridis, using the CLIMEX model. *Biocontrol*, 2008, **53**: 103-125.

Pressey R L, Adam R. A review of wetland inventory and classification in Australia. *Vegetation*, 1995, **118**: 81-101.

Purevdorj Ts, Tateishi R, Ishiyama T, *et al*. Relationships between percent vegetation cover and vegetation indices. *Int. J. Remote Sensing*, 1998, **19**(18): 3519-3535.

Qin J M, Yuan D X, Cheng H, *et al*. Younger Dryas and abrupt climate change events in the early-middle Holocene: The δ^{18}O variation of a stalagmite from Maolan, Guizhou. *Science in China (Series D)*, 2004, **34**(1): 69-74.

Qinghai Local Records Compilation Committee. *Dalag county annals*. Xi'an: Shaanxi People's Publishing House, 1993.

Qiong C R, La Q. Primary study of Lalu wetland in Lhasa city. *Journal of Tibet University*, 2000, **15**(4): 40-41.

Qiu J. The third pole. *Nature*, 2008, **454**(7203): 393-396.

Qiu P F, Wu N, Luo P, *et al*. Analysis of dynamics and driving factors of wetland landscape in Zoige,

Eastern Qinghai-Tibetan Plateau. *J. Mt. Sci*, 2009, **6**: 42-55.

R Gil Pontius Jr, Laura C Schneider. Land-cover change model validation by an ROC method for the Ipswich watershed, Massachusetts, USA. *Agriculture, Ecosystems and Environment*, 2001, **85**: 239-248.

Racoviteanu A E, Arnaud Y, Williams M W, *et al*. Decadal changes in glacier parameters in the Cordillera Blanca, Peru, derived from remote sensing. *Journal of Glaciology*, 2008a, **54**(186): 499-510.

Racoviteanu A E, Williams M W, Barry R G. Optical remote sensing of glacier characteristics: A review with focus on the Himalaya. *Sensors*, 2008b, **8**(5): 3355-3383.

Ramanathan V, Carmichael G. Global and regional climate changes due to black carbon. *Nature Geoscience*, 2008, **1**(4): 221-227.

Ramanathan V, Chung C, Kim D, *et al*. Atmospheric brown clouds: Impacts on South Asian climate and hydrological cycle. *Proceedings of the National Academy of Sciences of the United States of America*, 2005, **102**(15): 5326-5333.

Ramanathan V, Ramana M V. Persistent, widespread, and strongly absorbing haze over the Himalayan foothills and the Indo-Gangetic Plains. *Pure and Applied Geophysics*, 2005, **162**(8-9): 1609-1626.

Ramsey E W, Laine S. Comparison of Landsat Thematic Mapper and high resolution photography to identify change in complex coastal wetlands. *Journal of Coastal Research*, 1997, **13**: 281-292.

Reardon T. Using evidence of household income diversification to inform study of the rural non-farm labor market in Africa. *World Development*, 1997, **25**(5): 735-747.

Rebelo L M, Finlayson C M, Nagabhatla N. Remote sensing and GIS for wetland inventory, mapping and change analysis. *Journal of Environmental Management*, 2009, **90**(7): 2144- 2153.

Rediscovering Geography Committee, Board on Earth Sciences and Resources, Commission on Geosciences, Environment, and Resources, National Research Council. Rediscovering geography: New relevance for science and society, Washington, D. C.: National Academy Press, 1997.

Reijnen R, Foppen R, Meeuwsen H. The effects of traffic on the density of breeding birds in dutch agricultural grasslands. *Biological Conservation*, 1996, **75**(3): 255-260.

Ren J W, Qin D H, Jing Z F. Climatic warming causes the glacier retreat in Mt. Qomolangma. *Journal of Glaciology and Geocryology*, 1998, **20**(2): 184-185.

Ren J W, Qin D H, Kang S C, *et al*. Glacier variations and climate warming and drying in the central Himalayas. *Chinese Science Bulletin*, 2004, **49**(1): 65-69.

Research group on Qomolangma area of Institute of Soil Science, CAS. Soil trace elements in Qomolangma area. In the reports on the Qomolangma scientific exploitation-physical geography. *science press*, Beijing, 1975: 71-82.

Riaza AARI, Müller A. Hyperspectral remote sensing monitoring of pyrite mine wastes: A record of climate variability (Pyrite Belt, Spain). *Environmental Earth Sciences*, 2010, **61**: 575-594.

Richard D A, James K D, Daniel G M. Grassland vegetation changes and nocturnal global warming. *Science*, 1999, **283**(8): 229-231.

Richard Y M Kangalawe, Emma T Liwenga. Livelihoods in the wetlands of Kilombero Valley in Tanzania: Opportunities and challenges to integrated water resource management. *Physics and Chemistry of the Earth*, 2005, **30**: 968-975.

Richard Y, Poccard I. A statistical study of NDVI sensitivity to seasonal and interannual rainfall variation in southern Africa. *Int. J. Remote Sens.*, 1998, **19**: 2907-2920.

Robert Chambers. Rural Appraisal: Rapid, Relaxes and Participatory. Institute of Development Studies, UK, 1992.

Robert W. China's agricultural reforms: The importance of private plots. *China Economic Review*, 2000, **11**: 54-78.

Roerink G, Menenti M, Verhoef W. Reconstructing cloudfree NDVI composites using Fourier analysis of time series. *Int. J. Rem. Sens.*, 2000, **21**(9): 1911-1917.

Rouget M, Richardson D M, Nel J L, *et al*. Mapping the potential ranges of major plant invaders in South Africa, Lesotho and Swaziland using climatic suitability. *Diversity and Distributions*, 2004, **10**: 475-484.

Rowan Fealy, John Sweeney. Detection of a possible change point in atmospheric variability in the North Atlantic and its effect on Scandinavian glacier mass balance. *International Journal of Climatology*, 2005, **25**: 1819-1833.

Roy Haines-young, Chopping M. Quantifying landscape structure: A review of landscape indices and their application to forested landscape. *Progress in Physical Geography*, 1996, **20**(4): 418-445.

Roy P S, Agrawal S, Shukla Y, *et al*. Land cover mapping using SPOT-Vegetation for south central Asia. Indian Institute of Remote Sencing, Dehradun, India, 2004.

Runnström, Micael C. Is Northern China winning the battle against desertification? -Satellite remote sensing as a tool to study biomass trends on the Ordoas Plateau in Semiarid China. *Ambio*, 2000, **29**(8): 468-476.

Rutherford, Gillian N Rutherford, Peter Bebi, Peter J, *et al*. Assessing land-use statistics to model land cover change in a mountainous landscape in the European Alps. *Ecological Modelling*, 2008, **212**: 460-471.

Rutzinger M, H fle B, Hollaus M, *et al*. Object-based point cloud analysis of full-waveform airborne laser scanning data for urban vegetation classification. *Sensors*, 2008, **8**: 4505-4528.

Sanchez-Flores E. GARP modeling of natural and human factors affecting the potential distribution of the invasives Schismus arabicus and Brassica tournefortii in 'El Pinacate y Gran Desierto de Altar' Biosphere Reserve. *Ecological Modelling*, 2007, **204**: 457-474.

Sanderson R, Eyre M, Rushton S. Distribution of selected macroinvertebrates in a mosaic of temporary and permanent freshwater ponds as explained by autologistic models. *Ecography*, 2005, **28**: 355-362.

Sara Brogaard, Zhao X Y. Rural reforms and changes in land management and attitudes: A case study from Inner Mongolia, China. *Ambio*, 2002, **31**(3): 212-218.

Saxon E C. Disturbance regimes in North Queensland rainforests: A re-evaluation of their relationship to species riches and diversity. *Australian Journal of Ecology*, 1990, **15**: 241-244.

Schiewe J, Tufte L, Ehlers M. Potential and problems of multi-scale segmentation methods in remote sensing. GeoBIT/GIS, 2001, **6**: 34-39.

Schmidt H, Gitelson A. Temporal and spatial vegetation cover changes in israeli transition zone: AVHRR-based assessment of rainfall impact. *Int. J. Remote Sensing*, 2000, **21**: 997-1010.

Schneider D C. Spatial allometry. In Gardner R H, Kemp W M, Kennedy V S, and Petersen J E, editors. *Scaling Relations in Experimental Ecology*. New York: Columbia University Press, 2001.

Schwartz M D. Green wave phenology. *Nature*, 1998, **394**: 839-840.

Scientific Expedition Team to the Tibetan Plateau. *Climates of Tibet*. Beijing: Science Press, 1984: 43-44.

Scott D A, Jones T A. Classification and inventory of wetlands: A global overview. *Vegetation*, 1995, **118**: 3-16.

Sen P K. Estimates of the regression coefficient based on Kendall's tau. *J. Am. Stat. Assoc.*, 1968, **63**: 1379-1389.

Seto K C, Kaufmann R K. Modeling the drivers of urban land use change in the Pearl River Delta, China:

Integrating remote sensing with socio-economic data. *Land Econ.*, 2003, **79**: 106-121.

Sha Z J, Ma H Z, Chen K L, *et al*. Study on desertification of Yellow River source area based on GIS and RS. *Journal of Salt Lake Research*, 2001, **9**(1): 68-70.

Shackleton S, Shackleton C, Netshiluvhi T, *et al*. Use patterns and value of Savanna resources in three Rural villages in South Africa. *Economic Botany*, 2002, **56**(2): 130-146.

Shaller G B. *Mountain monarchs: Wild sheep and goats of the Himalaya*. Chicago: University of Chicago Press, 1977.

Shao X H, Wang Y J, Cheng H, *et al*. Long-term trend and abrupt events of the Holocene Asian monsoon inferred from a stalagmite $\delta^{18}O$ record from Shennongjia in Central China. *Chinese Science Bulletin*, 2006, **51**(1): 80-86.

Sharma S, Singh S P. Energy use pattern and sustainable development: A case study in rural landscape of the Central Himalaya. *Landscape and Urban Planning*, 1994, **29**(1): 19-24.

Sharp K. Measuring Destitution: Integrating Qualitative and Quantitative Approaches in the Analysis of Survey Data, IDS Working Paper 217, 2003.

Shen J, Liu X Q, Matsumoto R, *et al*. A high-resolution climatic change since the Late Glacial Age inferred from multi-proxy of sediments in Qinghai Lake. *Science in China* (*Series D*), 2004, **34**(6): 582-589.

Sheng Y, Shah C A, Smith L C. Automated image registration for hydrologic change detection in the lake-rich arctic. *IEEE Geosci Remote S*, 2008, **5**: 414-418.

Shi L X, Wang J X, Su Y M, *et al*. Earlier-stage succession of vegetation on the clear-cuts in Mialou Forest district in Western Sichuan. *Acta Phytoecologica Sinica*, 1988, **12**(4): 306-313.

Shi Q D, Chen L J, Pan X L, *et al*. Characteristics of vegetation evolution in arid land of Western China 1982 to 1990. *Resources Science*, 2003, **25**(5): 85-88.

Shi Y F, Kong Z C, Wang S M, *et al*. The important climatic fluctuations and events in China during the Holocene Megathermal. *Science in China* (*Series B*), 1992 (12): 1300-1307.

Shi Y F, Liu S Y. Estimation of the response of Chinese glacier to the global warming in the 21st century. *Chinese Science Bulletin*, 2000, **45**(4): 434-438.

Shi Y F. *The Climate and Environment of Holocene Megathermal in China*. Beijing: China Ocean Press, 1992: 1-212.

Shi Y F, Ren J W. Glacier recession and lake shrinkage indicating a climatic warming and drying trend in central Asia. *Annals of Glaciology*, 1990, **14**: 261-265.

Shresth A D, Zinck J A. Modeling land degradation in the Nepalese Himalaya. *Catena*, 2004, **57**: 135-156.

Shrestha K L. Nepal's energy situation. *Energy*, 1981, **6**(8): 817-821.

Sichuan collaboration group of vegetation research. *Sichuan Vegetation*. Chengdu: Sichuan People's Publication House, 1980.

Silverio W, Jaquet J M. Glacial cover mapping (1987-1996) of the Cordillera Blanca (Peru) using satellite imagery. *Remote Sensing of Environment*, 2005, **95**(3): 342-350.

Singh, A. Review article digital change detection techniques using remotely-sensed data. *International Journal of Remote Sensing*, 1989, **10**: 989-1003.

Siroeko F, Sarnthein M, Erlenkeuser H, *et al*. Century-scale events in monsoonal climate over the past 24000 years. *Nature*, 1996, **364**: 322-324.

Sirois Allan. A brief and biased overview of time series analysis on how to find that evasive trend. In WMO Report No. 133: WMO/EMEP Workshop on Advanced Statistical Methods and Their Application to Air Quality Datasets 1998, 1998.

Skole D L, Chomentowski W H, Salas W A, *et al*. Physical and human dimensions of deforestation in Amazonia. *Bioscience*, 1994, **44**: 314-322.

Skole D, Tucker C. Tropical deforestation and habitat fragmentation in the Amazon: Satellite data from 1978 to 1988. *Science*, 1993, **260**: 1905-10.

Smil V. *China's Environmental Crises*. Sharpe M E. Inc. New York, 1993: 257.

Smit B D, McNabb, Smithers J. Agricultural adaptation to climate change. *Climatic Change*, 1996, **33**: 7-29.

Smit B, Burton I, Klein J T, *et al*. An anatomy of adaptation to climate change and variability. *Climatic Change*, 2000, **45**: 223-251.

Snyder P K, Delire C, Foley J A. Evaluating the influence of different vegetation biomes on the global climate. *Clim Dyn.*, 2004, **23**(3): 279-302.

Snyman H A, du Preez C C. Rangeland degradation in a semi-arid South Africa—II: Influence on soil quality. *Journal of Arid Environments*, 2005, **60**(3): 483-507.

Soini E. Land use change patterns and livelihood dynamics on the slopes of Mt. Kilimanjaro, Tanzania. *Agricultural Systems*, 2005, **86**: 306-323.

Solomon D, Lehmann J, Mamo T, *et al*. Phosphorus forms and dynamics as influenced by land use changes in the sub-humid Ethiopian highlands. *Geoderma*, 2002, **105**(1): 21-48.

Song Y, Ma M G, Veroustraete F. Comparison and conversion of AVHRR GIMMS and SPOT VEGETATION NDVI data in China. *International Journal of Remote Sensing*, 2010, **31** (9): 2377-2392.

Spellerberg I F, Sawyer J w D. Standards for biodiversity: A proposal based on biodiversity standards for forest plantations. *Biodiversity and conservation*, 1996, **5**: 447-459.

Stefanov W L, Ramsey M S, Christensen P R. Monitoring urban land cover change: An expert system approach to land cover classification of semiarid to arid urban centers. *Remote Sensing of Environment*, 2001, **77**: 173-185.

Stern P C, Young O R, Druckman D (eds.). *Global environmental change: Understanding the human dimensions*. Washington D. C: National Research Council Report, 1992.

Steven Deban. Innovative Traffic Management Following the 1994 Northbridge Earthquake. Prepared for Organization of Chinese American, 1995.

Stockwell D R B, Beach J H, Stewart A, *et al*. The use of the GARP genetic algorithm and Internet grid computing in the Lifemapper world atlas of species biodiversity. *Ecological Modelling*, 2006, **195**: 139-145.

Streets D, Chung C, Su H. Remote sensing of global change: Growth in China's Jiangsu province. *Int. J. Sustain. Dev. World Ecol.*, 1995, **2**(4): 257-266.

Studley J. Forests and environmental degradation in SW China. *Int. For. Rev.*, 1999, **1**(4): 260-265.

Su D X. The effects and position of natural grassland on controlling soil erosion and desertification in watershed of the middle and upper research of Yellow River. *Acta Agrestia Sinica*, 2000, **8**(2): 78-81.

Su W, Li J, Chen Y H, *et al*. Object-oriented urban land cover classification of multi-scale image segmentation method: A case study in Kuala Lumpur city center, Malaysia. *Journal of Remote Sensing*, 2007, **11**(4): 521-530.

Su Y M, Wang J X, Shi L X, *et al*. Vegetation biomass and biological productivity dynamics of cutting-blanks in their early succession stage in western Sichuan. *Journal of Sichuan Forestry Science and Technology*, 1999, **20**(4): 14-21.

Su Y, Li Y, Cui J, *et al*. Influences of continuous grazing and livestock exclusion on soil properties in a degraded sandy grassland, Inner Mongolia, northern China. *Catena*, 2005, **59**(3): 267-278.

Su Z, Liu Z X, Wang W T, *et al*. Glacier fluctuations responding to climate change and forecast of its tendency over the Qinghai-Tibet plateau. *Advance in Earth Sciences*, 1999, **14**(6): 607-612.

Su Z, Shi Y F. Response of monsoonal temperate glaciers in China to global warming since the little ice age. *Journal of Glaciology and Geocryology*, 2000, **22**(3): 223-229.

Suarez-Seoane S, Morena E L G, Prieto M B M, *et al*. Maximum entropy niche-based modelling of seasonal changes in little bustard (Tetrax tetrax) distribution. *Ecological Modelling*, 2008, **219**: 17-29.

Sun A Z, Feng Z D, Tang L Y, *et al*. Vegetation and Climate Changes in the Western Part of the Loess Plateau since 13 ka BP. *Acta Geographica Sinica*, 2008, **63**(3): 280-292.

Sun H L, Zheng D. *Formation, Evolution and Development of Qinghai-Xizang (Tibetan) Plateau.* Guangzhou: Guangdong Science & technology Press, 1993.

Sun H Y, Wang C Y, Niu Z, *et al*. Analysis of the vegetation cover change and the relationship between NDVI and environmental factors by using NOAA time series data. *Journal of Remote Sensing*, 1998, **2**(3): 205-210.

Sun Q L, Zhou J, Shen J, *et al*. Environmental characteristics of mid-Holocene recorded by lacustrine sediments from Lake Daihai, north environment sensitive zone. *Science in China (Series D)*, 2006, **36**(9): 838-849.

Swihart R K, Slade N A. Road crossing in Sigmodon hispidus and Microtus ochrogaster. *Journal of Mammalogy*, 1984, **65**: 357-360.

Syartinilia, Tsuyuki S. GIS-based modeling of javan hawk-eagle distribution using logistic and autologistic regression models. *Biological Conservation*, 2008, **141**: 756-769.

Talash. Herdsman settlement is the key of developing pasturing area economy. *Xinjiang Livestock Industry*, 1986, **4**: 2-3.

Tan S H, Qu F T, Huang X J. Difference of farm households' land use decision-making and land conservation policies under market economy. *Journal of Nanjing Agricultural University*, 2001, **24**(2): 110-114.

Tang G P, Li X B, Guenther Fischer, *et al*. Climate change and its impacts on China's Agriculture. *Acta Geographica Sinica*, 2000, **55**(2): 129-138.

Tang L Y, Shen C M, Zhao X T, *et al*. Vegetation and climate since Holocene based on Qingfeng Section, Jianhu, Jiangsu Province. *Science in China (Series B)*, 1993, **23**(6): 637-643.

Tang M C, Bai C Y, Feng S, *et al*. Climate abrupt change in the Qinghai-Xizang Plateau in recent century and its relation to astronomical factors. *Plateau Meteorology*, 1998, **17**(3): 250-257.

Tang X P, Huang G L. Study on classification system for wetlands types in China. *Forest Research*, 2003, **16**(5): 531-539.

Taobo. Preliminary study on spatio-temporal patterns of terrestrial carbon budgets driven by climatic change in China. Postdoctoral research report of Institute of Geographic Sciences and Natural Resources Research, CAS, 2005.

Tapponnier P, Xu Z Q, Roger F, *et al*. Oblique stepwise rise and growth of the Tibetan Plateau. *Science*, 2001, **294**: 1671-1677.

Team of Scientific Expedition in Tibet, CAS. *Dissertation of Scientific Expedition to Mt. Qomolangma Region: Physical Geography*. Beijing: Science Press, 1975.

Teh C B S, Rashid M A. Object-oriented code to lookup soil texture classes based on any soil classification scheme. *Communications in Soil and Plant Analysis*, 2003, **34**: 1-11.

Teh C B S. A computer program to determine the soil texture class for any classification scheme. *Agro-Search*, 2002, **9**: 19-21.

The Comprehensive Scientific Expedition to the Qinghai-Xizang Plateau. *Series of Integrated Scientific Expedition to the Qinghai-Tibet Plateau*: *Vegetation of Tibet*. Beijing: Science Press, 1988.

The editorial board of vegetation map of China, CAS. *Vegetation Atlas of China* (1 : 1 000 000). Beijing: Science Press, 2001.

The Editorial Board of "Forests in Sichuan". *Forests in Sichuan*. Beijing: China Publication House of Forestry, 1992.

The Ramsar Convention Bureau. Ramsar Handbook for the Wise Use of Wetlands, 2000.

Thierry Lodé. Effect of a motorway on mortality and isolation of wildlife populations. *Ambio*, 2000, **29**(3): 163-166.

Thompson K. Predicating the fate of temperate species in response to human disturbance and global change. In: Boyle T J B and Boyle C E B, eds. Biodiversity, Temperate Ecosystems, and Global Change. Heidelberg(Germany): Springer-Verlag, 1994: 61-76.

Thompson L G, Yao T D, Davis M E, *et al*. Tropical climate instability: The last glacial cycle from a Qinghai-Tibetan ice core. *Science*, 1997, **276**(5320): 1821-1825.

Thomson A G, Fuller R M, Eastwood J A. Supervised versus unsupervised methods for classification of coasts and river corridors from airborne remote sensing. *International Journal of Remote Sensing*, 1998, **19**: 3423-3431.

Tian Y B, Xiong M B, Song G Y. Study on change of soil organic matter in the process of wetland ecological restoration in Ruoergai Plateau. *Wetland Science*, 2004, **2**(2): 88-93.

Tibet Bureau of Land Planning. *Land resources in Tibet*. Beijing: Science Press, 1992.

Tibet Bureau of Statistic (comp.). *Tibet Statistical Yearbook* 2008. Beijing: China Statistics Press, 2008.

Tibet Bureau of Statistic (comp.). *Tibet Statistical Yearbook* 2009. Beijing: China Statistics Press, 2009.

Tibet Bureau of Statistic. *Tibet Statistical Yearbook*. Beijing:China Statistics Press,2009.

Tibet Bureau of Statistics(comp.). *Tibet Statistical Yearbook* 2010. Beijing: China Statistics Press, 2010.

Tibet statistical bureau (comp.). *Tibet Statistical Yearbook* 1995. Beijing: China Statistics Press, 1996.

Tibet statistical bureau (comp.). *Tibet Statistical Yearbook* 2000. Beijing: China Statistics Press, 2001.

Tibetan Scientific Expedition Team of Chinese Academy of Sciences. *Report of Scientific Expedition in Mt. Qomolangma* (*Everest*) *Region* 1966-1968 (*Geography*). Beijing: Science Press, 1975.

Tikka P M, Mander Harri H, Koski Piia S. Road and railway verges serve as dispersal corridors for grassland plants. *Landscape Ecology*, 2001, **16**(7): 659-666.

Tiwari P C. Land-use changes in Himalaya and their impact on the plains ecosystem: Need for sustainable land use. *Land Use Policy*, 2000, **17**(2): 101-111.

Toby N Carlson, David A Ripley. On the relation between NDVI, fractional vegetation cover, and leaf area index. *Remote Sense. Environ.*, 1997, **62**: 241-252.

Toulmin C. *Cattle*, *Women and Wells*: *Managing Household Survival in the Sahel*. Oxford: Clarendon Press, 1992.

Tove Hels, Erik Buchwald. The effect of road kills on amphibian populations. *Biological Conservation*, 2001: 331-340.

Trishchenko A P, Josef Cihlar, Li Z Q. Effects of spectral response function on surface reflectance and NDVI measured with moderate resolution satellite sensors. *Remote Sensing Environment*, 2002, **81**(1): 1-181.

Trombulak S C, Frissel C A. Review of ecological effects of roads on terrestrial and aquatic communities.

Conservation Biology, 2000, **14**(1): 18-30.

Tsuyuki S. GIS-based modeling of Javan Hawk-Eagle distribution using logistic and autologistic regression models. *Biological Conservation*, 2008, **141**: 756-769.

Tucker C J, Grant D M, Dykstra J D. NASA's global orthorectified Landsat dataset. *Photogrammetric Engineering and Remote Sensing*, 2004, **70**(3): 313-322.

Tucker C J, Pinzón J E, Brown M E, *et al*. An extended AVHRR 8 km NDVI dataset compatible with MODIS and SPOT vegetation NDVI data. *International Journal of Remote Sensing*, 2005, **26**(20): 4485-4498.

Turner B L. *The earth as transformed by human action: Global and regional changes in the biosphere over the past* 300 *years*. New Yorks: Cambridge University Press, 1990.

Turner II B L, Meyer W B, Skole D L. Global land-use/land-cover change: Towards an integrated program of study. *Ambio*, 1994, **23**(1): 91-95.

Turner II B L, Moss R H, Skole D L. Relating Land Use and Global Land Cover Change: A Proposal for an IGBP-HDP Core Project. IGBP Rep. No. 24 and HDP Rep. No. 5., Stockholm: International Geosphere-Biosphere Programme and the Human Dimensions of Global Environmental Change Programme, 1993: 65-66.

Turner II B L, Skole D L, Sanderson S, *et al*. Land-Use and Land-Cover Change; Science/Research Plan. IGBP Report No. 35, HDP Report No. 7, IGBP and HDP, Stockholm and Geneva, 1995: 1-66.

Turner M G, Gardner R H, O'Neill R V. *Landscape Ecology: In Theory and Practice*. New York: Springer-Verlag, 2001.

Turner M G, Costanza R, Sklar F H. Methods to evaluate the performance of spatial simulation models. *Ecological Modelling*, 1989, **48**(1): 1-18.

Turner M G. Spatial and temporal analysis of landscape patterns. *Landscape Ecology*, 1990, **4**(1): 21-30.

Van Bohemen H D. Habitat fragmentation, infrastructure and ecological engineering. *Ecological Engineering*, 1998, **11**: 199-207.

Van Dessel W, Van Rompaey A, Szilassi P. Sensitivity analysis of logistic regression parameterization for land use and land cover probability estimation. *International Journal of Geographical Information Science*, 2010, **25**: 489-507.

Van Rooyen F C, Visser C J. A digital computer program for particle size analysis and textural classification of soils. *Communications in Soil Science and Plant Analysis*, 1976, **7**: 521-525.

Van Vliet A J H, de Groot R S, Bellens Y, *et al*. The European Phenology Network. *International Journal of Biometeorology*, 2003, **47**: 202-212.

Van-Coillie FMB, Verbeke LPC, De-Wulf RR. Feature selection by genetic algorithms in object-based classification of IKONOS imagery for forest mapping in Flanders, Belgium. *Remote Sens Environ*, 2007, **110**: 476-487.

Vaughan D G, Rivera A, Woodward J, *et al*. Topographic and hydrological controls on Subglacial Lake Ellsworth, West Antarctica. *Geophys Res Lett*, 2007, **34**: L18501.

Veldkamp A. and Fresco L O. Exploring land use scenarios, an alternative approach based on actual land use. *Agricultural Systems*, 1997, **55**: 1-17.

Veldkamp W, Fresco L O. CLUE: A conceptual model to study the conversion of land use and its effects. *Ecological Modelling*, 1996, **85**: 253-270.

Verburg P H, Soepboer W, Veldkamp A, *et al*. Modeling the spatial dynamics of regional land use: The CLUES model. *Environmental Management*, 2002, **30**(3): 391-405.

Vidal Garcia F, Serio Silva J C. Potential Distribution of Primates in Mexico: Modeling the Ecological Niche with the Maximum Entropy Algorithm (Maxent). *American Journal of Primatology*, 2010, **72**: 60.

Viovy N, Arino O, Belward A S. The best index slope extraction (BISE): A method for reducing noise in NDVI time series. *Int. J. Rem. Sens.* 1992, **13**(8): 1585-1590.

Volcani A, Karnieli A, Svoray T. The use of remote sensing and GIS for spatio-temporal analysis of the physiological state of a semi-arid forest with respect to drought years. *Forest Ecology and Management*, 2005, **215**(1-3): 239-250.

Volker W. Object-based classification of remote sensing data for change detection. *ISPRS Journal of Photogrammetry & Remote Sensing*, 2004(58): 225-238.

Waddell L A. *Lhasa and its Mysteries* (*4th Edition*). London, 1929.

Waldo R Tobler. A computer movie simulating urban growth in the detroit region. *Economic Geography*, 1970, **46**(2): 234-240.

Wang A M, Liu J L, Gao X. On the human-environment systems in the north-eastern border of Tibetan Plateau and its surrounding areas. *Economic Geography*, 2000, **20**(2): 31-35.

Wang B S. *Plant community Ecology*. Guangzhou: High Education Press, 1987.

Wang F B, Han H Y, Yan G, *et al*. Paleovegetational and paleoclimatic evolution series on north Eastern Qinghai-Tibet Plateau in the last 30 ka. *Science in China* (*Series D*), 1996, **26**(2): 111-119.

Wang F B, Yan G, Lin B H. Organic carbon stable isotopic composition from peat in Ruoergai Plateau, eastern part of Qinghai-Xizang Plateau. *Chinese Science Bulletin*, 1993, **38**(13): 1114-1118.

Wang G X, Ding Y J, Wang J, *et al*. Land ecological changes and evolutional patterns in the source regions of the Yangtze and Yellow Rivers in recent 15 year. *Acta Geographica Sinica*, 2004, **59**(2): 163-173.

Wang G X, Li Y S, Wang Y B, *et al*. Typical alpine wetland system changes on the Qinghai-Tibet Plateau in recent 40 years. *Acta Geographica Sinica*, 2007, **62**(5): 481-491.

Wang G X, Shen Y P, Cheng G D. Eco-environmental change and causal analysis in sources regions of the Yellow River. *Journal of Glaciology and Geocryology*, 2000, **22**(3): 200-211.

Wang G X, Wang Y B, Li Y S, *et al*. Influences of alpine ecosystem responses to climatic change on soil properties on the *Qinghai-Tibet Plateau*, *China*. *Catena*, 2007, **70**(3): 506-514.

Wang G, Cheng G. Characteristics of grassland and ecological changes of vegetations in the source regions of Yangtze and Yellow rivers. *Journal of Desert Research*, 2001, **21**(2): 101-107.

Wang G, Li Q, Cheng G, *et al*. Climate change and its impact on the eco-environment in the source regions of Yangtze and Yellow rivers in recent 40 years. *Journal of Glaciology and Geocryology*, 2001, **23**(4): 346-352.

Wang G, Qian J, Cheng G, *et al*. Eco-environmental degradation and casual analysis in the source region of the Yellow River. *Environment Ecology*, 2001, **40**: 884-890.

Wang G, Qian J, Cheng G, *et al*. Soil organic carbon pool of grassland soils on the Qinghai-Tibetan Plateau and its global implication. *Science of the Total Environment*, 2002, **291**(1-3): 207-217.

Wang J L, Ma J, He S F. *Land cover changes and the environmental effects* (ed. Physical geography department of Geographical society of China), Characteristics of land cover changes in the Nujiang watershed of northwest Yunnan Province. Beijing: Planet Map Press, 2002: 130-140.

Wang J L. The analysis of the hydrological characteristics of the Yarlung Zangbo River and its anabranches. *Bulletin of Soil and Water Conservation*, 1994, **14**(2): 54-58.

Wang J X, Xu J D, Hou G W, *et al*. *Ecology and regeneration of cutted blank in alpine and plateau region of the upper reach of Yangtze River*. Beijing: Chinese Publication House of Forestry, 1995.

Wang J X. Quality retrogradation of environment and recovery of forest vegetation of the frail zones of forest ecological environment in the upper reaches of Yangtze River. *Journal of Chendu University of Technology*, 2000, **27**(suppl.): 170-174.

Wang J, Price K, Rich P. Spatial patterns of NDVI in response to precipitation and temperature in the central Great Plains. *International Journal of Remote Sensing*, 2001, **22**(18): 3827-3844.

Wang J, Rich P M, Price K P. Temporal responses of NDVI to precipitation and temperature in the central Great Plains, USA. *Int. J. Remote. Sens.*, 2003, **24**(11): 2345-2364.

Wang J B, Zhu L P, Daut G, *et al*. Investigation of bathymetry and water quality of Lake Nam Co, the largest lake on the central Tibetan Plateau, China. *Limnology*, 2009, **10**: 149-158.

Wang J B, Zhu L P, Nishimura M, *et al*. Spatial variability and correlation of environmental proxies during the past 18,000 years among multiple cores from Lake Pumoyum Co, Tibet, China. *J Paleolimnol*, 2009, **42**: 303-315.

Wang Q J, Lai D Z, Jing Z C, *et al*. The resources, ecological environment and sustainable development in the source regions of the Yangtze, Huanghe and Yalu Tsangpo rivers. *Journal of Lanzhou University (Natural Sciences)*, 2005, **41**(4): 50-55.

Wang Q T, Lin X G, Wang Z J, *et al*. Extraction of winter wheat planting area by object-oriented classification method. *Science of Surveying and Mapping*, 2008, **33**(2): 143-146.

Wang S M, Wang F B. Climatic changes of Holocene, recorded from lake sedimentary record. In: Shi Yafeng (ed.), *Climate and Environment of Holocene Megathermal in China*. Beijing: China Ocean Press, 1992: 146-152.

Wang S W, Gong D Y. Climate in China during the four special periods in Holocene. *Progress in Natural Science*, 2000, **10**(4): 325-332.

Wang S W, Zhu J H, Cai J N. Interdecadal variability of temperature and precipitation in China since 1880. *Advances in Atmospheric Sciences*, 2004, **21**(3): 307-313.

Wang W, Wang Q, Wang H. The effect of land management on plant community composition, species diversity, and productivity of alpine Kobersia steppe meadow. *Ecol. Res.*, 2006, **21**: 181-187.

Wang X H, Fu X F. Sustainable management of alpine meadows on the Tibetan Plateau: Problems overlooked and suggestions for change. *Ambio*, 2004, **33**(3): 169-171.

Wang X P, Xu B Q, Kang S C, *et al*. The historical residue trends of DDT, hexachlorocyclohexanes and polycyclic aromatic hydrocarbons in an ice core from Mt. Everest, central Himalayas, China. *Atmospheric Environment*, 2008, **42**(27): 6699-6709.

Wang X P, Yao T D, Wang P L, *et al*. The recent deposition of persistent organic pollutants and mercury to the Dasuopu glacier, Mt. Xixiabangma, central Himalayas. *Science of Total Environment*, 2008, **394**(1): 134-143.

Wang X, Liu S Y, Yao X J, *et al*. Glacier lake investigation and inventory in the Chinese Himalayas based on the remote sensing data. *J Geogr Sci*, 2010, **65**: 29-36.

Wang X, Yao T, Cong Z, *et al*. Concentration level and distribution of polycyclic aromatic hydrocarbons in soil and grass around Mt. Qomolangma, China. *Chinese Science Bulletin*, 2007a, **52**(10): 1405-1413.

Wang X, Yao T, Cong Z, *et al*. Distribution of persistent organic pollutants in soil and grasses around Mt. Qomolangma, China. *Archives of Environmental Contamination and Toxicology*, 2007b, **52**: 153-162.

Wang X, Yao T, Cong Z, *et al*. Gradient distribution of persistent organic contaminants along northern slope of central-Himalayas, China. *Sciences of the Total Environment*, 2006, **372**: 193-202.

Wang Y, Li X, Miao Q L. Analyses on variety characteristics of temperature in Qinghai-Tibet Plateau in recent 50 years. *Arid Land Geography*, 2004, **27**(1): 41-46.

Warren S G. Optical properties of snow. *Reviews of Geophysics*, 1982, **20**: 67-89.

Watson R T, the core writing team (Eds.). Climate Change 2001: Synthesis Report. IPCC, Geneva, Switzerland, 2001: 184.

Webb W L, Lauenroth W K, Szarek S R, *et al*. Primary production and abiotic controls in forests, grasslands, and desert ecosystems in the United States. *Ecology*, 1983, **64**(1): 134-151.

Wei F Y. *Modern Climatic Statistical Diagnosis and Forecasting Technology*. Beijing: Meteorological Press, 1999: 43-47.

Wei S Z, Wu L H, Hai H. Thoughts on the survey for pastureland relocation in Guoluo prefecture. *Qinghai Prataculture*, 2003, **12**(2): 33-36.

Wei Z G, Huang R H, Dong W T. Interannual and interdecadal variations of air temperature and precipitation over the Tibetan Plateau. *Chinese Journal of Atmospheric Sciences*, 2003, **27**(2): 157-170.

Weiss H, Courty M A, Wetterstrom W, *et al*. The genesis and collapse of third millennium North Mesopo tamian civilization. *Science*, 1993, **261**(20): 995-1004.

Wen C Z. Doing well for the reconstruction of homestead stockfarms to promote modernized development of animal raising industry. *Sichuan Grassland*, 1998, **4**: 16-18.

Wen Y G, Yuan C A, Li X X, *et al*. Development of species diversity in vegetation restoration process in mid-mountain region of Damingshan, Guangxi. *Acta Phytoecologica Sinica*, 1998, **22**(1): 33-40.

Weng Q H. Land use change analysis in the Zhujiang Delta of China using satellite remote sensing, GIS and stochastic modeling. *Journal of Environmental Management*, 2002, **64**: 273-284.

Weng Q. *Advances in environmental remote sensing*: *Sensors*, *algorithms*, *and applications*. New York: CRC Press, 2010.

White M A, Thornton P E, Running S W. A continental phenology model for monitoring vegetation responses to interannual climatic variability. *Global Biogeochem Cycles*, 1997, **11**: 217-234.

Whittaker R H. *Communities and Ecosystems*. New York: Macmillan, 1975.

Whittaker R J, Willis K J, Field R. Scale and species richness: Towards a general, hierarchical theory of species diversity. *Journal of Biogeography*, 2001, **28**: 453-470.

Wiens J A. Spatial scaling in ecology. *Functional Ecology*, 1989, **3**: 385-397.

Wiliams J N, Seo C W, Thorne J, *et al*. Using species distribution models to predict new occurrences for rare plants. *Diversity and Distributions*, 2009, **15**: 565-576.

Wilkes Andreas. Using the sustainable livelihoods framework to understand agro-pastoralist livelihoods in NW Yunnan. Center for biodiversity and indigenous knowledge. Community Livelihoods Program Working Paper 2, 2003.

Withers M A, Meentemeyer V. *Concepts of scale in landscape ecology*, *in Landscape Ecological Analysis*: *Issues and Applications* (Klopatek J M and Gardner R H, Editors). New York: Springer, 1999: 205-252.

Wittich K P, Hansing O. Area-averaged vegetative cover fraction estimated from satellite data. *International Journal of Biometereology*, 1995, **38**: 209-215.

Woodward F I. *Climate and plant distribution*. New York: Cambridge University Press, 1987.

Wu D Q, Liu J, Zhang G S, *et al*. Incorporating spatial autocorrelation into cellular automata model: An application to the dynamics of Chinese tamarisk (Tamarix chinensis Lour.). *Ecological Modelling*, 2009, **220**: 3490-3498.

Wu G P, Zeng Y N, Xiao P F, *et al*. Using autologistic spatial models to simulate the distribution of land-use patterns in Zhangjiajie, Hunan Province. *Journal of Geographical Sciences*, 2010, **20**: 310-320.

Wu G, Xu B, Yao T, *et al*. Heavy metals in aerosol samples from the Eastern Pamirs collected 2004-2006. *Atmospheric Research*, 2009, **93**: 784-792.

Wu H Z, Jiang Q G, Cheng B. Study of dynamic changes of lakes in Qinghai-Tibet Plateau based on remote sensing and GIS. *Global Geology*, 2007, **26**(1): 66-70.

Wu J, Levin S A. A Spatial patch dynamic modeling approach to pattern and process in annual grassland. *Ecological Monographs*, 1994, **64**(4): 447- 464.

Wu J, Shen W, Sun W, *et al*. Empirical patterns of the effects of changing scale on landscape metrics. *Landscape Ecology*, 2002, **17**(8): 761-782.

Wu J. Effects of changing scale on landscape pattern analysis: Scaling relations. *Landscape Ecology*, 2004, **19**(2): 125-138.

Wu J. Hierarchy and scaling: Extrapolating information along a scaling ladder. *Canadian Journal of Remote Sensing*, 1999, **25**(4): 367-380.

Wu N, Liu Z G. Probing into the causes of geographical pattern of subalpine vegetation on the eastern Qinghai-Tibetan Plateau. *Chinese Journal of Applied and Environmental Biology*, 1998, **4**(3): 290-297.

Wu N, Yan Z. Climate variability and social vulnerability on the Tibetan Plateau: Dilemmas on the road to pastoral reform. *Erdkunde*, 2002, **56**(1): 2-14.

Wu Q B, Li X, Li W J. Computer simulation and mapping of the regional distribution of permafrost along the Qinghai-Xizang Highway. *Journal of Glaciology and Geocryology*, 2000, **22**(4): 323-326.

Wu R, Tiessen H. Effect of land use on soil degradation in alpine grassland soil, China. *Soil Science Society of America Journal*, 2002, **66**(5): 1648-1655.

Wu S H, Yin Y H, Zheng D, *et al*. Climate changes in the Tibetan Plateau during the last three decades. *Acta Geographica Sinica*, 2005, **60**(1): 1-11.

Wu S H, Yin Y H, Zheng D, *et al*. Aridity/humidity status of land surface in China during the last three decades. *Sci China* (*Ser D*),2005, **48**: 1510-1518.

Wu S H, Yin Y H, Zheng D, *et al*. Climatic trends over the Tibetan Plateau during 1971—2000. *J Geogr Sci*, 2007, **17**: 141-151.

Wu T, Yuan P, Dai L, *et al*. Research on the stream flow forecast methods of Tibet Lhasa River. *Water Conservancy Science and Technology and Economy*, 2005, **11**(2): 77-79.

Wu W X, Liu T S. 4000a B. P. event and its implications for the origin of ancient Chinese civilization. *Quaternary Sciences*, 2001, **21**(5): 443-451.

Wu Y, Liu Q, Qiao Y K, *et al*. Species diversity changes in subalpine coniferous forests of different restoration stages and their effects on soil properties. *Acta Phytoecologica Sinica*, 2001, **25**(6): 648-655.

Wu Y, Zhu L. The response of lake-glacier variations to climate change in Nam Co Catchment, central Tibetan Plateau, during 1970—2000. *J Geogr Sci*, 2008, **18**: 177-189.

Xia Z K, Yang X Y, Ye M L. Prehistoric disasters at Lajia Site, Qinghai, China. *Chinese Science Bulletin*, 2003, **48**(11): 1200-1204.

Xiang L W, Zhu Z L, Li S J. *The strata dictionary of China-Cambrian system*. Beijing: Geological press, 1999: 1-95.

Xiao C D, Qin D H, Yao T D, *et al*. Spread of Lead pollution over remote regions and upper troposphere: Glaciochemical evidence from Polar regions and Tibetan Plateau. *Bulletin of Environmental Contamination and*

Toxicology, 200, **166**: 691-698.

Xie D J. *Pre-historical Archaeology of Gansu and Qinghai Provinces*. Beijing: Cultural Relics Press, 2002: 1-258.

Xie H L, Li B. Driving forces analysis of land-use pattern changes based on logistic regression model in the farming-pastoral zone: A case study of Ongiud Banner, Inner Mongolia. *Geographical Research*, 2008, **27**: 294-304.

Xie Y Q. Sociology and anthropology field work. *Society*, 2001 (9): 13-19.

Xie Z C, Wang X, Kang E S, *et al*. Glacial runoff in China: An evaluation and prediction for the future 50 years. *Journal of Glaciology and Geocryology*, 2006, **28**: 457-466.

Xu B, Cao J, Hansen J, *et al*. Black soot and the survival of Tibetan glaciers. *Proceedings of the National Academy of Sciences of the United States of America*, 2009b, **106**(52): 22114-22118.

Xu B, Wang M, Joswiak D, *et al*. Deposition of anthropogenic aerosols in a southeastern Tibetan glacier. *Journal of Geophysical Research*, 2009a, **114**(D17): D17209.

Xu H C. Comparison and evaluation of natural and artificial forests. *World Forestry Research*, 1991, **4**(3): 50-55.

Xu H Q. Modification of normalized difference water index (NDWI) to enhance open water features in remotely sensed imagery. *International Journal of Remote Sensing*, 2006, **27**(14): 3025-3033.

Xu J Q, Yu S M, Liu J S, *et al*. The implication of heat and water balance changes in a lake basin on the Tibetan Plateau. *Hydrological Research Letters*, 2009, **3**: 1-5.

Xu W M, Zhong Z C, Bi R C. Study on forest window effects of Jinyun, Sichuan province. *Acta Biologica and Geologoca Sinica*, 1993, **17**(3): 232-242.

Xu X G. The typology and periodization of Kayue Culture. *Qinghai Cultural Relics*, 1988, **1**: 10-14.

Xu X, Chen H, Levy J K. Spatiotemporal vegetation cover variations in the Qinghai-Tibet Plateau under global climate change. *Chinese Science Bulletin*, 2008, **53**: 915-922.

Xu Y, Sidle C R. Land use change and its regulation of Yangou watershed in Loess Hilly-gully region. *Acta Geographica Sinica*, 2001, **56**(6): 657-666.

Xue D Q, Ma B B, Zhang X J. The harmonious relationship between land use and environment in Xi'an. *J Geographical Sciences*, 2006, **16**(2): 183-191.

Xue Y. The impact of desertification in the Mongolian and the Inner Mongolian grassland on the regional climate. *J. Clima.*, 1996, **9**(9): 2173-2189.

Yan J Z, Wu Y Y, Zhang Y L, *et al*. Livelihood diversification of farmers and nomads of eastern transect in Tibetan Plateau. *Journal of Geographical Sciences*, 2010, **20**(5): 757-770.

Yan J Z, Zhang Y L, Bai W Q, *et al*. Land cover changes based on plant successions: Deforestation, rehabilitation and degeneration of forest in the upper Dadu River Watershed. *Science in China (Series D)*, 2005a, **48**(12): 2214-2230.

Yan J Z, Zhang Y L, Bai W Q, *et al*. Livelihood succession and land use/cover change in the upper reaches of Dadu River watershed. *Transaction of the CASE*, 2005, **31**(3): 83-89.

Yan J Z, Zhang Y L, Liu L S, *et al*. Main effect of plateau traffic on land use and landscape pattern change: From Lanzhou to Golmud. *Acta Geographica Sinica*, 2003, **58**(1): 1-12.

Yan J Z, Zhang Y L, Liu L S, *et al*. Residents' perspectives and responses to environmental degradation in the upper Dadu River, eastern Tibetan Plateau. *J Geographical Sciences*, 2006, **16**(3): 293-305.

Yan W M. Origin and development of civilization in the Huanghe River Valley. *Huaxia Archaeology*, 1997 (1): 49-54.

Yan Z L, Zhou H K, Liu W, *et al*. Preliminary discuss on grassland degradation in the source region of Yangtze and Yellow River. *Grassland of China*, 2003, **25**(1): 73-78.

Yan Z W, Ji J J, Ye D Z. The 1960s Northern Hemispheric summer climatic jump-precipitation and temperature variations. *Science in China (Series B)*, 1990, **33**(1): 97-103.

Yang B F. Prove into the peculiarity of surplus labor power shift in Tibetan agriculture and animal husbandry areas. *Xinjiang State Farms Economy*, 2007 (4): 24-30.

Yang C D, Jiao R Z, Tu N X, *et al*. Developing undergrowth vegetation is an important way to recover soil fertility of Chinese fir plantation. *Scientia Silvae Sinicae*, 1995, **32**(3): 275-283.

Yang H, Li X. Cultivated land and food supply in China. *Land Use Policy*, 2000, **17**: 73-88.

Yang J P, Ding Y J, Chen R S, *et al*. Permafrost change and its effect on eco-environment in the source region of the Yangtze and Yellow rivers. *Journal of Mountain Science*, 2004, **22**(3): 278-285.

Yang J P, Ding Y J, Chen R S. NDVI reflection of alpine vegetation changes in the source regions of the Yangtze and Yellow rivers. *Acta Geographica Sinica*, 2005, **60**(3): 468-478.

Yang L, Wylie B K, Tieszen L L, *et al*. An analysis of relationships among climate forcing and time-integrated NDVI of grasslands over the US Northern and Central Great Plains-A bridge between spectral observations and agrometeorological crop models. *Remote Sensing of Environment*, 1998, **65**(1): 25-37.

Yang Q S, Xia L. Tibetan wildlife is getting used to the railway. *Nature*, 2008, **452**: 810-811.

Yang R Q, Yao T D, Xu B Q, *et al*. Accumulation features of organochlorine pesticides and heavy metals in fish from high mountain lakes and Lhasa River in the Tibetan Plateau. *Environmental International*, 2007, **33**: 151-156.

Yang R Q, Yao T D, Xu B Q, *et al*. Distribution of organochlorine pesticides (OCPs) in conifer needles in the southeast Tibetan Plateau. *Environmental Pollution*, 2008, **153**(1): 92-100.

Yang S H. A study on the forecast and regulation of coordinated development of urban environment and economy in Guangzhou. *Chinese geographical science*, 1995, **5**(3): 248-256.

Yang S R. Analysis on income and output of farmers of sample families. *Modern Economic Research*, 2003, **4**: 49-55.

Yang W, Yao T D, Xu B Q, *et al*. Quick ice mass loss and abrupt retreat of the maritime glaciers in the Kangri Karpo Mountains, southeast Tibetan Plateau. *Chinese Science Bulletin*, 2008, **53** (16): 2547-2551.

Yang X C, Zhang Y L, Zhang W, *et al*. Climate change in Mt. Qomolangma region in China during the last 34 years. *Acta Geographica Sinica*, 2006, **61**(7): 687-696.

Yang X C, Zhang Y L, Zhang W, *et al*. Climate change in Mt. Qomolangma region since 1971. *Journal of Geographical Sciences*, 2006, **16**(3): 326-336.

Yang X C, Zhao R Y. An analysis of households' operation behavior differentiation at the Transition Phase. *China Rural Survey*, 1998, **3**: 37-42.

Yang Y P, Zhou D Z. Changes in ecological factors and management technologies on alpine forest cutting blanks in western Sichuan. In: Zhou Xiaofeng ed. *Fixed research on forest ecosystems in China*. Harbin: The Publication House of Northeastern University, 1994: 772-780.

Yao T D, Duan K Q, Xu B Q, *et al*. Precipitation record since AD 1600 from ice cores on the central Tibetan Plateau. *Climate of the Past*, 2008, **4**(3): 175-180.

Yao T D, Liu X D, Wang N L. Amplitude of climatic change in Qinghai-Tibetan Plateau. *Chinese Science Bulletin*, 2000, **45**(1): 98-106.

Yao T D, Pu J C, Lu A X, *et al*. Recent glacial retreat and its impact on hydrological processes on the Tibetan

Plateau, China, and surrounding regions. *Arctic, Antarctic, and Alpine Research*, 2007a, **39**(4): 642-650.

Yao T D, Pu J C, Tian L D, *et al*. Recent rapid retreat of the Naimona'nyi glacier in southwestern Tibetan Plateau. *Journal of Glaciology and Geocryology*, 2007b, **29**(4): 503-508.

Yao T D, Zhu L P. The response of environmental changes on Tibetan Plateau to global changes and adaptation strategy. *Advance in Earth Sciences*, 2006, **21**(5): 459-464.

Yao Z J, Liu J, Huang H Q, *et al*. Characteristics of isotope in precipitation, river water and lake water in the Manasarovar basin of Qinghai-Tibet Plateau. *Environ Geol*, 2009, **57**: 551-556.

Ye D Z, Yan Z W. *Climatic Jumps in the History: Climatic Variability*. Beijing: China Meteorological Press, 1993: 3-14.

Ye Q H, Chen F, Yao T D, *et al*. Tupu of glacier variations western Himalayas, in the Mt. Naimona'nyi region, in the last three decades. *Journal of Remote Sensing*, 2007, **11**(4): 511-520.

Ye Q H, Kang S C, Chen F, *et al*. Monitoring glacier variations on Geladandong mountain, central Tibetan Plateau, from 1969 to 2002 using remote-sensing and GIS technologies. *Journal of Glaciology*, 2006, **52**(179): 537-545.

Ye Q H, Zhong Z W, Kang S C, *et al*. Monitoring glacier and supra-glacier lakes from space in Mt. Qomolangma region of the Himalayas on the Tibetan Plateau in China. *Journal of Mountain Science*, 2009, **6**(3): 211-220.

Ye Q H, Yao T D, Chen F, *et al*. Response of glacier and lake covariations to climate change in Mapam Yumco basin on Tibetan Plateau during 1974-2003. *J China Univ Geosci*, 2008, **19**: 135-145.

Ye Q H, Zhu L P, Zheng H P, *et al*. Glacier and lake variations in the Yamzhog Yumco basin, southern Tibetan Plateau, from 1980 to 2000 using remote-sensing and GIS technologies. *J Glaciol*, 2007, **53**: 673-676.

Yin Y H, Wu S H, Zheng D, *et al*. Radiation calibration of FAO56 Penman-Monteith model to estimate reference crop evapotranspiration in China. *Agr Water Manage*, 2008, **95**: 77-84.

You Q, Kang S, Aguilar E, *et al*. Changes in daily climate extremes in the eastern and central Tibetan Plateau during 1961-2005. *J Geophys Res*, 2008, **113**: D07101.

You X Q, Luo H. Serious degraded in the Mt. Qomolangma area. Science and Technology Daily. 2005-05-08. http://tech. tom. com/1121/1122/200559-193930. html.

Yu B S, Dong H L, Chen J Q, *et al*. Characteristics of rare earth and trace element patterns in bedded cherts from the bottom of the Lower Cambrian in the northern Tarim Basin, Northwest China and their genetic significance, *Acta Geol Sin*, 2005, **79**: 215-224.

Yu F F, Kevin D, James E, *et al*. Response of seasonal vegetation development to climatic variations in eastern central Asia. *Remote Sens. Environ.*, 2003, **87**(1): 42-45.

Yu H Y, Luedeling E, Xu J C. Winter and spring warming result in delayed spring phenology on the Tibetan Plateau. *Pina*, 2010, **107**(51): 22151-22156.

Yu Q, Gong P, Clinton N, *et al*. Object-based detailed vegetation classification with airborne high spatial resolution remote sensing imagery. *Photogrammetric Engineering and Remote Sensing*, 2006, **72**: 799-811.

Yu W C. Reconsideration on "Kayue Culture" and "Tangwang Culture". Yu Weichao ed. *Rchaeological Symposium on the Pre-Qin and Han Dynasties*. Beijing: Cultural Relics Publishing Press, 1985.

Yu X M, Li L, Gao J H. Analysis for total amount of multielement in soil by ICPAES. *Modern Apparatus*, 2001, **2**: 30-32.

Yu Y Q, Zhi H, Wang B, *et al*. Coupled model simulations of climate changes in the 20th century and future. *Advances in Atmospheric Sciences*, 2008, **25**(4): 641-654.

Yuan F, Sawaya K, Loeffelholz B, *et al*. Land cover classification and change analysis of the twin cities (minnesota) metropolitan area by multitemporal landsat remote sensing. *Remote Sensing of Environment*, 2005, **98**: 317-328.

Zalud Z, Dubrovsky M. Modelling climate change impacts on maize growth and development in the Czech Republic. *Thero Appl Climatol*, 2002, **72**: 85-102.

Zang J, Chen F. Environmental problems of railway constructing and their control countermeasure. *Traffic Environment*, 2000, **21**(5): 39-41.

Zender C, Famiglietti J, Randerson J, *et al*. Black carbon impacts on cryospheric climate sensitivity and surface hydrology. NASA International Polar Year (IPY) Proposal, 2007.

Zhang B. Application of remote sensing technology on research of the wetland in China. *Remote Sensing Technology and Application*, 1996, **11**(1): 68-71.

Zhang G Q, Xie H J, Kang S C, *et al*. Monitoring lake level changes on the Tibetan Plateau using ICESat altimetry data (2003—2009). *Remote Sens Environ*, 2011, **115**: 1733-1742.

Zhang H B, Jia L X, Li L. *SPSS Collection*. Beijing: Publishing House of Electronics Industry, 2007.

Zhang H F, Liu F G, Zhou Q. Degradation mechanism of the grass in Qinghai Plateau and its prevention and control countermeasures. *Journal of Natural Disasters*, 2004, **13**(4): 115-120.

Zhang J P, Liu L S, Zhang Y L, *et al*. Object-oriented information extraction of water bodies and glaciers in extreme high altitude area-A case study of the core area of Mt. Qomolangma (Everest) National Nature Preserve. *Journal of Geo-information Science*, 2010, **12**(4): 517-523.

Zhang J P, Zhang Y L, Liu L S, *et al*. Predicting potential distribution of Tibetan spruce (picea smithiana) in Qomolangma (Mount Everest) National Nature Preserve using maximum entropy niche-based model. *Chinese Geographical Science*, 2011, **21**: 417-426.

Zhang J Y, Dong W J, Wu L Y, *et al*. Impact of land use changes on surface warming in China. *Adv. Atmos. Sci.*, 2005, **22**(3): 343-348.

Zhang J C, Jiang Q G, Li Y H, *et al*. Dynamic monitoring and climatic background of lake changes in Tibet based on RS/GIS. *Journal of Earth Sciences and Environment*, 2008, **30**: 87-93.

Zhang L P, Zhang Y L, Yan J Z, *et al*. Livelihood diversification and land use in agro-pastoral mountains region of eastern Tibetan Plateau. *J Geographical Sciences*, 2008, **18**(4): 499-509.

Zhang L S, Fang X Q, Ren G Y. Environmental change in the northern China farming-grazing transitional zone. *Earth Science Frontiers*, 1997, **4**(1/2): 127-136.

Zhang L, Liao M S. Contextual fuzzy clustering of remote sensing imagery. *Journal of Remote Sensing*, 2006, **10**(1): 58-65.

Zhang M H. Extracting water-body information with improved model of spectral relationship in a higher mountain area. *Geography and Geo-Information Science*, 2008, **24**(2): 14-16, 22.

Zhang P X, Zhang B Z, Qian G M, *et al*. The study of paleoclimatic parameter of Qinghai Lake since Honolece. *Quaternary Sciences*, 1994(2): 225-238.

Zhang P Y, Su F, Li He, *et al*. Coordination degree of urban population, economy, space, and environment in Shenyang since 1990. *Chn Popu Res Envi*, 2008, **18**(2): 115-119.

Zhang P, Shao G, Zhao G, *et al*. China's forest policy for the 21st century. *Science*, 2000, **288**: 2135-2136 (in policy forum).

Zhang Q J, Fu B J, Chen L D, *et al*. Dynamics and driving factors of agricultural landscape in the semiarid hilly area of the Loess Plateau, China. *Agriculture, Ecosystems and Environment*, 2004, **103**: 535-543.

Zhang Q Q, Bai W Q, Zhang Y L, *et al*. Herdsmen's perception of grassland degradation in the source region of the Yellow River: A case study in Dalag County. *Resources Sciences*, 2011, **33**(5): 942-949.

Zhang R Z. *The dry valleys of the Hengduan Mountains Region*. Beijing: Science Press, 1992: 7-14.

Zhang R, Shen Z, Zou H. Atmospheric Pb levels over Mount Qomolangma region. *Particuology*, 2009, **7**: 211-214.

Zhang S, Chen X B, Yu W X. The soil geochemical research in Qomolangma area-The distribution of the soil Cd and Pb. *Chinese Sci Bull*, 1985, **17**: 1337-1340.

Zhang T J, Harry T, Baker W. The Qinghai-Tibet Railroad: A milestone project and its environmental impact. *Cold regions science and technology*, 2008, **53**: 229-240.

Zhang W, Zhang Y L, Wang Z F, *et al*. Analysis of vegetation change in Mt. Qomolangma Natural Reserver. *Progress in Geography*, 2006, **25**(3): 12-21.

Zhang W, Zhang Y L, Wang Z F, *et al*. Vegetation change in the Mt. Qomolangma Nature Reserve from 1981 to 2001. *Journal of Geographical Sciences*, 2007, **17**(2): 152-164.

Zhang X P, Deng W, Yang X M. The background concentrations of 13 soil trace elements and their relationships to parent materials and vegetation in Xizang (Tibet), China. *Journal of Asian Earth Sciences*, 2002, **21**: 167-174.

Zhang X Q, Peng L L, Zheng D, *et al*. Cloudiness variations over the Qinghai-Tibet Plateau during 1971-2004. *J. Geogr. Sci.*, 2008, **18**: 142-154.

Zhang X Q, Ren Y, Yin Z Y, *et al*. Spatial and temporal variation patterns of reference evapotranspiration across the Qinghai-Tibetan Plateau during 1971-2004. *J. Geophys. Res.*, 2009, **114**(D15): D15105. 1-D15105. 14.

Zhang X Y, Friedl M A, Schaaf C B, *et al*. Monitoring vegetation phenology using MODIS. *Remote Sens. Environ.*, 2003, **84**: 471-475.

Zhang X Y, Hu Y F, Zhuang D F, *et al*. NDVI spatial pattern and its differentiation on the Mongolian Plateau. *Journal of Geographical Sciences*, 2009, **19**(4): 403-415.

Zhang X Y, Wang Y Q, Zhang X C, *et al*. Carbonaceous aerosol composition over various regions of China during 2006. *Journal of Geophysical Research*, 2008, **113**(D14111).

Zhang X Q, Ren Y, Yin Z Y, *et al*. Spatial and temporal variation patterns of reference evapotranspiration across the Qinghai-Tibetan Plateau during 1971—2004. *J Geophys Res*, 2009, **114**: D15105.

Zhang Y D, Xu Y T, Gu F X, *et al*. Correlation analysis of NDVI climate and hydrological factors in oasis and desert. *Acta Phytoecologica Sinica*, 2003, **27**(6): 816-821.

Zhang Y L, Liu L S, Bai W Q, *et al*. Grassland degradation in the sources region of the Yellow River. *Acta Geographica Sinica*, 2006, **57**(1): 3-14.

Zhang Y L, Liu L S, Ding M J, *et al*. Land-use and land-cover change in Tibetan Plateau in the last two decade. Conference book of Open Meeting 2005: 283-284.

Zhang Y L, Liu L S, Nie Y, *et al*. Land cover mapping in the Mt. Qomolangma National Nature Preserve. Regional Workshop on Innovative Tools Experience in Mountain Ecosystems Management. Kathmandu, Oct, 2009.

Zhang Y L, Liu L S, Nie Y. Land cover mapping in the HKKH region: Results from Qomolangma National Nature Preserve. Beijing: Institute of Geographic Sciences and Natural Resources Research, 2009.

Zhang Y L, Wang C L, Bai W Q, *et al*. Alpine wetlands in the Lhasa River Basin, China. *Journal of Geographical Sciences*, 2010, **20**(3): 375-388.

Zhang Y L, Zheng D. Regional ecosystem and environment changes on the Tibetan Plateau. In: Zheng Du, Yao Tandong *et al*. *Uplifting of Tibetan Plateau with Its Environmental Effects*. Beijing: Science Press, 2004: 459-554.

Zhang Y, Ding M, Chen H, *et al*. Vegetation Change along the Qinghai-Tibet Railway. In Zheng D, *et al*. *Ecological and environmental security along the Qinghai-Tibet railway*. Hangzhou: Zhejiang Science and Technology Publishing House, 2009: 77-106.

Zhang Y, Liu C M, Zhou B J. Agricultural structural adjustment and income increase of farmers in sample families in Jiangxi Province. *Searching truths*, 2001, **8**: 49-51.

Zhang Y, Liu L, Ding M, *et al*. Land-use and land-cover change in Tibetan Plateau in the last two decade. Conference book of Open Meeting, 2005: 283-284.

Zhang Y L, Ding M J, Zhang W. Spatial characteristic of vegetation change in the source regions of the Yangtze River, Yellow River and Lancang River in China. *Geographical Research*, 2007, **26** (3): 500-509.

Zhang Y L, Huang R F, Wang Z F, *et al*. Field survey records of biodiversity and environment group-The Fourth Integrated Scientific Survey in Mt. Qomolangma Region. Research group of land change in Qinghai-Tibet Plateau, IGSNRR, CAS, 2005.

Zhang Y L, Li B Y, Zheng D. The area and boundary of Qinghai-Tibet Plateau. *Geographical Research*, 2002, **21**(1): 1-8.

Zhang Y L, Li X B, Fu X F, *et al*. Urban land use change in Lhasa. *Acta Geographica Sinica*, 2000, **55**(4): 395-406.

Zhang Y L, Liu L S, Bai W Q, *et al*. Grassland degradation in the source region of the Yellow River. *Acta Geographica Sinica*, 2006, **61**(1): 3-14.

Zhang Y L, Yan J Z, Liu L S. Impact of Qinghai-Xizang Highway on land use and landscape pattern change: from Ge'ermu to Tanggulashan Pass. *Acta Geographica Sinica*, 2002, **57**(3): 253-266.

Zhang Y L, Wang Z F, Luo K L, *et al*. The spatial distribution of trace elements in topsoil from the northern slope of Qomolangma (Everest) in China. *Environ Geol*, 2007, **52**: 679-684.

Zhang Z P. Study on culture of Qijia (Next). *Acta Archaeologica Sinica*, 1987, (2): 153-175.

Zhang Z, Chu D, Peng X, *et al*. *Integrated Environmental Assessment in the Central Tibet Using Remote Sensing and GIS*. Beijing: Yuhang Press, 1998.

Zhao C Z, Jia L H. Ecological performance and sustainable problems with the grazing forbidden project in the resource regions of the Yellow River. *Journal of Lanzhou University (Natural Sciences)*, 2009, **45**(1): 37-41.

Zhao J, Zhao S D. Application of the Participatory Rural Appraisal method in the research of land use change at local dimension: A case study of Yaoledianze village in Korqin Sand. *Resources Science*, 2003, **25**(5): 52-57.

Zhao J, Zhao S D. Apply participatory rural appraisal method to the research of land use change in local scale-A case study of village Yaoledianzi of Korqin Sands. *Areal Research and Development*, 2004, **23**(1): 73-76.

Zhao J. *Physical Geography of China*. Beijing: Higher Education Press, 1998.

Zhao K Y. *Marsh of China*. Beijing: Science Press, 1988.

Zhao M S, Yan X D. Modeling the vegetation of China under changing climate. *Acta Geographica Sinica*, 2002, **57**(1): 28-38.

Zhao X Q, Zhou H K. Eco-environmental degradation vegetation regeneration and sustainable development in the headwaters of Three Rivers on Tibetan Plateau. *Bulletin of the Chinese Academy of Sciences*, 2005, **20**(6): 471-475.

Zhao X Q, Zhou X M. Ecological basis of alpine meadow ecosystem management in Tibet: Haibei alpine meadow ecosystem research station. *Ambio*, 1999, **28**: 639-641.

Zhao Y H. Scientific expedition into Mt. Qomolangma found that the glacier retreat in the north slope of Mt. Qomolangma is serious. 2005. 5. 11. http: //www. china. org. cn/chinese/TEC~c/863452. htm.

Zheng D, Lin Z Y, Zhang X Q. Progress in studies of Tibetan Plateau and global environmental change. *Earth Science Frontiers*, 2002, **9**(1): 95-102.

Zheng D, Yao T D. *Uplifting of Tibetan Plateau with Its Environmental Effects*. Beijing: Science Press, 2004.

Zheng D. A study on the eco-geographic regional system of China. FAO FRA 2000 Global Ecological Zoning Workshop, Combrige, UK, July 28-30, 1999: 12.

Zheng D. Progress in studies on geographical environments of the Tibetan Plateau. *Chinese Geographical Science*, 1999 (4): 289-296.

Zheng D. The system of physico-geographical regions of the Qinghai-Xizang (Tibet) Plateau. *Science in China (Series D)*, 1996, **39**(4): 410-417.

Zheng J. Discussion on establishing ecological protection and compensation system of plateau wetland. *Qinghai Technology*, 2008 (2): 10-12.

Zheng Lisia. An analysis of household livelihoods in Tuomunan village, Xianggelila county, NW Yunnan. Center for Biodiversity and Indigenous Knowledge, Community Livelihoods Program Working Paper 5, 2003.

Zhong L, Ma Y M, Salama M M. Assessment of vegetation dynamics and their response to variations in precipitation and temperature in the Tibetan Plateau. *Climatic Change*, 2010,**103**(3-4):519-535.

Zhou C, Wang P, Zhang Z, *et al*. Classification of Urban Land Based on Object-oriented Information Extraction Technology. *Remote Sensing Technology and Application*, 2008, **23** (1): 39-44.

Zhou H K, Zhao X Q. Restoration capability of alpine meadow ecosystem on Qinghai-Tibetan Plateau. *Chinese Journal of Ecology*, 2008, **27**(5): 697-704.

Zhou H K, Zhou L, Zhao X Q, *et al*. Degradation process and integrated treatment of "black soil beach" grassland in the source regions of Yangtze and Yellow rivers. *Chinese Journal of Ecology*, 2003, **22**: 51-55.

Zhou J X, Yang J, Peng G. Constructing a green railway on the Tibet Plateau: Evaluating the effectiveness of mitigation measures. *Transportation Research*, 2008, **13**: 369-376.

Zhou L B. Qomolangma Mount. Environment monitors. *Nat exploit*, 2000, **12**: 8-9.

Zhou L M, Dickinson R E, Tian Y H, *et al*. Evidence for a significant urbanization effect on climate in China. *Proc. Natl. Acad. Sci.*, 2004, **101**: 9540-9544.

Zhou L. Process and reasons of rangeland degeneration in Nagqu prefecture of Tibet autonomous region. *Mountain Research*, 1998, **16**(3): 239-243.

Zhou T R, Zhang L S. *Environmental Evolvement and Prediction of Holocene on Farming-Grazing Transition Zone in Northern China*. Beijing: Geological Publishing Press, 1992:16-54.

Zhou W J, Lu X F, Wu Z K, *et al*. Peat record reflecting Holocene climatic change in the Zoigê Plateau and AMS radiocarbon dating. *Chinese Science Bulletin*, 2001, **46**(12): 1040-1044.

Zhou Y W. *Forest Industry in Aba*. Chengdu: Sichuan Art Press, 1999: 140-203.

Zhou Z G, Zhao X G, Wang K Y. Events of geochemical character for dividing tectonic-stratigraphic unit of

Precambrian crystal rocks in the Yadong area in Tibet. *Geoscience*, 2003, **17**: 237 -242.

Zhu C, Song J, You K Y. Study on the Formation of the culture hiatus of the Maqiao site, Shanghai. *Chinese Science Bulletin*, 1996, **41**: 148-152.

Zhu H Y. The error characteristics of land use change data. *Acta Geographica Sinica*, 2004, **59** (4): 615-620.

Zhu L P, Ju J T, Wang Y, *et al*. Composition, spatial distribution, and environmental significance of water ions in Pumayum Co catchment, southern Tibet. *J Geogr Sci*, 2010, **20**: 109-120.

Zhu W Z, Zhong X H, Fan J R. The characteristics and conservational measures of wetlands ecosystem in Tibet. *Journal of Mountain Science*, 2003, **21**: 7-12.

Zhu W, Fu X, Feng X, *et al*. Annual time-series analyses of total gaseous mercury measurement and its impact factors on the Gongga Mountains in the southeastern fringe of the Qinghai-Tibetan Plateau. *Journal of Mountain Science*, 2008, **5**(1): 17-31.

Zhu Y K, Nimucairang. Discussion on strategies about orientation and development of forest resources in Tibet. *Tibetan Research*, 2002, **1**: 97-103.

Zola K Moon, Frank L Farmer. Population Density Surface: A New Approach to an old Problem. *Society and Natural Resources*, 2001, **14**: 39-49.

Zuo D K, Wang Y X, Chen J S. Characteristics of the distribution of total radiation in China. *Acta Meteorologica Sinica*, 1963, **33**: 78-96.

Zweig M H, Campbell G. Receiver-Operating Characteristic (Roc) Plots—a Fundamental Evaluation Tool in Clinical Medicine. *Clinical Chemistry*, 1993, **39**: 561-577.